Adobe Photoshop 5 für Macintosh

Heico Neumeyer

Adobe

Photoshop 5

für Macintosh

Die Deutsche Bibliothek – CIP-Einheitsaufnahme

Adobe Photoshop 5 für Macintosh [Medienkombination] / Heico Neumeyer. –
Haar bei München : Markt und Technik, Buch- und Software-Verl.
(Macintosh)
ISBN 3-8272-5416-7

Buch. – 1998
Gb.

CD-ROM. – 1998

10 9 8 7 6 5 4 3 2 1

02 01 00 99 98

ISBN 3-8272-5416-7

Einbandgestaltung: Helfer Grafikdesign, München
Lektorat: Nina Krauß, nkrauss@mut.de
Herstellung: Martin Horngacher, mhorngacher@mut.de
Satz: Borges & Partner GmbH, Lehrte, http://www.borges-partner.de
Druck: Media Print, Paderborn
Dieses Produkt wurde mit Desktop-Publishing-Programmen erstellt
und auf chlorfrei gebleichtem Papier gedruckt
Printed in Germany

Inhaltsverzeichnis

7

Kontrast und Farbton 241

8

Füllen, Malen, Retuschieren 301

9

Auswählen 363

10

Alphakanäle 407

11 Pfade 451

12 Ebenen 481

13 Text 589

14 Filter 607

15 Service 657

Stichwortverzeichnis 705

Guten Tag,

Sie halten sich mit einem Vorwort nie lange auf? Ich auch nicht.

1 Photoshop und dieses Buch

Klären wir zunächst, was Photoshop in der Version 5 dazugelernt hat und wo Version-4-Experten gehörig umlernen müssen. Danach skizziert dieses Kapitel den Aufbau des Buches und sagt mehr zu Bildern und Kontaktmöglichkeiten.

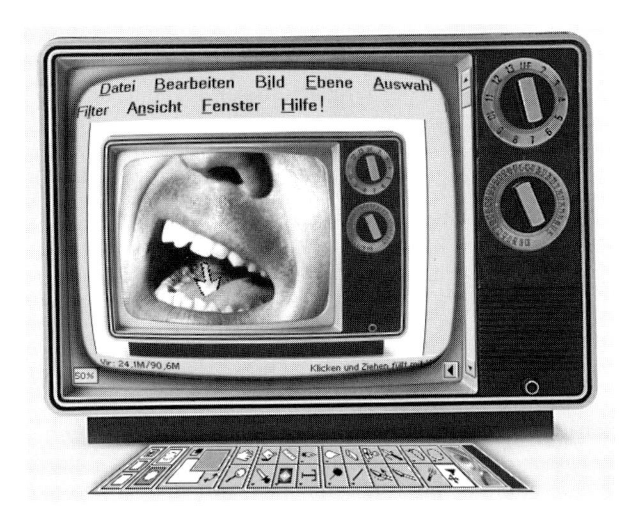

Photoshop 5: Was ist neu im Programm, was fehlt?

1.1 Photoshop 5: Neu, anders, vermißt

Was gibt's Neues?

Die Neuerungen der Version 5 liegen überwiegend nicht im gestalterischen Bereich. Vielmehr läßt sich das Programm flexibler handhaben und besser an Druckjobs anpassen.

Im folgenden erhalten Sie eine kurze Auflistung neuer Talente; sie setzt voraus, daß Sie die beschriebenen Techniken schon kennen. Innen im Buch werden die Funktionen ausführlich besprochen und auch für Neulinge nachvollziehbar erklärt. Dinge, die sich geändert haben, aber nicht grundlegend neu sind – so daß Umsteiger aufpassen müssen –, beschreibe ich im darauf folgenden Abschnitt.

Vielfaches Widerrufen

Es wurde Zeit: Photoshop 5 widerruft nun bis zu 100 Arbeitsschritte, die in der Protokollpalette aufgelistet werden. Der neue Protokollpinsel malt beliebige Zwischenstufen ins Bild, und der **Füllen**-Befehl setzt eine in der Protokollpalette markierte Werkstufe in die Auswahl ein. Nach wenigen Stunden wirkt der Gedanke an das einstige Arbeiten ohne dieses Sicherheitsnetz wie eine frühsteinzeitliche Zumutung.

Korrigierbare Textebenen

Text bleibt im Textmodus korrigierbar. Sie können also in einer Textebene jederzeit die Schriftart oder die Formulierung ändern. Sie können Schriftarten und -eigenschaften innerhalb einer einzigen Textebene variieren und jederzeit den Text vertikal laufen lassen. Der Schriftzug läßt sich drehen, neigen und skalieren, ohne daß er – wie bisher – an Randschärfe verliert. Auch die

Ebeneneffekte (siehe unten) lassen sich im Textmodus nutzen; ebenso sind Änderungen der Textfarbe möglich, aber nur mit dem Farbwähler des Textdialogs.

Kanalmixer

Neu ist der Kanalmixer. Er reguliert die Anteile der Kanalfarben neu. Auch für individuell errechnete Graustufen oder getönte Motive eignet sich das Werkzeug.

Druckvorstufe

Der Druckpunktzuwachs läßt sich jetzt per Gradationskurve genau auf die Monitordarstellung übertragen. Die Kanälepalette bietet spezielle Spotfarben-Kanäle (»Volltonfarben«), die Tonwerte aus den mitgelieferten digitalen Farbtafeln aufnehmen und anzeigen. Photoshop 5 kann Farbtiefen von 48 oder 64 Bit nicht nur anzeigen, sondern nunmehr gar bearbeiten.

Außerdem unterstützt Photoshop 5 beim Farbmanagement die gängigen ICC-Farbprofile, die Apples ColorSync ebenso zugrunde liegen wie Microsofts ICM. Photoshops eigene Profile bleiben weiter im Programm. Überdies beherrscht die Software bereits das neue sRGB-Profil, das farbverbindlichen Austausch von RGB-Bildern erlauben soll.

Effekte

Als letztes Bildbearbeitungsprogramm der Oberklasse hat das Programm nun Funktionen, die Ebenenobjekte mit Schatten, Lichthöfen oder dreidimensionalem Kanteneffekt verzieren. Die Eingriffe aus dem Untermenü **Effekte** verändern das Objekt nicht dauerhaft; man kann die Manipulation jederzeit ausschalten, ändern oder auch auf andere Ebenen übertragen. Auch wenn die Ebene verändert wird, passen sich die Effekte dem aktuell sichtbaren Bereich sofort an: Schatten und Kanten berechnet Photoshop blitzschnell neu, wenn man Bildpunkte malt, Bildteile einfügt oder per Ebenenmaske Partien verbirgt. Neue Symbole in der Ebenen-Palette kennzeichnen Ebenen mit Text und mit Ebeneneffekten.

Neue Zusatzmodule (Plug-Ins)

Photoshop kann jetzt auch Zusatzmodule (Plug-Ins) aufnehmen, die Sie nach Art eines Software-»Assistenten« Schritt für Schritt durch das Verfahren geleiten. Ein paar solcher Zusatzmodule liefert Adobe gleich mit in den Menüs **Datei: Automatisieren** sowie **Hilfe**, darunter Funktionen, die mehrseitige Acrobat-Dokumente einlesen, Kontaktbögen erstellen oder bei Freistellpfaden und transparenten Bereichen helfen.

Magnet-Lasso

Die Programmierer kreuzten das Polygon-Lasso mit dem Zauberstab. Magnetisches Lasso heißt das Ergebnis; es folgt Ihren Mausklicks, legt aber die Strecke dazwischen nicht auf kürzestem Weg zurück, sondern entlang markanter Bildkonturen.

Neue Pfadfunktionen

Auch ein Magnet-Pfadwerkzeug werden Sie antreffen, das Pfade nach Ihren Klicks und entlang markanter Bildkontraste anlegt. Eine weitere Novität auf der horizontalen Pfad-Werkzeugleiste produziert Pfade, die durch übliches Ziehen bei gedrückter Maustaste zustande kommen, nicht wie sonst durch einzelne Klicks.

Pfade und Auswahlen »transformieren«

Pfade und Auswahlen können Sie jetzt »transformieren«. Wenn Sie den Befehl erst gewählt haben, erscheint ein Rechteckrahmen mit Anfaßpunkten um Pfad oder Fließmarkierung. Nun vergrößern, verkleinern, drehen, neigen und verzerren Sie die Auswahl oder den Pfad. Hat man dergestalt ein-, zweimal eine Auswahl mit leichter Hand verbessert, merkt man erst, wie lange man die Funktion schon vermißt hat.

Aktionenpalette

Die Befehle auf der Aktionenpalette sind jetzt in Sets unterteilbar, so daß man sie übersichtlicher organisieren kann. Die Palette verkraftet mehr Befehle als zuvor, darunter die Funktionen von Pfade-, Ebenen- und Protokollpalette, Freistell-Werkzeug, Lasso, Linienzeichner, Bewegen-Werkzeug, Farbeimer, Zauberstab und Textwerkzeug; auch **Beleuchtungseffekte**, **Bildberechnungen**, **Datei-Informationen** und **Frei Transformieren** sind automatisierbar.

Dateiformate

Photoshop 5 liest auch mehrseitige Acrobat-Dokumente (PDF) ein. Dabei können Sie sich von einem Assistenten (digital) helfen lassen. Auch das Flashpix-Format FPX liest und schreibt die Software, allerdings ohne die speziellen FPX-Möglichkeiten, also die der Arbeit an einer Vorschauversion. (Sie müssen es bei der manuellen Installation mit einrichten.) Auch das Dateiformat DCS 2.0, eine EPS-Variante, ist neu im Programm.

Prozent

Intern und für die Lineale hat Photoshop eine neue Maßeinheit erhalten: »Prozent«. Das ist bedeutsam, wenn Sie Manöver mit Freistellwerkzeug, **Transformieren**-Funktion oder Verlaufwerkzeug als »Aktion« aufzeichnen: Verwendet man die Orientierung an »Prozent«-Werten – und nicht an »Zentimeter« oder »Pixel« – fallen die Korrekturen an anderen Bildern in einem vergleichbaren Verhältnis zu den Gesamtmaßen des Bildes aus; sie orientieren sich nicht an einer Bildpunktzahl oder einer Druckmaßlänge.

Weitere Werkzeug-Verbesserungen

Neue Werkzeuge kamen hinzu, andere wurden verbessert:

- Der neue Farbaufnehmer vermißt bis zu vier Bildpunkte gleichzeitig in einer Datei. Die vier Werte erscheinen in der Informationenpalette.
- Das neue Meßwerkzeug vermißt Distanzen und Winkel im Bild.
- Das Verlaufwerkzeug produziert neue Formen wie »Winkelverlauf« oder »Rauteverlauf«.
- Das Ebenenwerkzeug hat die Option »Ebene automatisch wählen« dazuerhalten. Sie können also durch einfaches Anklicken in der Datei – nicht nur in der Palette – eine Ebene aktivieren.

Weitere und verbesserte Befehle

Auch die Menüs haben die Programmierer ergänzt:

- Die Befehle »Ausrichten« und »Verteilen« verteilen Objekte gleichmäßig über die Datei.
- Der Befehl **Erneut wählen** bietet die letzte Auswahl erneut an.
- CMYK-**Preview** erscheint jetzt als Untermenü, das auch Einzelkanäle anbietet.
- **Transformieren: Erneut** überträgt die Koordinaten einer **Transformieren**-Verzerrung auf ein weiteres Objekt oder auf einen weiteren Pfad.
- Viele neue Kontextmenüs machen den Weg zur Menüleiste oft überflüssig.

- Der Befehl **3D-Transformieren** verzerrt mehrere Seiten eines Objekts gleichzeitig mit dreidimensionaler Wirkung.

Weitere Optionen

Vorhandene Befehle wurden praktischer:

- Der Befehl **Kopie speichern unter** enthält die bizarr formulierte Option »Nicht-Bild-Daten nicht mit speichern«; sie tilgt Pfade, Alphakanäle, Vorschau-Miniaturen und Datei-Information.
- Das Systembeanspruchungsmenü nennt nicht nur den Arbeitsspeicherbedarf, sondern alternativ auch das aktuelle Werkzeug.
- Statt zwei kann man nun vier »Arbeitsvolumes« (Auslagerungslaufwerke) bestimmen.
- Bei der Umrechnung in Duplex-Modus oder »Indizierte Farben« gibt es eine Sofort-Vorschau noch vor dem Klick auf die »OK«-Schaltfläche.
- In der Gradationskurve läßt sich ein Vorher-Nachher-Zahlenpaar eintippen. Außerdem können Sie mehrere Kontrollpunkte markieren und gezielt verschieben.
- Den Farbbereich, den der Befehl **Farbton/Sättigung** verändert, definieren Sie nun präzise per Schieberegler oder Pipette. Die Farbton-Skala reicht von 0 — 360, nicht mehr von -180 bis +180.
- Beim »Transformieren«, egal ob Pfad, Auswahl oder Ebene, können Sie die Mittelachse durch ein Zentrierstück frei bestimmen. Vielleicht soll sich eine Ebene nicht um ihren geometrischen Mittelpunkt drehen, sondern um ihre linke Ecke herum, weil diese Ecke Berührung mit einer anderen Ebene hat und sich nicht verschieben soll.
- Die Digimarc-Filter zur Einbettung eines digitalen Wasserzeichens enthalten zusätzliche Optionen, zur Überprüfung liefert man einen Signalstärke-Leser mit, der den Digimarc-Code auf Haltbarkeit überprüft.

Wo Sie umlernen müssen

Photoshop 5 hat nicht nur dazugelernt. Die neue Version weckt auch Umschulungsbedarf: Die Programmierer änderten Tastenkürzel, Optionen, Befehle, Werkzeuge wechselten die Fundstelle. Hier finden Sie eine kurze Auflistung zu Ihrer Orientierung, damit der erste Testlauf nach dem Update nicht zu holperig gerät. Alle Änderungen werden innen im Buch ausführlich besprochen; auf wichtige Abweichungen zur Vorversion weise ich auch in den ausführlichen Besprechungen hin.

Verschwundene Werkzeuge

Zwei neue Tools belegen Platz auf der Werkzeugleiste, nämlich das Meß-Werkzeug und der Protokoll-Pinsel. Weil Adobe die Leiste nicht verlängerte, mußten zwei Werkzeuge weichen und sich einen Platz mit anderen Funktionen teilen. So findet sich der Schmierfinger nun zusammen mit Weich- und Scharfzeichner in einer Wohngemeinschaft wieder. Außerdem rückten Linienzeichner und Buntstift eng zusammen.

Wechsel zwischen Werkzeugen einer Schaltfläche

Mehr noch als zuvor lagert Photoshop also auf einer Schaltfläche gleich mehrere Werkzeuge. Teilweise sind die Gerätschaften durch dieselbe Kurztaste aktivierbar: So findet man Abwedler, Nachbelichter und Schwamm auf derselben Position der Werkzeugleiste; allesamt ruft man sie mit der Kurztaste »O« auf, wenn man sie nicht mit der Maus anklicken möchte. Und man drückte bisher mehrfach das »O«, um von einem Werkzeug zum nächsten zu springen. Vergleichbar war die Situation bei Scharfzeichner und Weichzeichner (Kurztaste R).

Genau diesen fliegenden Wechsel hat Adobe erschwert: Wer einmal »O« drückt, aktiviert dasjenige mit »O« belegte Werkzeug, das zuletzt aktiv war, zum Beispiel der Schwamm. Weitere Hiebe auf die »O«-Taste bewirken nichts mehr – es bleibt beim Schwamm. Sie müssen nun Umschalt+O drücken.

Auch in der Palette mit den Werkzeug-Optionen verschwand das Klappmenü, das die unterschiedlichen Geräte einer Schaltfläche nacheinander zur Wahl stellt. Erstmals bei Photoshop 5 kann man indes vorübergehend zum Werkzeug desselben Feldes wechseln, wenn man während der Retusche die Alt-Taste drückt; sobald die Alt-Taste losgelassen wird, ist wieder das ursprüngliche Werkzeug aktiv. Also per Alt-Taste vom Weich- zum Scharfzeichner und zurück. Wer's braucht.

Im Endeffekt erschwerte Adobe ohne Not den schnellen Werkzeugwechsel. Umständlicher wird es damit auch beim Starten von Pfadwerkzeugen, Rechteck- und Kreisauswahl und bei den neuen Mehrfach-Belegungen von Stempel-Werkzeugen oder Verlaufwerkzeugen unterschiedlicher Formen. Der Mausweg zur Werkzeugleiste – auf 1800-Pixel-Schirmen eine schweißtreibende Strecke – ist nun fast immer erforderlich.

Geänderter Zugriff auf Werkzeug-Optionen

Generell kürzte Adobe die Werkzeug-Optionen um ein Klappmenü. Dieses Klappmenü zeigte bisher alternative Werkzeuge auf derselben Schaltfläche oder aber die Optionen zu diesem Werkzeug. Weil das Klappmenü weg ist, präsentiert Adobe die Optionen nun durch zusätzliche Werkzeug-Symbole. So wurden die neuerdings fünf Formen des Verlauf-Werkzeugs (wie »Strahlenförmig« oder »Linear«) auf fünf verschiedene Werkzeug-Symbölchen verteilt, man findet sie nicht im Optionen-Menü.

Neue Stempel-Organisation

Auch die verschiedenen Stempel-Techniken verteilte Adobe auf mehrere Stempel-Logos: Zum einen gibt es nun den Duplizierstempel, der einen Bildbereich mit Pixeln aus einer anderen Zone übermalt; ein zweites Werkzeug, der Musterstempel, pinselt Muster ins Bild. In den Optionen kann man jeweils noch anklicken, ob diese Stempel »ausgerichtet« arbeiten sollen.

Die Stempel-Funktion »Zurück zur letzten Version« übernimmt der neue Protokoll-Pinsel.

Geänderte Tastaturkürzel

Auch bei den Tastaturkürzeln gilt: Variatio delectat, öfter mal was Neues. Unter anderem hat sich folgendes geändert:

	Funktion	neues Kürzel in PS 5	altes Kürzel in PS 4	neue Belegung des urspr. PS4-Kürzels in PS5	
	Wischfinger	R	U	Meßwerkzeug	
	Buntstift	N	Y	Protokollpinsel	
	Airbrush	J	A	Direkt-Auswahl-Werkzeug	

Schwebende Auswahlen

Schwebende Auswahlen erscheinen nicht mehr als eigene Ebene in der Palette. Darum kann man nicht mehr via Ebenen-Palette Mischmodus oder Deckkraft einrichten. Diese Funktionen erhalten Sie jedoch, wenn Sie das Kontextmenü zum Auswahl-Werkzeug über einer schwebenden Auswahl aufrufen und den Befehl **Verblassen** nutzen.

Zwar arbeitet man zumeist mit unabhängigen Ebenen, nicht mit schwebenden Auswahlen. Doch in Alphakanälen oder Acht-Bit-Farbbildern läßt Photoshop keine Ebenen zu (Überblendmodi und Deckkraftregler findet man allerdings immer noch mit Hilfe der **Verblassen**-Funktion, zum Beipiel im Kontextmenü der Auswahlwerkzeuge).

EPS-Optionen

Ist ein Beschneidungspfad in der Datei, wird er bei EPS automatisch mitgesichert, Sie müssen ihn nicht eigens anwählen, das Klappmenü verschwand.

Auch das EPS-Unterformat DCS verschwand aus den EPS-Optionen. Sie wählen es jetzt direkt in der Liste der Dateiformate im Dialogfeld »Speichern unter« an und haben nunmehr die Wahl zwischen DCS 1.0 und 2.0.

Gewanderte Befehle

Einige Befehle suchen Photoshop-Routiniers in Version 5 erst einmal vergeblich. So wanderte das Untermenü **Transformieren** aus dem **Ebenen**- ins **Bearbeiten**-Menü, da man es jetzt auch auf Pfade anwenden kann.

Den Befehl **Schnappschuß aufnehmen** erledigen Sie jetzt mit der Schaltfläche in der Protokollpalette, nicht mehr im **Bearbeiten**-Menü. Das »Gruppieren« mehrerer Ebenen finden Sie nicht mehr in der Ebenenoption, aber per **Ebene**-Befehl (und wie üblich durch Alt-Klick auf die Ebenen-Trennlinie in der Palette). Die **Stapelverarbeitung** wanderte aus dem Menü der Aktionenpalette ins Untermenü **Datei: Automatisieren.**

Die Monitor-Kalibration hat sich verändert. **Quickedit** wird nicht automatisch installiert, liegt aber noch auf der CD – dort darf es bleiben. Die Verleger-Funktionen »Herausgeben« und »Abonnieren« sind verschwunden.

Umbenennungen

Verwirrung könnten auch Umbenennungen stiften: Die bisherige Option »Kompatibel zum 2.5 Format« in den Voreinstellungen taufte Adobe um, dort heißt es nun »Mit Composite und Dateiebenen«. Gemeint ist jeweils: Bei aktivierter Option ergänzt das Programm Ebenenmontagen noch um eine zusätzliche Ebene; sie zeigt alle obenliegenden sichtbaren Pixel. So kann man das Bild auch in Programmen abbilden, die das Photoshop-Format nur bis zur Version 2.5 beherrschen, die noch keine Ebenentechnik bot.

In den vom Autor getesteten deutschen Vollversionen heißt das vormalige **Auswahl**-Untermenü **Auswahl verändern** nun **Auswahl transformieren.** Da handelt es sich um eine Verwechslung, denn eine Auswahl transformiert (dreht, skaliert, verzerrt) man in dieser Version just mit dem Befehl **Auswahl verändern.**

Das Menü **Ablage** vormals kommt als **Datei**-Menü daher. Statt vom **Sichern** ist vom **Speichern** die Rede. Das **Papierformat** heißt nun **Drucker einrichten.**

Ebenen-Palette

Transparente Bereiche zeigten die Miniaturen in der Ebenen-Palette bisher weiß, nun erscheinen sie kariert wie in der Datei selbst.

Grundeinstellungen

Photoshop speichert seine Grundeinstellungen – die Positionen der Paletten, aber etwa auch aktuelle Aktionen und Farbverläufe – nicht mehr nur in einem Dokument, nämlich »Adobe Photoshop 5 Prefs.psp«. Das Programm bezieht seine Start-Informationen noch aus zwei weiteren Dateien im Photoshop-Ordner, »Color Settings.psp« und »Actions Palette.psp«.

Was Sie nicht bekommen

Wunschlos glücklich macht Photoshop 5 nicht. Zum einen begehrt man Funktionen, die preisgünstige Mitbewerber wie PhotoImpact, Picture Publisher, Paint Shop Pro oder PhotoPaint ihren Kunden dienstbeflissen ins Paket packen. Zum anderen fallen einem nach etwa zehn Minuten mit Photoshop auch Features ein, die überhaupt kein Programm bietet – aus unerfindlichen Gründen. Auf der Vermißtenliste:

Bilddatenbank

Eine Bilddatenbank bietet Photoshop nicht, der **Kontaktabzug** hilft da auch nicht weiter.

Druckvorschau

Karg blieb auch die Druckbildvorschau: Es gibt sie quasi nicht, außer in dem schematisierten Kästchen, das per Mausklick auf die Systembeanspruchungsanzeige erscheint. Sogar eine schnelle Änderung der Druckmaße verweigert das Programm.

Aufgeräumte Arbeitsfläche

Die Photoshop-Arbeitsfläche ist im Nu zugemüllt mit Dutzenden von Paletten. Es gibt keinen Befehl, etwa im Kontextmenü einer Palette, besser noch per Kurztaste, die alle Programmelemente an den Rand ordnet. Der Befehl »Standard Palettenpositionen wiederherstellen« aus den **Voreinstellungen** eignet sich nicht: Erstens ist es umständlich, erst ein Dialogfeld öffnen zu müssen; zweitens muß man sich hier mit dem werkseitigen »Standard« abfinden, der nicht zum aktuellen Job paßt.

Lästiges »Laden«

Immer noch muß man seine Voreinstellungen für **Gradationskurven** oder **Kanalmixer** aufwendig von der Platte »laden« und sich dabei durch die Unter-Ordner wühlen. Wie es einfacher geht, macht der Hersteller sich selbst bei den **Beleuchtungseffekten** vor: Dort greift man persönliche Voreinstellungen direkt aus einem Klappmenü ab.

Individuelles Verzerren

Es gibt kein Werkzeug, das präzise und überschaubar Bildteile auf kleinem Raum individuell verzerrt. Weder einen »Goo«-Pinsel, der gummiartig verbiegt, noch ein Gitternetz (Mesh Warp), das Verzerrungen definiert. Die Filter **Verbiegen** und **Versetzen** sind nur ein schwacher Ersatz.

Ebenentechnik

Die Einsteigerprogramme machen es vor: Man kann Objekte auf einer Ebene an Ort und Stelle festnageln, so daß sie sich nicht mehr verschieben lassen. Und man kann sie mit einem weichen Rand ausstatten, der sich jederzeit wieder verfestigen läßt (fast eine Funktion für die **Effekte**). Photoshops Einstellungsebenen bieten nur Tonwertbefehle wie **Helligkeit/Kontrast**; die Konkurrenz kann auch Störungsfilter oder Weichzeichner vorübergehend in ein Bild blenden – das kostet zwar geringfügig Rechenzeit, erleichtert aber die Arbeit an Hintergründen erheblich.

Weitere Wünsche

Und das war noch nicht alles:

- ❒ Ergebnisse eines Filters oder mehrerer Filter oder auch unterschiedliche Farbtiefen-Veränderungen würde man gern in einem Tableau nach Art der **Variationen** besichtigen.
- ❒ Gradationskurve und Histogramm wären besser in einem gemeinsamen Fenster aufgehoben, wo man sie ineinanderblendet. Gradationskurven für Einzelkanäle könnten als Linien, nicht als Balken, durch das Koordinatennetz fließen.
- ❒ Wer mit einer verborgenen Auswahl arbeitet, vergißt das gelegentlich und wundert sich, warum Werkzeuge und Befehle nicht ansprechen. Ein Sternchen im Titelbalken könnte daran erinnern.
- ❒ Wer eine Auswahl in einen Pfad verwandelt, muß weiterhin damit leben, daß diese Prozedur die Auswahl aufhebt (und aus dem Pfad läßt sie sich nicht zwangsläufig ableiten).
- ❒ Internet-Designer werden lieblos abgefertigt: Die GIF-Vorschau ist umständlich wie seit jeher, eine JPG-Vorschau fehlt. Es gibt keine Hilfen für nahtlose Hintergrundmuster oder Gif-Animation.
- ❒ Könnte man mehrere Plug-In-Verzeichnisse angeben, müßte man die Zusatzmodule auf Grafikrechnern mit mehreren Pixel- und Illustrationsprogrammen nicht mehrfach installieren.

1.2 Rundgang durch den Photoshop

Manches lesen Sie vielleicht doppelt in diesem Band. Photoshop ist ein sehr komplexes Programm, bei dem alles mit allem zusammenhängt. Da Sie wohl kaum das ganze Buch am Stück durcharbeiten und dauernd zurückblättern, erscheinen ein paar wichtige Sätze an mehreren Stellen - etwa zu den Mischtechniken im Mal-Kapitel und erneut bei den Montagefunktionen.

Die Organisation dieses Buches

Zur Organisation dieses Buches: Überwiegend ist dieses Buch nicht nach komplexen Einzelaufgaben gegliedert, sondern nach Photoshop-Funktionen. Also ein Kapitel übers Malen, eins über Auswahltechniken, eins über Montagetechniken etc. So lernen Sie jedes Werkzeug und jeden Befehl in voller Breite kennen, können ihn voll ausnutzen und überblicken auch die zumeist vorhandenen Alternativen zu dem Befehl.

Doch immer wieder finden Sie »Praxis«-Übungen; hier werden typische Photoshop-Jobs am Stück abgearbeitet, geduldig Schritt für Schritt, etwa der Aufbau einer Montage. Dabei lernen Sie den Einsatz unterschiedlichster Befehle im Zusammenhang – auch solche Funktionen, die erst in späteren Kapiteln ausführlich erklärt werden. Die Originaldateien zu den Übungen finden Sie im Verzeichnis »Praxis« auf der beiliegenden CD.

Die Themen im Überblick

Es beginnt mit Grundlagenforschung: Wir installieren das Programm, lernen die Benutzeroberfläche kennen und gestalten diese sinnvoll. Aber bevor wir uns ernsthaft an die Arbeit machen, optimieren wir den Rechner: Wir kalibrieren ihn auf höchste Farbwiedergabe-Genauigkeit, und wir stellen das Betriebssystem so ein, daß auch ein derart speicherhungriges Programm wie Photoshop nicht gleich alles auffrißt.

Dann machen wir die erste Datei an. Wir holen Bilder auf den Schirm, berechnen Auflösung und Druckgröße. Lesen Sie, welche Auflösung für welchen Zweck gut ist und warum Sie nicht ohne weiteres die dpi-Zahl verändern sollten. Dann geht es um Dateiformate und um Farbmodi wie RGB, CMYK oder Bitmap.

Soll das Bild brillanter aussehen? Probieren Sie doch den Kontrastregler, das ist naheliegend; aber es gibt noch viel raffiniertere Möglichkeiten, die Tonwerte eines Fotos auf den gewünschten Punkt zu bringen, Sie werden sehen. Bunt geht es zu, wenn Sie Pinsel, Verlauf-Werkzeug und Farbfelder aktivieren. Doch nicht immer ist stumpfes Drüber-Malen angesagt; Farben und Untergrund lassen sich auf viele Arten raffiniert mischen.

Zum Lasso greifen wir danach. Lesen Sie, wie man im Photoshop einzelne Bildteile für die Bearbeitung exklusiv auswählt, wie man diese Teile auch durchs Bild und in andere Bilder hinein bewegt und wie man die Ausschnitte am gewünschten Ort so geschickt verankert, daß kein Mensch etwas davon merkt. Dazu gucken wir uns ein paar Spezialitäten des Hauses Photoshop genauer an: Mit den Auswahlkanälen fügen Sie fertigen Bilddateien weitere Elemente auf höherer Ebene zu, schützen oder selektieren gleichzeitig Bildteile mit Schutzfaktoren von 1 bis 256. Raffiniert sind auch die Pfade: Diese Linien im Bild lassen sich als Schneiderand oder als gemalte Kontur verwenden und durch die Bézierkurventechnik sehr elegant formen. Danach erfahren Sie alles über Montagen einschließlich Ebenen-Palette, Einstellungsebenen und Maskierungsgruppen.

Und völlig außer Rand und Band gerät der Rechner, wenn Sie Effektfilter wie **Beleuchtungseffekte** oder **Stuck** loslassen; das Filter-Menü beherbergt aber auch sachdienliche Funktionen wie Schärfen oder Weichzeichnen, deren verschiedene Einstellungen beherrscht sein wollen.

Ein Sonderfall ist Text im Bild; grundsätzlich läßt sich jede Schrift in Fotodateien einbauen. Wie Sie dabei pixelige Treppen und harte Kanten an den Buchstabenrändern vermeiden, sollten wir klären. Und natürlich lernen Sie Texteffekte kennen, die Photoshop nicht auf den ersten Klick preisgibt.

Der Service-Teil

Was Ihnen Englisch vorkommt, schlagen Sie im Fachwörterlexikon nach. Sie finden es hinten im Buch – genauso wie das Stichwortverzeichnis. Sie stoßen dort auch auf eine Übersicht aller Bilder, die hier im Buch vorkommen und auf der CD im Verzeichnis »Praxis« beiliegen. Außerdem erhalten Sie ein Adressenverzeichnis wichtiger Hersteller.

Online-Adressen zu interessanten Themen liste ich im zugehörigen Kapitel auf und noch einmal en bloc im Service-Teil; nicht jeder Server allerdings überlebt auch nur den Zeitraum zwischen Redaktionsschluß und Erscheinen eines Druckwerks.

1.3 Bilder für Ihre Praxis

Viele der Bilder in diesem Buch stammen von den PhotoDisc-CDs, die von Hamburg aus vertrieben werden. Die volle Anschrift samt Internet-Adresse finden Sie im Adressenteil ganz hinten. PhotoDisc präsentiert seine PhotoDiscs außerdem auf einem eigenen Verzeichnis auf der beiliegenden CD. Weitere Aufnahmen in diesem Buch stammen vom Autor und anderen netten Menschen.

Bilder von PhotoDisc

Zahlreiche PhotoDiscs habe ich für dieses Buch geplündert. Je nach CD finden Sie 100 bis 336 Bilder bis zur Dateigröße von 28,5 Mbyte, die sich meist problemlos in A4 oder größer drucken lassen. Neben der vorzüglichen gestalterischen Qualität überzeugen die Scans auch technisch: Meist kann man bis zum Maßstab 100 Prozent in die Bilder hineinzoomen, ohne daß sich enttäuschende Unschärfe breitmacht.

Bilder für Ihre Praxis

Alle Beispielbilder in diesem Buch, insgesamt über 170, finden Sie wieder auf der beiliegenden CD im Verzeichnis »Praxis«; Sie können also die Übungen sofort nachvollziehen. In etwa zwei Fällen war es rechtlich nicht möglich, die Datei zur Verfügung zu stellen. Ich nenne jeweils in der Bildunterschrift den Dateinamen, so daß Sie das Bild auf der CD schnell orten.

Alle »Praxis«-Bilder wurden auf rund 500×500 Pixel heruntergerechnet; sie lassen sich so auch auf kleinen Rechnern und Monitoren öffnen (Sie finden aber auch ein paar deutlich kleinere oder größere Dateien). Als Dateiformat verwende ich

- JPG, das besonders wenig Platz auf der Festplatte kostet und Pfade mitspeichert,
- Tiff, das Alphakanäle mitspeichert, und
- Photoshop für Bilder mit Ebenen.

Prüfen Sie, ob ein Bild Pfade oder Alphakanäle enthält, aus denen Sie Auswahlen laden können, oder ob ein Photoshop-Bild Ebenen – auch verborgene – oder Ebenenmasken enthält, die Bildbereiche verbergen können.

Sie können einige oder alle Werke auf den eigenen Rechner überspielen, um Zeit beim Öffnen zu sparen und das CD-ROM-Laufwerk für andere Aufgaben freizuhalten. Das gesamte »Praxis«-Verzeichnis beansprucht nicht mehr als knapp 50 Mbyte. Lassen Sie einige der dicksten Brokken weg, kommen Sie nur noch auf zehn oder 20 Mbyte.

Verwendung der Bilder im »Praxis«-Teil

Die Bilder im »Praxis«-Teil dürfen nur für den privaten Gebrauch zu Übungszwecken genutzt werden. Sie dürfen diese Bilder nicht weitergeben oder auf Papier, elektronisch oder sonstwie veröffentlichen. Wenn Sie das möchten, kontaktieren Sie »impressed« oder den Autor. Zur Verwendung der Bilder in den anderen CD-Verzeichnissen lesen Sie bitte die zugehörigen Textdateien und die Anmerkungen zur CD im »Service«-Teil.

1.4 Mehr über Photoshop

Vom Autor dieses Bandes gibt es mehr noch mehr Lesestoff über Photoshop 5.

Mit einem Inhalt, der diesem Band vergleichbar ist, erhalten Sie auch eine Version des Buches für Photoshop 5 für Windows. Für den Windows-Band-Band wurde Photoshop intensiv unter Windows getestet, alle Bildschirmfotos zeigen Photoshop in der Windows-Umgebung. Sie erhalten wichtige Tips zur Optimierung von Windows und zur idealen Einbindung von Photoshop:

Heico Neumeyer: Kompendium: Photoshop 5 für Windows
Verlag Markt&Technik
ISBN 3-8272-5417-5
ca. 700 Seiten

Für den reibungslosen Sofort-Einstieg ins erfolgreiche Photoshopping sorgt ein durchgehend farbig illustriertes Buch:

Heico Neumeyer: Photoshop 5
Verlag Markt&Technik, ca. Oktober 1998
Reihe M&T-Factory
ca. 300 Seiten
ISBN 3-8272-5450-7

Substanz dieses preisgünstigen Bandes bilden ausführliche Projekte, in denen Sie die Bildbearbeitung Schritt für Schritt anhand konkreter Aufgaben kennenlernen und alle Photoshop-Techniken durchlaufen. Dazu kommen wertvolle Tips zu Dateiformaten oder Systemoptimierung. Das Buch eignet sich gleichermaßen für Windows- und Mac-Nutzer. Die beiliegende CD enthält alle Übungsbilder.

1.5 Kontakt

Dem Autor dürfen Sie gerne per E-Mail die Meinung sagen – was Ihnen gefällt, was Sie nervt, was Sie vermissen, überflüssig finden oder in der nächsten Auflage anders lesen möchten. Da mehrere Bücher zu teilweise sich überschneidenden Themen von mir kursieren, machen Sie bitte ganz oben in Ihrer Mail zuerst folgende Angaben:

- Genauer Name des Buches inklusive Programm-Version, Betriebssystem und Auflage;
- Genauer Name des Programms inklusive Versionsnummer und Betriebssystem, auf das Sie sich beziehen.

Dann tippen Sie die Adresse ein, Heneumeyer@aol.com. Natürlich ist auch ein Brief oder Fax via Verlag in Ordnung. Bitte haben Sie jedoch Verständnis dafür, daß Antworten aus Zeitgründen ausschließlich via E-Mail oder notfalls per Fax gegeben werden können – bitte machen Sie also unbedingt die entsprechenden Angaben, wenn Sie eine Rückmeldung erwarten. Aus Gründen beruflicher Abwesenheit erhalten Sie die Antwort nicht immer ganz prompt. Frühere E-Mail-Adressen für Leserbriefe haben keine Gültigkeit mehr.

Bitte akzeptieren Sie auch, daß der Autor nicht die technische Hotline ersetzen kann. Wenn der Photoshop streikt, ist der Autor nicht die Schlichtungsstelle.

1.6 Dankeschön

Und bedanken möchte ich mich: Bei Herrn Karst und der Firma PhotoDisc in Hamburg, bei Frau Noack von impressed, bei Andreas Silzle, Dionys Asenkerschbaumer, Doro und Maurizio Dami, Nina Krauß, Hermann Groeneveld, Frank Thamm und Willi Gerlach. Und natürlich bei allen, die netterweise auch mitgeholfen haben, hier aber nicht vorkommen – also, nochmal danke!

2 Betriebssystem und Hardware

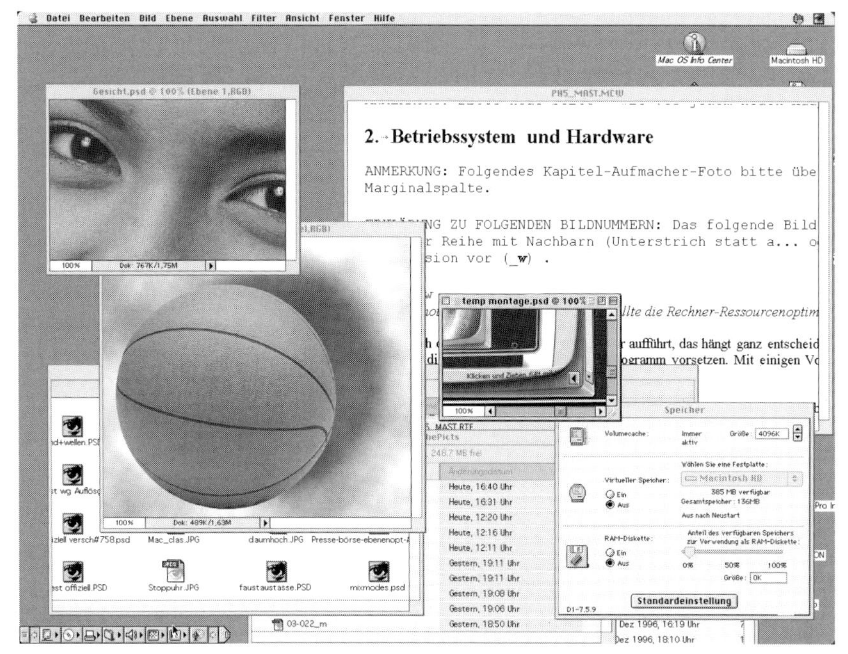

Wer mit Photoshop nicht untergehen will, sollte die Rechner-Ressourcen optimal einsetzen.

Wie sich der Photoshop auf Ihrem Rechner aufführt, das hängt ganz entscheidend vom Betriebssystem ab und von der Hardware, die Sie diesem anspruchsvollen Programm vorsetzen. Mit einigen Vorbereitungen können Sie das Photoshopping erheblich beschleunigen – oder überhaupt erst ermöglichen.

2.1 Den Mac einrichten

Einige Vorbereitungen sind nötig, damit das Mac-OS den Photoshop nicht unnötig bremst.

Die Festplatte vorbereiten

Festplatte brauchen Sie bis zur Oberkante Unterlippe. Nicht nur für die riesigen Dateien, die bei der digitalen Bildverarbeitung entstehen – speziell mit Photoshops Ebenentechnik –, sondern auch als Reserve-Arbeitsspeicher. Und da sollte die Festplatte nicht fragmentiert sein – das heißt, Dateien sollten sich nicht in kleinen Krümeln über verschiedene Teile des Festspeichers verteilen, und alle Dateien sollten nebeneinander auf der Festplatte liegen, so daß ein möglichst großer Festplattenbereich am Stück frei bleibt. Soll also ein Programm zum Defragmentieren der Festplatte den Datenhaufen aufräumen – solche Talente haben zum Beispiel die Norton Utilities.

Speicherverwaltung

Um den Rechner fit zu machen für datenschwere Pixeldateien, sorgen Sie vor allem für virtuellen Arbeitsspeicher – einen Platz auf der Festplatte oder auf sonst einem Laufwerk, der Daten aufnimmt, die nicht mehr in den eigentlichen Arbeitsspeicher passen. Photoshop interessiert sich weniger für den virtuellen Speicher, den Sie im Apple-Kontrollfeld »Speicher« eingestellt haben, sondern verwendet sein eigenes »Arbeitsvolume«; das Arbeitsvolume sollte so groß sein wie der Photoshop zugeteilte Speicher – das Entsprechende steht im anschließenden Kapitel über Photoshops »Voreinstellungen«. Wenn Sie allerdings Apples Virtuellen Speicher verwenden, wird bis zur Version 8.0 womöglich der ganze Photoshop auf die Festplatte ausgelagert. Verwenden Sie also den Virtuellen Speicher erst ab MacOS 8.1, noch besser gar nicht.

Volume Cache

Begrenzen Sie zugleich den Volume Cache auf höchstens 128 Kbyte, ab MacOS 8.0 auf höchstens ein Sechzehntel des Arbeitsspeichers. Dieser Speicherbereich ist exklusiv dem Betriebssystem vorenthalten und hält häufig benötigte Informationen schnell griffbereit. Große Werte auf knapp ausgestatteten Maschinen können Photoshop ausbremsen; bei großzügiger Speicherausstattung stört der Volume Cache nicht, macht das Programm aber auch nicht schneller.

Der virtuelle Speicher des Betriebssystems kann Photoshop bremsen.

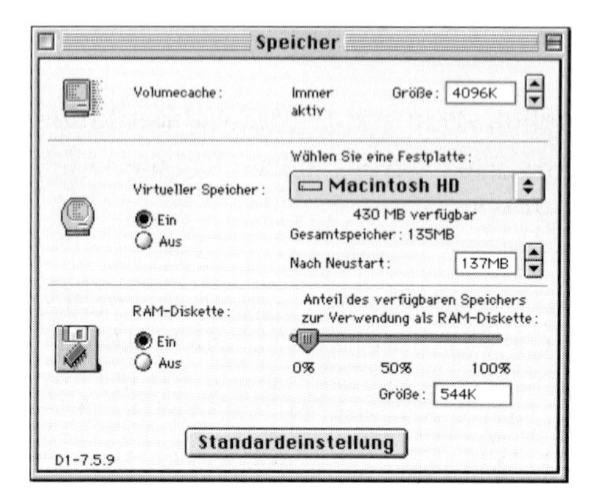

»Arbeitsdateikomprimierung ein«

Sie können Photoshop dazu bringen, seine temporären Dateien zu komprimieren, bevor sie auf die Festplatte geschrieben werden. Das kostet Zeit, ist aber eventuell bei kleinen, langsamen Massenspeichern die einzige Möglichkeit, das Programm zum Arbeiten zu bringen. Ziehen Sie das Plug-in »Arbeitsdateikomprimierung ein« aus dem Photoshop-CD-Ordner »Adobe Photoshop/Other Goodies/Weitere Erweiterungen« in den Photoshop-Ordner »Zusatzmodule« auf Ihrem Mac, um nach dem nächsten Photoshop-Start komprimierte Arbeitsdateien an Ihre Festplatte schicken zu können.

»Zwischenablage begrenzen«

Von Haus aus gibt Photoshop nicht mehr als vier Megabyte Bilddatei an die Zwischenablage weiter, um möglichen Abstürzen vorzubeugen; kopieren Sie einen größeren Bildteil, erhalten Sie die Meldung, daß die Zwischenablage zu groß ist. Das läßt sich leicht ausprobieren, wenn Sie mit ⌘+N eine neue, große Datei erstellen (zum Beispiel RGB-Modus, 2000×2000 Pixel), das ganze Ding mit ⌘+A markieren, mit ⌘+C kopieren und dann zu einem anderen Programm wechseln.

Sie können dieses Limit mit dem Plug-in »Unbegrenzte Zwischenablage« aufheben. Sie finden dieses Plug-in auf der Photoshop-CD »Applications« im Ordner »Other Goodies/Weitere Erweiterungen«. Schließen Sie Photoshop, dann ziehen Sie das Plug-in in den »Zusatzmodule«-Ordner auf Ihrer Festplatte, um es zu installieren.

Noch einfacher: umgehen Sie die Zwischenablage, und nutzen Sie die Möglichkeit, Bildteile, Pfade oder Auswahlkonturen innerhalb von Photoshop wie auch am Mac insgesamt durch Ziehen und Ablegen zu bewegen.

Arbeitsspeicher zuteilen

Natürlich brauchen Sie auch Arbeitsspeicher in Fülle – jenes »Kurzzeitgedächtnis« des Rechners, in dem alle aktuell geladenen Daten stecken, das aber nach einem Neustart erstmal wieder leer ist. Je mehr Arbeitsspeicher, desto schneller ist Photoshop.

Um Photoshop mehr Arbeitsspeicher zuzuteilen, gehen Sie so vor:

1. Starten Sie außer Photoshop alle Programme, die Sie gleichzeitig mit Photoshop verwenden wollen. Am schnellsten läuft das Programm freilich ohne andere Rivalen.
2. Wählen Sie im Apple-Menü **Über diesen Macintosh**. Ein Dialogfeld erscheint.
3. Unter »Größter freier Block« meldet Ihr Mac da, wieviel Speicher noch frei ist. Merken Sie sich das.
4. Markieren Sie das Photoshop-Symbol, dann wählen Sie **Ablage: Information**.
5. Jetzt erscheint das Photoshop-Informationsfenster. Stellen Sie den Wert für die »Bevorzugte Größe« auf die Speichermenge von oben.
6. Schließen Sie das Informationsfenster.

Bedenken Sie dabei diese Besonderheit von Photoshops Speicherverwaltung: Das Programm verkraftet nicht mehr Arbeitsspeicher, als Sie ihm mit dem Befehl **Ablage: Voreinstellungen: Plug-ins & Virtueller Speicher** zugestehen. Erhält Photoshop wenig Festplatte als virtuellen Speicher, kann er auch nur genausowenig Arbeitsspeicher nutzen. Drastisch ausgedrückt: Arbeiten Sie mit 512 Mbyte Arbeitsspeicher, dann braucht Photoshop genauso viel Festplatte zum Auslagern, um die Arbeitsspeicher-Chips überhaupt nutzen zu können.

Entscheidend für die Geschwindigkeit von Photoshop ist die Arbeitsspeicher-Zuteilung.

Große Speichermengen verwalten

Wenn Sie Photoshop mehr als 24 Mbyte Speicher zuweisen, benutzt er bis auf zwölf Mbyte eine eigene Speicherverwaltung, die schneller arbeitet als das Mac-Betriebssystem. Allerdings kann dabei Plug-ins die Luft zum Rechnen ausgehen.

Darum können Sie Photoshops eigene Speicherverwaltung ausschalten. Zwar arbeitet das Programm dann möglicherweise langsamer, aber einige Plug-ins entfalten sich besser. Dazu legen Sie die Photoshop-CD »Applications« ein und suchen nach dem Ordner »Other Goodies/Weitere Erweiterungen«. Dort finden Sie das Plug-in »Piggy Plug-ins Patch«, das Sie in den Photoshop-Ordner »Zusatzmodule« auf Ihrer Festplatte ziehen.

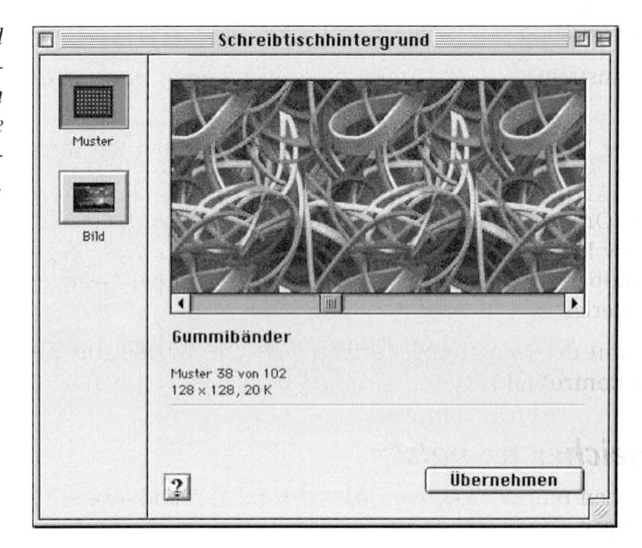

Im Kontrollfeld »Schreibtischhintergrund« richten Sie unauffällige Schreibtisch-Farben ein.

Die Schreibtisch-Farben

Der Macintosh-Schreibtisch prangt in mancherlei Farben und Mustern. Diese Pracht nervt jedoch bei der Bildbearbeitung nur, grau in grau lenkt weniger ab. Richten Sie sich eine neutrale Oberfläche ein:

1. Wählen Sie **Kontrollfelder** im Apple-Menü.
2. Wählen Sie das Kontrollfeld **Schreibtischhintergrund**.
3. Bewegen Sie den Schieberegler, bis eine einfarbige graue Fläche erscheint, zum Beispiel Muster »57 von 102«.
4. Dann klicken Sie auf »Übernehmen«.

Denken Sie daran, daß Sie das Schreibtisch-Outfit Ihres Mac auch gut mit den Schaltern ganz unten in der Photoshop-Werkzeugleiste regulieren können – schon der mittlere Schalter wirft alle anderen Programme aus dem Sichtfeld und sorgt für eine neutrale, übersichtliche Oberfläche (Kurztaste F).

Troubleshooting: System

Wenn der Photoshop nicht will, könnten mit folgenden Maßnahmen für Besserung sorgen:

- Löschen Sie die Datei »Adobe Photoshop Prefs« aus dem Ordner »Adobe Photoshop Settings« in Ihren Photoshop-Verzeichnis, und starten Sie Photoshop neu. Dabei wird ein komplett neues Voreinstellungen-Dokument mit den Grundvorgaben ab Werk erzeugt. Allerdings verlieren Sie zum Beispiel selbstgefertigte Aktionen oder Verläufe, die Sie noch nicht in eine separate Datei geschrieben haben.
- Starten Sie den Mac versuchsweise ohne Erweiterungen, indem Sie beim Systemstart die Umschalttaste drücken; einzelne Erweiterungen machen Sie mit dem Kontrollfeld »Erweiterungen Ein/Aus« unschädlich.
- Entfernen Sie neu-installierte Programme, nach deren Installation erstmals Probleme auftraten.
- Trennen Sie externe SCSI-Laufwerke vom System, überprüfen Sie Terminierung und Numerierung.
- Prüfen Sie, ob im Ordner »Temporary Folder« im »Systemordner« übergroße Temporärdateien (»Temporary Items«) lagern, die Photoshops Auslagerungsstrategien blockieren können. Auch Photoshop selbst breitet sich dort aus und kann bei Abstürzen nutzlose, riesige Datentrümmer hinterlassen.
- Gibt es Probleme mit der Darstellung, verträgt sich Ihre Grafikkarte möglicherweise nicht mit dem Gamma-Kontrollfeld.

Tips: Arbeitsspeicher freihalten

Ohnehin klar: Sie löschen nutzlose Ebenen und Auswahlkanäle oder verschmelzen Ebenen, Sie schneiden überschüssigen Rand weg. Aber Sie können noch mehr tun:

Zwischenablage löschen

Jedesmal, sobald Sie durch **Kopieren** oder **Ausschneiden** einen größeren Bildteil in die Zwischenablage befördern, pflastern Sie damit Arbeitsspeicher zu. Das Gleiche gilt, wenn Sie markierte Bildteile als Muster oder Schnappschuß definiert haben – diese Zwischenbilder bleiben bis zum Programmende im Arbeitsspeicher verankert. Mehr Arbeitsspeicher noch belegen die Informationen der Protokollpalette.

Um Platz zu schaffen, nutzen Sie den Befehl **Bearbeiten: Entleeren**, der Zwischenablage und Protokolle entsorgt.

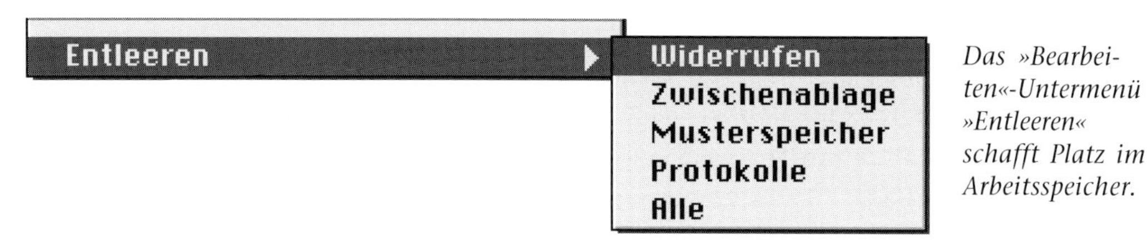

Das »Bearbeiten«-Untermenü »Entleeren« schafft Platz im Arbeitsspeicher.

Wollen Sie einen Ausschnitt nicht gerade mehrfach übertragen, verzichten Sie gleich ganz auf die Zwischenablage – ziehen Sie einen markierten Bildteil oder eine Ebene einfach mit dem Bewegen-Werkzeug in eine andere Datei; ein solcher Transfer strapaziert Ihre Zwischenablage gar nicht. Haben Sie keine Auswahl im Dateifenster, können Sie mit dem Bewegen-Werkzeug gleich das ganze Bild oder eine komplette aktivierte Ebene in eine neue Datei ziehen. Als Startrampe für die Kopie eignen sich auch Ebenen-Palette und Kanäle-Palette – ziehen Sie den Ebenen-Namen oder den Kanal-Namen in das gewünschte Bild, auch dieser Weg umgeht die Zwischenablage.

Andere Programme

Schließen Sie nicht benötigte Programme. Entfernen Sie außerdem so weit wie möglich andere Programme aus dem Ordner »Startobjekte«, lassen Sie »Kodak Precision« allerdings am Platz.

Ebenso knabbern natürlich Systemerweiterungen und Kontrollfelder am Arbeitsspeichervorrat. Ab MacOS 7.5 gibt es das Kontrollfeld »Erweiterungen Ein/Aus«, mit dem Sie Kontrollfelder und Systemerweiterungen nach Wahl ausschalten können.

Die Größe des Widerrufen-Speichers

Haben Sie eine **Tonwertkorrektur** auf das gesamte Bild angewendet, muß Photoshop eine komplette Reserve-Fassung des Werks im Arbeitsspeicher vorhalten; Sie erkennen das sofort, wenn Sie die Anzeige für den Speicherbedarf unten im Dateirahmen auf **Arbeitsdatei-Größen** schalten: Haben Sie nur ein Bild geöffnet und bislang keinen Reserve-Speicher beansprucht, verdoppelt sich der Speicherbedarf. Starten Sie jetzt eine örtliche Aktion – etwa indem Sie einen kleinen Auswahlrahmen aufziehen und wieder entfernen –, schrumpft der Arbeitsspeicherbedarf erheblich.

Teil-Bilder bearbeiten

Bei großen Bildern auf kleinen Rechnern macht es Sinn, speichersparend nur einen Bild-Ausschnitt zu bearbeiten, den Sie später wieder in das Gesamtwerk einsetzen. Dazu dient eigentlich auch Photoshops **Ablage: Importieren: QuickEdit**, aber das beschränkt sich auf die unpraktischen Dateiformate Scitex, Photoshop 2.0 und unkomprimiertes Tiff.

Ein Beispiel: Sie haben ein Portrait und wollen zunächst nur ein paar Zahnlücken füllen, brauchen also für eine ganze Weile nur die Mundpartie. Ich schlage folgendes Procedere vor:

1. Öffnen Sie die fragliche große Datei.
2. Richten Sie eine Hintergrundfarbe ein, die im Bild garantiert nicht vorkommt, zum Beispiel ein gräßliches Lila.
3. Markieren Sie den gewünschten Bildausschnitt mit dem Rechteckwerkzeug. »Weicher Rand« und »Glätten« müssen abgeschaltet sein.
4. Schneiden Sie den Bildausschnitt mit ⌘+X in die Zwischenablage aus; Photoshop füllt das Rechteck mit der Hintergrundfarbe.
5. Sichern Sie dieses Werk mit Lücke unter einem neuen Namen.
6. Schließen Sie die Datei.
7. Starten Sie den Befehl **Ablage: Neu**. Im Dialogfeld wird Photoshop die Originalmaße und den Farbmodus des Bildausschnitts vorschlagen, den Sie zuvor mit ⌘+X ausgeschnitten haben.
8. Bestätigen Sie mit »OK«.

9. In den neuen Bilddatei-Rahmen fügen Sie den ausgeschnittenen Bildteil per ⌘+V ein.
10. Bearbeiten Sie das Bild nach Bedarf.
11. Ist der Ausschnitt fertig korrigiert, markieren Sie den Gesamt-Ausschnitt mit ⌘+A und kopieren ihn mit ⌘+C in die Zwischenablage.
12. Schließen Sie das Detail-Bild.
13. Öffnen Sie das Gesamtbild mit der rechteckigen Lücke.
14. Markieren Sie die rechteckige Lücke mit dem Zauberstab; »weicher Rand« und »Glätten« müssen abgeschaltet sein.
15. Wählen Sie den **Bearbeiten**-Befehl **In die Auswahl einsetzen** (Umschalt+⌘+V). Damit sitzt der Ausschnitt wieder paßgenau am alten Ort.
16. Photoshop hat den Ausschnitt auf einer eigenen Ebene angesiedelt. Um wieder ein übliches Bild ohne separate Ebenen zu erhalten, wählen Sie im Menü **Ebene** den Befehl **Auf Hintergrundebene reduzieren**.

Natürlich gibt es auch die Möglichkeit, die Rechteck-Auswahl als Auswahlkanal oder Pfad zu sichern.

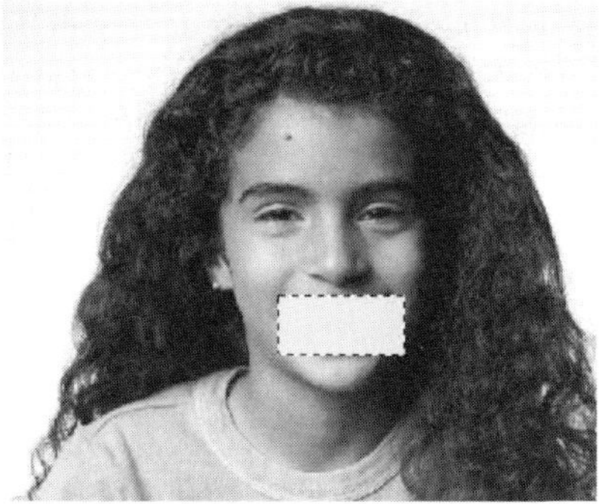

Wer in einem großen Portrait nur die Zahnlücke retuschieren will, kann Arbeitsspeicher sparen, indem er den interessanten Bildteil herausnimmt und durch die Hintergrundfarbe ersetzt.

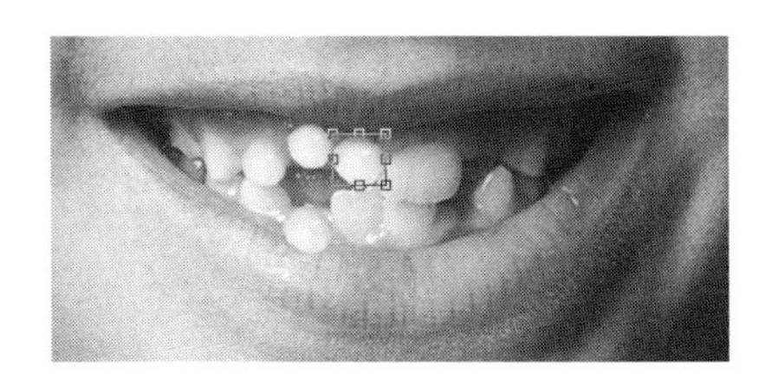

Dann wird nur der Ausschnitt retuschiert. Schließlich kopiert man ihn in die Zwischenablage und fügt ihn wieder in die Rechteck-Auswahl des Gesamtbildes ein.

2.2 Hardware

Photoshop verlangt Ihrer Hardware einiges ab. Bilder sind kein Text: Dieses Buch hat auf dem Computer 1,2 Mbyte Textdaten; der komplette Wortlaut paßt auf eine Diskette und kann auch auf älteren Rechnern en bloc ohne Zeitlupeneffekt geladen werden. 1,2 Mbyte – doch ein druckreifes Farbbild, das mit dieser Datenmenge auskommen soll, mißt bescheidene 4×4 Zentimeter. Und ein 10×15-Farbbild in 200 dpi umfaßt schon 2,7 Mbyte. Fast jedes Bild in diesem Buch belegt einzeln mehr Speicherplatz als der komplette Text. Um solche Datenmengen auf dem Rechner überhaupt öffnen und manipulieren zu können, reicht zumeist kein PC von der Stange.

Hardware-Voraussetzungen Mac

Hoffentlich steht bei Ihnen also das passende Gerät. Photoshop verlangt einen Power-PC-Prozessor und MacOS ab Version 7.5.5. Gefragt sind laut Hersteller mindestens 32 Mbyte Arbeitsspeicher und 60 Mbyte Festplatte.

Hardware-Voraussetzungen Windows

Wer Photoshop unter Windows nutzt, soll laut Adobe zumindest einen Pentium-Prozessor mit Windows 95 und 32 Mbyte freiem Arbeitsspeicher für das Programm betreiben, dazu 60 Mbyte Plattenplatz und eine 8-Bit-Grafikkarte aufbieten.

Diese Ausstattung reicht durchaus – für den Notbetrieb. Gerade Photoshop 5 hat Funktionen, die die Hardware immens beanspruchen, zum Beispiel 16-Bit-Kanäle und die Protokoll-Technik. Generell gilt, wenn Sie aufrüsten wollen: Mehr Arbeitsspeicher bringt deutlicheren Gewinn als ein schnellerer Prozessor; dessen Megahertze versickern zum guten Teil im System.

Im übrigen hängt der Hardwarebedarf natürlich auch davon ab, welche Bildtypen Sie bearbeiten. Haben Sie mit Paßfotos und Internet-Grafiken zu tun, reichen womöglich 48 Mbyte. Werkeln Sie dagegen stunden- oder tagelang an komplexen Montagen, die in A4 erscheinen sollen, dann empfehlen sich eigentlich 256 Mbyte Arbeitsspeicher. Bedenken Sie, daß ein A4-großes Bild in hoher Qualität durchaus 30 Mbyte beanspruchen kann; für Rücknahmeversionen, übereinanderliegende Ebenen und sonstige Ansprüche verlangt Photoshop da schnell mehr als 128 Mbyte Speicher.

1 Mbyte Arbeitsspeicher kostete bei Manuskriptabgabe im Frühjahr 1998 weniger als 5 Mark, so daß man 100 Mbyte schon für weniger als 500 Mark erstand. Speicherbänke mit 64 Mbyte statt 32 oder 16 Mbyte waren unverhältnismäßig teurer und nicht mit jedem Rechner kompatibel, auch wenn es im Datenblatt zunächst danach aussah. Grundregel: Der Arbeitsspeicher des vorhandenen Systems sollte erweiterbar sein.

Grafikkarte und Monitor

Damit die Bilder möglichst naturidentisch und hochaufgelöst auf der Mattscheibe erscheinen, müssen Monitor und Grafikkarte Höchstleistung bieten und optimal zusammenpassen. Ich beschreibe diese Hardware-Komponenten relativ ausführlich, da sie für Photoshop höchst entscheidend sind.

Monitor-Größen

Rechnen Sie ungefähr mit folgenden sichtbaren Bildflächen bei diesen Bildschirm-Diagonalen:

15 Zoll: 19,5×26 Zentimeter

17 Zoll: 21,7×29 Zentimeter

21 Zoll: 27,8×37 Zentimeter

Unter 17 Zoll ist ein Schirm für Bildverarbeitung uninteressant, weil Details zu klein geraten und mehrere Bilder nebeneinander schon gar keinen Platz mehr finden.

Wechselseitige Abhängigkeit

Die Grafikkarte übersetzt die Signale des Rechners für den Schirm. Sie steckt in einem Slot im Computergehäuse und kann ausgetauscht werden. Der Monitor kann nur soviel Qualität zeigen, wie die Grafikkarte liefert. Jeder neuere Farbmonitor ist zum Beispiel grundsätzlich zur sogenannten Echtfarbdarstellung mit 24 Bit Farbtiefe in der Lage. Aber die Grafikkarte muß dieses 24-Bit-Signal auch liefern, sonst nützt der schönste Schirm nichts.

Es kann passieren, daß die Grafikkarte den Monitor überfordert: wenn sie zu hohe Auflösungen oder zu schnelle Frequenzen ins Monitor-Kabel speist. Neuere Sichtgeräte blenden sich dann diskret aus, ganz alte gehen kaputt. Wer einen Monitor just an der Leistungsgrenze betreibt, kann die Transistoren zur Weißglut bringen. Die Bude stinkt noch Tage später.

Übersicht: Aufgaben der Grafikkarte

Die Grafikkarte hat eigene Speicherchips, deren Kapazität – zum Beispiel zwei, vier oder acht Mbyte – wesentlich für die erzielbare Auflösung und Farbtiefe verantwortlich ist. Die Grafikkarte muß drei unterschiedliche Ansprüche erfüllen, die teilweise miteinander konkurrieren:

- Farbtiefe: Die Grafikkarte muß möglichst viele verschiedene Farben gleichzeitig darstellen können; das kostet Speicherplatz, der sich nicht mehr in höhere Auflösung umsetzen läßt (siehe unten, »Farbtiefe«).
- Auflösung: Die Bilddatei und das Photoshop-Programmfenster müssen mit möglichst vielen Bildpunkten dargestellt werden, um höchste Schärfe zu erreichen; das kostet ebenfalls Speicherplatz (siehe unten, »Auflösung«).
- Bildwiederholfrequenz: Je öfter das Bild am Schirm neu aufgebaut wird, desto ruhiger und besser wirkt es. Grafikkarten, die eine vertikale Wiederholfrequenz (Refresh-Rate) von 75 Hertz schaffen, gelten bereits als augenfreundlich. Doch 90 Hertz wirken besser. Die maximale Wiederholfrequenz einer Grafikkarte sinkt bei Steigerung der Auflösung (siehe unten).

Farbtiefe

Die Farbtiefe besagt in diesem Fall, wieviel unterschiedliche Farben die Grafikkarte gleichzeitig darstellt. Stellen Sie sich ein Gesicht vor, das vor einen sanften Farbübergang montiert wird: Wenn Sie diese Szene nur mit 256 unterschiedlichen Farben anzeigen können, erscheint sie notgedrungen grob – auch wenn das Bild selbst eine viel höhere Farbdifferenzierung hat und diese auch nicht verliert. Hauchfeine Helligkeits- oder Farbunterschiede zeigt die Grafikkarte am Bildschirm mit einem einzigen Tonwert, die Differenzierung ist dahin.

Die meistverwendeten Farbtiefen für die Monitoranzeige sind acht, 15 und 16 sowie 24 Bit. Wenn die Grafikkarte pro Bildpunkt auf dem Monitor acht Nullen oder Einsen (also acht Bit = ein Byte) aufwendet, dann kann sie $2^8 = 256$ unterschiedliche Farbabstufungen zeigen.

Für Farbbilder ist das zu wenig: Die übrigen darstellbaren Zwischenfarben werden dann durch lästiges Streuraster (Dithering) simuliert, das grisselige Ineinander aus einigen der verfügbaren 256 Farben.

Besser ordnet man jedem Bildpunkt gleich 16 Nullen oder Einsen (16 Bit gleich zwei Byte, auch Hicolor genannt) zu – damit kommt man auf immerhin 2^{16} = 64.000 verschiedene darstellbare Farben. Allerdings brauchen Sie für 16 statt acht Bit Farbtiefe bei gleichbleibender Monitorauflösung natürlich doppelt so viel Speicher auf der Grafikkarte.

Erforderlich für die Druckvorstufe sind jedoch 24 Bit Farbtiefe (drei Byte, Truecolor) – das macht pro Monitor-Bildpunkt drei Byte und bringt 2^{24} = 16,7 Mio. unterschiedliche Farben.

Auflösung

Die erzielbare Bildschirm-Auflösung (Monitor-Bildpunkte breit mal hoch) hängt in erster Linie von der Menge des Grafikspeichers ab – und von der Farbtiefe, mit der Sie arbeiten.

Ein Beispiel: Sie haben ein Mbyte Grafikspeicher. Wenn Sie pro Bildpunkt nur ein Byte brauchen (also acht Bit, für 256 unterschiedliche Farben), läßt sich eine Auflösung von 1024×768 Pixeln erreichen, wie aus der Rechnung hervorgeht:

1024 horizontal × 768 vertikal × 1 Byte Farbtiefe = 786.432 Kbyte = 0,78 Mbyte

Wollen Sie die gleiche Menge Bildpunkte jedoch mit 16 Bit Farbtiefe anzeigen (oder zwei Byte, für 68.000 verschiedene Töne), sind schon zwei Mbyte Grafikspeicher gefragt, wie die Rechnung zeigt:

1024 horizontal × 768 vertikal × 2 Byte Farbtiefe = 1.572.864 Kbyte = 1,57 Mbyte

Anspruchsvolle Photoshopper planen gar drei Byte (24-Bit, 16,7 Mio. Farben, das sogenannte Truecolor) pro Bildpunkte ein; Ihre Rechung:

1024 horizontal × 768 vertikal × 3 Byte Farbtiefe = 2.359.296 Kbyte = 2,36 Mbyte

Das erfordert in der Praxis vier Mbyte Grafikspeicher. Der läßt sich gleich gar für höhere Auflösungen wie 1280 × 1024 nutzen:

1280 horizontal × 1024 vertikal × 3 Byte Farbtiefe = 3.932.160 Kbyte = 3,93 Mbyte

Ob freilich eine solche Leistung in der Praxis zur Verfügung steht, die den Grafikspeicher komplett ausschöpft, hängt vom Software-Treiber und vom jeweiligen Grafikprozessor auf der Grafikkarte ab. Haben Sie mit dem Taschenrechner herausgefunden, daß in Ihrer Grafikkarte noch ungenutzte Reserven schlummern, bemühen Sie sich um einen aktuellen Treiber – der bietet eventuell mehr.

Generell ist eine sehr hohe Monitor-Auflösung erstrebenswert. Steigern Sie die Monitor-Auflösung, können Sie mehr Bildfläche und Dialogfelder anzeigen oder aber gleichviel Bilddatei-Fläche in höherer Auflösung. Vor allem angesichts des Paletten-Wildwuchses in Photoshop empfehlen sich Auflösungen oberhalb der üblichen 1024×768 Pixel. Je höher die Monitor-Auflösung, desto mehr Paletten lassen sich öffnen, ohne daß die Bilddatei verdeckt wird. Stellen Sie bei hohen Auflösungen größere Systemschriften ein. Allerdings kann man die Photoshop-Symbole, die spätestens ab 1600 Pixel zu klein sind, nicht vergrößern.

Anspruchsvolle Alternative zu einem höchstauflösenden Schirm: ein (kleinerer) Zweitmonitor, auf dem Sie alle Paletten zeigen, während der Großschirm nur die Bilddatei selbst präsentiert. Dafür brauchen Sie eine spezielle Zweischirm-Grafikkarte mit zum Beispiel vier plus vier oder acht plus vier Mbyte Grafikspeicher oder ein Grafikkarten-Pärchen, das sich zu einer Zweischirm-Lösung kombinieren läßt.

Bildwiederholfrequenz

Der bekannteste Wert ist die vertikale Bildwiederholfrequenz: Er gibt an, wie oft ein Monitorbild neu aufgebaut wird. Werte ab 75 Hertz (75 Wiederholungen pro Sekunde) gelten als augenfreundlich, 90 Hertz wirken sichtbar besser. Achten Sie darauf, daß die Frequenzangaben sich immer auf den non-interlaced-Modus (ni) beziehen, der ohne lästigen Zeilensprung auskommt. Erscheint dagegen in der Werbung irgendwo ein sagenhafter Wert womöglich mit einem kleinen »(i)« dahinter, dann wird hier das trostlose interlaced-Verfahren verwendet: Die Grafikkarte baut im Zeilensprung mit jeder zweiten Zeile erst ein Halbbild auf, dann das andere. Das Bild flackert und ist ungenießbar.

Hohe Frequenzen verlangen unter Umständen nach besseren Monitorkabeln. Generell empfehlen sich BNC- statt VGA-Kabel für Hi-End-Systeme; dies gilt wiederum eventuell nicht, wenn die Grafikkarte am Rand ihrer Möglichkeiten arbeitet.

Wenig bekannt ist, daß die Bildwiederholfrequenz stark von der verwendeten Auflösung abhängt. Eine Grafikkarte mit einer hervorragenden Bildwiederhol-Rate bei 800x600 Pixeln sieht eventuell schon bei 1024x768 Punkten viel schlechter aus. Darum setzt man sich besser auch mit der Horizontalfrequenz auseinander; mit der Horizontalfrequenz lassen sich die Wiederholraten für unterschiedliche Auflösungen errechnen.

Horizontalfrequenz

Die Horizontalfrequenz eines Monitors oder einer Grafikkarte gibt Aufschluß über die Bildwiederholrate bei einer bestimmten Auflösung und damit über die Qualität der Bilddarstellung. Die Formel:

$$\frac{\text{Horizontalfrequenz}}{(\text{Vertikalauflösung} + \text{fünf Prozent})}.$$

Bietet also ein Monitor oder eine Grafikkarte eine Horizontalfrequenz von 69 Kilohertz, dann errechnet sich die mögliche Bildwiederholrate bei 1024x768 Punkten – also einer 768er Vertikalauflösung – so:

$$\frac{69000}{(768+38)} = 85$$

Sie erhalten also eine vorzügliche Bildwiederholrate von 85 Hertz.

Doch bei 1280x1024 Punkten sieht es ganz anders aus:

$$\frac{69000}{(1024 + 51)} = 64$$

Hier kommen nur noch flimmerige 64 Hertz zustande.

Um auch bei dieser hohen Auflösung vorzügliche 85 Hertz zu erhalten, wäre eine Horizontalfrequenz von 92 Kilohertz nötig.

Übersicht: Horizontalfrequenzen

Wünschen Sie eine Bildschirm-Darstellung mit 75 Hertz vertikaler Bildwiederhol-Rate, brauchen Sie je nach Bildschirm-Auflösung die folgenden Horizontalfrequenzen und Videobandbreiten:

Auflösung (Punkte)	Horizontalfrequenz (kHz)	Bandbreite (MHz)
640× 480	39,6	25,3
800× 600	49,5	39,6
1024× 768	63,4	64,9
1280×1024	84,5	108,1
1600×1280	99,0	158,4

Video-Bandbreite

Eine Grafikkarte kann man auch anhand der Video-Bandbreite beurteilen. Dieser Wert errechnet sich aus der Formel

Horizontalfrequenz × (Horizontalauflösung + 10 Prozent).

Eine Platine erreicht zum Beispiel 77 Megahertz. Am Beispiel eines Monitorbildes mit 1024×768 Pixeln kommt man zu folgenden Zahlen:

$69.000 \times (1024 + 102) = 77$ Mio.

Diese Video-Bandbreite von 77 Megahertz erweist sich als zu karg, wenn 1280×1024 Pixel dargestellt werden: Die Formel

$$\frac{77 \text{ Mio.}}{(1280 + 128)} = 54000$$

führt zu einer Horizontalfrequenz von nur noch 54 Kilohertz; und dieser Wert ergibt bei 1280x1024 Bildpunkten eine unruhige Vertikalfrequenz von nur 50 Hertz.

Weitere Hardware-Aspekte

Was ist sonst noch wichtig an Ihrem PC?

Maus

In Photoshop arbeiten Sie intensiv mit der Maus; da ist Feinmechanik gefragt – und eine gute Mausunterlage. Darum: Mäuse samt passender Software liegen zwar ab 29 Mark in den Computerläden; doch wenn das Feeling nicht stimmt, sollte man ruhig mehr ausgeben, zum Beispiel für die angenehm schwere und handliche Microsoft-Maus. Regelmäßiges Reinigen der Mechanik wird empfohlen.

Grafiktablett

Viel genauer und schneller ist jedoch ein Grafiktablett. Besonders angenehm: das druckempfindliche Grafiktablett mit gefedertem Stift. Damit sprüht zum Beispiel das Airbrush-Tool die Farbe in unterschiedlicher Intensität über den Schirm, je nach Andruck des Stiftes auf dem Tablett. Photoshop macht auf Wunsch Größe, Farbe oder Deckkraft eines Striches druckabhängig.

Sie ziehen den druckempfindlichen Grafikstift schwungvoll über das Grafik-Brett; und ebenso schwungvoll schillert die Linie vor Ihnen auf dem Monitor. Zu Anfang haben Sie fest aufgesetzt – dort steht die Farbe dunkel, dick und breit. Doch dünn und blaß läuft der Strich aus, weil Sie zum Schluß nurmehr flüchtig angedrückt haben. Runde Formen, Handschrift, fein Ziseliertes oder auch Komplexes aus einer einzigen Bewegung heraus malt sich mit der klobigen Maus kaum; ein Versuch mit der eigenen Unterschrift zeigt es bereits. Für den Grafikstift ist das kein Problem.

Vorzüglich malen Sie mit dem Grafikstift auch Konturen nach, die Sie auf Papier vor sich haben, etwa das Profil eines Gesichts oder einen Schriftzug. Sie legen die Vorlage einfach aufs Brett, das die Griffel-Signale auch durch Papier hindurch empfängt. Manche Bretter sind gar mit einer klaren Plastikauflage bespannt; darunter klemmen Sie ein Photo oder Zeichenpapier und ziehen die Konturen nach. Auch das freihändige Ausschneiden mit Lasso oder Skalpell gelingt dank Grafikstift.

Der Stift ersetzt theoretisch auch die Maus, alle Schalter und Menübefehle Ihrer Programme lassen sich damit bedienen. Dennoch ist bei der Befehlseingabe die Maus weit praktischer, so daß man beide Geräte zugleich anschließen sollte. Das kleinste druckempfindliche Grafiktablett kostet nur noch 300 Mark – mit einer aktiven Fläche von 13×14 Zentimeter, die durchaus reicht; die Klasse darüber mißt rund 15×15 oder 15×19 Zentimeter und kostet 600 bis 1500 Mark, etwa von Kurta, Calcomp oder Wacom. Wacom liefert auch eigene Effekt-Plug-Ins für Photoshop, die Pen Tools.

CD-ROM-Laufwerke

Nein, als Bildbearbeiter brauchen Sie nicht das schnellste CD-ROM-Lesegerät auf dem Markt. Überlegen Sie eher, wenn Sie viel mit CDs jonglieren, ob es ein Wechselspieler für drei oder sieben CDs sein soll. CD-Brenner kosten längst weit unter 1000 Mark und eignen sich auch als normale Lesegeräte; sie sind langsamer als aktuelle Lesegeräte, das Schreiben kann zur Nervenprüfung werden. Prüfen Sie, ob auch die neueren, mehrfach beschreibbaren CDs unterstützt werden.

Modem

Auch als BildbearbeiterIn kommen Sie ohne Modem kaum noch aus. Neue Hardwaretreiber, Updates und wichtige Informationen gibt es vielfach nur online. In den Foren bekommen Hilfebedürftige von Hilfebegierigen wichtige Tips im Kbyte. Alle in diesem Buch genannten Online-Adressen finden Sie en bloc nochmal im Service-Teil.

Auch für die Bilddatenübertragung eignen sich Modems durchaus. Etabliert waren bei Drucklegung Geräte mit 28.800 Bits pro Sekunde (bps), während die Modems mit 57.000 bps gerade auf den Markt kamen. Sind Sie einem Online-Dienst verbunden und alles läuft bestens, erreichen Sie schon mit einem 28,8er-Gerät tatsächlich Übertragungsraten von 2,7 Kbyte pro Sekunde. Damit haben Sie pro Minute schon 162 Kbyte weggeschaufelt. Bedenken Sie, daß sich eine professionelle DIN-A4-Datei (30 Mbyte) mit dem JPEG-Format ohne viel Schaden auf ein einziges Mbyte stauchen läßt. Läuft alles glatt, haben Sie es in weniger als sieben Minuten übertragen.

Allerdings läuft nicht immer alles glatt. Auch wenn die Online-Dienste einen 28.800er-Zugang versprechen, kommen Sie manchmal nur auf magere 1,5 oder 0,7 Kbyte pro Sekunde. Ist die Datei zu 98 Prozent in den Cyberspace geflutscht, kann sich das Online-Programm ohne weiteres aufhängen. Hier sind die Unterschiede zwischen den Dienstleistern ganz erheblich. Eine Alternative sind Mailboxen oder Datenübertragung direkt zum Zielrechner.

ISDN-Geräte

Immerhin zweimal 64 Kilobit überträgt das ISDN-Netz; viele Belichtungsdienste und Druckereien sind ihm bereits verbunden, so daß Sie Ihre Daten per Direkttransfer in die automatische Belichtung einspeisen können. Online-Dienste mit ISDN-Zugang bieten durchaus nicht immer die erhofften 64- oder 128-Kilobit-Raten, sondern je nach Transfer-Protokoll zum Beispiel nur 57, 38 oder noch weniger Kilobit.

Wechselspeicher

Wer große Datenmengen an Kollegen oder an den Belichtungsdienst weiterreicht, tut dies meist auf Wechselplatten. Es gibt keinen etablierten Standard wie etwa bei Video- oder Audiokassetten. Also klären Sie zunächst, welches Prinzip Ihre Partner verwenden.

Zip-Laufwerke mit Diskettenprinzip findet man relativ häufig; sie fassen 100 Mbyte und belasten das Budget gering, wenn man wenig Medien benötigt: Das interne Laufwerk kostete zuletzt 200 Mark, die Disk 23. Magnetooptische Scheiben (MODs) sind vor allem bei hoher Anschaffungszahl rationell, außerdem bestechen sie durch höchste Datensicherheit beim Lesen, beim Versand und in der Archivierung. Die schlanke 3,5-Zoll-Variante für 640 Mbyte kostet 44 Mark, das Laufwerk liegt bei 620 Mark. Die geräumigen 5,25-Zoll-MODs nehmen 2,6 Gbyte auf und kosten 90 Mark, in neuester LIM-DOW-Technik allerdings deutlich mehr; das Laufwerk erscheint mit 2600 Mark auf der Rechnung.

Das verbreitete Jaz-Laufwerk arbeitet zwar sehr schnell, aber mit der mechanisch anfälligen elektromagnetischen Speicherung üblicher stationärer Festplatten; während das Einbau-Laufwerk ab 440 Mark zu haben ist, kostet eine Scheibe immerhin 180 Mark.

Die Medien für Laufwerke mit SCSI-Anschluß können Sie oft gleichermaßen am Mac und unter Windows verwenden, eventuell brauchen Sie ein paar Treiber dafür. Beliebige SCSI- oder EIDE-Festplatten können Sie überdies in Wechselrahmen einbauen; ein solcher Rahmen kostet rund 25 Mark, mit Lüfter das Dreifache.

Noch ein Tip aus der Profi-Praxis: Tragen Sie Ihren ganzen Rechner zum Belichten. Alternative für Schraubenzieher-Besitzer: Bauen Sie die SCSI-Festplatte aus; klären Sie vorab SCSI-ID und Terminierung und wie sich das auch ändern läßt.

Wer Backups macht, ist feige

Hannes ist einer der nettesten Pizzafahrer in meiner Stadt. Irgendwie versteht er auch was von Computern und von Computer-Grafik. Nicht selten bin ich abends seine letzte Tour (warum wohl?). Am Mittwoch stand er mal wieder vor der Tür. Ich hatte gegen elf eine Vegetariana und ein Magnum bestellt; dann hatte ich Photoshop und Quark heruntergefahren und noch einen Blick in die E-Mail geworfen. Als der letzte Rechner mit einem »Knonk« vom Netz ging, klingelte es auch schon an der Tür: mein Abendessen.

Ich glaube, ich hatte noch einen Ausdruck in der Hand, als ich öffnete. Jedenfalls kam Hannes diesmal ins Erzählen:

»Du, ich war auch mal erfolgreicher Computergrafiker, die Agenturen haben mir die Tür eingerannt. Einmal hatte ich Entwürfe auf der Platte, die 50.000 Mark bringen sollten, Produkt von drei Monaten harter Arbeit, kurz vor der Deadline. Dann kam der Morgen, als meine Start-Festplatte abrauchte... klack-klack-klack hörte ich nur noch... der Schirm blieb schwarz..., klack-klack-klack..."

Du hattest bestimmt eine ordentliche Sicherheitskopie, vermutete ich.

»Nein! Für ein Backup hatte ich nie den Nerv gehabt, und wo sollte ich die ganzen Megabytes auch hinschreiben. Zuviel Aufträge, zuviel Hektik! Ich dachte allerdings, ich habe Glück im Unglück: Meine Daten waren auf *zwei* interne Platten verteilt, etwas würde also bleiben. Mein Systemberater stellte dann fest: *Beide* Platten sind im Eimer...“

Mein Hunger war futsch. Ich schob die Pizzabox ins Schuhregal. – Und dann?

»Erst dachte ich, ich bau' alle Entwürfe neu auf, ich hatte sie ja schließlich jetzt im Kopf. Aber ich sah, daß die Zeit nicht reicht. Außerdem – alles, was du im Kopf längst abgehakt hattest, ein zweites Mal zu produzieren, das ertrage ich nicht.«

»Zum Glück«, sagte Hannes, »zum Glück hatte ich die Anzeige von diesem 'Datenrettungsdienst' gesehen. Da habe ich angerufen. Die freundliche Dame bei der Databack GmbH ist offensichtlich therapeutisch geschult. Dabei hatte ich *erst* gebrüllt, geweint, geflucht und gebetet und *dann* die Nummer eingetippt. Sie sagte: Sie müssen die Platten nach London schicken. Die Diagnose kostet zunächst 700 Mark; die Reparatur, sofern möglich, kostet 3000 Mark pro Datenträger – durchschnittlich ...“

Und hast du's gemacht, fragte ich schaudernd.

Hannes schnaubte: »Was blieb mir übrig? Der Kurierdienst transportierte meine zwei Kilo Hardwareschrott für nur 125 Mark nach London – soviel wie ein Touristenflug. Mein Systemberater rief zurück: Jaja, der Hersteller hatte ein Problem mit der Firmware; die Austausch-Platten werden besser. Wollte er mich damit etwa *trösten*?

Databack sagte: In einer Woche sind die Daten repariert, kostet nur 8000 Mark. Ich sagte meinen scharrenden Auftraggebern: In einer Woche sind die Grafiken fertig, ich feile noch an den Details, sie werden ganz edel. Inzwischen klickte ich mit einer neuen, leeren Festplatte vor mich hin. Nach *zwei* Wochen sagte Databack: Wir haben da ein Problem...«

Au Mann – Hannes! Ich legte das Eis zur Pizza ins Schuhfach.

»Schließlich schickte Databack die Grafiken auf DAT-Kassetten und lieferte ein Bandgerät gleich mit. Ich hatte um CDs, um ein E-Mail mit den wichtigsten Grafiken gebeten, aber das gehörte nicht zum Service. Daß nur ein englisches Stromkabel beilag, konnte ich ja noch verkraften. Dann aber stellte ich die SCSI-Nummer ein und schloß das Bandgerät am Rechner an.“

Ja – und – alle Dateien an Bord???

»Sobald das Bandgerät dranhing, wollte der Scheiß PC nicht mehr starten! Data – weg.«

Die Pizza war kalt, das Eis warm und die Nacht schwärzer als eine abgerauchte SCSI-Festplatte. Hannes drehte sich grußlos um. Dann richtete er seinen Autoschlüssel nochmal anklagend auf mich:

»Weißt Du, was mir endgültig das Genick gebrochen hat, moralisch, meine ich? Vier Wochen nach dem ganzen Theater schickt mir Databack doch so einen Brief: Sehr geehrter Herr Hannes, leider haben Sie die Frontblende unseres Mietgerätes beschädigt, und das kostet Sie nur 250 Mark plus Mehrwertsteuer.«

Danach tauchte Hannes endgültig ab. Ich schob die Vegetariana in den Ofen und das Magnum ins Gefrierfach. Frösteln. Ein letzter Blick auf meine Rechner im Arbeitszimmer: Stumm. Aber – tot? Morgen früh, würden sie wohl...

Ach was: Wer Backups macht, ist feige.

Drucker

Drucker, die fast Fotorealistisches von sich geben, erhalten Sie schon für rund 1000 Mark. Dennoch Sie brauchen nicht unbedingt einen. Druckaufträge nimmt inzwischen fast jeder Copyshop an, auch übers Internet können Sie Printjobs abgeben. Auch Telefonshops und andere Hi-Tech-Läden mischen mit – appellieren Sie an den Ehrgeiz der Inhaber, die schaffen vielleicht einen Farbkopierer mit PC-Interface für Sie an.

SW-Laserdrucker

Mit 600-dpi-Laserdruckern lassen sich immerhin bessere Qualitäten als mit der Tageszeitung erzielen, während 300 dpi Druckauflösung nur für übliche schwarze Schrift oder bei Strichgrafik überzeugen.

Der Laserdrucker produziert kein mittleres Grau, sondern nur pures Schwarz. Grautöne werden mit einem Trick simuliert – durch mehr oder weniger große schwarze Bildpunkte. Diese Bildpunkte setzen sich wiederum aus einer quadratischen Anordnung von Drucker-Punkten zusammen. Gibt ein Drucker zum Beispiel 600 Punkte pro Zoll (gleich 2,54 Zentimeter) aus, erzeugt man die Bildpunkte etwa mit einer 8×8-Matrix: Ein Quadrat aus acht mal acht Druckerpunkten setzt sich zu einem Bildpunkt zusammen. Die Zahl der möglichen Graustufen liegt bei 8×8 = 64, ein brauchbarer Wert. Die Druckauflösung des Bildes beträgt 600:8 = 75 dpi. Das ist unabhängig von dem Wert, der in der Bilddatei gespeichert ist; und es hat auch nichts zu tun mit jenen 600 dpi, die der Drucker laut Datenblatt beherrscht – dieser Wert gilt eben nur für reines Schwarz, zum Beispiel Schrift.

Farb-Tintenstrahldrucker

Soll der Ausdruck Farbe bekennen? Auch Farb-Tintenstrahler müssen rastern – also unterschiedliche Farbnuancen durch enges Nebeneinanderstellen fest vorgegebener Farbwerte und Bildpunktgrößen vortäuschen. So wirken die Ergebnisse auf den ersten Blick hübsch und präsentabel, aber nach zwei Sekunden überhaupt nicht mehr fotorealistisch. Spezialpapier macht den Print brillanter, treibt aber unter Umständen die Kosten pro Seite auf mehr als drei Mark.

Doch neue Tintenstrahldrucker bringen inzwischen nicht mehr nur die vier Grundfarben Cyan, Gelb, Magenta und Schwarz ungerastert zu Papier, sondern sind imstande, noch einige weitere Tonwerte tatsächlich zu mischen. Der Druck einer vollfarbigen DIN-A4-Seite kann 20 Minuten dauern und drei Mark kosten.

Thermotransferdrucker, Farb-Laserdrucker

Thermotransferdrucker kosten meist um 10.000 Mark. 2400 erhitzte Druckköpfe übertragen drei oder vier Farbschichten Wachs auf Spezialpapier oder Folien; das Ergebnis: leuchtende Farben. Doch für den Bildverarbeiter bringt das nicht so viel: Auch Thermotransferdrucker rastern nämlich, die schönste Pixeldatei wirkt entstellt im Wald der grob gestreuten Bildpunkte.

Noch teurer sind Farb-Laserdrucker, die nach dem gleichen Prinzip funktionieren wie die weitverbreiteten SW-Laser: Eine mit photoleitendem Material beschichtete Trommel wird zunächst statisch aufgeladen; die nicht zu bedruckenden Bereiche werden dann durch einen Laserstrahl, der die Trommel zeilenweise abfährt, wieder entladen. Dann kommt Trockentoner auf die Trommel, der an den nicht entladenen Stellen haften bleibt und auf das Papier übertragen wird. Vorteile dieser Technik: Schneller, billiger Druck auf Normalpapier; Nachteil: Raster.

Thermosublimationsdrucker

Während beim Thermotransfer-Verfahren Wachs geschmolzen und auf der Oberfläche des Druckträgers fixiert wird, dringt bei der Thermosublimation Farbe in den Druckträger ein und löst dort chemische Reaktionen aus. Unterschiedliche Temperaturen am Druckkopf steuern dabei die Farbmenge und variieren so die Farbintensität. Und das bedeutet: Halbtöne müssen nicht mehr durch Zusammenwürfeln von Druckerpunkten simuliert werden, das feinstufige Erzeugen von Zwischendichten mittels Rastern wird nicht mehr durch einen drastischen Verlust an Auflösung erkauft. 400 °C heiße Druckköpfe dampfen jeden Bildpunkt mit jeder Dichte – 0, 10, 20, 37 oder 100 Prozent – auf teures Spezialpapier; sie übertragen bei Bedarf auch 33 Prozent Cyan, 12 Prozent Magenta und 17 Prozent Gelb auf ein und denselben Bildpunkt. Das Ganze mit unbestechlichen 300 Punkten pro Zoll.

Die Prints unterscheiden sich kaum oder gar nicht von der konventionellen Vergrößerung eines Negativs auf Fotopapier. Die Materialkosten pro Seite liegen jeweils bei sieben Mark, beim Dienstleister zahlt man 15 bis 50 Mark. Damit wird dieser Druckertyp zum Favoriten, wenn es um einen höchstwertigen Einzeldruck bis zum Format 20x30 geht; auch zwei 13x18-Bilder passen auf die Fläche. Die schnieke Hochglanz-Oberfläche erinnert fast schon an Metallic-Papier. Klären Sie mit Ihrem Belichtungsservice vorab Auflösung und Tonwertumfang der Datei, eventuelle Umrechnungsmodi und Schärfefilter.

Filmrecorder

Wer seine Bilddatei auf die Leinwand projizieren oder beliebig in hoher Qualität vervielfältigen will, der läßt sich ein Dia ausbelichten. Ein Kleinbild-Dia aus dem Filmrecorder hat rund 4000×2800 Punkte, und es zeichnet jeden einzelnen Bildpunkt mit beliebigen Dichtestufen auf – lästiges Rastern entfällt. Eine Diabelichtung kostet 10 bis 30 Mark, je nach Menge, Dateiformat, Terminvorgaben und Unternehmen. Eine Ausbelichtung mit 8000 Punkten lohnt sich im Kleinbild-Format nicht. Wie bei allen Druckern muß das Bild nicht in der Originalauflösung abgeliefert werden, der Drucker rechnet die vorhandenen Bildpunkte auf seine Möglichkeiten um. Wer will, erhält auch Dateien auf Mittel- oder Großformatfilm. Erhältlich ist ebenso auch die Ausbelichtung auf Negativ. Dank weicherer Kontraste und niedrigerer Print-Preise eignet sich das Negativ besser für die Vervielfältigung auf Fotopapier.

Bilder auf T-Shirts und Tassen

Bilddateien kann man nicht nur auf Papier oder Film drucken und belichten: Tassen, T-Shirts oder Regenschirme sind als Trägermaterial ebenso geeignet und geben pfiffige Werbegeschenke ab. Bei Kleinauflagen ist Siebdruck out; Bilder aus dem PC gelangen mit modernen Transfermethoden und ohne kompliziertes Handwerk auf fast jeden Träger. Tatkräftige Menschen bügeln ihre Bilder eigenhändig auf Baumwoll- und Mischgewebe. Die entsprechenden Folien kosten drei bis vier Mark je A4-Bogen, in großen Mengen deutlich weniger. Auch Copy-Shops transferieren Ausdrucke oder Papierfotos auf Folie und dann auf Textil.

Dienstleister drucken Grafikdateien fast auf beliebige Ware. So plaziert ein Darmstädter Unternehmen Bilder zum Beispiel 6×17 Zentimeter breit auf Tassen; im Angebot sind auch Bierkrüge, Gläser, Aufkleber, Maus-Unterlagen, Puzzles, Schirmmützen, Lineale, Anstecker, CD-Aufkleber und Regenschirme. Die Preise für ein Einzelstück liegen meist zwischen 20 und 40 Mark. Bei Auflagen ab fünf Exemplaren fallen die Preise beträchtlich, bei hundert Exemplaren oft bis auf den halben Preis. Bei der Auflösung von Pixelbildern reichen speicherschonende 100 bis 150 dpi; Schriften sollten als »Kurven«, nicht als Text abgespeichert werden, aber hauchdünne, kleine Lettern können untergehen.

Eine andere Firma stickt Grafiken auf Textilien, etwa Aufnäher, Wappen, Fahnen, Westen und Krawatten. Eine entsprechende Maschine kann sechs bis zwölf Farben zugleich unterbringen. Aufwendige Motive werden teils oder ganz von Handstickerinnen verarbeitet. Schlichte Handzeichnungen, Ausdrucke oder Dateien akzeptiert das Unternehmen gleichermaßen als Vorlage.

Maschinen für den Transfer

Als Drucker für Transferfolie werden häufig die Canon-Farbkopierer verwendet. Wer diese Kopierer über den Rechner ansteuern will, braucht einen PostScript-Interpreter. Preise für die entsprechenden Pressen beginnen bei etwa 995 Mark für die Mützenpresse Sprint Cap, einfache Transferpressen mit Flächen zwischen 38×38 und 40×50 Zentimeter kosten zwischen 1250 und 2000 Mark. Dagegen schlägt die pneumatische Transferpresse Air Hotronix Swinger Automat mit 5450 Mark zu Buch; sie bietet 40×50 Zentimeter Arbeitsfläche, digitale Druckanzeige, LED-Display, ständige Temperaturkontrolle und Vorpreßautomatik. Dazu wird ein Kompressor benötigt, der weitere 1700 Mark kosten kann.

Motive digitalisieren

Vielfältig sind die Möglichkeiten, Bilder in den Rechner zu bringen.

Scanner

Bei Manuskriptabgabe sah es so aus, als ob Sie mit Scannern unterhalb 6000 Mark keine wirklichen Hi-End-Ergebnisse erzielen könnten. Natürlich läßt sich jede Menge sogenannte Good-Enough-Quality produzieren. Scanner mit zwölf Bit pro Grundfarbe erzielen bessere Ergebnisse als Acht- oder Zehn-Bit-Geräte, selbst wenn nur acht Bit an Photoshop weitergereicht werden. Ab einer Auflösung von etwa 1000×2000 Pixeln kann man auch an die Digitalisierung von Kleinbild-Dias denken, sofern entsprechendes Zubehör geliefert wird.

Scanner-Hersteller protzen oft mit der hohen Auflösung ihrer Geräte; prüfen Sie jedoch, ob dabei ausdrücklich die sogenannte »physikalische Auflösung« genannt wird – jene Differenzierung bei der Bild-Digitalisierung, die durch tatsächlich vorhandene CCD-Elemente erreicht wird. Die hohen Traum-Werte sind nur »interpoliert«; das bedeutet: Auf der Basis der tatsächlich gescannten Pixel werden weitere Bildpunkte künstlich ins Bild gerechnet. Sie kommen dann auf fulminante Daten, doch dieses Verfahren verschafft Ihnen keinerlei Informationsgewinn und wird bei Bedarf auch von Photoshop erledigt – und zwar meist schneller und besser. Interessant beim Vergleich ist nur die ausdrückliche physikalische Auflösung.

Photo CD als Scanner-Alternative

Aber man muß sich gar kein teures Gerät ins Haus holen, sondern kann auch scannen lassen. Zum Beispiel schreibt der Photo-CD-Service Ihre Dias auf eine computerlesbare CD-ROM. Dabei bekommen Sie hundert hochaufgelöste Bilder auf einer Scheibe und müssen noch nicht mal Speicherplatz dafür opfern.

Die verbreitete Photo CD Master nimmt nur Kleinbild-Dias und -Negative auf. Wer größere Vorlagen, ob Papier, Dia oder Negativ, digitalisieren will, muß diese erst vom Labor herunterduplizieren lassen. Vielseitiger ist da die wenig verbreitete Pro Photo CD Master: Sie digitalisiert Formate bis 10×13 Zentimeter, allerdings auch nur Dias und Negative. Sie bietet außerdem eine erhöhte Auflösung von 4000×6000 Pixeln, die aber wegen der nicht verlustfreien Datenreduktion und nachträglichen Zwischenwertberechnung nicht voll zum Tragen kommt. Preis pro Scan: 30 bis 50 Mark.

Photos on Disk etc.

Noch günstiger sind Angebote wie die Kodak Picture Disk: Sie lassen beim Entwickeln Ihrer Bilder zusätzlich Scans von den Bildern machen. Da zahlt man für 20 Scans mitunter nur 14,95 DM. Sie erhalten Auflösungen zwischen 480×640 und, bei Kodak, 512×768, die rein rechnerisch für etwa sieben bis zehn Zentimeter Breite reichen. Die Bilder liegen hoch komprimiert auf einer einzigen Diskette. Die Kompression und das schnelle Scan-Verfahren schlucken Brillanz und Schärfe – dennoch können die Picture Disks eine Lösung für weniger anspruchsvolle Budget-Veröffentlichungen sein. Zumindest Händler, die mit Kodak, Eurocolor oder Porst zusammenarbeiten, sollten das bieten. Knackpunkt: Teils erhalten Sie die Bilder nur bei Erstbestellung in Zusammenhang mit einer Negativentwicklung; andere Labors wieder nehmen ungerührt auch vorhandene Dias, Negative oder Papierbilder an. Während manche Hersteller allgemein lesbare JPEG-Dateien produzieren, erhalten Sie eventuell von anderen Labors Bilder, die sich nur mit einer speziellen Software öffnen und konvertieren lassen – da muß man nochmal fünf oder 50 Mark investieren.

Trommelscanner

Profis frickeln nicht lange an korrekturbedürftigen Photo-CD-Daten herum. Sie suchen sich einen Scan- oder Belichtungsservice aus dem Branchenbuch oder aus den Anzeigen in den DTP- und Imaging-Blättern. Dort rotieren Trommelscanner, die sechsstelliges Geld kosten. Sie liefern digitale Pracht an den Rechner, jegliches Korrigieren ist überflüssig. Ein entsprechender Scan kostet je nach Größe 30 bis 300 Mark.

Lowcost-Digitalkameras

Einfache Digitalkameras kosten nurmehr 600 Mark. Sie zeichnen 480×640 bis 1500×1000 Pixel auf, die im internen Speicher mehr oder weniger komprimiert werden. Die Qualität ist miserabel bis erstaunlich.

Informationen über Digitalkameras finden Sie auf den Internet-Seiten des Arbeitskreises Digitale Fotografie:

`http:\\www.adf.de`

Spiegelreflex-Digitalkameras

Außerdem gibt es eine Reihe von Spiegelreflex-Digitalkameras etwa auf Basis von Nikon-, Canon- und Minolta-Gehäusen; sie werden vom Hersteller selbst, aber auch von Fuji oder Kodak mit einer Chip-Rückwand ausgestattet. Typische Geräte kosten zwischen 7.000 und 50.000 Mark und zeichnen zwischen 1200×1000 und 3000×2000 Bildpunkten in Graustufen oder 36 Bit Farbe auf. Die Bilder werden auf einer eingebauten oder angekoppelten Speichereinheit gelagert. Typisch ist der eingebaute Steckplatz für PC-Card-Wechselfestplatten (früher PCMCIA geheißen). Bilder, die mit solchen Digitalknipsen am Abend entstehen, gelangen bequem noch am nächsten Morgen in die Tageszeitung.

Zeilenscanner-Kameras

Digitale Mittelformat- oder Großformat-Kameras arbeiten oft mit Zeilenscannern: Hier fährt eine einzelne Scan-Leiste geruhsam das ganze Bild ab – diese Zeile besteht teils aus 6000 Elementen, die Bilder mit 6000×6000 Pixeln direkt in den Rechner schleusen. Dafür braucht die Kamera mitunter einige Minuten. Manche Kameras arbeiten jedoch nur mit kleinen Chips von zum Beispiel 292×516 CCD-Elementen; dieses Element wird dann bei der Aufnahme in 192 verschiedene Positionen gerückt, die Einzelbilder setzen sich per Software zu einem Endfoto von 3072×2320 Punkten zusammen.

Wegen der langen Aufnahmezeiten kommen nur absolute Stilleben vor die Kameras mit den hochauflösenden Zeilenscannern – etwa Sachfotos oder Repros. Ein schäumendes Bier, eine tau-benetzte Pflanze oder eine Hand, die ein Produkt hält, sind zu unruhig für die trägen Zeilen-Kameras. Außerdem benötigt man über Minuten hin stabiles Licht. Hier scheidet die übliche Blitzanlage aus; statt dessen baut man Halogen- oder HMI-Lampen auf, die minutenlang mit Normlicht strahlen. Die Wärme von 12000-Watt-Halogenlampen kann dabei beträchtlich sein.

Bilder aus dem Internet

Sofern Sie Zugang zum Internet haben, können Sie kostenlose Bilder oft in hoher Qualität herunterladen und zumindest privat nutzen. Zu den freigiebigsten Bild-Anbietern zählen Fremdenverkehrsämter, Unis, Museen oder auch Firmen wie Kodak. Weltraummotive liefert die Nasa frei Haus. Im Internet etwa beim Suchdienst Yahoo, aber auch bei Dienstleistern wie AOL oder Compuserve finden Sie spezielle Listen mit vielen Verknüpfungen zu Bildangeboten. Einige Anlaufstellen:

`http://www.yahoo.com/Computers_and_Internet/Multimedia/Pictures/`

`http://www.kodak.com/digitalImaging/samples/samples.shtml`

`http://www.hq.nasa.gov/office/pao/Library/photo.html`

`http://www.nycvisit.com/stock/stock.html`

AOL: Kennwort »Pictures«

Compuserve: »Go« »Comart«, »Dtpforum«, »Picture« oder »Photography«

Links zu kommerziellen Bildagenturen mit Internet-Service lagern unter:

`http://www.agentur.de/_partner/bildm.htm`

3 Oberfläche und Grundfunktionen

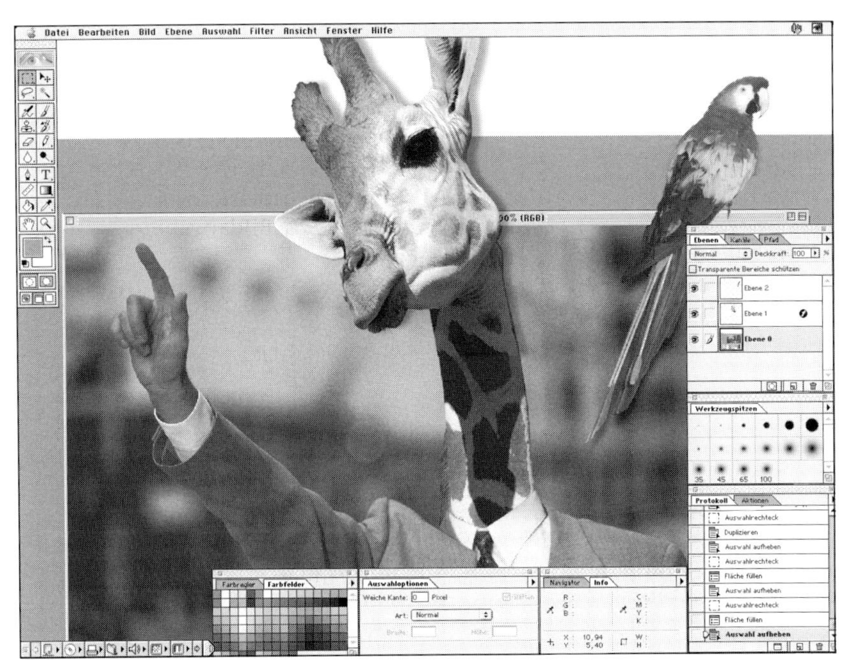

Dieses Kapitel bietet eine Orientierung über die Photoshop-Oberfläche.

Zunächst geht es kurz um die Programm-Installation, bevor wir die Oberfläche unter die Lupe nehmen. In den **Voreinstellungen** regeln Sie, wie Photoshop aussieht und wie er sich in bestimmten Situationen verhält; starten Sie keine größere Aktion, bevor Sie nicht den entsprechenden Abschnitt weiter unten studiert haben. Sie erfahren hier auch Grundlegendes darüber, wie Sie mit Paletten, Werkzeugleiste, Lupe und Navigator umgehen oder wie man Befehle widerruft. Und natürlich sollten Sie Ihren Monitor kalibrieren, damit er Farben so abbildet, wie sie auch im Druck erscheinen.

3.1 Einstieg

Zwei Photoshop-CDs purzeln Ihnen aus dem Karton entgegen.

Die »Application«-CD

Nummer 1, die »Application«-CD, enthält nicht nur Photoshop selbst, sondern nützliche Zugaben:

- Im Ordner »Other Goodies« finden Sie Reliefs für die Beleuchtungseffekte, Texturen, Aktionen, Verläufe und einen PostScript-Druckertreiber.
- »Quicktime« sollten Sie installieren, um sich die Filme auf den Photoshop-CDs ansehen zu können.

- »TechInfo« enthält im PDF-Format des Adobe Acrobat Erklärungen zu Spezialproblemen, teilweise veraltet.
- Den »Acrobat Reader« installieren Sie, um all die PDF-Dateien lesen zu können.
- Im Verzeichnis »Stock Art« finden Sie Bilder zu Übungszwecken.
- Unter »3rdParty Party Products« gibt es Demo-Versionen von Plug-Ins.
- Im Verzeichnis »Adobe Products and Services« liegt Demo-Software von Adobe, darunter PhotoDeluxe 2.0, Pagemaker, Streamline, Premiere und Dimensions.

Die CD »Tour and Training«

Informationen erhalten Sie auf der CD »Tour and Training«:

- Der »Photoshop Overview« enthält lehrreiche Filme.
- Die »Photoshop Quick Tour« erläutert Basistechniken.
- Weitere Dokumente illustrieren Novitäten von Photoshop 5, die Ebenentechnik und geben Tips für elektronisches Publizieren.
- Die »Digital Art Show« zeigt Bilder, die Anregungen geben können für eigene Arbeiten.
- Außerdem finden Sie auch hier noch einmal Quicktime und den Acrobat Reader.

Installation

Um Photoshop installieren zu können, brauchen Sie die Seriennummer. Bei Updates verwenden Sie die Seriennummer der bisherigen Fassung, die beiliegende neue Nummer dient nicht zur Installation. Beim Update von LE-Fassungen – einer abgespeckten Photoshop-Ausgabe, die Scannern beiliegt – verwenden Sie die neue Update-Seriennummer.

Sie können Photoshop nicht direkt von der CD aus starten. Falls Sie von einer älteren Version aktualisieren, wird Photoshop 5 komplett in einen neuen Ordner gelegt. Die alte Version ändert sich dabei nicht, allerdings werden Quicktime und TypeManager auf den neuesten Stand gebracht.

Sobald Sie die CD einlegen, erscheint automatisch ein Startbildschirm. Klicken Sie auf »Photoshop installieren«. Entscheiden Sie für die Installation zwischen »Normal«, sparsamem »Minimal« und »Benutzer«, wenn Sie die Programmelemente eigenhändig aussuchen wollen.

Manuelle Installation

Bei der »Manuellen Installation« wählen Sie die Elemente einzeln aus. Bei der manuellen Installation können Sie zum Beispiel auf die Dateien für die elektronische »Registrierung« verzichten, wenn Sie sich nicht via Datenübertragung registrieren wollen.

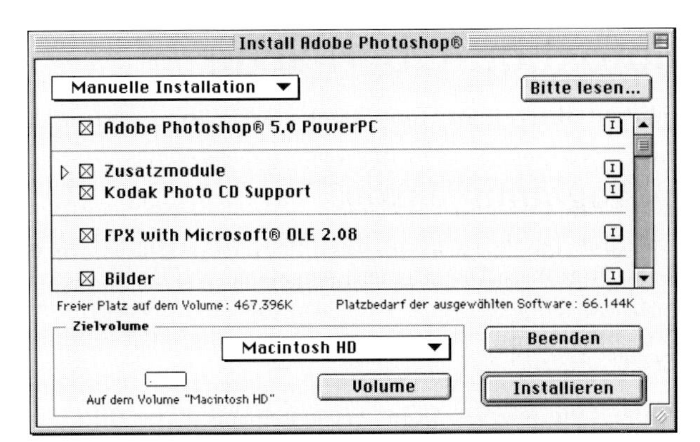

Bei der manuellen Installation können Sie einzelne Programmteile abwählen.

Bei den frühen getesteten Vollversionen fand sich nach der Installation die Datei tw10428.dat im Photoshop-Verzeichnis. Sie enthält die deutschen Namen der Photoshop-Befehle, und Sie könnten dort mit einem Textprogramm zum Beispiel die verschiedenen Übersetzungsfehler der Software beheben. Fertigen Sie zuvor eine Kopie der Datei.

Schneller Start

Sie wollen gleich loslegen und nicht erst lange lesen. Hier sind ein paar kurze Tips, wie Sie das Programm auf die Schnelle für entspanntes Photoshopping einrichten. Ausführliche Erklärungen finden Sie im Innern des Buchs.

- Geben Sie Photoshop passende, schnelle, große »Arbeitsvolumes« mit dem Befehl **Datei: Voreinstellungen: Zusatzmodule & Virtueller Speicher**, die viel Platz für Auslagerungsdateien bieten.
- Verhindern Sie das Mitspeichern einer zeit- und platzraubenden »flachen« Bildversion bei Fotomontagen per **Datei: Voreinstellungen: Dateien speichern**; dort schalten Sie die Option »Mit Composite und Dateiebenen« ab.
- Teilen Sie Photoshop mehr Speicher zu, indem Sie bei geschlossenem Programm das Programmsymbol anklicken und im Finder den Befehl **Ablage: Information** wählen.
- Solange Sie sich mit dem Farbmanagement nicht befaßt haben, stellen Sie nach dem Befehl **Datei: Farbeinstellungen: Profile einrichten** alle Optionen auf »Ohne« beziehungsweise auf »Ignorieren«.
- Wenn Sie nicht automatisch nach digitalen Wasserzeichen forschen wollen, schieben Sie das Plug-In »Wasserzeichen suchen« aus dem Photoshop-Ordner »Zusatzmodule/Digimarc« in ein Zwischenlager außerhalb der »Zusatzmodule«.

Danach starten Sie das Programm neu – es kann losgehen.

3.2 Die Photoshop-Oberfläche

Das Programm ist frisch installiert, Photoshop zeigt das Startbild und steht auf dem Schirm.

Das Photoshop-Programmfenster

Schauen wir uns um: In der Titelleiste steht der Name des Programms. Unter der Titelleiste kommt die Menüleiste. Dort gibt es die üblichen Angebote wie **Datei**, **Bearbeiten**, **Fenster** oder **Hilfe**. Klicken Sie einmal auf die jeweiligen Titel, um die Menüs zu öffnen. Alternativ drücken Sie dafür die Alt-Taste samt dem unterstrichenen Buchstaben, also etwa Alt+D, um das **Datei**-Menü zu öffnen.

Zeigt das Programm- oder Dateifenster nicht das ganze mögliche Bild, erscheinen rechts und unten Bildlaufleisten. Sie können mit der Maus auf den entsprechenden Bildlaufregler zeigen und das Bild in die gewünschte Richtung ziehen, um unsichtbare Bereiche hervorzuholen; etwas weniger komfortabel ist es, das Bild per Klick auf die entsprechenden Bildlaufpfeile zu bewegen. Damit kriegen Sie aber eventuell feinere Schritte hin. Mit der Verschiebehand aus der Werkzeugleiste bewegen Sie das Bild gleichzeitig horizontal und vertikal, also schräg, durchs Fenster – sparen sich also das Zurren an gleich zwei Balken. Noch komfortabler arbeiten Sie bei Bildfenstern mit dem Navigator, der unten besprochen wird.

Bilddatei-Titelleisten

Die Titelleisten der jeweils aktiven Datei- und Programmfenster sind hervorgehoben. Beachten Sie, daß Photoshop die Titelleisten der Dateien mit Informationen vollstopft. Sie lesen dort nicht nur Farbmodus und Abbildungsmaßstab; die Schrift im Balken verrät auch, welche Ebene oder Ebenenmaske aktiv ist, präsentiert gegebenenfalls das Copyright-Zeichen des Digimarc-Filters und nennt die aktuelle Ansicht, wenn Sie ein RGB-Bild mit CMYK-**Vorschau** anzeigen.

In kleinen Zoomstufen zeigt die Titelleiste eventuell nicht den ganzen Sermon. Den entnehmen Sie jedoch der Programm-Titelleiste ganz oben, wenn Sie das Bild durch Doppelklick auf die Datei-Titelleiste maximieren, oder aber wenn Sie nur den Mauszeiger über die Titelleiste halten und in den »Voreinstellungen« (⌘+K) die Werkzeug-Tips aktiviert haben: Photoshop produziert einen Schriftzug mit der gesamten Titelleisten-Information.

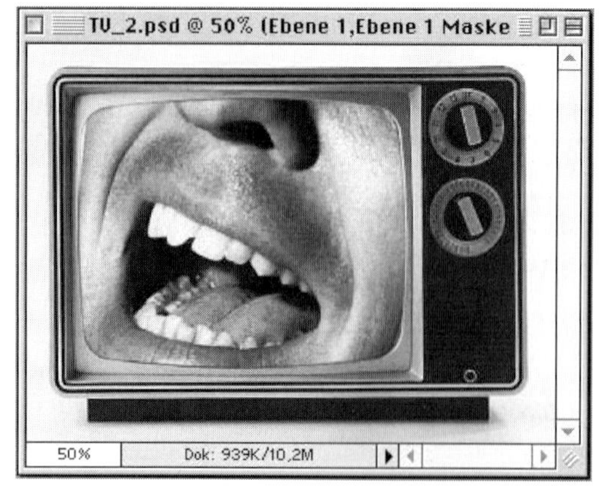

Der Titelleiste entnehmen Sie, daß in diesem Beispiel die Maske der Ebene 1 bearbeitet wird.

Kontextmenüs

Direkt über der Datei oder über einer Palette erscheinen Photoshops Kontextmenüs, die Sie mit der rechten Maustaste einblenden und in der Version 5 nützlicher finden werden als zuvor. Hier zeigt Photoshop zum Beispiel Befehle aus den jeweiligen Werkzeugoptionen, bei den Mal- oder Retuschegeräten bietet er eine Auswahl an Werkzeugspitzen und Mischmodi. Bei aktivem Bewegen-Werkzeug erscheint ein Auswahl-Menü der Ebenen unter der Zeigerposition; dazu reicht es, wenn Sie mit der stets gültigen ⌘-Taste vorübergehend zum Bewegen-Werkzeug umschalten und dabei rechts klicken.

Darstellung der Programmfläche

Drücken Sie ein oder zweimal die Taste F (für Full screen), um die verschiedenen, sehr übersichtlichen Arten der Vollschirm-Darstellung auszuprobieren. Alternativ klicken Sie die entsprechenden Symbole ganz unten in der Werkzeugpalette an. Damit unterdrückt Photoshop die Anzeige anderer Programme sowie nicht-aktiver Dateien und rückt die aktive Datei in die Mitte. In der extremeren Variante mit schwarzem Programmhintergrund verschwindet sogar die Menüleiste, so daß Sie das Programm über Tastenkürzel bedienen müssen; Sie erhalten allerdings in diesem Modus unter Windows alle Menüs auch über einen entsprechenden Knopf oben an der Werkzeugpalette. Umschalt+F blendet die Menüleiste jeweils ein und aus.

Arbeitsfläche färben

Sie können die Photoshop-Arbeitsfläche – also den grauen Bereich um ein Bild herum – nach Ihren Wünschen färben. Das funktioniert sowohl bei dem grauen Bereich eines zu groß aufgezogenen Bildfensters als auch bei der grauen Umgebung im Vollschirmmodus. Klicken Sie einfach mit dem Füllwerkzeug (Kurztaste K) bei gedrückter Umschalt-Taste in die Photoshop-Arbeitsfläche, um sie mit der aktuellen Vordergrundfarbe zu färben. Dieser Vorgang läßt sich nicht widerrufen, so daß Sie bei einem unerwünschten Ergebnis mit einer neuen Farbe füllen müssen.

Die Photoshop-Paletten

Nach Geschmack blenden Sie die Paletten des Photoshop ein und aus. Diese Tafeln zeigen Näheres über Pfade, Kanäle, Farbwerte oder Pinselspitzen. Um sie aufzurufen, wählen Sie die entsprechenden Befehle im Menü **Fenster**.

Photoshop faßt mehrere Paletten wie Karteikarten zu einer Gruppe zusammen; über Reiter klickt man die gewünschte Palette nach vorne. Die Palettengruppen lassen sich frei zusammenstellen: Klicken Sie mit der Maus auf das Namensschild einer Palette, und ziehen Sie die Palette zu einer anderen; sie werden wieder in einer Gruppe zusammengefaßt. Oder Sie ziehen eine Palette aus einer Gruppe heraus und lassen sie über der Arbeitsfläche los – diese Palette steht dann als Einzelgängerin da. Bei komplexen Arbeiten braucht man oft viele Paletten gleichzeitig – man läßt sich jede Palette einzeln permanent anzeigen.

Die Paletten lassen sich auch »zusammenfalten«, so daß nur noch ihre Titelleiste auf dem Schirm steht; dazu klicken Sie auf die Symbol-/Vollbildfläche rechts oben in der Palettenleiste. Noch drastischer schrumpfen die Paletten, wenn Sie dorthin bei gedrückter Alt-Taste klicken oder die Titelleiste doppelt anklicken.

Achtung: Um die Photoshop-Fläche aufzuräumen, ruft man gern die »Voreinstellungen« auf (⌘+K) und klickt die Schaltfläche »Standard Palettenpositionen wiederherstellen« an. Doch dann sind alle individuellen Palettengruppen perdu, Photoshop steckt die Paletten wieder nach Werksvorgabe zusammen.

Die Befehle und Einstellungen zu jeder Palette kontrollieren Sie über das Paletten-Menü; Sie erreichen es über einen Klick auf das Paletten-Menü-Dreieck oben rechts. Beim nächsten Start zeigt Photoshop alle Paletten dort, wo sie zuletzt liegenblieben. Es sei denn, Sie wählen in den **Voreinstellungen** die Option »Palettenpositionen sichern« ab.

Gemeinsame Symbole bei den Paletten

Zusätzliche Möglichkeiten bietet Photoshop in den Paletten für Kanäle, Ebenen, Pfade, Protokolle und Aktionen. Diverse Funktionen aus den Menüs erledigen Sie hier durch Klick auf ein Symbol. Auf Wunsch stellt Photoshop die Pfade, Kanäle oder Ebenen auch en miniature in der Palette dar – ob überhaupt und wie groß, das regeln Sie mit dem Befehl **Paletten-Optionen** im jeweiligen Paletten-Menü.

Gemeinsame Bedienung:

- ❒ Um Pfad, Kanal, Aktion, Protokoll-Objekt, Befehl oder Ebene zu markieren, klicken Sie darauf. Umschalt+Klick markiert weitere Kanäle.
- ❒ Ein neues Element erstellen Sie stets mit dem gleichen Symbol. Klicken Sie das Symbol mit gedrückter Alt-Taste an, um einen Dialog zu erhalten. In der Aktionenpalette verwenden Sie die Alt-Taste umgekehrt, um den Dialog zu vermeiden.
- ❒ Klicken Sie auf den Mülleimer, um das markierte Element zu löschen; die Alt-Taste unterdrückt in diesem Zusammenhang Photoshops Bitte um Rückbestätigung. Einfacher noch: Ziehen Sie das Element auf den Mülleimer, um es ohne Rückfrage zu entsorgen.
- ❒ Klicken Sie den Schalter eines Einzelelements mit der Alt-Taste an, um nur dieses Element zu aktivieren und bei allen anderen Elementen das Gegenteil zu bewirken (zum Beispiel das Auge neben einer Ebene oder das Häkchen neben einem Befehl).

Paletten ausblenden

Das Programm wirkt noch aufgeräumter, wenn Sie mit der Tabulator-Taste sämtliche Paletten samt Werkzeugpalette auf einen Schlag verbannen. Umschalt+Tab läßt die Werkzeug-Palette oben. Holen Sie danach nur einzelne Paletten mit dem entsprechenden **Fenster**-Befehl wieder zurück an die Oberfläche. Damit ist der typische Verhau der Photoshop-Oberfläche schnell unter den Teppich gekehrt. Nützlich ist hier oft der Griff zu ⌘+0, der die aktive Datei größtmöglich hochzoomt. Ein neuerlicher Hieb auf die Tabulator-Taste fördert die Paletten wieder zutage.

Der Tab-Griff funktioniert nicht, wenn Sie gerade in den Werkzeug-Optionen Werte ändern. Denn dort können Sie per Tab von einem Eingabefeld zum nächsten springen, so daß die Taste ihre aufräumende Wirkung nicht mehr entfaltet. Klicken Sie in die Programmfläche oder auf ein Bild, um Photoshops Aufmerksamkeit von den Werkzeug-Optionen abzulenken. Drücken Sie die Eingabe-Taste, um bei verborgener Werkzeugleiste schnell an die Optionen zum aktuellen Werkzeug zu kommen.

Paletten aufräumen

Zu wenig Unterstützung bietet das Programm, um alle Paletten schnell aufzuräumen. Sie können das Dialogfeld »Voreinstellungen« mit ⌘+K aufrufen. Dort gibt es die Schaltfläche »Standard-Palettenpositionen wiederherstellen«; sie ordnet alle Paletten nach Photoshop-Werksvorgabe am rechten Rand an – auch wenn es Ihnen anders eigentlich lieber wäre.

Wenn Sie die Paletten mit der Maus verschieben, werden Sie merken, daß sie leicht magnetisch am Rand der Programmfläche und an anderen Paletten andocken. Der Drang zum Programmrand verstärkt sich dramatisch, wenn Sie die Palette mit gedrückter Umschalt-Taste anklicken – die Palette springt zur nächstgelegenen Photoshop-Kante, kann jedoch auch an eine andere Seite des Programms gezogen werden.

Nützlich beim Aufräumen der Programmoberfläche ist gelegentlich auch der Befehl **Fenster: Alle schließen**, der kurzum alle geöffneten Dateien entfernt. Im Zweifelsfall fragt Photoshop nach, ob eine bearbeitete Datei erst gespeichert werden soll.

Hilfslinien

Sie können zur Fotomontage oder zum Ausrichten von Horizonten Hilfslinien über das Bild blenden. Diese ziehen Pixel-Objekte bei Bedarf magnetisch an. Sie klicken einfach in die Linealleiste (einzublenden mit ⌘+R) und ziehen eine Hilfslinie ins Bild. Der Befehl **Ansicht: Hilfslinien ausblenden** schafft Ihnen die Striche vom Schirm. Selbst wenn Sie mit dem **Ansicht**-Kommando **Hilfslinien ausblenden** oder mit ⌘+Ü zuvor Hilfslinien ausgeblendet hatten, wird Photoshop die Linien wieder anzeigen, sobald Sie eine neue Linie aus den Linealen ziehen. Nicht vorgesehen ist die Möglichkeit, Hilfslinien über die Eingabe von Zentimeter- oder Pixelwerten genau zu plazieren, und auch diagonale Linien behält man sich für eine spätere Version vor.

Hilfslinien ausrichten

Die Hilfslinien haften an den magnetischen »Raster«-Linien (siehe unten), sofern diese angezeigt sind (siehe nächster Abschnitt). Bei gedrückter Umschalt-Taste docken die Hilfslinien auch an den Linealeinteilungen an.

Bewegen und umwandeln

Sie können eine Hilfslinie verschieben, wenn Sie ihr mit dem Bewegen-Werkzeug acht Monitorpixel nah kommen; der Zeiger verwandelt sich dann in einen Hilfslinien-Cursor. Drükken Sie die Alt-Taste, um horizontale in vertikale Hilfslinien zu verwandeln und umgekehrt. Das Bewegen-Werkzeug erhalten Sie fast immer schnell mit gedrückter ⌘-Taste.

Hilfslinien verriegeln

Mit dem Befehl **Ansicht: Hilfslinien fixieren** (Alt+⌘+Ü) können Sie die Hilfslinien gegen weiteres Verschieben sperren. Dann wird sich der Zeiger nicht mehr in ein Hilfslinien-Werkzeug verwandeln. Neuerliche Anwahl des Kommandos macht die Hilfslinien wieder beweglich.

Hilfslinien entfernen

Einzelne Hilfslinien, die ausgedient haben, ziehen Sie mit dem Bewegen-Werkzeug aus dem Bild. Um alle Hilfslinien zu verwerfen, nutzen Sie den **Ansicht**-Befehl **Hilfslinien löschen.**

Magnetische Hilfslinien

Auf Wunsch docken Ebenen und schwebende Auswahlen magnetisch an den Hilfslinien an. Sie erreichen das mit dem Befehl **Ansicht: An Hilfslinien ausrichten**. Gerät ein Objekt näher als acht Monitorpixel an die Hilfslinie heran, wird es dort automatisch andocken und läßt sich nur mit einer gewissen Willenskraft darüber hinaus bewegen – eine wertvolle Hilfe bei der Fotomontage, zum Beispiel auch, wenn Sie Text und andere Elemente für eine Multimedia-Seite kombinieren. Ein abermaliger Klick auf **An Hilfslinien ausrichten** hebt die anziehende Wirkung auf.

Hilfslinien einrichten

Die Darstellung der Hilfslinien richten Sie ein mit dem Befehl **Datei: Voreinstellungen: Hilfslinien & Raster** (⌘+K, dann ⌘+6). Sie wählen hier zwischen durchgezogenen und gepunkteten Linien und greifen aus dem Listenfeld eine Farbe heraus, die sich gut von Ihrer Datei und vom »Raster« abhebt. Klicken Sie auf das Farb-Viereck, um den allgemeinen Farbwähler zu erhalten und gänzlich freie Wahl der Farben zu genießen.

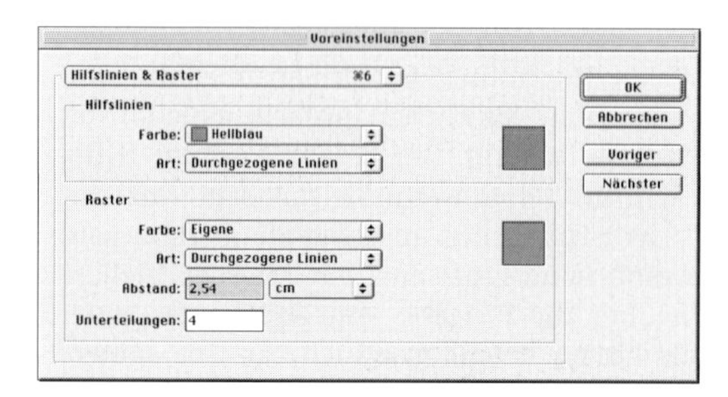

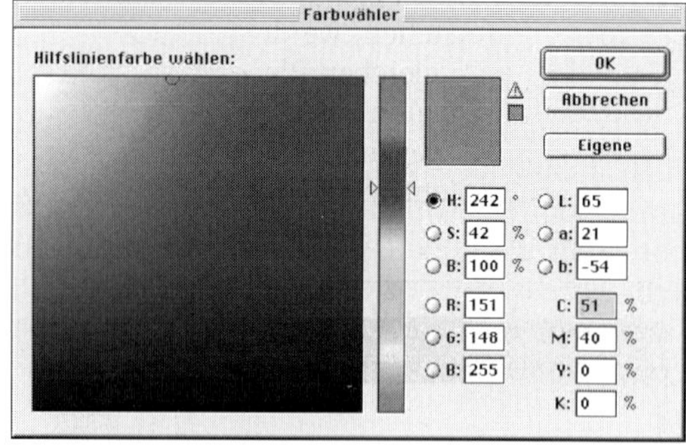

Linien-Richter: Die Darstellung von Hilfslinien und Gitternetz richten Sie in den »Voreinstellungen« ein. Nach einem Klick auf das Farbfeld öffnet sich der Farbwähler.

Hilfslinien speichern

Wenn Sie das Bild in gängigen Dateiformaten wie Tiff, JPEG, Pict oder Photoshop speichern und dann wieder in Photoshop öffnen, werden Sie wieder auf die zuvor eingerichteten Hilfslinien stoßen. Natürlich muß der **Ansicht**-Befehl **Hilfslinien einblenden** gewählt sein. Speichern Sie das Bild allerdings zwischendurch in einem anderen Programm, ist es mit der Linien-Treue vorbei: Beim späteren Öffnen in Photoshop sind die Hilfslinien fort.

Hilfslinien auf ein anderes Bild übertragen

Sie können die Hilfslinien nicht in einer Art Hilfslinien-Datei speichern. Um einen Satz Hilfslinien auf ein anderes Bild zu übertragen, müssen Sie die Entstehung der Hilfslinien als Aktion speichern.

Im einzelnen gehen Sie so vor:

1. Blenden Sie mit ⌘+R die Lineale ein;
2. wählen Sie im Menü der Aktionenpalette den Befehl **Neue Aktion**;
3. geben Sie der Befehlsfolge, die Sie jetzt aufzeichnen, im Dialogfeld einen Namen;
4. ziehen Sie die Hilfslinien aus den Linealen heraus über das Bild;
5. wenn alle Hilfslinien sitzen, beenden Sie die Aufzeichnung mit dem Palettenbefehl **Aufzeichnung beenden**;
6. aktivieren Sie jetzt das nächste Bild, das Sie mit einem identischen Hilfslinien-Satz ausstatten wollen;
7. aktivieren Sie die Hilfslinien-Aktion in der Aktionenpalette;
8. starten Sie die Hilfslinien-Aktion mit dem Palettenbefehl **Ausführen** oder mit dem entsprechenden Symbol.

Pixelorientierung

Beachten Sie, daß sich Photoshop bei der Plazierung der Hilfslinien nur nach den vorhandenen Pixeln richtet, nicht aber nach irgendwelchen Zentimetern. Orientieren Sie sich zum Beispiel an Zentimeter-Werten und steht Ihr Lineal auf Zentimeter-Einheiten, dann plaziert Photoshop die Hilfslinien nach der Übertragung via Aktionenpalette im nächsten Bild nur unter einer einzigen Bedingung wieder millimetergenau: Die Druckauflösung der beiden Werke (Pixel pro Zentimeter oder Pixel pro Inch) muß exakt übereinstimmen.

Findet Photoshop jedoch zum Beispiel im zweiten Werk eine höhere Auflösung, also mehr Pixel pro Zentimeter vor, wird er die Hilfslinien näher am linken beziehungsweise oberen Rand plazieren – weil dort mehr Pixel pro Zentimeter eingerichtet sind. Wenn Sie nämlich die Einheiten auf Pixel-Anzeige umstellen, werden Sie festellen, daß bei beiden Bildern – nach Pixeln gesehen – die Hilfslinien am gleichen Platz sitzen. Entsprechendes gilt, wenn Sie die Auflösung verändern, **Arbeitsfläche** anbauen oder mit dem Freistell-Werkzeug wegschneiden: Dadurch verrutschen die Hilfslinien. (Dagegen bleibt das Raster, siehe unten, auf seiner definierten Zentimeter-Position, wenn Sie es mit Zentimeter-Angaben eingerichtet haben.)

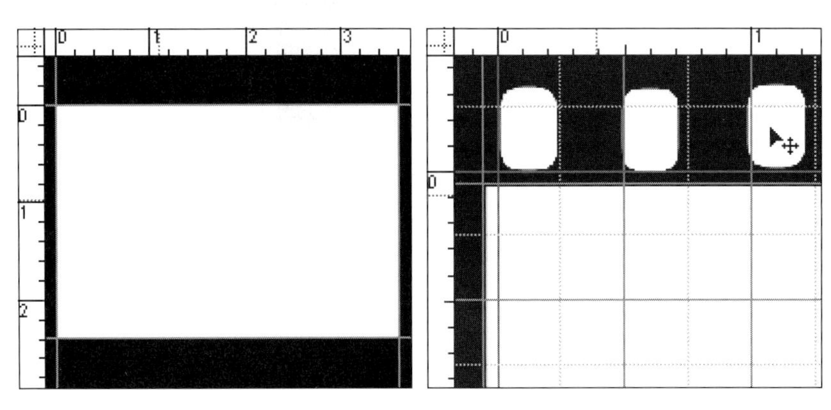

Hilfslinien und Raster: Zur Anlage eines Filmstreifens werden zunächst Hilfslinien über das Bild gezogen (links). Bei der Anlage der Perforation hilft das regelmäßige Raster in 0,5-Zentimeter-Abständen. Der Nullpunkt der Lineale wird jeweils passend verschoben; dazu klickt man in den Bildwinkel oben links und zieht den Nullpunkt auf die gewünschte Stelle.

Raster

Als Alternative zu den Hilfslinien, die Sie freihändig definieren müssen, bietet sich das gleichmäßige Raster an. Es überzieht Ihr Bild mit Horizontal- und Querlinien in gleichmäßigem Abstand. Der **Ansicht**-Befehl **Raster ausblenden** (⌘+ß) versteckt das Gitternetz, und **An Raster ausrichten** (⌘+Umschalt+ß) sorgt wie bei den frei plazierten Hilfslinien dafür, daß Objekte und schwebende Auswahlen magnetisch an den Linien andocken. Auch Hilfslinien, die Sie aus den Linealen herausziehen, bleiben an magnetischen Rastern kleben.

Einrichtung

Das Gitternetz richten Sie ein mit dem Befehl **Datei: Voreinstellungen: Hilfslinien & Raster** (⌘+K, dann ⌘+6). Sie definieren eine Aufteilung, also in welchem Abstand die Hilfslinien aufeinander folgen sollen. Als Einheit stehen sowohl Pixel wie auch Zentimeter oder Zoll (Inch) zur Verfügung. Geboten sind durchgezogene Linien, gepunktete Linien und die unaufdringlichen Einzel-Punkte. Aus dem Listenfeld »Farbe« greifen Sie wieder einen Tonwert für das Gittermuster heraus, der sich gut von der vorhandenen Datei und von eventuellen Hilfslinien abhebt. Wenn keine der gebotenen Variationen befriedigt, definieren Sie den Farbton völlig frei nach einem Klick auf das Farb-Viereck neben den Listenfeldern.

Unterteilungen

Außerdem richten Sie »Unterteilungen« ein, die die Quadrate des Grundrasters durchschneiden. Deren Häufigkeit geben Sie mit einer ganzen Zahl zwischen 1 und 100 im Feld »Unterteilungen« an. »1« bedeutet, daß Photoshop die Quadrate des Grundrasters gar nicht mehr unterteilt; »2« heißt, daß zu den vorhandenen Hoch- und Querlinien nochmal jeweils auf halber Entfernung Unter-Linien kommen, während »3« die Abstände drittelt.

Gitternetz speichern und übertragen

Ein Raster-Netz läßt sich ohne weiteres auf eine andere Datei übertragen. Rufen Sie das nächste Bild auf, und achten Sie darauf, daß Sie im **Ansicht**-Menü auf **Raster einblenden** (⌘+ß) geschaltet haben. Sollte sich Ihr Gitternetz an Zentimeter-Werten und nicht an Pixeln orientieren, wird es sich auf der zweiten Datei anders verteilen als auf der ersten, sofern die zweite Datei eine andere Auflösung (Pixel pro Zentimeter) hat.

Speichern können Sie das Gitternetz nicht. Wenn Sie zwischen verschiedenen praktischen Einstellungen hin- und herwechseln wollen, müssen Sie immer wieder neu die Daten eintippen. Die Aktionenpalette weigert sich, die entsprechenden Eingaben aufzuzeichnen.

Zentimeter-Orientierung

Anders als die Hilfslinien arbeitet das Gitternetz wirklich Zentimeter-orientiert. Das heißt: Sie können die die Auflösung des Bildes ändern, also mehr oder weniger Pixel pro Zentimeter einrichten – Sie finden die Hilfslinien gleichwohl in den gehabten Zentimeter-Abständen wieder; das gleiche gilt, wenn Sie mit dem Freistell-Werkzeug Rand wegkappen oder mit dem Befehl **Arbeitsfläche** Pixel-Neuland anbauen. (Die Hilfslinien, siehe oben, verschieben sich dagegen nach einer Auflösungsänderung – sie definieren sich letztlich aus dem Pixel-Abstand zum Bildrand, und der ändert sich, sobald Sie die Auflösung korrigieren.)

Bei geöffnetem Dialogfeld

Im Gegensatz zur Konkurrenz bietet Photoshop besondere Möglichkeiten, während ein Dialogfeld geöffnet ist. So haben Sie zum Beispiel eine Auswahl erzeugt und dann den Befehl **Farbton/Sättigung** geöffnet; Sie können jetzt keineswegs nur in diesem Dialogfeld arbeiten, sondern genießen auch weiterhin Zugriff auf andere Photoshop-Funktionen:

- So läßt sich das **Fenster**-Menü anklicken, um diverse Paletten anzeigen oder verschwinden zu lassen, zum Bleistift Navigator, Informationen oder Ebenen.
- Im **Ansicht-Menü** haben Sie Befehle wie **CMYK-Vorschau**, **Farbumfang-Warnung**, die verschiedenen Zoom-Funktionen wie **Tatsächliche Pixel** oder **Ausgabe-Größe**
- sowie, sehr wichtig, den Befehl **Begrenzung ausblenden** ebendort, der eine störende Fließmarkierung versteckt, ohne die Auswahlwirkung aufzuheben.
- Die Leertaste verhilft zur Verschiebehand, mit der Sie Dateien in verkleinerten Bildfenstern unter dem Dialogfeld hin und her bewegen.
- Mit ⌘+Leertaste erhalten Sie eine Vergrößerungslupe, um Bildteile hinter dem Dialogfeld noch heranzuzoomen. Mit Alt+Leertaste zeigt Photoshop eine Verkleinerungslupe, um größere Teile des hochvergrößerten Bildes anzeigen zu können.

- Mit ⌘+0 zeigen Sie das Werk arbeitsflächefüllend, während ⌘+Plus-Taste schrittweise vergrößert und ⌘+Minus-Taste schrittweise zu kleinerer Abbildung führt.
- Bei manchen Dialogen läßt sich das Bild überdies noch mit den Rollbalken in seinem Fenster verschieben.
- Bei einigen Tonwertbefehlen können Sie mit dem Mauszeiger ins Bild fahren, um dort Tonwerte aufzunehmen oder zu messen. Das wird in den Beschreibungen der Einzelbefehle detailliert erklärt. Klicken Sie bei gedrückter ctrl-Taste, um den Aufnahmebereich der Pipette per Kontextmenü von Einzelpixeln auf Durchschnittswerte von 3×3 oder 5×5 Pixeln umzustellen. Sie können dabei auch ein nicht-aktives Bild ausmessen; dieses Bild läßt sich aber nicht bearbeiten. Außerdem ändert sich auch die Vordergrundfarbe entsprechend.

Tastaturkürzel allgemein

Photoshop läßt sich viel zügiger bedienen, wenn man die 50 wichtigsten Tastaturkürzel kennt und nicht unentwegt in Untermenüs blättert. Diese Tastaturkürzel werden darum im Buch laufend erwähnt. Die Tastenbefehle verteilen die Programmierer mit System, und sie werden in den einzelnen Kapiteln ausführlich besprochen. Es kann nicht schaden, sich diese Grundregeln einzuprägen:

Abziehen per Alt-Taste

Bei gedrückter Alt-Taste können Sie mit Auswahl-Werkzeugen Auswahlen verkleinern. Dies gilt – in Kombination mit der ⌘-Taste – zum Beispiel auch für den Klick auf Ebenen- oder Ebenenmasken-Thumbnail.

Andererseits eignet sich die Alt-Taste zum Duplizieren – so etwa, wenn Sie mit Bewegen-Werkzeug und Alt-Taste an einer Auswahl ziehen, um diese zu duplizieren, oder wenn Sie im Filter **Beleuchtungseffekte** an einer Lichtquelle ziehen, um eine zweite Leuchte hervorzubringen.

Dialogfeld per Alt-Taste

Bei vielen Befehlen entscheiden Sie per Alt-Taste, ob Sie ein Dialogfeld einblenden wollen oder auf Rückfragen verzichten. Zwei Beispiele:

- Die normale Anwahl des Kommandos **Bild: Duplizieren** produziert zunächst ein Dialogfeld mit der Frage, welchen Namen das duplizierte Bild erhalten soll. Der selbe Befehl läßt sich auch mit der Alt-Taste starten; Sie erhalten dann ohne weitere Rückfrage ein Duplikat mit dem Namenszusatz »Kopie«.
- Umgekehrt ist es bei Ebenen-Palette und Kanälepalette: Klicken Sie dort auf das Symbol »Neues Element«, erzeugt Photoshop sofort ein neues Element. Klicken Sie mit gedrückter Alt-Taste, präsentiert das Programm zunächst die jeweiligen Optionen.

Weitere Optionen mit der Alt-Taste

Die Alt-Taste verwandelt die »Abbrechen«-Schaltflächen der Photoshop-Dialoge in ein »Zurück«; sie ist in vielen Situationen gut für den Wechsel zwischen Vorder- und Hintergrundfarbe oder, bei Mal-Werkzeugen, für den Wechsel zur Pipette.

Mit der Alt-Taste können Sie in der Aktionen- und Ebenen-Palette ein einzelnes Element aktivieren und alle anderen ausblenden; neuerlicher Alt-Klick macht alle Elemente zugänglich.

Hinzufügen mit der Umschalt-Taste

Sie erweitern vorhandene Auswahlen, wenn Sie zu einem Werkzeug die Umschalt-Taste drücken. Auch dies gilt in Verbindung mit der ⌘-Taste für den Klick auf die Thumbnails für Ebenen, Ebenenmasken, Alphakanäle oder Pfade.

Rechte Winkel mit der Umschalt-Taste

Überdies erzeugen Sie mit der Umschalt-Taste gerade Linien oder 45-Grad-Winkel, zum Beispiel mit Mal-Werkzeugen, Verlauf-Werkzeug, Meßwerkzeug, beim Bewegen von Auswahl oder Ebene oder in einer Gradationskurve.

Verschieben mit den Pfeiltasten und Umschalt-Taste

Die Pfeiltasten verschieben Ebenen, Auswahlmarkierungen und Pfade in Ein-Pixel-Schritten. Außerdem ändern sie Werte in Eingabe-Feldern. Nehmen Sie die Umschalt-Taste dazu, springen Ebenen und Co. in Zehn-Pixel-Schritten weiter, die Werte in den Eingabefeldern ändern sich in Zehner-Sprüngen.

Bewegen mit der ⌘-Taste

Mit der ⌘-Taste schalten Sie stets vorübergehend zum Bewegen-Werkzeug um (Ausnahme: bei aktivem Pfadwerkzeug). Über Paletten erschließt oft erst die ⌘-Taste in Verbindung mit weiteren Tasten Zusatzfunktionen.

Kontextmenüs mit der ctrl-Taste

Wie am Mac üblich, erhalten Sie bei gedrückter ctrl-Taste Kontextmenüs mit Befehlen, die zur jeweiligen Arbeitssituation passen. Ein Versuch lohnt immer, über den Paletten-Thumbnails erhalten Sie teilweise andere Kontextmenüs als über dem Namenszug daneben.

Bilddarstellung ändern mit der Leertaste

Mit der Leertaste und verschiedenen anderen Tasten wechseln Sie vorübergehend zu Hand, Plus- und Minus-Lupe. Auch bei Kreis- und Rechteck-Auswahl übernimmt die Leertaste Aufgaben.

Mac- und Windows-Version im Vergleich

Die Mac- und Windows-Versionen von Photoshop 5 unterscheiden sich in wenigen Details. Insbesondere gleichen sich alle Tastaturkombinationen. Alt-Taste und Umschalt-Taste werden in beiden Betriebssystemen gleich genutzt. Einige Unterschiede:

- Wo Sie am Mac die Befehlstaste drücken, ist unter Windows die Strg-Taste fällig.
- Kontext-Menüs, die Sie am Mac durch einen Mausklick bei gedrückter ctrl-Taste hervorzaubern, erreichen Sie unter Windows mit der rechten Maustaste.
- Was am Mac per Rückschritt-Taste verschwindet, wird unter Windows wahlweise auch mit der Rückschritt-Taste entsorgt.
- Am Mac gibt es einige Kontextmenüs weniger, unter anderem das über dem Titelbalken einer Datei.

- Einige Elemente der Informationsleiste unter Windows – Zoomfaktor, Systembeanspruchung und Bildgröße – finden Sie am Mac im unteren Bilddatei-Rahmen; die Mac-Versionen zeigen nicht die Werkzeug-Tips, die in der Windows-Version in der Informationsleiste erscheinen.
- Am Mac fehlen die **Fenster**-Befehle **Nebeneinander**, **Untereinander** sowie **Alle schließen**. Im **Datei**-Menü des Macs erscheinen die zuletzt verwendeten Dateien nicht (aber sie finden sich im Apfel-Untermenü **Benutzte Dokumente**).
- Beim **Speichern unter** bietet nur die Mac-Version das Format Photoshop 2.0.
- Nur unter Windows gibt es den Befehl **Öffnen als**.
- Die Macintosh-Version hängt nicht automatisch die dreistellige Dateiendung wie ».tif« an einen Dateinamen; sie kann allerdings per **Voreinstellungen** dazu gebracht werden.
- Bilder, die man am Mac auf den Schreibtisch zieht, werden ein sogenannter Grafikclip. Unter Windows kann man sie höchstens in den Desktop »einfügen« (Strg+V) – als »Scrap«.
- Natürlich unterscheiden sich betriebssystemnahe Funktionen wie die Speicherzuteilung.

Datei-Informationen eingeben

In Photoshop können Sie zu den Dateien Informationen eintippen nach dem amerikanischen IPTC-Standard des International Press Telecommunication Council. Der Standard umfaßt Einträge für Objektbeschreibungen, Stichwörter, Ressorts, Objektrechte und Herkunft. Auch andere Bilddatenbanken greifen teilweise auf diese Informationen zu. Die entsprechenden Funktionen erschließen Sie über **Datei: Datei-Informationen**. Die Informationen tragen Sie in die verschiedenen Abschnitte ein, die Sie über die Schaltfläche »Nächster« durchblättern. Mit »OK«-Klick beenden Sie den Eintrag.

Im Abschnitt »Copyright & URL« notieren Sie Urheberrechte und eventuell eine passende Adresse für das World Wide Web des Internet. Findet der Digimarc-Filter passende Informationen, werden sie automatisch in die Datei-Information übernommen.

Wählen Sie den »Heute«-Knopf, um unter »Datum« den aktuellen Tag zu notieren. Bei der Objektbeschreibung haben Sie dagegen 2000 Anschläge Platz; wollen Sie diesen Text unter ein Bild drucken, klicken Sie auf »Bildunterschrift« im Dialogfeld »Druckereinrichtung«. Sie können die »Objektbeschreibung« auch als »Bildunterschrift exportieren«, wenn Sie das Dialogfeld »GIF 89a exportieren« verwenden.

Die Stichwörter dürfen bis 31 Zeichen lang sein. Mit »Hinzufügen« nehmen Sie frisch eingetippte Begriffe in die allgemeine Stichwortliste auf. Ein Wort, das in der Stichwortliste steht, läßt sich nach dem Anklicken auch »Ersetzen« oder »Löschen«.

Dateiformate

Alle Datei-Formate sind aufgeschlossen für eine Information (Windows-Nutzer sind auf die Formate Photoshop, Tiff, JPEG, EPS und PDF beschränkt). Mit »Laden« ersetzen Sie die aktuellen Informationen durch den Info-Satz einer anderen Datei. Mit »Speichern« sichern Sie die Informationen als Datei. Dabei handelt es sich um ein spezielles Format, das Sie nicht mit einem Textprogramm öffnen können. Sie können aber auch Informationen an vorhandenen Text »Anfügen«.

Befehle im Überblick: Photoshop-Oberfläche

Taste/Feld	Zusatztasten	Aktion	Ergebnis
Dat: 10K/20K	–		Darstellung Druckgröße auf Seite
Dat: 10K/20K	⌥		Anzeige der Bildgrößedaten
Tabulator-Taste	–	–	Alle Paletten ein-/ausblenden
Tabulator-Taste	⇧	–	Paletten außer Werkzeugpalette ein-/ausblenden
	–		Standard-Fenstermodus
	–		Vollschirmmodus mit Menüleiste
	–		Vollschirmmodus ohne Menüleiste
F (für Full Screen)			Wechsel zwischen Fenster- und Vollschirmmodi
	⇧	*in Arbeitsfläche*	Photoshop-Arbeitsfläche um Bild herum mit Vordergrundfarbe färben
	–		Palettenmenü einblenden
	–		Palette auseinander-/zusammenfalten
	–		Palette ausblenden

3.3 Die Werkzeugpalette

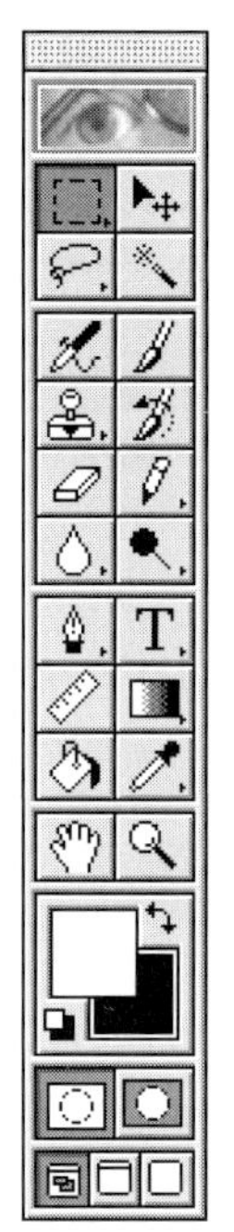

Die Werkzeugpalette gewährt Zugriff auf alle Auswahl- und Retusche-Tools und organisiert die Monitor-Darstellung.

Die Werkzeugpalette ist Photoshops Kontrollzentrum. Ein einfacher Klick auf ein Symbol, und das Werkzeug ist aktiviert. Bewegen Sie jetzt den Mauszeiger ins aktive Bild, wird er sich zum Beispiel in ein Werkzeug-Logo verwandeln; mit gedrückter Maustaste lassen Sie das Werkzeug wirken. In den **Voreinstellungen** (siehe unten) läßt sich auch regeln, daß das Werkzeug als Fadenkreuz oder als Umriß in der gewählten Pinselgröße erscheint.

Werkzeug-Optionen

Bei allen Werkzeug-Symbolen blendet sich auf Doppelklick das zugehörige Optionen-Menü ein; es bleibt auf der Programm-Oberfläche stehen, bis Sie das Werkzeug wechseln – dann zeigt das Optionen-Menü die Möglichkeiten des neuen Werkzeugs. Auch der **Fenster**-Befehl **Werkzeug-Optionen** fördert das Reglerfeld zutage. Noch eine Möglichkeit: Sobald Sie das Werkzeug angeklickt haben, tut's auch ein Hieb auf die Eingabe-Taste.

Die meisten Mal-Werkzeuge greifen überdies auf die Einstellungen in der Palette für Werkzeugspitzen zu. Ein Rechts-Klick über der Datei blendet das Kontextmenü mit sinnvollen Befehlen ein.

Das Wopl (Werkzeugoptionenpaletten-Menü), erreichbar über das Dreieck rechts oben, setzt die aktuellen Werkzeug-Optionen oder alle Werkzeug-Optionen wieder auf die Voreinstellungen zurück.

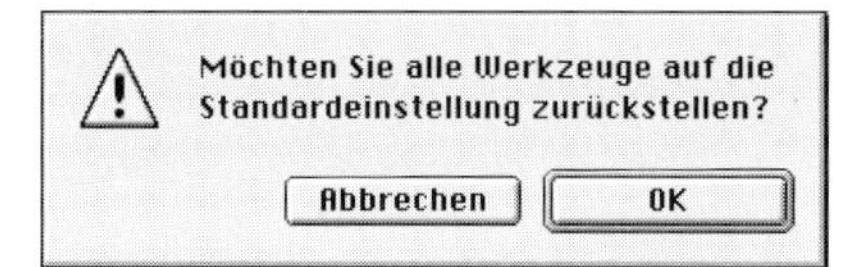

Alles zurück: Sie können die aktuellen oder alle Werkzeugeinstellungen auf die fabrikseitigen Werte zurücksetzen.

Kurztasten

Schneller als per Mausklick lassen sich die Werkzeuge aktivieren, wenn Sie das zugehörige Tastaturkürzel antippen – für Werkzeuge und andere Funktionen der Werkzeugleiste reicht grundsätzlich ein Buchstabe ohne jede ⌘-, Alt- oder Umschalt-Taste davor.

Wenn zum Beispiel das Auswahlrechteck aktiviert ist, versteckt sich das Freistell-Werkzeug dahinter im selben Fach der Werkzeugleiste. Mit einem »C« (für Crop Tool) rufen Sie das Freistell-Werkzeug auf. Wer die Maus mit der rechten Hand manövriert, erreicht Kurztasten auf der linken Tastaturhälfte besonders schnell, so etwa neben dem C das B für den Pinsel, E für Radiergummi oder W für den Zauberstab.

Die Tastaturkürzel sind mnemonisch, das heißt, der Buchstabe soll mit dem Werkzeug so verbunden sein, daß man sich die Zuordnung leicht merken kann. Die Programmierer legten die englischen Begriffe zugrunde: Das Radiergummi-E steht für »Eraser«, das Freistell-C leitet sich von »Crop Tool« ab, das B für den Pinsel hängt mit »Brush« zusammen. Zwei Übersichten zu Werkzeugen und Kürzeln folgen im Anschluß.

Auch die sonstigen Tastaturkürzel für Menübefehle leiten sich jeweils von den englischen Originalkommandos ab. So ruft ⌘+L die **Tonwertkorrektur** auf, die im Englischen »Levels« heißt, während ⌘+I ein Bild ins Negativ umkehrt, auf Englisch »Invert«. Notgedrungen weichen manche Photoshop-Kürzel auf den zweiten, dritten oder vierten Buchstaben des englischen Befehls aus, etwa bei V für Move Tool. Andere Kürzel sind lautmalerisch gemeint: Das »I« für die Pipette spricht sich auf Englisch [Ai] – wie »Eyedropper«, die englische Bezeichnung dieses Werkzeugs; Ähnliches gilt für die Kurztaste »⌘+U«, die für englisch »Hue« steht.

In der Regel nennt dieses Buch das Wort, aus dem sich ein Tastaturkürzel ableitet, so daß man den Tastengriff leichter behalten kann. Denn man erreicht die Befehle schneller per Tastatur. Sinn machen die Tasten-Quickies überdies, wenn Sie zwecks Übersichtlichkeit die Menüleiste und vielleicht auch die Werkzeugleiste ausblenden.

Um schnell alle Paletten samt Werkzeugleiste verschwinden zu lassen, drücken Sie die Tabulator-Taste; erneutes Betätigen dieser Taste bringt die Paletten wieder her.

Wenn Sie den Mauszeiger kurz über einem Werkzeug ruhen lassen, blendet Photoshop den Werkzeugnamen samt Kurztaste ein. Geschieht dies bei Ihnen nicht, so veranlassen Sie ihn dazu mit der Option »Werkzeug-Tips anzeigen« in den **Voreinstellungen: Allgemeine** (⌘+K). Das Systembeanspruchungsmenü in der Informationsleiste nennt auf Wunsch das aktive Werkzeug.

Mehrfach belegte Schalter

Manche Werkzeug-Schalter sind mehrfach belegt, damit die Leiste nicht ins Unendliche wächst. Diese mehrfach belegten Schalter erkennen Sie an dem kleinen Dreieck rechts unten in der Schaltfläche. Auf einem Schalter faßt Photoshop jeweils Werkzeuge zusammen, die ähnliche Aufgaben haben. So liegen etwa einige Auswahl-Werkzeuge übereinander: Rechteck- und Kreis-Auswahl, Spalten- und Zeilenauswahl und Freistell-Werkzeug teilen sich einen Platz auf der Werkzeugleiste, ebenso Weichzeichner-Pinsel, Scharfzeichner-Pinsel und der Wischfinger.

Umschalten bei Mehrfachbelegung

Um die Werkzeuge auf einer Schaltfläche zu erreichen, die aktuell nicht zu sehen sind, klicken Sie länger auf den Schalter; dann öffnet sich eine horizontale Werkzeugleiste, die weitere, verwandte Werkzeuge anbietet. Alternative: Klicken Sie den Schalter mehrfach bei gedrückter Alt-Taste an.

Sind die Werkzeuge über eine gemeinsame Kurztaste erreichbar, drücken Sie mehrfach den Buchstaben plus Umschalt-Taste, um zwischen diesen Geräten zu wechseln. Also drücken Sie zum Beispiel mehrfach Umschalt+O, um vom Schwamm zum Abwedler zum Nachbelichter zu wechseln. (In Photoshop 4 war dafür die Umschalt-Taste nicht erforderlich.)

Vorübergehender Wechsel

Erstmals bei Photoshop 5 kann man teilweise vorübergehend zum benachbarten Werkzeug wechseln, wenn man während der Retusche die Alt-Taste drückt; so drücken Sie beispielsweise bei der Arbeit mit dem Abwedler die Alt-Taste, um so lange zum Nachbelichter zu springen, bis Sie die Alt-Taste wieder loslassen. Auch mit Weich- und Scharfzeichnerpinsel funktioniert dieses Hin und Her. Dabei nennt das Systembeanspruchungsmenü, sofern Sie **Aktuelles Werkzeug** gewählt haben, nicht das temporäre Werkzeug. Die Lang-Erklärung daneben stimmt indes.

Einige Zusatztasten schalten vorübergehend zu anderen nützlichen Werkzeugen um; nach Loslassen der Taste zeigt Photoshop wieder das ursprüngliche Gerät. So gilt unter anderem:

❒ Alle Mal-Werkzeuge, die auf die Vordergrundfarbe zugreifen, schalten per Alt-Taste zur Pipette um, mit der Sie die Vordergrundfarbe aufgreifen.

❒ Alle Werkzeuge wechseln beim Druck der ⌘-Taste freiwillig zum Bewegen-Werkzeug. Nur die Pfadgeräte spielen nicht mit.

❒ Wie beschrieben, springen Sie in verschiedenen Kombinationen mit der Leertaste zu Plus-Lupe, Minus-Lupe und Hand.

Haben Sie die Systembeanspruchungsanzeige auf **Aktuelles Werkzeug** gestellt (siehe oben), erscheint das vorübergehend per Tastenkürzel aufgerufene Werkzeug nicht in der Informationsleiste; Photoshop nennt dort dauerhaft das Werkzeug, das nicht durch vorübergehenden Tastendruck, sondern durch Klick oder Kurztastenbefehl in der Werkzeugleiste aktiviert wurde. Die längere Werkzeug-Erklärung nebenan in der Informationsleiste paßt sich jedoch dem aktuellen Zustand an.

Werkzeug-Tastenkürzel nach Alphabet

Im Folgenden finden Sie eine Liste aller Werkzeuge, alphabetisch sortiert nach dem Tastaturkürzel.

	abgeleitet von	aktiviert	
A		Direkt-Auswahl-Werkzeug	
B	Brush	Pinsel	
C	Crop Tool	Freistell-Werkzeug	
D	Default Colors	Schwarz und Weiß als Vorder- und Hintergrundfarbe	
E	Eraser	Radiergummi	
F	Full Screen Mode	Vollschirmmodus	
G	Gradient Tool	Verlauf-Werkzeug	
H	Hand	Hand	
I	»Eye«dropper	Pipette/Farbaufnehmer	
J	Jet	Airbrush	
K	Bucket	Füllwerkzeug	
L	Lasso	Lasso/Polygon-Lasso/Magnetisches Lasso	

Fortsetzung Werkzeug-Tastenkürzel nach Alphabet

	abgeleitet von	aktiviert
M	Marquee	Auswahl-Rechteck/Auswahlellipse
N	Line Tool oder Pencil Tool	Linienzeichner/Buntstift
O	Dodge Tool	Aufheller/Abdunkler/Schwamm
P	Pen Tool	div. Pfadwerkzeuge
Q	Quickmask	Maskierungsmodus/Fließmarkierungsmodus
R	Sharpen	Scharfzeichner/Weichzeichner/Wischfinger
S	Stample	Stempel/Musterstempel
T	Text Tool	Textwerkzeug/Textmaskierungswerkzeug
U	Measurement	Meßwerkzeug
V	Move Tool	Bewegen-Werkzeug
W	Magic Wand	Zauberstab
X	Exchange	Vorder- und Hintergrundfarbe vertauschen
Y	Protokollpinsel	Protokoll-Pinsel
Z	Zoom Tool	Lupe

Übersicht: Alle Funktionen auf der Werkzeugpalette

Freistell-Werkzeug

Entfernt Bildteile außerhalb der Markierung

Kurztaste: C (für Crop)

Doppelklick: Optionen

Mit Umschalt-Taste: Erstellt Quadrat

Mit Alt-Taste: Verändert Auswahl symmetrisch

Escape-Taste: Vorhandene Freistellauswahl aufheben

Eingabe-Taste: Bild auf vorhandene Auswahl freistellen

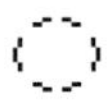

Auswahloval

Erstellt ovale Auswahlbereiche, bewegt vorhandene Auswahlränder

Kurztaste: M (für Marquee Tool)

Umschalt-M: Wechsel zwischen Auswahloval und Auswahlrechteck

Doppelklick: Optionen

Mit Umschalt-Taste: Erstellt Kreis

Mit Alt-Taste: Zieht Auswahl vom Mittelpunkt auf

Mit Alt-Taste bei vorhandener Auswahl: Auswahl verkleinern

Mit Umschalt-Taste bei vorhandener Auswahl: Auswahl vergrößern

Mit ⌘-Taste bei vorhandener Auswahl: Auswahlinhalt verschieben

Mit ⌘- und Alt-Taste bei vorhandener Auswahl: Duplikat des Auswahlinhalts verschieben

bei aktiviertem Werkzeug: Auswahlkontur mit Pfeiltasten oder Umschalt+Pfeiltasten verschiebbar

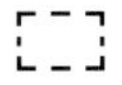

Auswahlrechteck

Erstellt rechteckige Auswahlbereiche, bewegt vorhandene Auswahlränder

Kurztaste: M (für Marquee Tool)

Umschalt-M: Wechsel zwischen Auswahloval und Auswahlrechteck

Doppelklick: Optionen

Mit Umschalt-Taste: Erstellt Quadrat

Mit Alt-Taste: Zieht Auswahl vom Mittelpunkt auf

Mit Alt-Taste bei vorhandener Auswahl: Auswahl verkleinern

Mit Umschalt-Taste bei vorhandener Auswahl: Auswahl vergrößern

Mit ⌘-Taste bei vorhandener Auswahl: Auswahlinhalt verschieben

Mit ⌘- und Alt-Taste bei vorhandener Auswahl: Duplikat des Auswahlinhalts verschieben

Klick neben Auswahl: hebt Auswahl auf

bei aktiviertem Werkzeug: Auswahlkontur mit Pfeiltasten oder Umschalt+Pfeiltasten verschiebbar

Spalten-Auswahl

Erstellt rechteckige Auswahlbereiche von einem Pixel Breite in voller Bildhöhe

(weitere Optionen wie oben)

Zeilen-Auswahl

Erstellt rechteckige Auswahlbereiche von einem Pixel Breite in voller Bildbreite

(weitere Optionen wie oben)

Bewegen-Werkzeug

Bewegt Ebenen und Auswahlinhalte

Kurztaste: V (für Move)

Doppelklick: Optionen

Klick mit rechter Maustaste ins Bild: Menü aller Ebenen unter dem Zeiger

jederzeit vorübergehend aktivierbar per ⌘-Taste

Zauberstab

Markiert farbähnliche Bildpunkte, bewegt vorhandene Auswahlränder

Kurztaste: W (für Magic Wand)

Doppelklick: Optionen

Mit Alt-Taste bei vorhandener Auswahl: Auswahl verkleinern

Mit Umschalt-Taste bei vorhandener Auswahl: Auswahl vergrößern

Mit ⌘-Taste bei vorhandener Auswahl: Auswahlinhalt verschieben

Mit ⌘- und Alt-Taste bei vorhandener Auswahl: Duplikat des Auswahlinhalts verschieben

bei aktiviertem Werkzeug: Auswahlkontur mit Pfeiltasten oder Umschalt+Pfeiltasten verschiebbar

Lasso

Erstellt frei geformte Auswahlbereiche per Mausbewegung

Kurztaste: L (für Lasso)

Umschalt-L: Wechsel zwischen Lasso, Polygon-Lasso und Magnet-Lasso

Doppelklick: Optionen

Mit Alt-Taste: Eckpunkte setzen (wie Polygon-Werkzeug)

Mit Alt-Taste bei vorhandener Auswahl: Auswahl verkleinern

Mit Umschalt-Taste bei vorhandener Auswahl: Auswahl vergrößern

Mit ⌘-Taste bei vorhandener Auswahl: Auswahlinhalt verschieben

Mit ⌘- und Alt-Taste bei vorhandener Auswahl: Duplikat des Auswahlinhalts verschieben

Klick neben Auswahl: hebt Auswahl auf

bei aktiviertem Werkzeug: Auswahlkontur mit Pfeiltasten oder Umschalt+Pfeiltasten verschiebbar

Polygon-Lasso

Erstellt mehreckige Auswahlbereiche per Mausklicks

Kurztaste: L (für Lasso)

Umschalt-L: Wechsel zwischen Lasso, Polygon-Lasso und Magnet-Lasso

Doppelklick: Optionen

Mit Alt-Taste: vorübergehend üblicher Lasso-Modus

(weitere Optionen wie oben)

Magnetisches Lasso

Erstellt mehreckige Auswahlbereiche per Mausklick und orientiert an Motivkontrasten

Kurztaste: L (für Lasso)

Umschalt-L: Wechsel zwischen Lasso, Polygon-Lasso und Magnet-Lasso

Klick: Orientierungspunkte setzen

Doppelklick: Auswahl schließen

⌘+Klick: Auswahl schließen

Mit Alt-Taste: Eckpunkte setzen oder freie Formen ziehen (wie Lasso bzw. Polygon-Lasso)

(weitere Optionen wie oben)

Airbrush

Sprüht Vordergrundfarbe auf, Orientierung an Werkzeugspitzen

Kurztaste: J

Doppelklick: Optionen

Mit Alt-Taste: schaltet vorübergehend zu Pipette um

Umschalt-Klick: gerade Verbindung zu letztem bearbeitetem Punkt

Pinsel

Trägt Vordergrundfarbe auf, Orientierung an Werkzeugspitzen

Kurztaste: B (für Brush)

Doppelklick: Optionen

Mit Alt-Taste: schaltet vorübergehend zu Pipette um

Umschalt-Klick: gerade Verbindung zu letztem bearbeitetem Punkt

Radiergummi

Setzt Hintergrundfarbe ein oder löscht Ebene, Orientierung an Werkzeugspitzen

Kurztaste: E (für Eraser)

Doppelklick: Optionen

Buntstift

Zeichnet freie Linien oder Geraden ohne Kantenglättung, Orientierung an Werkzeugspitzen

Kurztaste: N

Umschalt-N: Wechsel zwischen Buntstift und Linien-Zeichner

Doppelklick: Optionen

Mit Alt-Taste: schaltet vorübergehend zu Pipette um

Umschalt-Klick: gerade Verbindung zu letztem bearbeitetem Punkt

Linienzeichner

Zeichnet Linien und Pfeile mit Vordergrundfarbe

Kurztaste: N (für Line)

Umschalt-N: Wechsel zwischen Buntstift und Linien-Zeichner

Doppelklick: Optionen

Mit ⌘-Taste: Schaltet zu Bewegen-Werkzeug um

Mit Alt-Taste: Schaltet zu Pipette um

Umschalt-Klick: gerade Verbindung zu letztem bearbeitetem Punkt

(Duplizier-)Stempel

Dupliziert Bildbereiche, Orientierung an Werkzeugspitzen

Kurztaste: S (für Stamp)

Umschalt-N: Wechsel zwischen Stempel und Musterstempel

Doppelklick: Optionen

Mit Alt-Taste: Kopier-Ursprung definieren

Umschalt-Klick: gerade Verbindung zu letztem bearbeitetem Punkt

Musterstempel

Trägt definierte »Muster« auf, Orientierung an Werkzeugspitzen

Kurztaste: S (für Stamp)

Umschalt-N: Wechsel zwischen Stempel und Musterstempel

Doppelklick: Optionen

Umschalt-Klick: gerade Verbindung zu letztem bearbeitetem Punkt

Protokollpinsel

Trägt frühere Bildversionen auf, Orientierung an Werkzeugspitzen und Protokollpalette

Kurztaste: Y (für History)

Doppelklick: Optionen

Umschalt-Taste: in 45-Grad-Winkeln auftragen

Umschalt-Klick: gerade Verbindung zu letztem bearbeitetem Punkt

Wischfinger

Verwischt kontrastierende Bildbereiche oder malt im Fingerfarbenmodus

Kurztaste: R

Umschalt-R: Wechsel zwischen Weichzeichner, Scharfzeichner und Wischfinger

Doppelklick: Optionen

Weichzeichner

Zeichnet kontrastreiche Bildteile weich, Orientierung an Werkzeugspitzen

Kurztaste: R

Umschalt-R: Wechsel zwischen Weichzeichner, Scharfzeichner und Wischfinger

Doppelklick: Optionen

Alt: vorübergehender Wechsel zu Scharfzeichner

Scharfzeichner

Zeichnet kontrastreiche Bildteile weich, Orientierung an Werkzeugspitzen

Kurztaste: R (Wechselschalter zu Weichzeichner)

Umschalt-R: Wechsel zwischen Weichzeichner, Scharfzeichner und Wischfinger

Doppelklick: Optionen

Alt: vorübergehender Wechsel zu Weichzeichner

Abwedler (Aufheller)

Hellt Bildbereiche auf, Orientierung an Werkzeugspitzen

Kurztaste: O (für Dodge)

Umschalt-O: Wechsel zwischen Abwedler, Nachbelichter und Schwamm

Doppelklick: Optionen

Alt-Klick auf Werkzeugsymbol: Wechsel des Werkzeugs

Nachbelichter (Abdunkler)

Dunkelt Bildbereiche ab, Orientierung an Werkzeugspitzen

Kurztaste: O

Umschalt-O: Wechsel zwischen Abwedler, Nachbelichter und Schwamm

Doppelklick: Optionen

Alt-Klick: Wechsel des Werkzeugs

Schwamm (Sättigungswerkzeug)

Sättigt oder entsättigt Bildbereiche, Orientierung an Werkzeugspitzen

Kurztaste: O

Umschalt-O: Wechsel zwischen Abwedler, Nachbelichter und Schwamm

Doppelklick auf Schaltfläche: Optionen

Ankerpunkte erzeugen

Erzeugt Ankerpunkte für Pfad

Kurztaste: (P für Path Tool)

Umschalt-P: Wechsel zwischen Pfad-Werkzeugen

Doppelklick auf Schaltfläche: Optionen

Alt-Klick auf Werkzeugsymbol: Wechsel des Werkzeugs

Mit ⌘-Taste: Schaltet um zu Pfadauswahl

Direkt-Auswahl-Werkzeug

Markiert Ankerpunkte oder Pfade

Kurztaste: P

Umschalt-P: Wechsel zwischen Pfad-Werkzeugen

Doppelklick auf Schaltfläche: Optionen

Alt-Klick auf Werkzeugsymbol: Wechsel des Werkzeugs

Mit ⌘-Taste: Schaltet zu Werkzeug Ankerpunkt hinzufügen

Ankerpunkt hinzufügen

Fügt vorhandenem Pfad Ankerpunkt hinzu

Kurztaste: P

Umschalt-P: Wechsel zwischen Pfad-Werkzeugen

Doppelklick auf Schaltfläche: Optionen

Alt-Klick auf Werkzeugsymbol: Wechsel des Werkzeugs

Mit ⌘-Taste: Schaltet um zu Pfadauswahl

Ankerpunkt löschen

Entfernt Ankerpunkt aus vorhandenem Pfad

Kurztaste: P

Umschalt-P: Wechsel zwischen Pfad-Werkzeugen

Doppelklick auf Schaltfläche: Optionen

Alt-Klick auf Werkzeugsymbol: Wechsel des Werkzeugs

Mit ⌘-Taste: Schaltet um zu Pfadauswahl

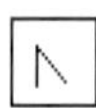

Ankerpunkt umwandeln

Konvertiert zwischen Eckpunkten und Kurvenpunkten

Kurztaste: P

Umschalt-P: Wechsel zwischen Pfad-Werkzeugen

Doppelklick auf Schaltfläche: Optionen

Alt-Klick auf Werkzeugsymbol: Wechsel des Werkzeugs

Mit ⌘-Taste: Schaltet um zu Pfadauswahl

Freiform-Zeichenstift Tool

Erzeugt Pfade durch Maus-Ziehen (nicht Klicken)

Kurztaste: P

Umschalt-P: Wechsel zwischen Pfad-Werkzeugen

Doppelklick auf Schaltfläche: Optionen

Alt: Gerade Pfadabschnitte per Klick einsetzen

Alt-Klick auf Werkzeugsymbol: Wechsel des Werkzeugs

Mit ⌘-Taste: Schaltet um zu Pfadauswahl

Magnetischer Zeichenstift

Erzeugt Pfade entlang von Bildkonturen

Kurztaste: P

Umschalt-P: Wechsel zwischen Pfad-Werkzeugen

Doppelklick auf Schaltfläche: Optionen

Alt-Klick auf Werkzeugsymbol: Wechsel des Werkzeugs

Klick: Orientierungspunkte setzen

Doppelklick: Pfad schließen

⌘+Klick: Pfad schließen

Eingabetaste: Pfad beenden

Textwerkzeug

Erzeugt Text auf neuer Textebene horizontal/vertikal

Kurztaste: T (für Text)

Umschalt-T: Wechsel zwischen Text-Werkzeugen

Keine Werkzeug-Optionen

Mit ⌘-Taste: Schaltet zu Bewegen-Werkzeug um

Mit Alt-Taste: Schaltet zu Pipette um

Alt-Klick auf Werkzeugsymbol: Wechsel des Werkzeugs

Textmaskierungswerkzeug

Erzeugt Text-Auswahl auf aktiver Ebene horizontal/vertikal

Kurztaste: T (für Text)

Umschalt-T: Wechsel zwischen Text-Werkzeugen

Keine Werkzeug-Optionen

Mit ⌘-Taste: Schaltet zu Bewegen-Werkzeug um

Meßwerkzeug

Mißt Abstände in der Bilddatei, Anzeige in Informationenpalette

Kurztaste: U (für Measure Tool)

Keine Werkzeug-Optionen

Umschalt-Taste: Meßpfade in 45-Grad-Winkeln ziehen

Verlauf-Werkzeuge

Erstellen fließende Tonwertübergänge zwischen mehreren Farben

Kurztaste: G (für Gradient Tool)

Umschalt-G: Wechsel zwischen Verlauf-Formen

Doppelklick: Optionen

Mit Alt-Taste: Schaltet zu Pipette um

Umschalt-Taste: Verlauf-Pfade in 45-Grad-Winkeln ziehen

Füllwerkzeug

Füllt farbähnliche Bereiche mit Vordergrundfarbe

Kurztaste: K (für Bucket)

Doppelklick: Optionen

Mit Alt-Taste: Schaltet zu Pipette um

Pipette

Lädt Farbe aus dem Bild als Vordergrundfarbe

Kurztaste: I (engl. [ai] für Eyedropper)

Umschalt-I: Wechsel zwischen Pipette und Farbaufnehmer

Doppelklick: Optionen

Mit Alt-Taste: Lädt Farbe aus dem Bild als Hintergrundfarbe

Farbaufnehmer

Setzt bis 4 Meßpunkte in Bilddatei, Auslesen in Informationenpalette

Kurztaste: I

Umschalt-I: Wechsel zwischen Pipette und Farbaufnehmer

Doppelklick: Optionen

Alt: Meßpunkt unter dem Zeiger entfernen

⌘: Meßpunkt verschieben/löschen

Verschiebe-Hand

Verschiebt das Bild innerhalb des Dateifensters

Kurztaste: H (für Hand)

Doppelklick: Bild schirmfüllend darstellen (keine Optionen)

Mit ⌘-Taste: Schaltet zu Vergrößerungs-Lupe um

Mit Alt-Taste: Schaltet zu Verkleinerungs-Lupe um

Bei jedem Werkzeug vorübergehend aktivierbar durch Leertaste

Lupe

Stellt eingerahmten Bildteil vergrößert dar

Kurztaste: Z (für Zoom)

Doppelklick: Optionen und Bilddarstellung im 100-Prozent-Maßstab

Mit Alt-Taste: Verkleinerungs-Lupe

Bei jedem Werkzeug vorübergehend aktivierbar durch ⌘+Leertaste; Verkleinerungslupe bei jedem Werkzeug vorübergehend aktivierbar durch Alt+Leertaste

Farbfelder Vordergrundfarbe/Hintergrundfarbe

Zeigen Vordergrundfarbe/Hintergrundfarbe

Klick: Aktiviert Farbwähler für Vordergrundfarbe/Hintergrundfarbe

Standardfarben

Klick: Standardfarben Schwarz als Vorder-, Weiß als Hintergrundfarbe einrichten (umgekehrt bei Alphakanälen und Ebenenmasken)

Kurztaste: D (für Default Color)

Farbtauscher

Tauscht Vorder- und Hintergrundfarbe aus

Kurztaste: X (für Exchange)

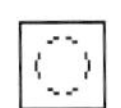

Standard-Auswahlmodus

Auswahl wird mit Fließmarkierung dargestellt

Kurztaste: Q (für Quick Mask, Wechselschalter zu Maskierungsmodus)

Doppelklick: Maskierungsmodus-Optionen

Maskierungsmodus

Ausgewählte oder nicht ausgewählte Bildteile werden durch Auswahlkanal abgedeckt

Kurztaste: Q (für Quick Mask, Wechselschalter zu Standard-Auswahlmodus)

Doppelklick: Optionen

Alt-Klick auf Symbol: Wechsel zwischen Abdeckung ausgewählter oder nicht ausgewählter Bildteile

3.4 Messen von Programm- und Bilddaten

Photoshop bietet umfangreiche Anzeigen über die technischen Eigenschaften des Bildes, der aktuellen Auswahl wie auch über das Gesamtsystem. Mit Meßwerkzeug und Farbaufnehmer wurden die Möglichkeiten in Version 5 sogar ausgebaut.

Informationsleiste

Im unteren Bildfenster-Rahmen zeigt Photoshop eine Informationsleiste. Hier nennt das Programm Zoomstufe und Systembeanspruchung; dazu mehr im Anschluß.

Anzeige der Druck- und Dateigröße

Links unten in der Informationsleiste sehen Sie zwei Werte für Dateigrößen. Ein Mausklick auf dieses Feld blendet ein Schema mit der Seitengröße ein; Sie sehen dort, wieviel Platz das Bild auf einer DIN-A4-Seite einnimmt (sofern Sie DIN A4 eingerichtet haben).

Klicken Sie mit gedrückter Alt-Taste auf dieses Feld, bekommen Sie die Datei-Informationen für das Bild mit Breite, Höhe, Auflösung und Zahl der Farbkanäle.

Haben Sie in den »Voreinstellungen« oder in den Optionen zur Info-Palette als Maßeinheit Pixel gewählt, nennt Photoshop im Datenfeld über der Informationsleiste auch nur Pixel-Werte; geben Sie indes Zentimeter vor, macht das Datenfeld sowohl Zentimeter- als auch Pixel-Angaben. Ähnliche Informationen erhalten Sie auch mit dem Befehl **Bild: Bildgröße**, und dort geben Sie gleich Korrekturen ein.

Anzeige der Systembeanspruchung

Das kleine Dreieck in der Informationsleiste öffnet ein Mini-Menü; hier entscheiden Sie, welche Informationen Photoshop links nebenan ausgeben soll. Sie haben die Wahl zwischen **Dateigrößen**, **Arbeitsdatei-Größen**, **Timing**, **Effizienz** und **Aktuelles Werkzeug**.

»Dateigrößen«

Entscheiden Sie sich für **Dateigrößen**, beziehen sich die Werte nur auf die soeben aktive Datei. Der linke Wert nennt die Größe der Datei im Arbeitsspeicher ohne möglicherweise eingebaute Objekte und Auswahlkanäle. Rechts neben dem Schrägstrich lesen Sie den tatsächlich verlangten Speicherplatz für dieses Bild; er ist größer als der linke Wert, wenn über dem Untergrund zusätzliche Objekte schweben oder wenn Sie Auswahlkanäle einsetzen.

Ich erkläre die Funktion am Beispiel des Bildes »Ball.psd« aus dem »Praxis«-Verzeichnis auf der CD zu diesem Buch. Dabei handelt es sich um ein Bild mit mehreren Ebenen.

Links vom Schrägstrich stehen hier »489K«, rechts »1,44M«. Das bedeutet: Die Datei »Rundgang.psd« beansprucht mit ihren verschiedenen Ebenen – Ball, Schatten, Himmel – 1,44 Mbyte Arbeitsspeicher. Wenn man jedoch alle Ebenen zu einer einzigen Hintergrundebene verschmilzt, so daß alle verborgen unten liegenden Bildpunkte gelöscht sind, hat das Bild nur noch eine Größe von 489 Kbyte im Arbeitsspeicher. Etwa der gleiche Wert kommt zustande, wenn Sie das Bild unkomprimiert und ohne Ebenen oder Alphakanäle auf Festplatte speichern, etwa im Format Tiff unkomprimiert.

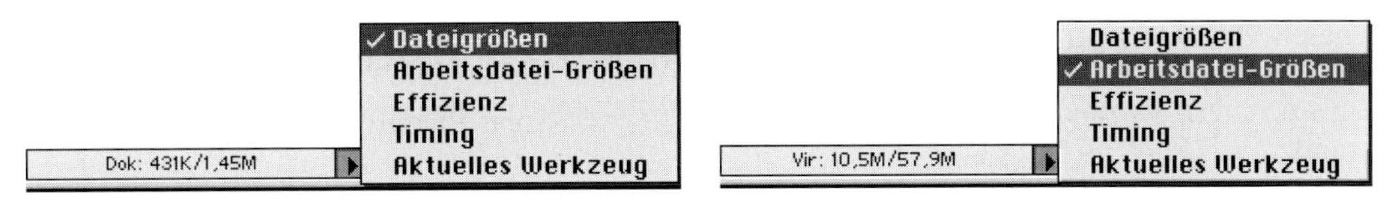

Links: Photoshop verrät, wieviel Arbeitsspeicher eine flache Version der Datei beansprucht und wieviel die Gesamtdatei mit Einzel-Ebenen braucht. Rechts: Alternativ nennt das Programm den Gesamtbedarf an Arbeitsspeicher für alle Bilder und zeigt rechts neben dem Schrägstrich den verfügbaren Speicher.

»Arbeitsdatei-Größen«

Klicken Sie dagegen die **Arbeitsdatei-Größen** an, dann entnehmen Sie der ersten Zahl, wieviel Speicherplatz Photoshop für alle geöffneten Bilder benötigt. Der zweite Wert verrät, wieviel Arbeitsspeicher dem Programm überhaupt zur Verfügung steht. Benötigen die geöffneten Bilder mehr Platz, als der Arbeitsspeicher bietet – die linke Zahl ist größer als die rechte –, dann muß Photoshop Dateien auf die Festplatte, auf ein »Arbeitsvolume« auslagern – und das kostet endlos viel Zeit. Ein unbefriedigender Zustand.

In diesem Fall heißt das auf dem Testrechner: Photoshop zeigt links »15,4 M« an, er braucht also für sich und das Bild 12,7 Mbyte Arbeitsspeicher. Rechts steht »90,6 M«; Photoshop hat also insgesamt 90,6 Mbyte Arbeitsspeicher zur eigenen Verfügung – immerhin eine gewisse Reserve.

Wenn Sie weitere Bilder öffnen, wird sich der linke Wert – für den tatsächlichen Arbeitsspeicherbedarf – weiter vergrößern. Hier erkennen Sie auch, wie nach der Ausführung von Befehlen oder nach dem »Kopieren« mehr Arbeitsspeicher verlangt wird. Sie können verfolgen, daß eine Bearbeitung des Gesamtbildes – etwa ein Scharfzeichnen ohne Auswahl – mehr Widerrufen-Speicher schluckt als ein kleiner örtlicher Eingriff, etwa das Aufziehen einer Rechteck-Auswahl.

»Effizienz«

Mit der Vorwahl **Effizienz** zeigt Photoshop an, wieviel Prozent seiner Operationen im schnellen Arbeitsspeicher ablaufen. Liegt der Wert unter 100 Prozent, erkennen Sie, daß Photoshop auf die langsame Festplatte, auf ein »Arbeitsvolume«, auslagern muß. Vielleicht ein Anlaß, die Speicherzuteilung zu ändern.

»Timing«

Wenn Sie **Timing** anwählen, verrät Photoshop die Zeit, die er für die zurückliegende Operation gebraucht hat. So vergleichen Sie die Geschwindigkeit verschiedener Rechner, Befehle oder Programme. Sie können den Zeit-Wert wieder auf Null setzen: Dazu wählen Sie den **Zeit**-Befehl mit gedrückter Alt-Taste an.

»Aktuelles Werkzeug«

Der Befehl **Aktuelles Werkzeug** nennt, jawohl, das aktuelle Werkzeug. Praktisch ist das zum Beispiel, wenn Sie die Werkzeugleiste per Tab-Taste von der Oberfläche verbannt haben und statt eines Werkzeugsymbols lieber den wirksamen Umriß der Werkzeugspitze anzeigen. Sie werden dann die Werkzeuge zum Beispiel per Kurztasten aufrufen und erfahren aus der Statuszeile, ob Ihr Tastenhieb auch das gewünschte Tool anspringen läßt.

Generell erfahren Sie hier aber nicht das Werkzeug, das Sie durch eine Kurztaste vorübergehend einschalten, bis Sie die Taste wieder loslassen. So können Sie etwa per Alt-Taste von Malwerkzeugen vorübergehend zur Pipette wechseln – aber das bekommt die Anzeige für das aktuelle Werkzeug nicht mit.

Die Informationenpalette

Der Befehl **Fenster: Informationen einblenden** fördert die Informationenpalette hervor; alternativ drücken Sie F8, sofern Sie diese Taste nicht in der Aktionenpalette anderweitig vergeben haben. Sie zeigt die Farbwerte des Bildpunktes unter dem Werkzeugcursor in zwei verschiedenen Farbmodellen – welche Farbmodelle, das bestimmen Sie im Paletten-Menü oder über die pipettenförmigen Schnellschalter in der Anzeige selbst. Außerdem sehen Sie die Koordinaten der Cursorposition in Pixeln, Zentimetern oder Inches, je nachdem, was Sie in den Einheiten-Einstellungen gewählt haben.

Arbeiten Sie mit dem Auswahlrechteck oder dem Auswahloval, zeigt die Info-Palette Höhe (H) und Breite (B) des ausgewählten Bereichs an. Beim Arbeiten mit Linienzeichner oder Verlauf-Werkzeug sehen Sie die Koordinaten der Anfangs- und Endpunkte, den Winkel (W), die Distanz (D), die Veränderungen auf Δ Δ der X-Achse ([–DELTA–] X) und auf der Y-Achse ([–DELTA–] Y) beim Ziehen sowie die Höhe (H) und Breite (B) des ausgewählten Bereichs. Wenn Sie skalieren, lassen sich Höhe und Breite (H, B) der skalierten Auswahl sowie die prozentualen Veränderungen ablesen; bei Drehmanövern erscheint der Drehwinkel. Bei einer Farbkorrektur zeigt die Informationen-Palette nebeneinander die Werte vor und nach der Korrektur an, solange das entsprechende Dialogfeld, etwa »Helligkeit/Kontrast«, noch offen ist. Ein Ausrufezeichen neben einem Farbwert signalisiert, daß dieser außerhalb des druckbaren Bereichs liegt. Die Maßeinheiten und Farbsysteme ändern Sie nicht nur über die Paletten-Optionen, sondern auch mit den Mini-Schaltern in der Palette selbst.

Die Informationen-Palette nennt alle Daten für Bild und Auswahl.

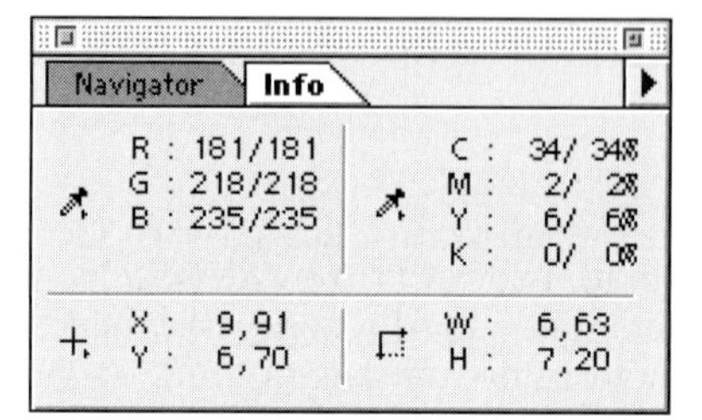

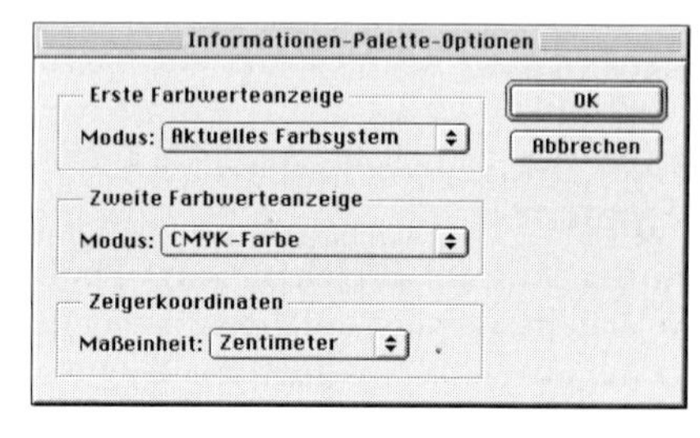

Mit den Symbolen in der Informationen-Palette ändern Sie die Anzeige von Farbmodus und Längeneinheiten, ohne die Palettenoptionen oder Voreinstellungen aufzurufen.

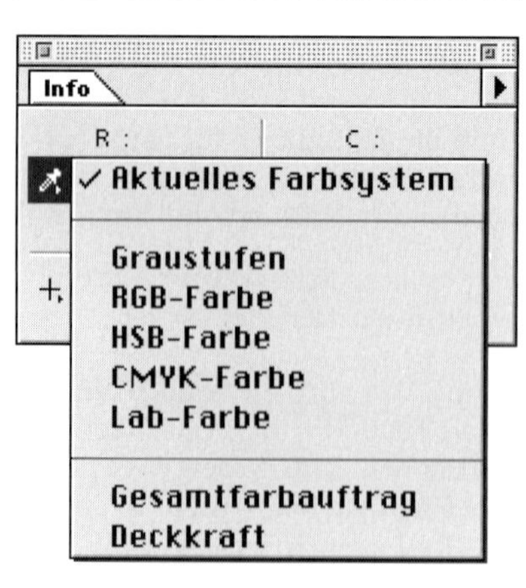

 Farbaufnehmer

Erstmals in Photoshop 5 finden Sie den Farbaufnehmer, und zwar im selben Fach der Werkzeugleiste wie die Pipette (und mit derselben Kurztaste I). Der Farbaufnehmer verteilt bis zu vier Meßpunkte über die Datei. Photoshop numeriert diese Meßstationen durch und nennt in der Informationenpalette für jede einzelne den genauen Farbwert.

Sie können Meßpunkte in mehreren Dateien gleichzeitig anlegen. Photoshop zeigt die Werte für das jeweils aktive Dokument. Wenn Sie das Werkzeug wechseln, blendet Photoshop die Punkte aus. Sie erscheinen aber unverändert, sobald Sie den Farbaufnehmer wieder aufrufen. Starten Sie einen Tonwert-Befehl wie **Farbton/Sättigung**, zeigt die Informationenpalette bei geöffnetem Dialogfeld für jeden einzelnen Meßpunkt gleich zwei Werte – Vorher und Nachher. Die Meßpunkte messen weiter, auch wenn Sie mit dem Pinsel darüber malen oder einen Filter starten.

Es ist egal, welche Ebenen aktiviert sind. Der Farbaufnehmer mißt immer den Tonwert des sichtbaren Gesamtbildes. Blenden Sie eine Ebene aus, kann sie auch nicht mehr gemessen werden. Sie können mit dem Farbaufnehmer den Farbwert eines einzelnen Bildpunktes messen oder den Durchschnitt aus 3×3 oder 5×5 Pixeln; Sie regeln das per Kontextmenü oder in den Werkzeugoptionen.

Sie können mit dem Farbaufnehmer arbeiten, während Dialogfelder wie **Gradationskurven** oder **Farbbalance** geöffnet sind. Dazu klicken Sie mit gedrückter Umschalt-Taste ins Bild.

Auswahl des Farbmodells

Mit dem kleinen Menüdreieck neben dem Pipettensymbol im Anzeigebereich der Informationenpalette können Sie für jeden Meßpunkt ein anderes Farbmodell vorgeben, zum Beispiel RGB, CMYK oder Lab-Farbe. Allerdings verwendet das Programm zunächst stets das aktuelle Farbmodell und merkt sich nicht die Farbmodell-Einstellung, die Sie für die vorherige Datei eingerichtet hatten.

Meßpunkte verschieben und übertragen

Bewegen Sie den Farbaufnehmer über einen Meßpunkt, um diesen verschieben zu können. Wenn Sie dabei zur Umschalt-Taste greifen, bleiben Ihnen nur Bewegungen auf Geraden übrig. Umgekehrt können Sie mit dem Bewegen-Werkzeug auch Ebenen oder Arbeitsflächen unter den Meßpunkten herschieben, die dabei auf ihrer Position beharren.

Die Meßpunkte vermehren sich beim **Duplizieren** einer Datei mit, und sie überstehen auch eine Verkleinerung per **Bildgröße**-Befehl.

Meßpunkte speichern und entfernen

In allen Dateiformaten werden Meßpunkte mitgespeichert, so daß sie nach dem erneuten Öffnen wieder anzutreffen sind. (Unter Windows sind es nur einige, darunter Tiff, Photoshop und JPG, aber nicht GIF). Verwenden Sie den Befehl **Kopie speichern unter** (⌘+Alt+S) mit der Option »Nicht-Bild-Daten nicht mit speichern«, so sperren Sie auch die Meßpunkte aus.

Um einen Meßpunkt zu entfernen, rücken Sie ihm mit dem Farbaufnehmer bei gedrückter Alt-Taste zu Leibe. Der Cursor erscheint dann als Schere, der Punkt läßt sich wegschneiden. Alternative: Schieben Sie den Meßpunkt aus dem Bild.

Meßpunkte setzen

Auch wenn einige der Dialogfelder aus dem Untermenü **Einstellen** geöffnet sind, können Sie noch Meßpunkte setzen. Dazu klicken Sie bei gedrückter Umschalt-Taste ins Bild. Um einen Meßpunkt noch bei offenem Dialogfeld wieder zu entfernen, klicken Sie ihn bei gedrückter Umschalt+Alt-Taste an. Zum Verschieben reicht die Umschalt-Taste.

Meßdiener: Bis zu vier Meßpunkte verteilt der Farbaufnehmer; die Informationenpalette meldet die Daten.

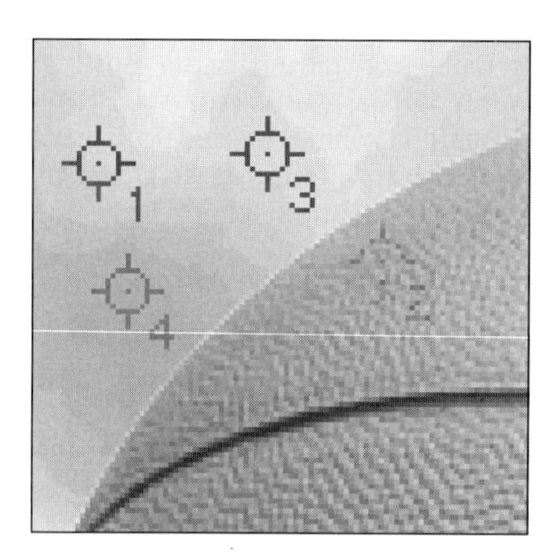

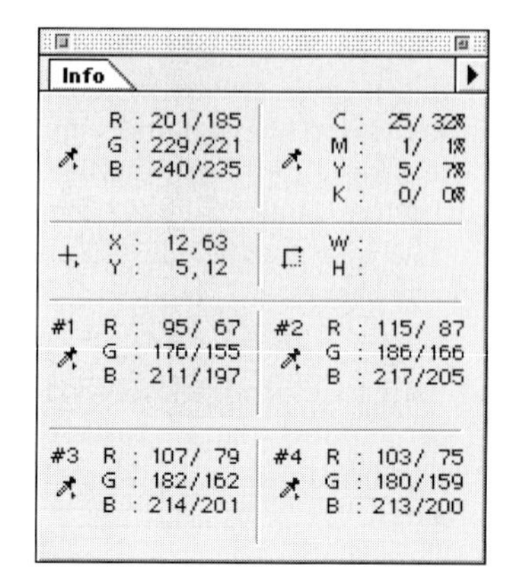

Meßwerkzeug

Das Meßwerkzeug mißt Distanzen zwischen zwei Punkten (Kurztaste U, für Measure Tool). Klikken Sie ins Bild, und ziehen Sie den Zeiger bei gedrückter Maustaste bis zum zweiten Punkt. Das Werkzeug hinterläßt eine graue Linie mit zwei deutlich markierten Enden in der Datei. Ziehen Sie ausgehend von einem Endpunkt mit der Alt-Taste, um eine zweite Strecke in einem Winkel anzubringen. Die Umschalt-Taste beschränkt wie stets auf 45-Grad-Linien.

Die Informationenpalette meldet jetzt den Winkel, die Länge und die Position des Maßbands, das Sie ins Bild gesetzt haben. Sie können das Band verschieben oder eine neue Meßstrecke ins Bild klicken. Vorsicht: Wenn Sie ein brauchbares Maßband aus Versehen durch weitere Klicks wieder zunichte gemacht haben, läßt sich der Verlust nicht **Widerrufen**. Um das Meßwerkzeug zu drehen, klicken Sie eins der Enden an und ziehen. Wenn Sie dabei die Umschalt-Taste drükken, sind nur Winkel in 45-Grad-Schritten möglich. Wenn Sie beim Verschieben die Umschalt-Taste benutzen, bewegt sich das ganze Meßwerkzeug nur in 45-Grad-Winkeln weiter.

Photoshop zeigt die Meßwerkzeug-Werte solange an, wie das Werkzeug aktiviert ist. Greifen Sie zu einem anderen Tool, blendet Photoshop das Meßwerkzeug aus und die entsprechenden Anzeigen in der Infopalette mit ihm. Das Maßband bleibt freilich am Platz. Klicken Sie lediglich das Meßgerät erneut an.

Info
R :
G :
B :
W : 90,9°
D1 : 4,80
6,77
D2 :
X : 10,44
Y : 9,88
W :
H :

Maße, Winkel und Position der Strecken, die Sie mit dem Meßwerkzeug ins Bild setzen, nennt Photoshop in der Informationenpalette.

Entfernen und Speichern

Ein Maßband, das Sie nicht mehr benötigen, schieben Sie einfach von sich. Das Maßband läßt sich nicht speichern: Nach Schließen des Bildes ist es auf jeden Fall weg. Sie können das Maßband auch nicht in eine andere Datei ziehen. (Die Meßpunkte des Farbaufnehmers, siehe oben, kann man dagegen mit einigen Dateiformaten speichern.)

Sie können den Winkel-Wert eines Meßwerkzeugs übernehmen in die Befehle **Transformieren: Per Eingabe** und **Arbeitsfläche drehen: Per Eingabe**. Rufen Sie diese Befehle dazu unmittelbar nach Anwendung des Werkzeugs auf.

3.5 Einfache Rücknahme von Eingaben

Haben Sie ein Bild gehörig verkorkst, dann läßt sich dies rückgängig machen. Erstmals mit Photoshop 5 können Sie mehr als einen Befehl annullieren; für eine solche Rückkehr zu früheren Stadien verwenden Sie die Protokollpalette, die im separaten anschließenden Abschnitt beschrieben wird.

»Widerrufen«

Wollen Sie jedoch nur den allerletzten Befehl ungeschehen machen, wählen Sie **Bearbeiten: Widerrufen** oder ⌘+Z. Haben Sie bei kühnem Pinselschwung nur kurz die Maustaste losgelassen, dann erkennt Photoshop auf verschiedene Einzelaktionen. Nur der allerletzte Teilstrich ist per ⌘+Z annullierbar.

Oder hatte Ihnen dieser Pinselstrich – im Nachhinein betrachtet – doch zugesagt? Nach dem **Widerrufen** finden Sie an der entsprechenden Menüstelle den Befehl **Wiederherstellen** (abermals ⌘+Z); er bringt einen schon aufgehobenen Befehl wieder zurück. So schalten Sie auch übersichtlich zwischen Vorher und Nachher eines Arbeitsschritts hin und her. Nach dem Speichern einer Datei gibt es kein Zurück mehr.

Der **Widerrufen**-Befehl hat ein besonderes Talent, das Sie auf der ansonsten bequemeren Protokollpalette nicht vorfinden: Wenn Sie die Liste der Protokollpalette gelöscht haben, können Sie diese oftmals sehr wichtige Aufreihung wieder herstellen – aber nur per **Widerrufen**, in der Protokollpalette erscheint dieses Löschen dagegen nicht.

Stufenlose Rücknahme per »Verblassen«

Photoshop nimmt den letzten Filter- oder Kontrastkorrekturbefehl auch stufenlos zurück. Diesen Befehl listet das **Filter**-Menü neben dem Wort **Verblassen** auf. Das Prinzip: Photoshop legt das aktuelle Ergebnis über die Rücknahme-Version. Je niedriger Sie die Deckkraft einstellen, desto stärker scheint wieder die Fassung durch, die vor dem letzten Befehl bestanden hatte. Dabei lassen sich gar mit verschiedenen Überblendmodi ganz neue Wirkungen schaffen. Eine Diskussion dieser Überblendmodi finden Sie im »Ebenen«-Kapitel.

Diese Mischfassung können Sie immer noch gänzlich aufheben, indem Sie ⌘+Z drücken. Eine zweite Anwahl dieses Kommandos stellt die letzte Mischung zwischen Bearbeitung und untergemischter Rücknahme-Version wieder her; Sie können dann neu mit dem Mischen beginnen.

Den Befehl **Verblassen** erhalten Sie auch im Kontextmenüs der Auswahl-Werkzeuge, sofern bereits eine Auswahl im Bild ist.

Der **Verblassen**-Befehl ist unflexibel. Duplizieren Sie lieber die aktive Ebene, und bearbeiten Sie die obere Version. Mit Deckkraft-Regler und Mischmodus-Auswahl in der Ebenen-Palette blenden Sie dann die zwei Fassungen ineinander. Sie erhalten dasselbe Bildergebnis wie beim Verblassen – doch selbst nach dem Speichern läßt sich die Mischung noch korrigieren. Bei Bedarf verschmelzen Sie die Ebenen per **Ebene: Mit darunterliegender auf eine Ebene reduzieren** (dies funktioniert nicht, wenn sich unter der aktiven Ebene eine Textebene befindet).

Widerrufen-Speicher

Natürlich braucht Photoshop Arbeitsspeicher, um nach einem Befehl die Rücknahme-Version einer bearbeiteten Datei parat halten zu können. Der Speicherbedarf ist größer, wenn Sie das ganze Bild bearbeitet haben – zum Beispiel per Scharfzeichner quer über die Datei –, als wenn Sie nur eine kleine Rechteck-Auswahl aufziehen und diese wieder aufheben. Sie erkennen das, wenn Sie den Arbeitsspeicher-Bedarf unten links in der Informationsleiste anzeigen lassen. Sie löschen den Rücknahmespeicher mit dem Befehl **Bearbeiten: Entleeren: Widerrufen**.

»Zurück zur letzten Version«

Ist alles daneben geraten, bleibt vielleicht nur der **Datei**-Befehl **Zurück zur letzten Version**. Er hebt alles auf, was Sie noch nicht auf Festplatte gesichert hatten, und öffnet das Bild in der zuletzt gültigen Zoomstufe. Sicherheitshalber fragt das Programm nach.

Bequemer hat man es allerdings, wenn man in der Protokollpalette auf den ersten Schnappschuß des unveränderten Bildes zurückgreifen kann; diesen Schnappschuß erstellt die Protokollpalette, sofern Sie es in den Protokoll-Optionen nicht ausdrücklich abgewählt haben.

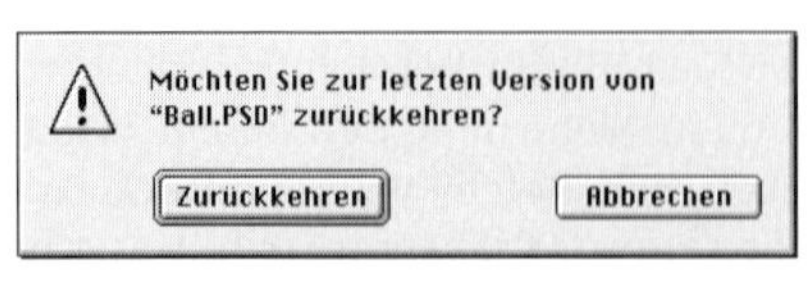

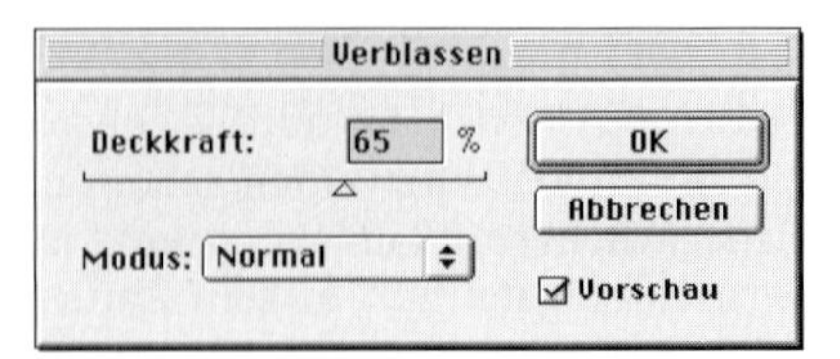

Alles zurück: Der Befehl »Zurück zur letzten Version« öffnet das Bild so, wie es zuletzt auf Platte gespeichert wurde. Rechts: Der Befehl »Verblassen« blendet die aktuelle Fassung des Bildes in die vorherige Variante.

Rücknahme von Eingaben im Dialogfeld

Haben Sie in einem Dialog oder in einer Palette an mehreren Reglern gedreht und möchten zu einer früheren Reglerstellung zurückkehren, bietet Photoshop mitunter zwei Möglichkeiten:

- Drücken Sie den Standard-Rücknahmebefehl ⌘+Z, um die allerletzte Veränderung zu annullieren. (⌘+Z hebt auch die letzte Veränderung an einem **Transformieren**-Rahmen auf.)
- Drücken Sie die Alt-Taste; sie verwandelt die Schaltfläche »Abbrechen« in die Schaltfläche »Zurück«. Diese klicken Sie an, um alle Änderungen aufzuheben, ohne das Dialogfeld zu schließen.

3.6 Protokoll-Funktionen

Die Protokoll-Funktionen erlauben es Ihnen, mehr als einen Arbeitsschritt zurückzunehmen und wieder darauf zurückzukommen. Sie haben hier eine sehr leistungsfähige Funktion, die fast jede Sorge erledigt, eine frühere Bildfassung könne endgültig verlorengehen.

Solange das Bild geöffnet ist, zeichnet die Protokollpalette die Befehle in dem von Ihnen gewählten Umfang auf – bis zu hundert Schritte lassen sich annullieren. Sie können also zwischenzeitlich speichern und dennoch auf einen Zustand zurückkommen, wie er vor dem Speichern bestand. Beim Schließen des Bildes ist das »Protokoll« aber ein für allemal weg.

Nein, die Befehlslisten aus der Protokollpalette lassen sich nicht als »Aktionen« speichern. Umgekehrt haben Sie die Möglichkeit, automatische Befehlsfolgen aus der Aktionenpalette Schritt für Schritt am Einzelbild zurückzunehmen.

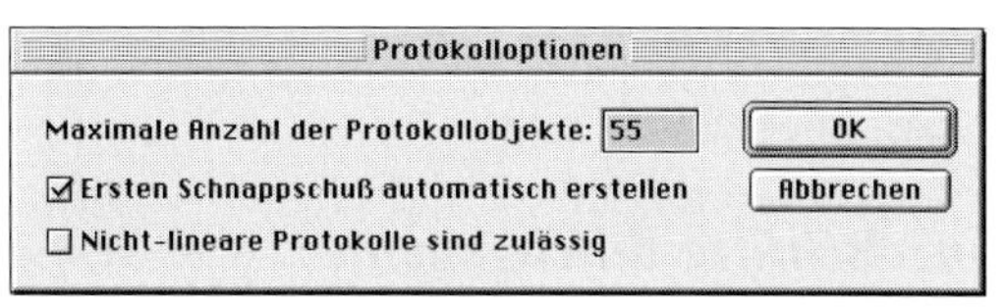

Mit der Protokollpalette kehren Sie zu beliebigen früheren Fassungen Ihres Bildes zurück. In den Optionen legen Sie fest, wie viele Schritte Photoshop protokolliert.

Übersicht

Insgesamt bietet der protokollarische Dienst folgende Möglichkeiten:

- Sie kehren zu beliebigen Arbeitsstufen zurück und stellen diese wieder her.
- Per Mausklick erzeugen Sie »Schnappschüsse« oder neue Dateien von beliebigen Zwischenergebnissen.
- Mit dem Protokoll-Pinsel malen Sie beliebige Zwischenstufen Ihres Werks in die aktuelle Fassung.
- Um Speicher zu sparen, können Sie Schritte löschen und die Zahl der aufzuzeichnenden Schritte eingrenzen.

Änderungen gegenüber Photoshop 4

Protokollpalette und Protokollpinsel sind neu in Photoshop 5. Einige Funktionen aus den Vorgängerfassungen wechselten daraufhin in den protokollarischen Bereich:

- Den früheren Befehl »Schnappschuß aufnehmen« erledigt nun eine Schaltfläche auf der Protokollpalette.
- Die Stempel-Funktionen »Zurück zur letzten Version«, »Zurück zum Schnappschuß« und »Impressionist« stehen mit verschiedenen Protokollbefehlen teils unter anderem Namen zur Verfügung.

Protokollpalette

Jeder einzelne Arbeitsschritt erscheint in der Palette. Das Vorgehen ist einfach.

Vorgehen

Im Beispiel, das für die folgenden Abschnitte gilt, haben Sie das Bild schon in zehn Schritten verändert – mit Pinsel, Filter oder Tonwertkorrektur, wie auch immer. Außerdem verwenden wir die Optionen, wie sie ab Werk kommen: Die Protokollpalette hält also Ihre letzten 20 Eingriffe fest, die Option »Nicht-linear« ist abgewählt, der Schnappschuß vom Original wird automatisch erzeugt (mehr zu den Optionen im weiteren). Die Protokollpalette listet also Ihre bisherigen zehn Eingriffe auf. So kann es weitergehen:

- Klicken Sie auf Schritt 3, um Ihre Schritte 4 bis 10 ungeschehen zu machen.
- Klicken Sie nun auf Schritt 7, um das Bild bis zu diesem Stadium wieder herzustellen.
- Bearbeiten Sie jetzt das Bild mit neuen Ideen weiter. Photoshop verwirft nun die Schritte 8 bis 10 endgültig und zeichnet ab Schritt 8 neue Befehle in der Protokollpalette auf.

Einzelschritte durchgehen

Um Einzelschritt für Einzelschritt durch die Aufzeichnung zu wandern, drücken Sie Umschalt+⌘+Z für Vorwärts- und Alt+⌘+Z für Rückwärtsbewegung. Alternativ ziehen Sie den dreieckigen grauen Regler in der Protokollpalette nach oben oder unten.

Schnappschuß erstellen

Mit dem Symbol »Schnappschuß erstellen« speichern Sie beliebig viele Schnappschüsse Ihrer Datei; die Abbildungen erscheinen en miniature in der Protokollpalette. Der Vorteil: Selbst wenn die Befehle aus der Protokollpalette gelöscht oder überschrieben sind, bleiben Ihnen die Schnappschüsse erhalten. So können Sie auf ausgewählte, frühe Varianten Ihrer Bildbearbeitung zurückgreifen; das ist oft sinnvoller, als endlose Listen in der Protokollpalette zu speichern.

Klicken Sie doppelt auf den Namen des Schnappschusses, um ihn später noch umzubenennen. Das Kontextmenü zum Schnappschuß bietet Befehle wie **Löschen** und **Protokoll löschen**. Der Schnappschuß läßt sich ebenso wie jeder andere Eintrag in der Protokollpalette als Quelle für den Protokoll-Pinsel verwenden; außerdem eignet er sich für die »Protokoll«-Optionen beim **Füllen** einer Auswahl oder eines Pfades.

Vorsicht: Beim Rückgriff auf einen Schnappschuß löscht Photoshop jüngere Bildvarianten aus dem Protokollspeicher, sofern Sie nicht die Option »Nicht-lineare Protokolle sind zulässig« aktiviert haben.

Schnappschuß-Optionen

Wenn Sie das Symbol »Schnappschuß erstellen« bei gedrückter Alt-Taste anklicken, haben Sie die Möglichkeit, einen eigenen Namen für diese Momentaufnahme zu vergeben. Außerdem zeigt Photoshop das Klappmenü »Aus«, in dem Sie die Art des Schnappschusses festlegen:

- »Vollständiges Dokument« erzeugt einen Schnappschuß mit allen separaten Ebenen;
- »Reduzierte Ebenen« verschmilzt alle Ebenen innerhalb des Schnappschusses (nicht in der aktiven Datei);
- »Aktuelle Ebene« schnappt nur die, na?, aktuelle Ebene auf.

Sie erhalten dieses Dialogfeld »Neuer Schnappschuß« auch über den Befehl **Neuer Schnappschuß** im Menü der Protokollpalette.

Vorsicht: Wenn Sie nicht die Option »Vollständiges Dokument« verwenden, haben Sie beim Rückgriff auf diesen Schnappschuß nur eine Einzelebene zur Verfügung. Der Klick auf das Schnappschuß-Symbol unten in der Palette fängt immer ein »Vollständiges Dokument« ein.

»Ersten Schnappschuß automatisch erstellen«

Wenn Sie die werkseitig eingerichteten Optionen noch nicht verändert haben, erzeugt Photoshop einen ersten Schnappschuß der naturbelassenen Datei gleich beim Öffnen. Damit greifen Sie besonders zügig auf die ursprüngliche Bildfassung zurück – schneller und sicherer als mit dem **Datei**-Befehl **Zurück zur letzten Version**, der ja auch die Protokoll-Liste löscht.

Wer in Photoshop 4 und früher die Stempel-Option »Zurück zur letzten Version« genutzt hat, sollte per Protokoll-Optionen einen Schnappschuß des unveränderten Originals erstellen lassen. Denn die einstige Stempel-Option »Zurück zur letzten Version« gibt es nicht mehr. Einen Rückgriff aufs Original bietet zwar der Befehl »Öffnen«; er erscheint als erster Befehl in der Protokoll-Liste, wenn Sie eine Datei von der Festplatte laden. Er wird aber nach einer von Ihnen festgelegten Zahl von Schritten überschrieben. Eine Alternative wäre es, ein Duplikat vom aktuellen Zustand zu fertigen, dann das Original zu aktivieren und den **Datei**-Befehl **Zurück zur letzten Version** anzuwählen. Dann haben Sie Vorlage und Bearbeitung nebeneinander.

Protokollobjekt duplizieren

Mitunter braucht es kein Schnappschuß zu sein, aber Sie wollen eine frühe Fassung der Datei in der Protokollreihe noch mal ganz unten haben; damit bleibt Ihnen die Variante länger erhalten und kann schnell mit anderen Spät-Stadien verglichen werden. Sie duplizieren zum Beispiel den dritten Bearbeitungsschritt hinter den 19. Schritt, damit Photoshop Schritt 3 nicht kurzum überschreibt.

Klicken Sie die gewünschte frühe Fassung bei gedrückter Alt-Taste an. Nun erscheint ein neues Feld ganz unten in der Protokollpalette mit der Bezeichnung »Protokollobjekt duplizieren«. Es kramt den Zustand des Bildes hervor, den Sie zuvor bei gedrückter Alt-Taste weiter oben angeklickt haben. Durch dieses Manöver verlieren Sie keinerlei Information.

Sie können die einzelnen Protokollobjekte nicht nach oben oder unten ziehen.

Neues Dokument erstellen

Den aktuellen Zustand können Sie in eine völlig neue Datei übertragen, die Photoshop mit dem Namen des aktuellen Befehls auf die Programmfläche wirft; dazu dient das Symbol »Neues Dokument erstellen«. So lassen sich unterschiedliche Varianten einer Datei besonders übersichtlich auseinanderhalten – eine bequeme Alternative auch zum Befehl **Bild: Duplizieren**. Dabei überträgt Photoshop auch Ebenen, die ausgeblendet wurden.

Schwierig wird es allerdings, wenn Sie später per Pinsel einzelne Teile der einen Datei in die andere übertragen wollen. Dies geht zwar mit dem (Duplizier-)Stempel, doch eventuell übertragen Sie die Pixel dabei nicht deckungsgleich. Legen Sie stattdessen die Dateien auf mehreren Ebenen übereinander, und kombinieren Sie diese, indem Sie obenliegende Varianten mit Ebenenmasken oder Radiergummi transparent machen und die Ebenen dann verschmelzen.

»Maximale Anzahl der Protokollobjekte«

Die Protokollfunktion ist speicherintensiv. Wie stark der Arbeitsspeicher gefüllt wird, lesen Sie, wenn Sie die Systembeanspruchungsanzeige unten im Bildfensterrahmen auf **Arbeitsdatei-Größen** stellen. Um Ihren Speicher zu schonen, reduzieren Sie die Zahl der Schritte, die Sie sich zur Rücknahme vorbehalten. Unter der Option »Maximale Anzahl der Protokollobjekte« bietet Photoshop ab Werk zunächst 20 Schritte an. Das ist freilich wenig, wenn man bedenkt, daß jeder kleine Klecks mit Stempel oder Pinsel einen eigenen Eintrag auslöst. Doch ökonomischer ist es, tatsächlich die Liste kurz zu halten und von interessanten Zwischenergebnissen einen »Schnappschuß« aufzunehmen (siehe oben). Maximal möglich sind 100 Protokollobjekte.

Einzelschritte durch Neubearbeitung verwerfen

Um den Speicher zu entlasten, können Sie Schritte verwerfen oder auch den kompletten Protokoll-Speicher leeren.

So entfernen Sie Einzelschritte:

1. Markieren Sie nach zehn Schritten den Schritt 3. Die Schritte 4 bis 10 erscheinen grau gedimmt.
2. Arbeiten Sie wieder am Bild. Wenn Sie den neuen Schritt 4 tun, verschwinden die bisherigen, grau abgeblendeten Schritte 4 bis 10 aus der Protokollpalette, der neue Eingriff wird aufgelistet (sofern die Option »Nicht-linear« verwendet wird).
3. Bei Bedarf holen Sie die verworfenen Schritte 4 bis 10 jetzt – und nur jetzt – mit dem Befehl **Bearbeiten: Widerrufen** (⌘+Z) wieder in die Protokollpalette zurück. Photoshop verlagert diese Funktionen in den Widerrufen-Speicher, deswegen steigt der Speicherbedarf beim neuen Schritt 4 weiter an.
4. Wenn Sie nun den neuen Schritt 5 unternehmen, verschwinden die alten Stufen 4 bis 10 auch aus dem Widerrufen-Speicher – sie sind endgültig perdu, der Arbeitsspeicherbedarf sinkt.

Einzelschritte durch Löschen verwerfen

Sie können Einzelschritte auch so löschen:

1. Markieren Sie zum Beispiel Schritt 3, so daß die darüberliegenden Ereignisse 4 bis 10 grau erblassen.

2. Dann klicken Sie auf das Mülleimer-Symbol unten rechts in der Protokollpalette. Photoshop fragt: »Wollen Sie löschen?«.
3. Sie sagen: »OK«. (Alt-Klick auf den Mülleimer löscht ohne Rückfrage.)
4. Die Schritte 4 bis 10 verschwinden aus der Palette.

Bei Bedarf hieven Sie die entfernten Befehle 4 bis 10 unmittelbar nach dem Löschen per **Bearbeiten: Widerrufen: Objekte löschen** wieder in die Palette.

Wie auch bei anderen Paletten klicken Sie den Mülleimer bei gedrückter Alt-Taste an, um gleich ohne Rückfrage zu löschen. Ebenso wirkt der Befehl **Löschen** aus dem Menü der Protokollpalette, das Sie wie immer mit dem Dreieck rechts oben einblenden. Auch dieser Befehl erspart Ihnen die Rückfrage, sofern Sie ihn bei gedrückter Alt-Taste anklicken. Abermals steht das **Löschen** im Kontextmenü zur Verfügung; dazu klicken Sie einen Befehl der Protokollpalette bei gedrückter ctrl-Taste an.

»Protokoll löschen«

Sie können die gesamte Protokoll-Latte für das aktive Bild löschen. Wählen Sie dazu im Menü der Protokollpalette oder im Kontextmenü über einem Protokollbefehl **Protokoll löschen**. Damit verschwinden alle Aufzeichnungen für das aktive Bild, das in ein frühestes protokollarisch noch erhaltenes Bearbeitungsstadium regrediert. Die Aufzeichnungen können Sie unmittelbar im Anschluß – aber nicht mehr später – per ⌘+Z zurückholen. Protokolle für weitere geöffnete Bilder bleiben erhalten.

»Protokoll löschen« ohne Bildänderung

Wählen Sie im Menü der Protokollpalette den Befehl **Protokoll löschen** bei gedrückter Alt-Taste. Dann verschwindet das Protokollarische aus dem Arbeitsspeicher, doch das Bild bleibt in seinem aktuellen Zustand. Alternative: ⌘+Klick auf den Mülleimer.

»Entleeren: Protokolle«

Der Befehl **Bearbeiten: Entleeren: Protokolle** entfernt dagegen die Protokoll-Informationen für sämtliche geöffneten Bilder. Photoshop blendet hier eine wichtige Warnung ein, die sich auch nicht durch Anwahl des Befehls mit der Alt-Taste verhindern läßt: »Dies kann nicht widerrufen werden. Weiter?«

Zustände übertragen

Ziehen Sie einen Zustand oder einen Schnappschuß aus der Protokollpalette in ein anderes Bild. Damit verwandeln Sie das Zielbild in eine Kopie der Vorlage mit sauber getrennten Ebenen; fort sind allerdings die ursprünglichen Ebenen. Und keiner warnt Sie.

»Nicht-lineare Protokolle sind zulässig«

Die Protokoll-Optionen erreichen Sie wie üblich mit dem Befehl **Optionen** im Menü der Protokollpalette. Die Option »Nicht-lineare Protokolle sind zulässig« ist hier zunächst ausgeschaltet. Lassen Sie die Option ausgeschaltet, gilt folgendes Verhalten:

- ❒ Sobald Sie Schritt 3 von 10 löschen, verschwinden auch die Schritte 4 bis 10.
- ❒ Wenn Sie Schritt 3 von 10 markieren und neu mit der Bearbeitung beginnen, werden die Schritte 4 bis 10 auf Nimmerwiedersehen überschrieben.

Dieses Verhalten ändert sich, sobald Sie in den Optionen das Kästchen neben »Nicht-lineare Protokolle sind zulässig« anklicken. Nun können Sie Einzelschritte löschen, aber weiterhin auch spätere Varianten beibehalten. Durch das Löschen der Einzelschritte gehen Ihnen also keine Varianten verloren. Nun verhält sich das Programm so:

- Wenn Sie Schritt 3 von 10 löschen, bleiben die nachfolgenden Schritte sämtlich erhalten und können wieder hergestellt werden.
- Wenn Sie Schritt 3 von 10 markieren und neu mit der Bearbeitung beginnen, werden diese neuen Schritte in der Protokollpalette hinter die bisherigen Schritte Nummer 4 bis 10 geschrieben. Alte und neue Schritte stehen weiter zur Verfügung.

»Erneut wählen«

Zum Teil unabhängig vom Status der Protokollpalette haben Sie Zugriff auf die letzte Auswahl, die im Bild war. Photoshop gibt sie Ihnen wieder mit dem Befehl **Auswahl: Erneut wählen**. Dabei verwendet die Software die in der Protokolliste nächste zurückliegende Auswahl. Sind Sie in der Protokollpalette um viele Schritte zurückgesprungen – hinter Ihre jüngste Markierung – dann lädt Photoshop per **Erneut wählen** nur eine noch davor erstellte Auswahl. Das Programm bietet **Erneut wählen** gar nicht mehr an, sofern Sie in der Protokollpalette auf ein Bild-Stadium zurückgegriffen haben, bei dem noch gar keine Auswahl erzeugt wurde – zum Beispiel, wenn Sie durch Klick auf den »Schnappschuß« vom gespeicherten Original zur ursprünglichen Version zurückgekehrt sind.

Haben Sie bereits so viele Manöver hinter sich, daß der Auswahl-Befehl schon wieder aus der Protokollpalette herausgerutscht ist, dann läßt sich die Auswahl immer noch mit **Erneut wählen** herholen. Auch wenn Sie den Arbeitsspeicher mit den Befehlen **Alle** oder **Protokolle** aus dem Untermenü **Bearbeiten: Entleeren** freipusten, behalten Sie weiterhin den Zugriff auf die letzte Auswahl per **Erneut wählen**.

Protokollpinsel

Mit dem neuen Protokollpinsel (Kurztaste Y) pinseln Sie Teile einer beliebigen Bildfassung pixelgenau in die aktuelle Version der Datei. So lassen sich Übergänge zwischen veränderten und naturbelassenen Bildteilen säubern oder allgemein verschiedene Zustände einer Datei ineinanderschichten. Sie haben die Wahl:

- Sie können Teile älterer Varianten in ein neues Stadium hineinmalen;
- umgekehrt kann man Bildpunkte aus einer neueren Fassung in eine davor erzeugte Variante übertragen.

Wie bei anderen Pinselwerkzeugen gilt auch hier: Sie haben alle Überblendverfahren und Werkzeugspitzen zur Verfügung. Sobald das Werkzeug aktiviert und einige Arbeit bereits vollbracht ist, wählen Sie folgendes Verfahren:

1. Klicken Sie in die Leiste für den Protokoll-Pinsel direkt links neben einem Arbeitsschritt oder neben einem Schnappschuß in der Protokolleiste. Dort erscheint ein Pinsel-Symbol. Das bedeutet: Auf diese Fassung wird der Protokollpinsel beim Farbauftrag zurückgreifen.
2. Aktivieren Sie in der Protokollpalette diejenige Bildfassung, die Sie bearbeiten möchten.
3. Aktivieren Sie den Protokollpinsel in der Werkzeugleiste.
4. Tragen Sie mit dem Pinsel Bildpunkte auf.

Diese Aktivitäten werden wiederum in der Protokollpalette vermerkt; Sie können also jeden Strich mit dem Protokollpinsel einzeln widerrufen oder als Basis für neue Protokoll-Retuschen verwenden. Der Radiergummi hat im übrigen eine Option »Zurück zur letzten Version«, die aber tatsächlich auch zur markierten Protokollquelle zurückradiert.

Sie müssen die Bildpunkte nicht mit der Protokollpalette ineinandermischen. Sie können auch mehrere Varianten der Datei auf unterschiedlichen Ebenen übereinanderlegen. Dann mischen Sie, indem Sie obenliegende Ebenen mit einer Ebenenmaske ausstatten und durch Ebenenmaskenretusche mit Schwarz teilweise transparent machen. So bleiben Ihnen alle Bildpunkte in allen Variationen dauerhaft erhalten.

Mit dem Protokoll-Pinsel tragen Sie Bildpunkte anderer Bearbeitungsstadien in der aktuellen Fassung auf. Hier wurde die ursprüngliche Fassung des Bildes in eine Strichgrafik-Variante übertragen. In den Optionen wählen Sie Mischmodus und Deckkraft. Datei: Haende.

Kontextmenü

Das Kontextmenü des Protokollpinsels, erreichbar per Rechtsklick über dem Bild, bietet Ihnen wie bei allen Pinselwerkzeugen verschiedene Überblendtechniken an, nicht jedoch Werkzeugspitzen. Allerdings listet das Kontextmenü alle »Schnappschüsse« aus der Protokollpalette auf; Sie müssen also nicht erst in die Protokollpalette wechseln, wenn Sie einen anderen Schnappschuß als Quelle für den Protokollpinsel angeben wollen.

»Füllen« mit Protokoll

Sie können auch eine Auswahl oder einen Pfad mit einem Protokoll-Zustand füllen. Dazu verwenden Sie die Befehle **Bearbeiten: Füllen** (Umschalt+Rückschritt) oder, aus dem Menü der Pfadpalette, **Pfad füllen**. Im Klappmenü »Füllen mit« verwenden Sie nicht die Option »Vordergrundfarbe«, sondern »Protokoll«. Zum Füllen verwendet Photoshop diejenige Bildversion, die in der Protokollpalette mit dem Pinselsymbol markiert ist. Fehlt diese Kennzeichnung, wird die Option »Protokoll« nicht angeboten. Beim Füllwerkzeug (Farbeimer) haben Sie dieses Angebot nicht.

»Impressionist«

Die Option »Impressionist« des Protokoll-Pinsels war vormals beim Stempel angesiedelt. Sie trägt Bildpunkte getüpfelt-verwischt auf, je nach Pinselgröße. Mit zunehmender Werkzeugspitzengröße steigt der Detailverlust. Das kann einen handgemalten Effekt erzeugen, zumal, wenn Sie Malmodi wie »Multiplizieren« oder »Hartes Licht« und ungleichmäßige Werkzeugspitzen verwenden. Auch ein druckempfindliches Grafiktablett verstärkt den Eindruck. Weiche Werkzeugspitzen sorgen für weiche Tupfer. Pinseln Sie zum Beispiel nur Teile des Originals in eine aktuelle, weiß gefüllte Bildfassung, während Sie als Protokoll-Quelle das ursprüngliche Foto angeben. Der Impressionist-Stempel schafft auch hübsche Hintergründe oder softet überflüssige Details ab; dabei probiert man es mit reduzierter Deckkraft.

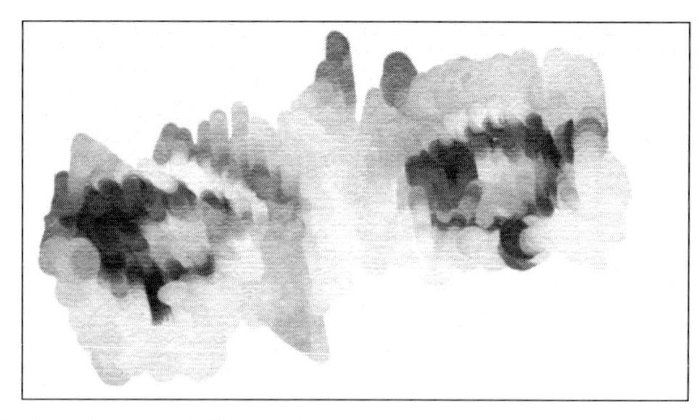

Die Impressionist-Option des Protokoll-Pinsels trägt die Bildpunkte verwischt auf. Hier wurde zunächst das Gesamtbild mit Weiß gefüllt, dann das ursprüngliche Foto als Protokoll-Quelle benannt. Datei: Schminke.

3.7 Die Aktionenpalette

Sie fördern die Aktionenpalette mit dem einschlägigen **Fenster**-Befehl zutage. Die Aktionenpalette zeichnet Befehlsfolgen auf, sogenannte »Aktionen«: der Job Freistellen-Kontrastkorrekturmodusänderung-Schärfen-Speichern läuft dann in einem Rutsch ohne weiteres Zutun ab. Mit einer Datei oder mit vielen Dateien. Sie liegen in der Hängematte.

Die Aktionenpalette spart enorm Zeit, auch wenn die Einarbeitung zunächst lästig wirkt. Die Beschäftigung mit Photoshops Aktionismus lohnt immer, sofern Sie regelmäßig wiederkehrende Befehlsfolgen verwenden oder auch nur mit Filterkombinationen experimentieren. Es ist nicht so schwer.

Mit Version 4 von Photoshop ersetzte die Aktionenpalette die vormalige Befehle-Palette. Einige Aktionen sind in der Aktionenpalette bereits eingebaut, weitere finden Sie in Ihrem Photoshop-Verzeichnis »Goodies/Aktionen«; die Photoshop-CD enthält keine weiteren Aktionen mehr. Aktionen zuhauf lagert die CD zu diesem Buch. Für die Version 8.0 seines Vektorgrafikprogramms Illustrator hat Adobe eine Aktionenpalette nach dem Vorbild von Photoshop angekündigt.

Generell laufen auch englische Aktionen im deutschen Photoshop, Mac-Aktionen unter Windows und umgekehrt. Sie müssen jedoch eventuell bestimmte Elemente sprachenspezifisch benennen; zum Beispiel tauft man »Ebene 1« in »Layer 1« um, wenn eine Aktion mit Ebenen hantiert.

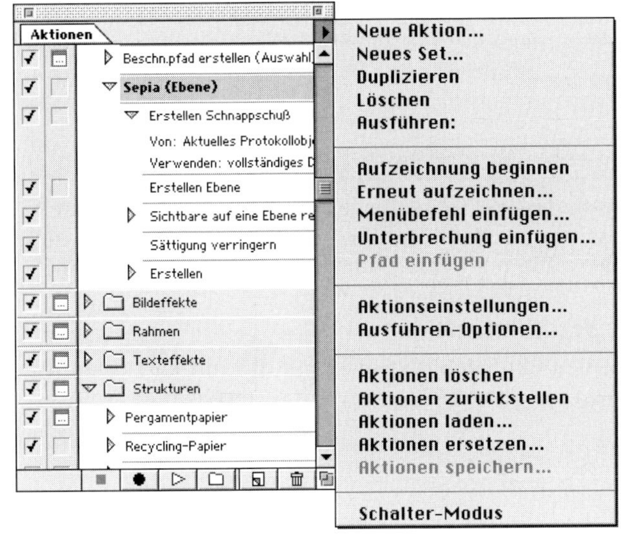

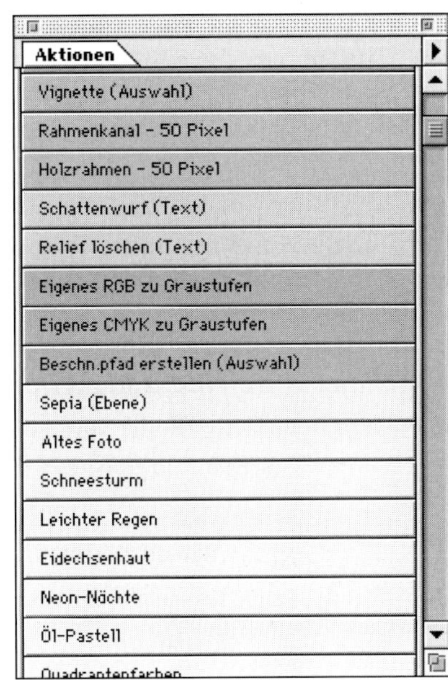

Aktionismus: Mit der Aktionenpalette zeichnen Sie Befehlsfolgen auf. Der Listenmodus (links) blendet auf Wunsch die Werte der Einzelbefehle ein. Der Schaltermodus (rechts) schafft Übersicht.

Übersicht

Die Möglichkeiten der Aktionenpalette sind vielseitig:

- Sie können einzelne Befehle einer »Aktion« ausschalten oder verschieben.
- Sie können das Dialogfeld zu einem Einzelbefehl einblenden und korrigieren oder automatisch mit den bisherigen Werten abarbeiten lassen.
- Sie können nachträglich Befehle hinzufügen.
- Sie können Stopps und Bildschirmmeldungen einplanen.
- Die Aktionen lassen sich auf Einzeldateien oder auf ganze Verzeichnisse anwenden.
- Sie können Aktionen speichern und weitergeben.
- Sie können die Aktionen über Tastaturkürzel starten.
- Aktionen lassen sich zu »Sets« zusammenfassen.

Neuen Aktionen weisen Sie Namen und Tastaturkürzel zu.

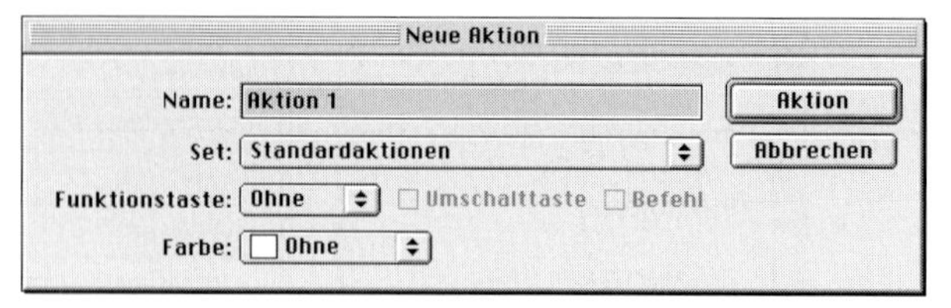

Eins geht allerdings nicht: die Befehlsfolgen, die die Protokollpalette auflistet, in die Aktionenpalette zu übernehmen. Gelungene Funktionsreihen müssen Sie für die Aktionenpalette neu herunterklicken. Freie Pinsel- oder Lassobewegungen werden immer noch nicht aufgezeichnet.

Mitgelieferte Befehle und Aktionen per Kurztaste

Photoshop liefert eine Reihe von verborgenen Ein-Befehl-Aktionen mit, die mit Kurztasten belegt sind. Diese gelten so lange, wie Sie die Kurztasten nicht anderweitig vergeben:

F2	Ausschneiden
F3	Kopieren
F4	Einfügen
F5	Werkzeugspitzen ein-/ausblenden
F6	Farbregler ein-/ausblenden
F7	Ebenen ein-/ausblenden
F8	Informationen ein-/ausblenden
F9	Aktionen ein-/ausblenden
F12	Zurück zur letzten Version
⇧+F5	Fläche füllen
⇧+F6	Weiche Auswahlkante
⇧+F6	Auswahl umkehren

Befehle im Überblick: Aktionenpalette

Taste/Feld	Zusatztasten	Aktion	Ergebnis
		Klick!	Paletten-Menü
		Klick!	Markierte Aktion löschen
	⌥	Klick!	Aktion löschen ohne Rückfrage
		Klick!	Aktion neu erstellen
	⌥	Klick!	Aktion neu erstellen ohne Dialogfeld
		Klick!	Weitere Befehle aufzeichnen
		Klick!	Aufzeichnung anhalten
		Klick!	Markierte Aktion ausführen oder ab makiertem Befehl ausführen
		Klick!	Neuen Aktionen-Set anlegen mit Einblendung der Optionen
	⌥	Klick!	Neuen Aktionen-Set anlegen
[Name der Aktion]	⌘	Doppelklick!	Aktion ausführen
[Name des Befehls]	⌘	Klick!	Aktion ab markiertem Befehl ausführen
		Klick!	Unterbrechung durch Dialogfeld zulassen/ Dialogfeldeinstellungen automatisch verwenden
	⌥	Klick!	Angeklickten Dialog zulassen, alle anderen aus
		Klick!	bei Aktion: alle Befehle einschalten/ausschalten; bei Befehl: einschalten/ausschalten
	⌥	Klick!	Angeklickten Befehl einschalten, alle anderen aus
		Klick!	bei Aktion: Einzelbefehle anzeigen; bei Einzelbefehl: Einstellungen anzeigen
		Klick!	bei Aktion: Einzelbefehle ausblenden; bei Einzelbefehl: Einstellungen ausblenden; bei Sets: Aktionen-Set schließen

Erstellen und Aufzeichnen einer Aktion

Nach dem Start zeichnet Photoshop die Befehle in der Reihenfolge auf, in der Sie diese eingeben. Später können Sie jederzeit Befehle entfernen, vorübergehend ausschalten oder nachtragen. Selbst den Palettenbefehl **Ausführen: Aktion** können Sie in eine Aktion einbauen, um Aktionen zu verketten.

Vorbereitungen

Denken Sie daran, daß manche Befehle bei wechselnden Farbmodi oder Dateigrößen unterschiedliche Auswirkungen haben. Zeichnen Sie die Aktion eventuell zunächst an einer unwichtigen Datei auf, zum Beispiel an einem Duplikat. Sie können die Befehle **Kopie speichern unter** oder **Bild: Duplizieren** ganz zu Anfang aufzeichnen, um eine unberührte Fassung der Datei zu behalten. Geben Sie im Dialogfeld »Kopie speichern unter« keinen Namen ein, sondern nur ein anderes Verzeichnis, damit nicht stets dieselbe Datei erzeugt und überschrieben wird.

Alternative: Erzeugen Sie unmittelbar vor Abspielen der Aktion einen Schnappschuß mit der Protokollpalette (siehe oben). Durch Klick auf den Schnappschuß in der Protokollpalette stellen Sie den Status quo ante wieder her. Bequemste Lösung: Bei Aufzeichnung einer längeren Aktion zeichnen Sie zuerst den Befehl **Neuer Schnappschuß** aus dem Menü der Protokollpalette auf.

Aktionsset erstellen und umbenennen

Erstmals in Photoshop 5 können Sie Aktionen in unterschiedlichen »Aktionssets« zusammenfassen und bei Bedarf ausblenden. Das ist übersichtlicher, als wenn Sie alle Aktionen untereinander weg auflisten. Dies gilt zumal für Sammler und Jäger, die mit Aktionen von CDs oder aus dem Internet experimentieren. Photoshop packt die neue Aktion gegebenenfalls in das aktuelle »Set«. Um ein neues »Set« anzulegen, haben Sie zwei Möglichkeiten:

- Klicken Sie auf das Symbol »Neues Aktionsset«. Im Dialogfeld weisen Sie diesem einen Namen zu.
- Klicken Sie das Symbol »Neues Aktionsset« mit gedrückter Alt-Taste an, um sich das Dialogfeld zu ersparen. Photoshop zeigt kein Dialogfeld, sondern erzeugt umgehend ein »Set n«.

Nach einem Doppelklick auf den Namen des Sets in der Aktionenpalette können Sie es umbenennen.

Aktion erstellen

Das Procedere:

1. Klicken Sie auf das Symbol »Neue Aktion«. Wenn Sie mit gedrückter Alt-Taste klicken, erscheint das nachfolgend beschriebene Dialogfeld nicht, statt dessen entsteht sofort eine »Aktion x«, die Aufzeichnung startet ohne weiteres Vorspiel.
2. Im Dialogfeld weisen Sie der Aktion Name, Anschrift, Farbe und Tastaturkürzel zu. Die Farbe zeigt sich jedoch nur im Schaltermodus.

Denken Sie daran, daß einige Photoshop-Funktionen bereits mit Kurztaste belegt sind, wie oben schon beschrieben: So ruft F5 die Werkzeugspitzen auf, F6 zeigt die Farbpalette. Photoshop läßt es ungerührt zu, daß Sie diese Kürzel für eine neue Aktion vergeben – die ursprüngliche Funktion geht natürlich verloren.

 *Befehle aufzeichnen*

Dann beginnt die eigentliche Aufzeichnung:

1. Klicken Sie auf das runde Aufzeichnen-Symbol.
2. Während das Aufzeichnen-Symbol (die »Record-Lampe«) rot leuchtet, rufen Sie die Befehle in der gewünschten Reihenfolge auf. Wenn Sie ein Dialogfeld mit »Abbrechen« wieder vom Schirm verbannen, wird es nicht in die Aktion aufgenommen.
3. Ein Klick auf das quadratische Stop-Symbol beendet die Aufzeichnung.
4. Speichern Sie die Aktion bei Bedarf mit dem Palettenbefehl.

Falls ein Befehl nach einem bestimmten Farbmodus verlangt – zum Beispiel RGB für die **Beleuchtungseffekte** –, verwenden Sie den Befehl **Datei: Automatisieren: Bedingte Modusänderung**. Verwenden Sie **Pfad einfügen** mit einem leeren Pfad, so zeichnet Photoshop den Befehl **Arbeitspfad löschen** auf.

Aufzeichnen der »Speichern«-Befehle

Wenn Sie einen Befehl wie **Speichern unter** oder **Kopie speichern unter** aufzeichnen, sollten Sie keinen Dateinamen eingeben, damit nicht alle Dateien unter diesem immer gleichen Namen gespeichert werden.

Sie werden allerdings feststellen, daß sich die Speichern-Dialogfelder gar nicht schließen lassen, wenn das Eingabefeld »Dateiname« leer ist. So können Sie die Aufzeichnung nicht fortsetzen. Abhilfe: Nehmen Sie »Speichern«-Befehle mit dem Palettenbefehl **Menübefehl einfügen** auf (siehe unten).

Orientierung am Lineal

Befehle und Operationen, die mit Positionen innerhalb des Bildes arbeiten, verwenden die Einheiten, die Sie in den **Voreinstellungen** für das Lineal festgelegt haben.

Ein Beispiel:

1. Sie haben Zentimeter-Werte vorgegeben und nicht Pixel- oder Prozent-Einteilung. Das aktuelle Bild mißt zehn Zentimeter in der Breite. Nun zeichnen Sie mit dem Verlaufwerkzeug einen horizontalen Farbübergang auf, der sich über die volle Breite, also über zehn Zentimeter, erstreckt.
2. Dann begrenzen Sie das Bild mit dem Befehl **Bildgröße** auf ein Druckmaß von fünf Zentimetern. Dabei ändern sich die Bildpunkte nicht, weil Sie »Neuberechnen« abwählen.
3. Wenn Sie nun den aufgezeichneten Verlauf neu abspielen, wird er sich nur über die Hälfte des Bildes erstrecken. Auch bei jedem anderen Bild, das nicht zehn Zentimeter breit ist, wird der Verlauf entweder abgeschnitten, oder die Übergänge enden vorzeitig und setzen sich allein mit der Endfarbe fort – ganz unabhängig von der Pixelzahl.

Ähnliche Probleme gibt es auch beim **Transformieren** oder bei der Aufzeichnung des Freistellwerkzeugs sowie bei Polygon-Lasso, Linien-, Bewegen-, Text- und Füllwerkzeug, bei Zauberstab und Auswahlrechteck.

Oft hat man jedoch nicht feste Zentimeter- oder Pixel-Werte im Blick. Der Befehl soll statt dessen immer eine bestimmte Veränderung relativ zum Gesamtbild bewirken. Dann wählen Sie bei der Aufzeichnung als Maßeinheit in den **Voreinstellungen** »Prozent«.

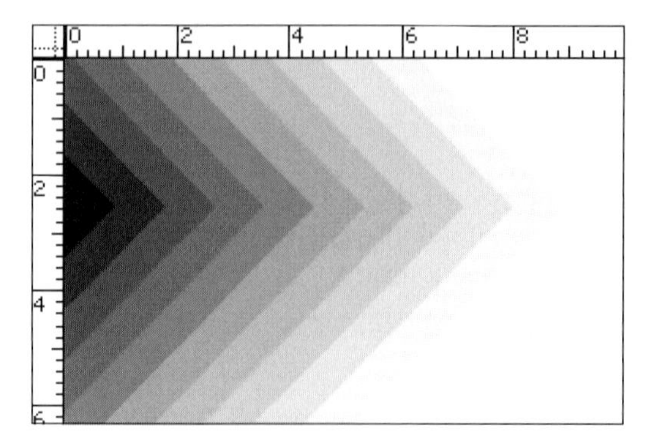

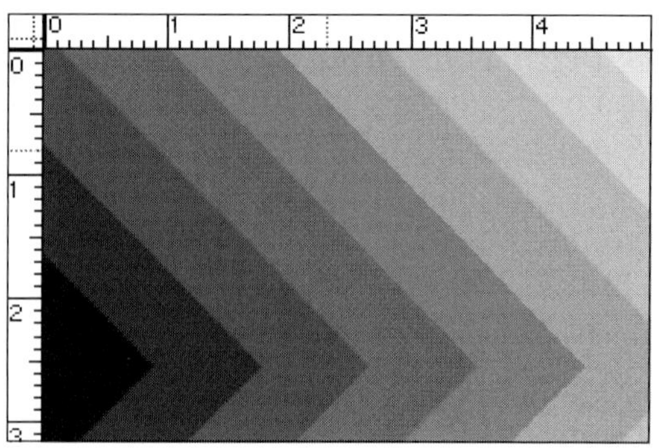

Dieser Verlauf wurde mit einer zehn Zentimeter breiten Datei aufgezeichnet, die Maßeinheiten standen auf Zentimeter. Bei Anwendung auf eine Fünf-Zentimeter-Datei zeigt Photoshop nur die ersten fünf Zentimeter.

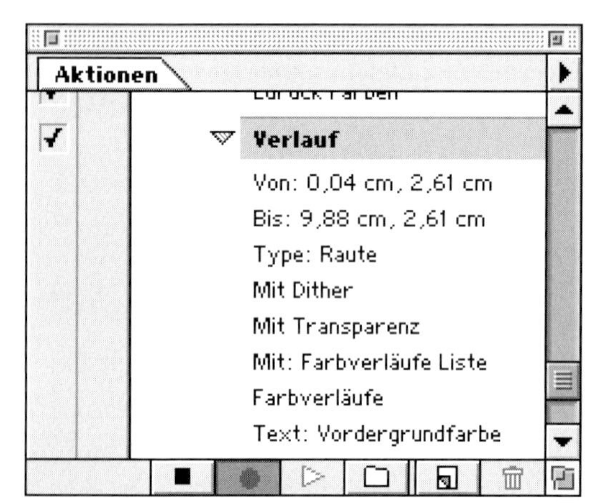

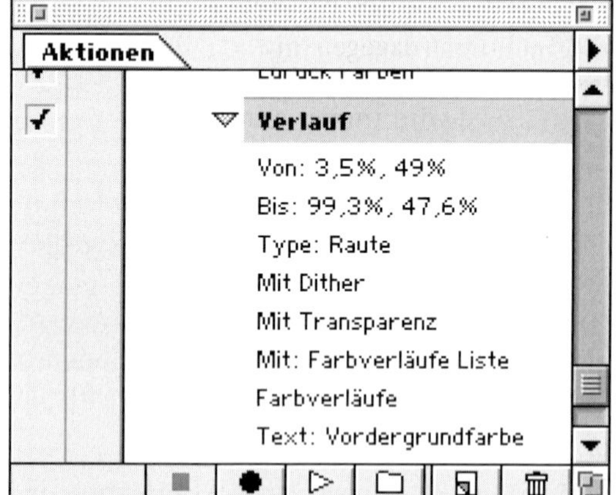

Links: Hier wurde der Verlauf mit Zentimeter-Maßeinheiten aufgenommen, er wird sich also immer über 9,92 Zentimeter erstrecken; bei kleineren Druckmaßen wird der Verlauf abgeschnitten, bei größeren Druckmaßen endet er mit einer größeren Zone in der letzten Farbe – unabhängig von der Pixelzahl. Rechts: Dieser Verlauf wurde mit Prozent-Maßeinheiten aufgezeichnet. Er wird sich immer über 98,4 Prozent einer Datei erstrecken – unabhängig von Pixelzahl oder Druckmaßen.

»Pfad einfügen«

Sie können Pfade aus der Pfadpalette sowie Pfadbefehle in die Aktionenpalette einzufügen. Dies funktioniert bei der ersten Aufzeichnung der Aktion wie auch nachträglich. Details zu Pfaden finden Sie im gleichnamigen Kapitel weiter hinten.

Dabei gilt: Die Daten des Pfades werden in der Aktion gespeichert. Selbst die vorübergehenden »Arbeitspfade« lassen sich auf Dauer in der Aktionenpalette aufbewahren und in andere Bilder übertragen. Sie können den Pfad in eine Auswahl verwandeln oder nachmalen lassen. Die entsprechenden Befehle aus der Pfadepalette, etwa **Pfad füllen** oder **Auswahl erstellen**, zeichnet die Aktionenpalette getreulich auf.

Ablauf

So gehen Sie vor:

1. Erstellen Sie noch vor Aufzeichnung der Aktion den Pfad, den Sie in der Aktion verwenden möchten. Er muß sich in der Datei befinden, die Sie bearbeiten.
2. Aktivieren Sie diesen Pfad.
3. Beginnen Sie die Aufzeichnung.
4. Um den Pfad aufzunehmen, wählen Sie im Menü der Aktionenpalette **Pfad einfügen**.

Positionierung

Die Pfade lassen sich in Bilder unterschiedlichster Größe einsetzen. Entscheidend ist, welche Maßeinheiten Sie voreingestellt hatten, als Sie den Pfad in die Aktion eingesetzt haben:

- Arbeiten Sie mit »Zentimeter«-Maßeinheiten, wird der Pfad immer die gleichen Zentimeter-Werte haben, bezogen auf die einprogrammierten Druckmaße der aktuellen Datei. In kleiner zu druckenden Dateien ragt der Pfad vielleicht über den Bildrand hinaus. Das ist völlig unabhängig davon, wieviele Bildpunkte Ihr Werk hat.
- Arbeiten Sie dagegen mit »Prozent«, bewahrt der Pfad stets die Relation zu den Gesamtmaßen. Ob das Bild zwei oder 20 Zentimeter, 200 oder 2000 Pixel breit ist, spielt keine Rolle – der Pfad wird immer eine bestimmte Fläche des Gesamtwerks markieren.

»Bedingte Modusänderung«

Für manche Funktionen brauchen Sie einen bestimmten Farbmodus. Wollen Sie zum Beispiel die **Beleuchtungseffekte** anzünden, sind Sie auf RGB angewiesen, zum »Kolorieren« mit dem Befehl **Farbton/Sättigung** auch auf einen Farbmodus wie RGB oder CMYK. Wenn Sie jedoch ein größeres Verzeichnis per Stapelverarbeitung korrigieren, wissen Sie vielleicht nicht immer, ob sich alle Dateien im gewünschten Farbmodus befinden. Sind zum Beispiel Graustufendateien oder Bilder im Modus »Indizierte Farben« darunter, können sie nicht mit den **Beleuchtungseffekten** illuminiert werden.

Für diese Situationen gibt es den Befehl **Datei: Automatisieren: Bedingte Modusänderung**. Er funktioniert nach folgendem Schema: Hier geben Sie alle Farbmodi an, die verändert werden sollen. Sind Sie auf RGB als Zielformat angewiesen, aktivieren Sie als »Quellmodus« zum Beispiel Graustufen, Indizierte Farben und andere Modi, die sich in dem Verzeichnis befinden könnten, das Sie bearbeiten wollen. Sie werden bei Anwendung des Befehls in den Zielmodus verwandelt, in diesem Beispiel nach RGB.

Zeichnen Sie die **Bedingte Modusänderung** gleich zu Anfang einer Aktion auf, damit Sie sicher sind, daß sich alle Dateien in einem passenden Modus befinden.

Die »Bedingte Modusänderung« ändert den Farbmodus.

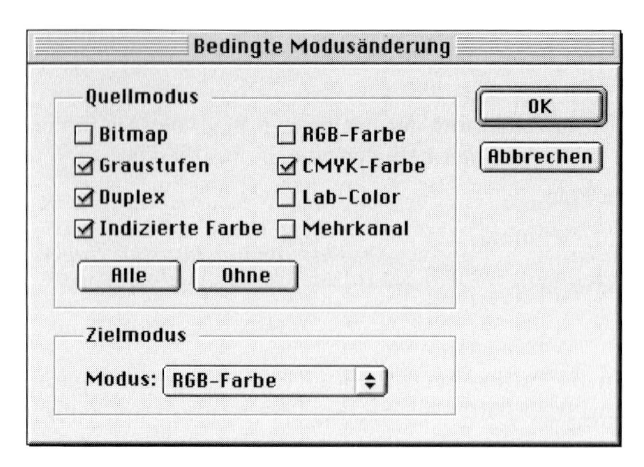

Befehle nachträglich einfügen

Sie können nachträglich Befehle einfügen. Treffen Sie dabei zunächst einige Vorbereitungen:

- Markieren Sie die Aktion in der Palette, wenn Sie den neuen Befehl ganz am Ende anhängen wollen.
- Oder markieren Sie einen Einzelbefehl im Listenmodus, wenn Sie den neuen Befehl dahinter anhängen wollen.

Dann klicken Sie auf das Symbol »Aufzeichnung beginnen« und führen die nachzutragenden Befehle aus, während die runde rote Record-Lampe leuchtet. Zum Abschluß klicken Sie das quadratische Stop-Symbol an.

Nicht aufnehmbare Befehle

Sie können auch Befehle aufzeichnen, die die Aktionenpalette sonst nicht aufnimmt, zum Beispiel aus dem Untermenü **Voreinstellungen** oder aus dem **Ansicht**-Menü. Dazu wählen Sie aus dem Paletten-Menü **Menübefehl einfügen** und klicken den Befehl im entsprechenden Photoshop-Menü an; alternativ tippen Sie einen Teil des Befehlsnamens im Dialogfeld ein und klicken auf »Suchen«.

»Unterbrechung einfügen«

Sie können Unterbrechungen einfügen, um zum Beispiel von Hand Manöver zwischenzuschieben, die die Aktionenpalette nicht aufzeichnet – eine freie Werkzeugbewegung etwa. Dabei lassen sich auch Textmeldungen einblenden, mit denen Sie zum Beispiel einem Kollegen oder sich selbst den Sinn der aktuellen Aktion verdeutlichen. Sie verwenden dazu den Palettenmenü-Befehl **Unterbrechung einfügen**. Dabei gilt:

- Haben Sie in der Aktionenpalette eine Aktion markiert, wird die Unterbrechung am Ende der Aktion angesetzt.
- Haben Sie einen Einzelbefehl markiert, plaziert Photoshop die Unterbrechung unmittelbar hinter dem angewählten Befehl.

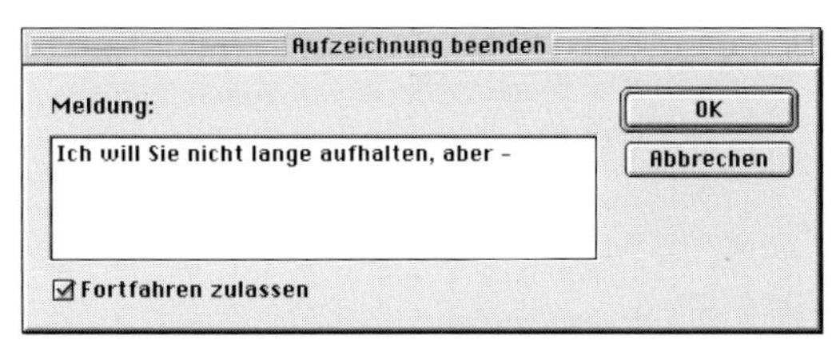

Sie können nachträglich Unterbrechungen mit Bildschirmmeldungen einplanen. Klicken Sie auf »Fortfahren zulassen«, dann läuft die Aktion nach Bestätigung durch »OK« weiter, sonst bleibt sie stehen.

»Fortfahren zulassen«

Der Befehl **Unterbrechung einfügen** bietet die Option »Fortfahren zulassen« für den Meldungsdialog an. Damit hat es Folgendes auf sich:

- Wenn Sie »Fortfahren zulassen« anklicken, enthält die von Ihnen produzierte Meldung eine Schaltfläche mit dem Angebot, die Aktion weiter abzuarbeiten.
- Verzichten Sie auf »Fortfahren zulassen«, bleibt die Aktion an dieser Stelle stehen. Sie bestätigen die selbstverfaßte Bildschirm-Meldung mit »OK«, und Ende. Sie können jedoch ab dieser Stelle fortfahren, wenn Sie erneut auf die dreieckige Schaltfläche »Aktion ausführen« klicken.

Eine Unterbrechung können Sie auch herbeiführen, wenn Sie sich zu einem Befehl aus der Aktion das Dialogfeld anzeigen lassen. Die Aktion läuft dann erst nach dem Klick auf die »OK«-Schaltfläche im Dialogfeld weiter. Klicken Sie dagegen im Dialogfeld auf »Abbrechen«, bleibt die Aktion stehen.

Wenn Sie eine Unterbrechung einfügen, nach der die Aktion weiterlaufen soll, darf das Dialogfeld zu diesem Befehl – sprich: die Bildschirmmeldung – nicht per Aktionenpalette ausgeschaltet werden. Dann besteht nämlich keine Möglichkeit, auf »Fortfahren« zu klicken. Gerade bei fremden Aktionen aus dem Internet oder von kommerziellen Anbietern tendiert man leicht dazu, mit einem Klick sämtliche Dialogfelder auszuschalten, so daß die Aktion in einem Rutsch durchläuft. Dann müssen Sie jedoch entsprechende »Stop«-Befehle in der Palette separat ausschalten.

 Aktionen ausführen

Photoshop arbeitet die Aktionen in der angezeigten Reihenfolge ab. Klicken Sie auf das dreieckige Symbol »Aktion ausführen«. Alternativ wählen Sie den Menübefehl **Ausführen**. Markieren Sie einen Einzelbefehl, um nach Klick auf das Ausführen-Symbol die Aktion ab diesem Punkt laufen zu lassen.

Sie können – wenn Sie im üblichen Listenmodus arbeiten – verschiedene Vorgaben machen:

 Befehle verwenden

Durch das Häkchen geben Sie an, ob ein Einzelbefehl überhaupt verwendet werden soll. Sie können also auch Befehle in eine Aktion aufnehmen, die Sie nur gelegentlich brauchen, und lassen diese Befehle mittels ausgeblendetem Häkchen meistenteils ruhen. Sobald ein Einzelbefehl ausgeschaltet wurde, erscheint das Häkchen neben der Aktion rot, um zu signalisieren, daß die Aktion nicht vollständig abläuft. Ein Klick mit Alt-Taste aktiviert einen Befehl und schaltet alle anderen aus.

Dialogfeld anzeigen

Das Dialogfeld-Symbol gibt Ihnen folgende Möglichkeiten:

- Ohne Dialogfeld wird der Befehl mit den Werten ausgeführt, die Sie beim Aufzeichnen verwendet haben.
- Photoshop kann das Dialogfeld auf Wunsch einblenden, damit Sie die Einstellungen ändern können.

Erst nach dem Klick auf »OK« im eingeblendeten Dialogfeld läuft die Aktion weiter. Klicken Sie im Dialogfeld auf »Abbrechen«, bleibt die Aktion stehen.

Sobald ein einzelnes Dialogfeld ausgeschaltet wurde, erscheint das Dialogfeld neben der Aktion rot. Ein Klick mit Alt-Taste schaltet ein Dialogfeld ein und alle anderen aus.

Es gibt eine Alternative zum mitaufgezeichneten Schnappschuß aus Sicherheitsgründen: Setzen Sie den Befehl **Datei: Kopie speichern unter** mit dem Palettenbefehl **Menübefehl einfügen** ganz oben in der Aktion ein. So können Sie eine unveränderte Kopie des Originals beiseite legen.

Geschwindigkeit regeln

Sie können die Aktion verlangsamt ablaufen lassen, wenn Sie das übersichtlicher finden und Problemen auf die Spur kommen wollen. Der Palettenbefehl heißt **Ausführen-Optionen**:

- Dabei arbeitet die Option »Beschleunigt« Ihre Befehlsfolgen in üblichem Tempo ab;
- »Schrittweise« baut nach jedem Befehl zunächst das Bild neu auf, bevor es weitergeht;
- alternativ können Sie neben »Anhalten für« in Sekunden angeben, wie lang Photoshop nach jedem Befehl pausieren soll.

Natürlich haben Sie auch die Möglichkeit, nach jedem einzelnen Befehl anzuhalten. Dazu entfernen Sie das stilisierte Dialogfeld neben dem Namen der Aktion durch einen Klick.

Automatische Bearbeitung mehrerer Dateien (Stapelverarbeitung)

Sie können eine Aktion auf einen ganzen Ordner voller Bilder anwenden und gegebenenfalls auch die Unterordner berücksichtigen. Der Befehl heißt seit Photoshop 5 **Datei: Automatisieren: Stapelverarbeitung** und findet sich nicht mehr im Menü der Aktionenpalette.

Diese Stapelbearbeitung läßt sich allerdings nicht auf einzelne Dateien innerhalb eines Ordners oder innerhalb mehrerer Ordner anwenden: Der komplette Ordner-Inhalt wird durch die Mangel gedreht, Sie können die emsige Software höchstens mit der Esc-Taste unterbrechen. Auch Bilder, die Sie mit dem **Importieren**-Befehl aus dem **Datei**-Menü erhalten, lassen sich per Stapelbearbeitung verarzten – eine Option, die vor allem für Digitalkameras und Scanner gedacht ist.

Um den Speicher perfekt freizuhalten und die Stapelverarbeitung zu beschleunigen, können Sie in den Optionen zur Protokollpalette die Zahl der aufzuzeichnenden Schritte verringern und auf den Schnappschuß zu Anfang verzichten.

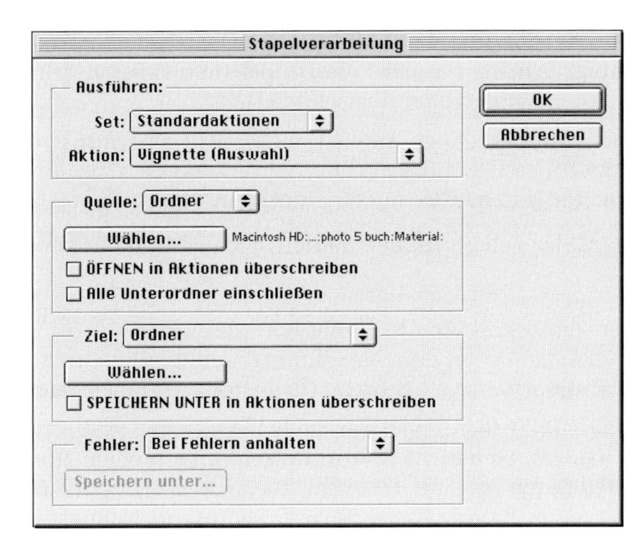

Sie können eine Aktion auf ganze Bild-Ordner anwenden und die Ergebnisse zum Beispiel in einem anderen Ordner speichern.

Ablauf

Im Dialogfeld geben Sie eine Aktion und ein Set an. Photoshop zeigt zunächst die Aktion, die in der Aktionenpalette markiert ist. Befehle, die Sie in der Aktionenpalette ausgeschaltet haben, werden nicht ausgeführt. Haben Sie in der Aktionenpalette die Anzeige von Dialogfeldern vorgesehen, werden Sie auch bei der Stapelbearbeitung damit behelligt. Soll es ohne Ihr Zutun vorangehen, schalten Sie am besten sämtliche Dialogfelder durch einen Klick auf das Dialogfeldsymbol neben dem Namen der Aktion aus.

Mit der Esc-Taste setzen Sie der Stapelbearbeitung vorzeitig ein Ende. Das Programm fragt, ob Sie die verbleibenden Dateien noch abarbeiten wollen. Sie haben sogar die Möglichkeit, mitten ins Prozedere hinein Befehle anzuklicken.

Für die fertigen Bilder haben Sie im Klappmenü »Ziel« folgende Möglichkeiten:

»Speichern und Schließen« als Ziel

Sie können die Ergebnisse »speichern und schließen«. Damit werden die ursprünglichen Dateien unwiderruflich verändert.

»Ordner« als Ziel

Die Vorgabe »Ordner« schreibt alle Ergebnisse in einen neuen, einheitlichen Zielordner. Damit bleiben die ursprünglichen Dateien unverändert. Haben Sie dabei jedoch in der gewünschten Aktion Befehle wie **Speichern unter** oder **Öffnen**, dann sollten Sie im Dialogfeld zur Stapelbearbeitung die »Überschreiben«-Option einschalten. Damit stellen Sie sicher: Photoshop speichert alle Dateien im gewünschten Ziel-Ordner für die Stapelverarbeitung und ignoriert Zielordner, die Sie im »Speichern unter«-Dialog einst aufgezeichnet haben.

»Kein« Ziel

»Kein« Ziel heißt, Sie sammeln die Ergebnisse ungesichert auf der Programmoberfläche. Dies kann erheblich Arbeitsspeicher kosten.

Wenn Sie »Ohne« Ziel vorgehen und die Bilder auf der Oberfläche lagern: Bei jeder einzelnen Datei können Sie beliebige Schritte mit der Protokollpalette revidieren (sofern die Aktion nicht das Limit an aufzuzeichnenden Befehlen überschreitet).

Die Option »Ohne« Ziel kostet erheblich Arbeitsspeicher, da (je nach Ihren Vorgaben) für jedes einzelne Bild eine Protokolle-Liste aufgezeichnet wird. Es lohnt sich, am Ende einer Aktion den Befehl **Bearbeiten: Entleeren: Alle** aufzunehmen; so befreit Photoshop den Arbeitsspeicher von Datenballast unter anderem aus Protokoll-Speicher und Zwischenablage.

Fehlermeldungen

Bei Problemen blendet Photoshop eine Meldung ein und wartet auf Ihre Anweisungen. Zum Beispiel kann es sein, daß die Aktion eine Auswahlmarkierung oder einen anderen Farbmodus oder Bildteile aus der Zwischenablage benötigt. Damit hat die Stapelverarbeitung ein Ende.

Wollen Sie unliebsame Unterbrechungen vermeiden, können Sie die Fehlermeldungen im Feld »Fehler« mit der Option »Fehler in Protokolldatei« unterbinden. In diesem Fall schreibt Photoshop seine Mitteilungen in eine Textdatei, die sich per Doppelklick öffnen läßt. Sie können Name und Ort dieses Protokolls vermerken. Photoshop meldet sich anschließend mit dem Hinweis, daß eine Textdatei für Sie auf der Platte liegt.

Die Stapelbearbeitung kostet erheblich Zeit, Photoshop ist unterdessen nicht anderweitig zu gebrauchen. Sie können das Programm dazu bringen, am Ende des gesamten Verfahrens Laut zu geben, um Sie aus der Küche zurückzurufen. Dazu aktivieren Sie in den **Voreinstellungen** (⌘+K) die Option »Vorgang mit Signalton abschließen«.

Aktionen-Verwaltung

Sie haben vielfältige Möglichkeiten, Aktionen zu bearbeiten. Häufig lassen sich diese Funktionen gleichermaßen auf Aktionen wie auch auf aufgezeichnete Einzelbefehle anwenden.

Befehle verschieben und hinzufügen

Befehle können Sie durch Ziehen mit der Maus verschieben – auch in eine andere Aktion. Sie können einen Befehl überdies nachträglich zu einer Aktion hinzufügen. Der Befehl wird ans Ende der Aktion angehängt, wenn Sie den Namen einer Aktion in der Palette markieren oder hinter einen Einzelbefehl, wenn Sie diesen im Listenmodus markieren. Klicken Sie einfach auf das Aufzeichnen-Symbol, und führen Sie den Befehl oder die Befehle aus; dann klicken Sie auf das Symbol, das die Aufzeichnung beendet. Die aktuelle Aktion wird um diese Befehle ergänzt.

Alternative: Der Paletten-Menü-Befehl **Menübefehl einfügen**. Im Gegensatz zum Aufzeichnen-Symbol führt dieser Weg den gewählten Befehl nicht gleich an der aktiven Datei aus.

»Aktion erneut aufzeichnen«

Sie können eine komplette, fertige Aktion mit neuen Werten aufzeichnen. Dazu wählen Sie den Palettenbefehl **Aktion ... erneut aufzeichnen**. Bei jedem Dialogfeld haben Sie die Möglichkeit, neue Werte einzutippen. Klicken Sie auf »Abbrechen«, bleiben die bisherigen Werte erhalten. – Um einen einzelnen Befehl erneut aufzuzeichnen, klicken Sie doppelt auf diesen Befehl im Listenmodus; dann können Sie die Werte ändern. Dieser Weg ist oft übersichtlicher als das Aufzeichnen einer ganzen Aktion, selbst wenn Sie mehrere Befehle hintereinander anklicken.

»Aktionseinstellungen«

Um Tastaturkürzel, Namen oder Farbe der Aktion zu ändern, klicken Sie doppelt auf die Aktion; oder Sie wählen, bei markierter Aktion, den Palettenbefehl **Aktionseinstellungen**. Photoshop zeigt dann das Dialogfeld, das Sie schon beim Neu-Erstellen der Aktion zu Gesicht bekamen.

Aktionen duplizieren

Nützlich ist auch das Duplizieren einer Aktion; damit können Sie weitere Varianten einer interessanten Befehlsfolge austesten, ohne das bereits gefundene Ergebnis zu ruinieren. Ziehen Sie eine Aktion oder einen Befehl mit gedrückter Alt-Taste an eine neue Position. Alternativen dazu:

- Sie markieren Aktion oder Befehl und verwenden den Palettenbefehl **Duplizieren: ...** – Oder:
- Ziehen Sie die Aktion auf das Symbol »Neue Aktion«. Die kopierte Aktion erscheint jeweils am Ende der Aktionenpalette.
- Ziehen Sie die Aktion in anderes Set.

Aktionen entfernen

Aktionen oder Befehle markieren Sie, dann klicken Sie auf das Papierkorb-Symbol in der Palette, um sie zu löschen. Klicken Sie mit gedrückter Alt-Taste, wenn Sie auf Photoshops Bitte um Rückbestätigung verzichten können. Oder zerren Sie das Ding in den Mülleimer.

Aktionen speichern, laden und ersetzen

Die Aktionen speichert Photoshop zunächst in seinem Grundeinstellungsdokument »Actions Palette« im Photoshop-Verzeichnis »Adobe Photoshop Settings«. Das heißt, ohne weiteres Zutun bleiben Ihnen jegliche Aktionen erhalten, auch geladene oder frisch aufgezeichnete. Sollten Sie die Datei aber löschen, sind die Aktionen perdu. Auch wenn Sie Photoshop nicht ordnungsgemäß beenden, gehen ganz neue Aktionen verloren.

Sie können die Aktionen in Dateien exportieren und an andere Rechner weitergeben. Dabei läßt sich jeweils der komplette Inhalt eines Sets speichern; ein solches Set muß auch in der Aktionenpalette markiert sein, sonst finden Sie den Befehl **Aktionen speichern** im Palettenmenü nicht vor.

Wenn Sie Aktionen laden, werden die auf Platte gesicherten Aktionen an die bereits vorhandenen Aktionen angehängt. Wählen Sie dazu aus dem Paletten-Menü den Befehl **Aktionen laden**. Wenn Sie **Aktionen ersetzen**, verschwinden die bisherigen Aktionen aus der Palette. Adobe liefert zahlreiche Aktionen mit, die Sie zunächst nicht in der Palette und auf der CD finden, sondern auf Ihrer Festplatte im Verzeichnis »Goodies/Aktionen«; dort liegt auch ein Dokument im Acrobat-Format, das alle Effekte illustriert.

Aktionen aus Photoshop 4 funktionieren auch in Photoshop 5. Umgekehrt geht es nicht.

3.8 Darstellung von Bilddateien

Um schnell mit Photoshop zu arbeiten, sollten Sie die rasche Veränderung der Bilddarstellung aus dem Effeff beherrschen. Die meisten entsprechenden Befehle finden Sie im Menü **Ansicht**, schneller geht es jedoch mit Tastaturkürzeln. Zuvor müssen Sie sich darüber klar sein, was es mit Abbildungsmaßstäben wie »100%« auf sich hat.

Ansichts-Sache: Die Darstellung einer Bilddatei steuern Sie über das »Ansicht«-Menü.

Der Abbildungsmaßstab

Nennt Photoshop in der Titelleiste einen Abbildungsmaßstab von zum Beispiel »100%«, so hat dies nichts mit der späteren Druckgröße zu tun. Bei dieser Größenangabe orientiert sich Photoshop allein an den Bildpunkten, aus denen Ihr Werk besteht – nicht an Druckmaßen.

»100%« bedeutet: Jeder Bildpunkt wird durch einen Monitorpunkt dargestellt. Paßt also Ihr Bild gänzlich auf den Schirm, kann es nicht mehr als ungefähr 1280x1024 Bildpunkte haben, es sei denn, Sie arbeiten mit einer Monitorbreite von 1600 oder 1800 Pixeln.

Nur wenn Sie zufällig in Monitor-Auflösung drucken – also zum Beispiel mit 72 oder 90 dpi –, erscheint das Bild am Schirm so groß wie später auf Papier. Meist werden Sie höher aufgelöst drucken, zum Beispiel mit 200 oder 300 Pixeln pro Zoll (dpi) – dann sieht das Werk am Schirm viel größer aus als im späteren Druck.

Vor Fotomontagen sollten Sie alle Objekte in einer einheitlichen Zoomstufe betrachten – nur so beurteilen Sie, in welchen Größenverhältnissen die einzelnen Elemente nach dem Einfügen aufeinandertreffen werden. Natürlich haben Sie immer noch die Möglichkeit, einzelne Objekte später zu vergrößern oder zu verkleinern (wenn auch nicht ohne Qualitätseinbußen).

Der Abbildungsmaßstab »100%«

Dieses Wissen ist wichtig: Nur in der 100-Prozent-Darstellung sehen Sie die Original-Pixel naturbelassen; so, wie sie in der Bilddatei tatsächlich vorliegen. In allen anderen Darstellungsweisen rechnet das Programm die Original-Pixel erst für die Wiedergabe am Schirm um – es muß zum 1,38 oder 0,71 Bild-Pixel auf einem Monitorpixel anbieten, es reduziert oder vervielfacht also Teile der Information. Feine Details werden dabei verschluckt. Besonders ungenau gerät die Darstellung bei krummen Maßstäben wie 53,94 Prozent.

Insbesondere nach Interpolationen mit dem Befehl **Bild: Bildgröße**, nach dem **Transformieren** sollten Sie per Doppelklick auf die Lupe in die Zoomstufe 100 Prozent wechseln (⌘+Alt+0). 100 Prozent ist die angesagte Zoomstufe auch nach allen Filtern, die das Bild auf kleinem Raum subtil verändern, zum Beispiel Scharfzeichnungs- oder Störungsfilter und alles, was eine Textur einwebt. Wichtig ist die 100-Prozent-Sichtweise überdies bei Scans von Textilien oder bei anderen Motiven mit feinen Gitterlinien: Hier kommt es unterhalb der 1:1-Darstellung leicht zu Moiré, einem unerwünschten Schiller-Effekt. Im Modus »Bitmap« – wenn Ihr Bild bereits für den Druck gerastert ist und nurmehr aus schwarzen und weißen Punkten besteht – müssen Sie mit Zoomstufen experimentieren; mitunter wirkt alles außer der 100-

Prozent-Anzeige miserabel. Auch Dateien im Modus »Indizierte Farbe« verlangen nach der 100-Prozent-Sichtweise, zumal wenn die Farben mit »Diffusion Dithering« gerastert wurden. Ebenso sollten Sie in den Vorschau-Fenstern von Filter-Dialogen oder GIF-Export auf 100-Prozent-Darstellung beziehungsweise »1:1« bestehen.

Sie können von einer herauf- oder heruntergezoomten Ansicht nicht darauf schließen, wie das Bild wirkt, wenn Sie es mit dem Befehl **Bild: Bildgröße** herauf- oder herunterrechnen. Bei diesem Procedere nimmt sich Photoshop viel mehr Zeit für genaueres Interpolieren, als wenn Sie nur die Bildanzeige vergrößern oder verkleinern; das soll besonders schnell gehen und wirkt deshalb ungenauer.

Klare Sichtweise: Nur im Abbildungsmaßstab 100 Prozent (links) läßt sich eine Bilddatei exakt beurteilen. Andere Abbildungsmaßstäbe zeigen besonders Oberflächenstruktur und feine Muster verfälscht – hier Darstellungen bei 66,7 und 55 Prozent. Datei: Hochhaus

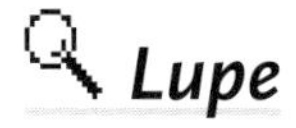

Lupe

Unabhängig von der Zentimeter- oder Pixelgröße, in der Sie Ihre Bilder gespeichert haben, lassen sich die Dateien in fast jeder beliebigen Größe anzeigen bis herauf zu 1600 Prozent und herunter zu 0,167 Prozent. Dazu klicken Sie einmal auf die Lupe in der Werkzeugspalte (Kurztaste Z, für Zoom Tool), dann ins aktive Bild. Photoshop wird jetzt einen Bereich um die Lupenposition vergrößert darstellen; wollen Sie also Details links unten vergrößert sehen, klicken Sie auch gleich mit der Lupe links unten. Der Zoomfaktor steht in der Titelleiste des Bildes und in der Info-Leiste.

Bilddarstellung verkleinern

Drücken Sie zur Lupe die Alt-Taste, verkleinern Sie das Bild schrittweise. Sie sehen dann statt des Plus-Zeichens ein Minus im Lupenzeiger; bei 1600 beziehungsweise 0,167 Prozent, wenn es nicht mehr weitergeht, zeigt sich die Lupe innen leer.

Ein Doppelklick auf die Lupe zeigt das Bild sofort im 100-Prozent-Maßstab, ebendies bewerkstelligen auch der Befehl **Ansicht: Tatsächliche Pixel** oder der Klammergriff Alt+⌘+0. Bitte beachten Sie dazu die Anmerkungen über Abbildungsmaßstäbe weiter oben. Diese Funktionen enthält auch das Kontextmenü, wenn Sie bei aktivierter Lupe einen ctrl-Klick über der Datei wagen.

Ein Doppelklick auf die Hand paßt das Bild größtmöglich ins Programmfenster ein – ein sehr hilfreicher Befehl, um nach Detail-Arbeiten mit hoher Zoom-Stufe wieder das Gesamt-Werk zu betrachten; alternativ drücken Sie ⌘+0 – dieses Kürzel blendet auch auf Schirmgröße hoch, achtet aber darauf, daß das Bild nicht unter vorhandene Paletten gerät.

Wie immer Sie auch zoomen, die eigentliche Datei wird kein bißchen verändert – nur die Anzeige des Bildes ändert sich.

Bildteile, die Sie mit der Lupe einrahmen, zeigt Photoshop vergrößert.

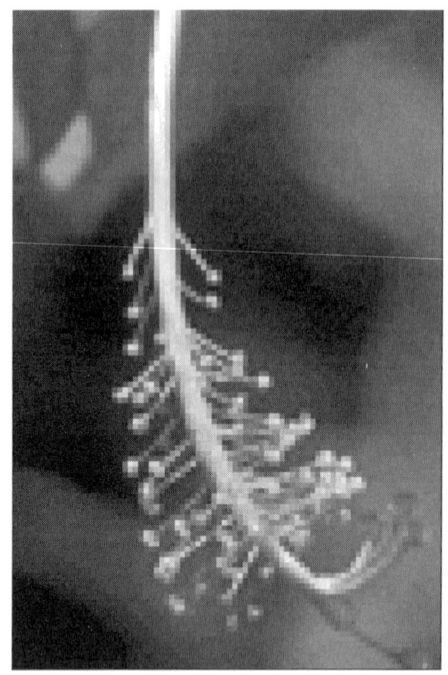

»Fenstergröße anpassen«

In den Lupen-Optionen wählen Sie meist »Fenstergröße anpassen«. Das heißt, Photoshop wird das Dateifenster vergrößern, wenn Sie eine höhere Zoomstufe wählen. Und das Fenster wird kleiner, wenn Sie den Vergrößerungsfaktor wieder zurücknehmen. So belegt die Bilddatei immer nur den erforderlichen Platz. Wenn Sie jedoch verschiedene andere Bilder sichtbar halten oder zum Beispiel den Dateirahmen in einer bestimmten Größe oder in einem bestimmten Seitenverhältnis halten wollen, dann schalten Sie die Option »Fenstergröße anpassen« aus.

Ein Doppelklick auf die Lupe holt nicht die Werkzeugoptionen hervor, sondern zeigt das aktuelle Bild in der 100-Prozent-Ansicht. Sie müssen also eventuell den Befehl **Fenster: Werkzeugoptionen** bemühen, wenn die Optionen nicht schon auf dem Schirm stehen.

Zoomen per Tastendruck, Menü oder Eingabe

Klicken Sie im **Ansicht**-Menü die Befehle **Einzoomen** und **Auszoomen** an, um die Darstellung zu vergrößern oder zu verkleinern; genauso wirken die Kurztasten ⌘+Plustaste und ⌘+Minustaste – jedes beliebige Werkzeug kann aktiv sein. Dabei vergrößert oder verkleinert Photoshop den Bilddatei-Rahmen jedoch nicht mit. Wollen Sie dagegen zoomen und die Größe des Dateifensters mitverändern, drücken Sie ⌘+Alt+Plus respektive ⌘+Alt+Minus.

Photoshop ist auch in der Lage, eine Bilddatei exakt in der Druckgröße anzuzeigen und nicht nur in Ansichten, die von der vorhandenen Pixelzahl abhängen. Dazu verwenden Sie den **Ansicht**-Befehl **Ausgabe-Größe**.

Tastentausch

Wenn Sie die Alt- statt der ⌘-Taste als Haupttaste zum Zoomen verwenden wollen, nutzen Sie das Plug-In »Zoommethode umkehren« aus dem Ordner »Other Goodies/Weitere Erweiterungen« auf der »Applications«-CD.

Eingabe der Zoomstufe

Außerdem können Sie den gewünschten Abbildungsmaßstab jederzeit auch eintippen – entweder ganz links unten in der Informationsleiste (die Sie mit dem **Fenster**-Menü einblenden) oder im entsprechenden Eingabefeld in der Navigator-Palette (siehe unten); bestätigen Sie den gewünschten Maßstab mit der Eingabetaste.

Schnell-Aktivierung der Lupe

Haben Sie ein anderes Werkzeug aktiviert oder ein Dialogfeld offen, erhalten Sie mit ⌘+Leertaste eine Vergrößerungs-Lupe, mit Alt+Leertaste eine Verkleinerungs-Lupe. Sobald Sie die Finger von der Tastatur nehmen, wechselt Photoshop zurück zu dem Werkzeug, das Sie vorher hatten beziehungsweise zu dem geöffneten Dialogfeld.

Nochmal, denn das ist sehr praktisch: Wenn Sie zum Beispiel mit geöffnetem Dialogfeld »Gradationskurven« einen Scan bearbeiten, können Sie trotzdem mit der Maus ins Bild gehen, ⌘+Plus drücken und einen wichtigen Bildteil zur Vergrößerung anklicken oder einrahmen. (Auch weitere **Ansicht**-Befehle stehen noch bei geöffnetem Dialogfeld zur Verfügung.)

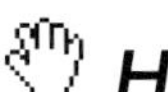

Hand-Werkzeug

Oft arbeitet man an einem hochgezoomten Bildausschnitt; nur der Bruchteil eines Bildes paßt ins Dateifenster. Mit dem Hand-Werkzeug (Kurztaste H, für Hand) verschieben Sie das Bild innerhalb des Rahmens nach Geschmack – in alle Richtungen, also auch diagonal. Ein Doppelklick auf das Hand-Werkzeug zeigt das Gesamtbild in größtmöglicher Zoomstufe – der gleiche Effekt wie **Ansicht: Ganzes Bild** oder ⌘+0.

Das Hand-Werkzeug verändert die Bilddatei nie, nur die Darstellung.

Schnellaktivierung der Hand

Sie müssen aber gar nicht erst auf das Hand-Werkzeug klicken, um verschieben zu können. Egal, welches Werkzeug gerade an ist – mit der Leertaste erhalten Sie jederzeit die Hand; schieben Sie Ihr Bild zurecht, und lassen Sie die Leertaste wieder los, um wieder das ursprüngliche Werkzeug zu erhalten. So können Sie bei geöffnetem Dialogfeld eine Datei innerhalb des Bildrahmens zurechtschieben.

Verschiebung per Tasten

Sie können das Bild auch per Tastendruck durchs Fenster rutschen lassen:

Die Tasten Bild auf und Bild ab bewegen um je eine Fenster-Füllung; nehmen Sie die Umschalt-Taste dazu, wenn es nur zehn Einheiten sein sollen, und drücken Sie auch noch ⌘, wenn es nach links oder rechts gehen soll. Das Bild rutscht in die linke obere Ecke, wenn Sie Pos 1 (Home) drücken; nach rechts unten geht es per Ende-Taste.

Navigator-Palette

Die Navigator-Palette macht in vielen Fällen Lupe und Hand-Werkzeug überflüssig. Sie können mit dem Navigator besonders leicht vergrößert dargestellte Bilder innerhalb des Dateifensters bewegen und zoomen. Allerdings kostet sie wertvollen Platz auf dem Monitor.

Das Prinzip: Die Navigator-Palette zeigt stets das Gesamtbild – auch dann, wenn im Dateifenster selbst nur ein kleines, hochvergrößertes Detail zu sehen ist. Ein Rahmen innerhalb der Navigator-Anzeige markiert den Bildteil, der auch im Dateifenster erscheint.

Das Navigator-Fenster

Folgende Möglichkeiten haben Sie mit dem Navigator-Fenster:

- Sie können den Navigator-Rahmen einfach verschieben oder an eine andere Stelle in der Navigator-Vorschau klicken, um einen anderen Bildausschnitt im bisherigen Abbildungsmaßstab anzuwählen. Bei gedrückter Umschalt-Taste bewegt sich der Rahmen nur streng vertikal oder horizontal.
- Bei gedrückter ⌘-Taste erscheint eine Lupe über dem Navigator; damit ziehen Sie einen neuen Rahmen beliebiger Größe auf, um so gleichzeitig – flexibler als mit der üblichen Lupe – Bildausschnitt und Abbildungsmaßstab zu ändern.

Navigator-Optionen

Durch Ziehen läßt sich die Navigator-Palette beliebig vergrößern. Über das Optionen-Dreieck erreichen Sie die Einstell-Möglichkeiten für die Navigator-Palette. Hier läßt sich eine neue Farbe für den Rahmen vorwählen, falls sich das vorgegebene Rot nicht von der Bilddatei abhebt.

Zoom nach Maß: Bequem paßt der Navigator Ausschnitt und Vergrößerungsmaßstab einer Bilddatei Ihren Wünschen an.

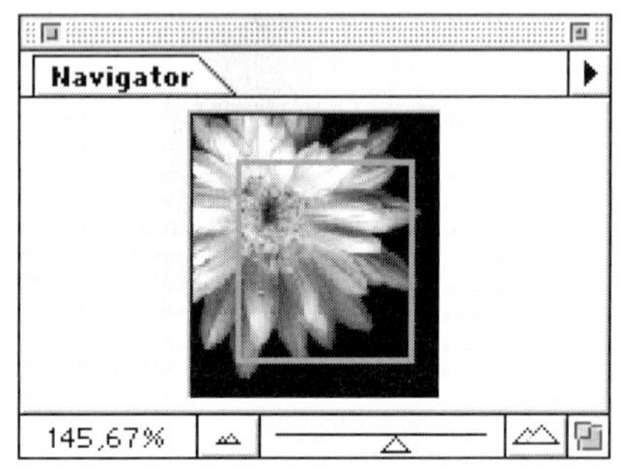

Weitere Navigator-Befehle

Dazu bietet der Navigator gleich noch drei weitere Möglichkeiten, um den Abbildungsmaßstab zu verändern:

- Sie tippen einen beliebigen Vergrößerungsfaktor zwischen 0,167 und 1600 Prozent ein, und bestätigen mit der Eingabe-Taste;
- Sie verschieben durch Klicks auf die Symbole »Einzoomen« und »Auszoomen« den Vergrößerungsmaßstab in vorgegebenen Schritten; oder
- Sie zoomen al gusto durch Bewegen des Schiebereglers.

»Neue Ansicht« einer Datei

Sie können ein Bild gleich mehrfach auf dem Schirm abbilden. Wählen Sie **Ansicht: Neue Ansicht**, um die Datei ein zweites Mal auf dem Monitor zu sehen. Beide Bildfenster zeigen dieselben Daten – ein Pinselstrich, den Sie in der linken Ansicht tun, erscheint sofort auch im rechten Bild.

Dieses Doppelgängertum macht oft Sinn:

- Zum Beispiel, wenn Sie an einem hochgezoomten Bildausschnitt retuschieren und gleichzeitig nebenan verfolgen wollen, wie sich das Ergebnis Ihrer Bemühungen in der Gesamtansicht macht;
- wenn Sie die Ansicht eines RGB-Bildes verdoppeln und die zweite Ansicht mit **Ansicht: CMYK-Vorschau** zum Vergleich als CMYK-Bild danebenstellen. Jetzt arbeiten Sie im RGB-Bild und verfolgen die Auswirkungen auch auf CMYK-Ebene;
- wenn Sie eine Ebenenmaske bearbeiten und die Ebene wie auch die bearbeitete Ebenenmaske nebeneinander sehen wollen.

Verwechseln Sie dieses Kommando nicht mit dem **Bild**-Befehl **Duplizieren**; der erstellt eine neue, unabhängige Kopie Ihres Bildes, die Sie unabhängig vom Ursprung weiterbearbeiten können; die **Neue Ansicht** zeigt dagegen nur ein und dieselbe Datei in mehreren Fenstern.

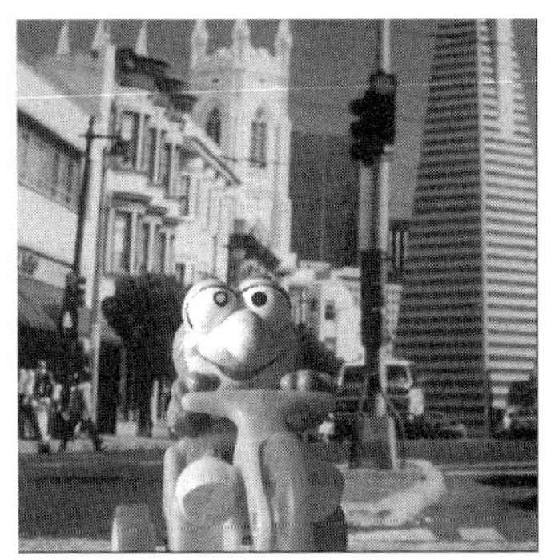

Doppelte Aussicht: Der Ansicht-Befehl »Neue Ansicht« zeigt Ihre Arbeit am Bild in verschiedenen Zoomstufen.

Hinter der Maske: Bei der Arbeit an einer Ebenenmaske zeigt der Befehl »Neue Ansicht« auf Wunsch nebeneinander die Auswirkung auf das Bild und die Maske allein. Datei: Weinglas.

Lineale

Aufschluß nicht nur über die Pixelgröße, sondern auch über die Zentimeter-Größe im Druck geben die Lineale. Links und oben im Bilddatei-Fenster lassen sich Lineale einblenden; Kurzbefehl: ⌘+R (für Rulers), der Menüweg lautet **Ansicht: Lineale zeigen**.

Maßeinheiten

Welche Einheiten die Lineale anzeigen, regeln Sie mit dem Menübefehl **Datei: Voreinstellungen: Maßeinheiten**. Es geht aber auch einfacher: Holen Sie sich mit **Fenster: Paletten: Informationen zeigen** die Info-Palette, und stellen Sie dort in den Paletten-Optionen die passende Einheit ein, zum Beispiel Zentimeter, Pixel oder Inch.

Nullpunkt

Den Nullpunkt der Lineale verändern Sie, indem Sie den Mauszeiger in die linke obere Ecke der Linealspalte setzen und mit gedrückter Taste an den gewünschten Punkt ziehen; ein Fadenkreuz im Bild zeigt, wo der neue Nullpunkt angesiedelt ist. Sie setzen den Nullpunkt wieder nach ganz links oben, indem Sie doppelt in die linke obere Ecke klicken, dorthin, wo die Lineale zusammenlaufen.

Der Befehl ist nützlich, wenn Sie zum Beispiel das Bild an einer bestimmten Stelle abschneiden und die Maße von dort aus messen und anzeigen wollen. Auch bei Montagen kann man ihn gebrauchen. Schade allerdings: Photoshop bietet die Möglichkeit, ein Objekt exakt am Nullpunkt von X- und Y-Achse anzusiedeln, wenn Sie den Befehl **Bearbeiten: Transformieren: Per Eingabe** anklicken und im Feld »Bewegen« die Option »Relativ« ausschalten – aber dabei nimmt das Programm immer die tatsächlichen Nullpunkte und positioniert das Objekt nicht etwa an den von Ihnen gesetzten Null-Stellen.

Zentimeter-genau: Photoshop faßt die Bilddateien mit Linealen ein, die zum Beispiel in Pixel oder Zentimeter unterteilt sind.

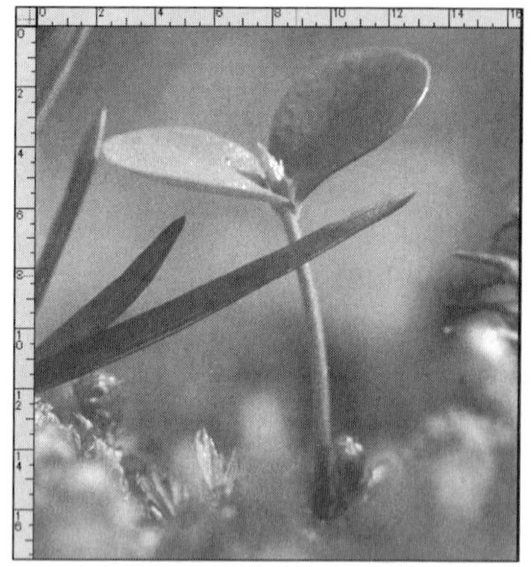

CMYK-Darstellung

Photoshop bietet im **Ansicht**-Menü spezielle Ansichten für den Fall, daß Sie ein Bild letztlich im CMYK-Modus der Druckvorstufe benötigen, es aber zunächst zum Beispiel im RGB-Modus bearbeiten wollen. Einige Argumente sprechen dafür, vorläufig bei RGB zu bleiben:

❒ Sie sparen ein Viertel Arbeitsspeicher,

❒ sämtliche Filter und mehr Dateiformate sind nutzbar,

- beim Wechsel zu CMYK kann ein Verlust entstehen, der nicht wieder auszugleichen ist.

Näheres steht im Kapitel zu den »Farbmodi« unten.

CMYK-Vorschau

Die Befehle des Untermenüs **CMYK-Vorschau** zeigen die mögliche CMYK-Variante eines RGB-Bildes, ohne daß Sie endgültig in den CMYK-Modus wechseln. Sie erkennen also mögliche Farbänderungen durch die Konvertierung nach CMYK schon vorab. Denkbar ist auch, daß Sie das Bild mit dem Befehl **Ansicht: Neue Ansicht** doppelt anzeigen und nebeneinander RGB- und CMYK-Variante betrachten.

Dabei haben Sie die Wahl: Sie können

- alle Grundfarben des potentiellen Grundfarbenbildes gemeinsam darstellen, also das spätere Druckergebnis andeuten,
- Sie zeigen nur einen Einzelkanal, zum Beispiel Magenta,
- oder Sie zeigen die Kanäle CMY ohne Schwarz.

In der Titelleiste des Bildes erkennen Sie an einem Text wie »(RGB/CMYK)« oder »RGB/Cyan«, daß Sie ein RGB-Bild mit CMYK-Vorschau vor sich haben.

Farbumfang-Warnung

Haben Sie die **Farbumfang-Warnung** aktiviert (Umschalt+⌘+Y), zeigt Photoshop in RGB-Dateien alle Bildpunkte mit einer Alarmfarbe, die im CMYK-Farbraum der druckbaren Farben nicht vorkommen. Sie haben dann die Möglichkeit, die entsprechenden Farben zum Beispiel mit dem Schwamm abzuschwächen, bis die Sättigung in den druckbaren Bereich sinkt. Wie deckend und mit welcher Farbe die Farbumfang-Warnung zuschlägt, das regeln Sie in den Voreinstellungen (⌘+K, dann ⌘+4).

Alarm: Die »Farbumfang-Warnung« hebt nicht-druckbare Tonwerte in der Bildanzeige hervor.

Troubleshooting: Ich klicke, und nichts passiert...

Immer wieder steht man vor Problemen nach dem Motto: Ich klicke, und nichts passiert... Solche Unbill entsteht gern in Situationen wie diesen:

- Sie bearbeiten eine Datei im Modus »Bitmap«, »Lab« oder »Indizierte Farben«; in diesen Modi funktionieren jedoch nur die wenigsten Filter und Kontrastkorrektur-Werkzeuge, Ebenentechnik ist nicht.
- Sie versuchen eine Ebene zu bearbeiten, die zwar gut sichtbar, in der Ebenen-Palette aber nicht aktiviert ist.
- Sie haben beim Malen oder bei der Ebenentechnik die Deckkraft heruntergesetzt oder einen Mischmodus eingestellt, der von der aktiven Ebene oder vom Pinselstrich nichts erkennen läßt.
- Sie versuchen mit aktivierter Option »Transparente Bereiche schützen« dort in der Ebene zu malen, wo diese transparent ist.
- Sie arbeiten in der Ebenenmaske oder in einer Einstellungsebene statt auf den Bildpunkten der Ebene selbst.
- Sie versuchen, außerhalb einer Auswahl zu arbeiten, die womöglich verborgen oder außerhalb des aktuellen Bildfensters ist.
- Sie haben in den Voreinstellungen die »Pixelwiederholung« eingerichtet und erhalten deshalb grobe Ergebnisse beim Rotieren und Skalieren.
- Beim Speichern stehen bestimmte Dateiformate nicht zur Verfügung, weil diese Dokumenttypen Eigenschaften der aktuellen Datei nicht unterstützen – zum Beispiel Ebenen, Alphakanäle oder Farbmodi wie CMYK, Duplex, Lab.
- Sie arbeiten auf einer Text-Ebene, die Filter, Tonwertkorrekturen und Werkzeugretuschen nicht zuläßt.

Adobe-Texte zu sehr speziellen Problemen finden Sie auf der Photoshop-CD in der Acrobat-Datei »Tecnotes.pdf« im Verzeichnis »Techinfo«.

Befehle im Überblick: Darstellung von Bilddateien

Taste/Feld	Zusatztasten	Aktion	Ergebnis
	-	 Klick!	Abbildungsmaßstab vergrößern
	⌥	 Klick!	Abbildungsmaßstab verkleinern
	-	 Doppelklick!	Bildanzeige 100%
⌘+Plus			Abbildungsmaßstab vergrößern bei gleichbleibender Fenstergröße
⌘+Plus	⌥		Abbildungsmaßstab vergrößern bei angepaßter Fenstergröße
⌘+Minus			Abbildungsmaßstab verkleinern bei gleichbleibender Fenstergröße
⌘+Minus	⌥		Abbildungsmaßstab verkleinern bei angepaßter Fenstergröße
⌘+Leertaste			
⌥+Leertaste			
⌘+0			Bildanzeige auf Fenstergröße vergrößern
⌘+0	⌥		Bildanzeige 100%
	-	 Klick!	Bild im Fenster verschieben
	-	 Doppelklick!	Bild auf Fenstergröße vergrößern
Leertaste			
⌘+R			Lineale ein-/ausblenden

»Kontaktabzug«

Der Befehl **Datei: Automatisieren: Kontaktabzug** erzeugt einen Bildkatalog mit Reihen von Miniaturen aller Bilder eines Verzeichnisses. Er verschafft Auftraggebern oder dem Kunstschaffenden selbst Übersicht über die Produktion. (In der klassischen Dunkelkammer legte man Negativ- oder Diastreifen direkt auf das Fotopapier, statt sie im Vergrößerer einzeln zu vergrößern; ein solcher Kontaktabzug zeigt schnell und klein größere Mengen von Aufnahmen auf Papier.)

Sie nennen die Größe der Gesamtdatei und die Zahl der Spalten und Zeilen. Daraufhin errechnet Photoshop die mögliche Pixelgröße pro Miniatur, zum Beispiel 100×80 Pixel. Dann rattert das Programm los, lädt jede Datei, verkleinert sie, setzt sie in neue Dateien ein und überschreibt nebenbei permanent die Zwischenablage.

Die Miniaturen liegen gemeinsam auf einer »Ebene 1« bei transparenter Umgebung.

Beschränkungen

Sie haben keine Möglichkeit, Dateinamen in den Kontaktabzug aufzunehmen oder Bildrahmen vorzusehen. Feste Pixelgrößen können Sie auch nicht vorgeben. Objekte, die freigestellt über einem transparenten Hintergrund gespeichert wurden, erscheinen im Kontaktabzug mit weißer Umgebung.

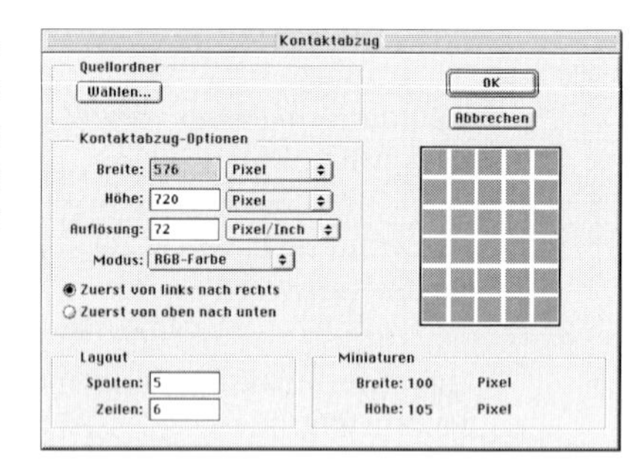

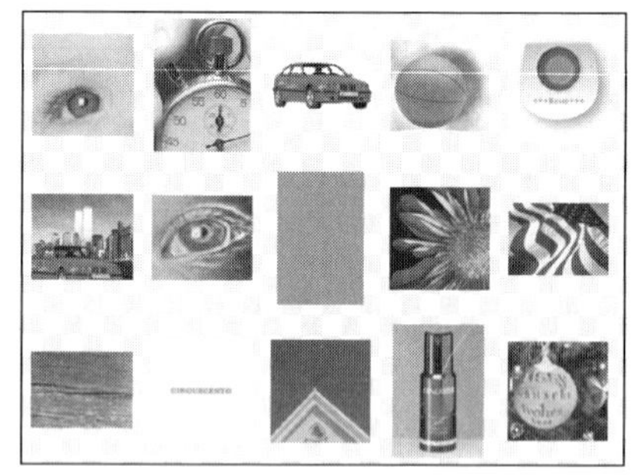

Ein »Kontaktabzug« zeigt die Bilder eines Verzeichnisses stark verkleinert in einer Datei.

Weißer Hintergrund

Wenn Sie die Miniaturen auf weißem Hintergrund sehen möchten, haben Sie zwei Möglichkeiten:

- Wählen Sie sofort den Befehl **Datei: Kopie speichern unter** (siehe unten) und dann ein Dateiformat ohne Ebenen wie Tiff oder JPG. Dabei entsteht automatisch ein weißer Hintergrund.
- Oder klicken Sie auf **Ebene: Auf Hintergrundebene reduzieren**, um ebenfalls einen weißen Hintergrund zu erhalten.

Sonstiger Hintergrund

Möchten Sie andere, auch strukturierte Hintergründe sehen, legen Sie diese besser auf einer eigenen Ebene an:

1. Erzeugen Sie eine neue Ebene durch Klick auf das Symbol »Neue Ebene erstellen« in der Ebenenpalette. Photoshop produziert eine »Ebene 2«, die über der »Ebene 1« mit dem Kontaktabzug liegt.
2. Ziehen Sie die neue »Ebene 2« in der Palette unter den Kontaktabzug.
3. Füllen Sie die untere »Ebene 2« nach Belieben mit Mustern oder Bildern.

Rahmen

So fassen Sie jede Miniatur in ein Rähmchen:

1. Klicken Sie mit dem Zauberstab in den transparenten Bereich des Kontaktabzugs, also zwischen zwei Bilder.

2. Kehren Sie die entstehende Auswahl mit ⌘+Umschalt+I um, so daß nur noch die Bilder selbst ausgewählt sind.
3. Wählen Sie den Befehl **Bearbeiten: Kontur füllen**, um ein Rähmchen in der Vordergrundfarbe zu erzeugen.

Weitere Bearbeitung

Eine Scharfzeichnung kann nicht schaden. Sie können zum Beispiel eine Überschrift einbauen – dazu erweitern Sie eventuell die **Arbeitsfläche**. Die **Effekte** unterlegen die Miniaturen mit einem Schatten oder heben sie scheinbar dreidimensional heraus. Der Effekt **Schatten nach innen** erzeugt ebenfalls eine Art Rahmen, wenn Sie den Schatten mit dem Mauszeiger bei geöffnetem Dialogfeld passend zurechtrücken. Ebenen und **Effekte** werden hinten im Kapitel »Effekte« ausführlich diskutiert.

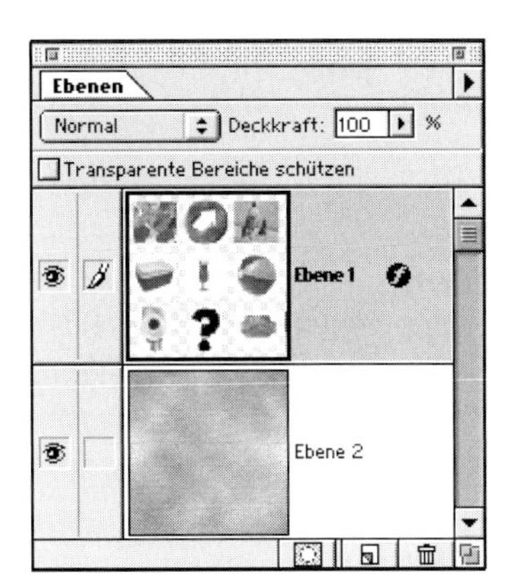

Der Hintergrund wurde hier auf eine Ebene hinter dem Kontaktabzug gelegt, er entstand mit den Filtern »Wolken« und »Mit Struktur versehen«. Der Kontaktabzug wurde mit »Effekten« bearbeitet.

3.9 Voreinstellungen

Bevor Sie irgend etwas Ernsthaftes beginnen, klären Sie die **Voreinstellungen** ab, erreichbar über das **Datei**-Menü oder über ⌘+K. Hier machen Sie die Einträge, die das spätere Verhalten Ihres Bildbearbeitungsprogramms steuern. Viele Dinge, die Ihnen vielleicht merkwürdig vorkamen, lassen sich hier regeln. Im folgenden besprechen wir die »Voreinstellungen«, die nicht an anderer Stelle im Buch besser aufgehoben sind, wie etwa die Vorgaben für Raster und Hilfslinien. Eine Übersicht über alle Kommentare zu Voreinstellungen finden Sie unter dem Stichwort »Voreinstellungen« im Index.

Rücknahme von Einträgen

Wollen Sie alle Werte auf die Vorgabe zurücksetzen, bemühen Sie die Alt-Taste auf der Tastatur. Damit verwandelt sich die Schaltfläche »Abbrechen« in die Schaltfläche »Zurück«. Sie haben jetzt die Möglichkeit, das entsprechende Dialogfeld auf die Voreinstellungen zurückzusetzen. Wenn Sie die Schaltfläche »Abbrechen« anklicken, schließt sich das Dialogfeld, ohne daß Änderungen wirksam werden.

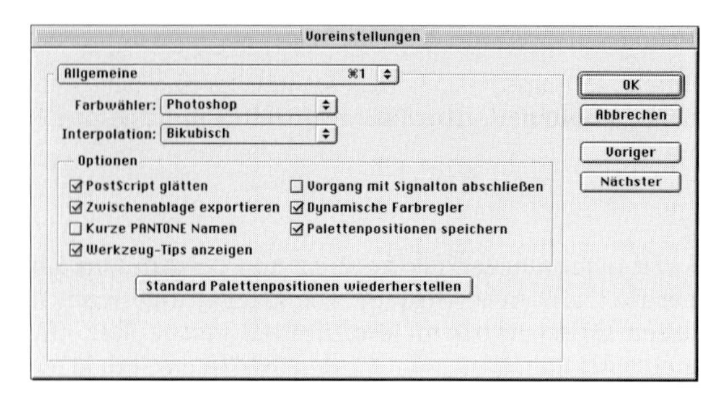

Grundlagen: Photoshops Voreinstellungen sind entscheidend für das Verhalten des Programms in der täglichen Arbeit.

»Voreinstellungen: Allgemeine«

Unter **Voreinstellungen: Allgemeine** geben Sie vor, welchen Farbwähler Sie in Photoshop verwenden: Hier wählen Sie in der Regel den Photoshop-eigenen Farbwähler aus, der weit praktischer ist als das Pendant, das Ihr Betriebssystem bereitstellt.

Übersicht: Interpolationsmethoden

Besonders wichtig ist die passende »Interpolationsmethode«: Verändern Sie die Pixelzahl eines Bildes oder eines Bildteils, zum Beispiel durch Vergrößern, Verkleinern, perspektivisches Verzerren oder durch Drehen, manipuliert Photoshop den Original-Pixel-Bestand: Bildpunkte werden dazugerechnet oder entfernt. Und dafür gibt es unterschiedliche Methoden:

- Die »Pixelwiederholung« verdoppelt einfach vorhandene Pixel; diese Methode geht sparsam um mit der Rechnerzeit, läßt aber schnell Treppen und Zacken im Bild erkennen.
- »Bilinear«, dieses Verfahren errechnet aus den Farbübergängen zwischen darüber- und darunterliegenden Pixeln die neuen Bildpunkte; im Zweifelsfall ist auch hier noch ein leichter Wiederholungseffekt zu erkennen.
- »Bikubisch« ist noch genauer – und langsamer. Das Verfahren berücksichtigt alle umliegenden Pixel. Es zeigt Vorteile gegenüber »Bilinear« vor allem bei kleineren Dateien.

Diese Vorgaben gelten automatisch, wenn Sie eine Ebene oder eine Auswahl oder auch das ganze Bild **Rotieren, Verzerren** oder sonstwie umformen. Verwenden Sie indes den Befehl **Bildgröße**, bietet das Dialogfeld nochmals ein Listenfeld mit den drei Interpolationsmethoden. Jedesmal, wenn Sie die **Bildgröße** neu starten, zeigt Photoshop zunächst die Interpolationsmethode, die Sie in den Voreinstellungen gewählt haben – unabhängig davon, ob Sie im Dialogfeld »Bildgröße« schon 17mal etwas anderes anwählten.

In vielen Fällen verzichtet man freilich beim Befehl **Bild: Bildgröße** auf »Neuberechnen« und nimmt dafür eine andere Druck-Auflösung in Kauf. Beim Verzerren setzen Sie auf den Befehl **Frei Transformieren** (⌘+T), der mehrere Arbeitsschritte hintereinander abwickelt, ohne zwischendurch interpolieren zu müssen.

Bikubisch Pixelwiederholung
Bikubisch Pixelwiederholung
Bikubisch Pixelwiederholung

Bei grafischen Bildern mit nur wenigen Tonwerten wirkt die bikubische Interpolation (links) störend, da die Mittelwertberechnung neue Zwischentöne einfügt, die das Bild aufweichen. Die Originalschriftzüge (jeweils oben) wurden um zehn Prozent skaliert.

Bikubische Interpolation

Übliche Farbbilder werden am schonungsvollsten nach der bikubischen Methode umgerechnet. Verbessern Sie nach dem bikubischen Rechenmanöver das Bild durch den **Scharfzeichnungsfilter: Unscharf maskieren**.

Pixelwiederholung

Für plakative Grafiken und Screenshots mit ihren harten Tonwertübergängen, aber auch für dünne Schriften, die nicht auf Photoshops Ebenentext basieren, gelten eigene Regeln: Hier schafft die bikubische Interpolation durch Ermitteln von Zwischenwerten plötzlich weiche Übergänge zwischen hart aufeinanderprallenden Farben und Dichtewerten, die die Wirkung erheblich aufweichen können. Darum arbeiten Sie besser mit der Pixelwiederholung, auch wenn dadurch einzelne Linien schon mal dicker oder dünner aussehen können. Ganz dünne, einen Pixel breite Linien gehen zuweilen gänzlich unter. Wenn Sie für Multimedia-Zwecke eine Grafik per Pixelwiederholung vergrößern, erzielen Sie die besten Ergebnisse mit Vergrößerungen in 100-Prozent-Schritten.

Wie die Pixelwiederholung wirkt, sehen Sie schon an Photoshops Bildschirm-Anzeige: Wenn Sie eine Auswahl oder eine Ebene mit dem Befehl **Frei Transformieren** (⌘+T) verzerren, zeigt Photoshop zunächst eine schnelle Vorschau, die er per Pixelwiederholung errechnet. Erst wenn Sie durch Doppelklick in die Auswahl oder in das Objekt hinein bestätigen, wird – je nach Vorgabe – zum Beispiel die bikubische Interpolation angewendet; Sie erkennen, wie sich das Bild deutlich glättet. Auch beim Zoomen bekommen Sie einen Vorgeschmack auf die Schwächen der Pixelwiederholung, insbesondere bei krummen Maßstäben wie 123,45 Prozent.

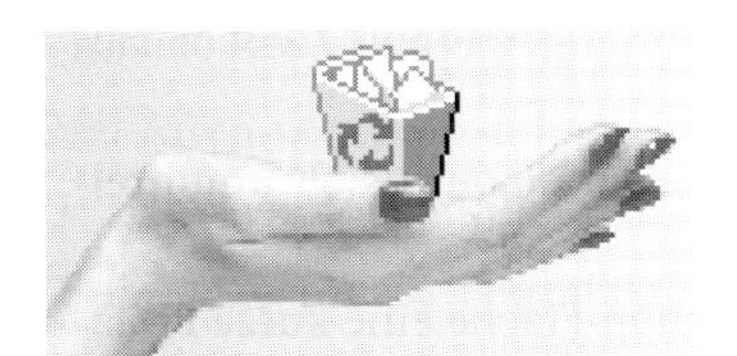
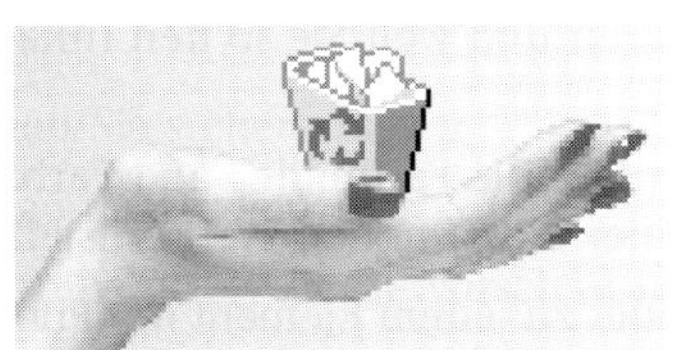
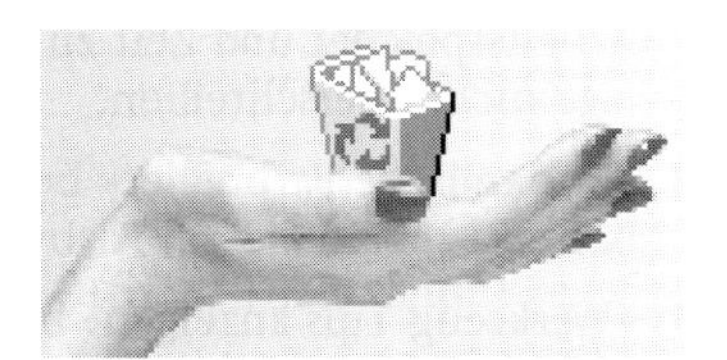

Pixelwiederholung: Die Pixelwiederholung empfiehlt sich bei Grafiken wie dem eingebauten Bildschirm-Element. Die Pixelzahl des Originals (links) wurde um 190 Prozent (Mitte) und, schonender, um 200 Prozent vergrößert. Dateiname: Interpol.

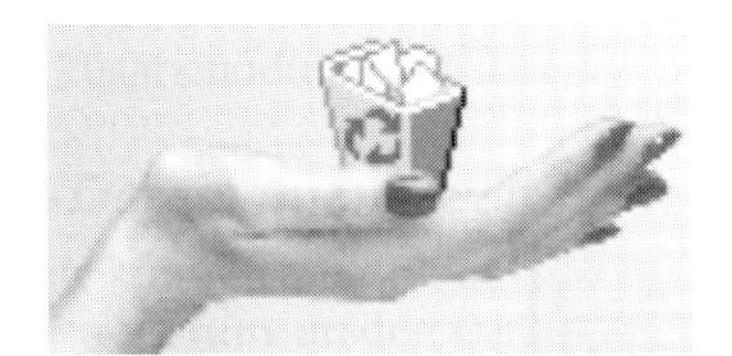

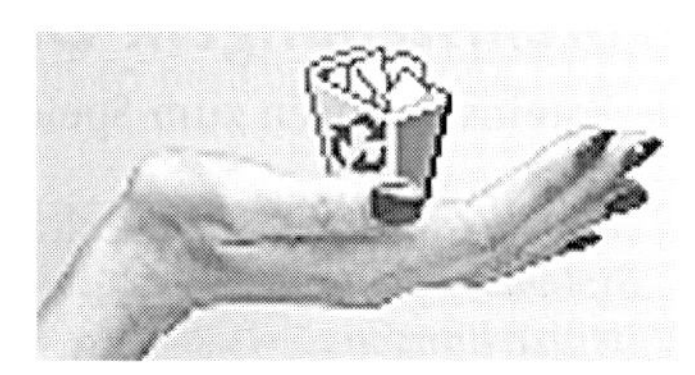

Bilinear und bikubisch: Die Pixelzahl des Originals wurde bilinear (links) und bikubisch (Mitte) vergrößert. Die bikubische Variante, die zu besseren Ergebnissen führt, wurde anschließend geschärft (rechts).

»Voreinstellungen: Bildschirm- & Zeigerdarstellung«

Im Dialogfeld »Bildschirm- und Zeigerdarstellung« machen Sie wichtige Vorgaben für die Bildschirmdarstellung (⌘+K, dann ⌘+3).

Darstellungsfrage: Die Voreinstellungen regeln, wie sich die Photoshop-Anzeige verhält.

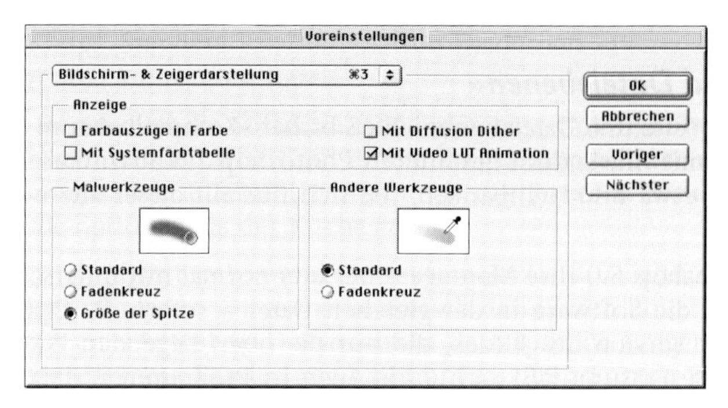

Anpassung an System-Farbtiefe

Sie haben die Wahl zwischen verschiedenen Arten der Farbdarstellung auf dem Schirm bei Rechnern, die nur 256 oder weniger Farben zeigen (also mit acht oder weniger Bit Farbtiefe arbeiten). Bei solch einer mageren Farbtiefe, bedingt durch zuwenig Speicher auf der Grafikkarte oder falsche Systemeinstellung, muß Photoshop jene Farben irgendwie simulieren, die er nicht unmittelbar mit ihrem eigentlich in der Bilddatei gespeicherten Wert vorzeigen kann.

Die Software benutzt hier auf Wunsch das »Diffusion Dither« (Streuraster), eine Form des Rasterns: Sie täuscht nicht zeigbare Farben vor, indem sie Bildpunkte mit benachbarten darstellbaren Farben eng nebeneinander streut und die ungenaue Farbdarstellung auch noch auf benachbarte Pixel verteilt, um so harte Übergänge zu vermeiden; wird aber ein Teil des Bildes neu aufgebaut – etwa beim Malen oder Rollen – entstehen vielleicht harte Übergänge zwischen den unterschiedlichen Bildbereichen. Wählen Sie das ab, praktiziert Photoshop statt dessen »Pattern Dithering«, und Sie erhalten eine recht deutliche Trennung zwischen hellen und dunklen Bereichen im Bild.

Dabei zeigt Photoshop jedes Bild mit einer eigenen, optimierten Farbtabelle an, das heißt, die 256 Farben von Bild 1 sind ganz andere als die 256 Farben, mit denen Bild 2 zu sehen ist. Grundsätzlich ist die Farbtabelle des aktiven Bildes für die ganze Monitordarstellung zuständig; Folge: nicht aktive, aber sichtbare Bilder sehen eventuell falsch aus (bis sie durch einen Klick auf die Titelleiste aktiviert werden). Noch konfuser gerät die Gesamtdarstellung, sobald Sie RGB-, indizierte und Graustufenbilder gleichzeitig auf dem Schirm haben. Um die unschöne Darstellung nicht aktivierter Bilder mit abweichendem Farbmodus zu vermeiden, lassen sich alle Bilder »Mit Systemfarbtabelle« wiedergeben; jedes einzelne sehen Sie dann freilich ungenauer.

Abhilfe ist dringend geboten: mehr Grafikspeicher.

Farbauszüge in Farbe

»Farbauszüge in Farbe« bedeutet, die einzelnen Farbauszüge eines CMYK- oder RGB-Bildes werden in der Kanälepalette und bei Einzelkanalbetrachtung in der Datei nicht in Graustufen, sondern in ihrer jeweiligen Grundfarbe angezeigt: Der Cyan-Kanal cyan, der Magentakanal magenta und so weiter.

»Mit Video LUT Animation«

»Mit Video LUT Animation« bedeutet, daß grundsätzlich die Darstellung von Farbänderungen in Bilddateien nicht von Photoshop, sondern direkt von der Grafikkarte gesteuert wird. Dazu schalten Sie bei Befehlen wie **Unscharf maskieren** oder **Tonwertkorrektur** die »Vorschau« aus. Sie erkennen dann, daß Photoshop Änderungen bei geöffnetem Dialogfeld nicht nur an der Datei, sondern am gesamten Bildschirm darstellt.

So können Sie mit der animierten »Video Lookup-Table« arbeiten:

- Auf Acht-Bit-Systemen bei den meisten Befehlen;
- auf 24- oder 32-Bit-Systemen nur, wenn es keine Probleme mit der Software der Grafikkarte gibt.

Dazu knipsen Sie in Dialogfeldern wie »Gradationskurven« oder »Tonwertkorrektur« die Option »Vorschau« aus.

Die Farbtabellen-Animation erlaubt ein schnelleres Anzeigen der Farbkorrekturen, wenn Sie ein ganzes Bild im RGB-Modus verändern. Allerdings stört es ziemlich, wenn Sie in einem Bild den Kontrast ändern, und der ganze Monitorinhalt samt Dialogfeldern und Paletten verändert sich mit. Schalten Sie die Vorschau-Option in einem der Farbkorrektur-Dialoge ein, und wählen Sie die Farbtabellen-Animation ab, so daß nur der markierte Bildbereich und nicht der gesamte Monitorinhalt mit der Farbänderung angezeigt wird. Die »Vorschau«-Option bietet sich auch zum Korrigieren von Bildern im CMYK- oder Duplexmodus an, da die Farbtabellen-Animation in diesen Modi nicht genau arbeitet.

Darstellung der Werkzeuge über der Datei

Wichtig sind die Einstellungen für den Werkzeug-Zeiger: Malen Sie mit dem Pinsel im Bild, kann Photoshop ihn auf gleich drei Arten anzeigen: als »Fadenkreuz«, »Spitze« oder im »Standard«-Modus. Im »Standard«-Modus zeigt Photoshop jedes Werkzeug auch über der Bilddatei mit seinem aus der Werkzeugpalette bekannten Logo: Der Pinsel erscheint über der Datei als Pinsel, der Wischfinger als Wischfinger. Haben Sie jedoch in der Werkzeugspitzen-Palette eine größere Pinselspitze gewählt, dann erkennen Sie oft nicht mehr so genau, wie weit um das Werkzeug-Logo über Ihrer Datei herum eigentlich noch Farbe aufgetragen wird. Sie wissen nie genau, ob bestimmte benachbarte Bildbereiche vom nächsten Retuschestrich mit überdeckt werden oder nicht.

Darum läßt man sich die Mal-Werkzeuge lieber als »Spitze« zeigen: Photoshop stellt die Werkzeuge dann als Kontur in der Original-Pixelgröße dar. Liegt ein Bildteil noch unter dem Werkzeug-Kreis, dann bekommt er auch Farbe ab – und sonst nicht. Dabei stellt Photoshop auch unregelmäßige Pinselformen konturgenau dar.

Unübersichtlich wird die Anzeige allerdings bei weichen Pinselspitzen: Die Kontur umfaßt nur den Bereich, in dem der Pinsel zu mehr als 50 Prozent wirkt. Auch mit dem Außenbereich einer weichen Pinselspitze tragen Sie ja durchaus noch etwas Farbe auf – diese Zone liegt dann aber außerhalb der Pinselanzeige.

Auswahl-Werkzeuge, aber auch Malgeräte, stellt Photoshop auch als Fadenkreuz dar – das erlaubt präziseres pixelgenaues Zielen über dem Bild. Das Umschalten vom »Standard«- und vom »Spitze«-Modus zum »Fadenkreuz« bewerkstelligen Sie im übrigen auch mit der Feststell-Taste.

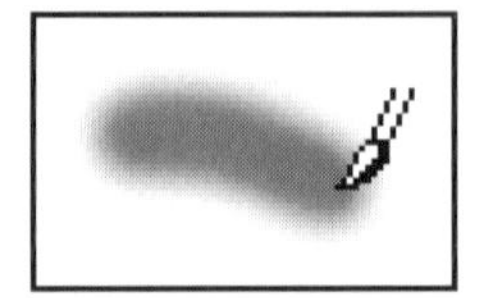
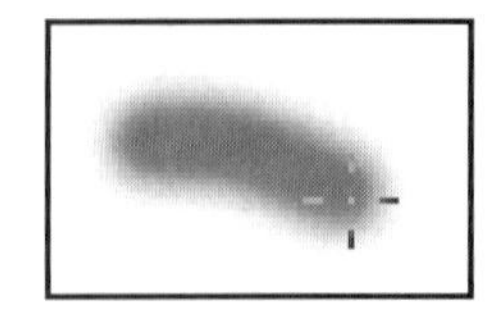
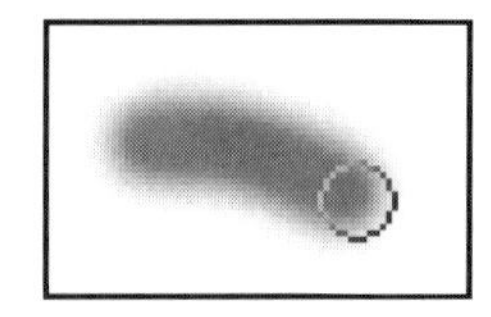
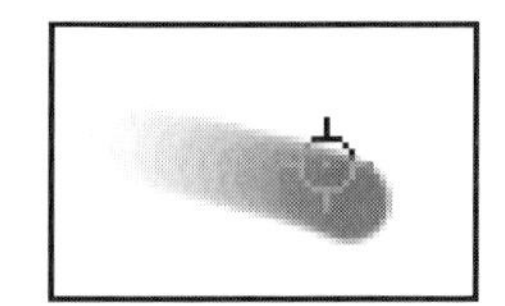

Vielfalt: Photoshops Werkzeuge können Sie als Werkzeugsymbol, als Präzisionszeiger oder – bei Mal- und Retusche-Werkzeugen – als Umriß in der gewählten Werkzeugspitzengröße über der Datei darstellen.

»Voreinstellungen: Transparenz und Farbumfang-Warnung«

Mit den Voreinstellungen für Transparenz und Farbumfang-Warnung (⌘+K, dann ⌘+4) legen Sie fest, wie Photoshop transparente Bildteile anzeigen soll und wie er Sie bei nicht druckbaren Farben alarmiert.

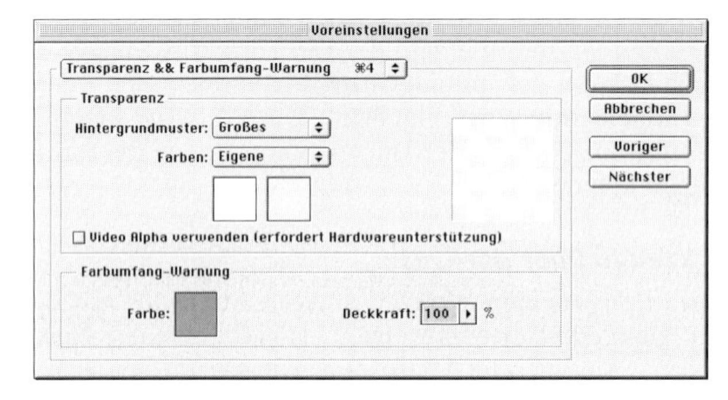

In den »Voreinstellungen« für »Transparenz & Farbumfang-Warnung« bestimmen Sie, wie transparente Bildteile und nicht druckbare Tonwerte markiert werden.

Transparenz-Darstellung

Wenn Sie Bildteile montieren, müssen Sie zwischen deckend weißen Flächen einerseits und transparenten, durchsichtigen Partien andererseits unterscheiden können: Ist zum Beispiel ein bestimmtes Objekt von weißer Farbe umgeben oder ist das Umfeld dieses Objektes durchsichtig, so daß benachbarte Bildelemente voll durchkommen können? Darum zeigt Photoshop transparente Flächen mit einem Karomuster an und nicht etwa in Weiß, wie man es zunächst vermuten könnte. Im Dialogfeld bestimmen Sie Größe und Farbe dieser Karos.

Durch Klick auf eines der Farbfelder kommen Sie an den Photoshop-Farbwähler, der freiere Auswahl der Farben ermöglicht als die Listenfelder. Klicken Sie »Keines« an, erscheinen transparente Flächen ganz in Weiß, aber das ist in der Regel nicht ratsam. Die mögliche Transparenz des Bildpunktes unter dem Mauszeiger können Sie auch in der Informationen-Palette als Wert »Dk« für Deckkraft ablesen, sofern Sie das vorgeben.

Damit weiße von transparenten Flächen zu unterscheiden sind, kann man transparente Bereiche durch ein Karomuster darstellen.

Farbumfang-Warnung

Nicht alle Farbtöne, die in den Farbmodellen RGB und HSB vorkommen, lassen sich dann mit den CMYK-Druckfarben auch zu Papier bringen: Besonders sehr reine, plakative Farben und Neonfarben kommen im CMYK-Farbraum gar nicht vor. Diese nicht-druckbaren Farben hängen auch von der gewählten Papiersorte ab; Photoshop markiert sie auf verschiedene Arten: Zum Beispiel durch ein Ausrufezeichen neben dem Farbwert in der Informationen-Palette oder durch ein Warn-Dreieck im Farbwähler. Welche Farben als nicht-druckbar gelten, haben Sie mit den Farbeinstellungen für Druckfarben geregelt.

In Photoshop können Sie die nicht-druckbaren Farben auch durch Alarmfarben in der Datei selbst hervorheben lassen: Wählen Sie den Befehl **Ansicht: Farbumfang-Warnung** (Umschalt+⌘ +Y), damit die Alarmfarben erscheinen. Welche Farbe Photoshop zum Überdecken verwendet und wie dick er aufträgt dabei, das regeln Sie in den Voreinstellungen. Nach einem Klick auf das Farbfeld öffnet sich der Farbwähler, wo Sie einen beliebigen Tonwert heraussuchen. Dieser Tonwert sollte sich deutlich abheben von den Farben, die im aktuellen Bild vorherrschen, denn sonst lassen sich Alarmfarben und Bildfarben kaum auseinanderhalten. Geben Sie außerdem als »Transparenz« vor, wie stark die Alarmfarbe die darunterliegende Vorlage überdecken soll.

Wohlgemerkt: Die »Farbumfang-Warnung« verändert die Datei nicht. Sie stellt sie nur anders dar.

»Voreinstellungen: Zusatzmodule & Virtueller Speicher«

Hier geben Sie Photoshop vor, wo sich Zusatzmodule (Plug-Ins) und die Auslagerungsbereiche auf der Festplatte befinden (⌘+K, dann ⌘+7).

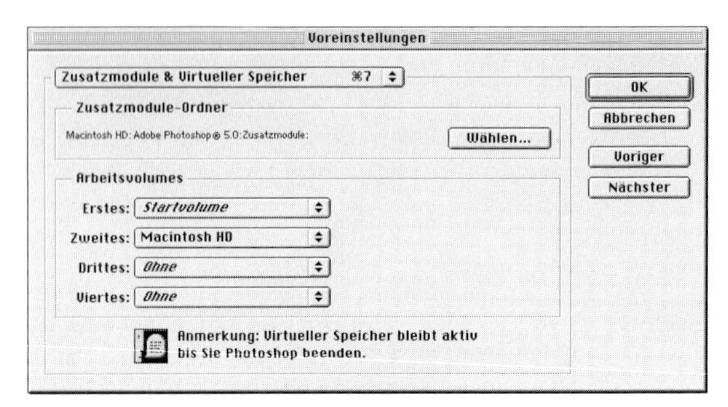

Außenlager: Geben Sie Photoshop vor, wo sich Zusatzmodule und Auslagerungsbereiche auf der Festplatte befinden.

Zusatzmodule

Durch Zusatzmodule – häufig auch Plug-Ins genannt – können Sie die Leistungsfähigkeit von Photoshop erweitern. Es handelt sich um Zusatzfunktionen, die Sie in einen bestimmten Ordner kopieren, so daß sie von Photoshop beim Programmstart eingelesen werden. Photoshop bietet diese Funktionen dann in Menüs wie **Filter** oder **Datei: Importieren** an. Viele Photoshop-Kommandos sind von Haus aus als Plug-Ins ausgelegt, die Sie bei Bedarf entfernen können, indem Sie sie in ein anderes Verzeichnis verschieben.

Klicken Sie im »Voreinstellungen«-Feld »Zusatzmodule-Ordner« jenes Unterverzeichnis an, in dem sich die Zusatz-Effektmodule befinden, die Photoshop beim Programmstart einlesen soll. Das sind zunächst mal eine ganze Reihe von Photoshop-eigenen-Filtern, etwa **Extrudieren**, **Wölben** oder **Beleuchtungseffekte**, dann aber auch Kai's Power Tools oder andere Photoshop-Ergänzungen, die das Leistungsspektrum der Adobe-Software erweitern. Sie kopieren diese Zusatzfilter ins vorgesehene Unterverzeichnis, und beim nächsten Photoshop-Start haben Sie die Effekte zur Verfügung. Als Voreinstellung gilt hier zunächst das von Photoshop automatisch installierte Verzeichnis »Plug-Ins«.

Beim Einlesen während des Programmstarts berücksichtigt Photoshop auch Unterverzeichnisse. Sie sollten der Übersicht halber neue Module von Fremdanbietern in ein eigenes Unterverzeichnis unterhalb der »Plug-Ins« kopieren. Auf dieses Unterverzeichnis lassen Sie eventuell auch weitere Grafik-Programme zugreifen, die mit den Photoshop-eigenen Plug-Ins meist nichts anfangen können. Umgekehrt verbannen Sie unerwünschte Plug-Ins in Reserve-Verzeichnisse außerhalb des Standardordners.

Arbeitsvolumes

Bildteile, die nicht mehr in die Arbeitsspeicher-Chips passen, bringt Photoshop vorübergehend in einem sogenannten virtuellen Speicher auf der Festplatte unter, der hier »Arbeitsvolume« heißt. Das klingt praktisch, doch es verlängert die Rechenzeit erheblich. Photoshop interessiert sich weniger für den virtuellen Speicher des Mac-Systems, sondern verwendet seine eigenen »Arbeitsvolumes«. Der Speicherbedarf ist bei Photoshop 5 durch die Protokollpalette und die verbesserte Unterstützung von Dateien mit 48- und 64-Bit-Farbtiefe deutlich gestiegen, so daß Photoshop 5 nicht weniger als vier Arbeitsvolumes locker vollschreiben kann – und diese Fähigkeit auch einsetzt.

Im Dialogfeld teilen Sie dem Programm die Laufwerke mit. Das »Primäre Arbeitsvolume« sollte natürlich ein schnelles Laufwerk sein, also lieber die schnellste Festplatte im Haus als ein Wechselplattenlaufwerk – und möglichst nicht das vom Mac verwendete Auslagerungslaufwerk. Das Arbeitsvolume sollte defragmentiert sein und mindestens einige Dutzend Mbyte Platz bieten.

»Virtuellen Speicher komprimieren«

Mitunter bleibt auf einem Laufwerk, das Photoshop für seinen virtuellen Speicher benutzt, kein Platz mehr, um dort noch eine Datei abzulegen. In diesen Fällen können sie den virtuellen Speicher komprimieren – allerdings mit hohem Zeitaufwand. Verwenden Sie das Plug-In »Virtuellen Speicher komprimieren« aus dem Ordner »Other Goodies/Weitere Erweiterungen« der Photoshop-CD »Applications«, und ziehen Sie es in den Ordner »Zusatzmodule« des Photoshop-Verzeichnisses auf Ihrer Festplatte (oder in einen Ordner darin).

Teilen Sie Photoshop mindestens soviel »Arbeitsvolume« zu, wie das Programm Arbeitsspeicher hat. Arbeiten Sie mit 128 Mbyte Arbeitsspeicher, teilen aber nur 50 Mbyte »Arbeitsvolume« zu, dann wird Photoshop auch nur 50 Mbyte Arbeitsspeicher nutzen. Damit sinkt die mögliche Geschwindigkeit drastisch. (Hintergrund: In Arbeitspausen schreibt das Programm den gesamten Arbeitsspeicher-Inhalt in das »Arbeitsvolume«. Sobald dies voll ist, verwendet Photoshop auch keinen Arbeitsspeicher mehr.)

»Voreinstellungen: Bild-Cache«

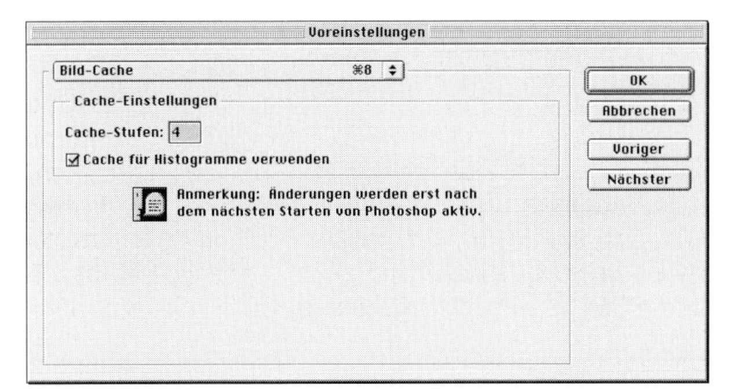

Der Bildcache kann die Monitordarstellung beschleunigen.

Photoshop verwendet einen Bild-Cache – einen Zwischenspeicher –, um den Aufbau von Bildern mit vielen Ebenen am Monitor zu beschleunigen. Dabei wird die Darstellung großer Dateien aus heruntergerechneten Varianten erzeugt. Je höher der Bild-Cache – Werte von 1 bis 8 sind möglich –, desto mehr Speicher kostet das, desto schneller kann es aber auch gehen. 4 ist ein akzeptabler Mittelwert, bei sehr großen Dateien sollten Sie darüber hinaus gehen.

Die Option »Cache für Histogramme verwenden« beschleunigt entsprechend den Aufbau der Histogramme, die damit auch aus verkleinerten Versionen errechnet werden. Das Histogramm – bei Photoshop eine detaillierte Information über die Häufigkeit bestimmter Tonwerte in einem Bild – wird mit dieser Option freilich leicht ungenau. Photoshop erzeugt ein Histogramm bei den meisten Kontrastkorrekturen aus dem Untermenü **Bild: Einstellen**, etwa bei **Tonwertkorrektur**, **Gradationskurven** oder **Helligkeit/Konstrast** – auch wenn Sie es nicht immer zu sehen kriegen. Die Dialogfelder öffnen sich deutlich schneller, wenn die Histogramm-Information aus dem Cache geholt wird. Der Befehl **Bild: Histogramm** nennt sogar den verwendeten »Cache Level«, so daß man vor möglichen Ungenauigkeiten gewarnt ist. (Nützlicher wäre die Information bei **Gradationskurven** und **Tonwertkorrektur**.)

Auf starken Rechnern läuft Photoshop schneller, wenn Sie den Bild-Cache einsetzen und auch »für Histogramme verwenden«. Dies gilt insbesondere, wenn Sie mit großen Dateien arbeiten, die Sie häufig in Zoomstufen wie 50 Prozent oder noch kleiner betrachten.

»Voreinstellungen: Maßeinheiten & Lineale«

Ob Lineale und Info-Palette die Bildmaße in Pixel, Zentimeter, Punkt oder Inch benennen, legt man im Dialogfeld für die Maßeinheiten fest. Außerdem müssen Sie vorgeben, ob Sie die Punktgröße traditionell oder nach den PostScript-Konventionen einrichten wollen. Beim Ausdruck mit PostScript-Geräten wählen Sie die Einstellung »PostScript«. Zeitschriften-Grafiker geben gleich noch Spaltenbreiten und den Spaltenabstand ihres Blattes vor, um später mit dem Freistell-Werkzeug Bilder in Breiten von einer oder mehreren Spalten auszuschneiden.

Die vorgewählte Maßeinheit wird auch berücksichtigt im Info-Feld, das Sie erhalten, wenn Sie links unten im Bild mit gedrückter Alt-Taste in das Feld klicken, das die Dateigrößen anzeigt: Steht Ihre Vorwahl auf »Pixel«, verrät Photoshop die Pixel-Werte; haben Sie dagegen »Zentimeter« angeklickt, nennt Photoshop Pixel und Zentimeter nebeneinander – eine Auskunftsfreudigkeit, von der sich die Info-Palette eine Scheibe abschneiden könnte.

Sie müssen allerdings nicht immer in dieses Dialogfeld wechseln, um Info-Palette oder Linealen neue Maßeinheiten beizubringen. Sie stellen die Maßeinheiten auch in der Info-Palette um, indem Sie auf das Kreuz in der Palette klicken und sich im Maßeinheiten-Menü bedienen.

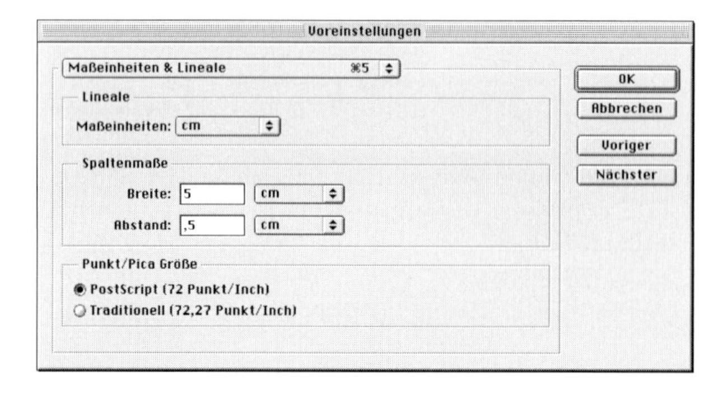

Legen Sie fest, welche Maßeinheiten Lineale und Info-Palette verwenden sollen.

3.10 Kalibration

Per Farbkalibration stellen Sie sicher, daß Photoshop Bilddateien so am Monitor zeigt, wie sie auch im Druck aussehen. Das ist keine Selbstverständlichkeit. Der Monitor ist ein analoges Gerät und hat seine Eigenwilligkeiten, Farbstiche und Kontrastsprünge. Zumal das Sichtgerät je nach Umgebungslicht (Birne oder Sonne, hell oder dunkel) völlig unterschiedliche Bilder präsentiert. Aber durch eine sorgfältige Kalibration (Feinabstimmung) kann man ihn dazu bringen, doch von Schwarz bis Weiß und von Rot bis Blau alle Töne halbwegs so abzustufen, wie es dem späteren Druckbild entspricht. Natürlich müssen Sie auch Scanner und Drucker oder Belichter kalibrieren.

Vorbedingungen

Beachten Sie beim Kalibrieren folgendes:

- Der Monitor sollte seit einer halben Stunde an sein;
- die Raumbeleuchtung sollte nach der Kalibration konstant gehalten werden; idealerweise lassen Sie während der Imaging-Arbeit die Rolläden runter und kleben alle Helligkeits- und Kontrastregler am Monitor fest. Sie können auch verschiedene Photoshop-Kalibrationen und mehrere Reglerstellungen am Monitor speichern;
- achten Sie auf einen hellgrauen Programmarbeitsbereich (wie oben beschrieben);
- benutzen Sie nicht zwei Programme zur Monitorkalibration gleichzeitig, sondern entweder nur Photoshop oder nur das andere;
- und prüfen Sie die Monitor-Hardware – stimmt die Konvergenz nicht, wirkt das Bild leicht unscharf. Denkbar sind auch kissen- oder tonnenförmige Verzerrungen an den Bildrändern; all das läßt sich einstellen.

ICC-Profile

Bei der Farbraum-Abstimmung arbeiten Sie mit ICC-Profilen des International Color Consortium. Sie stellen die Farbwiedergabemöglichkeiten von Druckern, Scannern, Monitoren und anderen Geräten unabhängig von Programmen oder Betriebssystemen dar. Das Untermenü **Datei: Farbeinstellungen** bestimmt den Farbraum, in dem Bilder bearbeitet werden. Hier wird festgelegt, wie Farben dargestellt werden.

Profile einbetten

Die Profile werden in die Datei eingebettet; als Dateiformate eignen sich unter anderem Tiff, JPG, EPS, Photoshop, PDF und Pict. Die Vorgaben machen Sie nach Anwahl des Befehls **Datei: Farbeinstellungen: Profile einrichten**. So gehen Sie vor:

1. Zunächst bestimmen Sie, in welchen Farbtypen Sie Profile einbetten wollen – RGB, CMYK, Graustufen und/oder Lab. Mehr zu Farbmdellen steht im Kapitel »Farbmodus« unten.
2. Im Bereich »Erwartete Profile« bestimmen Sie die Ausgangs-Farbräume für RGB, CMYK und Graustufen, von denen aus konvertiert wird, wenn eine Datei ohne Profil daherkommt. Sofern Sie hier die Option »Beim Öffnen wählen« anklicken, erhalten Sie ein Dialogfeld, sobald Sie eine profillose Datei öffnen.
3. Wenn Sie Dateien öffnen, deren Profil nicht mit dem voreingestellten Profil übereinstimmt, werden die Vorgaben im Bereich »Umgang mit Profilfehlern« wirksam. Sie können das in der Datei vorhandene Profil »ignorieren« oder in den Farbraum konvertieren, den Sie in den **Farbeinstellungen** jeweils vorgegeben haben. Zumindest bei CMYK sollten Sie auf die Konvertierung in ein anderes CMYK verzichten, da alle Separationseinstellungen verlorengehen können.

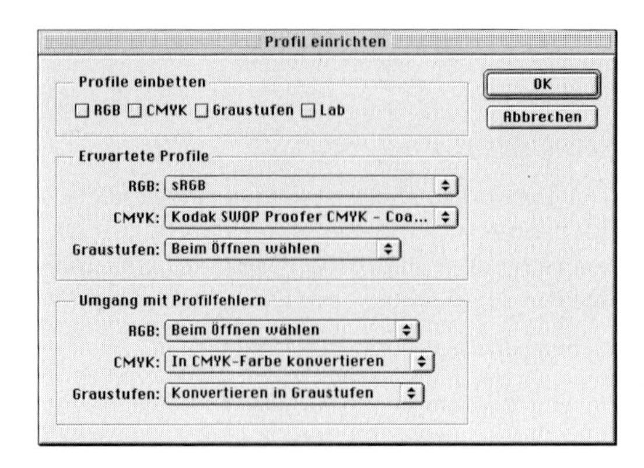

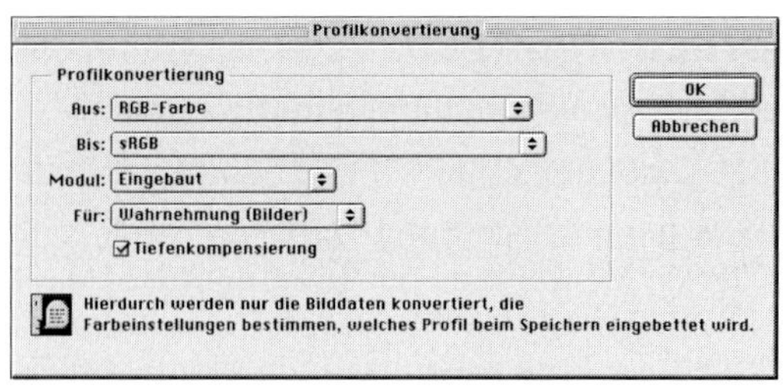

Geben Sie an, wie Photoshop Profilkonflikte behandelt, und konvertieren Sie Profile bei Bedarf.

Geöffnete Bilder konvertieren

Öffnen Sie ein Bild mit unerwartetem Farbraum, und ist die Option »Beim Öffnen wählen« aktiv, dann haben Sie drei Möglichkeiten:

- Sie müssen die Datei »nicht konvertieren«, lassen also den Farbraum wie eingespeichert;
- Sie können das Öffnen »abbrechen«, wenn Sie nichts weiter von der Datei sehen wollen;
- oder Sie nutzen die unter »Profilkonvertierung« gebotenen Möglichkeiten (siehe nächster Absatz).

Profilkonvertierung

Der Befehl **Bild: Modus: Profilkonvertierung** rechnet ein geöffnetes Bild in einen der Farbräume um, die Sie per **Farbeinstellungen** definiert haben. Hier können Sie Bilder, deren Profil zunächst nicht zum aktiven Farbraum paßt, anpassen. Wählen Sie die »Tiefenkompensierung«, damit Photoshop beim Konvertieren die dunkelste neutrale Farbe im Quellbild in die dunkelsten neutrale Farbe im Zielbild konvertiert – und nicht in Schwarz.

Monitor-Gamma

Die Kontrolle über die Monitorkontraste ist auf der Systemebene angesiedelt. Dazu gibt es ein »Adobe Gamma«-Kontrollfeld.

Prüfen Sie, ob sich zwischen Ihren Kontrollfeldern auch noch ein älteres »Gamma«-Kontrollfeld aus früheren Photoshop-Versionen befindet. Schalten Sie es zumindest aus, wenn Sie es nicht ganz entfernen.

Um die Kontrastwiedergabe des Monitors anzupassen, verlassen Sie also Photoshop und wählen im Apfel-Menü das Untermenü »Kontrollfelder« mit dem Befehl »Gamma«. Hier bietet Photoshop zwei Möglichkeiten:

- Korrigieren Sie den Monitorkontrast schrittweise mit vielen einzelnen Dialogfeldern und Erklärungen; dazu klicken Sie im Kontrollfeld auf die Schaltfläche »Assistent«.
- Lassen Sie sich das »Kontrollfeld« zeigen, das alle Veränderungen in einem einzigen Dialogfeld ermöglicht und an frühere Versionen erinnert.

Gibt es Probleme mit der Darstellung, verträgt sich Ihre Grafikkarte möglicherweise nicht mit dem Gamma-Kontrollfeld.

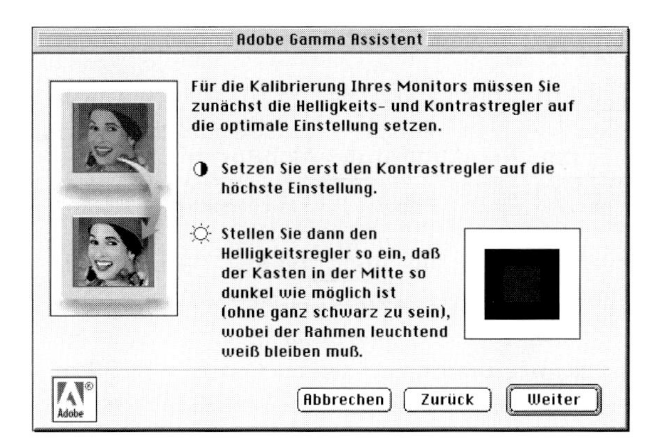

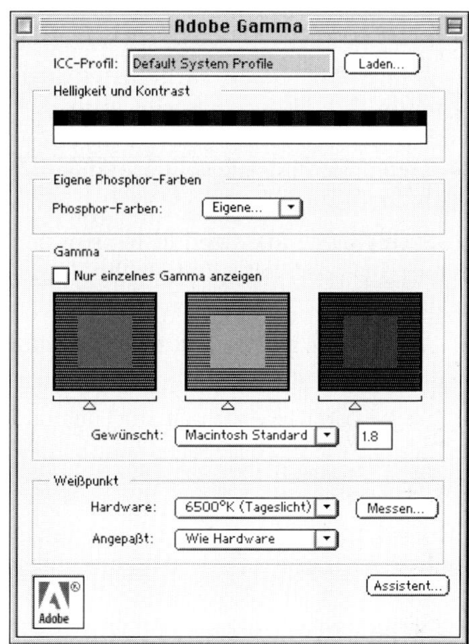

Die Monitorkontraste können Sie per Kontrollfeld regeln (links) oder über viele Einzelschritte (rechts).

Mit Kontrollfeld

Wählen Sie das »Kontrollfeld«, werden Sie zuerst ein Farbprofil »laden«. So geht es weiter:

1. Klicken Sie ein Profil an, um eine ausführliche Beschreibung im unteren Teil des Dialogs zu lesen. Beachten Sie, daß Sie die Möglichkeit haben, das Profil mit Schreibschutz zu öffnen. Alternativ können Sie auch vorab Sicherheitskopien anfertigen.
2. Stellen Sie Kontrast- und Helligkeitsregler Ihres Monitors auf das Maximum. Im Feld »Helligkeit und Kontrast« beobachten Sie jetzt den schwarzen Balken, während Sie die Helligkeit des Monitors wieder zurücknehmen: In diesem Balken sollen sich graue Quadrate gerade eben von schwarzen Quadraten absetzen, während der weiße Balken darunter strahlend hell bleibt.
3. Wählen Sie unter Phosphorwerte einen Monitortyp.
4. Im Feld »Gamma« verschieben Sie den Regler, bis das Feld in der Mitte des grauen Blocks möglichst stark in den äußeren Bereich übergeht. Die Option »Nur einzelnes Gamma anzeigen« kombiniert dabei die Rot-, Grün- und Blau-Wiedergabe; Sie können diese Grundfarben aber auch einzeln abgleichen, wenn Sie die Option abwählen.
5. Der »gewünschte« Zielgamma-Wert ist 1,8 am Mac (2,2 für Windows).
6. Im Klappmenü »Hardware« nennen Sie die Farbtemperatur Ihres Sichtgeräts. Sie wird häufig in den Unterlagen genannt und kann auch umgestellt werden.
7. Bei »Angepaßt« nennen Sie die Farbtemperatur, bei der das fertige Bild betrachtet werden soll. Im Zweifelsfall: »Wie Hardware«.

Zweischirm-Arbeitsplatz

Arbeiten Sie mit zwei Monitoren, ziehen Sie das Kontrollfeld auf das zweite Sichtgerät, um dieses wie beschrieben zu kalibrieren. Die Option »Als Standard-Monitorprofil verwenden« schalten Sie aus, damit nicht das Profil des zweiten Schirms als Standard für alle Geräte verwendet wird.

»Farbeinstellungen: RGB einrichten«

Mit dem Befehl **Datei: Farbeinstellungen: RGB einrichten** legen Sie fest, in welchem RGB-Farbraum Ihre Bilder angezeigt werden. Er ist nicht identisch mit dem RGB Ihres Monitors. So können Sie RGB-Bilder erzeugen, ohne mit den Einschränkungen des Monitortyps zu leben. Verwenden Sie in der Regel die Standardeinstellungen. Unter anderem haben Sie folgende RGB-Typen zur Wahl:

- »SRGB« (»Standardized RGB«) soll den farbverbindlichen Austausch von RGB-Daten erleichtern und wird von immer mehr Herstellern unterstützt. Werkseitig ist diese Option voreingestellt.
- »Apple RGB« richtet den früheren Photoshop-RGB-Farbraum ein, den auch andere DTP-Programme genutzt haben.
- Alle weiteren RGB-Typen sind nur in Sonderfällen erforderlich.
- Wählen Sie eigene, um mit den weiteren Angaben im Dialogfeld zu »Monitor-Weiß« und »Zielgamma« ein eigenes Profil zu erstellen.

Wählen Sie außerdem »Anzeige mit Monitorausgleich«. So werden Bilder unter Verwendung des Monitor-Farbraums dargestellt und erscheinen in der Regel genauer. Sie können die Option abschalten, um den Bildschirmaufbau zu beschleunigen; die Genauigkeit der Darstellung leidet aber darunter.

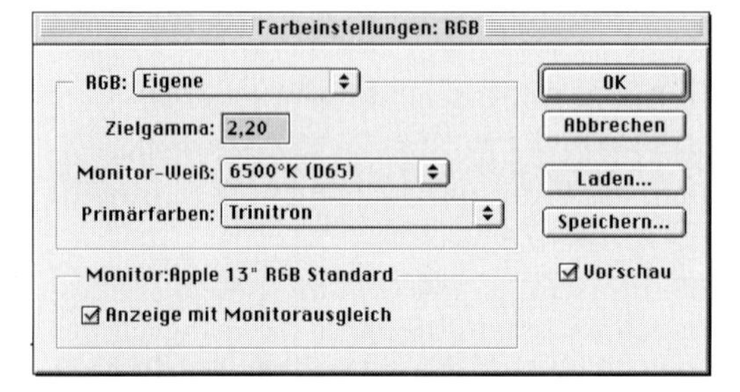

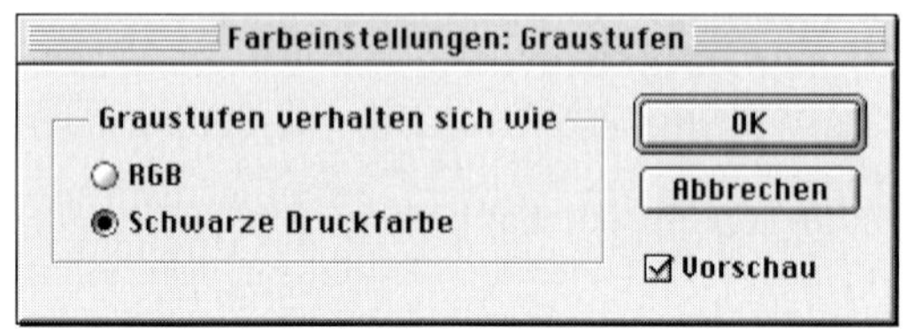

Links: Legen Sie fest, in welchem RGB-Farbraum Ihre Bilder bearbeitet werden.
Rechts: Ihre Vorgabe für Graustufen entscheidet darüber, ob Photoshop bei der Bildschirmanzeige den Tonwertzuwachs der Druckfarbe berücksichtigt.

»Farbeinstellungen: Graustufen einrichten«

Mit dem Befehl **Datei: Farbeinstellungen: Graustufen einrichten** haben Sie die Möglichkeit, den erwarteten Druckpunktzuwachs schon an der Datei auf dem Monitor darzustellen:

- Wählen Sie »RGB«, werden die Graustufen einfach durch gleichstarke Rot-, Grün- und Blau-Signale Ihres Bildschirms dargestellt;
- verwenden Sie »schwarze Druckfarbe«, berücksichtigt Photoshop den Tonwertzuwachs aus den CMYK-Farbeinstellungen.

Tonwertzuwachs korrigieren

Wenn das Bild bei Berücksichtigung des Tonwertzuwachses zu dunkel aussieht, können Sie es mit Befehlen wie **Gradationskurven** oder **Tonwertkorrektur** verbessern. Sie können aber auch im Dialog für die »Druckkennlinien« einen Tonwert-Ausgleich vorfertigen, der auf alle aus Photoshop ausgedruckten und auf Wunsch auf alle in EPS gespeicherten Bilder angewendet wird. Sie kommen an die Druckkennlinie über den Befehl **Datei: Druckereinrichtung**. Die Monitordarstellung ändert sich dabei nicht.

Testbild drucken

Drucken Sie ein Testbild mit einer CMYK-Datei, das schon im CMYK-Modus vorliegt, also nicht erst bei einer Separation entstanden ist. Natürlich macht das in erster Linie Sinn, wenn Sie unter Auflagen-Bedingungen drucken. Photoshop liefert dazu das bekannte Bild »Testpic.jpg« mit; Sie finden es im Ordner »Kalibrg«, eine 13-Mbyte-Version davon liegt auf der »Applications«-CD im Ordner »Other Goodies/Kalibrierung«. Vergleichen Sie Monitor-Anzeige und Ausdruck, und stellen Sie wie beschrieben Tonwertzuwachs und Graubalance ein.

3.11 Drucken

Wollen Sie Ihren Dateien endlich Druck machen, dann sollten Sie einige Verfahren unterscheiden:

- den einfachen Graustufen-Ausdruck am niedrigauflösenden Laserdrucker;
- den Graustufen-Ausdruck am hochauflösenden Belichter;
- die Farbausgabe im RGB-Modus an einem Dia- oder Fotopapierbelichter;
- die Farbseparation in den CMYK-Modus mit anschließendem Vierfarb-Druck.

Wie Sie eine Datei eventuell für den Druck rastern, wird im Kapitel »Farbmodus«, Abschnitt »Bitmapmodus« beschrieben; wie Sie eine Datei für den Farbdruck separieren, schildert im selben Kapitel der Abschnitt »CMYK-Modus«. Wie Sie eine Graustufen-Treppe für den Druckertest erzeugen, steht in der Beschreibung des Befehls **Tontrennung** im Abschnitt »Grobe Korrekturen« innerhalb des Kapitels »Kontrast und Farbton«. Informationen über Druckertypen bietet der Abschnitt »Hardware« im vorangegangenen Kapitel.

Sofern Sie aus Photoshop heraus drucken oder wenn Sie EPS-Bilder einschließlich Druckereinstellung speichern, kommen jene Einstellungen zum Tragen, die Sie unter **Datei: Druckereinrichtung** (⌘+Umschalt+P) machen.

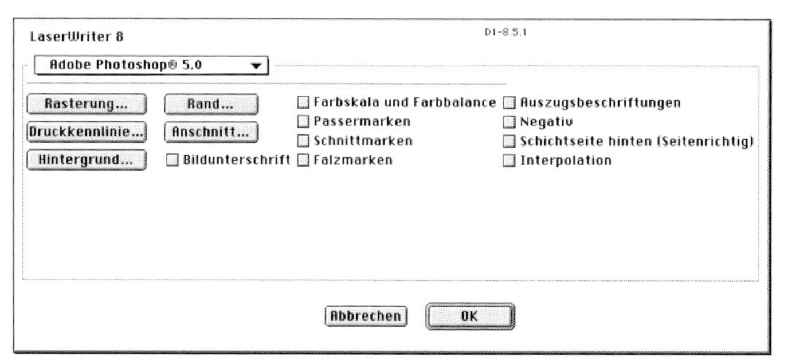

Wenn Sie aus Photoshop heraus drucken, nutzen Sie die Optionen.

Wie in anderen Programmen auch, stellen Sie in der »Druckereinrichtung« unter anderem Drukker und Papierformat ein. Wie groß ein Dokument auf der gewählten Seitengröße herauskommt, sehen Sie stets, wenn Sie auf die Anzeige der Systembeanspruchung unten im Bilddatei-Fenster klicken. Statt eine Querformat-Seite zu drucken, sollten Sie Ihr Bild jedoch lieber mit der Photoshop-Funktion **Bild: Drehen** um 90 Grad drehen und belichterzeitsparend als Hochformat ausgeben.

Noch immer hat Photoshop keine vernünftige Druckbildvorschau, in der man das Werk für den Druck vergrößern, verkleinern und frei auf der Seite plazieren kann. Photoshop zentriert das Werk immer in der Seitenmitte. Um es anders zu positionieren, verwenden Sie entweder ein etwas flexibleres Programm (irgendeine Shareware vielleicht). Alternativ vergrößern Sie drastisch die **Arbeitsfläche** und schieben das eigentliche Bild in die gewünschte Ecke – das kostet eine Menge Arbeitsspeicher.

»Druckereinrichtung«: Optionen

Dazu kommen zahlreiche Photoshop-spezifische Möglichkeiten. Für alle gilt – sie verändern nur den Ausdruck, nicht aber die Datei selbst. Auszugsbeschriftung, Schnittmarken oder Farbskala druckt Photoshop nur mit, wenn das Papier dazu noch Platz läßt. Zu den Optionen im einzelnen:

- Die Option »Auszugsbeschriftungen« verewigt den Namen des Dokumentes und des Kanals auf dem Papier.
- Die Option »Schnittmarken« plaziert Schnittmarken an den Ecken des Bildes, die anzeigen, wo das Bild beschnitten werden soll.
- »Falzmarken« sind zusätzliche Markierungen in der Mitte jedes Bildrandes.
- Per »Anschnitt« setzen Sie die Schnittmarken in ein Bild hinein, wenn das Werk innerhalb der Darstellung beschnitten werden soll.
- Im CMYK-Modus bekommen Sie außerdem eine Farbskala.
- Die Option »Passermarken« druckt Markierungen dazu, mit denen die Filme für die einzelnen Farbauszüge paßgenau übereinandergelegt werden können, sowie Marken für die Detailauflösung, mit denen der Laserstrahl des Druckfilmbelichters geprüft werden kann.
- Die Option »Negativ« druckt ein negatives Bild. (Brauchen Sie generell eine negative Bildversion, können Sie auch den **Bild**-Befehl **Einstellen: Umkehren** (⌘+I) bemühen.)
- Die Option »Schichtseite hinten« dreht das übliche Verfahren um, nachdem der Text im Film seitenrichtig zu erkennen ist, wenn man die matte Schichtseite nach vorn hält. Fragen Sie Ihre Druckerei, ob die einen negativen Film mit der Schichtseite hinten wünscht (normalerweise nicht).
- Bei der »Interpolation« können Sie verlangen, daß das pixelige Aussehen von Bildern mit geringer Auflösung geglättet wird; dies geht jedoch nur bei einigen PostScript-Level-II-Druckern, ansonsten wird der Befehl ignoriert.
- Erreichbar über die Schaltfläche »Rand«, verpassen Sie dem Bild einen schwarzen Rand; Sie geben die Maßeinheit und einen Wert (auch dezimal) vor.
- Als »Bildunterschrift« druckt Photoshop auf Wunsch jenen Text, den Sie unter **Datei: Datei-Information** im Feld »Objektbeschreibung« eingetippt haben.
- Dann wählen Sie bei Bedarf eine »Hintergrund«-Farbe, mit der der Bereich um das Bild herum gefüllt wird. Das kann nützlich sein bei Dias, wenn Sie nicht genau wissen, ob die Bilddatei das Format des Diarahmens voll füllt. Schicken Sie keine Hintergrundfarbe mit, haben Sie rings um das Bild Weiß.

Druckmaße ändern

Kleinlich bietet Photoshop keine Möglichkeit, die Druckmaße für den einzelnen Ausdruck zu ändern – nur die unbequeme Änderung von Prozentwerten im »Größe«-Feld des **Druckereinrichtung**-Dialogs. Wollen Sie also eine Einzeldatei mit anderen Maßen als vorprogrammiert zu

Papier bringen, bemühen Sie den Befehl **Bild: Bildgröße**. Dort schalten Sie die Option »Neuberechnen« aus und tragen die gewünschten Maße ein; so wird die Druckgröße geändert, ohne daß sich die Pixelinformation ändert. Details zu diesem Befehl finden Sie im Kapitel »Ausschnitt, Größe, Auflösung«. Alternativen: Drucken aus einem flexibleren Programm oder die Skalierung mit den Optionen eines PostScript-Druckers.

Druckereinrichtung: Druckkennlinie

Jeder Drucker hat seine Eigenheiten und druckt Tonwerte selten so aus, wie man es erwartet. Für manche Drucker müssen Sie die Schatten massiv anheben, andere Geräte brauchen ein Lifting in den Mitten. Mit dem Befehl »Druckkennlinie« korrigieren Sie die Tonwerte eines Bildes nur für den Ausdruck – die eigentliche Datei ändert sich nicht.

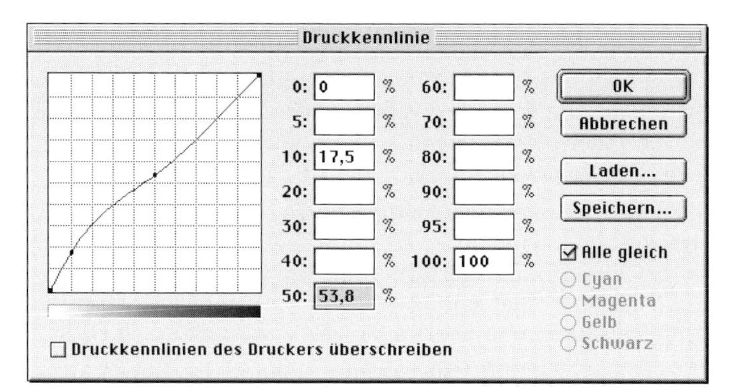

Mit der Druckkennlinie ordnen Sie den Bild-Tonwerten neue Drucker-Tonwerte zu. Diese Einstellung verändert nicht die Bilddatei, nur den Ausdruck.

Für jeden Tonwert innerhalb einer Bilddatei wird eine neue Ausgabedichte festgelegt. Das geschieht über eine Gradationskurve, wie sie das Kapitel »Kontrast und Farbton« weiter hinten beschreibt. Nur, daß Sie hier 13 Wertepaare präzise eintippen können statt nur eines und daß die Kurve grundsätzlich von Weiß (0 Prozent) nach Schwarz (100 Prozent) verläuft und nicht das Schema von Schwarz links (Tonwert 0) zu Weiß rechts (Tonwert 255) bietet; der Befehl **Gradationskurven** hat beide Darstellungen zur Auswahl.

Stellen Sie zum Beispiel mit einem Densitometer fest, daß ein Drucker oder Belichter den Tonwert 60 Prozent stets mit 65 Prozent ausgibt, dann ziehen Sie im Dialog »Druckkennlinie« für den Eingabewert 60 fünf Prozent ab, notieren also 55 Prozent. Um einen bestimmten Bereich grundsätzlich aufzuhellen, ziehen Sie den entsprechenden Abschnitt der Kurve nach unten.

Vorgaben

Zusätzliche Möglichkeiten tun sich auf, wenn Sie die Alt-Taste drücken: Die Schaltfläche »Laden« heißt jetzt »<- Standard«, die Schaltfläche »Speichern« erscheint als »-> Standard«. Die Funktionen:

- Klicken Sie auf »-> Standard«, wird die aktuelle Druckkennlinie als Grundeinstellung gespeichert.
- Klicken Sie auf »<- Standard«, wird die als Vorgabe gespeicherte Druckkennlinie geladen.

Wollen Sie die spezielle Druckkennlinie zusammen mit einer EPS-Datei speichern, wählen Sie außerdem die Option »Druckkennlinien des Druckers überschreiben«. Im Dialogfeld zum Speichern einer EPS-Datei nutzen Sie dann das Angebot »Druckkennlinie mit sichern«. Auf diese Art können Sie auch die Rastereinstellungen der Druckereinrichtung zusammen mit einer EPS-Datei speichern. Man wendet das an, wenn maßgeschneiderte Druckkennlinien für das angepeilte

Ausgabegerät auf Lager sind. Bei allen anderen Dateiformaten außer EPS sind Sie gezwungen, beim Ausdruck die Vorgaben der Druckereinrichtung zu übernehmen. Details finden Sie im Abschnitt »EPS-Dateiformat« im Kapitel »Öffnen, Speichern, Dateiformate«.

Druckereinrichtung: Rasterung

Die meisten Drucker – zum Beispiel Laserdrucker, Farbtintenstrahler oder Laserbelichter – können keine Halbtöne ausgeben, sondern nur »Farbe« oder »keine Farbe«. Mitteltöne simulieren diese Geräte, indem sie je nach Helligkeit unterschiedlich viele Druckerpunkte zu einem Bildpunkt zusammenfassen: Drängeln sich viele Druckerpunkte zu einem Bildpunkt, dann bleibt wenig weiße Fläche übrig; der entsprechende Bildteil wirkt dunkel. Wird die gleiche, einem Bildpunkt vorbehaltene Fläche aber nur von wenigen Druckerpunkten eingenommen, kann viel Weiß durchscheinen. Aus normalem Betrachterabstand wirkt diese Bildpartie dann hell.

Das bedeutet: Gedruckt werden nie die Originalpixel Ihrer Bilddatei. Für den Druck oder für die Belichtung wird das Bild immer umgerechnet in ein spezielles Druckraster. In der »Druckereinrichtung: Rasterung« stellen Sie ein, wieviele Bildpunkte pro Zentimeter oder Inch Sie ausgeben wollen (»Rasterweite«). Die Datei hat idealerweise die doppelte Auflösung, um Detailverluste durch schräge Rasterwinkel auszugleichen.

Außerdem regeln Sie die »Rasterwinkelung«: Laufen die Druckerpunkte nicht exakt horizontal oder vertikal durchs Druckgebilde, wirken sie viel weniger aufdringlich. Bei Graustufenbildern ist 45 Grad üblich, und bei Vierfarbdrucken sollten Sie die vorgeschlagenen, für jeden CMYK-Farbauszug individuellen Rasterwinkel einhalten: Nur so erreichen Sie eine gleichmäßige Farbwirkung ohne Störeffekte durch schillerndes Moiré.

Vor allem bei Graustufen-Dateien kann es Sinn machen, schon vorab zu rastern. Sie beschleunigen die Druckausgabe, und Sie haben Kontrolle über jeden einzelnen Druckpunkt. Dazu verwenden Sie den Befehl **Bild: Modus: Bitmap**; Details finden Sie im Abschnitt »Bitmapmodus« des Kapitels »Farbmodus«.

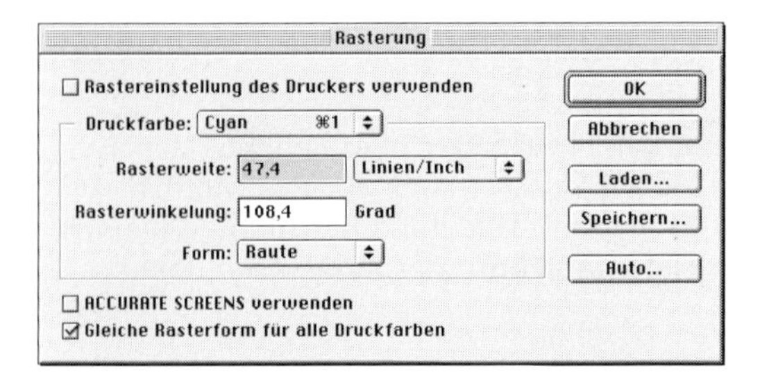

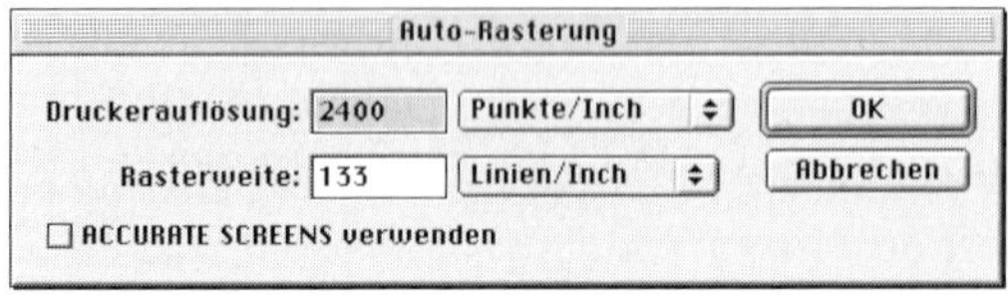

Wie die Datei beim Druck gerastert wird, regeln Sie im Dialogfeld »Rasterung«.

»Auto Rasterung«

Nur für Farbauszüge ist die Schaltfläche »Auto« gedacht, die ins Dialogfeld »Auto Rasterung« führt. Hier tragen Sie die Auflösung Ihres Ausgabegerätes und die gewünschte Rasterweite für Ihr Bild ein. Photoshop errechnet jetzt die optimalen Rasterweiten und -winkel und trägt die Werte im Dialogfeld »Rasterung« ein.

»Accurate Screens verwenden« Sie, wenn Ihr Gerät PostScript Level II oder einen Emerald Controller hat. Alle diese Werte lassen sich selbstverständlich für den nächsten Print speichern. Auch hier kommen Sie wieder mit der Alt-Taste zu erweiterten Möglichkeiten:

- Die Schaltfläche »-> Standard« speichert die aktuellen Werte als Grundeinstellung.
- Die Schaltfläche »<- Standard« lädt just das, was Sie als Grundeinstellung gespeichert haben.

4 Ausschnitt, Größe, Auflösung

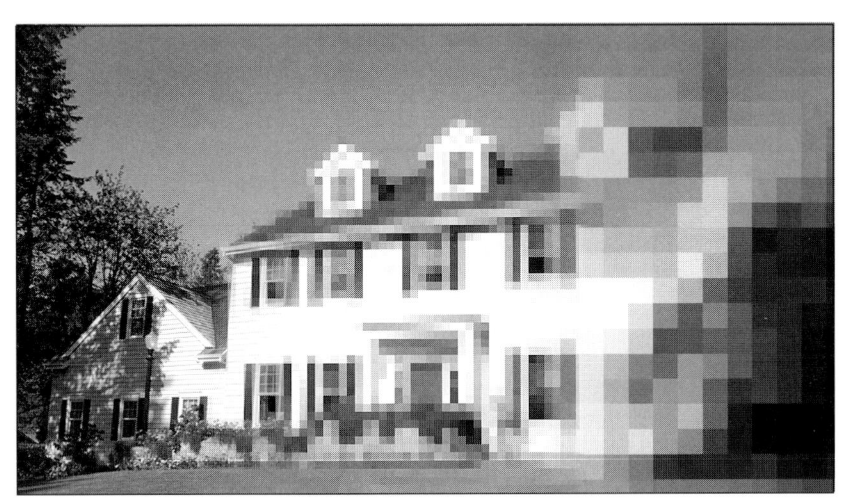

Das Ändern von Größe und Auflösung gehört zu den Grundübungen in Photoshop.

Korrektur von Bildausschnitt, Dateigröße, Druckgröße und Auflösung gehören zu den Grundübungen der digitalen Bildbearbeitung. Zunächst klären wir die Besonderheiten der Bearbeitung digitalisierter Fotos im Vergleich zu anderer Computergrafik und was es mit Auflösung grundsätzlich auf sich hat. Danach lesen Sie, wie man die Auflösung mit Photoshop tatsächlich ändert. Zum Schluß geht es darum, wie Sie störenden Rand entfernen und, umgekehrt, neue Bildfläche anbauen.

4.1 Auflösung, Druckmaße und Dateigröße: Theorie

Innerhalb der Computergrafik unterscheidet man vektororientierte und pixelorientierte Programme und Dateien.

Vektor- und Pixelbilder

Typische vektororientierte Programme sind CorelDraw, FreeHand oder Illustrator. Die Bilder dieser Grafikprogramme sind zusammengesetzt aus einzelnen Objekten, etwa Kreisen oder Vielecken, die aus Konturen und Füllflächen bestehen. Die Konturen lassen sich über mathematische Funktionen wie Bézier-Kurven, in der Praxis zum Beispiel durch Verschieben von Ankerpunkten, bearbeiten.

Pixelorientierte Programme wie Photoshop setzen ein Bild dagegen Pixel für Pixel, Bildpunkt für Bildpunkt, zusammen. Pixel ist eine Kurzform von Picture element, Bildbestandteil.

Vorteil des pixelorientierten Aufbaus: Jedes einzelne »Atom« eines Bildes, jedes Pixel, kann separat analysiert, korrigiert und feingesteuert werden; diese Bildart ist sinnvoll für fotorealistische

Halbtonbilder: Unruhige Farbstrukturen oder Korrekturen an einzelnen Helligkeitswerten quer durchs ganze Bild sind nur möglich, wenn jeder Bildpunkt separat ansteuerbar ist. Globale Helligkeits- oder Kontraständerungen erlauben Vektorprogramme nur, wenn das Objekt in ein Pixelbild verwandelt wird.

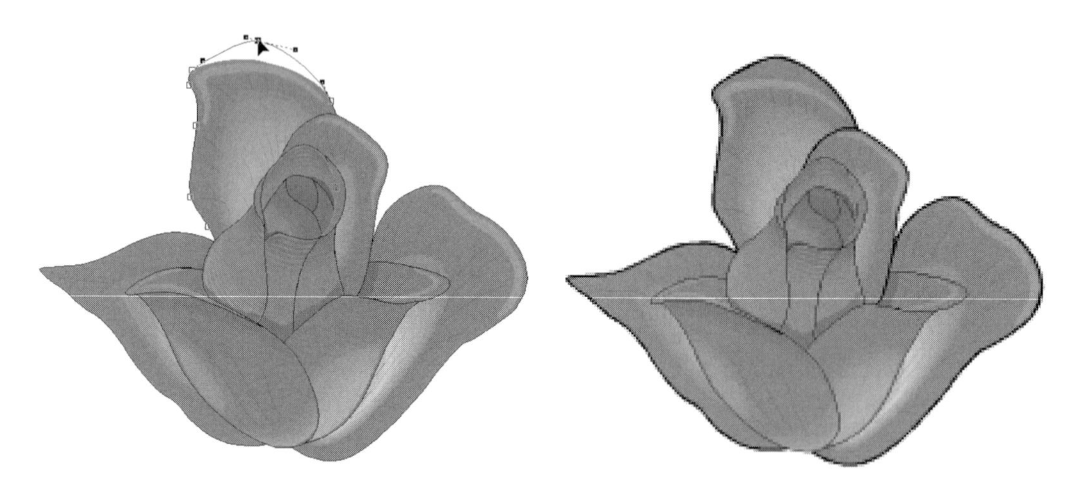

Kurven und Punkte: Vektororientierte Bilddateien sind durch Flächen, Kurven und Ankerpunkte definiert (links), pixelorientierte Bilder wie in Photoshop aus einer Ebene von einzelnen Bildpunkten.

Die Flächen, Verläufe und Muster der Vektorprogramme wirken zu glatt für übliche Fotos. Weil die Bildinformation jedoch nicht auf einzelnen Punkten, sondern auf mathematisch definierten Kurven beruht, lassen sich Vektorelemente beliebig vergrößern und immer in der Höchstauflösung des Druckers ausgeben. Bei Pixelbildern steht die Detailtiefe dagegen durch die vorhandene Zahl von Bildpunkten fest. Die Detailtiefe läßt sich durch Herunterrechnen verkleinern; durch Rechentricks kann man auch die Zahl der Bildpunkte vergrößern, aber das bringt keinen Informationsgewinn.

Eine Vektorgrafik läßt sich ohne weiteres in ein Pixelbild konvertieren; dabei muß man eine Ausgabe-Auflösung für das entstehende Pixelbild festlegen. (Photoshop öffnet zum Beispiel Illustrator-Dateien auf diese Art.) Pixel-Dateien lassen sich umgekehrt auch vektorisieren – ein Vorgang, der weit komplizierter abläuft. Vektorgrafiken zeichnen sich im Gegensatz zu Pixelbildern durch niedrige Dateigrößen aus.

Photoshop verarbeitet nur Pixelbilder, kann aber über die Funktion **Datei: Plazieren** auch mathematisch definierte Vektorgrafiken im Illustrator-Format laden, die noch während des Öffnens in einzelne Pixel umgewandelt werden.

Drei Stufen der Auflösung

Innerhalb der Pixelbild-Bearbeitung sollte man genau zwischen drei Ebenen der Auflösung unterscheiden. Beim Drucken kommt zum Beispiel eine andere Auflösung zum Tragen als beim Scannen. Im einzelnen:

Drucker- oder Belichter-Auflösung

Die Druckauflösung des Belichters wird meist in dpi (Punkte pro Zoll) angegeben und erreicht oft 2540 dpi. Das bedeutet: Bei der Ausgabe von Strichzeichnungen oder schwarzem Text ballen sich 2540 Belichterpunkte auf einem Zoll beziehungsweise 1000 Punkte auf einem Zentimeter.

Rasterton-Auflösung des Druckers oder Belichters

Die Halbton-Auflösung des Belichters – auch Rasterweite – ist interessant, wenn Fotos, Grafiken oder Verläufe gedruckt werden; sie wird meist in lpi (lines per inch, Linien pro Zoll) oder in lpcm (Linien pro Zentimeter) angegeben.

Die Halbton-Druckauflösung eines Gerätes liegt drastisch unter der eigentlichen Hardwareauflösung. Der Grund: Die meisten Belichter oder Drucker können nur Schwarz und Weiß zeigen, aber keine Halbtöne dazwischen. Diese Halbtöne werden durch einen Trick simuliert: Auf einer Fläche von zum Beispiel 16×16 Belichter-Punkten wird aus mehreren Belichter-Punkten ein Halbton-Bildpunkt zusammengesetzt. Je mehr Belichter-Pixel sich auf dem 16er-Quadrat zu einem Halbton-Pixel knubbeln, desto dunkler wirkt diese Stelle; versammeln sich jedoch nur wenige Belichter-Punkte in der Mitte des 16er-Quadrats, wirkt die Partie aus der Entfernung hell.

Ein Belichter mit 2540 dpi Hardware-Auflösung erzeugt eine Halbton-Auflösung von $2540/16 \cong 159$ lpi. Das entspricht $159/2{,}54 \cong 62$ lpcm, also rund 60 Linien pro Zentimeter: Das vielgenutzte 60er-Raster. Die mögliche Zahl unterschiedlicher Graustufen ergibt sich hier aus der Formel $16^2 = 256$ Graustufen.

Scan-Auflösung

Die Auflösung von Scan und Scanner wird oft in ppi – pixels per inch – oder dpi angegeben. Interessant ist dabei nur die sogenannte »physikalische« oder »optische« Auflösung, also das, was die Foto-Elemente des Scanners tatsächlich zu trennen vermögen.

Die Hersteller nennen dazu meist noch einen viel höheren Wert, der aber nur durch Mittelwertberechnung (Interpolation) zustandekommt und die Bildqualität eher senkt. Dabei handelt es sich um einen reinen Softwaretrick. Genausogut – oder besser – könnten Sie das Bild mit der »physikalischen« Auflösung des Scanners digitalisieren und dann mit Photoshops Befehl **Bild: Bildgröße** hochrechnen.

Die unterschiedlichen Einheiten Zoll und Zentimeter wie auch die Maße ppi, lpi und dpi stammen aus unterschiedlichen Branchen und Kulturen. Letztlich sagen sie jedoch alle dasselbe aus. Ob die Auflösung eines Scans in ppi, lpi oder dpi angegeben wird, spielt keine Rolle.

Fazit

Scannen Sie also nicht mit 1440 dpi Scannerauflösung, bloß weil dieser Wert auf der Schachtel Ihres Druckers steht. Ein Drucker oder Belichter, der keine Halbtöne ausgeben kann – und das sind die meisten Geräte –, braucht als Bild-Auflösung nur einen Bruchteil seiner Drucker-Auflösung, zum Beispiel nur 150 dpi. Weitere Essentials:

- Entscheidend für die mögliche Qualität ist nicht die eingespeicherte Druck-Auflösung, sondern die absolute Zahl der Bildpunkte hoch mal quer.
- Mehrere Druckerpunkte formen einen Bildpunkt.
- Die Druckerauflösung ist zum Beispiel um den Faktor 8 höher als die Bildauflösung.

Auflösung berechnen

Jedes Bild ist also eine Bitmap, ein Schachbrettmuster aus lauter Bildpunkten (Pixeln, von picture elements). Dabei braucht leeres Weiß genauso viel Speicherplatz wie eine Hochhauskulisse – zumindest im Arbeitsspeicher, nicht unbedingt beim komprimierten Speichern auf Festplatte. Für die Feinheit und Qualität der Druck-Darstellung ist entscheidend, wieviele Pixel pro Druck-

Zentimeter beziehungsweise pro Druck-Zoll (Inch) ein Bild zu bieten hat. Grundsätzlich gilt: Je mehr Pixel pro Zoll (also dots per inch, dpi), desto höher die Druck-Auflösung, desto feiner und detailreicher die Darstellung.

$$\frac{\text{Anzahl Pixel einer Seitenlänge}}{\text{Seitenlänge in Inch}} = \text{dpi}$$

Gehen Sie mit Auflösung und Bildgröße sparsam um. Eine Verdoppelung der Auflösung – zum Beispiel von 100 auf 200 dpi – vervierfacht den Speicherplatzbedarf, denn Sie verdoppeln die Zahl der Bildpunkte pro Zoll auf zwei Achsen. Das gilt jedenfalls für den Arbeitsspeicher und für nicht komprimierte Dateien auf Platte. Genauso beansprucht eine Verdoppelung der Druckmaße bei gleichbleibender Auflösung gleich viermal mehr Platz auf der Festplatte; Graustufen-Dateien brauchen allerdings nur ein Drittel des Platzes von RGB-Farbdateien mit ihren Rot-Grün-Blauanteilen.

Bildgröße in cm	Dateityp	Auflösung in dpi	Speicherbedarf in Kbyte
7×10	8-Bit-SW	100	108,1
7×10	8-Bit-SW	200	433,8
7×10	24-Bit-RGB-Farbe	200	1.301,4
14×20	24-Bit-RGB-Farbe	200	5.203,6

1 inch = 2,54 cm; Angaben gerundet

Beschränken Sie also die Auflösung tunlichst auf das, was Sie brauchen. Ein hochaufgelöstes Bild läßt sich am Monitor viel schwerfälliger bearbeiten als eine schlankere Datei. Soll das Werk nicht im Druck erscheinen, sondern nur am Bildschirm Freude stiften, dann wählen Sie die Monitorauflösung, in aller Regel 72 bis 90 dpi.

Die Zahl der Bildpunkte hoch und quer steht bei jeder Datei fest. In den meisten Dateiformaten – etwa Tiff, Photoshop und JPEG – ist auch schon die Druckauflösung gespeichert, also wieviel Bildpunkte beim Drucken auf einen Zentimeter kommen.

Um eine Datei mit anderen Maßen zu drucken, brauchen Sie nicht zwangsläufig die Zahl der Bildpunkte zu ändern, was mit Qualitätseinbußen verbunden ist. Sie brauchen nur die Druckauflösung zu ändern, also die Zahl der Pixel pro Zentimeter oder Zoll anders zu verteilen.

Es hat ohnehin wenig Zweck, die Pixelzahl eines Bildes später hochzusetzen: Die vielen neuen Bildpunkte pro Zentimeter werden durch Mittelwertbildung (Interpolation) errechnet und schaffen keinerlei zusätzliche Detailinformation – im Gegenteil, das Umrechnen sorgt meistens für eine leichte Weichspülung. Sobald Sie Ihr Bild kleiner rechnen – also die Zahl der Pixel pro Längeneinheit verringern –, verlieren Sie an Information; und der Weichspülereffekt kommt dazu. Natürlich rechnen Sie herunter, wenn die Datei viel zu viele Pixel hat, um Speicherplatz, Rechen- und Druckzeit zu sparen.

Oft allerdings ändern Sie die Druckgröße am besten, ohne Pixel zu entfernen oder dazuzurechnen. Wählen Sie im Dialogfeld »Bildgröße« das »Neuberechnen« ab.

Übersicht: Welche Auflösung bei welcher Druckausgabe

Letztlich ist alles eine Frage der Pixelzahl pro Kantenlänge; und Sie sollten den Verwendungszweck für Ihre Bilddatei kennen: Im Offsetdruck mit 60 Linien/Zentimeter reichen 200 bis 300 dpi; 70 Linien erfordern 300 dpi oder mehr.

Qualitätsreserve

Sie liefern hier auf jeden Fall eine höhere Auflösung an, als der Druckfilmbelichter nachher ausgibt – die sogenannte Qualitätsreserve. Grund ist der Detailverlust, der durch schräge Rasterwinkel entsteht: Der Druckfilmbelichter verwendet zum Beispiel nur 160 Pixel pro Zoll, doch Sie stellen 200 bis 300 zur Verfügung. Entsprechend arbeiten ja auch die Optionen bei Photoshops Auflösungs-Automatik im Dialogfeld »Bildgröße«: Schon die Qualitätsstufe »Mittel« erstellt eine Bilddatei-Auflösung, die eineinhalb mal größer ist als das Druckraster; und unter »Hoch« versteht Photoshop gar eine Auflösung, die doppelt so groß ist wie das Druckraster.

Für Fotopapierbelichter oder Thermosublimationsdrucker sollten es gleichfalls 300 dpi sein – vorausgesetzt, Sie speichern das Werk bereits in Druckgröße. Ein Kleinbild-Diabelichter arbeitet oft mit 4096×2732 Punkten pro Kleinbilddia; das sind 2884 dpi bei einer Größe von 2,4×3,6 Zentimeter. Meist erreicht Ihr Bild die enorme Auflösung eines Diabelichters bei weitem nicht – der Diabelichter wird die von Ihnen gelieferten Bildpunkte auf 4096×2732 hochrechnen. Tatsächlich reichen zuweilen 800×600 Pixel für eine brauchbare Projektion. Ein 300-dpi-Laserdrukker erreicht nur eine Halbton-Druckauflösung von rund 50 bis 70 dpi, weil er ja aus seinen Druckerpunkten erstmal Rasterpunkte für verschiedene Halbtöne zusammensetzen muß. Geht der Output also nicht über Laserjet-Verwendung hinaus, können Sie die Auflösung drastisch reduzieren und Ihre Festplatte entlasten.

Für einen Tintenstrahler der Klasse 1440×720 dpi gilt: 150 dpi Scan-Auflösung reichen oft, darüber hinaus erhalten Sie keine sichtbar besseren Ausdrucke mehr.

Maximalwert

Pro Seite können Sie mit Photoshop maximal 30.000 Pixel anlegen.

Ausgabemedium	Druckauflösung
8000-Linien-Kleinbilddia	5645 (Halbton)
4000-Linien-Kleinbilddia	2884 (Halbton)
Fuji Pictostrat	404 (Halbton)
Thermosublimationsdrucker	300 (Halbton)
Offsetdruck mit 60 Linien/cm	160
Tageszeitung	80
600-dpi-Laserdrucker	100
300-dpi-Laserdrucker	50

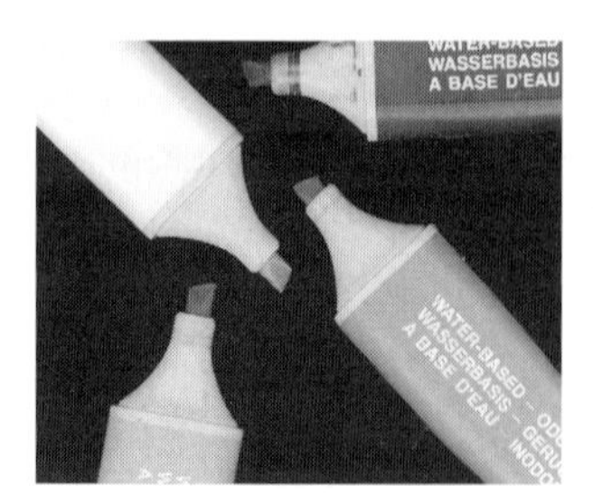

Pixel: 630×512
Bildauflösung:
400 dpi/157 dpcm
Größe als RGB: 945 Kbyte

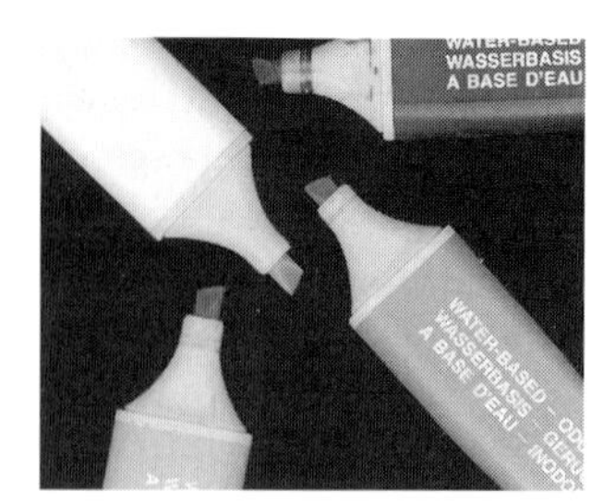

Pixel: 472×383
Bildauflösung:
300 dpi/118 dpcm
Größe als RGB: 530 Kbyte

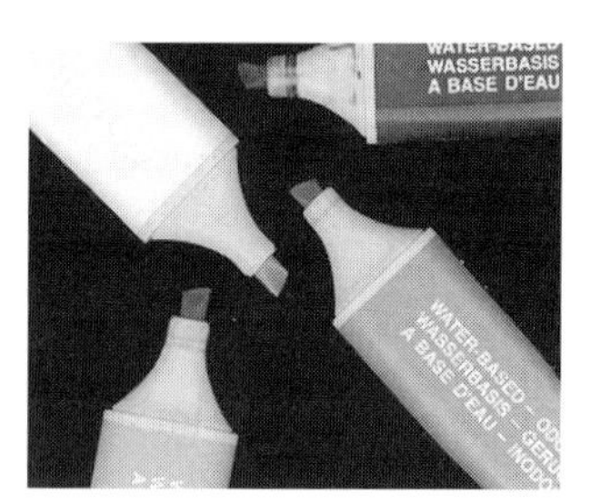

Pixel: 315×256
Bildauflösung:
200 dpi/78 dpcm
Größe als RGB: 237 Kbyte

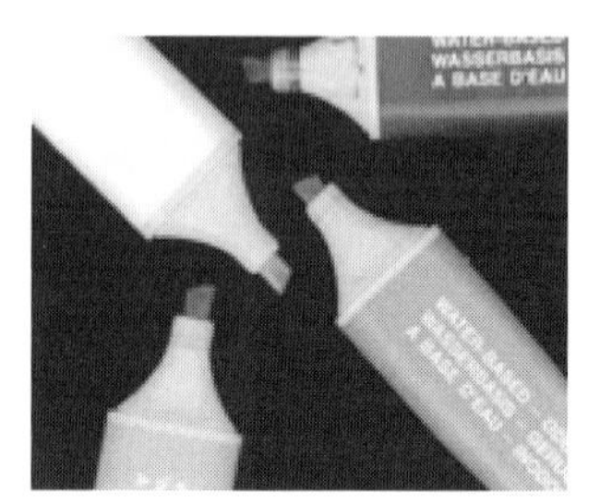

Pixel: 157×128
Bildauflösung:
100 dpi/39 dpcm
Größe als RGB: 59 Kbyte

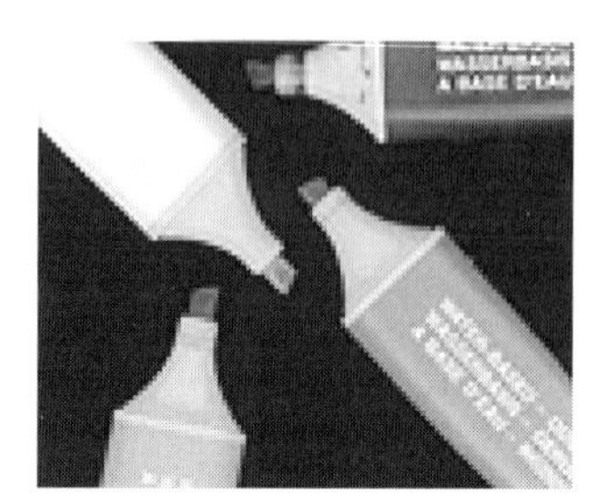

Pixel: 113×92
Bildauflösung:
72 dpi/28 dpcm
Größe als RGB: 31 Kbyte

Pixel: 83×68
Bildauflösung:
53 dpi/21 dpcm
Größe als RGB: 17 Kbyte

Diese Bilder haben alle dieselbe Druckgröße – 4×3,25 Zentimeter –, aber unterschiedliche Druckauflösungen und damit bei gleicher Druckgröße unterschiedliche Dateigrößen. Gedruckt werden sie mit einer Halbton-Belichterauflösung von 160 dpi (60er-Raster). Ob dabei 400 oder 200 dpi angeliefert werden, macht offenbar keinen Unterschied. Erst ab 100 dpi Druckauflösung sind Qualitätseinbußen deutlich erkennbar. Datei: Stifte.

Neuberechnung durch das Ausgabegerät

Für den Ausdruck wird das Bild zumeist vollautomatisch vom Ausgabegerät – etwa Drucker, Belichter oder Filmrecorder – in ein völlig neues Pixelmuster umgerechnet. Liefern Sie also auf jeden Fall genug Pixel oder ein paar mehr. Aber es hat meist wenig Sinn, schon im Photoshop eine Bilddatei bis aufs Pixel genau herunter- oder gar hochzurechnen – das macht das Druckgerät schon allein, und besser.

Der Qualitätsfaktor

Eine Vermutung liegt nahe: Wenn die Halbton-Auflösung des Belichters 159 lpi beträgt, dann liefere ich ihm auch einen Scan mit 159 ppi, damit ein Scan-Pixel exakt von einem Halbton-Punkt wiedergegeben wird.

Doch so einfach ist es nicht. Wird ein Halbton-Bild – Graustufen, RGB oder CMYK – an Drucker oder Belichter geschickt, berechnet das Gerät das endgültige, fürs Papier gerasterte Bild nach eigenen Gesetzen. Dabei schlucken zum Beispiel schräge Rasterwinkel wie 45 Grad feine Informationen. Ausgleich schafft man, indem man mehr Bild-Pixel anliefert, als letztlich in gerasterter Form zu Film gelangen. Dieser sogenannte Qualitätsfaktor liegt zwischen 1,4 und 2,0. Das heißt, bei einer Halbton-Auflösung von 159 lpi liefert man tunlichst 159×1,4 ~ 223 ppi Bildauflösung; kritische Motive digitalisiert man sogar besser gleich mit 159×2 = 318 dpi.

In Zentimetern ausgedrückt: Wer mit dem 60er-Raster druckt, liefert mindestens 60×1,4 = 84 ppcm an, liegt jedoch erst mit 60×2 = 120 ppcm auf der sicheren Seite.

Ein hoher Qualitätsfaktor empfiehlt sich besonders bei Bildern mit Texturen, wiederkehrenden Mustern oder dünnen, diagonalen Linien und bei Strichzeichnungen – hier nutzt man oft die komplette Scannerauflösung. Freilich steigen durch den Qualitätsfaktor Dateigröße und Belichtungszeit. Auch die »Auto«-Schaltfläche im »Bildgröße«-Dialog bietet verschiedene Qualitätsfaktoren.

4.2 Auflösung, Druckmaße und Dateigröße: Praxis

Welche Auflösungen Sie für welche Druckvorhaben brauchen, haben Sie oben gelesen. Pi mal Daumen kann man sagen: 100 Pixel pro Zentimeter reichen in vielen Fällen für vernünftigen Offsetdruck im 60er-Raster. Es darf aber auch nicht zuviel des Guten sein: Unnötig große Bilddateien belasten Arbeitsspeicher und Festplatte und kosten sinnlose Belichterzeit.

Die Werte werden in der digitalen Bildverarbeitung allerdings meistens in Zoll angegeben (ein Zoll, engl. Inch, hat 2,54 Zentimeter). Also: 72 Pixel pro Inch (dpi) sind wenig und führen zu groben Ausdrucken, 200 Pixel pro Inch wirken dagegen schon ganz ansehnlich, 300 Pixel pro Inch verbessern den Output nochmals – sofern der Drucker für solche Auflösungen vorgesehen ist.

Anzeigen der Auflösung

Wie finden Sie heraus, wieviel Pixel das Bild enthält und zu welchen Zentimeter-Maßen die Bildpunkte zusammengefaßt werden? Sie wissen: Die Größe, mit der ein Bild am Schirm erscheint, erlaubt keinerlei Rückschluß auf die späteren Zentimeter-Maße im Ausdruck. Zeigt Photoshop ein Bild mit »100%«, wie es in der Titelleiste heißt, dann zeigt er damit nicht etwa ein Zehn-Zentimeter-Bild zehn Zentimeter groß am Monitor.

100-Prozent-Darstellung

»100%«, das bedeutet vielmehr, ein Pixel des Bildes wird mit einem Punkt des Monitors wiedergegeben. Aus der Größe der Monitordarstellung lesen Sie also nicht die Druck-Größe, sondern nur die Dateigröße im Sinne von Pixelzahl ab. Nur mit **Ansicht: Ausgabegröße** zeigen Sie die Datei in der späteren Druckgröße.

Druck-Vorschau

Schnellen Aufschluß über die Druckgröße erhalten Sie auch, wenn Sie unten im Bildfenster links auf das Feld klicken, das zum Beispiel die Dateigröße in Mbyte verrät. Dann öffnet sich ein weißes Rechteck, das eine Druckerseite darstellen soll. Die Größe des Bildrahmens auf dieser Seite signalisiert, wie groß Ihr Werk sich später im Druck machen wird. Das orientiert sich an der Seitengröße, die Sie in der **Druckereinrichtung** vorgaben. Haben Sie dort auch den Ausdruck von Passerkreuzen, Bildunterschrift und Farbskala vorgegeben, erscheinen diese Elemente schematisch in der Klein-Vorschau.

Zahlenwerte anzeigen

Es gibt aber auch präzisere Anzeigen für Pixel- und Zentimeterwerte. Dazu klicken Sie mit gedrückter Alt-Taste auf das Feld für Dateigröße links unten in der Informationsleiste. Haben Sie in den Voreinstellungen oder in der Informationen-Palette als Maßeinheiten Pixel vorgewählt, wird Ihnen dieses Auskunftsfenster nur die Pixelzahl mitteilen, nicht aber die Zentimeter-Werte. Wählen Sie dagegen als Maßeinheit Zentimeter vor, zeigt das Fenster sowohl Pixel als auch Zentimeter an.

Lineale

Und die gleiche, in den Info-Optionen gewählte Maßeinheit wird auch von den Linealen verwendet. Um das Bild von Linealen umgeben zu lassen, drücken Sie ⌘+R (für Rulers). Stehen die Lineale auf Zentimeter, lesen Sie am Lineal jederzeit die Druckgröße des Bildes ab. Stehen die Lineale auf Pixel, rechnen Sie aus der angegebenen Pixelzahl ungefähr hoch, mit welchen Druckmaßen bei welcher Auflösung sich das Bild wiedergeben ließe.

Informationenpalette

Auch die Informationen-Palette selbst verhilft schnell zu Erkenntnissen über die Druckmaße oder über die Pixelgröße. Halten Sie ein beliebiges Werkzeug über die rechte, untere Ecke der Bilddatei, erkennen Sie an den Zeigerkoordinaten in der Palette die Maße des Gesamtbildes – je nach Vorgabe zum Beispiel in »Zentimeter« oder »Pixel«.

Oder Sie markieren rasch mit ⌘+A das ganze Bild. Die Info-Palette vermeldet jetzt Breite und Höhe der Auswahl – in diesem Fall des Gesamtwerks.

Gespeicherte Druckauflösung in Layoutprogrammen

Anders verhalten sich Layout-, Grafik- und Text-Programme wie Illustrator, Xpress, Word oder PageMaker: Sie zeigen eine Bilddatei nicht pixelorientiert – also zum Beispiel ein Bild-Pixel auf einem Monitorpixel –, sondern stellen sofort die gespeicherte Druckgröße dar. Das bedeutet:

- Haben Sie zufällig eine sehr extreme Druckauflösung eingespeichert, zum Beispiel 1 dpi oder 914 dpi, wie es beim Scannen passieren kann, dann fällt das im pixelorientierten Photoshop nicht weiter auf. Sobald Sie das Werk jedoch in ein seitenorientiertes Layoutprogramm laden, zeigt es sich absurd groß oder klein. Bei Weiterverwendung in einem seitenorientierten Programm sollte man also beizeiten die Druckauflösung einrichten; Sie können dies natürlich auch im Layoutprogramm nachholen, ohne daß dabei die Datei beschädigt würde. Und:
- Höchstwahrscheinlich drucken Sie nicht mit der Monitorauflösung, also Sie drucken nicht mit 72 oder 90 dpi, sondern mit höheren Werten. Das hat zur Folge, daß das Layoutprogramm nicht ein Bild-Pixel auf einem Monitorpixel zeigen kann, sondern zur Darstellung zum Beispiel 2,33 Bild-Pixel auf ein Monitorpixel pressen muß. Darunter leidet zwangsläufig die Qualität der Monitorabbildung – aber nicht die Druckqualität.

Der Befehl »Bildgröße«

Wollen Sie die Druckgröße und/oder die Zahl der Pixel überhaupt ändern, ist der Befehl **Bild: Bildgröße** gefragt – das Zentralorgan für Manipulationen an Druckmaßen, Auflösung, Pixelzahl. Hier geben Sie neue Werte für Höhe und Breite einer Bilddatei an oder für die Auflösung, also für die Zahl der Bildpunkte pro Längeneinheit. Die Werte für Höhe und Breite geben Sie unter anderem in »Zentimeter«, »Prozent« oder »Pixeln« vor – bloß nicht in jenen Millimeter-Werten, die in der Grafikbranche üblich sind. Die Auflösung benennt man in Pixel/Inch oder Pixel/ Zentimeter.

Klicken Sie mit dem Mauszeiger in eins der Klappfelder für die Maßeinheiten, und suchen Sie sich die passende Einteilung heraus. Angeboten werden zunächst jene Einheiten, die Sie in den »Voreinstellungen« für Maßeinheiten oder in der Informationen-Palette eingerichtet haben.

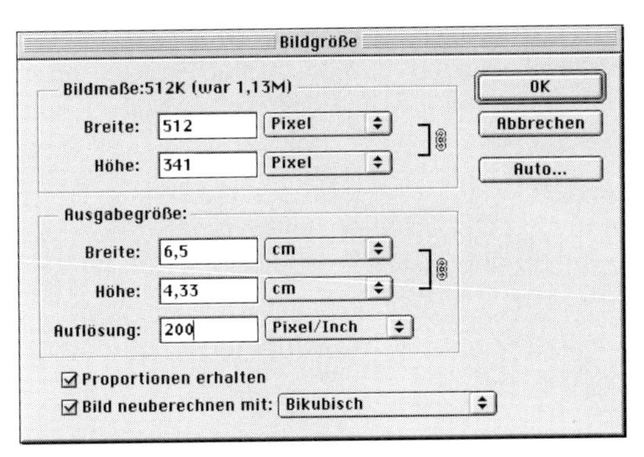

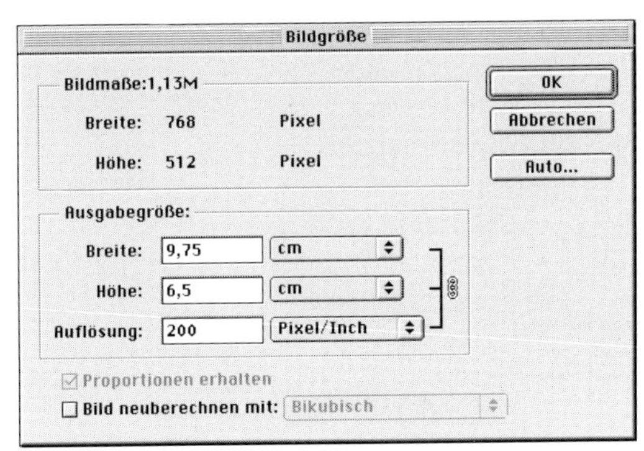

Auflösung und Zahl der Pixel eines Bildes regeln Sie im Dialogfeld »Bildgröße«. Wenn Sie auf »Neuberechnen« verzichten, wird ein Teil der Optionen ausgeblendet.

»Proportionen erhalten«

Die Option »Proportionen erhalten« haben Sie in der Regel angeklickt. Damit bleibt das Seitenverhältnis von Höhe zu Breite automatisch gewahrt. Das heißt: Sie geben eine neue Breite ein, und der getreue Photoshop errechnet automatisch die passende Höhe dazu. So vermeiden Sie verzerrte Proportionen.

Es gibt nur wenige Fälle, in denen Sie auf den Erhalt der Proportionen verzichten: Zum Beispiel bei Motiven, die Sie nur als blasse Hintergrundtapete verwenden. Passen die nicht ganz in die geplante Montage, lassen Sie einfach aus einem Rechteck ein Quadrat werden. Einem Wolkenhimmel oder einem Farbexperiment tut das nur begrenzt weh – einem Portrait dürfen Sie es nicht antun. (Natürlich soll es Art Directoren von Vereinszeitschriften geben, die ein Gruppenfoto stumpf in die Breite ziehen, wenn es für die Seite zu schmal ist.)

Natürlich können Sie die Proportionen auch ändern, indem Sie eine Ebene oder eine Auswahl mit der Transformieren-Funktion (⌘+T) verzerren. Sie können sogar ein Bild über seine aktuellen Grenzen hinaus ausdehnen, wenn Sie die Gesamtdatei vorab markieren.

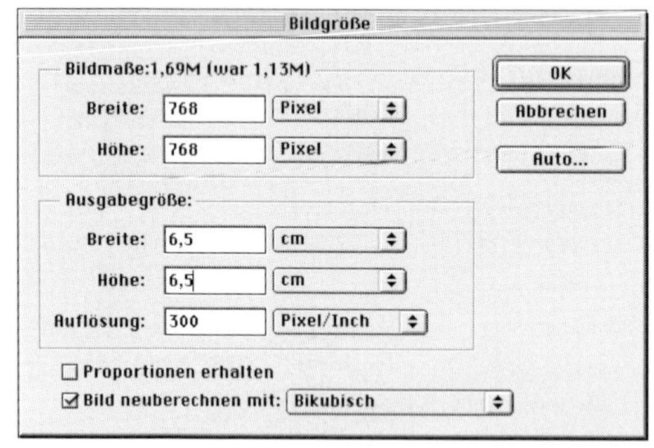

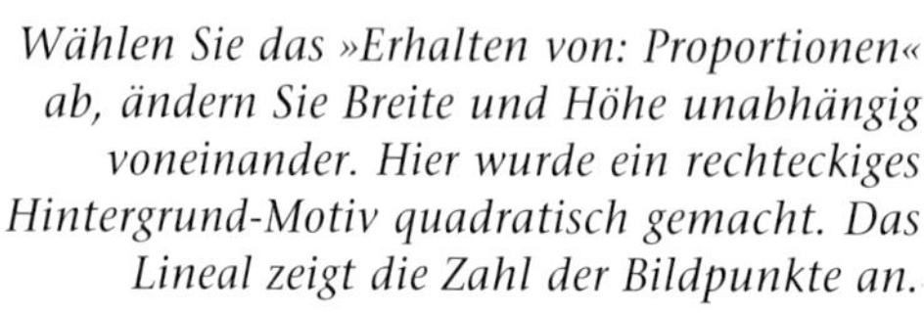

Wählen Sie das »Erhalten von: Proportionen« ab, ändern Sie Breite und Höhe unabhängig voneinander. Hier wurde ein rechteckiges Hintergrund-Motiv quadratisch gemacht. Das Lineal zeigt die Zahl der Bildpunkte an.

Rücknahme von Eingaben

Auch für das Dialogfeld »Bildgröße« gilt: Den letzten Eintrag, frisch vorgenommen, können Sie noch annullieren. Dazu drücken Sie den Standard-Rücknahme-Befehl ⌘+Z.

Oder Sie bemühen die Alt-Taste auf der Tastatur. Damit verwandelt sich die Schaltfläche »Abbrechen« wie immer in die Schaltfläche »Zurück«. Sie haben jetzt die Möglichkeit, das entsprechende Dialogfeld auf die Vorher-Werte zurückzusetzen.

Übersicht: Druckgrößen-Änderung

Will ich die Druckmaße meiner Bilddatei verändern, kann ich dabei die Pixelzahl und damit die Dateigröße neuberechnen oder auch nicht. Die Wege:

Mit Neuberechnung

Ich ändere die Zahl der Bildpunkte insgesamt – mit der Option »Neuberechnen«. Für ein größeres Bild lasse ich zu den vorhandenen Pixeln neue dazurechnen, die Dateigröße steigt also; für ein kleineres Bild entferne ich tatsächlich Pixel aus dem Bild, die Dateigröße sinkt. Die Zahl der Bildpunkte pro Zentimeter kann stabil bleiben. Im Dialogfeld »Bildgröße« verwende ich die Option »Bild neuberechnen mit«.

Ohne Neuberechnung

Statt der absoluten Zahl der Bildpunkte kann ich aber auch nur die Zahl der Bildpunkte pro Längeneinheit verändern – also ohne »Neuberechnen«. Für größere Druckmaße packe ich weniger Pixel in einen Zentimeter, ich senke die Auflösung; für ein kleineres Bild packe ich mehr Pixel in einen Zentimeter, ich erhöhe die Auflösung. In beiden Fällen verändert sich die Zahl der insgesamt vorhandenen Bildpunkte nicht, ich verteile sie nur anders. Das heißt, die Zahl der Bildpunkte pro Zentimeter ändert sich, und damit die Detailzeichnung. Das heißt aber auch: Die Dateigröße ändert sich nicht. Im Dialogfeld »Bildgröße« wähle ich die Option »Bild neuberechnen mit« ab.

Größenänderung mit Neuberechnung der Pixelzahl

Ein Beispiel: Sie haben ein Bild von der Photo CD, 768×512 Pixel groß. Photoshop teilt diesem Bild zunächst eine Auflösung von 72 dpi zu, also 72 Bildpunkte pro Zoll. Sie erfahren dies, wenn Sie in der Informationsleiste bei gedrückter Alt-Taste auf das Feld für die Dateigröße klicken oder wenn Sie sich die Angaben im Dialogfeld »Bildgröße« angucken. Dort sehen Sie auch, wie groß man das Bild auf der Basis der vorhandenen Pixel drucken könnte: 27,06×18,06 Zentimeter.

Dieses Beispiel können Sie mitvollziehen, wenn Sie aus dem »Praxis«-Verzeichnis der beiliegenden CD die Datei »Lisa« laden. Alternative: Mit dem Befehl **Datei: Neu** erzeugen Sie eine neue RGB-Datei mit 768×512 Pixeln bei 72 dpi Auflösung.

Sie wollen Ihr Bild aber bloß fünf Zentimeter breit herausbringen – allerdings mit hochaufgelösten 300 Punkten pro Zoll (300 dpi, dots per inch). Die auf Basis der vorhandenen Pixel maximal mögliche Bildgröße bei 300 dpi errechnet sich so:

(768:300)×(512:300) = 2,6×1,7 inches

Das sind rund 6,5×4,33 Zentimeter, also mehr als erwünscht.

So stellen Sie die Datei auf die gewünschten Druckwerte um:

1. Wählen Sie **Bild: Bildgröße**.
2. Im Dialogfeld »Bildgröße« stellen Sie die Maßeinheiten auf »Zentimeter« und lassen »Bild neuberechnen« aktiviert. Bleiben Sie bei der Option »Erhalten von: Proportionen«, und stellen Sie das Listenfeld neben »Bild neuberechnen« auf »Bikubisch«.
3. Als neue Breite tippen Sie »5« ein. Photoshop errechnet automatisch die neue Höhe, nämlich 3,33 Zentimeter. Photoshop errechnet außerdem auch die neue Dateigröße automatisch: Nur noch 40 Kbyte statt der bisherigen 1,13 Mbyte. Allerdings sind wir ja auch noch bei der ursprünglichen Auflösung von 72 dpi.
4. Tippen Sie jetzt auch die gewünschte Auflösung ein: 300 dpi. Jetzt, bei deutlich höherer Bildpunktzahl pro Zoll steigt natürlich die Zahl der Bildpunkte überhaupt wie auch die »Neue Größe«: auf 681 Kbyte.
5. Bestätigen Sie die Rechnung durch »OK«-Klick. Die Balkenanimation signalisiert jetzt, daß Photoshop das Bild neu berechnet, dann erscheint es kleiner als zuvor auf dem Monitor.

Sie bemerken nach diesem Ändern der Bild-Maße folgendes: Das Bild erscheint kleiner auf dem Schirm. Der Grund: Sie haben Pixel entfernt. Bestand das Werk vormals aus 768×512 Punkten, so reichen jetzt nurmehr 591×394 Bildpunkte. Damit schrumpft die Dateigröße, das Bild läßt sich ökonomischer speichern, bearbeiten, drucken.

Doch hat dieses Runterrechnen nicht nur Vorteile. Sie sehen sicher schon, daß die neu errechnete Datei leicht schwammig wirkt. Der Hintergrund: Die Bilddatei wurde interpoliert; die kleinere Pixelzahl kam nicht einfach dadurch zustande, daß Bildpunktzeilen herausgeworfen wurden. Statt dessen hat Photoshop völlig neue Pixel auf Basis der vorhandenen errechnet.

Ganz oben im Dialogfeld nennt Photoshop neben »Bildmaße« die ursprüngliche Dateigröße und die Dateigröße, die mit den aktuell eingestellten Werten entsteht. Der Wert meint freilich immer ein Bild, das nur aus einer (Hintergrund-)Ebene besteht, und hier den Bedarf im Arbeitsspeicher. Bei Montagen mit mehreren Ebenen kommen Sie auf entsprechend höhere Werte – die auf der Festplatte deutlich niedriger sein können.

Interpolationsmethoden

Wie Photoshop Pixelzahlen neuberechnet, haben Sie bereits im Abschnitt über die Voreinstellungen gelesen. Hier die Kurzübersicht:

- Die »Pixelwiederholung« verdoppelt oder löscht einfach vorhandene Pixel; diese Methode ist schnell, läßt aber bald Treppen und Zacken im Bild erkennen.
- »Bikubisch« ist die empfehlenswerte Form der Interpolation bei üblichen Halbtonfotos; sie errechnet aus den Farbübergängen zwischen vorhandenen Pixeln die neuen Bildpunkte. Man muß einen Scharfzeichner hinterherschieben.
- »Bilinear«, dieses Verfahren liegt in Qualität und Zeit zwischen bikubischer Interpolation und Pixelwiederholung.

Das Dilemma mit dem Schärfeverlust durch Interpolieren haben Sie auch, wenn Sie Auflösung und/oder Druckmaße einer Bilddatei nicht verkleinern, sondern erhöhen wollen. Wünschen Sie zum Beispiel bei 300 dpi zehn Zentimeter Breite, rechnet Photoshop Bildpunkte hinzu. Und weicht damit die Datei ein wenig auf, ein Scharfzeichner ist fällig. Doch es gibt auch die Möglichkeit, Druckmaße oder Auflösung heraufzusetzen, ohne überhaupt neue Pixel berechnen zu lassen – lesen Sie die folgenden Abschnitte.

Bei jedem neuen Start des Befehls **Bildgröße** listet Photoshop zunächst die Interpolationsmethode auf, die Sie mit dem Befehl **Voreinstellungen: Allgemein** (⌘+K) festgelegt haben. Es hat also keinen Sinn, einmal die Interpolationsmethode des »Bildgröße«-Dialogs zu ändern und dann zu hoffen, beim zweiten Aufruf werde diese Einstellung erhalten bleiben. Richten Sie stattdessen die bevorzugte Interpolationsmethode schon in den Voreinstellungen ein. Oder speichern Sie einen »Bildgröße«-Ablauf auf der Aktionenpalette – hier bleibt die Interpolationsmethode erhalten, die Sie zum Zeitpunkt der Aufzeichnung verwendeten.

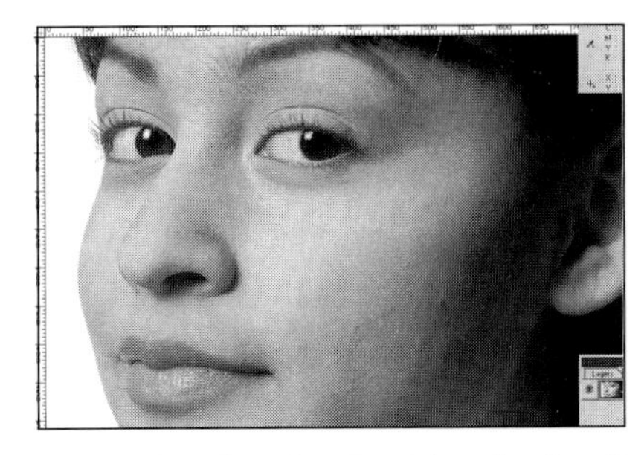

Wie aus dem »Bildgröße«-Feld hervorgeht, könnte man die Photo-CD-Datei mit ihren 768×512 Pixeln 27 Zentimeter breit drucken, wenn man sich auf 72 dpi beschränkt. Das Lineal zeigt die vorhandenen Pixel.

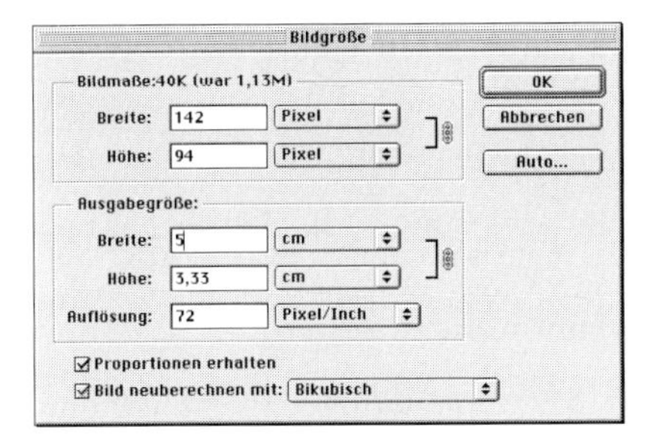

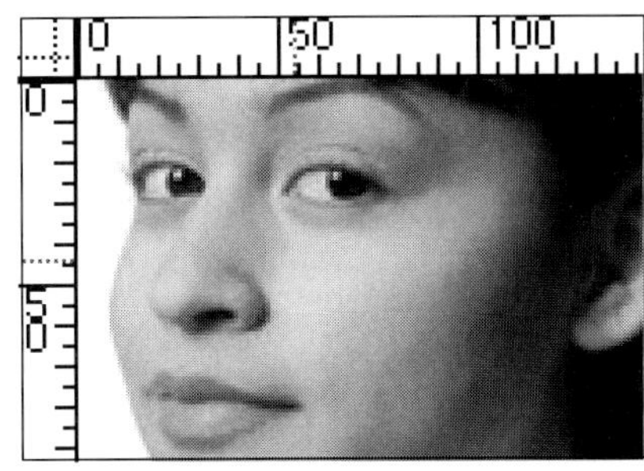

Reduziert man bei 72 dpi Auflösung die Breite auf fünf Zentimeter, sinken Dateigröße und Pixelzahl drastisch – aber auch die Detailzeichnung läßt bei 72 dpi zu wünschen übrig: das Foto wirkt unscharf.

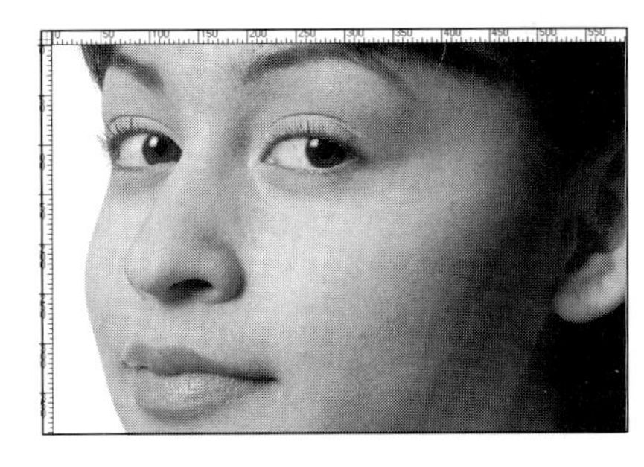

Empfehlenswert ist oft eine Auflösung von 300 dpi. Auch bei 300 dpi verkleinert die gewünschte Fünf-Zentimeter-Breite noch Dateigröße und Pixelzahl.

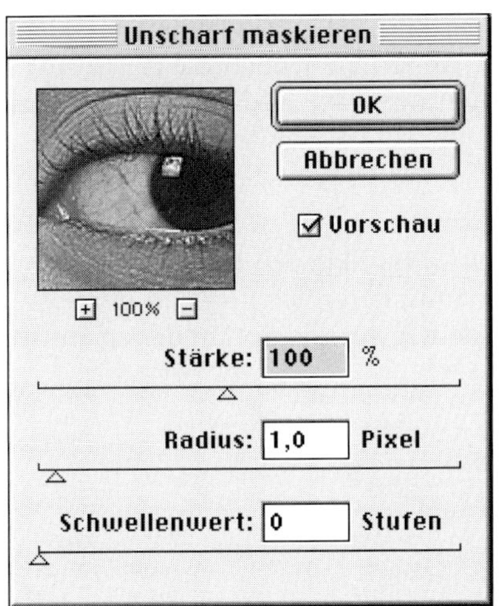

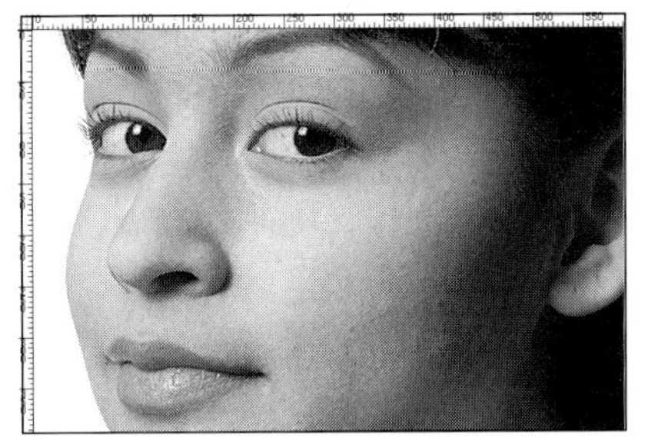

Unten: Der Schärfeverlust durch die Neuberechnung von Pixeln wird mit einem Scharfzeichner ausgeglichen. Datei: Lisa.

Größenänderung ohne Neuberechnung der Pixelzahl

Sie können die Option »Bild neuberechnen mit« auch abwählen und dann neue Druckmaße oder Auflösungen eintippen. Das Dialogfeld verändert in dieser Situation sein Gesicht, da es für die Dateigröße nicht mehr Vorher- und Nachher-Werte zeigen muß: Die Dateigröße bleibt grundsätzlich gleich, und damit auch die Pixelzahl; das heißt: Es entstehen keine Qualitätsverluste durch Interpolation. Das Listenfeld für die Interpolationsmethoden steht gar nicht mehr zur Verfügung.

Zurück zur Datei »Lisa« mit ihren Druckmaßen von 27,09×18,06 Zentimetern bei 72 dpi (72 Pixeln pro Zoll beziehungsweise rund 28,4 Pixeln pro Zentimeter). Wenn Sie »Bild neuberechnen« abwählen, können Sie Auflösung und Druckgröße nicht mehr unabhängig voneinander ändern, denn das geht nur bei Pixel-Neuberechnung.

Übersicht

Statt dessen gilt:

- Wenn Sie die Druckmaße vergrößern, sinkt automatisch die Auflösung – die Zahl der Pixel pro Druck-Zentimeter.
- Wenn Sie die Druckmaße verkleinern, wird die Auflösung automatisch steigen.
- Wenn Sie die Auflösung erhöhen – also die Pixel pro Zentimeter –, sinken die Druckmaße.
- Wenn Sie die Auflösung verkleinern, steigen die Druckmaße.
- In jedem Fall bleiben die Originalpixel, bleibt die Dateigröße eins zu eins erhalten; es kommt nicht zu einer Entfernung, Hinzu- oder Umrechnung von Bildpunkten; es entstehen keine Qualitätsverluste in der Datei.

Änderung der Druckgröße

Ändern Sie die Druckmaße, hält sich Photoshop nicht an die vorgegebene Auflösung von 300 dpi; er wird also zum Beispiel bei einer Vergrößerung der Seitenlängen um 20 Prozent nicht gleich 20 Prozent mehr Pixel dazurechnen – mit den bekannten Folgen für die Qualität. Statt dessen verteilt Photoshop die vorhandenen Bildpunkte einfach neu über die geänderte Breite und Höhe – bei einer Vergrößerung werden damit die Pixel weiter gestreut; die Auflösung, also die Zahl der Bildpunkte pro Seitenlänge, sinkt.

Dieses Verfahren hat meist Vorzüge gegenüber der Änderung der Bildgröße bei gleichbleibender Auflösung – dann müssen alle Pixel neu berechnet werden. Wollen Sie jedoch die Auflösung beibehalten, dann wählen Sie am besten ganzzahlige Veränderungen der Bildgröße, also zum Beispiel eine Verdoppelung. Auf jeden Fall müssen Sie das neugerechnete Bild schärfen.

Änderung der Auflösung

Ebenso gilt: Auch wenn Sie die Auflösung – also die Zahl der Bildpunkte pro Längeneinheit – korrigieren und dabei auf »Bild neuberechnen« verzichten, manipulieren Sie nicht an der Substanz des Bildes, also der absoluten Zahl von Pixeln. Sie verteilen nur die vorhandenen Bildpunkte neu über Höhe und Breite.

Sie haben wieder die Datei »Lisa« mit ihren 768×512 Punkten. Sie wollen prüfen, wie groß Sie diese Datei bei verschiedenen Auflösungen drucken können. Photoshop teilt dieser Datei zunächst die Auflösung von 72 dpi, 72 Bildpunkten pro Zoll, zu. Das reicht für den 300-dpi-Laserdrucker, aber nicht für den Offsetdruck. Immerhin: Wollen Sie nicht mehr als 72 Pixel auf einem Zoll unterbringen, können Sie 27×18 Zentimeter groß drucken.

Bevor Sie die druckbaren Größen für andere Auflösungen untersuchen, treffen Sie folgende Vorbereitungen:

1. Mit dem Befehl **Bild: Bildgröße** öffnen Sie das Dialogfeld »Bildgröße« und stellen die Einheiten für »Breite« und »Höhe« auf »cm«, die »Auflösung« auf »Pixel/Zoll«.
2. Wählen Sie »Bild neuberechnen« ab.

Jetzt können Sie folgende Fragen klären:

❒ Um herauszufinden, wie groß sich das Bild bei 300 dpi drucken läßt, tragen Sie ins Feld »Auflösung« den Wert 300 ein: Als »Breite« und »Höhe« nennt Photoshop jetzt nur noch 6,5×4,3 Zentimeter.

❒ Finden Sie heraus, wie groß sich das Bild mit immerhin 200 dpi drucken läßt: 9,7×6,5 Zentimeter.

❒ Oder gehen Sie von einer festen Druckgröße aus: Bei fünf Zentimeter Breite – wieviel Auflösung, also wieviele Pixel bekomme ich dann noch pro Zoll? Dazu tippen Sie eine »5« in das »Breite«-Feld. Photoshop errechnet automatisch eine neue Auflösung: 390 Pixel/Inch. Das ist eher zuviel für einen Drucker oder Belichter; überlegen Sie also, das ganze Bild herunterzurechnen – dann natürlich mit »Neuberechnen«.

Sie bemerken nach diesem Ändern der Bildmaße ohne Pixel-Neuberechnung folgendes: Die Änderung wird ohne jede Wartezeit durchgeführt, denn Photoshop muß ja keine Pixel erfinden oder herauswerfen. Und weil die Pixelzahl gleich bleibt, verändert sich auch die Darstellung des Bildes am Monitor nicht.

Dennoch ändern sich jedesmal die Druckmaße des Fotos: Sie erkennen das, wenn Sie auf die Dateigröße-Anzeige in der Info-Leiste klicken; nach jeder Änderung wird der Bildrahmen eine andere Ausdehnung auf der schematisierten Seitendarstellung einnehmen. Haben Sie Lineale mit Zentimeter- oder Zoll-Einteilung eingeblendet (⌘+R, für Rulers), ändert sich jedesmal die Linealaufteilung; ist das Lineal dagegen in Pixel unterteilt, ändert sich gar nichts.

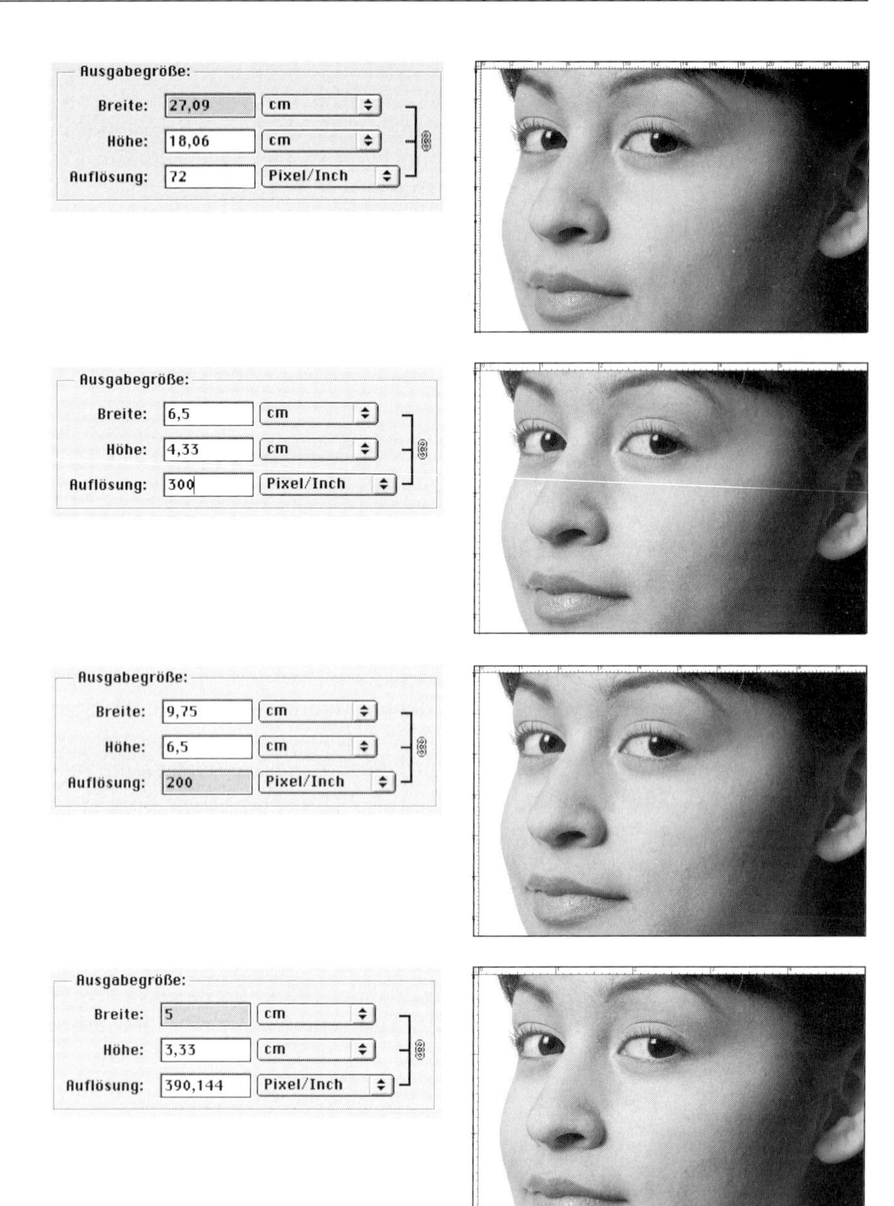

Um mögliche Druckgrößen und Auflösungen für eine vorhandene Bilddatei herauszufinden, tippen Sie neue Werte bei Breite oder Auflösung ein, während »Bild neuberechnen« abgewählt ist. Damit werden Pixelzahl und Dateigröße nicht verändert. Das Lineal zeigt hier die Zentimeter-Werte, die sich je nach Auflösung ändern. Datei: Lisa.

So läuft das ohne »Bild neuberechnen«: Brauchen Sie bestimmte Bildmaße, dann ändert sich die Auflösung mit; brauchen Sie eine bestimmte Auflösung, dann ändert sich die Bildgröße mit. Was sich nicht ändert, ist die Dateigröße: Sie steht konstant auf 1,13 Mbyte. Denn es werden keine Pixel hinzugerechnet, und es werden keine Pixel herausgerechnet. Die Information bleibt unverändert erhalten. Deshalb ändert sich auch die Darstellung am Monitor nicht: Ob Sie nun als Breite 6,5 oder 27 Zentimeter eingeben: Photoshop wird das Bild immer gleich darstellen, nämlich orientiert an der Zahl der Bildpunkte. In der 100-Prozent-Ansicht erstreckt sich die Darstellung der Datei also über 768×512 Bildpunkte Ihres Monitors. Ganz anders reagiert dagegen ein Layout- oder Illustrationsprogramm: Dort öffnet sich das Bild in der vorgewählten Zentimetergröße. Nur Photoshops Befehl **Ansicht: Ausgabegröße** orientiert sich an der Druckgröße und nicht an der Pixelzahl.

Änderung der Druckmaße im Layoutprogramm

Ändern Sie im Layoutprogramm die Bildmaße, dann passiert das gleiche wie im Photoshop-Dialogfeld »Bildgröße« ohne »Bild neuberechnen«: Sie ändern die Auflösung, also die Packungsdichte der Pixel pro Zentimeter, und damit die Detailzeichnung. Sie ändern jedoch nichts am eigentlichen Bildpunkt-Bestand: Das Layoutprogramm wird nicht – falls Sie größere Bildmaße vorgegeben haben – Pixel hinzurechnen oder – falls Sie kleinere Bildmaße eintippten – Pixel herausrechnen. Es verteilt nur die vorhandenen Bildpunkte mehr oder weniger dicht. Ändern Sie also die Maße des Fotos im Layoutprogramm nur geringfügig, tut sich an der Qualität im Druck voraussichtlich gar nichts.

Änderung der Druckmaße bei Ausdruck aus Photoshop

Nützlich ist die Druckmaße-Änderung mittels Verzicht auf »Bild neuberechnen« auch, wenn Sie aus Photoshop heraus eine Bilddatei einmal mit anderen Werten drucken wollen, als sie zur Bilddatei eingegeben wurden. Zum Beispiel: Sie wollen das Portraitfoto »Lisa« klein in einer Zeitschrift wiedergeben; dazu wird es per »Bildgröße«-Dialog auf fünf Zentimeter Breite gebracht, dann ins Layoutprogramm exportiert und von dort aus belichtet.

Um dieses Foto jedoch aus Photoshop heraus seitenfüllend auszudrucken, müssen Sie in der »Bildgröße« neue Seitenlängen eintippen. Denn in Photoshops Druckdialog können Sie die Maße des Bildes nicht mehr ändern (was ein grober Mangel ist).

Wählen Sie »Bild neuberechnen« unbedingt ab, denn nur so erstellt Photoshop neue Seitenmaße, ohne gleichzeitig die Zahl der Bildpunkte drastisch heraufzurechnen und die Bildinformation total zu verfälschen. Wollen Sie die Originaldatei indes gar nicht erst anfassen, dann duplizieren Sie das Bild kurz mit dem **Bild**-Befehl **Duplizieren**, am schnellsten bei gedrückter Alt-Taste.

»Auto-Rasterung«

Sie können auch die Bildgröße von Photoshops »Auto...«-Schaltfläche berechnen lassen und dabei verschiedene Qualitätsfaktoren zugrunde legen.

Im zugehörigen Feld nennen Sie erst einmal die geplante »Rasterweite« für den Druck. Zunächst präsentiert Photoshop hier den Wert, den Sie im Dialogfeld »Rasterung« vorgaben; das erreichen Sie mit dem Befehl **Datei: Druckereinrichtung** über die Schaltfläche »Rasterung« im Dialogfeld »Druckereinrichtung«. Gemeint ist das Halbton-Raster, das Ihr Drucker oder Belichter bietet. Für Offsetbelichter tragen Sie also zum Beispiel 160 dpi ein, für 300-dpi-Laserdrucker 53 dpi.

Dann haben Sie die Wahl zwischen drei Qualitäten:

- »Entwurf« erzeugt eine Auflösung mit den Werten des Druckrasters, jedoch maximal 72 Pixel pro Inch; hier wird also keinerlei Qualitätsfaktor eingerechnet. Sofern Sie letztlich mit mehr als 72 dpi drucken wollen, erhalten Sie sogar eine ungenügend niedrige Auflösung.

- Die Wahl »Mittel« beschert Ihnen eine Auflösung, die eineinhalb mal größer ist als das Druckraster – also Qualitätsfaktor 1,5, normalerweise das Minimum für einen Druck ohne Verluste.
- Unter »Hoch« versteht Photoshop eine Auflösung, die doppelt so groß ist wie das Druckraster; das reicht.

Wichtig: Zuvor richten Sie in der »Bildgröße« die exakten Druckmaße ein. Dann wenden Sie die Raster-Automatik an:

1. Per **Bild: Bildgröße** blenden Sie das Dialogfeld »Bildgröße« ein.
2. Stellen Sie die Einheiten auf »cm«, aktivieren Sie »Bild neuberechnen«.
3. Tragen Sie bei »Breite« oder »Höhe« das gewünschte Maß ein.
4. Klicken Sie auf die Auto-Schaltfläche.
5. Tragen Sie den Rasterton-Wert Ihres Druckgerätes ein.
6. Wählen Sie zum Beispiel »Hoch«, wenn das Bild optimal kommen soll, Speicherplatz und Belichterzeit keine Rolle spielen.
7. Klicken Sie auf »OK«. Das Dialogfeld »Bildgröße« zeigt jetzt in der Zeile »Auflösung« den per Automatik errechneten Wert. Auch die Angabe der Dateigröße (»Neue Größe«) ändert sich.
8. Klicken Sie auf »OK«. Nach einer Rechenzeit zeigt Photoshop das bearbeitete Bild. Wegen der Veränderung der Pixelzahl wird es größer oder kleiner auf dem Schirm erscheinen.

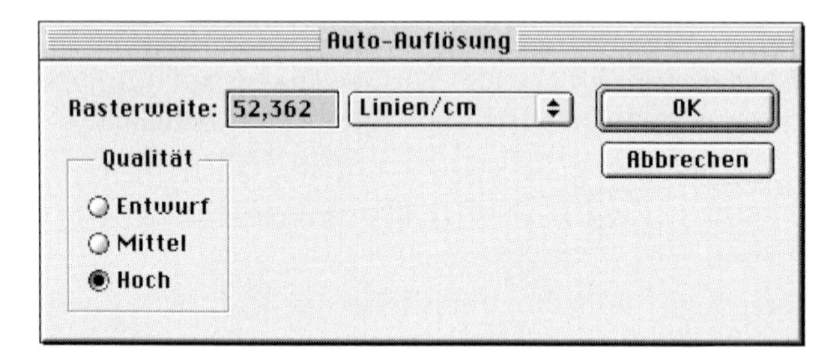

Von allein: Das Dialogfeld »Auto-Auflösung« errechnet eine Bildauflösung abhängig von der Drucker-Halbton-Auflösung.

Dasselbe erreichen Sie auch, wenn Sie die gewünschten Zentimeter-Maße eintippen und bei »Auflösung« einen Wert eingeben, der um das Doppelte oder Eineinhalbfache über der vorgegebenen Halbton-Rasterweite liegt; »Bild neuberechnen« ist dabei angeschaltet.

Freilich macht die Automatik-Rasterung nur Sinn, wenn Sie die Bildpunktzahl verkleinern wollen, also das Werk herunterrechnen.

Hat das Bild aber weniger Punkte als für die geplante Auflösung erforderlich, dann verzichten Sie lieber auf »Bild neuberechnen«, tippen die Wunschmaße ein und lassen sich von Photoshop die Auflösung dazu ausrechnen – sie liegt zwar niedriger als geplant, aber dafür wird das Bild nicht durch nachträgliches Einsetzen von interpolierten Bildpunkten entstellt.

Übersicht: Welche Methode für welchen Zweck

Fazit: Je nach Aufgabe und Bilddatei wenden Sie unterschiedliche Techniken an:

Aufgabe	Lösung
Druckmaße korrigieren, ohne Original-Pixel zu verändern	Ohne »Neuberechnen« neue Breite oder Höhe eintippen
Dateigröße reduzieren oder Druckmaße reduzieren	Mit »Neuberechnen« neue Breite oder Höhe eintippen, danach scharfzeichnen
Druckmaße behalten, Auflösung ändern	Mit »Neuberechnen« neue »Auflösung« eintippen oder Automatik-Funktion verwenden
Dateigrößen für verschiedene Druckmaße und Auflösungen herausfinden	Bei geöffneter Bilddatei und mit »Neuberechnen« beliebige Bildmaße und Auflösungen eintippen, Werte für »Neue Größe« beobachten

Hilfsfunktionen

Mit Version 5 hat Photoshop mehrere Befehle hinzubekommen, die viel vom Denksport abnehmen sollen, den der Befehl **Bildgröße** zunächst zu verlangen scheint.

»Bild skalieren«

Die Funktion **Hilfe: Bild skalieren**, führt Sie Schritt für Schritt durch den Vorgang; Sie klicken Antworten an. Das Original wird nicht verändert: Photoshop erzeugt zum Schluß ein Duplikat der aktuellen Datei mit Namen »Bild-skalieren-Assistent 1«, herauf- oder heruntergerechnet nach Ihren Vorgaben. Die erste Frage lautet, ob man das Bild »drucken« oder »online« verwenden möchte; daran schließen sich unterschiedliche Verfahren an.

Attraktiv wirkt die Möglichkeit, bei geplanter »Online«-Verwendung verschiedene Pixelgrößen des Bildes direkt in der Vorschau zu sehen – das kann der Befehl **Bildgröße** nicht. Ansonsten mutet das Verfahren umständlich an, läßt aber andererseits für Totaleinsteiger immer noch Fragen offen, die Hilfserklärungen helfen nicht immer.

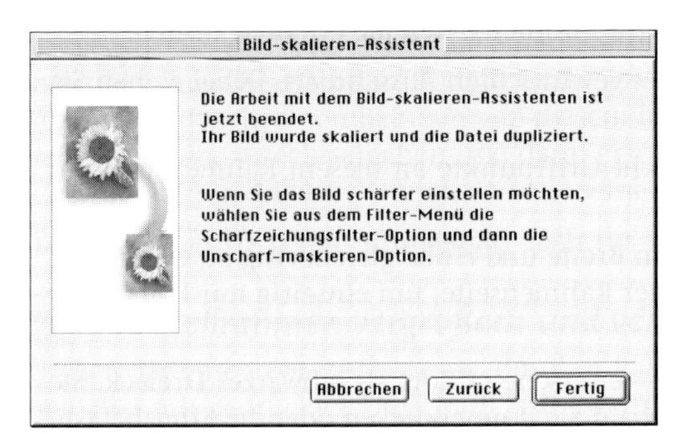

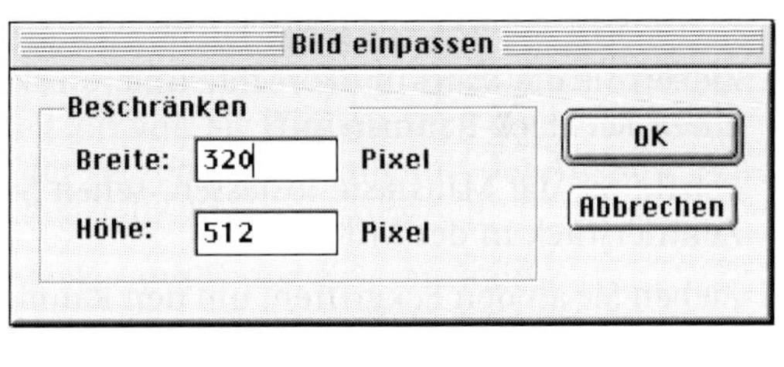

Links: Der Befehl »Bild skalieren« hilft Schritt für Schritt bei der Neuberechnung der Datei. Rechts: Der Befehl »Proportional skalieren«, dessen Dialogfeld »Bild einpassen« überschrieben ist, gibt sich dagegen betont spartanisch.

aber den Inhalt des Auswahlrahmens noch ändern möchten. Drücken Sie beim Verschieben die Umschalt-Taste, um den Rahmen entlang von rechten Winkeln zu bewegen.

Über die Arbeitsfläche hinaus

Sie können den Freistellrahmen über die aktuell sichtbare Fläche, also die Arbeitsfläche, hinausziehen. Dies ist sinnvoll, wenn Bildteile über die Arbeitsfläche hinausragen und jenseits der Bildgrenzen ein verborgenes Dasein führen.

Ziehen Sie den Rahmen zunächst bis an den aktuellen Rand der Arbeitsfläche; dort scheint vorerst Schluß zu sein. In einem zweiten Schritt ziehen Sie den Rahmen über den Bildrand hinaus. Am übersichtlichsten geht das im Vollschirm-Modus (Kurztaste F). Nach dem Freistellen liegen alle bislang versteckten Partien innerhalb der sichtbaren Arbeitsfläche.

Den Freistellrahmen drehen

Um den Freistellrahmen zu drehen, halten Sie den Mauszeiger außen neben den Rahmen; der Zeiger erscheint jetzt als gebogener Doppelpfeil. Mit gedrückter Maustaste läßt sich der Rahmen jetzt um je 45 Grad in jede Richtung drehen. Die Informationen-Palette zeigt den Winkel an. So drehen Sie leicht einen Bildteil oder korrigieren einen schrägen Horizont. Photoshop verkleinert den Rahmen automatisch, wenn er an den Bildrand stoßen sollte.

Wenn Sie die Zentrier-Achse verschieben möchten, ziehen Sie das Zentrier-Stück aus der Mitte an den gewünschten Punkt, zum Beispiel in eine Bildecke.

Danach gilt: Sobald Sie mit dem Freistell-Zeiger doppelt in die markierte Zone klicken, wird das Bild entsprechend dem gedrehten Rahmen gedreht und beschnitten. Bedenken Sie, daß bei Dreh-Manövern Bildpunkte neu berechnet werden, und zwar nach der Interpolationsmethode, die Sie mit dem Befehl **Datei: Voreinstellungen** einrichten, am besten meist »Bikubisch«. Danach ist ein Scharfzeichner zu erwägen.

Es ist besser, ein Bild schon im Photoshop zu drehen als später im Layoutprogramm – dort kostet das schräge Opus nur zusätzliche Belichterzeit. Bilder im Bitmap-Modus können Sie nicht drehen.

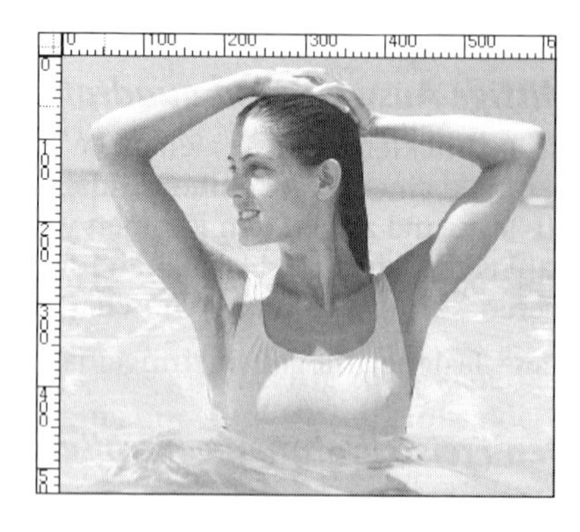

Das Freistell-Werkzeug rahmt den gewünschten Bildausschnitt ein, der sich mit den Ankerpunkten noch korrigieren läßt. Ein Klick in die Auswahl entfernt die außen liegenden Bildpunkte. Datei: Im_Meer.

Klicken Sie im Rahmen, um den Auswahlrahmen zu bewegen. Durch Klick außerhalb des Rahmens können Sie den Freistellrahmen rotieren. Dabei verkleinert er sich, sobald die Bildbegrenzungen erreicht werden.

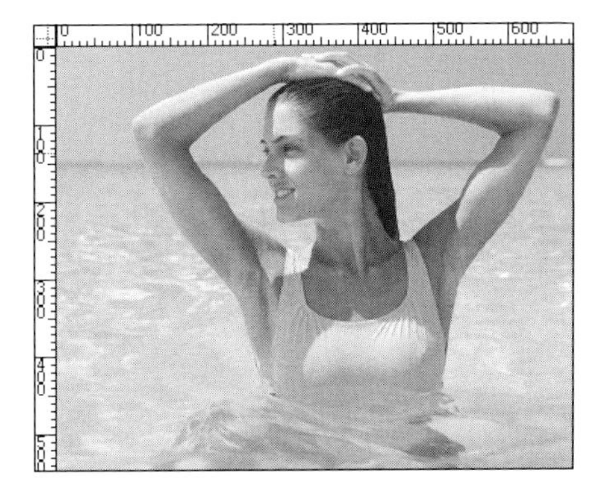

Der rotierte Rahmen wird zunächst verkleinert, um ihn exakt dem schrägen Horizont anpassen zu können. Dann wird er wieder vergrößert. Nach dem Doppelklick beschneidet Photoshop das Bild und stellt es exakt gerade. Ergebnis-Datei: Im_Meer2.

Bild-Rotation mit dem »Drehen«-Befehl

Es gibt zum Rotieren per Freistell-Werkzeug eine Alternative: den Befehl **Bild: Arbeitsfläche drehen: Per Eingabe**. Vorteil dieses Manövers: Sie können die gewünschte Gradzahl eintippen. Andererseits wird in diesem Fall nichts beschnitten, statt dessen erhalten Sie Ränder dazu. Tippen Sie ins Datenfeld den gewünschten Drehwinkel, und entscheiden Sie, ob es mit dem oder gegen den Uhrzeigersinn (UZS) geht.

Nach einem Klick auf »OK« rotiert Photoshop das Bild. Die Arbeitsfläche wird automatisch erweitert, um ein Beschneiden der Ecken zu vermeiden. Photoshop füllt die leeren Bildstellen mit der aktuellen Hintergrundfarbe.

Neu gegenüber der Vorversion: Auch wenn Sie eine Markierung im Bild haben, dreht dieser Befehl unbeirrt das Gesamtwerk und nicht etwa nur die Auswahl – diese verschwindet allerdings beim Drehen. Auswahl oder Einzelebenen bringen Sie nur mit dem Befehl **Bearbeiten: Transformieren: Drehen** ins Rotieren.

Datenübernahme

Haben Sie unmittelbar vor dem Befehl **Arbeitsfläche drehen: Per Eingabe** das Meßwerkzeug (Kurztaste U) genutzt, überträgt Photoshop den gemessenen Wert ins Drehen-Dialogfeld. So korrigieren Sie bequem einen schiefen Horizont:

1. Führen Sie das Meßwerkzeug an der nicht-horizontalen Horizontlinie entlang.
2. Rufen Sie den Befehl **Arbeitsfläche drehen: Per Eingabe** auf.
3. Übernehmen Sie den Wert, den Photoshop im Eingabefeld präsentiert, und klicken Sie auf »OK«. Photoshop stellt das Bild gerade.

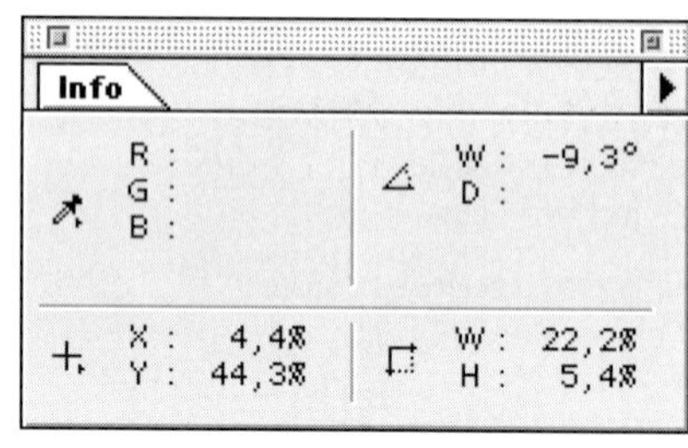

Links: Das Meer läuft aus, sagen Fotografen zu diesem Bild, das mit schräg gehaltener Kamera aufgenommen wurde. Das Meßwerkzeug zieht eine Linie entlang dem Horizont. Rechts: Die Info-Palette zeigt, daß die Linie in einem Winkel von minus 9,3 Grad durchs Bild läuft. Datei: Drehen.

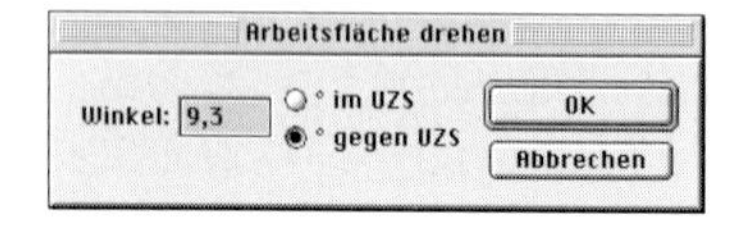

Links: Um das Bild gerade zu stellen, verwenden Sie unmittelbar nach dem Meßwerkzeug den Befehl »Arbeitsfläche drehen: Per Eingabe«. Photoshop trägt sofort die erforderliche Drehung ein, korrekt gegen den Uhrzeigersinn. Rechts: In die durch die Drehung entstandenen Flächen setzt Photoshop die aktuelle Hintergrundfarbe ein; sie werden mit dem Freistellwerkzeug entfernt oder durch Duplizieren aus dem Bild-Inneren mit dem Stempel gefüllt.

Die Optionen des Freistell-Werkzeugs

Mit dem Freistell-Werkzeug kann man nicht nur Rand kappen, sondern zugleich neue Auflösungen und Maße berechnen. Sie können auch bestimmte Seitenverhältnisse vorwählen – nicht aber feste Pixelzahlen.

Sie benötigen die Werkzeug-Optionen, die Sie mit einem Doppelklick auf das Freistell-Werkzeug erreichen. Sie können »Breite«, »Höhe« und »Auflösung« für den Freistellrahmen eintippen, jedoch keinen Drehwinkel. Als »Größe« stehen unter anderem die Maßeinheiten »Pixel« und »cm« im Listenfeld, für die Auflösung sind »Pixel/Inch« und »Pixel/cm« geboten. Wollen Sie jedoch mit dem Werkzeug einfach nur freihändig ausschneiden, dann wählen Sie die »Feste Zielgröße« unbedingt ab. Sonst hält sich das Werkzeug an die Vorgaben in den Datenfeldern statt an Ihre Mausmanöver.

Wollen Sie die Optionen nutzen, dann klicken Sie die »Feste Zielgröße« an und verwenden die folgenden Möglichkeiten:

Beschneiden und neue Druckmaße ohne Interpolation

Tippen Sie eine Zentimeter-Größe ohne jede Auflösung ein, dann wird das Bild zunächst auf den gewünschten Rahmen beschnitten. Die Druck-Auflösung wird so umgerechnet, daß sich die verbliebenen Pixel genau über die eingetippten Zentimeter-Werte hinweg verteilen. Diese Neuberechnung der Auflösung entspricht dem **Bild**-Befehl **Bildgröße** ohne »Bild neuberechnen«. Damit werden keine Pixel neu berechnet, sondern nur neu verteilt. Am Pixelbestand ändert sich nichts.

Diese Option eignet sich etwa, um festzustellen, mit welcher Auflösung ein bestimmter Bildausschnitt noch gedruckt werden kann. Oder um Ausschnitte mit einem festgelegten Seitenverhältnis zu erstellen. Brauchen Sie etwa einen Bildbereich im Seitenverhältnis 4:3, dann geben Sie 4×3 Zentimeter ein und ziehen einen Auswahlrahmen – Sie können verschiedenste Größen freistellen, aber nur mit diesem Seitenverhältnis. Wollen Sie ein Dia ausbelichten, brauchen Sie ein Seitenverhältnis von 10,5:7,0. Tippen Sie diese Werte ein, und Sie werden nach dem Freistellen automatisch einen Ausschnitt erhalten, der sich ohne schwarzen Rand aufs Dia belichten läßt.

Nach dem Freistellen lesen Sie in der Datei-Info die zustandegekommene Auflösung ab: Das heißt, wieviel der übriggebliebenen Pixel sich auf einen Zentimeter verteilen; daraus kann man rückschließen, ob der gewählte Ausschnitt detailreich genug ist für Ausbelichtung oder Druck.

Beschneiden und neue Auflösung ohne Interpolation

Tippen Sie eine Auflösung ohne jede Zentimeter-Größe ein, dann wird das Bild zunächst auf den gewünschten Rahmen beschnitten. Photoshop geht von der gewünschten Auflösung aus und errechnet, über wieviele Zentimeter sich die verbliebenen Pixel bei dieser Auflösung erstrecken. Die neuen Zentimeter-Werte lesen Sie zum Beispiel unter **Bild: Bildgröße**.

Damit ermittelt man, wie groß sich ein Ausschnitt bei einer festgelegten Auflösung drucken läßt. Beschneiden Sie etwa ein Bild, dessen Auswahl Sie später auf jeden Fall mit 300 dpi drucken wollen, dann entnehmen Sie der Datei-Info, wie groß sich die gewählte Bildpartie bei 300 dpi noch drucken läßt.

Beschneiden und neue Pixelzahl mit Interpolation

Tippen Sie eine Pixelgröße ohne jede Auflösung ein, dann wird der markierte Bildausschnitt neu auf die gewünschte Pixelzahl hoch- oder heruntergerechnet: Tippen Sie zum Beispiel 300×300 Pixel ein; dann rahmen Sie 7×7 oder 2222×2222 Pixel mit dem Freistell-Werkzeug ein – Photoshop rechnet den Ausschnitt so um, daß er nur noch 300×300 Pixel enthält. Sie merken es nach dem Klicken in den Freistellrahmen: Hier kostet das Freistellen richtig Wartezeit, denn Photoshop muß aus den Mittelwerten der vorhandenen Pixel neue Bildpunkte errechnen, um den Ausschnitt auf die von Ihnen verlangte Pixelzahl bringen zu können. Dieses Prozedere macht Sinn, wenn Sie Dateien beschneiden und deutlich herunterrechnen wollen.

Beschneiden, neue Druckmaße und neue Auflösung

Tippen Sie eine Zentimeter-Größe ein und eine feste Auflösung dazu, dann berechnet Photoshop den Inhalt des Ausschnittrahmens dergestalt neu, daß das Motiv innerhalb des Rahmens auf jeden Fall mit der gewünschten Auflösung in den gewünschten Druckmaßen wiedergegeben werden kann. Es kommt zu Interpolation. Interessant ist der Befehl, wenn Sie aus einer sehr großen Bilddatei einen größeren Bildausschnitt wählen wollen, der jedoch nur klein gedruckt wird: Photoshop rechnet die markierten, zahlreichen Bildpunkte auf eine Summe herunter, die für die gewünschten Druckmaße reicht.

Auf festgelegte Pixelzahl beschneiden ohne Interpolation

Eins geht mit den Freistell-Optionen nicht: Sie können nicht eine feste Pixelzahl eintippen, die Sie dann präzise aus dem Bild herausschneiden – Photoshop wird dabei interpolieren. Gerade Designer von Multimedia-Oberflächen brauchen das jedoch, wenn sie eine nach Pixeln vorgegebene Zone füllen, das vorhandene Bildmaterial aber nicht durch Interpolieren unnötig verkorksen wollen. Hierfür bietet sich allerdings das Rechteck-Werkzeug an – weiter unten in diesem Kapitel.

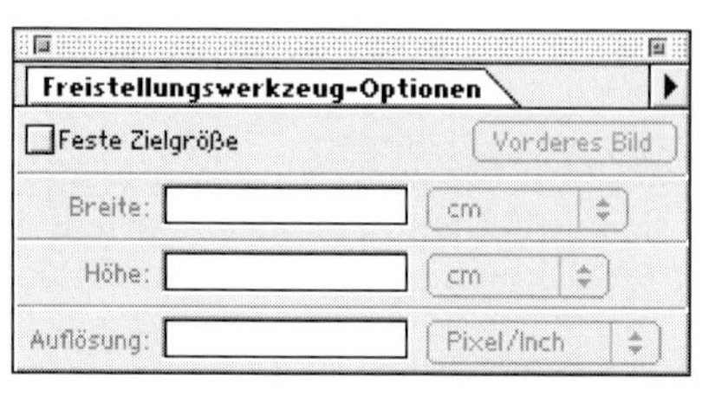

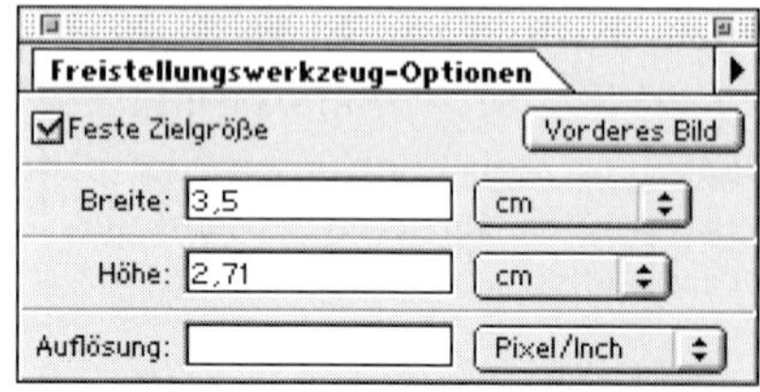

Links: In den Optionen zum Freistell-Werkzeug wählen Sie die »feste Zielgröße« ab, wenn Sie einen Bildteil frei ausschneiden wollen. Rechts: Wählen Sie »Feste Zielgröße« und eine feste Zentimeter-Größe ohne Angabe der Auflösung, wenn der Bildausschnitt mit diesen Maßen gedruckt werden soll. Photoshop ermittelt die passende Auflösung, die vorhandenen Pixel werden nicht interpoliert.

Links: Tragen Sie nur eine feste Auflösung ein, wenn der Bildausschnitt mit dieser Auflösung gedruckt werden soll. Photoshop ermittelt die Druckmaße, die mit dieser Auflösung möglich sind, die vorhandenen Pixel werden nicht interpoliert. Rechts: Tragen Sie eine feste Zentimeter-Größe und eine feste Auflösung ein, wenn der Bildausschnitt in dieser Größe bei dieser Auflösung gedruckt werden soll. Die ursprüngliche Pixel-Menge innerhalb der Auswahl wird auf die erforderliche neue Menge umgerechnet (interpoliert).

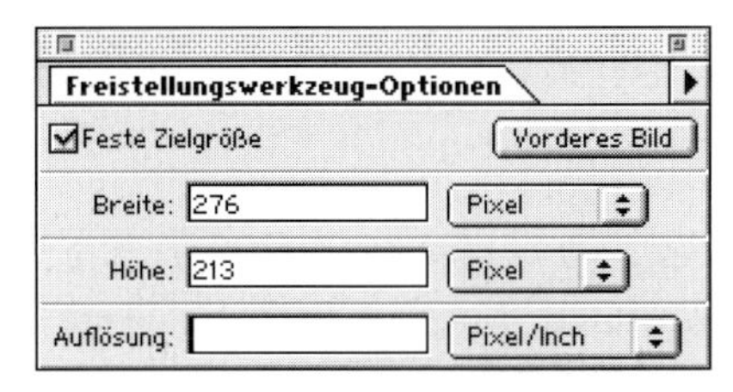

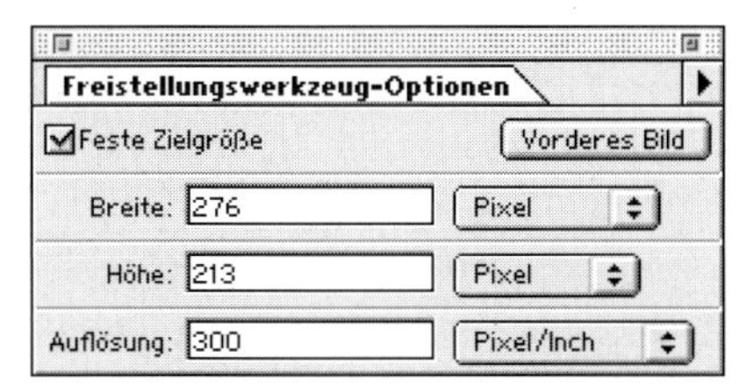

Links: Tragen Sie eine feste Pixel-Menge ohne Auflösung ein, wenn der Bildausschnitt auf diese Pixel-Menge umgerechnet werden soll. Die ursprüngliche Pixel-Menge wird auf die erforderliche neue Menge umgerechnet (interpoliert), so wie es Online-Designer oft brauchen. Die Informationen über Auflösung und Druckmaße bleiben erhalten. Rechts: Tragen Sie eine feste Pixel-Menge mit Auflösung ein, wenn der Bildausschnitt auf diese Pixel-Menge umgerechnet werden und dieser Ausschnitt mit einer festgelegten Auflösung gedruckt werden soll. Photoshop ermittelt die möglichen Druckmaße, die mit dieser Auflösung und Pixelzahl möglich sind, die vorhandenen Pixel werden interpoliert.

Maße von vorhandenem Bild übernehmen

Wollen Sie die Maße der aktiven Bilddatei in die Freistell-Optionen eintragen, dann...

1. Wählen Sie in den Optionen erst »Feste Zielgröße«.
2. Klicken Sie dann »Vorderes Bild« an. Damit trägt Photoshop die Zentimeter-Maße und die Auflösung der aktiven Datei in die Optionen ein.
3. Aktivieren Sie dann durch Klick auf die Titelleiste eine andere Datei, die Sie beschneiden wollen.
4. Ziehen Sie den Freistellrahmen auf. Dabei ist nur das Seitenverhältnis des zuvor verwendeten Bildes möglich. Wenn Sie doppelt in den Freistellrahmen hineinklicken, schneidet Photoshop den Rand weg. Zugleich wird das verbleibende Bild in Pixelzahl und Druckmaßen exakt auf die Werte des Vor-Bilds umgerechnet.

Bei diesem Manöver kommt es zur Interpolation, also zur Neuberechnung von Bildpunkten; das kann Qualität kosten und sollte mit einem Scharfzeichner nachgearbeitet werden.

So verhindern Sie diese oft ungünstige Interpolation:

1. Wechseln Sie mit Klick auf die Titelleiste zum neuen Bild.
2. Aktivieren Sie »Feste Zielgröße«, und klicken Sie auf »Vorderes Bild«.
3. Dann markieren Sie in den Freistell-Optionen den Wert für die Auflösung und löschen ihn mit der Werkzeugtaste weg.
4. Jetzt erst ziehen Sie den Freistellrahmen auf.

Auch in diesem Fall ist das Seitenverhältnis auf das Vor-Bild beschränkt, und die Druckmaße werden ebenfalls vom Vor-Bild übernommen. Doch der freizustellende Ausschnitt wird nicht auf die Pixelzahl des Vor-Bildes umgerechnet, sondern behält seine ursprünglich vorhandenen Bildpunkte. Sie erkennen das unter anderem daran, daß Photoshop in diesem Fall keine Rechenpause braucht. Sie übernehmen also Proportionen und Druckmaße, aber nicht die Auflösung des Vor-Bildes.

Freistellen mit dem Auswahlrechteck

Auch mit dem Auswahlrechteck (Kurztaste M) können Sie einen markierten Bildteil vom Außenrand befreien; dazu benötigen Sie, wenn die Auswahl da ist, den Befehl **Bild: Freistellen**.

Das funktioniert nur, wenn die »weiche Auswahlkante« auf Null steht und auch das »Glätten« abgewählt ist. Steht in den Optionen zur Rechteckauswahl die Art auf »Normal«, rahmen Sie ein beliebiges Rechteck ein und befreien es per **Freistellen** vom Drumherum.

In der Regel ist das Freistellen mit dem Rechteck umständlicher als mit dem spezialisierten Freistell-Werkzeug: Es gibt keine Griffpunkte (warum eigentlich nicht?), und Sie müssen zum Freistellen einen Menübefehl anwählen, statt nur kommod in den Rahmen zu klicken.

Auf festgelegte Pixelzahl beschneiden ohne Interpolation

Allerdings bietet das Auswahlrechteck im Gegensatz zum Freistell-Werkzeug eine interessante Möglichkeit: Sie können eine vorgegebene Pixelzahl ohne Interpolation aus einer Bildfläche heraustrennen. Diese Pixelzahl geben Sie in den Rechteck-Optionen als »feste Größe« vor – zum Beispiel, wenn Sie Bildausschnitte in Multimedia-Oberflächen einbinden wollen. Diese Möglichkeit haben Sie mit dem Freistell-Werkzeug nicht: Wenn Sie dem eine Pixelzahl vorgeben, markieren Sie beliebig viele Pixel, die auf den gewünschten Wert umgerechnet werden. Das Auswahlrechteck dagegen greift von vornherein nur eine Fläche, die die gewünschte Pixelzahl exakt enthält; Sie bewegen in diesem Fall ein starres Rechteck über die Datei, das sich nicht verändern läßt.

Während das Auswahlrechteck pixelorientiert ausgelegt ist, arbeitet das Freistell-Werkzeug eher druckgrößenorientiert.

Vorhandene Rechteck-Auswahlen nutzen

Nützlich ist das **Freistellen** per Rechteck auch, wenn schon eine passende Auswahl im Bild oder anderswo existiert – sie muß natürlich exakt rechteckig und ohne weichen oder geglätteten Rand sein. Sie müssen dann zum Entfernen der Außenstände keinen eigenen Freistellrahmen mehr ziehen. Es gibt Situationen, in denen Sie solch eine Rechteck-Auswahl im Bild haben:

- Sie haben bereits Bildteile per Auswahlrechteck eingefaßt, zum Beispiel, um sie als »Muster« zu definieren oder einfach zum Experimentieren.
- Sie haben in einer Ebenen-Montage eine rechteckige Ebene (ohne Kantenglättung) und wollen die gesamte Montage auf die Größe dieser Ebene zuschneiden; dazu laden Sie die Auswahl der Rechteck-Ebene, die sogenannte Transparenz-Maske, indem Sie das Ebenen-Thumbnail in der Ebenen-Palette mit gedrückter ⌘-Taste anklicken. Dann wählen Sie **Freistellen.**
- Sie wollen die Pixel-Maße einer Datei A für die größere Datei B übernehmen; dazu wählen Sie die Datei A komplett aus (⌘+A) und ziehen den Auswahlrahmen mit einem Auswahl-Werkzeug ins Dokument B.
- Sie haben einen Screenshot (ein Bildschirmfoto) von einer Dialogbox, die vor neutralem Hintergrund steht; Sie markieren dann den Hintergrund mit dem Zauberstab ohne Glätten und kehren die Auswahl um (⌘+Umschalt+I), so daß nur noch die Dialogbox markiert ist. (Mit ⌘+Umschalt+3 bannen Sie den Bildschirminhalt als Pict-Datei namens »Bild 1« auf der Festplatte. Am Windows-Rechner drücken Sie die Druck-Taste, um den gesamten Monitorinhalt als Bilddatei in die Zwischenablage zu legen; Sie verwenden Alt+Druck, um nur das aktive Dialogfeld oder Dateifenster einzufangen. Praktischer sind natürlich Screenshot-Programme.)

Befehle im Überblick: Bild beschneiden

Taste/Feld	Zusatztaste	Aktion	Ergebnis
	–	Klick! *ziehen*	Freistellrahmen aufziehen
Esc			Freistellrahmen entfernen
	⇧	Klick! *ziehen*	Quadratischen Freistellrahmen aufziehen
	⌥	Klick! *ziehen*	Freistellrahmen von Mitte aufziehen
		Doppelklick! *innen*	Bild beschneiden
		Klick! *Griffpunkt ziehen*	Beschneidefläche vergrößern/verkleinern
		Klick! *innen ziehen*	Beschneidefläche verschieben
	⇧	Klick! *innen ziehen*	Beschneidefläche auf Geraden verschieben
		Klick! *außen ziehen*	Beschneidefläche drehen
		Klick! *ziehen*	Bearbeiten: Freistellen Bild beschneiden
	⇧	Klick! *ziehen*	Bearbeiten: Freistellen Bild quadratisch beschneiden

Übersicht: Welche Freistell-Methode für welchen Zweck

Es gibt viele Varianten, das Bild von überflüssigem Rand zu befreien. Je nach Aufgabe wählen Sie eine der folgenden Strategien:

Aufgabe	Lösung
Beliebigen Bildteil heraustrennen	Freistell-Werkzeug, »feste Zielgröße« abwählen
Bildteil mit festem Seitenverhältnis heraustrennen	Freistell-Werkzeug, »feste Zielgröße« anklicken, das Seitenverhältnis als Zentimeterwerte eingeben, keine Auflösung angeben
Wie groß kann ein herausgetrennter Bildteil bei fester Auflösung gedruckt werden?	Freistell-Werkzeug, »feste Zielgröße« anklicken, Auflösung angeben, keine Zentimeterwerte eingeben
Mit welcher Auflösung kann ein bestimmter Aussschnitt in einer bestimmten Größe gedruckt werden?	Freistell-Werkzeug, »feste Zielgröße« anklicken, Zentimeterwerte eingeben, keine Auflösung angeben
Einen Ausschnitt mit festen Maßen und fester Auflösung erzeugen	Freistell-Werkzeug, »feste Zielgröße« anklicken, Zentimeterwerte eingeben, Auflösung angeben, nach Interpolation der Datei evtl. scharfzeichnen
Auf vorgegebene Pixelzahl ohne Interpolation beschneiden	Auswahl-Rechteck, Optionen auf »feste Größe«, Pixelzahl eintippen, Befehl »Bild: Freistellen«

4.4 Die Arbeitsfläche erweitern

Mit dem Befehl **Bild: Arbeitsfläche** erweitern Sie Ihr Bild um leere Fläche in der Hintergrundfarbe, bei transparentem Hintergrund wird auch die Neufläche transparent. Die bereits vorhandenen Pixel werden nicht verändert. Nützlich macht sich die Funktion, wenn Sie etwa den Hintergrund eines Motivs verlängern müssen, bis das Gesamtwerk ins Layout paßt. Oder Sie starten eine Fotomontage zunächst auf kleiner Fläche, was Speicher spart und die Geschwindigkeit erhöht, und wechseln erst im fortgeschrittenen Stadium aufs größere Parkett. Wohlgemerkt: Ihr eigentliches Bild verändert sich bei der Prozedur nicht, es bekommt nur eine weiße Umgebung. Die eingespeicherte Druckauflösung bleibt erhalten, die Pixel-Zahl erhöht sich.

Im Dialogfeld »Arbeitsfläche« lesen Sie oben die aktuelle »Höhe« und »Breite« Ihres Werks. Darunter klicken Sie auf eine Größeneinheit Ihrer Wahl, etwa »Pixel«, »Prozent« oder »Zentimeter«, dann tippen Sie die neue, erweiterte Größe ein. Beachten Sie freilich das Feld »Neue Größe«: Generöse Erweiterungen blähen die Datei arg auf.

Plazierung des Ursprungsbildes

Mit einem Klick in das Neuner-Feld geben Sie an, wo innerhalb der erweiterten Fläche das bisherige Bild stehen soll: Klicken Sie etwa in das Rechteck Mitte unten, dann wird das ursprüngliche Foto ganz unten und in der Mitte der vergrößerten Bilddatei plaziert: Bei einer Höhenänderung wird Photoshop die neue Fläche oberhalb des alten Werkes ansetzen, bei einer Änderung in der Breite wird die neue Fläche zu gleichen Teilen links und rechts angebaut.

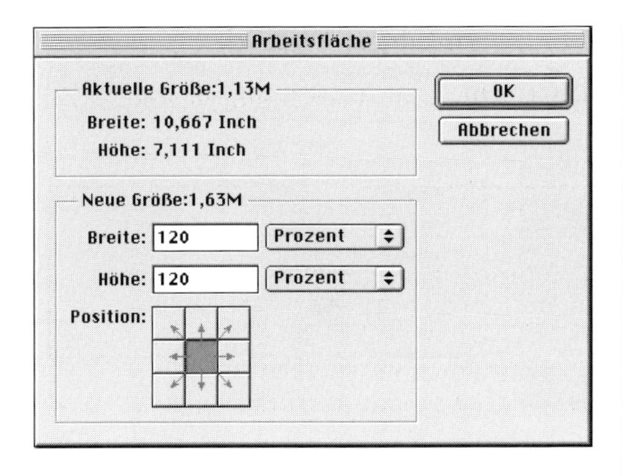

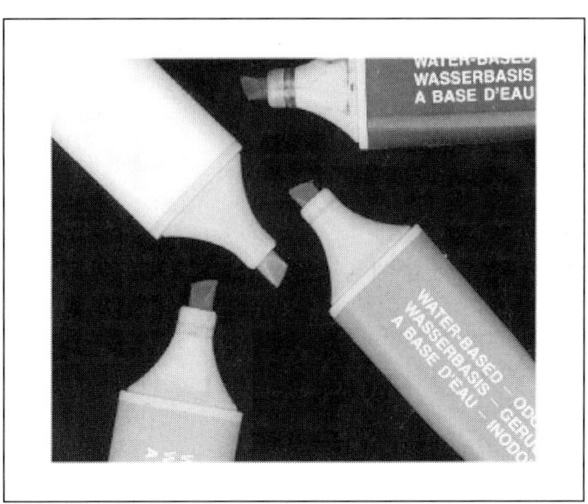

Anbaumaßnahme: Dieses Bild wird um jeweils 20 Prozent weiße Fläche hoch und breit erweitert. In diesem Fall wird das ursprüngliche Bild in der Mitte plaziert, die neue Fläche wird also auf allen vier Seiten angesetzt. Datei: Stifte.

Arbeitsfläche erweitern bei Auswahlkanälen

Die Arbeitsflächen-Erweiterung kann einen Auswahlkanal nicht mehr zerstören. Der Auswahlkanal (auch Alphakanal) stellt ausgewählte Bildbereiche meist durch Weiß und nicht ausgewählte Bildbereiche durch Schwarz dar; und die neu angebaute Arbeitsfläche muß natürlich zunächst »nicht ausgewählt« sein. Stehen die Kanaloptionen also gemäß Photoshop-Standard auf »Farbe kennzeichnet: maskierte Bereiche« (Ausgewähltes ist weiß unterlegt), dann füllt Photoshop den Auswahlkanal in der frisch angebauten Arbeitsfläche schwarz. Haben Sie indes umgeschaltet auf »Farbe kennzeichnet: ausgewählte Bereiche« (Ausgewähltes ist schwarz unterlegt), füllt Photoshop neue Flächen im Auswahlkanal weiß. So gut hat das Programm früher nicht immer mitgedacht.

Übung: Bildhintergrund hinzuerfinden

Oft genug müssen Sie ein Bild nach oben oder zur Seite verlängern. Eventuell paßt es sonst nicht ins Layout, oder Sie brauchen weiteren Hintergrund, auf dem Sie Headlines plazieren. Die folgende Übung zeigt zwei verschiedene Techniken.

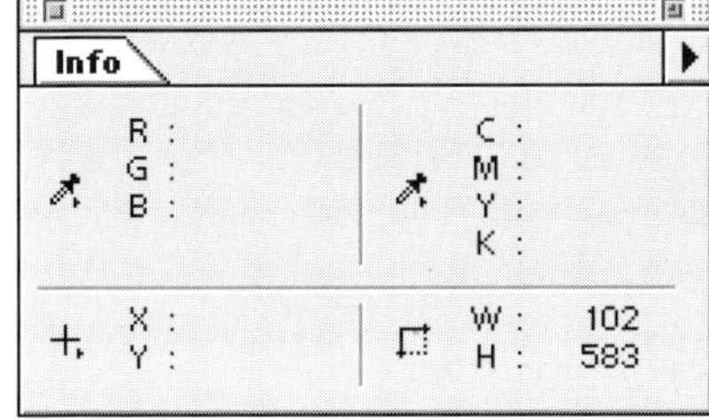

Dieses Motiv ist zu knapp angeschnitten. Doch ein etwa 102 Pixel breiter Bereich dieses Bildes läßt sich leicht für eine Erweiterung der Bildbreite nutzen. Der Bereich wird mit dem Auswahlrechteck markiert, die Auswahl gespeichert. Die Informationen-Palette zeigt die Daten an. Datei: Im_Meer2.

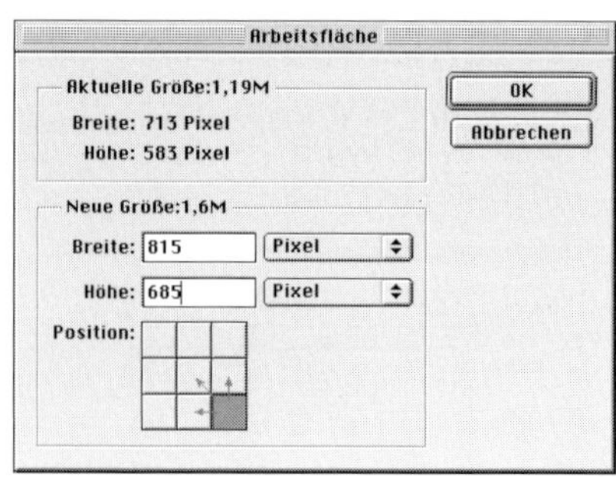

Also verbreitert der »Arbeitsfläche«-Befehl das Bild um 102 Pixel. Ungefähr um den gleichen Betrag wird das Bild auch in der Höhe aufgestockt. Das Ursprungsbild wird in die rechte untere Ecke plaziert, so daß Photoshop die neue Fläche links und oben ansetzt.

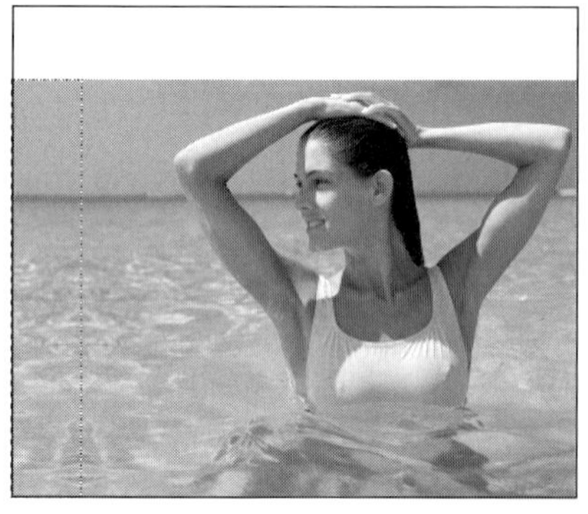

Die Auswahl des duplizierbaren Bildrandes wird neu geladen und per ⌘+J in eine eigene Ebene verwandelt. Diese neue Ebene wird mit Bewegen-Werkzeug an den linken Bildrand geschoben, dabei sorgt die Umschalt-Taste für streng horizontales Fortkommen. Nach horizontaler Spiegelung fügt sich der neue Bereich nahtlos an (»Bearbeiten: Transformieren: Horizontal spiegeln«).

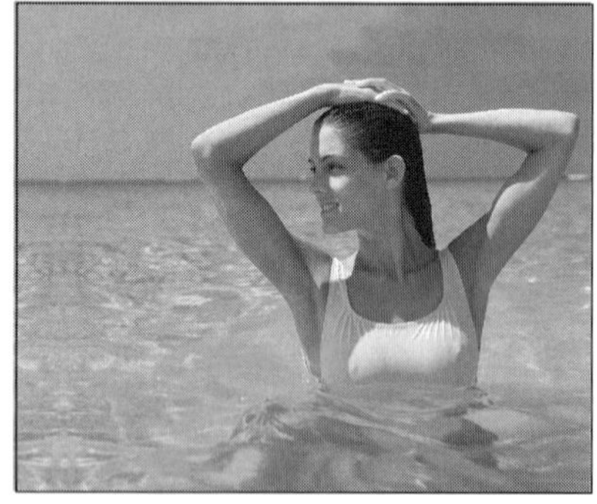

Mit dem Stempel wird der Himmel verlängert: Per Alt-Klick definiert man den Kopier-Ursprung im vorhandenen Blau, das in die neue weiße Fläche dupliziert wird. Zum Schluß reduziert man das Bild auf eine einzige Hintergrundebene.

Übersicht: Bildhintergrund hinzuerfinden

Natürlich gibt es noch mehr Techniken, um einen Bildhintergrund in neu angebaute Fläche zu strecken. Es beginnt stets mit dem **Arbeitsfläche**-Befehl, der zusätzliches Pixel-Land in der Hintergrundfarbe gewinnt. Wichtig ist außerdem, daß Sie außerhalb des Hauptobjekts noch einen dünnen Streifen Rand haben, den Sie verlängern können. Es ist allerdings auch möglich, Umgebungspixel aus dem Innern des Bildes aufzunehmen und nach außen zu kopieren. Im einzelnen bieten sich folgende Techniken an, die in den späteren Kapiteln noch ausführlich kommentiert werden.

Vorhandenen Randbereich duplizieren

Wie auch in der Übung zu sehen: Gibt es bereits einen breiteren Rand, müssen Sie ihn nur duplizieren, in die neue Arbeitsfläche verschieben und spiegeln – er wird dann nahtlos an den ursprünglichen Rand anschließen, sofern keine Diagonalen an den Bildrand stoßen. Sie markieren zum Beispiel den vorhandenen Rand mit dem Rechteck-Werkzeug (Kurztaste M) und nutzen den **Ebene**-Befehl **Neu: Ebene durch Kopieren** (⌘+J). Dann haben Sie die Randerweiterung auf einer eigenen Ebene; diese können Sie mit dem Bewegen-Werkzeug (Kurztaste V) verschieben, wobei die Umschalt-Taste für exakt horizontale oder vertikale Bewegungen sorgt. Einen Hintergrundstreifen, den Sie rechts oder links ansetzen, müssen Sie **Horizontal spiegeln** mit dem einschlägigen Untermenü **Bearbeiten: Transformieren**; Anbauten oben oder unten sind dagegen vertikal zu spiegeln. Natürlich können Sie die beiden Teile auch überlappen lassen und den Übergang glätten – etwa durch eine weiche Auswahlkante, durch Schmierfinger oder Radiergummi mit niedriger Deckkraft und weicher Werkzeugspitze.

Vorhandenen Randbereich dehnen

Alternative: Sie markieren einen vorhandenen Randbereich und dehnen ihn mit dem Transformieren-Werkzeug (⌘+T). Beachten Sie, daß Photoshop hierbei die Interpolationsmethode anwendet, die Sie in den Voreinstellungen (⌘+K) vorgaben. In der Regel sollte das »Bikubisch« sein.

Stempel

Der Himmel in der Übung ließ sich jedoch nicht einfach duplizieren, dazu war er zu dünn. In diesem Fall wurde der (Duplizier-)Stempel (Kurztaste S) angeklickt, auf die Option »Ausgerichtet« verzichten Sie; mit der Alt-Taste klicken Sie in den vorhandenen Himmel, um einen Kopier-Ursprung zu definieren. Diese Bildpunkte pinseln Sie dann mit weichem Rand in die weiße Fläche. Weil Sie nicht »ausgerichtet« arbeiten, springt der Kopierursprung wieder auf den zuerst angeklickten Bildpunkt, sobald Sie zwischendurch die Maustauste loslassen; dies macht hier Sinn, um nicht zwischendurch die Person selbst zu kopieren.

Musterfüllung

Sie könnten auch einen Teil des Himmels oder den gesamten dünnen Streifen oberhalb der Person mit der Rechteck-Auswahl markieren und mit Hilfe des **Bearbeiten**-Menüs als **Muster festlegen**. Dann markieren Sie zum Beispiel den weißen Anbau mit dem Zauberstab und füllen die Auswahl mit dem Muster (Umschalt+Rückschritt, »Füllen mit: Muster«). Auch hier macht es Sinn, der Auswahl eine weiche Kante zu verpassen, sie mit dem Ursprungsbild überlappen zu lassen und nachträglich einen weichen Übergang zu erzeugen. Dennoch entsteht bei der Musterfüllung sehr leicht eine wiederkehrende Struktur.

Muster mit Stempel

Alternativ läßt sich das Muster auch mit dem Musterstempel aufpinseln. Verwenden Sie hier eine weiche Werkzeugspitze, und verzichten Sie auf die Option »Ausgerichtet«. Denn so werden sich die einzelnen Muster-Kacheln überlappen, sobald Sie zwischendurch die Maustaste loslassen. Sie vermeiden so die aufdringliche Kachelstruktur.

Völlig neuer Hintergrund

Manchmal hilft nichts: Sie müssen das Hauptmotiv vor einen völlig neuen Hintergrund setzen, um mehr Fläche zu schaffen. Sie können das Motiv zum Beispiel ausschneiden und vor die neue, größere Szenerie setzen. Im Beispielbild ließe sich recht leicht nur der Himmel austauschen. Prüfen Sie, ob der neue Hintergrund eine Pixelzahl hat, die das Hauptmotiv überhaupt aufnehmen kann; dazu stellen Sie beide Bilder im selben Vergrößerungsmaßstab dar, zum Beispiel 50 Prozent.

5 Öffnen, Speichern, Dateiformate

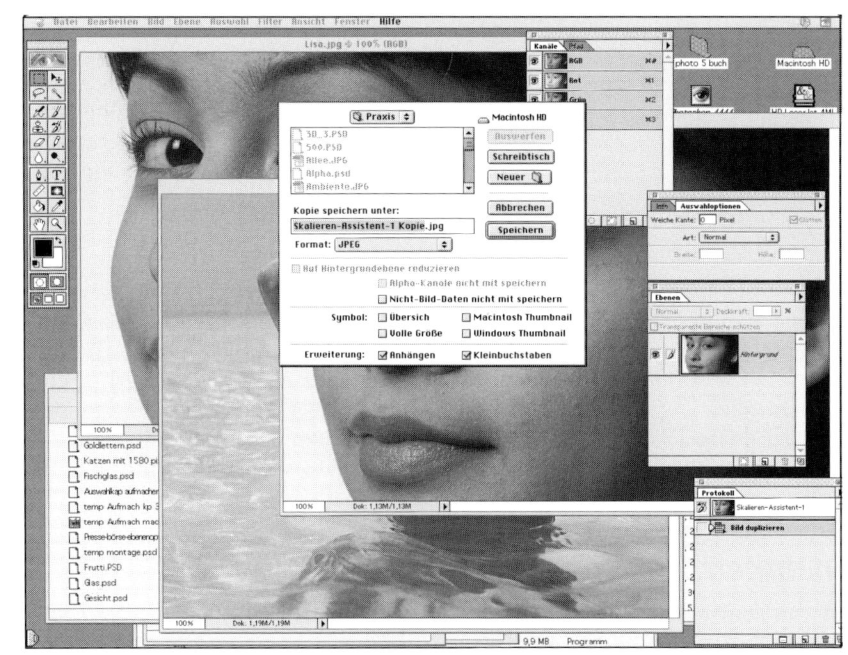

Zahllose Optionen bietet Photoshop beim Öffnen und Speichern von Bildern.

Photoshops Möglichkeiten zum Öffnen und Speichern sind vielfältiger, als man es von anderen Programmen gewohnt ist. Zentral-Organ für diese Verrichtungen ist das **Datei**-Menü. Dort starten Sie auch Scanner-Operationen und legen neue Bilder an.

5.1 Eine neue Datei anlegen

Mit **Datei: Neu** (⌘+N) erzeugen Sie eine leere Fläche, die Sie beliebig füllen können, etwa mit Text oder einer Fotomontage. Wählen Sie zuvor aus den Listenfeldern des »Neu«-Dialogs die passende Maßeinheit, geben Sie »Breite«, »Höhe«, »Auflösung« und den Farb-»Modus« an. Zur Wahl stehen als Anfangsfarben »Weiß«, die aktuelle »Hintergrundfarbe« oder »Transparent«. Nicht erschrecken: Wählen Sie eine transparente Datei, erscheint das Bild mit einem Schachbrettmuster.

Neben dem Wort »Bildgröße« wird mitgedacht: Dort verkündet Photoshop, wieviel Mbyte Speicherplatz die geplante Datei brauchen wird. Probieren Sie es aus: Der RGB-Modus mit seinen drei Grundfarben braucht dreimal mehr Arbeitsspeicher als ein Graustufenbild mit den gleichen Ausmaßen, der CMYK-Modus gar viermal soviel; und eine Verdoppelung der Auflösung, also der Bildpunkte pro Längeneinheit, vervierfacht den Speicherplatzbedarf.

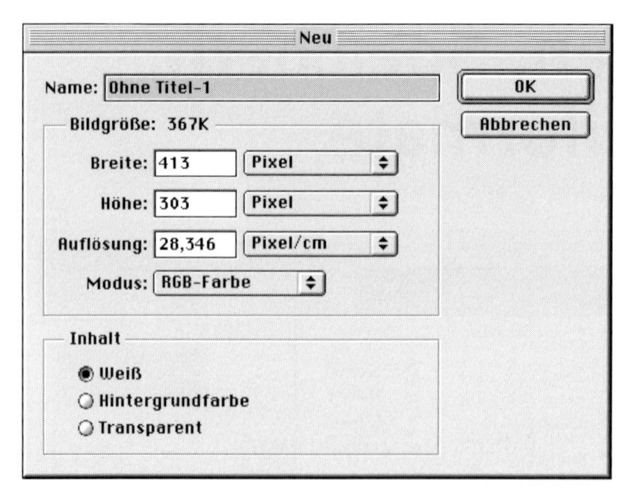

Beim Anlegen einer neuen, leeren Datei entscheiden Sie über Pixelzahl, Farbe und Farbmodus.

Sie können den **Neu**-Befehl als Taschenrechner benutzen, um herauszufinden, welche Auflösung oder welche Druckmaße zu welcher Dateigröße führen. Oder Sie stellen Ihren Rechner auf die Probe und erzeugen eine extrem große Datei, die zum Beispiel den physikalischen Arbeitsspeicher dreimal überschreitet – 10000×10000 Pixel im CMYK-Modus erzeugen immerhin einen 400-Mbyte-Brocken. In aller Regel wird der Rechner ächzen, aber Photoshop bringt die Datei her. Um ihn weiter zu quälen, können Sie malen, scharfzeichnen oder die Hintergrundebene verdoppeln. Eine solche 400-Mbyte-Datei mit reinem Weiß läßt sich im komprimierenden JPEG-Format auf weniger als zwei Mbyte stauchen und als E-Mail-Gruß versenden.

Bilddaten übernehmen

Sie können Pixel-Daten von geöffneten Bildern oder aus der Zwischenablage in den »Neu«-Dialog übernehmen.

Daten von geöffneten Bildern

Wählen Sie bei geöffnetem »Neu«-Dialog ein Bild im **Fenster**-Menü aus, um die Größe des ausgewählten Bildes in den Neu-Dialog zu übertragen.

Wollen Sie die Werte eines vorhandenen Bildes für eine neue, leere Datei übernehmen, bringt folgendes Verfahren Sie auch zum Ziel:

1. Öffnen Sie das Bild mit den passenden Daten – auch der Farbmodus sollte stimmen;
2. duplizieren Sie das Werk mit dem Befehl **Bild: Duplizieren** bei gedrückter Alt-Taste;
3. füllen Sie das Bild mit der Hintergrundfarbe (⌘+Rückschritt).

Daten aus der Zwischenablage

Haben Sie ein Bild oder einen Bildausschnitt in die Zwischenablage kopiert, dann zeigt der »Neu«-Dialog die entsprechenden Größenmaße und den passenden Farbmodus; übernehmen Sie diese Maße, um das Werk aus der Zwischenablage ohne Randverluste in die neue Bilddatei einzufügen. Sie ignorieren die Werte aus der Zwischenablage, indem Sie den Befehl **Neu** bei gedrückter Alt-Taste anklicken.

Um also einen markierten Bildausschnitt in eine eigene Datei zu hieven, spielen Sie die folgende Partitur:

1. ⌘+C (in die Zwischenablage kopieren)
2. ⌘+N (»Neu«-Dialog)
3. Eingabe-Taste (»Neu«-Dialog bestätigen)
4. ⌘+V (aus der Zwischenablage einfügen)

Die Konkurrenz zeigt, wie man Bildteile einfacher in ein separates Dokument auslagert. Dort gibt es Befehle wie **Bearbeiten: Einfügen als neue Datei**; oder man zieht eine Auswahl einfach auf die Arbeitsfläche, schon erscheint sie in einer eigenen Datei.

So setzen Sie ein markiertes Objekt in eine eigene, weiße Datei: Kopieren Sie es in die Zwischenablage, übernehmen Sie die Werte, die der »Neu«-Dialog passend vorschlägt, und fügen Sie es ein. Datei: Wagen.

Scannen

Sie können aus Photoshop heraus ein Bild scannen. In der Regel geschieht dies über ein Photoshop-Zusatzmodul des Scannerherstellers. Sie können jedoch auch die Twain-Schnittstelle nutzen: Dieser Software-Adapter verbindet fast alle aktuellen Grafikprogramme mit fast allen aktuellen Scannern, aber auch Digitalkameras. So gehen Sie vor, wenn Sie erstmals mit der Twain-Schnittstelle scannen wollen:

1. Installieren Sie die Twain-Software des Scanners;
2. starten Sie den Rechner neu;
3. starten Sie Photoshop;
4. klicken Sie auf **Datei: Importieren: Twain-32-Quelle wählen**, wenn der Scanner mit 32-Bit-Software arbeitet,
5. klicken Sie im Dialogfeld das Gerät an, mit dem Sie arbeiten möchten. Dieser Schritt ist fortan nicht mehr nötig, solange Sie dasselbe Gerät weiterverwenden;
6. wählen Sie jetzt **Datei: Importieren: Twain 32**. Das Scan-Fenster der Scan-Software erscheint;
7. machen Sie die Vorgaben zur Auflösung und zur Farbtiefe;
8. ist der Scan fertig, schließt sich die Twain-Software oft von allein – Photoshop erwartet Sie dann mit der frischgebackenen Bilddatei. Möglicherweise bleibt das Twain-Fenster aber auch geöffnet; Sie können dann mehrere Bilder hintereinander wegscannen – denken Sie aber daran, daß die bereits erstellten Bilder Arbeitsspeicher fressen.

Duplizieren

Sie können die aktive Bilddatei leicht duplizieren, wenn Sie ein unberührtes Original in Reserve behalten möchten. Das Dialogfeld zum Befehl **Bild: Duplizieren** hängt an den vorhandenen Namen automatisch den Zusatz »Kopie«; so lassen sich später leicht verschiedene Versionen und Arbeitsschritte Ihrer Arbeit nebeneinander besichtigen. Wählen Sie im Dialogfeld »Auf eine Ebene reduzieren«, sofern Sie das Motiv auf die aktuell sichtbaren, oben liegenden Bildpunkte beschränken wollen; Sie erhalten dann eine einzige Hintergrundebene. Allerdings findet das Duplizieren zunächst nur im Arbeitsspeicher statt – auf die Festplatte schreiben müssen Sie das Bild schon selber, am schnellsten mit ⌘+S. Übrigens: Sie sparen sich das lästige Dialogfeld, wenn Sie den Befehl mit gedrückter Alt-Taste anklicken. Wer häufig dupliziert, wird sich den Befehl per Aktionenpalette auf eine F-Taste legen. Noch einfacher wäre es, wenn Photoshop eine Datei wahlweise direkt als Duplikat öffnet, so wie es Photoshop-Hersteller Adobe mit seinem Programm PhotoDeluxe vormacht.

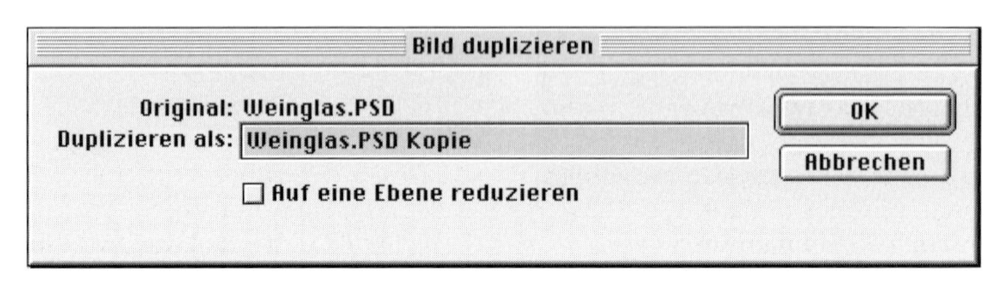

Doppelte Daten: Der »Duplizieren«-Befehl verdoppelt eine Bilddatei und reduziert bei Bedarf auf die Hintergrundebene.

Nicht zu verwechseln ist diese Funktion mit dem **Ansicht**-Befehl **Neue Ansicht**: Der erstellt zwar eine weitere Ansicht der Datei, doch handelt es sich immer noch um ein und dasselbe Bild, wenn auch in zwei Fenstern gleichzeitig zu sehen. Das **Duplizieren** dagegen erzeugt eine neue, unabhängige Datei – und kostet entsprechend doppelten Arbeitsspeicher. Alternativen sind die Befehle **Sichern unter** (⌘+Alt+S) und **Kopie sichern unter** (⌘+Umschalt+S).

5.2 Dateien öffnen

Selbst beim schlichten Öffnen einer Datei bietet Photoshop überraschende Optionen.

»Öffnen«

Vorhandene, bereits gespeicherte Bilder laden Sie über den Befehl **Datei: Öffnen** (⌘+O); auch ein Doppelklick auf die leere Programmfläche startet dieses Dialogfeld. Sie erhalten hier den Standard-Dialog Ihres Betriebssystems. Sofern Sie in den Voreinstellungen die Anlage einer »Bildübersicht« vorgegeben haben, zeigt Photoshop eine Mini-Vorschau des Bildes; darunter lesen Sie überdies die Festplattengröße der markierten Datei (im Arbeitsspeicher kann sie weit mehr Platz beanspruchen).

Schalten Sie die Option »Alle Dateien anzeigen« ein, um Dateien mehrerer Formate auflisten zu können, und wählen Sie im Klappmenü »Format« den gewünschten Dateityp. Klicken Sie doppelt auf eine Datei, die mit dem gewählten Typ übereinstimmt, um sie zu öffnen.

Öffnen per Finder

Einfacher öffnet es sich oft, wenn Sie ein Bild im Finder markieren und von dort auf ein Alias des Photoshop-Symbols ziehen, das Sie auf dem Schreibtisch liegen haben. Photoshop wird das Bild öffnen, sofern er das Format erkennt; in diesem Moment darf aber kein Dialogfeld offen sein. Besonders praktisch: Auch mehrere Bilder gleichzeitig bringen Sie so rasch ins Geschehen. Hat man üppig gefüllte Verzeichnisse, dann findet sich das gewünschte Foto in einem Finder-Fenster oft leichter als mit dem beschränkten Fenster des »Öffnen«-Dialoges.

5.3 Speichern

Haben Sie eine Datei bearbeitet und wollen das Werk speichern, dann drücken Sie ⌘+S (für »Save«) oder wählen **Datei: Speichern.** Die ursprüngliche Fassung der Datei, wie sie noch auf Festplatte lag, wird dann überschrieben mit einer Version des Bildes, wie es sich jetzt am Monitor darstellt. Die alte Festplatten-Version ist damit unwiderruflich fort.

Es gibt eine Möglichkeit, wie Sie nach verfrühtem Speichern zurück zu einer früheren Fassung gelangen – mit der Protokollpalette. Sie dürfen das voreilig neu gesicherte Bild aber nicht schließen, und in den Optionen zur Protokollpalette sollte der Befehl »Ersten Schnappschuß automatisch erstellen« aktiviert sein. Alternativ können Sie natürlich auch einen »Schnappschuß« von Hand aufnehmen, dann speichern und bei Bedarf zur Frühfassung zurückzukehren: Dazu klikken Sie den Schnappschuß an, der in der Protokollpalette als Miniaturbild erscheint. Näheres zur Protokoll-Funktion steht vorne im »Grundlagen«-Kapitel.

Allgemeine Optionen

Mehrere Optionen kehren in den verschiedenen Speichern-Dialogen wieder.

»Bildübersicht speichern«

In den »Speichern«-Dialogen gibt es – je nach Dateiformat – die Möglichkeit, die Erzeugung einer »Bildübersicht« mit anzukreuzen. Vorbedingung: Sie haben in den Voreinstellungen (⌘+K, dann ⌘+2) im Klappmenü »Bildübersichten sichern« auf »Beim Sichern wählen« geklickt. Wurde in den Voreinstellungen »Immer« gewählt, erzeugt Photoshop die Bildübersicht, ohne Sie zu fragen.

Dieses kleine Vorschaubild erscheint im »Öffnen«-Dialog und zeigt das Foto, das sich hinter einem Dateinamen verbirgt. Haben Sie mehrere Dateien zum Öffnen markiert, zeigt Photoshop gleichwohl nur eine.

Das Vorschau-Bild wird in der Datei selbst abgelegt und schlägt dort mit etwa vier zusätzlichen Kbyte zu Buch. Bearbeiten Sie eine solche Bilddatei mit eingebauter Vorschau in einem anderen Programm, wo Sie auch speichern, dann ist die Vorschau perdu.

Allerdings sind gar nicht alle Formate in der Lage, eine solche Vorschau für Photoshop aufzunehmen. So zeigen sich etwa Scitex, Flashpix, PNG, RAW, Targa, Pixar, Pict, PDF, PCX und BMP nicht aufnahmefähig. In Frage kommt die Miniatur damit besonders für die vielgenutzten Formate Photoshop, Tiff und JPEG.

Der Befehl »Speichern unter«

Der Befehl **Datei: Speichern** (⌘+S, für Save) schreibt stets das aktuelle Bild mit seinem aktuellen Dateinamen auf die Platte.

Vielfältiger ist da **Datei: Speichern unter** (⌘+Umschalt+S). Hier wird das angezeigte Bild nicht einfach nur neu auf die Festplatte geschrieben; statt dessen erscheint ein Dialogfeld, in dem Sie viele Eigenschaften des Bildes ändern: den Dateinamen, das Verzeichnis, das Laufwerk und das Dateiformat. Der Dialog »Speichern unter« erscheint automatisch, wenn eine neu erstellte Datei überhaupt noch nicht auf Festplatte gespeichert worden ist. Er erscheint auch automatisch, wenn Sie die Eigenschaften der Datei so geändert haben, daß das usprüngliche Dateiformat nicht mehr verwendet werden kann – zum Beispiel weil Sie den Farbmodus geändert oder Ebenen eingefügt haben.

Wohlgemerkt: Wenn Sie unter neuem Namen speichern, arbeiten Sie ab sofort an dieser neuen Datei weiter; eine Datei mit dem bisherigen Namen liegt ab sofort unberührt auf Festplatte und ist nicht mehr auf dem Schirm. Sie speichern alle Ebenen, Alphakanäle etc. mit, auch wenn diese aktuell nicht zu sehen sind.

Möglichkeiten dieses Dialogfeldes:

- Sie konvertieren zu anderen Dateiformaten, indem Sie im Listenfeld »Speichern als« ein neues Format heraussuchen.
- Sie ändern die Optionen zu einem bestimmten Format: Haben Sie das Tiff-Bild während der laufenden Arbeit stets unkomprimiert und schnell per ⌘+S gespeichert, können Sie den Dialog »Speichern unter« verwenden, um es zum Abschluß als komprimiertes Tiff abzulegen.
- Sie duplizieren ein Bild, indem Sie es unter neuem Namen oder in einem neuen Verzeichnis speichern.
- Sie schreiben das Werk aus Photoshop heraus auf eine Wechselfestplatte oder Diskette, falls Sie keine Lust haben, dazu ein Dateiverwaltungsprogramm zu verwenden.

Einschränkungen

Bedenken Sie, daß Photoshop im Dialog »Speichern unter« nur Dateiformate anbietet, die mit der aktuellen Datei möglich sind:

- Hat die Datei Auswahlkanäle, sind Formate wie JPEG ausgeschlossen, die keine Auswahlkanäle aufnehmen;
- hat die Datei Ebenen, geht überhaupt nur das Photoshop-Format;
- auch Farbmodi wie CMYK oder Lab sind auf wenige Formate beschränkt. Mehr Möglichkeiten bietet der Befehl **Kopie speichern unter** (siehe unten).

Der Befehl »Kopie speichern unter«

Der Befehl **Kopie speichern unter** (⌘+Alt+S) arbeitet anders: Er schreibt eine Kopie des Bildes auf Platte. Sie bearbeiten weiter die bisherige Datei mit dem alten Namen und nicht die umgetaufte Version. Bei Bedarf entfernt der Befehl Ebenen und Auswahlkanäle – aber wiederum nur in der Kopie auf Platte, in der aktuellen Version auf dem Schirm bleibt alles beim alten. Natürlich bestimmen Sie auch Dateiformat, Namen und Laufwerk neu.

Ansonsten ähnelt das Dialogfeld »Kopie speichern unter« sehr dem Befehl **Speichern unter.** Allerdings gibt es ein paar Optionen, die sich speicherschonend auswirken und die Verwendung weiterer Dateiformate erlauben:

- »Auf Hintergrundebene reduzieren« verschmilzt alle Ebenen zu einer einzigen Pixelfläche, spart also enorm Speicherplatz, wenn Sie etwas montiert haben. Gespeichert wird dabei das aktuell sichtbare Bild; verborgene Ebenen fallen unter den Tisch, schwebende Auswahlen werden ins Ergebnis hineingeschrieben.
- »Alphakanäle nicht mit speichern« löscht Alphakanäle heraus, in denen Sie Auswahlbereiche markiert hatten; die bezahlen Sie beim Speichern mit Festplattenkapazität, und andere Programme können eventuell nichts damit anfangen.
- Umfassend wirkt die Option »Nicht-Bild-Daten nicht mit speichern«. Sie tilgt Alphakanäle, Vorschaubilder, Pfade und die Meßpunkte des Farbaufnehmers. Ebenen bleiben erhalten, verschmelzen aber mit der zusätzlich verfügbaren Option »Auf Hintergrundebene reduzieren«.

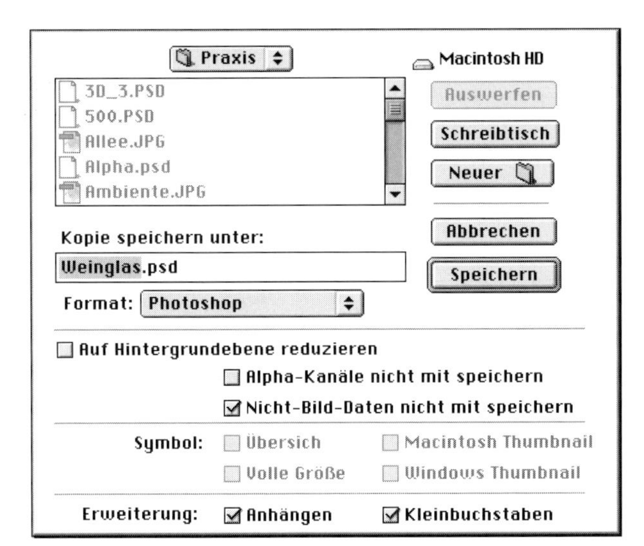

Beim Speichern einer Kopie entfernen Sie Alphakanäle und Ebenen, können zugleich aber die Vollversion auf dem Schirm behalten.

Anwendung

Ein Beispiel: Sie sitzen an einer Fotomontage mit Ebenen und Alphakanälen – natürlich im Photoshop-Format. Den aktuellen Schaffensstand wollen Sie als allgemein lesbare und im Layoutprogramm verwendbare Tiff-Datei an den Auftraggeber schicken; gleichzeitig wollen Sie das Zwischenergebnis versuchshalber in einem Layoutprogramm einbinden. Bevor Sie mit dem üblichen Befehl **Speichern unter** ein JPEG speichern könnten, müßten Sie alle Alphakanäle löschen, die Ebenen zur Hintergrundebene zusammenführen, das Werk unter neuem Namen als JPEG speichern und später die Montage-Datei im Photoshop-Format erneut aufrufen.

Statt dessen klicken Sie auf **Kopie speichern unter** und wählen sofort das Tiff-Format an – dann verwendet Photoshop automatisch die Optionen »Auf Hintergrundebene reduzieren« und »Alphakanäle nicht mit sichern«, die dieses Dialogfeld drauf hat. Alternativ aktivieren Sie zunächst eben diese Optionen und suchen sich dann ein dazu passendes Format heraus, zum Beispiel Tiff, JPG oder TGA. So schreiben Sie die aktuell sichtbaren Bildpunkte als normale »flache« Datei mit einer einzigen Ebene auf Platte und behalten die komplexe Montage unverändert auf dem Schirm.

Vergleich

So unterscheiden sich die zwei ähnlich klingenden Befehle:

- Verwenden Sie **Speichern unter**, wenn Sie Datei A als Datei B speichern und an Datei B weiter arbeiten wollen. Dabei können Sie Laufwerk, Name oder Dateiformat ändern.
- Verwenden Sie **Kopie speichern unter**, wenn Sie Datei A in einer Variation B ablegen wollen, um dann weiter an Datei A zu arbeiten. Dabei können Sie Merkmale wie Alphakanäle, Ebenen oder andere Zusätze entfernen oder verschmelzen.

Befehle im Überblick: Dateiverwaltung

Taste/Feld	Zusatztasten	Aktion	Ergebnis
⌘+N (für New)			Neue Datei anlegen, ggf. Werte aus Zwischenablage übernehmen
⌘+N (für New)	⌥		Neue Datei anlegen, Werte aus Zwischenablage ignorieren
⌘+O (für Open)			Datei öffnen
[leere Programmfläche]		Doppelklick!	Datei öffnen
⌘+W			Datei schließen
⌘+S (für Save)			Datei sichern
⌘+S	⇧		Sichern unter
⌘+S	⌥		Kopie sichern unter

5.4 Standard-Dateiformate

Die Daten einer Bilddatei sind in einer bestimmten Struktur – in einem Dateiformat oder Dokumenttyp – angelegt. Typische, weitverbreitete Dateiformate sind etwa Tiff, JPEG, BMP oder EPS. Photoshop muß diese Dateiformate kennen, damit er die gesammelten Nullen und Einsen als Bild anzeigen kann. Nur über allgemein verbreitete Dateiformate lassen sich Bilddateien mit anderen Bildbearbeitern und anderen Programmen austauschen.

Um das Dateiformat zu wechseln, verwenden Sie den Menüpunkt **Datei: Speichern unter**. Dort klicken Sie im Listenfeld »Dateiformat« auf das gewünschte neue Dateiformat. Die Ursprungsdatei wird dadurch nicht überschrieben, sondern Sie haben das Bild hinterher in zwei Dateiformaten. Sie können Photoshop gar per Plug-In-Modul auf neue Formate aufrüsten, die Sie unter **Datei: Exportieren** anwählen.

Anders als bei PageMaker, QuarkXpress oder CorelDraw, wo ein einziges Dateiformat regiert, haben Sie in Photoshop die Qual der Wahl. Bilddatei-Formate wie Tiff oder JPEG kann man in weiten Bereichen einsetzen. Die Formate hängen hier nicht vom Software-Hersteller ab, sondern eher von Ihren weiteren Plänen. Kriterien bei der Auswahl eines Dateiformats:

- Plattenspeicher sparen,
- schnelles Öffnen und Speichern,
- Verwendung im World Wide Web des Internet,
- Verwendbarkeit mit DTP-Programm, anderen Betriebssystemen oder Dienstleistern,
- Verwendung von Ebenen, Alphakanälen etc.

In diesem Abschnitt »Standard«-Dateiformate besprechen wir zunächst solche Dokument-Typen, die nicht viele Worte erfordern, etwa Tiff, Photoshop und PCX. Es geht danach weiter mit eigenen, ausführlichen Abschnitten zu Formaten, die viele Optionen bieten und für Grafikdesigner oder Multimedia-Designer besonders wichtig sind, darunter JPG, EPS und GIF. Zuvor erhalten Sie eine Übersicht.

Probleme beim Austausch

Photoshop reizt manche Dateiformate weit aus, andere Pixelprogramme können da nicht mithalten. Haben Sie also etwa eine Tiff-Datei mit mehreren Alphakanälen, Pfaden plus Datei-Information, dann kann es nach der Bearbeitung und Speicherung dieser Datei in einem anderen Programm passieren, daß nur ein Alphakanal übrigbleibt und gar kein Pfad.

Dateigrößen

Jedes Pixel einer 24-Bit-»Echtfarb«-Datei benötigt im Arbeitsspeicher drei Byte; damit steht fest, wieviel Byte Arbeitsspeicher eine bestimmte RGB-Datei beansprucht: Pixel hoch mal Pixel quer mal drei; ein Bild mit 640×480 Punkten braucht damit im RAM 640×480×3 gleich 921 Kbyte. Wieviel Platz die Datei dagegen auf der Festplatte belegt, das hängt stark vom Dateiformat ab, das Sie verwenden.

Manche Formate, wie Tiff unkomprimiert oder BMP, speichern die Bildpunkte einfach 1:1 ab und belegen damit auf der Festplatte soviel Mbyte wie im Arbeitsspeicher. Andere, wie Tiff komprimiert oder Photoshop, benötigen weniger Speicherplatz, ohne Information zu tilgen; einheitliche Farbflächen werden zusammengefaßt zu wenigen Bytes, die die komplette Fläche repräsentieren. Dieses Verfahren spart Festplattenkapazität und Übertragungszeit, kostet jedoch beim Öffnen und Sichern zusätzliche Zeit; Informationsverlust entsteht dadurch nicht. Dagegen tilgt das stark komprimierende JPEG-Format sogar Bilddetails zugunsten höchster Verdichtungsraten auf der Platte.

Kompatibilität

Photoshop bietet im Klappmenü des Dialogs **Speichern unter** nur solche Formate an, die für die aktuelle Datei passen. Haben Sie ein Acht-Bit-Bild, wird JPG nicht angeboten, haben Sie ein 24-Bit-Bild, wird GIF nicht angeboten. Fügen Sie in ein Tiff-Bild eine Ebene ein, wird nur noch Photoshop angeboten, weiteres Speichern des Tiff-Werks ist unmöglich. Mehr Möglichkeiten bietet allerdings der Befehl **Kopie speichern unter** (siehe oben).

Sie lernen hier die wichtigen Formate für Pixel-Dateien kennen; anhand einer Beispieldatei vergleichen wir Leistungsfähigkeit und Speicherplatzbedarf auf der Festplatte.

Übersicht: Die wichtigsten Dateiformate

Oft reichen vier Dokumenttypen für den Alltag:

- Tiff – erlaubt universelles Speichern, Austausch mit anderen Programmen und Rechnerwelten und verlustfreie Kompression;
- Photoshop – für Montagen und Spezialanwendungen;
- JPEG – bietet hochwirksame Kompression bei kalkulierbarem Detailverlust; und
- EPS – unerläßlich für die professionelle Druckvorstufe.

Für die folgende Tabelle wird ein Bild mit 1536×1024 Punkten in verschiedenen wichtigen Dateiformaten gespeichert. Als RGB-Datei beansprucht sie mit ihren 1,59 Megapixeln rund 4,74 Mbyte

Arbeitsspeicher; als Graustufendatei verlangt sie nur einen einzigen 8-Bit-Kanal, also 1,59 Mbyte. Druckgröße bei anspruchsvollen 300 dpi: 13×8,7 cm.

Dateiformat	Erweiterung	Komprimierung	Gesamtgröße der Beisspieldateien in Mbyte	Anmerkung	Zweck
Bitmap	BMP	nur bei Speicherung als RLE bis 8 Bit Farbtiefe,verlustfrei	4,74	nur auf Windows- und OS/2-Systemen	Kompatibilität mit Windows-Programmen
Desktop Color Separation (EPS-Variante), ASCII	DCS	nein	13,05	vier Dateien für die CMYK-Separation	Druckfilme plus Vorschaubild DTP, OPI
Encapsulated PostScript, ASCII/binär, mit 8-Bit-Vorschau	EPS	nein	13,12 6,41		DTP
CompuServe Graphics Interchange	GIF	immer bei 8-Bit-Vorlagen verlustfrei	1,30	Farbtiefe maximal 8 Bit	Speicherplatz sparen, World-Wide-Web-Design
JPEG, »maximal«/ »mittel«/ »niedrig«	JPG	immer, mit Verlust	1,62/ 0,23/0,05	RGB, CMYK und Graustufen, keine 8-Bit-Farbe, keine Alphakanäle	Speicherplatz sparen, World-Wide-Web-Design
Acrobat Portable Document Format	PDF	ja	0,527		zur Betrachtung mit Acrobat Reader
Portable Networks Graphic	PNG	immer, verlustfrei	3,0	versch. Farbtiefen, Alphakanäle	World-Wide-Web-Design
Pict	PIC	immer, verlustfrei	3,79	Farbtiefen bis 32 Bit	Kompatibilität mit Mac-Programmen
Photo CD	PCD	ab Auflösung 1024x1536, mit Verlust	(sechs Auflösungen zur Wahl)	Format wird nicht geschrieben	Nur zum Lesen von Photo-CDs
Photoshop	PSD	immer, ohne Verlust	4,62	identisch mit PPD-Format von Adobe PhotoDeluxe; Format Photoshop 2.0 nur für Mac	schnelles Öffnen/ Speichern, Ausnutzen aller Photoshop-Optionen, Austausch Photoshop Mac-Windows
Tagged Image File Format (TIFF), unkomprimiert/ komprimiert	TIF	optional, nur ohne Verlust	4,74/2,73	unterstützt viele Farbmodi, Pfade, mehrere Alphakanäle in einer Datei	Kompatibilität mit anderen Programmen und Betriebssystemen/ Speicherplatz sparen

BMP-, RLE- und DIB-Dateiformat

Das BMP-Format (Bitmap) ist nur bei den Betriebssystemen MS-DOS/Windows und OS/2 auf IBM-kompatiblen Computern gebräuchlich. Sie können die Farbinformation auf acht oder vier Bit pro Pixel reduzieren und dabei – anders als in der 24-Bit-Variante – verlustfrei komprimieren (BMP-RLE, Run Length Encoding). System-Bilder für Windows und manche Multimedia-Programme müssen als BMPs gesichert sein. Informationen über Druckmaße speichert dieses wenig interessante Format nicht.

Der Begriff »Bitmap«

Der Begriff Bitmap hat in der Computerszene verschiedene Bedeutungen:

1. Eine aus einzelnen Bildpunkten – und nicht aus Kurven, Flächen oder aus Text – aufgebaute Datei wird allgemein Bitmap genannt: Pixelfläche. Jedes einzelne Pixel drückt bestimmte Farb- oder Dichtewerte aus. Bildbearbeitungsprogramme wie Photoshop arbeiten mit Bitmaps wie dem Tiff-Format.
2. Bitmap mit der Dateierweiterung BMP ist ein Dateiformat für Pixelbilder auf Windows- und OS/2-Systemen.
3. Im Apple-Bereich und im Programm Photoshop wird unter Bitmap außerdem eine Strichgrafik (Line-Art, 1-Bit-Grafik) verstanden, die nur aus schwarzen und weißen Bildpunkten besteht und jeden Bildpunkt mit nur einem Bit kodiert – während zum Beispiel Graustufenbilder meist mit acht Bit pro Pixel angelegt sind.

Tiff-Dateiformat

Das Tagged Image File Format TIFF entwickelte sich zu einem Standard der digitalen Bildverarbeitung. Es gibt unzählige Varianten. Eine Tiff-Datei läßt sich an fast jeden Belichtungsdienst, an jedes Programm und an diverse Betriebssysteme wie DOS, Mac, Windows, Unix und Next weitergeben. Zusätzlich zu RGB oder Graustufen akzeptiert Tiff auch Bilder mit Maskenkanälen, CMYK- oder Lab-Farbmodell. Alphakanäle – auch mehrere – werden ohne Rückfrage mitgespeichert; sie sollten entfernt werden, wenn das Bild in ein Grafik- oder Layoutprogramm weiterwandert.

Anwählbar sind außerdem die Optionen »Mac-« oder »IBM-kompatibel« – erfahrungsgemäß öffnet Photoshop am Mac aber auch ein Tiff-Bild mit der »IBM«-Vorwahl, ebenso Quark Xpress für Apple. Es kann jedoch sein, daß Tiff-Bilder, die am Mac mit der Mac-Option gespeichert werden, unter Windows nicht zu öffnen sind.

Auch das Tiff-Format nimmt seit Photoshop 3.0 Freistellpfade auf; Anfang 1997 machte davon unter den Layoutprogrammen nur der PageMaker Gebrauch. Tiff ist das bei weitem gebräuchlichste Format zum Austausch von Pixel-Dateien und fast immer eine sichere Wahl.

Geschichte

Die Firma Aldus, die einst mit dem PhotoStyler die Bildbearbeitung auch auf Windows-Rechnern populär gemacht hatte, holte Software- und Scannerfertiger an den runden Tisch und initiierte 1986 das Tiff-Format. Da diverse Vorstudien bereits abgeschlossen waren, bekam diese Variante die Versionsnummer 3.0. Im Jahr darauf folgte Tiff 4.0; wichtigste Verbesserung: es werden auch RGB-Farbdaten verarbeitet. Im Oktober 1988 war dann bereits Tiff 5.0 fällig. Hier wurde nicht nur die LZW-Komprimierung eingebaut, sondern auch die Unterstützung für indizierte Farben.

Aktuell ist die Version Tiff 6.0, die von 1992 stammt. Nunmehr kann Tiff auch Bildinformationen im Cielab- und CMYK-Farbraum speichern. Seit die Firma Aldus im September 1994 von Adobe übernommen wurde, verwaltet Adobe die Tiff-Spezifikationen.

Kompatibilität

Eine Tiff-Datei enthält verschiedene »Tags«, zu Deutsch Kofferanhänger, die die unterschiedlichen Eigenschaften der Datei definieren, etwa Farbraum, Farbtiefe oder Druckgröße. Tiff bietet viel Spielraum für sogenannte »Private Tags« – hauseigene Erweiterungen des Formats, die man nicht mit anderen Herstellern abspricht. Dateien mit den unterschiedlichsten Tags kursieren. Dieser Dialekt-Wirrwarr führt im Extremfall dazu, daß ein Tiff-Bild von einem Programm verweigert wird, dessen Tiff-Filter die Erweiterung nicht kennt. Häufiger jedoch wird der Private Tag ignoriert und stumpf entfernt, wenn man die Datei in der nicht-kompatiblen Anwendung sichert.

Ein Beispiel: Sie speichern in Photoshop ein Tiff-Bild mit Pfad. Wird diese Datei in einem anderen Programm bearbeitet und neu gesichert, ist der Pfad weg – er taucht auch in Photoshop nicht wieder auf.

Anders als etwa die Formate PCX oder Targa speichert Tiff je nach Programm auch mehr als acht Bit pro Grundfarbe sowie mehrere Alphakanäle. Zu den typischen Wirren im Imaging-Alltag gehört es, daß ein RGB-Tiff mit einem Alphakanal von einem anderen Programm als CYMK-Tiff ohne Alphakanal interpretiert wird. Variante 2: Ein CMYK-Tiff erscheint als völlig verkorkste RGB-Datei mit Alphakanal auf der Oberfläche eines Programms, das CMYK gar nicht beherrscht.

LZW-Kompression

Photoshop bietet für TIFF-Bilder die Komprimierung nach Lempel-Ziv und Welch (LZW) an. Dieser Algorithmus senkt den Platzbedarf auf der Festplatte um 20 bis 50 Prozent gegenüber der Größe im Arbeitsspeicher, ohne daß Informationsverluste entstehen. LZW faßt einheitliche Farbflächen beim Speichern auf der Festplatte zusammen. Besonders stark schrumpft folglich die Dateigröße bei Bildern mit einheitlichen Farbflächen, also bei Grafiken. Auch Alphakanäle mit ihren großen Schwarz-Weiß-Flächen schrumpfen dank LZW erfreulich. Im Arbeitsspeicher, bei der geöffneten Datei, gibt es natürlich keinen Unterschied zwischen komprimiert und nicht komprimiert. Laden und Sichern einer komprimierten Tiff-Datei kosten gegenüber der unverdichteten Fassung oft dreimal soviel Zeit. Weitere verbreitete Tiff-Kompressionen – etwa JPEG, Packbits oder Huffmann – werden von Photoshop nicht unterstützt.

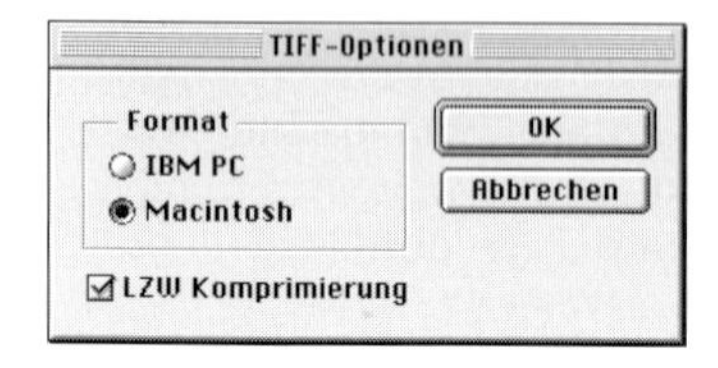

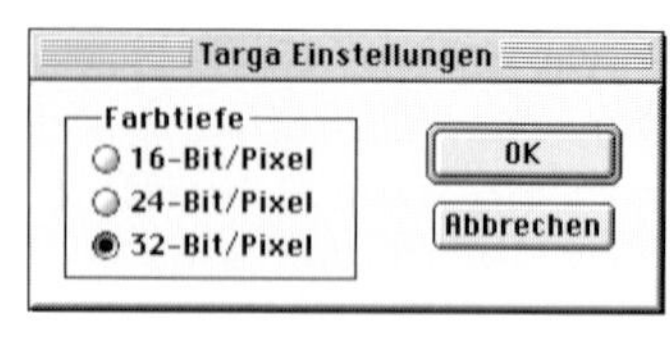

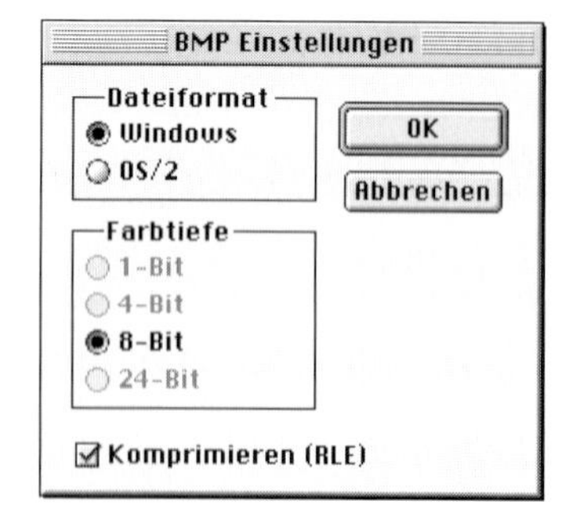

Das Tiff-Format bietet die verlustfreie LZW-Komprimierung an und speichert Alphakanäle automatisch mit (links). Targa hat – je nach Farbtiefe – noch Platz für einen Alphakanal. BMP bietet Kompression nur bei Farbtiefen von acht Bit oder weniger.

Targa-Dateiformat

Das Targa-Format wird vor allem im Betriebssystem MS-DOS und auf manchen Hi-End-Workstations der professionellen Druckvorstufe verwendet. Dia-Belichtungsdienste verwenden oft dieses Format und gewähren Rabatt, wenn Sie bereits Targa anliefern. Ein einzelner Alphakanal wird in RGB-Dateien automatisch mitgesichert, wenn Sie in den »Targa Einstellungen« die Farbtiefe »32-Bit/Pixel« wählen, ansonsten fliegt der Kanal kommentarlos raus. CMYK-Targa hat keinen Platz mehr für einen Alphakanal.

Flashpix-Dateiformat

Flashpix (FPX) ist ein modernes Format mit großen Möglichkeiten; mit Version 5 hat Photoshop diesen Dokumenttyp erstmals im Programm. Am Mac wird das Format nur installiert, wenn Sie es in der manuellen Installation ausdrücklich anwählen.

Erst 1995 entwickelten Kodak, Microsoft, Live Picture und Hewlett-Packard das Flashpix-Format. Wer Filme im Advanced Photo System (APS) belichtet, kann die Daten vom Magnetstreifen des Films in die Flashpix-Datei übernehmen. Pfade nimmt Flashpix nicht auf.

Innerhalb einer Flashpix-Datei liegt das Bild in mehreren Auflösungen vor, und diese unterschiedlichen Ansichten teilen sich jeweils in Kacheln à 64×64 Bildpunkte. Theoretisch lädt man – je nach Zoomstufe und Bildausschnitt – nur jene Datenmenge, die zur Ausfüllung des Monitors erforderlich ist. Aufwendige Rechenprozesse wie Rotieren oder Filtern laufen immer an der aktuellen Bildschirm-Variante ab, die relativ wenig Arbeitsspeicher und damit Zeit beansprucht. Erst beim Speichern werden die letzten Arbeitsschritte auf das Original umgerechnet. Zudem kann man innerhalb einer Flashpix-Datei Bildausschnitte und Kontrastkorrekturen festlegen, ohne das Original dauerhaft zu verändern. Es wäre ideal, wenn man sich beim Blättern im World Wide Web Bilder und Bildteile in individuellen Größen aus einer zugrundeliegenden Flashpix-Datei herunterladen könnte, aber das wird frühestens die Zukunft bringen.

Weil die gestaffelten Daten auf der Festplatte zwangsläufig viel Platz belegen, stellt Flashpix eine nicht verlustfreie Datenverdichtung nach JPEG-Standard zur Wahl; sie spart in den hohen Verdichtungsstufen enorm Plattenspeicher und kostet ebensoviel Qualität – vergleichen Sie dazu den Abschnitt über JPEG weiter unten.

Allerdings macht Photoshop die Speicher-Finessen des Flashpix-Formats nicht mit. Hier wird immer die Gesamtansicht verwendet. Bei Manuskriptabgabe im Frühjahr 98 gab es nur wenige Software, die tatsächlich mit kleineren, verblüffend schnellen Vorschau-Auflösungen arbeiteten, darunter Microsoft PictureIt, LivePix und Microsoft Office 97 mit seinen Bildbearbeitungsfunktionen.

Illustrator-Dateiformat

Photoshop kann Illustrator-Grafikdateien öffnen, indem er die entsprechenden Grafiken – von Haus aus durch Kurven, Füllflächen und Text definiert – in ein Bildpunktraster verwandelt. Die entsprechenden Illustrator-Dateien mit den Endungen ».ai« oder ».eps« lassen sich nicht nur mit Adobe Illustrator, sondern auch mit anderen Programmen erzeugen, etwa mit CorelDraw oder Micrografx Designer. Photoshop liefert eine Reihe »AI«-Muster im Verzeichnis »Goodies/Muster« mit; es wird automatisch auf Ihrer Festplatte angelegt, wenn Sie es bei der Installation nicht abgewählt haben.

Illustrator-Dateien öffnen

So läuft das ab:

1. Wählen Sie den Befehl **Datei: Öffnen** (⌘+O).
2. Klicken Sie doppelt auf die gewünschte Illustrator-Datei.
3. Jetzt erscheint ein Dialogfeld mit den Raster-Optionen für die Grafik: Sie geben eine Auflösung in Pixeln vor und den Farbmodus. In der Regel wählen Sie die »Glätten«-Option, um die Übergänge zwischen zwei Farbflächen durch halbtransparente Bildpunkte glatter zu gestalten; nur bei Strichgrafiken und kleinen Buchstaben verzichten Sie darauf.
4. Sobald Sie auf »OK« klicken, errechnet Photoshop aus der Grafik eine in Pixel aufgelöste Datei.

Diese Datei können Sie nicht mehr – im Gegensatz zum Illustrator-Bild – beliebig ohne Qualitätsverlust vergrößern oder verkleinern, da Sie nun eine feste Pixelzahl vor sich haben. Machen Sie sich also über die gewünschte Größe schon vor Ausfüllen des Dialogfeldes Gedanken.

Beim Öffnen einer Grafikdatei im Illustrator-Format werden Kurven und Flächen in eine festgelegte Pixelgröße umgerechnet.

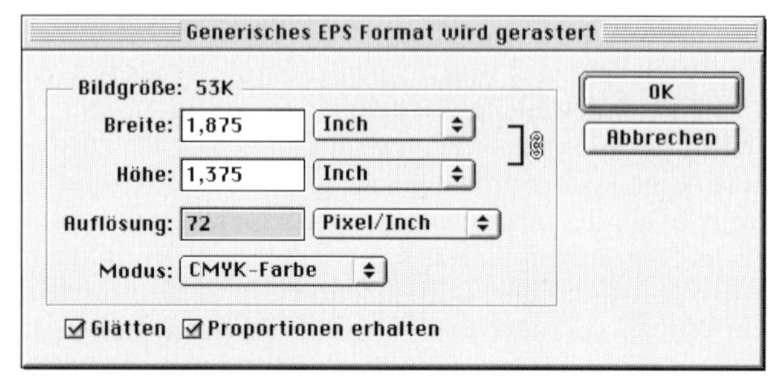

Illustrator-Dateien schreiben

Die Pfade einer Photoshop-Datei können Sie ins Illustrator-Format übertragen. Allerdings können Sie nicht den üblichen Weg via **Sichern unter** gehen. Sofern bereits ein Pfad vorhanden ist, erwartet Sie dieses Prozedere:

1. Wählen Sie den Befehl **Datei: Export: Pfade -> Illustrator**.
2. Im Dialogfeld »Pfade exportieren« klicken Sie das Klappmenü »Pfade« an, um den Pfad Ihrer Wahl zu exportieren. Hier steht nur das AI-Format des Illustrators zur Verfügung.
3. Wenn Sie den Pfad im Zielprogramm öffnen, prüfen Sie, ob Sie die Linienstärke verändern sollten.

Wenn Sie einen Pfad aus Photoshop in ein Illustrationsprogramm übertragen, können Sie dort einen Schriftzug am Pfad entlang laufen lassen und diesen später maßgenau in das Photoshop-Bild setzen.

PCX-Dateiformat

Das PCX-Format entwickelte ZSoft für PC Paintbrush. Interessant ist es nicht.

Pict-Dateiformat

Pict ist das Hausformat des Apple Macintosh und eignet sich vor allem zum Austausch von Bilddateien zwischen Mac-Programmen. Auf der Windows-Seite wird es nur von wenigen Programmen verkraftet. Pict akzeptiert Farbtiefen bis 32 Bit und komprimiert sehr effektiv verlustfrei. Bei 24-Bit-Bildern müssen Sie 32 Bit in den Optionen vorwählen, um die volle Farbinformation zu erhalten. Sie können noch eine – nicht verlustfreie – JPEG-Kompression dazuwählen (die Windows-Nutzern übrigens nicht zur Verfügung steht).

Photoshop-Dateiformat

Das Format Photoshop (PSD) läßt sich problemlos zwischen Photoshop auf Windows- und auf Mac-Rechnern austauschen – ab Programmversion 2.5. Mit dem weiter verbreiteten Tiff gelingt das meist auch. Als fast einziger Dokumenttyp verkraftet das Photoshop-Format auch Photoshop-Spezialitäten wie

- Duplex-, LAB- und Mehrkanalmodus,
- mehrere Alphakanäle (auch bei Tiff möglich),
- Ebenentechnik.

Allerdings unterstützen andere Illustrations- oder DTP-Programme dieses Format oft nicht – wählen Sie dann lieber Tiff. Alle Zusatzkanäle, Pfade und Ebenen speichert Photoshop ohne lästige Rückfrage, und dabei wird verlustfrei komprimiert. Das Photoshop-Format läßt sich in Photoshop extrem schnell öffnen und speichern und eignet sich darum bestens zum Zwischensichern. Es ähnelt weitgehend dem Dateiformat PDD von Adobes Einsteiger-Bildbearbeitung PhotoDeluxe.

Wenn Sie ein Tiff- oder JPG-Bild öffnen und eine neue Ebene erzeugen – zum Beispiel durch Einfügen –, werden Sie beim nächsten Speichern automatisch zum Photoshop-Format gezwungen; im Gegensatz zu anderen Programmen verschmilzt Photoshop die neue Ebene nicht ungefragt mit dem Hintergrund, bloß weil Sie mit einer Tiff-Datei anfingen.

Wer von einer Photoshop-Montage zwischendurch eine übliche Tiff- oder JPEG-Ansicht ohne separate Ebenen benötigt, nutzt den Befehl **Datei: Kopie speichern unter**: Hier lassen sich Alphakanäle und Ebenen bei Bedarf entfernen, ohne daß sich das auf die aktive Datei auswirkt. Der Befehl wird weiter oben diskutiert.

Kompatibilität

Einige andere Pixelprogramme lesen das Photoshop-Format. Für Montagen mit Ebenen muß dann jedoch eventuell in Photoshops Voreinstellungen (⌘+K) die Option »Mit Composite und Dateiebenen« eingestellt werden; sie hieß vormals »Photoshop-2.5-Kompatibilität«.

Unter »Composite« versteht der Hersteller die flachgelegte Darstellung der obenliegenden, sichtbaren Pixel einer Montage als normales Bild. Wenn Sie die Option aktivieren, speichert Photoshop diese Ansicht (die Sie für Ihre Bildbearbeitung nicht benötigen) zusätzlich zu den Einzelebenen. Dies kostet Zeit und Speicherplatz, ermöglicht aber zum Beispiel Bilddatenbanken wie PhotoImpact 3 oder 4 erst die Darstellung des Motivs.

Bei Redaktionsschluß im Frühjahr 1998 konnten einige Pixelprogramme Photoshop-Bilder mit Ebenen ohne »Composite« nicht nur anzeigen, sondern auch korrekt bearbeiten und speichern; dazu zählen Macromedia xRes 3.0, Corel PhotoPaint 7.0 und 8.0, Live Picture, Painter sowie die Sharewares PhotoLine 32 und Paint Shop Pro 5.0. Dabei gilt: Nicht alle Photoshop-Spezialitäten werden unterstützt. Maskierungsgruppe und Einstellungsebene können die wenigsten, Ebenenmaske und die wichtigsten Überblend-Modi sind schon häufiger anzutreffen. Im Extremfall bedeutet die angepriesene Photoshop-Kompatibilität lediglich, daß zwar Ebenen verkraftet werden, aber die Überblendverfahren dazu nicht mehr. Photoshop-Dateien, die ein Fremd-Programm überfordern, werden in der Regel gleichwohl geöffnet, die entsprechenden Einstellungen ignoriert die Software.

Photoshop 2.0

Nur am Mac wird zusätzlich das Format Photoshop 2.0 angeboten. Sie nutzen es, wenn das Bild noch mit dem älteren Photoshop 2.0 oder mit einem Programm, das nur dieses Format beherrscht, geöffnet werden soll. Dabei werden Ebenen automatisch zu einer Hintergrundebene verschmolzen. Das Tiff-Format eignet sich meist genausogut. Den Photoshop mit der Versionsnummer 2.0 gab es einst nur für den Mac, das entsprechende Dateiformat läßt sich unter Windows nicht öffnen.

Photoshop 4

Photoshop 4 öffnet Dateien aus Photoshop 5, berücksichtigt jedoch nicht neue Fähigkeiten. Das gilt zum Beispiel für »Effekte« oder für Text-Ebenen – sie sind zwar in Photoshop 4 sichtbar, aber man kann sie nicht als »Text« korrigieren. Der neue »Kanalmixer« läßt sich als Einstellungsebene ebensowenig nutzen wie die verfeinerte Regelung für »Farbton/Sättigung«. Wenn Sie in Photoshop 4 speichern, gehen die Photoshop-5-Spezialitäten verloren.

PDF-Dateiformat (Acrobat-Format)

Sie können Bilddateien auch als PDF-Dateien, Portable Document Files, sichern. Damit kann man sie unmittelbar im Adobe Acrobat Reader öffnen, einem weitverbreiteten Programm; so braucht die Zielgruppe nicht unbedingt ein Bildbearbeitungsprogramm oder einen Internet-Browser. Umgekehrt ist Photoshop (erstmals mit Version 5) in der Lage, auch mehrseitige PDF-Dokumente zu öffnen.

Außerdem geben Sie eine Kompression nach JPG-Schema vor, die – mit kalkulierbarem Informationsverlust – die Dateigröße wirkungsvoll reduziert. Die JPG-Wirkung wird weiter unten im Abschnitt über das gleichnamige Dateiformat näher beschrieben. Im Zweifelsfall wählen Sie die JPG-Rate 7.

PDF-Dateien mit Sicherheitseinstellungen kann Photoshop nicht öffnen. Ein Acrobat-Reader ist Bestandteil des Photoshop-Pakets.

PDF-Dateien in Photoshop öffnen

Die Programmierer trennten das Öffnen einer PDF-Datei umständlich in zwei Befehle auf:

- Verwenden Sie den normalen **Öffnen**-Dialog, wenn Sie eine Einzelseite benötigen;
- verwenden Sie den Befehl **Datei: Automatisieren: Mehrseitige PDF in PSD**, um mehrseitige PDF-Dateien in mehrere Photoshop-Dateien zu verwandeln.

Beim Öffnen einer PDF-Datei geben Sie Druckmaße, Auflösung und Farbmodus vor. In der Regel sollten Sie das »Glätten« einschalten, um harte Kanten gefälliger zu gestalten. Das kostet freilich Rechenzeit, und sehr feine Lettern verschwimmen durch das Glätten eventuell zu stark. Vorsicht: Ein A4-Dokument in Farbe und hoher Auflösung bringt schnell mehr als 20 Mbyte auf die Waage.

Bei Bedarf können Sie also ganze Prospekte aus dem Netz herunterladen und mit den Mitteln eines Bildprogramms bearbeiten. Wenn Sie allerdings den schnellen Weg gehen und ein PDF-Dokument per **Öffnen** ins Programm hieven, sehen Sie generell nur die erste Seite.

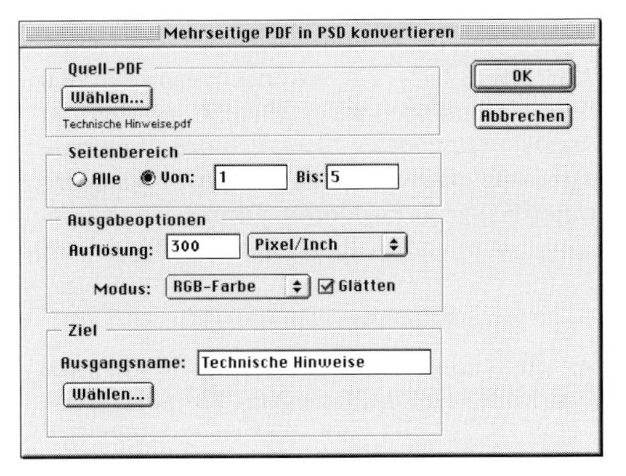

Links: Geben Sie für mehrseitige PDF-Dateien Auflösung und die gewünschten Seiten an. Rechts: PDF-Texte, die nicht über einer Grafik gespeichert wurden, erscheinen in Photoshop mit transparenter Umgebung, wie an dem Karomuster zu erkennen ist. Kantenglättung und zu niedrige Auflösung machen speziell feine Schriften leicht unlesbar.

»Mehrseitige PDF in PSD«

Um viel-seitige Acrobat-Dateien im PDF-Format zu öffnen, liefert Adobe einen »Assistenten« mit, der via **Datei: Automatisieren: Mehrseitige PDF in PSD** eine mehrseitige PDF-Datei in eine Photoshop-Datei konvertiert. Die Einzelseiten werden jeweils als separate Photoshop-Datei errechnet. Farbmodus und Auflösung lassen sich vorgeben – eine Prognose über die hohen Dateigrößen, die dabei entstehen, liefert das Dialogfeld nicht. Die Dokumente erscheinen zunächst nicht auf der Programmoberfläche, sondern werden unmittelbar in das Verzeichnis geschrieben, das Sie im Assistenten vorgeben.

Wenn Sie die neuen Dokumente dann in Photoshop öffnen, sehen Sie die Schriften innerhalb der Photoshop-Datei über einem transparenten – mit Karomuster dargestellten – Grund. Sie können den Text jetzt zum Beispiel mit dem Bewegen-Werkzeug über einen völlig neuen Hintergrund ziehen. Möchten Sie allerdings sofort einen weißen Hintergrund, wählen Sie den Befehl **Ebene: Auf Hintergrundebene reduzieren**. Mehr über Ebenentechnik finden Sie hinten im Kapitel »Ebenen«.

Photo-CD-Dateiformat

»Photo CD« ist ein Dateiformat, aber auch ein ganzes Imaging-System. Gemeint sind Dateien von der speziellen Kodak Photo CD, die auch im speziellen Photo-CD-Dateiformat gesichert werden – und nicht sonstige Bilder auf anderen Bilder-CDs, die nicht nach dem speziellen Kodak-Photo-CD-Verfahren gesichert wurden. Photoshop liest das Photo-CD-Format, schreibt es aber nicht.

Ein Bild von der Photo CD öffnen Sie in mehreren Schritten. Das Verfahren verwendet Kodaks Precision-Farbmanagement, das Photoshop automatisch installiert und auf ICC-Farbprofilen basiert:

Auflösung wählen

Wählen Sie eine Auflösung im Dialogfeld »Kodak ICC Photo CD«. Für einen unverbindlichen Blick reichen schnell geöffnete 512×768 Pixel. Da Querformate schneller geladen werden, ist zunächst die Option »Landscape« (meint Querformat) angeschaltet, die auch Hochformate querformatig lädt; verhindern Sie das bei Bedarf, indem Sie die Option abwählen. Klicken Sie auf »Image Info«, um sich über das verwendete Filmmaterial zu informieren, zum Beispiel »Color Reversal« für Diafilm.

»Source«

Klicken Sie auf »Source« (Quelle). Hier geben Sie das verwendete Filmmaterial vor. Klicken Sie an, ob ein Negativ oder Positiv gescannt wurde. Den verbreiteten Filmtherm »052/55 SPD 0000« lädt man mit dem Profil »pcd4050e«.

»Destination«

Unter »Destination« (Ziel) wählen Sie dann ein ICC-Profil für die Ausgabe, zum Beispiel einen Monitor oder Drucker.

Noch einen Schritt bequemer macht es das »Photo CD Aquire Module« von Kodak, das man gelegentlich sogar umsonst bekommt: Es schärft und separiert in einem Arbeitsgang und erlaubt auch die Auswertung der »Overview«-Datei.

Informationen

Weitere Informationen zur Photo CD finden Sie unter folgenden Internet-Adressen:

`http:\\www.adf.de/infobase/firmen/Kodak/Kodak.htm`

`http:\\www.s.shuttle.de/medlab/PhotoCD-Forum.htm`

`http:\\www.PhotoCD.de`

Photo-CD-Typen

Die weitverbreitete Photo CD Master speichert Scans von Kleinbild-Dias und -Negativen in fünf Auflösungen zugleich mit Pixelzahlen von 128×192 bis 2048×3072; ab 1024×1536 Pixel werden die Daten komprimiert. Fragen Sie, ob Sie ungerahmte Diastreifen abgeben dürfen, so vermeiden Sie Vignettierung durch die Rahmung, und entfernen Sie gründlich jeden Staub.

Das ImagePack der professionellen, weniger bekannten Pro Photo CD Master speichert Scans von Dias und Negativen bis zur Größe 10×13 Zentimeter in fünf bis sechs Auflösungen bis maximal 4096×6144 Punkte.

Qualität

Ebenso wie JPEG speichert das PCD-Format ab der 1536er-Auflösung nur die Helligkeitsinformationen für jeden Bildpunkt separat. Die Farbinformationen werden jedoch nur für jeden zweiten Pixel gespeichert; die fehlenden Farbwerte errechnet die Software bei der Anzeige aus Mittelwerten der vorhandenen Farben (Interpolation). Bei den hochaufgelösten Formaten ab 1024×1536 wird zusätzlich die Helligkeit aus der Version 512×768 interpoliert. Erst durch diese Tricks passen bis zu hundert ImagePacks auf eine Photo CD; gleichzeitig wirkt das Bild jedoch weniger scharf und brillant als eine gleich große Datei vom Trommelscanner, es muß mit Farbkorrektur und Scharfzeichner nachbearbeitet werden. Für Hi-End-Zwecke in A4 ist es eher nicht geeignet.

Übersicht: Auflösungen der Photo-CD

Bezeichnung	Pixel	Größe als 8-Bit-Graustufen-Datei (in Mbyte)	Größe als 24-Bit-RGB- oder Lab-Datei (in Mbyte)	Größe als 32-Bit-CMYK-Datei (in Mbyte)	cm-Maße bei 150 dpi	cm-Maße bei 200 dpi	cm-Maße bei 300 dpi	Bemerkung
Base/16	128×192	0,024	0,07	0,096	2,1×3,3	1,7×2,4	1,0×1,6	
Base/4	256×384	0,09	0,29	0,39	4,2×6,5	3,3×4,9	2,1×3,2	
Base Image	512×768	0,39	1, 17	1,57	8,5×13	6,5×9,8	4,3×6,5	
4 Base	1024×1536	1,57	4,72	6,29	17,0×26,0	13,0×20,0	8,7×13.0	Dateien ab hier komprimiert
16 Base	2048×3072	6,29	18,87	25,16	33,9×52,0	26,0×39,0	17,3×26,0	Höchstauflösung der bekannten Photo Master CD
64 Base	4096×6144	25,16	75,49	100,00	69,3×100,4	52,0×78,0	34,6×52,0	nur Pro Photo Master CD

PNG-Dateiformat

Kenner sagen »Ping« dazu: Das Format Portable Networks Graphics mit dem Kürzel PNG soll eigentlich GIF und JPEG aus dem World-Wide-Web-Publishing verdrängen. Die Vorteile:

- starke verlustfreie Kompression,
- variable Farbtiefe bis 48 Bit pro Pixel bei Farbe, 16 Bit pro Pixel bei Graustufen,
- Alphakanäle für halbtransparente Überblendung zum Hintergrund bei Echtfarb- und Graustufenbildern,
- angeblich keine Lizenz- oder Patentprobleme für Software-Anbieter,
- erweiterbar durch jeden Software-Anbieter, ohne daß Kompatibilität leidet,
- interne Gamma- und Farbwert-Informationen.

Speichern und Öffnen kosten gehörig Zeit. Mehr Platz als bei Tiff-LZW spart das Format letztlich selten. Es nimmt einen Alphakanal auf.

Detaillierte englische Informationen, Testbilder und zahllose Querverweise auch zu den Plug-In-Anbietern finden Sie im World Wide Web vor allem hier:

`http://quest.jpl.nasa.gov/png/`

Auch das Web-Konsortium selbst kümmert sich natürlich darum:

`http://www.w3.org/pub/WWW/Graphics/PNG/Overview.html`

Ältere Internet-Programme brauchen ein Plug-In, um PNG-Bilder anzuzeigen. Ohne Zusatzsoftware öffnen indes Internet Explorer 4.0 und Netscape ab Version 4.04 das Format.

Interlacing

PNG kann, nach Art von JPEG Progressive und GIF interlaced, ein Bild im Zeilensprung-Verfahren aufbauen. Damit gleitet es nicht Zeile für Zeile auf den Monitor, sondern steht in einer groben Variante sofort in voller Größe da; in sieben Schritten verdeutlicht sich die Anzeige zum Endergebnis. Dieses Verfahren heißt nach seinem Erfinder Adam M. Costello »Adam7«. Es kann die Dateigröße um zehn Prozent erhöhen, und es wird nicht von allen Browsern und Plug-Ins solide unterstützt.

Filtermethode

Photoshop bietet unterschiedliche Filtermethoden an, um die Bilddatei auf die Kompression vorzubereiten. Die Wahl einer Filtermethode beeinflußt nicht die Kompatibilität mit anderen Browsern oder Browser-Plug-Ins.

Bilder im Modus »Indizierte Farben« geraten oft ganz ohne Filter am kleinsten; dies gilt für Farbtiefen von acht Bit und weniger. Wann immer eine Datei mit 256 Farben auskommt, sollten Sie diese im PNG-Format als »Indizierte Farben« speichern und nicht in RGB, was meist mehr Festplatten-Platz kostet.

RGB- und Graustufenbilder könnten mit der Methode »Adaptiv« optimal gestaucht werden, aber auch die anderen Angebote lassen mitunter auf dichteste Kompression hoffen. Ob Sie jeweils Interlacing verwenden oder nicht, spielt dabei keine Rolle. Mit Filtermethode erreichen Sie meist eine um zehn bis 30 Prozent effektivere Kompression als ohne.

Unterstützte PNG-Parameter

Befindet sich im Bild ein Alphakanal, wird er bei Graustufen- und RGB-Modus automatisch mitgespeichert, bei Indizierten Farben wird er nicht unterstützt. Zwei Alphakanäle nimmt kein PNG-Bild auf.

Das PNG-Format unterstützt generell auch Text und Gamma-Informationen. Dafür bietet aber Photoshop keine Möglichkeiten: Text-Informationen aus dem Dialogfeld »Datei-Information« werden beim Speichern als PNG übernommen, (nicht unter Windows). Auch Pfade gehen unter.

Weitere Formate

Das Raw-Format ist ein flexibles Dateiformat für den Austausch von Dokumenten zwischen verschiedenen Betriebssystemen. Das Raw-Format besteht aus Bytes, die die Farbinformationen in der Datei beschreiben. Jedes Pixel wird im binären Format beschrieben, bei dem 0 Schwarz und 255 Weiß entspricht. Sie können Datei-Typ, Datei-Creator und die Header-Information festlegen. Aus dem Hi-End-Bereich der professionellen Prepress-Anlagen kommen die Formate Scitex-CT (SCT), Sun Raster (RAS) und Pixar (PXR).

Formate für Ebenentechnik

Seit 1993 gibt es immer mehr Bildbearbeitungs-Programme, die per Ebenentechnik Bildelemente übereinander schachteln, ohne sie endgültig im Hintergrund zu verankern; damit bleibt das darunterliegende Bild erhalten, die Elemente können immer wieder neu verschoben und verkleinert werden. Für diese Ebenen-Technik gibt es noch kein Dateiformat, das herstellerübergreifend unterstützt wird – wenn auch eine gewisse Tendenz zum Photoshop-Format unverkennbar ist. Diese Bildprogramme, die Pixel-Objekte dauerhaft auf unabhängigen Ebenen speichern, bringen jeweils ihr eigenes Dateiformat mit, das Sie in Photoshop nicht öffnen können – so Micrografx Picture Publisher (PP5, PPF), Micrografx PhotoMagic, Macromedia xRes (LRG, MMI), Microsoft

PictureIt und Ulead PhotoImpact. Andere Programme können zwar Photoshop-Ebenendateien lesen und schreiben, bieten aber stolz auch ein hauseigenes Format, so etwa Corel PhotoPaint, PhotoLine und Paint Shop Pro. Diese Beschreibung stammt vom Frühjahr 1998.

5.5 EPS- und DCS-Dateiformat

In der Druckvorstufe zählt vor allem ein Bilddatei-Format: EPS, Encapsulated PostScript. EPS-Dateien werden in der Regel nicht mehr bearbeitet, sondern allenfalls im Layoutprogramm vergrößert oder verkleinert. EPS-Dateien können zusätzlich zum Pixelbild auch Kurvengrafiken oder Schriften enthalten, die sich unabhängig von der Bildauflösung in höchster Drucker-Auflösung ausgeben lassen. EPS speichert auch Rastereinstellungen, Druckkennlinien und Beschneidungspfade.

Im Dialogfeld wählen Sie zwischen der für Windows 3.1x üblichen, sehr speicheraufwendigen ASCII-Kodierung und der am Mac sowie unter Windows 95, 98 und NT nutzbaren binären Kodierung, die nur halb so viel Platz schluckt. Stimmen Sie mit dem Belichtungsdienst ab, ob JPEG- und Binär-EPS verkraftet werden. Sie speichern eine Vorschau (ein »Composite«) mit, um nach dem Plazieren im Layoutprogramm auch etwas von dem Werk zu sehen – und nicht nur eine Platzhalter-Box.

Nur bei Bildern im Bitmap-Modus haben Sie überdies die Option »Weiß ist transparent«. Sie läßt die weißen Bereiche durchsichtig erscheinen. Beispieldateien finden Sie auf der Photoshop-»Applications«-CD im Verzeichnis »Techinfo/Tstfiles«.

»PostScript-Farbmanagement«

Die Option »PostScript-Farbmanagement« in den EPS-Optionen wandelt – bei PostScript-Drukkern – die Daten in den Farbraum des Ausgabegeräts um. Nur PostScript-Level-3-Geräte können allerdings mit CMYK umgehen. Auf Level 2 verwenden Sie stattdessen den Lab-Modus.

JPEG-Kompression

Die platzsparende, aber nicht verlustfreie JPEG-Kodierung innerhalb des EPS- und EPS-DCS-Formats unterstützen nur PostScript-Level-2-Ausgabegeräte. Im anschließenden Abschnitt über das JPG-Dateiformat lesen Sie mehr über Nebenwirkungen und Risiken dieser Kompressionsart.

Rastereinstellungen und Übertragungsfunktionen

Als einziges Dateiformat bietet EPS die Möglichkeit, daß Sie spezielle »Rasterungseinstellungen mitspeichern«: Dann wird das Bild nicht nach den Rasterwerten des Layoutprogramms gerastert; statt dessen geht es mit den Werten zum Belichter, die Sie im Photoshop-Druckerdialog eingestellt haben. In der Regel verzichtet man freilich auf diese Option – man verläßt sich auf die Voreinstellungen des Raster Image Processors (RIP), der das Bild für die Ausgabe auf Druckfilm endgültig aufbereitet.

Bei Bedarf können Sie die Transferfunktionen mit weitergeben. Das heißt, die in der Druckereinrichtung vorgegebene Tonwertkorrektur an der reinen Druckdatei wird beim EPS-Speichern mitgesichert – sofern Sie die »Druckkennlinie mit sichern«.

Beschneidungspfad

Der Beschneidungspfad ist eine weitere EPS-Besonderheit. Er umgibt den Bildteil, den Sie zeigen wollen, in freien Formen; die Bildfläche außerhalb dieses Pfades wird im Layoutprogramm und im Ausdruck unterdrückt, freigestellte Motive sind nicht mehr von einer weißen Box umgeben, die benachbarte Objekte überdeckt. Ein Beschneidungspfad entsteht mit dem entsprechenden Befehl aus dem Menü der Pfadepalette auf Basis eines zuvor erstellten normalen Pfades; Details finden Sie im »Pfade«-Kapitel weiter hinten.

Erstmals mit Photoshop 5 enthält der EPS-Dialog keine spezielle Option für den Beschneidungspfad. Ist ein als Beschneidungspfad definierter Pfad im Bild, verwendet Photoshop ihn für die EPS-Ausgabe. Andere Pfade ignoriert das Programm. Deteils zu Beschneidungspfaden finden Sie hinten im Kapitel »Pfade«.

Halbautomatisch legen Sie einen Beschneidungspfad mit dem Befehl **Hilfe: Transparentes Bild exportieren** an. Dabei muß der gewünschte Freistellbereich entweder ausgewählt sein oder über transparentem Hintergrund liegen. Alles weitere erledigt Photoshop.

EPS-Vorschaudateien

Zusätzlich zu den Farbauszügen, ob in Einzeldateien oder nicht, können Sie eine Vorschau mit abspeichern, die auch »Composite« heißt. Damit sehen Sie im Layout-Programm nicht nur eine Rechteck-Box. Hier haben Sie die Wahl zwischen einem Bit oder wesentlich ansehnlicheren acht Bit pro Pixel. Photoshop legt diese Vorschau als Tiff an, am Mac wird auch noch die Pict-Variante geboten.

Haben Sie CMYK-Bilder als EPS mit Vorschau abgespeichert und für den Offsetdruck separiert, dann sieht der Probeausdruck mit Tintenstrahler oder Thermodrucker möglicherweise schlecht aus. Auch die EPS-Vorschau am Monitor wirkt unschön und kann Auftraggeber abschrecken.

Für eine gelungene Präsentation müssen Sie nur die Vorschau-Datei verändern. Darum können Sie im »Öffnen«-Dialog als »Dateiformat« auch einzig und allein die »EPS Tiff Darstellung« wählen und für die Präsentation optimieren – die hochaufgelösten Feindaten bleiben unberührt.

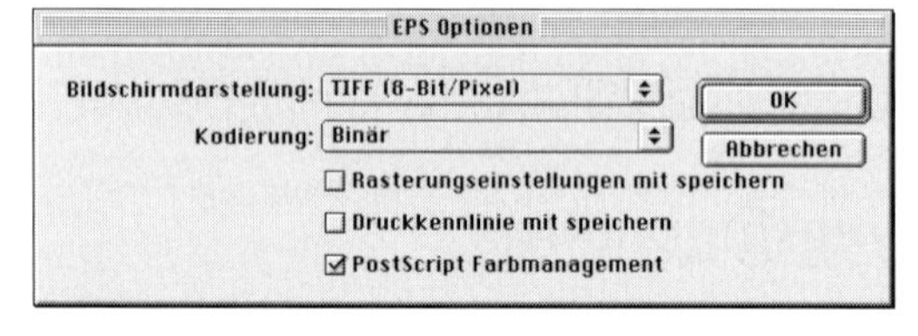

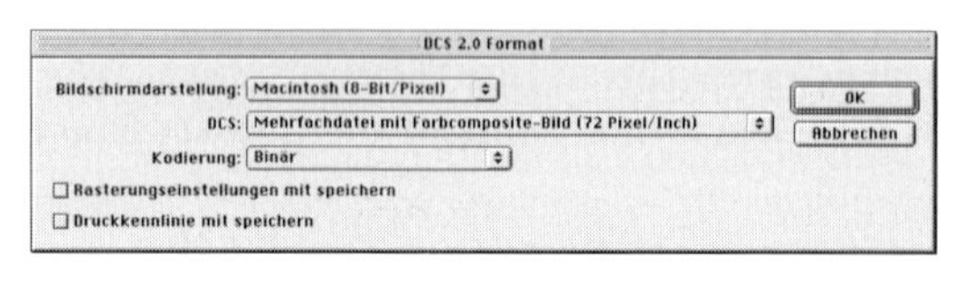

EPS nimmt auch Informationen aus der Druckereinrichtung auf. Die Variante DCS verteilt die Grundfarbauszüge auf mehrere Dateien.

DCS

DCS (Desktop Color Separation) ist eine Sonderform des EPS-Formats, die von Quark entwickelt wurde. Man wählt sie ab Photoshop 5 separat im Klappmenü der Dateitypen aus; Sie finden die DCS-Option also nicht mehr innerhalb des EPS-Dialogs.

Mehrere Dateien

Sie können DCS-Bilder in mehrere Dateien zerlegen, die jeweils einen Farbkanal wiedergeben (siehe auch unten). Dann sparen Sie erheblich Belichterzeit, da stets nur der passende Farbauszug zum Belichter wandert und nicht – für jeden Farbauszug neu – die ganze Datei. Die DCS-Teile müssen sich beim Belichten natürlich in einem einzigen Verzeichnis befinden.

Gingen jedoch die Verbindungen der DCS-Datei verloren, so daß man sie weder öffnen noch drucken kann, dann öffnen Sie die einzelnen Grundfarben-Dateien und setzen sie mit dem Befehl **Kanäle zusammenfügen** aus dem Menü der Kanäle-Palette zusammen. Diese CMYK-Datei sichern Sie erneut als DCS. Probleme mit EPS-DCS resultieren meist daraus, daß die Verbindung zwischen den Einzeldateien nicht mehr stimmt: Die Namen oder die Verzeichnisse wurden geändert.

DCS 1.0

DCS 1 wird nur für CMYK-Dateien angeboten und verteilt das Bild auf fünf Dateien. DCS speichert ein CMYK-Werk in fünf separaten Dateien. Vier dieser Dateien enthalten die Originalauszüge für die CMYK-Druckfarben – kenntlich an den Endungen .C, .M, .Y und .K; die fünfte »Master«-Datei (mit der Endung .eps) zeigt niedrigaufgelöst eine Vorschau des kompletten Bildes.

DCS 2.0

DCS 2.0 verkraftet auch einen einzelnen Alphakanal und Spotfarbenkanäle (»Volltonfarbenkanäle«). Zusätzliche Spotfarbenkanäle tragen Endungen wie .5 oder .6. Sie können die Farbauszüge wie bei Version 1.0 auf mehrere Dateien verteilen (»Mehrfach-Datei«). Alternativ – um Platz zu sparen – legen Sie eine »Einzeldatei« an.

DCS-Vorschau optimieren

Arbeiten Sie mit gesplitteten DCS-Dateien, optimieren Sie die Vorschau-Fassung so:

1. Sie erstellen zwei Fassungen des Bildes – einmal mit Separation für den Belichter, einmal für die Präsentation.
2. Dann löschen Sie die Vorschau-Datei der Belichterversion (mit der Endung .eps) und verwenden statt dessen das Vorschaubild des Datensatzes für den Tintenstrahler.
3. Dieser Datei geben Sie den Namen des zuvor gelöschten, ursprünglichen Vorschau-Dokuments.

Bei der JPEG-Kodierung einer EPS-Datei werden die Ausgabedateien noch kleiner, die Komprimierung ist jedoch mit Verlusten verbunden. Das bedeutet, daß die Ausgabequalität möglicherweise geringer ist. Wenn Sie EPS-Dateien mit JPEG-Kodierung speichern, können Sie zwischen verschiedenen Qualitätsstufen wählen. In den oberen Stufen fallen die Verluste kaum auf. Näheres lesen Sie im anschließenden JPEG-Abschnitt innerhalb dieses Kapitels.

5.6 JPEG-Dateiformat

Das JPEG-Format der Joint Photographic Experts Group kann Bilddateien auf Festplatte um fast beliebige Faktoren verkleinern – zum Beispiel 10, 50 oder 150. Dabei löscht es gehörig Informationen, rechnet diese beim Öffnen der JPEG-Datei aber so geschickt wieder hinein, daß man im Druck und am Schirm oft nichts von der Verdichtung bemerkt. Leicht läßt sich ein 30-Mbyte-Titelbild ohne sichtbaren Schaden auf Diskettengröße stauchen. Neben GIF ist JPEG das wichtigste Bilddateiformat für das World Wide Web im Internet.

Wohlgemerkt, JPG ist ein Dateiformat. Es gibt aber andere Dokumenttypen, die Datenkompression nach JPEG-Schema anbieten, in Photoshop sind das zum Beispiel PDF, EPS und Pict (Pict nicht unter Windows); andere Hersteller haben sogar Tiff mit JPG-Kodierung auf Lager.

Bilder im JPEG-Dateiformat sind problemlos austauschbar zwischen Mac und Windows. Sie lassen sich in der Zoomstufe 100 Prozent (ein Bildpunkt auf einem Monitorpunkt) ohne weiteres auch mit Internet-Browsern betrachten, so daß der Empfänger nicht unbedingt ein Bildprogramm haben muß. Die Ladezeit verlängert sich gegenüber unkomprimierten Dateien deutlich. JPEG-Kompression wird nur für Graustufen- und »Echtfarb«-Bilder ab 16 Bit angeboten, nicht jedoch für Dateien mit reduzierter 8-Bit-Farbtiefe. Um sie überhaupt in JPEG speichern zu können, müssen Dateien mit indizierter 256-Farben-Tabelle erst in den RGB-Modus verwandelt werden – eine wenig sinnvolle Strategie.

Auch andere Dateiformate – etwa EPS oder Pict am Mac – bieten Kompression nach dem JPEG-Prinzip an.

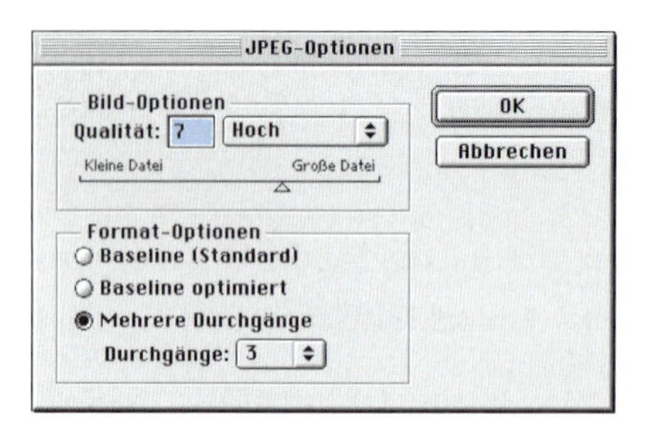

Stufenprogramm: Das JPEG-Format bietet zehn Stufen; bei niedrigen Werten sinken Dateigröße und Qualität. Erkennbar sind die Verluste vor allem an Flecken in homogenen Flächen und an Schattenbildungen in Kontrastzonen. Das Beispiel rechts, das die typischen JPEG-Verfremdungen besonders krass zeigt, wurde von 290 auf 5 Kilobyte gestaucht. So tief herunter in Qualität und Dateigröße kommt man allerdings mit Photoshop gar nicht; das Beispiel entstand mit einem anderen Programm, weil Photoshop darauf abgestimmt wurde, überdeutliche Fehler zu vermeiden. Datei: Stoppuhr.

Einsatzzweck

Internet-Verleger haben nur JPEG und GIF. Wegen seiner im Vergleich zu GIF höheren Farbtiefe von 24 Bit eignet sich JPEG besonders für farblich fein abgestufte Vorlagen, etwa Verläufe, Hauttöne oder sanfte Hintergrundkacheln. Freilich kann die Farbvielfalt zu Konfusion auf 8-Bit-Systemen führen: Höchstens 256 Farben erscheinen korrekt, der Rest grotesk verzerrt. Interessant ist aber, daß JPEG auch CMYK und Pfade unterstützt. Damit eignet sich JPEG durchaus zur

Aufnahme größter, professioneller Bilder samt Pfad, der leicht in einen Beschneidungspfad umgerechnet werden kann – oder auch in eine übliche Auswahl. Die Anbieter von Bilder-CDs haben dies längst erkannt.

Online-Informationen

Englische Fragen und Antworten zum JPEG-Format (FAQs, Frequently asked questions) finden Sie auf dieser Internet-Seite:

`http://www.cis.ohio-state.edu/hypertext/faq/usenet/jpeg-faq/`

Weitere Informationen sollten auch hier bereitliegen:

`ftp://ftp.uu.net/graphics/jpeg`

`http://webreference.com/jpeg/`

Bildqualität

Selbst bei höchster Qualitätsstufe schrumpft das Bild auf der Festplatte oft um den Faktor fünf bis 15 – Arbeitsspeicher belegt es unabhängig davon in voller Höhe; der Bildqualität ist dabei meist gar nichts anzusehen. Bis hinunter zum Faktor 20 oder 30 bleibt die Verdichtung für den Betrachter unauffällig. Die ersten Schwächen treten besonders bei feinen Farbübergängen in Hauttönen oder Verläufen zu Tage – hier erscheinen grobe Blöcke; harte Linien – etwa Buchstaben – werfen plötzlich dubiose Schatten. Erreichbar sind – bei niedrigster Bildqualität – Faktoren bis 1:100 und darunter; sie eignen sich höchstens für Archivzwecke, doch scheint hier eine Verringerung der Auflösung sinnvoller. Adobes Programmierer stimmten Photoshops JPEG-Regler allerdings so ab, daß eine gründliche Ruinierung der Datei kaum möglich ist. Die Option »Baseline optimiert« verbessert eine JPEG-Datei geringfügig.

JPEG-Vorschau

Eine Vorschau auf die erzielte JPEG-Qualität erspart sich Photoshop – im Gegensatz zu manch erschwinglicherem Programm. Zur Qualitätskontrolle schließen Sie darum nach der Konvertierung ins JPEG-Format die aktuelle Datei, um sie neu als JPEG-Datei aufzurufen: Jetzt erst werden die möglichen Verluste durch die Farbkompression ersichtlich; öffnen Sie parallel dazu die ursprüngliche Datei, die Sie zum Beispiel als Tiff gesichert hatten. Dieser Vergleich ist nur sinnvoll bei 16- oder 24-Bit-Anzeige, am zuverlässigsten in der Zoomstufe 100 Prozent.

Wenn Sie häufig JPEGs auf einen besonders kleinen Wert stutzen möchten, dann ist Photoshop unbequem. Sie brauchen ein Programm oder ein Plug-In, das noch vor dem Speichern zeigt, was nach dem Speichern auf Platte gelangen wird. Hier dient sich Adobe selber an mit seinem Programm »ImageReady«, einem fürs Internet-Design umgekrempelten Photoshop. Außerdem gibt es verschiedene Plug-In-Lösungen, unter anderem den SmartSaver von Ulead; eine Demo-Version finden Sie auch auf der CD zu diesem Buch.

JPEG und 8-Bit-Grafiken

JPEG zeigt besondere Schwächen mit 8-Bit-Grafiken, zum Beispiel GIFs, die bereits in ein Farbstreuraster (»Diffusion Dithering«) konvertiert wurden; bei geschickter Anwendung kann JPEG die Farbstreuung zwar glätten, allerdings erreicht man das übersichtlicher per Konviertierung in den RGB-Modus mit Weichzeichnen oder bikubischem Interpolieren. In jedem Fall erzeugt die Konvertierung einer 256-Farben-Datei nach JPEG ein Bild mit weit mehr als 256 Farben. Besonders unergiebig ist die Konvertierung zwischen JPEG und GIF: Hier treffen zwei Formate mit deutlichen, aber unterschiedlichen Beschränkungen aufeinander – die Schnittmenge der damit noch möglichen Qualität ist klein.

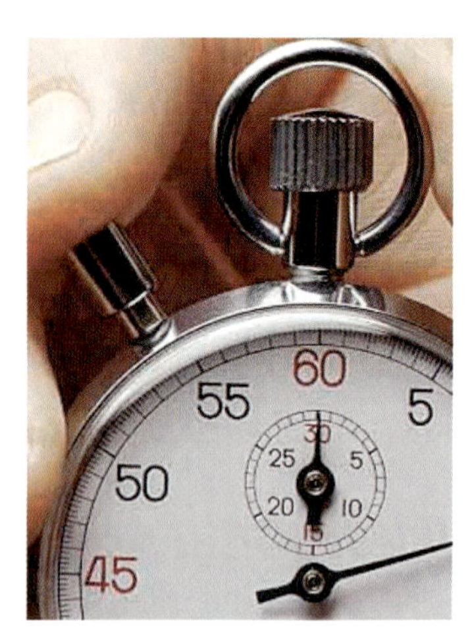

Das RGB-Beispielbild benötigt unkomprimiert 290 Kbyte, in verlustfreier Tiff-Kompression immer noch 240 Kbyte. JPEG mit fast höchster Qualitätsstufe 9 (links) beansprucht dagegen nur 79 Kbyte, ohne irgendwelche Unterschiede zur Vorlage zu zeigen; selbst Stufe 3 (mittlere Qualität) mit 23 Kbyte zeigt keine deutlichen Schwächen. Die werden erst allmählich bei Stufe 0, 14 Kbyte, erkennbar. Datei: Stoppuhr.

»Mehrere Durchgänge«

Die Option »Mehrere Durchgänge« ermöglicht eine schnellere Bildvorschau: Das Motiv wird nicht Zeile für Zeile aufgebaut, sondern entsteht aus immer feineren Varianten des gesamten Rechtecks – visuell vage vergleichbar dem »Interlaced«-Aufbau bei GIF. Die Datenmenge ändert sich gegenüber dem konventionellen JPEG kaum, die Qualität nur unwesentlich. Die Zahl der Durchgänge können Sie vorgeben. Dieser JPEG-Typ heißt oft auch »Progressive JPEG«.

Die Abtastung einer einzelnen Variante eines »progressiven« JPEGs dauert so lange wie das komplette Einlesen einer herkömmlichen JPEG-Datei. Das heißt: Progressive JPEG lohnt sich nur auf besonders langsamen Übertragungswegen, nämlich dann, wenn die Ladezeit nicht durch den Rechner begrenzt wird, sondern durch den Übertragungsweg. Das ist beim zähen analogen Internet-Zugriff via Modem der Fall. Ältere Pixelprogramme und Internet-Browser unterstützen »Progressive JPEG« gar nicht – so etwa Netscape Navigator vor Version 2.0 und Photoshop vor Version 4.0. Am Bildschirm läßt sich der fortschreitende Aufbau einer »progressiven« JPEG-Datei, die auf der eigenen Festplatte liegt, nicht testen: der zügige Datenstrom veranlaßt die Software, alle Zwischenstufen zu überspringen und ad hoc das Endergebnis zu präsentieren.

Das JPEG-Prinzip

Das menschliche Auge unterscheidet Farbinformationen nicht so gut wie Helligkeitsinformationen. Darum trennt das JPEG-Verfahren die Farbwerte nicht nach dem üblichen Rot-Grün-Blau-Schema, sondern erstellt nach dem YCC-Farbmodell einen Helligkeitskanal (Y, Luminanz) und zwei Farbkanäle (CC, Chrominanz). Je nach Vorwahl wird die Datei dann in Sektoren von zum Beispiel 2×2 oder 4×4 Pixeln aufgelöst. Nur noch ein einziger Bildpunkt innerhalb des einzelnen Sektors enthält die Farbinformation, die allein zwei Byte pro Pixel ausmacht; die restlichen Pixel liefern lediglich den Helligkeitswert (je ein Byte). Die fehlenden Farb-Werte entstehen erst wieder beim Laden in den Arbeitsspeicher durch Zwischenwertberechnung (Interpolation).

YCC	*Y*	*YCC*	*Y*	*YCC*	*Y*
Y	*Y*	*Y*	*Y*	*Y*	*Y*
YCC	*Y*	*YCC*	*Y*	*YCC*	*Y*
Y	*Y*	*Y*	*Y*	*Y*	*Y*

Das JPEG-Format speichert die Farbinformationen (CC, zwei Byte) lediglich für einen Pixel innerhalb eines Sektors, nur die visuell wichtigeren Helligkeitswerte (Y, ein Byte) werden für jeden Bildpunkt separat gesichert.

Wiederholt speichern

Generell ist beim wiederholten Speichern im JPEG-Format Vorsicht geboten: In Bildteilen, die Sie zuvor bearbeiteten, drohen weitere Verluste. Und Datenschwund entsteht ebenfalls in den nicht manipulierten Zonen, wenn die JPEG-Qualität geändert wird. Details gehen auch verloren beim Sichern eines gekappten JPEG-Bildes: Der Algorithmus teilt das Bild in neue Segmente ein und interpoliert die Farben anders; ebenso sollte man nicht die Pixel-Auflösung einer JPEG-Datei umrechnen.

Damit eignet sich das JPEG-Format nicht zum Zwischensichern während der Arbeit an einem Bild. Indes stimmte Adobe seinen JPEG-Filter so ab, daß eine Bilddatei kaum je tatsächlich den Bach runtergeht. In der Praxis verkraften viele Motive auch zwei- oder dreimaliges Speichern mit zwischenzeitlicher Bearbeitung. Aber Sie wurden hiermit gewarnt.

5.7. GIF-Dateiformat

Das GIF-Format ist auf 256 Farben, also acht Bit Farbtiefe, beschränkt. GIF ist neben JPEG das einzige Bilddateiformat, das typische Internet-Browser ohne weiteres darstellen können, und deshalb für Web-Designer äußerst wichtig.

Wegen seiner auf 256 begrenzten Farbenzahl eignet sich GIF, das Graphics Interchange Format, vor allem für plakative Grafiken im Web. Zum Beispiel für Schriftzüge, Logos, Zeichnungen, Screenshots. Für subtile Hauttöne, Farbübergänge oder für sanfte Hintergründe sollte man besser JPEG verwenden.

GIF im Speichern-Dialog

Um eine RGB- oder CMYK-Datei als GIF zu speichern, bleibt nur der Weg über das Modul »GIF 89a exportieren« (siehe unten). Wollen Sie dagegen den üblichen »Speichern unter«-Dialog (⌘+Umschalt+S) für den Weg nach GIF verwenden, müssen Sie die Datei bereits mit dem **Bild**-Untermenü **Modus** in **Indizierte Farben** verwandelt haben. Sie haben die Möglichkeit, den künftigen Bildaufbau auf dem Monitor – hier als »Zeilenfolge« aufgeführt – nach »Interlaced«-Schema zu gestalten.

Interlacedmodus

Im Modus »Interlaced« baut sich die Datei am Schirm schöner auf: Statt nach und nach, Zeile für Zeile auf die Bildfläche zu trudeln, steht sofort das komplette Rechteck da (beziehungsweise die freigestellte Form). Der Browser zeigt im ersten Durchgang die erste, die neunte und alle weiteren Zeilen im Achter-Abstand; im zweiten Durchgang folgen Vierer-Sprünge: die fünfte, die dreizehnte Zeile etc. Doch schon im ersten Schritt, wenn nur jede achte Originalzeile zu sehen ist, stellt der Browser das Gesamtfoto schematisch dar, indem er jede vorhandene Zeile vervierfacht; nach dem zweiten Durchgang muß er sie nur noch verdoppeln, bis das Bild komplett geladen ist. Visueller Eindruck: Ein Werk »schwimmt an die Oberfläche«.

Der Effekt läßt sich auch ohne Internet besichtigen: Man speichert eine GIF-Datei mit Interlacedmodus und lädt sie in einen Internet-Browser. Damit der Aufbau nicht zu schnell abläuft, sollte das Bild mindestens rund 600×400 Pixel haben – auf schnellen Rechnern noch mehr. Beachten Sie, daß ältere Browser und Bildprogramme GIF interlaced eventuell nicht anzeigen. Photoshop selbst zeigt den Zeilensprung nicht, sondern präsentiert nur das fertige Bild – im Gegensatz zu anderen Pixel-Programmen.

Transparenz

Wenn Sie einen üblichen **Speichern**-Befehl verwenden – und nicht **GIF 89a Export** (siehe unten) – berücksichtigt Photoshop Alphakanäle im Bild. Motivteile, die im Alphakanal schwarz unterlegt sind, werden im GIF-Bild als »transparent« markiert, das heißt, sie zeigen sich nicht zum Beispiel auf einer Internet-Seite. Sie haben zwei Möglichkeiten, dieses Phänomen zu vermeiden:

Löschen Sie Alphakanäle vor dem Speichern als GIF.

Oder installieren Sie das Plug-In »Compuserve GIF« aus dem Ordner »Optional Plug-ins/File Format/Alternate Versions« der Photoshop-CD »Applications«. Verschieben Sie zunächst das vorhandene Plug-in aus dem Photoshop-Ordner »Zusatzmodule/Dateiformat« in ein Zwischenlager außerhalb der »Zusatzmodule«. Dann ziehen Sie das GIF-Modul von der CD in diesen Ordner.

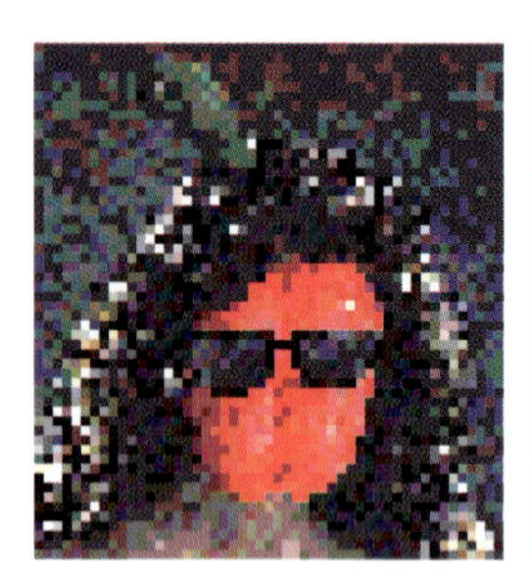

Zuwachs: Im Interlacedmodus wird eine GIF-Datei auf dem Schirm zunehmend klarer. Datei: Gesicht.

GIF-Exportmodul

Photoshop bietet GIF in den »Speichern«-Dialogen nur an, wenn das Bild schon im Untermenü **Bild: Modus** auf **Indizierte Farben**, also 256 Farben, heruntergerechnet wurde. Einfacher macht es das GIF-Exportmodul, das auch Echtfarb-Dateien akzeptiert, sogar mit Alphakanälen und Ebenen. Sie erreichen es über **Datei: Exportieren: GIF 89a Export**. Die entstehende 8-Bit-GIF-Datei wird auf Festplatte geschrieben (exportiert), ohne daß sich am aktiven Bild in Photoshop etwas ändert.

Farbtiefe

Im GIF-Modul legen Sie unter anderem fest, ob Sie mit optimierter Palette oder mit Systempalette arbeiten; die Hintergründe zu diesen Fragen finden Sie im folgenden Kapitel »Farbmodus« im Abschnitt »Indizierte Farben«. In der Regel reduziert man als World-Wide-Web-Designer schon vorab im **Modus**-Untermenü auf **Indizierte Farben** und verwendet dabei die spezielle »Web«-Palette. Zwar gerät das Ergebnis mit einer »flexiblen« Palette schöner. Doch die dann speziell für diese Datei angefertigte Farbtabelle bringt andere 8-Bit-Systeme durcheinander, so daß es auf Rechnern mit 8-Bit-Anzeige zu grotesken Farbverzerrungen kommen kann; dies zumindest dann, wenn andere Bilddateien und die Programmoberfläche einige weitere Farben für sich beanspruchen.

Die Reduktion auf weniger »Farben« – zum Beispiel 128 oder 32 – belohnt GIF mit verkleinerter Dateigröße und also schnellerer Übertragung im Netz. Wie alle 8-Bit-Farbdateien läßt sich auch GIF kaum in Photoshop bearbeiten; wer filtern oder aufhellen will, wechselt erst in den RGB-Modus.

Text-Informationen

Die aktuelle GIF-Variante GIF 89a nimmt auf Wunsch auch Text auf – in Photoshop die »Bildunterschrift« aus den »Datei-Informationen«. Dieses Feature wird kaum genutzt.

Transparenz

Motive im GIF-Format lassen sich auch freigestellt – ohne rechteckigen Kasten – auf einer Web-Seite präsentieren, Hintergrundfarbe oder Hintergrundkacheln schauen durch. Dazu definiert man eine oder mehrere der 256-GIF-Farben als »Transparenz«; diese Farbe wird dann vom Browser unterdrückt, statt ihrer zeigt er den im Web-Dokument definierten Untergrund. Diese GIF-Option ist unabhängig vom »Interlaced«-Modus.

Verschiedene Wege

Die Transparenz-Informationen lassen sich auf unterschiedlichen Wegen erzeugen. Diese Möglichkeiten haben Sie:

- Sitzen Sie vor einer RGB- oder CMYK-Datei, dann erzeugen Sie die Transparenz am besten mit einer Ebenenmaske.
- Sofern Sie bereits in den Modus »Indizierte Farben« konvertiert haben – was keine schlechte Idee ist –, können Sie die Transparenzfarbe auch aus einem Alphakanal ableiten.
- Ebenfalls nur im Modus »Indizierte Farben« können Sie innerhalb des GIF-Export-Dialogs mit der Pipette zu unterdrückende Bildbereiche markieren – in der Regel ein weniger komfortables Verfahren.
- Halbautomatisch legen Sie einen transparenten Bereich mit dem Befehl **Hilfe: Transparentes Bild exportieren** an. Dabei muß der gewünschte Freistellbereich entweder ausgewählt sein oder über transparentem Hintergrund liegen. Alles weitere erledigt Photoshop.

Wird eine Farbe des GIF-Bildes als Transparenzwert gespeichert, erscheint im Internet-Browser der Hintergrund unter dieser Farbe.

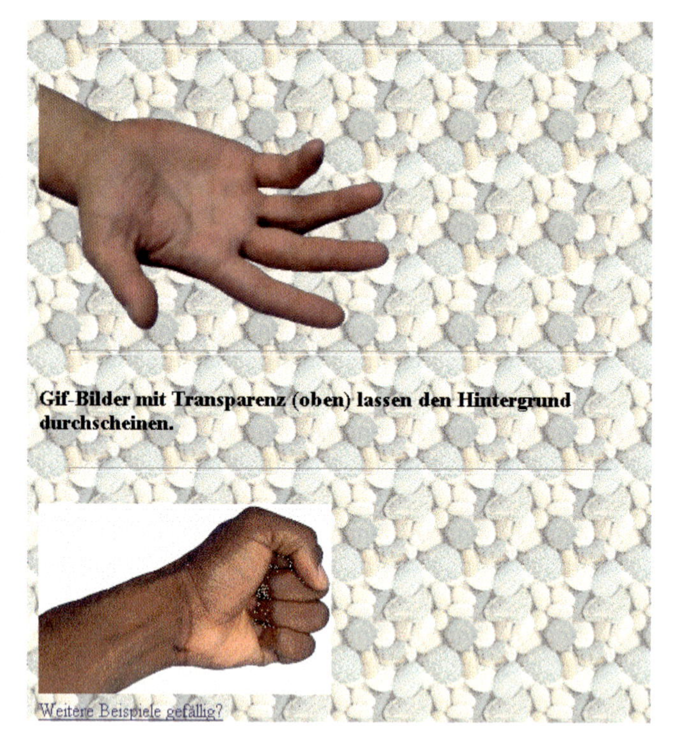

GIF-Transparenz bei RGB-Dateien mit Ebenenmaske

Möchten Sie ein RGB-Bild als GIF mit Transparenz speichern, dann legen Sie die aktuelle Auswahl als Ebenenmaske an. Eine Ebenenmaske funktioniert nicht bei reinen »Hintergrund«-Ebenen. Details darüber stehen im »Ebenen«-Kapitel, hier eine Kurzanleitung:

1. Falls Sie auf einer »Hintergrundebene« arbeiten, verwandeln Sie diese in eine normale Ebene; dazu klicken Sie doppelt auf das Ebenen-Thumbnail in der Ebenen-Palette und vergeben im Optionen-Dialog einen neuen Namen.
2. Markieren Sie den Bildteil, den Sie frei montieren wollen, mit Zauberstab und anderen Auswahlgeräten.
3. Klicken Sie auf den **Ebene**-Befehl **Ebenenmaske hinzufügen: Außerhalb der Auswahl maskieren**. Schalten Sie die Ebenenmaske nicht ab.
4. Jetzt wechseln Sie zum **Datei**-Befehl **Exportieren: GIF 89a exportieren**.
5. Nun legen Sie eine Farbe fest, die später auf der World-Wide-Web-Seite unterdrückt werden soll, so daß der Seiten-Hintergrund durchscheinen kann. Diese Farbe darf im Objekt selbst natürlich nicht vorkommen. Auf dem Farbfeld in der Zone »Transparenz aus der Maske« schlägt Photoshop zunächst ein Standard-Grau vor. Sollte dies womöglich in der Datei vorkommen, klicken Sie auf das Farbfeld; das öffnet den Farbwähler, in dem Sie eine neue, deutlich kontrastierende Farbe anklicken.
6. Prüfen Sie das Ergebnis nach einem Klick auf die »Vorschau«-Schaltfläche. Im Vorschau-Fenster sehen Sie das Werk bereits mit reduzierter 8-Bit-Farbtiefe sowie mit der gewählten Hintergrundfarbe. Mit Hand und Lupe können Sie vergrößern oder verschieben, Lupe plus Alt-Taste verkleinert.

7. Nach Bestätigung mit »OK« können Sie die GIF-Datei mit Transparenz-Information auf die Festplatte schreiben. An der aktuellen Datei mit ihrer Ebenenmaske ändert sich gar nichts, auch nicht der Farbmodus.

Ein Weg zum freigestellten Objekt: Das Objekt wird ausgewählt, auf Basis dieser Auswahl wird eine Ebenenmaske angelegt. Datei: Wagen_2.

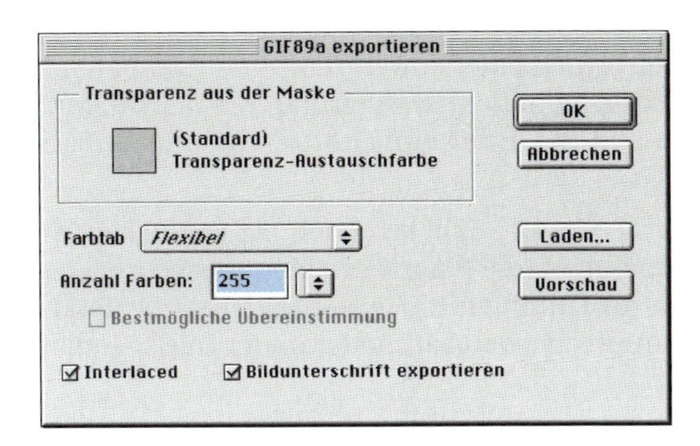

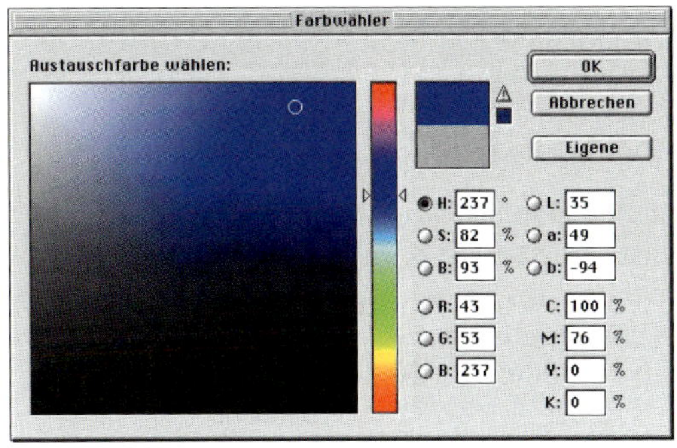

Als Transparenzfarbe, die später über der Internet-Seite unterdrückt wird, schlägt Photoshop zunächst Grau vor. Nach Klick auf das Farbfeld legen Sie eine andere Farbe fest, die nicht im Objekt vorkommen darf.

Die GIF-Vorschau zeigt das Bild bereits vor der gewählten Hintergrundfarbe, bevor es als neue Datei exportiert wird.

Auf der Internet-Seite erscheint das Objekt nicht mit dem üblichen Kasten, sondern freigestellt.

Transparenz bei 8-Bit-Dateien

Sinnvoller ist es oft, schon vorab per **Bild**-Befehl **Modus: Indizierte Farben** auf die GIF-kompatiblen acht Bit herunterzurechnen. Das Dialogfeld bietet eine Vorschau an der Originaldatei.

Sie haben dann folgende Möglichkeiten, transparente Bereiche mit dem GIF-Export einzurichten:

Transparenz per Pipette

Klicken Sie auf »Gewählte Farben«, um mit dem eingebauten Pipettenwerkzeug eine Transparenzfarbe anzuklicken – zum Beispiel den zuvor einfarbig gefüllten Hintergrund. (Es macht Sinn, vorab den Hintergrund des Objekts auszuwählen und mit einer einheitlichen, deutlich abgetrennten Farbe zu füllen).

Sie können auch verschiedene Farbwerte im Vorschaufenster anklicken oder, bei gedrückter ⌘-Taste, wieder aus dem Transparenz-Bereich herausnehmen (die Pipette erscheint bei gedrückter ⌘-Taste mit einem Minus- statt Plus-Zeichen). Die zur Füllung mit der Transparenzfarbe ausersehenen Bildteile deckt Photoshop sofort ab, die entsprechenden Farbfelder in der Palette unten sind markiert.

Transparenz per Alphakanal

Alternativ listet Photoshop im Listenfeld auch vorhandene Alphakanäle auf, aus denen er eine transparente Zone erzeugt.

Weitere Optionen im GIF-Export

Zudem bieten sich folgende Optionen:

- Mit der Lupen-Schaltfläche zoomen Sie, bei Alt-Taste läßt sich die Vorschau verkleinern.
- Mit der Hand-Schaltfläche verschieben Sie die Vorschau.
- Wie immer über Photoshop-Bildfenstern kommen Sie jederzeit auch an die Vergrößerungslupe mit dem Griff ⌘+Leertaste, an die Verkleinerungslupe per Alt+Leertaste und an die Verschiebe-Hand mit der Leertaste pur.
- Klicken Sie »Bildunterschrift exportieren« an, wenn Sie mit dem Befehl **Datei: Datei-Informationen** eine solche eingetippt haben und diese mit auf die Reise schicken möchten.
- Klicken Sie »Interlaced« an, wenn sich das Bild mit »Interlaced«-Vorschau öffnen soll (siehe oben).
- Drücken Sie die Alt-Taste. Damit verwandelt sich die »Abbrechen«-Schaltfläche in einen »Zurück«-Schalter; Sie können alle Änderungen annullieren, ohne das Dialogfeld schließen zu müssen.

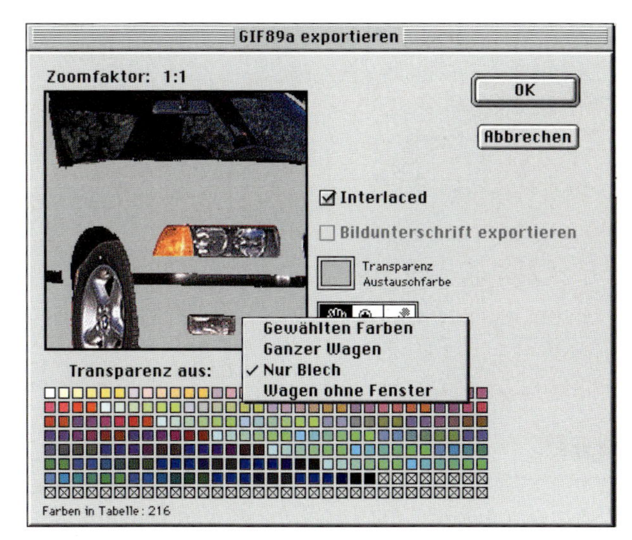

Wurde die Vorlage bereits auf acht Bit reduziert, läßt sich die Transparenz-Information per Alphakanal oder Auswahl-Pipette bestimmen. Datei: Wagen3.

Übung: Weiche Schatten bei indizierter Farbe

Halbtransparenz, so daß etwa ein Schatten den Hintergrund sanft dämpft, ist im Prinzip mit GIF nicht möglich. Mit Tricks kommt man aber auch bei GIF zu halbwegs weichen Schatten, wie diese Übung zeigt. Dabei wird der für die Internet-Seite geplante Hintergrund bereits in den Schatten eingewoben.

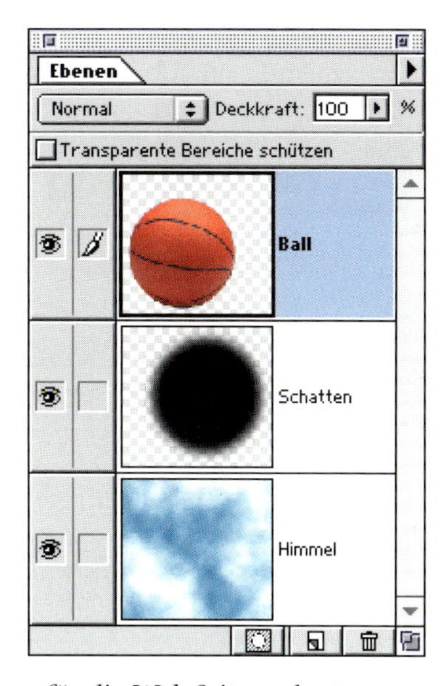

Objekt und Objekt-Schatten liegen hier als eigene Ebenen über dem für die Web-Seite geplanten Hintergrund. Laden Sie die Objekt-Auswahl, indem Sie mit der ⌘-Taste auf das Objekt-Logo in der Ebenen-Palette klicken; erweitern Sie diese Auswahl um die Schatten-Auswahl, indem Sie mit ⌘- und Umschalt-Taste auf das Schatten-Logo klicken. Um schließlich nur die außen liegende Umgebung auszuwählen, verwenden Sie den Befehl »Auswahl: Auswahl umkehren« (⌘+Umschalt+I). Datei: Ball.

Dann aktivieren Sie die Hintergrundebene und füllen den ausgewählten Bereich mit Weiß (Umschalt+Rückschritt, Weiß angeben). Sie können auch eine andere Farbe verwenden, die sich deutlich vom Motiv abhebt; diese Farbe laden Sie als Vordergrundfarbe, um sie im »Füllen«-Dialog angeben zu können. Das Ergebnis konvertieren Sie in den Modus »Indizierte Farben«; dabei werden alle Ebenen zu einer Hintergrundebene zusammengefaßt. Dabei verwenden Sie in aller Regel »Diffusion Dithering«, um grobe Farbübergänge zu begrenzen. Zwischenergebnis-Datei: Ball_2.

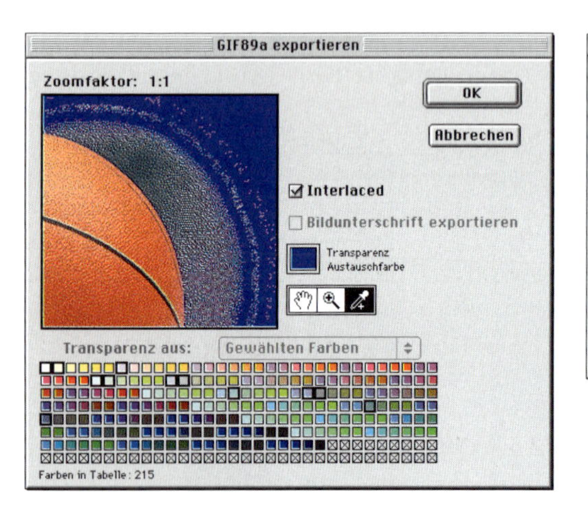

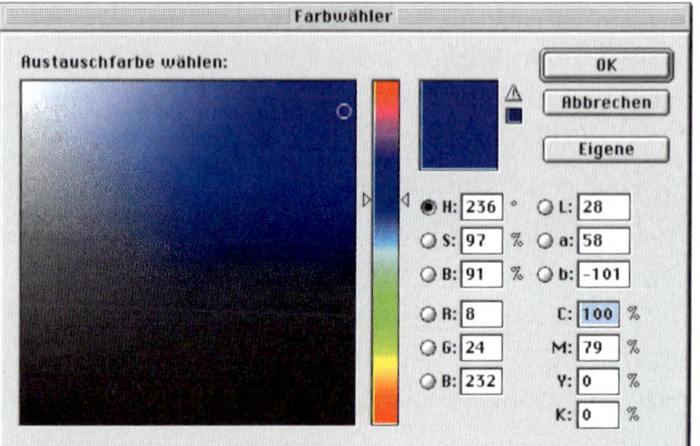

Im »Datei«-Untermenü »Exportieren« starten Sie das Modul »GIF 89a exportieren«. Schieben Sie bei gedrückter Leertaste das Bild im Vorschaufenster so zurecht, daß Sie auch in der 100-Prozent-Zoomstufe Schatten und Hintergrund erkennen. Klicken Sie mit der Pipette in den Hintergrund, um diesen als transparent zu markieren. Als Transparenz-Vorschaufarbe verwendet Photoshop zunächst Grau. Doch es ist übersichtlicher, wenn Sie jetzt in das Feld »Transparenz-Austauschfarbe« klicken und eine besser kontrastierende Farbe wählen, zum Beispiel Blau.

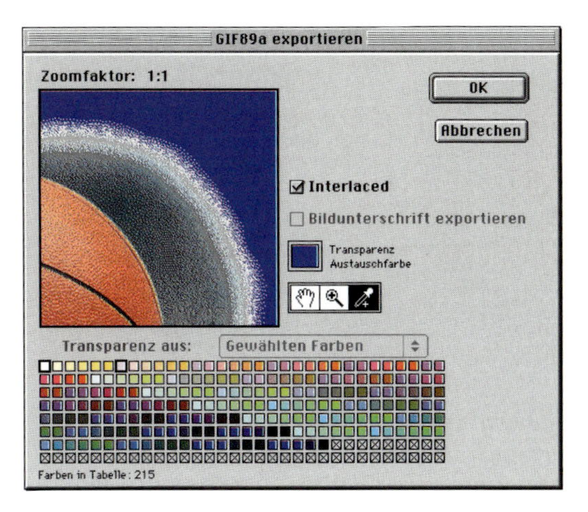

Mit der Pipette können Sie den Übergang zwischen Hintergrund und freigestelltem Objekt genau festlegen. Haben Sie bereits zuviel ausgewählt, verkleinern Sie den Transparenzbereich mit Pipette und gedrückter ⌘-Taste. Unabhängig von einer Transparenz können Sie beim Export noch entscheiden, ob das Bild mit schneller »Interlaced«-Vorschau auf dem Schirm erscheinen soll. Bildteile, die mit Transparenzfarbe abgedeckt sind, erscheinen auf der Internet-Seite nicht.

GIF-Animationen

Im GIF-Format können Sie mehrere Bilder zu einer kleinen Animation aneinanderkoppeln – ein Feature, das auf World-Wide-Web-Seiten auch ohne Java-Programmierung für Bewegung sorgt. Vom Augenzwinkern bis zu den lästigen Werbe-Laufschriften auf kommerziellen Seiten ist alles möglich. Im Gegensatz zu anderen Bildbearbeitungsprogrammen (Corel PhotoPaint 8, Ulead PhotoImpact 4, Micrografx Picture Publisher 8) hilft Photoshop hier nicht weiter. Sie finden jedoch verschiedene GIF-Animationsprogramme im Internet und auch auf der CD zu diesem Buch.

Eine Galerie animierter GIFs, weitere Informationen auf Deutsch und Verknüpfungen zu verschiedenen, auch kostenlosen Animationsprogrammen finden Sie unter dieser Internet-Adresse:

`http://www.zampano.com/gifanim/index0.html`

Je nach Programm können Sie nur Sequenzen und Zeitfolgen definieren oder auch Verzerrungen einbauen, rotierende Uhrzeiger einkopieren oder das allmähliche Kippen oder Verblassen der Vorlage als Filmchen aufzeichnen.

Interessant für Photoshopper ist unter anderem der GIF Animator 2.0 von Ulead, der auch Teil des Bildbearbeitungspakets PhotoImpact 4 dieses Herstellers ist. Dieses Programm setzt die einzelnen Ebenen einer Photoshop-Montage unkompliziert in Einzelbilder einer GIF-Sequenz um. So können Sie zum Beispiel den Ball aus dem Beispielbild quer durch Ihre Homepage fliegen lassen, und das auch mit Transparenz.

JPEG und GIF im Vergleich: Die Vorlage für diese Schaltfläche beansprucht in verlustfreier Tiff-Kompression 21 Kbyte Festplatte (links). Mitte: Sie läßt sich im JPEG-Format ohne große Verluste auf 2,7 Kbyte komprimieren. Bei Kompression bis auf 1,3 Kbyte (rechts) treten die typischen JPEG-Fehler auf: Schleierbildung, künstliche Schatten und Farbblöcke. Datei: Schalter.

Ganz anders wirkt die Reduktion auf acht Farben im GIF-Format: Konturen bleiben sauber erhalten, aber Farbnuancen werden erstickt. Bei 128 Farben und Diffusion Dithering beansprucht die GIF-Datei sieben Kbyte Festplatte (links). Deutlich gröber wird das Ergebnis mit nur 16 Farben, es beansprucht noch 3 Kbyte.

6 Farbmodus

Mit dem **Bild**-Befehl **Modus** legen Sie den Farbmodus fest. Der sinnvollste Farbmodus hängt ganz vom Verwendungszweck eines Bilds ab. Faustregel: Wechseln Sie den Modus möglichst selten.

Wenn Sie Bildteile zwischen Dateien austauschen, werden die montierten Elemente im Farbmodus immer dem Zielbild angepaßt. Das bedeutet: Setzen Sie den Kopf aus einem Farbbild in ein Graustufenwerk, dann ergraut das Haupt im Zielbild. In einem Bild mit »Indizierten Farben« kommt das Objekt ebenfalls nur mit indizierten Farben an. Natürlich kann man ein Graustufenobjekt in ein Farbbild setzen – es erscheint dort zunächst grau, kann aber durch Retusche Farbe bekommen.

Sie sollten in den verschiedenen Farbmodellen denken können, um die Möglichkeiten von Photoshop auszunutzen.

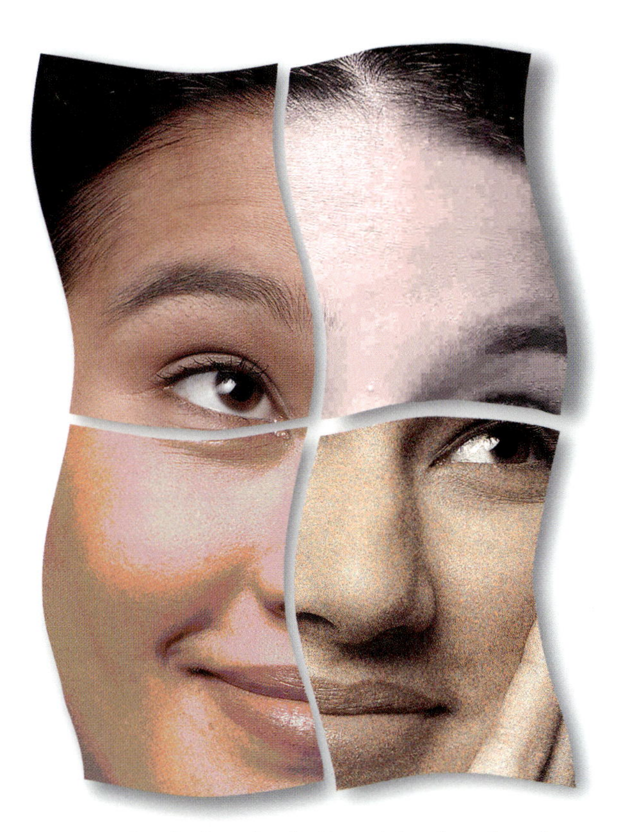

Der Farbmodus bestimmt das Aussehen der Datei und was Sie damit anfangen können.

Übersicht: Welcher Farbmodus für welchen Zweck

Grundsätzlich gilt: Wandeln Sie ein Bild nur einmal von RGB nach CMYK um, und zwar dann, wenn alle Vorgaben in den Kalibrationsmenüs stimmen. Mehrmaliges Konvertieren kostet Qualität, da speziell auf dem Weg von RGB nach CMYK wegen des kleineren Farbumfangs Informationen verschluckt werden, die später nicht wieder dazugerechnet werden. Behalten Sie immer eine RGB-Version zurück – sozusagen den naturbelassenen Scan –, so daß Sie notfalls neu vom Original aus nach CMYK separieren können.

RGB kostet mit seinen drei Farbkanälen ein Viertel weniger Speicherplatz als CMYK und entlastet damit den Arbeitsspeicher. So verweilt man zunächst in RGB, sofern das Bild nicht schon in CMYK ankam. Angesagt ist der RGB-Modus auch, wenn Sie Bilder für die Monitor- oder Videodarstellung aufbereiten, denn Monitore funktionieren nach dem RGB-Schema. Im Internet ist alles RGB. (Graustufen sind natürlich rein technisch auch möglich.)

Und wenn Sie drucken: Machen Sie zunächst die groben Korrekturen in RGB, und wechseln Sie erst für die Feinheiten nach CMYK, wo Sie Lichter und Tiefen neu überprüfen. Nur zur Ansicht in den CMYK-Farbraum bringt Sie der **Ansicht**-Befehl **CMYK**. CMYK bietet sich auch an, wenn Sie Arbeiten allein im Schwarzkanal vornehmen wollen, etwa einen Schatten anlegen. Erzeugen Sie gar komplette Farbflächen für den Vierfarbdruck, etwa mit Verlauf-Werkzeug und bunten Pinseln, dann arbeiten Sie unbedingt in CMYK mit korrekten Separations-Voreinstellungen.

Bekommen Sie jedoch ein Bild im CMYK-Modus, das zuviel Arbeitsspeicher frißt, dann verwandeln Sie es nicht nach RGB, sondern nach Lab – die Dateigröße sinkt um ein Drittel. Photo-CD-Bilder, die später nach CMYK konvertiert werden sollen, lassen Sie sich gleich als Lab kommen. Interessant ist der Labmodus überdies, wenn Sie die Helligkeit eines Bilds (den L-Kanal) unabhängig von den Farbwerten verändern wollen, zum Beispiel beim Schärfen.

Aufgabe	**Modus-Wahl**
Speicher sparen bei RGB-Bildern, die gedruckt werden	RGB-Modus beibehalten, vor Scharfzeichnen nach CMYK konvertieren
Speicher sparen bei CMYK-Bildern	Konvertieren in Labmodus
Bildbearbeitung für Video- oder PC-Präsentationen, Online-Publishing	RGB-Modus, nach Bearbeitung indizierte Farben (wenig Bearbeitungsmöglichkeiten bei indizierten Farben)
Farbflächen anlegen für Vierfarbdruck	CMYK-Modus

RGB, 1,05 Mbyte

CMYK, 1,4 Mbyte

Lab, 1,05 Mbyte

Indizierte Farben, 0,35 Mbyte

Duplex, 0,7 Mbyte

Graustufen, 0,35 Mbytew

Bitmap

Der Farbmodus für eine Bilddatei hängt vom Verwendungszweck ab. Die Modi unterscheiden sich unter anderem in der Farbtiefe, der Differenzierung einzelner Farben. Für eine Datei von 600×600 Pixeln ergibt sich bei einer Farbtiefe von acht Bit pro Grundfarbe der genannte Arbeitsspeicherbedarf. Datei: Obst

6.1 Farbtiefe

Die Informationsdichte pro Bildpunkt wird »Farbtiefe« genannt – wieviel Nullen und Einsen jeden einzelnen Pixel kodieren. Je höher die Farbtiefe, desto mehr unterschiedliche Farbabstufungen in einem Bild sind möglich.

Unterschiedliche Farbmodelle

Das Minimum ist ein Bit – nur eine Null oder Eins pro Bildpunkt. Das reicht für 2^1, also für zwei Farbtöne, in der Regel für Schwarz und Weiß. Übliche Graustufenbilder bieten dagegen für jeden Bildpunkt acht Nullen oder Einsen auf. Diese 8-Bit-Kodierung erlaubt 2^8, also 256 unterschiedliche Graustufen – genug für ein fein differenziertes Graustufenbild.

Farbdateien sind im Grunde aus mehreren Graustufenbildern zusammengesetzt: für jede Grundfarbe ein sogenannter Farbauszug oder Farbkanal. Bei RGB-Dateien liegen die drei Farbauszüge Rot, Grün und Blau übereinander; jeder kodiert in der Grundausführung mit acht Bit, insgesamt sind also dreimal acht Bit gleich 24 Bit Farbtiefe möglich. Macht 2^{24} gleich 16,7 Millionen unterschiedliche Farben, das sogenannte Truecolor. Auch das Lab-Farbmodell basiert auf drei Auszügen, kommt also auf die gleiche Farbtiefe. Dagegen setzt sich das CMYK-Modell der Druckvorstufe sogar aus vier Kanälen zusammen, Cyan (Grünblau), Magenta (Purpur), Gelb und Schwarz; somit ergibt sich eine Farbtiefe von vier mal acht beziehungsweise 32 Bit.

Dateigrößen

Die Dateigröße im Arbeitsspeicher hängt unmittelbar von der Farbtiefe ab. Acht Bit sind ein Byte; also beansprucht ein Graustufenbild mit acht Bit Farbtiefe ein Byte pro Bildpunkt. Eine Graustufendatei mit 640×480 Punkten braucht dementsprechend 307 Kbyte Arbeitsspeicher. Dreimal mehr fordert jedoch schon die RGB-Datei mit ihren drei Kanälen zu acht Bit, sie kommt auf 921 Kbyte, während für CMYK gleich 1228 Kbyte fällig sind.

Sämtliche Werte verdoppeln sich natürlich, wenn Sie sich statt acht für 16 Bit pro Grundfarbe entscheiden. Damit belegt ein Bildpunkt in einem Einzelkanal zwei Byte. Das Graustufenbild mißt 614 Kbyte, RGB ist mit 1843 Kbyte zu veranschlagen, und die CMYK-Datei schwillt auf 2.457 Kbyte an.

8 Bit oder 16 Bit pro Farbkanal

Photoshop importiert zwar Bilder mit Farbtiefen bis zu 16 Bit pro Grundfarbe, ohne – wie früher üblich – diese Farbtiefe gleich auf acht Bit herunterzurechnen. Außerdem können Sie mit dem Befehl **Bild: Modus: 16 Bit pro Kanal** jederzeit Bilder mit 16 Bit Farbtiefe pro Grundfarbe herstellen; dabei verdoppelt sich die Dateigröße. Möglich ist das aber bei Bildern ohne Ebenen, die nur aus einer Hintergrundebene bestehen.

Seit Version 5 bietet Photoshop weit mehr, aber immer noch nicht alle Funktionen, die mit 16-Bit-Farbtiefe umgehen können, darunter

- die Befehle **Duplizieren**, **Weiche Kante**, **Auswahl verändern**, **Tonwertkorrektur**, **Auto-Tonwertkorrektur**, **Gradationskurven**, **Histogramm**, **Farbton/Sättigung**, **Helligkeit/Kontrast**, **Farbbalance**, **Tonwertangleichung**, **Umkehren**, **Kanalmixer**, **Bildgröße**, **Auswahl verändern** und **Arbeitsfläche drehen** und
- die Werkzeuge Auswahlrechteck, Lasso, Freistellen, Messen, Zoom, Hand, Zeichenstift, Pipette, Farbaufnahme und Stempel.

6.2 RGB-Modus

RGB ist der Naturzustand von Bilddateien, denn Scanner und Digitalkameras funktionieren im RGB-Modus. Ein Bild kann nur in RGB gescannt werden – auch wenn das Gerät schon intern in CMYK umrechnet. Ebenso setzt ein Monitor seine Farben immer aus Anteilen von Rot, Grün und Blau zusammen – auch wenn er eine CMYK-Datei zeigt. Während die meisten Farbdrucker mit CMYK arbeiten, funktionieren Dia- oder Fotopapierbelichter nach dem RGB-Schema.

Verwendung

Verarbeiten Sie ein Farbbild, das nie den RGB-Farbraum verläßt – weil Sie es per Filmrecorder oder nur am Monitor ausgeben –, dann wählen Sie von Anfang an den **Modus: RGB Farbe** und bleiben ihm während der kompletten Bearbeitung treu. Auch einige wenige Filter kaprizieren sich auf diesen Modus – so die **Beleuchtungseffekte**, was nur logisch erscheint, da sich Licht nach RGB-Muster mischt. Wenn mit Zusatzfiltern von Drittanbietern etwas schiefläuft oder wenn sich Photoshop selbst sperrig zeigt, sollten Sie probieren, ob es in RGB besser läuft.

Additive Farbmischung (RGB)

Der RGB-Modus funktioniert nach der additiven Farbmischung der Leuchtfarben: Die primären Grundfarben Rot, Grün und Blau strahlen übereinander. Leuchten alle mit gleicher Kraft, ergibt sich Grau. Je stärker sie leuchten, desto heller das Ergebnis. Leuchten alle mit voller Kraft, ergibt sich Weiß. Mit Taschenlampe oder Diaprojektor läßt sich das nachprüfen. In der digitalen Bildbearbeitung werden die RGB-Helligkeiten mit 256 Dichtestufen von 0 (keine Farbe) bis 255 (volle Farbe) gemessen.

Sie können es sich auch so vorstellen: Das RGB-Bild besteht aus drei Graustufen-Dias, die alle auf dieselbe Leinwandfläche zu einem einzigen Bild projiziert werden. Ein Dia wird mit rotem Licht, eins grün und eins blau projiziert. Wo das Gesamtbild an der Leinwand blau ist, ist das entsprechende Graustufenbild (der Blaukanal) fast weiß, während Grün- und Rotkanal an der gleichen Stelle sehr dunkel sind, so daß dort wenig grünes oder rotes Licht durchkommen kann.

Nach der additiven Farbmischung hellen sich übereinander strahlende Farben auf – Rot, Grün und Blau bei voller Intensität mischen sich zu Weiß. Zwei RGB-Farben mischen sich zu den Sekundärfarben des subtraktiven Farbmodells – Blau und Grün mischen sich zu Cyan, Grün und Rot zu Gelb, Rot und Blau zu Magenta.

Probieren Sie das aus, indem Sie Photoshops Farbregler aufrufen (**Fenster: Farbregler einblenden**) und über das Menüdreieck das **RGB**-Modell anwählen. Wenn Sie mit den Reglern für R, G und B jeweils den Höchstwert 255 ansteuern, erhalten Sie Weiß. Eine Null-Dichte von Rot, Grün und Blau führt zu Schwarz; jeder Gleichstand der drei Grundfarben erzeugt rechnerisch einen reinen Grauwert.

Additive Farbmischung nachvollziehen

Sie können das Prinzip der additiven Farbmischung in Photoshop nachvollziehen. Erzeugen Sie eine neue Farbdatei; der Hintergrund muß transparent oder schwarz sein. Legen Sie auf drei unterschiedliche Ebenen je ein grünes, rotes und blaues Objekt, zum Beispiel einen Buchstaben. Jedes einzelne Objekt statten Sie in der Ebenen-Palette mit dem Mischmodus »Negativ Multiplizieren« aus, der der additiven Farbmischung entspricht. Schieben Sie die roten, grünen und blauen Objekte übereinander, um zu beobachten, wie sie sich zu den Sekundärfarben Cyan, Magenta und Gelb vermischen und wie sich jeweils das Hellere durchsetzt.

Oder: Erzeugen Sie eine neue, schwarze RGB-Datei. Aktivieren Sie in der Kanälepalette nur den Rot-Kanal, und malen Sie etwas mit Mittelgrau hinein. Ebenso verfahren Sie mit Grün und Blau. Dann schalten Sie zurück zum RGB-Gesamtkanal. Wo sich die Gemälde in den einzelnen Kanälen überlappen, werden sich die Farben wieder additiv mischen.

Die Mischung macht's: Mit dem Mischmodus »Negativ multiplizieren« in der Ebenen-Palette können Sie die additive Farbmischung nachvollziehen. Rot, Grün und Blau mischen sich zu Cyan, Gelb und Magenta. Datei: RGB_1

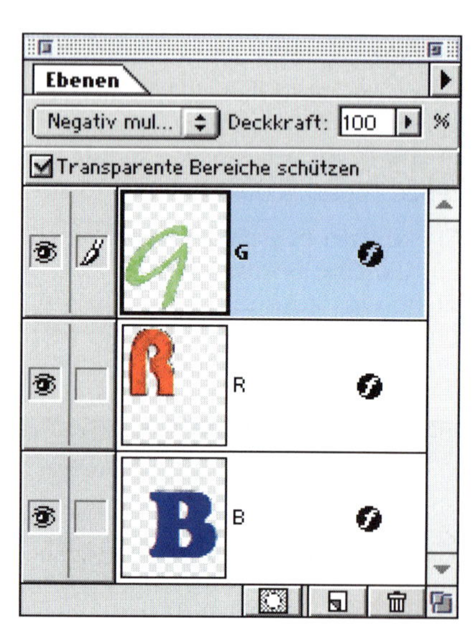

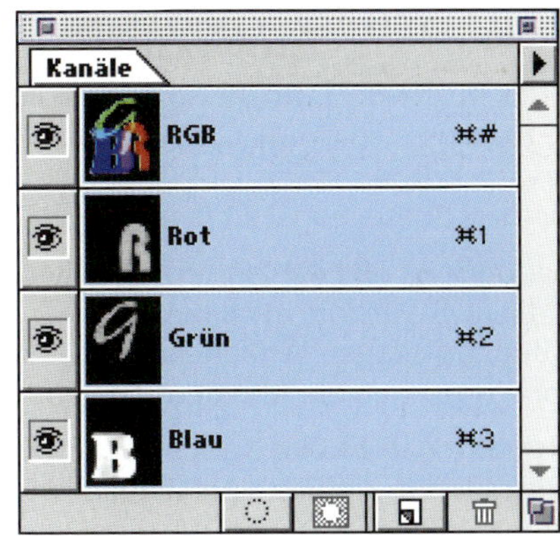

Immer heller: Wie die additive Farbmischung wirkt, läßt sich auch anders erkennen: Füllen Sie die Farbkanäle einzeln, und betrachten Sie dann das Gesamtergebnis. Datei: RGB_2

CMYK-Warnungen im RGB-Modus

Beachten Sie, daß der RGB-Farbraum weit größer ist als der CMYK-Farbraum, in dem Sie notgedrungen drucken. Das heißt: Photoshop zeigt Ihnen in der RGB-Datei alle möglichen Tonwerte, die Sie später mit CYMK-Farben nicht zu Papier bringen; dies gilt vor allem für die leuchtenden, satten Töne. Allerdings warnt das Programm Sie rechtzeitig vor nicht-druckbaren Farben:

- Im Farbwähler erscheint ein Warndreieck, wenn Sie eine nicht-druckbare Farbe markieren; ein Klick auf das Dreieck beschert Ihnen die nächstgelegene druckbare Farbe;
- die Informationen-Palette präsentiert ein Ausrufezeichen, wenn Sie ein Bild so korrigieren, daß Tonwerte aus dem druckbaren Rahmen herausfallen;
- das **Ansicht**-Menü hält die Option **Farbumfang-Warnung** bereit (Umschalt+⌘+Y), um nicht-druckbare Zonen mit einer Alarmfarbe zu belegen.

Wechseln Sie darum nur einmal nach **CMYK Farbe**, denn wenn Sie zurückgehen nach RGB, erhalten Sie nicht mehr das einstige RGB-Original. Welche Farben druckbar sind, legen Sie in den Separationseinstellungen fest.

6.3 CMYK-Modus

Beim Druck funktionieren die Dinge anders. Hier leuchten keine Lichtfarben, hier klatschen deckende Farben aufs Papier. Je mehr davon, desto dunkler sieht's aus. Der Speicherplatzbedarf gegenüber RGB steigt um ein Drittel, da CMYK vier, RGB nur drei Grundfarben hat. Beim Wechsel von RGB nach CMYK beachtet Photoshop jene Vorgaben, die Sie in den **Farbeinstellungen: CMYK einrichten** gemacht haben. In einem Farbwählfeld mit CMYK führen hohe Werte zu dunklen Tönen: 0 Prozent heißt keine Deckung, 100 Prozent steht für volle Deckung.

Photoshop zeigt CMYK-Bilder nur im Rahmen seiner Möglichkeiten – also auf einem Monitor, der aus physikalischen Gründen mit den leuchtenden RGB-Farben funktioniert. Das heißt, Photoshop rechnet ein CMYK-Bild für den Monitor intern nach RGB um.

Verwendung

Wer am Rechner Bilder bearbeitet, um sie später am Monitor, als ausbelichtetes Dia oder als Fotopapier-Ausdruck zu zeigen, hat mit CMYK nichts zu tun. Soll ein Bild dagegen gedruckt werden, muß man es irgendwann nach CMYK konvertieren (oder dies geschieht automatisch irgendwo anders zwischen Photoshop und dem Ausgabegerät).

Fragt sich nur wann: Einerseits sagt die Monitorvorschau im CMYK-Modus mehr über das spätere Druckergebnis als die RGB-Version, auch bestimmte Filteroperationen wie das Schärfen sollte man erst am CMYK-Bild anwenden. Wollen Sie Schatten einsetzen, dann macht das im CMYK-Modell oft am meisten Sinn, weil Sie hier den separaten Schwarzkanal verwenden können.

Für längeres Verweilen im RGB-Modus spricht andererseits, daß der Arbeitsspeicher statt mit vier nur mit drei Bildkanälen strapaziert wird. Bedenken Sie, daß Sie aus dem RGB-Modus heraus eine CMYK-Vorschau zur Verfügung haben, die nicht zum endgültigen Konvertieren nach CMYK zwingt; gemeint ist der Befehl **Ansicht: Vorschau: CMYK** (⌘+Y).

Subtraktive Farbmischung (CMY)

Druckmaschinen arbeiten mit den deckenden, subtraktiven Grundfarben: Je mehr man übereinanderdruckt, um so dunkler wird's. Alle Farben in voller Intensität übereinander ergeben Schwarz. Diese Farben sind Cyan (Grünblau), Gelb und Magenta (Purpur). Gelb, Grünblau und Magenta entstehen, indem man jeweils zwei der additiven Primärfarben Rot, Grün und Blau zu gleichen Teilen mischt.

Grünblau, Gelb und Purpur volle Kraft übereinandergedruckt ergeben theoretisch Schwarz, aus drucktechnischen Gründen jedoch ein dunkles Grau oder Braun. Die eigene Druckfarbe Schwarz verstärkt deshalb den Tiefe-Eindruck und führt zum üblichen Vierfarbdruck; außerdem spart es Druckfarbe und macht den Druckprozeß stabiler, wenn statt der drei Druckfarben Cyan, Yellow und Magenta übereinander lediglich ein gleichwertiger Schwarzanteil gedruckt wird.

Sie können die subtraktive Mischung nachvollziehen, indem Sie in einer Photoshop-Datei verschiedene Ebenen übereinanderlegen und mit dem Mischmodus »Multiplizieren« ausstatten. Sie erkennen dann, wie sich zum Beispiel Magenta und Gelb zu Rot überlagern, Cyan und Gelb zu Grün, und wie alle drei CMY-Farben übereinander zu Schwarz führen.

Subtraktive Farben ergeben, übereinandergelegt, Schwarz. Gelb und Magenta übereinander mischen sich zur Primärfarbe Rot, Gelb und Cyan zur Primärfarbe Grün, Cyan und Magenta mischen sich zur Primärfarbe Blau.

Umwandlung nach CMYK

Die Umwandlung eines RGB-Bildes nach CMYK heißt Farbseparation. Wandeln Sie ein Bild nur einmal von RGB nach CMYK um, und zwar erst dann, wenn alle Vorgaben in den Kalibrationsmenüs stimmen. Mehrmaliges Konvertieren kostet Qualität. Nur zwischen CMYK und Lab dürfen Sie bedingt mehrfach wechseln. Behalten Sie immer eine RGB-Version – sozusagen den naturbelassenen Scan –, so daß Sie notfalls neu vom Original aus nach CMYK wechseln können; dies gilt besonders, wenn Sie ein Bild in unterschiedlichen Projekten verwenden. Machen Sie erst alle Farbkorrekturen im RGB-Modus, konvertieren Sie dann das Bild und überprüfen Sie in CMYK erneut Lichter und Tiefen. Auf Wunsch separiert auch Ihr Belichtungsstudio.

Die **Farbeinstellungen** für CMYK, erreichbar im **Datei**-Menü, beeinflussen die Art, wie Photoshop zwischen RGB und CMYK umwandelt. Betroffen ist aber auch die Darstellung von CMYK-Bildern auf einem RGB-Monitor.

Zunächst sollten die Monitor-Voreinstellungen und die Vorgaben für die Druckfarben stimmen. Dann drucken Sie ein Testbild aus und gleichen Ihren Monitor darauf ab, wie es im Kapitel über die »Oberfläche« beschrieben ist. Sie haben die Wahl zwischen Photoshops eingebautem CMYK-Management, wie man es von früheren Versionen kennt, und den ICC-Profilen (siehe auch Kapitel »Grundfunktionen«).

»CMYK-Modul: Eingebaut«

Sofern Sie das eingebaute CMYK-Modul verwenden, nennen Sie im Klappmenü »Druckfarben« die verwendeten Farben oder Ihren Drucker. Die »Druckfarben« sind zunächst auf Standard-Web-Offset-Press (SWOP) auf gestrichenem, also dünn lackiertem Papier abgestimmt. Sie können andere Standards wählen oder gar eigene Druckfarben vorgeben, indem Sie im Dialogfeld »Eigene Druckfarben« für CMYK die entsprechenden CIE-Werte eintippen. Reden Sie über diese Werte mit Ihrer Druckerei. Photoshop trägt zu den gewählten Farben oder Druckern den passenden »Tonwertzuwachs« ein.

Sie können die Einstellungen als ICC-Profil »speichern« und in anderen Programmen verwenden.

Tonwertzuwachs

Der Tonwertzuwachs läßt Bilder im Druck aus physikalischen Gründen dunkler werden als vorhergeplant. Der Wert im Dialogfeld bezieht sich auf den Zuwachs vom Druckfilm zum gedruckten Bild, nicht auf den Unterschied zwischen Probedruck (Proof) und gedrucktem Bild. Sie können den Tonwertzuwachs auch von Hand eintippen; idealerweise messen Sie vorher die Dichte in einem ausgedruckten Farbfeld, das eigentlich 50 Prozent haben müßte. Je höher Sie den Tonwertzuwachs einstellen, desto dunkler und konstrastreicher erscheint Ihr Bild am Monitor – ohne daß sich dabei die Datei ändert.

Ändern Sie das Klappmenü neben »Tonwertzuwachs« von »Standard« auf »Gradationskurven«, können Sie genaue Werte für 13 Zahlenpaare eintippen oder durch Ziehen an der Kurve einrichten.

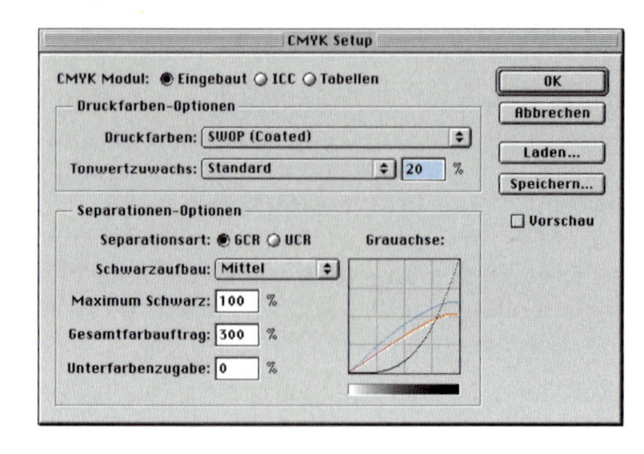

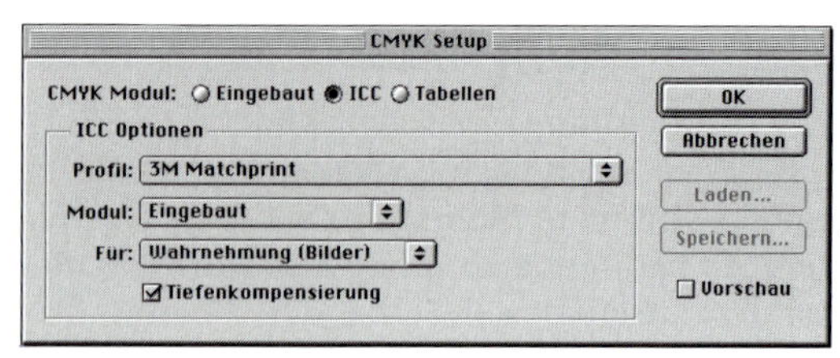

Sie können die CMYK-Wiedergabe von Hand einrichten oder über ICC-Profile steuern.

»Separationen-Optionen«

Die Gammawerte und damit eventuell Farbstiche einzelner Kanäle korrigieren Sie mit den »Separationen-Optionen«. Hier beheben Sie Stiche, die durch ungleichmäßigen Tonwertzuwachs in den einzelnen Druckfarben entstehen oder durch die Reihenfolge der Druckfarben.

Sie können die eigenen Druckfarben auch individuell korrigieren.

1. Wählen Sie im Listenfeld »Druckfarben« »Eigene Werte«. Das entsprechende Dialogfeld enthält verschiedene Kombinationen aus CMYK-Grundfarben.
2. Klicken Sie auf das Farbfeld, das Sie noch anpassen wollen. Der Photoshop-Farbwähler öffnet sich.
3. Klicken Sie im Farbwähler den Farbton an, mit dem die entsprechende Grundfarbe tatsächlich im Druck erschien.

Photoshop nennt dabei die aktuellen CIE-Koordinaten, die verwendet werden, um die CMYK-Farben zu erzeugen; Sie sehen die Werte für Y (Lab-Helligkeit), x und y. Definiert wurden die Angaben bei einer Farbtemperatur von 6500 Grad. Man kann auch die Werte auf dem Farbproof mit einem Spektralphotometer messen und eintragen.

Sofern Sie bereits ein CMYK-Bild vor sich haben, ändern alle diese Regelungen natürlich nichts an den CMYK-Grundfarben Ihres Werks, sondern nur an der Monitordarstellung. Sie brauchen schon ein Lab- oder RGB-Werk; dann kommen bei der Umrechnung (Separation) nach CMYK die Einstellungen zum Tragen.

Sie regeln zunächst die grundsätzliche Umwandlungsmethode und dann, je nach Methode, auch noch Schwarzaufbau und Unterfarbenzugabe individuell. Wie erwähnt: An Bildstellen, die Cyan, Magenta und Gelb zugleich enthalten, ersetzt man einen gewissen Farbanteil durch Schwarz. Hat man zum Beispiel 60C, 40Y und 80 M, würde man sich am kleinsten Wert (40Y) orientieren, um festzustellen, wieviel Schwarz zugegeben werden muß.

Das Diagramm zeigt, mit welchen Cyan-, Gelb-, Magenta- und Schwarzanteilen die neutralen, grauen Farben des Bilds dargestellt werden. Die X-Achse steht für die neutralen Farbwerte von 0 Prozent (Weiß) bis 100 Prozent für Schwarz; die Y-Achse zeigt die Menge jeder Druckfarbe, die mit den gegebenen Werten erzeugt wird. Fragen Sie Ihre Druckerei nach sinnvollen Einstellungen.

UCR

Bei der Unterfarbenreduzierung (Under Color Removal, UCR) ersetzt schwarze Druckfarbe die anderen Grundfarben in dunklen und neutralen Bereichen. UCR sollten Sie im allgemeinen bei ungestrichenen Papiersorten und Zeitungspapier verwenden.

GCR

Das Gray Component Replacement (GCR) setzt mehr schwarze Farbe über einen größeren Bereich an Farbe ein. Diese Separationsart gibt dunkle, gesättigte Farben besser wieder als UCR, und die Graubalance bleibt eher erhalten.

Sie regeln Schwarzaufbau, Begrenzung des Gesamtfarbauftrags und die Unterfarbenzugabe. Der Schwarzaufbau »mittel« bringt ordentliche Ergebnisse; die Optionen »wenig« oder »stark« ändern den Schwarzanteil geringfügig; »keiner« heißt, Sie separieren ganz ohne Schwarzauszug; »Maximum« schreibt Grau- und Schwarzwerte ausschließlich in den Schwarzauszug.

»Maximum« eignet sich für Bilder, die große Bereiche von flächigem Schwarz vor hellem Hintergrund enthalten, zum Beispiel Grafiken und Screenshots: Dünne schwarze Buchstaben etwa wirken leicht unscharf, wenn sie nicht nur durch Schwarz, sondern durch mehrere Farben gebildet werden. Auch bei der Konvertierung von Graustufenbildern nach CMYK – wenn Sie nachträglich Schmuckfarben für einen Hintergrund einsetzen wollen – verwenden Sie für den Schwarzaufbau »Maximum«: Nur so erscheint das ursprüngliche Graustufenmotiv ausschließlich im Schwarzkanal.

Unterfarbenzugabe

Die Unterfarbenzugabe (UCA) ist nur für GCR aktuell. Durch Erhöhen der Unterfarbenzugabe verkleinern Sie den CMY-Anteil, der unter Schwarz entfernt wird. Dies erhöht Details in Schattenbereichen und kann Tontrennungseffekte verhindern, steht aber in der Regel auf 0.

Mit der Option »Eigene Werte« ändern Sie die Kurve für den Schwarzaufbau eigenhändig. Ziehen Sie im Gradationsdiagramm des entsprechenden Fensters die Kurve in die gewünschte Richtung; die Werte für Cyan, Gelb und Magenta ändern sich mit.

Gesamtfarbauftrag

Bei UCR wie GCR spielt der Gesamtfarbauftrag eine wichtige Rolle. Das ist die Menge an Druckfarbe, die die Druckmaschine maximal verkraftet. 300 Prozent »Gesamtfarbauftrag« heißt etwa, von den vier Grundfarben dürfen drei zu hundert Prozent aufgetragen werden, die vierte aber dann gar nicht mehr – oder eben von jeder Druckfarbe entsprechend weniger. Moderne Druckverfahren lassen den Farben kaum Zeit zum Trocknen; 260 Prozent – etwa beim Zeitungsdruck – sind oft schon das Äußerste. Klären Sie auch mit Ihrer Druckerei, ob das »Maximum Schwarz«, wie von Photoshop vorgesehen, bei 100 Prozent liegen soll.

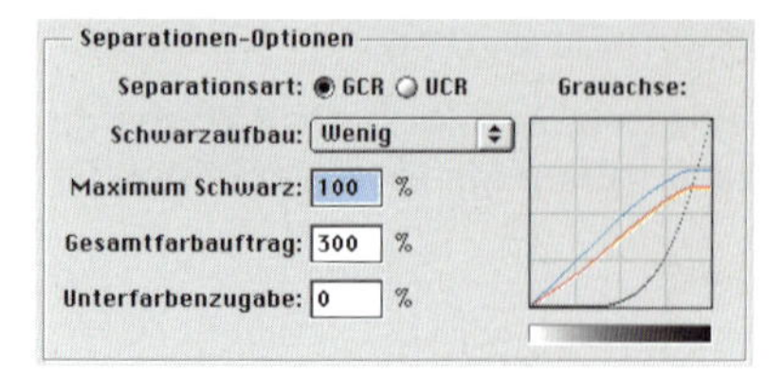

GCR mit geringem Schwarzaufbau erstellt Graustufen im helleren Bereich vor allem aus CMY, weniger aus der Druckfarbe Schwarz. Datei: Kinder

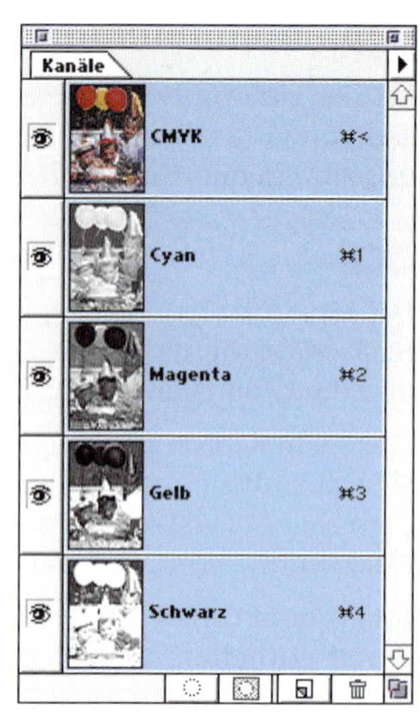

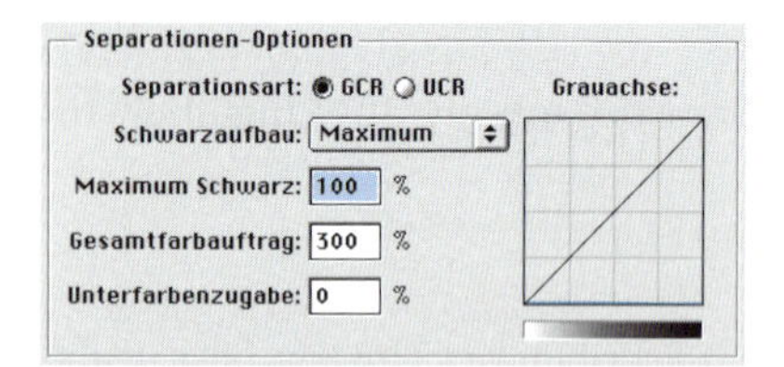

GCR mit maximalem Schwarzaufbau erstellt neutrale Tonwerte nur im Schwarzkanal.

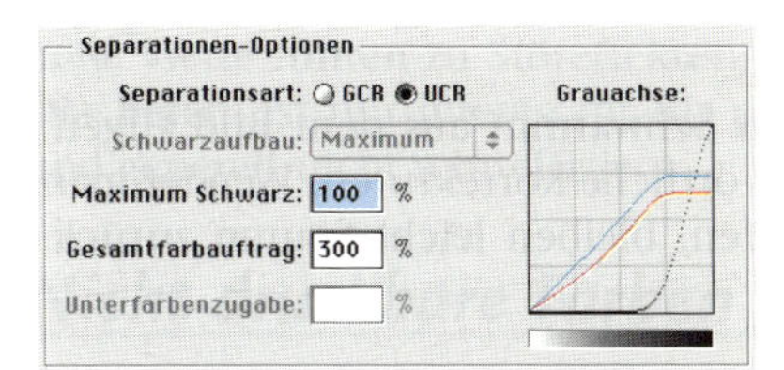

UCR bringt dunklere und neutrale Bereiche besonders sauber.

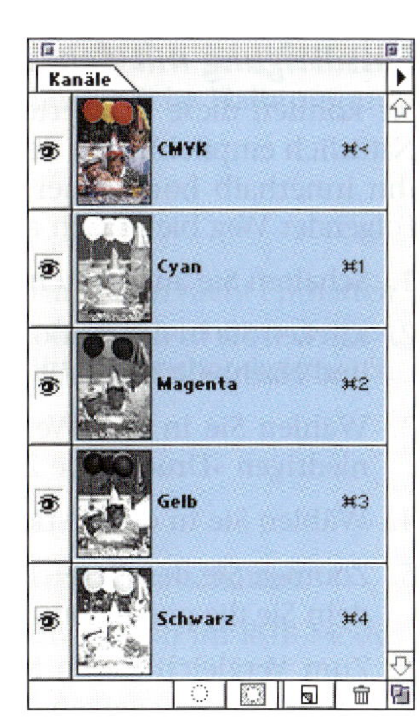

»Eingebaut: Tabellen«

Sie können beim Befehl **Farbeinstellungen: CMYK einrichten** auch die Option »Tabellen« nutzen. Diese Option bietet vor allem zwei Möglichkeiten:

- Speichern aller Einstellungen als ICC-Profil;
- Separationstabellen aus Photoshop 4 laden.

Um ihre Einstellungen als ICC-Profil zu speichern, richten Sie die Separation zunächst mit der Option »Eingebaut« wie gewünscht ein, dann wechseln Sie zur Option »Tabellen« und klicken »Speichern« an. Wenn Sie innerhalb des »Eingebaut«-Modus speichern, entsteht nur eine Photoshop-intern nutzbare Beschreibung.

Probedruck

Stimmen die Voreinstellungen für Monitor und Druckfarben, drucken Sie ein Probebild, ein Proof. Hierzu verwenden Sie zum Beispiel das altbekannte Bild »Olé no Moiré« aus dem Verzeichnis »Other Goodies/Kalibrierung« der Photoshop-CD. Zusätzlich geben Sie in der »Druckereinrichtung« die »Farbskala&Farbbalance« mit aus – damit druckt Photoshop zusätzliche Farbskalen neben dem Bild aus. Nach dem Ausdruck prüfen Sie, ob Sie die Einstellungen für »Tonwertzuwachs« korrigieren sollten.

Nicht druckbare Farben vorab anzeigen und entfernen

Sie können schon bei RGB- oder Lab-Dateien zu gesättigte, in CMYK nicht druckbare Farben aufzeigen und entfernen. Photoshop kennzeichnet diese Farben so:

- durch ein Warndreieck im Farbwähler;
- durch ein Ausrufezeichen in der Informationen-Palette;
- durch Alarmfarben, wenn Sie den **Ansicht**-Befehl **Farbumfang-Warnung** anschalten.

Die Alarmfarbe für die Farbumfang-Warnung stellen Sie im Dialogfeld **Datei: Voreinstellungen: Transparenz & Farbumfang-Warnung** ein. Sie muß geändert werden, wenn in einem Bild Original und Warnfarbe kaum mehr zu unterscheiden sind.

Verwendung

Manchmal lohnt es sich, unmittelbar den **Modus: Lab Farbe** anzuwählen:

- Etwa wenn Sie die Helligkeitswerte eines Bildes unabhängig von den Farbtönen bearbeiten wollen – zum Beispiel beim Schärfen oder Stören ein lohnendes Verfahren.
- Oder wenn Sie Bilder von der Photo CD öffnen, die auf der goldenen Scheibe ohnehin im Lab-ähnlichen YCC-Modus lagern: Diese Fotos laden Sie, ist spätere CMYK-Separation geplant, sofort im Labmodus; wählen Sie diesen Modus im Photo-CD-Dialog an.
- CMYK-Bilder lassen sich speicherschonend und ohne Reue nach Lab konvertieren, das mit seinen drei Kanälen weniger Arbeitsspeicher beansprucht als das auf vier Farben basierende CMYK, und dann wieder zurückverwandeln.
- Theoretisch können Sie ein Bild im Labmodus unmittelbar an einen PostScript-Level-II-Drucker schicken, ohne es überhaupt erst nach CMYK zu konvertieren.

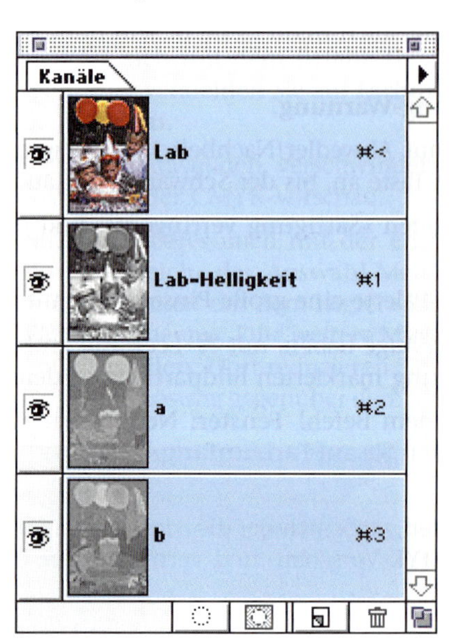

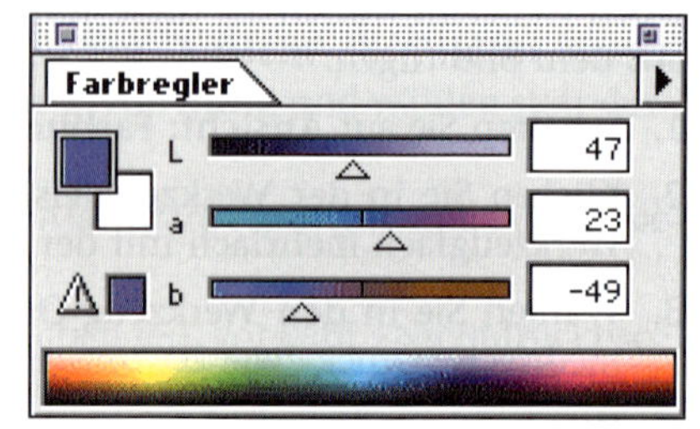

Das Lab-Farbmodell unterscheidet einen Helligkeitskanal (L) und zwei Farbkanäle (a, b). Datei: Kinder

6.5 Graustufenmodus

Wählen Sie **Modus: Graustufen** im **Bild**-Menü, dann gehen alle Farbinformationen verloren. Die Daten für Farbton und Farbintensität (Sättigung) werden getilgt, übrig bleiben die Helligkeitsangaben (Luminanz), aus denen sich das Graustufenbild zusammensetzt. Ein Graustufenbild hat nur einen Kanal und belegt damit zwei Drittel weniger Arbeitsspeicher als eine RGB-Farbdatei. Wird ein Bildpunkt mit acht Bit gespeichert, sind $2^8 = 256$ verschiedene Graustufen vorzeigbar. Damit erhalten Sie ein Halbtonbild von Schwarz (Tonwert 0) bis Weiß (Tonwert 255).

Um ein Graustufenbild nachträglich mit Farbe aufzupeppen, konvertieren Sie nach »RGB« oder »CMYK« – an der Bildinformation ändert das nichts, die Dateigröße verdreifacht oder vervierfacht sich, und Sie können jetzt Farben aufmalen oder einfügen.

Von Farbe zu Graustufen

Man sieht viele schlechte, flaue Graustufenbilder im Druck. Sie basieren auf farbig gescannten Motiven, die lieblos in Graustufen umgewandelt wurden. Im folgenden werden verschiedene Wege beschrieben, wie man von Farbe zu Graustufen gelangt. Der übliche **Modus**-Befehl **Graustufen** ist dabei nur eine Variante, und nicht die flexibelste.

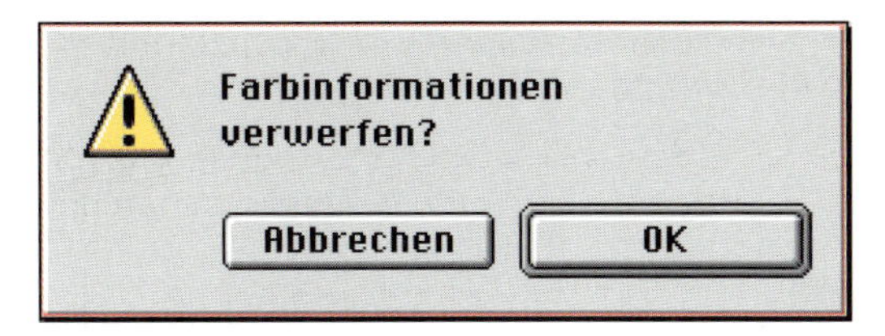

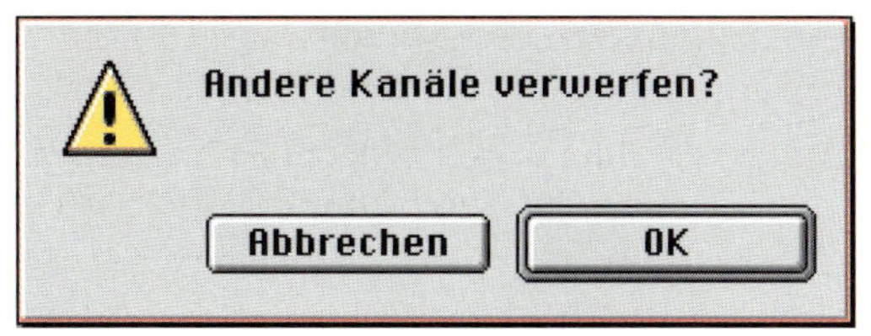

Bei der Umwandlung in den Graustufenmodus entfernt Photoshop die Farbinformationen. Wurde in der Kanälepalette ein Einzelkanal aktiviert, entsteht das Graustufenbild nur auf Basis des verbleibenden Auszugs.

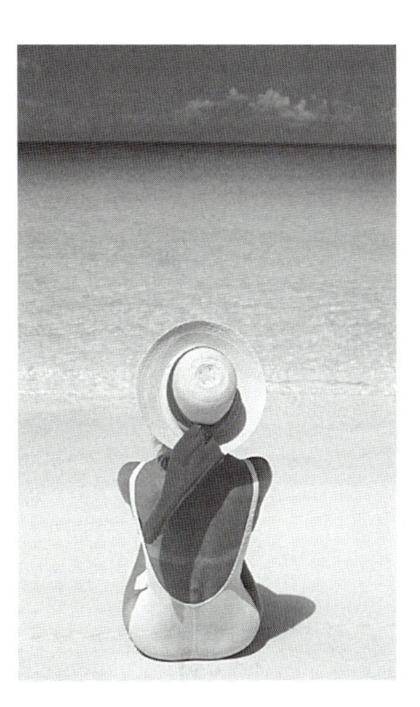

Graustufen nach Maß: Am unergiebigsten ist der Weg, über ein Herunterschrauben der Farbsättigung zu Graustufen zu gelangen (Mitte). Der Graustufen-Befehl sorgt durch Gewichtung der einzelnen Grundfarben nach visuellem Eindruck für mehr Kontraste (rechts). Datei: Strand

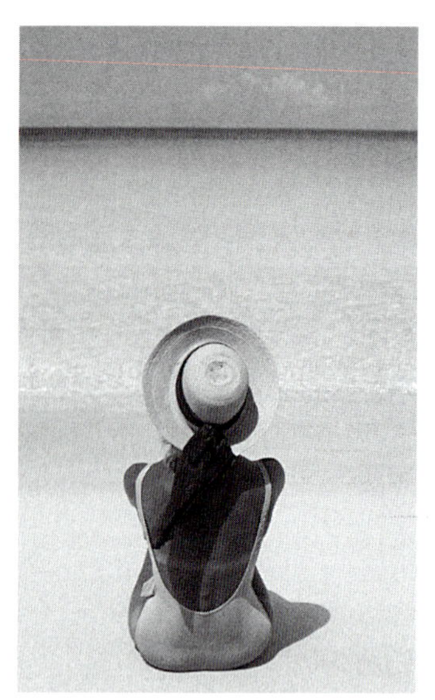

Mitunter lohnt es sich, nur einen Einzelkanal zu verwenden: Im Rot-Kanal (links) erscheinen Hauttöne besonders hell, während blauer Himmel abdunkelt; der Grün-Kanal (Mitte) stellt Pflanzen hell heraus, während der Blau-Kanal (rechts) Himmel aufhellt und Hauttöne dunkel zeigt.

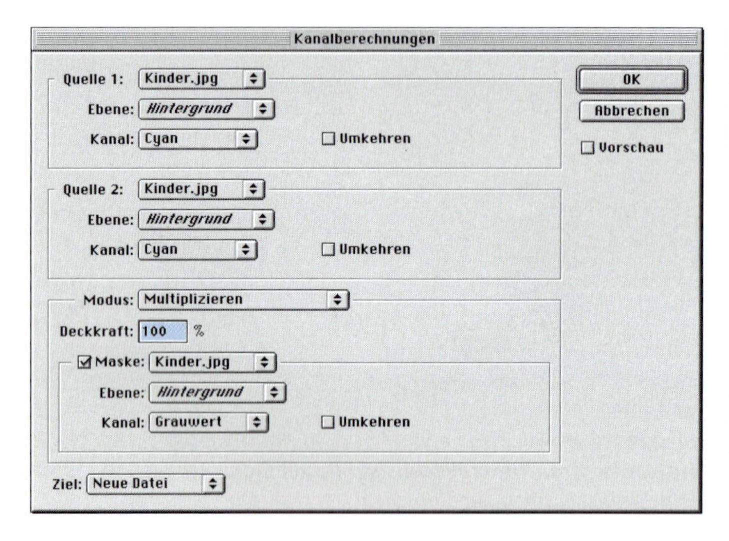

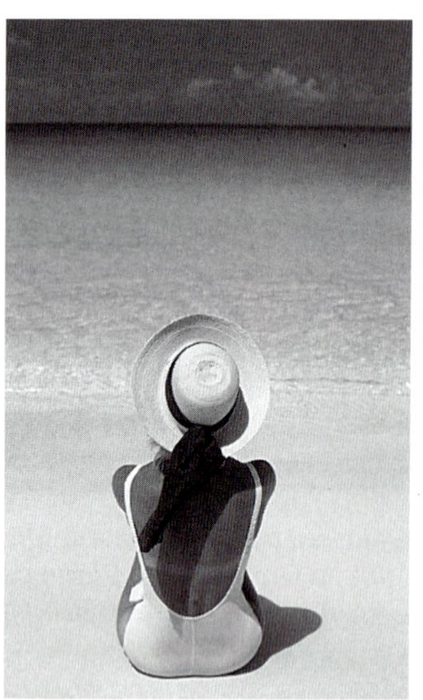

Zu individuellen Graustufen verhilft der »Bild«-Befehl »Kanalberechnungen«. Hier wurden Rot- und Grün-kanäle verwendet und im »Multiplizieren«-Modus verrechnet, der für eine Abdunkelung sorgt; damit erscheinen gleichermaßen Hauttöne und Himmel dunkel.

Sättigung entziehen

Am wenigsten taugt die Methode, per **Farbton/Sättigung** (⌘+U) die Sättigung zu 100 Prozent aus einem Bild herausnehmen; dito unergiebig wirkt der **Bild**-Befehl **Entfärben** (Umschalt+⌘+U), der das gleiche besorgt. Sie erhalten ein mattes Werk, das sich weiterhin in einem speicherfressenden Farbmodus befindet.

Graustufen-Befehl

Besser konvertiert man die Farbdatei in den Photoshop-»Modus« »Graustufen«. Photoshop fragt zunächst: »Farbinformation verwerfen?« Bei der Umwandlung gewichtet das Programm die unterschiedlichen Farben nach ihrer subjektiven Helligkeit: Blau mit 11, Grün mit 59 und Rot mit 30 Prozent. Das Ergebnis präsentiert sich deutlich kontrastreicher, vormals Grünes sticht hell hervor, ehedem blaue Bildteile geraten besonders dunkel. Und weil die Daten für Farbton und Farbsättigung getilgt werden, bleiben nur die Helligkeitsangaben zurück – das Graustufenbild braucht damit zwei Drittel weniger Speicher als eine RGB-Farbdatei. Das Tonwertspektrum einer solchen Datei sollte man meist noch erweitern, zum Beispiel mit der **Tonwertkorrektur** (⌘+L).

Einzelkanal verwenden

Verwenden Sie einen Einzel-Farbkanal, indem Sie diesen in der Kanälepalette anklicken. Hier haben Sie extreme Variationsmöglichkeiten für das Graustufenergebnis. Zum Beispiel können Sie die Wirkung von Hauttönen und Himmel breit streuen. Für RGB-Dateien gilt etwa:

- Bei Portraits zeigt der Rot-Kanal die Hauttöne besonders hervorstechend und kontrastreich, Himmel fällt fast schwarz aus;
- im Blau-Kanal wird blauer Himmel weiß.

Erscheint dabei der Einzelkanal statt in Graustufen in der jeweiligen Farbe, dann wählen Sie in den »Voreinstellungen«, Rubrik »Bildschirm- und Zeigerdarstellung« die Option »Farbauszüge in Farbe« ab (⌘+K, dann ⌘+3). Wechseln Sie jetzt, wenn nur ein einzelner Kanal aktiviert ist, zum »Graustufen«-Modus. Photoshops Frage lautet in diesem Fall: »Andere Kanäle verwerfen?«

Achtung, wer Einzelkanäle in **Graustufen** umrechnet, wird von Photoshop bestraft: Sie müssen nicht nur zwangsweise Ebenen verschmelzen; Alphakanäle gehen bei dem Prozedere ganz verloren.

Sie erhalten eine Graustufendatei auf Basis des Einzelkanals, die anderen Farbauszüge fallen unter den Tisch. Alternativ verwenden Sie aus dem Menü der Kanälepalette den Befehl **Kanäle teilen**; Photoshop verteilt damit jeden Farbkanal auf eine eigene Datei.

Zwei Kanäle verwenden

Allerdings kann ein Gesicht, das nur aus dem Rot-Kanal abgeleitet ist, zu hell wirken. Besser verschmilzt man zwei Farbkanäle. Dazu gibt es verschiedene Möglichkeiten, die im folgenden Abschnitt erläutert werden.

Graustufen aus mehreren Farbkanälen ableiten

Für die Verbindung von zwei Farbkanälen zu einem Graustufenergebnis gibt es verschiedene Möglichkeiten.

Zwei Einzelkanäle verwenden

Einfachste Methode, aber ohne jede Feinabstimmung: Aktivieren Sie in der Kanälepalette zwei Einzelkanäle mit gedrückter Umschalt-Taste – dieses Zwei-Kanäle-Bild erscheint farbig auf dem Schirm –, dann wechseln Sie in den Graustufenmodus.

Per »Kanalberechnungen«

Mischungen nach Maß erlaubt der Befehl **Bild: Kanalberechnungen**. Als »Quellen« wählen Sie zwei Einzel-Kanäle, als »Ziel« einen neuen Kanal – in einem neuen Bild oder im vorhandenen Bild. Achten Sie auf den Modus »Normal«, und regulieren Sie mit der »Deckkraft« die Überblendung. Aktivieren Sie die »Vorschau«; Photoshop zeigt so jederzeit bereits das Endergebnis an. Für Hauttöne empfiehlt sich oft eine Rot-Grün-Mischung.

Heraus kommt ein Bild im »Mehrkanal«-Modus, das Sie noch per Hand in **Graustufen** verwandeln müssen, bevor Sie es in einem gängigen Format wie Tiff speichern können. Denken Sie daran, daß Sie attraktive Einstellungen in diesem komplizierten Dialogfeld auf der Aktionenpalette speichern können, um sie unkompliziert zu wiederholen.

Alternative ohne dieses komplexe Dialogfeld: Sie kopieren die Kanäle übereinander und regeln Deckkraft und Modus in der Ebenen-Palette.

Der Kanalmixer reguliert den Anteil der Kanalinformationen am Gesamtbild.

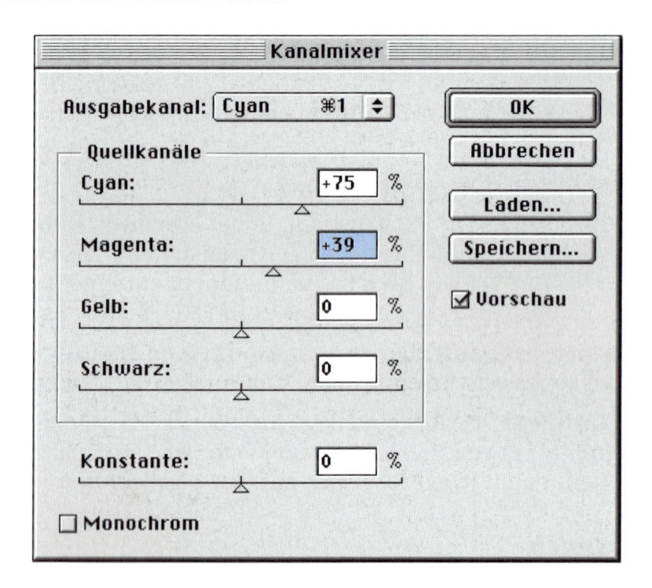

Per »Kanalmixer«

Ebenfalls zu Graustufen nach Maß verhilft der **Kanalmixer** aus dem **Bild**-Untermenü **Einstellen**. Schalten Sie hier zunächst die Option »Monochrom« ein, so daß Photoshop alle Kanal-Informationen in einem »Schwarz«-Kanal zusammenfaßt.

Vorsicht: Sobald Sie »Monochrom« wieder ausschalten, erhalten Sie ein getontes Bild.

Sofern Sie ein RGB-Bild bearbeiten, beginnt das Dialogfeld mit 100 Prozent für Rot und je Null Prozent für Blau und Grün. Das ist so, als ob Sie ein Graustufenbild lediglich aus dem Rot-Kanal erzeugen. Mischen Sie also nach Bedarf. Um Blaues hell hervorzuheben, liften Sie den Blaugehalt; Gesichter leuchten auf bei angehobenem Rot-Wert.

Die Gesamthelligkeit bleibt in etwa gewahrt, wenn die Summe der Prozentanteile 100 ergibt. Oder verändern Sie die Gesamthelligkeit mit dem Regler »Konstante«; alternativ zur »Konstante« nutzen Sie im Anschluß an den **Kanalmixer** einen Tonwertbefehl, etwa die **Tonwertkorrektur**. Nach Anwendung des Befehls haben Sie immer noch ein Bild im Farbmodus vor sich. Konvertieren Sie es, wenn Sie keine Farbe mehr einsetzen wollen, in den speichersparenden Graustufenmodus.

Voreinstellungen für Grau-Ergebnisse mit dem **Kanalmixer** können Sie »laden« von der »Applications«-CD aus dem Photoshop-Paket im Verzeichnis »Other Goodies/Voreinstellungen/Grayscale«.

Wenn Sie den Kanalmixer benutzen, muß der Gesamtkanal aktiviert sein, also etwa CMYK oder RGB. Sie können nicht zwei oder drei aktivierte Einzelkanäle mischen.

6.6 Mehrkanalmodus

Der **Mehrkanal**modus dient unter anderem dazu, Bilder im »Duplex«-Modus in einzelnen Farbauszügen betrachten zu können.

Photoshop verwandelt die ursprünglichen Kanäle in Volltonfarbkanäle. Aus CMYK-Bildern werden dabei Volltonfarbkanäle für Cyan, Magenta, Gelb und Schwarz, aus RGB-Bildern entstehen Volltonfarbkanäle für Cyan, Magenta und Gelb. Löschen Sie einzelne Farbkanäle aus RGB- oder CMYK-Dateien, erklärt Photoshop den Rest automatisch zum Mehrkanal-Bild. Nur die Dateiformate Photoshop und DCS 2.0 (eine EPS-Variante) verkraften den »Mehrkanal«-Modus.

6.7 Indizierte Farben

Bilder mit »indizierten Farben« zeigen nur maximal 256 Farben, die in einer im Bild gespeicherten Palette enthalten sind. Damit brauchen sie nur acht Bit pro Pixel – dreimal weniger als eine RGB-Farbdatei, nicht mehr als eine 8-Bit-Graustufendatei. Das spart Speicherplatz und läßt sich flott auf den Schirm laden – entsprechend häufig werden »indizierte Farben« für World Wide Web und Multimedia genutzt – insbesondere für das GIF-Dateiformat (siehe vorheriges Kapitel). Gegenüber dem Arbeitsspeicherbedarf brauchen die Dateien auf Festplatte oft nochmal deutlich weniger Platz, wenn Sie komprimierende Formate wie GIF oder Tiff mit LZW-Kompression einsetzen.

Achtung: Die meisten Filter und Farbkorrekturen funktionieren nicht bei 8-Bit-Farbe. Soll ein 8-Bit-Farbbild doch bearbeitet werden, wechseln Sie vorübergehend zurück zu RGB. Das JPEG-Format speichert Indizierte Farben nicht, und Photoshop erlaubt in diesem Modus keine Ebenentechnik.

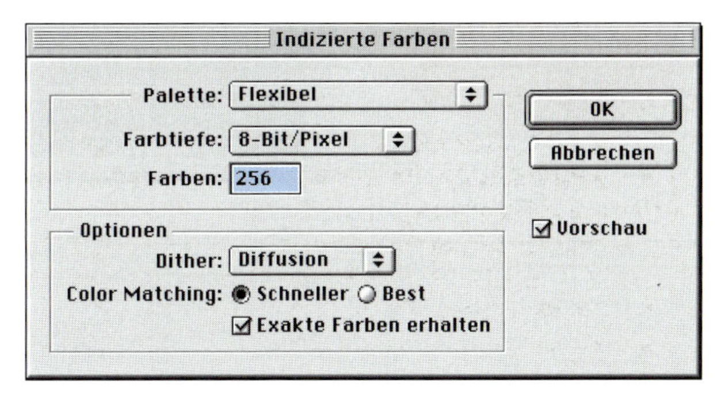

Indizierte Farben: Mit dem Dialogfeld legen Sie Farbtiefe, Farbtabelle und Farbrasterung fest und steuern so Bildwirkung und Verwendbarkeit.

Verwendung

Die schlanken 8-Bit-Farbdateien sind natürlich sinnvoll für Grafik im Internet, für digitale Diaschauen und Multimedia. Wegen der begrenzten Farbzahl bieten sich als Motive vor allem plakative Grafiken, Screenshots und Schriftzüge an. Hauttöne oder Farbverläufe leiden dagegen relativ stark durch die Farbreduktion; sie sollten eher im JPEG-Format gespeichert werden, das 24-Bit-Farbe zuläßt, aber gleichwohl drastische Spareffekte bietet.

Übersicht: Parameter bei »Indizierten Farben«

Ganz unterschiedliche Größen bestimmen das Aussehen eines Bildes mit indizierten Farben:

- die Art der Palette (also der Farbkombination),
- die Zahl der Farben (Farbtiefe) und
- die Art der Farbrasterung.

RGB-Dateien mit 24 Bit Farbtiefe unterscheiden 16,7 Millionen unterschiedliche Farbtöne. Datei: Hut

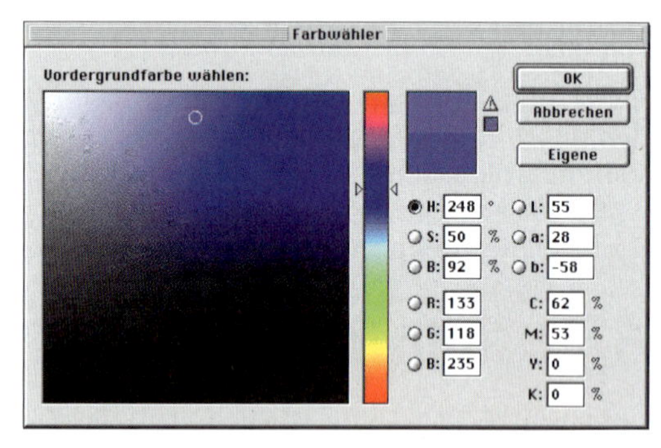

Die Systempalette reduziert das Bild auf 256 gleichmäßig verteilte Farben und führt zu harten Übergängen.

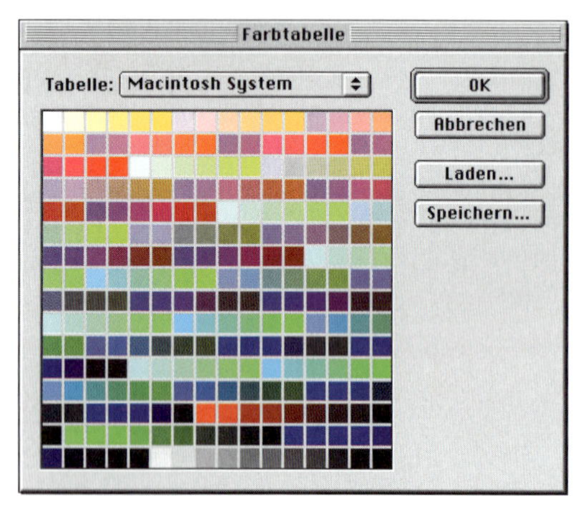

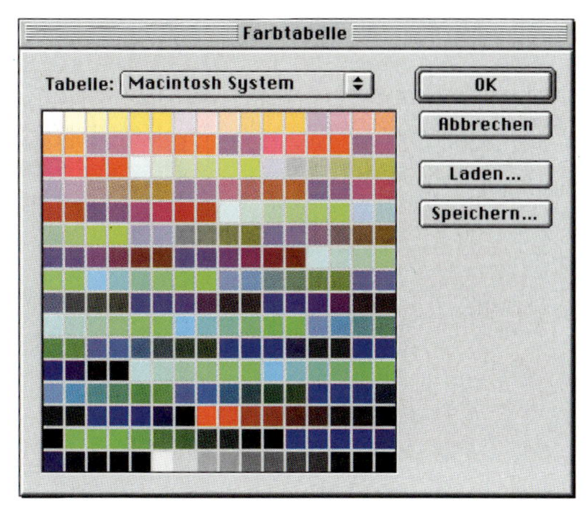

Deutlich bessere Ergebnisse erzielt die Systempalette, wenn Diffusion Dithering angewendet wird, um nicht verfügbare Farben durch Farbstreuung zu simulieren. Allerdings können einheitliche Farbflächen zu einem Streuselmuster aufbrechen, und das Ergebnis läßt sich schlechter komprimieren.

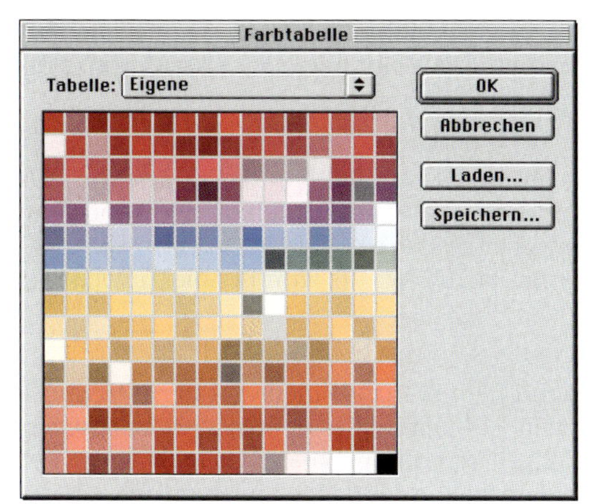

Dagegen greift die flexible Palette die 256 häufigsten Farbtöne im Bild heraus und erzielt so deutlich bessere Ergebnisse, die sich freilich noch schlechter komprimieren lassen.

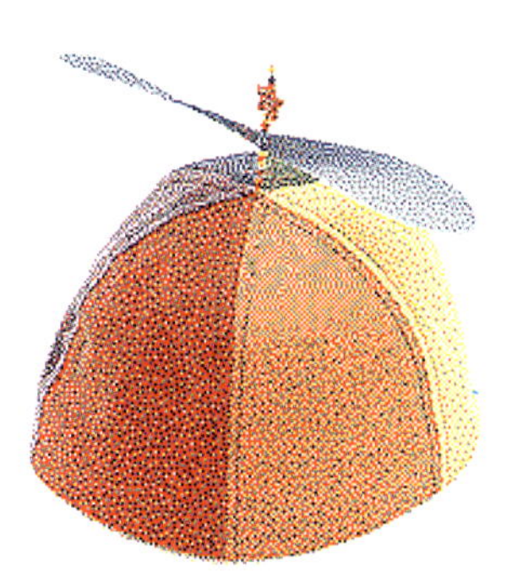

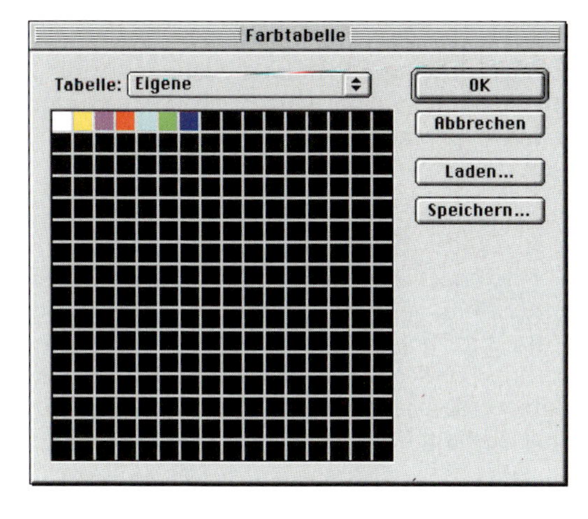

Für die Präsentation auf den World-Wide-Web-Seiten kommt es auf niedrigste Dateigrößen an, hier acht gleichmäßig verteilte Farben mit Diffusion Dithering.

Die »eigene« Palette, hier »Spektrum« mit Diffusion Dithering, wendet völlig neue Farben auf das Bild an.

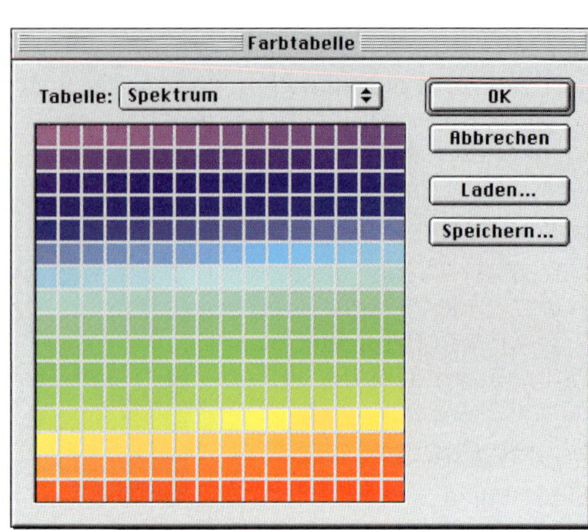

Wahl der Farbpalette

Auf unterschiedliche Art reduziert Photoshop die ursprünglich bis zu 16,7 Millionen verschiedenen Farben auf 256 Farben. Die Wahl der Palette hängt vom Einsatzzweck ab.

Exakt

Die Option »Exakt« steht bereit, wenn schon die Vorlage nur 256 oder noch weniger Farbwerte enthält. In diesem Fall benutzt Photoshop alle Originalfarben der Ursprungsdatei. Sie sparen zwei Drittel Arbeitsspeicher gegenüber RGB. Bei weniger als 129 Farben sparen Sie in diesem Fall mit dem GIF-Dateiformat mehr Platz als zum Beispiel mit Tiff.

»System«

Wählen Sie »System« mit dem Präfix »Windows« oder »Macintosh«, werden Echtfarben mit den Werten aus der üblichen Farbpalette der Betriebssysteme ersetzt. Diese Palette enthält RGB-Farben in einer gleichmäßigen Verteilung. Vorteil: Auch auf einem Rechner mit nur acht Bit Farbtiefe stört das Bild nicht die Anzeige, da es keine anderen Farben beansprucht als das Betriebssystem selbst. Dies gilt besonders, wenn mehrere Bilder zugleich am Schirm erscheinen sollen. Freilich sieht man dem Ergebnis die Reduktion auf die Systempalette schnell an, es zerhackt feine Farbübergänge grob.

Bilder mit Mac-Palette erscheinen am Windows-Rechner korrekt, ebenso erscheinen Bilder vom Windows-Rechner mit Windows-Palette korrekt am Mac. Es kann jedoch sein, daß Tiff-Bilder, die am Mac mit der Mac-Option gespeichert werden, unter Windows nicht zu öffnen sind. Windows-Tiffs bereiten dagegen am Mac oft kein Problem.

Flexible Palette

Die Option »Flexibel« verwendet die 256 häufigsten Farben des Bilds. Wollen Sie etwa ein Landschaftsbild in indizierte Farben verwandeln, dann haben Sie viele verschiedene Blau- und Grüntöne, aber wenig Rot im Bild. Entsprechend wird eine blau- und grünbetonte Tabelle angelegt; damit kommt das Ergebnis der Echtfarbdatei viel näher als eine Konvertierung mit System- oder Web-Palette; denn dort werden ja auf Kosten der Blau- und Grüntöne überflüssige Rot- und Gelbschattierungen paratgehalten.

Markieren Sie mit dem Lasso oder mit der Rechteck-Auswahl einen bestimmten Bildbereich, betont Photoshop bei der Umwandlung den gewählten Bereich – zum Beispiel ein Gesicht, dessen Hauttöne dann besonders akkurat erscheinen, während der Hintergrund grob wirkt.

Der Nachteil: Mehrere »flexibel« umgerechnete Bilder benötigen unterschiedliche Farbtabellen und damit insgesamt mehr als 256 Farben. Auf Rechnern mit 8-Bit-Farbtiefe, die nur 256 Farben zeigen können, erscheinen zumindest die nicht aktiven Bilder verfälscht – mit der Palette des aktiven Bilds.

»World Wide Web«

Eine einheitliche Palette ist auch wichtig bei der Bereitstellung von Bildern für die Seiten im World Wide Web des Internet. Sie müssen immer damit rechnen, daß Ihre Werke nur auf einem 8-Bit-System betrachtet werden. Hierfür gibt es eine spezielle Palette mit 216 Farben, die einige Farben übrig läßt für Betriebssystem und Internet-Browser.

Eigene Palette

Eine »Eigene« Farbtabelle teilt den vorhandenen Tonwerten völlig neue Farben zu – zum Beispiel laden Sie hier die von Ihnen gespeicherten Tabellen. Dabei öffnet sich der Farbtabellen-Dialog, den Sie sonst auch über **Bild: Modus: Farbtabelle** erreichen.

Das Verfahren eignet sich überdies, Graustufenbilder mit einer Farbtabelle grafisch aufzupeppen. Dazu speichern Sie ein Farbbild zunächst im **Modus: Graustufen** und wechseln dann zu **Indizierte Farben** mit der Option »Eigene«. (Alternativen hierzu sind die »Kolorieren«-Option des Befehls **Farbton/Sättigung** (⌘+U), der »Duplex«-Modus oder der **Kanalmixer**, wenn Sie »Monochrom« erst ein- und wieder ausschalten.

Photoshop liefert ein paar eigene Farbtabellen mit, die Sie im Klappmenü erhalten.

»Gleichmäßig«

Die Option »Gleichmäßig« verteilt die Farben der Palette gleichmäßig über das Spektrum. Dabei können Sie unterschiedliche Farbtiefen wählen. Bei fünf Bit Farbtiefe erhalten Sie fünf Rot-, fünf Grün- und fünf Blautöne in gleichmäßigem Abstand, insgesamt eine Palette aus 5×5×5, also 125 Tönen. Auch diese Option kann sich für Multimedia-Zwecke eignen. In Verbindung mit »Diffusion Dithering« erzeugt sie bei niedrigen Werten den für Online-Grafik typischen Streusel-Look bei matten Farben.

»Vorige« Palette

Klicken Sie die »Vorige« Palette an, sofern Sie zuvor bereits ein Bild mit den Optionen »Eigene« oder »Flexibel« bearbeitet haben und dieselbe Palette erneut verwenden möchten. Die Option beschleunigt das Bearbeiten mehrerer Bilder.

Farbrasterung

Das auf 256 Farben reduzierte Echtfarbbild enthält natürlich nicht alle Tonwerte des Originals. Darum wirkt das Ergebnis auch grob. Wo das Original feine Übergänge zeigt, erscheinen in der 8-Bit-Variante harte Kanten zwischen den wenigen, deutlich voneinander abgetrennten Farben. Dies gilt so lange, wie Sie im Listenfeld »Dither« die Option »Ohne« angewählt haben. Doch dort lassen sich auch Rastertechniken (Dithering) anwählen, die die fehlenden Farben vortäuschen können.

Pattern Dithering

Nur in Verbindung mit der Mac-Systempalette oder mit der WWW-Palette steht Ihnen das »Pattern«-Dithering zur Verfügung; es ordnet nach einem Rasterschema Bildpunkte verfügbarer Farben eng nebeneinander, um Farben zu simulieren, die in der Farbtabelle nicht vorkommen.

Diffusion Dithering

Weniger auffällig und optimal bei Halbtonbildern arbeitet das »Diffusion«-Dithering; es streut nach dem Zufallsprinzip Bildpunkte verfügbarer Farben eng nebeneinander und täuscht so pfiffig Farben vor, die in der Farbtabelle gar nicht erscheinen. Bei angepaßter Palette und Diffusion Dithering läßt sich oft weder am Schirm noch im Druck erkennen, daß bloß eine 8-Bit-Datei vorlag; deutlich verbessert Diffusion Dithering auch Bilder mit System- oder Web-Palette.

Auf den World-Wide-Web-Seiten sieht man Diffusion Dithering sehr häufig. Der grafische Effekt der fein verstreuten Bildkörnchen erscheint auch in Motiven, die überhaupt nicht gedithert werden müßten, weil es offenbar trendgerecht ist. Erreichen läßt sich diese Wirkung teils auch mit der **Tontrennung**.

Nachteile: Das Streuraster bricht einheitliche Flächen in Grafiken zu unerwünschtem Streuselkuchen auf, wenn die Palette die entsprechende Einzelfarbe nicht enthält; sie sollte dann vor der Konvertierung markiert werden, damit Photoshop sie berücksichtigt. Noch sicherer gehen Sie mit der Option »Exakte Farben erhalten«; sie verhindert, daß in der Farben aus der gewählten Palette noch einmal per Streurasterung gebrochen werden (siehe unten).

Bilder mit Diffusion Dithering lassen sich deutlich schlechter komprimieren als Bilder ohne Streuraster, da es weniger einheitliche Farbflächen gibt.

Abstimmung

Photoshop bietet mehrere neue Optionen, um die Verluste bei der Farbreduktion in Grenzen zu halten. Zumeist sind die Unterschiede jedoch sehr gering.

»Best«

Die in professionellem Englisch benannte Option »Best« beansprucht mehr Zeit, findet aber für jeden Pixel die beste Lösung. Bei »Pattern Dithering« bietet Photoshop sie nicht.

»Schneller«

Zeitsparend, aber ungenauer geht es mit der Option »Schneller«. Auch sie gibt es nicht beim »Pattern Dithering«.

»Exakte Farben erhalten«

Die Option »Exakte Farben erhalten«; verhindert, daß in Farben aus der gewählten Palette noch einmal per Streurasterung in mehrere Farbtöne gebrochen werden. So schützen Sie unter anderem feine Konturen oder glatte Flächen. Photoshop bietet diese Option nur in Verbindung mit »Diffusion« Dithering an.

Farbtiefen unter acht Bit

Hat die Vorlage nur drei oder 30 Farben, kann man mit der Farbtiefe gleich noch unter acht Bit gehen. Für dreißig Farben reichen auch sechs Bit pro Pixel (6×6 = 36). Mit niedrigen drei Bit haben Sie noch 3×3, also neun Farbtöne. Diese Vorgabe machen Sie im Listenfeld »Farbtiefe« oder im Datenfeld »Farben«, erhältlich bei den Tabellenarten »Gleichmäßig« und »Flexibel«. Um freilich auf Festplatte etwas davon zu spüren, speichern Sie im GIF-Format, das verringerte Farbtiefen tatsächlich unterscheidet, während Tiff grundsätzlich jeden Pixel mit acht Bit adressiert – allerdings bei einheitlichen Farbflächen sehr effektiv komprimiert.

Siebdrucker haben hier gleich die Möglichkeit, eine festgelegte Farbzahl vorzugeben. Sie können das allerdings auch im RGB- oder CMYK-Modus mit dem Befehl **Bild: Einstellen: Tontrennung** tun. Dieser Befehl empfiehlt sich auch, wenn es Ihnen nur um die plakativen Farbflächen einer 8-Bit-Grafik geht, das Bild jedoch weiter universell in einem Farbmodus wie »RGB« bearbeitet werden soll.

Die Farbtabelle bearbeiten

Die Arbeit mit den Paletten der 8-Bit-Bilder hat einen weiteren interessanten Aspekt: Durch Manipulation der Paletten lassen sich ganz leicht einzelne Tonwerte im Bild austauschen. Wählen Sie **Bild: Modus: Farbtabelle**, und klicken Sie auf einen Tonwert; damit öffnet sich der Farbwähler, und Sie können einen beliebigen Ersatz-Farbton herauspicken.

Oder wählen Sie einen ganzen Farbbereich aus, um dann nacheinander eine Anfangs- und eine Endfarbe für diesen Bereich anzugeben. Photoshop baut den markierten Bereich mit einem Übergang zwischen den zwei gewählten Tonwertwerten neu auf.

Sobald Sie die Palette schließen, zeigt sich die Datei mit dem taufrischen Tonwert. Die Technik eignet sich für verschiedene Farbspielereien. Sie können so bei Bedarf auch Graustufenbilder tonen, die Sie natürlich zunächst mit flexibler Tabelle in den Modus Indizierte Farben verwandeln. Bedenken Sie aber, daß Sie es etwa mit den Befehlen **Farbton/Sättigung** (»Kolorieren«-Option) oder **Kanalmixer** oft einfacher haben; dazu muß sich das Werk in einem Farbmodus wie RGB befinden. Kombinieren können Sie das gegebenenfalls noch mit einer harten »Tontrennung«. Diese Befehle lassen sich zudem als Einstellungsebene anbringen, so daß sie das Bild nicht dauerhaft verändern. Einstellungsebenen werden im »Ebenen«-Kapitel erklärt.

Übersicht: Welche 8-Bit-Variante für welchen Zweck

In vielen Situationen spart man durch Herunterrechnen von 32 oder 24 Bit auf 8 oder 1 Bit Speicherplatz, Rechenzeit und Übertragungszeit. Doch je nach Aufgabe wenden Sie unterschiedliche Verfahren an:

Aufgabe	**Lösung**
Multimedia-CD-ROM	8 Bit System- oder Web-Palette, Halbtonbilder dithern, unkomprimiert speichern
World-Wide-Web-Publishing	Web-Palette, Halbtonbilder dithern, als GIF speichern
Mehrere Bilder auf 8-Bit-Display	8 Bit Systempalette, Halbtonbilder dithern
Halbtonbilder optimal in 8 Bit	8 Bit flexible Palette, dithern
Darstellung in DTP-Layout	8 Bit flexible Palette, dithern; bei 8-Bit-Monitor: Systempalette, dithern
Grafiken, Screenshots optimal	8 Bit System- oder flexible Palette, nicht dithern
Speicherplatz sparen	8 Bit: Dateiformat Tiff LZW, nicht dithern; unter 8 Bit: GIF

6.8 Bitmap-Modus

Mit dem **Modus: Bitmap** reduzieren Sie das Bild auf zwei Tonwerte – Schwarz und Weiß. Die Datei muß im Graustufenmodus vorliegen, die Druckmaße müssen exakt stimmen und dürfen später keinesfalls geändert werden, auch nicht im Layoutprogramm. Einzig die gänzlich ungerasterte Bitmap-Version, die mit der »Schwellenwert«-Methode erzeugt wurde, dürfen Sie nachträglich skalieren. Außerdem müssen Sie die exakte Hardware-Auflösung Ihres Druckers oder Belichters nennen, um nicht bloß Schrott auf Papier zu bringen; je höher die vorgegebene Druckerauflösung, desto größer wird das Bitmap-Resultat.

Am Monitor wirken gerasterte Bitmap-Bilder oft konfus, insbesondere in allen Vergrößerungsstufen außer 100 Prozent.

Verwendung

Der Bitmap-Modus empfiehlt sich, wenn Sie Dateien für Drucker aufbereiten, die ohnehin nur zwei Farben kennen und Zwischentöne durch Rastern vortäuschen – also etwa Laserdrucker oder Laserbelichter. Durch geschicktes Rastern – das enge Nebeneinanderstellen von weißen und schwarzen Bildpunkten – bereiten Sie das Foto im Bitmap-Modus vor für den Druck mit Laserbelichtern oder anderen Druckern.

In der Regel überlassen Sie diesen Schritt dem Drucker oder dem Raster Image Processor (RIP) beim Belichter; aber das Vorabrastern in Photoshop bietet zusätzliche Kontrollmöglichkeiten und ist auch nützlich, wenn Sie das Bild etwa vielfach per Laserdrucker ausdrucken oder per Fotokopierer vervielfältigen wollen; außerdem beschleunigt es die Druckausgabe, wenn Sie gleich eine Datei mit »vorgekautem« Raster zum Drucker schicken. Allerdings haben Sie auch im **Drukken**-Dialog nochmal die Möglichkeit, individuell zu rastern; dort wird dann nicht die Bilddatei, sondern nur der einzelne Ausdruck verändert.

Auch wenn Sie eine reine Strichgrafik vor sich haben – erzeugt etwa mit dem **Schwellenwert**-Befehl –, lohnt sich unabhängig vom Druckzweck der Weg in den Bitmap-Modus: Je Pixel benötigen Sie im Vergleich zum Graustufenmodus nur ein Achtel des Speichers. Allerdings läßt sich ein Bitmap-Bild kaum bearbeiten, Sie müssen wieder zurück in den Graustufenmodus wechseln.

Nur Photoshop-Hersteller Adobe nennt Schwarz- und Weiß-Bilder »Bitmaps«, in der übrigen Grafikwelt heißen sie Line-Art oder Strichvorlage; die Photoshop-Bitmaps, die hier besprochen werden, haben nichts zu tun mit Bitmap als Dateiformat unter Windows und OS/2 (BMP). Eher schon versteht man unter Bitmap allgemein eine aus Pixeln und nicht aus Kurven und Füllflächen zusammengesetzte digitale Grafik, egal in welchem Dateiformat und mit wieviel Farben.

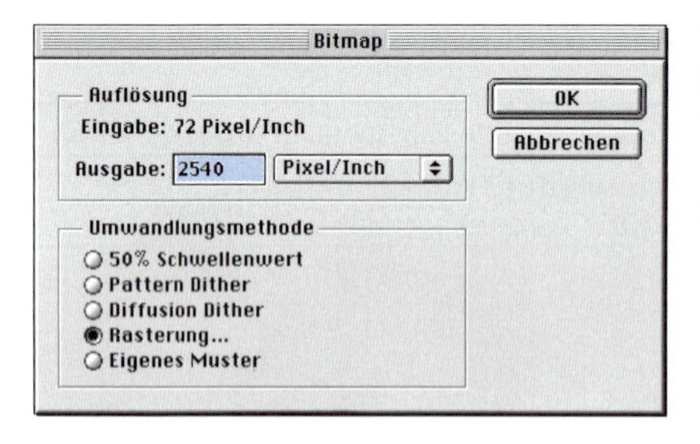

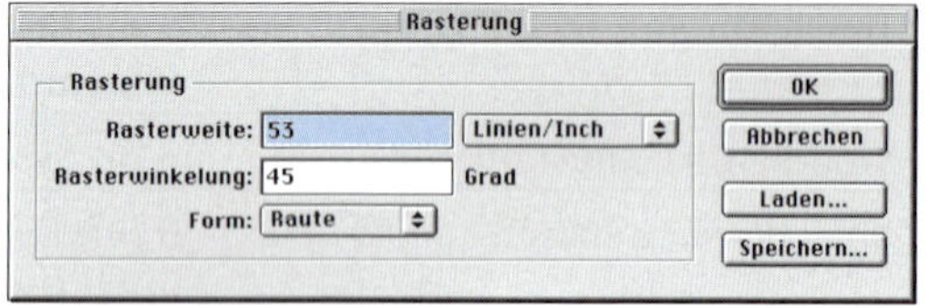

Der Bitmap-Befehl reduziert eine Bilddatei auf Schwarz- und Weiß-Pixel. Geschickte Rastertechnik erweckt dennoch den Eindruck von Halbtönen.

Umwandlungsmethode »Schwellenwert 50%«

Beim Wechsel in den Bitmap-Modus bietet Photoshop verschiedene Umwandlungsmethoden an – unterschiedliche Rastertechniken, die das spätere Aussehen der Bitmap-Datei entscheidend beeinflussen.

Das Verfahren »Schwellenwert 50%« macht alle Tonwerte ab 50 Prozent Deckkraft schwarz, die helleren darunter allesamt weiß. So bekommen Sie ein sehr hartes, grafisches Schwarz- und Weißbild, das an eine schlechte Fotokopie erinnert. In diesem Fall wird gar nicht erst versucht, Halbtöne durch ein Raster zu simulieren. Sie bekommen Schwarz und Weiß – und sonst nichts.

Feinsteuerung der Schwellenwert-Methode

Allerdings läßt sich die Schwellenwert-Methode feinsteuern. Dazu wählen Sie – im Graustufenmodus – **Bild: Einstellen: Schwellenwert**. Mit diesem Dialogfeld siedeln Sie den Schwellenwert – also jenen Punkt, ab dem die vorhandenen Tonwerte nicht mehr in Weiß, sondern in Schwarz umgewandelt werden – an beliebiger Stelle auf der Tonwertskala an und nicht erzwungen bei 50 Prozent. So erzeugen Sie nach Bedarf lichte bis düstere Bilder. Mit Hochpaß- und Weichzeichnungsfilter steuern Sie die Schwellenwertwirkung noch feiner – nachzulesen im folgenden »Kontraste«-Kapitel.

Sinnvoll ist die **Bitmap**-Option »Schwellenwert« ohne vorherige Bearbeitung des Bildes, wenn Sie schon eine reine Schwarzweißgrafik vor sich haben – zum Beispiel einen Schriftzug oder eine Unterschrift.

Umwandlungsmethoden mit »Dithering«

Anders als beim üblichen Rastern täuscht Photoshop beim Dithering unterschiedliche Grauwerte nicht durch unterschiedliche dicke schwarze Punkte vor; statt dessen sorgt die unterschiedliche Häufung gleichgroßer Punkte je Quadratzentimeter für den jeweiligen Helligkeitseindruck.

Pattern Dither

Die Option »Pattern Dither« setzt die Grauwerte in ein regelmäßiges Muster schwarzer und weißer Bildpunkte gleicher Größe um.

Diffusion Dither

Dagegen erzeugt »Diffusion Dither« eine Zufallsverteilung schwarzer und weißer Bildpunkte. Photoshop teilt das Bild in einzelne Felder auf, berechnet die durchschnittliche Helligkeit eines Felds und erzeugt ein Zufallsmuster von Punkten, deren Mittelwert dem mittleren Tonwert des Felds entspricht. Die entstehende körnige Struktur wirkt gegenüber »Pattern Dithering« und gegenüber konventionellem Rastern vorteilhaft am Monitor und auch auf älteren Büro-Laserdruckern mit 300 dpi.

Dies gilt allerdings nur für Halbtonbilder – bei Grafiken stört das körnige Diffusion Dithering eher, da es einfarbige Flächen nicht völlig einheitlich abbildet. Da Photoshop diese Option im Drucken-Menü nicht bietet, dithern Sie eine entsprechende Datei vorab per **Modus**-Befehl.

Umwandlungsmethode »Rasterung«

Die »Rasterung« erzeugt die Wirkung eines Graustufenbilds im üblichen Rasterdruck. Beim Rastern arbeiten Sie – im Gegensatz zum Dithering – mit unterschiedlich großen schwarzen Rasterpunkten auf weißer Fläche. Je Längeneinheit wird die Zahl der Rasterpunkte vorgegeben, zum Beispiel 53 pro Zoll (53 dpi); das ist die »Rasterweite«, also der Abstand zwischen den Mittelpunkten der einzelnen Rasterzellen. Je mehr besonders große Rasterpunkte auf einem Inch erscheinen (und damit viel weißes Papier überdecken), desto dunkler wirkt diese Zone.

Einzustellen ist außerdem die »Rasterwinkelung«: Wenn die Rasterpunkte nicht nebeneinander auf einer geraden Linie liegen, sondern im 45-Grad-Winkel durchs Bild laufen, fallen sie weniger ins Auge.

Außerdem bietet Photoshop unterschiedliche Rasterformen. In der Regel verwendet man den elliptischen Punkt, der weicher erscheint als der runde, allerdings auch mehr Tonwertzuwachs erzeugt. Üblicherweise überläßt man freilich das Rastern dem Druckertreiber oder dem Raster Image Processor (RIP) am Druckfilmbelichter. Geht es Ihnen nur um einen grafischen Raster-Effekt, empfiehlt sich im übrigen der **Stilisierungsfilter: Farbraster**.

Umwandlungsmethode »Eigenes Muster«

Letzte Möglichkeit: »Eigenes Muster«. Damit wenden Sie Rasterstrukturen wie etwa Marmor oder Textil auf ein Bild an. Weitere Möglichkeit: Sie bauen ein Bild aus vielfachen Kopien seiner selbst auf. Sie definieren das Muster, indem Sie einen Bildteil mit dem Auswahlrechteck einrahmen und dann **Bearbeiten: Muster festlegen** verwenden.

Ist das Muster kleiner, wird es mehrfach kachelig aneinandergesetzt. Solche vielfach aneinandergesetzten Muster wirken oft am besten; verkleinern Sie ein Duplikat des geplanten Musters mit dem **Bildgröße**-Befehl aus dem **Bild**-Menü oder mit dem Befehl **Frei Transformieren** (⌘+T).

Links: Die Schwellenwert-Methode sorgt für harte Schwarzweißgegensätze und erzeugt keinen Graustufeneindruck. Rechts: Mit Weichzeichner, Hochpaßfilter und Schwellenwertregler läßt sich der Effekt vorab besser steuern. Datei: Erdbeere

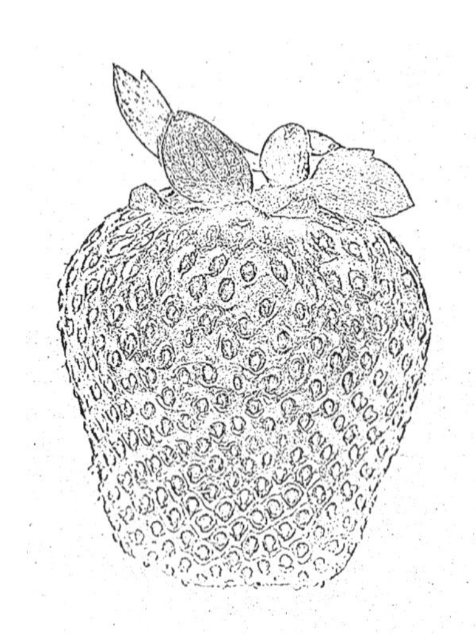

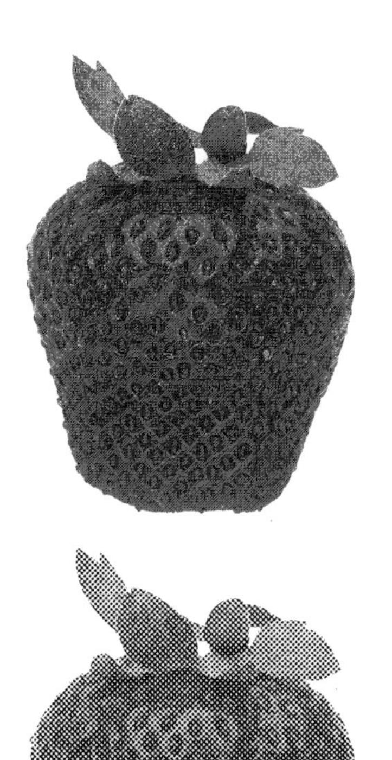

Links: Pattern Dithering erzeugt ein regelmäßiges Streuraster. Rechts: Dagegen verwendet Diffusion Dithering eine Zufallsverteilung. Beide Bilder wurden für 300-dpi-Druckerauflösung gerastert.

Links: Punktraster mit 45 Grad Rasterwinkelung ist eine verbreitete Rasterform. Rechts: Als »eigenes Muster« wurde hier eine drastische Verkleinerung der Vorlage gewählt.

6.9 Duplex-Modus

Der Duplexmodus ist eine Besonderheit von Photoshop, die Sie in anderen Programmen nicht wiederfinden. Darum müssen Sie Duplex-Bilder im Photoshop-Format abspeichern oder als EPS. Duplex-Bilder bestehen aus einer Druckfarbe oder mehreren Druckfarben. Dabei übernehmen die einzelnen Farben nicht unterschiedliche Farbtöne, sondern unterschiedliche Helligkeitsstufen.

Ein Beispiel: Sie drucken eine Datei im Duplex-Modus mit Schwarz und Magenta; Schwarz gibt vor allem die dunklen Bildpartien wieder, um Tiefe zu erzeugen, Magenta die helleren Zonen. Sie erhalten quasi einen magenta-getonten Schwarzweißabzug.

Sie können eine bis vier Sonderfarben verwenden. Ein Bild mit nur einer einzigen Farbe – die hier auch »Sonderfarbe« heißt – ist wie ein Graustufenbild, das statt mit schwarzer zum Beispiel mit brauner Farbe gedruckt wird. Interessanter sind jedoch Duplex, Triplex und Quadruplex: Graustufenbilder, die mit zwei, drei oder vier Druckfarben zu Papier gelangen, darunter in der Regel auch Schwarz. Der Anteil der einzelnen Druckfarben läßt sich über Gradationskurven steuern. Als Extra-Farbe wählen Sie eine der üblichen Prozeßfarben Magenta, Cyan oder Yellow oder auch eine spezielle Spotfarbe eines Druckfarbenherstellers, die Sie über den Farbwähler und dort über das Schaltfeld »Farbtafeln« sichten.

Kalte Blautonungen, nostalgische Sepiaeffekte und viele andere Varianten sind möglich. Photoshop schreibt eine Reihe von Voreinstellungen auf Ihre Festplatte, sofern Sie dies bei der Installation nicht ausdrücklich untersagt haben; suchen Sie nach dem Photoshop-Verzeichnis »Goodies/Duplex Kurven«. Das Verzeichnis unterteilt sich in Zwei-, Drei- und Vierfarbeffekte, die wiederum gegliedert sind nach reinen Graustufeneinstellungen, Verwendung von verschiedenen Prozeßfarben und Verwendung von Spotfarben.

Wenn Sie nicht das Gesamtbild tonen, sondern eher innerhalb eines Graustufenbilds farbige Akzente setzen wollen, fügen Sie Spotfarben (»Volltonfarben«) hinzu. Eine Spotfarbe ist eine beliebige zusätzliche Druckfarbe, die Sie mit der Kanälepalette anlegen und plazieren. Details finden Sie im Kapitel »Alphakanäle«.

Verwendung

Der Vorteil eines solchen Duplex-Bilds: Sie erzeugen eine Farbwirkung – ein getontes Bild kann der reinste Hingucker sein – mit nur zwei Druckfilmen, etwa Schwarz und Magenta. Dagegen brauchen Sie für den üblichen CMYK-Druck vier Filme und Farben. Sie können auch zwei Schwarz- oder Grautöne verwenden, um Graustufenfotos im edlen Duoton-Druck zu Papier zu bringen. Denn während eine Graustufendatei zwar 256 Schattierungen enthalten kann, beherrscht die Druckmaschine oft nur gut 50 Abstufungen pro Druckfarbe. Drucken Sie also die Schatten eines Graustufenbildes mit einem eigenen Druckfilm mit Schwarz, den Rest dagegen mit der grauen Farbe, erhalten Sie eine besonders feine Durchzeichnung des gesamten Tonwertspektrums.

Wenn es Ihnen nur auf eine schnelle Tonung ankommt, Sie jedoch CMYK oder RGB praktischer finden als das komplizierte Duplex, dann verwenden Sie die Option »Kolorieren« des Befehls **Farbton/Sättigung** (⌘+U). Sie funktioniert auch mit Graustufenbildern, wenn diese zuvor in einen Farbmodus wie RGB konvertiert werden.

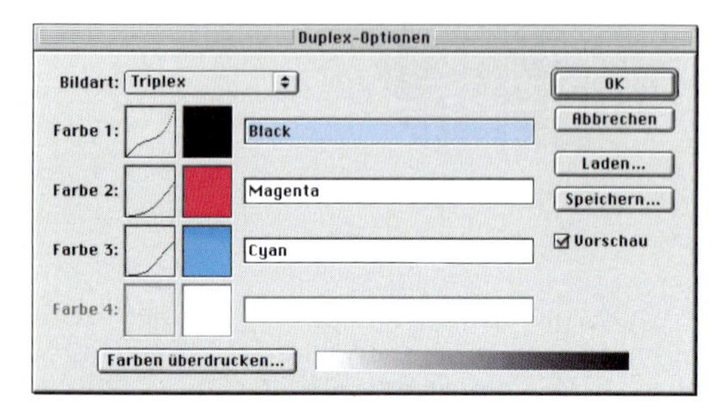

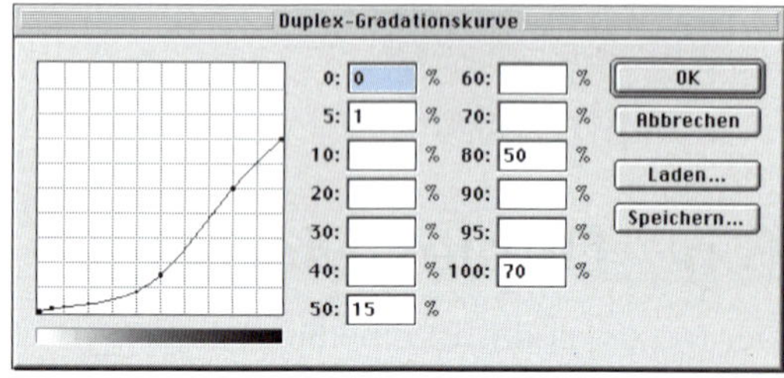

Mit der Duplex-Technik ordnen Sie bestimmten Helligkeitsbereichen Ihrer Bilder eigene Druckfarben zu. Welcher Helligkeitsbereich mit welcher Tönung erscheint, kontrollieren Sie über die Gradationskurve für jede Farbe.

Duplex-Bilder und andere Modi

Da die Duplex-Kanäle nicht auf Farben, sondern auf Helligkeiten verteilt sind, lassen sich Duplex-Dateien nicht in übliche CMYK-Kanäle aufteilen; Photoshop behandelt sie weiter wie ein 8-Bit-Graustufenwerk mit einem Kanal. Dennoch können Sie auf mehrere Arten quasi einzelne Auszüge – den Schwarzanteil, den Cyananteil – begutachten:

Zum Begutachten behandeln Sie das fertige Bild mit **Bild: Modus: Mehrkanal** und rufen den gewünschten Kanal über die Kanälepalette (F6) auf; gehen Sie aber vor dem Abspeichern zurück in den Duplex-Modus, indem Sie die Modusänderung widerrufen. Wollen Sie das Bild mit üblichen CMYK-Platten ausgeben, benennen Sie die Duplex-Farben nach Bedarf mit »Cyan«, »Magenta«, »Gelb« oder »Schwarz«.

Oder springen Sie von **Duplex** in den **CMYK-Modus**. Dazu wählen Sie vorab im **Datei**-Dialogfeld »Farbeinstellungen: Separation« den »Schwarzaufbau: Maximum«: bei anderen Vorgaben würde Photoshop die Neutraltöne über alle Farbkanäle eines CMYK-Bilds streuen und nicht im Schwarz-Kanal konzentrieren.

Sie können das Duplex-Bild auch ohne Informationsverlust in den **RGB-Modus** konvertieren und dann in einem der vielen Dateiformate speichern, die RGB-Bilder aufnehmen.

Verwendung mit Layoutprogrammen

Wollen Sie das Duplex-Bild mit dem Layoutprogramm QuarkXpress ausgeben, notieren Sie die genauen Namen aller Sonderfarben, die im Dokument vorkommen. Dann speichern Sie die Bilddatei als EPS-Format und plazieren sie in QuarkXpress. Dort im »Bearbeiten«-Menü wählen Sie »Farben«. Dann wählen Sie die Pantone-Farben an, die in der Photoshop-Datei verwendet wurden, und speichern sie im Xpress-Dokument, so daß sie sinnvoll separiert, also in die CMYK-Auszüge zerlegt werden können. Rastern können Sie in Xpress.

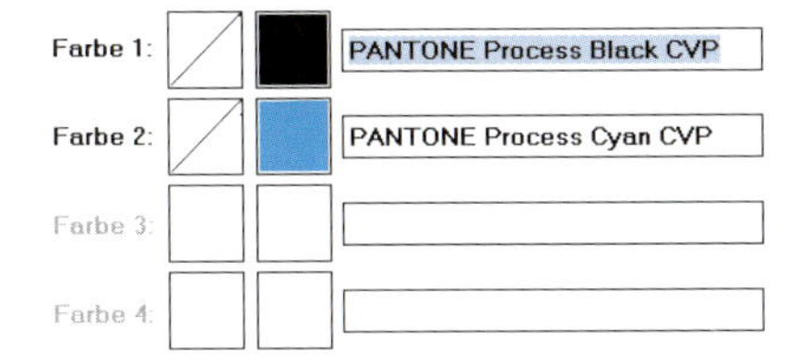

Duplex: Hier werden Schwarz und Cyan über den gesamten Tonwertbereich gleichmäßig eingesetzt. Das Bild gerät zu dunkel. Datei: Zutaten

Hier wurden die Cyan- und Schwarzanteile am Helligkeitsbereich korrigiert. Die Gradationskurven stärken Cyan im hellen, Schwarz im dunklen Bereich.

Farbe 1: PANTONE Process Black CVP
Farbe 2: PANTONE Process Cyan CVP
Farbe 3:
Farbe 4:

Bei diesem Duplexbild wird Magenta (Purpur) nur in den helleren Bildteilen gedruckt, Schwarz abgeschwächt über den ganzen Tonwertbereich.

Farbe 1: PANTONE Process Black CVC
Farbe 2: PANTONE Process Magenta CV
Farbe 3:
Farbe 4:

Mit Magenta und Gelb zusätzlich zu Schwarz erzielen Sie einen Sepiaton.

Farbe 1: PANTONE Process Black CVP
Farbe 2: PANTONE Process Magenta CV
Farbe 3: PANTONE Process Yellow CVP
Farbe 4:

Das Vorgehen

Bevor Sie von einem Farbbild in den Duplex-Modus wechseln, erstellen Sie zunächst eine Graustufendatei. Dann geben Sie im Dialogfeld Duplex die »Bildart« an, etwa »Duplex« oder »Triplex«, also mit wieviel Farben Sie drucken wollen. Beachten Sie, daß Sie erstmals mit Photoshop 5 eine »Vorschau« einschalten können, die noch vor dem »OK«-Klick das Ergebnis für die aktuellen Einstellungen zeigt.

Druckfarbe festlegen

Legen Sie die Druckfarbe fest, indem Sie in das Farbfeld der jeweiligen Druckfarbe klicken: Dann taucht der Farbwähler auf, in dem Sie sich bedienen; oder Sie klicken sich weiter zur »Farbtafel«, um die fertige Druckfarbe eines Farbenherstellers anzuwählen. Nach Schließen des Farbwählers sehen Sie Farbe und Farbnamen im Duplex-Dialog. Alternativ »laden« Sie einen fertigen Kurvensatz aus Photoshops Duplex-Verzeichnissen.

Rücknahme

Beim Öffnen zeigt das Dialogfeld die letzte verwendete Duplex-Einstellung. Drücken Sie die Alt-Taste, und klicken Sie auf die »Zurück«-Schaltfläche, um das Bild auf eine einzige Sonderfarbe zurückzusetzen. Haben Sie bereits Angaben verändert, bringt dieser Alt-Klick Sie zurück zur Einstellung bei Öffnen des Dialogfelds.

Gradationskurven bearbeiten

Mit den Duplex-Gradationskurven regeln Sie, welcher Tonwertbereich mit welcher Druckfarbe wiedergegeben werden soll. Sie sehen die Gradationskurven bereits neben den Sonderfarben im Duplex-Dialog. Klicken Sie auf die Kurven, um den Duplex-Gradationskurven-Dialog zu öffnen, und korrigieren Sie die Kurve für jede Farbe nach Ihren Vorstellungen. Dazu manipulieren Sie die Kurve mit der Maus (bis zu 13 Anfaßpunkte lassen sich einrichten) oder tippen die gewünschten Werte unmittelbar ein. Bearbeiten Sie die Kurve, erscheinen automatisch die zugehörigen Zahlen in den Fenstern. Nicht benötigte Ankerpunkte ziehen Sie wieder aus dem Koordinatennetz heraus. Beachten Sie, daß die Gradationskurve hier die hellen Werte rechts zeigt.

Heben Sie die Kurve an, wird der entsprechende Tonwertbereich der zugehörigen Farbe verstärkt. Ziehen Sie die Kurve im linken Bereich nach unten, dann schwächen Sie die Lichter dieser Druckfarbe. Es geht auch durch Eintippen: Geben Sie etwa bei »100%« eine 60 an, dann erscheinen die tiefsten Schatten dieses Bildes in dieser Farbe nur noch mit maximal 60 Prozent; entsprechend rutscht das rechte Ende der Kurve nach unten, da einem Eingabewert von 100 Prozent auf der X-Achse nur noch ein Ausgabewert von 60 Prozent auf der Y-Achse gegenübersteht. Die Farbe ist dann im dunklen Bereich unterrepräsentiert.

Den Gradationskurven fehlen allerdings ein paar nützliche Features allgemeiner **Gradationskurven**, wie sie aus dem Untermenü **Bild: Einstellen** heraus aufrufbar sind: Es gibt keinen »Zurück«-Knopf, und man kann bei geöffnetem Gradations-Dialog das Bild nicht mit der Pipette ausmessen. Ganz zu schweigen von der Sofort-Vorschau, die dem ganzen Duplex-Modus ebenso abgeht wie dem Modus »Indizierte Farben«.

Überfrachten Sie einen Tonwertbereich nicht – er kann nicht volles Cyan und Black zeigen, dann gerät das Werk zu dunkel. Immer sollte Schwarz den dunklen Bereichen Tiefe geben; in den Lichtern dagegen brauchen Sie es nicht unbedingt – senken Sie also die Schwarzkurve im linken Bereich ab. Sie können brauchbare Kurven wie immer in Photoshop »speichern« und »laden« oder auch die von Photoshop bereits mitgelieferten Kurven ausprobieren.

Druckreihenfolge und Rasterung

Die Reihenfolge, in der Sie die Farben drucken, wie auch die Rasterung haben entscheidenden Einfluß auf die Bildwirkung. Voll gesättigte Farben erhalten Sie, wenn Sie die dunkleren vor den hellen Farben drucken. Geben Sie also im Duplex-Dialog oben die dunkleren Druckfarben, darunter die helleren ein. Im Rasterungs-Dialog verwenden Sie im Zweifelsfall die Option »Auto«, um Photoshop die optimalen Rasterwinkel und Rasterweiten bestimmen zu lassen. Im Dialog »Autorasterung« muß die »Genaue Rasterung« angeklickt sein, wenn Sie es mit einem PostScript-Level-II-Drucker zu tun haben.

Bildschirmdarstellung

Wie die Farben zum Überdrucken am Bildschirm dargestellt werden, regeln Sie nach einem Klick auf »Farben übereinanderdrucken« im Duplex-Dialog. Dazu halten Sie ein Beispiel von bereits übereinandergedruckten Farben neben den Bildschirm.

1. Klicken Sie auf das Farbfeld der Farbmischung, die Sie einstellen wollen. Der Farbwähler erscheint.
2. Wählen Sie die Farbe, die dem Ausdruck entspricht, aus dem Farbwähler, und sagen Sie »OK«.
3. Wiederholen Sie diese Schritte, bis Sie die Farben zum Überdrucken wie gewünscht eingestellt haben.

Wohlgemerkt: Dieses Dialogfeld beeinflußt nur die Monitordarstellung, nicht jedoch den Druck selbst.

7 Kontrast und Farbton

Die Farbkorrektur-Funktionen schaffen dezente Verbesserungen oder plakative Manipulationen.

Fast immer müssen Sie eine frisch gescannte Bilddatei noch farblich und in den Kontrasten korrigieren, bevor das Werk zum Drucker oder Belichter geht. Ausnahme: Die Bilddateien, die ein Belichtungsdienst mit professionellen Trommelscannern produziert.

7.1 Grundlagen

Zunächst erhalten Sie hier einen Überblick, welche Photoshop-Befehle insgesamt den Bildeindruck verbessern und in welcher Reihenfolge man sie anklickt. Um ein Bild wirklich effektiv zu regulieren, sollten Sie sich mit Farbmodellen und Einheiten für Tonwerte auskennen, wie sie im Kapitel über Farbmodi beschrieben werden.

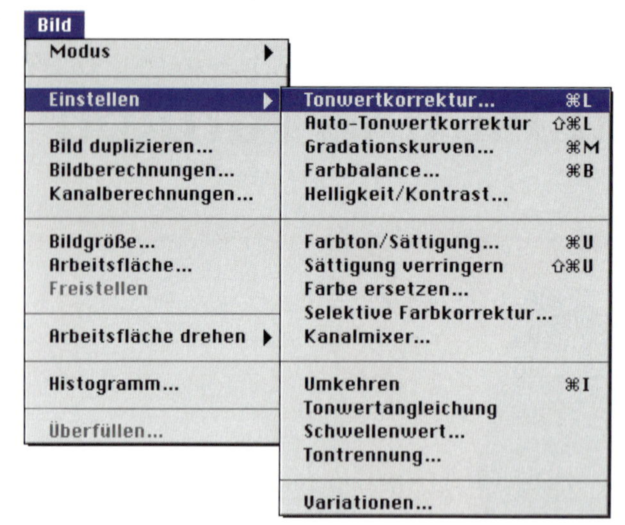

Die Befehle zur Kontrastkorrektur bündelt Photoshop im »Bild«-Untermenü »Einstellen«.

Übersicht: Befehle für Kontrast, Tonwertumfang und Farbton

Die Befehle zur Kontrastkorrektur finden sich im **Bild**-Untermenü **Einstellen**. Denken Sie daran, daß Sie diese Funktionen – und nur diese – in der Ebenen-Palette als Einstellungsebenen einrichten können; damit stellen Sie das Objekt unter der Einstellungsebene korrigiert dar, ohne die Daten dauerhaft zu verändern. Im Kapitel »Ebenen« werden die Einstellungsebenen erklärt.

Photoshop bietet zahlreiche Funktionen für feine und für grobe Änderungen von Kontrasten und Farbstimmungen. Zu finden sind sie allesamt im **Bild**-Untermenü **Einstellen**.

Feine Änderungen

Der überwiegende Teil der Funktionen erlaubt mit seinen subtilen Regelmöglichkeiten sehr feine Korrekturen:

- Mit den Reglern für **Helligkeit/Kontrast** verändern Sie helle wie dunkle Bildzonen gleichermaßen.
- Mit der **Tonwertkorrektur** erweitern oder begrenzen Sie den Tonwertumfang.
- Die **Auto-Korrektur** erweitert den Tonumfang automatisch.
- Die **Gradationskurven** regeln die Kontraste neu nur für einzelne Helligkeitszonen.
- Eine bestimmte Form der Gradationskurve ist die Gammakurve, die vor allem den Mittenbereich beeinflußt und ebenfalls über die **Tonwertkorrektur** eingestellt wird.
- Die **Farbbalance** entfernt Farbstiche.
- Das Dialogfeld **Farbton/Sättigung** ändert Farbtöne oder frischt ein Bild auf.
- Die **Selektive Farbkorrektur** verändert Farben, indem einzelne Grundfarben angehoben oder abgesenkt werden.
- Die **Variationen** korrigieren die Farbstimmung über ein ganzes Vorschau-Tableau.
- **Farbe ersetzen** faßt zwei Aufgaben zusammen: Markieren gleichfarbiger Bildteile und Veränderung dieses Farbtons.
- Der **Kanalmixer** verändert den Anteil der einzelnen Grundfarben am Gesamtbild.

Grobe Änderungen

Eine Reihe weiterer Befehle dient nicht der behutsamen Bildverbesserung, sondern teils eher der Verfremdung:

- Der Befehl **Umkehren** erzeugt ein Negativ, sowohl von Farb- wie von Graustufendateien.
- Die **Tonwertangleichung** sorgt für ausgeglichene Kontrastverhältnisse sowohl in zu harten als auch in zu weichen Bildateien.
- Der **Schwellenwert** entfernt jegliche Zwischentöne und erzeugt eine harte Nur-noch-Schwarz-und-Weiß-Grafik.
- Die **Tontrennung** reduziert das Bild auf wenige Farbtöne, entfernt so die feinen Tonwertübergänge und schafft eine sehr poppige, plakative Wirkung.
- **Entfärben** entzieht dem Bild die Farbinformationen; so entsteht der Eindruck eines flauen Graustufenwerks, das jedoch im Farbmodus verbleibt.

Handhabung der Kontrastkorrektur-Dialoge

Aktivieren Sie in allen Dialogfeldern für Farbkorrekturen die »Vorschau«; dann paßt Photoshop den ausgewählten Bereich in der Bilddatei gemäß Ihren Änderungen sofort an. Haben Sie die »Vorschau« nicht aktiviert, ändert sich die komplette Monitordarstellung gemäß jenen Änderungen, die Sie nur für einen kleinen Bildausschnitt eingegeben haben, sofern in den **Voreinstellungen: Bildschirm- und Zeigerdarstellung** die »Video-Look-Up-Table-Animation« gewählt wurde.

Für diese Funktion brauchen Sie allerdings ein Photoshop-Plug-in Ihres Grafikkartenherstellers. Diese arbeitet aber besonders im CMYK- oder Duplex-Modus ungenau und wirkt auch sonst – durch Verfremdung des Monitorgesamtbilds – eher störend. Besser wählt man Photoshops »Vorschau«-Funktion, die die Farbänderung nur für das Bild oder den Bildteil anzeigt, auch wenn das länger dauert.

Einzelne Bildpunkte messen

Gut zu wissen: Auch bei geöffnetem Dialogfeld können Sie mit dem Mauszeiger jederzeit ins Bild fahren; der Cursor verwandelt sich dort in die Pipette, mit der Sie alte und neue Werte anmessen. Die Informationen-Palette nennt dabei nebeneinander den zuletzt gültigen und den korrigierten Tonwert des Bildpunkts, an dem sich die Pipette befindet. Sie können bei geöffnetem Dialogfeld mit der Pipette auch ein nicht-aktives Bild ausmessen, um Vergleichswerte zu erhalten; allerdings läßt sich dieses Bild nicht bearbeiten. Klicken Sie bei gedrückter ctrl-Taste, um im Kontextmenü den Aufnahmemodus der Pipette zu ändern, zum Beispiel von Einzelpixel zu Drei-Pixel-Durchschnitt zu wechseln.

Meßpunkte setzen

Sie können sogar bis zu vier Meßpunkte mit dem Farbaufnehmer setzen, während das Dialogfeld geöffnet ist. Dazu klicken Sie bei gedrückter Umschalt-Taste ins Bild. Die Werte für die Meßpunkte erscheinen in der Informationenpalette. Um einen Meßpunkt noch bei offenem Dialogfeld wieder zu entfernen, klicken Sie ihn bei gedrückter Umschalt+Alt-Taste an, zum Verschieben reicht die Umschalt-Taste. Mehr über die Farbaufnehmer steht im Kapitel »Grundfunktionen« weiter vorn.

Bilddarstellung

Auch bei geöffnetem Dialogfeld läßt sich der Rollbalken nutzen. Per ⌘+Leertaste kommen Sie auch bei geöffnetem Dialogfeld zu einer Plus-Lupe und vergrößerter Bilddarstellung, Alt+Leertaste zaubert eine Verkleinerungslupe her, die Leertaste allein sorgt für die Verschiebehand.

Informativ: Bei geöffnetem Kontrastkorrektur-Dialogfeld zeigt die Informationen-Palette Vorher- und Nachherwerte für den Bildpunkt unter dem Zeiger. Hier erscheinen auch die Werte für die Meßpunkte des Farbaufnehmers.

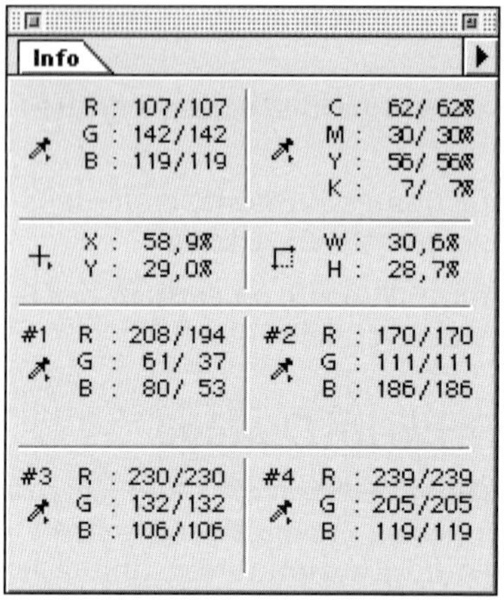

Rücknahme von Eingaben bei geöffnetem Dialog

Haben Sie an mehreren Reglern gedreht und möchten zu einer früheren Reglerstellung zurückkehren, bietet Photoshop meist zwei Möglichkeiten:

- Drücken Sie den Standard-Rücknahmebefehl ⌘+Z, um die allerletzte Veränderung zu annullieren.
- Drücken Sie die Alt-Taste; sie verwandelt die Schaltfläche »Abbrechen« in die Schaltfläche »Zurück«. Die klicken Sie an, wenn Sie alle Werte wieder auf die ursprüngliche Einstellung setzen wollen, ohne daß sich das Fenster schließt.

Übersicht: Arbeitsfolge bei Kontrastkorrektur

Bei Ihren Korrekturarbeiten sollten Sie folgende Reihenfolge wählen:

1. Drehen Sie das Bild, falls erforderlich.
2. Schneiden Sie überflüssigen Rand ab, falls erforderlich – die Außenbereiche verfälschen sonst die Analyse der Tonwertverteilung, wenn sie ohnehin später wegfallen sollen.
3. Sie setzen neue Schwarz- und Weißpunkte mit der **Tonwertkorrektur**.
4. Sie verteilen Lichter und Schatten neu mit den **Gradationskurven** oder mit dem Gammaregler in der **Tonwertkorrektur**.
5. Sie korrigieren Farbstiche entweder mit der Mittelton-Pipette in den Dialogfeldern für **Tonwertkorrektur** oder **Gradationskurven** oder mit dem Befehl für **Farbbalance** oder **Selektive Farbkorrektur**.
6. Ändern Sie gezielt Farben, etwa in Himmelspartien oder Gebäuden, zum Beispiel mit dem Dialogfeld für **Farbton/Sättigung**.
7. Rechnen Sie nun in den CMYK-Modus um, falls das für Ihre Produktion erforderlich ist.
8. Erst dann schärfen Sie das Bild zum Beispiel mit **Unscharf maskieren**.

Der Befehl »Histogramm«

Der **Bild**-Befehl **Histogramm** zeigt quasi ein EKG Ihres Bilds. Sie erkennen, wie viele Bildpunkte von jedem einzelnen Helligkeitswert vorhanden sind. Auf einen Blick entnehmen Sie dem Balkendiagramm, ob zum Beispiel ganz helle bis weiße Tonwerte in der Datei vorkommen oder ob es im Mitteltonbereich eine Lücke gibt.

Je höher der einzelne Balken an einem bestimmten Punkt des Spektrums, desto mehr Bildpunkte dieses Tonwerts haben Sie in der Fotodatei. Türmen sich ganz rechts die Balken besonders hoch, dann hat die Datei viele helle Töne. Möglicherweise erkennen Sie schon, daß ein bestimmter Tonwertbereich gar nicht ausgenutzt wird – orten Sie zum Beispiel ganz links keinen Ausschlag, dann fehlen Tiefen.

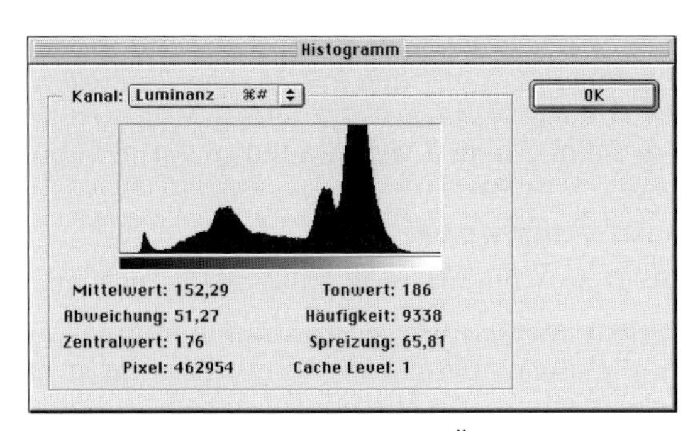

Das Histogramm informiert über die verwendeten Helligkeitsstufen.

Allerdings nimmt dieses Histogramm-Fenster keinerlei Änderungswünsche an. Korrekturmöglichkeiten mit Histogramm-Anzeige haben Sie im Dialogfeld **Bild: Einstellen: Tonwertkorrektur**; dazu später mehr.

Auswahl des Analyse-Bereichs

Haben Sie eine Auswahl im Bild, zeigt das Histogramm nur die Werte für die Auswahl (genauer: für Bildteile, die zu mindestens 50 Prozent ausgewählt sind). Dabei können Sie als »Kanal« das Gesamtbild wählen – hier als »Luminanz« aufgelistet – oder einen einzelnen Farbkanal wie »Blau«. Halten Sie den Mauszeiger über das Histogramm und lesen Sie im rechten Teil des Datenfelds Details zu dem einzelnen Tonwert unter dem Zeiger. Markieren Sie einen Bereich des Histogramms, informiert Sie dieser rechte Teil speziell über den markierten Bereich.

Detail-Informationen im Datenfeld

Dem Datenfeld unter dem Histogramm entnehmen Sie folgende sachdienlichen Hinweise:

- Der »Mittelwert« ist der durchschnittliche Helligkeitswert.
- Die »Abweichung« sagt, wie weit die Werte variieren.
- Der »Zentralwert« zeigt den Mittelwert der Farbwerte an, so daß Sie zum Beispiel Rückschlüsse auf die durchschnittliche Helligkeit ziehen können.
- »Pixel« zählt die Bildpunkte in der Datei oder im Auswahlbereich.
- Neben »Tonwert« lesen Sie ab, über welchem Tonwertbalken im Histogramm sich der Cursor momentan befindet oder welcher Tonwertbereich ausgewählt ist.
- Die »Häufigkeit« besagt, wie oft dieser Wert auftaucht.
- Die »Spreizung« nennt den prozentualen Anteil an Pixeln, die dunkler sind als dieser Wert.
- Der »Cache Level« verrät, ob die Informationen aus den Originalpixeln oder aus einer verkleinerten Bildschirmdarstellung errechnet wurden (siehe nachfolgender Absatz).

»Cache Level«

Der Wert »Cache Level« ist dann interessant, wenn Sie in den **Voreinstellungen** einen Bild-Cache höher als 1 vorgegeben und die Option »Cache für Histogramme verwenden« angeklickt haben. Näheres dazu finden Sie im »Voreinstellungen«-Teil des Kapitels »Oberfläche und Grundfunktionen« weiter vorn.

Im Datenfeld des **Histogramm**-Befehls bedeutet der Wert 1 neben der Position »Cache Level«: Photoshop verwendet exakt alle Bildpixel, um das Histogramm aufzubauen – zum Beispiel, weil Sie das Werk in der Zoomstufe 100 Prozent zeigen. Dies ist die präziseste Darstellung, gleichzeitig dauert der Aufbau des Histogramms auch am längsten – bei großen Dateien auf kleinen Rechnern ein Problem. Cache Level 2 bedeutet, Photoshop verwendet nur noch die Pixel der 50-Prozent-Ansicht; die Software muß also das Histogramm nur noch aus halb so vielen Bildpunkten aufbauen, der Vorgang beschleunigt sich, das Histogramm ist geringfügig weniger verläßlich. Probieren Sie auch niedrigere Zoomstufen wie 33 oder 25 Prozent – hier geht Photoshop auf Cache Level 3 oder 4 zurück, verwendet also zunehmend weniger Pixel zur Berechnung des Histogramms – sofern Sie dies in den Voreinstellungen grundsätzlich zugelassen haben.

Bildbeurteilung mit Histogramm

Das Histogramm gibt oft Aufschluß über Qualität und Brauchbarkeit einer Bilddatei:

- Finden Sie etwa verteilt über das Tonwertspektrum immer wieder dünne Tonwertlöcher, wurde die Datei vermutlich schon einmal mit **Tonwertkorrektur** oder **Gradationskurven** bearbeitet oder schlecht gescannt; die Lücken zeigen sich in ungünstigen Fällen im Druck als Tonwertabrisse, lassen sich aber eventuell durch Interpolieren mit dem **Bildgröße**-Befehl wieder befriedigend schließen.
- Finden Sie riesige Lücken und nur wenige Tonwertbalken vor, dann ist oder war die Datei vermutlich im Modus Indizierte Farben und läßt darum nicht auf ein ausgewogenes Druckbild hoffen.
- Ist ein größerer Helligkeitsbereich links oder rechts gar nicht vertreten, haben Sie es mit einem schlechten Scan zu tun. Das Druckbild gerät flau, wenn Tiefen fehlen. Und es gerät sumpfig, wenn es an Lichtern mangelt. Ein Tonwertumfang von zehn bis 240 könnte für sauberen Druck ausreichen.

Das Histogramm zeigt, daß dieses Bild fast den gesamten möglichen Tonwertbereich nutzt, mit einem Schwerpunkt bei hellen Tönen. Datei: Glaeser_1

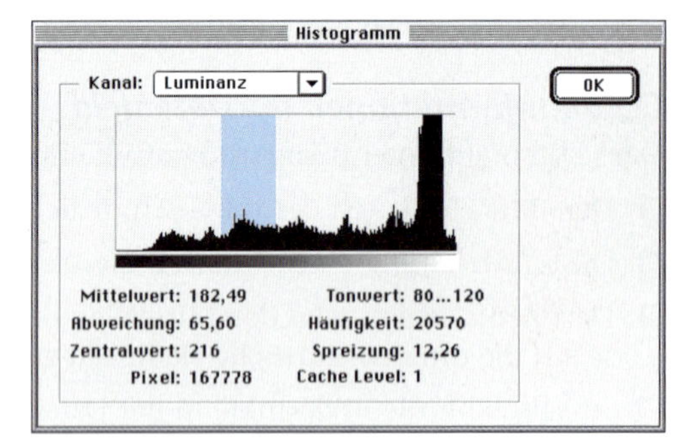

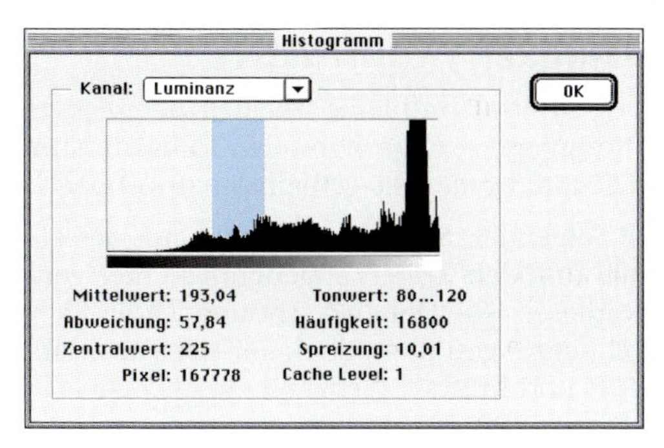

Wie aus dem Histogramm hervorgeht, fehlen diesem Bild die Schattenwerte; das Druckergebnis wirkt flau. Datei: Glaeser_2

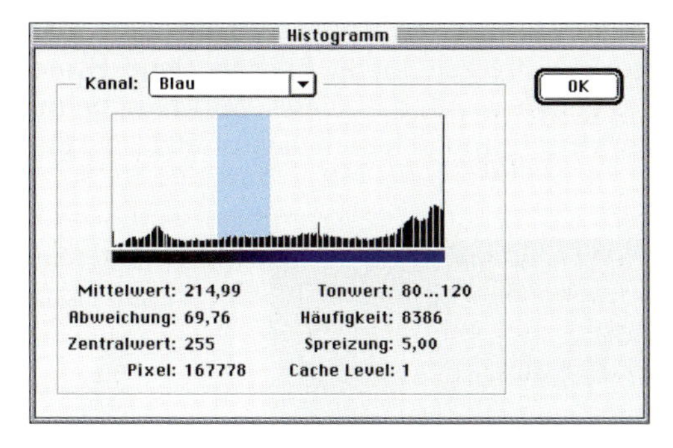

Dieses Bild wurde bereits mit einem Kontrastkorrektur-Befehl bearbeitet, wie sich aus den Tonwertlücken im Histogramm vermuten läßt. Datei: Glaeser_3

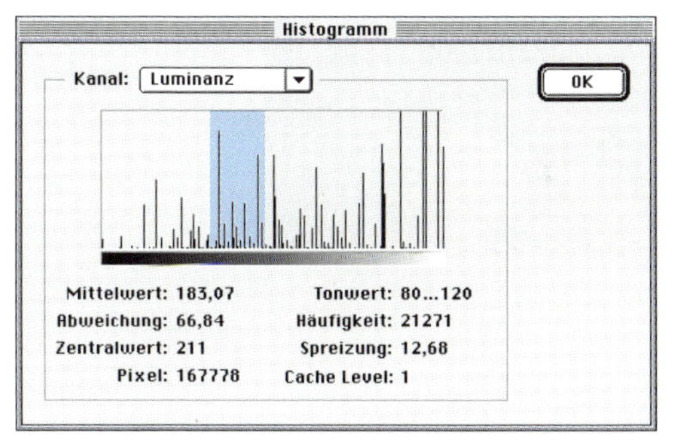

Das Histogramm zeigt mehr Lücken als Tonwerte: Hier liegt offenbar eine Datei im 8-Bit-Farbmodus zugrunde. Datei: Glaeser_4

Der Befehl »Helligkeit/Kontrast«

Naheliegend scheint es, Kontrastprobleme mit den Befehlen **Helligkeit/Kontrast** zu beheben. Doch springen diese Kommandos zu grob mit den Tonwerten um. Beim Helligkeitsregler gilt: Ob helle oder dunkle Pixel, alle werden sie gemeinsam angehoben oder abgesenkt.

Dabei passiert schnell Folgendes: Sie hellen ein Bild auf, dessen dunkle Schatten Ihnen mißfallen; doch während die dunklen Zonen angenehm lichter geraten, fressen längst die hellsten Bildpartien aus und verlieren jede Detail-Zeichnung. Oder: Sie wollen die helleren Partien noch ein wenig leichter und lichter gestalten, doch der Dreh am Helligkeitsregler nimmt gleich auch den tiefen Schatten Saft und Kraft.

Differenzierter funktioniert der Befehl **Gradationskurven** (⌘+M), der nur in ausgewählten Tonwertzonen – etwa im dunklen Bereich – für Anhebung sorgt; siehe unten. Dagegen senkt der Kontrastregler die Schatten noch ab, während er die Lichter weiter anhebt.

Für schnelle Korrekturen reicht dieser Dialog. So hilft der Kontrastschieber, ein Werk nach der Effektfilterung mit harten Kontrasten weiter aufzubrezeln. Der Helligkeitsregler mag dienlich sein, wenn Sie ein gut durchgezeichnetes Bild als flaue Hintergrundtapete für Text absoften wollen; hier kommt es gerade recht, daß dieses Werkzeug beim Aufhellen nicht nur die Höhen anhebt, sondern auch Mitten und Schatten heraufsetzt. Es verschiebt die Tonwertunterschiede nach oben.

Bei diesem Bild sollen die unteren Mitten (Vierteltöne) angehoben werden, um das Etikett etwas herauszuarbeiten. Datei: Ambiente

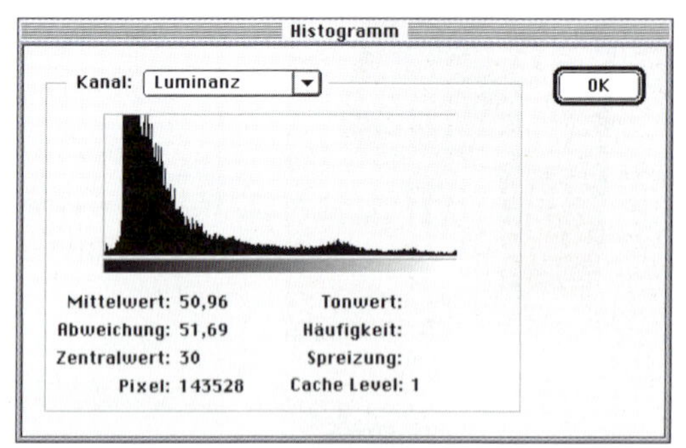

Der Helligkeitsregler macht zwar wie gewünscht die Vierteltöne lichter, hebt aber gleichzeitig die Schatten an, so daß Tiefe verlorengeht; und er entfernt weitere Differenzierung, indem er Hochlichter geschlossen auf Weiß setzt.

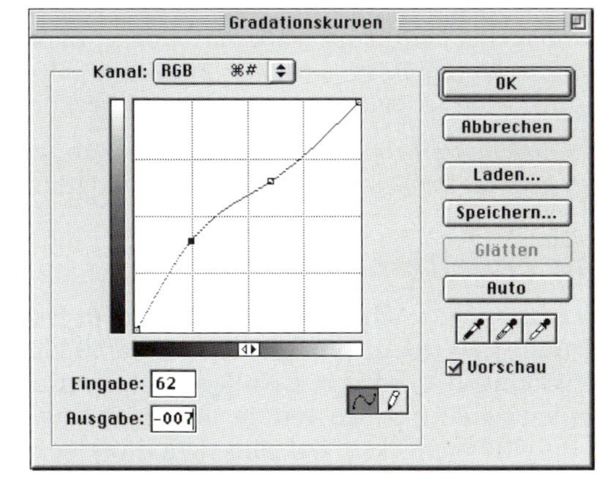

Dagegen hebt eine tonwertgenaue Korrektur mit der Gradationskurve nur die gewünschten Vierteltöne an, läßt aber Lichter und Schatten unberührt.

7.2 »Tonwertkorrektur«

Wesentlich feiner als **Kontrast/Helligkeit** arbeiten die **Bild**-Befehle **Tonwertkorrektur** und **Gradationskurven**. Diese zwei Standard-Werkzeuge der digitalen Bildbearbeitung sollten Sie aus dem Effeff beherrschen. Die **Tonwertkorrektur** (⌘+L, für Levels) arbeitet dabei etwas ungenauer, ist jedoch zugleich anschaulicher, weil sie ein Histogramm präsentiert. Mit der **Gradationskurve** korrigieren Sie oft nur das Verhältnis der Tonwerte untereinander; dagegen nutzen Sie die **Tonwertkorrektur** eher, um das vorhandene Spektrum zu erweitern: Statt von Tonwert 30 bis 210 erstreckt sich das Bild nach der Bearbeitung vom schwärzesten 0 bis zum porentief weißen 255. Dadurch wirkt es brillanter, tiefer, kontrastreicher.

»Tonwertkorrektur«: Dieser Befehl zeigt, welche Helligkeitsstufen eine Bilddatei bereits ausnutzt, und erweitert den Tonwertumfang.

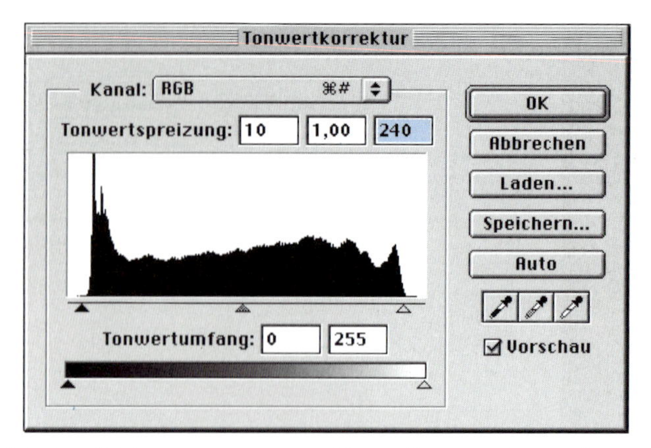

Das Dialogfeld zeigt das Histogramm, dessen Darstellungsweise soeben erläutert wurde: Für jeden Tonwert von 0 (dunkel) bis 255 (hell) präsentiert das Histogramm einen Balken auf einer horizontalen Skala; je höher der Balken, desto mehr Pixel dieses Tonwerts enthält Ihr Bild. Sehen Sie ganz links und ganz rechts überhaupt keine Ausschläge, dann heißt das: Die ganz dunklen und ganz hellen Tonwerte kommen im aktuellen Bild überhaupt nicht vor – ein in der Regel unbefriedigender Zustand, den Sie mit diesem Dialogfeld beenden.

Stellen Sie in den »Voreinstellungen: Speicherbenutzung & Bild-Cache« einen Histogramm-Cache ein, um besonders bei großen Dateien den Aufbau des Histogramms zu beschleunigen.

Tonwertumfang erweitern

Führen Sie den linken, schwarzen Schieber direkt unter dem Histogramm nach rechts, bis Sie neben »Tonwertspreizung« statt der ursprünglichen 0 eine 30 lesen. Folge: Alle Tonwerte von 0 (Schwarz) bis 30 (sehr dunkel) werden auf Null gesetzt, sind also pechschwarz; die anderen Tonwerte im Bild werden daraufhin neu verteilt und nach unten gespreizt; denn statt bis 30 müssen sie sich jetzt bis Null erstrecken. Das Bild sieht dunkler und kontrastreicher aus.

Umgekehrt wirkt der weiße Schieber ganz rechts unter der Balkengrafik: Schieben Sie ihn nach links, zum Beispiel von 255 bis 210, wie das Zahlenfeld oben ganz rechts anzeigt; dann werden alle Tonwerte zwischen 255 (reines Weiß) und 210 auf 255 gesetzt, also als absolutes Weiß definiert. Die anderen vorhandenen Tonwerte von 0 bis 210 werden neu verteilt und nach oben gespreizt; das Bild gerät heller und kontrastreicher.

Diesem Bild fehlen tiefe Schatten und hohe Lichter, wie aus dem Histogramm hervorgeht. Datei: Toni

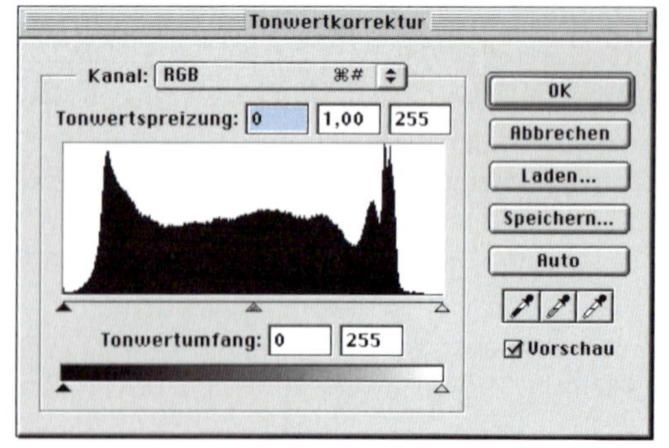

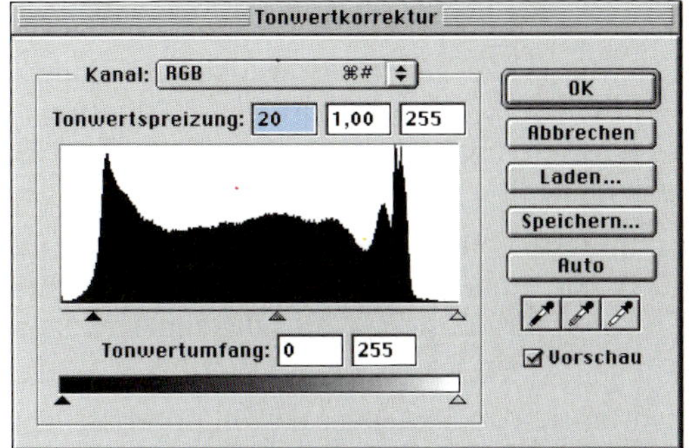

Um mehr Tiefen ins Bild zu bringen, schiebt man den Schwarzregler auf 20: Alle Tonwerte von 0 bis 20 werden damit auf Schwarz abgesenkt, der Rest paßt sich nach unten an.

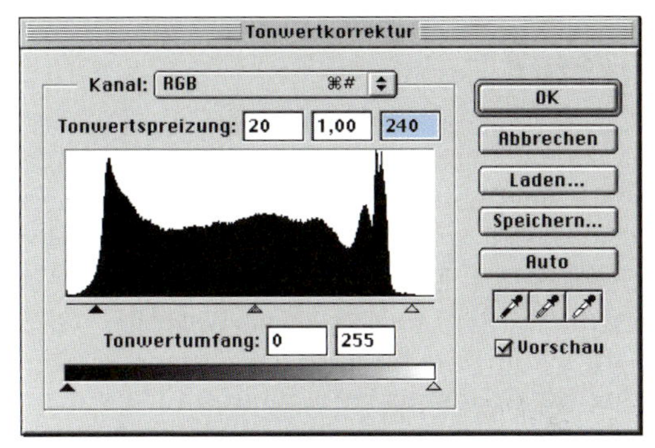

Das Bild zeigt sofort mehr Tiefen, sofern die »Vorschau« angeklickt ist. Um den Lichterbereich ebenfalls auszudehnen, wird der Weißregler auf 240 geschoben: Die hohen Tonwerte 240 bis 255 werden auf Weiß angehoben, der Rest des Bildes paßt sich nach oben an.

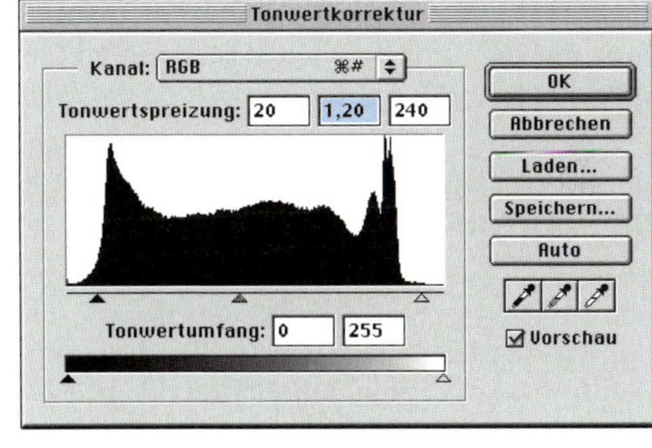

Nach dieser Tonwerterweiterung soll das Bild noch leicht aufgehellt werden. Dazu verschiebt man den grauen Gammaregler auf einen Wert über 1,0; Lichter und Schatten ändern sich dadurch kaum.

Beschneidung

In der Regel werden Sie die Regler genau bis an die Außenkante des Histogramms heranschieben, um zum Beispiel die dunkelsten vorhandenen Töne auf 0 zu setzen. Schieben Sie den Regler noch weiter nach innen, ergibt sich das, was Photoshop »Beschneidung« nennt: Sie zwingen verschiedene vorhandene Tonwerte einheitlich auf 0 und verlieren so an Differenzierung.

Ein Beispiel: Der vorhandene Tonwertumfang reicht bis herunter zu 30. Wenn Sie jetzt den Schwarzregler bis »40« nach innen schieben, senken Sie gleichermaßen die vorhandenen Tonwerte 30 bis 40 auf Null ab und verlieren so die Differenzierung zwischen den Werten von 30 bis 40.

Sie müssen nicht unbedingt an den Schiebern zurren, sondern können verschiedene Automatiken nutzen, die unten in den Abschnitten über »Pipetten« und die »Auto«-Schaltfläche erläutert werden.

Mittelton-Korrektur

Nachdem Sie den Tonwertumfang nach oben und unten erweitert haben, wirkt das Bild vielleicht zu dunkel oder zu hell. Darum bietet die »Tonwertkorrektur« einen Regler, der nur den Mitteltonbereich anhebt oder absenkt, ohne die zuvor definierten Eckwerte für Schwarz und Weiß anzutasten. Im Gegensatz zum Befehl **Helligkeit/Kontrast** verändert dieser Regler also den Helligkeitseindruck, ohne den gesamten Tonwertumfang nach oben oder unten zu verschieben.

Ausführendes Organ ist der mittlere, graue Schieber unter dem Histogramm. Er regelt den Gammawert, dessen Einstellung Photoshop im mittleren Datenfeld oben kundtut. Gamma meint eine bestimmte Ausformung der Gradationskurve. Per Gamma – dem Tangens des Neigungswinkels der Gradationskurve – verändern Sie vor allem die Mitteltöne, ohne die äußersten Lichter und Schatten stark anzugreifen. Ein Gamma unter 1 dunkelt die Mitteltöne ab, es läßt die Gradationskurve quasi durchhängen. Gammawerte über 1, die die Gradationskurve bauchig aufblähen, hellen den Mittelbereich auf. Die ganz dunklen und ganz hellen Töne, die visuellen Eckpfeiler, bleiben unverändert.

Haben Sie etwa das Tiefenspektrum eines Bildes erweitert, indem Sie einen neuen Schwarzpunkt definierten oder den Schwarzregler nach innen schoben, dann wirkt das Motiv zwar satter und tiefer, aber möglicherweise schon zu düster. Nehmen Sie jetzt den Gammaregler, um die Mitten wieder etwas anzuheben, ohne die soeben erst abgesenkten Schatten wieder mit anzuheben. Noch präziser allerdings regeln Sie die Mitteltöne im Dialog »Gradationskurven« (siehe unten).

Tonwertumfang begrenzen

Umgekehrt wirkt die Funktion »Tonwertumfang« in der Etage unter dem Histogramm. Sie schränkt den Tonwertumfang des Bildes ein. Schieben Sie den linken, schwarzen Regler nach rechts, bis er, vom ursprünglichen Wert 0 aus, beim Tonwert 30 angekommen ist. Damit hebt Photoshop alle Bildpunkte mit den niedrigen Werten 0 bis 30 auf 30 an; die Werte darüber werden entsprechend angehoben. Ihr Bild enthält also die dunkelsten Tonwerte von 0 bis 30 nicht mehr, es wirkt flauer.

Entsprechend lassen sich auch die Höhen kappen: Schieben Sie den rechten, weißen Regler für »Tonwertumfang« nach innen; etwa von 255 (wie im Datenfeld abzulesen) bis auf 235. Die hellsten Punkte – alle zwischen Tonwert 235 und 255 – werden jetzt mit dem Tonwert 235 wiedergegeben; das Bild wirkt stumpfer.

Sinn dieses Reglers: Die Extremtonwerte 255 (absolutes Weiß) beziehungsweise 0 (total schwarz) bewältigen Drucker und Druckmaschinen ohnehin nicht, mehr als vier bis 97 Prozent sind nie gefragt. Was mehr drin ist in der Datei, steigert nur die Gefahr, daß das Bild im Druck zuläuft oder ausfrißt. Bedenken Sie, daß selbst bei mittlerer Druckqualität kaum mehr als 60 Tonwerte unterschieden werden und auch Kunstdruckpapier nicht mehr als 200 Nuancen trennt. Mit den »Tonwertumfang«-Schiebern nehmen Sie gleich die entsprechende Anpassung auf dem Monitor vor und können prüfen, ob dennoch genug Differenzierung verbleibt. Krassere Schiebereien im Bereich »Tonwertumfang« empfehlen sich, wenn Sie einen Bildteil als Hintergrund drastisch aufhellen möchten (siehe unten, »Eine Datei als Hintergrundbild aufhellen«).

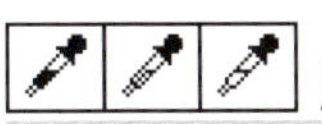

Schwarz- und Weißpunkt per Pipette

Mit den Pipetten im Dialogfeld »Tonwertkorrektur« legen Sie Tiefen und Lichter manuell fest. Diese Pipetten gibt es mit derselben Funktion auch im Dialogfeld »Gradationskurven«.

Das Prinzip: Sie klicken mit der Schwarzpipette auf einen Bildpunkt, den Photoshop damit auf Schwarz absenkt; alle anderen Tonwerte korrigiert das Programm entsprechend nach unten. Dies ist eine einfache Methode, einen flauen Scan schnell aufzuwerten: Hier fehlen oft die tiefen Schatten.

Aktivieren Sie die weiße, rechte Pipette, um einen Bildpunkt Ihrer Wahl per Klick als Weiß zu definieren. Alle Bildpunkte mit dieser Helligkeit wandelt Photoshop zu Weiß um; die anderen Bildpunkte justiert Photoshop entsprechend nach. Dadurch wird das Bild heller und härter. Gab es allerdings noch hellere Pixel als jenen, den Sie per Klick auf Weiß setzten, kommt es zur »Beschneidung«: Verschiedene vorhandene Tonwerte werden auf einen einheitlichen Wert gezwungen, so daß ein Informationsverlust entsteht.

Noch schneller geht es mit der »Auto«-Schaltfläche (siehe unten). Eine Alternative bietet außerdem der Befehl **Bild: Einstellen: Selektive Farbkorrektur**, mit dem Sie über Regler den Druckfarbenanteil an »Weiß«, »Neutraltönen« und »Schwarz« steuern (siehe unten).

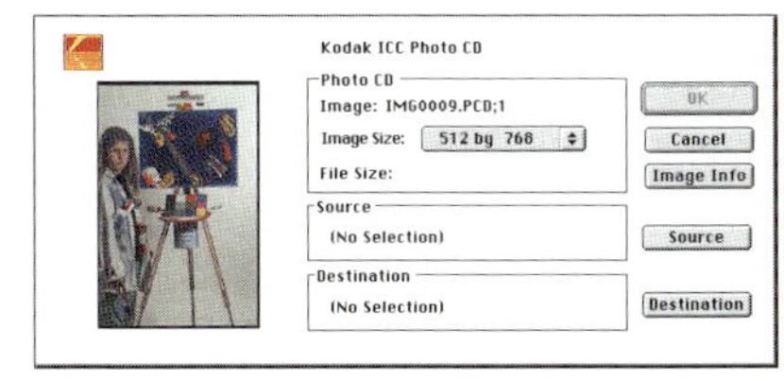

Dieser Scan wird von der Photo CD geladen und mit dem Freistell-Werkzeug beschnitten; er erweist sich als sehr korrekturbedürftig. Datei: Atelier

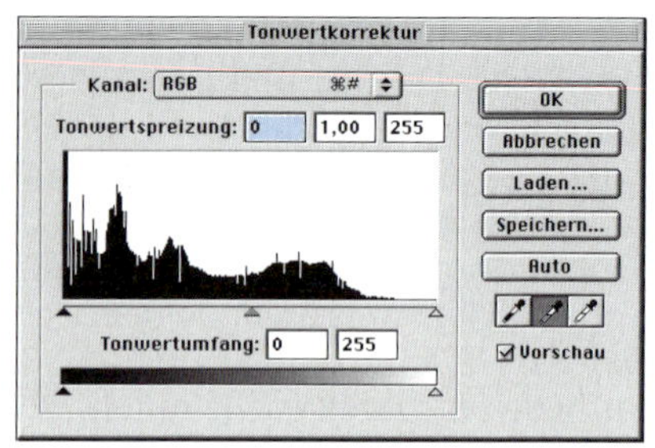

Mit der Graupipette wird ein Graufeld auf der Farbtafel angeklickt; Photoshop setzt diesen Tonwert auf den zuvor definierten Neutralwert und beseitigt so den Farbstich.

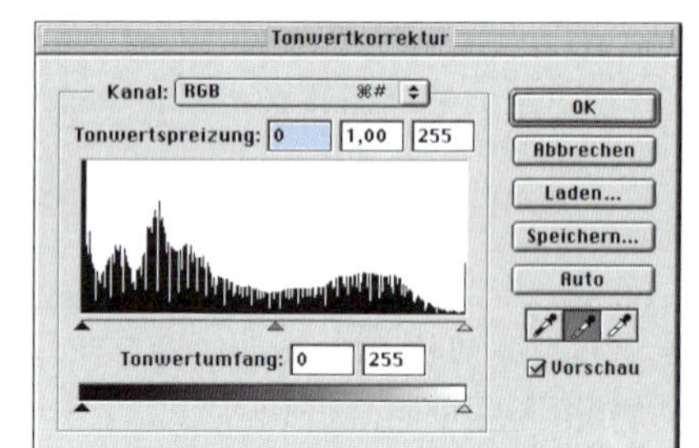

Die Auto-Schaltfläche erweitert das Tonwertspektrum im Lichter- und Schattenbereich. Gamma- und Lichterregler hellen die Datei weiter auf, ohne die Schattenpartien mit anzuheben.

Tiefe und Lichter definieren

In der Regel wollen Sie den mit der Schwarzpipette angeklickten Tonwert nicht wirklich auf 0 heruntersetzen, sondern auf einen etwas höheren Wert, der von Ihrer Druckmaschine bereits als Schwarz ausgegeben wird. Darum können Sie einen beliebigen Tonwert als »Schwarz« definieren. Klicken Sie doppelt auf die Schwarzpipette; damit öffnet Photoshop seinen bekannten Farbwähler mit der Funktion »Tiefe wählen«. Hier greifen Sie einen Tonwert heraus; dieser wird als »Schwarz« eingesetzt, sobald Sie mit der Schwarzpipette in die Bilddatei klicken. Für erste Versuche eignet sich zum Beispiel ein L-Wert von 4, wenn Sie in die a- und b-Datenfelder jeweils 0 eintragen.

Ebenso klicken Sie auch doppelt auf die Weißpipette, um einen Tonwert auszuwählen, den Photoshop als »Weiß« einsetzen soll, sobald Sie mit der Weißpipette einen Bildpunkt in der Datei anklicken. Versuchen Sie es mit einem L-Wert von 96 bei 0-Stellungen für die a- und b-Kanäle.

Verwenden Sie möglichst neutralgraue Flächen als Schwarz- und Weißpunkte. Sonst führt der Gebrauch von Schwarz- und Weißpipette zu Farbstichen.

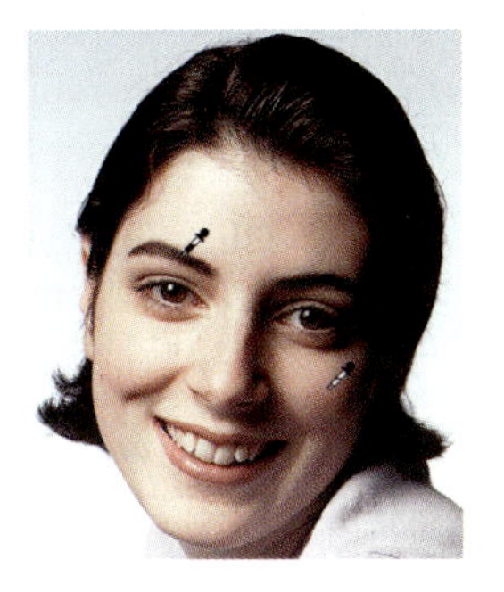

Die Pipetten für Schwarz- und Weißpunkt eignen sich auch dazu, einen Normalscan mit harten Kontrasten aufzubrezeln. Hier wird zunächst der Tonwert des Augenbrauen-Brauns auf Schwarz abgesenkt (Mitte), dann ein Hautton auf Weiß angehoben (rechts). Die Pipetten im Ausgangsbild (links) zeigen, bei welchen Tonwerten die Korrektur ansetzte. Bewegen Sie die Pipetten mit gedrückter Maustaste über das Bild, um verschiedene Korrekturen auszuprobieren; dabei muß die »Vorschau« im Dialogfeld eingeschaltet sein. Datei: Vera

Neutralpunkt per Pipette

Die mittlere, graue Pipette entfernt Farbstiche in mittleren Grauflächen: Sie setzt den angewählten Tonwert auf Neutralgrau. Scannen oder fotografieren Sie zum Beispiel eine Graustufentafel mit, und lassen Sie von Photoshop das mittlere Graufeld tatsächlich als Grau darstellen. Einen digitalen Tonwert, den Ihr Drucksystem tatsächlich als Neutralgrau ausgibt, geben Sie Photoshop wieder nach Doppelklick auf die Graupipette im Farbwähler bekannt.

Töne, die von Haus aus recht neutralgrau sind, erkennen Sie an folgenden Merkmalen in der Informationen-Palette:

- Sie haben für alle Grundfarben RGB oder CMYK sehr ähnliche Werte.
- Nach dem HSB-Modell liegt die Sättigung (»S«) nahe Null.

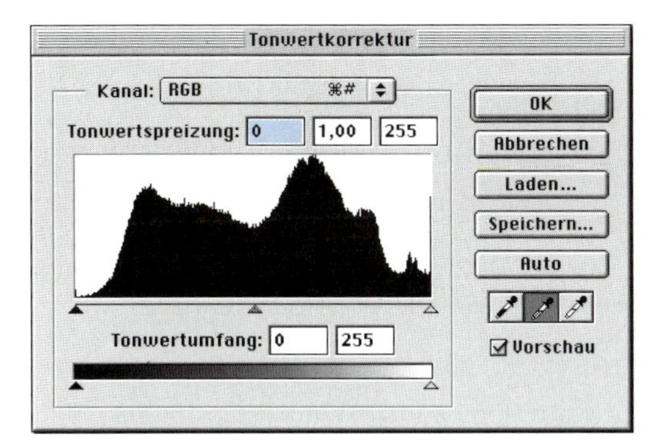

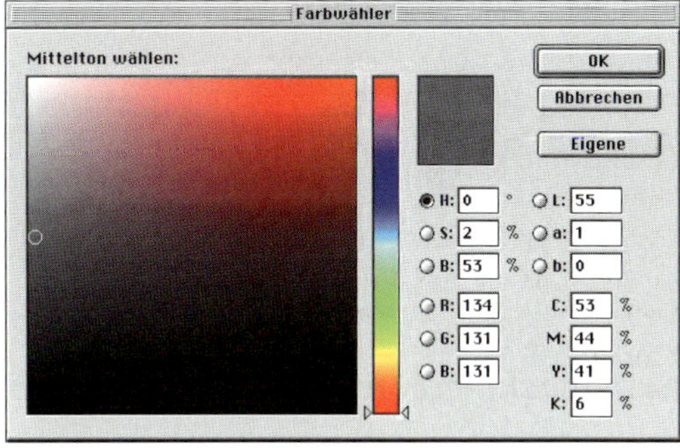

Klicken Sie doppelt auf die Graupipette, um im Farbwähler den digitalen Tonwert zu definieren, den Ihr Drucker als Neutralgrau ausgibt. Entsprechend definieren Sie auch ein Schwarz und Weiß.

Die Auto-Schaltfläche in »Gradationskurve« und »Tonwertkorrektur«

Photoshop setzt neue Schwarz- und Weißpunkte auch vollautomatisch – nach Klick auf die »Auto«-Schaltfläche in den Dialogfeldern für Gradationskurve und Tonwertkorrektur. Das Programm setzt die hellsten und dunkelsten Pixel jedes einzelnen Farbkanals auf Schwarz und Weiß, die Farben dazwischen werden entsprechend korrigiert. Den gleichen Effekt erzielen Sie, wenn Sie zum Beispiel in der »Tonwertkorrektur« den Schwarzregler für »Tonwertspreizung« genau bis an den dunkelsten vorhandenen Tonwert auf dem Balken heranschieben. Ebendies erledigt auch der Befehl **Bild: Einstellen: Auto-Tonwertkorrektur**.

Einen Versuch ist diese Automatik allemal wert; Sie verändert oft nicht nur die Kontraste, sondern – durch unterschiedliche Tonwertspreizung in den einzelnen Farbkanälen – auch die Farben.

Beschneidung

Allerdings setzt Photoshop hierbei nicht unbedingt den absolut tiefsten Wert des Bildes auf Schwarz und den absolut hellsten vorhandenen Wert auf Weiß. Denn möglicherweise befinden sich im Bild einzelne versprengte Pixel, die durch extrem hohe oder niedrige Tonwerte aus dem Rahmen fallen – zum Beispiel mit dem Tonwert 0 für schwärzestes Schwarz. Strenggenommen bräuchte Photoshop jetzt den Tonwertumfang nicht mehr zu spreizen, in dem er neue Schwarz- und Weißpunkte setzt – schließlich gibt es ja schon ein paar schwarze und weiße Pixel hier und da. Doch oft zeigt die große Mehrheit der Bildpunkte eben nicht Schwarz oder Weiß, sondern siedelt mehr in der Mitte des Spektrums – ab 25 aufwärts.

Für diesen Fall können Sie Photoshop anweisen, sich beim Setzen neuer Schwarz- und Weißpunkte eben an der Mehrheit der Pixel mit Tonwert 25 zu orientieren – und nicht an den paar Einzelgängern, die einen weiteren Tonwertbereich vorgaukeln, durch ihre Minderzahl aber nichts ausrichten: Alle Bildpunkte zwischen 0 und 25 werden auf 0 gesetzt. Photoshop nennt diesen Vorgang auch »Beschneidung«: Die Tonwerte zwischen 0 und 25, in denen Ihr Bild zumindest rechnerisch noch Differenzierung zeigt, werden einheitlich auf 0 abgesenkt. Das bedeutet Informationsverlust, Sie verzichten auf feine Zeichnung in den Schatten; gleichzeitig wirkt Ihr Bild tiefer und voller.

Ändern Sie die Werte für die Beschneidung mit den Autokorrektur-Optionen.

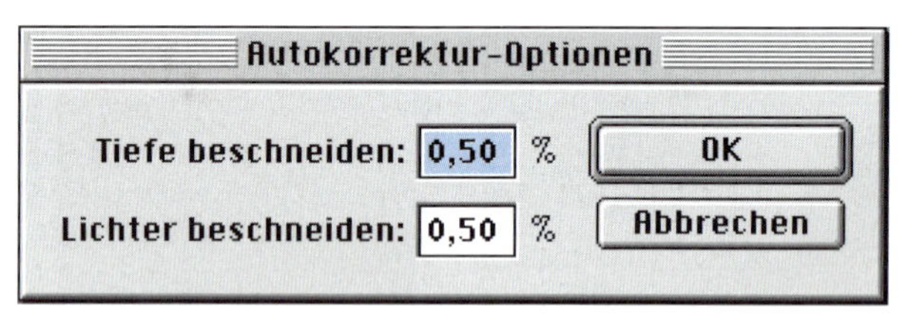

Beschneidungsbereich regeln

Bei gedrückter Alt-Taste ändert sich die Beschriftung auf dem »Auto«-Feld in »Optionen«; klicken Sie. In den »Autokorrektur Optionen« regeln Sie den Beschneidungsbereich: Von Haus aus setzt Photoshop Schwarz- und Weißpunkt so, daß je 0,5 Prozent der Bildpunkte noch dunkler beziehungsweise noch heller sind. Damit basieren die neuen Schwarz- und Weiß-Werte nicht nur auf ganz wenigen Maximalwerten im hellen oder dunklen Bereich, sondern auf einer etwas breiteren Basis. Wenn Sie hier höhere Werte wie etwa ein Prozent eintragen, beschneidet Photoshop das Bild noch stärker – es werden noch mehr unterschiedliche Tonwerte rigoros auf 0 beziehungsweise 255 gesetzt; noch höher sollten Sie in der Regel nicht gehen. Sie können Ihr Manöver »abbrechen« oder nur zurücksetzen durch einen Klick auf die »Zurück«-Fläche, die sich bei gedrückter Alt-Taste auftut und das Fenster nicht gleich schließt.

Auch bei dieser Tonwerterweiterung setzt Photoshop nicht zwangsläufig schwärzestes Schwarz und reines Weiß als Eckpunkte der Tonwertskala ein: Wie oben beschrieben, definieren Sie individuelle Schwarz- und Weißpunkte gemäß Ihren Druckparametern nach einem Doppelklick auf die Schwarz- und Weißpipetten in den Dialogfeldern »Gradationskurve« und »Tonwertkorrektur«.

Nach **Tonwertkorrektur** oder **Gradationskurve** entstehen in der Bilddatei oft Tonwertrisse – regelmäßige Lücken im Histogramm, die das Druckergebnis ausgerissen wirken lassen – allerdings nur in sehr ungünstigen Fällen. Es ist nicht ganz einfach, diese Tonwertrisse zu beheben. Eine Möglichkeit ist das Interpolieren, das Umrechnen des Bilds auf eine andere Pixelzahl mit dem Befehl **Bild: Bildgröße**. Dabei lassen Sie »Bild neuberechnen« aktiviert und wählen im Listenfeld die Interpolationsmethode »Bikubisch«. Dann ändern Sie die Werte für Auflösung geringfügig; beim Erstellen der neuen Bildpunkte errechnet Photoshop Mittelwerte aus den vorhandenen Pixeln und sorgt so für weiche Tonwertübergänge. Abhilfe schafft auch das Scharfzeichnen.

7.3 »Gradationskurven«

Am feinfühligsten regeln Sie die Kontrastverhältnisse mit den **Gradationskurven**. Hier ordnen Sie notfalls jedem einzelnen Tonwert von 0 bis 255 auf der Tonwertskala seinen eigenen, neuen Tonwert zu. Die Gradationskurve (Kurztaste ⌘+M) zeigt das Verhältnis zwischen den Helligkeitswerten vor und nach der Bearbeitung, auf Photoshop-Deutsch: zwischen Eingabe und Ausgabe.

Die zwei Werte erscheinen seit Version 5 auch in den korrigierbaren Datenfeldern. Wenn Sie also Tonwert 60 per Mausbewegung im Diagramm anheben bis auf Tonwert 80, so können Sie diese Werte auch eintippen, nachdem Sie erst einmal eine Veränderung vorgenommen haben.

Weitere Gradationskurven

Gradationskurven bietet Photoshop noch öfter: im »Duplex«-Dialog und in der »Druckereinrichtung«. Immer noch sind diese vergleichsweise selten gebrauchten Gradationskurven komfortabler als das wichtige Gradationswerkzeug aus dem **Einstellen**-Untermenü. Denn dort zeigt Photoshop gleich dreizehn Eingabefelder, in die man den gewünschten Ausgabewert für vorgegebene Vorher-Tonwerte eintippen kann.

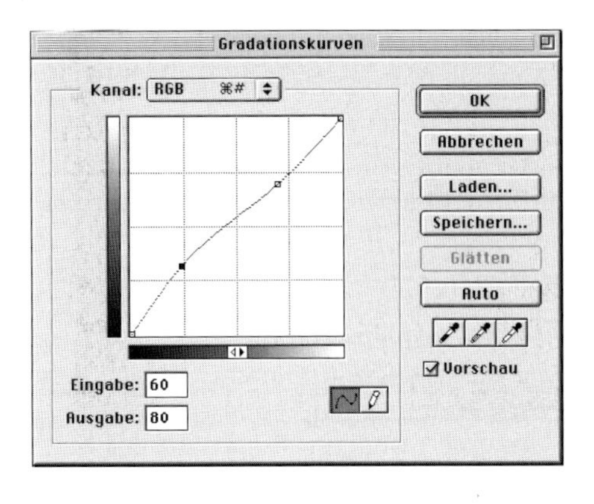

Die Gradationskurve zeigt das Verhältnis zwischen den Tonwerten vor und nach der Korrektur. Hier werden die Schatten vom ursprünglichen Wert 60 leicht angehoben auf Tonwert 80. Ein Kontrollpunkt im oberen Bereich hält die Kurve dort exakt diagonal und sorgt so dafür, daß sich die Anhebung in den Lichtern nicht mehr auswirkt.

Anwendung

Mit der **Tonwertkorrektur** (siehe vorheriger Abschnitt) erweitern Sie eher den Tonwertumfang. Die **Gradationskurve** hat einen anderen, bevorzugten Einsatzzweck: Mit diesem Instrument verteilen Sie vorhandene Tonwerte neu; Sie heben oder senken einzelne Helligkeitsbereiche, ohne die hellsten oder dunkelsten Werte mit zu verschieben. Sie können aber mit der **Gradationskurve** auch den Tonwertumfang erweitern oder verkleinern.

Ein denkbarer Eingriff: Die Schatten sumpfen zu, Sie wollen dort mehr Differenzierung sehen. Also erhöhen Sie die dunklen Tonwerte bei 20 auf Tonwert 40 (Eingabe: 20, Ausgabe: 40); die Bildpunkte, die ursprünglich den Wert 35 hatten, setzen sie nicht nur um 20, sondern gleich um 25 Einheiten hoch, auf 60 (Eingabe: 35, Ausgabe: 60). Alle umliegenden Tonwerte werden automatisch mit angepaßt. So machen Sie die Schattenpartie heller und zugleich kontrastreicher.

Praktisch geht das meist so: Sie ziehen den linken, unteren Teil der Gradationskurve etwas nach oben. Alternativ tippen Sie die Eingabe-Ausgabe-Werte 20/40 beziehungsweise 35/60 in die Datenfelder, nachdem Sie zunächst einen Punkt in die Kurve geklickt haben.

Läuft die Gradationskurve als Gerade diagonal im 45-Grad-Winkel durchs Koordinatenfeld, dann heißt das: Die Eingabewerte werden 1:1 als Ausgabewerte übernommen – keine Korrektur; die Linie hat überall gleichen Abstand zur horizontalen Eingabeachse (vorher) und zur vertikalen Ausgabeachse (für nachher). Durch Manipulation dieser Geraden regeln Sie die Verteilung der Dichtestufen neu: Also welche vorhandenen Bild-Eingabewerte mit welchen neuen Ausgabewerten erscheinen sollen. Ziehen Sie etwa den unteren Teil der Gradationslinie nach oben, dann werden die dunkleren Bildpartien heller. Drehen Sie die Gradationskurve genau umgekehrt diagonal, erzeugen Sie ein Negativ; dies erledigt auch der Befehl **Bild: Einstellen: Umkehren** (⌘+I).

Anzeige

Im RGB-Modus zeigt der linke Teil der Gradationskurve die dunkleren Bildpartien, mit den digitalen RGB-Tonwerten ab Null. Die helleren Bildpartien mit den Dichtestufen bis hin zu 255 (reines Weiß) sehen Sie im rechten Teil der Linie. Ein von Dunkel nach Hell verlaufender Balken unter der Gradationskurve stellt die Tonwerte dar.

CMYK-Bilder werden zunächst andersherum dargestellt: Die hellen Werte liegen dann links, die dunklen rechts, und die Zählung geht von 0 (Weiß) bis 100 Prozent Deckung (Schwarz) – so ist es in der Druckvorstufe üblich. Durch Klick auf das Doppeldreieck im Grauverlauf unter der Gradationskurve stellen Sie jederzeit die Denkrichtung um.

Ungewöhnlich: Mit dem Vergrößerungssymbol in der Titelleiste läßt sich das Dialogfeld leicht vergrößern. Durch Alt-Klick in das Koordinatennetz wechseln Sie zwischen engmaschiger Zehn-Prozent-Einteilung und der weiter gefaßten 25-Prozent-Einteilung.

Haben Sie bereits eine Änderung vorgenommen, nennt die Info-Palette bei geöffnetem Gradationsdialog die Vorher- und Nachher-Werte; nicht-druckbare Farben kennzeichnet ein Ausrufezeichen. Aktive Punkte erscheinen gefüllt, nicht aktive Punkte als Kontur.

Handhabung

Klicken Sie unter dem Koordinatennetz das Kurven- und nicht das Bleistiftsymbol an; so verformen Sie bei jedem Eingriff elegant die ganze Kurve und nicht winzige Bereiche der Kurve. Verformt sich die Kurve jedoch über einen weiteren Bereich als gewünscht, dann klicken Sie an einer anderen Stelle erneut hinein, um einen weiteren Punkt auf der Kurve aufzubringen; mit dem ziehen Sie die Kurve zurück auf die Linie. Insgesamt stehen fünfzehn Punkte zur Verfügung. Punkte, die Sie nicht mehr brauchen, ziehen Sie komplett aus dem Gradationsdiagramm heraus (Alternative: ein ⌘-Klick).

Soll die Gradationskurve über einen bestimmten Tonwertbereich hinweg linealgrade verlaufen, drücken Sie die Umschalt-Taste – dann brauchen Sie nur noch Anfangs- und Endpunkte des Kurvenabschnitts anzuklicken.

Wollen Sie eine stark veränderte Kurve Schritt für Schritt auf Normal-Null zurückführen, dann klicken Sie zunächst das Bleistift-Werkzeug an. Jetzt steht die Schaltfläche »Glätten« zur Verfügung; mit jedem Klick rückt sie den Graphen wieder ein Stück weit in die normale 45-Grad-Ausrichtung.

Mehrere Punkte

Sie können auch mehrere Punkte gleichzeitig verschieben. Aktivieren Sie die gewünschten Punkte bei gedrückter Umschalt-Taste, so daß sie gefüllt und nicht als Kontur erscheinen, dann ziehen Sie sie beide gemeinsam. Sie müssen einen Punkt dieser Vereinigung erneut mit der Umschalt-Taste anklicken, um die Gemeinsamkeit aufzulösen. ⌘+D entfernt jegliche Markierung.

Die Tastenkombination ⌘+Tab aktiviert einzelne Punkte der Reihe nach, die Umschalt-Taste dreht die Richtung des Durchlaufs herum.

Zahleneingabe

Erst wenn Sie einen Punkt in die Kurve klicken, erscheint ein Zahlenpaar in den Datenfeldern für Eingabe und Ausgabe, und Sie können einen neuen Ausgabe- oder auch Eingabewert festlegen. Um ein weiteres Vorher-Nachher-Wertepaar zu bearbeiten, klicken Sie einen neuen Punkt in die Kurve; tippen Sie nicht einfach neue Werte ein, denn dann ist Ihr erstes Zahlenpaar gelöscht.

Per Tastatur

Aktivierte Kontrollpunkte bewegen sich auch per Druck auf die Pfeiltasten. Die Umschalt-Taste löst Zehner-Sprünge aus.

Bei geöffnetem Dialogfeld

Auch bei geöffnetem Dialogfeld lohnt es sich, mit der Maus in die Bilddatei zu gehen. Klicken Sie auf einen Tonwert, den Sie verändern wollen: Photoshop signalisiert bei gedrückter Maustaste die Lage dieses Tonwerts auf der Gradationskurve durch einen Kreis. Klicken Sie mit gedrückter ⌘-Taste; dann setzt Photoshop sofort einen Griffpunkt auf der Gradationskurve, der den Tonwert des angeklickten Bildpunkts anzeigt, und erzeugt ein Zahlenpaar in den Eingabefeldern. Wollen Sie weitere Griffpunkte setzen, klicken Sie erneut.

Speichern und laden

Die Kurve läßt sich auch speichern: Denn führt die neue Gradationskurve schließlich zu einem besseren Bild, dann paßt sie wohl auch zu Scans von anderen Fotos aus der gleichen Aufnahmesituation. Oder sie eignet sich stets für einen bestimmten Drucker beziehungsweise sie korrigiert das, was ein bestimmter Scanner immer falsch macht. Darum läßt sich die Kurve bei jedem anderen Bild neu laden. Noch bequemer ist es, eine Gradationseinstellung auf der Aktionenpalette zu plazieren.

Sie können auch einen Verlauf als Gradationskurve speichern. Dazu klicken Sie in den Optionen des Verlaufwerkzeugs auf »Bearbeiten«. Dann markieren Sie den gewünschten Verlauf und klikken bei gedrückter ⌘-Taste auf »Speichern«.

Einzelkanäle bearbeiten

Sie können entweder den »RGB«- oder »CMYK«-Gesamtkanal bearbeiten oder einzelne Farbkanäle. Um eine Kombination aus zwei Einzelkanälen zu manipulieren, wählen Sie diese mit gedrückter Umschalt-Taste in der Kanälepalette an, bevor Sie die **Gradationskurven** aufrufen. Das Einblendmenü für die Kanäle im Dialogfeld »Gradationskurven« zeigt dann Abkürzungen für die Zielkanäle, zum Beispiel YC für Gelb und Cyan.

Klicken Sie bei gedrückter ⌘-Taste ins Bild, erzeugen Sie einen Ankerpunkt auf der Gradationskurve des gewählten Kanals. Wenn Sie die Umschalt-Taste dazunehmen, erhalten die Kurven aller Kanäle einen Ankerpunkt bei diesem Tonwert.

CMYK-Bilder

Wenn Sie CMYK-Bilder in der Normalansicht bearbeiten – also keine Einzelkanäle –, zeigt Photoshop weder eine Markierung in der Gradationskurve noch entstehen Kontrollpunkte. Dies geschieht nur bei der Bearbeitung von Einzelkanälen.

Schwarz-, Weiß- und Neutralpunkt

Auch im Dialog »Gradationskurven« lassen sich wieder Weiß- und Schwarzpunkte per »Auto«-Schaltfläche bestimmen, wie Sie es oben im Abschnitt über **Tonwertkorrektur** schon nachlesen konnten: Photoshop sucht sich die hellsten und die dunkelsten Pixel und setzte diese auf Schwarz beziehungsweise Weiß, der Rest wird entsprechend angeglichen. Oder Sie klicken mit den Schwarz- und Weißpipetten Pixel an, die Sie als Schwarz und Weiß definieren wollen; was Photoshop für Schwarz und Weiß verwendet, bestimmen Sie im Farbwähler nach einem Doppelklick auf die Pipette. Passende Korrekturwerte werden wie üblich gespeichert und beim nächsten Bild neu geladen.

Sofern Sie neutrale Lichter und Schatten im Bild haben, verwenden Sie Schwarz- und Weißpipette, um neue Schwarz- und Weißpunkte zu setzen. Setzen Sie den Schwarz- oder Weißpunkt jedoch lieber mit den Reglern unter dem Histogramm der **Tonwertkorrektur**, wenn Sie keine neutralen Bildteile zum Anklicken vorfinden – Sie erhalten sonst einen Farbstich.

Beispiele

Angenommen, Sie wollen mehr Licht und Zeichnung in den Schattenbereichen einer Bilddatei haben, weil dort alles in einer dunklen Soße versäuft; nach Ihren Messungen gibt es einen Bereich zwischen den Tonwertstufen 5 und 50, der heller und kontrastreicher aussehen könnte. Ziehen Sie den linken, unteren Teil der Gradationskurve nach oben; klicken Sie direkt auf die Kurve oder gleich dorthin ins Koordinatennetz, wo sie die Kurve sehen möchen. Folge: Der Eingabetonwert 15 wird in der Ausgabe, also im korrigierten Bild, mit dem helleren Wert 20 wiedergegeben. Geben Sie der Kurve in diesem Bereich auch einen steileren Winkel vor, wird der Eingabetonwert 25 nicht mit helleren 35, sondern gleich mit 40 oder 50 Dichtestufen abgebildet, der Unterschied zwischen Ein- und Ausgabe ist also nochmal größer als im ganz dunklen Bereich. Damit fällt die Schattenzone des Bildes heller und kontrastiger aus. Klicken Sie jetzt auf »OK«, werden die Werte in Ihr Bild übertragen und gelten als neuer Standard; darum sehen Sie bei der nächsten Tonwertkorrektur wieder eine glatte 45-Grad-Diagonale.

Pauschale Änderungen gehen so:

- ❐ Eine steilere Linie erhöht den Kontrast.
- ❐ Eine Linie, die höher auf der Y-Achse beginnt, setzt die Helligkeit herauf.

- Eine horizontale Linie zwingt unterschiedliche Tonwerte auf ein Einheitslevel und beschädigt das Bild erheblich.

Doch das eigentlich Interessante ist die gekrümmte Linie: Sie verändert nur einige handverlesene Tonwerte.

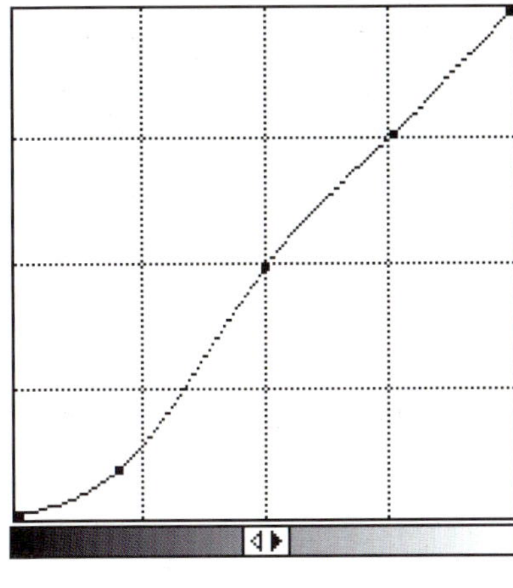

Diese Kurve macht die Schatten dunkler, läßt aber die anderen Tonwertbereiche unverändert. Datei: Puppen

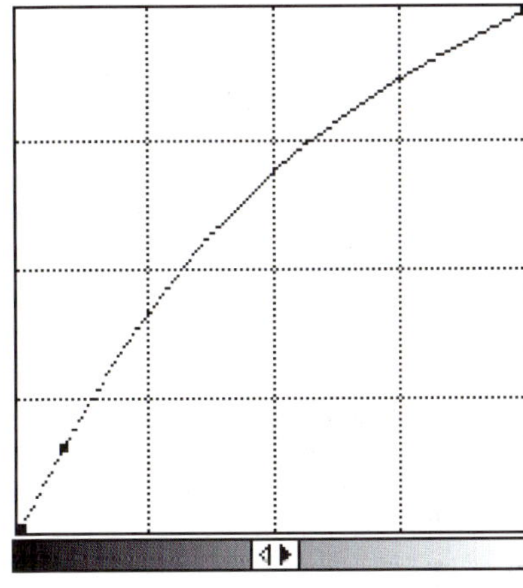

Oft die bessere Alternative zum Helligkeitsregler: Das Anheben der Mitten ohne starke Änderungen bei Lichtern und Schatten entspricht etwa einem Gammawert über 1,0 in der »Tonwertkorrektur«.

Schatten weiter absenken, Lichter noch mehr anheben, so arbeitet auch der Kontrastregler.

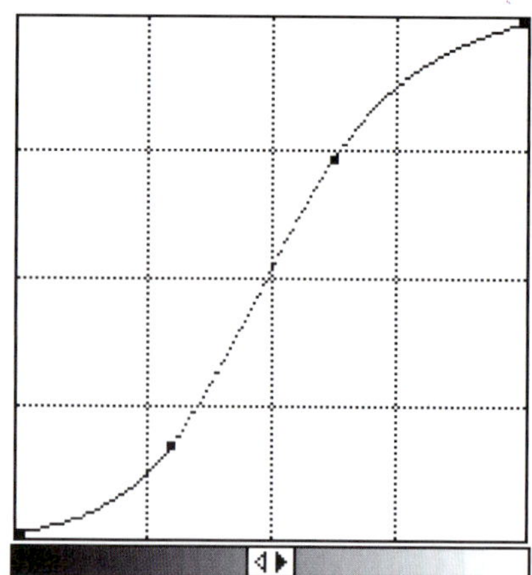

Ein Anheben der Schatten bei gleichzeitiger Zurücknahme der Lichter senkt den Kontrast.

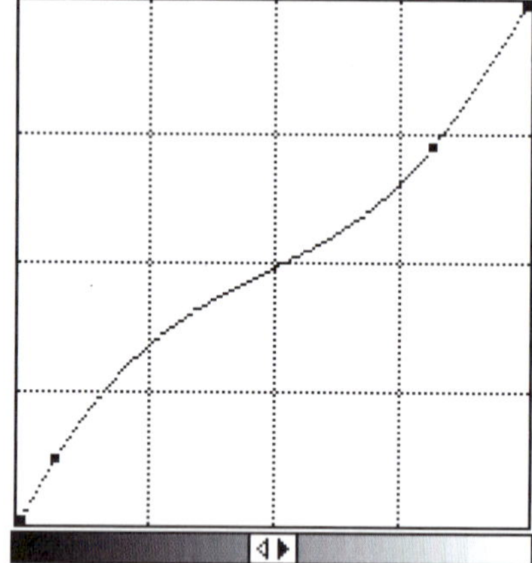

Diese Kurve setzt die untersten Tonwerte komplett auf 0 (Schwarz) und senkt den Rest ab; das Bild wird dunkler; der Tonwertumfang wird erweitert. Vergleichbar: Den Schwarzregler in der »Tonwertkorrektur« nach innen schieben.

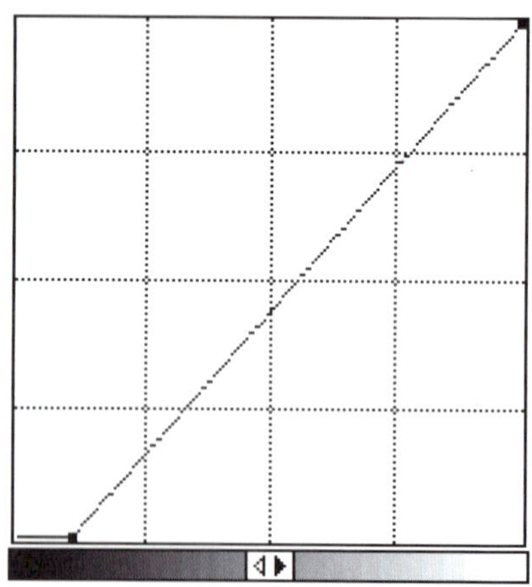

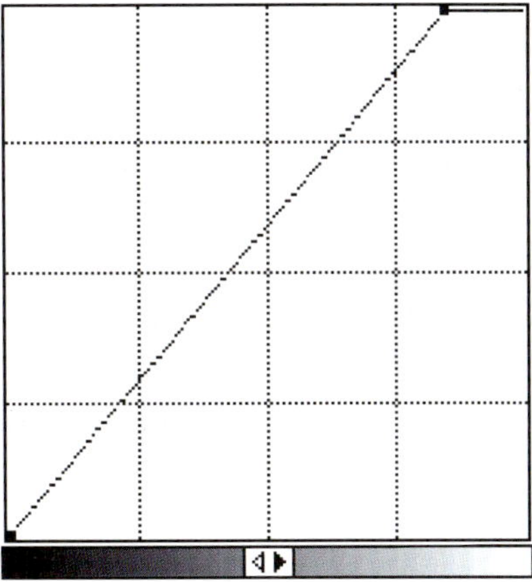

Diese Kurve setzt die obersten Tonwerte komplett auf den Höchstwert 255 (Weiß) und hebt den Rest an; das Bild wird heller; der Tonwertumfang wird erweitert. Vergleichbar: Den Weißregler in der »Tonwertkorrektur« nach innen schieben.

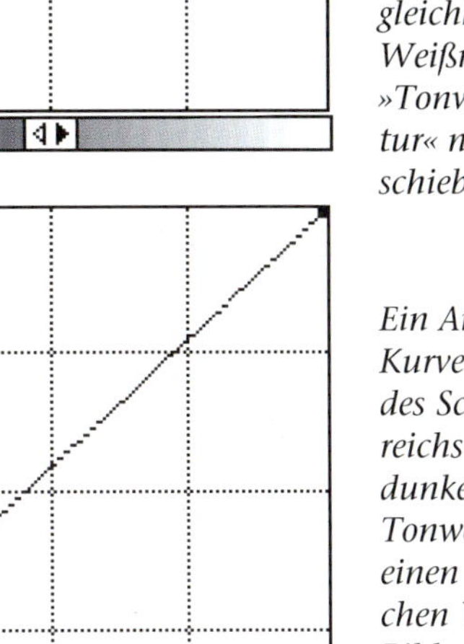

Ein Anheben der Kurve am Ende des Schattenbereichs setzt die dunkelsten Tonwerte auf einen einheitlichen Wert. Das Bild verliert an Tiefe und Tonwertumfang. Vergleichbar in der »Tonwertkorrektur«: Den Schwarzregler für »Tonwertumfang« nach innen schieben.

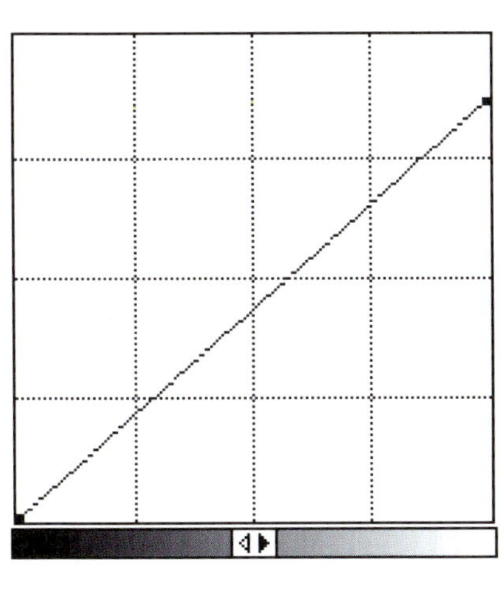

Hier werden die obersten Lichter auf einen einheitlichen Wert abgesenkt. Das Ergebnis wirkt dunkler und flauer, der Tonwertumfang reduziert sich. Vergleichbar in der »Tonwertkorrektur«: Den Weißregler für »Tonwertumfang« nach innen schieben.

So arbeitet auch der Helligkeitsregler: Die hellsten Bereiche komplett auf 255 (Weiß), die dunkelsten Pixel durchgängig zu Dunkelgrau angehoben, den Rest angepaßt. Schatten werden angehoben, Lichterdifferenzierung geht verloren.

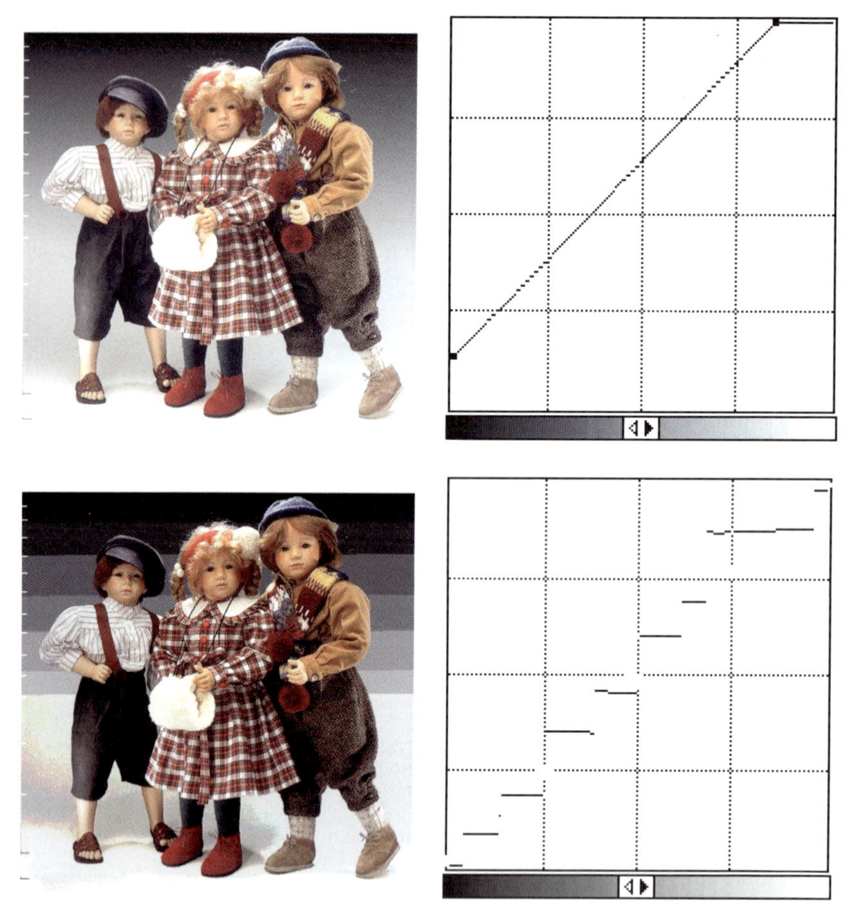

Diese Gradationskurve setzt benachbarte Tonwerte auf einheitliches Niveau und sorgt für stufenartige Übergänge. Den gleichen Effekt erzielt der Befehl »Tonwerttrennung«.

Gradationskorrektur für Farbkanäle

Oben bietet die Gradationskurve ein Einblendmenü, mit dem Sie einzelne Farbauszüge eines RGB- oder CMYK-Bilds bearbeiten können. Damit lassen sich Farbstiche bearbeiten. Wählen Sie in der Kanäle-Palette zwei Einzelkanäle mit gedrückter Umschalt-Taste an, um im Gradationsdialog eine Kombination aus zwei Einzelkanälen bearbeiten zu können. Bedenken Sie, daß Sie Farbstiche bequemer mit der **Farbbalance** und anderen Befehlen beackern; mit den »Gradationskurven« bestimmen Sie freilich am übersichtlichsten, was in jedem einzelnen Kanal passiert.

Reduzieren Sie den Anteil einer Grundfarbe, erhöht dies das Gewicht des im Farbkreis gegenüberliegenden Tons. Das heißt:

- Nehmen Sie Rot zurück, tendiert das Bild gegen Cyan.
- Wenn Sie Grün erhöhen, sinkt der Magentaanteil weiter.
- Eine Reduzierung von Blau betont die Gelbanteile.

Bilden Sie die Tiefen links und die Lichter rechts im Gradationsdiagramm ab. Bearbeiten Sie eine Einzelfarbe in einem RGB-Bild, stehen die hellen Bereiche der Gradationskurve für hohen Anteil dieser Farbe; mit den dunklen Bereichen der Gradationskurve manipulieren Sie Pixel, die nur einen geringen Anteil des gewählten Farbauszuges bieten:

- Ziehen Sie im oberen, hellen Teil der Kurve, wenn Sie die gewählte Farbe dort verändern wollen, wo sie ohnehin stark durchkommt (also auch in helleren Grauzonen); soll etwa der Rotstich in gut ausgeleuchteten Gesichtern zurückgefahren werden, ziehen Sie die Rotkurve im oberen Bereich nach unten.
- Ziehen Sie im unteren, dunklen Teil der Kurve, wenn Sie die gewählte Farbe dort verändern wollen, wo sie nur schwach auftritt; stört eine Blautendenz in den Schatten, dann ziehen Sie die Blaukurve im linken, unteren Bereich weiter nach unten.

Allerdings passiert es bei Korrektur von Einzelkanälen leicht, daß sich die Gesamthelligkeit verschiebt. Das läßt sich verhindern mit dem Regler **Einstellen: Farbbalance** (⌘+B) und seiner Option »Luminanz erhalten« (siehe unten).

Das Bleistiftwerkzeug

Klicken Sie unten im Gradationsdialog auf den Bleistift, biegt sich die Gradationskurve nicht mehr wie ein Gummiband, sondern sie läßt sich für jeden Tonwert einzeln umgestalten. Während Sie bei der Arbeit mit dem Kurvensymbol immer einen recht weiten Tonwertbereich erfassen, malen Sie mit dem Bleistift Ecken und verändern nur handverlesene, einzelne Tonwerte.

Haben Sie zum Beispiel in einem Bild einen grauen Hintergrund mit Tonwert 215, den Sie noch aufhellen wollen, dann klicken Sie zunächst mit geöffnetem Dialogfeld »Gradationskurven« auf die Graufläche – der Tonwert wird jetzt durch einen Kreis auf der Gradationslinie markiert. Ziehen Sie jetzt die Gradationskurve an der entsprechenden Stelle nach oben. Oder halten Sie den Bleistift ohne zu klicken über die gewünschte Bildstelle, so daß Sie zum Beispiel eine Meldung erhalten wie »Eingabe: 215, Ausgabe: 244«. Typischer Fall sind auch schwarze Konturen – die machen Sie blasser, wenn Sie den ganz linken, schwarzen Teil der Gradationskurve mit dem Bleistift nach oben ziehen. Die restlichen Tonwerte bewegen sich nicht mit. Klicken Sie auf den »Glätten«-Knopf, wenn die harten Sprünge im Gradationsverlauf allzu harte Kontrastsprünge in der Datei bewirken. Auch ein Klick auf das Kurvensymbol glättet die Gradations-Wogen und versieht die Kurve mit Ankerpunkten, die zu weiteren Anpassungen einladen.

Übung: Tonwerte in einer Grafik bearbeiten

Im Bleistiftmodus verändert die Gradationskurve sehr gezielt auch einzelne Tonwerte einer Grafik. Die folgende Übung zeigt, wie Sie Vordergrund und Hintergrund gezielt verändern. Diese Techniken eignen sich, um Skizzen, Unterschriften oder gescannte Schrift zu bearbeiten.

Um einzelne Tonwerte zu korrigieren, klicken Sie zunächst in das Bild und lassen sich den Tonwert als kleinen Kreis auf der Gradationskurve anzeigen.

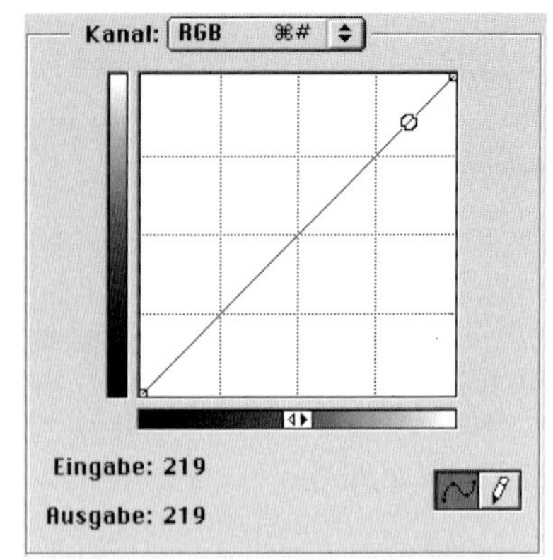

Dann setzen Sie den Cursor auf den gewünschten Helligkeitswert und bewegen die Kurve durch Klicken an diese Stelle. Hier ist der Bleistiftmodus aktiviert.

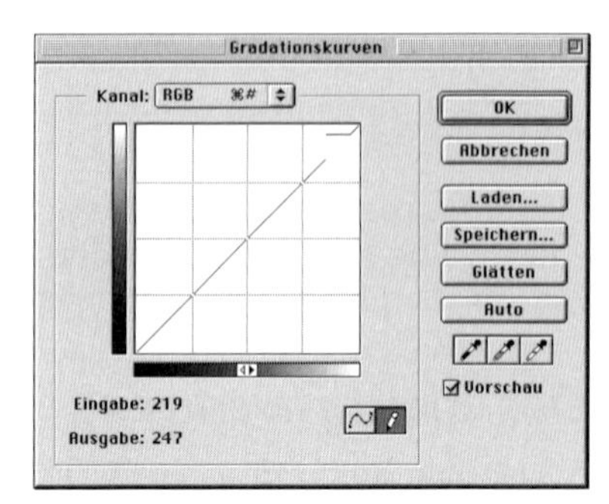

Ein Klick auf den Glätten-Knopf glättet die Kurve und macht Übergänge an den Rändern des korrigierten Bereichs weicher.

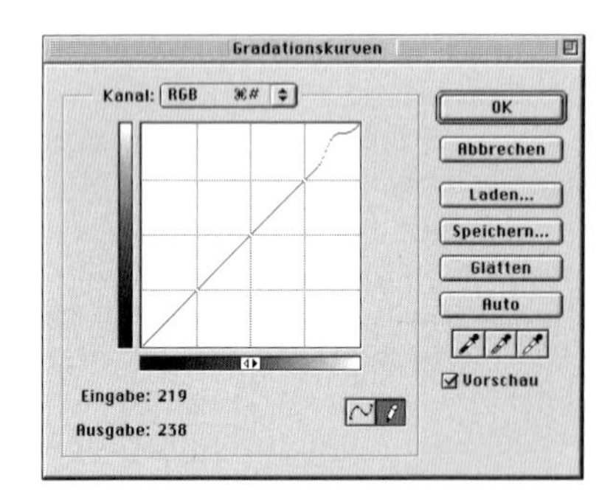

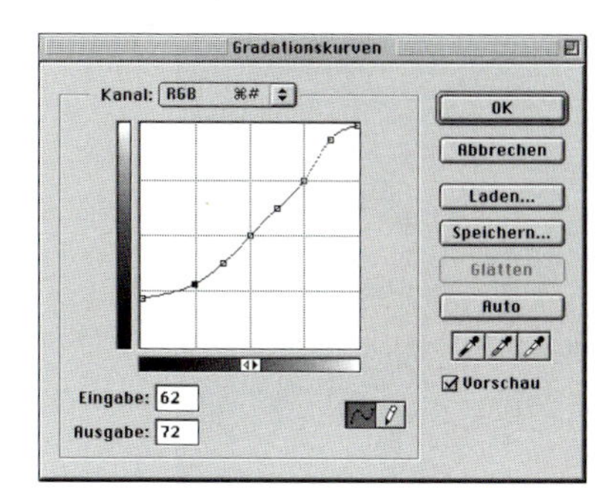

Eine Anhebung der Gradationskurve im unteren Bereich, jetzt im Gummibandmodus, macht die schwarze Farbe grau.

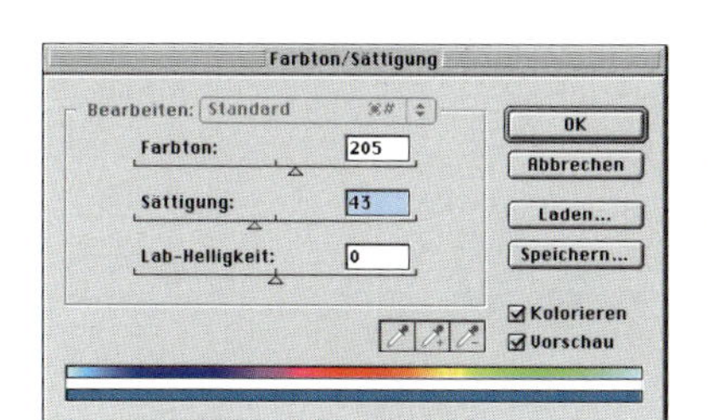

Jetzt kann der »Bild«-Befehl »Farbton/Sättigung« mit der Option »Kolorieren« die Zeichnung umfärben.

Spezialeffekte

Wilde Solarisationseffekte erzielen Sie, wenn Sie die Gradationskurve mit harten Ecken durchs Koordinatennetz ziehen und dabei helle Bildpunkte zum Schattendasein verdammen und dunkle Zonen ans Licht führen. Nehmen Sie ein paar extreme Lichter und Schatten mit herein, damit das Bild genug Tiefe und Durchzeichnung hat. Ähnliches erledigt auch der **Stilisierungsfilter: Solarisation** im **Filter**-Menü, aber ohne Optionen. Natürlich können Sie auch die Farbkanäle einzeln bearbeiten, um drastische Verfremdungen zu erreichen oder um überhaupt erst Farbe in eine Graustufenvorlage zu bringen (die Sie zuvor in einen Farbmodus konvertieren).

Soll die Gradationskurve über einen bestimmten Tonwertbereich hinweg linealgerade verlaufen, drücken Sie die Umschalt-Taste – dann brauchen Sie nur noch Anfangs- und Endpunkte des Kurvenabschnitts anzuklicken. Eine Gradationskurve in Treppenform sorgt für plakative Tontrennung, wie sie, automatisch, auch der **Bild**-Befehl **Festlegen: Tontrennung** anbietet.

Kehren Sie die Kurve komplett um, erhalten Sie ein Negativ nach Art des **Bild**-Befehls **Einstellen: Umkehren**.

Drastische Verzerrungen der Gradationskurve sorgen für solarisationsartige Farbverfremdungen. Mittlere Reihe: Hier wird die Gradationskurve zunächst im Bleistiftmodus verzerrt. Unten: Um die Farbsprünge zu glätten, wechselt man dann in den Kurvenmodus. Hier wurde darauf geachtet, bei den Ausgabewerten den gesamten Tonwertumfang von Schwarz bis Weiß zu erhalten.

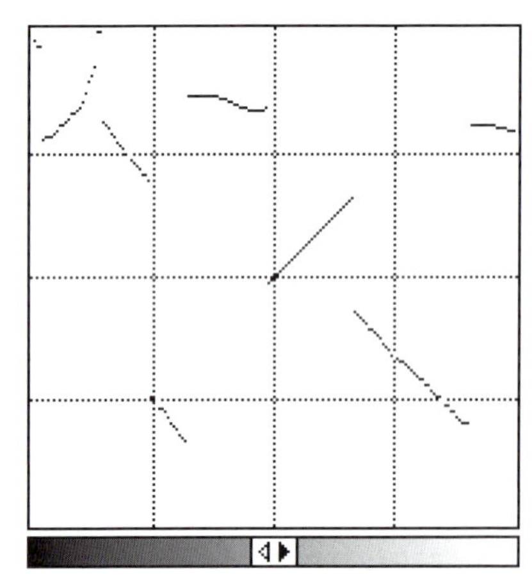

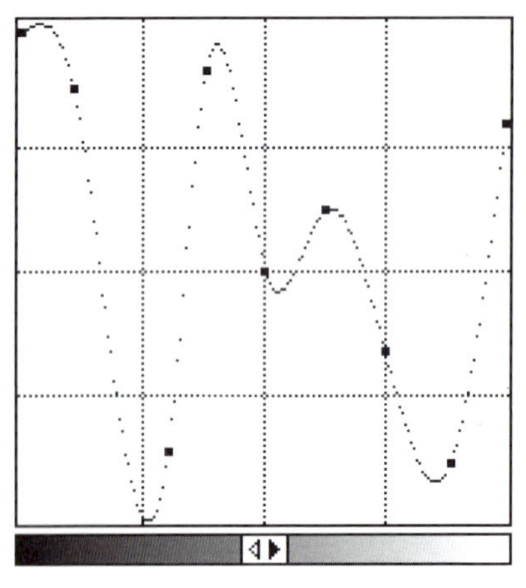

Übung: 3D-Effekt per Gradationskurve

Die Gradationskurve bietet sich auch für 3D- und Rahmen-Effekte an. Dabei sind Ergebnisse möglich, die Sie mit den Effekten so nicht erhalten, und der Weg ist ein ganz anderer:

Zunächst erzeugen Sie ein weichgezeichnetes Objekt, zum Beispiel Schwarz auf Weiß. Die Konturen des Objekts erstrecken sich durch die Weichzeichnung über alle Helligkeitsstufen. Mit der Gradationskurve greifen Sie dann einzelne Helligkeitsbereiche heraus, um sie drastisch anzuheben oder abzusenken. Das eignet sich für Schriftzüge ebenso wie für Rahmen.

Sie können Helligkeitsstufen in Farben umsetzen, wenn Sie Gradationskurven für einzelne Farbkanäle verformen. Lesen Sie zur Wirkung der einzelnen Farbauszüge den Abschnitt »Gradationskorrektur für Farbkanäle« weiter vorn in diesem Abschnitt.

Sofern Sie für diesen Zweck erst ein Graustufenmotiv nach CMYK konvertieren, achten Sie darauf, daß nicht die gesamte Information in den Schwarzkanal geschrieben wird; dies passiert, wenn Sie per **Farbeinstellungen: Separation** bei GCR die »Schwarzerzeugung« auf ein »Maximum« gesetzt haben. Verwenden Sie für diese Übung »keine« oder »wenig« »Schwarzerzeugung«, so daß die CMY-Farbkanäle gleichmäßig Farbe abbekommen.

Häufig macht es Sinn, die Gradationskurve erst im Bleistiftmodus grob zu verformen und dann in den Kurvenmodus zu wechseln, um Feinheiten und Übergänge zu regeln. Denken Sie daran, daß Sie dabei überflüssige Griffpunkte aus der Gradationskurve einfach herausziehen können. Beim Experimentieren sollten Sie gelungene Einstellungen gelegentlich »speichern« oder auf der Aktionenpalette verewigen. Dies gilt zumal, wenn Sie die Kurven unterschiedlicher Farbauszüge separat bearbeiteten. Häufig sollte man nachträglich mit der **Tonwertkorrektur** die Kontraste global nachregeln.

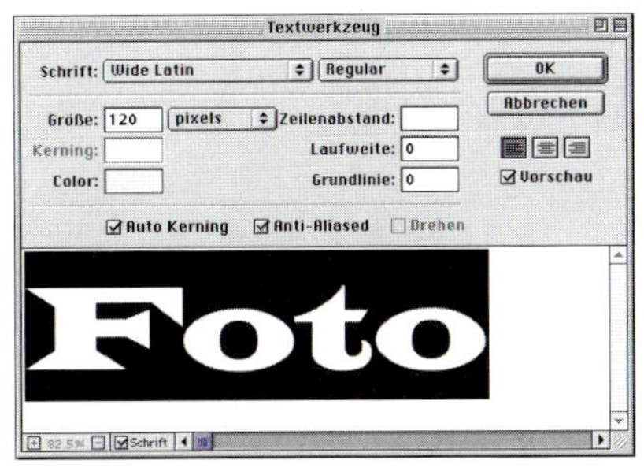

Das Textwerkzeug erstellte hier einen einfachen Schriftzug in Schwarz. Die Textebene wurde mit dem Befehl »Ebene: Text: Ebene rendern« in eine übliche Pixelebene verwandelt, die Option »Transparente Bereiche schützen« ist abgewählt.

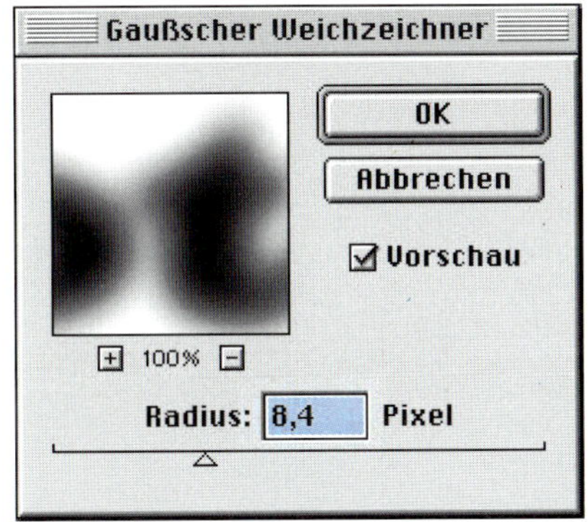

Der »Gaußsche Weichzeichner« weicht die Konturen des Motivs deutlich auf. Dabei sollte das Schwarz in der Mitte erhalten bleiben. Datei: Foto

Hier werden die dunkelsten, inneren Töne in Weiß verwandelt, um in der Mitte einen Lichtglanz zu erhalten. Der Zeiger wurde im Bleistiftmodus bei gedrückter Umschalt-Taste links oben ins Diagramm gesetzt und nach unten geführt.

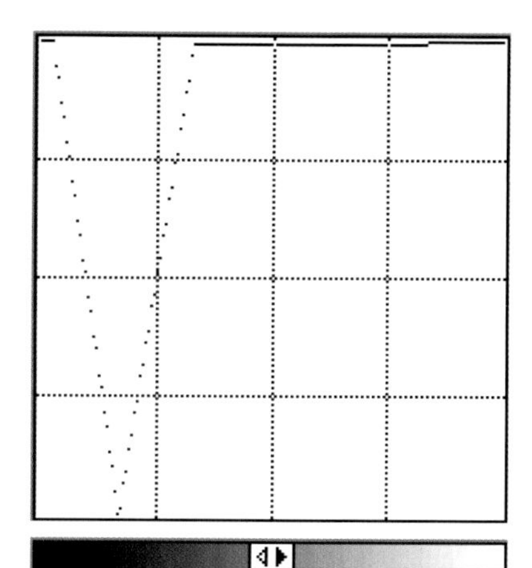

Zunächst bügelt die »Glätten«-Schaltfläche die harten Tonwertsprünge, die im Bleistiftmodus entstehen, aus; dann wird die Kurve im Kurvenmodus noch verfeinert.

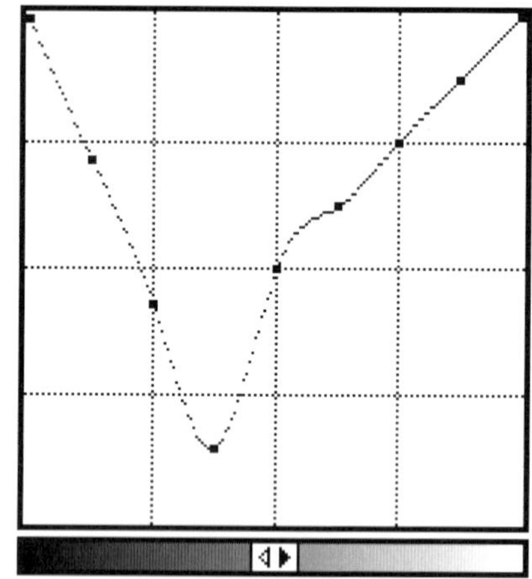

Die gewellte Kurve erzeugt einen komplexen 3D-Effekt; auch diese Kurve wurde im Bleistiftmodus skizziert und im Kurvenmodus verfeinert und geglättet.

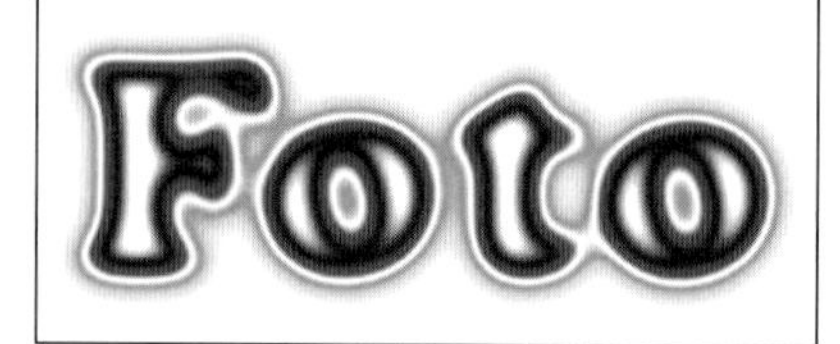

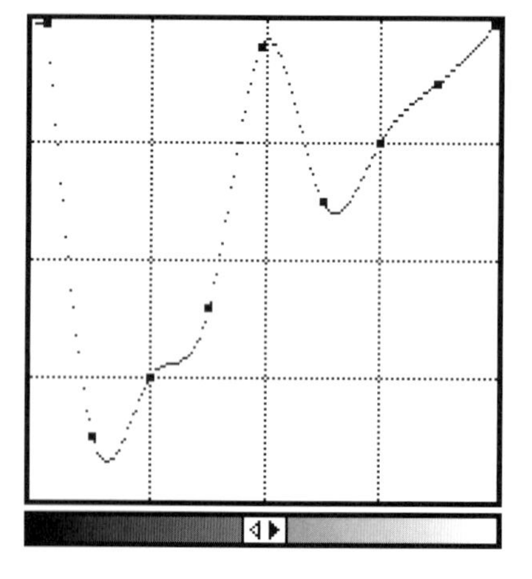

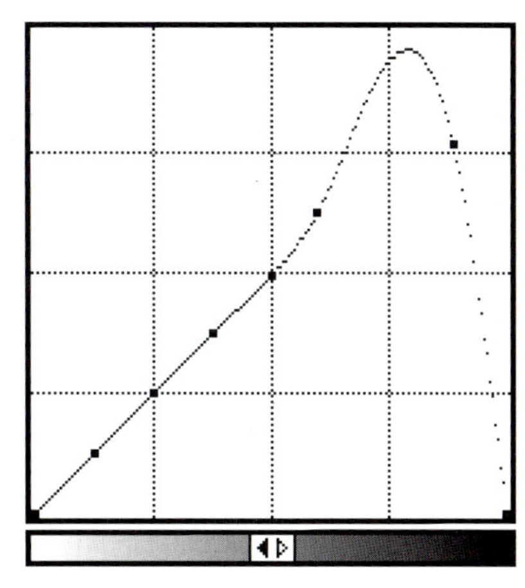

Für Farbeffekte wurde die Datei ohne jede Schwarzerzeugung in den CMYK-Modus verwandelt. Die Grundfarben wurden einzeln bearbeitet, die Kurve zeigt den Magentakanal.

Übersicht: Welches Dialogfeld für welchen Zweck?

Mit »Gradationskurve« und »Tonwertkorrektur« tun Sie grundsätzlich dieselben Dinge; die beiden Dialogfelder leisten Vergleichbares, nur mit unterschiedlichen Oberflächen und Schwerpunkten. Dabei arbeiten Sie mit der Gradationskurve besonders tonwertgenau, während die Tonwertkorrektur mit ihrem Histogramm das Tonwertspektrum des Bildes sehr anschaulich darstellt.

Am informativsten wäre es freilich, ein Histogramm in das Gradations-Koordinatennetz einzubauen, wie es die Konkurrenz vormacht. Auch träumt man ja davon, mehrere Histogramme für die Einzelkanäle in einem Dialogfeld zu sehen – gekennzeichnet durch unterschiedliche Farben.

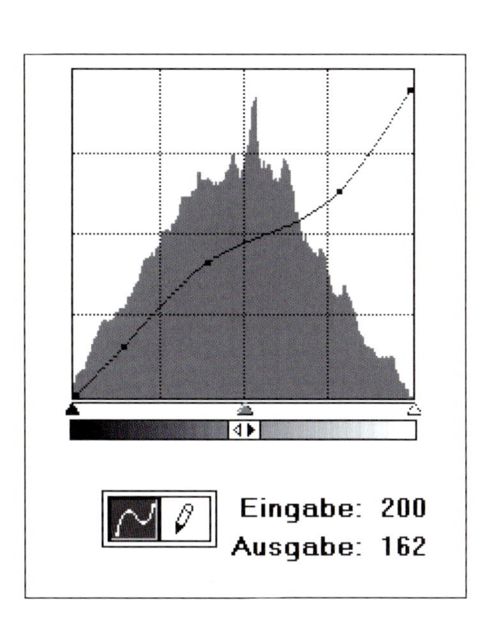

Gradationskurve und Histogramm in einem Fenster, das wäre eine sehr anschauliche Lösung.

Jedes Werkzeug hat allerdings seine unbestrittenen Vorzüge:

- Mit der »Tonwertkorrektur« erweitern Sie kommod das vorhandene Tonwertspektrum so, daß das Bild sich nachher über einen größeren Tonwertbereich erstreckt und damit tiefer und brillanter wirkt.
- Die »Gradationskurven« dagegen eignen sich besonders, um feinsinnig die Helligkeitsverteilung schon vorhandener Pixel zu verändern, also Kontraste zu korrigieren, ohne den Tonwertumfang dabei auszudehnen.

Prinzipiell kann aber jedes Werkzeug viele Aufgaben des anderen übernehmen:

Aufgabe	**Lösung mit Tonwertkorrektur**	**Lösung mit Gradationskurve**
Um mehr Tiefen ins Bild zu bringen und die Tonwerte von 0 bis 30 auf 0 zu setzen und die anderen Tonwerte anzupassen ...	schieben Sie den schwarzen Regler unter der »Tonwertspreizung« bis zur 30	schieben Sie das linke, dunkle Ende auf der X-Achse nach rechts bis zur Meldung »Eingabe: 30, Ausgabe: 0«
Um die höchsten Lichter von 230 bis 255 zu entfernen, auf 230 zu setzen und die anderen Tonwerte anzupassen ...	schieben Sie den weißen Regler unter »Tonwertumfang« nach innen bis zur 230	schieben Sie das rechte, helle Ende auf der Y-Achse nach unten bis zur Meldung »Eingabe: 255, Ausgabe: 230«
Um die Mitten anzuheben, ohne Schatten und Lichter stark in Mitleidenschaft zu ziehen ...	schieben Sie den grauen Gammaregler in der »Tonwertkorrektur« auf einen Wert über 1,0	heben Sie den mittleren Bereich in der Gradationskurve an

Beide Dialogfelder bieten überdies die Schwarz- und Weißpipetten; damit setzen Sie einen individuell gefundenen Tonwert im Bild auf einen individuell definierten Schwarz- oder Weißwert. Diese Arbeit nehmen Ihnen auch die »Auto«-Schaltfläche oder der **Bild**-Befehl **Auto-Tonwertkorrektur** ab.

Auch die Tätigkeiten des Dialogfelds »Helligkeit/Kontrast« übernimmt auf Wunsch der Gradationsregler:

Aufgabe	**Lösung mit Regler Helligkeit/Kontrast**	**Lösung mit Gradationskurve**
Um das Bild über den gesamten Tonwertbereich abzudunkeln ...	schieben Sie den Regler für »Helligkeit« nach links, auf einen Minus-Wert	schieben Sie den linken, dunklen Endpunkt der Gradationskurve um einen bestimmten Betrag auf der X-Achse nach rechts und den rechten, hellen Eckpunkt um den gleichen Betrag auf der Y-Achse nach unten
Um das Bild konstrastreicher zu machen ...	schieben Sie den Regler für »Kontrast« nach rechts, auf einen positiven Wert	senken Sie in der Gradationskurve die Schatten ab und heben die Lichter an

Befehle im Überblick: Gradationskurven, Tonwertkorrektur

Taste/Feld	Zusatztaste	Aktion	Ergebnis
		Klick!	weiche Gradationskurve ziehen
		Klick!	harte Gradationskurve ziehen
		Klick!	Hell-Dunkel-Darstellung im Diagramm umkehren
		Klick! ins Bild	Schwarzpunkt festlegen
		Klick! ins Bild	Weißpunkt festlegen
		Klick! ins Bild	neutralen Ton festlegen
		Doppelklick!	»Schwarz« definieren
		Doppelklick!	»Weiß« definieren
		Doppelklick!	»Neutralton« definieren
Auto		Klick!	Tonwertumfang automatisch erweitern
⌥			»Auto«-Schaltfläche wird zu »Optionen«, »Abbrechen« wird zu »Zurück«

7.4 »Farbton/Sättigung«

Der Befehl **Farbton/Sättigung** (⌘+U, für Hue, Farbton) regelt Farbton, Helligkeit und Sättigung. Er eignet sich für Feinkorrekturen ebenso wie zum Umfärben eines markierten Motivs oder für Tonungen.

Verwandte Kommandos: **Bild: Einstellen: Variationen** zeigt verschiedene Variationen von Farbton und Sättigung eines Bilds auf einem großen Tableau (siehe unten). Der Kombi-Befehl **Bild: Einstellen: Farbe ersetzen** enthält das komplette Dialogfeld »Farbton/Sättigung« in Kombination mit dem Dialogfeld **Auswahl: Farbbereich auswählen**; dort können Sie also in einem einzigen Dialogfeld einen Bildteil erst markieren und dann auswählen. (Näheres weiter hinten im Kapitel »Auswählen«.)

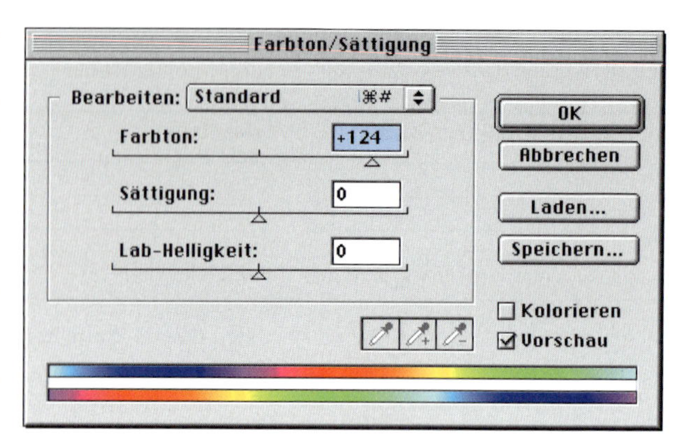

Die untere Farbskala im Dialogfeld »Farbton/ Sättigung« zeigt, wie sich der darüber dargestellte Tonwert durch die Bearbeitung verändert. Ein Beispiel: Rot wird zu Grün.

Anwendung

Die Änderungen gelten jeweils für den kompletten Farbbereich eines Bilds oder einer Auswahl oder nur für eine der Grundfarben Rot, Gelb, Grün, Cyan, Blau, Magenta. Erstmals kann man mit Photoshop 5 frei definieren, welchen Teilbereich des Farbkreises man unabhängig von den anderen vorhandenen Farben ändern möchte.

Im unteren Teil enthält das Dialogfeld zwei Farbskalen. Der obere Streifen zeigt unveränderlich das gesamte Farbspektrum; dies sind die Ausgangswerte Ihres Bilds; im Streifen darunter erkennen Sie, wie diese Töne sich durch die aktuelle Reglerstellung verändern. Sehen Sie oben Rot und genau darunter Blau, dann haben Sie den »Farbton«-Schieber so bewegt, daß es zu dieser Farbveränderung kommt. Auch eine Abschwächung der »Sättigung« oder Manipulationen an der »Lab-Helligkeit« drücken sich in veränderten Tonwerten auf dem unteren Streifen aus.

Sie haben mit Photoshop 5 nicht mehr die Möglichkeit, einen Tonwert per Pipette aufzugreifen und in ein »Beispiel«-Feld im »Farbton/Sättigung«-Dialog zu laden. Klicken Sie bei geöffnetem Dialogfeld ins Bild, erscheint dort eine Pipette, die den ausgewählten Farbton als Vordergrundfarbe lädt.

Möchten Sie beide Farbstreifen parallel bewegen, klicken und ziehen Sie bei gedrückter ⌘-Taste. Dabei verändert sich die Korrektur nicht. (Zuvor muß im Ausklappmenü ein Farbbereich gewählt sein, mit der Option »Standard« geht es nicht.)

Das Farbmodell

Die Korrekturen orientieren sich am HSB-Farbmodell, das Tonwerte nach Farbe (Hue), Sättigung (Saturation) und Helligkeit (Brightness) aufteilt und oft übersichtlicher ist als RGB oder CMYK.

»Farbton«

Mit dem »Farbton« (englisch Hue) verschieben Sie alle oder bestimmte Farben im Bild oder in einer Auswahl um eine bestimmte Gradzahl auf dem Farbkreis. Helligkeit und Sättigung – und damit das Relief des Motivs – bleiben erhalten. Sofern Sie »Standard« angeklickt haben, verschieben sich alle Farben gleichermaßen.

Den »Farbton« stellt man sich auf einem Kreis vor, der alle denkbare Farbtöne enthält; Sie verschieben den aktuellen »Farbton« mit dem Schieberegler um maximal 180 Grad im Uhrzeigersinn oder um maximal minus 180 Grad gegen den Uhrzeigersinn; die beiden Extrempositionen plus 180 Grad und minus 180 Grad führen zum selben Ergebnis, der maximalen Umfärbung.

Dies ist das geeignete Mittel, um ein Objekt umzufärben – besser als Farbeimer oder **Füllen**-Befehl, die das Objekt mit einer einheitlichen Farbe zuschütten. Dagegen erhält der »Farbton«-Regler die Bandbreite an unterschiedlichen Farben, sie werden nur verschoben. Mit dem »Farbton«-Regler spielen Sie leicht durch, wie Hintergründe oder Objekte in 360 verschiedenen Tonwerten aussehen.

»Sättigung«

Die »Sättigung« verändert die Grauanteile der Farben im Verhältnis zur reinen Farbe. Oft führt nach einer »Farbton«-Änderung erst die anschließende Korrektor von »Sättigung« und auch »Lab-Helligkeit« zum gewünschten Eindruck. Erhöhte Sättigung läßt den Bildteil frischer und reiner aussehen, erzeugt aber schnell grelle Farben außerhalb des druckbaren Bereichs (in der Info-Palette durch ein Ausrufezeichen markiert). Schieben Sie die Sättigung in den Minus-Bereich, sinkt der Farbanteil immer mehr zugunsten des Grauanteils, so daß Sie Pastelltöne erhalten, die zum Beispiel für Hintergründe geeignet sind. Auch zu reine, nicht druckbare Farben bearbeiten Sie durch Absenken der Sättigung.

Die Null-Stellung schließlich führt zu einem Bild, das nur noch Grautöne enthält, das sich aber weiterhin im Farbmodus befindet. Sinn macht die Null-Sättigung eventuell, wenn Sie innerhalb einer Farbmontage einen Bildausschnitt per »Einstellungsebene« vorübergehend oder dauerhaft in Graustufenwirkung zeigen wollen. Denselben Sättigungsentzug bei anhaltend hoher Datentiefe bewirkt der Befehl **Bild: Einstellen: Entfärben**. Dabei entsteht jeweils ein relativ flaues Bild, da die einzelnen Farbtöne einheitlich und nicht nach ihrer visuellen Helligkeit gewichtet in Graustufen verwandelt werden. Wege zu besseren Ergebnissen beschreibt der »Graustufen«-Abschnitt im »Farbmodus«-Kapitel.

»Lab-Helligkeit«

Der Schieber für »Lab-Helligkeit« stellt die Helligkeit ein. Auch er ist bei der Feinabstimmung erforderlich, um nach einer »Farbton«-Korrektur oder nach dem »Kolorieren« tatsächlich die gewünschte Wirkung zu erzeugen. Allerdings wirkt eine Gamma- oder Gradationskorrektur, die nur die Mitten verändert, oft subtiler als die »Lab-Helligkeit«.

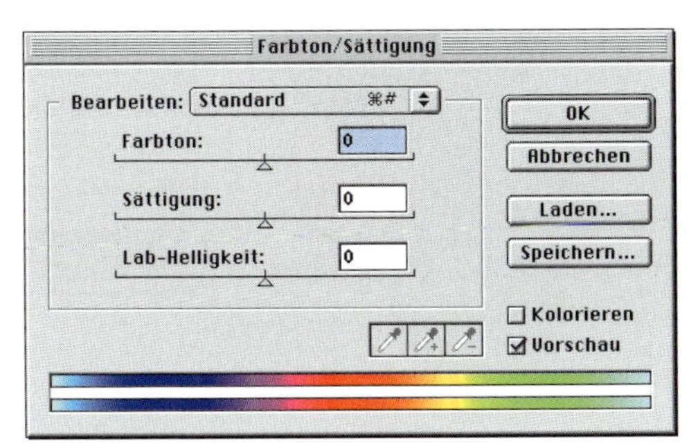

Das Dialogfeld Farbton/Sättigung gibt Ihnen Kontrolle über die Sättigung und die Farben in einem Bildteil. Datei: Ballons

Erhöhen Sie die Sättigung, wird zugunsten des Farbtons gleich helles Grau entfernt, der korrigierte Bildteil wirkt frischer.

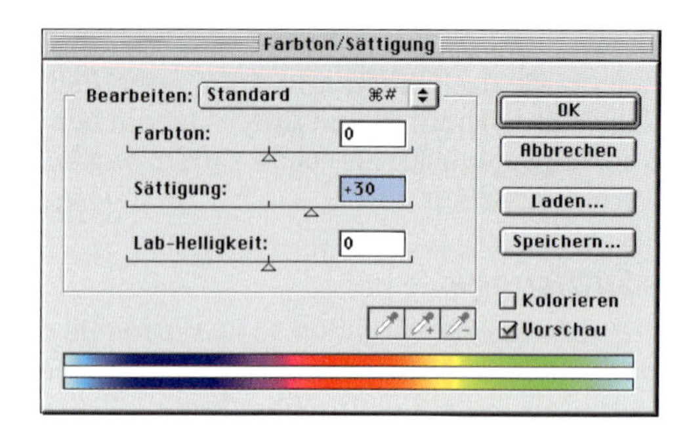

Sie können auch einen einzelnen, selbstdefinierten Farbbereich korrigieren; hier werden nur die Gelbtöne bearbeitet.

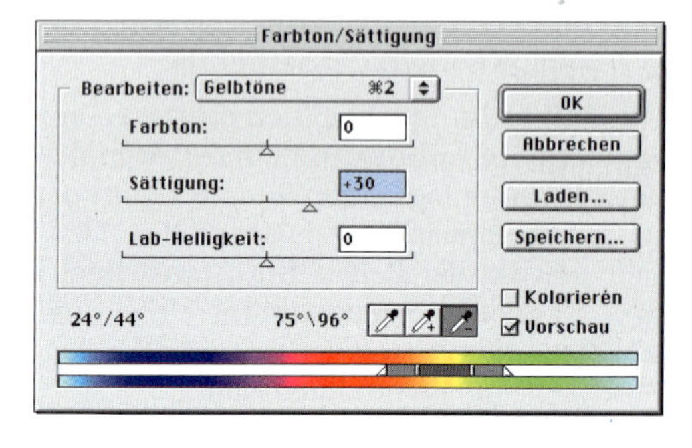

Der Farbtonregler färbt den ausgewählten Bereich um, indem er alle Farbwerte verschiebt; Helligkeit und Sättigung bleiben erhalten.

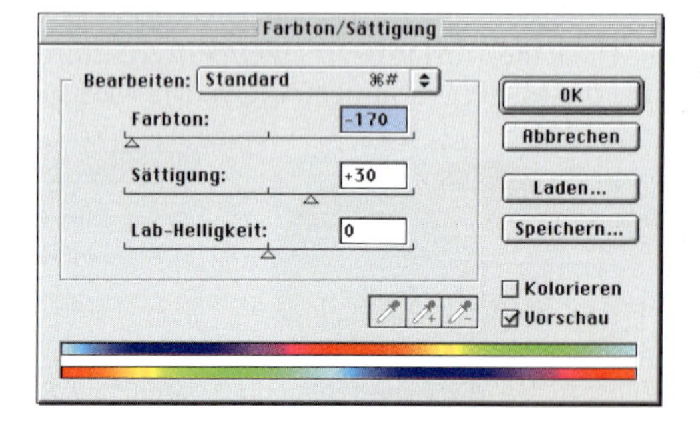

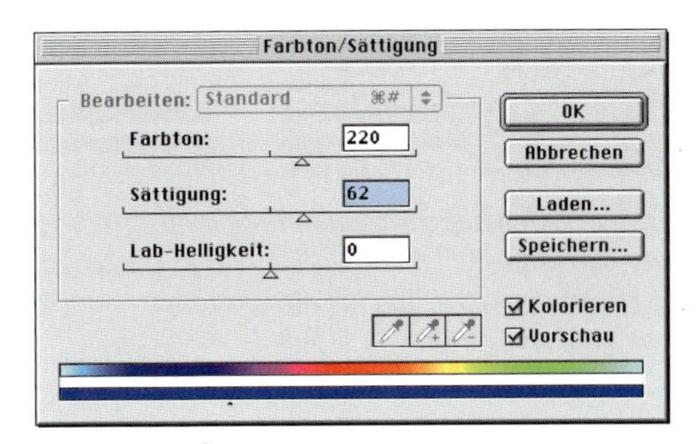

Die Option »Kolorieren« sorgt für Tonung mit einer einheitlichen Farbe, Feinheiten regeln Sie mit »Sättigung« und »Lab-Helligkeit«.

Alternativen als Pinsel

Einige dieser Funktionen bietet Photoshop auch in Pinselform: So können Sie mit dem Schwamm (Kurztaste O) über das Bild fahren, um pixelweise Sättigung zu entziehen oder hinzuzufügen; der Abwedler macht Bildteile unter der Werkzeugspitze heller, der Nachbelichter dunkler.

Ein »Farbton«-Werkzeug gibt es allerdings nicht – Sie könnten höchstens den Pinsel mit dem Übertragungsmodus »Farbton« verwenden. Dann behalten Sie zwar Helligkeit und Sättigung des Originals bei, die Originalfarbwerte werden allerdings gegen einen einzigen neuen Farbwert ausgetauscht – selbst wenn sie im Original 180 Grad weit auseinanderliegen. Wie immer haben Sie natürlich die Möglichkeit, eine korrigierte Version des Bilds in der Ebenen-Palette unter die Originalfassung zu legen. Mit Radiergummi oder Pinsel und Ebenenmaske tuschen Sie dann »Löcher« in die obere Ebene, so daß pixelgenau die korrigierte Version durchscheint.

Einzelne Farbbereiche bearbeiten

Innerhalb des Bildes oder der Auswahl müssen Sie nicht zwangsläufig alle Farbtöne gleichermaßen verschieben. Sie können auch einen Farbbereich herausgreifen, den Sie exklusiv verändern. Zum Beispiel bearbeiten Sie nur die Gelbtöne, lassen aber alle anderen Werte unberührt. Dazu müssen Sie keine Auswahl erstellen.

Ausgewählte Farben

Wählen Sie zunächst im Klappmenü »Bearbeiten« den Farbbereich, zum Beispiel »Gelbtöne«. Zwischen den beiden Farbstreifen im Dialogfeld signalisiert jetzt ein dunkelgrauer Block den Tonwertbereich, der ab sofort voll ausgewählt und veränderbar ist. Außerdem erscheint eine Farbwert-Anzeige. Sie sehen, daß ein Abschnitt von 30 Grad auf dem Farbkreis voll ausgewählt ist. Die Grenzen erkennen Sie jeweils an den inneren Werten neben den Schrägstrichen – es ist der Bereich von 45 bis 75 Grad.

Teilweise ausgewählte Farben

Eine weitere Zone von Farbwerten ist freilich noch halb ausgewählt und verändert sich darum bei Manipulationen teilweise mit – so verhindert Photoshop, daß es zu harten Tonwert-Sprüngen kommt. Diese Zone ist durch hellgraue Balken zwischen den Farbstreifen gekennzeichnet. Die Grenzen der halb erfaßten Farbtöne nennt Photoshop zudem rechts von den zwei Schrägstrichen. In diesem Fall beginnt die Korrekturwirkung schon bei 15 Grad, sie endet erst bei 105 Grad (doch nur die Zone von 45 bis 75 Grad wird komplett korrigiert).

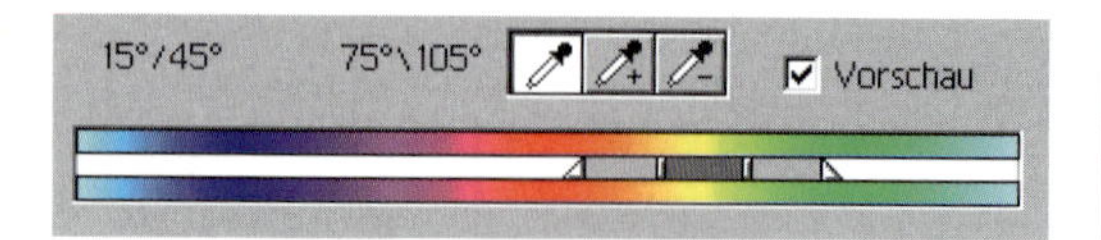

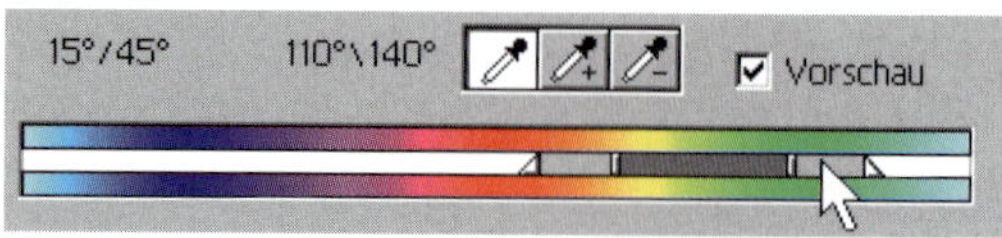

Den voll korrigierbaren Farbbereich signalisiert Photoshop durch einen dunkelgrauen Balken, den halb korrigierbaren Bereich durch hellgraue Balken (links). Rechts: Ziehen Sie an einem der hellgrauen Balken, um den korrigierbaren Bereich zu vergrößern oder zu verkleinern, ohne daß sich die Breite der halb erfaßten Zone verändert.

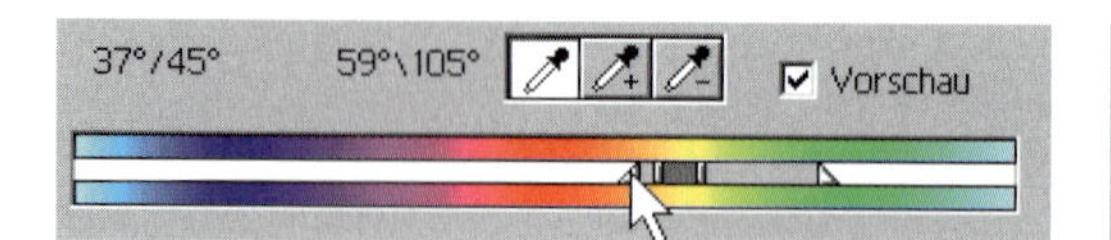

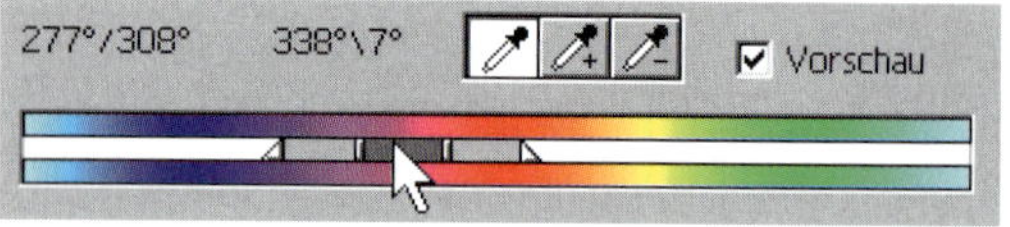

Links: Ziehen Sie an einem der dreieckigen Begrenzer, um den halb erfaßten Bereich unabhängig von der voll korrigierbaren Zone zu verkleinern oder zu vergrößern. Rechts: Verschieben Sie den dunkelgrauen Block, wenn Sie einen anderen Farbbereich korrigieren möchten.

Korrigierbaren Farbbereich mit Schiebereglern verändern

Sie haben verschiedene Möglichkeiten, den korrigierbaren Bereich so anzupassen, daß Photoshop genau die von Ihnen gewünschten Tonwerte erwischt. Zunächst geben Sie jedoch immer einen Farbbereich per Klappmenü an – Sie können ihn dann erst beliebig verändern.

Gewählten Farbbereich mit Schiebereglern verkleinern und vergrößern

Der innere Bereich der voll ausgewählten Farben läßt sich beliebig erweitern oder verkleinern. Dazu klicken Sie in die hellgrau dargestellten Zonen zwischen den zwei Farbskalen und schieben sie nach innen oder außen. So bewegen sich auch die jeweils zwei Begrenzer dieser Zonen parallel zueinander mit. Sie erweitern so zum Beispiel die voll erfaßten Tonwerte auf den Bereich von 45 bis 110 Grad (zu erkennen an den jeweils innen genannten Werten). Sie haben auch nach diesem Eingriff eine 30 Grad breite Zone halb-markierter Farbnuancen: Sie reicht nun auf der rechten Seite von 111 bis 140 Grad, wie Sie an dem rechten Zahlenpaar erkennen.

Halb erfaßte Zone verändern

Sie können auch die Tonwertauswahl so treffen, daß sich dabei der Bereich der halberfaßten Zone vergrößert oder verkleinert. Dadurch wirkt der Befehl **Farbton/Sättigung** oft völlig anders als gewohnt, bei verkleinerten Zonen müssen Sie mit harten Tonwertsprüngen rechnen.

Schieben Sie die dreieckigen Regler, die den hellgrauen, halb ausgewählten Bereich begrenzen, nach innen. So verkleinern Sie den halb erfaßten Bereich und sorgen für härtere Auswahlgrenzen. Schieben Sie die Regler nach außen, um die Zone der schwach mitkorrigierten Tonwerte noch zu vergrößern. Jeweils an den äußeren Zahlen neben den Schrägstrichen erkennen Sie die neuen Grenzen.

Sie können umgekehrt auch die Zone der voll erfaßten Tonwerte bearbeiten. Dazu ziehen Sie an den stabförmigen Begrenzern, die das dunkelgraue Feld zwischen den Farbskalen einfassen. Sie ziehen die Begrenzer auseinander, um einen größeren Farbbereich zu erfassen; dabei verkleinert sich die halbausgewählte, hellgrau gezeigte Strecke. Bewegen Sie die Begrenzer nach innen, um weniger Farbwerte zu bearbeiten – und den Bereich der halb-erfaßten Töne zu vergrößern. Die jeweils inneren Zahlen neben den Schrägstrichen nennen die neuen Tonwertgrenzen.

Gewählten Farbbereich verschieben

Ebenso einfach wählen Sie eine andere Zone korrigierbarer Farben, die gleich groß und gleich hart begrenzt ist wie der bisherige Bereich. Dazu ziehen Sie den dunkelgrauen Bereich. Wenn Sie ihn zum Beispiel weit genug nach links bewegen, erscheinen auch oben im Klappmenü neue Angaben, zum Beispiel statt bisher »Gelbtöne« dann »Rottöne 2« oder »Magentatöne«. Alternativ klicken Sie einen gewünschten Farbton im Bild an.

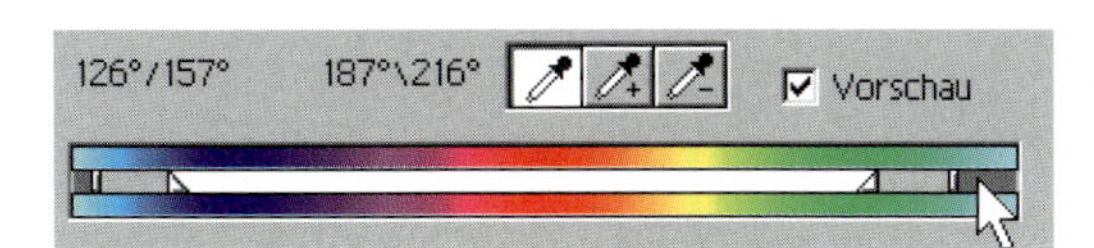

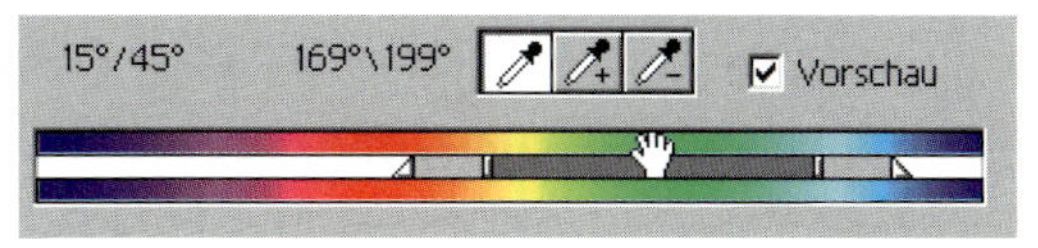

Links: Durch eine Verschiebung rutscht die Darstellung des korrigierbaren Bereichs rechts aus der Anzeige heraus und wird links wieder fortgesetzt. Das ist unübersichtlich. Rechts: Verschieben Sie die Anzeige der Farbwerte bei gedrückter ⌘-Taste so weit, bis der erfaßte Bildbereich bequem in der Mitte der Skala Platz hat.

Anzeige des Farbbereichs verschieben

Wenn Sie den ausgewählten Bereich stark vergrößern oder aber Farbtöne herausgreifen, die genau am Rand der Skala liegen, wird es unübersichtlich: Die linke Grenze liegt schon am rechten Rand der Skala, und die rechte Grenze rutscht herüber auf die äußerste linke Seite. In der Mitte des Farbspektrums sehen Sie den nicht ausgewählten Teil, an beiden Rändern liegt der gewünschte Bereich.

In diesem Fall können Sie die Anzeige des Farbspektrums verschieben, um den ausgewählten Bereich in der Mitte sehen zu können. Ziehen Sie den Farbbalken mit gedrückter ⌘-Taste, bis der ausgewählte Bereich übersichtlich in der Mitte des Balkens zu sehen ist. Dabei verändern Sie wohlgemerkt nicht die Tonwertauswahl – nur die Anzeige des Dialogfelds wird Ihren Bedürfnissen angepaßt.

Korrigierbaren Farbbereich mit Pipetten auswählen

Wenn Sie einen ausgewählten Farbton korrigieren, diesen aber nicht per Schieber oder Klappmenü angeben möchten, dann verwenden Sie die Pipetten aus dem Dialogfeld **Farbton/Sättigung**. Auch hier wählen Sie zunächst aus dem Klappmenü einen Farbbereich vor – zum Beispiel die »Gelbtöne«. Sie können ihn dann beliebig verändern.

Dazu klicken Sie zunächst mit der Pipette von der linken Schaltfläche auf einen Tonwert in der Datei, den Sie verändern möchten. Photoshop erzeugt eine passende Farbauswahl, die wie bisher 30 Grad auf dem Farbkreis umfaßt und dazu einen je 30 Grad breiten Rand halbausgewählter Farbtöne.

Dabei legt Photoshop aber immer nur einen geschlossenen Auswahlbereich an. Wählen Sie also zwei sehr unterschiedliche Farbtöne aus, erhalten Sie nicht etwa zwei Auswahlbereiche und dazwischen nicht berücksichtigte Tonwerte. Vielmehr entsteht eine sehr breite Auswahl, die fast schon das gesamte Farbspektrum umfaßt.

Farbbereich verkleinern

Den ausgewählten Bereich können Sie nun verkleinern oder vergrößern, indem Sie mit der Plus- beziehungsweise Minus-Pipette weitere Tonwerte anklicken. Sie haben jederzeit auch die Möglichkeit, durch Ziehen an den Begrenzern zwischen den zwei Farbbalken die Auswahl zu präzisieren. Statt der Plus- und Minus-Pipetten können Sie auch die üblichen Photoshop-Tasten verwenden: Die Umschalt-Taste zur normalen Pipette fügt wie immer etwas hinzu, erweitert also die Auswahl; die Alt-Taste zur normalen Pipette verkleinert den Bereich.

Auf die Dauer ist es mühsam, ausgewählte Farbbereiche mit dem Befehl **Farbton/Sättigung** zu verändern. Leichter tut man sich oft mit dem **Bild**-Befehl **Farbe ersetzen**, mit der **Auswahl**-Funktion **Farbbereich auswählen** oder mit einer Auswahl per Zauberstab oder Magnet-Lasso.

Die Option »Kolorieren«

Die Option »Kolorieren« deckt ein Bild oder einen Bildteil mit einer einfarbigen Tonung zu — wie ein Graustufenbild, das in der Dunkelkammer mit einem Blau- oder Brauntoner behandelt wurde. Alle Farbtöne im Bild tauscht Photoshop gegen den gewählten Farbton aus; doch die unterschiedlichen Helligkeitswerte — für die Unterscheidung von Strukturen und Konturen verantwortlich — bleiben erhalten.

Die Färbung steuern Sie über den »Farbton«-Regler. Rot liegt in diesem Fall ganz links auf dem »Farbton«-Regler, bei 0 Grad; gehen Sie bis zum Extremwert 180 Grad, erhalten Sie ein cyan (blaugrün) getontes Bild, denn Cyan liegt auf dem Farbkreis genau gegenüber. Reines Schwarz und Weiß wird nicht mitgetont, mittleres Grau schon. Wollen Sie Schwarz und Weiß mitbearbeiten, machen Sie es vorab mit den **Gradationskurven** grau (erklärt im Teil über die Gradationskurve weiter oben). Ein einmal getontes Bild läßt sich durch neuerliches »Kolorieren« umtonen. Änderungen an Sättigung und »Lab-Helligkeit« können Sie weniger leicht zurücknehmen.

Alternativen

Ebenfalls stimmungsvoll getonte Bilder, auch mehrfarbig, erhalten Sie mit dem Befehl **Bild: Einstellen: Kanalmixer**, wenn Sie die Option »Monochrom« ein- und wieder ausschalten. Einen äußerlich ähnlichen, aber differenzierteren Effekt als beim »Kolorieren« erzielen Sie mit dem **Duplex**-Modus, bei dem Sie mit weniger Druckfilmen auskommen; er wird im »Farbmodus«-Kapitel erklärt. Sie können eine Tonung auch erzeugen, indem Sie ein Bild in Graustufen verwandeln, dann zurück in einen Farbmodus wechseln und einzelne Farbkanäle mit **Gradationskurven** oder **Tonwertkorrektur** bearbeiten. Falls Sie jedoch nach CMYK konvertieren, achten Sie in den **Farbeinstellungen: Separation** darauf, daß die Graustufen nicht nur im Schwarzkanal erzeugt werden, sondern vor allem in den drei Farbkanälen.

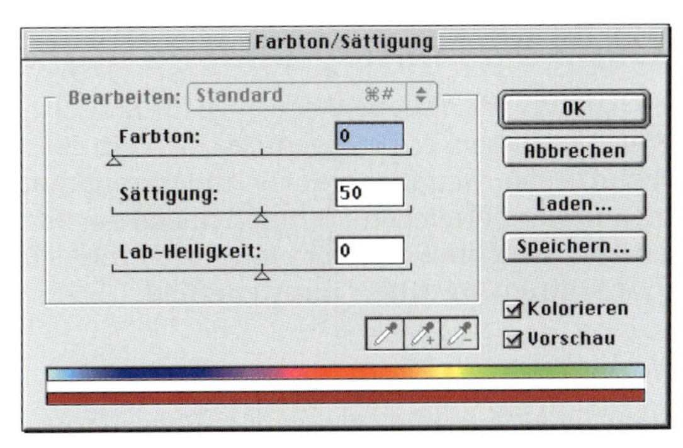

Die Option »Kolorieren« tont eine Vorlage einfarbig. Photoshop beginnt mit Rot, das bei 0 Grad angesiedelt ist, die Sättigung sollte meist auf 50 oder weniger Prozent reduziert werden. Datei: Puppen

Farbton/Sättigung
Bearbeiten: Standard
Farbton: 30
Sättigung: 30
Lab-Helligkeit: 0
OK
Abbrechen
Laden...
Speichern...
Kolorieren
Vorschau

Der Farbwert +30 Grad führt zu einem Sepia-Ton. Experimentieren Sie mit verschiedenen Sättigungsgraden.

Farbton/Sättigung
Bearbeiten: Standard
Farbton: 30
Sättigung: 30
Lab-Helligkeit: 0
OK
Abbrechen
Laden...
Speichern...
Kolorieren
Vorschau

Der Wert 210 Grad auf der Farbton-Skala erzeugt eine Blaufärbung.

Eine Datei als Hintergrundbild aufhellen

Sie haben bereits verschiedene Werkzeuge für Kontrast, Tonwertumfang und Farbstimmung kennengelernt. Mit diesen Werkzeugen läßt sich ein Bild nicht nur feinkorrigieren, sondern auch drastisch aufhellen, wenn man es als Hintergrundmotiv unter Text legen möchte. Mit den verschiedenen Reglern erreichen Sie unterschiedliche Bildwirkungen. Neben dem Aufhellen bieten sich auch Weichzeichner an oder einige der zahlreichen Effektfilter, die ein Bild flächiger machen, etwa **Stilisierungsfilter: Facetteneffekt**.

Gammaregler

Der mittlere, graue Gammaregler in der »Tonwertkorrektur« verändert nur die Mitten. Das heißt, Sie werden immer einen dunklen Anteil behalten, der in Konflikt mit dunklem Text geraten kann.

Tonwertumfang

Der »Tonwertumfang«-Regler in der »Tonwertkorrektur« bannt Extremtonwerte und setzt sie auf einen Einheitswert. Schieben Sie etwa den Schwarzregler nach innen, werden die Tiefen komplett entfernt und einheitlich auf einen höheren Wert gesetzt. Dagegen bleibt in den Lichtern die Zeichnung halbwegs erhalten. Insgesamt wirkt das Bild vor allem grauer und flacher – wie für einen Hintergrund erwünscht. Sie könnten mit dem Gammaregler weiter aufhellen, ohne noch mehr extreme Tiefen und Lichter preiszugeben.

»Helligkeit/Kontrast«

Der Regler für »Helligkeit« verschiebt Höhen und Tiefen gleichermaßen nach oben, entfernt so deutlich Zeichnung; er macht das Bild jedoch nicht sofort flacher, denn die Kontraste bleiben erhalten – jedoch in einem helleren Tonwertbereich. Der »Kontrast«-Regler allein führt zu einem flauen, grauen Ergebnis, das selbst als Hintergrund unattraktiv wirkt. Eher bearbeitet man den »Kontrast« erst im Anschluß an eine vorhergehende Behandlung.

»Farbton/Sättigung«

Das Dialogfeld »Farbton/Sättigung« bietet schöne Möglichkeiten. Sie können einen Hintergrund nicht nur umfärben, sondern mit Rücknahme der »Sättigung« auch für sanfte Pastelltöne sorgen; per »Lab-Helligkeit« entfernen Sie zügig Tiefen. Auch das »Kolorieren« eignet sich gut für Hintergründe; nehmen Sie die »Sättigung« stark zurück, und heben Sie die »Lab-Helligkeit« deutlich an.

Photoshop bietet verschiedene Möglichkeiten, eine Datei zum Texthintergrund aufzuhellen. Je nach Bedarf erhalten oder tilgen Sie Tonwertbereiche. Datei: Tropfen, Tropf_2

7.5 »Kanalmixer«

Der **Kanalmixer** reguliert die Anteile der einzelnen Farbkanäle am Gesamtbild neu.

Vorsicht beim Experimentieren: Wenn Sie die Option »Monochrom« ein- und wieder ausschalten, haben Sie das Bild bereits verändert (siehe unten). Drücken Sie die Alt-Taste und dann die »Zurück«-Schaltfläche, wenn Sie wieder vom ursprünglichen Bild ausgehen möchten.

Um den Rot-Anteil in einem RGB-Bild zu stärken, wählen Sie »Rot« als »Ausgabekanal«. Der Mixer beginnt mit einer Einstellung von 100 Prozent Rot und 0 Prozent für Blau und Grün. Sie können den »Rot«-Regler nun bis zu einem Wert von 200 Prozent nach rechts schieben. Dabei hellt Photoshop den Rot-Kanal auf, so daß Rötliches stärker hervorsticht. Die anderen Farbkanäle ändern sich dabei nicht.

»Grün« steht zunächst bei 0 Prozent. Erhöhen Sie diesen Wert bei weiter aktiviertem »Rot«-Ausgabekanal, werden die Helligkeitswerte des Grünkanals in den Rot-Kanal geblendet. Daraus folgt: Wo der Grün-Kanal hell (also stark) ist, wird nun auch der Rot-Kanal stark und überstrahlt den Grün-Kanal. Der Grün-Kanal selbst ändert sich nicht, er kommt aber im Gesamtbild weniger zur Geltung.

Per »Konstante« legen Sie die Gesamthelligkeit neu fest. Sie kann sich deutlich ändern, wenn Sie einen Einzelkanal bearbeitet haben.

Interessante Voreinstellungen für den Kanalmixer finden Sie auf der Photoshop-Programm-CD im Verzeichnis »Other Goodies/Voreinstellungen«. Klicken Sie auf die Schaltfläche »Laden«, um sie zu verwenden.

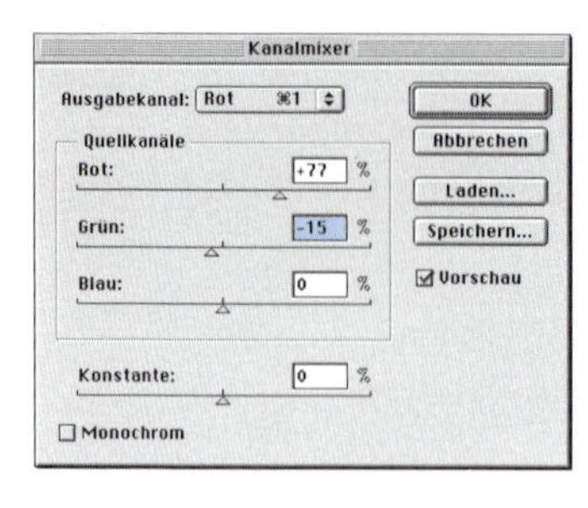

Der Kanalmixer reguliert die Anteile der einzelnen Grundfarben am Gesamtbild. Die Beispiele entstanden mit den Voreinstellungen von der Photoshop-CD und anschließender Tonwertkorrektur. Datei: Raum

Negative Werte

Ein negativer Wert kehrt den Quellkanal um, bevor Photoshop ihn mit dem Ausgabekanal verrechnet. Zum Beispiel: Sie ziehen den Grün-Regler auf –20; nun wird der immer noch aktivierte Rot-Kanal dort dunkler, wo der Grün-Kanal heller ist. Im Bild setzt sich Grünes zugunsten rötlicher Partien stärker durch.

»Monochrom«

Zu Graustufen nach Maß verhilft die Option »Monochrom«. Sie faßt alle Kanal-Informationen zu einem Graustufenergebnis zusammen. Sofern Sie ein RGB-Bild bearbeiten, beginnt das Dialogfeld mit 100 Prozent für Rot und je Null Prozent für Blau und Grün. Das ist so, als ob Sie ein Graustufenbild lediglich aus dem Rot-Kanal erzeugen. Mischen Sie also nach Bedarf. Um Blaues hell hervorzuheben, liften Sie den Blaugehalt; Gesichter leuchten auf bei angehobenem Rot-Wert.

Freilich haben Sie bei diesem Dialogfeld nicht die Möglichkeit, nützliche Überblendverfahren wie »Multiplizieren« anzuwenden. Dies bieten nur die **Kanalberechnungen** aus dem **Bild**-Menü.

Diesen und weitere Wege zu hochwertigen Graustufenbildern finden Sie im »Graustufen«-Abschnitt des Kapitels »Farbmodus«.

Nach Anwendung des Befehls haben Sie immer noch ein Bild im Farbmodus vor sich. Konvertieren Sie es, wenn Sie keine Farbe mehr einsetzen wollen, in den speichersparenden Graustufenmodus.

Behalten Sie bei der Arbeit mit dem Kanalmixer die Kanälepalette mit den Miniaturen der Einzelkanäle im Auge. Wenn Sie die Veränderung der Einzelkanäle beobachten, erfassen Sie schneller die Funktion des Kanalmixers.

Getönte Bilder

Schalten Sie die Option »Monochrom« ein und wieder aus, können Sie getönte Bilder erzeugen.

Das Prinzip:

1. Sie erzeugen mit der Anwahl der Option zunächst den Graustufeneffekt, so daß alle Werte in einen Kanal geschrieben werden.
2. Heben Sie »Monochrom« wieder auf. Nun haben Sie immer noch ein einfarbiges Bild vor sich; aber Photoshop wertet jetzt wieder einzelne Farbkanäle aus.

Sie beginnen nun mit 100 Prozent »Rot« im »Rot«-Kanal, während die anderen Kanäle keine Anteile halten. Durch Arbeit in den verschiedenen Einzelkanälen erzeugen Sie reizvolle mehrfarbige Tonungen.

7.6 Weitere Farbkorrekturen

Nicht immer führt die Kontrastkorrektur zum gewünschten Ergebnis: Schwarz- und Weißpunkte sitzen, doch verbleibt zum Beispiel ein Gelbstich. Traditionell bearbeitet man hier die Gradationskurven einzelner CMY-Druckfarben: So würden Sie etwa einen Gelb-Auszug dämpfen oder die Gegenfarbe anheben. Photoshop bietet jedoch auch bequemere, spezialisierte Werkzeuge, mit denen Sie Bilder vom Farbstich befreien oder komplett umfärben. Auch für die folgenden Befehle brauchen Sie die Farbmodi CMYK, RGB oder Lab, während sich bei indizierten Farben, Graustufen oder Bitmap nichts tut.

»Variationen«

Besonders leicht regeln Sie die Bildwirkung mit dem Befehl **Bild: Einstellen: Variationen** – quasi eine Vielfach-Vorschau für verschiedene Reglerstellungen des Befehls **Farbton/Sättigung**. Dieser Befehl versagt im Modus »Lab«.

Die Änderungen beziehen sich gemäß Ihrer Wahl nur auf »Tiefen«, »Mitteltöne«, »Lichter« oder »Sättigung«. Meist macht es Sinn, zuerst die wichtigen »Mitteltöne« zu korrigieren, dann an die »Lichter« und »Tiefen« zu gehen und danach die Mitteltöne nochmal zu überprüfen. Wie stark die Unterschiede zwischen der ursprünglichen Version und den Korrekturvorschlägen ausfallen, das stellen Sie per Mausbewegung mit dem »Fein...Grob«-Regler ein; jeder Strich auf der Skala verdoppelt die Größe eines Schritts.

Wollen Sie in Ihrem Bild »mehr Grün«, dann klicken Sie auf das Bildchen mit der entsprechenden Unterschrift. Das korrigierte Bild erscheint jetzt auch in der Mitte und oben links als »Aktuelle Wahl« im Vergleich zum »Original«. Reicht Ihnen der Effekt noch nicht, klicken Sie erneut auf »mehr Grün«. Wollen Sie weniger Grün, klicken Sie auf das Farbfeld gegenüber, in diesem Fall »mehr Magenta«; Sie entfernen wie immer eine Farbe durch Hinzufügen der Gegenfarbe.

Durch entsprechende Klicks auf die Bildchen rechts wird Ihr Foto auch »heller« oder »dunkler«. Nach jeder Korrektur ändern sich alle Vorschaubilder.

In der Mitte sehen Sie immer die Bildfassung, die Sie durch Anklicken zuletzt ausgewählt haben. Das Bildpärchen darüber zeigt Ihr ursprüngliches »Original« und die »aktuelle Wahl«, also die zuletzt angeklickte Korrektur. Wenn Sie alles verwerfen und zurück zum Ursprung wollen, dann klicken Sie auf das »Original«. Oder Sie drücken die Alt-Taste, um aus dem Schalter »Abbrechen« eine »Zurück«-Fläche zu machen; die annulliert ebenfalls Ihre Eingriffe, ohne das Dialogfeld zu schließen. Bestätigen Sie jedoch ruhig mit »OK«, und betrachten Sie das Ergebnis am bildschirmgroßen Original. Mit ⌘+Z schalten Sie hin und her zwischen Vorher und Nachher. Haben Sie ähnliche Bilder, die Sie mit den gleichen Einstellungen korrigieren wollen, nutzen Sie die Möglichkeiten für »Speichern« und »Laden« einer gelungenen Korrektur.

Die Korrektur per »Variationen« ist allerdings eher grob: Die Bildchen erscheinen nur klein, und daß man auf Befehle wie »Heller« oder »Dunkler« zugunsten des Gammareglers in der »Tonwertkorrektur« lieber verzichtet, das haben Sie schon weiter oben gelesen. Verwenden Sie das Dialogfeld nur für Proben, für kleinere Dateien und für Bilder, die bereits halbwegs stimmen. Gleichwohl wünscht man sich übersichtliche Tableaus nach Art der »Variationen« auch für unterschiedliche Scharfzeichnungen, Acht-Bit-Versionen oder Tonwertkorrekturen; schön wäre es, wenn Photoshop wahlweise hier einen Ausschnitt im 100-Prozent-Maßstab zeigte.

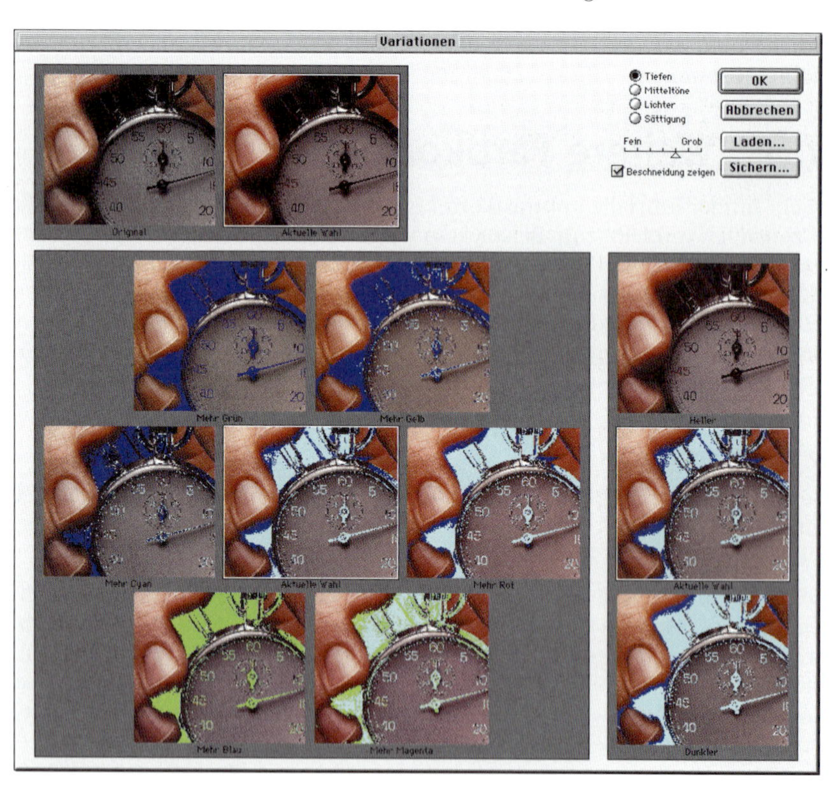

Variatio delectat: Der Variationen-Dialog zeigt verschiedene Varianten einer Korrektur von Farbton, Sättigung und Helligkeit. Alarmfarben kennzeichnen hier die »Beschneidung« – Bildbereiche, in denen Differenzierung verloren-geht.

»Beschneidung«

Auf Klick kann man sich die »Beschneidung zeigen« lassen. Von Beschneidung war bereits weiter vorn in der »Auto«-Korrektur die Rede, wie sie in den Dialogfeldern »Tonwertkorrektur« und »Gradationsstufen« enthalten ist. Beschneidung meint, daß durch die Kontrastkorrektur bestimmte unterschiedliche Tonwerte auf einen identischen Extremwert gehoben werden, so daß Helligkeitsunterschiede entfernt – »beschnitten« – werden; so geht bespielsweise die Differenzierung zwischen den sehr dunklen Tonwerten 0 und 15 verloren, weil Sie alle Tonwerte unterhalb 16 gleich auf tiefstes Schwarz, also Null, absenken. Diese »beschnittenen« Bereiche stellt Photoshop auf Wunsch in Alarmfarben dar. Folglich entsteht Beschneidung nur bei Bearbeitung der »Lichter« und »Tiefen«, nicht bei den Mitten.

»Farbbalance«

Der Regler **Farbbalance** (⌘+B, für Balance) korrigiert Farbstiche, indem er unerwünscht dominante Töne kappt, die für einen Farbstich verantwortlich sind, und entsprechend die auf dem Farbkreis gegenüberliegende Farbe aufwertet. Dabei wirkt er jeweils nur auf »Tiefen«, »Mitteltöne« oder »Lichter«. Sie sollten die »Luminanz erhalten«, um nur die Farben, nicht aber auch die Helligkeitswerte anzugreifen; diese Option erhält die Tonwertbalance im Bild – und läßt sich damit besser kontrollieren als das Verändern einzelner Farbkanäle per **Gradationskurven**. Dabei muß der Gesamtkanal aktiv sein.

Aber nicht nur Farbstiche, auch den Charakter eines Bilds bearbeiten Sie durch behutsames Schieben an den Reglern; so wirkt ein Motiv wärmer, wenn Sie das Farbgewicht nach Rot und Gelb verlagern, Cyan- und Blau-Schwerpunkte führen zu kaltem Look. Beurteilen läßt sich die Wirkung dieses Reglers sinnvoll nur auf einem kalibrierten System mit 24-Bit-Anzeige für 16,7 Millionen Farben, besser noch auf einem Probedruck unter Auflagenbedingungen.

Die Daten neben dem Schriftzug »Farbtonwerte« zeigen die Farbänderungen für die Rot-, Grün- und Blau-Kanäle an, bei Lab-Bildern stehen die Werte für die zwei Farbkanäle a und b. Dank Alt-Taste wird das Schaltfeld für »Abbrechen« vorübergehend zur »Zurück«-Fläche; diese hebt Ihre Änderungen auf, ohne das Dialogfenster zu schließen.

So nutzen Sie die Regler:

- Wenn Sie den ersten Schieber auf »Rot« zubewegen, entfernen Sie ihn gleichzeitig von der Gegenfarbe »Cyan« (Blaugrün).
- Verlagern Sie in der mittleren Reihe das Gewicht in Richtung »Grün«, entfernen Sie gleichzeitig »Magenta« (purpur) aus dem Foto.
- Steuern Sie unten verstärkt auf »Blau« zu, entfernen Sie automatisch »Gelb«, das Gegenüber auf dem Farbkreis.

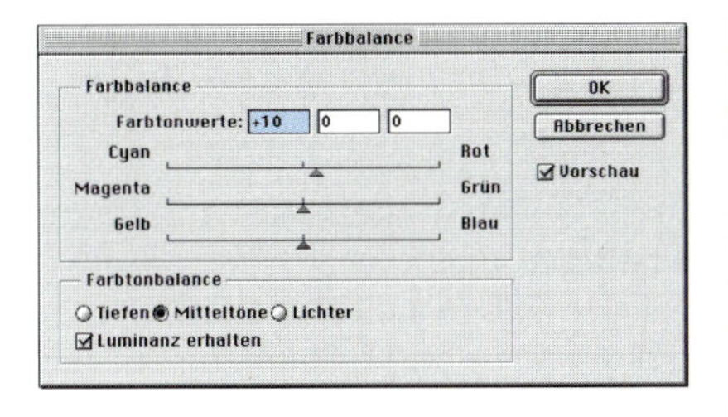

Der Farbbalanceregler entfernt Farbstiche aus einem Scan oder ändert die Anmutung eines Bilds. Datei: Katze

Ein Hervorheben der Cyan-Töne dämpft gleichzeitig den Rot-Anteil des Bilds.

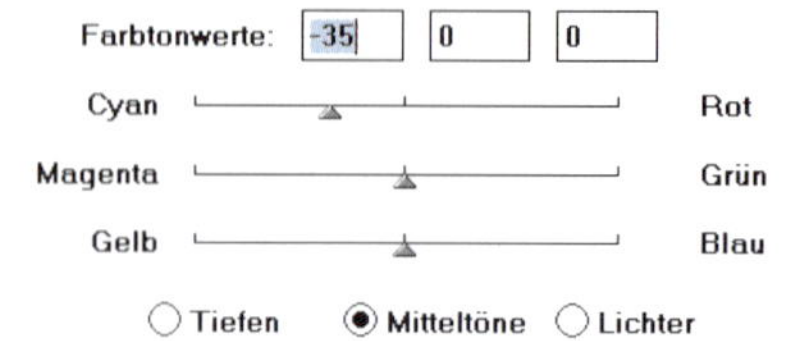

Die Zurücknahme der Grün-Anteile verschiebt die Bildwirkung in Richtung Magenta (Purpur).

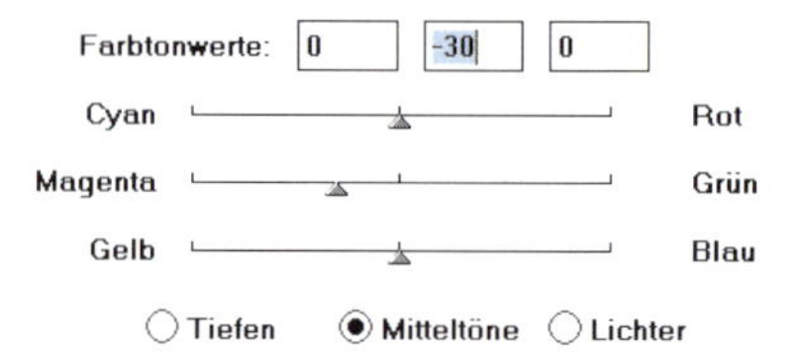

Durch Hervorheben der Gelb-Töne dämpfen Sie gleichzeitig den Blau-Anteil des Bildes.

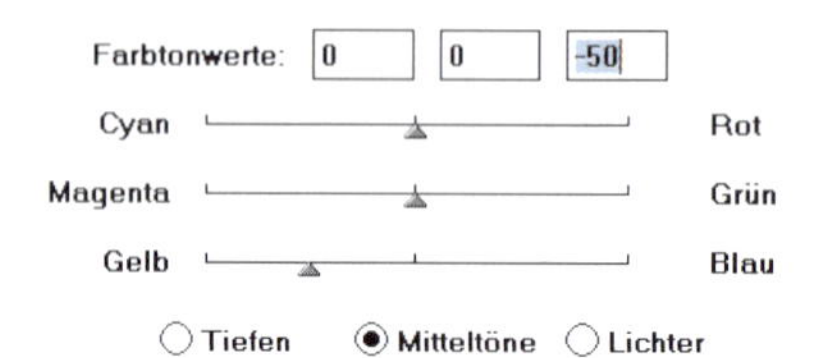

»Selektive Farbkorrektur«

Noch genauer als mit der »Farbbalance« steuern Sie Tonwerte mit dem Befehl **Bild: Einstellen: Selektive Farbkorrektur**. Hier sind nur feine Änderungen möglich. Sie greifen unmittelbar auf einen Druckfarbenanteil zu und verändern den Anteil der CMYK-Farben in jeder additiven und subtraktiven Grundfarbe. So meldet etwa die Informationen-Palette, daß Sie in einer Gelb-Fläche etwas zuviel Cyan haben; wählen Sie im Einblendmenü »Farben« die Gelb-Töne, und ziehen Sie den Cyan-Regler nach links auf einen negativen Wert. Dabei muß der Gesamtkanal aktiv sein.

Besonderheiten

Da dieses Dialogfeld nicht nach Höhen, Mitten und Tiefen unterscheidet, sondern die Grundfarbe insgesamt korrigiert, ist es mitunter bequemer als die **Farbbalance**. Auch Zugriff auf »Weiß«, neutrale »Grautöne« und »Schwarz« bietet nur dieses Dialogfeld, so daß es sich als Alternative zu den Weiß-, Schwarz- und Neutralpipetten der Befehle **Tonwertkorrektur** und **Gradationskurven** anbietet.

»Absolut« und »Relativ«

Der Modus »Absolut« verändert die Farben mit absoluten Werten: Heben Sie ein 40prozentiges Cyan um zehn Prozent an, steigt der Anteil auf insgesamt 50 Prozent. »Relativ« berücksichtigt die bereits vorhandenen Werte: Die zehnprozentige Anhebung eines 40prozentigen Cyan-Tons liftet diesen auf 44 Prozent.

Mit der selektiven Farbkorrektur verändern Sie unmittelbar die Farbanteile in den Druckfarben. Links wurde der Magenta-Anteil am Rot erhöht, rechts wuchs der Schwarz-Anteil am Gelb. Datei: Schild

7.7 Grobe Korrekturen

Photoshop bietet im **Bild**-Untermenü **Einstellen** einige weitere Korrekturen an Farbton und Kontrast, die eher grob wirken. Wenn Sie hier überhaupt ein Dialogfeld erhalten, dann ein kleines – dafür mit großer Wirkung.

»Umkehren«

Der Befehl **Umkehren** (⌘+I, für Invert) erzeugt ein Negativ aller Tonwerte, sowohl von Farb- wie von Graustufenbildern. Damit wandeln Sie etwa gescannte Negative in Positive um, Nachbearbeitung ist aber erforderlich. Auch die Auswahlwirkung eines Auswahlkanals oder einer Ebenenmaske läßt sich damit umdrehen. Es kann nicht schaden, nach stark verfremdenden, künstlerischen Filtern per ⌘+I kurz zu schauen, ob nicht das Negativ besser aussieht. Auch im Anschluß an den **Schwellenwert**-Befehl paßt das Umkehren. Nützlich ist der Befehl zudem, wenn man von Hand Reliefeffekte erzeugt und deshalb Negativ und Positiv versetzt und transparent übereinanderlegen will (siehe »Relieffilter«). Testen Sie die Wirkung diffuser Hintergründe und Verläufe nach dem **Umkehren**.

Wenn Sie nur die Farben, nicht aber die Helligkeitswerte umkehren wollen, dann verwandeln Sie das Bild in den **Modus: Lab-Farbe**. Aktivieren Sie mit gedrückter Umschalt-Taste in der Kanälepalette die Kanäle a und b, und fügen Sie durch Klick in die Augenleiste den L-Kanal zur Gesamtansicht hinzu, ohne daß er verändert wird. Jetzt kehren Sie die Kanäle a und b um; sie enthalten nur Farbinformationen, während die Helligkeitswerte im L-Kanal unberührt bleiben – die Struktur des Werks ändert sich dadurch weniger.

Der Befehl »Umkehren« erstellt ein Negativ von Farbdateien oder Alphakanälen, hier die Auswahl für die Blechverkleidung.

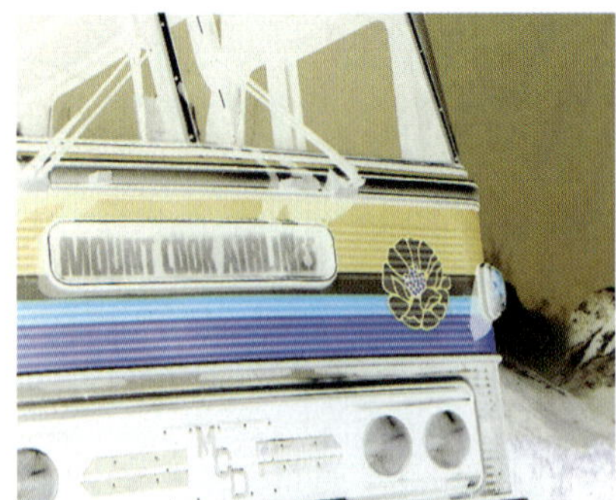

»Tonwertangleichung«

Per **Tonwertangleichung** verteilen Sie die Tonwerte im Bild neu. Photoshop sucht die hellsten und dunkelsten Werte des Bilds und ermittelt den Durchschnitt aller Helligkeitswerte, so daß der dunkelste Wert Schwarz, der hellste Wert Weiß darstellt. Meist steigt so der Kontrast, da mittelhellen Pixeln hohe oder niedrige Tonwerte zugeteilt werden. Der Befehl eignet sich besonders, um ein abgesoffenes Bild aufzuhellen und gleichzeitig kontrastreicher zu machen.

Mit Auswahl

Sie können den Befehl mit gutem Erfolg auf das Gesamtbild anwenden. Wollen Sie jedoch ein paar extrem helle oder dunkle Zonen von der Berücksichtigung ausschließen, markieren Sie zum Beispiel mit der Rechteck-Auswahl einen Bildteil. Dann wählen Sie die **Tonwertangleichung** an. Danach erscheint ein Dialogfeld, in dem Sie angeben, wo Sie die Korrektur wünschen:

- »Nur im ausgewählten Bereich« oder
- »Im ganzen Bild basierend auf der Auswahl«.

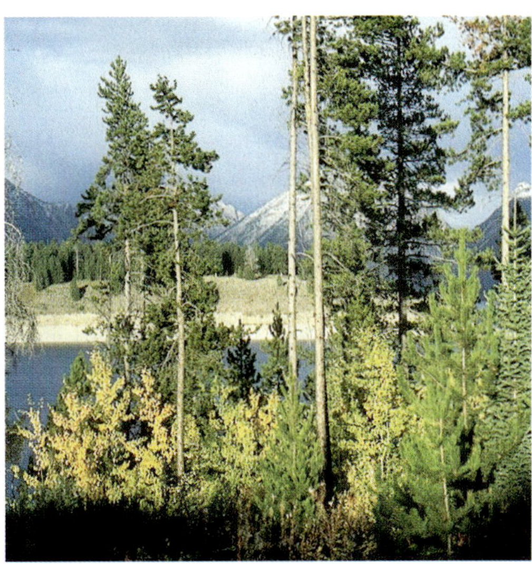

Der Befehl »Tonwertangleichung« verteilt die Helligkeitswerte neu und hebt vor allem zu dunkle Scans an. Datei: Wald

»Schwellenwert«

Der **Schwellenwert**-Befehl verwandelt alle Bildpunkte entweder in Schwarz oder in Weiß und erzeugt so eine grobe, sehr plakative Strichgrafik. Er ist nicht mehr über die Kurztaste T erreichbar, sie löst jetzt das »Transformieren« aus.

Anwendung

Im Dialogfeld unter dem Histogramm legen Sie fest, ab welchem Helligkeitswert die Pixel nicht mehr schwarz, sondern weiß kommen sollen:

- Wählen Sie einen niedrigen Schwellenwert, etwa den dunklen Tonwert 100, dann werden sehr viele Bildpunkte weiß, nämlich alle von 100 bis 255. Sie erhalten eine lichte Grafik.
- Siedeln Sie den Schwellenwert erst bei helleren 170 an, verwandelt Photoshop viel mehr Pixel in Schwarz – nämlich alle mit den Tonwerten 0 bis 170; Photoshop erzeugt eine viel dunklere Schwarzweißgrafik.

Der Schwellenwert-Befehl reduziert Bilder auf reine Schwarz- und Weißtöne. Ein niedriger Schwellenwert von 100 setzt nur die dunklen Pixel unterhalb des Tonwerts 100 auf Schwarz und führt zu einem hellen Ergebnis (mittlere Reihe). Schwellenwert 170 setzt die Bildpunkte bis 170 auf Schwarz und erzeugt ein dunkleres Bild. Datei: Post

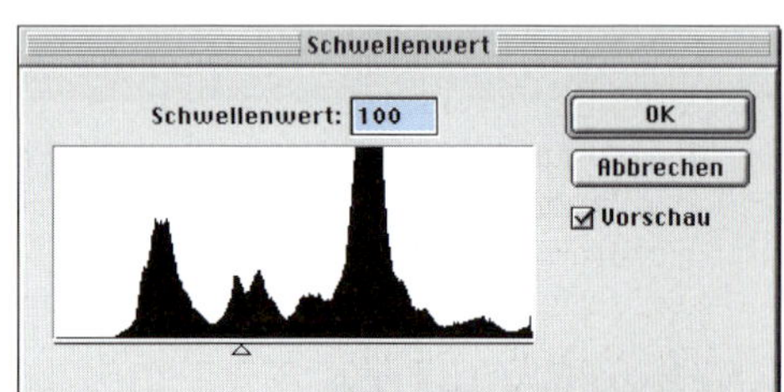

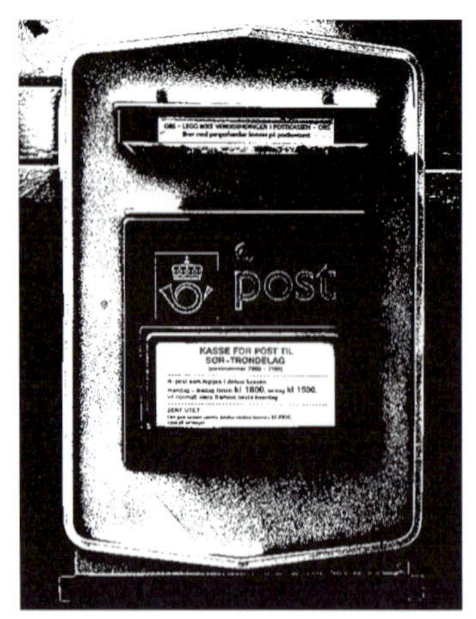

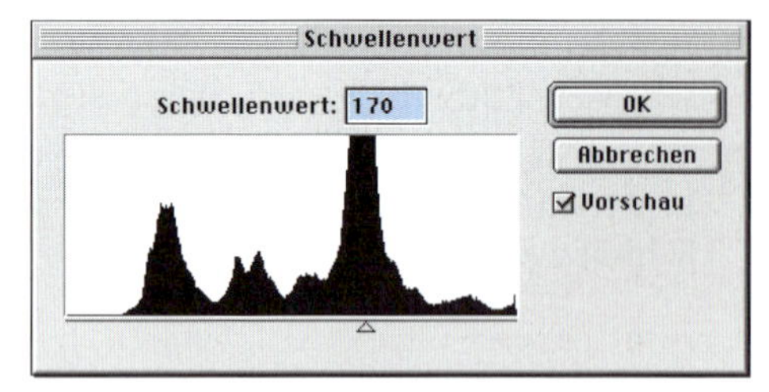

Einsatzzweck

- Der Befehl eignet sich nicht nur für grafische Zwecke:
- Er kann auch Zwischentöne aus gescannten Grafiken oder Schriften verbannen oder weichgezeichnete Auswahlkanäle schnell wieder hart machen. Je höher Sie den Schwellenwert ansetzen, desto mehr schwarze Pixel zeigt der Auswahlkanal – je nach Schwellenwert erhalten Sie also größere oder kleinere Auswahlbereiche. Per »Weichzeichnen« glätten Sie die Ränder erneut behutsam.
- Der Schwellenwert kann nützlich sein, wenn Sie mit dem Zauberstab komplexe Figuren einfangen wollen; messen Sie dazu die Tonwertübergänge zwischen der gewünschten Figur und ihrem Umfeld, so daß Sie einen Schwellenwert setzen können, der die Figur tatsächlich vom Hintergrund absetzt. Hier reicht oft auch ein beherzter Dreh am Kontrastregler.
- Wollen Sie ein Bild vektorisieren, dann reduzieren Sie es mit dem Schwellenwert auf seine Konturen.
- Harte Werkzeugspitzen lassen sich aus Bildteilen ableiten, indem sie mit dem Schwellenwert in Schwarz und Weiß verwandelt und dann in die Werkzeugspitzen-Palette geladen werden.
- Denkbar ist auch, über den Schwellenwert-Befehl neue, weichgespülte Konturen ohne weichen Übergang zu erzeugen, etwa für Schriftzüge: Wechseln Sie in den Auswahlkanal, der eine zu zackige Auswahl enthält. Wenden Sie den **Weichzeichnungsfilter: Gaußscher Weichzeichner** mit einem hohen Wert an, so daß sich die Konturen fast auflösen. Die weichgezeichnete Auswahlkante wird mit dem **Schwellenwert**-Befehl wieder hart; je nach Schwellenwert erhalten Sie eine größere oder eine engere Ausdehnung. Eine Alternative können die Befehle **Helle Bereiche vergrößern** und **Dunkle Bereiche vergrößern** aus dem **Filter**-Untermenü **Sonstige Filter** sein.

Wenn Sie Schwarzweißgrafiken im CMYK-Farbraum ausgeben, gelten besondere Bedingungen. Achten Sie unter **CMYK einrichten** in den **Farbeinstellungen** darauf, daß Schwarz nicht in erster Linie aus einer Mischung der Grundfarben Cyan, Magenta und Gelb entsteht. Dies passiert, sofern Sie im Klappmenü »Schwarzaufbau« die Optionen »Ohne« oder »Wenig« wählen. Mehr Sinn macht es bei Strichgrafiken, die Bildfarbe Schwarz auch in erster Linie durch die Druckfarbe Schwarz wiederzugeben – zum Beispiel per Schwarzaufbau »stark« oder »Maximum«.

Harte Kanten glätten

Formen Sie über Weichzeichnen und anschließenden **Schwellenwert** eine Kontur, wie oben beschrieben, dann erhalten Sie zunächst zu harte Kanten mit Treppeneffekt. Leichtes Weichzeichnen hilft kaum. Besser verwenden Sie statt des **Schwellenwert**-Befehls die **Gradationskurven** oder **Helligkeit/Kontrast** (siehe unten).

Elegant glätten Sie die harte Kante auch auf dem Umweg über einen Pfad, dabei kommt es zu einer leichten weiteren Glättung der Konturen. Details finden Sie im Pfade-Kapitel, hier die Kurzbeschreibung:

1. Laden Sie eine Auswahl der Schrift, indem Sie bei gedrückter ⌘-Taste auf das Thumbnail der Textebene klicken.
2. Verwandeln Sie die Auswahl in einen Pfad mit einer kleinen bis mittleren Toleranz von etwa 2 oder 4.
3. Erzeugen Sie eine neue, weiß gefüllte Ebene.
4. Füllen Sie den Pfad mit Kantenglättung (**Pfadfläche füllen** im Menü der Pfadepalette).

Um einen Schriftzug mit fließenden Konturen, aber harter Kante zu erhalten, wird er zunächst weichgezeichnet (oben) und dann mit dem Schwellenwert-Befehl bearbeitet (unten links). Der Treppeneffekt wird hier ausgebügelt, indem man den Schriftzug in eine Auswahl und dann in einen geglätteten Pfad verwandelt, der mit Schwarz gefüllt wird. Datei: Foto

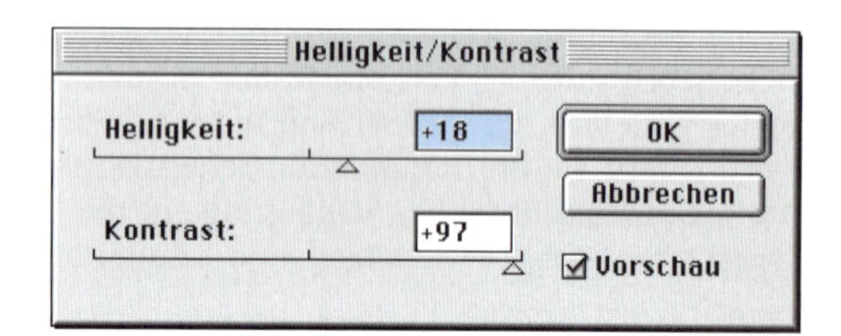

Als Schwellenwertregler läßt sich auch der Befehl »Helligkeit/Kontrast« einsetzen; der Helligkeitsregler definiert die Schwarzweißaufteilung, während Sie mit dem Kontrastregler die Kantenglättung einstellen. Sollen einige Graustufen im Bild verbleiben, eignet sich auch der Befehl »Gradationskurven«.

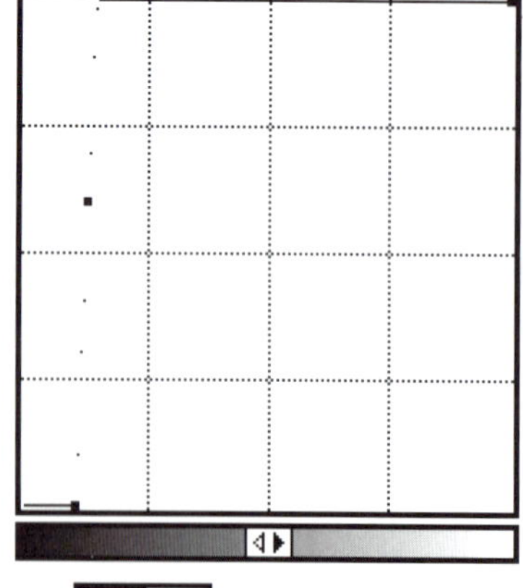

Alternativen zum »Schwellenwert«-Befehl

Der **Schwellenwert** ist mit seinen knallharten Kanten nicht immer erste Wahl. Bearbeiten Sie etwa einen weichgezeichneten Schriftzug, bei dem eine feine, glatte Kante erhalten bleiben soll, eignet sich auch der Befehl **Bild: Einstellen: Helligkeit/Kontrast**. Hier setzen Sie zunächst den »Kontrast«-Regler auf einen sehr hohen Wert wie +97. Mit dem Helligkeitsregler steuern Sie jetzt die Schwarzweißaufteilung, während Sie durch Nachjustieren des Kontrasts die Kantenglättung einstellen.

Auch die **Gradationskurve** aus demselben Untermenü eignet sich. Dazu legen Sie zunächst im Bleistiftmodus den dunkleren Bereich komplett auf 0 (Schwarz), den angrenzenden helleren Bereich komplett auf 255 (Weiß); Sie erfassen ganze Diagramm-Strecken mit der Umschalt-Taste. Dann erzeugen Sie mit der Schaltfläche »Glätten« einen leichten Übergang, der die harten Konturen im Bild glättet. Wechseln Sie für weitere Einstellungen in den Kurvenmodus.

Schöne Strichgrafiken entstehen überdies mit dem **Weichzeichnungsfilter: Selektiver Weichzeichner**, wenn Sie die Option »Kanten« und einen niedrigen »Radius« verwenden.

In allen Fällen sollten Sie zunächst in den Graustufen-Modus wechseln, wenn Sie nicht ein plakatives Farbbild erhalten wollen.

Linien herausarbeiten

Zunächst erzeugt der **Schwellenwert**-Befehl grobe schwarze und weiße Flächen. Sie können jedoch auch feine schwarze Konturlinien mit weißen Flächen herausarbeiten. Dazu fahnden Sie unter **Filter: Sonstige Filter** nach dem **Hochpaß**.

Dieser Filter arbeitet helle Stellen und Konturen heraus und betont die Umrisse. Als »Radius« geben Sie im Dialogfeld Werte zwischen 0 und 100 vor – je kleiner, um so dünner wird die Kontur. Häufig ist ein Wert von einem oder 1,5 Pixel optimal.

Dem **Hochpaß** folgt dann der Schwellenwert. Vorher können Sie noch einen Weichzeichner einsetzen, der das Ergebnis glättet, aber auch Details tilgt. Denken Sie daran, daß Sie diese Sequenz aus drei Filtern und und anschließender Konvertierung in den Bitmap- oder Graustufen-Modus für häufigere Anwendung auf der Aktionenpalette speichern können.

Sie widerrufen die ganze Sequenz mit dem Befehl **Datei: Zurück zur letzten Version** oder durch einen Klick auf den Startschnappschuß in der Protokollpalette, sofern Sie diesen nicht ausgeschaltet haben. Alternativ schreiben Sie das Ausgangsbild in die Zwischenablage.

Der Hochpaßfilter arbeitet Konturen heraus; dabei wurde links ein Wert von 3,0 Pixeln verwendet, während die 1-Pixel-Einstellung (Mitte) feinere Linien erzeugt. Ein Weichzeichner (rechts) glättet das Ergebnis, schluckt aber auch Details. Datei: Post

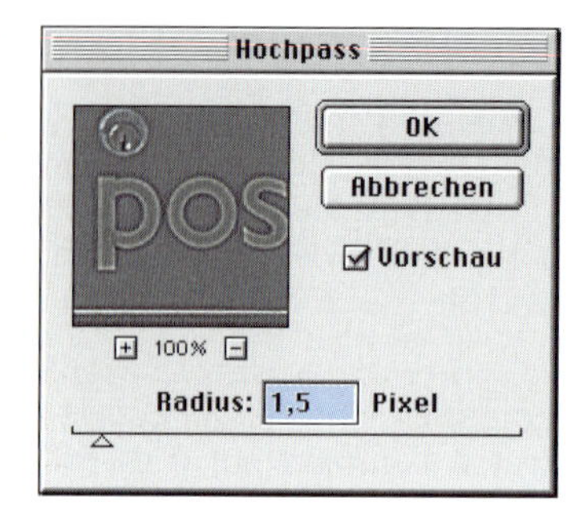

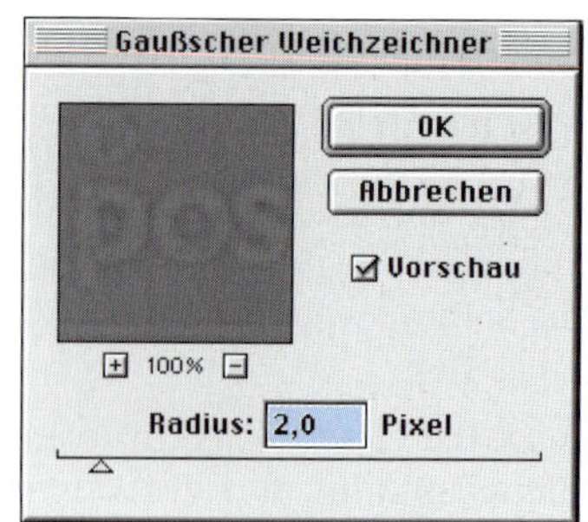

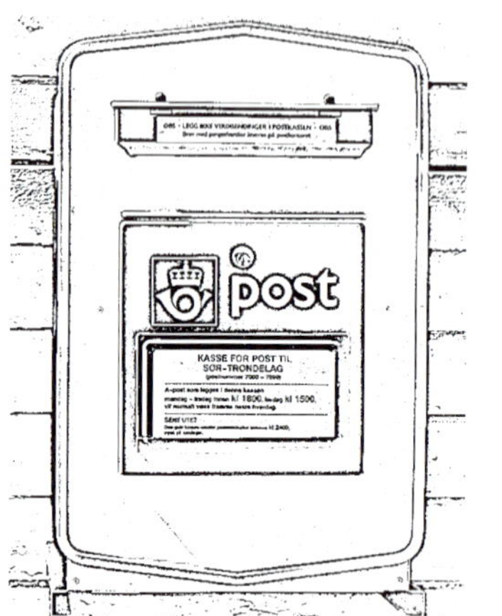

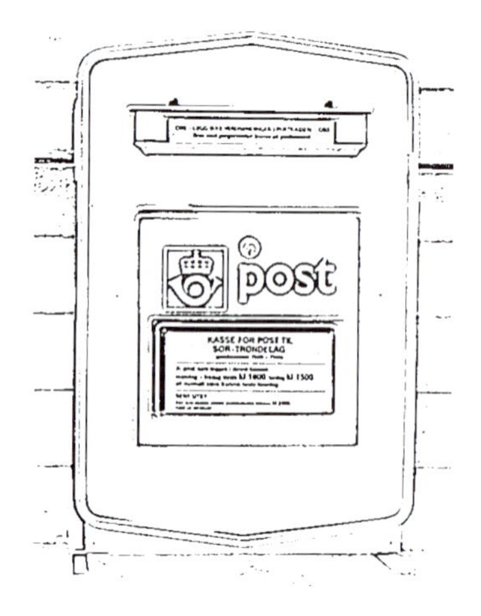

Weitere Bearbeitung

Eine Schwellenwert-Strichgrafik, die nicht mehr weiter bearbeitet wird, können Sie speichersparend mit dem **Bild**-Untermenü **Modus** in den **Bitmap**-Modus konvertieren. Im Dialogfeld »Bitmap« wählen Sie die Option »Schwellenwert 50%«. Als Auflösung für die »Ausgabe« verwenden Sie den Wert, den Photoshop schon für das Original unter »Eingabe« nennt. Haben Sie jedoch eine Kantenglättung drin oder möchten Sie noch weiter korrigieren, kommt auch der **Graustufen**-Modus in Betracht.

Mit der **Gradationskurve** (siehe dort) können Sie die schwarzen Linien auf Grau setzen; dazu muß sich das Bild im Graustufen-Modus oder in einem Farbmodus befinden; mit dem Befehl **Farbton/Sättigung** und der Option »Kolorieren« können Sie die Grafik färben, wenn Sie in einem Farbmodus arbeiten; dazu müssen Sie die »Lab-Helligkeit« anheben, weil rein schwarze Bildpunkte sich nicht färben lassen.

»Tontrennung«

Der Befehl **Tontrennung** reduziert das Bild auf nur wenige Tonwertstufen. Das Ergebnis erinnert bei Farbbildern an poppige Plattencover aus den Siebzigern, bei Graustufenwerken an die aufwendige Isohelie-Technik in der traditionellen Dunkelkammer; der Effekt ist auch als »Posterisierung« oder »Posterization« bekannt. Ohne die feinen Übergänge zwischen den vormals 256 Tonwertnuancen eines Farb- oder Graukanals wirkt das neue Werk mit seinen harten Sprüngen zwischen den einzelnen Dichtebereichen sehr plakativ und manchmal auch attraktiv, besonders, wenn Sie in das Datenfeld knappe Werte wie 4 oder 3 eintragen. Mit hohen Eingaben wie 60 ergibt sich oft nur ein visueller Schärfe- und Brillanzgewinn, während Sie mit 30 Stufen für ein Graustufenbild die Wirkung im Tageszeitungsdruck testen können. Weiterer Einsatzzweck: Tilgen Sie Schleier und Störpunkte, die sich beim Scannen von Logos und Grafiken ergeben haben. Photoshop erzeugt die Anzahl der eingetippten Tonwerte separat für jede Grundfarbe; tippen Sie also »3« für ein CMYK-Bild, erhalten Sie bis zu drei mal vier Farben. Wie meistens, können Sie die Werte im Datenfeld auch mit den Pfeiltasten verändern.

Variationen

Leichtes Weichzeichnen erzeugt ein flächigeres und glatteres Ergebnis, das nach der Tontrennung gleichwohl kaum durch unangenehme Unschärfe auffällt. Landen Tonwerte nach der Tontrennung auf einer falschen Stufe, sollten sie vorab per **Gradationskurven** gezielt korrigiert werden. Sie können die Farben mit dem Zauberstab markieren und ersetzen. Ebenso läßt sich eine Tontrennung ohne Verlust in den **Modus: Indizierte Farben** verwandeln, wenn Sie dabei die »flexible« Palette verwenden; der Befehl **Bild: Modus: Farbtabelle** zeigt die Farbtabelle. Sie können jeden einzelnen Farbton anklicken und austauschen. Wollen Sie das Ergebnis weiterbearbeiten, sollten Sie wieder in einen Farbmodus wie RGB oder CMYK wechseln.

Die Tontrennung ist nichts anderes als eine Gradationskurve in Treppenform. Mit dem **Bild**-Befehl **Einstellen: Gradationskurven** malen Sie im Bleistiftmodus horizontale Treppenstufen in die Kurve; drücken Sie dabei die Umschalt-Taste, um im Koordinatennetz nur noch Punkte zu setzen, die mit einer geraden Linie verbunden werden. Mit der »Glätten«-Schaltfläche dämpfen Sie die harten Kanten zwischen den Tonwerten. Ein Beispiel finden Sie im Abschnitt »Beispiele« des »Gradationskurven«-Teils weiter vorn.

Bringen Sie ein Farbbild zunächst in den **Modus: Graustufen**, wenn Sie eine Graustufen-Tontrennung wünschen.

Der Befehl »Tontrennung« reduziert eine Bilddatei auf wenige Tonwertstufen pro Farbauszug. Datei: Rose

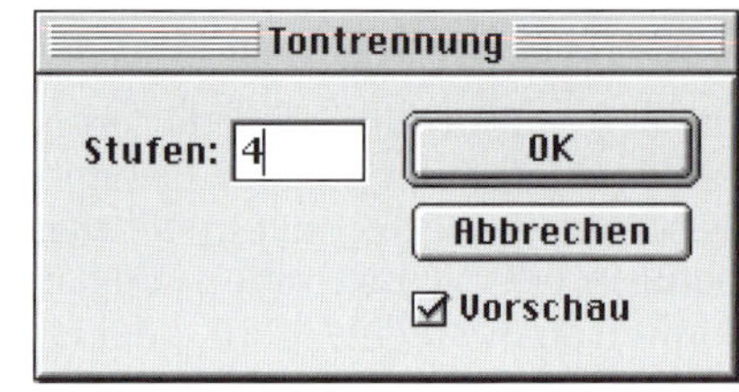

Links wurden drei Stufen pro Grundfarbe gewählt, rechts wurden sechs Abstufungen vorgegeben.

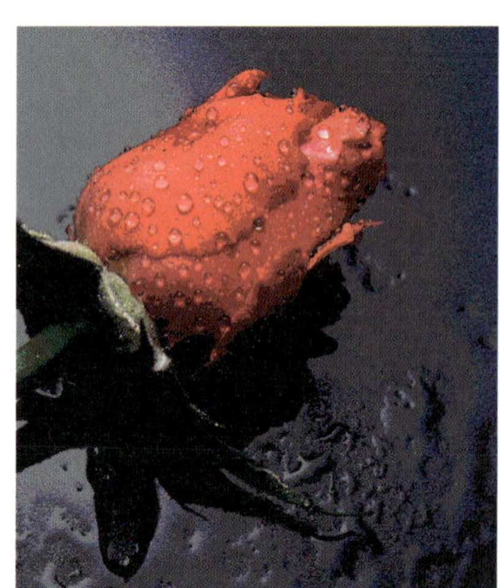

Ein leichter Unschärfe-Filter erzeugt ein glatteres Bild. Eine Graustufen-Tontrennung entsteht nur auf Basis eines Graustufenbilds.

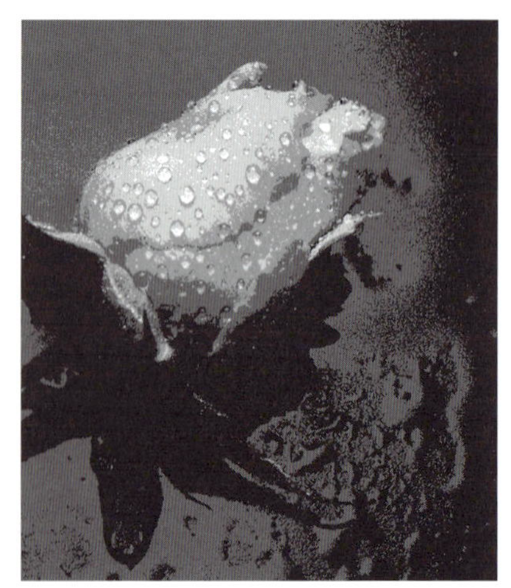

Graustufentreppe erzeugen

Mit der Tontrennung erzeugen Sie auch eine Graustufentreppe, um Drucker und Monitor zu testen:

1. Klicken Sie doppelt auf das Verlauf-Werkzeug, und wählen Sie in den Optionen »linear«, »normal«, »Vorder- zu Hintergrundfarbe«, und wählen Sie »Dither« ab.
2. Richten Sie mit der Kurztaste D Schwarz und Weiß als Vordergrund- und Hintergrundfarbe ein.
3. Erstellen Sie mit ⌘+N eine neue Datei; als »Modus« wählen Sie Graustufen, für »Breite« und »Höhe« reichen 600×200 Pixel.
4. Klicken Sie mit dem Verlauf-Werkzeug ganz ans linke Ende des neuen Bilds, und führen Sie es bei gedrückter Maustaste ans gegenüberliegende rechte Ende. Drücken Sie die Umschalt-Taste, um das Verlauf-Werkzeug auf eine exakt horizontale Linie zu zwingen. Sobald Sie die Maustaste loslassen, füllt sich das Bild mit einem stufenlosen Verlauf von Schwarz nach Weiß.
5. Mit dem **Bild**-Befehl **Festlegen: Tontrennung** und einem »Stufen«-Wert von »11« verwandeln Sie den Verlauf in eine Treppe mit Tonwertsprüngen in Zehn-Prozent-Schritten.

Dieser Verlauf wird mit dem Befehl »Tontrennung« zur Grautreppe mit Zehn-Prozent-Stufen.

8 Füllen, Malen, Retuschieren

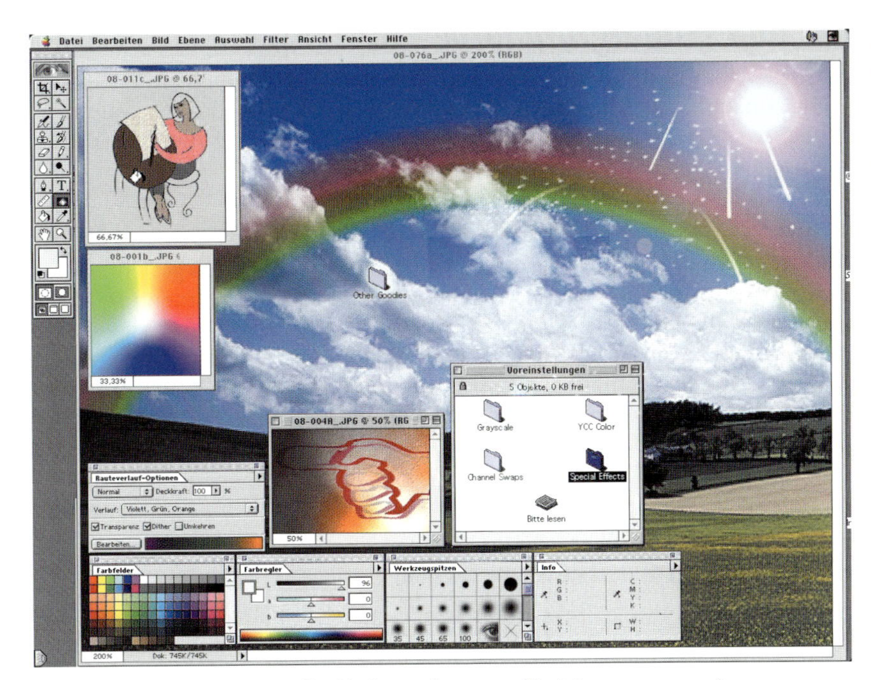

Photoshop liefert alle Werkzeuge, um Bildteile nach Maß umzufärben.

Hier geht es darum, wie Sie Farbe auftragen. Sie können zum einen

- mit Farbeimer, Verlauf-Werkzeug und dem Füllen-Befehl ganze Bildbereiche einfärben oder aber
- mit Mausbewegungen einzelne Bildpunkte neu malen oder retuschieren.

Wollen Sie Farbe im Bild mit System auftragen, sollten Sie Folgendes kennen:

- die Pipette und die Farbwahl-Dialoge;
- die Füllwerkzeuge Farbeimer und Verlauf;
- die Werkzeugspitzen-Palette und ihre Modi;
- die Malwerkzeuge Pinsel, Linienzeichner, Buntstift, Wischfinger, Airbrush;
- die Korrekturwerkzeuge Radiergummi, (Duplizier-)Stempel, Musterstempel, Abwedler (Aufheller), Nachbelichter (Abdunkler), Schwamm (Sättigungswerkzeug), Weichzeichner, Scharfzeichner und Wischfinger.

8.1 Farbe wählen und auftragen

Bevor Sie lospinseln oder -füllen, machen Sie sich mit den Möglichkeiten der Farbwahl in Photoshop vertraut. Viele Photoshopper hieven für jeden Wechsel der Vordergrundfarbe aufwendig den Farbwähler auf die Oberfläche. Es geht einfacher ...

 *Vordergrund- und Hintergrundfarbe*

Gemalt wird mit der Vordergrundfarbe – der vorderen von zwei Farbflächen unten in der Werkzeugleiste. Sie steht zunächst auf Schwarz. Auch das Textwerkzeug produziert Lettern in Vordergrundfarbe, ebenso, wie die Befehle **Kontur füllen** und **Pfadkontur füllen** auf diesen Tonwert zugreifen.

Hintergrundfarbe

Die Hintergrundfarbe ist in der Werkzeugleiste als untere Farbe zunächst auf Weiß gestellt. Wenn Sie Verläufe erstellen, kann sich der Farbbereich von der Vordergrund- zur Hintergrundfarbe erstrecken. In Erscheinung tritt die Hintergrundfarbe auch, wenn Sie den Radiergummi verwenden, mit dem einschlägigen Radiergummi-Befehl das ganze Bild löschen, einen markierten Bildteil mit der Rückschritt-Taste löschen, einen markierten, nicht schwebenden Bildteil verschieben oder mit dem Befehl **Arbeitsfläche** Pixelbereiche anbauen. Ein Pinselstrich kann von der Vordergrund- in die Hintergrundfarbe übergehen.

Kurztasten

Sie vertauschen Hintergrund- und Vordergrundfarbe durch einen Klick auf den Doppelpfeil rechts daneben und noch einfacher mit der Kurztaste X (für Exchange).

Ein Klick auf das kleine Schwarzweißfeld links unter den Farben setzt die Werte wieder auf Schwarz und Weiß; dies erledigt aber schneller die Kurztaste D (für Default Colors, Standardfarben). Schwarz und Weiß sind die meistbenötigten Farben, zumal auch, wenn Sie Korrekturen in Alphakanälen anbringen wollen. Bei Alphakanälen und Ebenenmasken ist Weiß die Standard-Vordergrundfarbe, Schwarz die Standard-Hintergrundfarbe – dies unabhängig davon, ob Sie ausgewählte Bereiche gemäß Photoshop-Vorgabe weiß zeigen oder schwarz.

 Pipette

Mit der Pipette nehmen Sie eine neue Farbe direkt aus dem Bild auf (Kurztaste I, ausgesprochen [Ai], für Eyedropper). Sie können bei diesem Werkzeug auch in ein nicht-aktives Bild klicken, ohne es dadurch zu aktivieren. Klicken Sie die Pipette in der Werkzeugleiste an, und führen Sie das Instrument auf einen Bildpunkt, dessen Farbe Sie brauchen. Ein Klick lädt den Tonwert unterm Zeiger als Vordergrundfarbe. Alt-Klick lädt diesen Tonwert als Hintergrundfarbe. Die Informationen-Palette zeigt die Farbwerte in zwei gewünschten Farbmodellen. Sind Sie mit dem Pinsel oder einem anderen Malwerkzeug beschäftigt, schaltet die Alt-Taste zur Pipette um.

Ein Doppelklick auf das Werkzeug öffnet wie immer die Werkzeug-Optionen: Hier regeln Sie, ob die Pipette nur den Farbwert eines einzelnen Bildpunkts messen soll oder den Durchschnitt aus 3×3 oder 5×5 Pixeln; vor die gleiche Wahl stellt Sie auch das Kontextmenü.

Im selben Fach der Werkzeugleiste finden Sie auch den Farbaufnehmer. Er wird vorn im »Grundlagen«-Kapitel besprochen, da er nicht zum Aufnehmen, sondern zum Ausmessen von Farbe dient.

Farbwähler

Per Klick auf Vorder- oder Hintergrundfarbe öffnen Sie die Farbwähler. Sie sollten in den »Voreinstellungen« (⌘+K) den Photoshop-»Farbwähler« anwählen, der wesentlich komfortabler ist als das Pendant Ihres Betriebssystems, das Sie jedoch theoretisch auch verwenden können. Haben Sie Farbwähler von Drittanbietern installiert, stehen diese ebenfalls in den »Voreinstellungen« zur Wahl. Bedenken Sie jedoch, daß die Farbregler-Palette meist praktischer ist (siehe unten).

Die Farbwähler erscheinen in verschiedensten Dialogfeldern immer wieder: Zum Beispiel, wenn Sie in den **Gradationskurven** den »Mittelton« festlegen, wenn Sie Lichtfarben bei **Beleuchtungseffekten** oder **Effekten** bestimmen.

Halten Sie bei geöffnetem Farbwähler den Mauszeiger über eine Bilddatei; durch Klick können Sie den Tonwert unterm Cursor in den Farbwähler laden und dort bei Bedarf weiter bearbeiten.

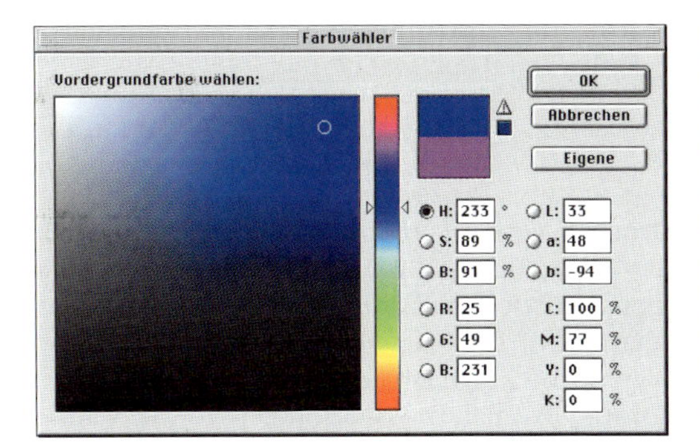

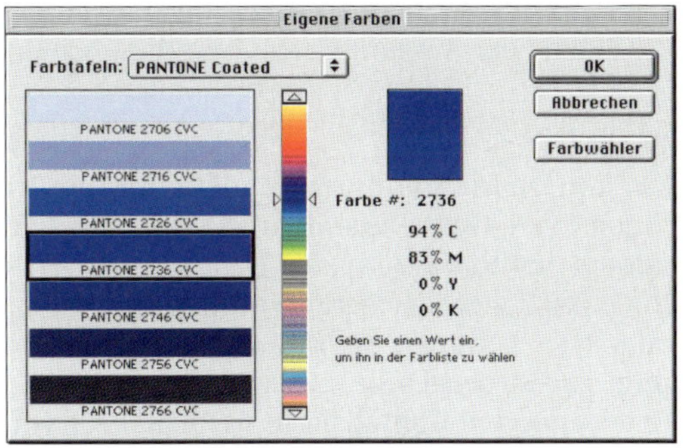

Eine Farbeigenschaft wird auf der Leiste festgelegt, das Farbfeld zeigt Variationen der zwei weiteren Eigenschaften. Das Warnschild weist auf nicht-druckbare Farben hin. In den »eigenen Farben« markieren Sie Sonderfarben der Druckfarbenhersteller.

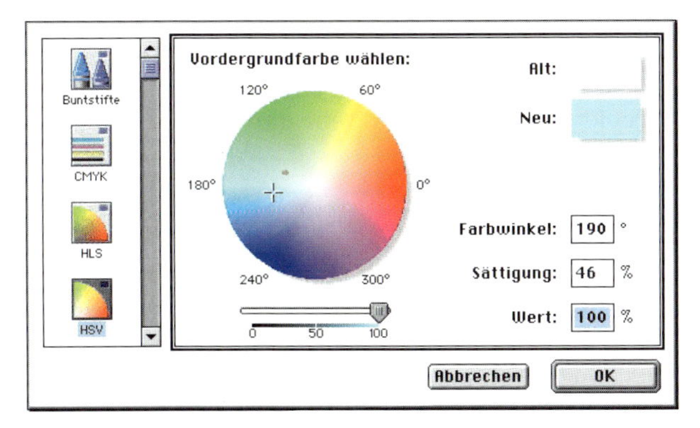

In den Voreinstellungen können Sie angeben, daß Photoshop den Mac-System-Farbwähler anzeigen soll.

Beispiele

CMYK- und Lab-Werte lassen sich nur eintippen; RGB- und HSB-Wert richtet man dagegen auch per Schieber und Vorschau-Klick auf dem Farbfeld ein. Die Wahl läuft immer nach dem gleichen Schema: Sie klicken eine Farbeigenschaft an, die mit einem bestimmten Wert auf der schmalen Leiste angezeigt wird. Die große Farbfläche zeigt dann Variationen der zwei anderen Farbeigenschaften bei festgelegter erster Eigenschaft.

Ein Beispiel: Klicken Sie auf »H« (für Hue, Farbton), zeigt die schmale Leiste das gesamte Farbton-Spektrum, zwei Dreiecke markieren den aktuell gewählten Farbton-Wert. In der großen Farbfläche zeigt Photoshop Variationen dieses festliegenden Farbtons mit unterschiedlichen Werten für Sättigung (S) und Helligkeit (B, für Brightness). Sie können jeden Tonwert in der Farbfläche anklicken – er wird immer den gleichen Farbton haben, bietet aber in Helligkeit und Sättigung rund 65000 Variationen.

Um einen anderen Farbton darzustellen, verschieben Sie den Regler auf der Leiste oder tippen den Wert in das Datenfeld »H« ein. Um verschiedene Farbtöne und Helligkeiten auf Basis einer festgelegten Sättigung zu sehen, klicken Sie den »S«-Knopf an.

Entsprechend läuft es auch beim oft weniger übersichtlichen RGB-Modell. Klicken Sie »R« an, um verschiedene Farbtöne bei festgelegtem Rotanteil zu sichten. Verschieben Sie den Regler an der Leiste, um den Rotanteil zu ändern.

Das Farbmusterfeld oben im Farbwähler zeigt neue und alte Farbe untereinander. Klicken Sie auf die Fläche der Ausgangsfarbe, um diese wieder im Farbwähler herzustellen.

»Eigene«

Im Vierfarbdruck können Sie nicht nur mit den sogenannten »Prozeßfarben«, also den Standardtönen Cyan, Gelb, Magenta und Schwarz (CMYK) drucken, sondern auch mit Sonderfarben (Spotfarben, Volltonfarben) der Druckfarbenhersteller – etwa um Logos in den speziellen Tönen Ihres Auftraggebers herauszubringen. In das Farbenangebot der Farbenhersteller wie Pantone oder HKS kommen Sie mit dem »Farbwähler«-Schaltknopf für »Eigene«. Nützlich: Photoshop zeigt zuerst den Farbton, welcher der zuvor aktiven Farbe am nächsten kommt. Adobe liefert unter anderem digitalisierte Farbkataloge von Pantone, Trumatch, Focoltone, Toyo, Anpa und Dic mit.

Farbumfang-Warnung

Das Warndreieck erscheint, wenn Sie eine nicht-druckbare Farbe gewählt haben – die zwar im RGB- oder HSB-Modell vorkommt, aber im CMYK-Farbraum nicht druckbar ist; das passiert bei sehr satten Farben. Die nächstliegende druckbare Farbe zeigt Photoshop unterhalb des Warndreiecks. Klicken Sie auf das Warnschild oder auf die Vorschau der nächstgelegenen druckbaren Farbe, setzt Photoshop automatisch diese Farbe ein. Die druckbaren Farben haben Sie in den **Farbeinstellungen: Druckfarben** festgelegt. Mehr dazu im »Farbmodi«-Kapitel unter »CMYK-Modus«.

Farbreglerpalette

So ähnlich wie der Farbwähler arbeitet auch die Farbreglerpalette, die Sie mit dem **Fenster**-Befehl **Farbregler zeigen** aufrufen. Die Palette ist praktisch, weil sie auf weniger Fläche die wichtigen Informationen kompakt darstellt. Sie bleibt permanent bei Ihnen und muß nicht erst durch Klicks hergerufen und geschlossen werden. Ohne Umschalten kann man Hintergrund- und Vordergrundfarbe frei einstellen.

Im Farbregler-Menü – erreichbar durch Klick auf das Dreieck rechts oben – wählen Sie ein Farbmodell aus. Dann bestimmen Sie durch Verschieben der Regler oder durch Eingabe in die Datenfelder neue Farbwerte. Zwischen Vorder- und Hintergrundfarbe entscheiden Sie, indem Sie in eins der beiden Farbfelder für Vorder- beziehungsweise Hintergrund rechts oben in der Palette klicken, so daß es durch eine Umrandung hervorgehoben wird. Brauchen Sie indes doch mehr Übersicht, erhalten Sie den großen Farbwähler, indem Sie auf das bereits aktivierte Farbfeld klicken.

Die Farbumfang-Warnung funktioniert so, wie schon oben beim Farbwähler beschrieben: Das Warndreieck erscheint bei nicht-druckbaren Farben. Rechts neben dem Warndreieck sehen Sie den nächstmöglichen druckbaren Wert, den Photoshop durch einen Klick auf Warndreieck oder Farbfeld einsetzt.

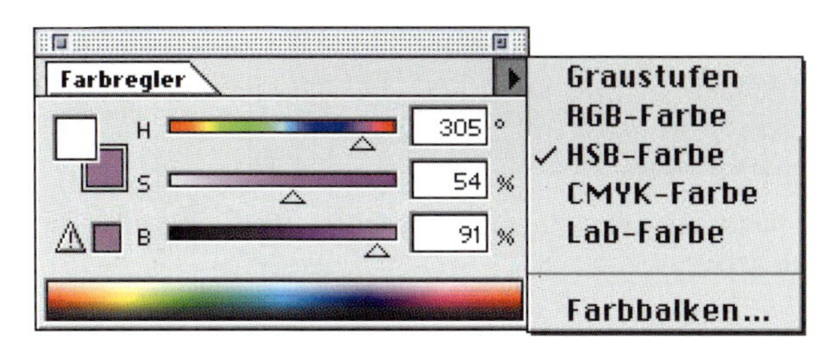

Der Farbregler mischt Vorder- und Hintergrundfarben an; besonders schnelle Auswahl ermöglicht der eingebaute Farbbalken.

Farbbalken

Ein Farbbalken unten in der Farbreglerpalette gewährt per Anklick schnellen Zugriff auf eine ganze Bandbreite von Farbwerten. Welches Spektrum dort angezeigt werden soll, bestimmen Sie nach dem Befehl **Farbbalken** im Farbregler-Menü: Zur Wahl stehen »RGB-Spektrum«, »CMYK-Spektrum«, »Graustufen« oder »aktuelle Farben« – ein Übergang von der Vordergrund- zur Hintergrundfarbe.

Sie müssen jedoch nicht immer ins Paletten-Menü wechseln, um den Farbbalken eines anderen Farbmodells zu erhalten – ein Klick bei gedrückter Umschalt-Taste in den Farbbalken hinein reicht, um sofort das nächste Modell anzuzeigen. Ein Klick mit der ⌘-Taste zeigt das Auswahlmenü für den Farbbalken, die rechte Maustaste bietet die gleiche Auswahl nochmal per Kontextmenü über dem Farbbalken. Per Alt-Klick ändern Sie die jeweils nicht aktivierte Farbe.

Die Farbfelderpalette

Die Farbfelderpalette speichert beliebige Tonwerte, die Sie öfter benötigen; einzelne Farben lassen sich hinzufügen oder entfernen. Die Grundfunktionen:

- Ein einfacher Klick auf ein Farbfeld lädt diesen Tonwert als Vordergrundfarbe.
- Alt-Klick erklärt den gewählten Tonwert zur Hintergrundfarbe.

Farben entfernen und ergänzen

Mit weiteren Griffen gestalten Sie Ihre eigene Palette:

- Wollen Sie eine neue Farbe zur bestehenden Palette hinzufügen, halten Sie den Mauszeiger über den freien Bereich in der Palette rechts unten; er erscheint dort als Farbeimer, der Tonwert wird an die Palette angehängt.
- Wollen Sie eine vorhandene Farbe gegen die aktuelle Vordergrundfarbe austauschen, dann klicken Sie den überflüssigen Tonwert bei gedrückter Umschalt-Taste an.
- Umschalt- plus Alt-Taste heißt die Kombination, wenn eine Farbe mitten hineingesetzt werden soll, ohne daß deshalb vorhandene Tonwerte herausfliegen; die hinteren Felder rücken eins weiter.
- Per ⌘-Taste verwandelt sich der Cursor über den Farbfeldern zur Schere; so schneiden Sie ein einzelnes Farbfeld ersatzlos aus dem Muster heraus, die anderen Felder rutschen eins nach links.

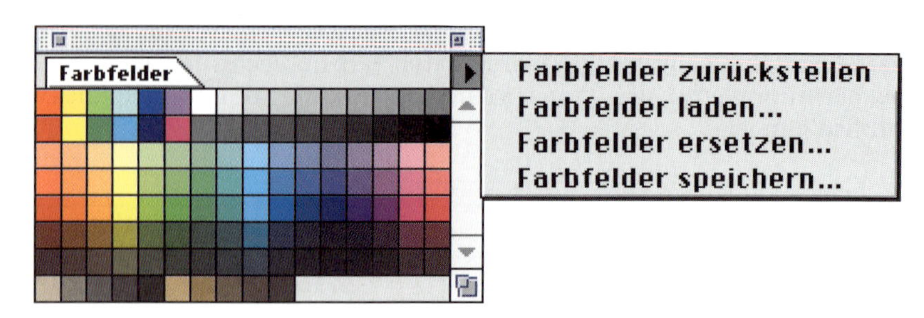

Die Farbfelder-Palette bietet schnellen Zugriff auf wichtige Tonwerte. Für jeden Auftrag läßt sich eine eigene Palette speichern.

Paletten-Menü

Nach einigen Experimenten wollen Sie vielleicht die Standard-Farbfelder wiederherstellen – hierzu wählen Sie **Farbfelder zurückstellen** aus dem Untermenü der Farbfelderpalette; das erhalten Sie wie immer per Klick auf das Dreieck rechts oben. Dort haben Sie weitere Möglichkeiten:

❒ **Farbfelder speichern** speichert die aktuelle Palette in einer Datei, die Sie auch weitergeben können; verwenden Sie zum Beispiel Photoshops Unterverzeichnis »Paletten«, das schon von Haus aus angelegt ist.

❒ **Farbfelder laden** ergänzt den Inhalt der aktuellen Farbfelder-Palette durch eine Farbfeld-Palette, die Sie zuvor auf Festplatte geschrieben haben.

❒ **Farbfelder ersetzen** ersetzt den Inhalt der aktuellen Farbfelder-Palette durch eine Farbfeld-Palette, die Sie zuvor auf Festplatte geschrieben haben.

❒ **Farbfelder zurückstellen** lädt wieder die Standardgruppe. Dabei können Sie die aktuellen Farbfelder ersetzen oder ergänzen.

Beim Beenden des Programms sichert Photoshop die aktuelle Palette als Grundeinstellung.

HSB-Farbmodell

Übersichtlicher als RGB oder CMYK ist bei der Farbwahl oft das HSB-Modell. Hier wird ein Tonwert durch Farbton (Hue), Sättigung (Saturation) und Helligkeit (Brightness) gekennzeichnet. Der Farbton nennt die genaue Lage des Farbtons im Farbspektrum, das als 360-Grad-Kreis gedacht ist: Rot liegt bei 0 Grad, Grün bei 120, Cyan bei 180, Blau bei 240.

Die Sättigung wird auf einer Skala von Grau bis zur Reinfarbe gemessen. Ein auf Null reduzierter Sättigungsgrad führt zu Grau; ein hoher Sättigungsgrad läßt Farben leuchtend wirken. Liegt die Sättigung unter 100, wird ein Grau dazugemischt, das der Helligkeit der ursprünglichen Farbe entspricht.

Helligkeit gibt die sichtbare Helligkeit verglichen mit einer Grauskala an, anders ausgedrückt, den Anteil an Licht, den man bei einer Farbe wahrnimmt. 100 Prozent steht für Weiß, 0 Prozent für Schwarz; der reine Farbton hat 50 Prozent.

Sehr einfach definieren Sie hier etwa Farbsprünge in gleichbleibenden Abständen, wenn Sie für eine Illustration verschiedene, aber harmonierende Farben brauchen. Dazu drehen Sie nicht an Sättigung und Helligkeit, sondern manipulieren nur den Farbwert (H für Hue) in gleichbleibenden Gradschritten.

Die Farbwerte liegen im HSB-Modell auf einem Rad. Weiter wird differenziert nach Sättigung (gleich heller Grauanteil, links) und Helligkeit.

Verstehen Sie Photoshops Modi »Farbton« oder »Sättigung« jetzt besser? Verwenden Sie Farbeimer oder Pinsel im Mischmodus »Farbton«, dann manipulieren Sie nur den Farbton, aber Helligkeit und Grauanteil bleiben erhalten. Dadurch färben Sie ein Bild um, erhalten aber Schatten und Strukturen – dasselbe passiert, wenn Sie den Farbtonregler im Dialogfeld **Farbton/Sättigung** verschieben. Der Photoshop-Modus »Farbton & Sättigung« faßt diese beiden Eigenschaften zusammen (er hieß mal »Farbe«, ein Begriff, den auch andere Programme übernommen haben). Mit Photoshop läßt sich ein Bild allerdings nicht in HSB-Auszüge separieren.

»Muster festlegen«

Nicht immer macht es Sinn, einen Bildteil mit einer glatten Farbfläche zuzuschütten: Flächen im wirklichen Leben sind viel unruhiger, gekennzeichnet durch dicht an dicht liegende Bildpunkte unterschiedlicher Helligkeit, Farbe und Sättigung; nur: Oberflächlich und aus einem gewissen Abstand betrachtet, wirken diese unruhigen Gebilde wie eine einheitliche Fläche.

Darum gibt es den **Bearbeiten**-Befehl **Muster festlegen**. Sie markieren einen Bildteil mit dem Rechteckwerkzeug und klicken den Befehl an. Dieses Rechteck speichert Photoshop jetzt als »Muster«; Sie können es mit Farbeimer, **Fläche-füllen**-Befehl oder Musterstempel wieder auftragen. So wiederholen Sie wie gewünscht die Struktur, ein Logo oder einen Schriftzug. Das Muster bleibt im Musterspeicher, bis Sie Photoshop beenden, und kostet dort Arbeitsspeicher. Sie löschen es mit dem **Bearbeiten**-Befehl **Entleeren: Musterspeicher**.

Beispiel: Sie wollen die Beschriftung eines gelben Verkehrsschilds übermalen, um etwas Neues auf die gelbe Fläche zu setzen. Gelber Farbauftrag allein hilft nicht weiter – der Farbauftrag wirkt hochgradig künstlich. Zoomt man in das Schild hinein, zeigt sich, daß der gelbe Untergrund von einem reichhaltigen Gemenge unterschiedlich gefärbter Pixel gebildet wird. Darum definiert man ein repräsentatives Rechteck aus der gelben Grundfläche mit dem Rechteckwerkzeug als »Muster« und füllt das Schild damit; es wirkt jetzt wesentlich realistischer.

Muster speichern

Photoshop merkt sich stets nur ein Muster auf einmal. Benötigen Sie jedoch ein Muster immer wieder, speichern Sie es in einer Datei:

1. Markieren Sie den Bildteil mit dem Rechteckwerkzeug.
2. **Kopieren** Sie den Bildteil in die Zwischenablage.
3. Öffnen Sie ein neues Dokument mit **Datei: Neu**. Photoshop wird hier Pixel-Maße und Farbmodell des zuvor kopierten Bildteils vorschlagen.
4. Bestätigen Sie die Werte für die neue Datei mit der Eingabe-Taste.
5. Mit **Einfügen** (⌘+V) setzen Sie das kopierte Muster paßgenau in die neue Datei.
6. Legen Sie das Ganze flach mit dem **Ebenen**-Befehl **Auf Hintergrundebene reduzieren**.
7. **Speichern** Sie die neue Datei.

Eine Bildfläche, die mit einer einheitlichen Vordergrundfarbe gefüllt wird, wirkt viel zu glatt, da Oberflächen in Halbtonbildern immer aus verschiedenen Tonwerten zusammengesetzt sind. Datei: Elch

Definieren Sie darum mit dem Rechteckwerkzeug ein Muster, das mit dem Befehl »Fläche füllen« in den gewünschten Bildausschnitt gebracht wird.

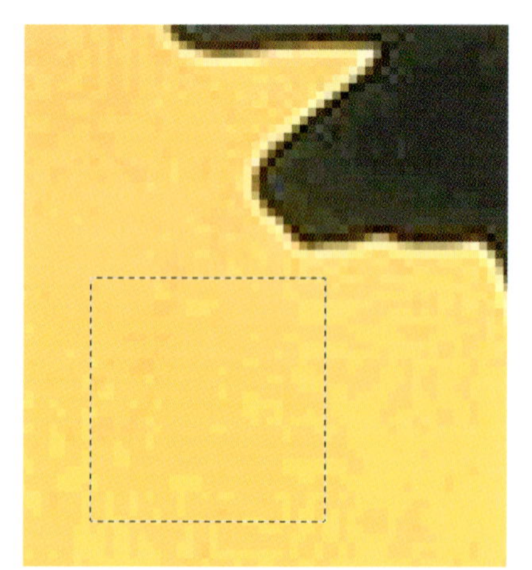

Kanten einer Musterfüllung bearbeiten

Beim Füllen mit einem Muster kommt es schnell zum Kacheleffekt, die Kanten jedes einzelnen Muster-Elements treten allzudeutlich hervor, da die einzelnen Elemente nicht wirklich nahtlos aneinander passen. Dieser Kacheleffekt läßt sich nachträglich dämpfen:

- mit Weichzeichnerwerkzeug oder -Filter,
- mit einem Störungsfilter,
- oder mit dem Wischfinger.

Besser vermeidet man die Kachelwirkung von vornherein. Dazu gibt es zwei Möglichkeiten:

- Tragen Sie das Muster nicht mit dem Füllen-Befehl oder mit dem Farbeimer auf. Pinseln Sie das Element statt dessen mit dem Musterstempel ins Bild, und schalten Sie die Option »Ausgerichtet« aus; dann setzt Photoshop nicht streng Kachel an Kachel, sofern Sie zwischendurch die Maus mal loslassen. Die einzelnen Muster-Moleküle überlagern sich und wirken wesentlich durchmischter.
- Definieren Sie von vornherein ein Muster, das sich nahtlos vervielfachen läßt. Internet-Designer, die aus einer einzigen solchen Kachel einen Seitenhintergrund aufbauen, sind ohnehin darauf angewiesen. Die folgende Übung zeigt einen Weg.

Übung: Nahtloses Muster

Für ein »Muster«, das sich wirklich nahtlos vervielfachen läßt, gilt: Die beiden horizontalen Kanten und die beiden vertikalen Kanten müssen nahtlos aneinanderpassen. Das erreichen Sie zum Beispiel mit folgender Strategie:

1. Sie wählen den linken Rand des Motivs mit einer gewissen Tiefe nach rechts aus; Sie duplizieren diese Auswahl, spiegeln sie vertikal und setzen sie über den rechten Rand.
2. Sie wählen den oberen Rand des Motivs mit einer gewissen Tiefe nach innen aus; Sie duplizieren diese Auswahl, spiegeln sie horizontal und setzen sie über den unteren Rand.

Damit passen die Ränder nahtlos aneinander.

Photoshop bietet keine automatische Vorschau im vervielfachten Muster-Modus, die erkennen ließe, ob sich die aktuelle Datei mehrfach nahtlos aneinandersetzen ließe.

Wenn sich die Kanten eines Muster-Rechtecks nicht nahtlos aneinandersetzen lassen, kommt es bei der Füllung mit einem Muster zu unschönen Kanten. Dateien: Holz-mst, Holz-txt

Mustergültig: Werden die Kanten des Muster-Rechtecks dagegen sorgfältig einander angeglichen, läßt sich das Muster scheinbar endlos fortsetzen. Datei rechts: Holz_2

Diverse Plug-Ins (Zusatz-Softwaremodule, siehe auch »Filter«-Kapitel weiter hinten) sind darauf spezialisiert, solche Muster zu erstellen. Im folgenden finden Sie eine Beschreibung für Handwerker. Dabei lösen Sie auch das Problem, das duplizierte und verschobene Randstück innerhalb der Musterkachel wieder anzupassen. Der Lösungsansatz für diese Teilaufgabe: Sorgen Sie innen im Muster – zwischen dem duplizierten Stück von gegenüber und dem darunterliegenden Original – für einen weichen Übergang. Die Kante, die entsteht, können Sie zum Beispiel mit Weichzeichner oder Wischfinger aufweichen. Die folgende Beschreibung verwendet zahlreiche Techniken, die erst in späteren Abschnitten über »Verlauf-Werkzeug«, »Alphakanäle« und »Ebenen« beschrieben werden.

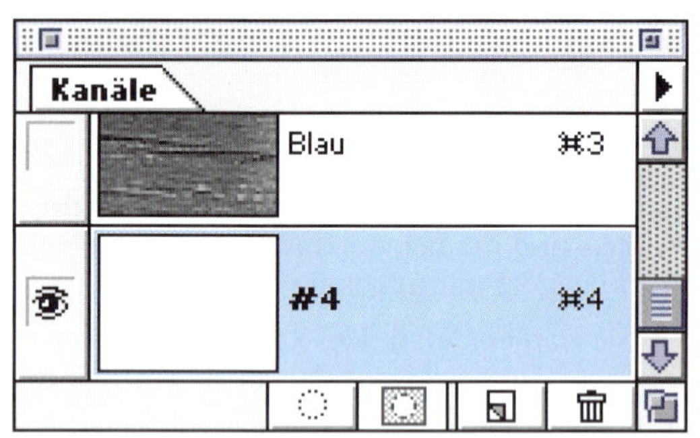

Dieses Holzstück eignet sich zunächst nicht als »Muster«-Kachel, da linker und rechter Rand sich ebensowenig aneinander setzen lassen wie obere untere Seite. Erstellen Sie einen neuen Auswahlkanal mit dem Symbol »Neuer Kanal« in der Kanälepalette, und wählen Sie das linke Drittel des Fotos mit dem Rechteckwerkzeug (⌘+M) aus. Datei: Holz-mst

Aktivieren Sie in der Kanälepalette den neuen Kanal durch einen Klick, und füllen Sie die Rechteck-Auswahl innerhalb dieses Kanals mit einem Linearverlauf, der von Weiß nach Schwarz übergeht; dabei stellen Sie in den Verlauf-Optionen »Vordergrundfarbe zu Hintergrundfarbe« und »linear« ein. Dieser Verlauf wird später als stufenlos abnehmende Auswahl geladen. Die Kurztaste D richtet Schwarz und Weiß als Vorder- und Hintergrundfarbe ein.

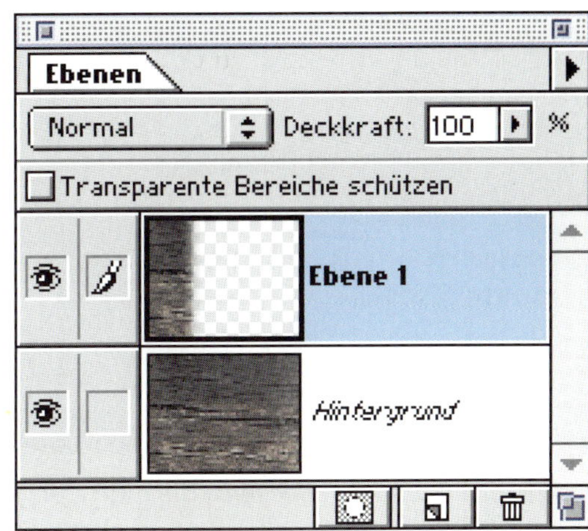

Laden Sie diesen Kanal als Auswahl durch Klick auf das Auswahlsymbol in der Kanälepalette. Wechseln Sie dann zurück zum RGB-Gesamtkanal. Nur was zu mehr als 50 Prozent ausgewählt ist, wird von der Fließmarkierung eingefaßt. Erstellen Sie von der Auswahl eine neue Ebene mit dem Befehl »Ebene: Neu: Ebene durch Kopieren« (⌘+J). Die neue Ebene erscheint in der Ebenen-Palette.

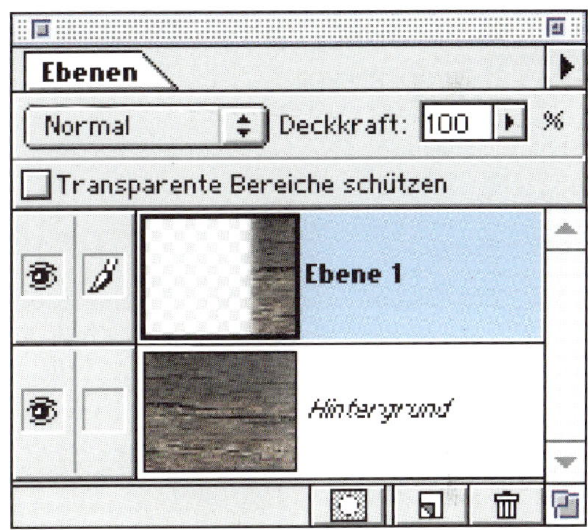

Spiegeln Sie die neue Ebene horizontal mit dem Befehl »Bearbeiten: Transformieren: Horizontal spiegeln«. Dann bewegen Sie die Ebene auf die gegenüberliegende Seite. Aktivieren Sie mit der ⌘-Taste das Bewegenwerkzeug, und ziehen Sie die Ebene nach rechts; zusätzlich drücken Sie die Umschalt-Taste, um eine streng horizontale Richtung einzuhalten. Alternativ können Sie die Ebene mit der Pfeiltaste oder mit Umschalt-Taste plus Pfeiltaste verschieben. Durch die weiche Innenseite fügt sich die Ebene über dem Untergrund sauber ein.

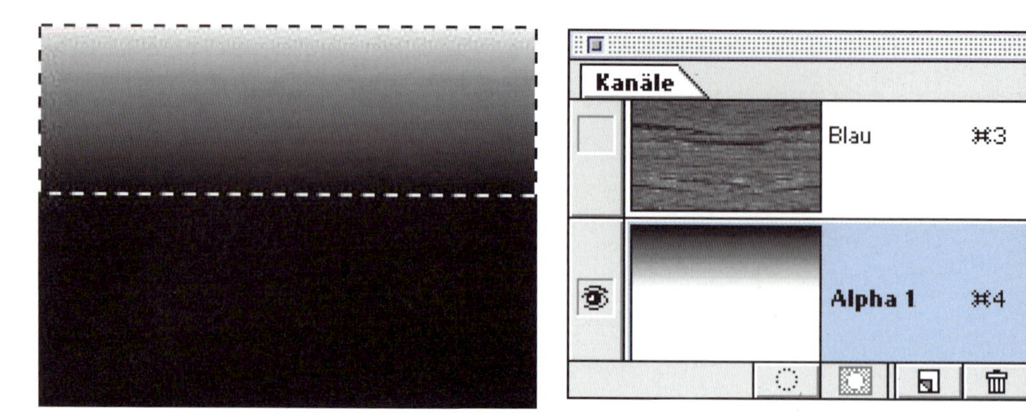

Entsprechend verändern Sie auch die untere Breitseite der Datei. In einem Auswahlkanal legen Sie zunächst einen Schwarzweißverlauf im oberen Bilddrittel an.

Diesen Verlauf laden Sie als Auswahl, und den markierten Bereich mit seinem fließenden Übergang legen Sie per ⌘+J auf eine eigene Ebene. Zuvor muß die »Hintergrund«-Ebene aktiviert sein – nicht etwa »Ebene 1«, auf der sich nur ein schmales Randstück befindet.

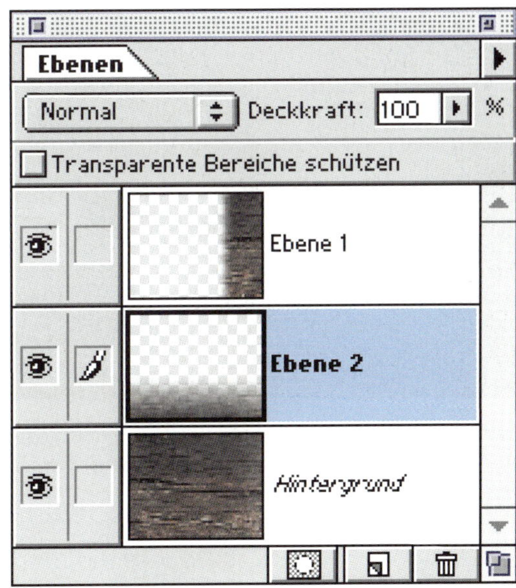

Spiegeln Sie diesen Randstreifen mit dem Befehl »Bearbeiten: Transformieren: Vertikal spiegeln«, und bewegen Sie ihn dann an den unteren Bildrand. Das fertige Gesamtbild markieren Sie mit ⌘+A. Definieren Sie es mit dem Befehl »Bearbeiten: Muster festlegen« als Muster; Photoshop erfaßt alle sichtbaren Ebenen, nicht nur die aktive. Wenn Sie das Ergebnis als Photoshop-Datei mit nur einer »Hintergrund«-Ebene speichern, können Sie es auch bei verschiedenen Filtern als »Struktur laden«. Ergebnisdatei: Holz-ms2

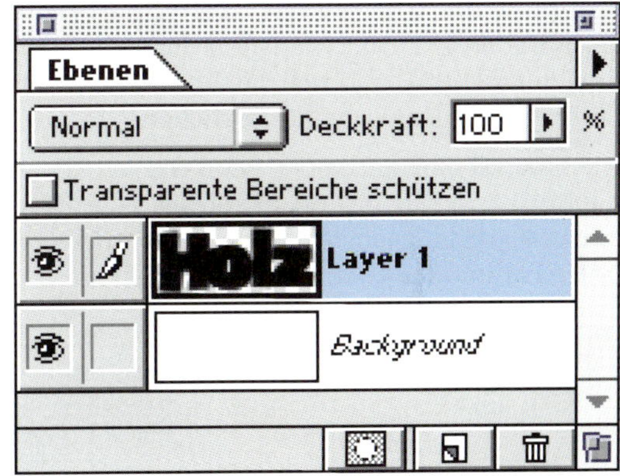

Der Text entstand hier wie üblich mit dem Textwerkzeug auf einer eigenen Ebene und wurde in eine normale Pixel-Ebene verwandelt (»Ebene: Text: Ebene rendern«). Beim Füllen achten Sie auf die Option »Transparente Bereiche schützen«, so daß nur der Schriftzug selbst gefüllt wird, nicht aber die gesamte Fläche. Datei: Holz-txt.

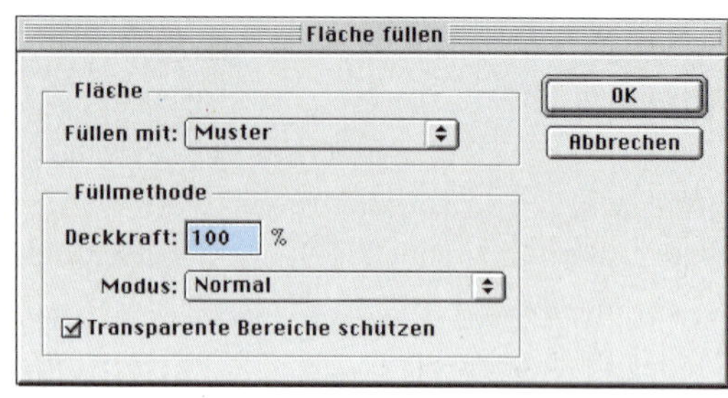

Mit der Kombination Umschalt+Rückschritt-Taste rufen Sie den »Füllen«-Dialog auf. Sie »Füllen mit« einem »Muster« und können auch hier noch einmal betonen, daß transparente Bereiche nicht mit gefüllt werden sollen.

Übersicht: Alle Modi auf einen Blick

Photoshop kann weit mehr, als volle Farbe zu 100 Prozent deckend aufzutragen. Das Programm bietet raffinierte Mischmodi, nach denen sich die Farben verrechnen. So können Sie additive und subtraktive Farbmischung anwählen, um den Effekt der Mischung von Leuchtfarben oder deckenden Farben zu erreichen. Sie können einen Farbton pur auftragen, ohne die Struktur des Untergrunds zu verändern. In den Optionen-Fenstern der einzelnen Mal- und Retusche-Werkzeuge lassen sich im Modus-Einblendmenü diese Modi anklicken.

Die Überblendtechniken treffen Sie im »Ebenen«-Kapitel wieder an, wenn es darum geht, Bildteile übereinanderzulegen. Sie werden dort erneut speziell unter Fotomontage-Aspekten besprochen.

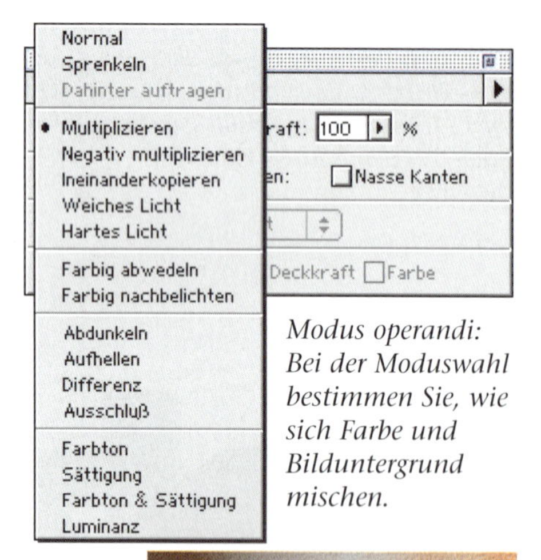

Modus operandi: Bei der Moduswahl bestimmen Sie, wie sich Farbe und Bilduntergrund mischen.

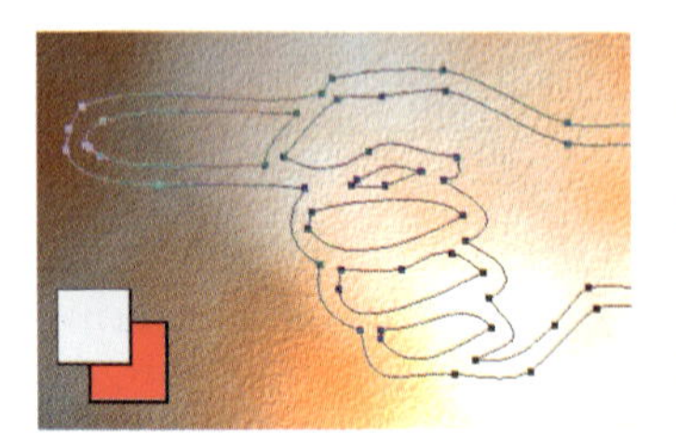

Vorlage

Pinsel-Optionen

Normal, 100%

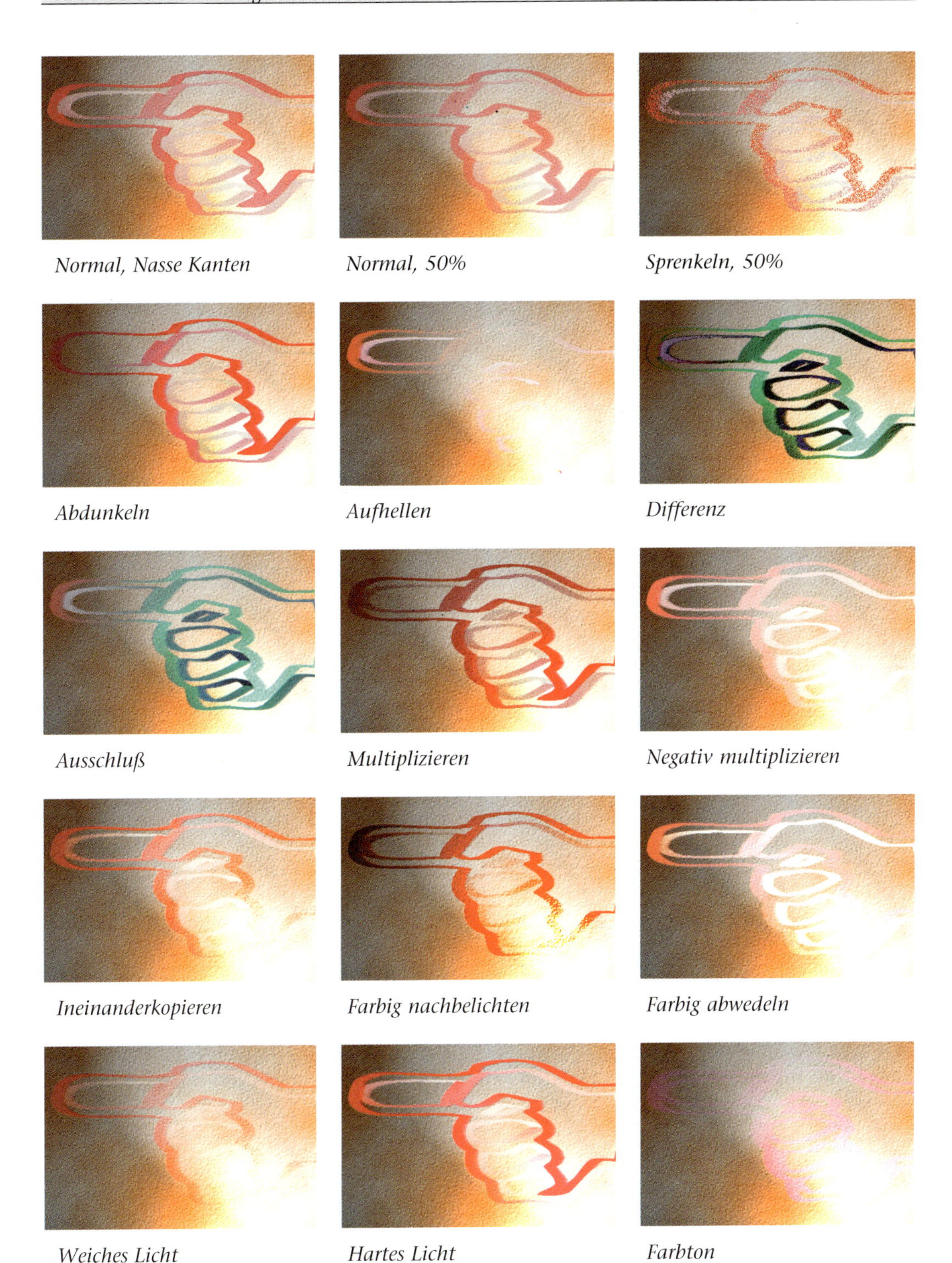

Normal, Nasse Kanten *Normal, 50%* *Sprenkeln, 50%*

Abdunkeln *Aufhellen* *Differenz*

Ausschluß *Multiplizieren* *Negativ multiplizieren*

Ineinanderkopieren *Farbig nachbelichten* *Farbig abwedeln*

Weiches Licht *Hartes Licht* *Farbton*

Luminanz

Sättigung

Farbton & Sättigung

Für diese Reihe wurde ein Pfad mit einem Pinsel-Verlauf in verschiedenen Modi von Vorder- zu Hintergrundfarbe gefüllt. Datei: Malmodus

Modi für Malen und Füllen

Photoshops Mischmodi sollten Sie verstehen; sie gelten für Malwerkzeuge, Füllwerkzeuge, Füllbefehle, und sie kehren wieder beim Montieren in der Ebenen-Palette. Dort malen Sie zwar keine Farben übereinander, aber Sie legen doch auch Bildpunkte übereinander und müssen die Mischung regeln.

Vier Grundlagenmodi verrechnen Hintergrund und Darüberliegendes nicht weiter raffiniert, sondern unterscheiden nur zwischen Farbauftrag, ja oder nein:

Normal

Die unter dem Pinsel oder unter der Ebene liegenden Pixel nehmen komplett die neue Farbe an, von den Tonwerten darunter bleibt nichts zurück. Anpassungsmöglichkeiten bieten Deckkraftregler oder Ebenen-Optionen (Kurztaste Umschalt+Alt+N).

Sprenkeln

Das »Sprenkeln« verteilt Farbe (oder Bildteile) pünktchenförmig über den Untergrund, abhängig von der Farbdichte (Kurztaste Umschalt+Alt+I). Die Intensität steuert man mit dem Deckkraftregler; lästig allerdings, daß der auch bei der Rückkehr zu anderen Modi nicht wieder auf den Wert 100 springt. Die Wirkung des »Sprenkelns« hängt stark von der Druckauflösung ab. Damit läßt sich etwa ein Hintergrund aufrauhen oder die Wirkung eines alten Stempels oder einer billigen Fotokopie simulieren. Geografen sprenkeln ein Gelbgrün-Gemisch als Signatur »Wald« in Landkarten.

Die einzelnen Streusel fallen allerdings durch harten Rand unangenehm auf; da definiert man im Zweifelsfall lieber eine ausfransende Werkzeugspitze oder blendet mit einer aufgerauhten Ebenenmaske über. Oder man bearbeitet den durch »Sprenkeln« erstellten Bildteil noch mit einem Weichzeichner; auch durch Interpolieren per »Bildgröße« oder durch Skalieren mit der »bikubischen« Interpolation softet man gesprenkelte Pixel.

Gleich zwei Modi bedienen speziell die Ebenen-Möglichkeiten:

Dahinter auftragen

»Dahinter auftragen« malt nur in den bisher transparenten Teil einer Ebene – zum Beispiel, um per Airbrush einen Schatten anzubringen oder um einen Hintergrund einzufügen (Kurztaste Umschalt+Alt+Q). Das Objekt selbst ist vor jeder Einwirkung geschützt.

Allerdings arbeitet man sicherer auf völlig getrennten Ebenen. Ein möglicher Weg:

1. Laden Sie die Kontur des Objekts als fließende Auswahlmarkierung. Diese sogenannte Transparenzmaske erhalten Sie per ⌘-Klick auf das Ebenen-Thumbnail.
2. Kehren Sie diese Auswahl um (⌘+Alt+I).
3. Jetzt legen Sie eine neue Ebene an. Die Fließmarkierung erlaubt nur noch die Arbeit außerhalb des Objekts.

Löschen

Auch das »Löschen« funktioniert nur im Zusammenhang mit Ebenen – übermalte Pixel erscheinen transparent, die darunterliegende Ebene guckt hervor (Kurztaste Umschalt+Alt+R). Angeboten wird das Löschen nur bei Linienzeichner, Farbeimer und bei den Füllen-Befehlen aus dem **Bearbeiten**-Menü. So schneiden Sie mit dem Linienzeichner etwa eine pfeilförmige Schneise in eine Ebene. Einfacher ist es jedoch, die Auswahl in einer Ebene gleich per Rückschritt-Taste zu löschen. Um mit einem Pinsel Löcher in die Ebene zu fräsen, wählen Sie den Radiergummi mit der Pinsel-Option.

Andere Modi machen es von der Dichte abhängig, ob Pinselstrich oder Untergrund durchkommen.

Abdunkeln

Der Modus »Abdunkeln« ist vielseitig nutzbar (Kurztaste Umschalt+Alt+K). Nur das Dunklere setzt sich durch. Im Farbmodus Lab funktioniert das jedoch nicht.

Aufhellen

Umgekehrt funktioniert das »Aufhellen«: Hier verändern sich nur Bildpunkte, die dunkler sind als Ihre Vordergrundfarbe, alle anderen bleiben unberührt (Kurztaste Umschalt+Alt+G). Auch hier ist der Farbmodus Lab tabu.

Andere Verfahren sorgen für raffinierte Mischungen von Objekt und Hintergrund – Probieren geht hier manchmal über Studieren, zusätzliche Verfeinerungen liefern Deckkraftregler und Ebenen-Optionen.

Multiplizieren

Beim »Multiplizieren« werden die Farbwerte übereinanderliegender Bildpunkte multipliziert, das Bild wird deutlich dunkler – als ob Sie mit Filzstiften mehrfach übereinander malen oder zwei Dias übereinanderkleben (Kurztaste Umschalt+Alt+M). Der Modus mischt Bildpunkte nach dem subtraktiven CMYK-Schema: Montieren Sie Cyan auf Gelb, erhalten Sie Grün; Magenta und Gelb vereinen sich zu Rot. Pinseln Sie indes Hell auf Dunkel, ändert sich gar nichts. Mit dieser Einstellung wird Schatten angelegt, wie Sie auch beim Dialogfeld zu den **Effekten** feststellen können – selbst dunkler Untergrund sinkt im Multiplizieren-Modus bei nur mittlerem Schatten-Grau noch mehr ab. Weiterer Nutzen: Stark überbelichtete Fotos kopiert man per »Multiplizieren« mehrfach übereinander, um mehr Zeichnung zu erhalten.

Negativ multiplizieren

Der Modus »Negativ multiplizieren« hellt umgekehrt die Farben auf – wie zwei Spotlights oder Dias, die man übereinander projiziert (Kurztaste Umschalt+Alt+S). Geeignet zum Beispiel, um Spitzlichter zu setzen. (In deutschen Adobe-Texten heißt dieser Modus teilweise »Bildschirm«, offenbar eine allzu direkte Übertragung von »Screen«, der englischen Bezeichnung für diesen Modus.)

Ineinanderkopieren

Der Modus »Ineinanderkopieren« multipliziert, abhängig von der Originalfarbe, die normalen oder die umgekehrten Farbwerte (Kurztaste Umschalt+Alt+O). Mittlere Farbtöne werden geändert, Lichter und Schatten des Originals bleiben jedoch erhalten. Photoshop ersetzt die Originalfarbe nicht, sondern mischt sie mit dem Farbauftrag, um helle und dunkle Zonen zu erhalten.

Weiches Licht

»Weiches Licht« simuliert das Beleuchten eines Bildes mit diffusem Licht: Ist die Malfarbe heller als 50 Prozent Grau, wird das Bild aufgehellt; liegt die Malfarbe dunkler als 50 Prozent Grau, dunkelt Photoshop das Bild ab (Kurztaste Umschalt+Alt+F). Am stärksten wirkt der Modus bei Schwarz und Weiß. Mehrfaches Auftragen verstärkt den Effekt. Insgesamt werden Kontraste verstärkt.

Hartes Licht

So wie das »Multiplizieren« eine Steigerung des »Abdunkelns« ist, wirkt »Hartes Licht« wie eine Steigerung von »Weiches Licht«: Ist die Malfarbe heller als 50prozentiges Grau, hellt Photoshop das Bild auf, indem er es mit den umgekehrten Farbwerten multipliziert (Kurztaste Umschalt+Alt +H). Dunklerer Farbauftrag jedoch sorgt für ein deutliches Abdunkeln nach dem Schema des Modus »Multiplizieren«. Mit diesem sehr lebhaften Modus pinseln Sie Glanzlichter oder Schatten.

Differenz

Dieser Modus arbeitet Unterschiede zwischen zwei Ebenen heraus und ist für das Malen weniger interessant (Kurztaste Umschalt+Alt+E). Sie erhalten ungefähr ein Negativ des »Normal«-Modus.

Ausschluß

Weicher als die »Differenz« arbeitet der »Ausschluß« (Kurztaste Umschalt+Alt+X). Obenliegende weiße Pixel kehren die Werte der darunterliegenden Farbe um, Schwarz oben verändert nichts.

Farbig abwedeln

Dieser Modus hellt die Untergrundfarbe auf, so daß die Malfarbe hell aufscheint (Kurztaste Umschalt+Alt+D). Er eignet sich für Leucht-Effekte, funktioniert aber nicht im Lab-Modus.

Farbig nachbelichten

Dieser Modus dunkelt die Untergrundfarbe ab, so daß die Malfarbe sich dunkel darübermischt (Kurztaste Umschalt+Alt+B). Mit Weiß erreichen Sie dabei gar nichts. Auch dieser Modus eignet sich für lebendig leuchtenden Farbauftrag und läuft nicht im Labmodus.

Einige weitere Überblend-Techniken verändern nur einzelne Komponenten des HSB-Modells, das nach Farbton, Sättigung und Helligkeit unterscheidet. Sie verändern den Charakter eines Motivs deutlich.

Farbton

Mit dem Farbtonmodus ändern Sie nur den Farbwert (Kurztaste Umschalt+Alt+U). Er eignet sich zum Umfärben bei Erhalt der Strukturen oder zum Handkolorieren von Graustufenbildern. Vergleichbar ist der Effekt mit der Option »Kolorieren« im Dialogfeld des **Bild**-Befehls **Farbton/ Sättigung**. Falls dieser Modus noch zu schwach wirkt, verwenden Sie »Farbton & Sättigung«.

Sättigung

Der Modus »Sättigung« korrigiert nur das Verhältnis zwischen Grau- und Farbanteil in jedem Bildpunkt, Farbwert und Helligkeit bleiben unberührt (Kurztaste Umschalt+Alt+T). Farbauftrag über völlig neutralen Bildbereichen verändert gar nichts.

Farbton & Sättigung

Hier manipulieren Sie Farbton und Sättigung der Bildpunkte im Untergrund, doch die Helligkeit bleibt unverändert (Kurztaste Umschalt+Alt+C). Auch dieser Modus erhält Strukturen und Konturen des Untergrundes und eignet sich besonders zum Einfärben von Graustufenbildern, die Sie natürlich erst in einen Farbmodus konvertieren müssen. Weil »Farbton & Sättigung« mit einheitlicher Sättigung aufträgt, ist der artifizielle Charakter auf Graustufen- wie Farbvorlagen ausgeprägter als der reine Farbtonmodus. Dieser Modus heißt in Texten teilweise auch »Farbe«.

Luminanz

Der Modus bearbeitet nur die Helligkeit der Bildpunkte und bildet damit den Gegenpol zum Farbtonmodus: Hiermit übertragen Sie eine Struktur, also die Helligkeitswerte, an einen anderen Platz, ohne die Farbe dort zu ändern (Kurztaste Umschalt+Alt+Y). Das macht Sinn, wenn Sie Strukturen als »Muster« aufmalen oder füllen.

Neutrale Farbe

Beachten Sie, wenn Sie auf einer eigenen Ebene malen, daß jeder Modus seine »neutrale Farbe« hat; mit dieser Farbe muß die Ebene gefüllt sein, damit sie bei einem bestimmten Modus gar nicht im Gesamtbild erscheint. Photoshop bietet an, neu erstellte Ebenen sofort mit der »neutralen Farbe« zu füllen. Dazu müssen Sie die Ebene allerdings auf einem Weg erstellen, der Ihnen überhaupt das entsprechende Dialogfeld »Neue Ebene« zeigt. So probieren Sie es aus:

1. Klicken Sie bei gedrückter Alt-Taste auf das Symbol »Neue Ebene« in der Ebenen-Palette.
2. Vertauschen Sie den Mischmodus »Normal« gegen einen anderen, zum Beispiel »Hartes Licht«. Jetzt bietet Photoshop an, die »neutrale Farbe« einzusetzen.

Um etwa verschiebbare Striche im Modus »Hartes Licht« zu erzeugen, erstellen Sie über dem Motiv eine Ebene im Modus »Hartes Licht«, die Sie zunächst mit der neutralen Farbe Grau füllen lassen. Dann erst setzen Sie den Pinsel an. Nur wenige Modi haben keine »neutrale Farbe«.

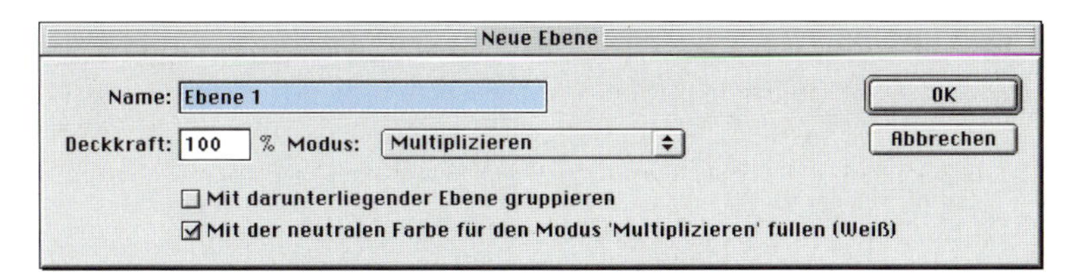

Richten Sie beim Malen in Ebenentechnik je nach Überblendmodus die passende »neutrale Farbe« ein.

Übersicht: Welcher Malmodus für welchen Zweck

Einige wenige Maltechniken stechen heraus, die man immer wieder verwendet.

Aufgabe	Lösung
»Künstlerisch« malen	u.a. Modus Normal, Deckkraft variabel, »nasse Kante«, auch Modus Multiplizieren, Modus Hartes Licht, spezielle Werkzeugspitze z.B. aus dem Photoshop-Verzeichnis »Goodies/Spitzen/ Verschiedene Spitzen«
Einen Bildteil umfärben und die Struktur erhalten	Malmodus Farbton oder Farbton & Sättigung
Graustufenbild kolorieren	Farbton oder Farbton & Sättigung
Einem Bildteil eine neue Struktur geben	Modus Luminanz, Musterstempel oder spezielle Werkzeugspitze
kreativer, lebendiger Farbauftrag mit interessanter Mischung	Modi Hartes Licht, Farbig abwedeln oder Farbig nachbelichten
Schatten und Überdeckungseffekte	Modus Multiplizieren

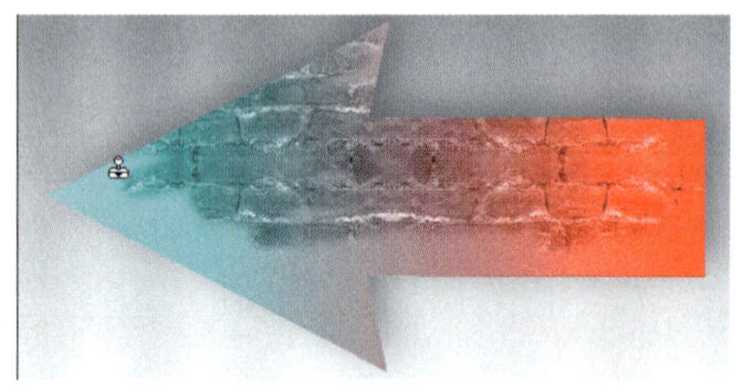

Soll die Struktur unter dem Farbauftrag erhalten bleiben, arbeitet man mit den Modi »Farbe« oder »Farbton« (links); wird dagegen eine Farbfläche mit einer Struktur aufgerauht, verwendet man »Luminanz«, hier mit Stempel und Muster.

Speziell für die Ebenentechnik gedacht ist der Modus »Dahinter«, der nur die transparenten Bereiche einer Ebene füllt (links). Der Modus »Löschen« schneidet Löcher in die Ebene (rechts); er steht nur mit wenigen Werkzeugen zur Verfügung, zum Beispiel mit dem Linienzeichner.

8.2 Flächen und Konturen füllen

Nicht immer müssen Sie zu Pinsel und Airbrush greifen, um einen Bildbereich mit Farbe zu füllen. Haben Sie es auf eine größere Partie abgesehen, dann verwenden Sie die Werkzeuge und Befehle zur Flächenfüllung. Damit schütten Sie einen kompletten Auswahlbereich ohne viel Gepinsel mit Farbe zu.

 *Füllwerkzeug*

Das Füllwerkzeug (Kurztaste K, für Paint Bucket), im Volksmund Farbeimer, schüttet Vordergrundfarbe oder ein zuvor definiertes Muster auf Bildpunkte mit einer von Ihnen definierten Ähnlichkeit – Sie regeln die Toleranz nach Art des Zauberstabs (siehe »Auswählen«-Kapitel).

Der Farbeimer eignet sich zum Beispiel, um einzelne, abgegrenzte Teile einer Grafik umzufärben; dabei verwenden Sie vielleicht den Mischmodus »Farbton«. Wollen Sie nur in Teile einer Grafik eine Struktur einflechten, nutzen Sie den Modus »Luminanz«. Auch Flächen in Auswahlkanälen – zum Beispiel einzelne Buchstaben – werden gern mit dem Farbeimer gefüllt.

Werkelt man mit dem Farbeimer in kleinen Flächen, ist es oft übersichtlicher, per Feststell-Taste statt des Eimer-Symbols das Präzisionskreuz als Werkzeugsymbol über der Datei abbilden zu lassen. Bevor Sie jedoch neue Toleranzwerte im Dialogfeld eintippen, müssen Sie die Feststell-Taste wieder lösen.

Sie können die Photoshop-Arbeitsfläche mit der aktuellen Vordergrundfarbe einfärben, indem Sie bei gedrückter Umschalt-Taste mit dem Füllwerkzeug in diesen grauen Bereich klicken.

Füllwerkzeug-Optionen

Nach Doppelklick auf das Farbeimer-Symbol öffnet sich wie üblich das Dialogfeld mit den Optionen:

- Nach Art des Zauberstabs regeln Sie, wie sehr die zu übertünchenden Bildpunkte jenem Pixel ähneln sollen, auf das Sie mit dem Füllwerkzeug klicken. Die Werte reichen von 0 bis 255. Niedrige Werte stehen für eine geringe Toleranz – es werden nur Pixel gefüllt, deren Farbe der angeklickten Farbe stark ähnelt. Bei hohen Zahlen füllt das Gerät größere Bildbereiche. Wenn Sie »255« eintippen, überdeckt die Vordergrundfarbe das ganze Bild.
- Die Option »Glätten« sorgt für einen geschmeidigeren Übergang zwischen gefärbtem und unberührtem Bildteil, indem die Randpixel halbtransparent gemacht werden. Diese Option empfiehlt sich bei üblichen Halbtonfotos, nicht jedoch bei Screenshots und harten Grafiken, die zum Beispiel im Bitmap-Modus entstanden.
- Im Feld »Inhalt« vermerken Sie, ob Sie die Vordergrundfarbe oder ein Muster anbringen wollen. Ein Muster definieren Sie mit Auswahlrechteck und dem **Bearbeiten**-Menüpunkt **Muster festlegen**.

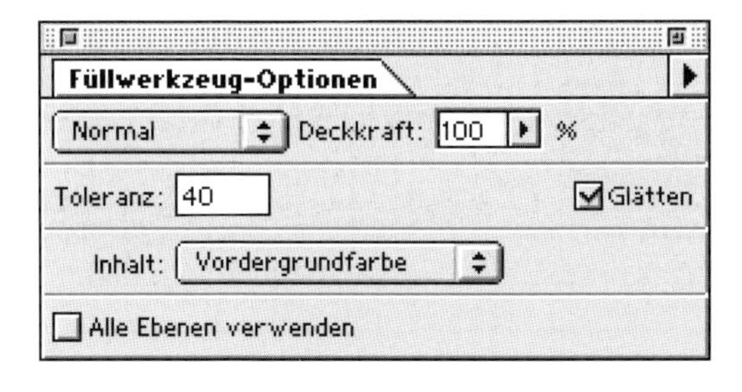

Einstellungssache: In den Füllwerkzeug-Optionen regeln Sie, wieviel Toleranz das Gerät zeigen soll.

Toleranz

Je höher die Toleranz, desto größer die Fläche, die der Farbeimer beim ersten Klick füllt. Meist beginnt man mit niedriger »Toleranz« und erweitert die erfaßte Fläche Klick für Klick. Neben der »Toleranz« bietet sich auch eine Auswahlmarkierung an, um den Einflußbereich des Farbeimers zu beschränken – über die Markierung hinaus wird garantiert keine Farbe laufen. In der Regel sollten Sie diesen Rand glätten oder eine **Weiche Auswahlkante** spendieren; Ausnahme: Screenshots und harte Grafiken.

Ebenentechnik

Per Optionen können Sie bei einer Füllung nicht nur die aktive Ebene, sondern »Alle Ebenen einbeziehen«. Wählen Sie in der Ebenen-Palette die Option »Transparenz bewahren« ab, wenn die Farbe nicht nur auf das Objekt innerhalb einer Ebene, sondern in die gesamte Fläche gegossen werden soll, also auch in die bisher transparenten Zonen. Beachten Sie, daß beim Füllwerkzeug auch der Modus »Löschen« parat steht, mit dem Sie eine Ebene transparent machen können. In Bitmap-Bildern verweigert das Gerät den Dienst. Ebensowenig funktioniert es auf Textebenen.

Alternativen

Photoshop bietet Alternativen zum Farbeimer, die oft bessere oder schnellere Dienste leisten:

- Bei komplexen Motivpartien verwenden Sie lieber den Zauberstab, der farbähnliche Bereiche zunächst nur auswählt, aber nicht zutüncht, und korrigieren die Auswahl in aller Ruhe. Erst dann schütten Sie Farbe mit dem Befehl **Fläche füllen** aus (Umschalt+Rückschritt-Taste). Auch nicht zu vergessen: der **Auswahl**-Befehl **Farbbereich auswählen**.
- Eine Auswahl auf einer Hintergrundebene läßt sich leicht mit der Hintergrundfarbe füllen, wenn Sie auf den Rückschritt-Knopf drücken. Alt+Rückschritt kippt Vordergrundfarbe aus. Malmodi oder Deckkraft-Variationen gibt es bei diesen Schnellschüsssen indes nicht.
- Um ein Objekt diskret umzufärben, empfehlen sich überdies die Kommandos **Farbton/Sättigung** (⌘+U) oder **Farbe ersetzen** aus dem **Bild**-Untermenü **Einstellen**: Sie klatschen keinen Einheitsfarbton ins Bild, sondern verschieben die vorhandenen Pixel um einen einheitlichen Betrag auf dem Farbkreis. Wollen Sie ein Graustufenmotiv oder eine Auswahl daraus färben, nutzen Sie **Farbton/Sättigung** mit der Option »Kolorieren«.

Das Füllwerkzeug schüttet Farbe oder ein Muster in abgegrenzte Flächen. Hier wurde ein Muster aus einem Ausschnitt der Datei »Malmodus« abgeleitet und verändert.

Soll beim Kolorieren die Struktur des Untergrunds erhalten bleiben, vermeiden Sie den Mischmodus »Normal« (Mitte); nur der Modus »Farbe« eignet sich, um Graustufen einfarbig zu tonen und den Oberflächencharakter zu erhalten (rechts). Datei: Plastik

Der Befehl »Fläche füllen«

Beim Fläche-Füllen kippen Sie Farbe, ein Muster oder eine frühere Zwischenfassung des Bilds aus der Protokollpalette in einen ausgewählten Bildbereich. Anders als beim Füllwerkzeug geschieht das unabhängig von farbähnlichen Pixeln – allein Ihre Auswahlmarkierung zählt. Wählen Sie **Bearbeiten: Fläche füllen**, oder drücken Sie kurzerhand Umschalt+Rückschritt.

Das Dialogfeld bietet alle Mischmodi und eine Deckkraftregelung; außerdem legen Sie fest, was eigentlich ins Bild hineingehievt wird – Vordergrund- oder Hintergrundfarbe, Schwarz, Weiß oder Grau, ein Muster oder ein Bildzustand aus der Protokollpalette. Wählen Sie in der Ebenen-Palette das »Transparenz bewahren« ab, wenn die Farbe nicht nur auf das Objekt innerhalb einer Ebene, sondern in die gesamte Fläche gegossen werden soll.

Der Befehl eignet sich etwa, um einfarbige Lettern auf eigenen Ebenen zu füllen (bei geschützter Transparenz), aber auch für viele andere, schnelle Retuschen zum Beispiel in Auswahlkanälen; knauserig nur, daß Adobe hier keine »Vorschau« einbaute. Beispiele für diesen Befehl finden Sie oben in der »Übung: Nahtloses Muster« oder auch im Abschnitt »Füllwerkzeug«.

Kurztasten

Alt+Rückschritt deckt die Auswahl ohne weitere Rückfrage mit 100 Prozent Vordergrundfarbe zu, ⌘+Rückschritt beschert die Hintergrundfarbe, auch wenn nichts ausgewählt ist. Drücken Sie zusätzlich die Umschalt-Taste, um dabei die Option »Transparente Bereiche schützen« zu aktivieren.

Der Befehl »Fläche füllen« kippt Farbe, ein Muster oder einen gespeicherten Bildteil in markierte Bildteile.

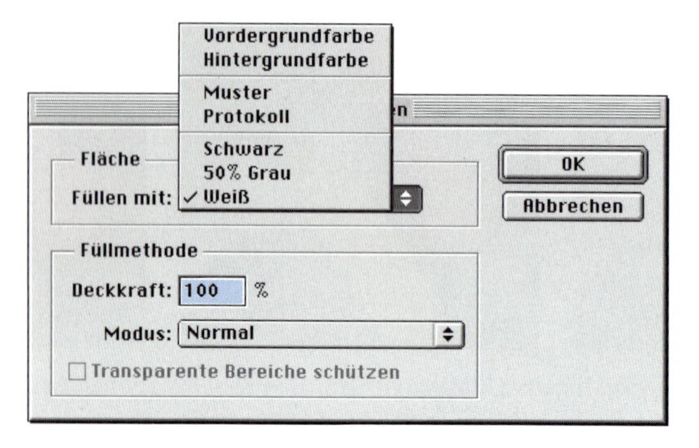

Der Befehl »Kontur füllen«

Der Befehl »Kontur füllen« malt automatisch an einer Auswahl-Linie, aber auch an der Kante einer Ebene entlang. Dabei geben Sie eine Breite von 1 bis 16 Pixeln vor und legen die Position der Kontur fest: »Innen«, »Mitte« oder »Außen«.

Der Befehl »Kontur füllen« trägt Vordergrundfarbe an Auswahl- und Ebenenkanten auf.

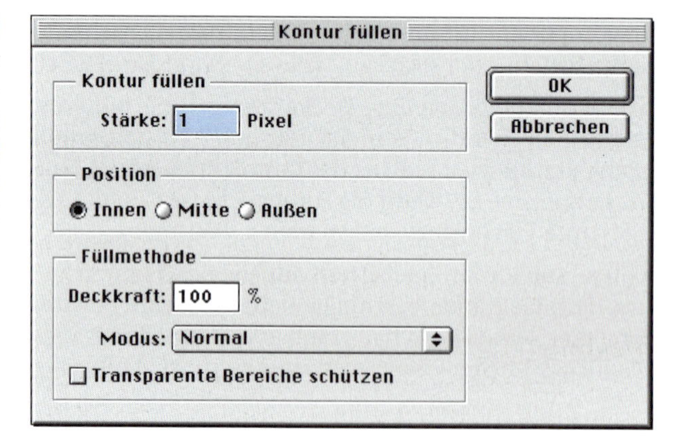

»Innen«

Lassen Sie die Konturlinie »innen« entlang laufen, dann können Sie bisherige Auswahlen weiterverwenden, denn die Farbe geht nur nach innen, nicht aber über den alten Masken-Rand hinaus. Dafür wird die Konturlinie aber auch mehr den Rand des eingefaßten Bereichs zudekken.

»Außen«

Die Option »Außen« überdeckt dagegen den markierten Bildbereich überhaupt nicht, da die neue Farbe sich nur an der Außenkante der Auswahl entlangzieht. Füllen Sie etwa eine Textkontur, überlappen sich jedoch die Buchstabenränder schneller. Endet eine Auswahlkontur unmittelbar am Bildrand, dann erhalten Sie keinerlei Randfüllung im Modus »außen«, während »Mitte« die halbe gewählte Pixelbreite am Bildrand entlang malt und »innen« die Auswahlkontur am Bildrand noch komplett füllt.

Auswahlkonturen malt Photoshop mit dem Befehl »Kontur füllen« nach. Mehr Möglichkeiten bietet die Pfade-Palette mit dem Befehl »Pfadkontur füllen« (rechts): Sie können freie Pinselformen und Farbübergänge wählen.

Alternative mit Pfadwerkzeug

Malen entlang von Auswahlgrenzen, das geht auch - und zwar vielfältiger –, wenn Sie einen Pfad definiert haben (siehe »Pfad«-Kapitel). Einen Pfad zeichnen Sie mit dem Pfadwerkzeug, oder Sie verwandeln eine Auswahl in einen Pfad, zum Beispiel auch eine Text-Auswahl. Dann verwenden Sie in der Pfade-Palette den Befehl »Pfadkontur füllen«. Vorteile gegenüber dem Befehl **Kontur füllen**:

- Beim Füllen einer Pfadkontur wird das aktuelle Werkzeug mit den akuten Einstellungen aus der Werkzeugspitzen-Palette angewandt. Der Befehl **Kontur füllen** verwendet dagegen immer eine gleichmäßige Werkzeugspitze ohne weichen Rand.
- Haben Sie nur Teile eines Pfads markiert und ausgewählt, werden auch nur diese Teile gefüllt; dann heißt es im Pfade-Paletten-Menü **Unterpfadkontur füllen**.

Alternative mit »Effekten«

Eine dünne Umrandung erzeugen Sie auch mit den **Effekten** aus dem Menü **Ebene**, sofern sich Ihr Motiv auf einer eigenen Ebene befindet – zum Beispiel ein Schriftzug. Der Vorteil: Eine Kontur, die als Effekt angelegt wird, läßt sich jederzeit wieder ausschalten oder verändern, während das ursprüngliche Motiv vollständig erhalten bleibt.

Um eine Umrandung innerhalb der vorhandenen Ebenengrenzen zu schaffen, wie sie auch per Konturfüllung entsteht, wählen Sie **Ebene: Effekte: Schein nach innen**. Stellen Sie den »Modus« auf »Normal«, die »Deckkraft« auf 100 Prozent, erhöhen Sie die »Intensität« stark, und experimentieren Sie mit »Weichzeichnen«-Werten. Aktivieren Sie vor allem die Option »Kante«, nicht »Mitte«.

Soll die Umrandung außerhalb der bisherigen Grenzen verlaufen, nutzen Sie **Schein nach außen** und richten ähnliche Werte ein wie beim Schein nach innen beschrieben. Eine ausführliche Besprechung finden Sie im Abschnitt »Effekte« des Kapitels »Ebenen«.

PostScript-Muster

Außerdem können Sie das Bild mit den nahtlosen PostScript-Mustern schmücken, die Photoshop mitliefert. So kommen Sie dran:

1. Klicken Sie auf **Datei: Öffnen** (⌘+O).
2. Fahnden Sie nach den Mustern in Photoshops Muster-Verzeichnis auf der Festplatte. In der vom Autor getesteten deutschen Vollversion hieß es »Goodies/Muster«.
3. Klicken Sie zweimal auf das Muster Ihrer Wahl.
4. Jetzt erscheint der Dialog »EPS Umwandlungsoptionen«. Die Muster liegen auflösungsunabhängig als Vektorgrafik vor – definiert über Kurven und Füllflächen, nicht über einzelne Bildpunkte. Darum nennen Sie für den Import in Photoshop zunächst Bildgröße, Auflösung und den Farbmodus, der zu der Zieldatei paßt, und verbessern das Ergebnis durch die Option »Glätten«. In der Regel sollte die Pixelzahl weit unter den Ausmessungen der Fläche liegen, die Sie mit dem Muster füllen wollen, so daß sich das Muster vielfach wiederholt. Spätere Größenänderung kann die Qualität beeinträchtigen.
5. Klicken Sie auf »OK«. Das Muster wird als eigene Bilddatei geöffnet.
6. Um die Wirkung besser zu beurteilen, stellen Sie Zielbild und Muster in der gleichen Zoom-Stufe dar, zum Beispiel 100 Prozent durch Doppelklick auf die Lupe.
7. Sagen Sie **Alles Auswählen** (⌘+A) im **Auswahl**-Menü.
8. Im **Bearbeiten**-Menü müssen Sie jetzt ein **Muster festlegen**.
9. Markieren Sie in der Fotodatei den Bildteil, den Sie mit dem PostScript-Muster füllen wollen.
10. Wählen Sie jetzt unter **Bearbeiten** den Befehl **Fläche füllen** (Umschalt+Rückschritt-Taste) mit der Option »Muster«. Natürlich können Sie auch mit dem Musterstempel arbeiten.

Die nahtlosen PostScript-Muster aus Photoshop können Sie in verschiedenen Größen laden.

Ebenentechnik

Beachten Sie, daß diese Muster zunächst mit transparenten Bereichen erzeugt werden. Das heißt, daß der Bildhintergrund nach dem Füllen dort hindurchschauen wird. Sollen die transparenten Abschnitte indes weiß sein, verwenden Sie den Befehl **Ebene: Auf Hintergrundebene reduzieren**. Beliebige Farben setzen Sie in die transparente Zone, wenn Sie unterhalb des Musters eine weitere Ebene einrichten und diese mit dem Befehl **Fläche füllen** (Umschalt+Rückschritt-Taste) behandeln.

Farbflächen auflockern

Verläufe und Farbfüllungen unter einem Objekt wirken glatt und erinnern an sterile Computergrafik. Photoshop bietet jedoch genug Computerkosmetik gegen aalglatte Farbflächen:

- »Störungen hinzufügen« rauht das Bild auf, mehr Gestaltungsfreiraum gewährt der Filter **Strukturierungsfilter: Körnung**.
- Ein Verzerrungsfilter versetzt die Fläche in Schwingungen.
- Der Objekt-Schatten bringt interessante Tiefenwirkung.
- Der Filter **Beleuchtungseffekte** mit oder ohne Struktur erzeugt magischen Realismus, auch die **Blendenflecke** erfüllen diesen Zweck oft.
- Der Wolkenfilter streut eine luftig-leichte Mischung aus Vorder- und Hintergrundfarbe aus.
- Der **Strukturierungsfilter: Mit Struktur versehen** webt eine Struktur in den Untergrund.
- Das Verlauf-Werkzeug kann nicht nur mit zwei, sondern gleich mit vielen Farbtönen arbeiten.

Kombinationen sind hier erlaubt, zum Beispiel »Wolken« plus »Struktur« plus »Beleuchtungseffekte«, wobei man noch einen Farbkanal mit Textur als »Relief«-Kanal einrichten kann. Agieren Sie damit auf einer separaten Ebene, und dämpfen Sie zu starke Eingriffe nachträglich mit dem **Filter**-Befehl **Verblassen**. Mit **Einstellungsebenen** halten Sie Kontraste und Farben des Hintergrundes flexibel. Näheres erläutern das »Filter«-Kapitel, das »Ebenen«-Kapitel und der nachfolgende Abschnitt über das »Verlauf-Werkzeug«.

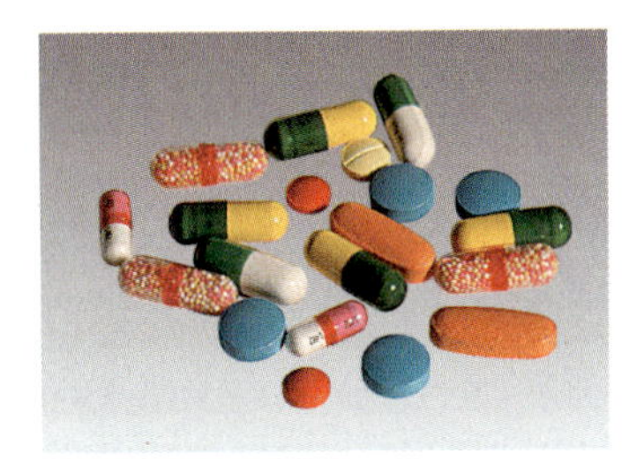

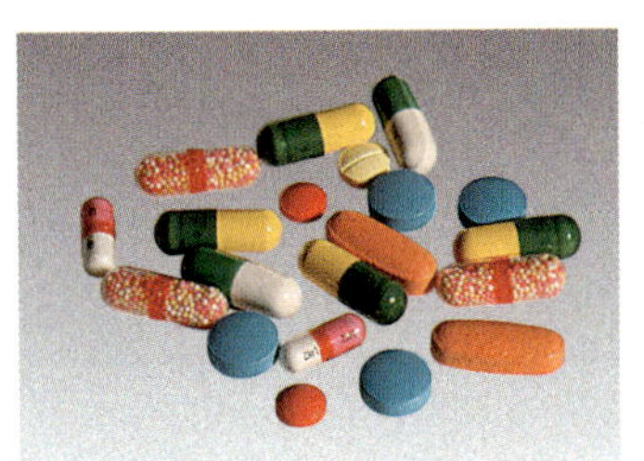

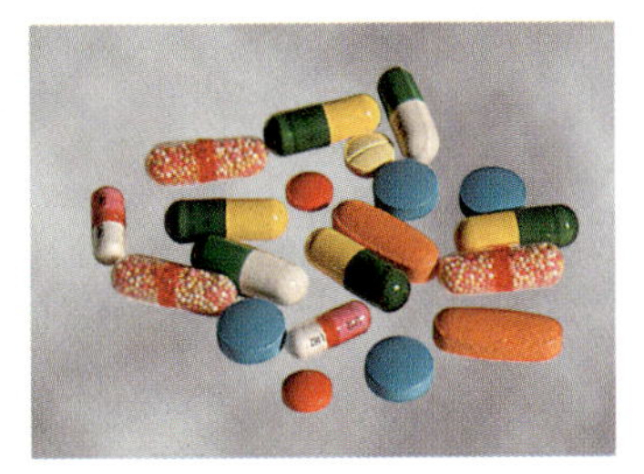

Links: Ein schlichter Verlauf von Dunkelgrau zu Hellgrau wirkt hier zu glatt. Störungsfilter (Mitte) oder »Wolken«-Filter (rechts) lockern die Oberfläche auf. Datei: Arznei

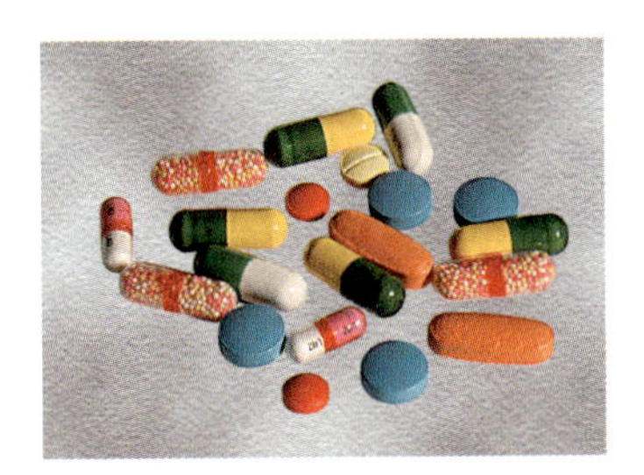

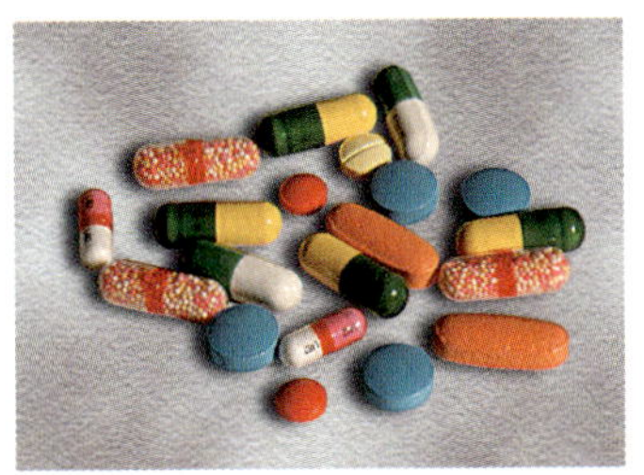

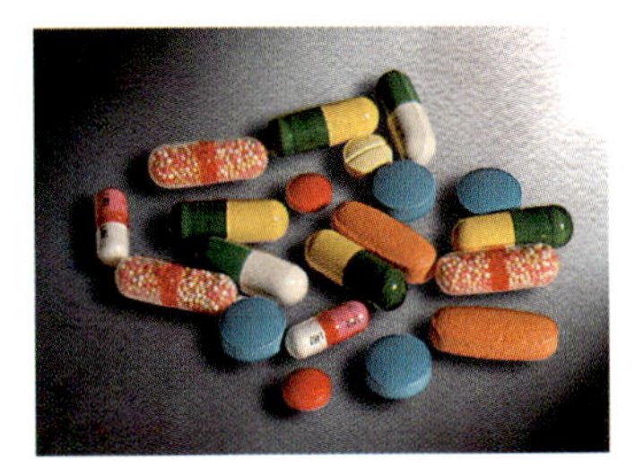

Links: Der »Struktur«-Filter lockerte das Ergebnis des »Wolken«-Filters auf (links). Dazu kamen ein Objekt-Schatten (Mitte) und schließlich die »Beleuchtungseffekte«.

8.3 Verlauf-Werkzeug

Auch das Verlauf-Werkzeug schüttet Farbe aus – und erzeugt dabei einen fließenden Übergang von der Vordergrund- zur Hintergrundfarbe oder auch zwischen mehreren definierten Farben. Sofern Sie keinen Ausschnitt markieren, deckt der Verlauf das ganze Bild zu.

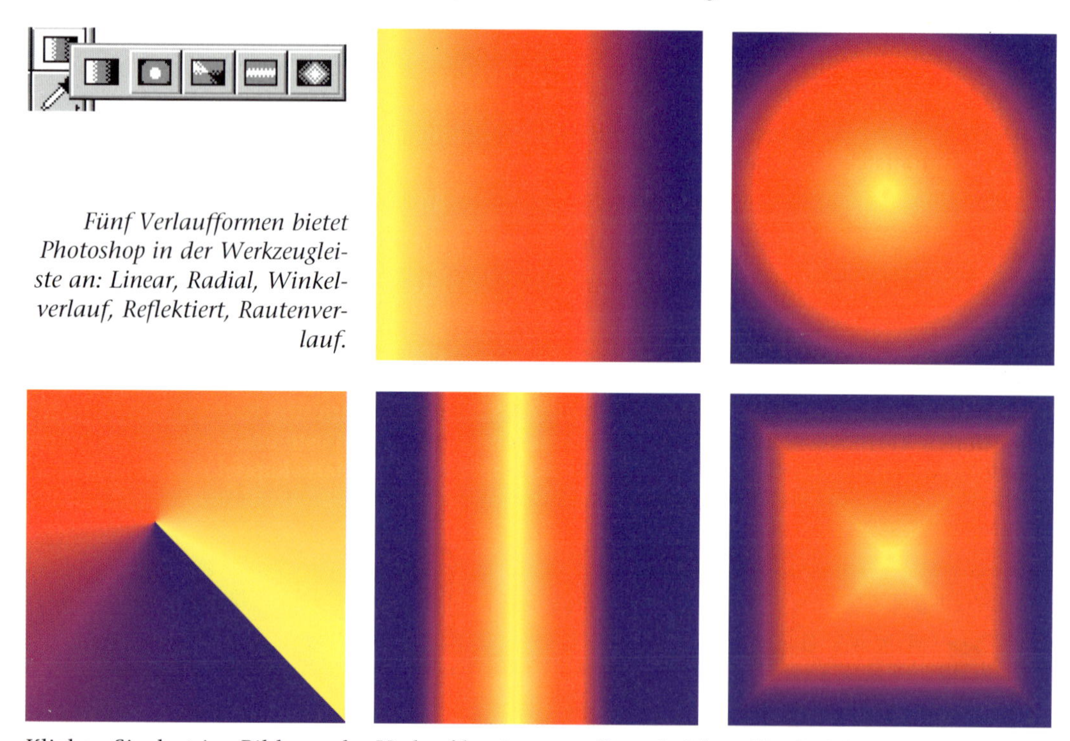

Fünf Verlaufformen bietet Photoshop in der Werkzeugleiste an: Linear, Radial, Winkelverlauf, Reflektiert, Rautenverlauf.

Klicken Sie dort ins Bild, wo der Verlauf beginnen soll, und ziehen Sie die Maus mit gedrückter Taste an die Stelle, wo der Verlauf enden soll. Nach Loslassen der Maustaste und kurzer Wartezeit sehen Sie das Farbenspiel. Ist vor dem Anfangspunkt oder hinter dem Endpunkt des Verlaufs noch Platz in der Bilddatei oder in der Auswahl, dann wird sich die Farbe auch noch dorthin erstrecken – allerdings mit der reinen Vorder- beziehungsweise Hintergrundfarbe, ohne jede Mischung. Mit der Werkzeugoption »Umkehren« drehen Sie die Richtung um.

Erstmals mit Photoshop 5 gibt es nicht mehr zwei, sondern fünf unterschiedliche Formen des Verlaufs. Diese Formen wählt man nicht in den Optionen, sondern über kleine Symbole in der horizontalen Werkzeugleiste zum Verlauf-Werkzeug.

Damit schaffen Sie alle Arten von Hintergründen oder Füllungen. Graustufenverläufe sind nützlich in Alphakanälen oder Ebenenmasken, um einen Bildteil stufenlos auszublenden. Sie können durch Kontrast- und Helligkeitsregler gut angepaßt werden.

Zu bemängeln ist, daß sich die Transparenzmaske nicht separat von der Farbleiste speichern läßt, und auch ein Verlauf an Pfaden entlang ist nicht in Sicht – hier muß man weiter mit Konturfüllungen experimentieren. Deutlich mehr kreative Power als Adobes Werkzeug hat der »Verlaufsdesigner« aus der Plug-in-Sammlung »Kai's Power Tools 3.0«.

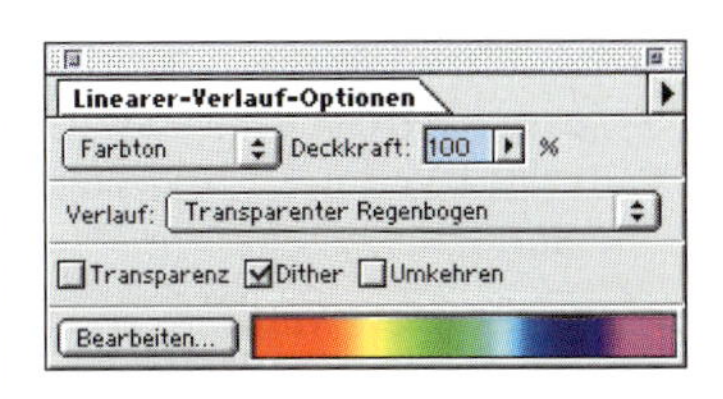

Das Verlauf-Werkzeug erzeugt einen stufenlosen Übergang zwischen zwei oder mehr Farben in ausgewählten Bildteilen. Der Mischmodus Farbton erhält hier die Strukturen des darunterliegenden Bilds. Datei: Gitarre

Verläufe auflockern

Ebenso wie für andere Farbfüllungen gilt auch für Verläufe, daß sie leicht zu steril wirken. Sie können deshalb – wie oben im Abschnitt »Farbflächen auflockern« beschrieben – mit verschiedenen Mitteln lebendiger gestaltet werden; so etwa mit den Filtern **Störungen hinzufügen** oder **Körnung**, mit einem **Verzerrungsfilter**, mit **Beleuchtungseffekte, Blendenflecke** oder der Funktion **Mit Struktur versehen**.

Interessante Überblendeffekte ergeben sich, wenn Sie mehrere Farbverläufe hintereinander in den gleichen Bildbereich malen und dabei verschiedene Richtungen und Mischmodi probieren.

Speichern Sie bei Ihren Versuchen die einzelnen Verläufe auf verschiedenen Ebenen, und experimentieren Sie dann in Ruhe mit Modus, Deckkraft, **Farbton/Sättigung** und anderen Funktionen.

Verläufe verwalten

Sie haben zahlreiche Möglichkeiten, mitgelieferte und neue Verläufe zu organisieren. Klicken Sie in den Werkzeug-Optionen zunächst auf die Schaltfläche »Bearbeiten«, um an das Dialogfeld »Verläufe bearbeiten« zu gelangen.

- Ein gänzlich neuer Verlauf, der zunächst nur aus der Vordergrundfarbe besteht, entsteht durch Klick auf »Neu«. Sie vermeiden das zugehörige Dialogfeld, das den Namen abfragt, wenn Sie »Neu« bei gedrückter ⌘-Taste anklicken. Oder drücken Sie einfach ⌘+N.
- Wollen Sie einen neuen Verlauf auf Basis eines vorhandenen erzeugen, markieren Sie den bestehenden Verlauf in der Liste der Optionenpalette und klicken auf »Duplizieren«. Dann erscheint ein Dialogfeld, in dem Sie dem neuen Verlauf einen Namen geben. Um den Verlauf ohne Rückfrage automatisch zu benennen, klicken Sie »Duplizieren« mit der ⌘-Taste an.
- Der »Speichern«-Knopf sichert stets die komplette Liste an Verläufen in einer Datei. Diese Dateien lassen sich zwischen Mac und Windows austauschen, jedoch verlangt der Windows-Photoshop nach der Endung ».grd« (für Gradient). Sie sichern den ausgewählten Verlauf als Gradationskurven-Datei, wenn Sie »Speichern« bei gedrückter ⌘-Taste anklicken.
- Um Verläufe aus einer Datei zusätzlich in die Liste aufzunehmen, klicken Sie auf »Laden«. Schöne Verläufe finden Sie auf der Photoshop-CD im Verzeichnis »Other Goodies/Verläufe«.

❐ Sie kehren zur Standardliste zurück, indem Sie aus dem Paletten-Menü den Befehl **Werkzeug zurückstellen** verwenden. Dabei können Sie die aktuelle Liste völlig ersetzen und selbstgemachte Verläufe verwerfen oder aber die vorhandene Liste durch die Standardverläufe nur ergänzen.

❐ Um mehrere Verläufe zu löschen, klicken Sie diese der Reihe nach bei gedrückter ⌘-Taste an. Alternativ markieren Sie die Verläufe mit den Pfeiltasten bei gedrückter Umschalt-Taste. Dann nutzen Sie die Schaltfläche »Entfernen«.

Optionen

Ein Doppelklick auf das Verlauf-Werkzeug eröffnet verschiedenste Gestaltungsmöglichkeiten in den Optionen. Wie üblich regeln Sie Deckkraft und Malmodus; die Umschalt-Taste beschränkt das Verlauf-Werkzeug auf 45-Grad-Winkel. Das Dialogfeld bietet auch eine kleine Verlauf-Vorschau; arbeiten Sie mit Transparenz oder reduzierter Deckkraft, signalisieren Karos dort durchscheinende Ebenen im Hintergrund.

Außerdem stehen zu Gebot:

»Verlauf«

Wählen Sie im Listenfeld »Verlauf« die Option »Vorder- zu Hintergrundfarbe«, erzeugt Photoshop einen fließenden Übergang zwischen den zwei Farben, wie man ihn erwartet. Mit der Option »Vordergrundfarbe zu transparent« verläuft sich der Verlauf von der Vordergrundfarbe ins Durchsichtige. Dazu kommen schon in der werkseitigen Voreinstellung verschiedene Verläufe wie »Kupfer« und »Spektrum«, die aus mehr als zwei Farben zusammengesetzt sind. Photoshop liefert auf der Programm-CD weitere Verläufe mit. Der Autor fand sie im Verzeichnis »Other Goodies/ Verläufe«.

»Dither«

Wenn die Option »Dither« eingeschaltet ist, werden die Farbübergänge durch Dithering-Streuraster geglättet. Es ergeben sich glattere Verläufe mit schmaleren Abschnitten, Streifenbildung wird vermieden. Wenden Sie allerdings eine Tontrennung auf den entstandenen Verlauf an, um zum Beispiel eine Graustufentreppe zu erzeugen, entstehen gezackte Kanten.

»Maskieren«

Um die Transparenzmaske für den Verlauf auszuschalten und alle Farben mit gleicher, per Schieberegler angewählter Deckkraft aufzutragen, schalten Sie das »Maskieren« aus.

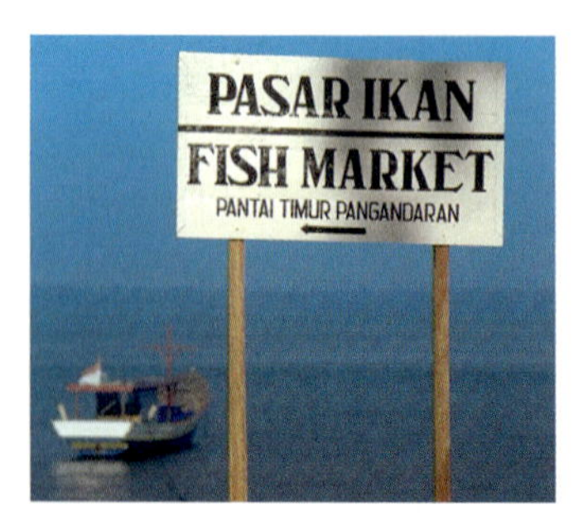

Das Verlauf-Werkzeug erzeugt stufenlose Farbübergänge, hier zwischen Vorder- und Hintergrundfarbe (links). Mitte: Wenn Sie das Werkzeug nur über den oberen Teil des Bilds führen, geht der Verlauf früh zur Hintergrundfarbe über. Rechts: Die »Transparent«-Option läßt das Hintergrundbild hervortreten.

»Verläufe bearbeiten«, Farbe

Durch Klick auf den Knopf »Bearbeiten« kommen Sie an das Dialogfeld »Verläufe bearbeiten«. Wenn Sie neben »Einstellen« auf »Farbe« klicken, komponieren Sie hier einen Verlauf aus beliebigen Tonwerten, die Sie beliebig plazieren. Klicken Sie dagegen auf »Transparenz«, definieren Sie Verlauf-Abschnitte, die mit verringerter Deckkraft übertragen werden. Wie stets macht die Alt-Taste aus der »Abbrechen«-Schaltfläche ein »Zurück«, der Befehl ⌘+Z annulliert den allerletzten Eingriff.

Farben festlegen

Sie legen zum Beispiel die Anfangsfarbe eines Verlaufs fest, indem Sie auf das linke Kästchen unter der Verlaufsleiste klicken. Ziehen Sie ein Kästchen dorthin, wenn Sie keins vorfinden. Das Dreieck (»das Dach«) über diesem Kästchen füllt sich schwarz, um zu signalisieren, daß Sie diesen aktuellen Punkt im Verlauf bearbeiten. Auf folgende Arten können Sie die Anfangsfarbe festlegen:

- Klicken Sie auf das Auswahlfeld »F« (»Foreground«), um die aktuelle Vordergrundfarbe als Anfangsfarbe des Verlaufs zu wählen. Klicken Sie auf das Auswahlfeld »B« (»Background«), um die aktuelle Hintergrundfarbe als Anfangsfarbe des Verlaufs zu wählen. (Beachten Sie, daß der Verlauf anders aussieht, wenn Sie ihn später bei anderer Vordergrund- oder Hintergrundfarbe starten.)
- Klicken Sie ganz links auf das Auswahlfeld mit der Farbfüllung, um die im Farbwahlrechteck angezeigte Farbe als Anfangsfarbe zu wählen.
- Klicken Sie auf das Farbwahlrechteck, um im Farbwähler eine neue Farbe auszuwählen.
- Oder bewegen Sie den Mauszeiger über die Verlaufsleiste; der Zeiger verwandelt sich dort in eine Pipette, mit der Sie einen Farbton aus dem aktuellen Verlauf aufnehmen.

Entsprechend verfahren Sie auch mit der Endfarbe und mit den Tonwerten, die Sie dazwischen anlegen.

Farbposition festlegen

Sie können die Marken für die einzelnen Farben unter der Verlaufsleiste beliebig mit der Maus oder mit den Pfeiltasten verschieben oder durch Eintippen korrigieren. Verschieben Sie zum Beispiel die Marke für die Anfangsfarbe von null auf 20 Prozent, werden die ersten 20 Prozent des Verlaufs mit reiner Anfangsfarbe ohne jede Mischung erzeugt. Entsprechend ändern Sie auch den Anteil der anderen Farben. (Alternativ dazu ziehen Sie mit dem Verlauf-Werkzeug eine Gerade, die sich nicht über die gesamte Auswahl oder über die gesamte Datei erstreckt; Bereiche außerhalb dieser Geraden füllen sich mit reiner Anfangs- oder Endfarbe.)

Mit der schwarzen Raute über der Verlaufsleiste positionieren Sie den Mittelpunkt, an dem eine gleichmäßige Mischung der beiden Farben erreicht ist.

Farben hinzufügen und entfernen

Neue Farbmarken fügen Sie ganz einfach hinzu: durch einen Mausklick an der gewünschten Stelle unter der Verlaufsleiste. Unerwünschte Farbmarken ziehen Sie aus dem Dialogfeld nach unten, auch die Rückschritt-Taste entsorgt die aktive Farbmarke.

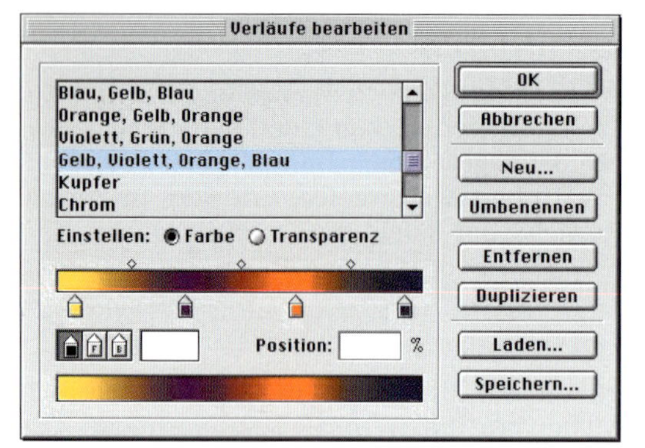

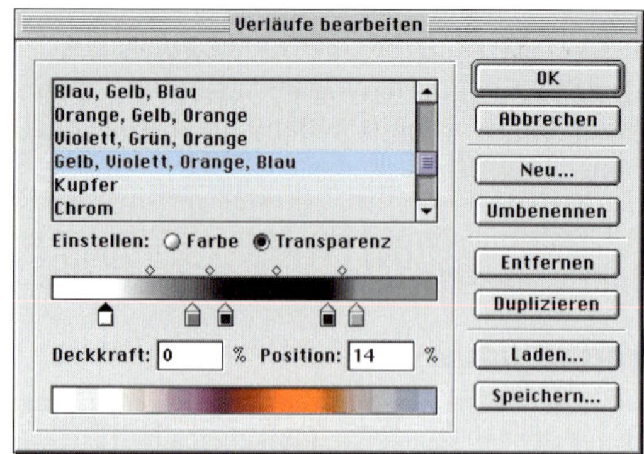

Nacheinander bearbeiten Sie die Farben eines Verlaufs und die Transparenzmaske.

»Verläufe bearbeiten«, Transparenz

Die Transparenzmaske gehört zu jedem Verlauf. Sie bestimmt die Deckkraft an verschiedenen Punkten des Verlaufs. Um die Transparenzmaske zu bearbeiten, klicken Sie im Dialogfeld »Verläufe bearbeiten« neben »Einstellen« auf »Transparenz«. In der Transparenzleiste zeigen dunkle Töne eine hohe Deckkraft an, helle Töne signalisieren wenig Deckkraft. Unten im Dialogfeld erhalten Sie eine Vorschau auf den fertigen Verlauf, Karos signalisieren durchsichtige Bereiche. Um die Maske komplett auszuschalten und die Farben voll deckend aufzutragen, wählen Sie das »Maskieren« in den Verlauf-Werkzeug-Optionen ab.

Deckkraft ändern

Um zum Beispiel die Deckkraft am Anfang des Verlaufs zu verändern, klicken Sie auf die linke Transparenzmarke unter der Transparenzleiste. Ein schwarzes Dreieck (»das Dach«) signalisiert, daß diese Marke aktiv ist. Durch Eintippen oder mit den Pfeiltasten verändern Sie die Deckkraft. Sie können auch die Transparenzmarke nach innen verschieben, um den vorderen Teil des Verlaufs mit einheitlicher Deckkraft zu übertragen. Mit der Mittelpunkt-Raute legen Sie wieder fest, wo der 50-Prozent-Übergang zwischen zwei Transparenzmarken liegen soll. Harte Übergänge – also Mittelpunktrauten in unmittelbarer Nähe einer Transparenzmarke – können zu interessanten Neon- und 3D-Effekten führen.

Weitere Transparenzmarken fügen Sie einfach hinzu, indem Sie an gewünschter Stelle unter die Transparenzleiste klicken. Überflüssige Marken ziehen Sie aus dem Dialogfeld nach unten, oder Sie tilgen sie mit der Rückschritt-Taste.

Bedenken Sie freilich, daß es mitunter einfacher ist, einen Verlauf ohne Transparenzmaske auf eine eigene Ebene aufzuspielen und die Mischung mit dem Hintergrund per Ebenenmaske zu erzeugen.

Übung: Maske mit Verlauf und Regenbogen-Effekt

In der folgenden Übung nutzen Sie die Möglichkeiten des Verlauf-Werkzeugs systematisch: Sie maskieren eine Bildebene mit weichem Übergang per Verlauf-Werkzeug, und Sie erzeugen den Eindruck eines Regenbogens.

Der Regenbogen entspringt auf einer separaten Ebene. Erzeugen Sie diese Ebene mit einem Klick auf das Symbol »Neue Ebene« in der Ebenen-Palette. Um den Regenbogen im unteren Bildteil unterdrükken zu können, benötigen Sie eine Ebenenmaske, die Sie mit dem Befehl »Ebene: Ebenenmaske hinzufügen: Nichts maskiert« erhalten. Datei: Land

Stellen Sie die Standardfarben Schwarz und Weiß mit der Kurztaste D (für Default) ein. Klicken Sie in der Werkzeugleiste das Verlauf-Werkzeug für linearen Verlauf an. Links: Als »Verlauf« wählen Sie »Vorder- zu Hintergrundfarbe«. Rechts: Wenn die Ebenenmaske aktiviert ist – zu erkennen an dem Masken-, nicht am Pinselsymbol neben der Ebenenminiatur in der Palette –, klicken Sie in den unteren Teil des Bildes und ziehen einen Verlaufweg bis etwa zum Horizont. Wie das Ebenenmasken-Thumbnail in der Palette zeigt, füllt Photoshop den unteren Teil der Ebenenmaske schwarz, mit einem kurzen Übergang zu Weiß. Der spätere Regenbogen kann sich nur im weißen Bereich durchsetzen und wird in der Übergangszone verblassen.

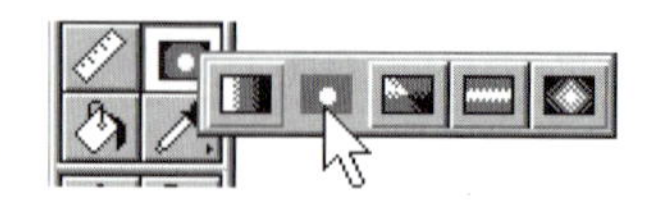

Der Regenbogen entsteht aus dem mitgelieferten Verlauf »Transparenter Regenbogen«, den Sie wie abgebildet bearbeiten. Links: Richten Sie in der Werkzeugleiste das Werkzeug für radikalen Verlauf ein. Rechts: Die Transparenz korrigieren Sie so, daß außerhalb der farbigen Zone kaum Deckkraft übrig bleibt.

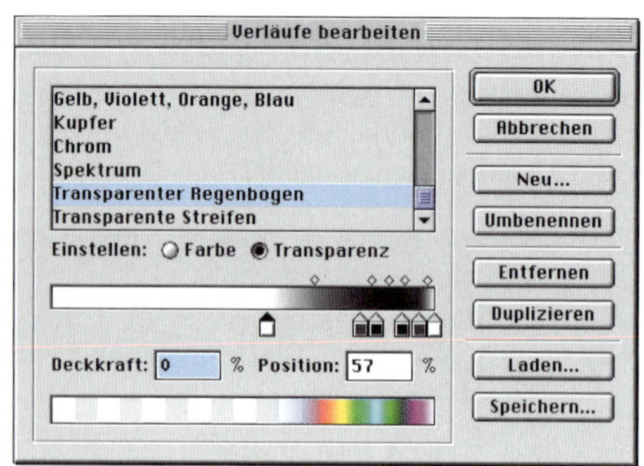

In der Ebenen-Palette klicken Sie jetzt auf die neue Ebene selbst, um diese zu aktivieren und nicht länger die Ebenenmaske zu bearbeiten. Stellen Sie als Modus »Farbton« ein. Setzen Sie das Verlauf-Werkzeug in der Mitte unten im Bild an, und führen Sie es senkrecht nach oben; drücken Sie die Umschalt-Taste, um einen exakt rechten Winkel zu erhalten. Sobald Sie das Werkzeug loslassen, setzt Photoshop einen Regenbogen ein.

Experimentieren Sie auch mit anderen Überblendmodi und mit der Deckkraft. Um die Ausdehnung des Regenbogens zu korrigieren, können Sie die Ebenenmaske mit dem Bewegen-Werkzeug (Kurztaste V) verschieben. Dazu aktivieren Sie die Ebenenmaske durch einen Klick in die Miniatur und heben die Verbindung zwischen der Regenbogen-Ebene und der Ebenenmaske durch einen Klick auf das Verbinden-Symbol auf. Allerdings füllt Photoshop freiwerdende Fläche grundsätzlich mit Weiß, so daß bei Verschieben der Maske nach oben im untersten Bildteil plötzlich der Regenbogen erscheint.

8.4 Werkzeugspitzen

Wie dick oder dünn sich die Pinsel in der Bilddatei auswirken, das regeln Sie in der Werkzeugspitzen-Palette. Die springen Sie auch per F5 an, sofern dieser Befehl nicht in der Aktionenpalette anderweitig vergeben ist. Pinsel oder Airbrush, Buntstift oder Wischfinger, für fast alle Mal- und Retuschewerkzeuge gleichermaßen gelten die Vorgaben aus der Werkzeugspitzen-Palette. Stellen Sie ein, wie breit, wie hart, wie intensiv und mit welcher Pinselform Farbe aufgetragen wird, oder konstruieren Sie Ihre eigene Werkzeugspitze.

Photoshop merkt sich die letzte Einstellung für jedes einzelne Malwerkzeug, so daß Sie bei neuerlicher Anwahl des Instruments wieder jene Werkzeugspitze erhalten, die Sie für dieses spezielle Gerät zuletzt benutzt hatten.

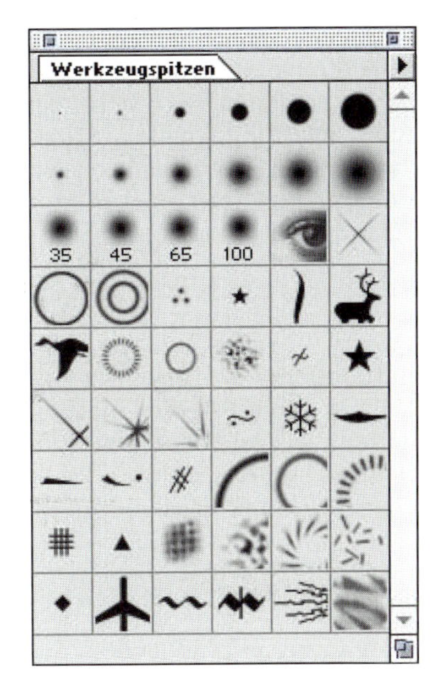

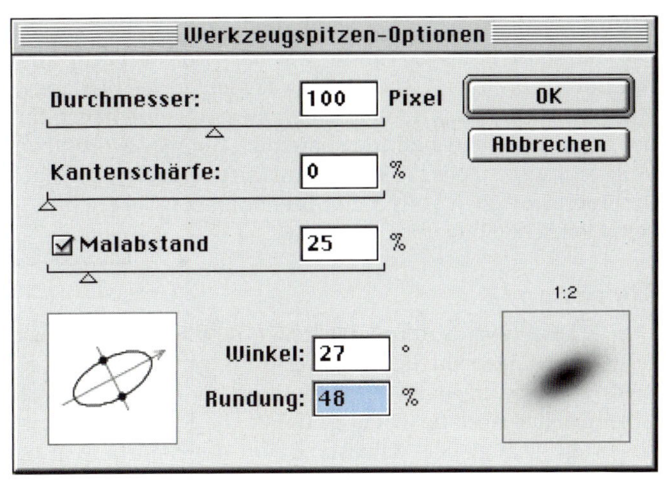

In der Werkzeugspitzen-Palette wählen Sie die Form, mit der Pinsel, Airbrush, Stempel und andere Mal- und Retuschewerkzeuge Farbe auftragen. Rechts: Nach einem Doppelklick auf die gewünschte Spitze lassen sich die Eigenschaften verändern.

Die aktive Spitze erscheint eingerahmt. Die kleineren Spitzen zeigt Photoshop in 100-Prozent-Größe. Halten Sie Ihre Datei im 100-Prozent-Maßstab daneben (⌘+Alt+0), können Sie die Reichweite der Spitze bereits ermessen. Überbreite Spitzen, die nicht mehr in die Kästchen passen, erscheinen verkleinert, darunter schreibt Photoshop den Pixeldurchmesser. Wo die Spitzen nach Grau hin verblassen, tragen sie nur noch mit verminderter Deckkraft Farbe auf. Durch Klick aktivieren Sie eine andere Spitze.

Photoshop sollte die Pinselspitze beim Malen nicht als Werkzeuglogo oder Fadenkreuz abbilden, sondern als Kontur in der Originalgröße – den Auftrag erteilen Sie in den **Voreinstellungen: Bildschirm- und Zeigerdarstellung** (⌘+K, dann ⌘+3). Diese Werkzeugspitzenkontur rahmt freilich nur jenen Bereich ein, der mit mindestens 50 Prozent Deckkraft aufträgt: Sie gibt also keinen genauen Aufschluß, bis wohin sich der weiche Rand eines Werkzeugs erstreckt.

Werkzeugspitzen-Optionen

Um eine Werkzeugspitze zu verändern, klicken Sie doppelt oder mit gedrückter ctrl-Taste auf das Symbol in der Palette. Sie erhalten dann die »Werkzeugspitzen-Optionen«. Das gleiche Dialogfeld erscheint, wenn Sie im Werkzeugspitzen-Menü – erreichbar durch Klicken auf das Dreieck oben rechts – die **Neue Werkzeugspitze** wählen; die neue wird dann an die aktuelle Werkzeugpalette angehängt. Abkürzung dorthin: Klicken Sie in die freie Fläche innerhalb der Werkzeugspitzen-Palette.

Unten rechts sehen Sie den aktuellen Pinsel, das Kreisfeld links unten skizziert Winkel und Rundung. Beobachten Sie die Veränderungen in diesen Feldern, wenn Sie die neuen Werte für Ihre Werkzeugspitze eingeben:

Durchmesser

Als »Durchmesser« nennen Sie die Werkzeuggröße in Pixeln; bis 999 sind möglich.

Kantenschärfe

Die »Kantenschärfe« bestimmt, wie stark Ihr Werkzeug zu den Rändern hin aufweicht und dort nur noch schwache Wirkung zeigt. Je kleiner der Wert, desto diffuser der Rand. Doch selbst bei 100 Prozent Kantenschärfe erhalten Sie noch eine hauchdünne Kantenglättung. Knallharte Ränder ohne jeglichen halbtransparenten Übergang produziert Photoshop nur mit rechteckigen Werkzeugspitzen oder mit dem Buntstiftwerkzeug. Rechteckige Werkzeugspitzen fand der Autor in seiner deutschen Vollversion im Photoshop-Verzeichnis »Goodies/Spitzen« unter dem Namen »Quadratische Spitzen«.

Malabstand

Der »Malabstand«, sofern angekreuzt, reguliert die Dichte des Auftrags über die Länge des Pinselstrichs hin. Geben Sie hohe Werte ein, gerät der Strich sprenkelig, da mehr Pixel frei bleiben; niedrige Werte erzeugen einen durchgehenden Strich. Pinseln Sie zum Beispiel mit einem Logo, ist ein hoher Abstand wichtig, damit die Einzelbilder nicht ineinanderlaufen. Ist die Option abgewählt, hängt der Malabstand von der Mausbewegung ab: Je schneller Sie ziehen, um so löchriger wird die Linie.

Winkel

Der »Winkel« verrät, wie stark die Hauptachse einer elliptischen Werkzeugspitze gegenüber der Horizontalen geneigt ist, anders gesagt, wie schräg die Spitze ausfällt. Sie können den Wert eintippen oder direkt die Achse im Vorschau-Feld an den Griffpunkten verdrehen. Eine schräge, elliptische Spitze ist für kalligraphische Effekte gut.

Rundung

Als »Rundung« tippen Sie ein, ob Sie einen Kreis (100%) oder eine mehr oder weniger schmale Ellipse wollen. Das Werkzeug läßt sich wiederum auch direkt an den Griffen zurechtstauchen.

Nach einem Klick auf »OK« haben Sie die neue beziehungsweise geänderte Spitze in der Palette.

Das Werkzeugspitzen-Menü

Das Werkzeugspitzen-Menü bietet Ihnen folgende Möglichkeiten:

- Eine **Neue Werkzeugspitze** definieren Sie mit dem Dialogfeld »Werkzeugspitzen-Optionen«, das Ihnen auch beim Ändern einer vorhandenen Spitze begegnet. Abkürzung: Doppelklick in die freie Fläche der Palette.
- Sie können eine angeklickte **Werkzeugspitze löschen**, wenn sie nur Platz wegnimmt und nicht mehr benötigt wird; diesen Punkt bietet auch das Kontextmenü, wenn Sie bei gedrückter ctrl-Taste auf eine Werkzeugspitze klicken. Oder Sie klicken mit gedrückter ⌘-Taste auf die überflüssige Spitze; eine Schere erscheint.
- Per **Werkzeugspitzen-Optionen** regulieren Sie Größe, Härte oder Winkel – leichter erreichbar ist dieses Dialogfeld via Doppelklick oder Kontextmenü.
- Sie können eine **Werkzeugspitze festlegen**, wenn Sie zuvor ein Graustufenbild markiert haben; es wird dann als Pinselspitze geladen (siehe unten, »Eigene Werkzeugspitzen definieren«).

- Wenn Sie die **Werkzeugspitzen zurücksetzen**, laden Sie wieder Photoshops runde Standardpinsel. Sie werden gefragt, ob Sie die aktuelle Palette ganz verwerfen wollen oder ob Photoshop die Standardpinsel nur anhängen soll.
- Der Befehl **Werkzeugspitzen speichern** speichert die aktuelle Palette in einer Datei; das einschlägige Unterverzeichnis »Goodies/Spitzen« legt Photoshop von Haus aus an.
- **Werkzeugspitzen laden** ersetzt den Inhalt der aktuellen Palette durch eine Werkzeugspitzensammlung, die Sie zuvor auf Festplatte bannten.

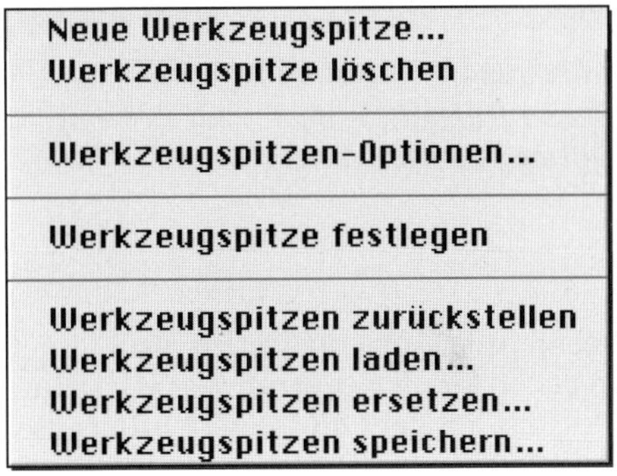

Neue Werkzeugspitze...
Werkzeugspitze löschen

Werkzeugspitzen-Optionen...

Werkzeugspitze festlegen

Werkzeugspitzen zurückstellen
Werkzeugspitzen laden...
Werkzeugspitzen ersetzen...
Werkzeugspitzen speichern...

Mit dem Paletten-Menü organisieren Sie Ihre Werkzeugspitzen.

Eigene Werkzeugspitzen definieren

Leicht laden Sie Teile einer Bilddatei als Werkzeugspitze. Je dunkler diese Bildteile sind, um so stärker ihre Deckkraft als Pinsel. Ein grauer Bildteil trägt als Pinsel Schwarz nur grau auf, weiße Pinselzonen richten gar nichts aus. Als eigenen Pinsel laden sie etwa ein Piktogramm, ein Firmenlogo oder auch eine Struktur, die Sie nur im Mischmodus »Luminanz« auftragen. Das Prozedere im Überblick:

1. Wählen Sie ein Auswahlwerkzeug aus der Werkzeugpalette.
2. Markieren Sie den Bildteil, der zur Werkzeugspitze werden soll. Maximale Größe: 999×999 Pixel; die Größe entnehmen Sie der Informationspalette.
3. Klicken Sie in der Werkzeugspitzen-Palette auf das Menüdreieck, und wählen Sie **Werkzeugspitze festlegen** — die Figur erscheint in der Palette und steht als Pinselspitze zur Verfügung.

Abschließend sollten Sie mit den »Werkzeugspitzen-Optionen« weitere Einstellungen vornehmen. Für frei geformte Werkzeugspitzen gibt es nur zwei Einflußmöglichkeiten:

- Der »Malabstand« reguliert die Dichte des Auftrags über die Länge des Pinselstrichs hin — je höher der Prozentwert, um so verstreuter tragen Sie auf. Damit Logos nicht ineinanderlaufen, wählen Sie einen hohen Malabstand. Alternative: viel Weiß um den eigentlichen Pinsel herum, das Sie mit als Pinsel speichern.
- Das »Glätten« empfiehlt sich, um die Ränder geringfügig aufzuweichen und so für einen gefälligeren Übergang zum Hintergrund zu sorgen. Alternativ erzeugen Sie eine Werkzeugspitze mit verschiedenen Graustufen im Randbereich.

Eine wichtige andere Möglichkeit haben Sie nicht: die Größenregelung.

Tips für die eigene Werkzeugspitze

Werfen Sie einen Blick auf die folgenden Tips, bevor Sie die erste eigene Werkzeugspitze schnitzen.

Ein niedriger Malabstand läßt die Pinselformen ineinanderfließen, nur hohe Werte lassen alle Konturen erkennen. Blasser Farbauftrag deutet auf zu wenig Tiefen in der Pinseldatei hin, und ein quadratischer Pinselauftrag zeigt, daß die gewünschte Figur nicht freigestellt wurde.

Größe regeln

Die meisten Bildelemente sind zunächst viel zu groß, um als Werkzeugspitze durchzugehen – Sie kleistern mit dem ersten Strich das ganze Bild zu. Darum fertigt man mit **Bild: Duplizieren** ein Duplikat des Bildes, das mit dem **Bild**-Befehl **Bildgröße** heruntergerechnet wird; für weiche Kanten und Vermeidung des Treppeneffekts verwenden Sie »Bikubisch« als Interpolationsmethode. Alternative: Skalieren Sie die Auswahl drastisch herunter, zum Beispiel mit ⌘+T, oder zahlengenau per Eingabe mit dem Befehl **Ebene: Transformieren: Per Eingabe** (Umschalt+⌘+T); bei diesem Verfahren verkleinern sich Pfade allerdings nicht mit. Nach der Größenänderung empfiehlt sich meist ein Scharfzeichner.

Weißes Umfeld

Das Umfeld der Pinselspitze sollte auf Weiß stehen, damit die Kontur gut herauskommt und der Pinsel nicht ein komplettes Quadrat ausmalt. Alternative: Sie markieren nur das Objekt selber mit einer Freiform-Maske, zum Beispiel die Lippen, ohne jedes Drumherum.

Deckkraft steuern

Damit der Pinsel kräftig aufträgt, sollte er einige schwarze Partien zeigen – nur die haben später eine Deckkraft von 100 Prozent. Wechseln Sie vor den folgenden, empfehlenswerten Eingriffen am besten schon in den Graustufenmodus.

Nutzen Sie etwa den Befehl **Tonwertkorrektur** aus dem **Bild**-Menü **Einstellen** (⌘+L): Drücken Sie auf die »Auto«-Schaltfläche; oder schieben Sie den Schwarzregler links so weit nach innen, bis er mindestens die äußersten linken Balken im Histogramm erreicht; oder klicken Sie einen dunklen Bildpunkt mit der Schwarzpipette an, um diesen Tonwert auf Schwarz abzusenken. Damit wird das Bild deutlich dunkler, doch bleibt Zeichnung erhalten.

Wollen Sie dagegen einen komplett schwarzen Pinsel ohne jede Zeichnung, verwenden Sie den **Schwellenwert**-Befehl aus dem Untermenü **Bild: Festlegen**; Sie vermeiden die dabei entstehenden krachharten Ränder, wenn Sie alternativ den Befehl **Helligkeit/Kontrast** mit Höchstwerten wie »97« für »Kontrast« und variablen Werten für »Helligkeit« einsetzen – aber nur im Graustufenmodus.

Brauchen Sie später einen blassen Pinsel, nehmen Sie die »Deckkraft« in den Optionen des jeweiligen Werkzeugs zurück.

Übung: Eigene Werkzeugspitze definieren

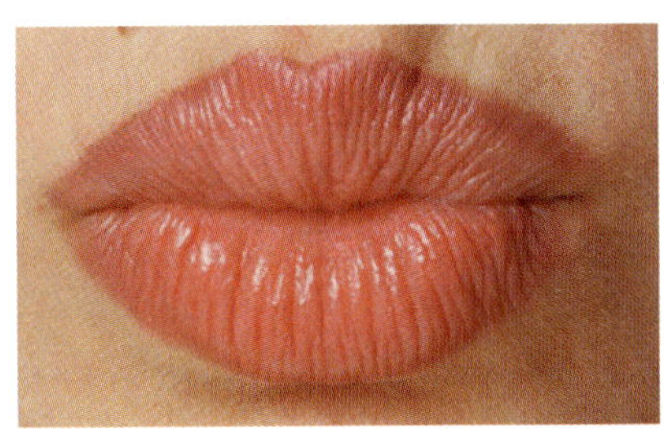

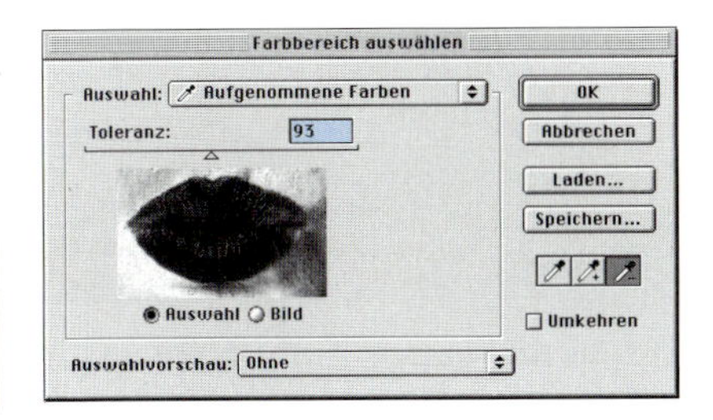

Eine Werkzeugspitze entsteht: Die Vorlage wird zunächst nicht in »Graustufen« verwandelt, da sie sich farbig leichter auswählen läßt. Eine erste Auswahl erzeugt das Dialogfeld »Farbbereich auswählen«. Datei: Mund

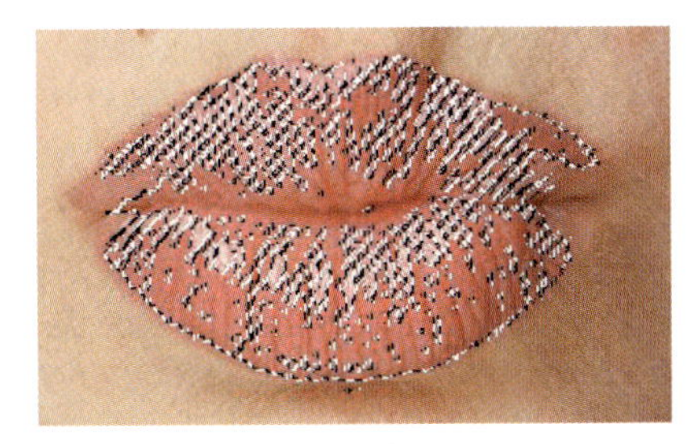

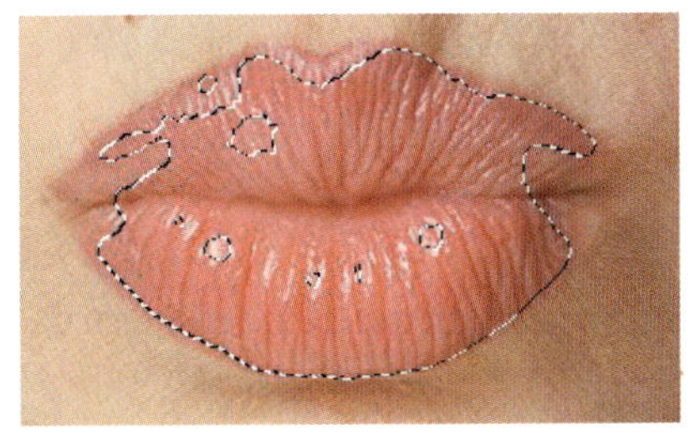

Die entstehende, löchrige Auswahlmarkierung verbessert der »Auswahl«-Befehl »Verändern: Abrunden«. Mit Lasso oder Zauberstab fügen Sie bei gedrückter Umschalt-Taste Bildteile zur Auswahl hinzu.

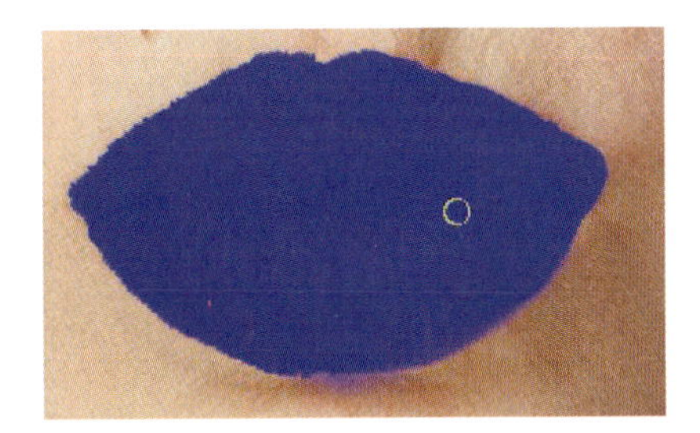

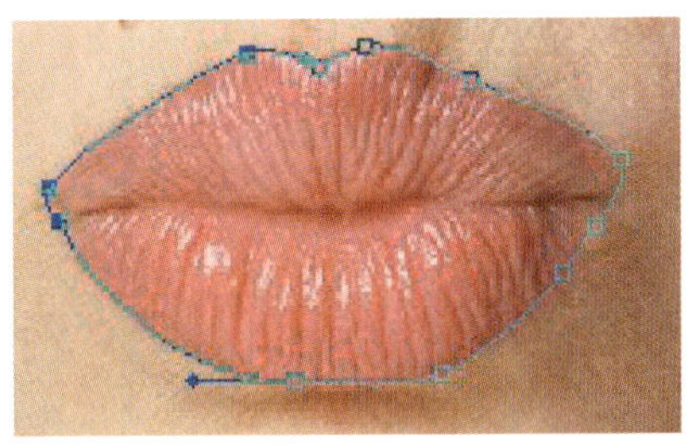

Um einen wirklich glatten Rand zu erhalten, wird die Auswahl im Maskierungsmodus (Kurztaste Q, für Quickmask) mit dem Pinsel korrigiert und schließlich bei mittlerer »Toleranz« von 3,0 in einen Pfad verwandelt, um letzte Ecken zu glätten. Der Pfad wird gespeichert.

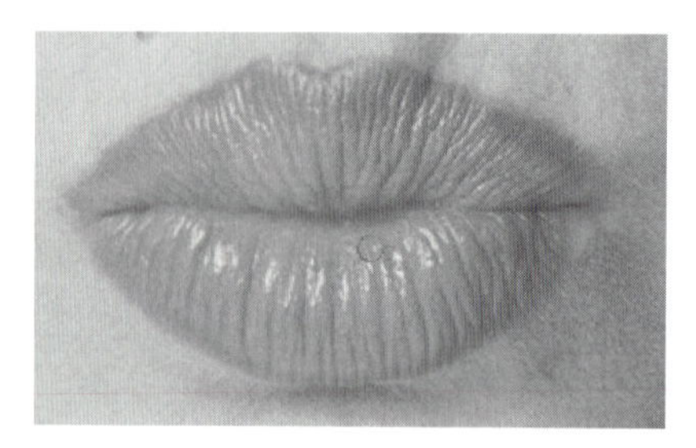

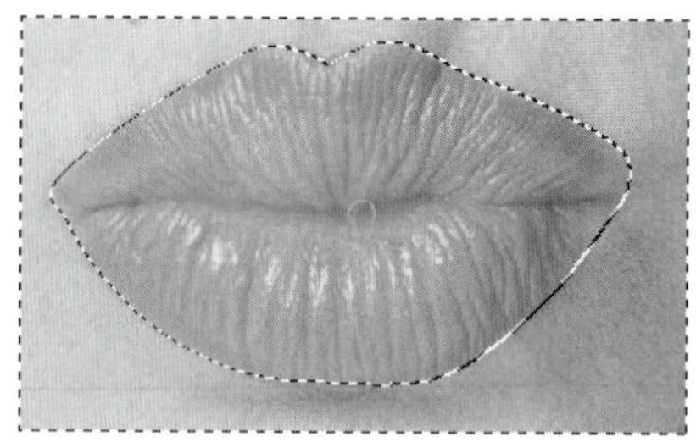

Jetzt verwandeln Sie das Bild in den »Graustufenmodus«, laden die Auswahl des Mundes aus der Pfadepalette und kehren diese Auswahl um (⌘+Umschalt+I, für Invert).

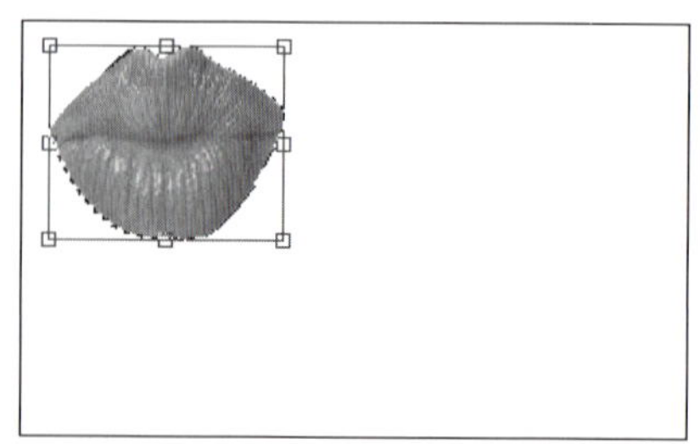

Richten Sie Weiß als Hintergrundfarbe ein (Kurztaste D), dann löschen Sie die Umgebung mit der Rückschritt-Taste. Drücken Sie ⌘+T (für Transform), um den Mund drastisch zu verkleinern. Bei gedrückter Umschalt-Taste bewahrt Photoshop die Proportionen, die Informationen-Palette zeigt die entstehende Größe. Allerdings werden bei diesem Verfahren Pfade nicht mitverkleinert, so daß sich alternativ der Befehl »Bild: Bildgröße« anbietet. Anschließend empfiehlt sich ein Scharfzeichner.

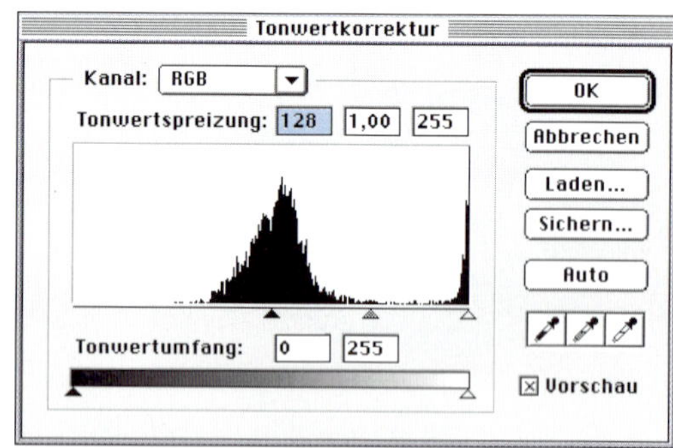

Beschneiden Sie den verkleinerten Mund mit dem Freistell-Werkzeug (⌘+C, für Crop). Der verbleibende weiße Rand wird als Pinsel keinerlei Wirkung haben. Dann erweitern Sie den Tonwertumfang mit der »Tonwertkorrektur« (⌘+L): Nur schwarze und dunkle Partien erzeugen satten Farbauftrag.
Ergebnis-Datei: Mund_2

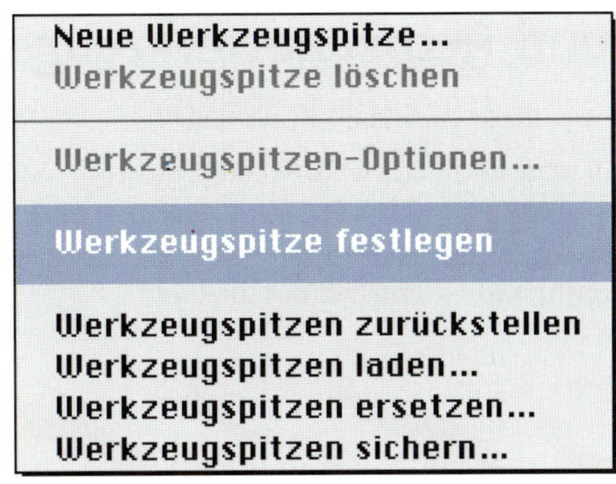

Markieren Sie die gesamte, als Pinselspitze vorbereitete Datei mit dem Befehl ⌘+A (für All). Dann verwenden Sie im Paletten-Menü den Befehl »Werkzeugspitze festlegen«, um den Mund in die Werkzeugspitzen-Palette aufzunehmen.

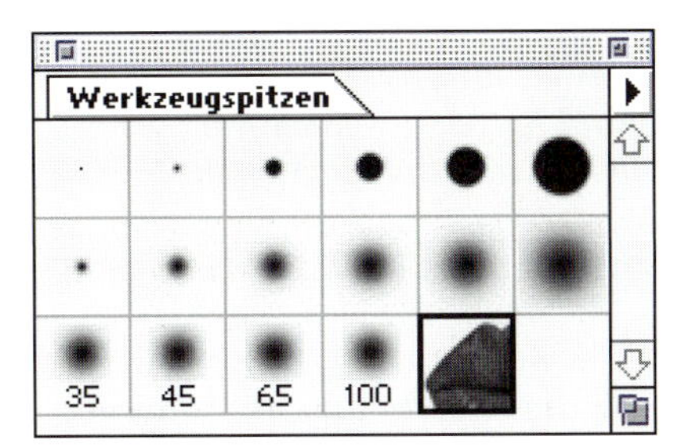

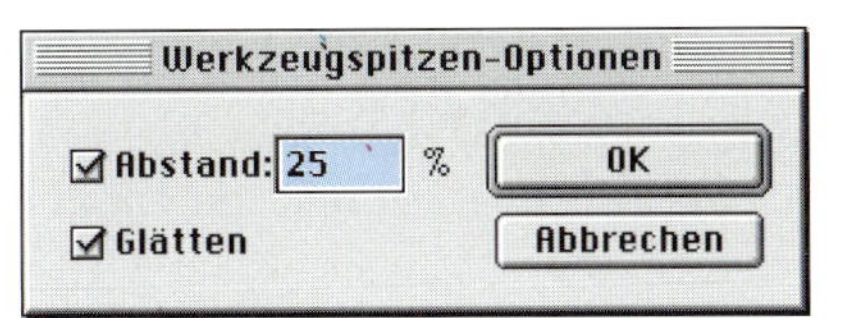

Damit erscheint die neue Werkzeugspitze in der Palette. Klicken Sie doppelt darauf, um in den Optionen noch den Malabstand und die Glättung festzulegen.

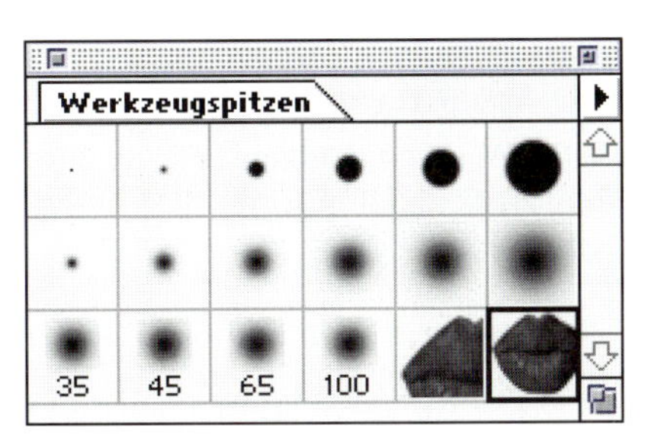

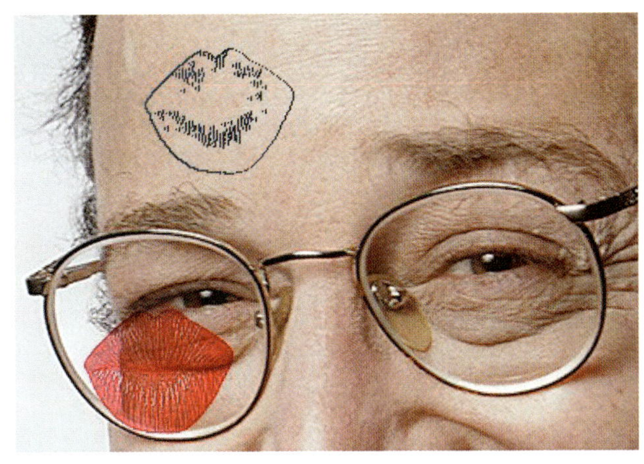

Motive wie die hier verwendete 100 Pixel breite Version des Mundes kann Photoshop nur ausschnittweise in der Werkzeugspitzen-Palette zeigen. Die Kontur der neuen Spitze erscheint bei Anwahl eines Mal- oder Retuschewerkzeugs bereits über dem Bild, wenn Sie das in den »Voreinstellungen« einrichten (⌘+K, dann ⌘+3). Datei: Toni

8.5 Mal- und Retuschewerkzeuge

Malen in Photoshop ist denkbar einfach:

1. Klicken Sie auf ein Malwerkzeug wie Pinsel oder Airbrush, oder aktivieren Sie es schnell mit einer Kurztaste.
2. Führen Sie das Werkzeug mit gedrückter Maustaste durch die Bilddatei. Ein Strich in der gewählten Vordergrundfarbe zieht sich durchs Bild.

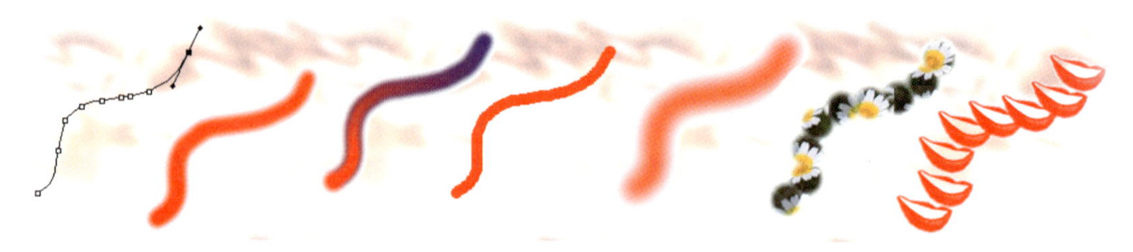

Mal-Zeit: Ein mehrfach kopierter Pfad wird mit unterschiedlichen Werkzeugvorgaben gefüllt. Zuerst mit normalem Pinsel mit weicher Werkzeugspitze, dann mit Verblassung zur Hintergrundfarbe Blau. Der Buntstift erzeugte einen harten Strich, der Airbrush arbeitete lockerer. Der Musterstempel trug ein Blumenmuster auf, das zuvor nach einer Rechteck-Auswahl festgelegt worden war. Der Mund wurde als Werkzeugspitze festgelegt und mit Pinsel und hohem Abstand aufgebracht.

Allgemeine Optionen

Mit Pinsel, Airbrush, Buntstift und Linienzeichner malen Sie neue Farbe ins Bild; Abwedler (Aufheller), Scharfzeichner, Schmierfinger, Schwamm, Nachbelichter (Abdunkler) und die Stempel modeln eher vorhandene Pixel um.

Doch zahlreiche Einstellungen und Kurztasten sind für alle Mal- und Retuschewerkzeuge gleich: Zum einen arbeiten alle Stifte & Co. mit den Vorgaben aus der Werkzeugspitzen-Palette; zum anderen ähneln sich die Einstellmöglichkeiten, die Sie in den Werkzeug-Optionen vorfinden. Die folgenden Tips erleichtern die Arbeit mit den Werkzeugen.

Darstellung

Für alle Mal- und Retuschewerkzeuge gilt, Photoshop kann sie auf unterschiedliche Art über der Bilddatei darstellen: als Werkzeugsymbol, als Fadenkreuz oder – am besten – als Konturlinie in der Originalgröße der gewählten Werkzeugspitze. Wie Photoshop das Werkzeug anzeigt, regeln Sie in den »Voreinstellungen« (⌘+K, dann ⌘+3). Auch die Feststell-Taste wechselt zwischen den Anzeigearten.

Gerade Verbindung

Zu den universellen Kurzschaltern der Malwerkzeuge gehört die Umschalt-Taste: Sie klicken einen Farbtupfer ins Bild, lassen die Maus los und klicken andernorts erneut mit gedrückter Umschalt-Taste – Photoshop wird die zwei Punkte mit einer geraden Linie verbinden. Klicken und Umschalt-Ziehen führt zum gleichen Ziel.

Wechsel zur Pipette

Eine Alt-Taste beim Mal-Werkzeug wechselt vorübergehend zur Pipette, mit der Sie eine neue Vordergrundfarbe aus dem Bild aufgreifen können. Sobald Sie die Alt-Taste freigeben, können Sie mit dem neuen Tonwert malen.

Deckkraft

Für die meisten Malgeräte regeln Sie außerdem »Deckkraft«, »Druck« oder »Belichtung« – je niedriger der Wert, der zwischen 1 und 100 liegen kann, desto geringer die Wirkung des Werkzeugs. Diese Werte lassen sich auch über die Zifferntasten einstellen – »1« steht für den niedrigen Wert 10, »2« für 20, »0« für 100. Sie können aber auch präzise Vorgaben wie »53« machen.

Ebenentechnik

Sofern Sie an einem Bild mit mehreren Ebenen arbeiten: Bei Wischfinger, Weich- und Scharfzeichner wie auch bei den Stempeln malen Sie zunächst nur auf der gewählten aktiven Ebene. Möchten Sie aber Pixel aus einer Ebene in die andere kopieren oder wischen, dann weisen Sie Photoshop in den Werkzeug-Optionen an, daß er »Alle Ebenen einbeziehen« muß.

Verblassungsrate

Auch die »Verblassungsrate« stellen Sie für mehrere Instrumente ein, jeweils in den Dialogen von Buntstift, Pinsel und Airbrush. Dabei verblaßt die Farbe nach einer bestimmten Strecke von Bildpunkten, die Sie mit einem Wert von 0 bis 9999 festlegen. Je höher die Verblassungsrate, desto länger der Pinselweg, bevor die Farbe verblaßt. Sie lassen die Vordergrundfarbe entweder immer transparenter werden – dann tritt allmählich die Farbe des Ur-Bildes hervor, Sie simulieren so etwa einen richtigen Pinsel; oder Sie lassen die Vordergrund- in die Hintergrundfarbe übergehen.

Malen nach Pfaden

Mit der Pfadepalette definieren Sie einen Pfad, an dem sich Pinsel oder Retuschewerkzeuge mit beliebigen Einstellungen und Malmodi entlangarbeiten. Sie müssen dann nicht immer aufs Pixel genau zielen, sondern lassen nach Erstellung des Pfads nur noch kommod die Pfadkontur füllen. Die Pfade sind, weiter hinten, ein Kapitel für sich.

Druckempfindlichkeit

Sofern Sie mit einem druckempfindlichen Grafiktablett arbeiten wie etwa von Calcomp oder Wacom, haben Sie bei Buntstift, Pinsel, Airbrush, Radiergummi, Stempeln, Wischfinger, Weichzeichner/Scharfzeichner und Aufheller/Abdunkler noch weitere Optionen:

- »Größe« macht den Farbauftrag bei zunehmendem Druck größer;
- »Farbe« läßt Sie bei starkem Druck mit der Vordergrundfarbe malen, bei schwachem Druck mit der Hintergrundfarbe, bei mittlerem Zupacken mit einer bunten Mischung;
- »Deckkraft« macht die Farbe bei zunehmendem Druck deckender.

All diese Optionen lassen ein Bild handgemalter oder auch schlicht ungleichmäßiger und damit lebendiger wirken.

Experimente

Die Experimente mit den Überblendverfahren fallen leichter, wenn Sie die Pinselstriche gleich auf einer neuen Ebene anbringen. Dabei füllen Sie die Ebene zunächst mit der »neutralen Farbe« – jenem Farbton also, der im gewählten Überblendmodus komplett unsichtbar bleibt. Für »Negativ multiplizieren« ist das zum Beispiel Schwarz. Am einfachsten haben Sie es, wenn Sie auf das Symbol »Neue Ebene erstellen« in den Ebenen-Optionen klicken und dabei die Alt-Taste drücken. Dann erscheinen die Optionen, Sie wählen ein Mischverfahren und gehen auf Photoshops Angebot ein: »Mit der neutralen Farbe für den Modus 'Negativ multiplizieren' füllen«. Egal, wieviel Pinselstriche Sie tun, Sie werden das darunterliegende Original nicht dauerhaft verändern. Bei Bedarf verschmelzen Sie die Ebene mit Ihrer Retusche mit dem darunterliegenden Bild zum Beispiel mit dem »Ebene«-Befehl »Mit darunterliegender auf eine Ebene reduzieren«.

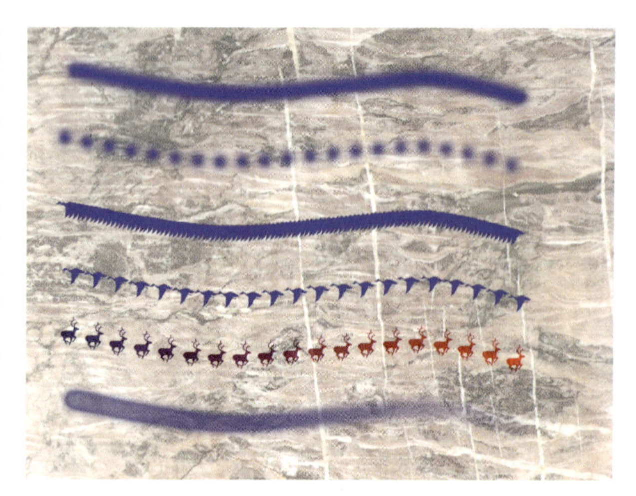

Ein niedriger Abstand wie 25 Prozent sorgt für dichten Farbauftrag, während hohe Werte Lücken lassen (oberes Paar). Hohe Malabstände machen vor allem Sinn bei Logos und Figuren, wenn sich die Einzelbilder nicht überlappen sollen (mittleres Paar). Der Farbauftrag kann auch zur Hintergrundfarbe übergehen oder transparent auslaufen (unteres Paar). Bei allen Beispielen wurde das Pinselwerkzeug mit nassen Kanten im Modus »Multiplizieren« verwendet.

Transparente Bereiche

Malen Sie auf einer Ebene mit transparenten Bereichen ohne jede Pixel, dann beachten Sie die Option »Transparente Bereiche schützen« in der Ebenen-Palette. Wollen Sie in der gesamten Ebene einschließlich transparenter Zonen malen, wählen Sie diese Option ab. Ist diese Option dagegen aktiviert, können Sie nur bereits eingefärbte Bildteile anstreichen, aber keine neue Farbe in leere Zonen bringen. Der Mischmodus »Dahinter« malt umgekehrt ausschließlich in transparente Bildbereiche, steht aber nur für wenige Werkzeuge zur Verfügung.

Standard-Malwerkzeuge

Wollen Sie Farbe aufbringen, stehen die folgenden Standard-Werkzeuge zur Verfügung:

Pinsel

Der Pinsel (Kurztaste B, für Brush) erzeugt weichkantige Striche; er ist das universelle Malwerkzeug. Nach Doppelklick auf das Werkzeug stellen Sie in den Optionen ein, ob und nach wieviel Pixeln der Strich verblassen oder zur Hintergrundfarbe übergehen soll. Auch für die feinen Signale eines druckempfindlichen Grafiktabletts zeigt sich der Pinsel empfänglich. Verwenden Sie den Pinsel mit einer Werkzeugspitze von 100 Prozent Kantenschärfe, um eine geglättete Auswahlkontur im Alphakanal zu retuschieren. Soll der Pinsel absolut hart auftragen, laden Sie die rechteckigen Werkzeugspitzen (oder verwenden Sie gleich den Buntstift). Die Option »Nasse Kanten« simuliert Aquarellfarben – der Pinsel trägt innen leicht transparent auf und erreicht nur an den Rändern volle Deckkraft.

Airbrush

Der Airbrush (Kurztaste A) hat die gleichen Regelmöglichkeiten, nicht aber »Nasse Kanten«; er sprüht die Farbe dünn und fein auf und eignet sich für Schatten, Lichthöfe und stimmungsvolle Retuschen. Die duftige Stimmung erzeugen Sie mit reduziertem »Druck« (entspricht der Deckkraft). Malen Sie mehrfach übereinander, eventuell korrigieren Sie mit (Photoshops) Wischfinger nach.

Buntstift

Der Buntstift (seit Photoshop 5 Kurztaste N, für Pencil) teilt sich ein Fach der Werkzeugleiste mit dem Linienzeichner. Der Buntstift erzeugt scharfkantige, freie Linien oder Figuren ohne jeden weichen Rand. Mit ihm läßt sich »automatisch löschen«, also die Vordergrund- durch die Hintergrundfarbe austauschen. Kommt ihm jedoch keine Vordergrundfarbe unter, setzt er die Vordergrundfarbe ein.

Der Buntstift wird vor allem bei Bitmap-Bildern verwendet, die per definitionem auf schwarze und weiße Bildpunkte beschränkt sind. Aber auch bei anderen harten Grafiken eignet er sich zur Retusche, zum Beispiel bei Screenshots.

Der Pinsel malt mit geglättet hartem oder mit weichem Rand (links und links außen), während der Airbrush locker aufsprüht (Mitte rechts). Der Buntstift (rechts außen) erzeugt harte Kanten ohne Glättung.

Linienzeichner

Der Linienzeichner (Kurztaste N, für Line Tool) erzeugt gerade Linien mit geglättetem Rand. Er teilt sich ein Fach der Werkzeugleiste mit dem Buntstift. Die Umschalt-Taste beschränkt den Winkel der Linie auf 45 Grad oder ein Vielfaches davon. Sie können die Linienbreite in Pixeln einstellen – und Sie können Pfeilspitzen anbringen (siehe unten).

Pfeilspitzen

Um den Linienzeichner mit Pfeilspitzen arbeiten zu lassen, legen Sie in den Optionen Folgendes fest:

- Klicken Sie »Anfang«, »Ende« oder beides an – je nachdem, wo Sie den Pfeil sehen möchten.
- Geben Sie für die Breite und Länge der Pfeilspitze Werte zwischen einem und 1500 Pixeln an.
- Benennen Sie auch die Pfeilspitzenlänge mit einem Wert zwischen einem und 1500 Punkten.

- Geben Sie einen Prozentwert zwischen +50 und -50 für die Rundung an. Damit nehmen Sie Einfluß auf jene Stelle, wo Spitze und Linie aufeinandertreffen. Je höher der Rundungswert, desto spitzer der innere Winkel zwischen Pfeilflanken und Linie.

Leicht erzeugen Sie einen Pfeil mit 3D-Look: Bringen Sie das Gebilde auf einer neuen, transparenten Ebene auf. Dann starten Sie den Befehl **Ebene: Effekte** zum Beispiel mit dem Dialog **Abgeflachte Kante und Relief**.

Wie ein Pfeil: Diese Formen entstanden mit dem Linienzeichner. Oben wurde mit positiver, unten mit negativer Rundung gearbeitet. Variabel sind auch Breite und Länge der Pfeilspitzen.

Retuschewerkzeuge (Übersicht)

Mit den Retuschewerkzeugen tragen Sie keine Vordergrundfarbe auf, statt dessen verändern Sie vorhandene Bildpunkte; es sind Wischfinger, Radiergummi, Abwedler/Nachbelichter/Schwamm (also Aufheller/Abdunkler/Entsättiger) und Scharfzeichner/Weichzeichner. Die Stempel tauchen in einem separaten Abschnitt auf. Wischfinger, Weich- und Scharfzeichner sowie Aufheller und Abdunkler funktionieren nicht in Bildern mit indizierten Farben oder im schwarzweißen Bitmap-Modus.

Bei Wischfinger, Weich- und Scharfzeichner wie auch bei den Kopie-Optionen des Stempels malen Sie zunächst nur auf der aktiven Ebene. Klicken Sie in den jeweiligen Werkzeug-Optionen an, daß Sie »Alle Ebenen einbeziehen« wollen, um etwa Pixel aus der einen Ebene in die andere zu kopieren.

Denken Sie aber auch daran: Alle Retuschetools sind im Grunde nur bewegliche Filter, die Werkzeugspitze dient als mausgeführter Auswahlbereich. Oft ist es einfacher, einen Bildteil mit Lasso und Zauberstab auszuwählen und dann einen Scharfzeichnerfilter oder den Helligkeitsregler darauf anzuwenden, als den Ausschnitt mit Schärfe- oder Aufhellerpinsel zu traktieren. Noch komfortabler: Legen Sie zwei identische Ebenen übereinander. Korrigieren Sie die untere mit dem gewünschten **Filter**- oder **Einstellungen**-Befehl. Dann pinseln Sie per Radiergummi oder Ebenenmaske pixelgenau Löcher dorthin in die obere Ebene, wo sich die Retusche letztlich zeigen soll. Schließlich verschmelzen Sie die obere mit der unteren Schicht per ⌘+E.

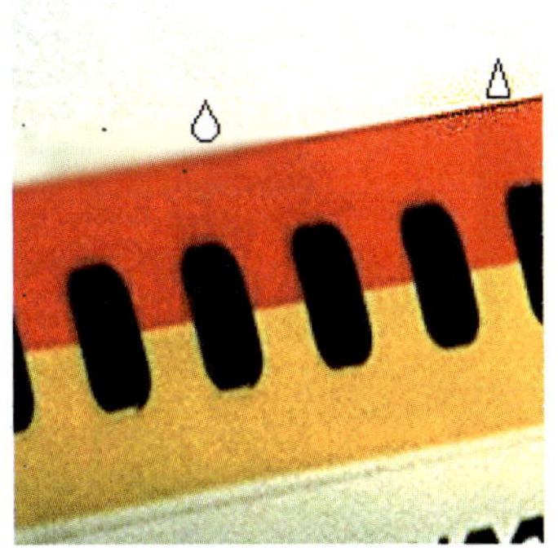

Mit dem Wischfinger ziehen Sie Farbe durch das Bild (links). Weichzeichner und Scharfzeichner schwächen beziehungsweise erhöhen den Kontrast an Konturen (Mitte). Der Abwedler (Aufheller) macht das Bild örtlich heller, der Nachbelichter (Abdunkler) dunkler, der Schwamm senkt oder erhöht die Farbsättigung.

Wischfinger

Der Wischfinger siedelt seit Photoshop 5 im selben Fach der Werkzeugleiste wie Scharf- und Weichzeichner und teilt sich mit diesen neuerdings auch die Kurztaste R. Er simuliert den Effekt eines Fingers, der durch nasse Farbe gezogen wird. Er verschiebt die Farbe dorthin, wo Sie die Maus mit gedrückter Taste ziehen. Photoshop bietet variablen Druck, wenn Sie ein druckempfindliches Grafiktablett einsetzen. Ohne diese Option eignet sich der Wischfinger etwa, harte Kanten zwischen montierten Bildteilen zu verwischen oder harte Übergänge zwischen einzelnen Kacheln eines Musters zu verwischen – fangen Sie stets mit niedrigem Druck an. Natürlich eignet er sich auch für künstlerische Ambitionen. Für die gibt es überdies noch eine Option: »Fingerfarbe«. Sie läßt jedes Wischmanöver mit der Vordergrundfarbe beginnen. Damit kann man handgemalte Hintergründe erzeugen.

Weichzeichner/Scharfzeichner

Weichzeichner und Scharfzeichner verringern beziehungsweise erhöhen den Kontrast zwischen Konturlinien und erzeugen so mehr oder weniger Schärfe im Bild (Kurztaste R, für Blur). Die beiden Werkzeuge teilen sich mit dem Wischfinger ein Abteil der Werkzeugleiste; durch Alt-Klick auf dieses Fach oder durch längeren Klick auf das kleine Dreieck, das das horizontale Werkzeugmenü hervorbringt, wechseln Sie zwischen den Tools. Doppelklick fördert, wie stets, die Werkzeug-Optionen zutage. Auch mit dem Weichzeichner lassen sich recht feinfühlig Übergänge nach Montagen glätten. Ist der Untergrund jedoch körnig oder rauh, wird diese Struktur vom Weichzeichner schnell zerstört, man arbeitet lieber mit einer Stempel-Option. Wollen Sie die Übergänge zwischen zwei Ebenen absoften, denken Sie an die Option »Alle Ebenen einbeziehen«. Auch in Alphakanälen macht sich der Weichzeichner nützlich, wenn nur an bestimmten Abschnitten eines Schwarzweißübergangs Graustufen für weiche Auswahlränder sorgen sollen.

Drücken Sie die Alt-Taste, während der Scharfzeichner bereits in Gebrauch ist, wechselt Photoshop so lange zum Weichzeichner, bis Sie diese Taste wieder loslassen; umgekehrt können Sie auch vorübergehend das Weichzeichnen zugunsten des Scharfzeichner-Pinsels unterbrechen.

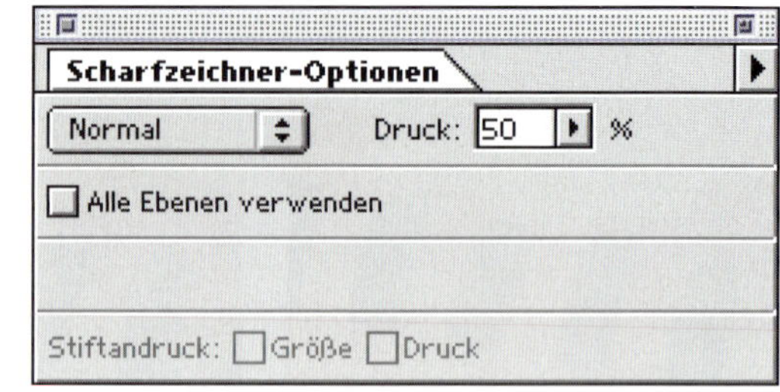

Der Scharfzeichner bewirkt durch Kontrastverstärkung einen Scharfzeichnereffekt, mit dem Bildteile betont werden können. Der Weichzeichner senkt Kontraste und glättet dadurch harte Übergänge zwischen montierten Bildteilen. Datei: Wagen

  Abwedler/Nachbelichter/Schwamm

Der Schwamm macht Farben örtlich gesättigter – also reiner, poppiger – oder blasser. Die Werkzeuge, mit denen Sie örtlich aufhellen oder abdunkeln, nennt Photoshop nach Techniken aus der traditionellen Dunkelkammer »Abwedler« (zum Aufhellen) und »Nachbelichter« (zum Nachdunkeln, Kurztaste O, für Dodge Tool).

Aufheller, Abdunkler und Schwamm siedeln auf einer einzigen Schaltfläche. Alt-Klick auf die Fläche wechselt zwischen den Werkzeugen, ebenso das horizontale Werkzeugmenü, das Sie nach Klick auf das kleine Dreieck erhalten. Wenn der Abwedler bereits aktiv ist, können Sie bei gedrückter Alt-Taste vorübergehend zum Nachbelichter wechseln und umgekehrt. Im Listenfeld der Werkzeugspitzen-Palette klicken Sie an, ob Sie die »Lichter«, »Mitteltöne« oder die »Schatten«-Partien eines Bildes in Angriff nehmen.

Abwedler

Der Aufheller leistet zum Beispiel gute Dienste im Augen-Weiß – nicht nur, wenn die Augen deutlich abgeschattet waren. Allerdings übertreibt man hier leicht, und in den Illustrierten trifft man Zombies mit weißen Plastikaugen; niedrige Deckkraft, meine Herren. Auch Zahnstein läßt sich mit dem Aufheller entfernen. Hellen Sie farbige Bildpartien bis hin zum Weiß auf, wenn Sie Glanzlichter setzen möchten. Der Abdunkler setzt oder verstärkt Schatten.

Schwamm

Der Schwamm soll vor allem übersättigte Bereiche so weit blasser machen, daß sie auch in den druckbaren Bereich des CMYK-Farbraums fallen. Zoomen Sie den Bereich, den Sie im Auge haben, mit ⌘+Leertaste groß heraus, und behandeln Sie die per **Farbumfang-Warnung** markierten Bildpartien mit dem Schwamm. Während Sie den Schwamm anwenden, verschwindet die Alarmfarbe zunehmend. Die Alarmfarbe für die Farbumfang-Warnung stellen Sie in den Voreinstellungen (⌘+K) ein; Details finden Sie im »CMYK«-Abschnitt des »Farbmodus«-Kapitels.

Ebenso bieten die Schwamm-Optionen aber auch eine Verstärkung der Sättigung – zum Beispiel, wenn Sie eine Augenfarbe herausarbeiten wollen. Allerdings macht es oft mehr Sinn, den fraglichen Bereich zu markieren und mit dem Befehl **Farbton/Sättigung** aufzufrischen; so erreichen Sie gleichmäßige Behandlung.

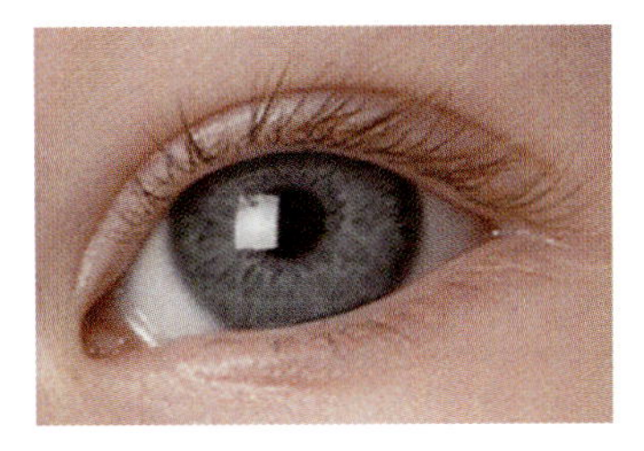
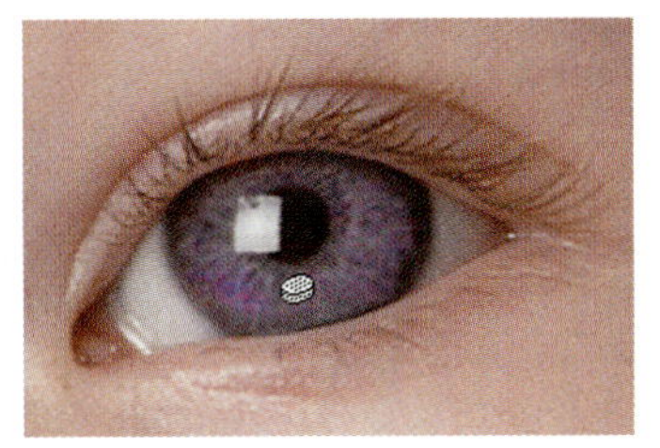
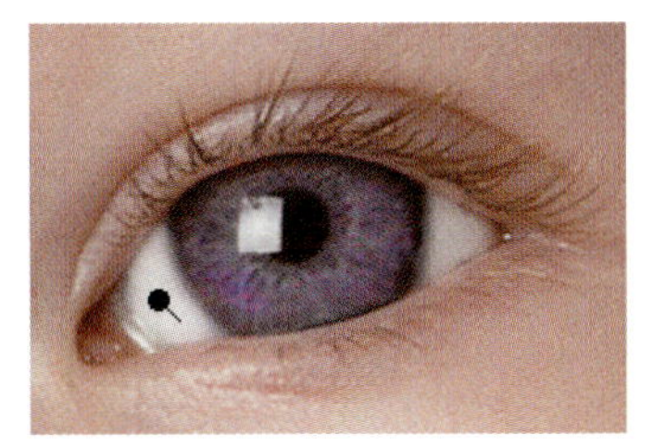

Der Schwamm erhöht die Sättigung in der Iris (Mitte). Der Abwedler macht das Augen-Weiß heller. Datei: Auge

Radiergummi

Der Radiergummi (Kurztaste E, für Eraser) trägt Hintergrundfarbe auf, sofern Sie in der Hintergrundebene arbeiten. Damit lockt man keinen hinterm Ofen hervor. Wichtiger ist: In Ebenen löscht der Radiergummi Bildpunkte weg, die bearbeitete Fläche wird transparent, die darunterliegende Ebene scheint durch. Denken Sie daran, die richtige Ebene in der Ebenen-Palette zunächst anzuklicken.

Dabei kann der Radiergummi verschiedene Gestalten annehmen: In den Werkzeug-Optionen oder auch im Kontext-Menü wählen Sie, ob der Radiergummi weich wie ein Airbrush, hart wie der Buntstift oder flexibel wie der Pinsel auftragen soll; dazu kommt ein quadratischer sturer Block. Bei Pinsel, Airbrush und Buntstift wählen Sie eine beliebige Spitze aus der Werkzeugspitzen-Palette, das Quadrat steht nur in einer Einheitsgröße zur Verfügung.

Im Pinselmodus bieten sich wieder »Nasse Kanten« an, um den Effekt von Wasserfarben nachzuahmen; hier macht erst mehrmaliges Radieren die Ebene gänzlich durchsichtig. Jede Radiergummi-Inkarnation kann man per Deckkraftregler drosseln. Die Option »Verblassen« läßt den Pinselstrich nach einer festgelegten Zahl von Pixeln transparent ausklingen.

»Zurück zur letzten Version«

Beim Radiergummi haben Sie auch die Option »Zurück zur letzten Version«. Damit pinseln Sie bildpunktgenau zu einer beliebigen Version des Bilds zurück, die auf der Protokollpalette verewigt ist. Welche Fassung es sein soll, kennzeichnen Sie in der Protokollpalette durch einen Klick in die Pinselleiste ganz links. Die Option erscheint nicht, wenn in der Protokollpalette keine Vorversion per Pinselsymbol vorgemerkt ist.

Damit übernimmt der Radiergummi den Job des Protokollpinsels. Sie haben allerdings nicht die Wahl zwischen verschiedenen Überblend-Modi.

»Bild löschen«, »Ebene löschen«

Einige Radiergummi-Optionen von Photoshop 4 vermißt man in der neuen Version 5: Es fehlt die Schaltfläche »Bild löschen«, die in Ebenen-Montagen auf »Ebene löschen« lautete. Abhilfen:

- Um eine Hintergrundebene zu löschen – also mit der Hintergrundfarbe zu füllen –, drücken Sie ⌘+Rückschritt.
- Um eine Ebene zu löschen – also transparent zu machen –, drücken Sie ⌘+A, dann Rückschritt.

Der Radiergummi löscht Bildpunkte aus Ebenen, in Hintergrundebenen setzt er die Hintergrundfarbe ein.

Alternativen

Was der Radiergummi kann, können andere auch, und manchmal besser: Der Pinsel trägt Farbe auf — auch Vordergrundfarbe —, und der Protokollpinsel pinselt zurück zur letzten Version, und zwar mit unterschiedlichen Überblend-Verfahren.

Wichtig bleibt der Radiergummi jedoch für die Ebenenretusche. Allerdings müssen Sie unerwünschte Pixel nicht auf Anhieb löschen, wie es der Radiergummi tut; Sie können die Bildpunkte auch mit einer Ebenenmaske verstecken. Wenn Sie es für richtig halten, bringen Sie die Pixel wieder ans Licht oder löschen sie endgültig.

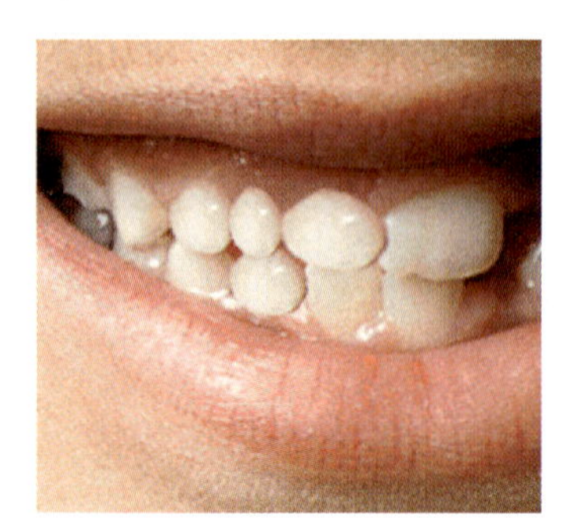

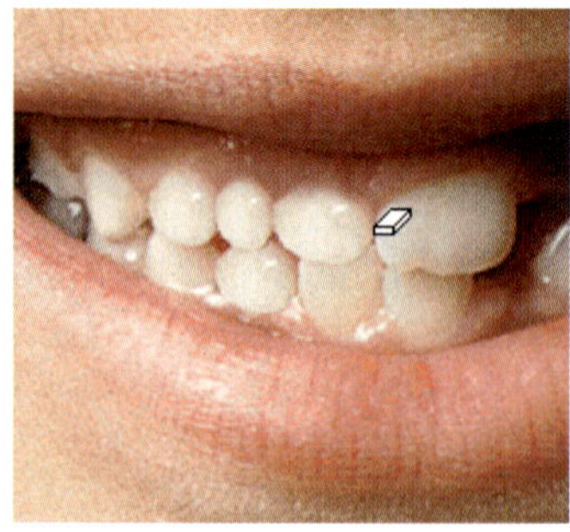

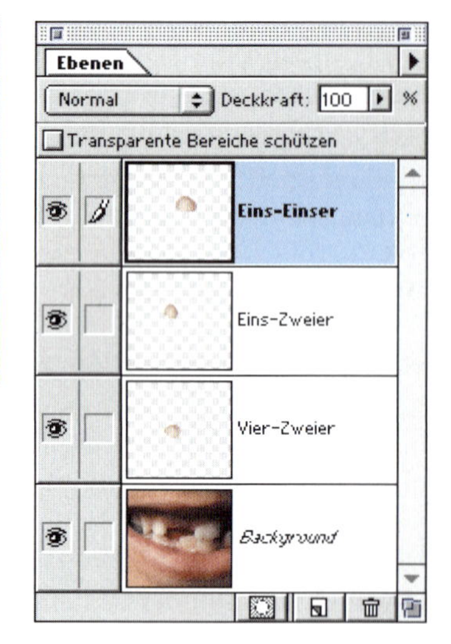

Der Radiergummi macht Objekte über der Hintergrundebene transparent. Hier wurden duplizierte Zähne eingesetzt; die unschönen Ränder feilte der Radiergummi ab. Datei: Lücken

Übung: Sternenhimmel mit Malwerkzeugen

In dieser Übung fertigen Sie einen Sternenhimmel als Hintergrund für spätere Montagen. Dabei reizen Sie die Optionen für Malwerkzeuge und Werkzeugspitzen aus.

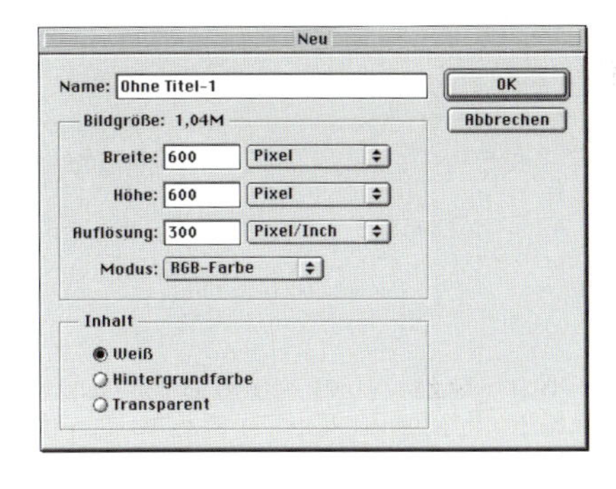

Erstellen Sie zunächst eine neue RGB-Datei (⌘+N) mit etwa 600×600 Pixeln im RGB-Modus. Füllen Sie die Datei mit Schwarz: Kurztaste D für Standardfarben Schwarz und Weiß, dann Alt+Rückschritt-Taste für Füllung mit der Vordergrundfarbe.

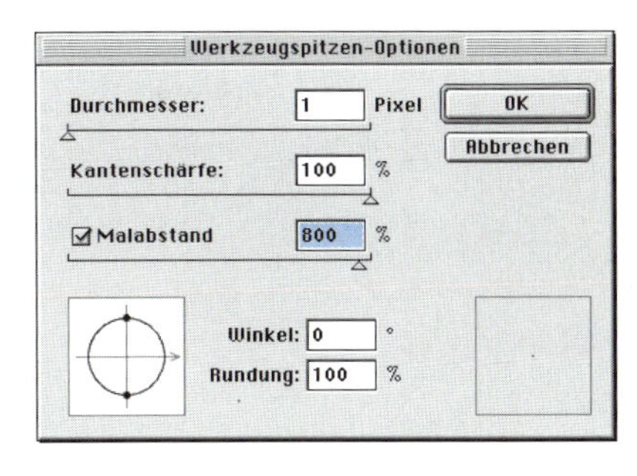

Klicken Sie in der Werkzeugspitzen-Palette die kleinste Spitze doppelt an. Richten Sie in den Optionen einen hohen »Malabstand« von etwa 800 Prozent ein. Damit klafft nach jedem aufgebrachten Farbklecks eine Lücke von 800 Prozent der Werkzeuggröße zum nächsten Farbklecks. Die Einstellung verhindert, daß der Sternenhimmel zu dicht gerät. Mit der Vordergrundfarbe Weiß (Kurztastenfolge D, X) klicken Sie in ein Drittel des schwarzen Bilds weiße Pünktchen hinein.

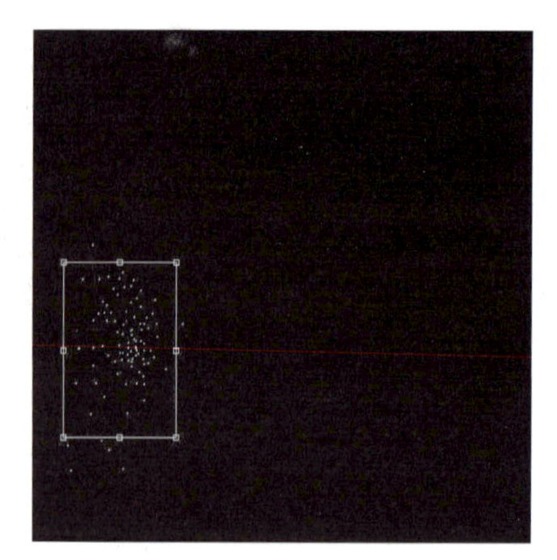

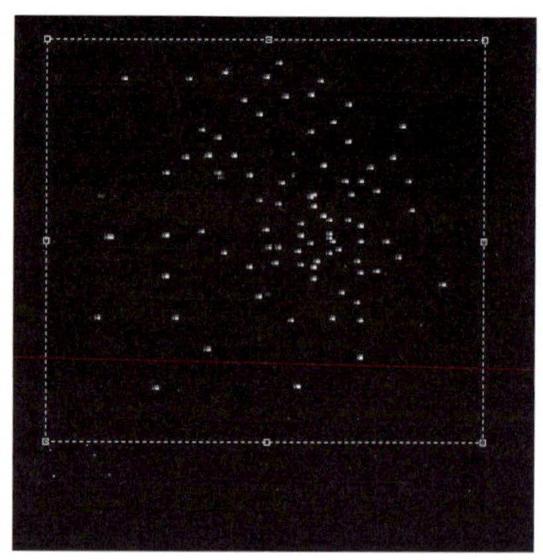

Richten Sie in den »Voreinstellungen« als Interpolationsmethode »Bikubisch« ein. Dann rahmen Sie einen Teil des Bildes mit dem Rechteckwerkzeug ein (Kurztaste M, eventuell mehrfach, für Marquee) und vergrößern ihn mit der Transformieren-Funktion deutlich. Dazu drücken Sie C+T, dann ziehen Sie an den Anfassern. Drücken Sie dabei die Umschalt-Taste, um die Seitenverhältnisse nicht zu verzerren. Photoshop zeigt die vergrößerten Sterne zunächst in einer groben Vorschau – hier noch mit der schnellen Pixelwiederholung. Wenn Ihnen die Größe und Anordnung gefällt, bestätigen Sie die Skalierung mit einem Doppelklick in die Auswahl. Die gewählte bikubische Interpolation bewirkt, daß die hingetupften weißen Punkte bei der endgültigen Berechnung der Vergrößerung weich ausfransen und einen Schimmer erhalten.

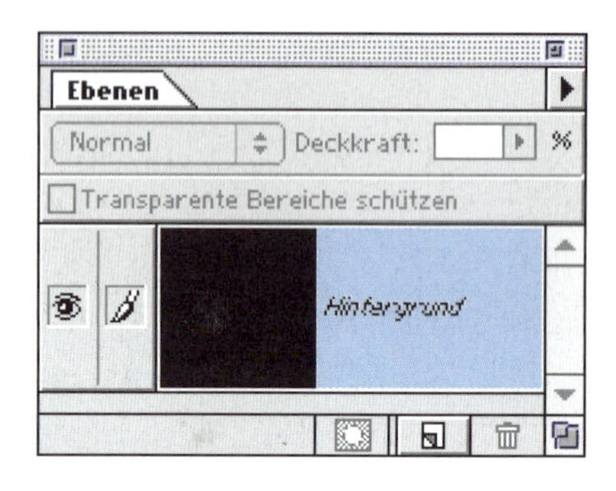

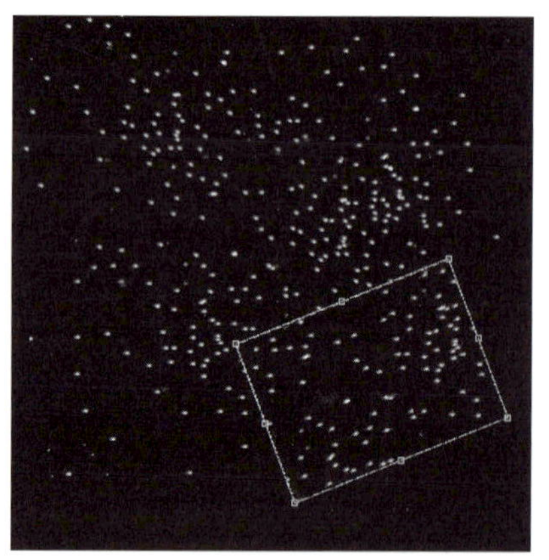

Um weitere Teile des Firmaments mit den so vergrößerten Himmelskörpern zu füllen, rahmen Sie einen Teil davon mit einem Auswahlwerkzeug ein. Wechseln Sie per C-Taste zum Bewegen-Werkzeug, und drücken Sie zusätzlich die Alt-Taste; jetzt können Sie eine Kopie der Auswahl an eine andere Stelle im Bild ziehen. Sie können diese Kopie auch erneut skalieren oder drehen, dazu wechseln Sie mit C+T wieder zum Transformiere-Rahmen. Der kopierte und bewegliche Bereich erscheint in Photoshop 5 nicht in der Ebenen-Palette. Wenn Sie als Modus »Aufhellen« einstellen, werden die unter der schwebenden Auswahl liegenden Sterne nicht überdeckt.

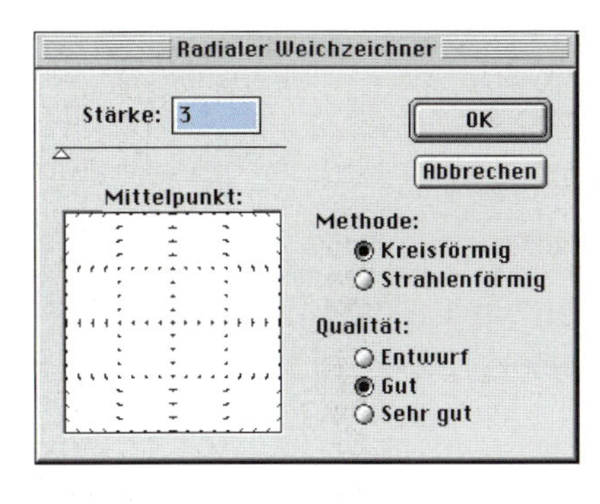

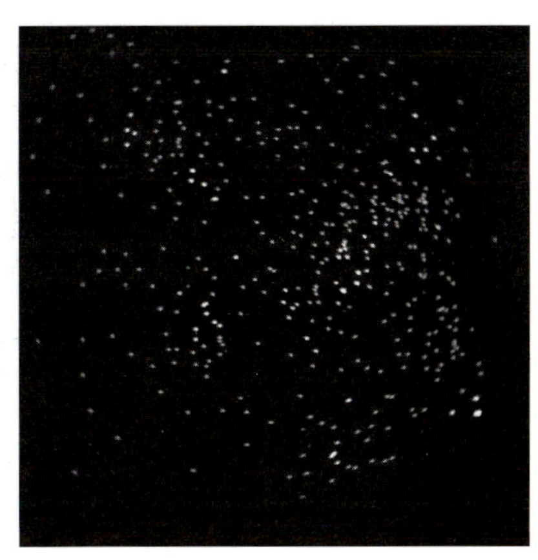

Dann verwenden Sie den »Weichzeichnungsfilter: Radiale Unschärfe« mit der Einstellung »Radial« und einer Stärke von 1, um einen leichten Dreheffekt in das Bild zu bringen. Außerdem besteht die Möglichkeit, einzelne Sterngruppen mit den »Verzerrungsfiltern« »Strudeln« oder »Polarkoordinaten« um die eigene Achse rotieren zu lassen.

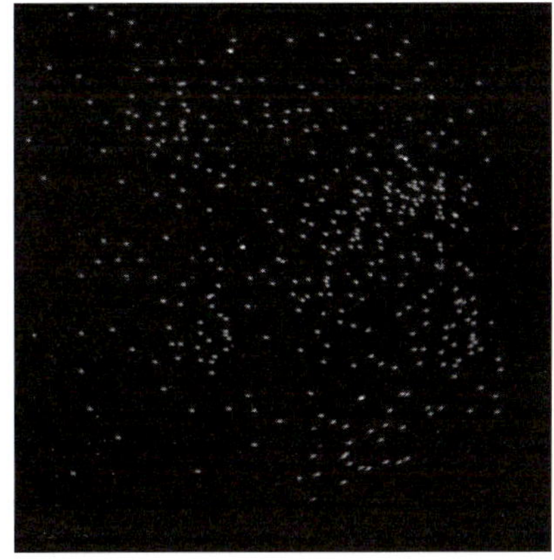

Unmittelbar im Anschluß mischen Sie den Dreheffekt mit der vorherigen, statischen Version mit dem Befehl »Filter: ***Verblassen****«. Stellen Sie hier eine mittlere Deckkraft von 50 ein und als Modus »Aufhellen«. Damit haben Sie die Planeten und die Leuchtspur gleichzeitig im Bild.*

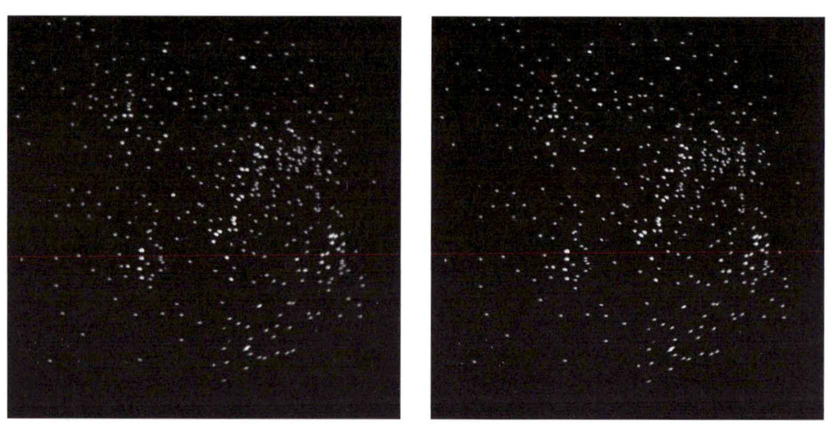

Betonen Sie einzelne Sternbilder noch, indem Sie mit dem Abwedler (Aufheller, Kurztaste O) darüber malen; dabei klicken Sie in den Optionen die Lichter oder Mitten an, keinesfalls die Schatten. Einen noch markanteren Effekt erzielen Sie mit dem Scharfzeichner-Pinsel (⌘+R) oder auch mit dem Filter »Unscharfmaskierung« (rechtes Bild). Sie bringen die Planeten auch mit der »Tonwertkorrektur« (⌘+L) oder dem »Kontrast«-Regler zum Leuchten oder mit dem »Sonstigen Filter« »Helle Bereiche vergrößern«.

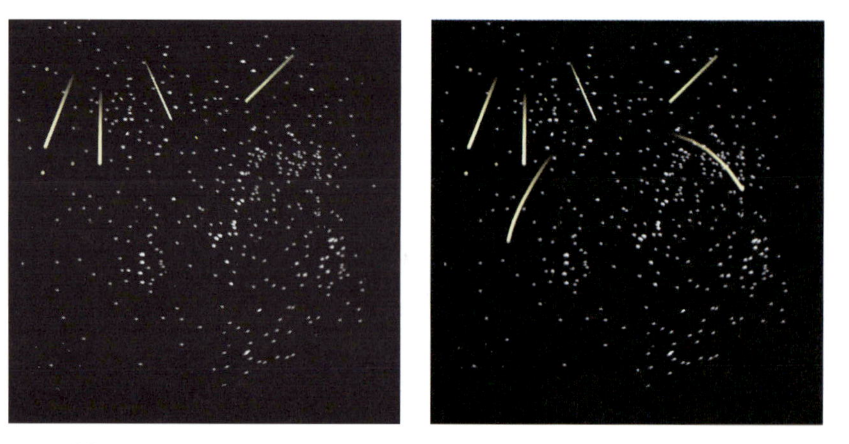

Für die Sternschnuppen wählen Sie einen weichen Airbrush-Pinsel mit rund 30 Pixeln Durchmesser und niedrigem Malabstand. In den Airbrush-Optionen stellen Sie ein »Verblassen« von »100« Stufen zu »Transparent« ein. Damit geht die Vordergrundfarbe nach 100 Bildpunkten in den Untergrund über. Als »Druck« probieren Sie zunächst 70. Tupfen Sie den Kopf des Kometen ins Bild, und bewegen Sie den Cursor an die Stelle, aus der der Himmelskörper kam; dort klicken Sie mit der Umschalt-Taste – Photoshop verbindet die zwei Punkte mit einer Geraden. Durch das »Verblassen« wirkt die Linie wie ein Kometenschweif. Probieren Sie verschiedene Farben (links). Für einen längeren, geschwungenen Kometenschweif ziehen Sie einen gebogenen Pfad (siehe dazu »Pfade«-Kapitel), stellen das »Verblassen« zum Beispiel auf 150 Pixel und lassen per Pfadmenü die »Pfadkontur füllen«; der Airbrush muß dafür neu aktiviert werden. Auch hier können Sie wieder gelungene Kometen markieren, duplizieren und im Modus »Aufhellen« neu plazieren (rechts).

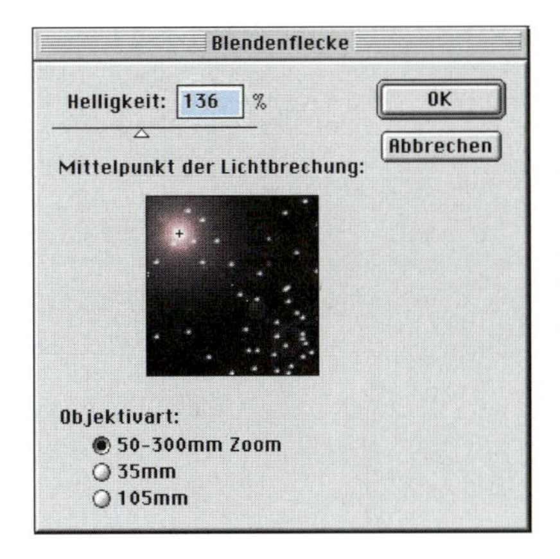

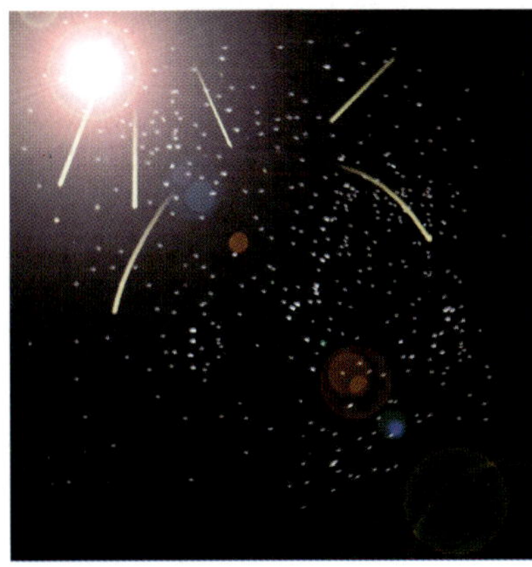

Bringen Sie schließlich mit dem »Rendering-Filter: Blendenflecke« noch eine Lichtstimmung ins Bild. Ergebnis-Datei: Sterne

8.6 Stempelwerkzeuge

Mit Photoshop 5 wurde das Konglomerat der Stempeloptionen (Kurztaste S, für Stample) entflochten und auf zwei verschiedene Stempel verteilt. Einige Funktionen wurden anderen Werkzeugen zugeschlagen.

Übersicht

Insgesamt gibt es nun zwei Stempel-Varianten, die sich auf zwei Werkzeuge verteilen, die wiederum im selben Fach der Werkzeugleiste lagern:

- Der Stempel, auch Duplizierstempel, überträgt Bildpunkte von einer Stelle des Bildes an eine andere.
- Der Musterstempel pinselt ein zuvor definiertes Muster ins Bild.

Zwei Stempel bietet Photoshop: Den (Duplizier-)Stempel (links) und den Musterstempel.

Verlagerte Optionen

Einige frühere Stempeloptionen finden Sie nun andernorts:

- Eine Retusche »Zurück zum Schnappschuß« besorgt der Protokollpinsel, alternativ der Radiergummi mit der Option »Zurück zur letzten Version«, jeweils bei vorgemerktem Bearbeitungsstadium in der Protokollpalette.
- Das gilt auch für »Zurück zur letzten Version«.
- Die Variante »Impressionist«, die eine verwischte Ausgabe der Datei zaubert, finden Sie ebenfalls beim Protokollpinsel. Der Protokollpinsel wird vorne im »Grundfunktionen«-Kapitel beschrieben.

Pixel-Kosmetik: Kratzer im Bild entfernt der (Duplizier-) Stempel, indem er benachbarte, brauchbare Bildteile über verschandelte Motivpartien kopiert. Datei: Flasche

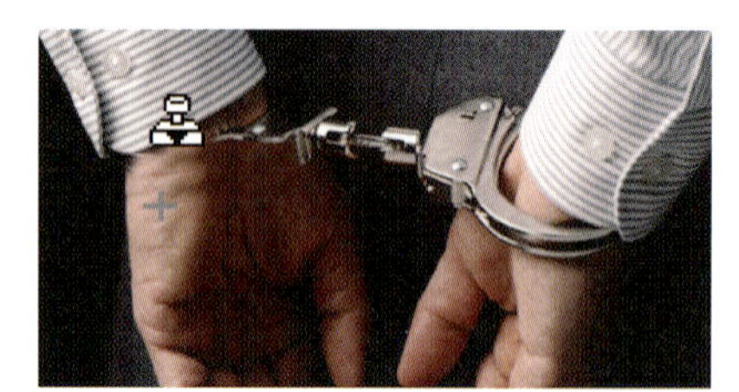

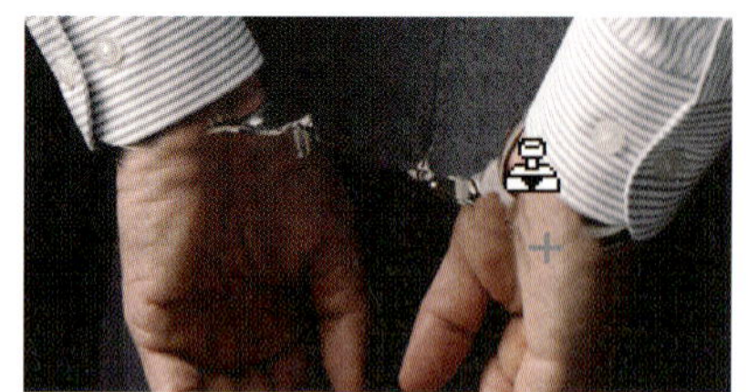

Aber auch komplette störende Objekte beseitigt dieses Werkzeug diskret. Datei: Freiheit

Der Stempel

Wichtig ist der Stempel, auch Duplizier-Stempel, vor allem für die Retusche von Kratzern, Pikkeln, Flusen, Flecken, Strommasten, Spinnen oder anderen mißliebigen Personen. Das Gerät überpinselt einen verunstalteten Bildteil mit benachbarten, brauchbaren Pixeln. So geht's:

1. Aktivieren Sie den Stempel.
2. Plazieren Sie das Stempelwerkzeug über einer brauchbaren Bildstelle, die Sie als Kopierursprung verwenden wollen.
3. Klicken Sie bei gedrückter Alt-Taste; damit ist der Kopier-Ursprung markiert.
4. Lassen Sie die Maustaste los, und bewegen Sie den Stempel zu dem Bildstück, das Sie überdecken wollen.
5. Sobald Sie die Maustauste drücken, werden Pixel von dem zuvor definierten Ursprung zu der jetzt angesteuerten Bildstelle kopiert. Den Kopierursprung zeigt Photoshop durch ein Kreuz an.

Auch für den Stempel gelten die Vorgaben aus der Werkzeugspitzen-Palette – in der Regel wird man mit kleinen Spitzen und weichem Rand arbeiten. Pixel kopiert Photoshop nicht nur innerhalb eines Bildes, sondern auch zwischen verschiedenen Bilddateien. Kreuzen Sie in den Stempel-Optionen an, daß Sie »Alle Ebenen einbeziehen« wollen, um Pixel einer Ebene in die andere zu kopieren.

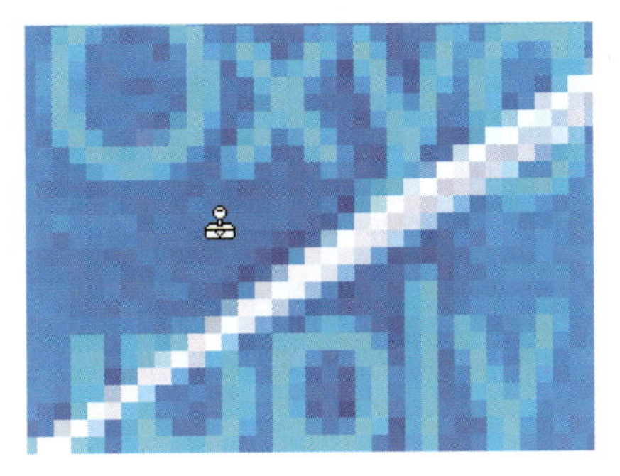
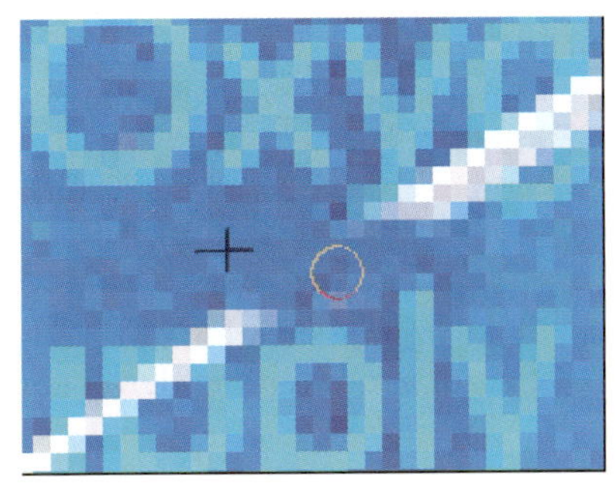

So retuschieren Sie einen Kratzer mit dem (Duplizier-)Stempel: Zunächst geben Sie mit gedrückter Alt-Taste einen Kopierursprung vor (links). Rechts: Dann werden die Bildpunkte aus dem brauchbaren Bildteil in die reparaturbedürftige Motivpartie kopiert. Ein Kreuz markiert den Kopierursprung. Datei: Flasche

Mit Option »Ausgerichtet«

Je nach Aufgabe schalten Sie die Option »Ausgerichtet« zu. Die Wirkung zeigt sich, sobald Sie die Maus einmal loslassen und neu ansetzen.

Die Option »Ausgerichtet« bedeutet: Der Kopierursprung behält immer den gleichen Abstand zum Stempelwerkzeug selbst. Sie können zwischendurch die Maustaste loslassen, über das Bild bewegen und andernorts neu anfangen – der Kopierursprung wird sich stets zum Beispiel 20 Pixel links vom Stempel befinden.

Mit dieser Einstellung tilgen Sie mitgescannte Staubfussel durch Darüberkopieren benachbarter Bildpunkte – Sie bewegen sich allmählich am Fussel entlang, und wenn Sie zwischendurch absetzen und an einer neuen Stelle des Flusen wieder loslegen, wird der Ursprungszeiger doch wieder gleich neben dem Flusen und nahe dem Stempel auftauchen und die unmittelbar benachbarten Pixel zur Kopie anbieten. In der Regel wirkt die Option »Ausgerichtet« praktisch.

Die Stempeloption »Ausgerichtet« hält den Kopierursprung immer im gleichen Abstand zum Stempel selbst. Damit eignet sie sich gut zum Übertünchen von Flusen, da sie bei wechselndem Bildinhalt stets die passenden benachbarten Pixel verwendet, auch wenn man zwischendurch die Maus absetzt. Rechts: Ohne die Option »Ausgerichtet« legt Photoshop dagegen bei jedem Neuansetzen den Ursprung wieder auf den Punkt, der zu Beginn angeklickt wurde; sie eignet sich daher zum Duplizieren von Bildteilen. Datei: Kurve

Ohne Option »Ausgerichtet«

Sie können die Option »Ausgerichtet« auch ausschalten. Das bedeutet: Nach jedem Loslassen der Maustaste springt der Kopierursprung zurück auf die Stelle, die Sie zuerst angeklickt haben. Wann immer Sie den Stempel absetzen und andernorts neu ins Bild tauchen – der Ursprungszeiger blinkt wieder dort auf, wo Sie ihn ursprünglich per Alt-Klick ansiedelten.

Mit dieser Einstellung übertragen Sie zum Beispiel einen Bildteil mehrfach: Malen Sie ihn einmal hin, lassen Sie los, und starten Sie an anderer Stelle im Bild neu – der Ursprung springt wieder auf das Original zurück, obwohl Sie den Stempel jetzt in einem anderen Bereich der Datei ansetzen.

Sinnvoll ist der Verzicht auf die Option »Ausgerichtet« unter anderem, wenn Sie neben einem störenden Flusen nur sehr wenig brauchbare Pixel zum Darüberkopieren vorfinden. Bei der »ausgerichteten« Retusche passiert es leicht, daß der parallel zum Stempel mitlaufende Ursprungszeiger in alle möglichen unpassenden Pixelregionen gerät. Wählen Sie »Ausgerichtet« ab – dann tasten Sie sich mit dem Stempel so weit vor, bis der Kopierursprung ans Ende des brauchbaren Bereichs gelangt. Danach lassen Sie die Maus los und drücken erneut; der Kopierursprung sitzt jetzt wieder ganz am Anfang der verwertbaren Zone, während Sie mit dem Stempel am anderen Ende des Bildes weitere Teile des Flusens entfernen.

Stempel-Retusche auf eigener Ebene

Was Sie mit dem Stempel angerichtet haben, läßt sich grundsätzlich mit dem Protokollpinsel wieder annullieren. Noch komfortabler speichern Sie gleich die Korrektur auf einer eigenen Ebene und verändern die fehlerhafte Bildschicht zunächst gar nicht. Gemeint ist:

1. Erzeugen Sie in der Ebenen-Palette mit dem Symbol »Neue Ebene« eine neue, transparente Ebene.
2. Klicken Sie in den Stempeloptionen auf »Alle Ebenen einbeziehen«.
3. Während noch die neue Ebene aktiviert ist, setzen Sie im eigentlichen Bild einen Kopierursprung und duplizieren brauchbare Pixel über schadhafte Stellen. Sie duplizieren dabei von der Hintergrundebene auf die neue Ebene 1.
4. Die mißglückten Retuschen in Ebene 1 nehmen Sie mit dem Radiergummi (Kurztaste E) pixelweise wieder zurück.
5. Der **Ebene**-Befehl **Auf Hintergrundebene reduzieren** vereinigt Hintergrund- und Retusche-ebene.

Natürlich können Sie Ihre Taten auch punktgenau mit dem Protokollpinsel ungeschehen machen.

Alternativen

Statt einzelne Pixel mit dem Stempel zu kopieren, lohnt es sich oft, einen Bildteil zu markieren, den Auswahlrand zu glätten und dann ein Duplikat des Auswahlinhalts (⌘+J) als eigene Ebene über die schadhafte Stelle zu schieben; diesen Flicken korrigieren Sie bei Bedarf noch mit dem Radiergummi.

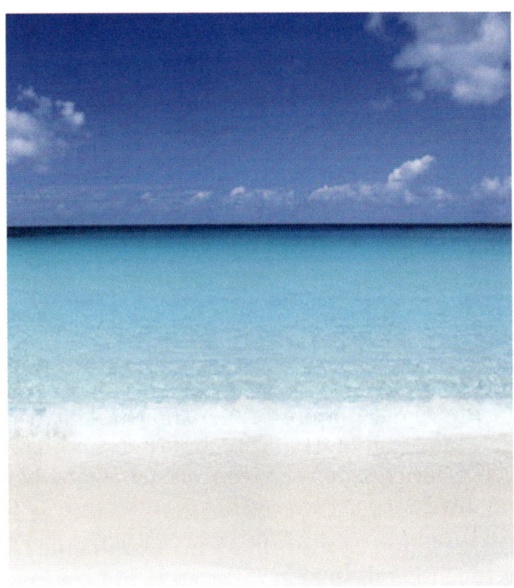

Menschenleerer Strand: Manchmal muß man störende Bildteile nicht Pixel für Pixel mit dem Stempel beackern. In günstigen Fällen reicht es, wenn man eine benachbarte Bildpartie markiert und über den unerwünschten Bereich zieht. Statten Sie die Auswahl auf jeden Fall mit einer weichen Kante aus – entweder in den Optionen zu Lasso oder Rechteck oder nachträglich mit dem »Auswahl«-Befehl »Weiche Auswahlkante«. Dann wechseln Sie mit Kurztaste V zum Bewegen-Werkzeug. Drücken Sie die Alt-Taste, damit Sie ein Duplikat des markierten Bereichs bewegen und kein Loch in den Hintergrund reißen; drücken Sie zusätzlich die Umschalt-Taste, wenn Sie den Bereich exakt gerade bewegen wollen. Schließlich prüfen Sie das Ergebnis mit ausgeblendeten Markierungslinien (⌘+H). Und wirklich: keine Seele am Strand. Datei: Meer; Ergebnisdatei: Meer_3.

Der Musterstempel

Der Musterstempel pinselt einen Bildteil auf, den Sie zuvor als »Muster« definiert haben. Dies kann eine diffus strukturierte Oberfläche sein, aber auch ein Logo oder ein Schriftzug. Die Details zum »Muster« stehen weiter oben.

Das Prozedere:

1. Markieren Sie mit dem Auswahlrechteck einen Bildteil, den Sie als Muster verwenden wollen.
2. Wählen Sie im **Bearbeiten**-Menü **Muster festlegen**. Damit befindet sich der markierte Bildteil in Photoshops Musterspeicher.
3. Aktivieren Sie den Musterstempel.
4. Entfernen Sie die Rechteck-Auswahl für das Muster mit ⌘+D, sofern Sie im selben Bild weiterarbeiten.
5. Tragen Sie das Muster mit gedrückter Maustaste auf.

Dabei haben Sie die Wahl zwischen zwei Musteroptionen. Der Unterschied zeigt sich erst, wenn Sie die Maustaste loslassen und neu ansetzen.

Mit Option »Ausgerichtet«

Wenn Sie »ausgerichtet« Muster aufstempeln, bedeutet dies: Sie pinseln stets eine komplette Musterkachel neben die andere. Auch wenn Sie zwischendurch loslassen und den Zeiger beliebig bewegen, werden Sie immer haarscharf eine Musterkachel neben die andere setzen, nie werden sich zwei Kacheln überlagern.

Mit dieser Option pinseln Sie Logos oder Schriftzüge auf, ohne daß sie sich überlappen. Tragen Sie einen strukturierten Hintergrund auf, der keine konkreten Elemente trägt, erhalten Sie schnell unerwünschte harte Kanten zwischen den einzelnen Kacheln; es sei denn, Sie definierten einen Musterbaustein, der sich wirklich nahtlos mehrfach aneinandersetzen läßt (siehe oben »Übung: Nahtloses Muster«).

Ohne Option »Ausgerichtet«

Wenn Sie die Option »Ausgerichtet« nicht verwenden, funktioniert das Werkzeug so: Sobald Sie den Musterstempel einmal loslassen und neu ansetzen, werden sich die zwei Kacheln überlagern. Bei diesem Verfahren ordnet Photoshop das Muster jedesmal neu um den Mauszeiger herum an.

Diese Option ist sinnvoll, wenn Sie nur eine Hintergrundstruktur stempeln, die möglichst nicht verdächtig regelmäßig wirken soll. Weiche Werkzeugspitzen unterstützen unauffälligen Musterauftrag. Mitunter ersetzt das Auftragen eines Musters auch die Retusche mit der »Kopie«-Option, sofern das Motiv nur wenig Fläche zum Kopieren bietet.

Nicht immer sollte man sich die pixelweise Kleinarbeit mit dem Musterstempel antun. Denken Sie daran, daß Sie ein »Muster« jederzeit auch mit Farbeimer oder dem Befehl **Fläche füllen** austeilen können, wenn Sie den Bereich zuvor markieren.

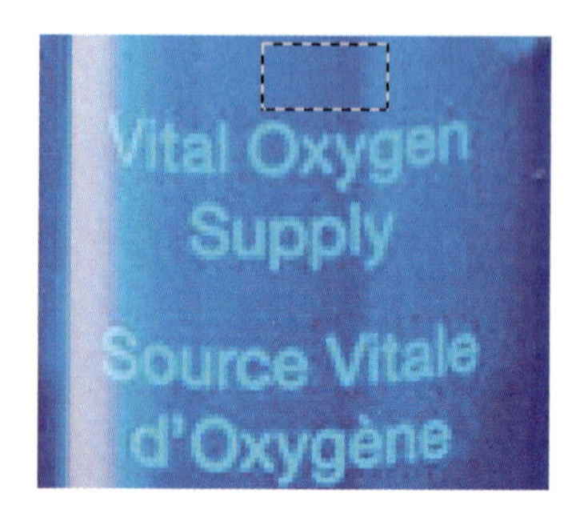

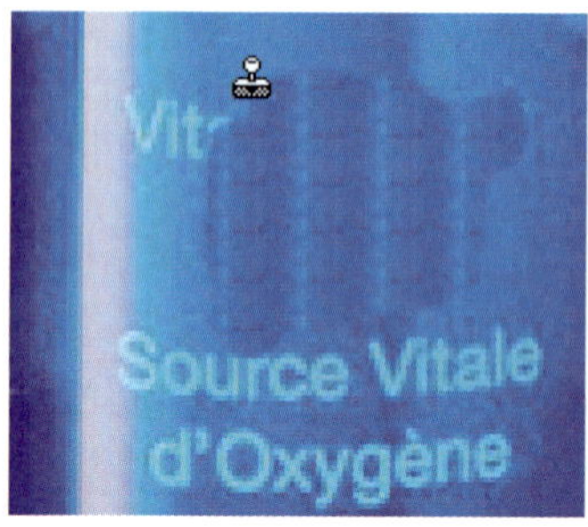

Links: Als Muster definieren Sie eine Rechteck-Auswahl, deren Ränder sich möglichst nahtlos aneinandersetzen lassen. Mitte: Die Option Kopie (ausgerichtet) führt zu harten Übergängen an den Rändern eines Musterbausteins. Rechts: Dagegen überlagern sich die einzelnen Musterbausteine bei Anwendung der Option Muster (nicht ausgerichtet), die Kachelstruktur fällt nicht mehr auf.

Befehle im Überblick: Malen und Farben

Taste/Feld	Zusatztasten	Aktion	Ergebnis
		Klick!	Farbwähler öffnen, Vordergrundfarbe wählen
		Klick!	Vorder-/Hintergrundfarbe vertauschen
		Klick!	Vorder-/Hintergrundfarbe auf Schwarz und Weiß setzen
B (für Brush)			
G (für Gradient Tool)			
S (für Stempel)			
D (für Default)			Vorder-/Hintergrundfarbe auf Schwarz und Weiß setzen
X (für Exchange)			Vorder-/Hintergrundfarbe vertauschen
		Klick!	Vordergrundfarbe wählen
	⌥	Klick!	Hintergrundfarbe wählen
Rückschritt-Taste	⇧		Dialogfeld »Fläche füllen«
Rückschritt-Taste	⌥		Auswahl mit Vordergrundfarbe füllen
Rückschritt-Taste			Auswahl löschen (mit Hintergrundfarbe füllen bzw. transparent machen
Jedes Mal-/Retusche-werkzeug	⌘		
Jedes Mal-/Retusche-werkzeug	⇧	Klick! ziehen	Farbauftrag in gerader Linie
Malwerkzeuge	⌥		
Jedes Mal-/Retusche-werkzeug	⇧	Klick! an versch. Stellen klicken	automatischer Farbauftrag in geraden Linien
Jedes Mal-/Retusche-werkzeug	⇪	Klick!	Werkzeug-Symbol als Fadenkreuzzeiger oder Fadenkreuzzeiger als Werkzeugkontur
		Klick!	nächstmögliche druckbare Farbe einsetzen

9 Auswählen

Bevor Bildteile gezielt montiert oder retuschiert werden, müssen sie ausgewählt werden. Eine schwarzweiße Fließmarkierung umgibt ausgewählte Bereiche.

Das Auswählen gehört zu den wichtigsten Manövern bei der digitalen Bildbearbeitung: Sie versehen einen Bildteil mit einer schillernden Auswahlfließmarkierung; fortan ist dieser Bildteil ausgewählt, markiert. Jede weitere Bearbeitung – Scharfzeichner, Farbkorrektur oder Pinselretusche – wirkt nur innerhalb des umzingelten Bereichs, die Bildteile drumherum sind geschützt, bleiben unverändert. Ausgewählte Bildteile können Sie ausschneiden, im Bild verschieben, in andere Bilder und Programme einsetzen, vergrößern, verkleinern oder verzerren.

Auswählen, das ist so, als ob Sie ein Gemälde mit einer Schablone abdecken, so daß nur noch ein kleiner Bildteil herausguckt – neue Farbe läßt sich nur noch auf dieser offenliegenden Partie auftragen, der Rest ist vor Ihren Attacken sicher. So, wie man in der klassischen Fotoretusche schützenswerte Teile eines Papierbilds mit Abziehlack abdeckt, bevor man dem Rest mit Eiweißlasurfarbe oder Skalpell zu Leibe rückt.

In diesem Kapitel lernen Sie die Arbeit mit Auswahlrechteck, Auswahloval, Zauberstab und Lasso kennen sowie die Befehle im **Auswahl**-Menü. Bedenken Sie jedoch, daß zur Feinkorrektur einer Auswahl in vielen Fällen auch mit Alphakanälen oder Pfaden gearbeitet wird; darum geht es in den anschließenden Kapiteln.

Nutzen Sie beim Auswählen die Möglichkeiten der Software konsequent, und nehmen Sie sich Zeit dafür – je akkurater Sie ausschneiden, um so weniger sieht Ihre Arbeit nach einer zusammengestoppelten Montage aus.

9.1 Die Auswahlwerkzeuge

Häufig entsteht die erste, grobe Auswahl mit den Werkzeugen aus der Werkzeugpalette; als da wären:

- Auswahlrechteck und kreisförmige Auswahl markieren Bildteile mit festgelegter Form.
- Das Lasso wird mit der Maus auf beliebigen Wegen durchs Bild geführt und markiert beliebige freie Formen.
- Der Zauberstab fängt benachbarte, farbähnliche Pixel ein.

Ein Teil der Auswahlgeräte teilt sich auf der Werkzeugpalette eine einzige Schaltfläche, die zudem noch das Freistellwerkzeug beherbergt. Klicken Sie länger auf das angezeigte Auswahlwerkzeug, zum Beispiel auf die Rechteckauswahl, um ein Klappmenü aller dort versammelten Auswahlwerkzeuge zu erhalten. Alternative zum Weiterschalten: mehrfacher Alt-Klick auf die Schaltfläche.

Verschiedene Auswahlwerkzeuge teilen sich ein Fach in der Werkzeugleiste.

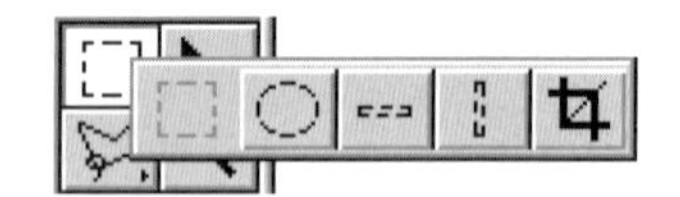

Gemeinsame Optionen

Flimmert erst eine Auswahl im Bild, bieten alle Auswahlwerkzeuge ein praktisches Kontextmenü mit der rechten Maustaste. Einige Möglichkeiten bestehen auch schon ohne Auswahl.

Nützliche Auswahlbefehle bietet das Kontextmenü.

Eine erste, frische Auswahl läßt sich mit dem Klick danach noch weitgehend korrigieren. Beachten Sie aber: Wenn schon eine Auswahl im Bild flimmert, und Sie klicken erneut mit einem Auswahlwerkzeug außerhalb der Auswahl in das Bild, dann passiert Folgendes: Photoshop wird die bereits vorhandene Auswahl völlig verwerfen und eine komplett neue Auswahl erstellen.

Auswahlen erweitern und verkleinern

Um eine Mehrfachauswahl zu treffen, müssen Sie zusätzlich die Umschalt-Taste drücken. Das Werkzeug zeigt sich dann über der Datei mit einem kleinen Plus-Zeichen. Und Entsprechendes gilt auch, wenn Sie etwas von einer Auswahl abziehen wollen – ohne Sondertaste ist die alte Auswahl einfach nur weg, mit Sondertaste Alt kann sie dagegen maßgenau verkleinert werden. Dabei erscheint das Auswahlwerkzeug mit einem Minus-Zeichen.

Um den Auswahlinhalt zu bewegen und ein Loch in den Untergrund zu reißen, drücken Sie erst die ⌘-Taste, die das Bewegenwerkzeug aktiviert; um eine Kopie des Auswahlinhalts zu bewegen, drücken Sie ⌘+Alt. Diese Funktionen werden ausführlich im Montagekapitel besprochen.

Links: Diese Auswahl entstand mit dem Rechteckwerkzeug. Rechts: Um die Auswahlmarkierung ohne Inhalt zu verschieben, klicken Sie mit einem Auswahlwerkzeug in den Auswahlbereich und ziehen. Datei: Marga

Links: Um den vorhandenen Auswahlbereich zu erweitern (hier kommt eine Kreisauswahl hinzu), drücken Sie bei Anwendung des Werkzeugs die Umschalt-Taste. Rechts: Um den vorhandenen Auswahlbereich zu verkleinern (hier wird eine Kreisauswahl vom Rechteck abgezogen), drücken Sie bei Anwendung des Werkzeugs die Alt-Taste.

Links: Um die Auswahl ganz aufzuheben, klicken Sie mit einem Auswahlwerkzeug außer dem Zauberstab außerhalb der Markierung, oder verwenden Sie das Tastaturkürzel ⌘+D (für Deselect). Rechts: Um eine ganz neue Auswahl (hier mit dem Auswahloval) zu erzeugen, klicken und ziehen Sie mit dem Werkzeug außerhalb der Markierung in die Datei.

Links: Um den Auswahlinhalt zu verschieben, drücken Sie die ⌘-Taste, die das Bewegenwerkzeug aktiviert. Rechts: Um eine Kopie des Auswahlinhalts zu verschieben, drücken Sie ⌘- und Alt-Taste.

Auswahlmarkierungen bewegen

Klicken Sie in die Auswahl hinein, können Sie den Auswahlrahmen im Bild verschieben. Wohlgemerkt, dabei bewegt sich nur die Auswahlmarkierung, nicht aber der Auswahlinhalt. Mit den Pfeiltasten schieben Sie die Auswahlkontur pixelweise durchs Bild, die Umschalt-Taste dazu beschleunigt auf Zehn-Pixel-Etappen. Dabei muß jeweils ein Auswahlwerkzeug angewählt sein.

Klicken Sie in die Auswahl hinein, und drücken Sie dann auf die Umschalt-Taste, um die Auswahlbewegung auf Geraden oder die 45-Grad-Winkel dazwischen zu beschränken. Haben Sie eine Rechteck- oder Kreisauswahl auf die gewünschte Größe aufgezogen, können Sie sofort die Leer-Taste drücken: Dann läßt sich der Auswahlrahmen verschieben, ohne daß der Inhalt mitbewegt wird. Natürlich können Sie das auch jederzeit nachholen.

Wenn Sie eine Ebene bewegen, verschiebt sich die Auswahl mit.

Sie können einen Auswahlrahmen mit einem Auswahlwerkzeug auch in eine andere geöffnete Datei ziehen. Das ist nützlich, wenn Sie gleich große Ausschnitte aus verschiedenen Bildern benötigen. Dabei bleibt die Auswahl im ursprünglichen Bild erhalten.

Tastaturkombinationen

Hier ein Tastenführer für die Auswahlwerkzeuge:

- Die Umschalt-Taste zum Auswahlwerkzeug erhält die Auswahl und fügt die neu markierten Pixel zur bestehenden Auswahl hinzu.
- Die Alt-Taste zum Auswahlwerkzeug zieht die neu markierten Pixel von der bestehenden Auswahl ab.
- Klicken+Ziehen mit Auswahlwerkzeug bewegt den Auswahlrahmen.
- Die ⌘-Taste zum Auswahlwerkzeug aktiviert wie immer das Bewegenwerkzeug.
- ⌘+Ziehen verschiebt den Auswahlinhalt und erzeugt ein Loch in der Hintergrundfarbe.
- ⌘+Alt+Ziehen verschiebt ein Duplikat des Auswahlinhalts.
- Alt+Umschalt bildet eine Schnittmenge der Auswahlbereiche.
- Die Umschalt-Taste nach Klick in die Auswahl beschränkt die Auswahlbewegung auf 45-Grad-Winkel.
- Die Pfeil-Taste bei aktivem Auswahlwerkzeug bewegt die Auswahlkontur in Ein-Pixel-Schritten.
- Pfeiltaste+Umschalt-Taste bewegen die Auswahl bei aktivem Auswahlwerkzeug in Zehn-Pixel-Schritten.

Links: Ein erster Klick mit dem Zauberstab markiert nur den unteren Bereich des Blechs mit einer Fließmarkierung. Mitte: Um auch den oberen Teil zu erfassen, reicht ein weiterer Klick im oberen Bildteil nicht: Der Teil oben ist dann zwar ausgewählt, doch die vorhandene Auswahl unten wird gelöscht. Rechts: Um die vorhandene Auswahl um den oberen Teil zu erweitern, klickt man statt dessen oben mit gedrückter Umschalt-Taste. Datei: Wagen

Sobald die Auswahl fertig ist, kann man das Motiv bearbeiten oder montieren, ohne daß das Umfeld mitverändert wird.

Was Sie außerdem bedenken sollten, wenn Sie zu den Auswahlwerkzeugen greifen:

- Ausgewählt wird nur auf der aktiven Ebene. Verhält sich der Zauberstab komisch, prüfen Sie, ob die richtige Ebene angewählt ist.
- Die Informationen-Palette nennt die Größe einer Auswahl in Pixeln oder Zentimetern, sofern Sie den Mauszeiger über das aktive Bild mit Auswahl halten.

Geglättete und weiche Auswahlkante

Oft wirkt der Übergang zwischen Auswahl und nichtmarkiertem Bildteil zu hart. Haben Sie den markierten Bildteil mit Farbe gefüllt oder kontrastkorrigiert, dann entdecken Sie am Ergebnis eine häßliche Naht. Darum gibt es verschiedene Methoden, den Übergang zwischen Auswahl und Nichtausgewähltem sanfter zu gestalten.

Das »Glätten« klicken Sie in den Dialogfeldern aller Auswahlwerkzeuge – Lasso, Zauberstab, Kreis und Rechteck – an, aber auch bei Füll- und Textwerkzeugen oder bei der Verwandlung eines Pfads in eine Auswahl. Es macht nur die äußersten Randpixel innerhalb und außerhalb der Auswahl halbtransparent und sorgt so für einen scheinbar nahtlosen Übergang zwischen innen und außen, der aber noch nicht aufgeweicht wirkt. Bei üblichen Fotomontagen ist »Glätten« angesagt – ein Vorgang, der vielfach auch als »Anti-Aliasing« bezeichnet wird. Auf das Glätten sollten Sie bei plakativen Grafiken mit nur wenigen Tonwerten, bei Strichzeichnungen oder bei Screenshots verzichten; die charakteristischen harten Übergänge dieser Bilder leiden durch das Glätten.

Außerdem haben Sie die Möglichkeit, in den Werkzeugoptionen eine »Weiche Kante« vorzugeben oder nachträglich den **Auswahl**-Befehl **Weiche Auswahlkante** zu nutzen. Damit erstellen Sie fließende Übergänge zwischen Auswahl und nichtausgewähltem Bereich. Nähere Erklärungen finden Sie im folgenden Abschnitt »Auswahlbefehle«.

In der vergrößerten Darstellung zeigt sich deutlich der Unterschied zwischen harter Auswahlkante (links), geglätteter Kante (Mitte) und weicher Auswahlbegrenzung. Datei: Glaetten

Auswahl außerhalb des Bilds

Gut zu wissen: Man darf sich mit dem Auswahlwerkzeug auch außerhalb der Bilddatei tummeln – ein deutlicher Vorteil gegenüber Konkurrenzprodukten. So entstehen oft erst die gewünschten großen Auswahlrahmen.

Photoshop tut so, als setze er die Auswahl jenseits der Bildgrenzen fort. Sie können zum Beispiel eine Kreisauswahl aufziehen und dann zur Hälfte aus dem Bild herausschieben. Den verbleibenden Auswahlteil füllen oder filtern Sie. Dann ziehen Sie bei Bedarf den Gesamtkreis mit einem Auswahlwerkzeug wieder ins Bild.

Sinnvoll ist diese Funktion auch, wenn Sie mit dem Polygon-Lasso Bildbereiche am Bildrand einfangen. Um die Lasso-Auswahl schließen zu können, ist es oft am einfachsten, das Werkzeug durch die Photoshop-Fläche außerhalb des Bilds zu ziehen, bis man wieder den Anfangspunkt der Lasso-Arbeit erreicht hat. Besonders deutlich wird das, wenn Sie mit der Kurztaste F (für Full screen) einen Vollschirmmodus einrichten und mit dem Polygon-Lasso Eckpunkte setzen: Sie können hier ohne weiteres auch Eckpunkte außerhalb des Bilds anbringen, die auf der Photoshop-Arbeitsfläche erscheinen. Diese gesamte Auswahl samt der Bereiche, die außerhalb des Bilds skizziert wurden, können Sie später so im Bild hin- und herbewegen, als ob Sie die Auswahl auf einer wesentlich größeren Bildfläche erzeugt hätten.

In diesem Fall zeigt Photoshop keine Auswahlbegrenzung am Bildrand an. Sie können diese übergroße Auswahlkontur allerdings nicht als Alphakanal speichern; dort werden nur Markierungen innerhalb der Bildfläche erfaßt. Auch bei der Verwandlung in einen Pfad werden nur Auswahlkonturen innerhalb des Bilds berücksichtigt.

Während Sie mit dem Polygon-Lasso Markierungen setzen, sehen Sie die grauen Verbindungslinien vielleicht nicht, wenn Ihr Photoshop-Hintergrund das übliche Neutralgrau zeigt. Im Zweifelsfall färben Sie den Hintergrund bei gedrückter Umschalt-Taste mit dem Füllwerkzeug (Farbeimer) um. Die Fließmarkierung, die letztlich bei geschlossener Auswahl erscheint, zeigt sich nur innerhalb des Bilds.

Links: Diese Auswahl des Bildrands entsteht am einfachsten im Vollschirmmodus (Kurztaste F) mit dem Polygon-Lasso. So lassen sich Eckpunkte auch außerhalb des Bilds auf der Arbeitsfläche setzen. Rechts: Nach Schließen der Auswahlkontur zeigt Photoshop keine Auswahlbegrenzung am Bildrand, denn die Begrenzung liegt weit außerhalb der Bildfläche. Datei: Blaeser

Links: Beim Verschieben der Auswahl mit einem Auswahlwerkzeug zeigt sich, daß die außerhalb des Bilds skizzierten Auswahlkonturen noch erhalten sind und wieder in das Bild hineinbewegt werden können. Rechts: Nach Weichzeichnen und Zurechtrücken der Auswahl kann der Bildrand gelöscht werden.

Rechteck- und Kreisauswahl

Auswahlrechteck und Auswahloval teilen sich zusammen mit der Auswahl von Einzelspalte und Einzelzeile ein Feld auf der Werkzeugleiste; Alt-Taste+Klick schaltet zwischen den Tools hin und her. Haben Sie die Werkzeugoptionen noch nicht vor Augen – ein Doppelklick auf das Werkzeug reicht.

Klicken Sie die Rechteckauswahl an, und führen Sie die Maus mit gedrückter Taste über das aktive Bild. Die Enden der Diagonale, die Sie ziehen, bilden zwei der vier Ecken des Auswahlrechtecks, das sich sofort auftut und feststeht, sobald Sie die Maustaste freigeben.

Das Auswahlrechteck schafft Markierungen für abgesoftete Hintergründe, auf die Texte oder andere Objekte gestellt werden sollen.

Verwendung

Wozu das Auswahlrechteck gut ist:

- Eine harte Rechteckmarkierung ohne jede Randglättung läßt sich mit dem Befehl **Bearbeiten: Freistellen** vom überschüssigen Rand befreien, doch komfortabler schneidet man mit dem spezialisierteren Freistellwerkzeug Ränder weg, das auf der gleichen Position der Werkzeugpalette sitzt.

- Das Auswahlrechteck ist das schnellste Auswahlwerkzeug, sofern Sie keine weiche Kante vorwählten. Damit markiert man rasch einen Bildteil, der via Zwischenablage in andere Bilder oder Texte eingefügt wird oder einfach nur eine große Zwischenablage überschreibt, um Arbeitsspeicher freizugeben.
- Mit dem Auswahlrechteck lassen sich Bildteile markieren, die hinterher aufgehellt und abgesoftet werden, um als Hintergrund für eine Headline zu fungieren. Dabei wählt man eventuell eine weiche Kante.
- Auch wer den Look von Polaroid-Bildern nachbauen will, hat Verwendung für das Auswahlrechteck.
- Den Umriß wehender Fahnen und Ähnliches erzielt man mit Auswahlrechteck, Farbfüllung, Verzerrungsfilter.

Mit dem Auswahlwerkzeug erzeugen Sie rechteckige oder ovale Auswahlkonturen.

Optionen

Üblicherweise stehen die »Auswahloptionen« auf »Normal«. Damit produzieren Sie beliebige Rechtecke. Sie haben aber auch andere Möglichkeiten:

- Sie können ein bestimmtes »Seitenverhältnis« vorgeben, um zum Beispiel einen Bildteil für die randlose Dia-Ausbelichtung auszuwählen (Seitenverhältnis 10,5:7,0). Dezimalwerte sind erlaubt. Sie kopieren sehr einfach das Seitenverhältnis einer anderen Datei, wenn Sie deren Pixel- oder Zentimeterwerte in die Felder für »Breite« und »Höhe« eintragen. (Wollen Sie diesen Bereich jedoch freistellen, also vom Außenrand befreien, dann erledigen Sie die Aufgabe einfacher mit dem Freistellwerkzeug (Kurztaste ⌘). In den Freistelloptionen klicken Sie »Feste Größe« an und tragen Werte für »Breite« und »Höhe«, nicht aber für die Auflösung ein; in dieser Konstellation ziehen Sie ein Rechteck mit vorgegebenen Seitenverhältnissen, aber beliebiger Größe auf und entfernen den Rand sehr einfach mit Betätigen der Eingabe-Taste.)
- »Feste Größe« beim Auswahlrechteck oder -oval diktiert feste Werte für die Pixelzahl hoch mal quer; orientieren Sie sich allerdings bei Ihrem Projekt nicht an Pixeln, sondern an Zentimetern. Verwenden Sie das Freistellwerkzeug zum Ausschneiden, denn dort lassen sich auch Zentimeter vorgeben. Nützlich ist die feste Pixelgröße aber, wenn Sie Bilder für Multimedia-Zwecke zurechtschneiden oder paßgenau für Montagen auswählen; beim Freistellwerkzeug können Sie keine fixe Pixelzahl freistellen, ohne daß es zu Interpolation kommt.
- Sie können eine »Weiche Kante« bis 250 Pixel vorgeben. Das Aufweichen der Auswahl gleich beim Ziehen des Rahmens kostet Zeit; Sie holen es später nach mit dem Auswahlbefehl **Weiche Auswahlkante**. Näheres im folgenden Abschnitt »Auswahlbefehle«.

- Manchmal braucht man auch einzelne Auswahllinien im Bild, etwa für ein Koordinatensystem, zur Korrektur streifiger Scans, um Bildteile visuell zu trennen oder für sonstige Feinarbeiten. Für eine waagerechte Linie klicken Sie im Rechteck-Menü auf die »einzelne Zeile«, senkrecht wird die »einzelne Spalte«. Sobald Sie mit der Maus ins Bild klicken, erhalten Sie eine senkrechte oder horizontale Markierung durchs ganze Bild, einen Pixel breit. Wählen Sie nun **Bearbeiten: Füllen** an, wird daraus eine Linie in der aktuellen Vordergrundfarbe.

Tastaturkombinationen

Wie immer gibt es zahlreiche Tastaturkombinationen:

- Ziehen Sie die Maus mit gedrückter Alt-Taste, vergrößert sich die Auswahl von der Mitte her in beide Richtungen. Bei runden Objekten ist diese Technik einfacher als das Auswahl-Ziehen vom Objektrand, desgleichen, wenn die Auswahl rund um ein Motivdetail zentriert sein soll.
- Bei gedrückter Umschalt-Taste gerät die Auswahl garantiert nicht rechteckig oder oval, sondern quadratisch beziehungsweise kreisrund.
- Mit Alt+Umschalt ziehen Sie exakt Kreis oder Quadrat vom Mittelpunkt auf.
- Ziehen Sie Rechteck oder Kreis auf, und drücken Sie unmittelbar danach die Leer-Taste, um die Auswahlkontur zu verschieben.

 *Lasso und Polygon-Lasso*

Mit dem Lasso erzeugen Sie frei geformte Auswahlbereiche, indem Sie einfach eine Markierung per Mausbewegung durchs Bild ziehen. Zu diesem klassischen Auswahlwerkzeug bietet Photoshop zwei Varianten, die Sie auf der horizontalen Werkzeugleiste zum Lasso wiederfinden:

Das Polygon-Lasso erzeugt Auswahlen zwischen einzelnen Eckpunkten, die Sie durch Klicken setzen.

Das Magnet-Lasso, neu in Photoshop 5, altbekannt bei der Konkurrenz, orientiert sich ebenfalls an einzelnen Klicks; es verbindet diese aber nicht unbedingt durch Geraden, sondern bewegt sich an Bildkonturen entlang. Es wird im nachfolgenden Abschnitt detaillierter besprochen.

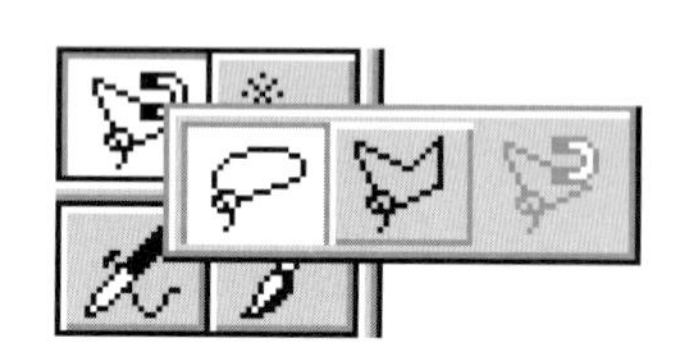

Drei verschiedene Lassowerkzeuge finden Sie in der Werkzeugleiste.

Mit dem üblichen Lasso erzeugen Sie eine völlig frei geformte Auswahlmaske um 100 Ecken und Kanten. Das geht so:

1. Klicken Sie auf das Lasso.
2. Ziehen Sie bei gedrückter Maustaste durchs Bild um die Figur herum, die Sie markieren wollen.
3. Sobald Sie loslassen, schließt sich die Umrandung auf dem kürzestmöglichen Weg zwischen Anfangs- und Endpunkt.

Natürlich sollten Sie das Objekt Ihrer Begierde möglichst schirmfüllend darstellen. Am schnellsten drücken Sie dazu ⌘+Leer-Taste, damit sich jedes beliebige Werkzeug in eine Vergrößerungslupe verwandelt; dann markieren Sie den gewünschten Bereich per Mausrutsch mit gedrückter Taste. Ein Doppelklick aufs Handsymbol oder aber ⌘+0 sorgen für schirmgroße Darstellung Ihrer Datei. Wollen Sie später wieder verkleinern, die Minus-Lupe bekommen Sie mit Alt-+Leer-Taste.

Finden Sie ein Lasso als Zeiger bei dieser Arbeit unpraktisch, dann drücken Sie die Feststell-Taste (die sonst die Texteingabe dauerhaft auf Großbuchstaben umstellt). Bei gedrückter Feststell-Taste wird jedes Werkzeug durch ein Haarkreuz dargestellt. Sie erkennen den aktiven Punkt des Werkzeugs besser, als wenn es durch ein Symbol wie Schere, Pinsel oder Lasso dargestellt wird. In der Regel klickt man in den Lasso-Optionen das »Glätten« an.

Verwendung

Es ist nervenzehrend, per Lasso um eine komplexe Figur herumzumanövrieren; denn viel zu schnell schließt Photoshop die Auswahl schon wieder. Viel geruhsamer arbeiten Sie mit einer Kombination aus Pfadwerkzeug, Zauberstab, Alphakanal-Korrekturen und auch mal mit dem Lasso. In der Regel setzt man dieses Werkzeug nur in Kombination mit anderen ein – zum Beispiel, um zunächst eine grobe Auswahl zu markieren, die dann noch verfeinert wird, oder um einzelne, unruhig gefärbte Bereiche auf einen Schlag zu erfassen, bei denen der Zauberstab keine Chance hat.

Nicht zuletzt dient das Lasso dazu, große Bereiche eines Alphakanals einzufangen und einzufärben, wenn mit der Zauberstabauswahl keine saubere Markierung zustandekam.

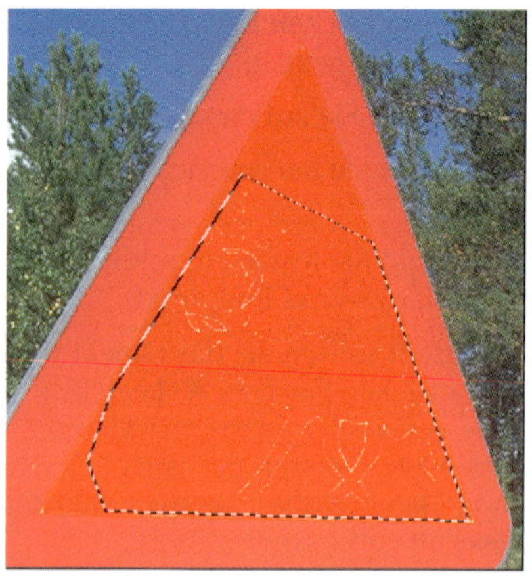

Auswahlkorrektur mit dem Polygon-Lasso: Auch nach mehreren Anläufen mit dem Zauberstab läßt sich das Schildinnere nicht sauber markieren (links). Dies zeigen auch die Lücken im rot darübergeblendeten Alphakanal (rechts). Der lückenhafte Bereich des Alphakanals wird mit dem Polygon-Lasso eckig eingerahmt. Datei: Elch

Der eingerahmte Bereich wird mit Farbe gefüllt (links). Lädt man diesen bearbeiteten Alphakanal neu als Auswahl, ist das Schildinnere sauber markiert (rechts) und kann zum Beispiel neu gefüllt oder umgefärbt werden.

Polygon-Lasso

Nahe verwandt ist das Polygon-Lasso; Sie erreichen es im gleichen Fach der Werkzeugleiste. Mit dem Polygon-Lasso markieren Sie eckige Figuren. Das Procedere:

1. Aktivieren Sie das Polygon-Lasso.
2. Klicken Sie an den Anfangspunkt der geplanten Auswahllinie (nicht ziehen).
3. Setzen Sie per Klicken weitere Eckpunkte.
4. Klicken Sie doppelt; jetzt schließt sich das Vieleck auf dem kürzesten Weg. Halten Sie die Taste über den Anfangseckpunkt, zeigt ein Kreis neben dem Symbol des Polygon-Lassos, daß die Auswahl hier geschlossen wird.

Sie haben jetzt eine Auswahl mit geraden Begrenzungslinien. Diese Linien können diagonal und mit beliebig vielen Ecken durchs Bild laufen, das schaffen Sie mit dem Auswahlrechteck nicht. Das Polygon-Lasso erfaßt besonders gut Dreiecke, sonstige eckige Bildbereiche sowie viereckige Scheiben oder Fotos im Bild, die schräg oder mit perspektivischer Verzerrung aufgenommen wurden.

Schneller Wechsel zwischen Lasso und Polygon-Lasso

Sie können bei aktiviertem Lasso vorübergehend die Funktionsweise des Polygon-Lassos nutzen und umgekehrt:

- Wenn Sie mit dem Lasso im Bild eine freie Linie zeichnen, drücken Sie die Alt-Taste, um im Stil des Polygon-Lassos nur noch Eckpunkte zu setzen. Lassen Sie die Alt-Taste los, wenn Sie wieder eine freie Kontur erzeugen wollen.
- Setzen Sie mit dem Polygon-Lasso Eckpunkte ins Bild, drücken Sie die Alt-Taste, um zwischenzeitlich eine völlig freie Kontur ziehen zu können. Lassen Sie die Alt-Taste wieder los, um weiter mit Eckpunkten zu arbeiten.

Eine grobe Auswahl dieses Fensters läßt sich mit dem Polygon-Lasso leicht herstellen (links), die Feinheiten regeln Sie anschließend mit Lasso und Zauberstab. Um schon bei aktivem Polygon-Lasso den Stein mit freien Bewegungen auszuwählen, drücken Sie die Alt-Taste zum Wechsel zum normalen Lasso und ziehen eine Kontur bei gedrückter Maustaste. Datei: Fenster

 Magnetisches Lasso

Die Qualitäten von Zauberstab und Lasso kombiniert das neue magnetische Lasso. Das Prinzip: Sie klicken Orientierungspunkte ins Bild, ganz wie beim Polygon-Lasso. Doch Photoshop verbindet die Punkte nicht schlicht auf dem kürzestmöglichen Weg; statt dessen folgt die Linie den Bildkonturen. Alternativ führen Sie den Mauszeiger ganz ohne Klicken am Motiv entlang – Photoshop setzt sich seine Punkte auch selber.

Wie immer gilt: Sie erweitern mit dem magnetischen Lasso bereits vorhandene Auswahlen, wenn Sie die Umschalt-Taste drücken. Mit gedrückter Alt-Taste lassen sich, business as usual, bestehende Auswahlen verkleinern.

Doch Vorsicht: Das magnetische Lasso ist nicht das Universalwerkzeug schlechthin. Es kann erhebliche Mühe bereiten, die Auswahl tatsächlich an den gewünschten Konturen entlangfließen zu lassen. Dies gilt besonders für Objekte, die zum Beispiel durch Scharfzeichnen bereits einen Lichtsaum erhielten, also mehrere attraktive Konturen nebeneinander zeigen. Eine geruhsame Auswahlkorrektur mit Alphakanälen und Pfaden wirkt in vielen Fällen sicherer. Bedenken Sie zudem, daß Sie mit Photoshop 5 auch einen magnetischen Zeichenstift erhalten, der – orientiert an Bildkonturen – sofort einen Pfad erzeugt und oft eine sinnvolle Alternative zum magnetischen Lasso ist. Näheres dazu im »Pfade«-Kapitel weiter hinten.

Magnetischer Zeichenstift und magnetisches Lasso haben die gleichen Optionen und die gleichen Tastenkürzel. Wenn Sie ein Werkzeug beherrschen, durchschauen Sie auch das andere.

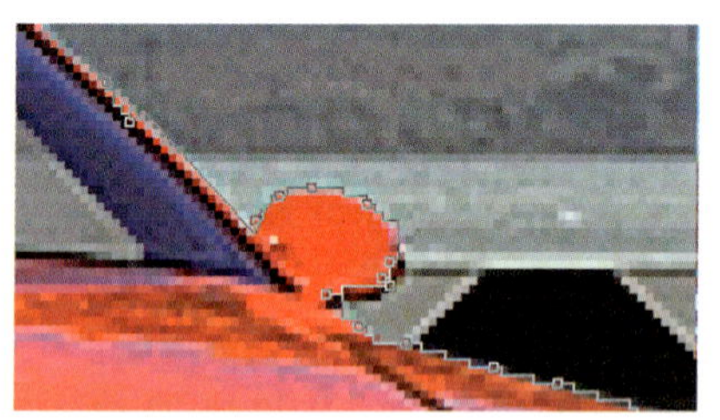

Nicht linientreu: Diese Auswahl (links) mit dem magnetischen Lasso geriet zu grob. Rechts: Präziser wird die Auswahl, wenn man die Zahl der Punkte manuell oder automatisch erhöht und die »Lassobreite« verkleinert. Datei: Schild

Punkte setzen

So geht's: Setzen Sie per Mausklick einen ersten Punkt direkt an der gewünschten Kontur. Nun bewegen Sie den Mauszeiger ohne Drücken der Maustaste weiter – die Auswahlvorschau folgt automatisch der Kontur.

Weitere Punkte müssen Sie nicht unbedingt setzen, das erledigt Ihr Programm auch von allein. Manchmal reißt die Markierungslinie jedoch aus und folgt den falschen Konturen. Dann bewegen Sie den Zeiger ohne Drücken zurück bis zu einer Stelle, an der die Auswahl noch korrekt sitzt, und klicken dort einen Punkt hin. Mit weiteren Klicks arbeiten Sie sich so vor, daß die Auswahl auf Linie bleibt.

Alternativen bei Fehltreffern: Sie erhöhen die »Frequenz« – also die Zahl der Punkte, die Photoshop automatisch setzt –, oder Sie senken die »Lassobreite« – also die Bildbreite, die das magnetische Lasso nach Konturen absucht – (mehr zu den Optionen gleich unten).

Punkte zurücknehmen

Der jeweils neueste Punkt auf dem Monitor erscheint gefüllt, die anderen Punkte sehen Sie als lichtes Geviert. Auch wenn das magnetische Lasso schon wieder weitere Konturen verfolgt hat – bis zum letzten, gefüllten Punkt können Sie jederzeit durch schlichtes Mausschieben zurückkehren; so läßt sich das Lasso bei Bedarf anpassen oder auch ab diesem Punkt in eine völlig neue Richtung lenken.

Sie können sogar weiter als bis zum neuesten Punkt zurückkehren: Löschen Sie einfach die vorhandenen Punkte nach und nach mit der Rückschritt-Taste, um mehr und mehr wieder auf Ihren Ausgangspunkt zuzusteuern und die Linie neu zu lenken.

Verschieben können Sie die Punkte nicht – diese Möglichkeit haben Sie nur beim Pfad.

Auswahl schließen

Um die Auswahl zu schließen, klicken Sie doppelt. Auch mit ⌘+Klick machen Sie Schluß. Dabei bewegt sich die Auswahllinie nicht auf kürzestem Weg zum Startpunkt, sondern folgt weiterhin Bildkonturen. Wenn Sie das magnetische Lasso über den ersten Punkt halten oder wenn Sie die ⌘-Taste drücken, erscheint ein kleiner Kreis neben dem Werkzeugsymbol über der Datei. Damit signalisiert Photoshop, daß die Auswahl geschlossen werden kann beziehungsweise daß der Ausgangspunkt wieder erreicht ist.

Vorübergehender Wechsel zu Lasso und Polygon-Lasso

Während Sie das magnetische Lasso in Gebrauch haben, können Sie vorübergehend zu Lasso und Polygon-Lasso wechseln. Dazu drücken Sie die Alt-Taste. Nun können Sie Eckpunkte ins Bild klicken, die auf geradem Weg verbunden werden, ohne Bildkonturen zu berücksichtigen; oder Sie erzeugen eine freie Auswahlform durch Ziehen mit der Maus. Sobald Sie die Alt-Taste freigeben, arbeiten Sie wieder mit dem magnetischen Lasso.

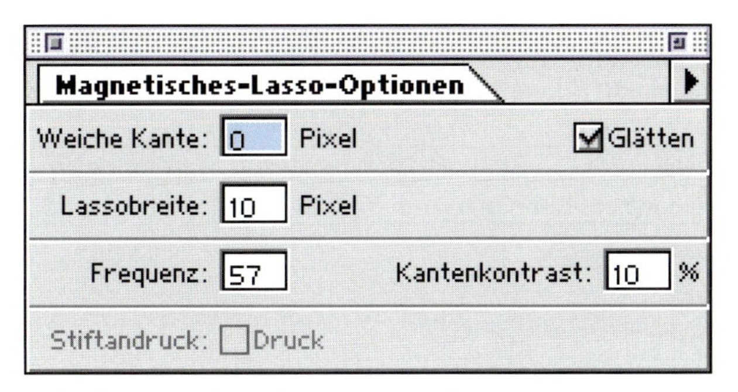

Anziehend: Wie genau das magnetische Lasso Mausklicks und Bildkonturen verfolgt, regeln Sie in den Optionen.

Mehrere Optionen regeln das Verhalten des magnetischen Lassos:

»Lassobreite«

Der Wert »Lassobreite« gibt an, in welchem Pixel-Radius das magnetische Lasso nach signifikanten Konturen fahnden soll. Sofern Sie das Lasso eng am Objekt entlanglotsen, geben Sie hier einen niedrigen Wert vor; so läßt das Werkzeug sich nicht von noch entfernteren Kontrasten ablenken. Hat das Motiv aber kleinere Ecken und Kanten, erhöhen Sie die Lassobreite; dann müssen Sie mit dem Mauszeiger nicht jeder Motivkurve hinterherfahren – das erledigt Photoshop für Sie.

Allerdings auch nur in begrenztem Umfang: Der Maximalwert für die Lassobreite ist 40 Pixel. Wenn Sie das magnetische Lasso also durch eine große, diffuse Zone führen, wird es dort verzweifelt Konturen ausmachen und nicht etwa eine 42 Pixel entfernte Objektkante aufspüren.

Stellen Sie die Werkzeugdarstellung auf Fadenkreuz um, indem Sie die Feststell-Taste drücken. Das magnetische Lasso erscheint jetzt als Kreis in der gewählten »Lassobreite«. Führen Sie diesen Kreis über die interessanten Bildkonturen. Nur innerhalb des Kreises werden Kontraste gesucht.

»Frequenz«

Geben Sie nicht selber durch gelegentliches Klicken Orientierungspunkte vor, tut Photoshop das allein. Sie legen eine »Frequenz« von 1 bis 100 fest, hohe Werte erzeugen mehr Punkte.

Je mehr Punkte das Programm setzt, desto schwieriger wird es, Linien nachträglich durch Rückschritte wieder zu korrigieren. Allerdings haben Sie bei hoher Punktzahl die Einzelsegmente besser im Griff und müssen weniger fürchten, daß das Lasso ausreißt und unerwünschten Konturen hinterherhechelt.

»Kantenkontrast«

Je höher der »Kantenkontrast«, desto stärker müssen die Tonwertgegensätze sein, denen das magnetische Lasso noch folgt. Bei niedrigen Werten wie »5« findet es alle möglichen Bildteile anziehend. Sie ändern die Werte auch durch Drücken von Punkt- und Komma-Taste.

Zauberstab

Das freihändige Auswählen eines Baums oder eines Menschen macht mit dem Lasso zuviel Arbeit. Darum gibt es den Zauberstab. Dieses wichtigste Auswahlgerät markiert automatisch Bildteile auf der Basis von farbähnlichen Bildpunkten. So markieren Sie zum Beispiel schnell und sauber ein rotes Objekt vor grünem Hintergrund. Die »Toleranz« des Zauberstabs regeln Sie nach einem Doppelklick auf das Werkzeugsymbol in den Optionen: Niedrige Werte wie 5 oder 20 bedeuten, der Zauberstab wählt nur sehr wenige, farblich sehr ähnliche und eng benachbarte Pixel aus. Hohe Werte wie 80 oder 120 fangen einen größeren Bereich ein.

Der Zauberstab markiert farbähnliche Bildpunkte mit regelbarer Toleranz.

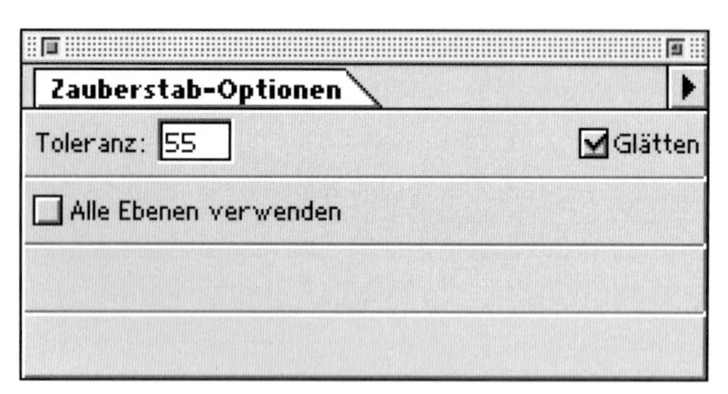

Grundsätzlich erwischt der Zauberstab zunächst nur Bildpunkte, die in Nachbarschaft des angeklickten Pixels liegen und nicht durch abweichende Farbbereiche abgetrennt sind. Liegt also zwischen zwei roten Blechen eine schwarze Zierleiste, wird zunächst nur eine Hälfte des Objekts erfaßt.

Meist experimentiert man mit verschiedenen Empfindlichkeiten, bis der Zauberstab möglichst genau die gewünschten Bildteile markiert. Oder man markiert einen kleinen Bereich bei niedriger Toleranz, um alsdann die Auswahl mit gedrückter Umschalt-Taste zu vergrößern. Der Zauberstab grast zunächst nur die aktive Ebene ab, was mitunter verwirren kann. Soll er sich jedoch an allen Ebenen orientieren, klicken Sie in den Optionen auf »Alle Ebenen einbeziehen«.

Achten Sie darauf, wohin Sie mit dem Zauberstab klicken – vor allem bei niedrigen Empfindlichkeiten. Richten Sie den Zauberstab auf einen Bildpunkt, dessen Farbwert oder dessen Position ungefähr in der Mitte des angepeilten Bereichs liegt.

Links: Bei niedriger Toleranz wie etwa 20 erfaßt der Zauberstab nur einen kleinen Bildbereich. Rechts: Bei hoher Toleranz von 80 nimmt der Zauberstab weit mehr Bildpunkte in die Auswahl. Datei: Wagen

Schneller mit dem Zauberstab

Schneller gehen mitunter die Auswahlarbeiten voran, wenn Sie – nur für Auswahlzwecke – die Kontraste im Bild drastisch erhöhen, zum Beispiel per **Bild: Einstellen: Gradationskurven** oder mit **Helligkeit/Kontrast** aus dem nämlichen Untermenü. Legen Sie dazu das verfremdete Bild auf eine eigene Ebene, dann wechseln Sie wieder zurück. In Fotos mit Farbdominanten lohnt es sich, via Kanälepalette nur einen Kanal mit besonders harten Kontrasten anzeigen zu lassen, dort die Auswahl zu treffen und dann zurück in den Gesamtkanal zu wechseln. So hebt sich zum Beispiel blauer Himmel im Blaukanal oft trefflich heraus.

Beachten Sie auch, daß der Auswahlbefehl **Farbbereich auswählen** viele Zauberstabklicks ersparen kann. Er wird weiter unten besprochen.

Zauberstabauswahl erweitern

Die Markierung, die der Zauberstab erzeugt hat, muß oft noch erweitert werden:

- Bei gedrückter Umschalt-Taste fügen Sie wie üblich mit beliebigem Auswahlgerät weitere Bildbereiche der Auswahl hinzu.
- Der Befehl **Auswahl: Auswahl vergrößern** erweitert eine Auswahl um die angrenzenden Pixel; dabei verwendet Photoshop die bereits eingestellte Toleranz erneut; Sie können auch zwischendurch die Zauberstabtoleranz erhöhen, um den Befehl **Auswahl vergrößern** weiträumiger arbeiten zu lassen.
- Verwenden Sie dagegen den Befehl **Ähnliches auswählen**, fischen Sie nach farbähnlichen Pixeln im kompletten Bild, nicht nur in unmittelbarer Nachbarschaft der bisherigen Auswahl. Beide Befehle funktionieren auch, wenn Sie die erste Auswahl mit einem anderen Werkzeug getroffen haben, etwa mit dem Rechteck. Wenn ein Bild deutlich nach dem Befehl **Ähnliches auswählen** verlangt, weil die gewünschten Farbwerte vielfach gestreut sind, können Sie oft auch gleich den Befehl **Farbbereich auswählen** verwenden, quasi ein erweiterter Zauberstab in Dialogfeldform.

Es gibt noch eine Reihe weiterer Möglichkeiten, die Auswahl zu korrigieren, die wir im folgenden besprechen. So tilgen Sie zum Beispiel Auswahllücken, fassen die Auswahl pixelweise enger oder weiter oder lassen die Auswahl eingefärbt darstellen, um sie dann mit dem Pinsel zu bearbeiten.

Auswahlen erkennen

Mitunter läßt sich gar nicht mehr erkennen, welche Bildteile überhaupt ausgewählt sind. Zum einen kann eine Zauberstabauswahl über unruhiger Fläche sehr verwirrend aussehen; zum anderen haben Sie vielleicht die Auswahlbegrenzung mit ⌘+H versteckt.

Doch gibt es ein paar Merkmale, die sofort zeigen, ob und was ausgewählt ist:

- Bewegen Sie ein Auswahlwerkzeug über das Bild, zum Beispiel den Zauberstab. Nur über bereits markierten Pixeln wird sich das Werkzeug zum Zeiger verwandeln. Und nur über markierten Pixeln wird die Informationen-Palette eine Auswahlgröße kundtun.
- Wechseln Sie vorübergehend in den Maskierungsmodus mit der Kurztaste Q; in der Standardeinstellung deckt Photoshop nichtausgewählte Bereiche mit »Schutzlack« ab.

So erkennen Sie in einer komplexen Auswahl, welche Bildpunkte tatsächlich markiert sind: Auswahlwerkzeuge verändern sich über markierten Bildteilen zum Zeiger, und einen schnellen Überblick verschafft auch der Maskierungsmodus (Kurztaste Q).

Auswahlkontrolle im Maskierungsmodus

Die vielseitig schillernde Fließmarkierung soll ausgewählte Bildbereiche anzeigen; doch bei komplexen Auswahlen verwirrt sie nur. Zur Übersicht stellt man die Auswahl im Maskierungsmodus dar. Dieser Modus deckt in seiner Grundeinstellung nichtmarkierte Bildteile mit roter, halbtransparenter Farbe ab – so wie Schablone oder Schutzlack in der klassischen Bildretusche bestimmte Bildteile vor Pinsel oder Skalpell bewahrten. Deutlich erkennen Sie dann nur noch den zur Bearbeitung freigegebenen, ausgewählten Bildteil. Ideal prüfen Sie in diesem Modus auch, ob eine Auswahl schon wie angegossen sitzt oder ob Sie noch ein paar Pixel hinzufügen oder entfernen sollten. Der Maskierungsmodus erzeugt einen vorübergehenden Alphakanal. Diese Technik wird im anschließenden Kapitel ausführlich vorgestellt.

Für den Maskierungsmodus klicken Sie auf die rechte der zwei Kreisauswahlen unterhalb der Farbfelder in der Werkzeugleiste. Die Funktion hört überdies auf die schnelle Kurztaste Q (für

Quickmask). Die Maske erscheint vorübergehend als eigener Kanal namens »Maske« in der Kanalpalette, auch die Dateigröße schwillt im Maskierungsmodus um einen zusätzlichen 8-Bit-Graustufenkanal an.

Durch Doppelklick auf das Symbol für den Maskierungsmodus geraten Sie an die »Masken-Optionen«. Dort regeln Sie folgendes:

- Klicken Sie »Maskierte Bereiche« an, wird der geschützte, nichtausgewählte Bereich mit Farbe abgedeckt; diese Option, Voreinstellung ab Werk, empfiehlt sich, wenn Sie nur wenig zu schützen haben. Der Klick auf »Ausgewählte Bereiche« färbt umgekehrt den von Ihnen ausgewählten Bereich ein; nützlich zum Beispiel, wenn Sie den Hintergrund des eigentlich gewünschten Objekts markieren, da diese Einstellung das vorläufig nicht ausgewählte Objekt sichtbar läßt. Ein Alt-Klick auf das Symbol für Maskierungsmodus schaltet zwischen den beiden Darstellungen hin und her.
- Nach einem Klick auf das Farbfeld wählen Sie im Farbwähler eine beliebige Maskenfarbe, falls Ihnen das Rot nicht gefällt; notwendig ist eine Farbänderung besonders, wenn sich die Maskenfarbe nicht von einer wichtigen Farbe im Bild abhebt.
- Dann tippen Sie noch einen Wert für die Deckkraft ein; damit bestimmen Sie, wieviel vom Original die Maske noch durchblicken läßt. Die Schutzfunktion der Maske wird durch Änderungen in diesem Feld nicht beeinflußt. Eine hohe Deckkraft ist oft am übersichtlichsten.

Im Maskierungsmodus (Kurztaste Q) erkennen Sie deutlicher, was ausgewählt ist und ob die Auswahl exakt sitzt. Photoshop ersetzt die Fließmarkierung durch eine übersichtlichere Maske. In diesem Beispiel werden »maskierte Bereiche«, also nichtmarkierte Bildteile, abgedeckt.

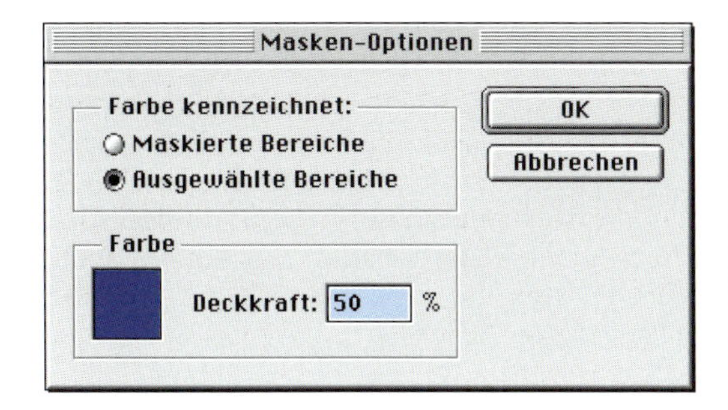

Farbe und Deckkraft der Maske paßt man mit den Maskenoptionen dem Bild an. Die Maskenfarbe sollte sich von den Hauptfarben im Bild gut abheben.

Sie können jederzeit eine übliche Fließmarkierung durch Klick auf das Symbol für den Maskierungsmodus als Schutzmaske darstellen lassen und danach wieder in den Standardumrißmodus zurückwechseln. Wollen Sie die farblich maskierte **Auswahl speichern**, wechseln Sie erst in den Standardmodus zurück. Die Schutzmaske läßt sich mit Pinseln oder Kontrastreglern verändern; doch weil der Maskierungsmodus nichts anderes ist als ein vorübergehender Alphakanal, finden Sie die Bearbeitungstechniken erst im folgenden Kapitel über Alphakanäle.

Übung: Zauberstabauswahl

In dieser einfachen Übung lernen Sie die Grundlagen der Auswahlarbeit mit dem Zauberstab kennen. Sie markieren Teile eines Segels, die mit dem Verlaufwerkzeug umgefärbt werden sollen.

Links: Klicken Sie mit dem Zauberstab bei aktivierter Option »Glätten« und einer Toleranz von 20 in ein rosa Feld. Die niedrige Zauberstabtoleranz fängt nur einen kleinen Bildbereich ein.
Rechts: Die höhere Toleranz von 60 erfaßt eine größere Zone. Alternativ nutzt man den Befehl »Auswahl: Auswahl erweitern«. In beiden Fällen erfaßt die Auswahl jedoch keine ähnlichen Bildpunkte, die durch andere Farbwerte wie hier durch die grünen Querstreben abgetrennt sind. Datei: Surfer

Links: Um weitere Flächen jenseits der Querstreben zu erfassen, klickt man mit gedrückter Umschalt-Taste in den gewünschten Bereich; dieser Tastengriff erweitert vorhandene Auswahlen. Rechts: Der Befehl »Auswahl: Ähnliches Auswählen« markiert sofort farbähnliche Bildpunkte im ganzen Bild auf Basis der aktuellen Zauberstabtoleranz. Dabei werden in diesem Beispiel einige unerwünschte Pixel im rechten Rand des Segels miterfaßt. Ein neuer Versuch mit verringerter Zauberstabtoleranz empfiehlt sich.

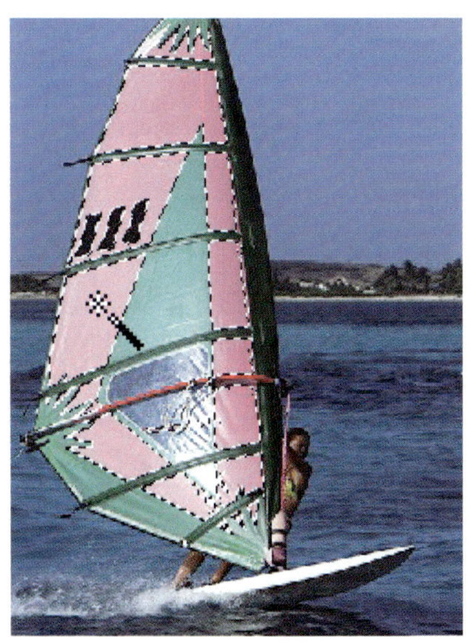

Links: Die Bildpunkte, die der Befehl »Ähnliches Auswählen« zuviel erfaßte, werden in diesem Beispiel mit dem Lasso markiert. Bei gedrückter Alt-Taste entfernt das Lasso die eingekreisten Bildpunkte aus der vorhandenen Auswahl. Rechts: Jetzt stimmt die Auswahl. Die Segelfläche kann jetzt unabhängig von anderen Bildbereichen bearbeitet werden.

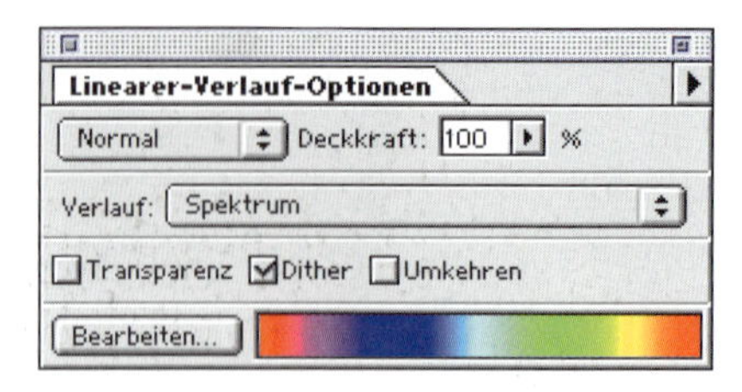

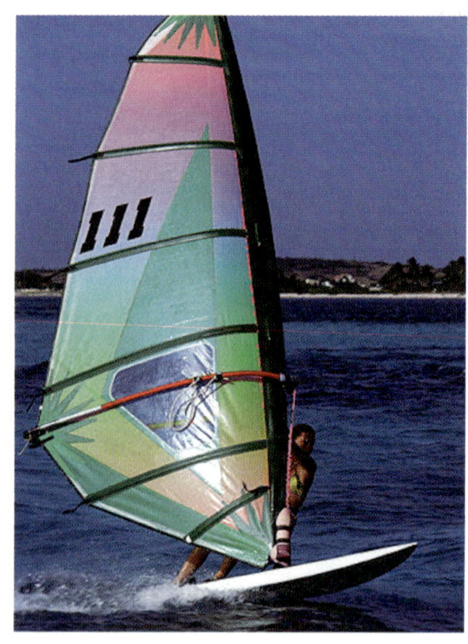

Links: Mit der Taste G (für Gradient Tool) aktivieren Sie das Verlaufwerkzeug für linearen Farbübergang. In den Optionen wird der Mischmodus »Farbton« eingestellt, der die Helligkeits- und Sättigungswerte des Untergrunds erhält. Dann wird der Verlaufzeiger von oben nach unten durch den Auswahlbereich bewegt. Rechts: Verbergen Sie die schillernde Auswahlmarkierung mit ⌘+H (für Hide), bevor Sie entscheiden, ob Sie das Ergebnis beibehalten oder mit ⌘+Z widerrufen.

Übung: Auswahl umkehren, verkleinern, weiche Auswahlkante

Die folgende einfache Übung zeigt, in welchen Situationen man Auswahlen umkehrt, verkleinert oder Teile einer Auswahl mit einer weichen Kante ausstattet.

Die linke Hälfte dieses Fesselballons soll aufgehellt und der rechten Seite angeglichen werden. Die Auswahl entsteht auf Umwegen: Markieren Sie zunächst den Hintergrund mit dem Zauberstab (Kurztaste W, für Magic Wand) bei niedriger Toleranz von etwa »20« und aktiviertem »Glätten« (links). Dann kehren Sie die Markierung mit dem Befehl »Auswahl: Auswahl umkehren« um (⌘+Umschalt+I, für Invert); damit ist nur noch der Ballon selbst ausgewählt (rechts). Datei: Sky

Aus dieser Auswahl entfernen Sie nun die rechte Hälfte, die nicht bearbeitet werden soll. Dazu rahmen Sie diese rechte Hälfte mit dem Lasso (Kurztaste L) bei gedrückter Alt-Taste ein (links). Damit wird der neu eingerahmte Bildteil aus der Auswahl entfernt, nur noch die linke Ballonhälfte bleibt wie gewünscht markiert.

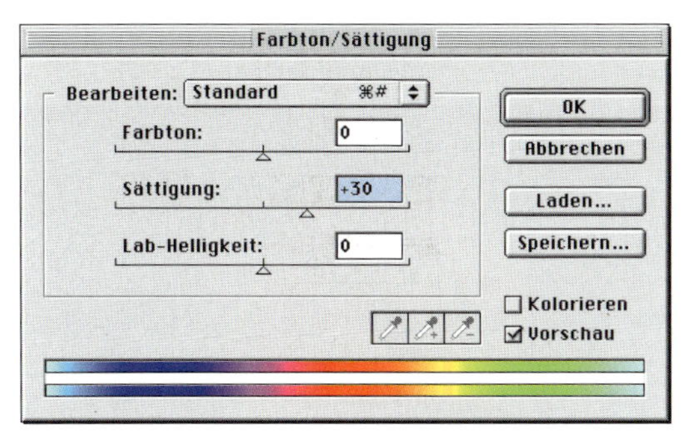

Jetzt können Sie die abgeschattete Partie des Ballons mit den Dialogfeldern »Farbton/Sättigung« (⌘+U) und »Tonwertkorrektur« aufhellen, ohne daß die rechte Hälfte oder der Himmel mitverändert werden. Dabei verstecken Sie die Fließmarkierung mit dem Befehl »Ansicht: Begrenzung ausblenden« (⌘+H, für Hide), um den Übergang zwischen bearbeiteter und naturbelassener Zone besser erkennen zu können. Sie können diesen Menübefehl auch bei geöffnetem Dialogfeld noch anwählen. Rechts: Sie erkennen, daß der Übergang zwischen linker und rechter Hälfte nicht homogen ist.

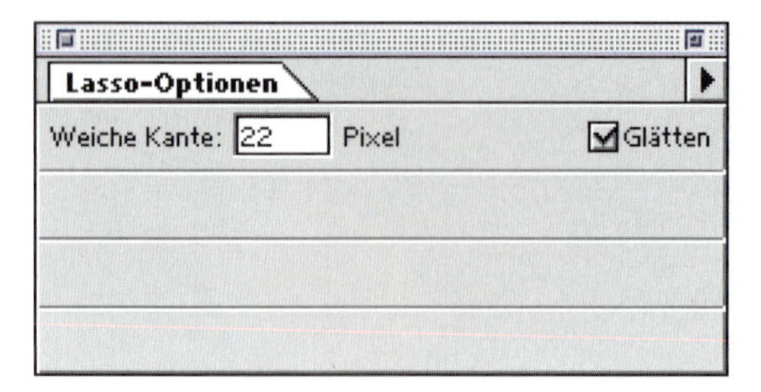

Der Auswahlübergang innerhalb des Ballons soll also mit einer weichen Kante ausgestattet werden, während die Auswahlgrenzen zwischen Ballon und Himmel weiterhin hart bleiben sollen. Darum markieren Sie zunächst wieder den Ballon; in den Lasso-Optionen stellen Sie dann eine »Weiche Kante« von etwa »20« ein (links). Mit gedrückter Alt-Taste entfernen Sie wieder den rechten Teil aus der Auswahl. Der resultierenden Fließmarkierung ist der weiche Übergang freilich nicht anzusehen (rechts) – die Auswahllinie umfaßt alle Pixel, die zu mehr als 50 Prozent markiert sind, unabhängig von weichen Übergängen.

Deutlicher wird die aktuelle Auswahlwirkung, wenn Sie in den Maskierungsmodus wechseln (Kurztaste Q, für Quickmask). Hier erkennen Sie harte und weiche Auswahlübergänge deutlich an der Schutzlackdarstellung (links, abgebildet mit erhöhter Deckkraft). Wechseln Sie zurück in den Standardmodus (erneut Kurztaste Q), und verbergen Sie die Auswahlmarkierung (⌘+H), um dann mit »Farbton/Sättigung« und »Tonwertkorrektur« den linken Teil nahtlos anzupassen. Ergebnisdatei: Sky_2

9.2 Auswahlbefehle

Meist ist es mit ein paar Werkzeugaktionen noch nicht getan, die Auswahl muß verfeinert werden. Hier besteht zunächst die Möglichkeit, die erstellte Auswahl mit den Werkzeugen zu vergrößern (bei gedrückter Umschalt-Taste) oder zu verkleinern (bei gedrückter Alt-Taste). Interessanter ist jedoch eine Reihe weiterer Befehle im **Auswahl**-Menü.

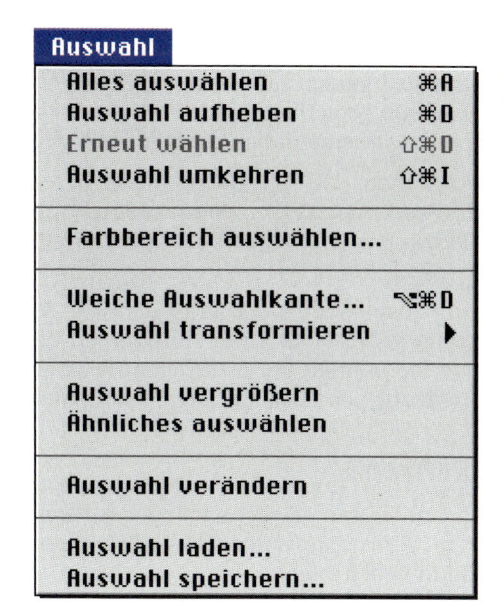

Mit dem »Auswahl«-Menü bearbeiten Sie die vorhandene Markierung.

Auswahlen aufheben, ausblenden, wiederholen

Sie können die Fließmarkierung entfernen oder verstecken.

»Auswahl aufheben«

Auswahl aufheben (⌘+D, für Deselect) hebt jegliche Auswahl wieder auf. Rasch verschwindet die Auswahllinie auch durch Klick mit einem Auswahlwerkzeug außerhalb der Auswahl.

»Erneut wählen«

Die letzte Auswahl, die Sie entfernt haben, merkt sich Photoshop. Er gibt sie Ihnen wieder mit dem Befehl **Erneut wählen**. Dabei spielt es keine Rolle, wie viele Eingriffe Sie seither unternommen haben.

Der Befehl zieht seine Informationen aus dem Protokollspeicher und sucht sich dort die nächste zurückliegende Auswahl. Sind Sie in der Protokollpalette um viele Schritte zurückgesprungen – hinter Ihre letzte Auswahl –, dann wird Photoshop per **Erneut wählen** nur eine noch davor erstellte Auswahl laden; oder das Programm bietet **Erneut wählen** gar nicht erst an, sofern Sie in der Protokollpalette auf ein Bildstadium zurückgegriffen haben, bei dem noch gar keine Auswahl erzeugt wurde. Haben Sie allerdings bereits so viele Manöver hinter sich, daß der Auswahlbefehl schon wieder aus der Protokollpalette herausgerutscht ist, dann läßt sich die Auswahl immer noch mit **Erneut wählen** herholen. Auch wenn Sie den Protokollspeicher mit dem Befehl **Bearbeiten: Entleeren: Protokolle** freigeben, bleibt Ihnen der Rückgriff auf die Auswahl erhalten.

Sie haben so also die Möglichkeit, zu einer zurückliegenden Auswahl zurückzukehren. Dazu müssen Sie nicht – wie es bei der Wiederherstellung der Auswahl per Protokollpalette der Fall wäre – auch alle anderen Bearbeitungen aufheben. Eine ausführliche Besprechung der Protokollpalette finden Sie vorne im Kapitel »Grundfunktionen«.

»Begrenzung ausblenden«

Der Befehl **Begrenzung ausblenden** (⌘+H für Hide) versteckt die schillernde Fließmarkierung, die Auswahl bleibt aber wohlgemerkt in vollem Umfang wirksam. Verbergen Sie die Auswahl, um Randübergänge nach Bearbeiten oder Einfügen eines Auswahlbereichs genau zu beurteilen.

Freilich vergißt man zuweilen, daß sich noch eine verborgene Auswahl im Bild befindet, und wundert sich dann sehr, warum sich Filter, Kontrastkorrekturen oder Auswahlwerkzeuge so merkwürdig verhalten. Photoshop sollte bei verborgenen Auswahlen ein »(A)« in der Titelleiste zeigen.

Der Befehl **Begrenzung ausblenden** steht selbst dann zur Verfügung, wenn ein Dialogfeld wie etwa »Farbton/Sättigung« geöffnet ist. Zwar funktioniert das Tastaturkürzel ⌘+H unter diesen Umständen nicht; aber Sie können bei geöffnetem Dialogfeld das **Ansicht**-Menü aufklappen und die störende Begrenzung per Klick auf **Begrenzung ausblenden** verstecken.

»Auswahl umkehren«

Wenn Sie die **Auswahl umkehren** (⌘+Umschalt+I, für Invert) wählen, markiert Photoshop alle Bildpunkte, die zuvor nicht markiert waren. Dieser Befehl ermöglicht eines der typischen Manöver in der digitalen Bildbearbeitung:

1. Sie fotografieren ein Objekt vor einfarbigem Hintergrund.
2. Sie markieren den einfarbigen Hintergrund mit ein oder zwei Zauberstabattacken.
3. Dann kehren Sie die Auswahl um – und nur noch das Objekt ist ausgewählt.
4. Sie können das Objekt jetzt isoliert korrigieren oder in ein anderes Bild ziehen.

So fangen Sie Personen, Bauwerke und Landschaften vor blauem Himmel, Produkte vor monochromer Studiokulisse oder Lettern auf weißem Grund ein. Ein wichtiger Befehl, den man schon beim Fotografieren im Kopf haben sollte – achten Sie auf einen gleichfarbigen Hintergrund, der sich vom Hauptmotiv gut abhebt. Vermeiden Sie aber beim Fotografieren dubiose Schattenreiche, in denen die Grenze zwischen Objekt und Hintergrund verschwimmt – hier ist manchmal etwas Beleuchtungskunst gefragt.

Viele Objekte auf Foto-CDs sind so leicht zu markieren. Prüfen Sie jedoch, ob nicht schon eine Auswahl – meist als Pfad – mitgeliefert wird.

Schneller Freisteller: Ein Klick mit dem Zauberstab fängt bereits einen großen Teil des Hintergrunds ein (links). Der Rest des Hintergrunds wird mit Zauberstab und Umschalt-Taste zur Auswahl hinzugefügt. Datei: Kamera

Durch den Befehl »Auswahl umkehren« (⌘+Umschalt+I) ist nur noch die Kamera ausgewählt (links). Sie kann mit dem Bewegenwerkzeug in eine neue Datei gezogen werden, in diesem Beispiel kommt noch der Ebeneneffekt »Schein nach außen« hinzu.

»Alles auswählen«

Der Menübefehl **Auswahl: Alles auswählen**, kurzerhand auch ⌘+A, umgibt das komplette Bild mit der schillernden Begrenzung. Sie wählen etwa das Gesamtwerk aus, wenn Sie es via Zwischenablage in ein anderes Bild oder in ein anderes Programm kopieren wollen (mehr darüber im Montagekapitel). Oder Sie wählen das ganze Bild aus, um es durch **Bearbeiten: Löschen** beziehungsweise per Rückschritt-Taste mit der Hintergrundfarbe zu füllen – eine komplett ausgewählte Ebene wird transparent gelöscht. Wollen Sie indes das Komplettwerk filtern oder anmalen, brauchen Sie die Gesamtauswahl nicht zu treffen: Denn wurde gar nichts gewählt, wirken Filter und Tonwertbefehle ohnehin auf das ganze Bild.

Weiterer Einsatzzweck ist die Ebenentechnik: Sie haben Bildteile montiert, die über die Dateigrenzen hinausragen. Die außenliegenden Objektteile sind nicht sichtbar, können aber jederzeit ins Bild gezogen werden. Sie kosten allerdings auch Speicher. Markieren Sie das Gesamtbild, wählen Sie **Bearbeiten: Freistellen**, und der unsichtbare Pixelballast war einmal. Sie erkennen es eventuell schon an der Speicheranzeige, daß die Datei kleiner wurde, obwohl sich vom Augenschein her nichts ändert.

Sinn macht **Alles auswählen** auch, wenn Sie eine Rechteckauswahl der Pixelmaße einer kleineren Datei auf eine größere Datei übertragen wollen, um diese größere Datei ohne Pixelneuberechnung auf die Maße der kleineren zurechtzustutzen. Für Multimedia-Projekte kann das sinnvoll sein. Das Procedere:

1. Markieren Sie die gesamte kleinere Datei mit ⌘+A.
2. Ziehen Sie die Auswahl mit einem Auswahlwerkzeug in die größere Datei.
3. Rücken Sie die Auswahl dort mit einem Auswahlwerkzeug über dem gewünschten Ausschnitt zurecht.
4. Schneiden Sie den Außenrand mit dem Befehl **Bearbeiten: Freistellen** weg.

»Weiche Auswahlkante«

Die »Weiche Kante« klicken Sie bei Lasso, Rechteck und Kreis an. Außerdem läßt sie sich nachträglich mit dem entsprechenden Auswahlbefehl einrichten. Damit verwischen Sie die Kanten einer Auswahl – in einer Breite von 1 bis 250 Pixel, bezogen jeweils auf den Raum innerhalb wie außerhalb der Auswahllinie. Das heißt, zehn Pixel weiche Kante wirken jeweils zehn Pixel nach innen und zehn Pixel nach außen.

Damit erzeugen Sie federweiche Übergänge, die sich etwa empfehlen, wenn Sie eine örtliche Kontrastkorrektur vornehmen und den Übergang zwischen manipuliertem und naturbelassenem Bild unauffällig halten wollen. Die »weiche Kante« hilft auch, wenn Sie einen Schatten werfen oder sanft ein- und ausblenden.

Bedenken Sie, daß sich die weiche Auswahlkante je nach Auflösung unterschiedlich auswirkt. Drucken Sie mit 200 dpi, dann gerät eine weiche Kante von 100 Pixeln im Druck größer als wenn Sie mit 300 dpi ausgeben und denselben 100-Pixelradius verwenden. Zur genauen Kontrolle blenden Sie Lineale (⌘+R) oder Raster ein.

Das Aufweichen der Auswahl per Werkzeugoption gleich beim Ziehen des Rahmens kostet Zeit; Sie holen es nach mit dem Auswahlbefehl **Weiche Auswahlkante** (⌘+Umschalt+D). Weichzeichnen können Sie eine Auswahl noch später im Alphakanal mit einem Weichzeichner-Filter. Ebenfalls im Alphakanal können Sie die genaue Wirkung einer weichen Kante vielfältig korrigieren.

Harte Kante, geglättete Kante, weiche Kante: Eine nichtgeglättete Auswahlkante führt oft zu allzu schroffen Übergängen. Die Option Glätten macht nur die äußersten Randpixel transparent, während die weiche Auswahlkante sich über bis zu 250 Pixel erstrecken kann.

Darstellung der weichen Auswahlkante

Die schillernde Fließmarkierung kann eine weiche Kante nur unvollkommen anzeigen. Die Markierung umgibt alle Bildteile, die zu mehr als 50 Prozent ausgewählt sind. Wo die Auswahlwirkung nur noch schwach ist, erscheint die Markierungslinie nicht mehr. Dennoch können sich auch dort Ihre Befehle auswirken – mit einer Intensität von 0 bis 49 Prozent. Um die Verteilung der Auswahl mit allen Zwischenwerten zu erkennen, stellen Sie die Auswahl als Alphakanal dar. Am schnellsten geht das mit dem Quickmask-Modus (Kurztaste Q); er wird ausführlich erklärt im anschließenden Kapitel über »Alphakanäle«.

Gut zu wissen: Weichen Sie eine Auswahl auf, die teilweise an den Bildrand stößt, dann wird dieser Teil der Auswahl nicht abgesoftet. Das heißt: Pixel, die genau am Bildrand in der Auswahl liegen, bleiben auch nach dem Befehl **Weiche Auswahlkante** voll in der Auswahl. Nur konsequent: Nach dem Befehl **Alles auswählen** bietet Photoshop die **Weiche Auswahlkante** gar nicht an. Im Bedarfsfall müßten Sie die Auswahl erst verkleinern.

Der Befehl »Auswahl: Weiche Auswahlkante« oder die Werkzeug-Option »Weiche Kante« erzeugen einen fließenden Übergang zwischen markiertem und nichtmarkiertem Bereich.

Links: Hier erstreckt sich die Auswahl zum Bildrand; sie wird dort durch den Befehl »Weiche Auswahlkante« nicht abgesoftet. Nur Auswahlbereiche im Inneren werden abgesoftet.

Übung: Einfacher weicher Rand

Die folgende Übung zeigt einen einfachen, schnellen Weg zu einem weichen Rand, der sich bei Bedarf auch gut mit der Aktionenpalette aufzeichnen läßt. Genauere Kontrolle hätten Sie, wenn Sie einen Alphakanal verwenden (mehr dazu im folgenden Kapitel). Arbeiten Sie mit einer Ebenenmaske, können Sie das Bild sogar innerhalb des weichgezeichneten Rahmens verschieben.

Photoshop liefert die Befehlsfolge »Vignette (Auswahl)« mit, die automatisch einen weichen Rand erzeugt. Sie müssen zuvor eine Auswahl um den Bereich legen, der sichtbar bleiben soll. Der Autor fand die Aktion gleich nach der Installation in der Aktionenpalette im Aktionsset »Standardaktionen«.

Links: Erzeugen Sie mit einem beliebigen Auswahlwerkzeug eine Auswahl im Bild. Hier wird das Polygon-Lasso verwendet; Ecken in der Auswahl stören nicht. Rechts: Verschieben Sie diese Auswahl noch nach Ihren Vorstellungen. Datei: Allee

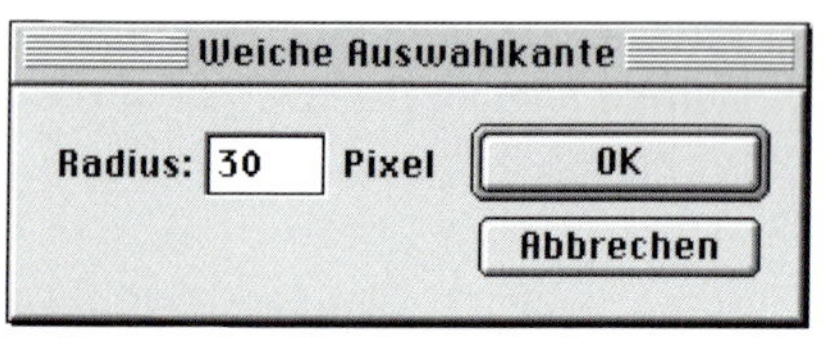

Links: Verwenden Sie den Befehl »Auswahl: Weiche Auswahlkante« (⌘+Umschalt+D, abgeleitet von Deselect) mit einem Wert von 30 Pixeln, um eine weiche Auswahlkante zu erzeugen. Rechts: Die Auswahlform wirkt jetzt deutlich geglättet; der fließende Übergang zwischen innen und außen ist aber in der Fließmarkierung nicht zu erkennen.

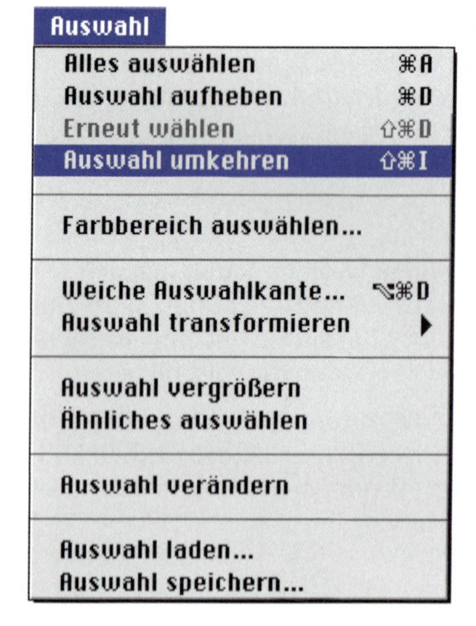

Links: Verwenden Sie den Befehl »Auswahl: Auswahl umkehren« (⌘+Umschalt+I, für Invert), um die Auswahlwirkung umzukehren. Rechts: Sie erkennen an der Fließmarkierung, daß nur noch der Bildrand markiert ist.

Links: Richten Sie als Hintergrundfarbe Weiß ein (Kurztaste D, für Default). Dann löschen Sie mit der Rückschritt-Taste den markierten Bereich weg. Photoshop setzt die Hintergrundfarbe ein. Rechts: Verbergen Sie zur Beurteilung des Resultats die Fließmarkierung mit dem Befehl »Auswahl: Begrenzung ausblenden« (⌘+H, für Hide). Dadurch wird die Auswahl nicht aufgehoben. Erst jetzt entscheiden Sie, ob Sie das Löschen des Randbereichs durch ⌘+Z rückgängig machen wollen. Prüfen Sie eventuell mit der Pipette, ob der Rand tatsächlich reinweiß wurde.

»Ähnliches auswählen«

Wenn Sie **Ähnliches auswählen**, fischen Sie nach Pixeln, die einem bereits markierten Bildteil farblich ähneln. Dabei arbeitet der praktische Befehl mit der »Toleranz«, die Sie in den Zauberstaboptionen eingestellt haben. Zwei Dinge sind zu beachten:

- Der Befehl wirkt im kompletten Bild über alle Tonwertschranken hinweg, nicht nur in unmittelbarer Nachbarschaft der bisherigen Auswahl.
- Sie benötigen bereits eine Auswahl im Bild. Diese muß aber wohlgemerkt nicht mit dem Zauberstab entstehen. Ebensogut können Sie **Ähnliches auswählen** auf Basis einer Rechteckauswahl.

»Ähnliches auswählen«: Links wurde eine schnelle Auswahl mit dem Rechteckwerkzeug gezogen. Rechts: Der »Auswahl«-Befehl »Ähnliches auswählen« erfaßt jetzt bei einer Zauberstabtoleranz von 40 den gesamten rosa Bereich des Segels. Datei: Surfer.

»Auswahl verändern: Abrunden«

Sie können eine Auswahl nicht nur weichzeichnen, sondern beispielsweise auch vergrößern, verkleinern oder von Löchern befreien. Dazu geben Sie jeweils einen Wert in Pixeln vor. Diese Befehle finden Sie im Untermenü **Auswahl: Auswahl verändern.**

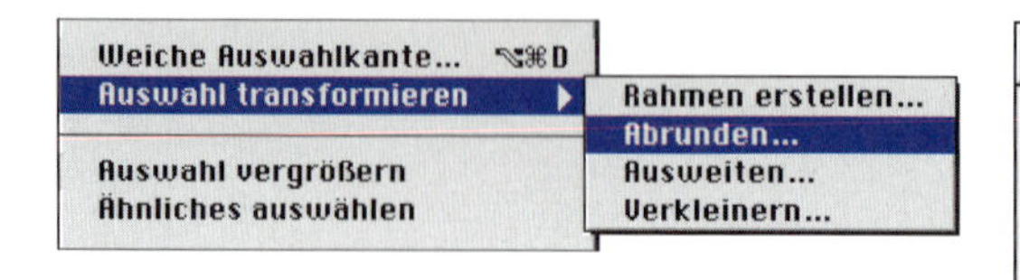

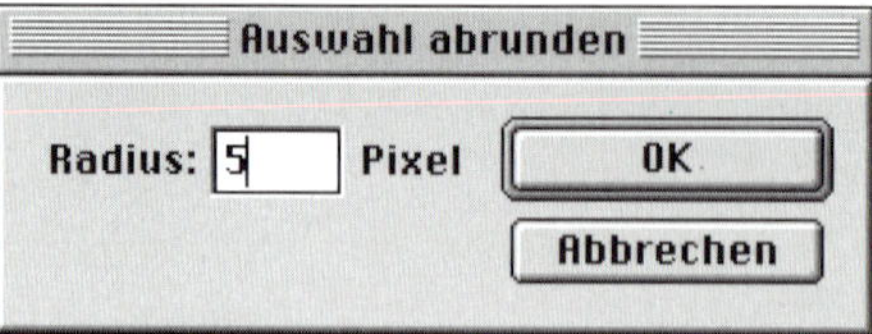

Zur Feinkorrektur einer Auswahl dient das Untermenü »Auswahl verändern«. Das »Abrunden« einer Auswahl tilgt Auswahllücken nach Anwendung des Zauberstabs.

Eine Auswahl **Abrunden** werden Sie vor allem nach Zauberstabaktionen, wenn Sie innerhalb einer unruhigen Fläche noch Auswahlinseln haben, die farblich etwas abweichen. Sie könnten jetzt zwar die **Auswahl vergrößern** – doch das bringt's nur, wenn die fehlenden Pixel ähnliche Farben haben; sie werden bei einer Vergrößerung miteingeschlossen. Weichen die fehlenden Pixel innerhalb des auszuwählenden Bildteils farblich jedoch deutlich vom Umfeld ab, hilft **Auswahl vergrößern** nicht weiter.

Dagegen geben Sie mit **Abrunden** einen Pixelradius vor, mit dem Photoshop Auswahllücken tilgt – ganz unabhängig von farblicher Ähnlichkeit. Gut zu wissen: Erfaßt werden dabei nur die Pixel, die innerhalb des vorhandenes Auswahlrahmens liegen; die Auswahl wird nur innen bereinigt, die Außenkante bleibt unverändert. Den Befehl nutzen Sie also vor allem, wenn die Außenbereiche der Auswahl schon gut markiert sind.

Sie definieren einen Radius von 1 bis 16 Pixel. Bei einem Radius von zehn Pixel betrachtet Photoshop jeden Pixel als Mittelpunkt eines Felds von zehn mal zehn Pixeln. Ist der größere Teil dieses Felds markiert, werden die nichtmarkierten Bildpunkte in die Auswahl mit hineingezogen. Ist jedoch der Großteil nicht markiert, werden die ausgewählten Pixel aus der Auswahl entfernt. Wieviel Druckfläche Sie freilich mit diesem Befehl erfassen, ist eine Frage der Druckauflösung: Wenn Sie Ihr Bild mit 300 dpi ausgeben, sind 16 Pixel weit weniger Druckfläche als bei 150 oder 72 dpi.

So tilgen Sie Auswahllücken: Das »Abrunden« einer Auswahl zieht Pixelfelder mit in die Auswahl hinein, die schon zum größeren Teil ausgewählt waren.

»Auswahl verändern: Rahmen erstellen«

Eine Auswahllinie rechnet Photoshop auch um in einen Rahmen. Dazu gibt es den Auswahlbefehl **Auswahl verändern: Rahmen erstellen**. Ausgewählt ist danach nur noch ein schmaler Bereich um die vormalige Auswahlkante herum. Die Breite des Rahmens in Pixeln läßt sich vorgeben bis zum Höchstwert 64. Sie können diesen Rahmen zum Beispiel mit einer Farbe füllen oder nur innerhalb des Rahmens einen Tonwertbefehl verwenden, wenn Sie nur eine Objektkontur bearbeiten möchten.

In der Praxis braucht man dies Kommando selten. Schillert eine Auswahlmarkierung über Ihrer Bilddatei, dann verwenden Sie etwa **Bearbeiten: Kontur füllen**, um mit Farbe an einer Auswahlkante entlangzugehen. Verwandeln Sie die Auswahl in einen Pfad, um dann mit dem Pfadbefehl **Pfadkontur füllen** zu agieren, haben Sie noch mehr Möglichkeiten – jedes Mal- und Retuschewerkzeug läuft mit beliebigen Werkzeugspitzen- und Überblendeinstellungen am Pfad entlang und malt so beliebige Rahmen um ein Objekt herum.

Möglich ist jedoch, daß Sie eine Filterwirkung nur um einen vormals ausgewählten Bereich herum brauchen, zum Beispiel Bewegungsunschärfe an den Rändern eines Gegenstands. Auch beim Aufhellen der Kontur eines abwechslungsreichen Objekts nützt die Funktion **Rahmen erstellen**. Sie könnten zwar auch das Abwedlerwerkzeug mit aufhellender Wirkung an einem Pfad entlangwedeln lassen. Es bearbeitet jedoch »Lichter«, »Mitteltöne« und »Tiefen« separat; dagegen haben Sie mit Rahmen und »Gradationskurven«, »Tonwertkorrektur« oder »Helligkeit/Kontrast« das ganze Tonwertspektrum der Objektkontur auf einmal im Griff. Sie können diese Kontrastkorrektur sogar auf eine Einstellungsebene legen und mit der Rahmenauswahl die Maske der Einstellungsebene formen.

»Auswahl transformieren: Ausweiten, Verkleinern«

Mitunter kommt man mit dem Zauberstab oder mit dem magnetischen Lasso nicht bis an den Rand des gewünschten Elements heran. Gerade wenn Sie schon scharfgezeichnet haben, umgibt ein Kontrastsaum das Objekt, der sich schwer mit dem Zauberstab einfangen läßt. Sie können darum die Gesamtauswahl um einen bestimmten Pixelbetrag ausweiten oder verkleinern – je nachdem, ob Sie innerhalb oder außerhalb des Objekts mit der Markierung angefangen haben:

1. Wenn Sie eine Auswahl im Bild haben, wählen Sie **Auswahl: Auswahl transformieren: Ausweiten**, um die Auswahl gleichmäßig zu vergrößern.
2. Im Feld »Ausweiten um« geben Sie einen Pixelbetrag bis maximal 16 ein. Photoshop erweitert die Auswahlkontur dann nach Ihren Vorgaben.

Anfasser, mit denen man die Auswahl wie beim Transformieren oder Freistellen größer ziehen könnte, bietet Photoshop aus ungeklärten Gründen nicht.

Alternative mit »Dunkle Bereiche vergrößern«

Ob die Auswahl nach Anwendung des Befehls **Ausweiten** paßgenau sitzt, sehen Sie freilich erst nach dem Klick auf »OK«. Bequemer als das **Ausweiten** macht es oft der Befehl **Auswahl: Transformieren** (siehe unten). Eine interessante Alternative bietet aber auch die Arbeit in Alphakanal oder Maskierungsmodus. Dort sind ausgewählte Bereiche in der Regel weiß dargestellt, Nicht-Ausgewähltes erscheint schwarz.

Das Untermenü **Filter: Sonstige Filter** bietet die zwei Befehle **Dunkle Bereiche vergrößern** und **Helle Bereiche vergrößern**. Sie eignen sich vorzüglich, um die weißen oder die schwarzen Bereiche eines Alphakanals pixelgenau zu verändern. Weil die Vorschau sich ständig dem gewählten Pixelradius anpaßt, spielen Sie bequem verschiedene Radiuseinstellungen durch, ohne jedesmal einen unpassenden Wert erst widerrufen und dann den Befehl neu laden zu müssen. Noch vor Schließen des Dialogfelds haben Sie volle Ergebniskontrolle.

Diese Filter empfehlen sich vor allem dann gegenüber dem einfachen Auswahlbefehl **Auswahl ausweiten**, wenn die Auswahlmarkierung sich über eine längere Strecke dehnt und nicht überall gleich weit von der Ziellinie entfernt ist. Dann gehen Sie zum Beispiel so vor:

1. Erzeugen Sie die verbesserungsbedürftige Fließmarkierung mit dem Zauberstab.
2. Wechseln Sie in den Maskierungsmodus (Kurztaste Q).
3. Kreisen Sie mit dem Lasso (Kurztaste L) die Zone ein, die Sie tatsächlich korrigieren wollen.
4. Soften Sie diese Auswahlkontur eventuell mit dem Auswahlbefehl **Weiche Auswahlkante** ab, damit keine harten Sprünge übrigbleiben.
5. Jetzt verwenden Sie den Filter **Dunkle Bereiche vergrößern** oder **Helle Bereiche vergrößern**, bis die Auswahl sitzt. Bestätigen Sie mit »OK«.
6. Wechseln Sie vom Maskierungsmodus zurück in den Standardmodus (erneut Kurztaste Q). Sie sehen die verbesserte Fließmarkierung.

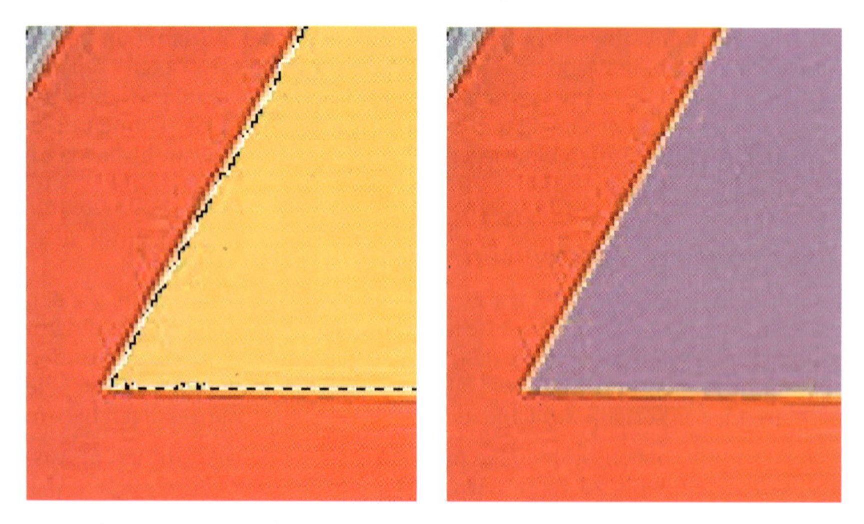

Links: Diese Zauberstabauswahl erreicht den Rand des gelben Bereichs nicht ganz, da durch Scharfzeichnen bereits ein Kontrastsaum entstand; er ist auch bei Erhöhen der Zauberstabtoleranz nicht zu überspringen, ohne daß unerwünschte rote Bereiche miterfaßt werden. Rechts: Deutlich zeigt sich der Mangel auch im Maskierungsmodus, hier mit der Option »ausgewählte Bereiche«. Datei: Elch

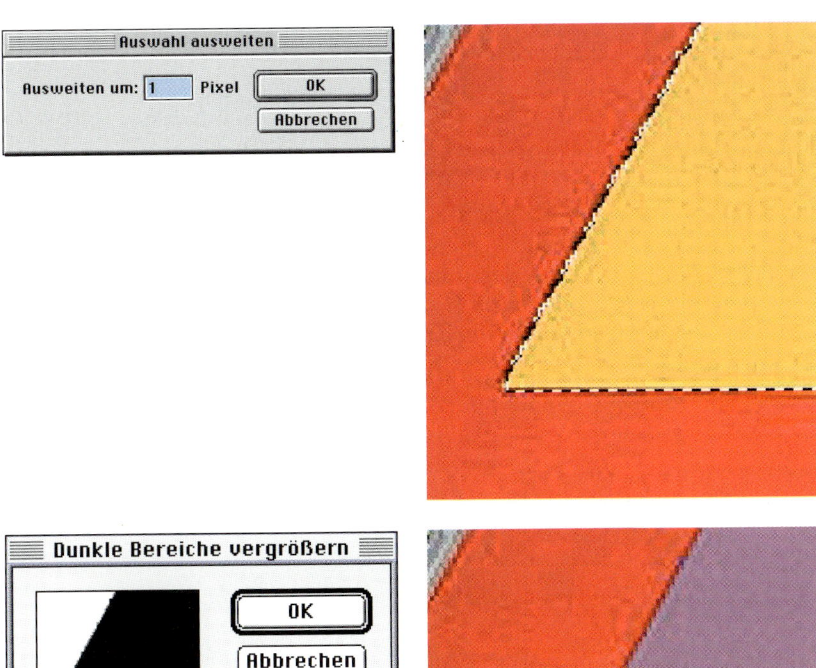

Die Auswahl vergrößert sich paßgenau, wenn Sie den Befehl »Auswahl: Auswahl transformieren: Ausweiten« verwenden.

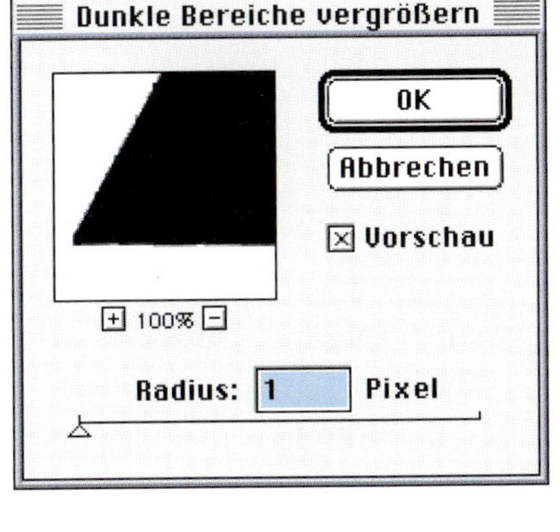

Sehr bequem läßt sich eine Auswahl im Maskierungsmodus oder im Alphakanal enger schließen. Dazu dient der Befehl »Dunkle Bereiche vergrößern« im »Filter«-Untermenü »Sonstige Filter«. Sie erkennen noch vor Schließen des Dialogfelds, wie sich die Maske verändert.

Verzerren

Mit Photoshop 5 haben Sie erstmalig die Möglichkeit, Auswahlmarkierungen per Anfasser zu drehen, zu vergrößern und zu verzerren. Dabei verändert sich nur die Auswahllinie, nicht der Bildinhalt. Prinzipiell handelt es sich um ein Vorgehen, wie man es von den Ebenen schon kannte und wie es neuerdings auch die Pfade bieten.

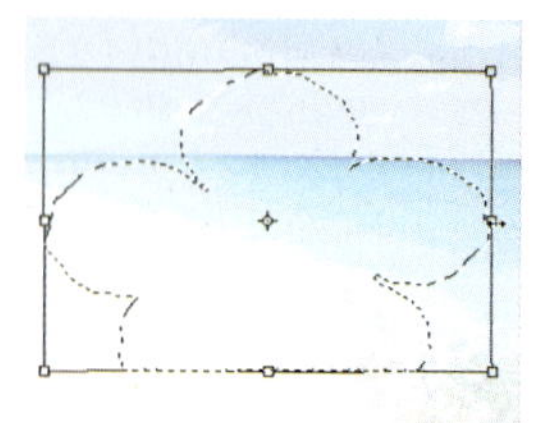
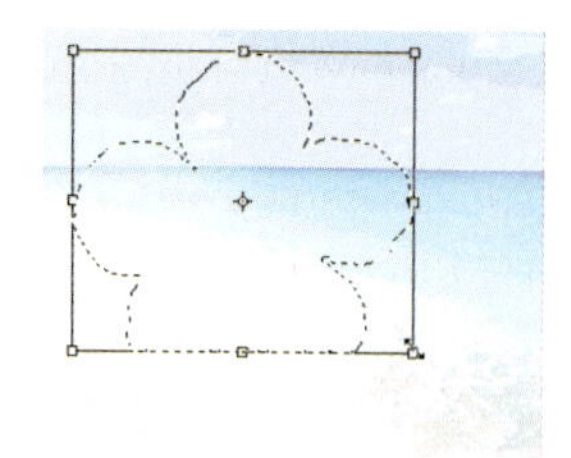
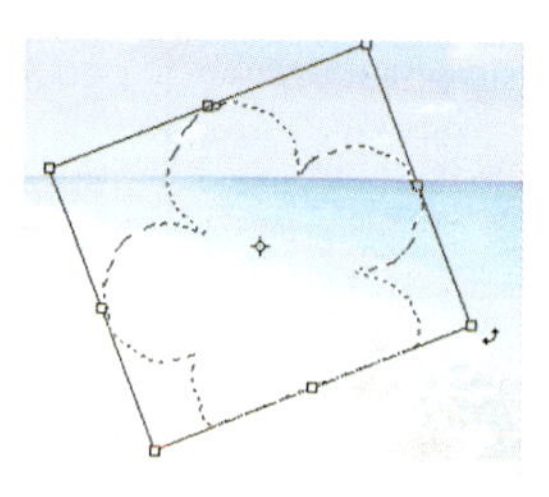

Links: Sobald Sie den Befehl »Transformieren« angewählt haben, können Sie die Auswahl verkleinern oder vergrößern, indem Sie an den Griffpunkten ziehen. Mitte: Drücken Sie die Umschalt-Taste, um das Seitenverhältnis zu wahren. Rechts: Ziehen Sie außerhalb des Rahmens, wenn Sie die Auswahl drehen möchten.

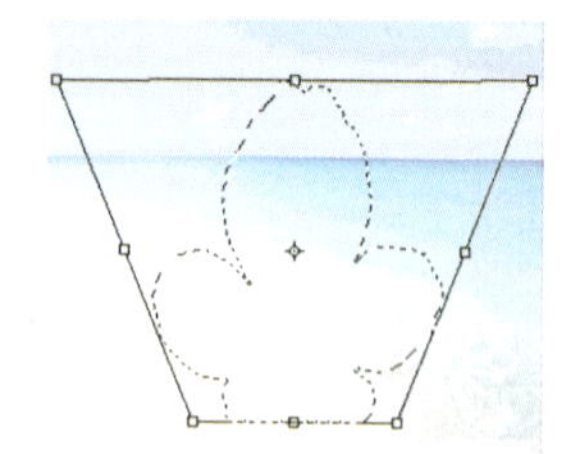
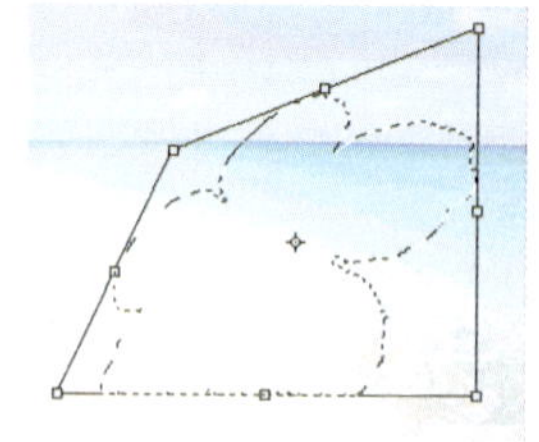
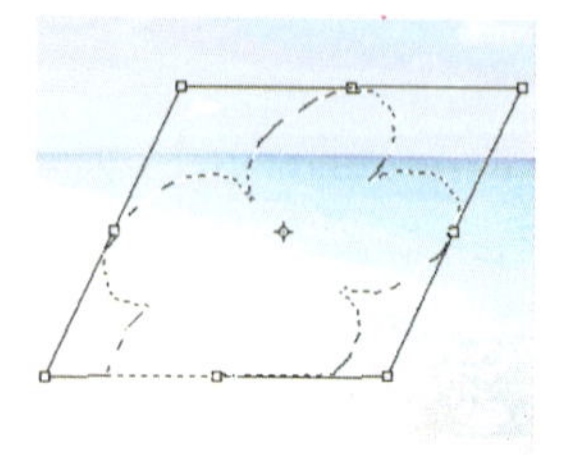

Mit verschiedenen Tastaturkombinationen können Sie die Auswahl neigen, verzerren oder perspektivisch verzerren. Die Auswahl läßt sich jederzeit auch verschieben, wenn Sie in den Innenbereich klicken und ziehen.

Sobald eine Auswahl im Bild ist, verwenden Sie den Auswahlbefehl **Verändern** (der eigentlich »Transformieren« heißen müßte). Dann erscheint eine Rechteckbox um die Auswahl herum. Sie haben folgende Möglichkeiten:

- ❒ Sie bewegen die Auswahl, indem Sie innerhalb der Box mit dem Mauszeiger ziehen. (Dazu brauchen Sie freilich nicht erst **Transformieren** anzuwählen)
- ❒ Sie vergrößern oder verkleinern die Auswahl, indem Sie an einem Griffpunkt ziehen. Achtung: Um das Seitenverhältnis zu wahren und die Proportionen beizubehalten, drücken Sie erst die Umschalt-Taste, dann ziehen Sie.
- ❒ Um eine Auswahl zu drehen, setzen Sie den Zeiger außerhalb des Begrenzungsrechtecks an und ziehen. Mit der Umschalt-Taste legen Sie die Umdrehung auf 15-Grad-Schritte fest. Verschieben Sie das Zentrierstück, das zunächst in der Mitte liegt, wenn Sie die Auswahl um einen bestimmten Fleck in der Datei drehen möchten.
- ❒ Um nur an einer einzelnen Ecke zu verzerren, drücken Sie beim Ziehen eines Eckgriffs die ⌘-Taste.
- ❒ Sie verzerren Auswahl oder Ebene symmetrisch über die Mitte, wenn Sie die Alt-Taste drücken.
- ❒ Um eine Auswahl oder Ebene zu neigen, ziehen Sie an einem der mittleren Griffe – nicht an einer Ecke – und drücken ⌘+Umschalt-Taste. Dabei werden gegenüberliegende Seiten parallel verzerrt.

- Um eine Auswahl oder Ebene perspektivisch zu verzerren, drücken Sie ⌘+Alt+Umschalt-Taste und ziehen an einem Eckgriff.

Um die Veränderung gültig zu machen, klicken Sie doppelt in die Auswahl oder drücken die Eingabe-Taste. Wollen Sie das »Transformieren« ohne jede Bearbeitung der Auswahl abbrechen, verwenden Sie die Esc-Taste.

Die letzte Verzerrung können Sie rückgängig machen, ohne die früheren Veränderungen mitaufheben zu müssen: Dazu verwenden Sie die Tastenkombination ⌘+Z.

Auswahl aus Ebenen ableiten

Arbeiten Sie mit Ebenen, dann können Sie unkompliziert den Umriß eines Objekts als Auswahl laden und zum Beispiel auf einer anderen Ebene einsetzen. Die erzeugte Auswahl orientiert sich dabei an den Deckkraft-Informationen in der Ebene: Übliche, 100 Prozent deckende Objekte erzeugen eine volle Auswahlwirkung; geglättete oder weiche Kanten oder halbtransparente Objekte haben nur geschwächte Auswahlwirkung. Klicken Sie bei gedrückter ⌘-Taste auf das Ebenen-Thumbnail in der Ebenen-Palette, um die Kontur des Objekts als Auswahl zu erhalten.

Eine bereits im Bild vorhandene Auswahl wird dabei ersetzt. Wollen Sie jedoch eine vorhandene Auswahl um die Ebenenkontur erweitern, klicken Sie das Ebenen-Thumbnail mit ⌘+Umschalt-Taste an. Um von einer vorhandenen Auswahl die Ebenenkontur abzuziehen, klicken Sie das Thumbnail mit ⌘+Alt-Taste an. Um nur die Schnittmenge aus vorhandener Auswahl und Ebenenkontur als Auswahl zu erzeugen, drücken Sie ⌘+Umschalt+Alt beim Klicken aufs Thumbnail.

Und das funktioniert genauso mit Ebenenmasken: Klicken Sie das Ebenenmasken-Thumbnail mit gedrückter ⌘-Taste an, wenn Sie die Ebenenmasken-Information als Auswahl laden wollen. Um eine vorhandene Auswahl um die Ebenenmasken-Kontur zu erweitern, klicken Sie das Ebenenmasken-Thumbnail mit ⌘+Umschalt-Taste an. Nicht anders läuft es dann auch mit Alphakanälen.

»Auswahl speichern« und »laden«

Sie können Auswahlen speichern und dann wieder laden. Dabei wird die Auswahl als Alphakanal mit dem Bild gesichert, was manche Dateiformate verweigern, zum Beispiel JPEG. Sie haben mit diesen Dialogfeldern auch die Möglichkeit, außer den Alphakanälen die Kontur eines Ebenenobjekts oder die Ebenenmasken-Information als Auswahlmarkierung zu laden. Existiert in der aktiven Datei bereits eine Auswahl, können Sie diese um die neu zu ladende Auswahl vergrößern und verkleinern.

Diese Befehle funktionieren nur im Zusammenhang mit Ebenen und Alphakanälen, und sie lassen sich mit den Symbolen auf den entsprechenden Paletten weit rascher auslösen als über das **Auswahl**-Menü. Sie werden erst in den folgenden Kapiteln über Alphakanäle und Ebenen ausführlich besprochen. Haben Sie allerdings die diversen Tastaturtricks vergessen, um etwa die Ebenenmasken-Information von einer aktiven Auswahl abzuziehen, dann bleiben Ihnen immer noch die Befehle **Auswahl: Auswahl speichern** oder **Auswahl: Auswahl laden**.

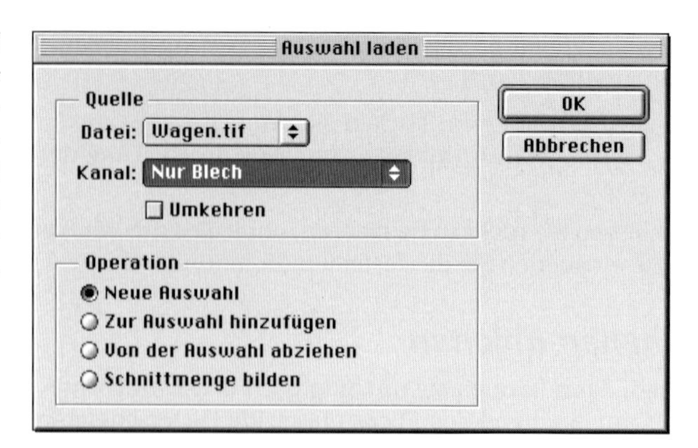

Der Befehl »Auswahl laden« lädt Informationen aus Alphakanälen, Ebenen oder Ebenenmasken als Auswahlmarkierung.

9.3 »Farbbereich auswählen«

Mit dem **Auswahl**-Befehl **Farbbereich auswählen** bietet Photoshop quasi einen Turbo-Zauberstab in Dialogfeldform. Hier werden sofort ausgewählte Farbtöne im ganzen Bild mit regelbarer Toleranz markiert. Sie können aber auch bestimmte Farbbereiche wie »Rottöne« oder »Außerhalb des Farbumfangs« erfassen lassen. Sobald Sie auf »OK« klicken, erscheint die Auswahl als schillernde Fließmarkierung in der Datei.

Wollen Sie einen **Farbbereich auswählen**, um ihn mit dem Befehl **Farbton/Sättigung** zu verändern? Dazu brauchen Sie nicht diese zwei Funktionen hintereinander aufzurufen. Sie werden noch einmal zusammengefaßt angeboten unter dem Menüpunkt **Bild: Einstellen: Farbe ersetzen** (siehe auch nächster Abschnitt).

Optionen und Regler

Das Dialogfeld bietet folgende Optionen und Regler.

»Auswahl«

Neben dem Titel »Auswahl« legen Sie fest, welche Tonwertbereiche Photoshop markieren soll:

- Farbwerte wie »Rottöne« oder »Magentatöne«
- Helligkeitsbereiche wie »Lichter« oder »Tiefen«
- zu gesättigte Bildpunkte »Außerhalb des Farbumfangs«
- Nach Art des Zauberstabs arbeitet die Option »Aufgenommene Farben«; sie erfaßt alle Farben, die Sie im Bild oder in der Vorschau anklicken, quasi ein Zauberstabmodus, der aber stets vergleichbare Farbwerte im ganzen Bild erfaßt. Sofern Sie als »Auswahl« »Aufgenommene Farben« einstellen, also den Zauberstabmodus, markiert Photoshop in der Vorschau zunächst Bildteile, die der aktuellen Vordergrundfarbe ähneln. Dies ändern Sie mit dem ersten Pipetten-Klick.

Vorschaudarstellung

Unter dem Vorschaubild geht es weiter:

- Sie entscheiden sich für »Auswahl«, wenn Photoshop den markierten Bereich im Vorschaubild innerhalb des Dialogfelds bereits hervorheben soll.
- Sie wählen »Bild«, wenn Photoshop die unveränderte Datei auch in der Vorschaudarstellung anbieten soll; das macht Sinn, wenn Sie von dem Dokument nur einen Ausschnitt auf dem Schirm sehen. Im Vorschaubild können Sie immer noch Pixel aus dem gesamten Werk anklicken.

Mit der ⌘-Taste schalten Sie jederzeit zwischen den beiden Darstellungsweisen hin und her, ohne klicken zu müssen.

»Auswahlvorschau« in der Bilddatei

Unter »Auswahlvorschau« geben Sie an, wie Photoshop die aktuelle Auswahl in der Bilddatei darstellen soll:

- Zum Beispiel kann ein »Weißer Hintergrund« oder ein »Schwarzer Hintergrund« die gewählten Bildpunkte umgeben.
- Lassen Sie die Vorschau als »Graustufen« zeigen, erscheinen markierte Pixel weiß, nichtmarkierte schwarz, und nur mehr oder weniger ausgewählte Bildpunkte sehen Sie mehr oder weniger hell – hier zeigt Photoshop quasi einen Alphakanal an, der auch im Vorschaubild innerhalb des Dialogs erscheint, wenn Sie auf »Auswahl« klicken.
- Entscheiden Sie auf »Maskierungsmodus«, zeigt Photoshop die Auswahl mit den aktuellen Einstellungen für den Maskierungsmodus. Sie klicken doppelt auf den Schalter für Maskierungsmodus rechts unter den Farbfeldern in der Werkzeugleiste, um an die Masken-Optionen zu gelangen; vergessen Sie nicht, wieder zurückzukehren zum Standardmodus, denn sonst läßt sich das Dialogfeld »Farbbereich anzeigen« erst gar nicht öffnen.
- Wenig sinnvoll scheint es, gar »Keine« Auswahlvorschau zu verlangen.

»Toleranz«-Regler

Der Regler für »Toleranz« gibt vor, wie weit die ausgewählten Farbtöne von dem Pixel abweichen dürfen, das Sie mit der Pipette anklicken. Je höher der Wert, desto weitgefaßter – und vielleicht ungenauer – gerät die Auswahl.

Pipetten

Mit der Pipette – quasi der Zauberstab – klicken Sie einen Bildpunkt mit einem Tonwert an, den Photoshop markieren soll; erfaßt werden farbähnliche Bildpunkte quer durch die Datei – also nicht nur benachbarte. Ein neuer Klick hebt die alte Auswahl auf. Die Plus-Pipette fügt dagegen neue Tonwerte zur vorhandenen Auswahl hinzu – sozusagen der Zauberstab mit gedrückter Umschalt-Taste. Die Minus-Pipette zieht Tonwerte von der Auswahl ab – sie funktioniert erst, wenn die Plus-Pipette einmal eingesetzt wurde.

Mit der Umschalt-Taste wechseln Sie vorübergehend zur Plus-Pipette, ohne klicken zu müssen, während die Alt-Taste die Minus-Pipette ins Spiel bringt.

Mit dem Dialogfeld »Farbbereich auswählen« wählen Sie einzelne Farbtöne im Bild aus. Links: Die Dialogfeld-Vorschau stellt die Auswahl in einem Alphakanal dar. Rechts: In der Bilddatei kennzeichnet Photoshop hier die Auswahl mit den aktuellen Einstellungen für den Maskierungsmodus. Datei: Wagen

Eine erhöhte Toleranz führt zu einem größeren Auswahlbereich.

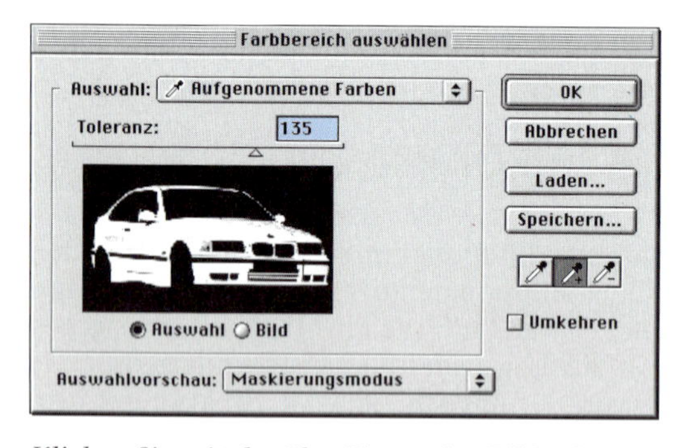

Klicken Sie mit der Plus-Pipette ins Bild oder in die Vorschau, um weitere Farbschattierungen aufzunehmen.

Ein Klick auf OK umgibt den ausgewählten Farbbereich mit einer Fließmarkierung. Die Auswahl kann weiterbearbeitet werden.

Die Auswahl können Sie in der Bilddatei auch mit weißem oder schwarzem Hintergrund darstellen lassen.

Mehrstufige Auswahlen

Der Befehl **Farbbereich auswählen** behandelt immer nur die aktuelle Auswahl: Haben Sie bereits eine Markierung im Bild, trifft das Dialogfeld »Farbbereich auswählen« seine eigene Auswahl nur noch innerhalb der schon vorhandenen Markierung. So erfassen Sie in zwei Stufen etwa alle »Rottöne«, die »Außerhalb des Farbumfangs« liegen. Das Procedere:

1. Wählen Sie **Auswahl: Farbbereich auswählen**.
2. Geben Sie als »Auswahl« die »Rottöne« vor.
3. Dann klicken Sie auf OK – die Rottöne sind von einer schillernden Fließmarkierung umgeben.
4. Rufen Sie erneut den Befehl **Farbbereich auswählen** auf.
5. Als »Auswahl« geben Sie jetzt »Außerhalb des Farbumfangs« vor und klicken auf OK.

Erfaßt von der schillernden Fließmarkierung werden jetzt nur nichtdruckbare Rottöne; andere nichtdruckbare Farben sind nicht markiert, ebensowenig druckbare Rottöne. Heben Sie alle im Bild vorhandenen Auswahlen auf, wenn Sie eine völlig neue Auswahl erstellen wollen.

Alphakanal-Technik

Zu beachten ist, daß der Dialog »Farbbereich auswählen« die Farben nicht unbedingt zu 100 Prozent auswählt, sondern feingestufte Auswahlen anlegt, in denen ein Pixel auch zu 90 oder 77 Prozent ausgewählt sein kann. Bei einer späteren Bearbeitung – etwa der Verschiebung von Farbtönen – wirkt sich der Befehl auf diese Pixel nur teilweise aus, die alte Fassung lugt schamhaft unter der Bearbeitung hervor. Darum sollte man die Auswahl des Farbbereich-Dialogs bei Bedarf nachbearbeiten.

Hinderlich wirkt sich bei der Auswahlarbeit mit der Funktion »Farbbereich« aus, daß die eingestellte Toleranz immer für alle mit den Pipetten angepeilten Punkte zugleich gilt. So läßt sich nicht zu einer großzügigen Auswahl bei hoher Toleranz von 100 noch eine Randfarbe mit niedriger Toleranz hinzufügen.

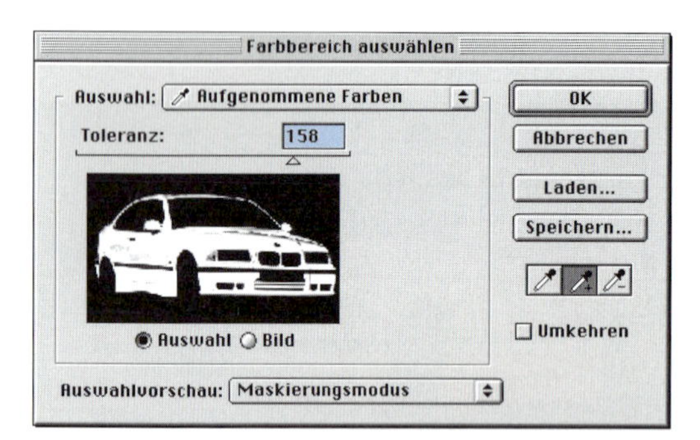

Zeigt die Auswahl im Vorschaubild noch Graustufen (links), dann sind die Pixel nicht zu hundert Prozent markiert. Folge: Die Bearbeitung wirkt sich nicht voll aus. Rote Bildpunkte der alten Version überdauern auch die Farbtonverschiebung (rechts).

Der Bild-Befehl Einstellen: Farbe ersetzen

Die Photoshop-Programmierer faßten zwei nützliche Befehle zu einem Kombipack zusammen: Die Auswahlmöglichkeiten von **Farbbereich auswählen** und die Retuschemöglichkeiten aus **Farbton/Sättigung** wurden vereint in einem Dialogfeld, das Sie via **Bild: Einstellen: Farbe ersetzen** erreichen. Hier wählen Sie erst die Farbe mit Pipetten und »Toleranz« aus, so wie Sie es vom Dialogfeld »Farbbereich auswählen« her kennen (siehe unmittelbar oben). Und dann verschieben Sie den Farbton und manipulieren die Sättigung, so wie sie es von »Farbton/Sättigung« her kennen; erklärt wird das im Kapitel über die Kontraste.

Allerdings sollten Sie beachten: Der Dialog »Farbe ersetzen« hinterläßt keine Auswahlmarkierung. Sie verschieben die Farbe, sagen OK, und das war's. Brauchen Sie den Auswahlbereich mehrfach, dann wählen Sie ihn vielleicht doch anderweitig aus, speichern die Auswahl und verschieben die Farben mit dem »Farbton«-Regler aus dem Dialogfeld »Farbton/Sättigung«. Und klicken Sie die »Vorschau« an.

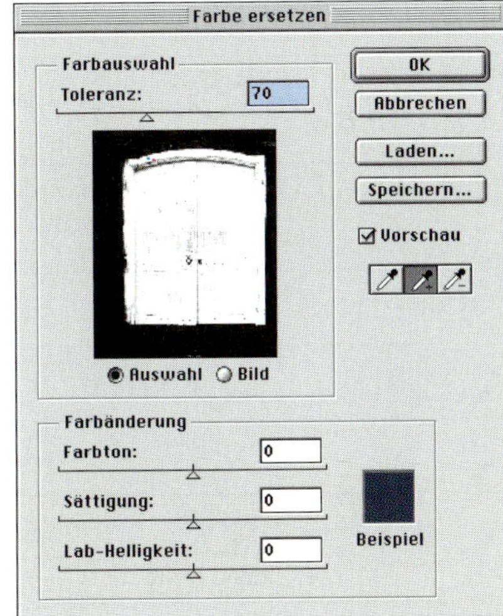

Das Dialogfeld »Farbe ersetzen« markiert einen Farbbereich und ermöglicht danach Änderung von Farbton, Sättigung und Helligkeit. Datei: Tuer

Befehle im Überblick: Auswahl

Taste/Feld	Zusatztasten	Aktion	Ergebnis
		Klick!	Arbeit im Maskierungsmodus
	⌥	Klick!	Geschützten/gewählten Bereich farblich abdecken
		Klick!	Rechteckauswahl oder Ovalauswahl
	⌥	Klick!	Auswahl von der Mitte aufziehen
	⇧	Klick!	Nur Quadrat-/Kreisauswahl möglich

Taste/Feld	Zusatztasten	Aktion	Ergebnis
	Leertaste (beim Erstellen)	Klick! (Ziehen)	Neuen Auswahlrahmen bewegen
		Klick! (Bewegung im Bild)	Freiformauswahl
		Klick!	Auswahl farbähnlicher Bildteile
	⇧	Klick!	Zu bestehender Auswahl hinzufügen
	⌥	Klick!	Von Auswahl abziehen
	⌘+⇧	Klick! (Ziehen im Bild)	Schnittmenge von Auswahlbereichen wählen
	⇧	Klick! (Klicken, dann ziehen)	Auswahlkontur in festen Winkeln bewegen
Pfeiltaste			Auswahlkontur in 1-Pixel-Schritten bewegen (bei aktiviertem Auswahlwerkzeug)
Pfeiltaste	⇧		Auswahlkontur in 10-Pixel-Schritten bewegen (bei aktiviertem Auswahlwerkzeug)
	⌥	Klick! (Bewegen einer Auswahl)	Duplikat einer Auswahl oder Ebene als neue Ebene erstellen und bewegen
⌘+A (für All)			Alles auswählen
⌘+D (für Deselect)			Auswahl aufheben
⌘+D	⇧		Weiche Auswahlkante
⌘+H			Auswahlbegrenzung ein-/ausblenden
⌘+I	⇧		Auswahl umkehren
⌘+J			Auswahl als neue Ebene anlegen
[Ebenen-Thumbnail]	⌘	Klick!	Deckkraftinformation aus Ebene als Auswahl laden
[Ebenen-Thumbnail]	⌘+⌥	Klick!	Vorhandene Auswahl um Deckkraftinformation aus Ebene verkleinern
[Ebenen-Thumbnail]	⌘+⇧	Klick!	Vorhandene Auswahl um Deckkraftinformation aus Ebene erweitern

Auf zwei Arten speichern Sie Ihre Auswahlen, um sie zu bearbeiten und später wiederzuverwenden:

- Entweder Sie wandeln die Maske in einen Pfad um – dazu mehr im Pfad-Kapitel;
- oder Sie klicken auf **Auswahl speichern** und konservieren die Maske als Graustufenbild in einem zusätzlichen Kanal. Davon handelt das folgende Kapitel.

10 Alphakanäle

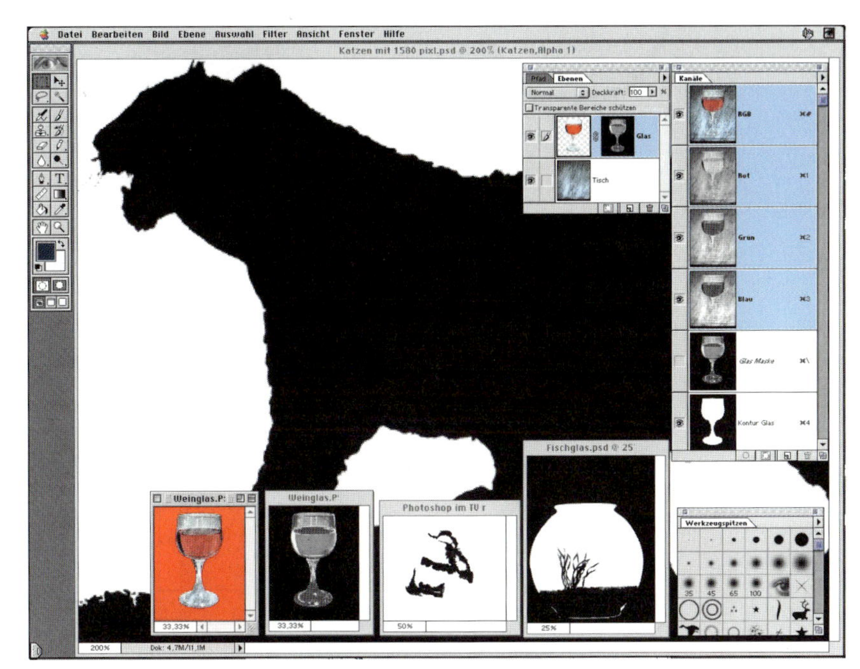

Alphakanäle speichern Auswahlen als Schwarzweiß-Umrisse – in Bildschichten zusätzlich zu den Grundfarbenkanälen.

Wenn Sie die **Auswahl speichern**, wird automatisch ein neuer Alphakanal angelegt – eine eigene Bildschicht innerhalb der Datei, quasi eine Schablone, die anzeigt, welche Bildteile ausgewählt und welche nicht ausgewählt sind.

10.1 Einführung

Alphakanäle zeichnen sich durch eine Reihe von Besonderheiten aus.

Kurz-Übersicht

Auf ihre Art sind auch Maskierungsmodusmaske und Ebenenmaske nichts anderes als Alphakanäle. Es ist also um so sinnvoller, die Wirkungsweise von Alphakanälen zu studieren, wenn man mit Auswahlen und Montagen effektiv umgehen möchte. Die Besonderheiten in Kürze:

- Der Alphakanal speichert Auswahlverhältnisse in einem zusätzlichen Graustufen-Kanal innerhalb der Bilddatei.
- Auf dem Weg über den Alphakanal können Auswahlen mit Mal- und Retuschewerkzeugen bearbeitet und wieder als Auswahl geladen werden.
- Der Alphakanal erzeugt Auswahlen mit 256 unterschiedlichen Intensitäten.

- Ein Alphakanal kostet soviel Arbeitsspeicher wie eine Graustufenversion des Bilds.
- Eine spezielle Form, der Volltonfarben-Kanal, nimmt Informationen über zusätzliche Druckfarben auf.

Auswahlen im Standardmodus ohne Alphakanal zeigt Photoshop als Fließmarkierung an. Datei: Lupe_2

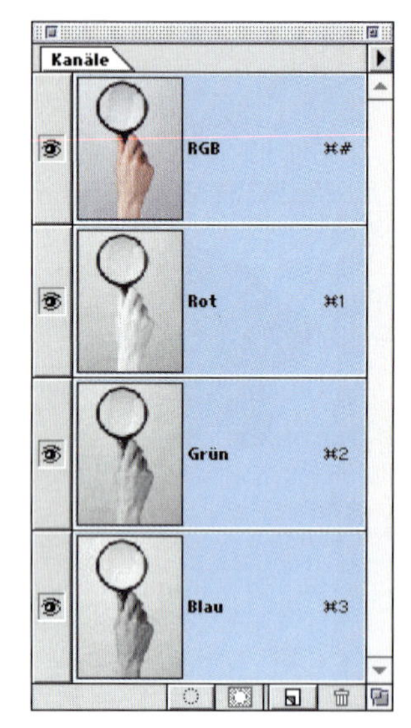

Im Maskierungsmodus stellt Photoshop eine Auswahl vorübergehend als Alphakanal dar, der über das Bild geblendet werden kann.

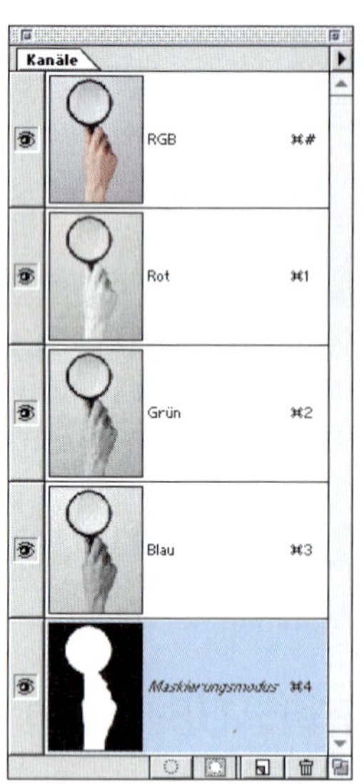

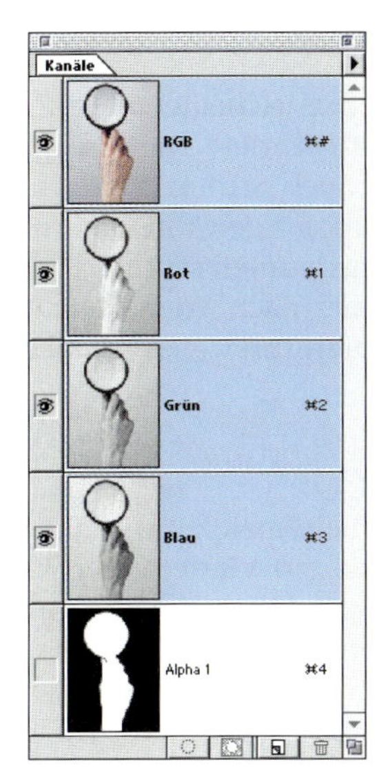

Wird eine Auswahl gespeichert, erscheint sie in der Kanälepalette.

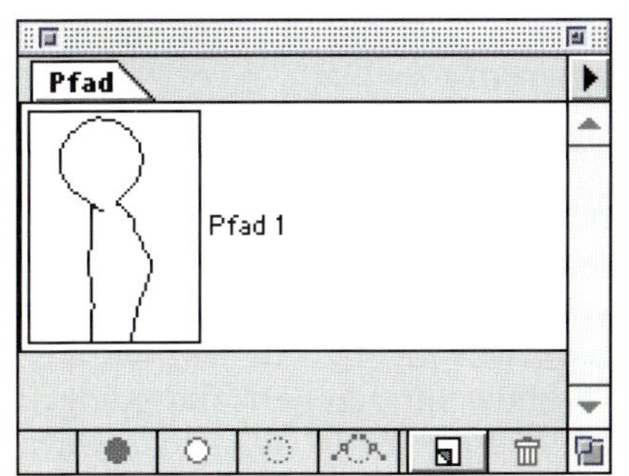

Die Auswahl läßt sich auch als Pfad ablegen und über Ankerpunkte korrigieren.

Eigenschaften im Detail

Die Eigenschaften und Besonderheiten eines Alphakanals im einzelnen:

Auswahlkorrektur mit Malwerkzeugen

Gut zu wissen: Ein Alphakanal kann mit Mal- und Retuschewerkzeugen, mit Tonwertbefehlen oder Filtern bearbeitet und dann als korrigierte Fließmarkierung mit Auswahlwirkung neu geladen werden. Im Alphakanal lassen sich Auswahlen oft einfacher korrigieren als mit den Auswahlwerkzeugen selbst. Interessant ist auch die Möglichkeit, bereits eine Grundauswahl im Alphakanal zu speichern, dann mit Lasso und Zauberstab weitere, kleine Auswahlen zu erzeugen und diese vom Alphakanal abzuziehen oder zum Kanal hinzuzufügen.

Stufenlose Auswahlen

Das Besondere: Ein Alphakanal unterscheidet mehr als nur »Ausgewählt« und »Nicht ausgewählt«. Der Alphakanal hat eine 8-Bit-Farbtiefe wie ein normales Graustufenbild, er nimmt also 2^8 Tonwerte auf. Er kennt damit auch Stufen wie »ein bißchen ausgewählt«, »ein bißchen mehr ausgewählt« oder »ziemlich stark ausgewählt, aber noch nicht zu 100 Prozent«. Wollen Sie zum Beispiel ein Objekt von oben nach unten stufenlos einblenden, erzeugen Sie zunächst im Alphakanal einen Verlauf von Schwarz nach Weiß, den Sie als Auswahl laden. Dann ziehen Sie das Objekt vor einen anderen Hintergrund – es erscheint dort mit stufenlos zunehmender Deckkraft.

Arbeitsspeicherbedarf

Ein Alphakanal kostet soviel Arbeitsspeicher wie eine Graustufenversion des Bilds, wie ein Drittel einer 24-Bit-RGB-Datei oder wie ein Viertel einer 32-Bit-CMYK-Datei. Auf Festplatte kostet der Alphakanal deutlich weniger Speicher, wenn ein komprimierendes Dateiformat verwendet wird: Die oft einheitlichen Farben im Alphakanal lassen sich bestens zu komprimierten Blöcken verdichten. Kommt es jedoch auf niedrigste Dateigrößen an, speichert man eine Auswahl besser als Pfad (siehe nächstes Kapitel). Ein Pfad ist allerdings nur eine Linie im Bild, hier können Sie keine halbtransparenten Zwischenstufen speichern.

Kompatible Dateiformate

Nicht alle Dateiformate speichern Alphakanäle mit. Haben Sie Alphakanäle angelegt, wird Photoshop im Dialogfeld »Sichern unter« bestimmte Formate gar nicht erst anbieten; so zeigen sich zum Beispiel EPS, GIF und JPEG nicht aufnahmefähig, während Tiff und Photoshop gleich mehrere Zusatzkanäle sichern können – einschließlich Farbkanälen dürfen es 24 sein. Es kann auch sein, daß andere Programme auf Ihrem Rechner zwar normale Tiff-Bilder anzeigen, aber Tiff-Bilder mit Alphakanälen nicht zu deuten wissen; mitunter werden RGB-Tiffs mit einem Alphakanal als CMYK-Bilder interpretiert und völlig falsch angezeigt. Vor der Weitergabe an Layoutprogramme sollte also der Alphakanal verschwinden. Um schnell eine Kopie des Bilds ohne Alphakanäle auf Platte zu bannen, nutzen Sie den **Datei**-Befehl **Kopie sichern unter**; hier wählen Sie beliebige Formate an und schließen Alphakanäle aus.

Zusatz-Druckfarbe

Photoshop 5 unterstützt auch Spotfarben-Kanäle. Hier definieren Sie, wo Sonderfarben – zusätzlich zu den üblichen CMYK-Druckfarben – erscheinen sollen. Details zu CMYK lesen Sie vorne im Kapitel »Farbmodus«.

Ebenenmaske als Alternative

Wenn Sie ein Bild per Alphakanal teiltransparent auswählen und über einen neuen Hintergrund ziehen, transportieren Sie tatsächlich nur die markierten Pixel; was Sie teiltransparent übertragen haben, läßt sich nicht mehr so deckend machen, wie es war.

Eine praktische Alternative ist die Ebenenmaske – ein Alphakanal für eine einzelne Ebene: Die Ebenenmaske verbirgt beliebige Pixel auf einer Ebene mit beliebiger Deckkraft, ohne diese Pixel jedoch dauerhaft zu löschen. Durch Korrektur der Ebenenmaske können Sie verborgene Bildpunkte wieder anzeigen – die gesamte Ebene bleibt unbeschädigt. Besprochen wird diese Technik im Ebenen-Kapitel, die Bearbeitung einer Ebenenmaske gleicht aber völlig der des Alphakanals.

10.2 Auswahlen speichern und laden

Sie können Auswahlen speichern und wieder laden. In der Regel legen Sie die Auswahl in einem Alphakanal ab: Diese Schicht, die zusätzlich etwa zu den R-, G- und B-Schichten eines Bilds mit der Datei gespeichert wird, unterlegt durch weiße Bereiche Ausgewähltes, während Nichtausgewähltes schwarz gekennzeichnet ist. Dies ist jedenfalls Photoshops werkseitige Voreinstellung; Sie können per Alphakanaloptionen auch Ausgewähltes schwarz unterlegen. In diesem Buch werden Sie aber nur Beispiele nach Photoshop-Standard finden: Ausgewähltes weiß.

Die Photoshop-Oberfläche bietet zwei Möglichkeiten, Auswahlen zu sichern und zu laden: über die **Auswahl**-Befehle **Auswahl sichern** beziehungsweise **Auswahl laden** oder aber über die Symbole in der Kanälepalette.

Auswahlen sichern

Um eine Auswahl im Alphakanal zu speichern, wählen Sie **Auswahl: Auswahl speichern.** Dazu muß bereits eine Fließmarkierung im Bild schillern, Sie müssen also bereits mit Zauberstab, Lasso und Co. agiert haben. Photoshop konfrontiert Sie mit dem Dialogfeld »Auswahl sichern« und zahlreichen Optionen.

Die meisten Möglichkeiten dieses Dialogfelds bieten Ihnen indes auch die Symbole der Kanälepalette, und zwar schneller. Haben Sie allerdings die dort erforderlichen Zusatztasten vergessen – das Dialogfeld gibt Ihnen alles nochmal schriftlich.

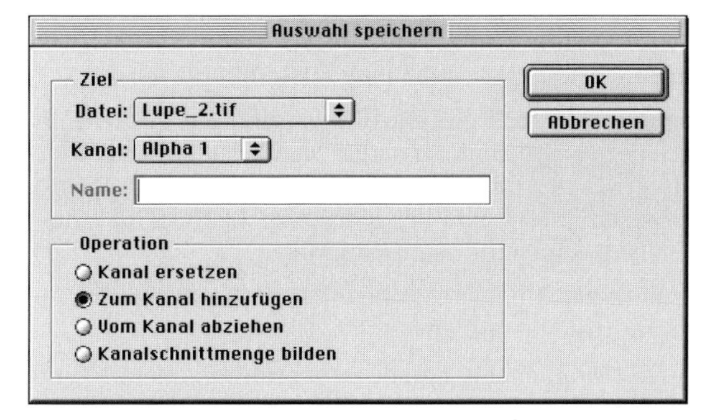

Beim Sichern einer Auswahl als Alphakanal haben Sie verschiedene Optionen für Verrechnung, Ort und Name.

Wo werden Auswahlen gesichert

Neben »Datei« im Dialogfeld »Auswahl sichern« wählen Sie den Ort, wo der neu erstellte Alphakanal gespeichert werden soll:

- Zuerst steht hier der Name der Originaldatei. In der Regel sichern Sie den Alphakanal dort. Die Dateigröße steigt um den Betrag eines 8-Bit-Kanals, also die Dateigröße einer Graustufenversion Ihres Bilds (sofern Sie in einem neuen Alphakanal speichern).
- Das Einblendmenü zeigt aber auch andere geöffnete Dateien an, sofern diese aufs Pixel genau gleich groß sind wie die Ursprungsdatei, in der Sie die Auswahl erstellt haben. Sollten die Größen abweichen, können Sie Auswahlen auch einfach mit einem Auswahl-Werkzeug in eine neue Datei ziehen und dort als Alphakanal speichern; oder Sie speichern in der aktuellen Datei als Alphakanal und ziehen diesen Kanal aus der Kanälepalette über die gewünschte neue Datei.

- Klicken Sie auf »Neu«, wenn Sie den Alphakanal in einer gänzlich neuen Datei speichern wollen. Damit halten Sie die Ursprungsdatei klein und frei von Alphakanälen. Der separat gespeicherte Kanal läßt sich jederzeit wieder in die ursprüngliche Datei zurückkopieren mit **Kanal duplizieren** aus dem Kanäle-Menü oder indem Sie den Kanal aus der Kanäle-Palette auf das gewünschte Bild ziehen.

Wie werden Auswahlen beim Speichern verrechnet

Das Einblendmenü neben »Kanal« bietet diese Optionen:

- Sie haben auf jeden Fall die Möglichkeit, einen Kanal »Neu« anzulegen. Damit erscheint die Auswahl in einem neuen Alphakanal, andere Kanäle werden nicht verändert, die Dateigröße steigt um die Größe einer Graustufenversion Ihres Bilds. Einen neuen Kanal speichern Sie übrigens auch, indem Sie bei aktiver Auswahl in der Kanälepalette auf das schraffierte Symbol »Auswahl als Kanal sichern« klicken.
- Haben Sie jedoch schon Alphakanäle gespeichert, listet das Einblendmenü auch diese Kanäle auf. Die im Bild vorhandene Auswahl läßt sich in diese vorhandenen Kanäle hineinschreiben.

Schreiben Sie eine Auswahl in einen vorhandenen Kanal, so bieten sich verschiedene Möglichkeiten:

- Klicken Sie auf »Neuer Kanal«, dann wird die im Bild schillernde Auswahl den unter »Kanal« genannten Auswahlkanal komplett überschreiben. Der ursprüngliche Alphakanal ist damit getilgt.
- »Zum Kanal hinzufügen« werden Sie, wenn die im Bild schillernde Auswahl jene Auswahl noch erweitern soll, die im Kanal bereits gespeichert ist. Das ist so, als wenn Sie mit Zauberstab+Umschalt-Taste eine vorhandene Auswahl erweitern.
- »Vom Kanal abziehen« läßt sich eine Auswahl, wenn Sie Bildteile markiert haben, die im Alphakanal bereits ausgewählt sind. So hatten Sie vielleicht mit einer ersten großen Auswahl zuviele Bildpunkte erwischt und ziehen jetzt bei der Feinarbeit Randpixel ab. Das ist so, als wenn Sie mit Zauberstab oder Lasso bei gedrückter Alt-Taste in eine Auswahl hineingehen, um dort Bildteile aus der Auswahl herauszunehmen.
- Überkreuzen sich ein alter Alphakanal und eine frisch gezeichnete Auswahl, dann läßt sich auch eine »Kanalschnittmenge bilden«.

Gewöhnen Sie sich an die Möglichkeit, Kanäle zu vergrößern oder zu verkleinern. Diese Technik erleichtert die Arbeit wesentlich, und Sie müssen Auswahlen nicht permanent mit gedrückter Umschalt- oder Alt-Taste verfeinern. Statt dessen wählen Sie eine entsprechende Operation erst beim Sichern der Auswahl. Hantieren Sie häufiger mit Auswahlen, sollten Sie sich die Befehle **Auswahl speichern** und **Auswahl laden** auf der Befehlepalette parat halten oder die Bedienung des Auswahlsymbols in der Kanälepalette auswendig lernen.

Und noch etwas: Wenn Sie eine **Auswahl speichern**, dann spielt sich das ja nur im Arbeitsspeicher ab. Beim nächsten Systemcrash ist die Auswahl jedoch weg. Um dem vorzubeugen, schreiben Sie die gesamte Datei regelmäßig mit ⌘+S auf die Festplatte.

Auswahlen speichern per Kanälepalette

Sie können eine Auswahl unkompliziert als neuen Kanal ablegen, wenn Sie in der Kanälepalette auf das schraffierte Symbol »Auswahl als Kanal sichern« klicken. Drücken Sie zusätzlich die Alt-Taste, wenn Sie vorab die Kanaloptionen sehen möchten.

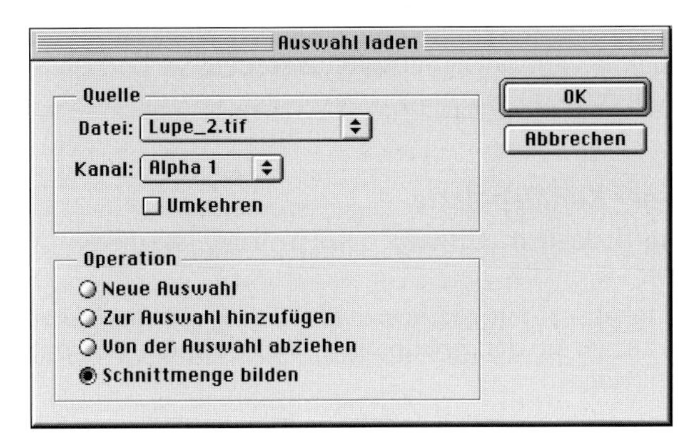

Beim Laden einer Auswahl können Sie die Informationen aus dem Alphakanal mit einer vorhandenen Auswahl verrechen.

Auswahlen laden

Entsprechende Möglichkeiten wie beim Speichern haben Sie für Ort und Verrechnung auch, wenn Sie mit dem Dialogfeld »Auswahl laden« einen Alphakanal als Fließmarkierung ins Bild hieven.

Was als Auswahl geladen wird

- Neben »Datei« nennen Sie die Datei, aus der die Auswahl in das aktive Bild geladen werden soll. Dies können andere Bilder sein als das aktive selbst, sofern diese absolut gleiche Pixelzahl aufweisen – zum Beispiel duplizierte Versionen. (Die gespeicherten Zentimetermaße spielen dabei keine Rolle, wichtig ist die Pixelzahl.) Bilder von anderer Größe bietet Photoshop in diesem Dialogfeld nicht an; deren Alphakanäle laden Sie indes unabhängig von der Größe ganz einfach in ein neues Bild, indem Sie den Kanalnamen aus der Palette in das fragliche Bild ziehen.
- Neben »Kanal« wählen Sie den gewünschten Kanal aus. Sofern Sie mit Ebenen arbeiten, bietet das Listenfeld auch noch die »Transparenz« einer Ebene an: Damit meint Photoshop die Auswahlinformation aller nichttransparenten Pixel einer Ebene, liefert also als Fließmarkierung zum Beispiel den Umriß eines montierten Objekts; bei Zwischenwerten für die Deckkraft erhalten Sie auch eine teiltransparente Maske. Ist die aktive Ebene mit einer Ebenenmaske ausgestattet, läßt sich auch die Ebenenmaske als Auswahl laden.
- »Umkehren« läßt sich die Auswahl, wenn Sie zum Beispiel statt eines markierten Hintergrundes sofort das Vordergrundobjekt ausgewählt sehen möchten. Dies erledigt nachträglich auch der **Auswahl**-Befehl **Auswahl umkehren** (⌘+Umschalt+I, für Invert); dauerhaft drehen Sie die Helligkeitsverteilung im Alphakanal um mit dem Befehl **Umkehren** aus dem **Bild**-Untermenü **Festlegen** (⌘+I).

Wie Sie die Auswahl verrechnen

Dazu kommt eine »Operation« nach Wahl:

- Schillert keine aktive Auswahlmarkierung im Bild, können Sie den Alphakanal nur als »Neue Auswahl« laden.
- Besteht jedoch schon eine Auswahl, können Sie den Alphakanal ebenfalls als völlig neue Auswahl laden und die vorhandene Auswahl verwerfen; Sie können die neuzuladende Auswahl aber auch »Zur Auswahl hinzufügen«, »Von der Auswahl abziehen« oder eine »Schnittmenge bilden«.

Auswahlen laden per Kanälepalette

Schneller als mit dem Dialogfeld »Auswahlen laden« haben Sie die gesicherte Auswahl mit der Kanälepalette geladen:

- Klicken Sie den Alphakanal mit gedrückter ⌘-Taste an, um diesen Kanal als Auswahl zu laden. Alternative: Ziehen Sie den gewünschten Kanal auf das kreisrundgestrichelte Symbol »Kanal als Auswahl laden«.
- Klicken Sie den Kanal mit ⌘+Umschalt-Taste an, um die aktive Auswahl um diesen Kanal zu erweitern.
- Klicken Sie den Kanal mit ⌘+Alt-Taste an, um die aktive Auswahl um diesen Kanal zu verkleinern.
- Klicken Sie den Kanal mit ⌘+Umschalt+Alt-Taste an, um die Schnittmenge aus aktiver Auswahl und Alphakanal zu bilden.

Mit den gleichen Griffen laden Sie übrigens einen einzelnen Farbkanal oder den Gesamtfarbkanal als Auswahl – bei grafischen Bildern kann das Sinn machen.

Auswahlen laden per Ebenenpalette

Die Transparenz-Informationen aus Ebene und Ebenenmaske können Sie – alternativ zum Befehl **Auswahl laden** – auch mit Klicks in die Thumbnails der Ebenenpalette als Auswahl laden:

- Klicken Sie Ebenen- oder Ebenenmasken-Thumbnail mit gedrückter ⌘-Taste an, um diesen Kanal als Auswahl zu laden.
- Klicken Sie den Thumbnail mit ⌘+Umschalt-Taste an, um die aktive Auswahl um diesen Kanal zu erweitern.
- Klicken Sie den Thumbnail mit ⌘+Alt-Taste an, um die aktive Auswahl um diesen Kanal zu verkleinern.
- Klicken Sie den Kanal mit ⌘+Umschalt+Alt-Taste an, um die Schnittmenge aus aktiver Auswahl und Alphakanal zu bilden.

Auswahlen von Hand verrechnen

Sie können Auswahlen auch von Hand verrechnen. Zeigen Sie zum Beispiel Kanal »Alpha 1« an, markieren Sie den Gesamtkanal mit ⌘+A, und kopieren Sie ihn mit ⌘+C in die Zwischenablage. Dann aktivieren Sie Kanal »Alpha 2«, und fügen Sie »Alpha 1« mit ⌘+V ein. Zunächst überdeckt der eingefügte Kanal »Alpha 1« den darunterliegenden Kanal.

Wählen Sie den Befehl **Filter: Verblassen**, auch erhältlich via Kontextmenü. Im Dialogfeld stellen Sie den Überblendmodus »Aufhellen« ein; damit bleiben bei beiden Kanälen die weißen Bereiche erhalten – so erweitern Sie die Auswahlinformation des unteren Kanals um die Auswahlinformation des oberen.

Wählen Sie den Überblendmodus »Abdunkeln«, wenn bei beiden Kanälen die schwarzen Bereiche erhalten bleiben sollen – so verringern Sie die Auswahlinformation des einen Kanals um die Auswahlinformation des anderen. Testhalber können Sie auch die Deckkraft senken, um zu sehen, wie sich die Kanäle überlagern. Danach verankern Sie den eingefügten Kanal mit ⌘+D.

Diese Möglichkeiten bietet – über ein komplexes Dialogfeld – auch der Befehl **Bild: Kanalberechnungen**.

10.3 Kanäle duplizieren, löschen und berechnen

Auswahlkanäle kann man häufig auch in anderen Bildern gebrauchen – darum lassen sie sich duplizieren. Umgekehrt sollte man im Blick haben, daß Auswahlkanäle Arbeitsspeicher fressen und andere Programme verwirren können – also nichts wie weg damit nach Gebrauch. Schließlich kann man Bild- und Auswahlkanäle auf vielfältige Art miteinander verrechnen.

Kanäle speichern und löschen

Auswahlkanäle kosten soviel Arbeitsspeicher wie eine 8-Bit-Graustufenversion des zugehörigen Bilds. Den gleichen Platz beanspruchen sie theoretisch auch auf der Festplatte. Komprimierende Formate wie Photoshop oder Tiff LZW stauchen die Kanäle freilich oft auf wenige Bytes zusammen – geschlossene Flächen werden nicht Pixel für Pixel notiert, sondern en bloc verwaltet. Das spart Platz, kostet allerdings Rechenzeit beim Sichern und Laden.

Legen Sie einen Alphakanal an, dann wird er in den Formaten Tiff, Photoshop und Raw automatisch mitgespeichert. Hier fragt Photoshop nicht erst, ob Sie den Kanal vielleicht nur kurz benötigten und jetzt loswerden wollen – das Teil wandert mit auf die Platte. Das Targa-Format im RGB-Modus sichert Alphakanäle automatisch mit, wenn Sie in den »Targa Einstellungen« die Farbtiefe »32-Bit/Pixel« wählen, ansonsten und bei Graustufenbildern fliegen Alphakanäle kommentarlos raus.

So entfernen Sie den Alphakanal, wenn er nicht auf Platte verewigt werden soll:

- Ziehen Sie den Kanal auf das Mülleimer-Symbol in der Kanäle-Palette; oder
- aktivieren Sie den Kanal, und verwenden Sie den Palettenbefehl **Kanal löschen**; oder
- verwenden Sie beim Sichern den **Datei**-Befehl **Kopie speichern unter** – dort können Sie vor dem Speichern anklicken, daß Alphakanäle entfernt werden sollen.

Eine Reihe wichtiger Dateiformate sperrt sich überhaupt gegen Alphakanäle – so etwa JPEG, EPS, BMP oder GIF. Laden Sie etwa ein JPEG-Bild und verpassen ihm einen Alphakanal, dann können Sie die Datei nicht mehr rasch mit ⌘+S sichern – Photoshop blendet das Dialogfeld »Speichern unter« ein. Nun müssen Sie ein Alphakanal-verträgliches Dateiformat wählen, zum Beispiel Tiff.

Wollen Sie ein Bild als JPEG oder BMP speichern, aber auch Ihre Alphakanäle behalten, dann speichern Sie die Auswahlen in einem eigenen Dokument. Verwenden Sie etwa das Dialogfeld »Auswahl sichern«, und klicken Sie neben »Datei« nicht auf den Namen des Ursprungsbilds, sondern auf »Neu«. Photoshop wird jetzt den Kanal in einer neuen Datei anlegen; von dort läßt er sich mühelos wieder herüberduplizieren.

Kanäle duplizieren

Vielleicht wollen Sie eine mühsam erstellte Maske, etwa ein Logo, auch in einem anderen Bild verwenden. Nichts leichter als das:

- Verwenden Sie den Kanäle-Befehl **Kanal duplizieren**. Im Dialogfeld geben Sie neben »Datei« den Namen der Zieldatei an. Achtung: Diese Datei muß in Pixel hoch mal quer exakt die gleichen Pixelzahlen aufweisen wie das Ursprungsbild, sonst funktioniert der Befehl nicht. Sie können als »Datei« aber auch »Neu« angeben, um den Kanal in einer neuen Datei abzulegen.
- Einfacher ist es, den Alphakanal einfach aus der Kanälepalette auf ein neues Bild zu ziehen. Er erscheint dann mit einer Nummer in der zugehörigen Kanälepalette. Die Pixelgrößen von dupliziertem Kanal und Zielbild müssen hier nicht übereinstimmen.
- Natürlich gibt es auch den Weg über die Zwischenablage: Zeigen Sie einen Kanal an, markieren Sie ihn mit ⌘+A und kopieren Sie ihn in die Zwischenablage; dann erstellen Sie im Zielbild einen neuen Kanal und fügen den kopierten Kanal ein. Auch hier müssen die Pixelgrößen nicht übereinstimmen.

Um einen Kanal in der Größe dem Zielbild anzupassen, können Sie den Kanal zum Beispiel **Transformieren** (⌘+T). Bedarfsweise nennt die Informationenpalette die korrigierte Größe in Pixeln oder Zentimetern.

»Kanalberechnungen«

Der **Bild**-Befehl **Kanalberechnungen** vergleicht Pixel aus Einzelkanälen in zwei Ursprungsdokumenten und wendet das Ergebnis auf einen neuen Kanal in einem der beiden Dokumente an oder erstellt ein neues Zieldokument. Die zwei Dateien müssen in Pixelhöhe mal -breite exakt übereinstimmen. Es kann übersichtlicher sein, zwei Kanäle via Zwischenablage oder Bewegenwerkzeug übereinander zu legen und dann mit Modus-Menü und Deckkraftregler des **Verblassen**-Befehls den gewünschten Effekt herbeizuführen (siehe oben).

Die Kanalberechnungen blenden zwei Kanäle zu einem neuen Kanal zusammen.

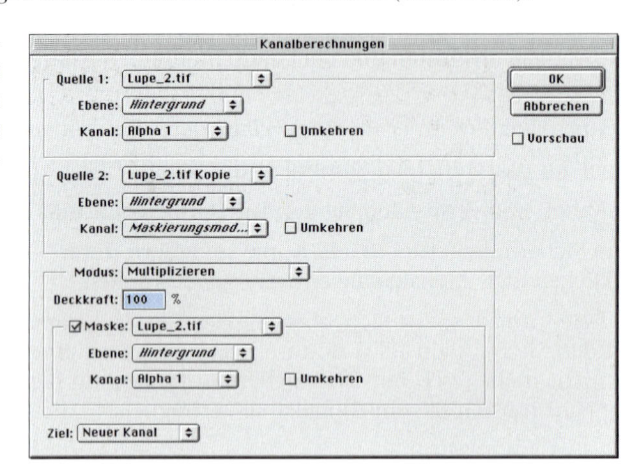

Dies sind Ihre Möglichkeiten im Dialogfeld »Kanalberechnungen«:

- ❒ Neben »Quelle 1« wählen Sie die erste Datei.
- ❒ Unter »Ebene« klicken Sie auf die gewünschte Ebene oder wählen »Auf eine Ebene reduziert«, wenn Photoshop alle obenliegenden Pixel verwenden soll.
- ❒ Neben »Kanal« geben Sie den gewünschten Kanal an – eine Grundfarbe, einen Auswahlkanal oder den »Grauwert«, damit nutzen Sie eine Graustufenversion des Bilds; verwenden Sie eine einzelne Ebene, dann läßt sich als »Transparenz« hier auch die Kontur des Objekts als Maske verwenden.
- ❒ Per »Umkehren« verwandeln Sie den gewählten Kanal ins Negativ.
- ❒ Ein Stockwerk tiefer neben »Quelle 2« haben Sie die gleichen Optionen für die zweite Datei – oder Sie verwenden die erste noch einmal.
- ❒ Darunter sprechen Sie sich für einen »Modus« aus – Sie kennen die Modi schon vom Malen her.
- ❒ Die Stärke dieses Effekts regeln Sie per »Deckkraft«.
- ❒ Soll der Effekt nur auf einen Bildteil angewendet werden, klicken Sie die »Maske« an; hier geben Sie einen Auswahl- oder Bildkanal als Maske an. Haben Sie bereits eine Auswahl im Bild schillern, wird der Effekt auch nur dort wirksam.
- ❒ Als »Ziel« steht Ihnen eine der geöffneten Dateien zur Verfügung, oder es wird eine Datei »Neu« erstellt.
- ❒ Geben Sie vor allem einen Ziel-»Kanal« an; nennen Sie hier nicht »Neu«, sondern einen vorhandenen Bildkanal, dann wird der mit den frisch errechneten Werten überschrieben. Das Ergebnis läßt sich aber auch als »Auswahl« ausgeben.
- ❒ Und klicken Sie »Vorschau« an, um live mitzuverfolgen, wie sich die Kommandos auf die Zieldatei auswirken – sofern das Dialogfeld auf Ihrem Schirm noch Platz dafür läßt.

Ein ähnlicher Befehl aus dem gleichen Menü, **Bildberechnungen**, mischt nicht nur Einzelkanäle, sondern ganze Bilder.

10.4 Die Kanälepalette

Kontrolle über den Kanäle-Wirrwarr verschafft die Kanälepalette. Die laden Sie per **Fenster: Kanäle einblenden.**

Kanalarbeit: Die Kanälepalette listet die Grundfarben-, Auswahl- und Spotfarbenkanäle einer Bilddatei auf und gibt sie zur Bearbeitung und zur Ansicht frei. Die Größe der Thumbnails ist regelbar.

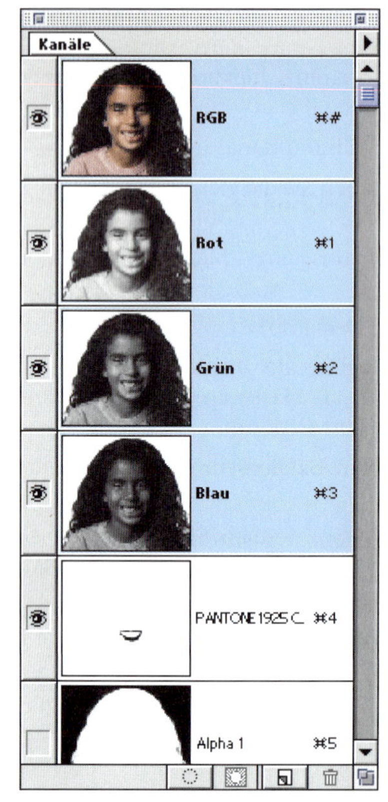

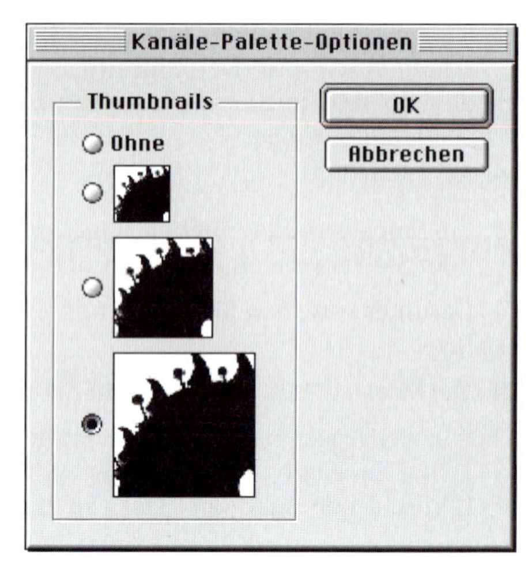

In der Kanälepalette regeln Sie, welche Kanäle angezeigt und welche bearbeitet werden – und zwar unabhängig voneinander. Sie kontrollieren dabei in gleicher Weise Alphakanäle, Spotfarbenkanäle und Grundfarbenauszüge. Via Kanälepalette können Sie Auswahlen als Alphakanal ablegen oder Alphakanäle und Farbkanäle als Auswahl laden.

Kanäle anzeigen und aktivieren

So lassen sich einzelne Kanäle anzeigen und aktivieren:

- Klicken Sie auf den Namen eines Kanals, um ihn zu anzuzeigen und zu aktivieren, so daß er bearbeitet werden kann. Das Feld in der Kanälepalette wird mit der Farbe unterlegt, die in Ihrem Betriebssystem markierte Bereiche darstellt.
- Klicken Sie auf das Augensymbol neben nichtaktiven Kanälen, um diese Kanäle anzuzeigen, ohne daß sie bearbeitet werden.
- Ziehen Sie in der Augenleiste, um mehrere Kanäle gleichzeitig auszublenden und wieder auftauchen zu lassen.

- Klicken Sie auf den Namen des Gesamtkanals – etwa »RGB« oder »CMYK« –, um das Gesamtbild anzuzeigen und alle Alphakanäle auszublenden und zu deaktivieren.
- Klicken Sie auf einen Alphakanal, um alle anderen Alphakanäle und Farbkanäle auszublenden.
- Aktivieren Sie einen Einzelkanal, und fügen Sie weitere Kanäle mit gedrückter Umschalt-Taste hinzu.

Photoshop zeigt die Farbkanäle von Haus aus in Graustufen. Möchten Sie die Kanäle in den zugeordneten Farben sehen, etwa Rot, Grün und Blau, dann klicken Sie in den »Voreinstellungen« (⌘+K) auf »Farbauszüge in Farbe«.

Auswahlen laden und sichern per Kanälepalette

Wie Sie Auswahlen laden und sichern per Kanälepalette, haben Sie bereits im vorhergehenden Abschnitt »Auswahlen speichern und laden« gelesen. Generell gilt: Klicken Sie einen Alpha- oder Farbkanal mit gedrückter ⌘-Taste an, um ihn als Auswahl zu laden; nehmen Sie ⌘+Umschalt-Taste, um ihn zur Auswahl hinzuzufügen oder ⌘+Alt-Taste, um ihn von der Auswahl abzuziehen. Ein Klick auf das Auswahlsymbol sichert die aktuelle Auswahl als neuen Alphakanal.

Kanäle verwalten

Mit weiteren Klicks in der Kanälepalette organisieren Sie die Kanäle:

- Doppelklick auf einen Auswahl- oder Spotfarbenkanal öffnet die Kanaloptionen. Dort vergeben Sie zum Beispiel einen neuen Namen oder teilen eine neue Druckfarbe zu.
- Die Reihenfolge der Auswahlkanäle verändern Sie durch Verschieben innerhalb der Kanäleliste; die Grundfarbenkanäle stehen allerdings immer oben, ihre Thumbnails können auch in Version 5 nicht weggesteckt werden.
- Ziehen Sie einen Kanal auf den Mülleimer, um ihn ohne Rückfrage zu löschen und so Speicher freizugeben.
- Aktivieren Sie den Kanal durch einen Klick, und klicken Sie auf den Mülleimer, um den Kanal mit Rückfrage zu löschen.
- Klicken Sie einmal auf das Symbol »Neuer Kanal«, um ohne Rückfrage einen neuen, leeren Kanal zu erstellen.
- Klicken Sie mit gedrückter Alt-Taste auf das Symbol »Neuer Kanal«, um einen neuen, leeren Kanal zu erstellen und vorab die Kanaloptionen zu Gesicht zu bekommen.
- Klicken Sie bei gedrückter ⌘-Taste auf das Symbol »Neuer Kanal«, um einen neuen Spotfarben-Kanal zu erzeugen.
- Ziehen Sie einen vorhandenen Kanal auf das Symbol »Neuer Kanal«, um diesen zu duplizieren. Das macht Sinn, wenn Sie den Kanal verändern, aber eine Sicherheitskopie zurückbehalten möchten.

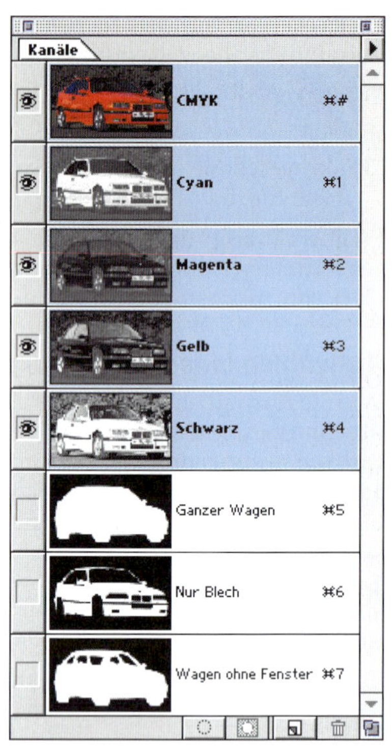

Der Normalfall: Die Grundfarbenkanäle sind zur Bearbeitung und zur Ansicht freigegeben, die Alphakanäle werden momentan weder bearbeitet noch angezeigt. Datei: Wagen

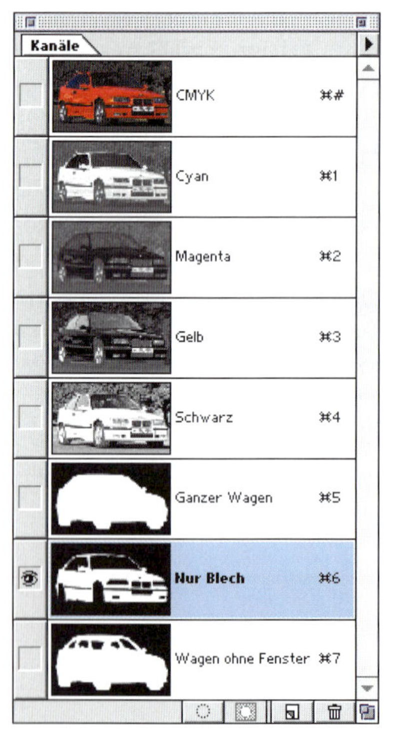

Ein Klick auf den Namen des Alphakanals zeigt und aktiviert ausschließlich diesen Auswahlkanal. Der Auswahlkanal kann jetzt mit Mal- und Retuschewerkzeugen bearbeitet werden, die Farbkanäle werden dabei nicht manipuliert.

Ein Klick in die Augenleiste neben dem Gesamtkanal blendet das Bild zur Orientierung mit ein. Der Alphakanal erscheint jetzt als Schutzlack in der in Optionen gewählten Farbe. Er kann weiterhin bearbeitet werden, das Grundbild ist weiterhin vor Bearbeitung geschützt. Hier erscheint der Alphakanal mit der voreingestellten Option »Farbe kennzeichnet: Maskierte Bereiche«; das heißt, nicht ausgewählte Bereiche werden abgedeckt.

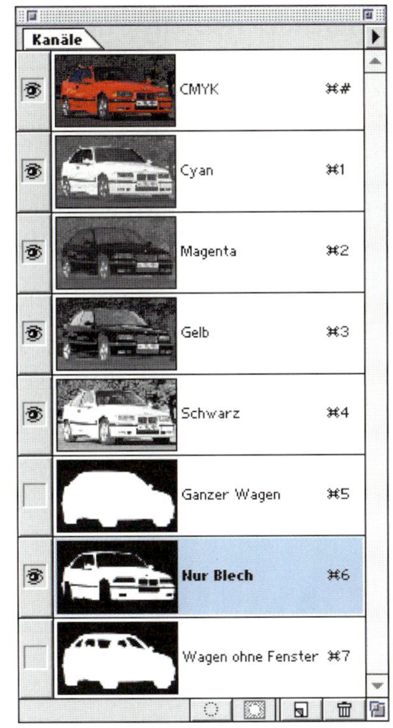

Per Umschalt+Klick markiert man mehrere Einzel-Kanäle. In den Dialogfeldern für Tonwertkorrektur und Gradationskurven können Sie diese beiden Kanäle gemeinsam korrigieren. In den Voreinstellungen legen Sie fest, ob Farbauszüge in Farbe oder Graustufen dargestellt werden.

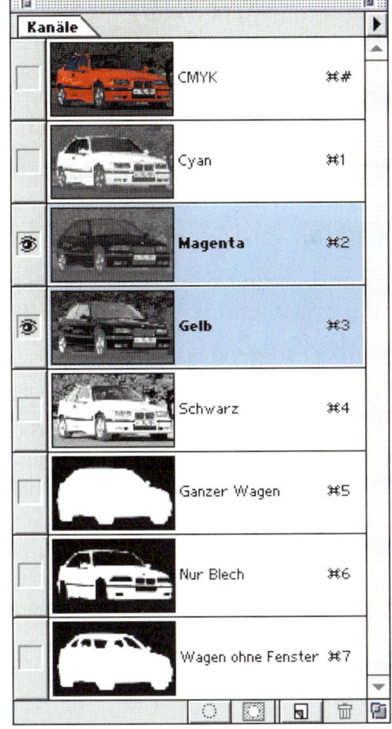

Befehle im Überblick: Kanälepalette

Taste/Feld	Zusatztasten	Aktion	Ergebnis
			Paletten-Menü
			Aktiven Kanal mit Rückfrage löschen
		Kanal auf Symbol ziehen	Kanal ohne Rückfrage löschen
			Neuen, leeren Kanal ohne Rückfrage erstellen
	⌥		Neuen, leeren Kanal erstellen, vorher Optionen sehen
	⌘		Neuen Spotfarben-Kanal erstellen
			Aktiven Kanal als Auswahl laden
[Kanal-Thumbnail]	⌘		Kanal als Auswahl laden
[Kanal-Thumbnail]	⌘+⇧		Vorhandene Auswahl um Kanalinformation erweitern
[Kanal-Thumbnail]	⌘+⌥		Vorhandene Auswahl um Kanalinformation verkleinern
[Kanal-Thumbnail]	⌘+⇧+⌥		Auswahlschnittmenge aus vorhandener Auswahl und Kanalinformation bilden

Das Kanäle-Menü

Ein Klick auf das Paletten-Menü-Dreieck rechts oben bietet eine Reihe von Befehlen, die Sie zum guten Teil schneller über die Symbole unten in der Palette erledigt haben.

Das Paletten-Menü eröffnet folgendes Angebot:

»Neuer Kanal«

Ein **Neuer Kanal** wird angelegt, wenn Sie dort neue Masken anlegen wollen, ohne auf eine vorhandene Auswahl zurückzugreifen. Photoshop blendet vorab die Kanaloptionen ein, in denen Sie unter anderem den Kanal beim Namen nennen. Schneller geht's, wenn Sie auf das mittlere Palettensymbol für »Neuer Kanal« klicken. Ein neuer Kanal entsteht automatisch auch dann, wenn Sie im **Auswahl**-Menü eine neue **Auswahl speichern**. In diesem Fall wird der Kanal zunächst numeriert, und erst nach einem Doppelklick auf diese Nummer gelangen Sie an die Kanaloptionen.

»Kanal duplizieren«

Einen **Kanal duplizieren** Sie, wenn Sie die Auswahl auch in einem anderen Bild verwenden wollen oder wenn Sie eine Sicherheitskopie des Kanals benötigen, bevor Sie eine Version davon weiter bearbeiten. Dazu muß zunächst ein einzelner Auswahlkanal markiert sein. Im Dialogfeld »Kanal duplizieren« vergeben Sie einen Namen und sagen, ob der Kanal innerhalb der bestehenden oder in einer neuen Datei gesichert werden soll. Schnellerer Weg: Ziehen Sie den gewünschten Kanal auf das Palettensymbol »Neuer Kanal«, um ihn innerhalb der Datei zu duplizieren; ziehen Sie den gewünschten Kanal in ein anderes Dateifenster, um ihn in eine andere Datei zu kopieren.

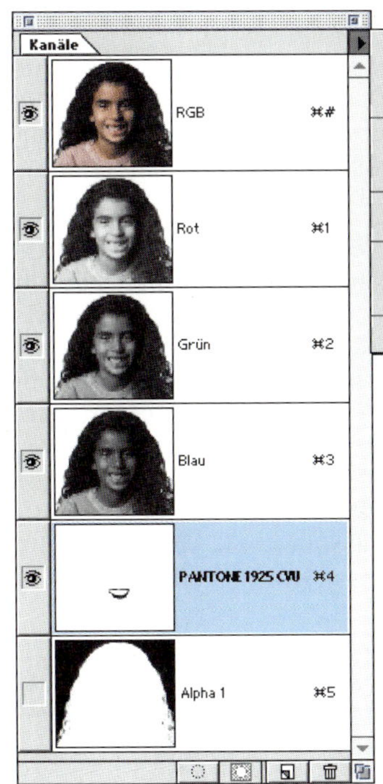

Die Größe der Miniaturdarstellungen in der Kanälepalette regeln Sie über die Palettenoptionen. Viele weitere Befehle des Paletten-Menüs sind jedoch über die Palettensymbole schneller erledigt.

»Neuer Volltonfarbenkanal«

Hier rufen Sie die Optionen für einen neuen Spotfarbenkanal auf. Schneller geht's mit ⌘+Klick auf das Symbol »Neuen Kanal erstellen«. Details zu Vollfarbenkanälen liefert der nächste Abschnitt.

»Volltonfarbenkanal mischen«

Dieser Menüpunkt entfernt den separaten Spotfarbenkanal und blendet die Farbinformation, so gut es geht, in die Grundfarbenkanäle ein.

»Kanal löschen«

Wollen Sie einen überflüssig gewordenen **Kanal löschen**, dann klicken Sie zunächst auf den Namen des Abschußkandidaten, so daß er allein auf dem Schirm steht. Dann **Kanal löschen**. Die Grundfarbenkanäle, etwa Rot, Grün, Blau, lassen sich dadurch jedoch nicht beseitigen, und auch nicht zwei Maskenkanäle gleichzeitig. Überflüssige Maskenkanäle gehören jedoch sofort nach Gebrauch weg, um Arbeitsspeicher und Festplatte zu entlasten und weil sie beim Austausch mit anderen Programmen ein Störpotential darstellen. Schneller löschen Sie, indem Sie den Kanal auf den Mülleimer ziehen.

»Kanaloptionen«

Auch an die **Kanaloptionen** kommen Sie schneller als auf dem Menü-Weg, nämlich indem Sie auf den fraglichen Auswahlkanal doppelt klicken. Die Möglichkeiten werden im folgenden Abschnitt erläutert.

»Kanäle teilen«

Wenn Sie **Kanäle teilen**, splittet Photoshop die Grundfarben- und Auswahlkanäle in separate Graustufendateien auf. Das Originaldokument wird geschlossen. Dies funktioniert bei Dateien, die nur aus der »Hintergrundebene« bestehen. An den neu vergebenen Dateinamen erkennen Sie, welcher Grundfarbenkanal ursprünglich dahinter stand.

»Kanäle zusammenfügen«

Sie können diese – oder auch andere – **Kanäle zusammenfügen**. Dabei geben Sie im Dialogfeld »Kanäle zusammenfügen« unter »Modus« zunächst ein Farbmodell vor, unter »Kanäle« die Zahl der geplanten Kanäle. Bilder, die Sie zusammenfügen, müssen aufs Pixel genau gleich groß sein. Tippen Sie allerdings unter »Kanäle« eine Zahl ein, die nicht zum Modus paßt – zum Beispiel fälschlich »2« bei einem RGB-Bild mit seinen drei Grundfarben –, springt Photoshop automatisch in den Modus »Mehrkanal« und tilgt alle Farbinformationen. Sobald Sie zum Beispiel auf »RGB« geklickt und bestätigt haben, erscheint der Vereinigungsdialog »Zu RGB-Bild zusammenfügen«. Hier geben Sie neben »Rot«, »Grün« und »Blau« an, welches der vorhandenen Einzelbilder den jeweiligen Kanal füllen soll. Verwendet wird diese Funktion unter anderem, wenn bei Einzelauszügen von DCS-Dateien die Verbindung verlorengegangen ist.

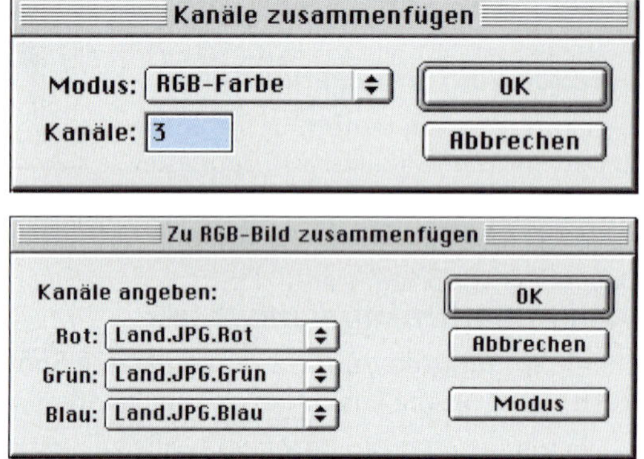

Der Palettenbefehl »Kanäle teilen« splittet eine Farbdatei in separate Dateien für jeden Grundfarbenkanal auf. Der Befehl »Kanäle zusammenfügen« setzt Graustufenbilder zu Farbdateien zusammen.

Optionen für Alphakanäle

Klicken Sie doppelt auf den Namen eines Alphakanals, um an die »Kanaloptionen« zu geraten. Hier regeln Sie, wie der Kanal benannt und dargestellt wird:

- Neben »Name« tippen Sie einen Kanalnamen ein. Lange Namen werden in der Palette nicht etwa umbrochen, sondern abgeschnitten. Wichtig ist der Name unter anderem, wenn Sie in den Palettenoptionen auf Thumbnail-Darstellung ganz verzichtet haben.
- Nach einem Klick auf das Farbfeld wählen Sie im Farbwähler eine neue Maskenfarbe; sie legt fest, wie der Alphakanal über die Bilddatei geblendet wird, falls Sie diese Darstellungsart bei einer Kanalarbeit benötigen. Notwendig wird die Farbänderung, wenn sich die Maskenfarbe nicht von einer wichtigen Farbe im Bild abhebt.

- Tippen Sie einen Wert für die Maskendeckkraft ein, auch die Pfeiltasten wirken regulierend; damit bestimmen Sie, wieviel vom Original die Maske noch durchblicken läßt. Wohlgemerkt: Die Schutzfunktion der Maske wird durch Änderungen in diesem Feld nicht beeinflußt. Eine hohe Deckkraft ist besonders übersichtlich, wenn Sie schnell erkennen wollen, wie gut die Maske sitzt. Bevor Sie lange mit zu niedriger Deckkraft experimentieren, überlegen Sie lieber, ob Sie nicht die Darstellungsweise komplett umkehren (Option »Farbe kennzeichnet«, siehe unten).
- Sie können den Alphakanal auch in eine »Spotfarbe« verwandeln. Klicken Sie nach diesem Schritt erneut doppelt auf den Kanal; Photoshop tischt dann die Spotfarben-Optionen auf, Sie können eine Druckfarbe und die Deckkraft zuteilen.

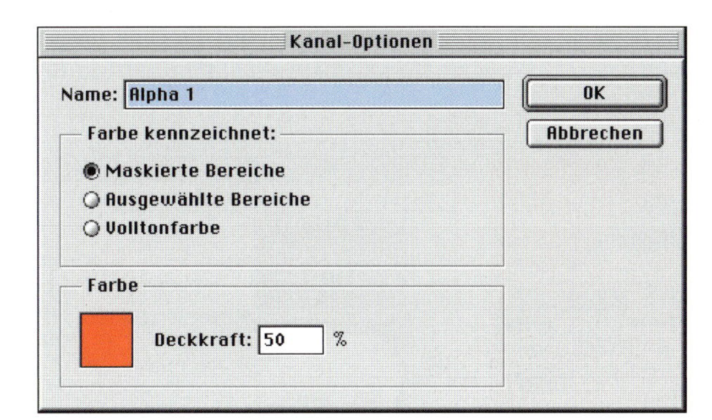

In den Kanaloptionen regeln Sie die Darstellung eines Alphakanals über dem Bild.

»Farbe kennzeichnet«

Besonders wichtig sind die Optionen unter »Farbe kennzeichnet«:

- »Maskierte Bereiche«: »Maskierte Bereiche« ist Photoshops Standardeinstellung; damit erscheint der ausgewählte Bildteil im Alphakanal weiß, nichtausgewählte Partien sind schwarz. Blenden Sie den Alphakanal über das Grundbild, dann wird der geschützte, nichtausgewählte Bereich mit Farbe abgedeckt; nur der Teil, der noch bearbeitet werden kann, guckt heraus. Dies ist zunächst Photoshops Vorgabe, und bei den eng verwandten Ebenenmasken gibt es keine andere Darstellung. Dieses Buch verwendet durchgängig die Standardvorgabe »Maskierte Bereiche«.
- »Ausgewählte Bereiche«: Der Klick auf »Ausgewählte Bereiche« macht den ausgewählten Bildteil im Alphakanal schwarz, Nichtgewähltes ist weiß; blenden Sie den Alphakanal über das Grundbild, färbt diese Betriebsart den von Ihnen markierten Bereich mit der gewählten Schutzfarbe ein. Dieser zweite Modus ist manchmal sinnvoll, wenn Sie das Umfeld eines Objekts auswählen, um schließlich die Auswahl umzukehren. Mit der Vorgabe »Ausgewählte Bereiche« deckt die Schutzfarbe das Umfeld ab, nicht Ihr Objekt, und Sie können leicht prüfen, wie gut die Maske sitzt.

Auch der »Maskierungsmodus« (Kurztaste Q, für Quickmask), der eine Auswahl nur vorübergehend in einen Alphakanal verwandelt, kennt diese beiden Darstellungsarten. Klicken Sie doppelt auf das Symbol für den Maskierungsmodus in der Werkzeugleiste, um die gewünschte Art einzurichten, oder klicken Sie mit gedrückter Alt-Taste auf das Symbol, um zwischen den Ansichten hin- und herzuwechseln.

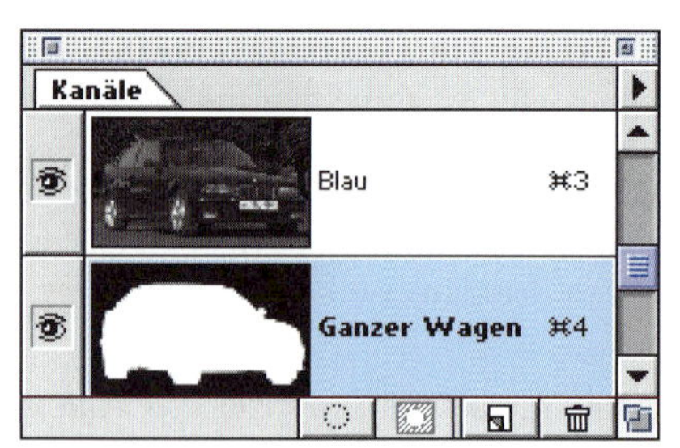

So stellt Photoshop Alphakanäle in der Regel dar: Ausgewähltes ist im Kanal weiß unterlegt, Nichtmarkiertes schwarz. Über dem Bild deckt der Kanal nichtmarkierte Bereiche mit halbtransparentem Schutzlack ab, hier die Standardvorgabe, 50prozentiges Rot.

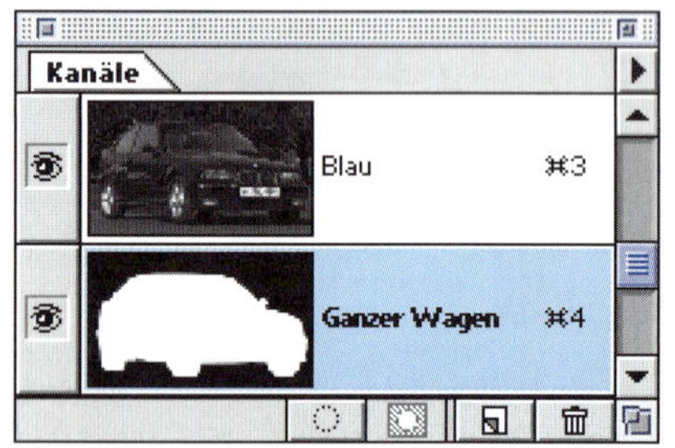

Bei der Retusche am Alphakanal oder bei der Beurteilung der Paßgenauigkeit von Masken macht es oft Sinn, die Deckkraft des Schutzfilms in den Kanaloptionen zu erhöhen.

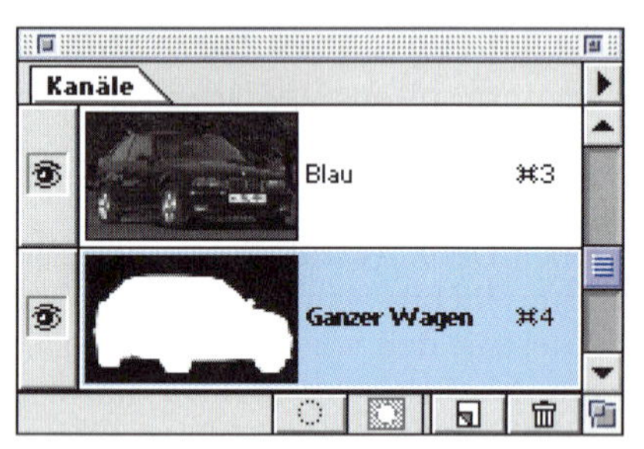

Hebt sich die Maskenfarbe jedoch nicht von einer wichtigen Farbe im Bild ab, dann ändern Sie die Darstellung der Maskenfarbe.

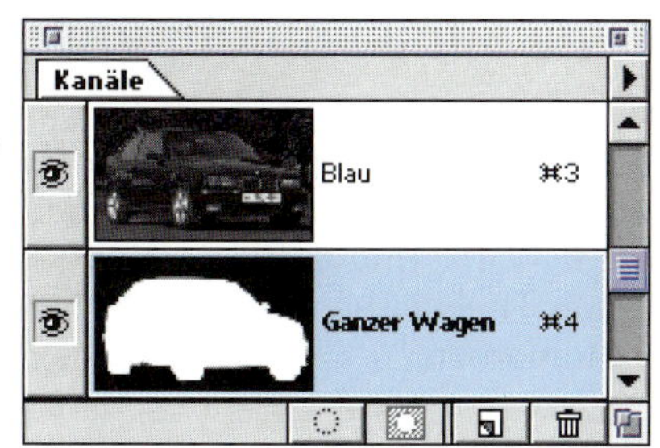

In manchen Situationen läßt man statt der geschützten Bereiche die ausgewählten Bereiche durch Farbe abdecken.

Maskierungsmodus

Brauchen Sie vorübergehend einen Alphakanal, zum Beispiel um eine Auswahl durch Pinselretusche zu verfeinern, dann müssen Sie nicht unbedingt einen neuen Kanal in der Kanälepalette eröffnen (den Sie dann vielleicht aus Versehen mitspeichern). Es gibt ja auch noch das Symbol für Maskierungsmodus – den rechten, schraffierten von zwei Kreisen unterhalb der Farbfelder in der Werkzeugpalette. Die Funktion ähnelt stark den üblichen Alphakanälen.

So bearbeiten Sie eine Fließmarkierung als kurzfristigen Alphakanal im Maskierungsmodus:

1. Klicken Sie auf das Symbol für Maskierungsmodus in der Werkzeugpalette, oder verwenden Sie die Kurztaste Q (für Quickmask). Photoshop stellt eine vorhandene Auswahl jetzt als Farbschicht dar. Hatten Sie gar keine Auswahl im Bild, tut sich im Bild nichts.
2. Bearbeiten Sie die Farbschicht mit Pinsel, Verlauf- und Füllwerkzeug oder mit Dichtekorrekturen wie der Gradationskurve.
3. Klicken Sie dann zurück zum Standardmodus, dem linken Auswahlsymbol unterhalb der Farbfelder; Alternative: erneute Kurztaste Q. Die Retusche im Maskenkanal wird in eine Fließmarkierung umgesetzt.
4. Wollen Sie die Markierung jetzt doch speichern, heißt es **Auswahl: Auswahl speichern**.

Um die Darstellung der Auswahl zu verändern, klicken Sie doppelt auf das Symbol für Maskierungsmodus – Sie erhalten jetzt das Dialogfeld »Masken-Optionen«; es bietet Ihnen exakt die gleichen Möglichkeiten wie die oben schon beschriebenen Kanaloptionen.

Während Sie im Maskierungsmodus arbeiten, erscheint in der Kanälepalette ein weiterer Kanal namens »Maskierungsmodus«. Die Dateigröße steigt vorübergehend um die Größe eines 8-Bit-Bildkanals an. Der Maskierungsmodus eignet sich unter anderem, um schnell zu prüfen, wie sauber eine per Zauberstab und Lasso gezogene Auswahl sitzt.

Ziehen Sie den Kanal »Maskierungsmodus« in den Mülleimer, stellt Photoshop eine aktualisierte Fließmarkierung her; ziehen Sie den Kanal auf das Symbol »Neuer Kanal«, wird er als Alphakanal gespeichert.

Volltonfarben

Volltonfarben sind Druckfarben, die Sie zusätzlich zu den üblichen, sogenannten Prozeßfarben Cyan, Magenta, Gelb und Schwarz zu Papier bringen. Damit heben Sie spezielle Farbtöne markanter ins Bewußtsein, als es mit der Mischung nach CMYK-Schema möglich wäre – zum Beispiel die Corporate-Identy-Farbe Ihres Auftraggebers. Sie wählen aus den Unterlagen eine speziell benannte Farbe eines Druckfarbenherstellers. Photoshop 5 bietet erstmals diese spezielle Unterstützung für Volltonfarben.

Volltonfarbenkanäle erstellen

Sie haben verschiedene Möglichkeiten, einen Volltonfarbenkanal anzulegen:

- Verwenden Sie den Befehl **Neuer Vollfarbenkanal** aus dem Menü der Kanälepalette.
- Oder klicken Sie bei gedrückter ⌘-Taste auf das Symbol »Neuen Kanal erstellen« unten in der Kanälepalette.
- Rufen Sie bei einem vorhandenen Alphakanal die Kanaloptionen auf, und klicken Sie »Volltonfarbe« an.

In den beiden ersten Fällen gilt: Haben Sie eine Auswahl im Bild, setzt Photoshop die Volltonfarbe sogleich innerhalb der Auswahl ein.

Optionen

Photoshop zeigt automatisch die Optionen für die Volltonfarbe, wenn Sie den Menübefehl oder das Symbol für einen neuen Volltonfarbenkanal verwenden. Verwandeln Sie dagegen einen Alphakanal in einen Volltonfarbenkanal, dann klicken Sie diesen nach der Umwandlung erneut doppelt an, um die Optionen zu sehen.

Klicken Sie auf das Farbfeld in den Volltonfarben-Optionen. Photoshop bietet Ihnen jetzt seinen Farbwähler. Klicken Sie die Schaltfläche »Eigene« an, wenn Sie eine spezielle Druckfarbe aus einer digitalen Farbtafel übernehmen möchten. Vorgestellt wurden die Farbwähler bereits im Kapitel »Füllen, Malen, Retuschieren«. Bei Bedarf können Sie auch einen neuen Namen vergeben.

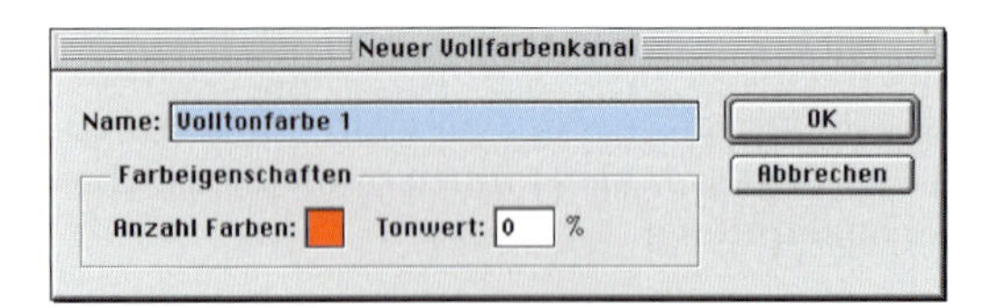

In den Optionen zum Volltonfarbenkanal definieren Sie die verwendete Druckfarbe und den »Tonwert«.

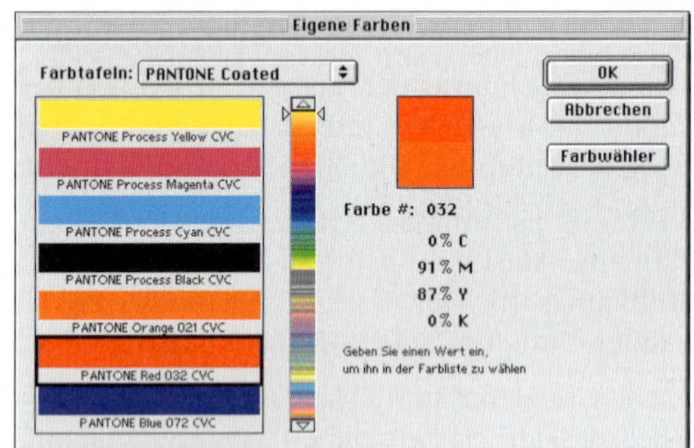

»Tonwert«

Außerdem legen Sie den »Tonwert« fest (der teils auch »Solidität« genannt wird). Damit simuliert Photoshop die Dichte der gewählten Druckfarbe auf dem Schirm. 100 Prozent simuliert eine völlig deckende Farbe, 0 Prozent deutet eine durchsichtige Farbe an, die alle darunterliegenden Farben zeigt. So können Sie zum Beispiel Bildzonen für Klarlackauftrag anlegen und zeigen. Die Option verändert nur die Bildschirmansicht, nicht aber das Druckergebnis.

Farbe und »Tonwert« lassen sich jederzeit ändern – klicken Sie einfach doppelt auf den Volltonfarbenkanal. Sie können in dem Volltonfarbenkanal malen und arbeiten wie in jedem anderen Kanal auch.

Anzeigen und mischen

Üblicherweise blendet Photoshop die Volltonfarbe direkt ins Gesamtbild ein; mit dem Augensymbol läßt sie sich bei Bedarf ausblenden. Möchten Sie die Zusatzfarbe nicht separat drucken, sondern aus den vier Standard-Druckfarben erzeugen, müssen Sie die Volltonfarbe mit den anderen Grundfarbenkanälen verschmelzen. Dazu dient der Befehl **Vollfarbenkanal mischen** im Menü der Kanälepalette. Achtung, Erpressung: Photoshop führt den Befehl nur aus, wenn Sie zustimmen, daß alle Ebenen einer Montage verschmolzen werden; die gesamte Montage bildet anschließend eine Hintergrundebene.

Volltonfarbenkanäle speichern

Photoshop bietet nur wenige Dateiformate, die Volltonfarbenkanäle aufnehmen, darunter das unverwüstliche Tiff und das hauseigene Photoshop-Format. Sofern Sie im CMYK-Farbmodus arbeiten und für die Druckvorstufe arbeiten, empfiehlt sich das Format »Photoshop DCS 2.0«. Es wird auch für Graustufenbilder angeboten, nicht jedoch für RGB-Dokumente. Hier können Sie das Werk zum Beispiel in Einzeldateien für jede Grundfarbe und für den Volltonkanal aufteilen.

10.5 Retuschen im Alphakanal

Um die Auswahl zu korrigieren, können Sie im Alphakanal malen, filtern oder Kontraste verändern. Klicken Sie auf den Namen des Alphakanals; er muß jetzt markiert sein. Gleichzeitig sollte das Grundbild in der Kanälepalette zwar nicht mehr markiert, aber durch das Augensymbol zur Ansicht freigegeben sein.

Übersicht

Werkseitig heißt es in den Kanaloptionen »Farbe kennzeichnet: Maskierte Bereiche«. »Farbe kennzeichnet« bedeutet:

- Nichtausgewählte, also geschützte, »maskierte« Bildteile unterlegt Photoshop mit »Farbe« – im Alphakanal mit Schwarz, beim über das Bild geblendeten Alphakanal mit einer von Ihnen gewählten Farbe und Deckkraft, werkseitig zunächst 50 Prozent Rot.
- Ausgewählte Bildteile unterlegt Photoshop weiß – sie sind auch dann voll zu erkennen, wenn der Alphakanal über das Bild geblendet wird.

Wenn Sie mit dieser Einstellung arbeiten – sie wird in diesem Buch durchgehend angewendet –, bedeutet das für Ihre Retuschen in Alphakanal:

- Pinseln oder füllen Sie mit Schwarz, verkleinern Sie die Auswahl;
- pinseln oder füllen Sie mit Weiß, vergrößern Sie die Auswahl;
- erstellen Sie im Auswahlkanal einen Verlauf von Schwarz nach Weiß, ist das Bild zunehmend stärker ausgewählt und kann mit stufenlos zunehmender Wirkung bearbeitet oder überblendet werden.

Gilt bei Ihnen umgekehrt »Farbe kennzeichnet: Ausgewählte Bereiche«, verkleinern Sie die Auswahl mit Weiß und vergrößern sie mit Schwarz.

Bevor Sie einen gelungenen Auswahlkanal weiter manipulieren, duplizieren Sie ihn und arbeiten mit der Kopie weiter. Dazu ziehen Sie den Kanal auf das Symbol »Neuer Kanal« unten in der Kanälepalette.

Farbwahl

Sobald ein Alphakanal aktiviert ist, bietet Photoshop als Vorder- und Hintergrundfarbe für Ihre Retuschen nur noch Graustufen. Standard-Vordergrundfarbe ist in dieser Situation Weiß: Traktieren Sie also das D auf der Tastatur (für Default Colors, Standardfarben), richtet Photoshop ausnahmsweise nicht Schwarz, sondern Weiß als Vordergrundfarbe ein. Damit können Sie den ausgewählten Bereich in einem Alphakanal vergrößern. Um Schwarz zu erhalten, drücken Sie X (für Exchange), die Kurztaste für den Austausch von Vorder- und Hintergrundfarbe. Alternativ können Sie mit dem Radiergummi (Kurztaste E, für Eraser) unmittelbar Hintergrundfarbe aufmalen.

Retusche bei eingeblendetem Originalbild

Wenn Sie den Alphakanal bei eingeblendetem Original bearbeiten, erscheint er zum Beispiel mit 50prozentigem Rot über der Datei. Doch auch in dieser Situation retuschieren Sie den Kanal mit Weiß und Schwarz. Pinseln Sie mit Weiß ins Bild, um weitere Bereiche in die Auswahl hineinzunehmen; pinseln Sie mit Schwarz, um die ausgewählte Zone zu verkleinern. Dieser Bereich wird zwar über der Datei rot dargestellt, aber er erscheint im Kanal tatsächlich als Schwarz.

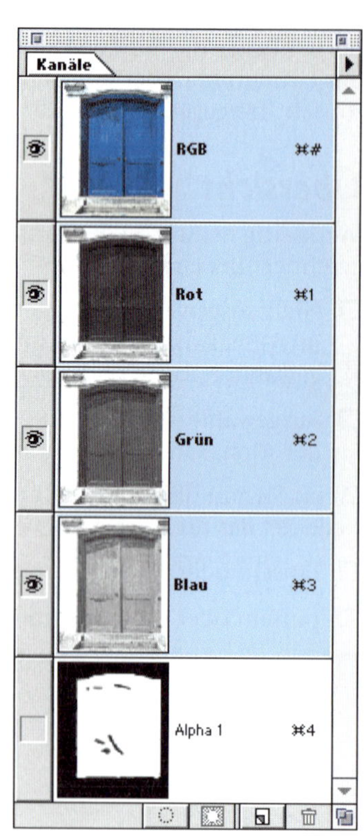

Von der Auswahl zum Alphakanal und zurück: Hier wird zunächst ein Teil per Zauberstab ausgewählt (links). Mit gedrückter Umschalt-Taste und mit dem Befehl »Auswahl: Auswahl erweitern« werden weitere Teile in die Auswahl einbezogen (Mitte). Durch Klick auf das schraffierte Symbol »Auswahl als Kanal sichern« wird die Auswahl als Alphakanal »Alpha 1« gespeichert und in der Kanälepalette angezeigt. Datei: Tuer

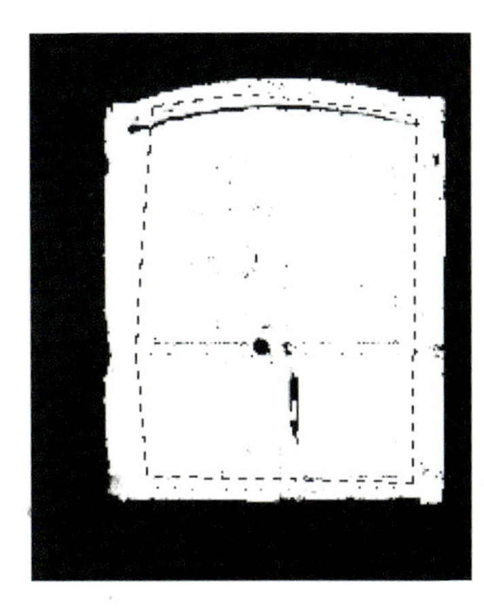

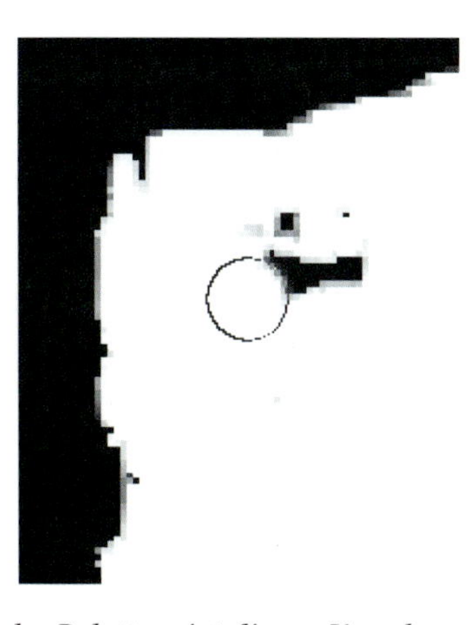

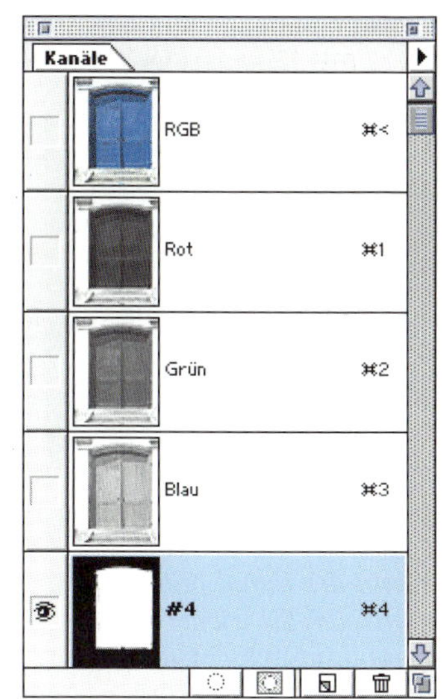

Ein Klick auf den Alphakanal in der Palette zeigt diesen Kanal allein an. Hier wird Photoshops Vorgabe für die Kanaloptionen verwendet, »Farbe kennzeichnet: Maskierte Bereiche«. Das heißt: Bereits ausgewählte Bildzonen zeigt Photoshop weiß, nichtausgewählte (»maskierte«) schwarz. Links: Teile, die eindeutig aus der Auswahl entfernt werden müssen, werden hier mit dem Polygon-Lasso eingerahmt (links) und per Rückschritt-Taste bei weißer Hintergrundfarbe mit Weiß überschrieben. Rechts: Weitere Bildteile werden mit dem Pinsel und weißer Vordergrundfarbe in den ausgewählten Bereich einbezogen.

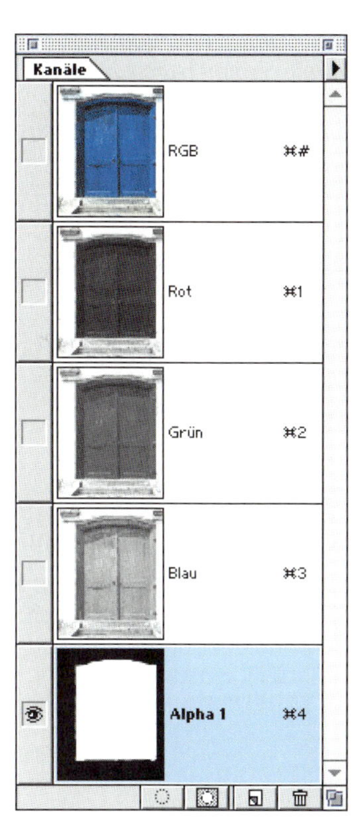

Um die Ränder präzise bearbeiten zu können, wird das zugrundeliegende Bild durch einen Klick in die Augenleiste neben dem RGB-Gesamtkanal miteingeblendet. Wie die Kanälepalette zeigt, ist das Bild selbst aber nicht aktiviert (rechts); es kann also nur betrachtet, aber nicht bearbeitet werden. Jetzt erscheint der Alphakanal als roter »Schutzlack« über dem Bild; nichtausgewählte Bereiche sind rot abgedeckt, ausgewählte scheinen frei durch. Dies ist die Darstellungsweise ab Werk. Links: Mit runder Werkzeugspitze bei 100 Prozent Kantenschärfe können Sie die Grenzen des Auswahlbereichs im Alphakanal präzise retuschieren. Rechts: Auch hier lassen sich größere Flächen mit dem Polygon-Lasso einfangen und mit Weiß überschreiben (Mitte).

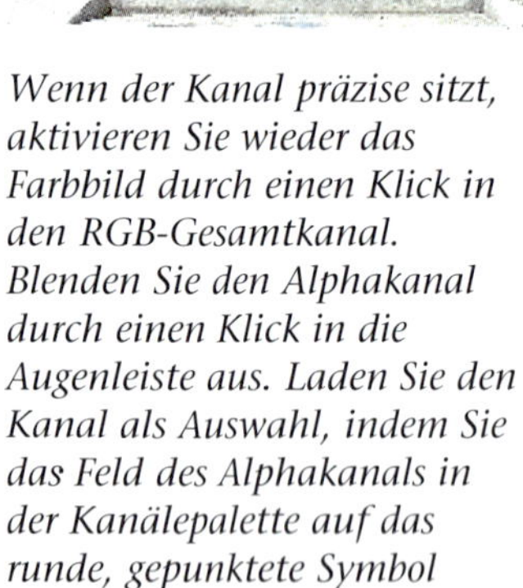

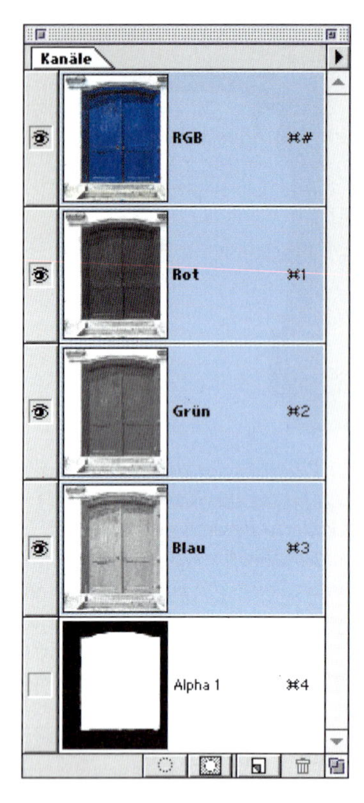

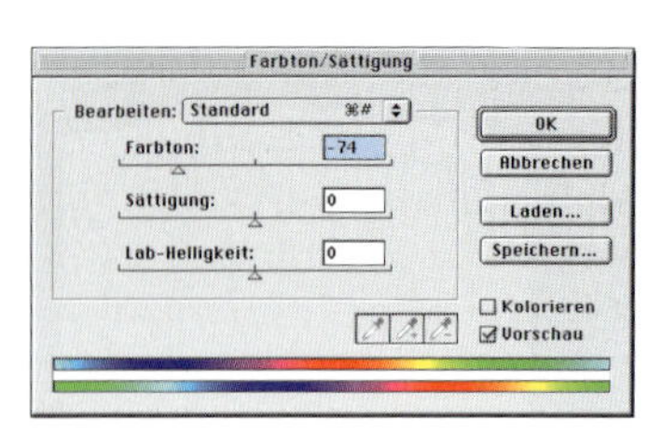

Wenn der Kanal präzise sitzt, aktivieren Sie wieder das Farbbild durch einen Klick in den RGB-Gesamtkanal. Blenden Sie den Alphakanal durch einen Klick in die Augenleiste aus. Laden Sie den Kanal als Auswahl, indem Sie das Feld des Alphakanals in der Kanälepalette auf das runde, gepunktete Symbol »Kanal als Auswahl laden« ziehen. Die im Alphakanal retuschierte Auswahl erscheint als Fließmarkierung, das Objekt kann jetzt zum Beispiel umgefärbt werden. Wenn Sie die Auswahl nicht mehr benötigen, ziehen Sie den Kanal auf den Mülleimer.

Pinsel- und Füll-Funktionen bei der Alphakanal-Retusche

Wollen Sie zusammengehörende Flächen in die Auswahl hineinnehmen, so markieren Sie diese rasch mit Auswahlrechteck oder mit dem Polygon-Lasso. So füllen Sie die Auswahl im Auswahlkanal besonders zügig:

- Die Rückschritt-Taste setzt die Hintergrundfarbe ein, bei Alphakanal-Arbeiten standardmäßig Schwarz;
- Alt+Rückschritt setzt die Vordergrundfarbe ein, bei Alphakanal-Arbeiten standardmäßig Weiß.

Ausführlich werden die Fülltechniken im Kapitel »Füllen, Malen, Retuschieren« beschrieben.

Gehen Sie beim Füllen nicht bis ganz an den Rand einer Auswahlkante – den Rand sollten Sie in Handarbeit nachmodellieren. Malen Sie mit dem Pinsel und einer Werkzeugspitze mit 100 Prozent Kantenschärfe am Rand entlang, sofern Sie Kanten bearbeiten, die bereits mit der Option »Glätten« entstanden.

Geglättete Kanten retuschieren

Bei normalen Fotomontagen arbeiten Sie mit geglätteten Auswahlkanten; die erkennen Sie im Alphakanal an den hauchdünnen grauen Übergängen zwischen Schwarz und Weiß. Bearbeiten Sie einen Auswahlrand, müssen Sie diese gleiche Glättung erreichen; denn: zu harte Werkzeugspitzen lassen die Auswahl an der retuschierten Stelle abrupt enden, zu weiche Spitzen stellen allzusanfte Übergänge her. Besonders mißlich wirken Werkzeugspitzen mit der falschen Kantenglättung, wenn eine einzige Auswahlkontur erst mit Lasso oder Zauberstab erstellt und dann nur auf Teiletappen per Pinsel korrigiert wurde.

So machen Sie's richtig:

- Zur Retusche von Auswahlen, die mit der Glätten-Funktion von Lasso oder Zauberstab zustandekamen, verwenden Sie den Pinsel samt einer Werkzeugspitze mit 100 Prozent Kantenschärfe. Nur so kommt exakt jener hauchdünne weiche Rand zustande, der zur geglätteten Auswahl paßt. Die Kantenschärfe einer Werkzeugspitze stellen Sie nach Doppelklick auf die Werkzeugspitze ein.
- Retuschieren Sie an einer harten Auswahl ohne jede glatte Kante, zum Beispiel bei Grafiken, Screenshots oder Strichzeichnungen, dann bearbeiten Sie die Maske nicht mit dem Pinsel, sondern mit dem Buntstift (Kurztaste Y). Nur der malt ohne jeglichen Übergang hartes Schwarz auf Weiß.
- Sitzen Sie an einer Auswahl, die von vornherein mit sehr weicher Kante entstand, ist es schwieriger. Hier probieren Sie es mit reduzierter Kantenschärfe in den Werkzeugspitzen-Optionen; oder Sie malen erst mit harter Werkzeugspitze, markieren den noch aufzuweichenden Bereich mit dem Lasso und soften den Übergang später mit dem **Filter**-Befehl **Weichzeichnungsfilter: Gaußscher Weichzeichner** ab. Wenn Sie dort die »Vorschau« anklicken, können Sie im Originalbild beobachten, wie weich die Kante mit verschiedenen Reglerstellungen gerät. Halten Sie allerdings auch den Übergang zwischen dem nachträglich weichgezeichneten Alphakanal und den bereits weich angelieferten Partien unauffällig. Dazu verwenden Sie in den Lasso-Optionen die »Weiche Kante« oder nach Anwendung des Lassos den **Auswahl**-Befehl **Weiche Auswahlkante**. Alternative: Verlängern Sie eine weiche Auswahlkante im Alphakanal durch Pixelkopie per (Duplizier-)Stempel.

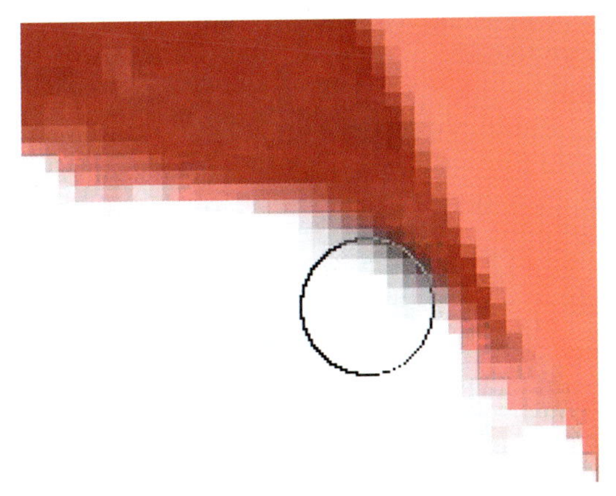

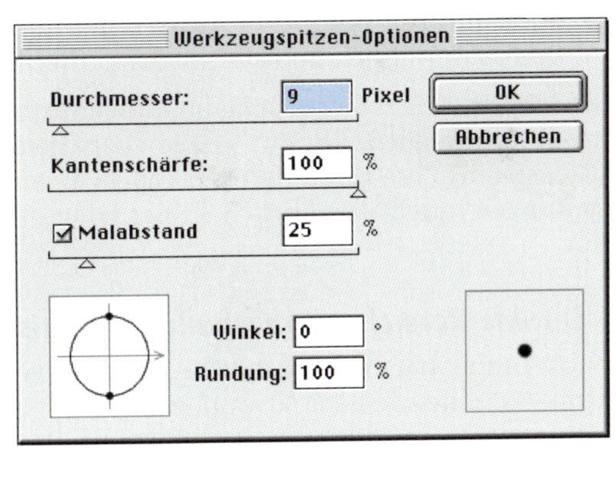

Retuschieren Sie geglättete Auswahlränder im Alphakanal mit Pinsel und 100 Prozent Kantenschärfe, um beim Laden des Kanals als Auswahl wieder eine geglättete Kante zu erhalten.

Auswahlen vergrößern und verkleinern

Mitunter kommt man mit dem Zauberstab nicht bis ganz an den Rand des gewünschten Elements heran. Speziell nach dem Scharfzeichnen sind einzelne Motivteile oft von einem Saum umgeben, der sich schwer mit dem Zauberstab einfangen läßt. Sie erkennen das im Alphakanal daran, daß Objekte nur in einem bestimmten Abstand von Farbe umgeben, aber noch nicht nahtlos eingeschlossen sind.

Um diese schmale Zone noch zu erfassen, sind verschiedene Techniken denkbar:

- Sie markieren den Saum von Hand mit Lasso, Magnet-Lasso oder Zauberstab;
- Sie markieren den Saum, indem Sie im Alphakanal mit dem Pinsel darübermalen;
- Sie verwenden, je nach Situation, die Befehle **Ausweiten** oder **Verkleinern** aus dem **Auswahl**-Untermenü **Auswahl verändern**;
- Sie verschieben die Auswahl-Fließmarkierung um wenige Pixel zur gewünschten Kontur, sofern sie gleichmäßigen Abstand zum Objekt hat – zum Beispiel, bei aktivem Auswahlwerkzeug, mit den Pfeiltasten. Sie müssen dann auf der gegenüberliegenden Seite freilich nacharbeiten.

»Dunkle Bereiche vergrößern« und »Helle Bereiche vergrößern«

Am bequemsten ist es jedoch oft, wenn Sie helle oder dunkle Bereiche im Alphakanal um einen bestimmten Pixelbetrag ausweiten oder verkleinern.

Sie bemühen das Untermenü **Filter: Sonstige Filter**. Die Filter zur Vergrößerung von hellen oder dunklen Bereichen prüfen den Helligkeitswert benachbarter Pixel und ersetzen den Helligkeitswert des aktuellen Pixels durch den kleinsten oder größten Helligkeitswert der umgebenden Pixel. Dazu nennen Sie zunächst einen »Radius« bis 10 – den Umkreis um den aktuellen Bildpunkt, in dem Helligkeiten verglichen werden sollen. Geglättete Übergänge, die Sie an mittleren Graustufen erkennen, bleiben dabei erhalten.

- **Dunkle Bereiche vergrößern** dehnt schwarze Bereiche aus. Auswahlen, die durch das übliche Weiß gekennzeichnet sind, verkleinern sich also.
- Nach umgekehrtem Schema lassen sich auch **Helle Bereiche vergrößern**. Damit erweitern Sie den ausgewählten Bereich, sofern der weiß dargestellt ist.

Sie können diesen Befehl auch im Maskierungsmodus – also auf einen vorübergehenden Alphakanal – anwenden. Klicken Sie die »Vorschau« an, damit sich die Darstellung in der Originaldatei ständig dem gewählten Pixelradius anpaßt; so spielen Sie bequem verschiedene Radiuseinstellungen durch. Ausführliches über Filter allgemein finden Sie im »Filter«-Kapitel weiter hinten.

»Dunkle Bereiche« innerhalb einer Auswahl

Nicht immer hat die Auswahl über volle Länge den gleichen Abstand zum Objekt. Es macht also Sinn, nur einen Teil der Auswahl mit den Filtern **Dunkle Bereiche vergrößern** oder **Helle Bereiche vergrößern** zu bearbeiten. Achten Sie darauf, daß kein harter Übergang zwischen der bearbeiteten und der nichtbearbeiteten Auswahlzone besteht.

Gehen Sie so vor:

1. Verwandeln Sie die Auswahl in einen Alphakanal, den Sie über das Bild blenden, oder stellen Sie die Auswahl im Maskierungsmodus als vorübergehenden Alphakanal dar.

2. Aktivieren Sie den Alphakanal.
3. Markieren Sie zum Beispiel mit Rechteck-Auswahl oder Lasso den Teil der Auswahl, den Sie verkleinern oder vergrößern möchten.
4. Die Auswahlwirkung dieser Fließmarkierung glätten Sie mit dem Befehl **Auswahl: Weiche Auswahlkante**; Sie können eine »Weiche Kante« auch schon in den Werkzeug-Optionen vorgeben. Verwenden Sie einen Wert von mindestens zehn Pixeln.
5. Jetzt rufen Sie den Filter **Dunkle Bereiche vergrößern** aus dem Untermenü **Sonstige Filter** auf. Bearbeitet wird nur der Alphakanal oder die Temporärmaske innerhalb der Fließmarkierung – mit weichem Übergang zu den nichtbearbeiteten Zonen.
6. Bestätigen Sie den Filter mit »OK«, entfernen Sie die Fließmarkierung mit ⌘+D, und verwandeln Sie Alphakanal oder Temporärmaske in eine Auswahl.

Nach dem Schärfen wird die Figur von einem Kontrastsaum umgeben (links), der mit dem Zauberstab schwer zu markieren ist. Dies zeigt sich, nachdem die Auswahl des Hintergrundbereichs im Maskierungsmodus angezeigt wird: Die Kontur ist noch nicht ganz erfaßt. Datei: Puppen (geschärft)

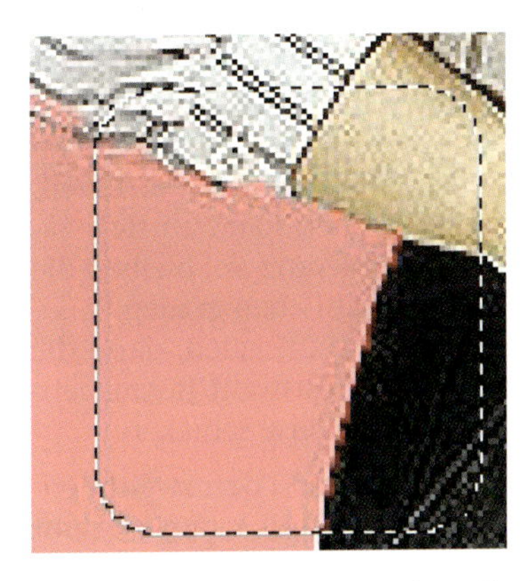
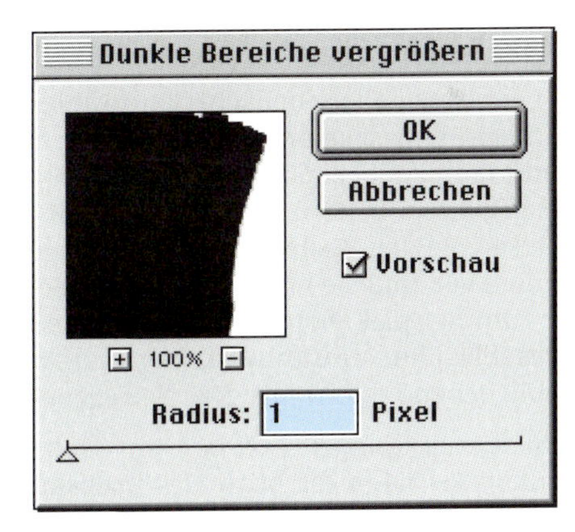

Der Bereich der Maske, in dem die Auswahl besser sitzen soll, wird mit der Rechteck-Auswahl markiert, diese Auswahl wird mit dem Befehl »Weiche Auswahlkante« abgesoftet. Dann sorgt der Befehl »Sonstige Filter: Dunkle Bereiche vergrößern« dafür, daß die Maske sich präzise ans Objekt anpaßt. Danach wird die Rechteck-Auswahl entfernt und die Maske wieder in eine Auswahlmarkierung verwandelt.

Bereiche des Alphakanals bewegen

Beim Verschieben eines ausgewählten Bereichs im Alphakanal per Bewegenwerkzeug entsteht ein Loch am ursprünglichen Standort. Photoshop füllt dieses Loch mit der Hintergrundfarbe. Arbeiten Sie also im Alphakanal mit Auswahlbereichen – das übliche Verfahren –, dann sollten Sie Schwarz als Hintergrundfarbe einschalten (Kurztaste D, dann X), bevor Sie Bereiche bewegen.

Bei der Korrektur einer Alphakanal-Auswahl eines Textes passiert leicht dies: Sie haben um einen Auswahlbereich herum zuviel Schwarz mitmarkiert; dieses Schwarz überdeckt beim Verschieben schon wieder den angrenzenden (weißen) Buchstaben. Sie können das verhindern, indem Sie bei aktiviertem Auswahlwerkzeug das Kontextmenü aufrufen und den Befehl **Verblassen** anwählen. Im Dialogfeld lassen Sie es bei 100 Prozent Deckkraft, wählen aber im Klappmenü den Modus »Aufhellen«. Damit setzen sich jeweils die helleren Bereiche durch, ein weißer Buchstabe bleibt auf jeden Fall erhalten.

   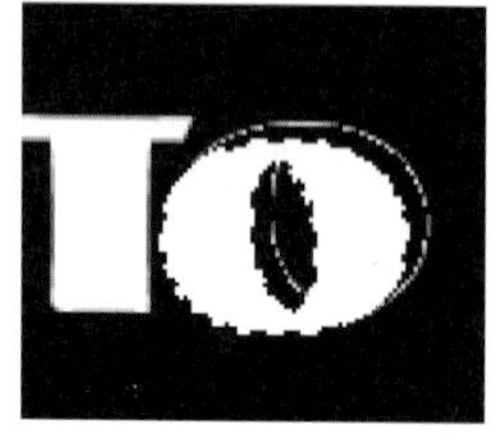

Beim Bewegen einer Auswahl im Alphakanal entsteht ein Loch in der Hintergrundfarbe (links); die Hintergrundfarbe sollte also auf Schwarz gestellt werden. Zweites Bild: Hier wird schwarze Hintergrundfarbe verwendet; allerdings überdeckt das schwarze Umfeld des Buchstaben beim Verschieben bereits den nächsten Buchstaben. Drittes Bild: Wählen Sie darum im Kontextmenü des Auswahlwerkzeugs den Befehl »Verblassen« und im Dialogfeld den Modus »Aufhellen«; dann setzen sich jeweils die helleren Pixel durch, die weißen Lettern bleiben auf jeden Fall erhalten. Rechts: Bereiche, die mit niedriger Zauberstab-»Toleranz« markiert werden, hinterlassen einen weißen Rand.

Auswählen von Einzelbuchstaben

Auch dieses Problem besteht vor allem bei Schriftauswahlen: Mitunter sitzen Buchstaben so eng aufeinander, daß man kein Einzelexemplar mit Rechteck oder Lasso erwischt. Dann markieren Sie den Buchstaben mit dem Zauberstab. Bedenken Sie aber, daß die Letter nicht nur aus Weiß besteht, sondern daß geglättete Lettern im Auswahlkanal auch einen grauen Rand an sich haben. Daraus folgt: Klicken Sie den Buchstaben mit niedriger Zauberstabtoleranz an, bleiben die helleren Randpixel außen vor, und Sie hinterlassen beim Bewegen einen häßlichen grauen Rand. Dieser Rand entsteht zum Beispiel auch, wenn Sie die Textkontur als Auswahl laden, dann die unerwünschten Buchstaben mit Auswahlwerkzeug und Alt-Taste aus der Auswahl herausnehmen und nur die verbliebenen Lettern mit dem Bewegenwerkzeug auf die Reise schicken.

Abhilfe: Verwenden Sie für einfarbigen Text oder im Alphakanal als »Toleranz« den zweithöchsten Wert »254«, und klicken Sie in die Mitte des Buchstabens. Der wird damit komplett samt hellgrauem Rand erfaßt, und erst kurz vor dem reinweißen Umfeld macht der Zauberstab halt. Der so markierte Buchstabe läßt sich rückstandsfrei verschieben. (Generell einfacher ist es jedoch, Text auf einer ansonsten transparenten Ebene zu sichern und dort zu bewegen.)

Teiltransparente Auswahlen

Sie haben schon gesehen, daß Photoshop geglättete Auswahlkanten im Alphakanal nicht mit einem harten Schwarzweiß-Gegensatz speichert, sondern eine dünne Schicht mittelgrauer Pixel dazwischensetzt. Hintergrund: Photoshop legt seine Maskenkanäle als Graustufenbilder an. Jeder Punkt des Maskenkanals wird mit einer Informationstiefe von acht Bit gespeichert; darum gibt es für die Bildpunkte im Alphakanal $2^8 = 256$ unterschiedliche Helligkeitsstufen. Laden Sie einen Auswahlkanal also als Auswahl, können Bildteile mit 256 verschiedenen Intensitätsgraden zur Bearbeitung freigegeben werden. Filter, Pinsel oder Kontrastkorrekturen wirken sich dort nur mehr oder weniger aus. Graustufen in Alphakanälen helfen in vielen Situationen:

- Nicht nur bei geglätteten Kanten, sondern auch
- bei halbdurchsichtigem Glas,
- bei durchscheinendem Haar, generell
- wann immer Sie etwas stufenlos ein- oder ausblenden wollen.

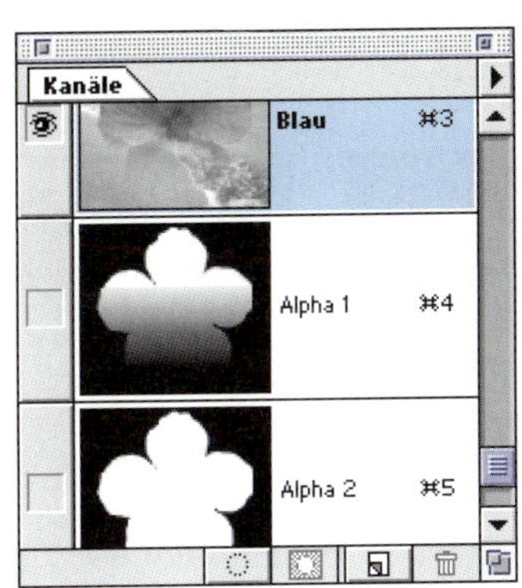

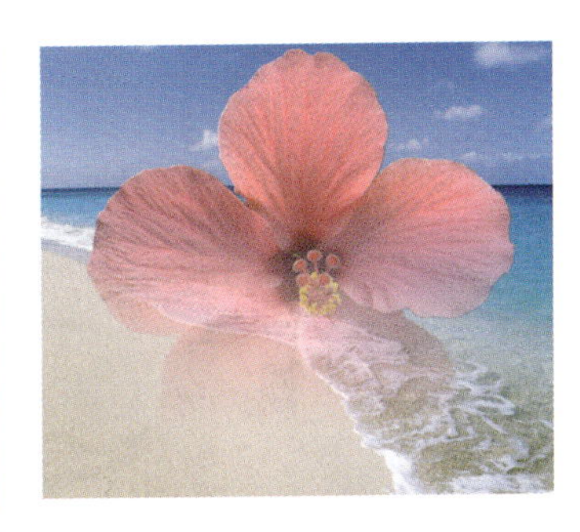

Stufenlose Auswahl: Die Auswahl wird als Alphakanal abgelegt und dupliziert. Das Duplikat wird in einem zweiten Schritt bei weiter aktiver Auswahl mit einem Schwarzweiß-Verlauf gefüllt. Diesen Alphakanal lädt man als Auswahl, um das Objekt mit stufenloser Einblendung vor einen neuen Hintergrund ziehen zu können. Datei: Alpha

Ist ein Bildteil mit einem grauen Bereich im Alphakanal unterlegt und laden Sie diesen Kanal als Auswahl, dann wird sich ein Filter oder eine Montage dort nur teilweise auswirken. Dies bedeutet, das Originalbild bleibt mehr oder weniger blaß erhalten, die gefilterte Version liegt transparent darüber. Dies bedeutet wohlgemerkt nicht, daß etwa über einem Verlauf im Alphakanal ein Filter mit variablen Einstellungen abläuft, etwa ein Scharfzeichner mit zunehmender »Stärke«; vielmehr: die mit einheitlichem Wert scharfgezeichnete Version des Bilds setzt sich immer stärker durch gegenüber dem darunterliegenden Original.

Die Darstellung von stufenlosen Auswahlen über der Datei ist nur teilweise aufschlußreich: Zum einen können Sie den Alphakanal per Augensymbol über das Bild blenden. Die mittleren bis hellen Graustufen dieses Auswahlkanals erscheinen indes nur unscheinbar bis unkenntlich. Wenn Sie die Deckkraft des über die Datei geblendeten Alphakanals in den Kanaloptionen auf 90 oder 100 Prozent erhöhen, sehen Sie mehr von dem Kanal – und weniger vom Bild. Laden Sie den Alphakanal als Auswahl, umgibt Photoshop nur jene Bildteile mit einer Fließmarkierung, die zu mehr als 50 Prozent ausgewählt sind. Alles, was Sie schwächer als mit 50 Prozent markiert haben, zeigt Photoshop außerhalb der Fließmarkierung an – dennoch sind auch diese Bildteile ein bißchen mit ausgewählt.

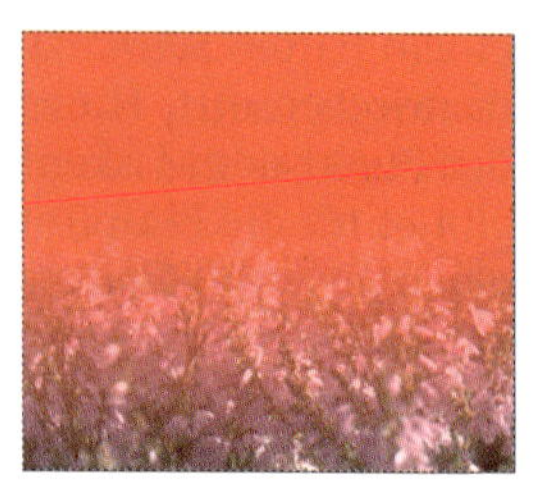

Per Verlauf im Alphakanal lassen sich abgesoftete Hintergründe schaffen. Um den unteren Teil dieses Motivs für einen späteren Schriftzug abzusoften, wurde ein Graustufenverlauf im Alphakanal angelegt. Der Verlaufzeiger wurde über das untere Ende des Bilds hinausgezogen, so daß die Hintergrundfarbe Weiß im Alphakanal nicht auftaucht – auch der untere Bildrand soll nicht zu 100 Prozent ausgewählt sein. Der über das Motiv geblendete Alphakanal läßt erkennen, welcher Bereich zur Bearbeitung ausgewählt ist. Datei: Busch

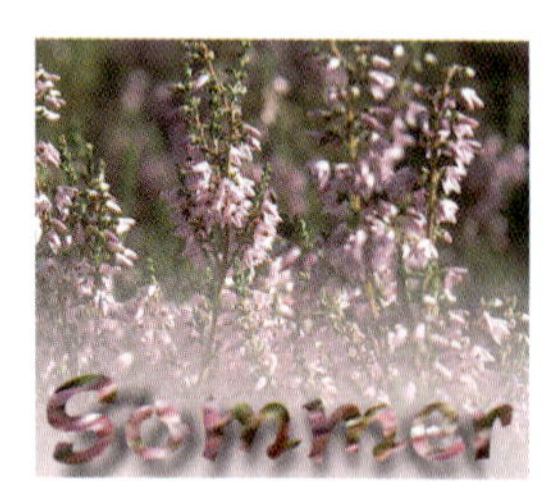

Ein Druck auf die Rückschritt-Taste füllt die Auswahl mit der Hintergrundfarbe Weiß. Dann wird mit der Pipette ein Rosa-Ton aus dem Bild als Vordergrundfarbe geladen. Das Dialogfeld Fläche füllen öffnet sich mit der Tastenkombination Umschalt+Rückschritt-Taste. Der Rosa-Ton wird mit niedriger Deckkraft von 30 Prozent in die Auswahl gefüllt. Damit ist der Hintergrund fertig für Text und Textschatten, die auf eigenen Ebenen darüber angebracht werden.

Weiche Auswahlen im Alphakanal korrigieren

Mit Verläufen von Schwarz nach Weiß im Alphakanal blenden Sie Motive stufenlos ein oder aus oder lassen einen Befehl stufenlos stärker wirken. Die Tonwertabstufungen im Alphakanal lassen sich mit Befehlen wie Tonwertkorrektur oder Gradationskurven sehr präzise regeln. Damit haben Sie genau im Griff, wo ein Bild wie stark geschützt sein soll:

- Verwenden Sie das Dialogfeld **Bild: Einstellen: Tonwertkorrektur** (⌘+L) und ziehen Sie den Weißregler nach innen, um hellere Grauzonen auf Weiß zu setzen und damit den ausgewählten Bereich zu vergrößern.
- Verwenden Sie den grauen Gammaregler der **Tonwertkorrektur** für die Mitteltonbereiche, um die Alphakanal-Zonen mit mittlerer Auswahlkraft zu betonen oder zu schwächen.
- Mit dem Dialogfeld **Helligkeit/Kontrast** aus dem gleichen Untermenü heben Sie den Kontrast in einem Verlauf an und verkürzen damit die Zone des Übergangs, so daß der härter wirkt; helle Bereiche im Alphakanal werden weiß, dunkle Bereiche schwarz, die Zone mittlerer Auswahlkraft schrumpft.

- Der **Schwellenwert**-Befehl aus dem **Bild**-Untermenü **Festlegen** reduziert einen Alphakanal auf hartes Schwarz und Weiß und erzeugt so knallharte Auswahlkanten; je höher der Schwellenwert, desto größer der Schwarzanteil und desto kleiner der ausgewählte Bereich nach Laden des Alphakanals. Stellen Sie danach mit dem Weichzeichner eine nur minimal geglättete Auswahlkante her oder verwenden Sie von vornherein den Befehl **Helligkeit/Kontrast**; dort heben Sie den Kontrast bis auf 97 Prozent und regeln den Schwarz-Weiß-Übergang mit dem Helligkeitsschieber.

Diese Angaben beziehen sich auf Photoshops Standardeinstellung, daß Farbe im Alphakanal »maskierte«, also nichtausgewählte Bereiche kennzeichnet.

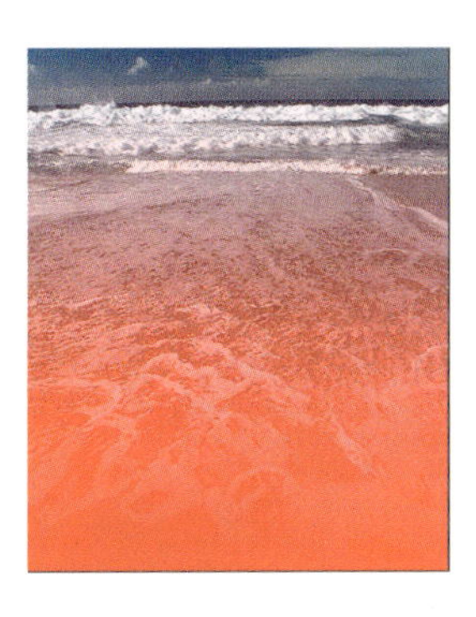

Eine stufenlose Auswahl, angelegt als Schwarzweiß-Verlauf im Alphakanal (links), ist im Bild nicht sehr deutlich zu erkennen. Mitte: Wird der Alphakanal als Auswahl geladen, umgibt Photoshop nur jene Pixel mit einer Fließmarkierung, die zu mehr als 50 Prozent ausgewählt sind. Tatsächlich verläuft die Auswahl aber stufenlos – die Wirkung nimmt von oben nach unten ab. Rechts: Um eine Ahnung von der Auswahl-Wirkung zu bekommen, blendet man den Alphakanal durch einen Klick in die Augenleiste über das Bild und erhöht in den Kanaloptionen die Deckkraft des so angezeigten Kanals auf 100 Prozent. Datei: Welle

In die so erzeugte stufenlose Auswahl wird mit dem Befehl »Bearbeiten: In die Auswahl einsetzen« (⌘+Umschalt+V) ein Bild eingesetzt, das zuvor in die Zwischenablage kopiert wurde. Links: Dabei nimmt die Deckkraft des eingesetzten Bilds von oben nach unten zu. Um einen kürzeren Übergang zu erzeugen, verkleinern Sie den grauen Bereich im Verlauf durch starkes Erhöhen des Kontrasts mit dem Regler »Helligkeit/Kontrast« aus dem »Bild«-Untermenü »Einstellen«. Alternative: Ziehen Sie den Verlaufzeiger nur über eine Teilstrecke (Mitte). Rechts: Jetzt vollzieht sich der Übergang zwischen den beiden Bildern nur noch in einem kleineren Teil. Ergebnisdatei: Welle_2

10.6 Motivteile im Alphakanal

Mitunter ist es zu aufwendig, ein Objekt mit Zauberstab, Lasso und Alphakanalretusche zu markieren. Statt dessen kopiert man gleich das ganze Motiv in den Kanal, paßt es dort an und lädt das Ergebnis als Auswahl. Belege für diese Behauptung liefern die folgenden Übungen. Bedenken Sie wieder, daß Sie statt des Alphakanals mit anschließender Montage des markierten Motivs auch eine Ebenenmaske anlegen können, die Sie genauso bearbeiten wie einen Alphakanal.

Übung: Durchscheinendes Haar

Dünne Haarlocken sind besonders schwer auszuwählen – wegen der komplexen Formen, und weil sie leicht durchscheinen sollten, um nicht aufgeklebt zu wirken. Um tatsächlich Teiltransparenz zu erhalten, kopiert man die Haarpracht aus dem Bild in den Alphakanal – und paßt sie dort so an, daß lichte Haarstellen grau erscheinen; eindeutig Gewähltes beziehungsweise Nichtgewähltes soll dagegen schwarz oder weiß erscheinen.

Links: Diese Montage basiert auf einer üblichen Zauberstabauswahl; die Locken stehen hier zu grob über dem Hintergrund. Rechts: Für diese Montage wurde das gesamte Motiv in den Alphakanal kopiert und dort angepaßt (siehe unten); die Locken erscheinen deutlich glatter. Dateien: Lissy, Gelatine

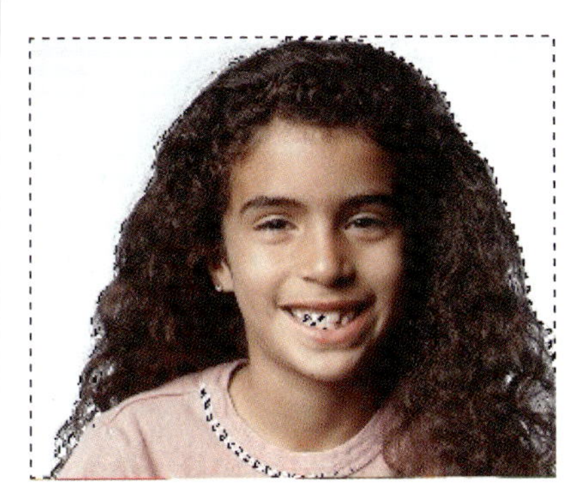

So entstand die konventionelle Auswahl für die linke Montage: Der Hintergrund wird mit dem Zauberstab markiert, die Auswahl wird mit Zauberstab plus Umschalt-Taste und dem Befehl »Auswahl: Ähnliches Auswählen« erweitert (links). Dabei gelangen auch unerwünschte Bereiche innerhalb der Person mit in die Auswahl; sie werden mit dem Polygon-Lasso bei gedrückter Alt-Taste wieder aus der Auswahl entfernt (rechts). Danach kehren Sie die Auswahlwirkung um mit dem Befehl »Auswahl: Auswahl umkehren« (⌘+Umschalt+I); mit dem Bewegen-Werkzeug (Kurztaste V) wird die Person vor einen neuen Hintergrund gezogen.

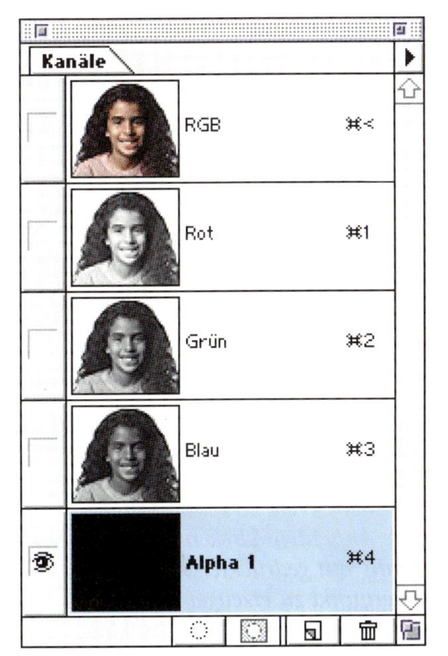

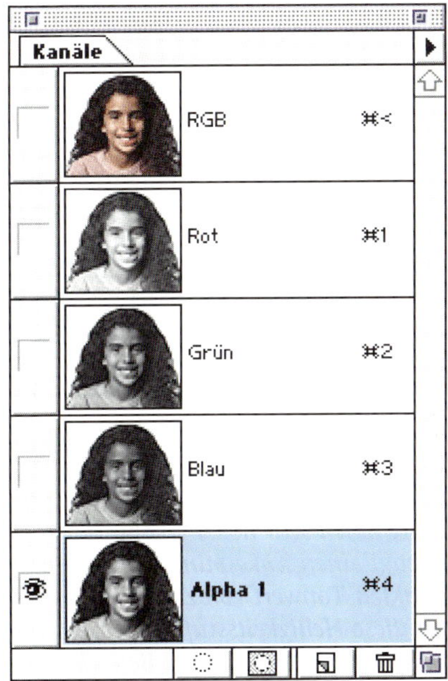

Ganz anders führt dieser Weg zu einer glatteren Auswahl. Markieren Sie das Gesamtbild mit ⌘+A, und kopieren Sie es mit ⌘+C in die Zwischenablage. Klicken Sie in der Kanälepalette auf das Symbol »Neuer Kanal«. Photoshop erzeugt einen neuen, leeren Kanal. Wenn dieser Kanal aktiviert ist, setzen Sie mit ⌘+V das Bild aus der Zwischenablage in den Kanal ein. Es erscheint dort in Graustufen. Verankern Sie das Bild mit ⌘+D (für Deselect) endgültig im Alphakanal.

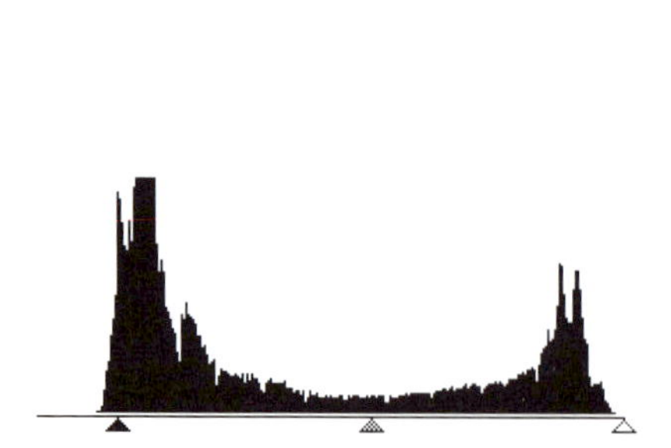

Der blaue Himmel soll beim späteren Umwandeln in eine Auswahl überhaupt nicht markiert werden, er muß darum im Alphakanal schwarz unterlegt sein. Links: Wählen Sie die »Tonwertkorrektur« aus dem »Bild«-Untermenü »Einstellen«, und schieben Sie den linken Schwarzregler unter dem Histogramm deutlich nach innen. Rechts: Damit wird ein größerer Teil der dunklen Bildpunkte auf Schwarz gesetzt. Eventuell korrigieren Sie mit dem grauen Gammaregler die Mitten nach.

Ziehen Sie diesen Kanal auf das Symbol »Kanal als Auswahl laden« in der Kanälepalette, um ihn als Auswahl zu laden. Rechts: Eindeutig markiert sind jetzt nur noch die Wolken; die Auswahlwirkung nimmt zu den dunkleren Bildteilen hin ab. Rechts: Mit dem Bewegenwerkzeug (Kurztaste V) ziehen Sie die Wolken auf ein neues Bild.

Übung: Durchscheinendes Glas

Auch wer ein Weinglas montiert und den Hintergrund sanft durchschimmern lassen möchte, kann nicht etwa die gesamte Bildebene des Getränks auf verminderte Deckkraft stellen: Denn in der Realität schimmert der Hintergrund mal mehr, mal weniger durch; teils wirkt das Glas fast durchsichtig, abgeschattete Stellen dagegen verbergen die Umgebung dahinter gänzlich. Auch hier hilft es, das Objekt mit einer Kopie seiner selbst im Alphakanal zu maskieren.

Ein Weinglas, das ohne Transparenz ausgewählt wird, wirkt in der Montage unrealistisch (links). Aber auch die reine Kopie des Glases im Alphakanal, als Auswahl geladen, erzeugt kein realistisches Ergebnis (Mitte). Erst ein bearbeiteter Alphakanal auf Basis einer Kopie des Glases hilft weiter (rechts). Dateien: Glas, Tisch

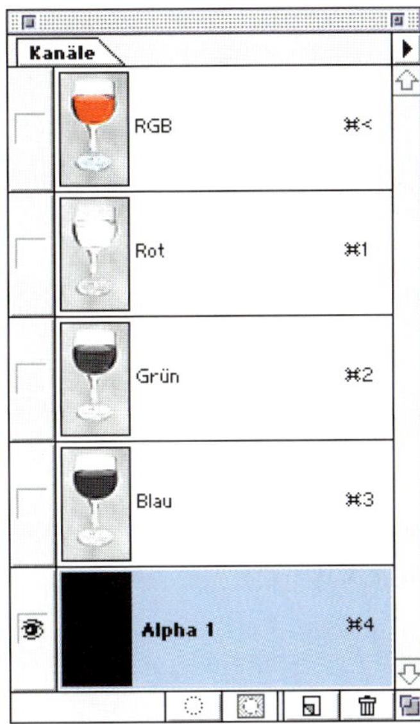

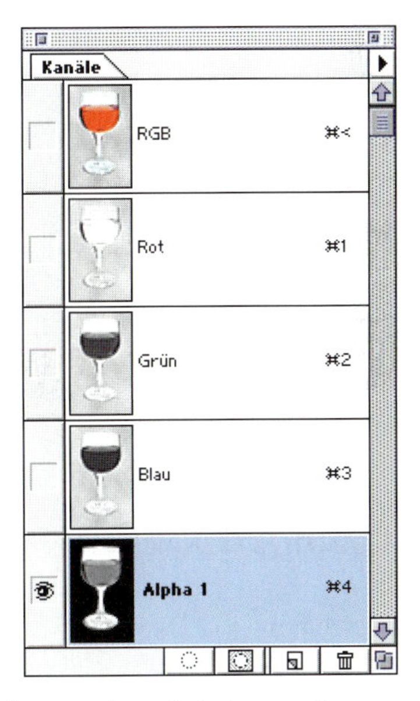

Man wählt zunächst den Hintergrund mit mehreren Zauberstabklicks aus, dann kehrt man die Auswahl mit ⌘+Umschalt+I um, so daß nur noch das Glas markiert ist (links). Kopieren Sie das Glas in die Zwischenablage. Mitte: Danach klickt man in der Kanälepalette auf das Symbol »Neuer Kanal«, so daß ein leerer Alphakanal entsteht. Rechts: Aktivieren Sie den Alphakanal, und fügen Sie das Glas ohne Umgebung ein.

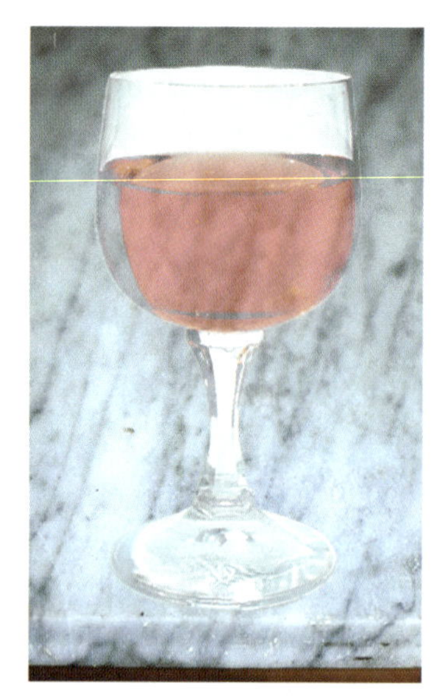

Den so entstandenen Alphakanal (links) zieht man auf das gepunktete Symbol »Kanal als Auswahl laden«. Dann aktiviert man den Gesamtfarbkanal, wo die Auswahl als Fließmarkierung zu erkennen ist (Mitte). Zieht man die Auswahl allerdings mit dem Bewegenwerkzeug vor den geplanten Hintergrund, zeigt sich, daß an der Transparenz noch gearbeitet werden muß (rechts): Ausgerechnet wo das Glas dunkel und damit wenig durchscheinend war, entstand kaum Auswahlwirkung, so daß es in diesen Bereichen vor dem neuen Hintergrund besonders transparent dasteht.

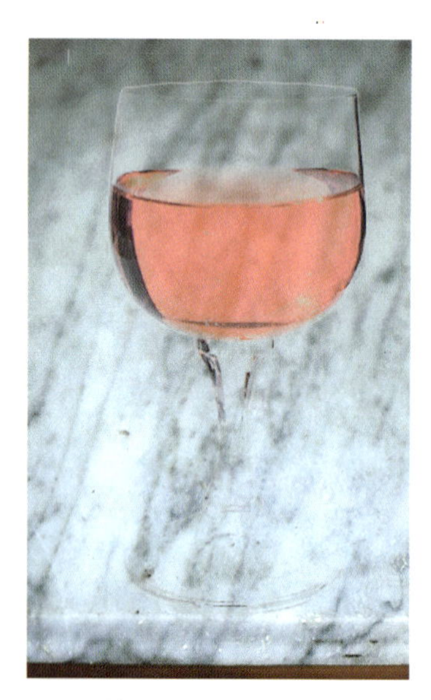

Kehrt man das Glas im Alphakanal ohne den schwarzen Hintergrund mit ⌘+I um (links) und lädt diesen Kanal als Auswahl (Mitte), ergibt sich eine bessere Tendenz, wenn man den Auswahlinhalt vor einen neuen Hintergrund zieht: Helle Bereiche des Glases, jetzt im Alphakanal dunkel unterlegt, erscheinen besonders durchsichtig (rechts).

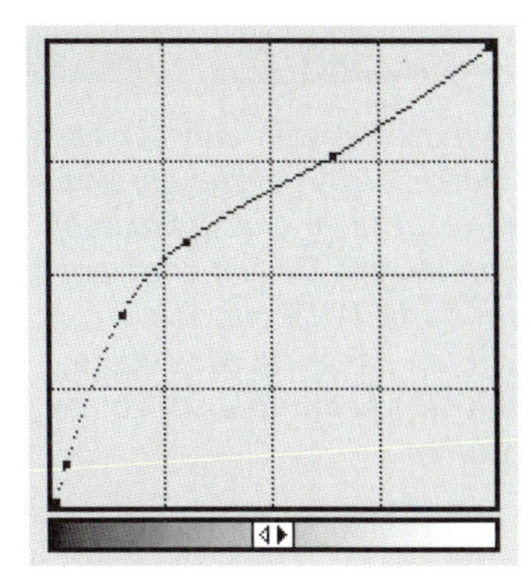

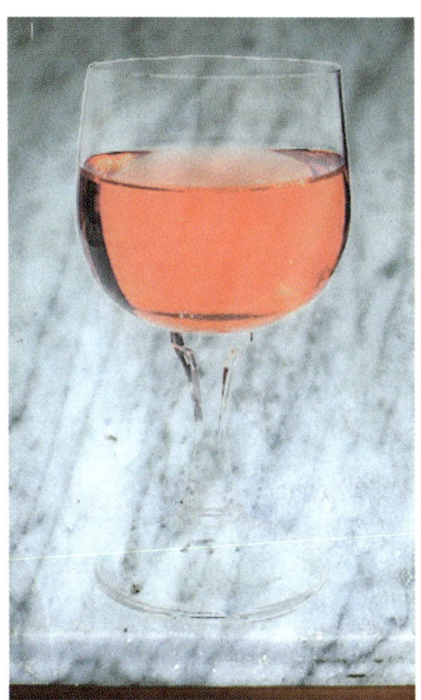

Dieser Alphakanal sollte noch nachbearbeitet werden. Mit der Gradationskurve (⌘+M) heben Sie die ganz dunklen Bereiche an. Achten Sie jedoch darauf, das Schwarz des Hintergrunds nicht auf Grau zu setzen. Diesen bearbeiteten Alphakanal (Mitte) laden Sie wieder als Auswahl. Die hellen Teile des Glases stehen nach der Montage weniger durchscheinend vor dem neuen Hintergrund (rechts). Je nachdem, wie Sie die Mitteltöne im Alphakanal gestalten, scheint der Wein mehr oder weniger durch. Ergebnisdatei: Glas_2

Übung: Pinselstrich im Alphakanal

Sie können auch Motive wie einen Pinselstrich, eine Briefmarke oder einen Papierschnipsel in den Alphakanal kopieren, um das darüberliegende Bild in diesen Konturen erscheinen zu lassen.

Für diese Übung laden Sie zunächst den Graustufenscan von einem Pinselstrich. Markieren Sie den Gesamtscan mit ⌘+A (für All), kopieren Sie ihn mit ⌘+C (für Copy) in die Zwischenablage, und schließen Sie ihn wieder (⌘+W). Dann öffnen Sie das eigentliche Motiv und klicken in der Kanälepalette auf das Symbol »Neuer Kanal«, so daß Photoshop einen neuen, leeren Kanal erzeugt. Wenn dieser Kanal aktiv ist, setzen Sie das Bild vom Pinselstrich mit ⌘+V ein. Es landet zunächst als »schwebende Auswahl«, wie die Ebenenpalette zeigt; verankern Sie den eingefügten Strich mit ⌘+D (für Deselect). Dateien: Marga, Strich

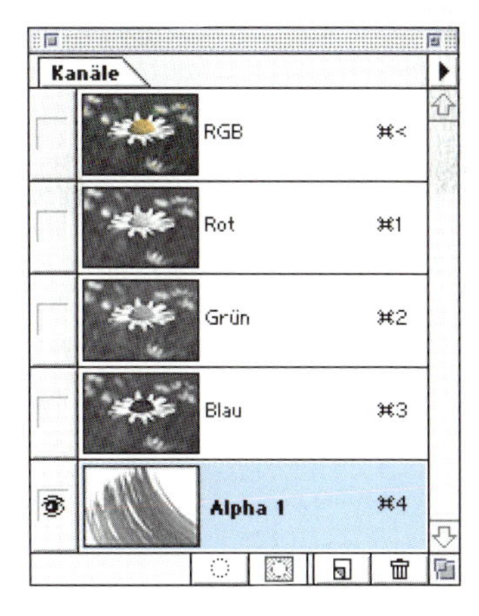

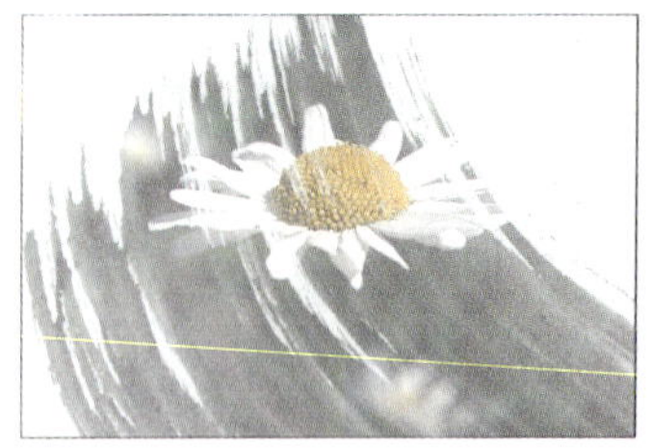

Ziehen Sie den neuen Kanal in der Kanälepalette auf das Symbol »Kanal als Auswahl laden«. Die Umrisse des Pinselstrichs erscheinen dann als Fließmarkierung in der Datei: Weiße Fläche um den Pinselstrich herum wird als Auswahl geladen. Wenn die Farbdatei und nicht mehr der Alphakanal aktiv ist, richten Sie Weiß als Hintergrundfarbe ein (Kurztaste D). Dann löschen Sie den markierten Bereich mit der Rückschritt-Taste – Photoshop setzt hier die Hintergrundfarbe Weiß ein. Die Bildteile über dem weißen Bereich im Alphakanal werden völlig gelöscht, da das Weiß für 100prozentige Auswahl sorgt. Halb gelöscht werden aber auch die inneren Bildteile, da die Graustufen des Pinselstrichs im Alphakanal das Motiv nur mit mittlerer Intensität schützen.

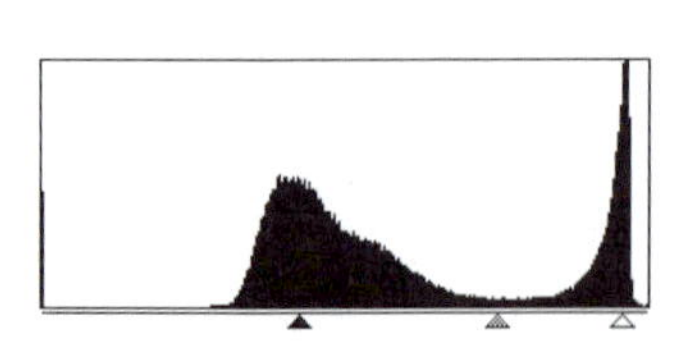

Der Pinselstrich im Alphakanal soll abgedunkelt werden, so daß er – als Auswahl geladen – das darüberliegende Motiv kaum noch auswählt, sondern weitgehend nur die äußeren, weiß unterlegten Bildteile markiert. Dazu aktivieren Sie den Alphakanal und starten die »Tonwertkorrektur« (⌘+L). Schieben Sie den Schwarzregler unter dem Histogramm weit nach innen. Damit setzen Sie einen guten Teil des Kanals komplett auf Schwarz. Sie sorgen so dafür, daß zuvor dunkelgrau unterlegte Bereiche nun schwarz unterlegt sind und damit nicht mehr von einer Auswahl erfaßt werden. Schieben Sie umgekehrt den Weißregler auch nach innen, um die sehr hellen Bereiche gänzlich weiß zu machen und so komplett auszuwählen. Sie können auch noch den grauen Gammaregler auf einen Wert unter 1,0 nach rechts schieben, um das Ergebnis weiter abzudunkeln und so die Schutzwirkung des Pinselstrichs im Bildinneren noch zu erhöhen. Damit erscheint der Kanal deutlich dunkler. Wenn Sie ihn als Auswahl laden und die Auswahl mit der Rückschritt-Taste leerlöschen, bleibt das Innere weitgehend erhalten.

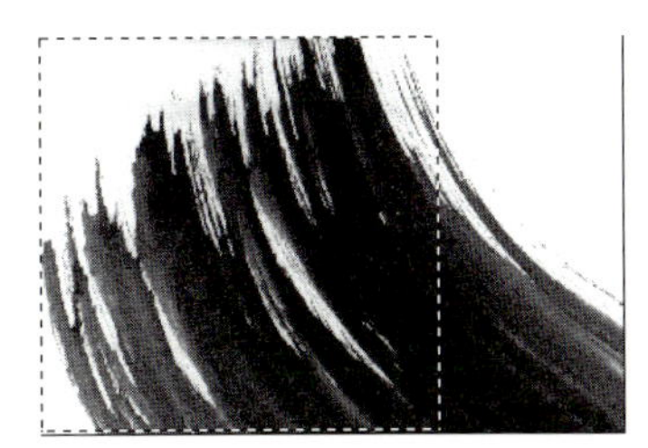

Der Pinselstrich im Alphakanal soll noch in die Breite gezogen werden, so daß nach dem Löschen ein größerer Teil des Bilds sichtbar bleibt. Dazu markieren Sie zunächst den Teil des Strichs, den Sie vergrößern möchten, im Alphakanal mit dem Rechteckwerkzeug. Mit ⌘+T (für Transform) aktivieren Sie das Werkzeug »Freies Transformieren«; an einem Anfasser ziehen Sie den Strich jetzt in die Breite. Zuvor sollten Sie in den »Voreinstellungen« (⌘+K) die »bikubische« Interpolation eingerichtet haben. Bestätigen Sie das Dehnen mit der Eingabe-Taste, und verankern Sie die entstandene »schwebende Auswahl« mit ⌘+D. Einzelne weiße Lücken im Alphakanal können Sie schwarz übermalen, wenn Sie die darüberliegenden Pixel nicht löschen möchten; dann laden Sie die Auswahl wie üblich und löschen sie leer. Wenn Ihnen die Auswahlwirkung gefällt, können Sie diesen Kanal aus der Palette über ein anderes Bild ziehen – unabhängig von der genauen Pixelgröße. Ebenso läßt sich aber auch die Auswahl selbst mit einem Auswahlwerkzeug in eine neue Datei ziehen.

11 Pfade

Mit Pfaden korrigieren Sie Auswahlen oder formen völlig neue Figuren. Pfade eignen sich besonders für geschwungene Linien und Geraden und müssen – so wie Ebenen – nicht innerhalb des sichtbaren Bildbereichs liegen.

Neben der Kanal-Arbeit gibt es noch eine ganz andere Möglichkeit, Auswahlen zu speichern: als Pfade. Diese Pfade liegen quasi über dem eigentlichen Bild und können, wie die Alphakanäle, unabhängig vom Bild selbst korrigiert werden.

11.1 Übersicht

Pfade sind nur Hilfslinien, sie werden nicht gedruckt. Sie können aber Pfade oder ihre Umrisse mit Bildpunkten füllen. Dabei unterscheidet sich ein Pfad grundlegend von allem, was Sie an pixelorientierter Bildbearbeitung gewohnt sind. Die Linien eines Pfads sind keine Pixel unter Pixeln im Pixel-Dschungel einer Fotodatei. Pfade – eigentlich üblich in Illustrationsprogrammen wie Illustrator oder CorelDraw – setzen sich vielmehr zusammen aus Ankerpunkten und den Linien dazwischen.

Verwendungszweck

Diese Pfade können Sie in Photoshop vielseitig verwenden, nämlich:

- als Auswahlmarkierung zum Auswählen eines Bildteils
- als gemalte Kontur, die Photoshop mit einem beliebigen Mal- oder Retuschewerkzeug nachzeichnet oder auffüllt,
- als Beschneidungspfad, der einem Layoutprogramm die Begrenzungen eines frei ausgeschnittenen Bildteils angibt, damit freigestellte Objekte nicht von einem Rechteckkasten umgeben werden.

Geeignete Motive

Mit Pfadtechniken erstellen Sie einfach fließende und präzise Formen, die gut nachzubearbeiten sind; diese Formen bekommen Sie mit pixelorientierten Werkzeugen wie Lasso oder Pinsel kaum hin. Auch Auswahlkanten, die nach Auswahlkorrektur per Alphakanalretusche unschön ausfransen, lassen sich mit einem Pfad elegant glätten. Besonders solche Figuren sollten Sie mit dem Pfadwerkzeug bearbeiten:

- flüssige, geschwungene Umrisse
- Geraden und
- harte Ecken

Keinesfalls eignet sich das Werkzeug für weiche Übergänge oder komplexe Umrisse, etwa einen Haarschopf.

Einen Pfad erstellen

Pfade kommen auf verschiedene Arten zustande:

- Sie erstellen einen Pfad mit dem Zeichenstift
- Sie wandeln die aktive Auswahl in einen Pfad um oder
- Sie importieren einen Pfad aus einem Vektorgrafikprogramm

Dateiformate

Sie können Pfade in beliebigen Dateiformaten speichern (unter Windows nur in JPEG, EPS, PDF und Tiff). Bedenken Sie jedoch, daß der Pfad weg sein kann, wenn Sie eine Datei mit Pfad in einem anderen Programm bearbeitet und neu gespeichert haben. Gegenüber einem Alphakanal bietet ein Pfad die Möglichkeit, Auswahlen ganz speichersparend zu sichern. Ein Pfad kostet meist nur wenige Kbyte Speicherplatz.

Die einstige Option im JPEG-Dialog, Pfade zu entfernen, um so eine Datei für den Online-Weg optimal abzuschlanken, fiel weg. Der Pfad verschwindet indes bei Verwendung der Option »Nicht-Bild-Daten nicht mitspeichern« beim Befehl **Kopie speichern unter**. Sie müssen einen Pfad im übrigen nicht in einer Bilddatei speichern – er begnügt sich auch mit einem Platz auf der Aktionenpalette.

Ein schlichter Pfad, den Sie noch nicht als Beschneidungspfad definiert haben, wird von Layoutprogrammen mitunter als Freistellpfad interpretiert, so daß Bildteile außerhalb des Pfads nicht mehr auf der Seite erscheinen. Entfernen Sie den Pfad im Zweifelsfall.

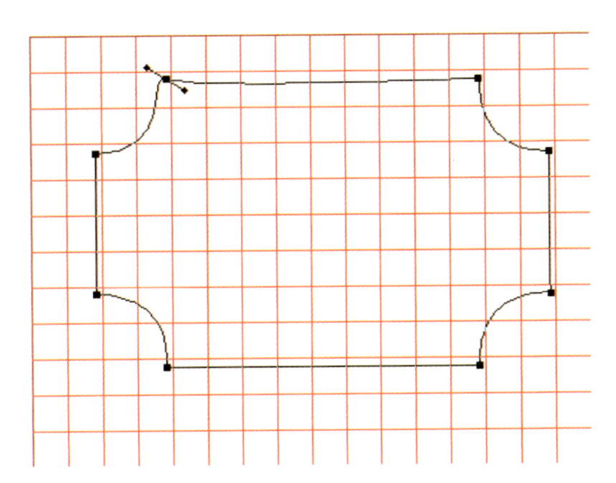

Links: Pfade eignen sich besonders für geschwungene Formen, harte Ecken und Geraden. Beim Skizzieren helfen Grundraster. Rechts: Der Pfad wurde über dem Scan einer Steinstruktur als Auswahl geladen, die Auswahl wurde mit ⌘+J in eine Ebene verwandelt und mit Ebeneneffekten bearbeitet. Datei: Stein

Veränderungen gegenüber der Vorversion

Gegenüber der Vorversion bringt Photoshop 5 wesentliche Verbesserungen bei der Pfadbearbeitung:

- Sie können Pfade drehen, skalieren und verzerren mit den aus der Ebenentechnik bekannten »Transformieren«-Techniken.
- Pfade lassen sich auf der Aktionenpalette speichern.
- Sie können geschwungene Pfade nach Lasso-Art mit durchgängigen Mausbewegungen erzeugen, ohne zwischendurch abzusetzen und neu zu klicken.
- Sie können Pfade durch einzelne Klicks entlang markanter Bildkonturen führen.

11.2 Pfade verwalten

Die Pfadverwaltung wirkt immer noch umständlich. Man muß sich mit Unterschieden zwischen Pfaden, Unterpfaden und Arbeitspfaden auseinandersetzen, wenn man die Technik wirklich beherrschen will.

Die Pfadepalette

Die Pfadepalette, hervorgerufen vom **Fenster**-Menü, ermöglicht Speichern, Neu-Erstellen, Duplizieren, Anzeigen, Verbergen und Löschen von Pfaden; außerdem werden hier Auswahlen in Pfade oder Pfade in Auswahlen verwandelt sowie Pfade und Pfadkonturen gefüllt. Das Paletten-Menü erreichen Sie wie stets über das Dreieck rechts oben in der Palette. Viele Befehle aus dem Paletten-Menü handeln Sie freilich schneller ab, wenn Sie die Symbole unten in der Palette verwenden.

Die Reihenfolge der aufgelisteten Pfade ändern Sie durch Verschieben. Der Arbeitspfad steht allerdings immer ganz unten.

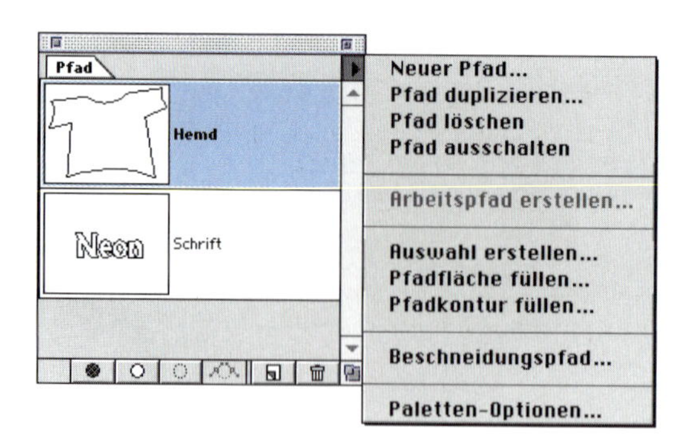

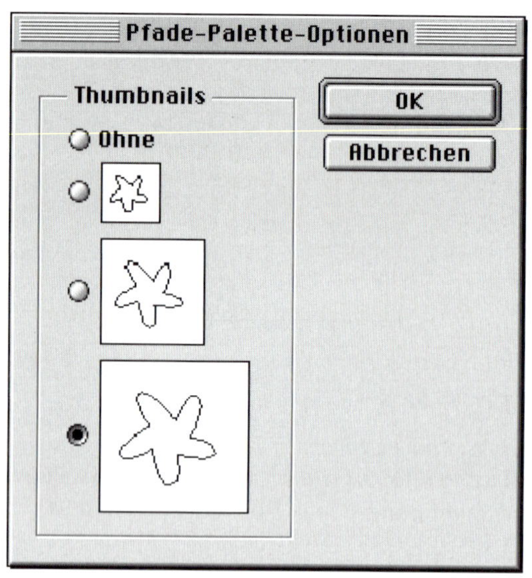

Die Palette verwaltet Ihre Pfade. Viele Befehle aus dem Paletten-Menü erreichen Sie schneller über die Symbole unten in der Palette. In den Paletten-Optionen regeln Sie die Darstellung der Pfade.

Paletten-Optionen

Nach dem Palettenbefehl **Paletten-Optionen** entscheiden Sie, ob Photoshop Pfade in der Palette nur namentlich auflisten oder auch in einer von drei Größen darstellen soll. Zwar beschleunigt es die Arbeit, wenn Sie auf die bildliche Darstellung verzichten. Die Abbildung macht sich jedoch verdient, wenn zum Beispiel über einem vielfarbigen Motiv der Originalpfad kaum noch zu erkennen ist oder wenn Sie bei kurvenreichen Pfaden nicht mehr zwischen Grifflinien und dem eigentlichen Pfad unterscheiden können – die Palette zeigt den Pfad auf jeden Fall pur, ohne Grifflinien. Übersichtlich wirkt der Minipfad in der Palette auch, wenn Sie von der Originaldatei nur einen Ausschnitt sehen oder mit Pfadnamen wie »Pfad 1« bis »Pfad 77« nichts anfangen können.

Wie auch Ebenen stellt Photoshop im Fenster für die Pfadminiatur immer die Gesamtdatei dar. Erstreckt sich der Pfad innerhalb des Bilds nur über wenig Fläche, erscheint er im Thumbnail besonders klein.

Pfade umbenennen, duplizieren und löschen

Die Techniken zum Löschen, Duplizieren oder Umbenennen von Pfaden sind weitgehend mit den Verfahren vergleichbar, die Sie auch bei den Paletten für Ebenen, Alphakanäle oder Aktionen verwenden:

Umbenennen

Um einen Pfad umzubenennen, klicken Sie doppelt auf den Pfadnamen in der Palette; Sie erhalten dann das Dialogfeld »Pfad umbenennen«, wo Sie einen neuen Namen eintippen können.

Löschen

Um einen Pfad ohne weitere Rückfragen zu löschen, ziehen Sie ihn auf den Mülleimer. Wie immer können Sie auch einfach auf den Mülleimer klicken: Photoshop meldet sich dann mit der Frage, ob Sie den aktiven Pfad löschen wollen.

Duplizieren

Bevor Sie einen gelungenen Pfad weiterbearbeiten, sollten Sie ein Duplikat zurücklegen; Sie erzeugen das, indem Sie den Pfad auf das Symbol »Neuer Pfad« ziehen. Das Duplikat erhält den Namenszusatz »Kopie«; drücken Sie jedoch die Alt-Taste, während Sie den Pfad über dem Symbol loslassen, präsentiert Photoshop ein Dialogfeld, in dem Sie einen Namen vergeben. Oder verwenden Sie den Palettenbefehl **Pfad duplizieren**.

Ziehen Sie mit dem Pfadauswahlwerkzeug bei gedrückter Alt-Taste an einem Pfad oder Unterpfad – er wird innerhalb des aktiven Pfads als neuer Unterpfad dupliziert und kann bewegt werden.

Pfade in andere Dateien übertragen

Ohne weiteres lassen sich Pfade in andere Dateien übertragen:

- Ziehen Sie den Pfad aus der Palette in das Fenster einer anderen Bilddatei, dann wird der Pfad in dieses Dokument kopiert.
- Markierte Pfadteile lassen sich mit ⌘+C in die Zwischenablage kopieren und in einer anderen Datei per ⌘+V wieder zutage fördern; sie erscheinen dort zunächst als Arbeitspfad.

Ist beim Übertragen eines Pfads im Zielbild bereits ein Pfad aktiv, fügt Photoshop den Neuankömmling dem vorhandenen Pfad an. Es ist auf jeden Fall übersichtlicher, im Zielbild zunächst alle Pfade auszuschalten.

Pfade anzeigen und aktivieren

Der aktive Pfad ist in der Pfadepalette hervorgehoben. Klicken Sie einen anderen Pfad an, wenn Sie diesen bearbeiten wollen. Photoshop zeigt immer nur einen Pfad auf einmal. Vorsicht: Drücken Sie bei aktiviertem Pfad die Rückschritt-Taste, ist der Pfad gelöscht – das passiert leicht ungewollt, wenn man eigentlich Pixel löschen wollte und nicht den Pfad – der immer noch aktiv, aber längst vergessen ist. Deshalb sollte man einen nichtbenötigten Pfad zügig ausschalten.

Pfade ausschalten

Um einen Pfad zugleich auszublenden und auszuschalten, gibt es diese Möglichkeiten:

- Verwenden Sie den Palettenbefehl **Pfad ausschalten**
- Ziehen Sie die Pfade-Palette so weit auf, daß zwischen dem letzten Pfad und der Symbolleiste noch freier Raum ist, und klicken Sie in diesen leeren Raum.
- Oder verwenden Sie den Befehl **Ansicht: Pfade ausblenden** (⌘+Umschalt+H, für Hide). Diese Eingabe müssen Sie explizit aufheben, bevor Sie wieder etwas von Ihren Pfaden sehen.

Klicken Sie wieder auf den Pfadnamen, um den entsprechenden Pfad erneut zu aktivieren.

Pfade exportieren

Sie können Pfade auch im speziellen Illustrator-Format speichern, um sie in einem Illustrationsprogramm weiterzubearbeiten, das dieses Format öffnet. Halten Sie sich dabei an folgende Schritte:

1. Öffnen Sie das Dokument mit dem Pfad, den Sie exportieren wollen.
2. Wählen Sie den **Datei**-Befehl **Exportieren: Pfade -> Illustrator**. Geben Sie im Dialogfeld dem Kind einen Namen, und wählen Sie neben »Exportieren« jenen Pfad aus dem Listenfeld, der es sein soll. Sie können auch alle Pfade einschließen.

3. Öffnen Sie dieses Dokument in Illustrator oder einem anderen kompatiblen Grafikprogramm.

Dabei geben die Schnittmarken im Illustrator-Dokument die Größe der Photoshop-Datei wieder. Die Position des Photoshop-Dokuments bleibt erhalten, wenn Sie die Schnittmarken und den Pfad nicht bewegen. Sie haben so die Möglichkeit, im Grafikprogramm eine Texthülle an die Kontur eines Pfads aus Photoshop anzupassen.

Die Pfade einer Bilddatei können Sie im Illustrator-Format ablegen, um sie in einem Grafikprogramm weiterzuverwenden.

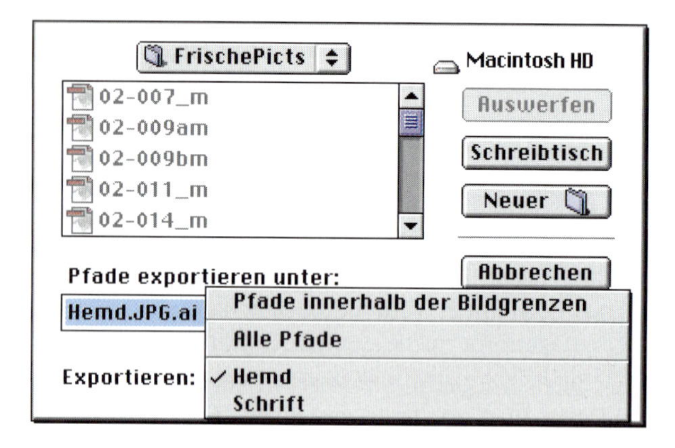

»Arbeitspfade« und Pfade

Wenn Sie einen neuen Pfad erstellen, sollten Sie den Unterschied zwischen »Pfad« und »Arbeitspfad« kennen. Sie können den Zeichenstift in der Werkzeugpalette anklicken oder diesen mit der Kurztaste P (für Pen Tool) aktivieren und Punkte ins Bild klicken.

Mit einem »Arbeitspfad« beginnen

Sobald Sie den ersten Klick tun, zeigt Photoshop in der Pfadepalette einen »Arbeitspfad« – dies ist ein vorübergehender, nicht gesicherter Pfad. Auch wenn Sie eine Auswahl in einen Pfad verwandeln, entsteht zunächst ein »Arbeitspfad«. Schließen Sie das Bild, dann ist der Arbeitspfad perdu. Ein solcher Arbeitspfad läßt sich auch nicht als Beschneidungspfad speichern. Dieser »Arbeitspfad« gilt außerdem immer als »Unterpfad«. Sie haben volle Kontrolle erst, wenn Sie das Ergebnis als normalen »Pfad« sichern.

Vom »Arbeitspfad« zum »Pfad«

Wenn bereits ein Arbeitspfad aktiv ist, verwandeln Sie ihn folgendermaßen in einen regulären Pfad:

- Wählen Sie den Paletten-Menü-Befehl **Pfad speichern**, oder klicken Sie doppelt auf den Arbeitspfad in der Pfadepalette. Photoshop öffnet dann das Dialogfeld »Pfad sichern«, in dem Sie einen Namen vergeben.
- Oder ziehen Sie den Arbeitspfad aus der Pfadepalette auf das Symbol »Neuer Pfad« unten in der Palette. Auch damit ist der Pfad gesichert, Photoshop verpaßt ihm automatisch eine Nummer. Wie immer: Drücken Sie dabei die Alt-Taste, erkundigt sich Ihr Pixelprogramm nach dem gewünschten Pfadnamen.

Ist der Pfad erstmal gesichert, wird Photoshop ihn immer wieder aktualisiert zusammen mit Ihrem Bild auf Festplatte verewigen (sofern Sie ein passendes Format verwenden).

Mit einem regulären »Pfad« beginnen

Besser ist es, von vornherein mit einem »Pfad« und nicht mit einem »Arbeitspfad« zu hantieren. Dazu wählen Sie vor jedem neuen Pfad den Palettenbefehl **Neuer Pfad** oder klicken auf das Symbol »Neuer Pfad« in der Pfadepalette. Diese Maßnahme verhindert auch, daß Sie eine neue Zeichnung nicht als separaten Pfad anlegen, sondern ungewollt als Unterpfad in einem größeren Pfadgebilde unterbringen.

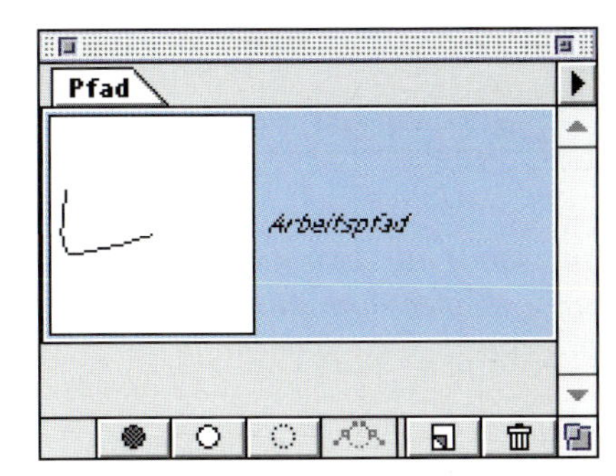

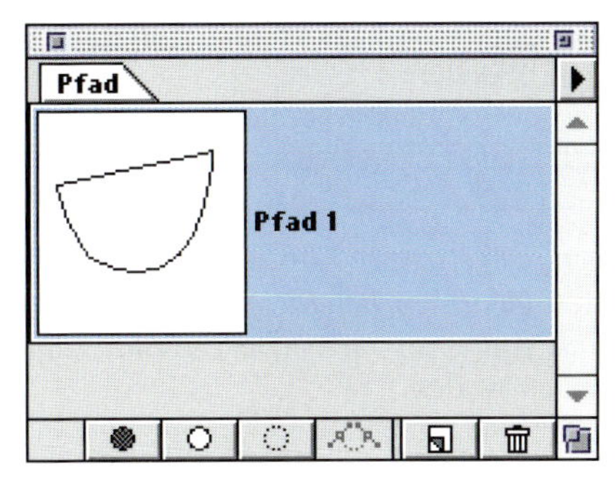

Links: Wenn Sie ohne den Befehl »Neuer Pfad« mit dem Pfadwerkzeug zu arbeiten beginnen oder wenn Sie eine Auswahl in einen Pfad verwandeln, ohne zuvor einen leeren Pfad erstellt zu haben, dann verwendet Photoshop zunächst einen Arbeitspfad. Rechts: Sie sollten den Pfad schnellstmöglich sichern, indem Sie das Thumbnail für den Arbeitspfad auf das Symbol »Neuer Pfad« ziehen; damit erhält der Pfad einen Namen. Jetzt arbeiten Sie an einem regulären Pfad.

Pfade und Unterpfade

Sie arbeiten zunächst immer am selben Pfad. Selbst wenn Sie zwischendurch doppelt auf das Zeichenwerkzeug klicken und zu einer ganz neuen Figur ansetzen, die mit der vorherigen nicht verbunden ist – Sie haben damit nicht zwei neue Pfade, sondern nur zwei neue Unterpfade innerhalb eines Pfads. Wollen Sie nur einen dieser Unterpfade bearbeiten oder zum Füllen verwenden, dann klicken Sie ihn mit dem Auswahlwerkzeug bei gedrückter Alt-Taste an. Dieses Auswahlwerkzeug wird durch einen Mauszeiger dargestellt.

Pfadfiguren, die Sie getrennt verwenden, sollten Sie auch als getrennte Pfade anlegen und nicht als Sammlung von Unterpfaden in einem Pfad. Es passiert leicht, daß man zwei Figuren innerhalb eines Pfads übereinanderlegt und nicht mehr einzeln korrigieren kann. Um einen neuen Pfad anzulegen, wählen Sie den Palettenbefehl **Neuer Pfad** oder klicken auf das Symbol »Neuer Pfad« in der Pfadepalette. Jetzt können Sie die ganze Bildfläche mit einem neuen, unabhängigen Pfad überziehen.

Umgekehrt brauchen Sie natürlich mehrteilige Pfade, weil Sie beispielsweise einen Pinselstrich gleich über mehrere Konturen ablaufen lassen. Auch wenn Sie einen Reifen umrahmen, dessen Inneres nach dem Export in ein Layoutprogramm ebenfalls transparent sein soll, brauchen Sie zwei Kreise – zwei Unterpfade – in einem einzigen Pfad.

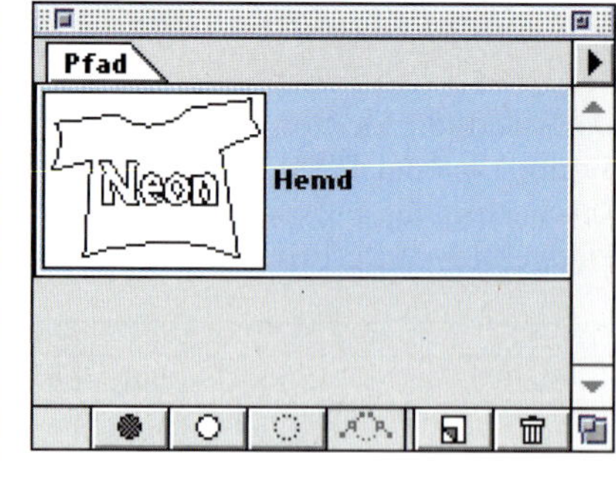

Links: In der Regel legen Sie getrennte Konturen auch als getrennte Pfade an; dazu verwenden Sie vor Erstellen der zweiten Figur den Befehl »Neuer Pfad«. Rechts: Sie können aber auch beliebig viele Konturen als Unterpfade innerhalb eines einzigen Pfads ablegen, wenn Sie diese gemeinsam als Auswahl laden oder füllen wollen.

11.3 Pfade beginnen

Wollen Sie in einer Bilddatei eine freie Form ausschneiden oder auch malen oder retuschieren, dann arbeitet man mit einem Pfadwerkzeug oft schneller und kontrollierter als mit dem Lasso oder dem Pinsel im Maskierungsmodus. Die Zeichenwerkzeuge und die Korrekturtools teilen sich eine einzige Schaltfläche in der Werkzeugpalette. Sie erhalten Überblick über die Pfadwerkzeuge, wenn Sie das oben liegende Pfadwerkzeug länger anklicken, so daß Photoshop ein Klappmenü mit den weiteren Werkzeugen öffnet. Ist ein anderes Werkzeug eingeschaltet, aktiviert die Kurztaste P das zuletzt verwendete Pfadwerkzeug (der Tastendruck schaltet aber seit Photoshop 5 nicht mehr der Reihe nach durch alle Pfadwerkzeuge).

Auf einem gemeinsamen Platz in der Werkzeugleiste finden Sie die Pfadwerkzeuge.

Vorgehen: Einen Pfad beginnen

Planen Sie einen neuen Pfad – egal ob für eine Auswahl oder um ihn mit Pixeln zu füllen –, rufen Sie zuerst mit dem **Fenster**-Menü die Pfadepalette auf. Vorhandene Pfade werden dort aufgelistet.

So zeichnen Sie einen Pfad:

1. Falls bereits ein Pfad aktiviert ist, heben Sie diese Auswahl auf, indem Sie in den Freiraum der Pfadepalette klicken; der Pfad verschwindet.
2. Klicken Sie auf das Symbol »Neuer Pfad erstellen«. In der Pfadepalette erscheint eine Miniatur für den neuen Pfad.
3. Wählen Sie eines der Pfadwerkzeuge in der Werkzeugleiste, mit denen man einen Pfad beginnen kann (siehe unten).
4. Setzen Sie Punkte für den Pfad.

5. Wenn Sie den Pfad schließen möchten, klicken Sie wieder auf den zuerst gesetzten Punkt; dabei erscheint ein Kreis neben dem Zeichenstift. Um den Pfad zu beenden, ohne ihn zu schließen, klicken Sie auf den Zeichenstift.

Beginnen ohne »Neuen Pfad«

Sie können auch mit dem Pfadwerkzeug loslegen, ohne erst einen neuen leeren Pfad zu erstellen. Dann gilt folgendes:

- Wenn Sie den neuen Pfad erstellen, während ein anderer Pfad aktiv ist, ergänzt der neue Pfad den vorhandenen als Unterpfad in einem Thumbnail.
- Ist kein Pfad aktiv, entsteht beim ersten Klick ein »Arbeitspfad«. Dieser wird nicht mitgespeichert (siehe oben).

Gemeinsame Optionen

Im Folgenden lernen Sie drei Pfadwerkzeuge kennen, mit denen Sie neue Pfade anlegen können: Zeichenstift, magnetischer Zeichenstift und Freiform-Zeichenstift. Sie haben einige gemeinsame Optionen, auf die wir zunächst eingehen.

Pfad beenden, ohne ihn zu schließen

Möchten Sie einen Pfad beenden, ohne ihn zu schließen, klicken Sie doppelt auf das Werkzeugsymbol in der Werkzeugleiste, oder wechseln Sie das Werkzeug.

Pfad schließen

Wenn Sie das Pfadwerkzeug über den ersten Punkt halten, den Sie gesetzt haben, oder wenn Sie die ⌘-Taste drücken, erscheint ein kleiner Kreis neben dem Werkzeugsymbol über der Datei. Damit signalisiert Photoshop, daß die Auswahl geschlossen werden kann beziehungsweise daß der Ausgangspunkt wieder erreicht ist.

Unterpfad fortsetzen

Halten Sie ein Werkzeug über den letzten Punkt eines nicht geschlossenen Unterpfads. Sofern Sie den Pfadabschnitt nicht unmittelbar zuvor erstellt haben, erscheint zunächst ein Kreis mit zwei Strichen neben dem Werkzeug; er zeigt, daß Sie sich über dem Endpunkt eines Unterpfads befinden. Klicken Sie den Ankerpunkt an, damit ein Schrägstrich neben dem Werkzeug erscheint. Sie können jetzt an den vorhandenen Pfad anknüpfen und diesen fortsetzen, auch schließen.

 Vorübergehender Wechsel zum Werkzeug »Ankerpunkt hinzufügen«

Halten Sie Zeichenstift oder Freiform-Zeichenstift über eine Stelle des Pfads, die keinen Ankerpunkt hat, erscheint ein kleines Pluszeichen neben dem Werkzeug. Sie können nun durch Klicken weitere Ankerpunkte einfügen.

 Vorübergehender Wechsel zum Werkzeug »Ankerpunkt entfernen«

Halten Sie Zeichenstift oder Freiform-Zeichenstift über eine Stelle des Pfads, die bereits einen Ankerpunkt hat, erscheint ein kleines Minuszeichen neben dem Werkzeug. Sie können durch Klicken diesen Ankerpunkt entfernen.

Vorübergehender Wechsel zum Werkzeug »Direktauswahl«

Drücken Sie die ⌘-Taste, um vorübergehend das »Direktauswahl«-Werkzeug zu erhalten. Damit markieren Sie Pfadpunkte durch Einrahmen, die Sie bewegen oder löschen können (siehe unten).

Vorübergehender Wechsel zum Werkzeug »Punkt umwandeln«

Drücken Sie die Alt-Taste, um vorübergehend das Werkzeug »Punkt umwandeln« zu erhalten. Damit verwandeln Sie harte Eckpunkt in weiche Übergänge und umgekehrt (siehe unten).

Der Zeichenstift

Der Zeichenstift ist das traditionelle Pfadwerkzeug in Photoshop, mit dem sich ein neuer Pfad beginnen läßt. Es eignet sich für schnurgerade wie für geschwungene Pfade. Dabei haben Sie mehrere Möglichkeiten, die Linien zu gestalten:

- Klicken Sie nur Eckpunkte an, um diese durch Linien verbinden zu lassen;
- um diese Linie auf die nächste 45-Grad-Achse einzuschränken, drücken Sie beim nächsten Klick die Umschalt-Taste;
- klicken Sie Eckpunkte an und ziehen Sie gleichzeitig auch zumindest kurz mit gedrückter Maustaste, um den nachfolgenden Punkt mit einer Kurve anzuschließen.

Ankerpunkte löschen

Mit der Rückschritt-Taste löschen Sie den letzten Ankerpunkt; Rückschritt-Taste mal zwei löscht den zuletzt gezeichneten Pfad; Rückschritt-Taste mal drei löscht alle nichtgespeicherten Pfade.

Kurven zeichnen

Bei diesem Werkzeug wirkt es oft sinnvoll, zunächst einige Geraden ins Bild zu klicken und diese später mit den Grifflinien in Kurvenform zu biegen. Wollen Sie jedoch von vornherein Kurven ins Bild setzen, haben Sie zwei Möglichkeiten:

- Nach Setzen des Eckpunkts ziehen Sie die Maus zumindest kurz in die geplante Richtung; dabei verwandelt sich der Zeiger in eine Pfeilspitze. Beim Ziehen erscheint außerdem eine Grifflinie, deren Griffpunkte sich um den feststehenden Ankerpunkt bewegen; Länge und Neigung der Linie bestimmen die Größe und Biegung der Kurve. Setzen Sie den zweiten Punkt, werden die Punkte mit einer geschwungenen Kurve verbunden. Sie können jederzeit auf das Ziehen verzichten und zwei Punkte mit einer schlichten Geraden verbinden. Alternative:
- Um sofort eine Vorschau auf die entstehende Kurve zu erhalten, klicken Sie doppelt auf den Zeichenstift und wählen in den »Zeichenstift-Optionen« das »Gummiband« an. Hier erhalten Sie eine Vorschau auf das kommende Segment, noch bevor Sie den Punkt ins Bild klicken.

Der »Gummiband«-Modus ist besonders dann sinnvoll, wenn Sie unmittelbar weiche Eckpunkte setzen, die mit geschwungenen Linien fortgeführt werden. Sie erhalten so eine bessere Ansicht des Kurvenverlaufs.

Wie oben schon besprochen, müssen Sie den Pfad noch abschließen, indem Sie zum Beispiel einen neuen Pfad erstellen oder auf das Zeichenstiftwerkzeug klicken und damit das bisherige als Unterpfad sichern oder indem Sie noch einmal auf den zuerst erzeugten Punkt klicken –

ansonsten wird Photoshop immer den folgenden Ankerpunkt mit dem zuvor gesetzten durch eine Linie verbinden.

 Freiform-Zeichenstift

Der Freiform-Zeichenstift ist neu in Photoshop 5. Seine Bedienung ist einfach und entspricht teilweise dem Auswahlwerkzeug Lasso:

- Ziehen Sie bei gedrückter Maustaste beliebig geschwungene Pfade ins Bild.
- Wenn Sie die Maustaste loslassen und später neu ansetzen, beginnt ein neuer Unterpfad; die Strecke, die Sie ohne Maustaste zurückgelegt haben, wird nicht verbunden.
- Drücken Sie die ⌘-Taste, um den Pfad auf kürzestmöglichem Weg zu schließen.
- Drücken Sie die Rückschritt-Taste, um den bisherigen Pfad komplett zu löschen.

»Kurvenanpassung«

In den Optionen zum Freiform-Zeichenstift finden Sie das Kästchen »Kurvenanpassung«. Hier stellen Sie ein, wie genau die Ankerpunkte gesetzt werden sollen. Photoshop produziert zunächst eine grobe Vorschau für den Kurvenverlauf und erzeugt den exakten Pfad erst, wenn Sie die Erstellung abschließen, zum Beispiel durch Doppelklick auf das Werkzeugsymbol in der Leiste. Eine niedrige »Kurvenanpassung« von zum Beispiel 0,5 (Mindestwert) oder 1,5 erzeugt viele Ankerpunkte; Sie haben so eine exakte Kontrolle bei der späteren Korrektur, aber die Änderung größerer Bereiche des Pfads ist mühsam, da der Pfad zu oft unterteilt ist. Der Höchstwert ist 10.

Die Pfade heben sich oft nicht deutlich vom Bild ab. Um sie besser zu erkennen, erzeugen Sie eine neue, weiße Ebene und verwenden diese als Hintergrund. Wollen Sie etwas vom Bild sehen, drosseln Sie die Deckkraft der weißen Ebene.

 Magnetischer Zeichenstift

Der magnetische Zeichenstift ist neu in Photoshop 5 und erinnert in seinen Optionen stark an eine andere Novität, das magnetische Lasso (beschrieben im Kapitel »Auswählen«). Sie klicken Orientierungspunkte ins Bild, und Photoshop verbindet die Punkte entlang von markanten Bildkonturen. Setzen Sie per Mausklick einen ersten Punkt direkt an der gewünschten Kontur. Nun bewegen Sie den Mauszeiger ohne Drücken der Maustaste weiter – die Auswahl-Vorschau folgt automatisch der Kontur.

Weitere Punkte müssen Sie nicht unbedingt setzen, das erledigt Ihr Programm auch von allein. Manchmal reißt die Markierungslinie jedoch aus und folgt den falschen Konturen; dann bewegen Sie den Zeiger ohne Drücken zurück bis zu einer Stelle, an der die Auswahl noch korrekt sitzt, und klicken dort einen Punkt hin; mit weiteren Klicks arbeiten Sie sich so vor, daß die Auswahl auf Linie bleibt. Bereits gesetzte Punkte tilgen Sie mit der Rückschritt-Taste.

Alternativen bei Fehltreffern: Sie erhöhen die »Frequenz« – also die Zahl der Punkte, die Photoshop automatisch setzt –, oder Sie senken die »Lassobreite«, also die Bildbreite, die das magnetische Lasso nach Konturen absucht (mehr zu den Optionen gleich unten).

Zeigerdarstellung

Drücken Sie die Feststell-Taste, um die Werkzeugdarstellung auf Fadenkreuz umzustellen. Der Magnetstift erscheint jetzt als Kreis in der gewählten »Zeichenstiftbreite«. Führen Sie diesen Kreis über die interessanten Bildkonturen. Nur innerhalb des Kreises fahndet Photoshop nach Kontrasten.

Vorübergehender Wechsel

Drücken Sie die Alt-Taste, um vorübergehend zum Freiform-Zeichenstift zu wechseln und bei dauerhaft gedrückter Maustaste freie Linien zu ziehen. Sie können bei gedrückter Alt-Taste auch Punkte ins Bild klicken, die Photoshop mit Geraden verbindet.

Punkte zurücknehmen

Der jeweils neueste Punkt auf dem Monitor erscheint gefüllt, die anderen Punkte sehen Sie als lichtes Geviert. Auch wenn der magnetische Zeichenstift schon wieder weitere Konturen verfolgt hat – bis zum letzten, gefüllten Punkt können Sie jederzeit durch schlichtes Mausschieben zurückkehren; so läßt sich das Lasso bei Bedarf anpassen oder auch ab diesem Punkt in eine völlig neue Richtung lenken.

Sie können sogar weiter als bis zum neuesten Punkt zurückkehren: Löschen Sie einfach die vorhandenen Punkte nach und nach mit der Rückschritt-Taste, um wieder auf Ihren Ausgangspunkt zuzusteuern und die Linie neu auszurichten. Verschieben können Sie die Punkte nicht.

Auswahl schließen

Um die Auswahl zu schließen, klicken Sie doppelt. Auch mit dem üblichen ⌘+Klick machen Sie Schluß. Dabei bewegt sich die Auswahllinie nicht auf kürzestem Weg zum Startpunkt, sondern folgt weiterhin Bildkonturen.

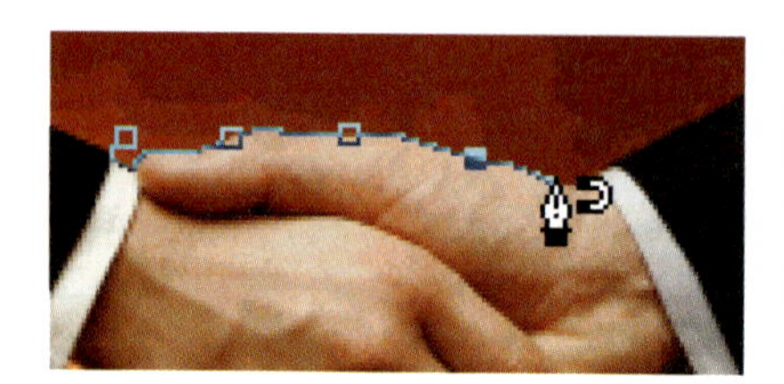

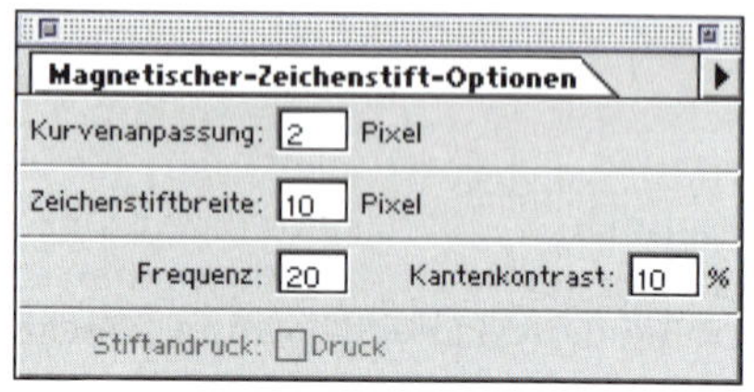

Der magnetische Zeichenstift orientiert sich an Bildkonturen. Die Empfindlichkeit stellen Sie in den Werkzeugoptionen ein.

Mehrere Optionen regeln das Verhalten des Magnetischen Zeichenstifts:

»Zeichenstiftbreite«

Der Wert »Zeichenstiftbreite« gibt an, in welchem Pixel-Radius der Magnetstift nach signifikanten Konturen fahndet.

Sofern Sie den Stift eng am Objekt entlanglotsen, geben Sie hier einen niedrigen Wert vor; so läßt sich das Werkzeug nicht von entfernteren Kontrasten ablenken. Hat das Motiv aber kleinere Ecken und Kanten, erhöhen Sie die Zeichenstiftbreite; dann müssen Sie mit dem Mauszeiger nicht jeder Motivkurve hinterherfahren – das erledigt Photoshop für Sie.

Allerdings auch nur in begrenztem Umfang: Der Maximal-Wert für die Zeichenstiftbreite ist 40 Pixel; tragen Sie eine höhere Vorgabe ein, korrigiert Photoshop die Zahl heimlich auf 40 herunter. Führen Sie den magnetischen Zeichenstift also durch eine große, diffuse Zone, wird er dort verzweifelt Konturen ausmachen – und nicht etwa eine Objektkante aufspüren, die 42 Pixel entfernt liegt.

»Frequenz«

Geben Sie nicht selber durch gelegentliche Klicks Orientierungspunkte vor, tut Photoshop das allein. Sie legen eine »Frequenz« von 1 bis 100 fest, hohe Werte erzeugen mehr Punkte.

Je mehr Punkte das Programm setzt, desto schwieriger wird es, Linien nachträglich durch Rückschritte wieder zu korrigieren. Allerdings haben Sie bei hoher Punktzahl die Einzelsegmente besser im Griff.

»Kantenkontrast«

Je höher der »Kantenkontrast«, desto stärker müssen die Tonwertgegensätze sein, denen der Magnetstift folgt. Bei niedrigen Werten wie »5« findet er alle möglichen Bildteile anziehend.

Sie können den Kantenkontrast auch ändern, indem Sie bei aktiviertem Magnet-Lasso Komma- oder Punkt-Taste drücken.

»Kurvenanpassung«

Als »Kurvenanpassung« stellen Sie ein, wie genau die Ankerpunkte gesetzt werden sollen. Photoshop produziert zunächst eine grobe Vorschau für den Kurvenverlauf und erzeugt den exakten Pfad erst, wenn Sie die Erstellung abschließen, zum Beispiel durch Doppelklick auf das Werkzeugsymbol in der Leiste. Eine niedrige »Kurvenanpassung« von zum Beispiel 0,5 (Mindestwert) oder 1,5 erzeugt viele Ankerpunkte; Sie haben so eine exakte Kontrolle bei der späteren Korrektur. Der Höchstwert ist 10.

Beispiel: Einen Pfad zeichnen und korrigieren

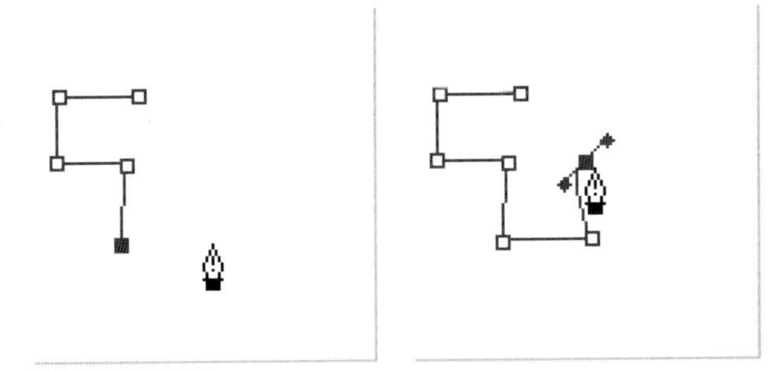

Links: Das Zeichenwerkzeug setzt beim Klick Ankerpunkte, die Photoshop durch Geraden verbindet. Rechts: Ziehen des Zeichenwerkzeugs beim Klicken erzeugt einen Ankerpunkt mit Grifflinien, die das Formen von Kurven erlauben.

Links: Im »Gummiband«modus zeigt Photoshop den Weg des nächsten Pfad-Segments schon an, bevor der Ankerpunkt geklickt wurde. Rechts: Befindet sich das Zeichenwerkzeug wieder über dem ersten Ankerpunkt, signalisiert ein Kreis neben dem Zeiger, daß der Pfad geschlossen wird.

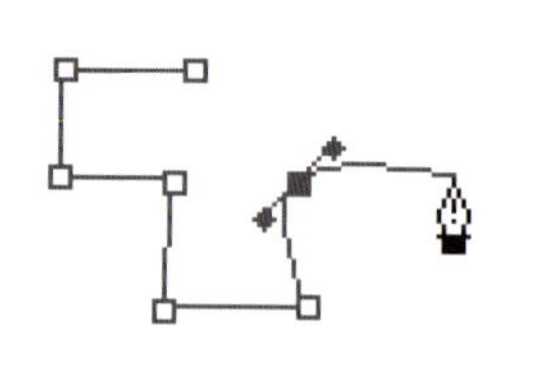

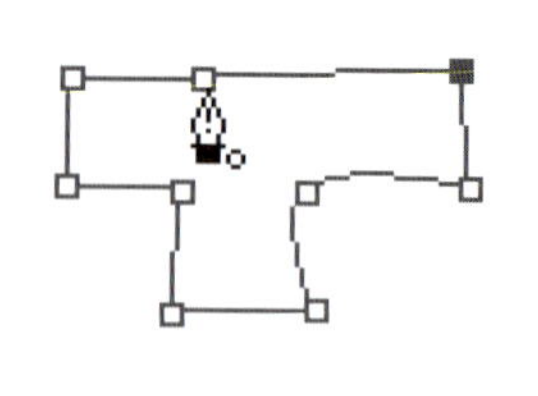

Links: Zwei Ankerpunkte wurden mit dem Auswahl-Werkzeug markiert; jetzt kann der untere Teil des Pfads in die Länge gezogen werden. Rechts: Das Werkzeug »Ankerpunkt einfügen« mit dem Pluszeichen erscheint, wenn man den Zeiger über eine Pfadstelle ohne Ankerpunkt hält, und fügt einen weiteren Ankerpunkt ein.

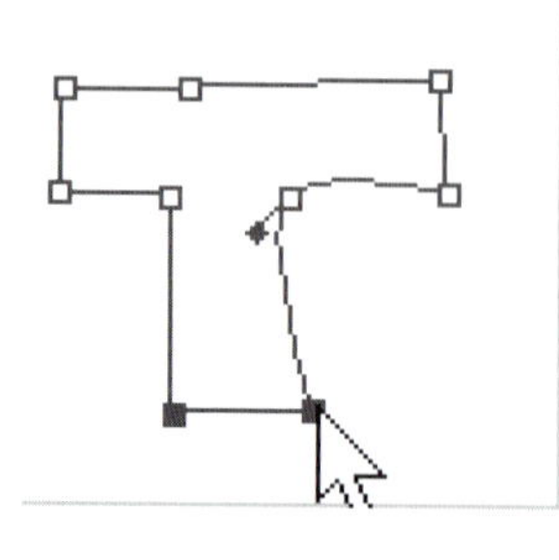

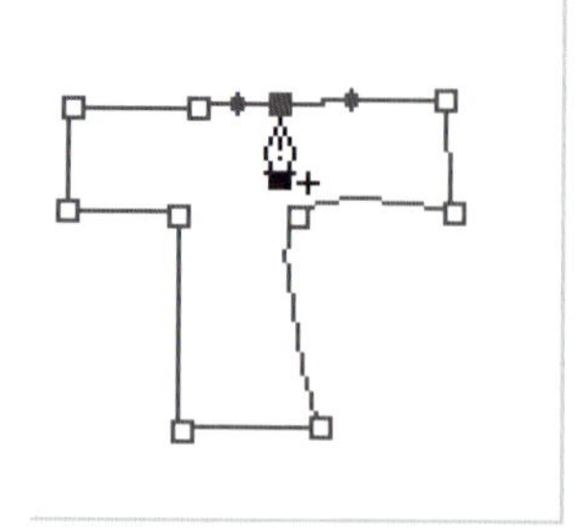

Links: Das Werkzeug »Ankerpunkt umwandeln« macht aus dem flüssigen Übergang wieder einen harten Eckpunkt; weiteres Ziehen würde wieder einen flüssigen Übergang erzeugen. Rechts: Um den Gesamtpfad zu verschieben, rahmt man ihn mit dem Werkzeug »Direkt-Auswahl« ein, dann läßt er sich bewegen.

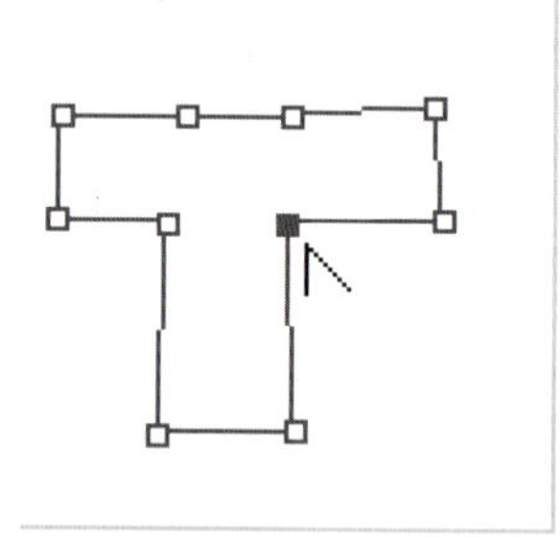

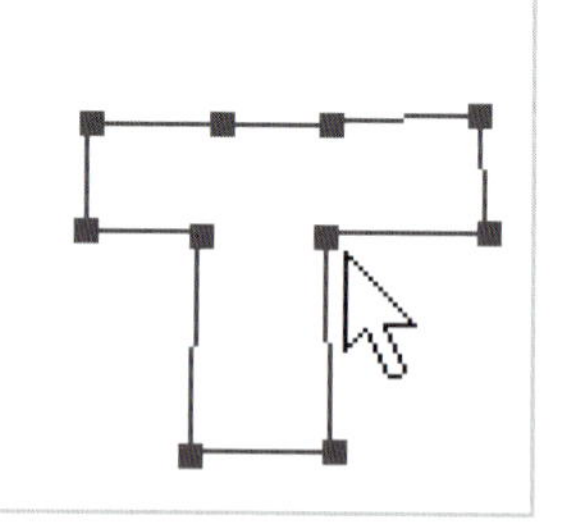

Der entstandene Pfad wird mit Farbe gefüllt und dann in eine Auswahl verwandelt, so daß die Farbfüllung mit Kontrastfunktionen und Filtern nachbearbeitet werden kann. Datei: Hemd

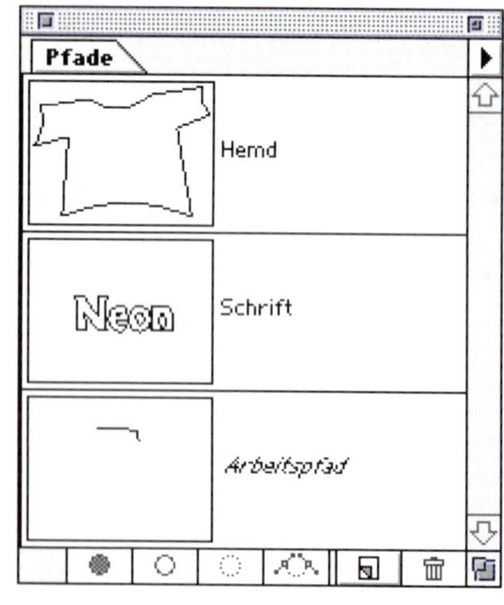

11.4 Pfade korrigieren

Zu den Stärken der Pfadtechnik gehört es, daß man Pfade vielfältig und präzise korrigieren kann – ein völlig anderes Arbeiten als mit Auswahlen oder Alphakanälen.

Schritte rückgängig machen und speichern

Mit ⌘+Z machen Sie den letzten Schritt rückgängig, mit der Rückschritt-Taste löschen Sie den letzten Punkt oder alle – annullierbar wiederum per ⌘+Z. Die Protokollpalette (siehe Kapitel »Grundfunktionen« weiter vorn) notiert akribisch, was Sie mit den Pfadwerkzeugen anrichten: Hier können Sie die Entstehung des Pfads stufenweise nachvollziehen. Vorausgesetzt natürlich, Sie haben in den Optionen zu dieser Palette genug Einzelschritte zur Aufzeichnung vorgegeben.

Auf der Aktionenpalette können Sie ganze Pfade speichern.

 »Ankerpunkt einfügen«

Sie wollen weitere Ankerpunkte einfügen, wenn sich eine Kurve nicht genau kontrollieren läßt oder wenn Sie in einer Kurve oder Linie eine Ecke brauchen. Klicken Sie auf das Werkzeug »Ankerpunkt einfügen« – den Zeichenstift mit dem Plus –, und klicken Sie mit diesem Werkzeug an die gewünschte Stelle im Pfad. Photoshop baut sofort einen Ankerpunkt ein und stellt ihn mit den entsprechenden Grifflinien dar.

Vorübergehend einblenden

Häufig reicht es, wenn Sie das Werkzeug »Ankerpunkt einfügen« nur vorübergehend einblenden: Halten Sie eines der Zeichenwerkzeuge – Freiform-Zeichenstift, Zeichenstift oder Magnetstift – über einen Pfadabschnitt ohne Ankerpunkt. Dann erscheint ein Pluszeichen neben dem Werkzeug; es signalisiert, daß Sie nun einen Ankerpunkt einfügen können. Wenn diese automatische Umschaltung unerwünscht ist, drücken Sie die Umschalt-Taste.

 »Ankerpunkt löschen«

Umgekehrt geht es genauso – Sie können einzelne Ankerpunkte herausnehmen, um sich beispielsweise einer Ecke zu entledigen. Das entsprechende Werkzeug ist der Zeichenstift mit dem kleinen Minus.

Vorübergehend einblenden

Auch das Werkzeug »Ankerpunkt löschen« läßt sich bequem nur vorübergehend einblenden: Halten Sie ein Zeichenwerkzeuge wie Freiform-Zeichenstift oder Zeichenstift über den Ankerpunkt. Dann erscheint ein Minuszeichen neben dem Werkzeug; Sie können den Ankerpunkt nun entfernen. Wiederum bewahrt Sie die Umschalt-Taste vor dem automatischen Wechsel zum Löschen-Werkzeug.

Wenn Sie viele Ankerpunkte zu entfernen haben, gehen Sie vielleicht einen anderen Weg: Verwandeln Sie den Pfad in eine Auswahl, und die verwandeln Sie zurück in einen Pfad – mit höherer Toleranz.

Das Werkzeug »Ankerpunkt umwandeln«

Das Werkzeug »Ankerpunkt umwandeln« macht aus harten, eckigen Übergängen weiche, geschwungene und vice versa. Klicken Sie mit dem Werkzeug zum Beispiel auf einen harten Eckpunkt, und ziehen Sie: Jetzt erscheinen die Grifflinien, an denen Sie die zwei umliegenden Kurventeile bauchig ausformen können. Schieben Sie einen Griffpunkt ganz zurück auf den Eckpunkt, erhalten Sie ein gerades Teilstück. Noch ein Klick mit dem Umwandler macht den Übergangspunkt bei Bedarf wieder zum harten Eckpunkt.

Ziehen Sie die Grifflinien in die Länge, dann ändert sich die Wirkung des Griffs auf die Pfad-Kurve. Haben Sie eine Gerade (eine »einfache Kurve«) gezogen, kontrolliert der erste Griff Richtung und Winkel der Kurve; der zweite Griff kontrolliert bereits das nächste Pfadsegment. Beim Zeichnen einer Kurve dagegen setzen Sie Ankerpunkte als Übergangspunkte: Beide Griffhälften bewegen sich als Einheit und kontrollieren auch Kurventeile gleichzeitig links und rechts vom Punkt. Das Problem: Ziehen Sie am Griff über dem Kurventeil links, ändert sich die Kurve rechts vom Ankerpunkt mit, weil sich automatisch auch dort der Griff mitbewegt. Das sorgt zwar einerseits für sehr flüssige Kurvenverläufe, verhindert aber zum anderen harte Richtungsänderungen im Pfad. Schieben Sie die Grifflinie auf einer Seite des Punkts wieder ganz auf den Punkt zu, um nach dieser Seite eine harte Ecke zu erhalten.

Vorübergehender Wechsel

Wenn das Direktauswahlwerkzeug aktiviert ist, halten Sie es über einen Ankerpunkt und drükken ⌘+Umschalt+Alt – Photoshop bietet nun das Werkzeug »Ankerpunkt umwandeln«.

Links: Die Bearbeitung dieses Pfads wurde vorübergehend unterbrochen, weil jemand ein geschöntes Selbstportrait für ein Mailing brauchte. Hält man danach den Zeiger des Zeichenstifts über einen äußeren Ankerpunkt, erscheint das Zeichen, daß es sich um einen Endpunkt handelt. Klicken Sie einmal darauf, um den Pfad fortsetzen zu können. Mitte: Nun erscheint neben dem Werkzeug der Schrägstrich; er signalisiert, daß Sie beim nächsten Klick den vorhandenen Pfad fortsetzen und nicht etwa einen neuen Pfad beginnen. Rechts: Hier wurde der Pfad bereits fortgesetzt. Er wird durch Doppelklick auf das Werkzeugsymbol in der Werkzeugleiste vorerst nicht weiter verlängert.

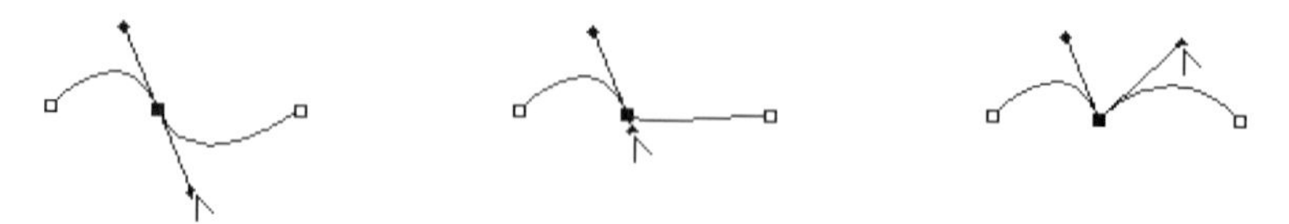

Links: Klicken Sie den mittleren Ankerpunkt mit dem Werkzeug »Ankerpunkt umwandeln« an und ziehen Sie, um die zwei Pfadabschnitte zu verformen. Dabei erscheinen zwei Griffpunkte. Mitte: Schieben Sie einen der Griffpunkte wieder auf den Ankerpunkt zurück, damit das zweite Pfadsegment seine ursprüngliche Richtung wieder erhält. Rechts: Oder bewegen Sie den Griffpunkt in Gegenrichtung, um das zweite Pfadsegment so auszurichten wie das erste.

Links: Klicken Sie den mittleren Ankerpunkt mit dem Werkzeug »Ankerpunkt umwandeln« an, um wieder einen harten Eckpunkt herzustellen. Mitte: Ziehen Sie diesen Punkt mit dem Direktauswahlwerkzeug, so daß ein Dreieck entsteht. Rechts: Wenn Sie wieder zum Werkzeug »Ankerpunkt umwandeln« wechseln, können Sie einen gleichmäßigen Halbkreis herstellen.

Das Werkzeug »Direktauswahl«

Sie können beliebige Segmente eines Pfads markieren, etwa um sie

- zu löschen,
- zu duplizieren oder
- als »Unterpfad« nachmalen zu lassen.

Dazu gibt es das Direktauswahlwerkzeug, mit dem Sie einen angepeilten Ankerpunkt anklicken und verschieben oder gleich eine Reihe von Punkten einrahmen. Haben Sie das Werkzeug nicht direkt angewählt, können Sie es von anderen Pfadwerkzeugen aus mit der ⌘-Taste einblenden. Außerdem schaltet jederzeit die Kurztaste A (die früher den Airbrush aktivierte) zu diesem Werkzeug.

Darstellung der Ankerpunkte

So stellt Photoshop die Ankerpunkte dar:

- Markierte Punkte zeigt Photoshop als gefülltes Quadrat.
- Nichtmarkierte Punkte stellt er als lichtes Geviert dar.
- Orten Sie überhaupt keine Kästchen, ist der Pfad nicht aktiv.

Pfadauswahl erweitern

Leicht erweitern Sie die Auswahl um zusätzliche Pfadsegmente:

- Klicken Sie benachbarte Segmente mit der Umschalt-Taste an, um sie in die Auswahl aufzunehmen.
- Mit gedrückter Alt-Taste markieren Sie einen kompletten Unterpfad.
- Umschalt-Taste+Alt markiert mehrere Unterpfade hintereinander.
- Wenn Sie mit dem Pfadauswahlwerkzeug ziehen, öffnet sich ein Rechteckrahmen, mit dem Sie beliebige Ankerpunkte einfangen.

Außerdem können Sie mit dem Werkzeug einzelne Punkte, markierte Pfadbereiche oder auch den gesamten Pfad verschieben – je nachdem, was markiert ist. In Ein-Pixel-Schritten lassen Sie den Pfad oder markierte Pfadteile per Richtungstasten wandern, zehn Pixel bewegt sich der Pfadabschnitt bei zugleich gedrückter Umschalt-Taste weiter.

Pfadteile duplizieren

Ziehen Sie mit gedrückter Alt-Taste, um den markierten Unterpfad zu duplizieren und zu bewegen. Dabei erscheint ein Plus-Zeichen neben dem Werkzeug »Direktauswahl«.

Transformieren (Skalieren, Drehen, Verzerren)

Photoshop 5 bietet erstmals die Möglichkeit, Pfade unkompliziert zu drehen und perspektivisch zu verzerren. Sie können den Gesamtpfad oder nur den Bereich der aktuell markierten Ankerpunkte verändern. Dies geschieht über **Transformieren**-Befehle, wie man sie auch bei Ebenen verwendet. Sofern ein Pfad aktiviert ist, finden Sie im **Bearbeiten**-Menü den Befehl **Frei transformieren Pfad** und das Untermenü **Pfad transformieren**; die Befehle ersetzen das übliche **Transformieren**, das sonst an dieser Stelle Ebenen verändert. Sofern nur Unterpfade, also einzelne Punkte, aktiviert sind, heißt es **Frei transformieren Punkte** und **Punkte transformieren**.

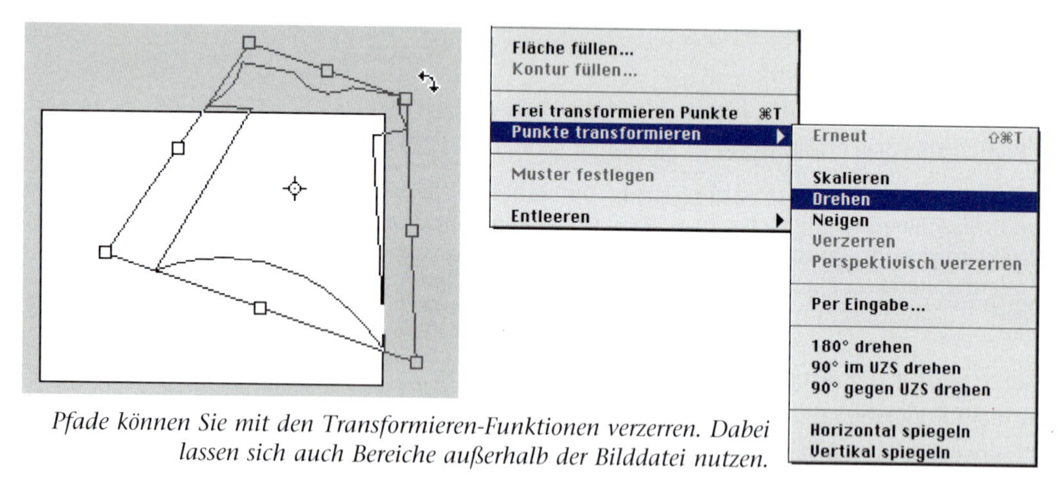

Pfade können Sie mit den Transformieren-Funktionen verzerren. Dabei lassen sich auch Bereiche außerhalb der Bilddatei nutzen.

»Frei transformieren Pfad«

Am einfachsten hat man es mit dem Befehl **Frei transformieren Pfad**. Sofern Pfad und Pfadwerkzeug aktiviert sind, läßt sich die Funktion mit ⌘+T starten – jenem Kürzel, das sonst das freie Transformieren (also Drehen, Dehnen, Verzerren) ganzer Ebenen einläutet. Die Info-Palette meldet die Veränderungen. Sobald die Rechteckbox mit den Anfassern erscheint, haben Sie folgende Möglichkeiten:

- Sie bewegen den Pfad, indem Sie innerhalb der Box mit dem Mauszeiger ziehen.
- Sie vergrößern oder verkleinern den Pfad, indem Sie an einem Griffpunkt ziehen. Um das Seitenverhältnis zu wahren und die Proportionen beizubehalten, drücken Sie erst die Umschalt-Taste, dann ziehen Sie. Lassen Sie nachher erst die Maustaste los, dann die Umschalt-Taste.
- Um den Pfad zu drehen, setzen Sie den Zeiger außerhalb des Begrenzungsrechtecks an und ziehen. Mit der Umschalt-Taste legen Sie die Umdrehung auf 15-Grad-Schritte fest. Verschieben Sie das Zentrierstück, das zunächst in der Mitte liegt, wenn Sie den Pfad um einen bestimmten Fleck in der Datei drehen möchten.

- Um nur an einer einzelnen Ecke zu verzerren, drücken Sie beim Ziehen eines Eckgriffs – also kein Griff in der Mitte einer Linie – die ⌘-Taste.
- Sie verzerren Auswahl oder Ebene symmetrisch von der Mitte ausgehend, wenn Sie die Alt-Taste drücken.
- Um eine Auswahl oder Ebene zu neigen, ziehen Sie an einem Seitengriff – nicht an einem Eckgriff – und drücken ⌘+Umschalt-Taste. Dabei werden gegenüberliegende Seiten parallel verzerrt.
- Um eine Auswahl oder Ebene perspektivisch zu verzerren, drücken Sie ⌘+Alt+Umschalt-Taste und ziehen an einem Eckgriff.

Solange die Begrenzungsbox angezeigt ist, können Sie kaum andere Dinge unternehmen. Zur Verfügung steht nur der **Schließen**-Befehl, einiges aus dem **Ansicht**-Menü und das Untermenü **Transformieren**, wo Sie einzelne Verzerrungsfunktionen ausdrücklich anwählen können.

Transformieren abschließen

Um die Veränderung endgültig anzuwenden, klicken Sie doppelt in die Box, oder drücken Sie die Eingabe-Taste. Um den Begrenzungsrahmen folgenlos zu entfernen – auch nach mehreren Verzerrungen, doch vor dem Bestätigen –, drücken Sie Esc. Mit ⌘+Z annullieren Sie nur Ihren letzten Zug an den Griffpunkten.

»Drehen«, »Neigen«, »Skalieren«, »Verzerren«

Sie müssen die Tastaturkombinationen für das freie Transformieren nicht im Kopf haben. Verwenden Sie das Untermenü **Bearbeiten: Pfad transformieren** und dort einen der Einzelbefehle wie **Drehen**, **Neigen** oder **Skalieren**. Photoshop zeigt die Begrenzungsbox, erlaubt Ihrer Maus aber zunächst nur die jeweils gewählte Veränderung sowie das Verschieben. Sie können jedoch, noch bevor Sie mit der Eingabe-Taste bestätigen, den Befehl **Frei transformieren Pfad** wählen oder ⌘+T drücken; dann sind alle anderen Veränderungen auch möglich. Oder Sie wechseln zu einem anderen Einzelbefehl.

Der Rahmen der Begrenzungsbox läßt sich auch über die Bildgrenzen hinausziehen. Am übersichtlichsten ist das, wenn man in einen Vollschirmmodus wechselt (Kurztaste F, für Full screen). Auch Pfadteile, die außerhalb des sichtbaren Bereichs liegen, werden gespeichert und lassen sich später wieder ins Bild bewegen.

»Pfad transformieren: Per Eingabe«

Sie können die Daten der Pfadveränderung unmittelbar eintippen im Dialogfeld »Per Eingabe transformieren«. Dies gilt für Drehen, Neigen, Skalieren und Bewegen, nicht aber für Verzerren. Diesem Dialogfeld fehlt allerdings eine Vorschau-Funktion.

Verzerrungen wiederholen

Eine gelungene Verzerrung läßt sich leicht auf andere Pfade – und genauso auf andere Ebenen – übertragen. Aktivieren Sie den gewünschten Pfad, und wählen Sie den Befehl **Bearbeiten: Transformieren: Erneut** (Umschalt+⌘+T). Sie können gleichermaßen Verzerrungen »per Eingabe« wiederholen wie auch solche Eingriffe, die Sie mit den Griffpunkten der Rechteckbox vorgenommen haben. Es ist in Ordnung, wenn Sie zwischendurch andere Werkzeuge benutzen oder das erste Verzerren widerrufen.

Erneut gibt es nur, wenn Sie in der ursprünglichen Datei arbeiten. Klicken Sie ein anderes Dokument an, können Sie dort keine Verzerrung aus dem »Erneut«-Speicher bemühen.

So können Sie eine erfolgreiche Verzerrung doch auf Pfade aus anderen Dateien übertragen: Ziehen Sie den Pfad mit dem Bewegenwerkzeug einfach in das Bild, in dem Sie bereits transformiert haben, klicken auf **Erneut**, und verfrachten den Pfad wieder zurück. Dabei darf der verschobene Pfad ruhig größer sein als das Bild, in dem Sie das Transformieren wiederholen – nicht sichtbare Teile werden von Photoshop berücksichtigt. Alternative: Speichern Sie das Transformieren mit der Aktionenpalette; freies Verzerren zeichnet Photoshop genauso auf wie Ihre Werte **per Eingabe**.

Veränderungen der Bilddaten

Der Pfad wächst oder schrumpft mit, wenn Sie mit dem Befehl **Bild: Bildgröße** die Pixelgröße neu berechnen. Auch wenn Sie die Arbeitsfläche drehen oder spiegeln, hat das Konsequenzen für den Pfad.

Vergleichbare Veränderungen einer einzelnen Ebene tangieren den Pfad indes nicht. Ein Pfad orientiert sich in keiner Weise an Einzelebenen.

11.5 Auswahlen und Pfade

Sie können Auswahlen in Pfade umrechnen und Pfade wieder in Auswahlen verwandeln. Dies ist oft eine elegante Möglichkeit, Auswahlen zu korrigieren, und es spart Platz gegenüber der Auswahlspeicherung im Alphakanal. Sie können den Pfad auch als Freistellpfad abspeichern und in einem EPS-Dokument an ein Layoutprogramm weiterreichen – dort erscheint dann nur das freigestellte Objekt ohne viereckiges Umfeld.

 *Auswahl in Pfad verwandeln*

Der Menüpunkt **Pfad erstellen** in der Pfadepalette macht aus einer schillernden Auswahlumrandung einen Pfad. Haben Sie einen Bildteil ausgewählt, und klicken Sie auf **Pfad erstellen**, dann geben Sie an, wie genau der Pfad an einer Pixel für Pixel definierten Auswahllinie entlanggeführt werden soll. Als »Toleranz« geben Sie Werte zwischen 0,5 und 10 Pixeln ein. Je höher der Wert, um so ungenauer gerät der Pfad. Er hat dann weniger Ankerpunkte.

Abkürzung: Um die Auswahl mit der zuletzt verwendeten Toleranz in einen Pfad zu verwandeln, klicken Sie auf das Symbol »Arbeitspfad aus Auswahl erstellen«.

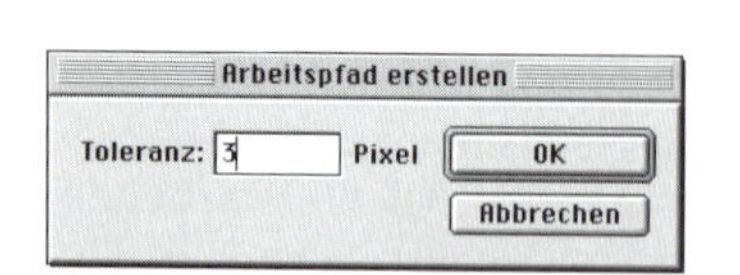

Photoshop kann Auswahlen mit unterschiedlicher Toleranz in Pfade umrechnen und wieder zurückverwandeln. Ein Pfad spart Speicherplatz gegenüber der Auswahlspeicherung mit Alphakanälen.

Bedenken Sie jedoch, daß Auswahlen grundsätzlich an Pixeln entlanglaufen, während Pfade freischwebend darüberliegen und sich statt an Pixeln an Kurven und Ankerpunkten orientieren; das heißt: eine als Pfad gespeicherte Auswahl, die Sie wieder in eine Auswahl zurückverwandeln, hat nicht unbedingt den exakt gleichen Verlauf. Arbeiten Sie indes mit niedriger Toleranz, kann man Pfade in der Regel problemlos als Auswahlen speichern und spart eine Menge Speicherplatz gegenüber einem Alphakanal. Vor allem, wenn Sie mehrere Auswahlen haben, die sich überschneiden – dafür bräuchten Sie mehrere Alphakanäle –, speichern Sie ökonomischer im Pfad-Verfahren.

Die Umwandlung von der Auswahl zum Pfad kostet Zeit – je niedriger Ihre Toleranz, desto mehr. Auf kleinen, niedrig aufgelösten Bildern wirkt sich eine Toleranzänderung viel stärker aus als in hoch aufgelösten Dateien.

Eine hohe Zahl von Ankerpunkten kann ein Layoutprogramm zum Kollaps bringen, wenn Sie den gespeicherten Pfad als Freistellpfad verwenden. Versuchen Sie es dann mit einer höheren Toleranz.

Allerdings können Sie im Pfad keine präzisen stufenlosen Auswahlveränderungen speichern, wie es in einem Alphakanal mit seinen 256 Graustufen Pixel für Pixel einzeln möglich ist.

Auswahlkorrektur per Pfad

Insbesondere wenn Sie eine Auswahl abschnittweise enger oder weiter fassen und dabei Befehlen verwenden wie **Auswahl verändern: Erweitern** oder **Sonstige Filter: Dunkle Bereiche vergrößern**, empfiehlt sich die Pfadtechnik als handliche Alternative:

1. Um auf jeden Fall eine Reserve der aktuellen Auswahl beizubehalten, speichern Sie diese in einem Alphakanal mit dem Befehl **Auswahl: Auswahl sichern** oder mit dem entsprechenden Symbol auf der Kanälepalette.
2. Verwandeln Sie die Auswahl in einen Arbeitspfad; dabei verwendet man in der Regel keine ganz niedrige Toleranz, da sich die resultierende Vielzahl von Ankerpunkten kaum in den Griff bringen läßt.
3. Verwandeln Sie diesen Arbeitspfad in einen Pfad, indem Sie ihn in der Pfadepalette auf das Symbol »Neuer Pfad« ziehen.
4. Markieren Sie den Pfadbereich, der verändert werden soll, mit dem Werkzeug »Direkt-Auswahl«.
5. Bewegen oder **transformieren** Sie den markierten Pfadbereich, um ihn dem Bildmotiv anzupassen.
6. Entfernen Sie eventuell einzelne Ankerpunkte, oder fügen Sie einzelne Ankerpunkte hinzu, und korrigieren Sie bei Bedarf Grifflinien. Wenn diese Korrektur aufwendig ausfällt, sollten Sie die Auswahl mit einer anderen Toleranz neu in einen Pfad verwandeln.
7. Verwandeln Sie den korrigierten Pfad zurück in eine Auswahl, indem Sie ihn auf das runde, gepunktete Symbol »Pfad als Auswahl laden« ziehen.

Es hat meist wenig Zweck, ein Objekt präzise am vorhandenen Rand auszuschneiden. Oft spart es Zeit – und macht die spätere Montage realistischer –, wenn Sie ein oder zwei Pixel des äußersten Objektrands weglassen, also die Auswahl etwas nach innen schieben. Sie haben so auch die Möglichkeit, das Objekt geringfügig zu formen. Alternative: das Untermenü **Ebene: Hintergrund**, dessen Befehle Randpixel entfernen.

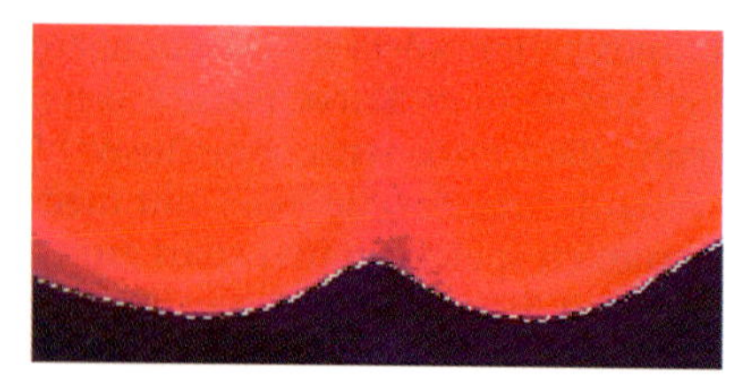

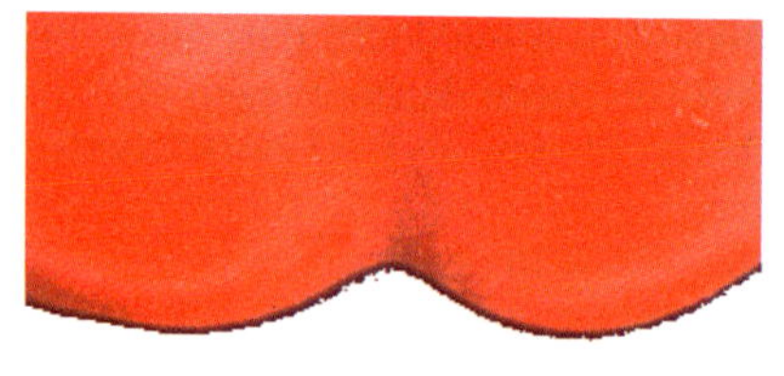

Links: Der schwarze Hintergrund der »Paprika« soll ausgewählt werden, um mit umgekehrter Auswahl das Gemüse allein selektieren zu können. Doch der Übergang ist, bedingt durch Schatten und Scharfzeichnung, sehr unruhig. Rechts: Auch der Maskierungsmodus, hier mit weißer Deckfarbe, zeigt, daß die Auswahl ausgefranst ist und noch nicht sitzt. Datei: Paprika

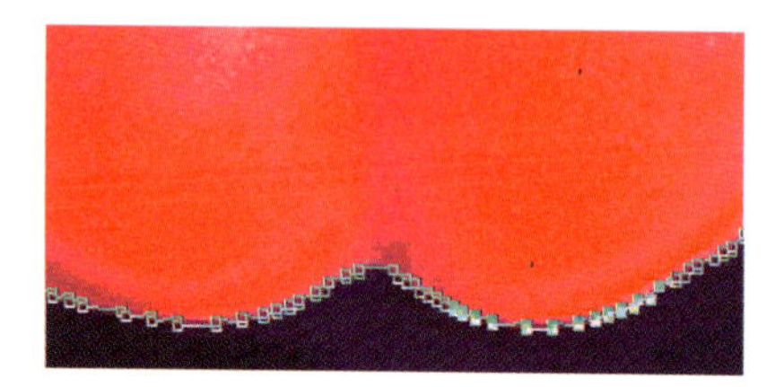

Links: Um die Paprika sauber auswählen zu können, wird ein Pfad erstellt. Doch bei niedriger Toleranz von »0,5« entstehen zu viele Ankerpunkte. Rechts: Ein neuer Versuch mit einer Pfad-Toleranz von »4« erzeugt nur noch wenige Ankerpunkte. Wo der Pfad außerhalb der Frucht verläuft, werden mehrere Segmente markiert und leicht nach innen geschoben. Durch die Neuplazierung der Kontur und durch die Grifflinien kann man die Paprika nach Geschmack formen.

Der korrigierte Pfad wird in eine geglättete Auswahl verwandelt. Durch das Verschieben der Konturen nach innen entsteht ein sauber geformter Freisteller.

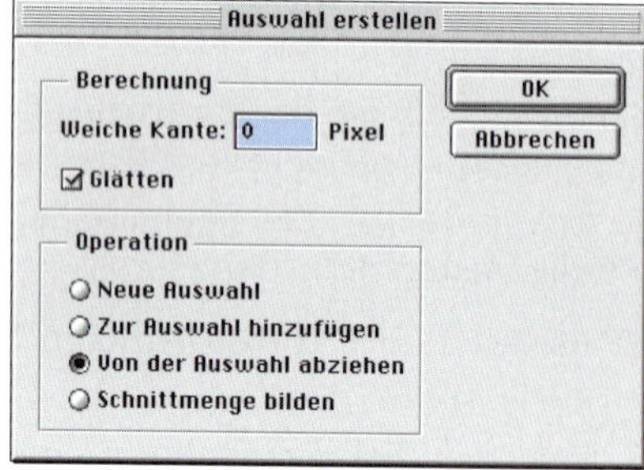

Unsaubere Ränder glätten per Pfad

Oft entstehen bei Auswahltechniken via Zauberstab oder Alphakanalretusche unsaubere, gezackte Ränder. Typische Beispiele:

- Der Übergang zwischen Hauptmotiv und Hintergrund ist abgeschattet und läßt sich weder mit Lasso noch Zauberstab präzise erfassen.
- Sie haben eine Auswahl im Alphakanal mit Tonwertbefehlen wie **Dunkle Bereiche vergrößern** oder **Helligkeit/Kontrast** verändert, dazu womöglich noch skaliert, rotiert, weichgezeichnet und den Kontrast wieder angehoben, zum Beispiel bei Text – eine schöne Randglättung dürfen Sie nach solcher Manipulation nicht mehr erwarten.

In diesen Fällen verwandeln Sie die unschöne Auswahl bei niedriger bis mittlerer Toleranz von zum Beispiel »2« oder »3« in einen Pfad. Konvertieren Sie diesen zurück in eine Auswahl, wobei Sie das »Glätten« anwählen – Sie erhalten eine saubere Kante.

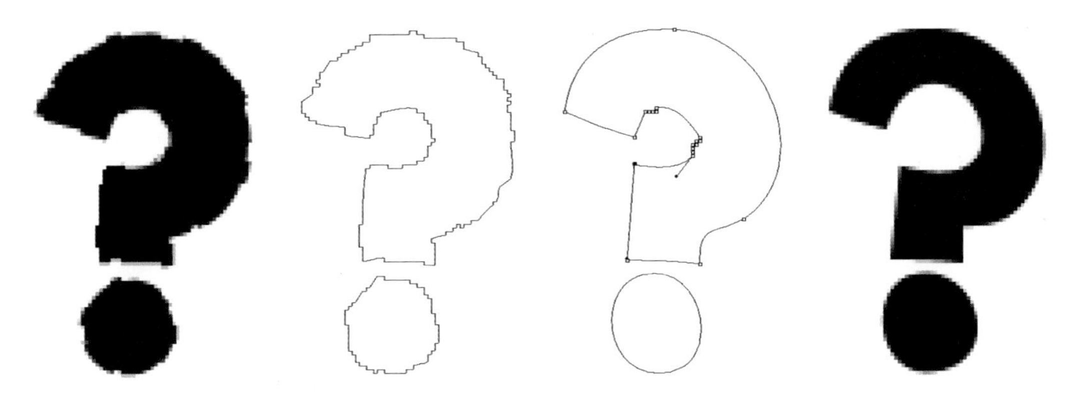

Links: Die Kanten dieses Objekts wurden durch mehrfaches Interpolieren entstellt, wie sich in der fünffachen Vergrößerung deutlich zeigt. 2. Bild: Das Objekt wurde als Auswahl geladen, die Auswahl wurde in einen Pfad verwandelt – doch bei nur 0,5 Pixel Toleranz gerät der Pfad zu unruhig. 3. Bild: Bei 2,0 Pixel Toleranz läßt sich der Pfad besser korrigieren. Rechts: Der Pfad wird gefüllt, dabei ist die Option »Glätten« aktiv; die Vergrößerung zeigt, daß ein sauber geglätteter Rand entstanden ist. Datei: Objekt

Pfad in Auswahl verwandeln

Wenn Sie den Pfad fertig korrigiert haben und wieder als Auswahlumrandung brauchen, wählen Sie **Auswahl erstellen** im Paletten-Menü. Möchten Sie die vorhandenen Einstellungen aus dem Dialogfeld übernehmen, klicken Sie auf das runde, gepunktete Symbol »Pfad als Auswahl laden« oder drücken Sie bei aktiviertem Auswahlwerkzeug die Eingabe-Taste auf dem Ziffernblock. Wenn der Pfad nicht geschlossen ist, schließt Photoshop die Auswahl zwischen den beiden Pfadenden auf direktem Weg. Weitere Alternative: Klicken Sie bei gedrückter ⌘-Taste auf die Pfadminiatur in der Palette.

Im zugehörigen Dialogfeld machen Sie unter »Berechnung« folgende Angaben:

»Weiche Kante«

Sie definieren eine »weiche Kante«; damit franst der Rand weich aus und geht, wenn Sie den Bildteil ausschneiden und andernorts einsetzen, fließend in den neuen Hintergrund über. Sie geben einen Wert in Pixeln ein. Fünf Pixel Radius bedeuten fünf Pixel weichen Rand auf jeder Seite der Auswahllinie; 250 sind höchstens möglich. Sie können eine Auswahl auch nachträglich mit dem **Auswahl**-Befehl **Weiche Auswahlkante** soften.

»Glätten«

Die Option »Glätten« erstellt einen nahtlosen Übergang unmittelbar am Auswahlrand; Sie füllt die äußersten Randpixel zu 50 Prozent mit den Werten der nichtausgewählten Bildpunkte direkt daneben – meist die ideale Einstellung. »Glätten« und »Weiche Kante« werden vorne im Kapitel »Auswahlen erstellen« ausführlich besprochen.

Auswahlen verrechnen

Ein weiteres Feld beim »Auswahl erstellen« heißt »Operation«. Denn hier geben Sie an, ob Sie die neue Auswahl von einer bereits bestehenden Markierung amputieren oder noch eine Auswahl hineinverpflanzen. Auch diese Möglichkeiten kennen Sie bereits vom Befehl **Auswahl laden**, der im Kapitel »Auswählen« abgehandelt wird.

- Gibt es gar keine Auswahlbereiche im Bild, erstellen Sie beim Umwandeln des Pfads einfach eine »neue Auswahl«.
- Haben Sie dagegen bereits einen Bildteil markiert, können Sie die per Pfadwerkzeug erstellte weitere Markierung »zur Auswahl hinzufügen«. Damit wird ein weiterer, separater Bildteil für die Bearbeitung oder Montage herangezogen. Den gleichen Effekt erzielen Sie ja, wenn Sie direkt mit einem Auswahl-Werkzeug wie dem Lasso arbeiten und, um eine bereits vorhandene Auswahl zu erweitern, die Umschalt-Taste drücken.
- Setzen Sie die neue Auswahl dagegen in eine schon bestehende Auswahl hinein, können Sie den neu markierten Bereich »von der Auswahl abziehen«.
- Überkreuzt sich eine vorhandene Auswahl mit dem aktiven Pfad, dann läßt sich beim Umwandeln auch die »Schnittmenge bilden«.

11.6 Beschneidungspfad

Eine Besonderheit ist der »Beschneidungspfad«, auch Clipping-Pfad oder Freistellpfad genannt. Er hilft bei der Weitergabe eines Motivs an ein Layoutprogramm. Die Umgebung eines ausgewählten Objekts wird dann transparent in ein Layoutprogramm geladen. So erscheint nur das freigestellte Objekt, ansonsten wäre es mindestens von einem weißen Rechteck umgeben.

Dieser Freistellpfad hat nichts zu tun mit den Freistellern, die mit dem Dateiformat GIF zum Beispiel auf WWW-Seiten im Internet möglich sind.

Traditionell unterstützt nur das EPS-Format Freistellpfade. Einige Programme interpretieren aber auch Pfade in Tiff- und JPG-Dateien als Freistellpfade. Wollen Sie also das ganze Bild zeigen, entfernen Sie den Pfad vor der Weitergabe.

Vorgehen

So legen Sie einen Beschneidungspfad an:

1. Erzeugen Sie einen geschlossenen Pfad, der das gewünschte Objekt präzise umgibt.
2. Wählen Sie im Paletten-Menü **Beschneidungspfad**.
3. Wählen Sie aus dem Listenfeld den gewünschten Pfadnamen und eine Kurvennäherung (siehe unten). Sie können also pro Datei nur einen Beschneidungspfad angeben.
4. Nach dem Klick auf »OK« erscheint der Pfadname in der Pfadepalette in Fettschrift, um ihn als Beschneidungspfad herauszustellen.
5. Speichern Sie das Bild im Dateiformat »Photoshop EPS« oder »DCS«. Im Gegensatz zu früheren Versionen erscheint dort der Pfadname nicht mehr – der in der Pfadepalette gespeicherte Beschneidungspfad wird automatisch in die EPS-Datei übernommen.

Beachten Sie, daß dieser Beschneidungspfad auf World-Wide-Web-Seiten nichts ausrichtet. Um dort ein freigestelltes Objekt ohne Rechteckkasten zu präsentieren, verwendet man in der

Regel das GIF-Format mit Transparenzfarbe. Ausführliche Anleitungen finden Sie im Kapitel »Öffnen, Speichern, Dateiformate«.

Halbautomatisch legen Sie einen Beschneidungspfad mit dem Befehl **Hilfe: Transparentes Bild exportieren** an. Dabei muß der gewünschte Freistellbereich entweder ausgewählt sein oder über transparentem Hintergrund liegen. Alles weitere erledigt Photoshop.

»Kurvennäherung«

Für den Beschneidungspfad kann man eine Kurvennäherung vorgeben. Eine niedrigere Kurvennäherung führt zu etwas gröberen Freistellpfaden, vermeidet aber auch Belichtungsfehler. In der Regel verwendet man eine Kurvennäherung von acht bis zehn für hochauflösende Belichter über 1200 dpi, Werte zwischen eins und drei empfehlen sich zwischen 300 und 600 dpi. Häufig trägt man gar nichts ein; dann wird die Voreinstellung des Druckgeräts verwendet.

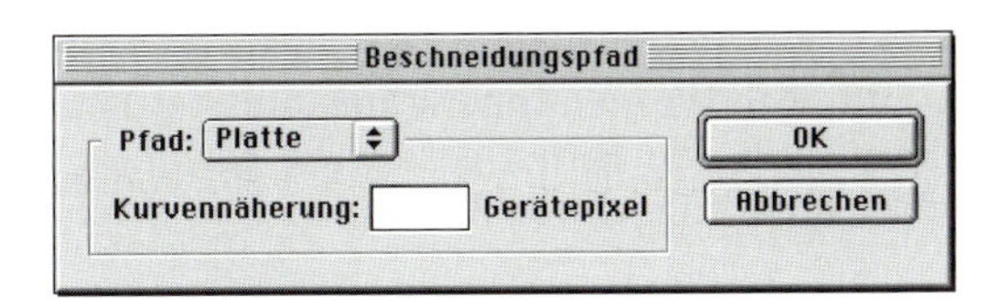

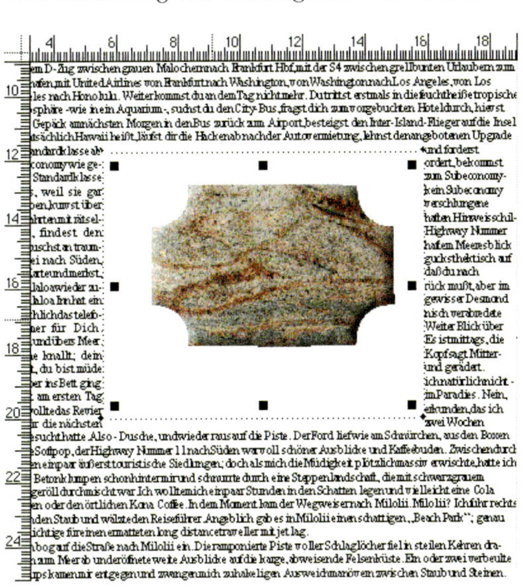

Ein Beschneidungspfad unterdrückt Außenbereiche der Bilddatei bei der Plazierung in einem Layoutprogramm.

Kurvennäherung

Prüfen Sie den Wert für die Kurvennäherung (auch »Flatness«). Je niedriger der Wert, desto mehr gerade Linien setzt der PostScript-Interpreter beim Druck ein, um die Kurve zu zeichnen, möglich sind Werte zwischen 0,2 und 100. Je niedriger der Wert, desto genauer wird der Kurvenverlauf nachgebildet.

Es kann passieren, daß ein komplexer Freistellpfad auf einem niedrigauflösenden Drucker korrekt ausgegeben wird, weil der Drucker den Pfad automatisch vereinfacht hat; bei der endgültigen hochauflösenden Wiedergabe erscheinen aber Fehlermeldungen. In diesem Fall erhöht man den Wert für Kurvennäherung (Flatness) im Dialogfeld für den Freistellpfad. Mit hohen Werten für die Kurvennäherung erzeugt der PostScript-Interpreter im Drucker eine flachere Kurve; für Drucker über 1200 dpi eignen sich Werte von 8 bis 10, 300 oder 600 dpi werden mit einer Kurvennäherung von 1 bis 3 angesteuert. Setzt man die Kurvennäherung auf hohe Werte wie 25, kann die freigestellte Kontur grob wirken. Geben Sie keinen Wert ein, erscheint das freigestellte Motiv nach Vorgabe des Druckers – meist die beste Wahl. Für sehr lange Kurven müssen Sie den Wert aber vielleicht erhöhen, um überhaupt einen Druck zu ermöglichen.

Probleme mit Beschneidungspfaden

Bringt der Pfad wegen zu zahlreicher Ankerpunkte den Belichter aus dem Takt, können Sie Ankerpunkte eines Pfads nachträglich auf diesem Weg reduzieren:

1. Mit dem Palettenbefehl **Auswahl erstellen** laden Sie den Beschneidungspfad noch einmal als Auswahl.
2. Rechnen Sie die Auswahl jetzt mit dem Palettenbefehl **Pfad erstellen** wieder in einen Pfad um – mit einer hohen Toleranz von zum Beispiel 6.
3. Definieren Sie diesen Pfad als **Beschneidungspfad.**

Problematisch ist es manchmal, wenn Sie Objekte mit einem Beschneidungspfad umgeben, aber innen auch nochmal einen transparenten Bereich wünschen. Beispiel: Sie stellen einen Reifen frei, der innen ebenfalls transparent sein soll. Folge: Sie haben einen zweiteiligen Beschneidungspfad.

Hier verwendet Photoshop die Non-Zero-Winding-Füllregel: Wurden innerer und äußerer Pfad in gegensätzlichen Richtungen angelegt, spart Photoshop den Reifen genau wie gewünscht aus; verlaufen die beiden Pfade allerdings in gleicher Richtung, würde Photoshop das Reifeninnere nicht transparent freistellen.

Wie herum Ihre Pfade verlaufen, stellen Sie fest, wenn Sie die **Pfadkontur füllen** und darauf achten, in welcher Richtung der Pinsel am Pfad entlang vorrückt.

Befehle im Überblick: Pfade

Taste/Feld	Zusatztasten	Aktion	Ergebnis
P (für den Pen Tool)			Letztes Pfadwerkzeug
A			
		Klick!	Geraden Pfad zeichnen
	⇧	Klick!	Geraden Pfad mit 45-Grad-Winkeln zeichnen
		Klick! ziehen	Kurvenpfad zeichnen
	⌘		
		Klick! auf Ankerpunkt, Griffpunkt	Griffpunkt, Ankerpunkt bewegen
		Klick! ziehen	Pfadsegment/Ankerpunkt markieren
	⇧	Klick!	Zusätzliche Pfadsegmente/Ankerpunkte markieren

Taste/Feld	Zusatztasten	Aktion	Ergebnis
	⌥		Gesamten Pfad auswählen
	⌥	ziehen	Duplikat des Pfads bewegen
	⌘	über Ankerpunkt	
	⌘	auf Ankerpunkt	Ankerpunkt in Eckpunkt umwandeln
			Ankerpunkt hinzufügen
			Ankerpunkt entfernen
		Pfad auf Symbol ziehen	Pfad löschen
			Pfad neu erstellen
		Pfad auf Symbol ziehen	Pfad duplizieren
			Auswahl mit aktuellen Einstellungen in Arbeitspfad verwandeln
			Pfad mit aktuellen Einstellungen in Auswahl verwandeln
Richtungstasten			Markierte Punkte in 1-Pixel-Schritten verschieben
Richtungstasten	⇧		Markierte Punkte in 10-Pixel-Schritten verschieben
			Pfadmenü
			Pfadkontur mit aktuellen Einstellungen füllen
	⌥		Dialogfeld »Pfadkontur füllen«
			Pfadfläche mit aktuellen Einstellungen füllen
	⌥		Dialogfeld »Pfadfläche füllen«

11.7 Malen nach Pfaden

Photoshops Mal- und Retuschewerkzeuge können sich an den Pfaden entlangarbeiten, um die Pfadkontur nachzumalen. Dazu wählen Sie den Palettenbefehl **Pfadkontur füllen**. Sie können auch nur einen Teil des Weges gehen. Soll die Fläche innerhalb des Pfads komplett mit Farbe zugeschüttet werden, nehmen Sie **Pfadfläche füllen**. Haben Sie nur Pfadteile markiert, heißen die Menüs **Unterpfadfläche füllen** und **Unterpfadkontur füllen**. Dann wird auch nur der ausgewählte Teil bearbeitet. Aber achten Sie darauf, daß Sie die richtige Ebene erwischen.

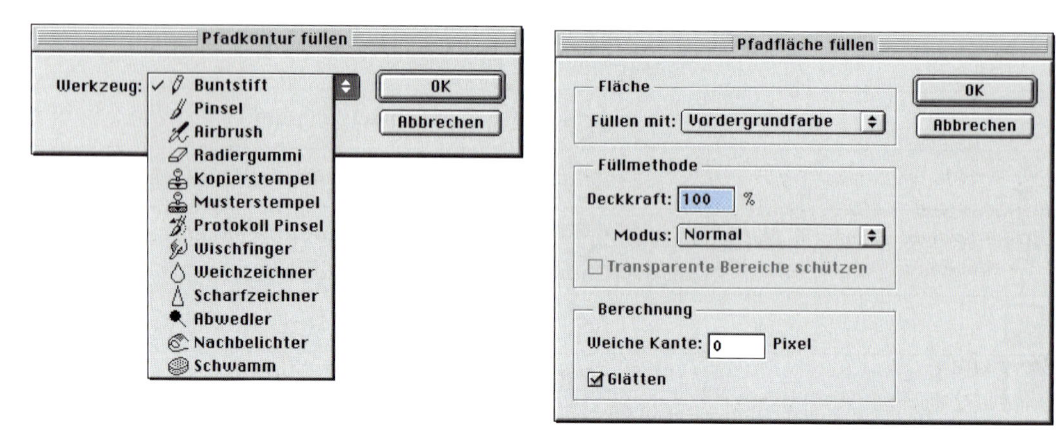

Sie können ein beliebiges Werkzeug mit den aktuellen Einstellungen an einem Pfad entlangarbeiten lassen (links). Ebenso füllt Photoshop die gesamte Bildfläche innerhalb des Pfades.

Pfadkontur füllen

Sie können den Pfad mit einem beliebigen Mal- oder Retuschewerkzeug nachmalen lassen. Sie geben ein Werkzeug vor, und Photoshop wird es mit den aktuellen Werkzeugspitzen dieses Geräts einsetzen.

Statt also bestimmte Zeichnungen oder Retuschen immer wieder mit neuen Werkzeugspitzen und Modi anzugehen, legen Sie nur einmal einen Pfad an und schicken dann alle Werkzeuge des Photoshop mit unterschiedlichsten Einstellungen auf die Reise – bis der Pfad in gewünschter Weise abgearbeitet ist. Für besonders lebendige Wirkung arbeiten Sie mit schrägen Werkzeugspitzen oder einer »Nassen Kante«. Es ist interessant, Muster festzulegen und diese per Stempel auf den Pfad zu schicken.

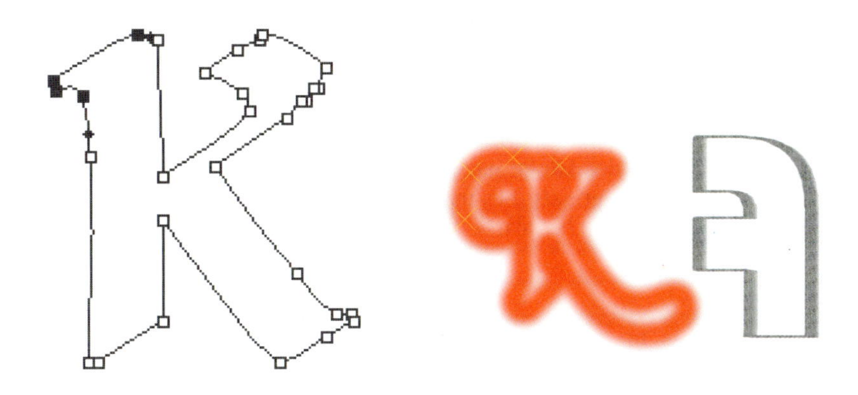

Der Befehl »Pfadkontur füllen« malt automatisch einen Pfad mit beliebigen Werkzeugen und Einstellungen nach. Links: Hier wurde erst mit Airbrush, dann mit einem dünneren Aufheller und auf einem Unterpfad mit einer frei geformten Pinselspitze gearbeitet. Rechts: Der Musterstempel trug ein Muster mit schräger Werkzeugspitze auf.

Vorgehen

So geht's mit der Pfadepalette:

1. Klicken Sie in der Pfadepalette auf den Pfad Ihrer Wahl.
2. Und dann auf **Pfadkontur füllen** im Paletten-Menü.
3. Wählen Sie ein Werkzeug im Dialogfeld »Pfadkontur füllen«. Beim Nachzeichnen der Kontur gelten die aktuellen Optionen für dieses Werkzeug einschließlich der Einstellungen bei Vordergrundfarbe und Werkzeugspitzenpalette (Größe, Deckkraft, Malabstand etc.).
4. Klicken Sie auf »OK«.

Per Symbol

- Mit einem Klick auf das Symbol »Pfadkontur füllen« füllen Sie die Pfadkontur. Photoshop strichelt dann automatisch mit dem zuletzt verwendeten Mal- oder Retuschierwerkzeug mit den aktuellen Werkzeugspitzen und Optionen.
- Sie können auch einen Pfad auf das Symbol ziehen, um automatisch die Kontur füllen zu lassen.
- Klicken Sie das Symbol mit der Alt-Taste an, erhalten Sie wie immer das Dialogfeld »Pfadkontur füllen« und können ein Werkzeug auswählen.

Als Werkzeug, das automatisch den Pfad nachzeichnet, läßt sich etwa auch ein Weichzeichner oder der Aufheller (Abwedler) anwählen; damit legen Sie zum Beispiel Strahlen an.

Alternativen

Die Konturenfüllung per Pfadwerkzeug bietet Vorteile gegenüber dem **Bearbeiten**-Befehl **Kontur füllen**: Sie können unterschiedliche Werkzeuge und Werkzeugspitzen verwenden, etwa auch den Aufheller (Abwedler), mit dem man Glanzeffekte setzt. Dagegen malt die Funktion **Kontur füllen** mit einem Einheitspinsel, nur die Breite ist wählbar. Interessant beim **Kontur**

füllen ist höchstens die Möglichkeit, die Farbe nur »innen« oder »außen« an einer Auswahl entlanglaufen zu lassen.

Gelegentlich bietet sich auch die Alternative an, eine Auswahl um eine Objektkontur herum in einen Rahmen zu verwandeln mit dem Befehl **Auswahl verändern: Rahmen erstellen**, so daß nur noch eine schmale Zone um das Objekte herum bearbeitet werden kann. Das macht zum Beispiel Sinn, wenn Sie einen Verlauf der Länge nach über eine Kontur ziehen möchten. Sie können den Rahmen auch besser aufhellen, als dies manchmal mit dem Abwedler möglich ist, der immer nur bestimmte Helligkeitsbereiche bearbeitet.

Pfadfläche füllen

Ähnlich läuft es, wenn Sie die ganze **Pfadfläche füllen**. Im Dialogfeld »Pfadfläche« machen Sie eine Reihe von Angaben, die Sie teils beim Befehl **Bearbeiten: Fläche füllen** wiederfinden:

- Zum Füllen stehen Vorder- und Hintergrundfarbe, Schwarz, Weiß und Grau, Muster und das aktuell vorgemerkte Stadium in der Protokollpalette.
- Als »Füllmethode« geben Sie eine Deckkraft und einen Modus vor.
- Wählen Sie »Transpirierende Bereiche schützen«, wenn Sie innerhalb einer Ebene nur das eigentliche Objekt, nicht aber die transparente Fläche drumherum füllen wollen.
- Schließlich können Sie den Rand durch weiche Kante oder Glätten absoften.

Das Symbol »Pfadfläche füllen« unten in der Werkzeugleiste erspart Ihnen den Weg ins Paletten-Menü:

- Mit einem Klick auf das Symbol **Pfadfläche füllen** Sie den Pfad. Photoshop setzt dann automatisch die zuletzt verwendeten Fülloptionen ein.
- Sie können auch einen Pfad auf das Symbol ziehen, um die Fläche automatisch füllen zu lassen.
- Klicken Sie das Symbol mit der Alt-Taste an, erhalten Sie das Dialogfeld »Pfadfläche füllen« und können ein Werkzeug auswählen.

12 Ebenen

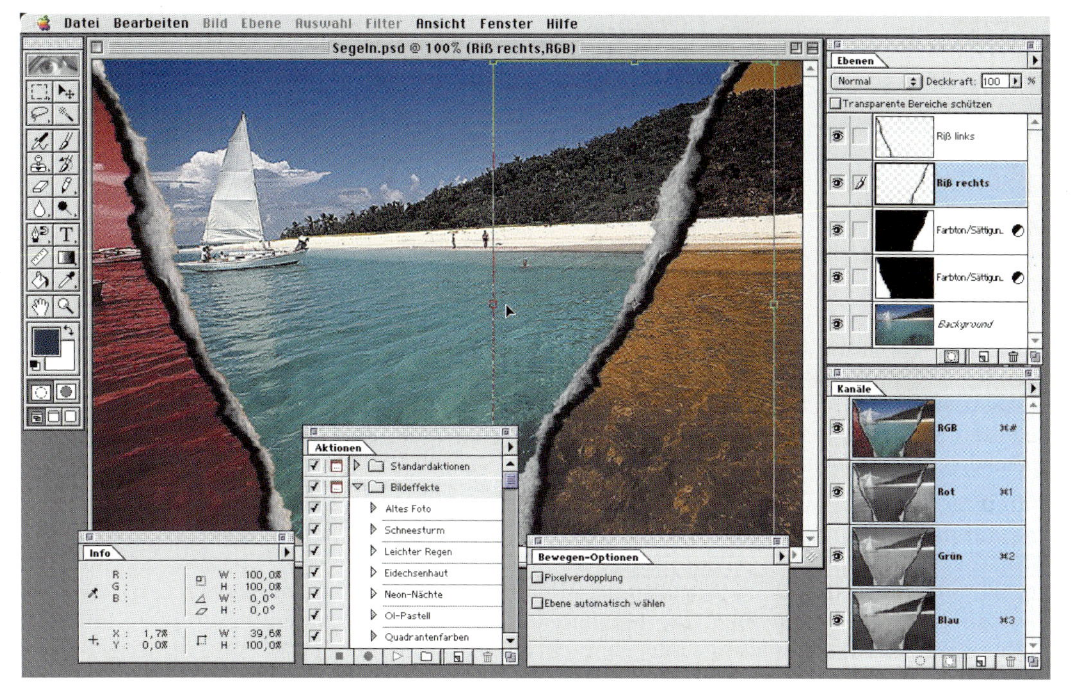

Im Hintergrund dieser Montage liegt ein unverändertes Reisefoto. Die Risse wurden auf separaten Ebenen eingesetzt. Abmaskierte Einstellungsebenen färben die Randstücke um. Risse und Einstellungsebenen lassen sich jederzeit ausblenden, so daß das ursprüngliche Foto zu sehen ist. Datei: Segeln

In den vorangegangenen Kapiteln haben Sie gelesen, wie man Bildteile auswählt und für die weitere Bearbeitung isoliert. Sie haben gelernt, wie man die Auswahlen mit Hilfe von Alphakanälen und Pfaden verfeinert. In diesem Kapitel besprechen wir, wie Sie die ausgewählten Bildteile verschieben sowie in andere Bilder einsetzen.

12.1 Einführung

Photoshops Ebenentechnik zählt zu den großen Stärken des Programms gegenüber der Konkurrenz, die Photoshops Methoden akribisch kopiert. 99 unabhängige Ebenen verkraftet Photoshop – nicht jedoch auch jeder Rechner. Mit diesen Ebenen geht das Programm äußerst flexibel um, fast beliebige Fotomontagen sind möglich.

Übersicht

Mit Photoshops Ebenentechnik können Sie

- ❒ Bildteile zerstörungsfrei montieren und immer wieder neu arrangieren
- ❒ Bildteile teilweise verbergen und jederzeit wieder komplett nach vorn holen
- ❒ Bildbereiche kontrastkorrigiert anzeigen, ohne sie tatsächlich zu verändern
- ❒ Objekte mit vorübergehendem Schatten, Lichthof oder 3D-Effekt ausstatten
- ❒ Texte einsetzen, die sich immer wieder neu formatieren und umformulieren lassen

Alle Techniken – Grundlagen und Fortgeschrittenes – werden in leicht nachvollziehbaren »Übungen« erklärt. Die erforderlichen Dateien finden Sie auf der beiliegenden CD.

Dateiformate

Nur ein einziges Dateiformat in Photoshop zeigt sich aufnahmefähig für die Ebenen: das Photoshop-Format. Sie können jederzeit eine Tiff- oder JPEG-Datei laden und mit der Ebenen-Montage beginnen. Doch wenn es ans Speichern geht, bietet Photoshop nur mehr sein hauseigenes Dateiformat an. Immerhin gibt es den Befehl **Kopie sichern unter** (⌘+Alt+S); hier können Sie eine »flache« Version der Datei in einem üblichen Format wie Tiff auf Platte wegspeichern, bei dem die aktuell sichtbaren Pixel verewigt werden. Sie arbeiten dann weiterhin an der unveränderten Ebenenmontage. Lesen Sie Näheres zum Photoshop-Dateiformat im Kapitel »Öffnen, Speichern, Dateiformate« weiter vorne.

Sofern Sie mit Windows-Nutzern zusammenarbeiten: Auf dieser Plattform gibt es noch mehr Programme, die Photoshop-Dateien mit Ebenentechnik korrekt schreiben und lesen können. Im Frühjahr 1998 waren es Corel PhotoPaint 7 und Nachfolger, außerdem die Sharewares Paint Shop Pro 5.0 und PhotoLine 32 3.0 fortfolgende. Allerdings werden nie alle möglichen Features einer Photoshop-Montage unterstützt. Speziell »Effekte«, Textebenen, Maskierungsgruppen und Einstellungsebenen sind nur teilweise oder gar nicht anerkannt. Manche Programme öffnen schlichte Ebenenmontagen aus Photoshop 5 nicht, auch wenn diese keine unmöglichen Dinge enthalten. Das gleiche Bild, gespeichert in Photoshop 4, wird leichter geöffnet.

Dateigröße

Durch die Ebenentechnik kann die Dateigröße erheblich anschwellen – auf Platte und im Arbeitsspeicher. Noch weiter steigt der Festplattenbedarf, wenn Sie in den »Voreinstellungen« die Option »Mit Composite und Dateiebene« eingeschaltet haben (Details im Abschnitt über Voreinstellungen). Stellen Sie die Systembeanspruchungsanzeige unten in der Informationsleiste auf »Datei-Größen«; der einschlägige **Fenster**-Befehl blendet diese Leiste ein. Dann meldet Photoshop im Zahlenpaar rechts den Speicherwert, den er für die aktuelle Datei mit allen Ebenen braucht. Der niedrigere Wert links verrät, wie groß die gleiche Datei wäre, wenn man alle Ebenen verschmilzt.

Diese Anzeige der »Datei-Größe« gilt für eine Datei, die mit allen Einzelebenen 24,9 Mbyte Arbeitsspeicher verlangt. Verschmilzt man alle Ebenen zu einer einzigen Hintergrundebene, beansprucht die Datei nur 9,36 Mbyte Arbeitsspeicher.

Anzeige der Größenverhältnisse

Bei solchen Montagen richtet sich Photoshop allein nach der Pixelzahl und nicht nach eingespeicherten Zentimetergrößen. Um beurteilen zu können, in welchen Größenverhältnissen zwei Bilder sich kombinieren lassen, stellen Sie diese in derselben Zoomstufe nebeneinander, zum Beispiel im Maßstab 100 Prozent (⌘+Alt+0). Sie können einzelne Elemente vor oder nach der Montage vergrößern oder verkleinern.

Übernahme der Werte aus der Zieldatei

Nach der Montage gelten in der Zieldatei die Werte dieser Datei. Die Auflösung der Zieldatei bleibt erhalten, auch wenn Sie etwas aus einem Bild mit einer anderen gespeicherten Druckauflösung einfügen. Auch der Farbmodus der Zieldatei bleibt erhalten. Fügen Sie ein RGB-Objekt in ein Graustufenbild ein, wird es dort nur in Graustufen erscheinen. Um es farbig montieren zu können, bringen Sie das Graustufenbild zunächst in einen Echtfarbmodus.

Verbesserungsmöglichkeiten

So leistungsstark Photoshops Ebenentechnik ist, es gibt Verbesserungsmöglichkeiten.

- Photoshop fehlt ein Regler, der flexibel einen weichen Rand herstellt und diesen wieder zurücknimmt, ohne die Bildpunkte zu verändern. Einsteigerprogramme bieten diese Möglichkeit, die mitunter schnell weiterhilft, wenn man einen zu harten oder unsauberen Ausschnitt erzeugt hat.
- In den Ebenen-Optionen wünscht man sich die Möglichkeit, nicht nur die dunkelsten oder die hellsten Tonwerte zu verbergen, sondern bei Bedarf auch nur mittlere Tonwerte. Außerdem sollte es neben dem Ebenenfeld in der Palette ein Symbol geben, daß Dichtebereiche verborgen wurden.
- Per Einstellungsebene kann Photoshop Bildteile zeitweise und abschaltbar aufhellen oder umfärben, ohne sie dauerhaft zu verändern. Die Konkurrenz kann auch schärfen, weichzeichnen und stören per Einstellungsebene.
- Scharfzeichner oder Gradationskurven sollten auf Wunsch alle sichtbaren Ebenen gemeinsam korrigieren, so daß man nicht mehrere Ebenen nacheinander bearbeiten muß. Schließlich gibt es auch bei einigen Werkzeugen die Option »Alle Ebenen einbeziehen«.
- Bei großen Montagen fehlt eine wirksame Datenkompression, notfalls sogar mit JPEG-Prinzip.
- Im WWW-Zeitalter des lean imaging wünscht man sich Ebenenmontagen auch bei 8-Bit-Farbbildern.
- Ebenen lassen sich nicht an Ort und Stelle festnageln.
- Zum präzisen Plazieren vermißt man eine Technik mit dem Bewegenwerkzeug, die folgendermaßen funktioniert: Bewege die Ebene so, daß dieser Punkt der Ebene – klick – nachher an dieser Stelle landet – klick.

12.2 Bildteile einsetzen

Jeden Bildteil, den Sie ausgewählt haben, können Sie sofort bewegen:

Einen ausgewählten Bildteil verschieben

So verschieben Sie einen markierten Bildteil innerhalb eines Bilds:

1. Markieren Sie eine Bildauswahl mit einem Auswahlwerkzeug wie Lasso, Zauberstab oder Rechteck.
2. Versuchen Sie nicht, den Bildteil mit einem Auswahlwerkzeug zu verschieben; damit bewegen Sie nur die Auswahlmarkierung selbst. Wechseln Sie zum Bewegenwerkzeug mit der Kurztaste V (für Move) oder indem Sie vorübergehend die ⌘-Taste drücken.
3. Klicken Sie in die Auswahl, und halten Sie die Maustaste gedrückt.
4. Mit gedrückter Maustaste führen Sie den markierten Bildteil an die gewünschte Stelle im selben Bild. Zurück bleibt ein Loch in der Hintergrundfarbe, zum Beispiel Weiß. – Kein weißes Loch bleibt zurück, wenn Sie mit gedrückter Alt-Taste verschieben; Sie bewegen dann eine Kopie des gewählten Ausschnitts. Drücken Sie die Umschalt-Taste, um die Auswahl in 45-Grad-Winkeln zu bewegen.
5. Sobald Sie die **Auswahl aufheben** – entweder durch den Menübefehl, durch die Kurztaste ⌘+D (für Deselect) oder durch einen Klick ins Bild außerhalb der Auswahl –, ist der verschobene Bildteil verankert, die schwebende Auswahl auf einer Ebene mit dem Bild darunter angesiedelt, der überdeckte Abschnitt darunter gelöscht. Alternativ können Sie den neuen Bildteil auf einer eigenen Ebene ansiedeln, indem Sie in der Ebenenpalette auf das Symbol »Neue Ebene« klicken; wie üblich drücken Sie die Alt-Taste, wenn Sie das Dialogfeld zu diesem Vorgang sehen möchten.

Eine schwebende Auswahl entsteht nur, wenn Sie einen markierten Bildteil mit dem Bewegenwerkzeug verschieben oder duplizieren. Fügen Sie dagegen einen Bildteil aus der Zwischenablage ein oder ziehen Sie die Auswahl in ein anderes Bild, entsteht sofort eine neue Ebene und keine schwebende Auswahl. Sobald eine schwebende Auswahl im Bild ist, läßt sie sich mit jedem Auswahlwerkzeug weiter verschieben, ohne daß Sie noch die ⌘-Taste dazu nehmen müßten.

Schwebende Auswahl mit Hintergrund verschmelzen

Wichtig ist hier das Konzept der »schwebenden Auswahl«. Eine »schwebende Auswahl« ist quasi eine Eintagsebene, eine Ebene mit beschränkter Haftung. Mit »schwebenden Auswahlen« bekommen Sie in folgenden Situationen zu tun:

- Wenn Sie markierte Bildteile unmittelbar mit dem Bewegenwerkzeug duplizieren und bewegen
- Wenn Sie Bilder im Modus »Indizierte Farben« bearbeiten, die keine Ebenen zulassen
- Wenn Sie Bildteile in Alphakanäle einsetzen, die ebenfalls keine eigenen Ebenen zulassen

Das im Abschnitt zuvor verschobene Element »schwebt« zunächst über dem neuen Untergrund; Sie verschieben die bewegte Auswahl, Sie experimentieren mit Überblendmodi und passen das montierte Objekt in der Größe an, ohne daß das Bild ringsum beschädigt würde; die Auswahl schwebt auf einer eigenen Ebene – noch. Im Gegensatz zur Vorgängerversion zeigt Photoshop die »schwebende Auswahl« nicht mehr separat in der Ebenenpalette an.

Sie können die Auswahl jedoch nicht »schwebend« speichern. Auf verschiedene Arten bereiten Sie dem Schwebezustand ein Ende:

- Wählen Sie den **Ebene**-Befehl **Mit darunterliegender auf eine Ebene reduzieren** (⌘+E, für Merge Down); er verschmilzt den bewegten Teil mit der darunterliegenden Ebene, so daß er später nicht mehr separat bewegt werden kann. Dies funktioniert nicht, wenn Sie versuchen, mit einer Textebene zu verschmelzen.
- Ebenfalls eine Verschmelzung mit der darunterliegenden Ebene bewirkt der **Auswahl**-Befehl **Auswahl aufheben** (⌘+D, für Deselect).
- Denselben Effekt hat ein Mausklick außerhalb der Markierung oder auch
- Speichern.

Damit wird die schwebende Auswahl im Untergrund verankert. Die Markierungslinie verschwindet, die Auswahl ist fest integriert, der überdeckte Teil des Untergrunds gelöscht – und das passiert allzuleicht auch ungewollt. Wollen Sie das montierte Element wieder wegbewegen, kommt der alte Untergrund nicht mehr zum Vorschein, sondern nur Hintergrundfarbe.

Schwebende Auswahl auf neue Ebene legen

Sicherer ist es, wenn Sie die schwebende Auswahl auf einer neuen Ebene speichern. Sie können dann das Objekt jederzeit unabhängig verschieben, die darunterliegenden Bildpunkte bleiben auf separater Ebene voll erhalten. Sie speichern das Element sozusagen dauerhaft schwebend auf einer eigenen Folie, ohne daß Untergrund-Bildpunkte dadurch irgendwie beschädigt würden; man sieht einige von ihnen zwar nicht, aber man kann sie wieder hervorholen.

So gelangt der bewegte Teil auf eine neue Ebene:

- Wählen Sie bei vorhandener schwebender Auswahl den Befehl **Ebene: Neu: Durch Kopieren** (⌘+J); diesen Befehl erhalten Sie auch im Kontextmenü, wenn Sie die schwebende Auswahl bei aktiviertem Auswahlwerkzeug (nicht Bewegenwerkzeug) bei gedrückter ctrl-Taste anklicken. Die neue Ebene erscheint zum Beispiel als »Ebene 1« in der Ebenen-Palette.
- Ziehen Sie die schwebende Auswahl in ein neues Bild, das aber nicht im Modus »Indizierte Farben« sein darf. Dort erscheint der Pixelbrocken automatisch als »Ebene 1« oder ähnlich.

Möglichkeiten bei schwebender Auswahl

Solange Sie die schwebende Auswahl noch nicht endgültig plazieren wollen, speichern Sie das Bild nicht – das verankert die Auswahl, die darunterliegenden Pixel sind fort. Sie können jedoch eine **Kopie speichern unter** (⌘+Alt+S) einem neuen Namen – so schreiben Sie die aktuell sichtbare Version samt verankerter schwebender Auswahl auf die Festplatte, das Bild auf dem Schirm bleibt jedoch flexibel. Sie dürfen jederzeit die Auswahl eines schwebenden Bildteils in einem Alphakanal speichern, indem Sie zum Beispiel auf das Auswahlsymbol in der Kanälepalette klikken; die schwebende Auswahl wird dadurch nicht verankert. Solange die Auswahl schwebt, läßt sie sich per Rückschritt-Taste aus dem Bild werfen.

Eine schwebende Auswahl macht einiges mit:

- Sie passen den ausgeschnittenen Bildteil in Größe und Perspektive an mit den **Transformieren**-Befehlen (⌘+T).
- Unschöne Schneidekanten zwischen dem Ausschnitt und dem Untergrund lassen sich entfernen mit den Befehlen aus dem **Ebene**-Untermenü **Hintergrund**.
- Pinselretuschen, Kontrastkorrekturen, Filterbefehle etc. sind möglich.

Schwebende Auswahlen verlagern und überblenden

Im Vergleich zur Vorgängerversion gibt es aber Einschränkungen: Sie können die Position der schwebenden Auswahl innerhalb eines Ebenengebirges nicht mehr nach oben oder unten verlagern, da die Ebenenpalette gar kein Feld »Schwebende Auswahl« zeigt, das sich verschieben ließe.

Reduzierung der Deckkraft und andere Überblendmodi erlaubt Photoshop demzufolge ebenfalls nicht via Ebenenpalette, liefert aber einen Ausweg mit: Verwenden Sie den Befehl **Filter: Verblassen**. Dort können Sie Deckkraft und Mischmodus anpassen. Sie erhalten den Befehl auch im Kontextmenü eines Auswahlwerkzeugs über der schwebenden Auswahl.

Übung: Grundlagen der Ebenentechnik 1 — Bildteile bewegen, schwebende Auswahlen

Diese einfache Übung zeigt, wie Sie einen Bildteil innerhalb einer Datei verschieben, duplizieren und als eigene Ebene speichern – und was dabei schiefgehen kann.

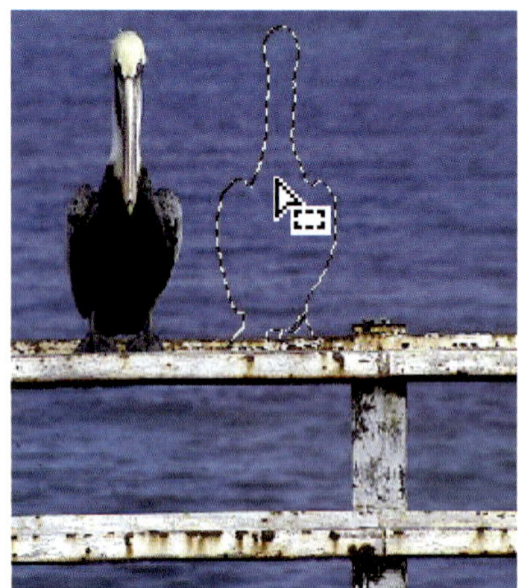

Bildteile bewegen innerhalb einer Datei: Um einen markierten Bildteil zu bewegen, reicht es nicht, den Bereich mit einem Auswahlwerkzeug zu verschieben – dadurch bewegen Sie nur die Auswahlmarkierung ohne Inhalt (rechts). Datei: Pelikan

Wechseln Sie mit der Kurztaste V (für Move Tool) oder durch vorübergehendes Drücken der ⌘-Taste zum Bewegenwerkzeug. Jetzt können Sie die ausgewählten Pixel verschieben. Dabei bleibt ein Loch in der Hintergrundfarbe zurück, in diesem Fall Weiß. Die verschobenen Pixel siedelt Photoshop zunächst als schwebende Auswahl über dem Untergrund an, sie erscheinen aber nicht in der Ebenenpalette; der Untergrund ist noch nicht endgültig gelöscht.

Sie können auch ein Duplikat des ausgewählten Bereichs bewegen. Drücken Sie zusätzlich zum Bewegenwerkzeug die Alt-Taste. Auch in diesem Fall wird der verschobene Bildteil zunächst als schwebende Auswahl angelegt. Mit der Rückschritt-Taste läßt sich die schwebende Auswahl bei Bedarf gänzlich entfernen.

Sie können das Bild nicht mit der »schwebenden Auswahl« speichern. Eine Möglichkeit ist es, die schwebende Auswahl dauerhaft im Untergrund zu verankern; dazu klicken Sie mit einem Auswahlwerkzeug neben der Auswahl oder drücken ⌘+D (für Deselect), das Kürzel des Befehls »Auswahl: Auswahl aufheben«. Dadurch werden die Untergrundpixel gelöscht.

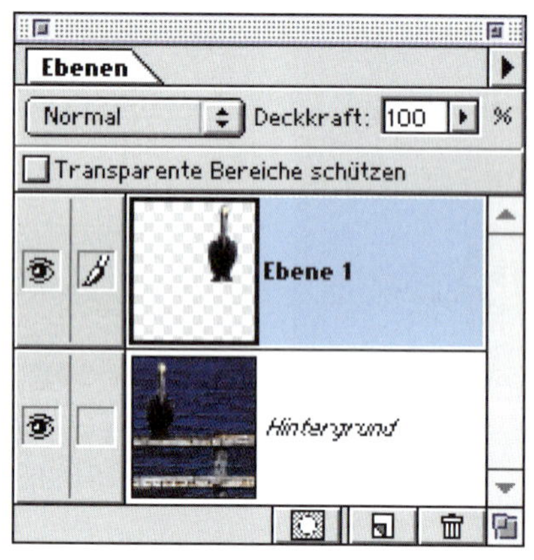

Die flexiblere Alternative: Sie speichern das verschobene Duplikat auf einer eigenen Ebene unabhängig vom Untergrund. Dazu verwenden Sie den Befehl »Ebene: Neu: Durch Kopieren« (⌘+J). Die Ebenen-Palette zeigt die neue Ebene; die ursprüngliche Ebene ist voll erhalten.

Haben Sie das Duplikat im Untergrund verankert, sind die Untergrund-Bildpunkte in diesem Bereich verloren. Wenn Sie das Duplikat auswählen und bewegen, bleibt ein Loch zurück.

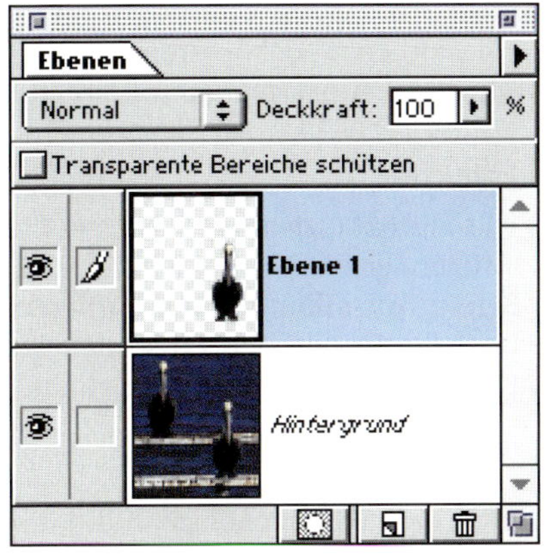

Besser sind die Möglichkeiten bei Verwendung der Ebenentechnik: Haben Sie das Duplikat als eigene Ebene gespeichert, brauchen Sie es nur in der Palette zu aktivieren, um es mit dem Bewegenwerkzeug zu verschieben – darunter kommen die unveränderten Untergrundpixel wieder zum Vorschein. Durch Löschen oder Verbergen der Ebene 1 könnten Sie das Ursprungsbild wieder herstellen.

Auswahlbereiche und Ebenen in ein anderes Bild einsetzen

Um einen markierten Bildteil oder eine Ebene in eine neue Bilddatei einzusetzen, bietet Photoshop verschiedene Wege. Haben Sie im Zielbild eine Auswahl, erscheint das neu eingesetzte Element mittig über der Auswahl; sonst plaziert Photoshop es zentral im Dateifenster.

Einsetzen per Zwischenablage: »Kopieren«

Mit den **Bearbeiten**-Befehlen **Kopieren** (⌘+C für Copy) oder **Ausschneiden** (⌘+X) bringen Sie den markierten Bildteil in die Zwischenablage. Dann aktivieren Sie das Zielbild, wo Sie das Objekt **Einsetzen** (⌘+V). Photoshop 5 legt den Neuzugang sofort als eigene, numerierte Ebene an.

»Aus allen Ebenen kopieren«

Beim Kopieren erfaßt Photoshop nur die aktive Ebene: Pixel, die Sie innerhalb der Fließmarkierung sehen, die aber auf Ebenen darunter liegen, werden nicht mitkopiert. Möchten Sie alle sichtbaren Ebenen kopieren, erledigt dies der Befehl **Aus allen Ebenen kopieren** (⌘+Umschalt+C). Dabei kommt im Zielbild nur eine Ebene an – die Gesamtansicht des markierten Teils aus der Vorlage.

»Kopieren« und »Text«-Ebenen

Sie können auch Teile einer speziellen »Text«-Ebene (siehe »Text«-Kapitel) kopieren. Im Zielbild erhalten Sie dann nur das Bruchstück – natürlich nicht mehr im »Text«-Modus. Auch wenn Sie den gesamten »Text« markieren und kopieren, erreicht er das Zielbild nur mehr als übliche Pixelfläche, die Sie nicht mehr umformatieren können.

»Kopieren« und »Effekte«

Wenn Sie eine Ebene mit »Effekt«, also mit Schatten, Lichthof oder 3D-Kante markieren, kopieren und andernorts einfügen, erscheint im Zielbild nur die flache Ebene ohne »Effekt«. Verwenden Sie dagegen den Befehl **Aus allen Ebenen kopieren**, läßt sich die Ebene mit »Effekt« übertragen. Allerdings rechnet Photoshop den Effekt dauerhaft auf die Ebene um, so daß Sie Schatten oder Kanten nicht mehr im »Effekte«-Dialog verändern können.

Speicherbelastung

Kopieren belastet freilich die Zwischenablage und damit den Arbeitsspeicher, Photoshop kann langsamer werden. Der Befehl **Bearbeiten: Entleeren: Zwischenablage** löscht den Pixelbrocken und gibt Arbeitsspeicher frei; alternativ markieren Sie ein paar Pixel oder Buchstaben und kopieren diese in die Zwischenablage. Zum empfehlen ist der Weg über die Zwischenablage nur, wenn Sie ein Objekt mehrfach einsetzen wollen – in ein Bild oder in mehrere Bilder; denn der Ausschnitt in der Zwischenablage wird ja nach dem ersten **Einfügen** nicht gelöscht, Sie können ihn immer wieder einfügen.

Einsetzen per Ziehen und Ablegen

In der Regel geht man den einfachen und speicherschonenden Weg: Sie aktivieren das Bewegen-Werkzeug (Kurztaste V oder vorübergehend die ⌘-Taste) und ziehen das Element – das auch aktiviert sein muß – unmittelbar aus dem Ursprungsbild in die neue Datei; dort erscheint es als eigene Ebene mit seinem vertrauten Ebenennamen. Wichtiger Vorteil: Dieser Weg belastet die Zwischenablage nicht. Die Ursprungsdatei bleibt dabei unverändert, der markierte und herübergezogene Bereich bleibt also erhalten.

Ziehen und Ablegen mit Paletten

Sie können auch das Feld einer Ebene in der Ebenenpalette über ein neues Bild ziehen. Oder Sie ziehen einen Zustand oder einen Schnappschuß aus der Protokollpalette in das Zielbild. Damit verwandelt sich das Zielbild in eine Kopie der Vorlage; die ursprünglichen Ebenen sind fort.

Einsetzen per Menübefehl

Das Menü der Ebenenpalette wie auch das **Ebene**-Menü bieten den Befehl **Ebene duplizieren**. Hier nennen Sie für die aktive Ebene als »Ziel« eine geöffnete Datei oder eine neue Datei. Der neuen Datei wie auch der duplizierten Ebene teilen Sie dabei gleich einen Namen zu.

Bildteile übertragen bei Indizierten Farben

Der Farbmodus Indizierte Farben (8-Bit-Farbe), wie er zum Beispiel für GIF-Dateien typisch ist, unterstützt keine Ebenentechnik. Das hat einige Konsequenzen:

- Wenn Sie einen Bildteil aus der Zwischenablage in ein 8-Bit-Bild einfügen, erscheint es nicht als neue Ebene, sondern als schwebende Auswahl, die in den Hintergrund verankert oder gelöscht werden muß.
- Auch wenn Sie einen markierten Bereich aus einem Bild in ein anderes ziehen, erhalten Sie im 8-Bit-Ziel nicht wie üblich eine neue Ebene, sondern nur eine schwebende Auswahl.
- Eine komplette Ebene in ein 8-Bit-Farbbild zu ziehen, das erlaubt Photoshop gar nicht.

Objekte außerhalb des Bildrands

Sie können Ebenen über den Bildrand hinausragen lassen; von diesen Ebenen sehen Sie nichts mehr, aber gelöscht werden die Außenposten auch nicht – sie lassen sich immer wieder ins Bild hereinziehen, und sie tauchen auf, wenn Sie mit dem **Arbeitsfläche**-Befehl Neuland anbauen. Sie können das Element auch verzerren; dabei berücksichtigt Photoshop fürsorglich auch unsichtbare Teile.

Diese herausragenden Pixel kosten allerdings auch Speicher und sollten irgendwann endgültig entfernt werden. So entfernen Sie die außenliegenden Bildpunkte endgültig:

1. Wählen Sie den Befehl **Auswahl: Alles auswählen** (⌘+A).
2. Wählen Sie den Befehl **Bearbeiten: Freistellen**, der ein Bild auf die Grenzen des aktiven Auswahlrechtecks zurechtschneidet.

Sie erkennen es eventuell schon an der Speicheranzeige, daß die Datei kleiner wurde, obwohl sich vom Augenschein her nichts ändert.

Übung: Grundlagen der Ebenentechnik 2 — Bildteile einsetzen und arrangieren

Diese Übung zeigt, wie Sie Bildteile in andere Dateien einsetzen und dort arrangieren. Einige Feinheiten – zum Beispiel Ränder säubern – werden weiter unten separat erklärt. Wie Bildteile ausgewählt werden, behandelt ausführlich das Kapitel »Auswählen« weiter vorn.

Links: Markieren Sie zunächst den Bildteil, den Sie montieren möchten. Dann laden Sie die Datei, die diesen Bildteil aufnehmen soll (rechts). Zeigen Sie beide Dateien im selben Vergrößerungsmaßstab an, zum Beispiel 100 Prozent durch einen Doppelklick auf die Lupe; so können Sie die Größenverhältnisse beurteilen. Dateien: Pelikan, Meer

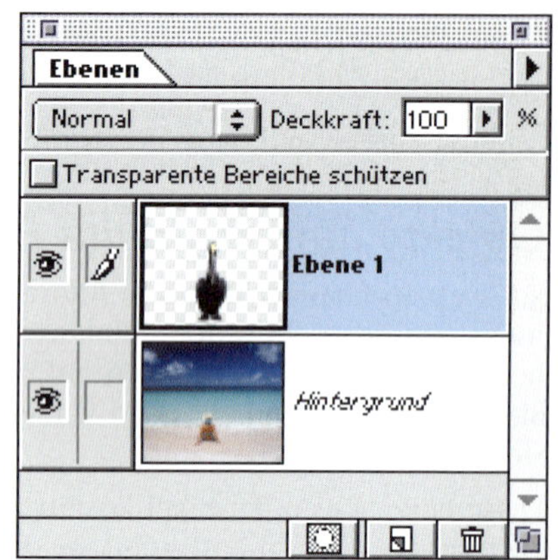

Dann aktivieren Sie das Bewegen-Werkzeug mit der Kurztaste V (für Move Tool); Sie können auch vorübergehend die ⌘-Taste drücken. Ziehen Sie das Objekt über die Zieldatei, und rücken Sie es zurecht (links). Alternativ dazu können Sie auch den »Duplizieren«-Befehl aus dem »Ebene«-Menü oder aus dem Menü der Ebenenpalette nutzen. Rechts: Das montierte Objekt erscheint in der Zieldatei als »Ebene 1«, während das darunterliegende Bild die »Hintergrundebene« bildet.

Links: Nun bereiten Sie ein zweites Objekt vor, das in das Zielbild eingesetzt werden soll. Markieren Sie die Palmwedel bei niedriger »Toleranz« von etwa »20« mit dem Zauberstab (Kurztaste W). Vergrößern Sie den markierten Bereich mit gedrückter Umschalt-Taste oder mit dem Befehl »Auswahl: Auswahl erweitern« (rechts). Datei: Palme

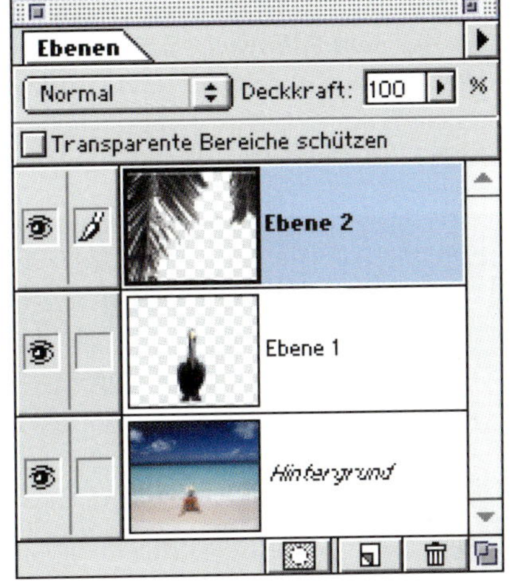

Dann wechseln Sie wieder zum Bewegenwerkzeug und ziehen auch dieses Objekt über das Bild »Meer«, wo Sie es zurechtrücken (links). Es erscheint dort als neue aktive Ebene über der zuletzt aktiven Ebene; in diesem Fall war zuletzt die »Ebene 1« mit dem Pelikan aktiv, so daß die Palmenzweige den Pelikan überdecken und in der Ebenenpalette als »Ebene 2« darüber angesiedelt sind (rechts). Hätten Sie vor dem Transfer die »Hintergrundebene« aktiviert, würde die Pflanze zwar über dem Strand, aber hinter dem Vogel angesiedelt.

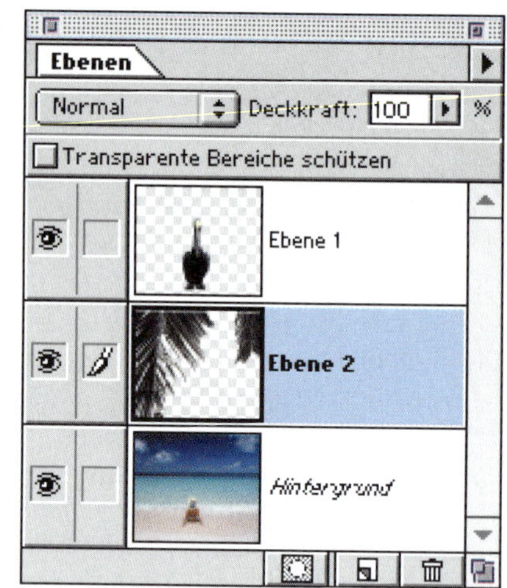

Sie können jedoch die Anordnung der Ebenen leicht ändern und den Pelikan nach vorne holen. Dazu klicken Sie auf das Feld »Ebene 1« in der Ebenenpalette und ziehen es in der Palette nach oben, bis es sich oberhalb der »Ebene 2« mit dem Palmwedel befindet. Dann lassen Sie los; damit siedelt Photoshop den Pelikan im Bild vor dem Palmwedel an. Alternativ verlagern Sie die Ebene mit dem Untermenü »Ebene: Anordnen«.

Um den Pelikan auszublenden und die Person in der Hintergrundebene wieder zu zeigen, klicken Sie in der Ebenenpalette in die Augenleiste neben dem Pelikan. Damit ist diese Ebene verborgen, aber nicht gelöscht. Sie kann jederzeit wieder angezeigt werden. Mit dem Befehl »Kopie sichern unter« könnten Sie eine Tiff-Datei dieses Bilds ohne Pelikan speichern, ohne das aktive Bild zu verändern.

»In die Auswahl einsetzen«

Sie können ein Objekt in die Zwischenablage kopieren und im Zielbild **In die Auswahl einsetzen** (⌘+Umschalt+V). Im Zielbild können Sie das Objekt nur innerhalb der Auswahlgrenzen bewegen – außerhalb wird es sich nicht zeigen. Damit setzen Sie Dinge in Rahmen oder Hintergrundbereiche. Beliebt ist das Verfahren, um einen blassen Himmel zu markieren und ein schöneres Firmament hineinzuhieven.

Klicken Sie den Befehl mit gedrückter Alt-Taste an, um den umgekehrten Effekt zu haben: Außerhalb der Auswahl einsetzen. Aber diesen Effekt erzielen Sie auch nachträglich, wenn Sie zuvor den Befehl **In die Auswahl einsetzen** verwendet haben: Aktivieren Sie die Ebenenmaske, und kehren Sie diese mit dem Tastenkürzel ⌘+I um.

Nach dem Einsetzen ist die Auswahl im Zielbild weg – Sie sollten eine gelungene Markierung also als Alphakanal oder als Pfad speichern.

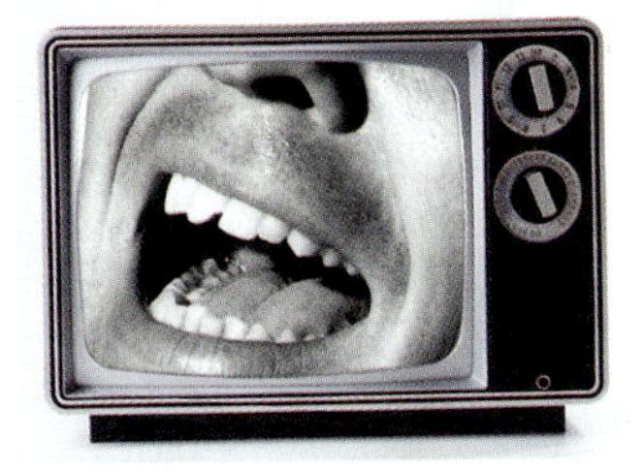

„In die Auswahl einsetzen«: Markieren Sie zunächst das Motiv, das Sie einsetzen wollen (links), und kopieren Sie es mit ⌘+C in die Zwischenablage. Mitte: Dann markieren Sie im Zielbild den Bereich, in den Sie das Objekt einsetzen wollen. Sie fügen das kopierte Motiv mit dem Befehl »Bearbeiten: In die Auswahl einsetzen« ein (⌘+Umschalt+V); weil es deutlich mehr Bildpunkte hat als das Zielbild, erscheint zunächst nur ein Ausschnitt des kopierten Fotos. Rechts: Das Motiv erscheint nur innerhalb der zuvor markierten Grenzen. Dateien: TV, Mister

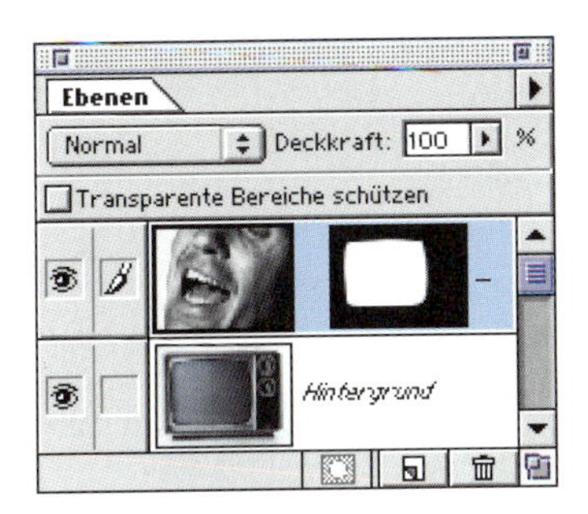

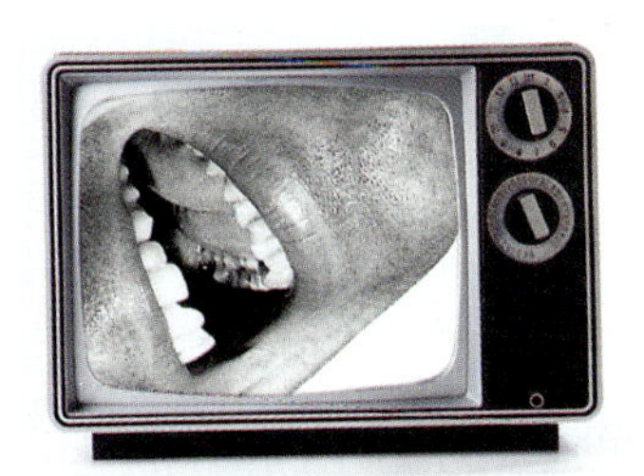

Links: Photoshop legt für das Objekt eine neue Ebene an und deckt Bereiche, die außerhalb der Auswahl liegen, durch eine Ebenenmaske ab. Sie können das eingefügte Objekt bewegen, drehen oder verkleinern (Mitte, rechts). Es wird sich nur innerhalb des markierten Bereichs zeigen. Denn die außerhalb gelegenen Bildteile sind durch die Ebenenmaske abgedeckt; sie verändert oder bewegt sich in diesem Fall nicht mehr mit dem eingefügten Bild. Ergebnisdatei: TV_2

Das neue Objekt erscheint als neue Ebene im Zielbild. Dazu legt Photoshop automatisch eine Ebenenmaske an, die den Bereich der neuen Ebene außerhalb der Auswahl unterdrückt. Ganz wie es sein soll, ist diese Ebenenmaske nicht mit der neuen Ebene verknüpft; die Position der neuen Ebene soll sich ja an einer darunterliegenden Ebene orientieren. Wenn Sie also das neu eingefügte Objekt bewegen, skalieren oder rotieren, bleibt die Ebenenmaske am Platz. Mehr über Ebenenmasken lesen Sie im Abschnitt »Ebenenmasken« später in diesem Kapitel.

Das Procedere:

1. Öffnen Sie die beiden Bilder.
2. Markieren Sie mit einem Auswahlwerkzeug im Ursprungsbild den gewünschten Ausschnitt für den neuen Hintergrund.
3. Schreiben Sie das zu bewegende Objekt durch **Kopieren** (⌘+C) in die Zwischenablage.
4. Markieren Sie im Zielbild den Bereich, der gefüllt werden soll.
5. Laden Sie neue Objekt mit dem **Bearbeiten**-Befehl **In die Auswahl einfügen** (⌘+Umschalt+V). Jetzt erscheint das kopierte Objekt innerhalb der Auswahl. Photoshop legt eine eigene Ebene und eine Ebenenmaske an.
6. Mit gedrückter Maustauste schieben Sie den eingefügten Bildteil hin und her, bis er paßt. Sie können den eingesetzten Ausschnitt auch noch vergrößern, verzerren oder überblenden.

Beliebt ist das Einsetzen in die Auswahl, um einen blassen Himmel auszutauschen. Hier wird der Himmel im Zielbild mit Zauberstab und gedrückter Umschalt-Taste markiert, dann wird ein Wolkenfoto markiert und mit ⌘+C in die Zwischenablage kopiert. Dateien: Surfer, Wolken

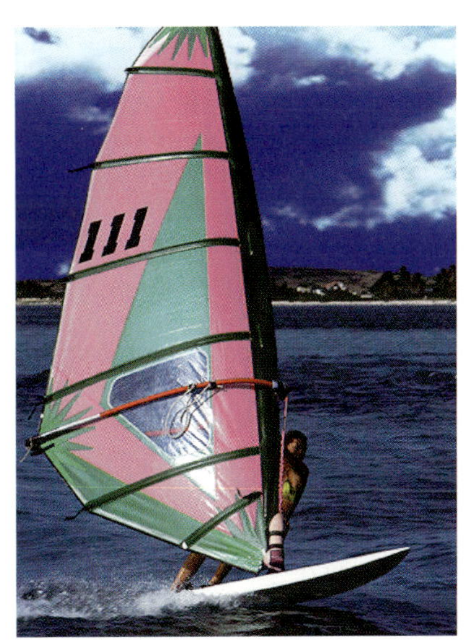

Das Wolkenfoto erscheint nur innerhalb der zuvor markierten Grenzen. Sie können es zurechtrükken, skalieren und drehen.

Alternatives Vorgehen

Der Befehl **In die Auswahl einsetzen** ist nicht zwingend erforderlich. Sie können auch so vorgehen:

1. Legen Sie beide Bildteile per Ebenentechnik komplett übereinander.
2. Markieren Sie in der unteren Ebene den Bereich, der eigentlich nur gefüllt sein soll.
3. Wechseln Sie zur oberen Ebene.
4. Erzeugen Sie eine neue Ebenenmaske mit dem Befehl **Ebene: Ebenenmaske: Außerhalb der Auswahl maskieren** beziehungsweise durch einen Klick auf das Ebenenmasken-Symbol in der Ebenenpalette.

Randfehler korrigieren

Erst wenn ein montierter Bildteil über dem neuen Hintergrund schwebt, erkennt man oft genau, ob das Objekt sauber ausgeschnitten war. Stand das Element zum Beispiel auf Weiß, dann ist es in der neuen Umgebung vielleicht von einer unansehnlichen dünnen weißen Kante umgeben – Überreste des ursprünglichen Backgrounds, die besonders dann hartnäckig kleben, wenn Sie mit geglätteter Auswahlkante arbeiten. Mit dem **Ebene**-Untermenü **Hintergrund** lassen sich solche unschönen Ränder manchmal tilgen. Dieses Untermenü erreichen Sie nur unter diesen Bedingungen:

- Sie bearbeiten eine Ebene über der Hintergrundebene und haben keine Auswahl im Bild; oder
- Sie haben eine schwebende Auswahl erzeugt – in diesem Fall stört allerdings die Fließmarkierung bei der Beurteilung.

Es ist jedoch meist einfacher, schon vorab die Auswahl sauber anzupassen und dazu Befehle wie **Auswahl verändern: Verkleinern** zu verwenden, bei Alphakanaltechnik heißt das Pendant **Sonstige Filter: Dunkle Bereiche vergrößern.** Weitere Alternative: Sie schmiegen die Auswahl mit Pfadtechnik eng an; man entfernt im Zweifelsfall eher einen winzigen Randbereich des Hauptobjekts, bevor man Umgebungspixel mitaufnimmt.

»Schwarz entfernen« und »Weiß entfernen«

Schwarz entfernen und **Weiß entfernen** Sie vor allem, wenn Sie mit einer geglätteten Auswahl markiert haben und diesen Auswahlbereich in ein anderes Bild übertragen. Stand das Motiv ursprünglich vor Weiß, kann es in dem neuen Umfeld unschöne weiße Randspuren zeigen. Sie werden getilgt mit dem Befehl **Weiß entfernen**. Umgekehrt klicken Sie auf **Schwarz entfernen**, wenn das Objekt vor dunklem Hintergrund markiert wurde und vor neuer, heller Umgebung schwarze Kanten zeigt.

Sie können diese Befehle freilich auch zweckentfremden, um ein Objekt eigens mit einer Kontur zu umgeben. Wählen Sie etwa **Weiß entfernen**, wenn Sie eine dunkle Kontur vor hellerem Hintergrund brauchen. Übersichtlicher erledigen diese Aufgabe meist die Befehle **Kontur füllen** oder **Pfadkontur füllen**.

Wenden Sie **Weiß entfernen** getrost mehrfach an, wenn die erste Anwendung noch nicht genug Wirkung zeigt.

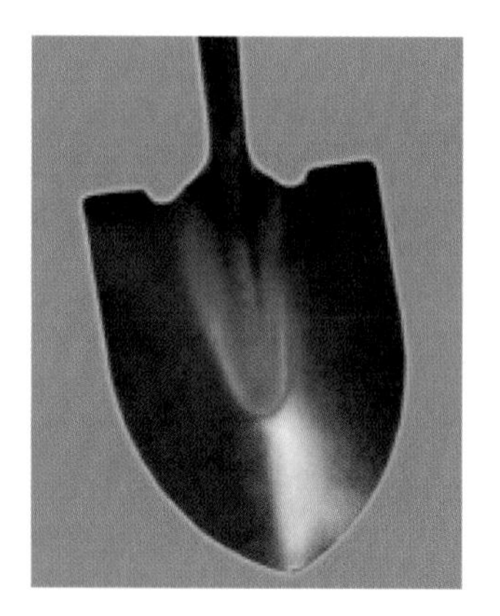
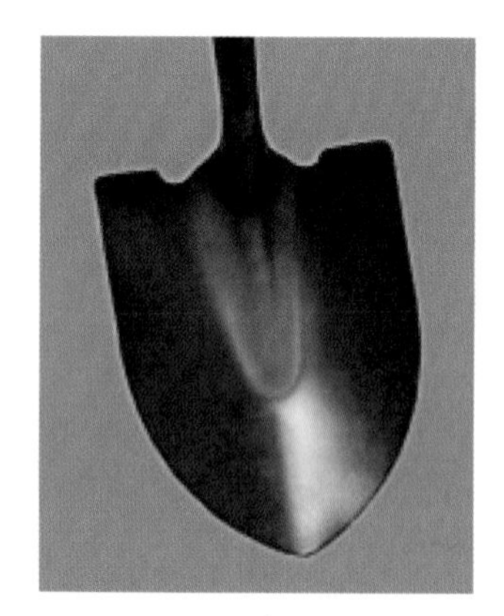
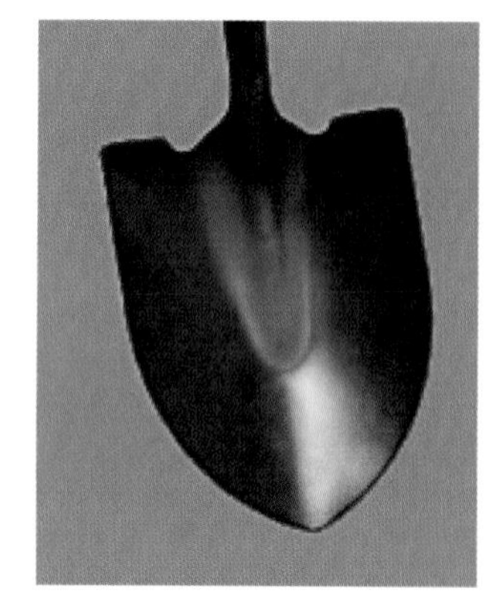

Links: Dieser Spaten wurde vor weißem Hintergrund fotografiert, in Photoshop mit geglätteter Kante ausgewählt und vor eine graue Fläche montiert. Dabei zeigt sich, daß ein weißer Rand um das Objekt herum verbleibt. Mitte: Abhilfe schafft der »Ebene«-Befehl »Hintergrund: Weiß entfernen«. Er entfernt die hellen Überreste. Rechts: Erneute Anwendung dieses Befehls tilgt weitere Spuren. Datei: Spaten

»Rand entfernen«

Der Befehl **Rand entfernen** ersetzt die Farbe aller Randpixel durch die Farbe der innen angrenzenden Bildpunkte, die keine Hintergrundfarbe enthalten; Sie geben einen Pixelradius vor. Das klingt schöner, als es ist: Leicht entstehen hier durch Wiederholungen erst recht unschöne Ränder – farblich nicht mehr so abweichend, aber dafür durch ihre streifige Gleichmäßigkeit genauso unangenehm. Dies gilt jedenfalls bei nicht völlig gleichmäßigen Rändern.

Vektorgrafikdateien plazieren

Auch Vektordateien im Illustrator-Format können Sie unmittelbar in eine Pixeldatei einbauen. In der Regel sollten Sie in den »Voreinstellungen« (⌘+K) die Option »PostScript glätten« anwählen, um mit halbtransparenten Randpixeln nahtlos saubere Ränder zu erzeugen.

1. Wählen Sie zunächst den Befehl **Datei: Plazieren**.
2. Klicken Sie doppelt auf die Illustrator-Datei, die Sie in ein Pixelbild einsetzen wollen.
3. Die Datei erscheint im Zielbild in einer Vorschaubox; es wird oberhalb der Ebene angeordnet, die zuvor aktiv war.
4. Ziehen Sie an den Griffen der Box, um die Größe zu verändern. Bei gedrückter Umschalt-Taste wahren Sie die Seitenverhältnisse. Klicken Sie in die Box, um sie zu bewegen.
5. Sobald Sie mit Größe und Position der plazierten Grafik zufrieden sind, drücken Sie die Eingabe-Taste. Photoshop wandelt die Grafik erst jetzt endgültig in ein Pixelbild um und wendet dabei die Kantenglättung an, sofern Sie die in den »Voreinstellungen« vorprogrammiert haben. Drücken Sie die Esc-Taste, um den ganzen Spuk verschwinden zu lassen.

Jetzt können Sie die neue Ebene wie ein übliches Pixelobjekt behandeln. Größenveränderungen gehen in diesem Zustand auf Kosten der Qualität. Denken Sie daran, daß Sie Illustrator-Dateien mit dem üblichen **Öffnen**-Dialog auch als eigenständiges Bild laden können. Außerdem besteht im Grafikprogramm meist die Möglichkeit, eine Grafik in ein Pixeldateiformat zu exportieren.

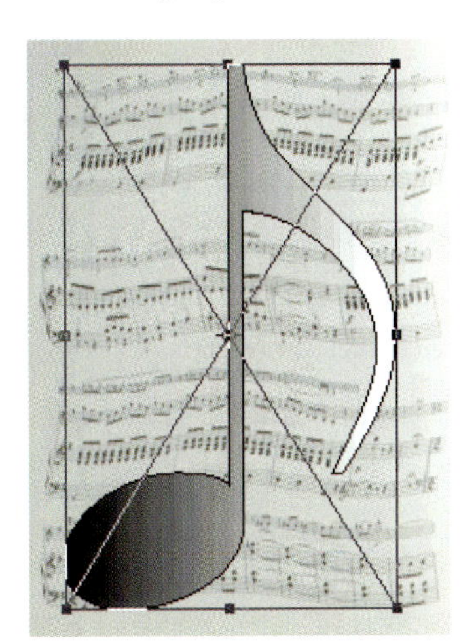
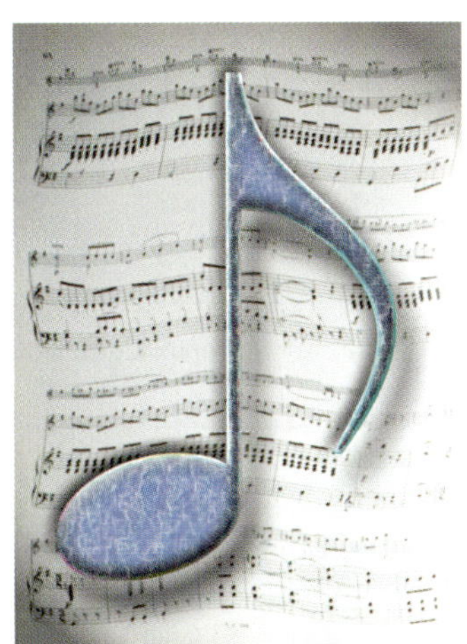

Links: Mit dem Befehl »Datei: Plazieren« können Sie Grafikdateien importieren. Sie erscheinen zunächst in einer Vorschaubox; an den Ankerpunkten ändern Sie die Größe, durch Klicken außerhalb der Box drehen Sie die Grafik. Mitte: Die schlichte Grafik läßt sich mit »Effekten« und Filtern weiter bearbeiten. Rechts: Photoshop legt die importierte Grafik auf einer eigenen Ebene oberhalb der Ebene an, die vor dem »Plazieren« aktiv war. Grafikdatei: Note.ai, Ergebnisdatei: Noten_2

Vektordateien aus der Zwischenablage

Sie können Vektordateien auch gleich durch die Zwischenablage transportieren. Sie erscheinen in Bildschirmgröße in der Photoshop-Datei. Bei einigen kompatiblen Softwares wie Illustrator ab Version 4.0 fragt Photoshop beim Einsetzen (⌘+V), ob Sie »als Pixel einsetzen« oder »als

Pfade einsetzen« möchten. Wenn Sie die Grafik als normales Pixelobjekt laden möchten, sollten Sie in der Regel die Option »Glätten« nutzen, um saubere Ränder zu erzeugen.

Befehle im Überblick: Bildteile bewegen und einsetzen

Taste/Feld	Zusatztasten	Aktion	Ergebnis
⌘+X			Bildteil in die Zwischenablage ausschneiden
⌘+C			Markierten Bereich in die Zwischenablage kopieren
⌘+C	⇧		Markierten Bereich aus allen Ebenen in die Zwischenablage kopieren
⌘+V			Aus der Zwischenablage einsetzen
⌘+V	⇧		Aus der Zwischenablage in markierten Bereich einsetzen
⌘+V	⇧+⌥		Aus der Zwischenablage außerhalb des markierten Bereichs einsetzen
⌘+J			Duplikat des markierten Bereich als neue Ebene
V (für Move Tool)			
Jedes Werkzeug	⌘		Vorübergehend
		Klick! *ziehen*	Auswahlbereich/Ebene bewegen
	⌥	Klick! *ziehen*	Duplikat des markierten Bildteils bewegen
	⇧	Klick! *ziehen*	Auswahlbereich/Ebene in 45-Grad-Winkeln bewegen
	⌥+⇧	Klick! *ziehen*	Duplikat des markierten Bildteils oder der Ebene in 45-Grad-Winkeln bewegen
aktiviert		Pfeiltaste *drücken*	Ebene in 1-Pixel-Schritten bewegen
aktiviert	⇧	Pfeiltaste *drücken*	Ebene in 10-Pixel-Schritten bewegen

12.3 Bildteile präzise bewegen und anordnen

Um eine Ebene nur in 45-Grad-Winkeln zu bewegen, drücken Sie wie immer die Umschalt-Taste. Doch das Bewegen einer Ebene oder schwebenden Auswahl durch Ziehen mit der Maus ist nicht sonderlich präzise. Es gibt verschiedene Wege, ein Objekt genauer zu plazieren.

Vorsicht: Befindet sich eine Auswahl im Bild, bewegt sie sich mit der Ebene mit – auch wenn sie eigentlich auf einer anderen Ebene angewendet werden sollte. Wenn nötig, sichern Sie die Auswahl vor dem Bewegen der Ebene.

Bewegen mit den Pfeiltasten

Schwebende Auswahlen und Ebenen lassen sich mit den Pfeiltasten fortbewegen – um einen Pixel je Tastendruck. Dazu muß das Bewegenwerkzeug aktiviert sein (Kurztaste V). Nehmen Sie die Umschalt-Taste dazu, um das Objekt in Zehn-Pixel-Etappen durchs Bild zu schubsen.

Ein interessanter Effekt ergibt sich, wenn Sie bei gedrückter Alt-Taste die Richtungstasten traktieren – mit jedem Tastendruck erhalten Sie eine neue Kopie des Objekts, jedesmal auf einer eigenen Ebene. Bei ungleichmäßig gefärbten Randbereichen erhalten Sie eine Art Schleifspur, die auch für 3D-Effekte gut ist. (Sollte der Rand zu homogen sein, können Sie ihn zum Beispiel mit dem **Störungsfilter: Störungen hinzufügen** schnell aufrauhen. Um die vielen Ebenen zu verschmelzen, nutzen Sie die Befehle **Sichtbare auf eine Ebene reduzieren** oder **Verbundene auf eine Ebene reduzieren**.)

Eine schwebende Auswahl läßt sich mit der Richtungstaste bei gedrückter Alt-Taste vielfach kopieren. Bei unruhigen Randpixeln ergibt sich ein 3D-Effekt.

Bewegen per »Transformieren«

Sie können die Ebene auch durch Eintippen von Zahlen verschieben. Dazu verwenden Sie den Befehl **Bearbeiten: Transformieren: Per Eingabe**. In diesem Fall interessiert nur das obere Feld »Bewegen«. Hier geben Sie eine Bewegung zum Beispiel in Pixel- oder Zentimetereinheiten an. Dieses Feld kann eine Möglichkeit sein, Bewegungen per Aktionenpalette zu automatisieren; möglich ist das aber auch mit dem einfacheren **Verschiebungseffekt** (siehe unten).

Vorbereitungen

Blenden Sie für solche Verschiebungen das Lineal mit ⌘+R (für Rulers) ein. Ob das Lineal Pixel oder Zentimeter zeigen soll, regeln Sie in den »Voreinstellungen« (⌘+K) oder in der Informationenpalette. Sie können zur Orientierung per **Ansicht**-Menü ein **Raster einblenden**; den Abstand der Rasterlinien definieren Sie in den »Voreinstellungen«.

Zwar läßt sich der Nullpunkt der Lineale verschieben; dazu klickt man in die linke obere Ecke der Datei, wo sich horizontales und vertikales Lineal treffen. Allerdings orientiert sich Photoshop in den vom Autor getesteten Versionen im nichtrelativen Modus keineswegs an den verlagerten Nullpunkten der Lineale; statt dessen gilt auch weiterhin die linke obere Bildecke als Nullpunkt für X und Y. Also dann: Um die Lineale wieder auf diesen Standard-Nullpunkt einzuordnen, klikken Sie doppelt in diesen Eckpunkt.

»Relativ«

Wenn Sie im Dialogfeld »Transformieren« die Option »Relativ« anklicken, orientiert sich Photoshop an der aktuellen Position des Objekts. Tippen Sie zum Beispiel für die X-Achse einen Wert von plus 150 Pixel ein, für die Y-Achse den Wert 0, dann rutscht das Objekt 150 Pixel nach rechts. Verwenden Sie dagegen für X- und Y-Achse den Wert 0, bewegt sich das Objekt horizontal und vertikal um 0 Pixel, also gar nicht. Mit Minus-Werten bringen Sie das Objekt nach links beziehungsweise nach unten.

Orientierung am Gesamtbild

Ist die Option »Relativ« dagegen abgewählt, orientiert sich Photoshop an den Nullpunkten des Gesamtbilds. Verwenden Sie zum Beispiel für die X- und für die Y-Achse den Wert 0, setzt Photoshop das Objekt in die linke obere Ecke des Bilds – es dockt an den 0-Punkten des Lineals an. Verwenden Sie für die X-Achse den Wert 100, dann landet das obere Ende des Objekts 100 Pixel unter der Oberkante der Datei (der Nullposition des Lineals). Minus-Werte bringen das Objekt zwangsläufig zumindest teilweise aus dem sichtbaren Bereich heraus, es wird freilich nicht gelöscht.

Ebenen können Sie mit dem Befehl »Bearbeiten: Transformieren: Per Eingabe« präzise bewegen. Dabei geht Photoshop entweder von der aktuellen Position des Objekts aus (»Relativ« aktiviert) oder orientiert sich an der linken oberen Ecke der Bilddatei.

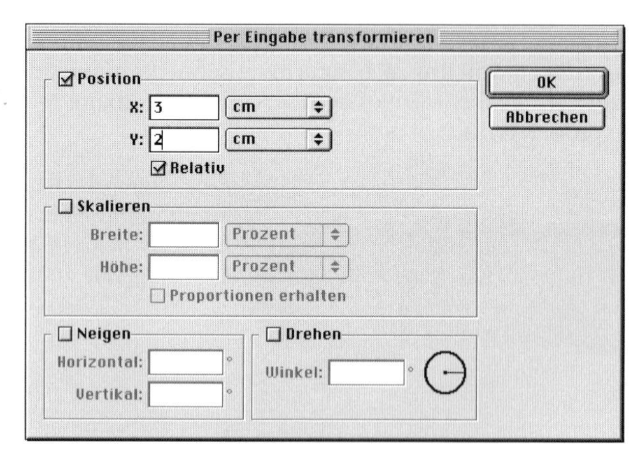

Bewegen per »Verschiebungseffekt«

Übersichtlicher als das **Transformieren** ist mitunter der Befehl **Filter: Sonstige Filter: Verschiebungseffekt**. Hier können Sie die Bewegung zwar nur in Pixeln, nicht in Zentimeterwerten vorgeben, aber dafür produziert Photoshop eine Vorschau noch bei geöffnetem Dialogfeld – ein wichtiger Vorteil. Der »Verschiebungseffekt« arbeitet nur im »Relativ«modus; das heißt: Die eingetippten Werte geben Abweichungen von der bisherigen Position des Objekts an und haben keinen Bezug zu den Gesamtmaßen des Bilds. Mit Werten zwischen +30000 und -30000 notieren Sie, wieweit die Ebene »horizontal« und »vertikal« verschoben werden soll. Sie könnten nahtlose Musterkacheln genau um den Betrag ihrer Pixelgröße verschieben, um sie aneinanderzusetzen.

Um ein komplettes Ebenenobjekt mit diesem Filter zu verschieben, schalten Sie in der Ebenenpalette die Option »Transparente Bereiche schützen« aus und heben jede Auswahl im Bild auf (⌘+D).

Verschiebungseffekt mit Auswahlen oder Hintergrundebenen

Bearbeiten Sie mit diesem Filter eine Auswahl oder eine Hintergrundebene, dann haben Sie folgende Optionen, wie Sie mit dem durch die Verschiebung freiwerdenden Pixelbereich umgehen wollen:

- Sie können ihn »mit Hintergrundfarbe auffüllen« oder, wenn Sie die Auswahl einer Ebene bearbeiten, »transparent machen«.
- Sie können die Lücke »durch verschobenen Teil ersetzen«; hier bauen Sie den verschobenen Teil von der gegenüberliegenden Seite des Bilds an.
- Oder Sie lassen die »Kantenpixel wiederholen«, so daß die Farben der Bildpunkte am Rand der Auswahl verlängert werden. Daraus resultiert ein Streifeneffekt, wenn die Kantenpixel unterschiedliche Tonwerte haben.

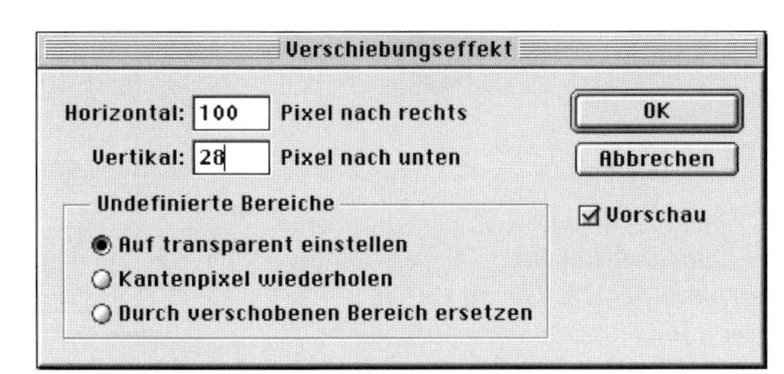

Der »Verschiebungseffekt« bewegt Ebenen mit Vorschau.

Bewegen mit Hilfslinien-Orientierung

Am leichtesten fällt präzises Produkt-Placement oft, wenn man Hilfslinien oder Raster über das Bild legt und per **Ansicht**-Menü magnetisch macht. Dann bugsieren Sie das Objekt mit dem Bewegenwerkzeug durchs Bild – ab acht Pixel Bildschirmentfernung wirken die Linien ungemein anziehend. Ein Grundraster können Sie in seiner Gesamtheit verschieben, wenn Sie den Nullpunkt der Lineale ändern. Dazu klicken Sie in die linke obere Ecke des Lineals. Details zu Lineal, Grundraster und Hilfslinien finden Sie vorn im Kapitel »Oberfläche und Grundfunktionen«.

Ebenen gleichmäßig verteilen

Erstmals mit Version 5 kann Photoshop Ebenen, die zuvor verbunden wurden, gleichmäßig über die Datei streuen. Dieses Talent verlangen nicht zuletzt die Gestalter von Internet-Seiten. Zwei Verfahren gibt es:

- Der Befehl **Ebene: Verknüpfte ausrichten** plaziert verbundene Ebenen in Orientierung am Inhalt der aktiven Ebene oder einer Auswahlbegrenzung. (Diese Bezeichnung fand der Autor in den getesteten deutschen Vollversionen vor. Gemeint war wohl »Verbundene ausrichten«; so erscheint der Befehl auch blaß im Menü, wenn er nicht verfügbar ist, weil es keine verbundenen Ebenen gibt.)
- Wenn sich eine Auswahl im Bild befindet, heißt dieser Befehl **An Auswahl ausrichten**; er orientiert sich beim Produkt-Placement an der Auswahlmarkierung.
- Der Befehl **Ebene: Verbundene verteilen** plaziert verbundene Ebenen in gleichmäßigen Abständen.

Zunächst verbinden Sie zusammengehörige Ebenen. Dazu aktivieren Sie eine der Ebenen und klicken neben den weiteren Ebenen in die Verbinden-Leiste unmittelbar neben der Ebenen-Miniatur.

»Verteilen« wie »Ausrichten« funktionieren nur mit Pixeln von mehr als 50 Prozent Deckkraft.

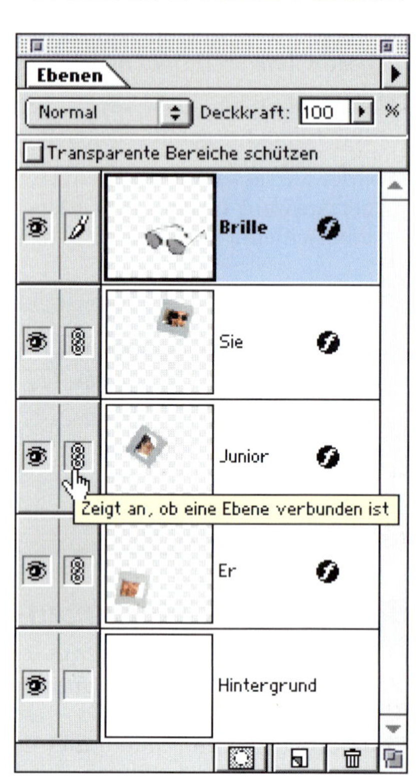

Sie benötigen mehrere verbundene Ebenen, um Bildteile gleichmäßig auszurichten oder zu verteilen. Die Abbildungen zeigen die Ausgangsposition für die folgenden Beispiele. Datei: Dias

»Verknüpfte ausrichten«

- Wenn Sie **Verknüpfte ausrichten**, orientieren sich die verbundenen Ebenen an einer Seite der aktivierten Ebene. Einige Beispiele:
- Der Befehl **Oben** plaziert die Oberkante aller verbundenen Ebenen an der Oberkante der aktivierten Ebene. (Dabei können die verbundenen Objekte durchaus in Richtung des unteren Bildrandes rutschen, wenn das aktivierte Objekt sich auch eher dort befindet.)
- Der Befehl **Links** bringt die Linksaußen-Seite der verbundenen Ebenen auf eine Flucht mit der linken Kante der aktivierten Ebene.
- Der Befehl **Vertikale Mitte** holt die verbundenen Ebenen vom oberen und unteren Bildrand auf eine Höhe mit der aktivierten Ebene, der Abstand zum linken und rechten Bildrand ändert sich nicht.
- Der Befehl **Horizontale Mitte** holt die verbundenen Ebenen vom linken und rechten Bildrand auf eine Linie mit der aktivierten Ebene, der Abstand zum oberen und unteren Bildrand ändert sich nicht.

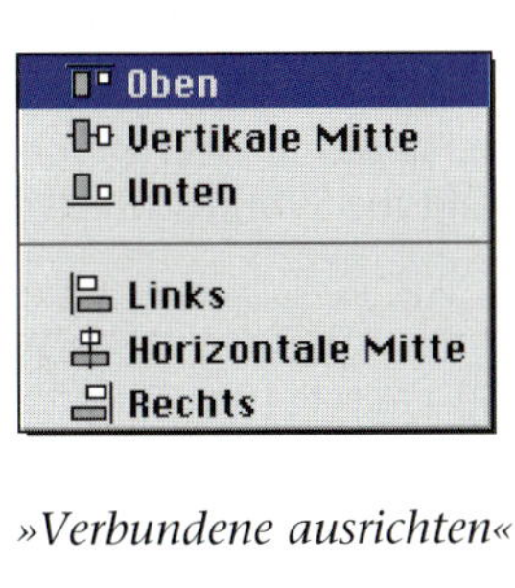

»Verbundene ausrichten« »Oben« »Links«

»Unten« »Vertikale Mitte« »Horizontale Mitte«

Wenn Sie »Verknüpfte (Ebenen) ausrichten«, orientieren sich die Ebenen an einer Seite der aktivierten Ebene; hier ist die Brille aktiviert.

»Verbundene verteilen«

Der Befehl **Verbundene verteilen** plaziert verbundene Ebenen in regelmäßigen Abständen über die Datei. Welche Ebene dabei aktiviert ist, spielt keine Rolle.

- **Oben** verteilt verbundene Ebenen gleichmäßig ab dem obersten Pixel auf jeder Ebene.
- **Vertikale Mitte** verteilt verbundene Ebenen gleichmäßig ab dem vertikal mittleren Pixel auf jeder Ebene.
- **Links** verteilt die verbundenen Ebenen gleichmäßig ab dem äußersten linken Pixel auf jeder Ebene.
- **Horizontale Mitte** streut die verbundenen Ebenen gleichmäßig ab dem horizontal mittleren Pixel auf jeder Ebene über das Bild.

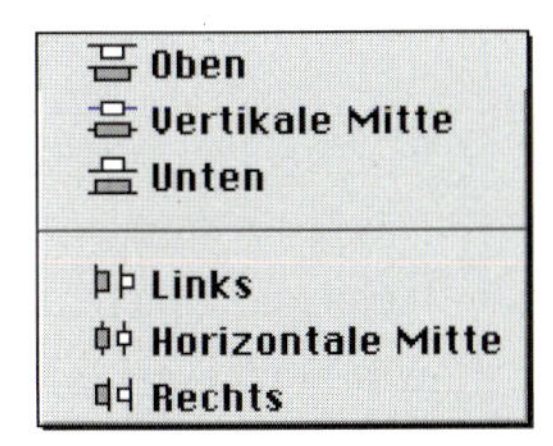

»Verbundene verteilen« »Oben« »Links«

Der Befehl »Verbundene verteilen« plaziert verbundene Ebenen in regelmäßigen Abständen über die Datei.

12.4 Ebenen organisieren

Die Befehle zur Kontrolle des Ebenen-Gestrüpps verteilen sich recht unübersichtlich über gleich drei Programmelemente: das Menü **Ebene**, das Menü der Ebenenpalette und die Symbole in der Ebenenpalette selbst. Manche finden Sie doppelt.

Mit der Ebenenpalette kontrollieren Sie Anordnung und Überblendmodus der Ebenen.

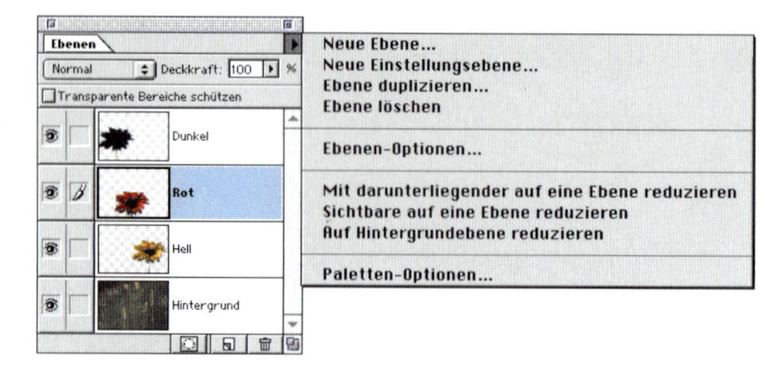

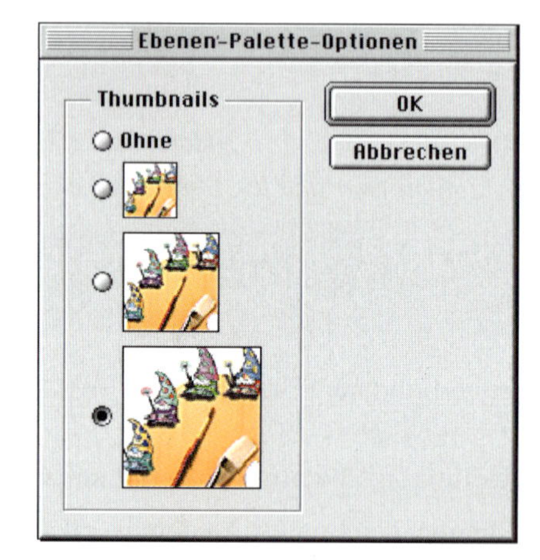

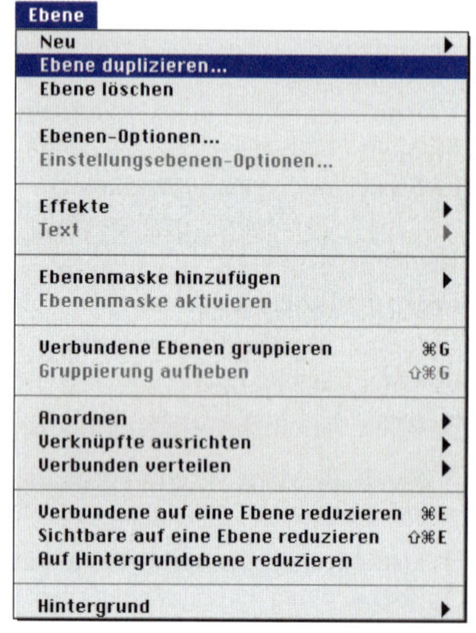

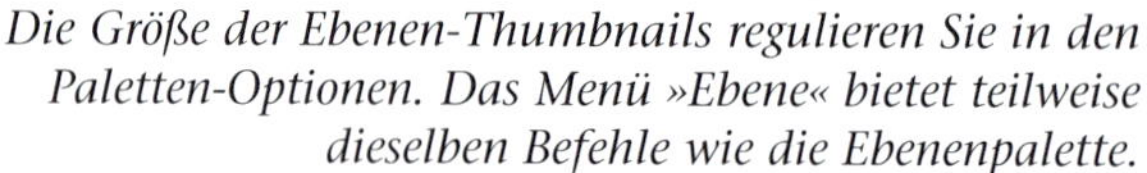

Die Größe der Ebenen-Thumbnails regulieren Sie in den Paletten-Optionen. Das Menü »Ebene« bietet teilweise dieselben Befehle wie die Ebenenpalette.

Ebenenpalette

Kontrolliert werden Ebenen über die Ebenenpalette. Sie ist ähnlich aufgebaut wie Pfade- und Kanälepaletten. Ihre Bestandteile:

- eine Namens- und Thumbnail-Liste mit den Ebenen, die aktive ist hervorgehoben;
- Symbole zum Löschen und Neu-Erstellen;
- ein Paletten-Menü, erreichbar per Dreieck rechts oben in der Titelleiste, bietet die gleichen und weitere Funktionen nochmal schriftlich an; dazu
- Deckkraftregler und Modus-Einblend-Menü im Ebenenkopf, die die wichtigsten Einstellungen für die aktive Ebene zeigen;
- Ebenen-Optionen, die durch Doppelklick auf die Ebene angezeigt werden.

Thumbnail-Darstellung

In den **Paletten-Optionen** regeln Sie, ob und wie groß Photoshop die Ebene in der Palette darstellen soll. Diese Abbildung kostet Zeit und Speicherplatz. Sie kostet auch wertvollen Monitorplatz.

Beachten Sie, daß jedes Ebenen-Thumbnail stets das Gesamtbild darstellt; haben Sie also ein Objekt relativ klein montiert, erscheint es im Thumbnail nur winzig. Objektteile, die über den Bilddateirand hinausragen, werden von Photoshop nicht gelöscht; sie lassen sich aber in den Thumbnails nicht orten.

Ebenen verlagern

Welches Motiv in Ihrer Montage auf höchster Ebene rangiert und welches ganz unten, das bestimmen Sie leicht durch Verschieben der Felder in der Ebenenpalette nach oben oder unten. Jedesmal, wenn beim Verschieben einer Ebene ein dicker schwarzer Strich zwischen zwei Ebenen erscheint, steigt die verschobene Ebene eins auf oder ab. Alternativ verwenden Sie das Untermenü **Ebene: Anordnen**: Hier können Sie die aktive Ebene **Nach vorne bringen**, also ganz nach oben hieven, oder auch **Schrittweise vorwärts** expedieren, um sie nur eine Ebene aufsteigen zu lassen; entsprechende Befehle führen auch abwärts. Eins rauf geht es auch mit ⌘+Punkt-Taste, eins abwärts per ⌘+Komma-Taste.

Ebenen, die in der Palette oben liegen, erscheinen im Bild vorne. Datei: Blueten

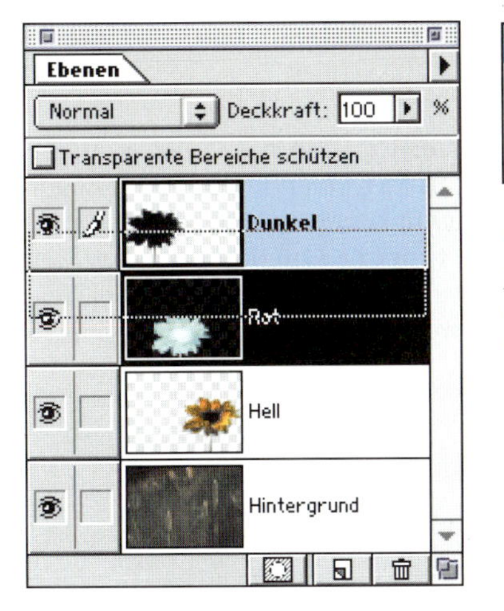

Nach vorne bringen ⇧⌘ö
Schrittweise vorwärts ⌘.
Schrittweise rückwärts ⌘,
Nach hinten stellen ⇧⌘ä

Durch Ziehen der Felder in der Ebenenpalette verlagern Sie die Ebenen nach oben oder unten. Alternative: Das Untermenü »Ebene: Anordnen«.

Ebenen aktivieren

Bevor Sie eine Ebene bearbeiten, müssen Sie diese aktivieren, so daß sie in der Palette farblich hervorgehoben wird. Sie können immer nur eine einzelne Ebene bearbeiten. Das geschieht auf drei Arten:

- Erstmals mit Photoshop 5 haben Sie in den Optionen zum Bewegenwerkzeug das Angebot »Ebene automatisch wählen«. Wenn diese Option angeschaltet ist, brauchen Sie eine Ebene nur noch mit dem Bewegenwerkzeug anzuklicken, um sie für die weitere Bearbeitung zu aktivieren. Andere Möglichkeiten:
- Klicken Sie auf den Ebenennamen in der Ebenenpalette.
- Klicken Sie mit rechter Maustaste bei aktiviertem Bewegenwerkzeug in das Bild. Photoshop wird ein Kontextmenü präsentieren, das die unter dem Zeiger liegenden Ebenen auflistet. Wenn Sie ein anderes Werkzeug anhaben, wechseln Sie vorübergehend mit der ⌘-Taste zum Bewegenwerkzeug.
- Ein Alt+ctrl-Klick mit dem Bewegenwerkzeug aktiviert die oberste Ebene unter dem Zeiger.

Sie müssen nicht dauerhaft das Bewegenwerkzeug aktivieren, um das Kontextmenü mit den Namen der Ebenen unterm Mauszeiger zu sehen. Es reicht, wenn Sie vorübergehend die ⌘-Taste drücken und dann bei gedrückter ctrl-Taste klicken.

Die aktive Ebene erscheint in der Palette markiert und mit einem Pinsel-Symbol; es signalisiert, daß diese Ebene bearbeitet werden kann. Im Bild selbst hebt Photoshop die aktive Ebene in keiner Weise hervor – erwarten Sie keine Fließmarkierung, Ankerpunkte oder Rechteckrahmen. Die aktive Ebene wird allerdings in der Titelleiste des Dateirahmens erwähnt.

Wenn Sie kurz die ⌘-Taste drücken, faßt Photoshop die aktive Ebene in den **Transformieren**-Rahmen ein – auch das verschafft Klarheit darüber, welche Ebene aktiviert ist und wie groß sie ist; mit der Esc-Taste entfernen Sie den Rahmen wieder.

Um eine Ebene unter dem Mauszeiger per Kontextmenü zu aktivieren, klicken Sie bei gedrückter ctrl-Taste und aktiviertem Bewegenwerkzeug ins Bild.

Photoshop bearbeitet nur die eine aktive Ebene. Ausnahme: **Transformieren**-Befehle verändern alle »verbundenen« Ebenen. Die aktive Ebene kann per Deckkraft ausgeblendet, mit dem Augensymbol vom Bildschirm verbannt oder hinter einem anderen Objekt versteckt sein – und doch wird diese aktivierte Ebene bearbeitet und keine andere. Eine typische Quelle für großes Staunen: Sie haben »Ebene 1« aktiviert, aber ausgeblendet; »Ebene 2« indes ist eingeblendet, aber nicht aktiviert. Preisfrage: Was passiert, wenn Sie mit dem Bewegenwerkzeug ziehen?

Ebenen verbinden

Sie können mehrere Ebenen aneinanderketten – »verbinden« –, um sie gemeinsam durchs Bild zu schieben oder auch gemeinsam zu drehen und anderen **Transformieren**-Aktionen zu unterziehen. So verketten Sie zum Beispiel ein Objekt und seinen Schatten oder zwei Schriftzüge, die zusammengehören. Handeln Sie wie folgt:

1. Aktiveren Sie die erste gewünschte Ebene.
2. Klicken Sie neben einer weiteren Ebene in die zweite Spalte von links – dort erscheint das Verbinden-Symbol, eine stilisierte Kette.

Sie können die Ebenen jetzt en bloc bewegen. Auch die **Transformieren**-Befehle des **Ebenen**-Menüs wie **Drehen** oder **Spiegeln** wirken sich auf das gesamte Ensemble aus. Sie haben die Möglichkeit, die **Effekte** einer Ebene zu kopieren und auf verbundene Ebenen zu übertragen. Andere Befehle, etwa **Scharfzeichnen** oder **Tonwertkorrektur**, verändern jedoch weiterhin nur die in der Ebenen-Palette hervorgehobene Ebene.

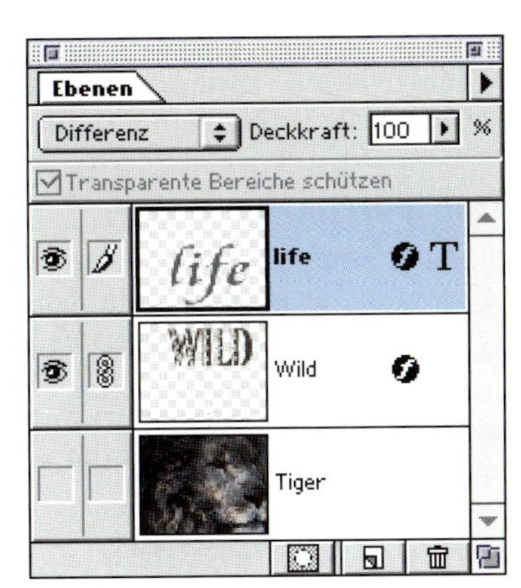

Bei diesem Bild wurde die Hintergrundebene mit dem Augensymbol ausgeblendet. Die Schriftzüge wurden mit dem Verbinden-Symbol gruppiert, um sie gemeinsam bewegen, verkleinern, drehen und verzerren zu können. Transparente Bereiche ohne Pixel stellt Photoshop mit Karomuster dar. Datei: Wildlife

Tastaturkürzel

Es gibt noch einen weiteren Weg, Ebenen zu verbinden:

1. Aktiveren Sie die erste gewünschte Ebene.
2. Klicken Sie in der Bilddatei mit der rechten Maustaste auf die gewünschte, zu verbindende Ebene – und dabei drücken Sie ⌘+Alt+Umschalt. Dies funktioniert auch bei geöffnetem Dialogfeld.

»Verbinden« und »Gruppieren«

Diese Technik, separate Teile eines Dokuments vorübergehend aneinanderzuketten, heißt in anderen Programmen oft »Gruppieren«. Photoshop versteht jedoch unter »Gruppieren« etwas anderes, nämlich die Zusammenstellung einer Maskierungsgruppe (siehe unten).

Ebenen und transparente Bereiche anzeigen

Sie können eine einzelne Ebene zur Bearbeitung und unabhängig davon zur Ansicht freigeben. Oft erleichtert es die Orientierung, wenn man einige oder fast alle Ebenen auf Tauchstation schickt. So blenden Sie Ebenen aus und ein:

- Klicken Sie in die Augenleiste ganz links in der Ebenenpalette, um eine Ebene aus- und beim nächsten Klick wieder einzublenden.
- Um mehrere Ebenen gleichzeitig ein- und auszublenden, ziehen Sie die Maus in der Augenleiste.
- Klicken Sie mit gedrückter Alt-Taste in die Augenleiste, um nur diese eine Ebene zu sehen. Ein neuerlicher Alt-Klick zeigt wieder tutti frutti.

Übrigens druckt Photoshop nur Ebenen, die zur Ansicht eingeblendet sind. Bei den Befehlen **Kopie speichern unter** und **Bild duplizieren** werden auch verborgene Ebenen berücksichtigt, die per Augensymbol ausgeblendet sind. Wenn Sie allerdings alles zu einer Hintergrundebene verschmelzen, fallen diese Ebenen endgültig unter den Tisch. Auch beim Erzeugen eines Thumbnails, das im Dialog »Datei: Öffnen« erscheint, nimmt Photoshop von verborgenen Ebenen keine Notiz. Sie können die verbliebenen sichtbaren Ebenen zu einer Ebene verschmelzen.

Darstellung von Transparenz

Transparente Bereiche einer Ebene – Zonen ohne Pixelfüllung – zeigt Photoshop mit Karomuster und nicht etwa als weiße Fläche. Nur so läßt sich eine mit Weiß gefüllte Fläche von einer durchsichtigen Fläche unterscheiden. Das genaue Karomuster regulieren Sie in den »Voreinstellungen: Transparenz & Farbumfang-Warnung« (⌘+K, dann ⌘+4), wie es im Kapitel »Oberfläche« näher beschrieben wird. Sie können auch auf die Karos verzichten und transparente Bereiche eben doch weiß zeigen – übersichtlich ist das nicht.

Ebene und »Hintergrundebene«

Photoshop unterscheidet Ebenen und »Hintergrundebenen«. Wenn Sie mit einem normalen, »flachen« Tiff-Bild beginnen, besteht es nur aus einer »Hintergrundebene«. Montieren Sie neue Objekte darüber, erscheinen diese als normale Ebenen. Jedes Bild kann nur eine »Hintergrundebene« haben – quasi das Grundbrett für eine Montage, das ganz unten liegt. Im Vergleich zu normalen Ebenen gibt es für die »Hintergrundebene« Einschränkungen:

- Sie können keine Transparenzbereiche durch Radiergummi oder **Löschen** erzeugen.
- Sie können die Hintergrundebene nicht in der Ebenenpalette nach oben schieben.
- Sie können keine Ebenenmaske anbringen.
- Sie können keine Modus- oder Deckkraftänderungen vornehmen.
- Sie können keine **Transformieren**-Befehle anwenden.

Um diese Dinge tun zu können, verwandeln Sie die »Hintergrundebene« erst in eine normale Ebene; oder erzeugen Sie eine schwebende Auswahl auf der »Hintergrundebene«. Eine Einstellungsebene kann man jedoch auch auf die Hintergrundebene anwenden.

Es kann jedoch durchaus vorkommen, daß Sie nur eine Ebene im Bild vorfinden, dies jedoch nicht die Hintergrundebene ist – zum Beispiel, wenn alle Ebenen sichtbar sind, und Sie entscheiden auf **Ebene: Sichtbare auf eine Ebene reduzieren** (⌘+Umschalt+E). Dann bleibt nur eine Ebene zurück – aber eine »Hintergrund«-Ebene ist das nicht, und Sie können nicht per ⌘+S in einem üblichen »flachen« Format wie Tiff oder JPEG speichern. Verwenden Sie dazu den Befehl **Datei: Kopie sichern als**, oder plätten Sie die vorhandenen Ebenen gleich mit dem Befehl **Auf Hintergrundebene reduzieren**.

Hintergrundebene in Ebene verwandeln

Um eine »Hintergrundebene« in eine Ebene zu verwandeln, klicken Sie doppelt auf den Ebenennamen, so daß Photoshop das Dialogfeld »Ebene erstellen« anzeigt. Teilen Sie einen Namen zu, dann können Sie die Ebene behandeln wie jede andere auch. Auf transparente Bereiche in dieser untersten Ebene macht Photoshop Sie wieder durch Karos aufmerksam. Wenn Sie das Bild drukken oder in einem »flachen« Format wie Tiff speichern, werden die transparenten Bereiche mit Weiß gefüllt.

Um die »Hintergrundebene« zu duplizieren, ziehen Sie diese auf das Symbol »Neue Ebene erstellen« in der Palette. Sofern Sie dabei die Alt-Taste drücken, blendet Photoshop das zugehörige Dialogfeld ein.

Leere Hintergrundebene erstellen

So läßt sich wieder eine Hintergrundebene ins Bild bringen: Wählen Sie den Befehl **Ebene: Neu: Hintergrund**; er wird nur angeboten, wenn das Bild keine »Hintergrundebene« besitzt. Damit entsteht eine Hintergrundebene in der aktuellen Hintergrundfarbe.

Vorhandene Ebene als Hintergrundebene

Der Befehl **Hintergrund** erzeugt jedoch nur eine weiße Hintergrundebene. Um beispielsweise eine vorhandene »Ebene 3« zur Hintergrundebene zu küren, gehen Sie einen Umweg:

1. Erstellen Sie eine leere Hintergrundebene wie beschrieben.
2. Ziehen Sie die »Ebene 3«, die Sie letzlich als Hintergrundebene wünschen, ganz nach unten, direkt über die Hintergrundebene.
3. Aktivieren Sie »Ebene 3«.

Wählen Sie den Befehl **Ebene: Mit darunterliegender auf eine Ebene reduzieren** (⌘+E, für Merge Down). Damit liegt wie gewünscht der Inhalt von »Ebene 3« auf der »Hintergrundebene«; »Ebene 3« existiert nicht mehr.

Übung: Grundlagen der Ebenentechnik 3 — Ebenen und Hintergrundebenen

Diese Übung zeigt, wie Sie »Hintergrundebenen« in Ebenen verwandeln, um die volle Ebenentechnik nutzen zu können.

Der Bartgeier fliegt zunächst durch ein normales, »flaches« Bild, das nur aus einer üblichen Hintergrundebene besteht. Ein Duplikat des Vogels soll jedoch auf einer eigenen Ebene in die Szene schweben. Er läßt sich mit dem Zauberstab leicht auswählen. Speichern Sie die Auswahl. Datei: Vogel

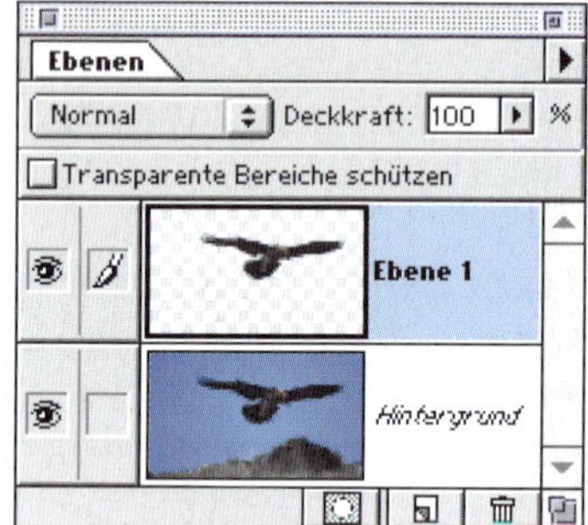

Verwandeln Sie ein Duplikat der ausgewählten Pixel in eine eigene Ebene mit dem Befehl »Ebene: Neu: Ebene durch Kopieren« (⌘+J); Sie erhalten den Befehl auch im Kontextmenü eines Auswahlwerkzeugs. Das Duplikat erscheint in der Ebenenpalette als »Ebene 1«; die Karos im Thumbnail zeigen, daß um den Vogel herum keine Pixel mehr sind. Im Bild selbst hebt sich das Duplikat zunächst nicht ab, da es deckungsgleich über dem Original liegt.

Aktivieren Sie das Bewegenwerkzeug mit der Kurztaste V (für Move Tool), oder wechseln Sie vorübergehend per ⌘-Taste zum Bewegenwerkzeug. Der Vogel kann, wenn er in der Palette aktiviert ist, bewegt werden.

Mit verschiedenen »Transformieren«-Funktionen (⌘+T) wird das Ebenenobjekt verkleinert und gedreht. Drücken Sie beim Verkleinern die Umschalt-Taste, um die Seitenverhältnisse zu wahren und das Tier nicht unanatomisch zu verzerren.

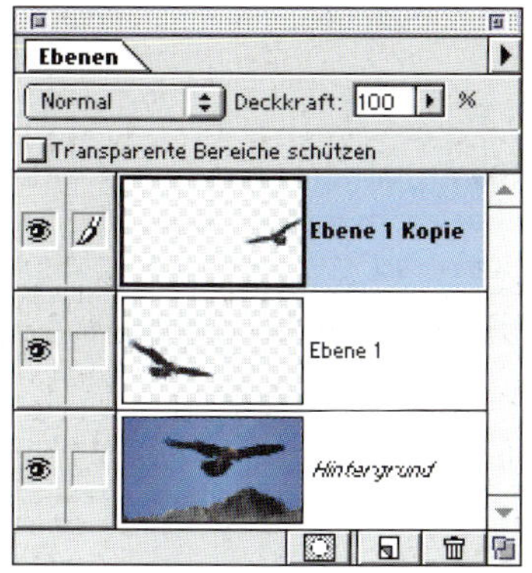

Der dritte Geier im Bunde entsteht einfacher: Ziehen Sie das Feld »Ebene 1« in der Ebenen-Palette auf das Symbol »Neue Ebene erstellen«, um die Populationsdichte abermals zu erhöhen. Photoshop erzeugt die neue »Ebene 1 Kopie«, die hier bereits verschoben, gespiegelt und verkleinert wurde.

Ein neuer Hintergrund wird ins Bild gezogen. Er verdeckt aber denjenigen Bartgeier, der sich auf der »Hintergrundebene« befindet. Die »Hintergrundebene« liegt zwangsläufig ganz unten in der Montage. Datei: Cumulus

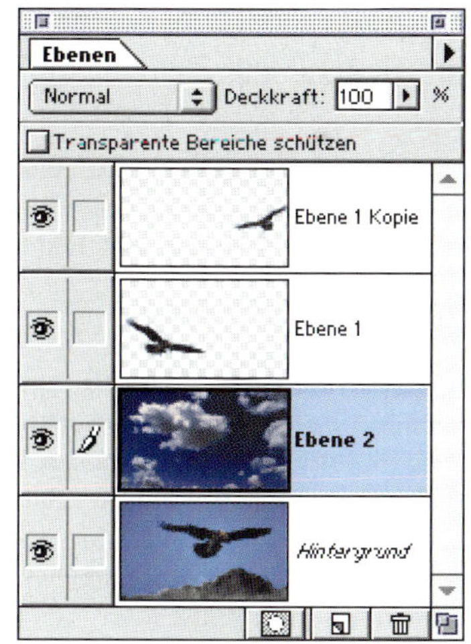

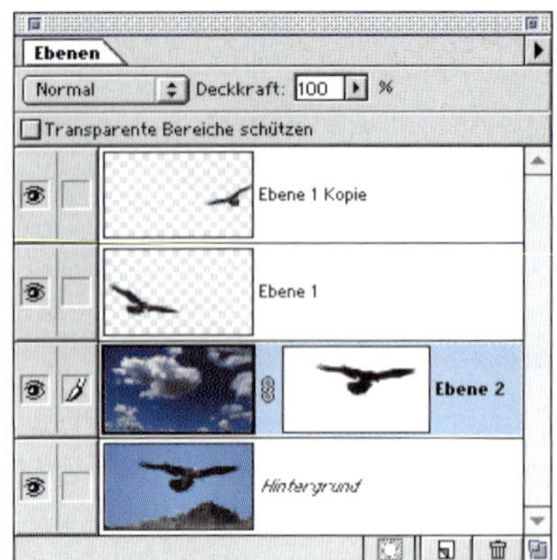

Eine Möglichkeit, den Vogel aus der Hintergrundebene sichtbar zu machen, ist eine Ebenenmaske in der Wolkenebene. Laden Sie erneut die Auswahl des Vogels, aktivieren Sie die Wolkenebene, und erzeugen Sie die Ebenenmaske mit dem Befehl »Ebene: Ebenenmaske hinzufügen: Auswahl maskieren«; alternativ klicken Sie das Palettensymbol »Ebenenmaske hinzufügen« bei gedrückter ⌘-Taste an. Details über Ebenenmasken liefert ein späterer Abschnitt in diesem Kapitel. Ergebnis-Datei: Voegel

Ebenen neu erstellen

99 Ebenen können Sie anhäufen; dann streikt Photoshop und fügt nur noch schwebende Auswahlen, aber keine Ebenen mehr ein. Der Arbeitsspeicher streikt vielleicht schon bei der Ebene 77. Eine »Hintergrundebene« ist in der Regel schon im Bild vorhanden.

Auf mehrere Arten ergänzen Sie das vorhandene Bild um eine zusätzliche Ebene:

- Sie erstellen eine neue, leere Ebene.
- Sie setzen eine Ebene aus diesem oder aus einem anderen Bild ein.
- Sie verwandeln eine Auswahl aus diesem oder einem anderen Bild in eine neue Ebene.

Leere Ebene erstellen

Eine neue, leere Ebene über dem Hintergrund erstellen Sie zum Beispiel, um Bildretuschen zunächst auf einer separaten Schicht anzubringen, die man jederzeit in den Mülleimer stecken kann, ohne daß daß das ursprüngliche Bild zu Schaden kommt. Sie haben die Wahl:

- Verwenden Sie den Befehl **Ebene: Neu: Ebene**.
- Verwenden Sie im Paletten-Menü den Befehl **Neue Ebene.** Diese beiden Befehle zeigen das Dialogfeld »Neue Ebene«, in dem Sie sofort Überblendmodus, Deckraft und Name regeln.
- Oder klicken Sie in der Ebenenpalette auf das Symbol »Neue Ebene«, um ohne Rückfrage eine neue Ebene zu erzeugen. Wenn das Dialogfeld »Neue Ebene« jedoch erwünscht ist, klicken Sie wie immer mit gedrückter Alt-Taste.

Die »neutrale Farbe«

Jeder Modus hat eine »neutrale Farbe«. Überblenden Sie etwa im »Multiplizieren«modus, dann bewirkt Weiß keinerlei Veränderung der Gesamtansicht und gilt deshalb als »neutral«. Beim Einrichten einer neuen Ebene bietet Photoshop an, diese sofort mit der jeweiligen neutralen Farbe zu füllen, wenn Sie einen entsprechenden Überblendmodus vorgeben. Um etwa verschiebbare »Blendenflecke« zu erzeugen, erstellen Sie über dem Motiv eine Ebene im Modus »Hartes Licht«, die Sie zunächst mit der neutralen Farbe Grau füllen lassen. Dann wenden Sie den Filter »Blendenflecke« auf die neue Ebene an.

Übung: »Neutrale Farbe«

Die folgende Übung zeigt, wie Sie die neutrale Farbe für eine neue Ebene einsetzen. In diesem Beispiel wollen Sie Lichtreflexe des »Rendering«-Filters »Blendenflecke« flexibel über einer »Hintergrundebene« verschieben. Der verwendete Überblendmodus wird im anschließenden Abschnitt besprochen, der Filter »Blendenflecke« im »Filter«-Kapitel.

Sie laden zunächst eine übliche Datei, die aus einer normalen »Hintergrundebene« aufgebaut ist. Die Lichtreflexe sollen nicht unmittelbar die »Hintergrundebene« verändern, sondern als eigene Ebene darüber liegen. Datei: Blau

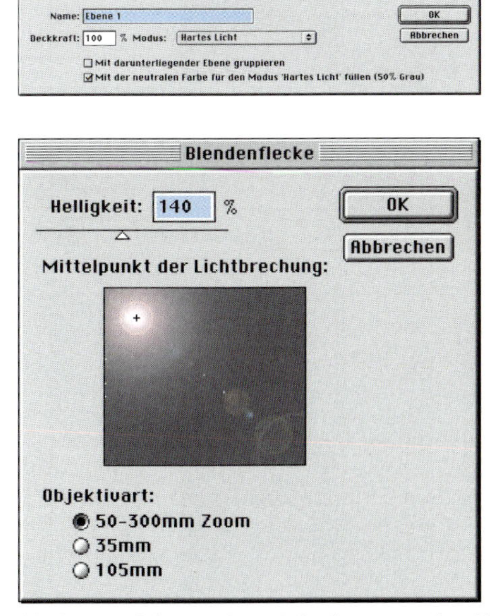

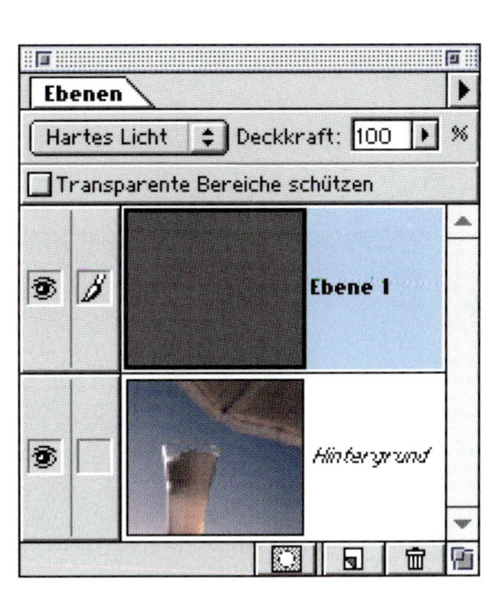

Darum erzeugen Sie zunächst eine neue Ebene, indem Sie bei gedrückter Alt-Taste auf das Symbol »Neue Ebene« in der Ebenen-Palette klicken. Im Dialog »Neue Ebene« wählen Sie den Modus »Hartes Licht« und klicken auf die Option »Mit der neutralen Farbe für den Modus 'Hartes Licht' füllen (50 Prozent Grau)«. Photoshop erzeugt eine graue Ebene; sie ist über der Bilddatei nicht zu erkennen, da 50prozentiges Grau im Modus »Hartes Licht« die »neutrale Farbe« ist. Auf diese Ebene wenden Sie den »Rendering«-Filter »Blendenflecke an.

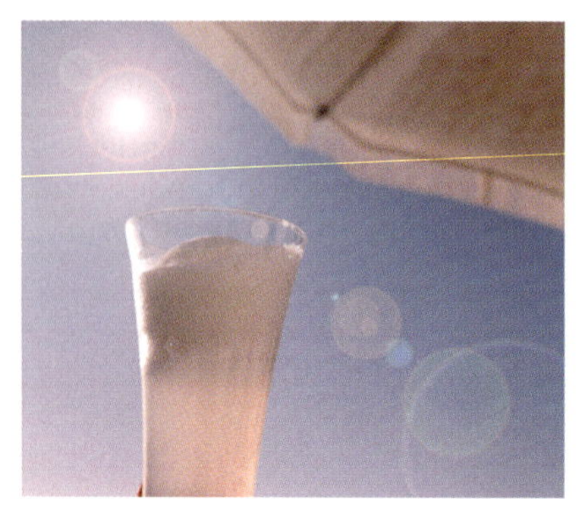

Die Wirkung des Filters zeigt sich auch in der Bilddatei: Nur wo die obere »Ebene 1« durch den Filter heller wurde, wird auch das Gesamtbild heller; nur wo die obere Ebene dunkler wurde, dunkelt auch das Gesamtergebnis ab. Der Modus »Hartes Licht« sorgt für diese Art der Überblendung. Zwischenergebnis-Datei: Blau_2

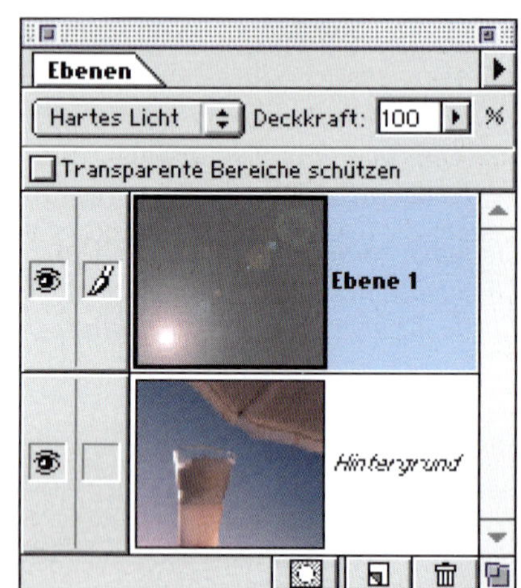

Weil Sie die Blendenreflexe auf einer eigenen Ebene angesiedelt haben, können Sie den Lichteffekt unabhängig vom Motiv verschieben. Hier wird die »Ebene 1« mit dem Befehl »Ebene: Transformieren: Vertikal spiegeln« nach unten gekippt.

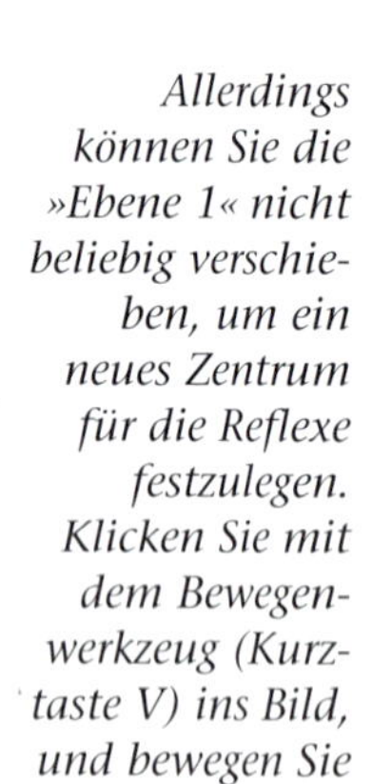

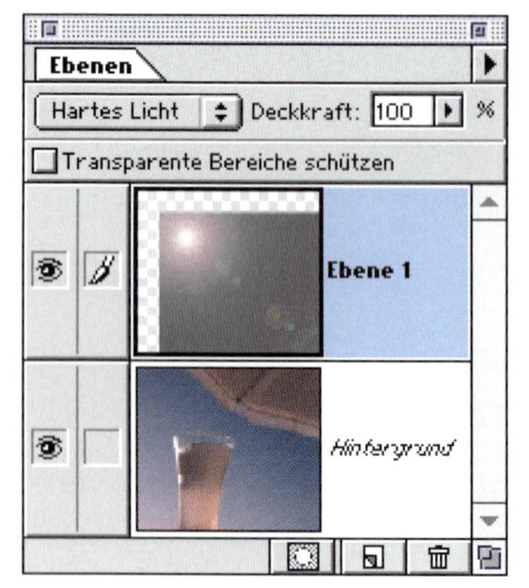

Allerdings können Sie die »Ebene 1« nicht beliebig verschieben, um ein neues Zentrum für die Reflexe festzulegen. Klicken Sie mit dem Bewegenwerkzeug (Kurztaste V) ins Bild, und bewegen Sie die Ebene 1. Freiwerdende Bereiche zeigen sich im Gesamtbild als grobe Lücke.

Der Ausweg: Vergrößern Sie »Ebene 1« deutlich. Eine Ebene darf über die aktuellen Bildränder hinausragen. Wechseln Sie in den Vollschirmmodus (Kurztaste F), starten Sie die »Transformieren«-Funktion (⌘+T), und vergrößern Sie die Reflexe-Ebene durch Ziehen an den Anfassern. Drücken Sie dabei die Umschalt-Taste, um die Seitenverhältnisse zu wahren. Sie können die Ebene beliebig über die Bildränder hinaus aufziehen. Dabei vergrößert sich auch der Umfang der aktuellen Blendenringe; Sie können diesen Blendeneffekt jetzt an unterschiedlichen Bildstellen plazieren. Um jedoch wieder die ursprünglichen, kleineren Lichtreflexe zu erhalten, füllen Sie die vergrößerte »Ebene 1« erneut mit 50prozentigem Grau (Umschalt+Rückschritt-Taste). Dann verwenden Sie erneut die Blendenflecke (⌘+Alt+F). Um auf der vergrößerten Ebene nicht auch vergrößerte Reflexe zu erzeugen, verringern Sie im Filterdialog die »Helligkeit«. Ergebnisdatei: Blau_3

Mit der so vergrößerten Ebene lassen sich die Lichtreflexe variabel plazieren oder auch drehen. Sie können die »Ebene 1« mit den Reflexen aus der Ebenenpalette auch über ein anderes Bild ziehen, um dort die Reflexe weiterzuverwenden. Die über den Bildrand hinausragenden Bereiche der »Ebene 1« kosten freilich zusätzlichen Speicher; entfernen Sie den Überstand, indem Sie das Gesamtbild mit ⌘+A markieren und mit dem Befehl »Bild: Freistellen« die Außenreste kappen.

Auswahlen in Ebenen verwandeln

Statt leere Ebenen neu zu erstellen, werden Sie eher Auswahlbereiche in Ebenen verwandeln. Wichtig ist hier der Befehl **Ebene: Neu: Ebene durch Kopieren** (⌘+J). Diesen Befehl erhalten Sie auch in zwei Kontextmenüs:

- ❐ Klicken Sie, wenn eine Auswahl aktiv ist, den Ebenennamen in der Palette bei gedrückter ctrl-Taste an oder
- ❐ klicken Sie bei aktiviertem Auswahlwerkzeug und gedrückter ctrl-Taste in die Auswahl.

Ebenso finden Sie an diesen drei Stellen den Befehl **Ebene durch Ausschneiden** (⌘+Umschalt+J).

So versetzen Sie markierte Bildpunkte in den Stand der Ebene:

»Ebene durch Kopieren«

Erstellen Sie eine Auswahl, und wählen Sie den Befehl **Ebene: Neu: Ebene durch Kopieren** (⌘+J). Damit legen Sie ein Duplikat des markierten Bereichs auf eine höhere Ebene; die Ebene darunter, auf der Sie die Auswahl erzeugt haben, ändert sich also nicht. Allerdings ist die Fließmarkierung perdu. Um die Markierung wieder zu erhalten, laden Sie die frischgebackene Ebene nochmal als Auswahl; dazu klicken Sie bei gedrückter ⌘-Taste auf den Ebenen-Thumbnail.

»Ebene durch Ausschneiden«

Der Befehl **Ebene: Neu: Ebene durch Ausschneiden** (⌘+Umschalt+J) stellt das Markierte ebenfalls auf eine neue Ebene. In der Ursprungsebene entsteht ein Loch: Photoshops Karomuster signalisiert Transparenz dort, wo Sie ausgeschnitten haben.

Bewegen und »Kopieren«

Ziehen Sie eine Auswahl mit dem Bewegenwerkzeug, um die markierten Pixel zu bewegen und in eine »schwebende Auswahl« zu verwandeln. Diese »schwebende Auswahl« erscheint nicht als eigenes Feld in der Ebenenpalette. Am vormaligen Platz des Auswahlbereichs entsteht ein Loch in der Hintergrundfarbe, sofern Sie auf einer »Hintergrundebene« arbeiten, ansonsten entsteht ein transparentes Loch. Um daraus eine eigene Ebene zu machen, nutzen Sie den Befehl **Ebene durch Kopieren** im **Ebenen**-Menü oder wie beschrieben in den Kontextmenüs von Ebenenpalette oder Auswahlwerkzeug.

Bewegen und »Kopieren« eines Duplikats

Ziehen Sie eine Auswahl bei gedrückter Alt-Taste mit dem Bewegenwerkzeug, um ein Duplikat der markierten Pixel zu bewegen und in eine »schwebende Auswahl« zu verwandeln. So verändert sich der Hintergrund nicht. Wie beschrieben erzeugen Sie eine neue Ebene mit ⌘+J.

Auswahl in neues Dokument

Ziehen Sie die Auswahl mit dem Bewegenwerkzeug in ein neues Dokument. Das Ursprungsbild und die Auswahl verwandeln sich dabei nicht. Das Element erscheint sofort als neue Ebene im Zielbild.

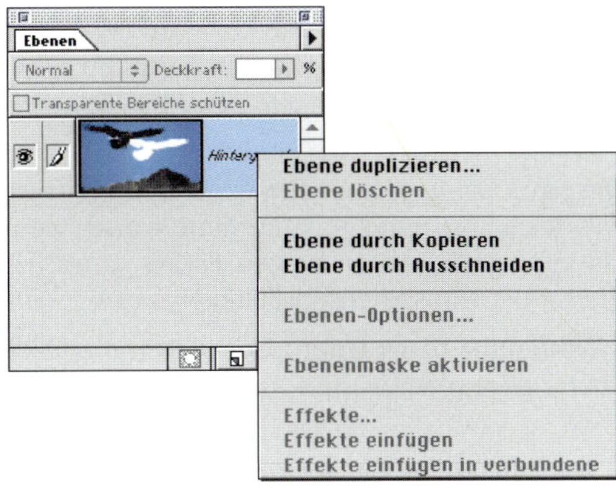

Links: Der Auswahlbereich wurde mit dem Bewegenwerkzeug verschoben. In der Hintergrundebene entsteht ein Loch in der Hintergrundfarbe. Das Kontextmenü der Auswahlwerkzeuge bietet den Befehl »Ebene durch Kopieren«, der den verschobenen Bereich in eine eigene Ebene verwandelt. Rechts: Auch mit dem Kontextmenü des Ebenennamens (nicht des Thumbnails) läßt sich der Auswahlbereich in eine Ebene verwandeln. Datei: Vogel

Ebenen duplizieren

Noch einfacher ist es, vorhandene Ebenen in andere Bilder einzusetzen oder innerhalb des Bildes zu duplizieren:

- Ziehen Sie die Ebene aus einem Bild in ein anderes. Sie erscheint dort sofort unter ihrem hergebrachten Namen und bringt alle Einstellungen für Deckkraft und Modus mit.
- Ziehen Sie eine Ebene aus der Ebenenpalette in ein anderes Bild. Die Ebene erscheint dort sofort als Ebene und behält Deckkraft, Modus und Namen aus dem Ursprungsbild.
- Verwenden Sie den Palettenbefehl **Ebenen duplizieren**. Als »Datei« geben Sie dort die Ursprungsdatei, eine andere geöffnete Datei oder »Neu« an.
- Ziehen Sie das Ebenenfeld in der Palette auf das Symbol »Neue Ebene«, um die Ebene innerhalb der Datei zu duplizieren. Oder ziehen Sie das Ebenenfeld über die eigene Bilddatei.

Einzelebene als neue Datei

Mitunter braucht man eine einzelne Ebene (oder eine Auswahl) als eigenständige Datei. Hier gibt es einmal den Befehl **Ebene duplizieren** aus dem **Ebene**-Menü, auch im Paletten-Menü vertreten. Hier stellen Sie das Listenfeld »Datei« auf »Neu«, um eine neue Datei zu erzeugen. Die aktive Ebene erscheint dann in einer neuen Datei.

Alternative

Eine Alternative zu diesem Verfahren:

1. Blenden Sie die gewünschte Ebene ein und alle anderen aus; das erfordert nur einen Alt-Klick in das Augensymbol der gewünschten Ebene.
2. Nun rufen Sie den Befehl **Bild: Bild duplizieren** auf.

3. Im Dialogfeld aktivieren Sie die Option »Auf eine Ebene reduzieren«.
4. Sobald Sie auf »OK« klicken, erhalten Sie eine neue Datei mit der Einzelebene.

Passende Maße

Die neue Datei, die mit diesen Verfahren entsteht, beansprucht jedoch genauso viel Pixelfläche wie das ursprüngliche Dokument – auch wenn das herausgenommene Element viel kleiner ist. Die neue Datei hat in beiden Fällen keine »Hintergrundebene«, stattdessen schwebt das Motiv über einer transparenten Fläche.

Möchten Sie beim Duplizieren in eine neue Datei auf den möglichen leeren Bereich um eine Ebene herum verzichten, um eng sitzende Dateiränder zu erhalten, wählen Sie einen anderen Weg:

1. Aktivieren Sie die gewünschte Ebene.
2. Laden Sie den Umriß der Ebene als Auswahl durch ⌘+Klick auf das Ebenen-Thumbnail.
3. Kopieren Sie die Ebene mit ⌘+C in die Zwischenablage.
4. Klicken Sie auf den Befehl **Datei: Neu** (⌘+N).
5. Im Dialogfeld »Neu« wird Photoshop die Pixelwerte aus der Zwischenablage vorschlagen. Bestätigen Sie mit »OK«.
6. Photoshop erstellt eine leere Datei, die exakt die Maße für randlose Aufnahme des Objekts aus der Zwischenablage aufweist. Fügen Sie das kopierte Objekt mit ⌘+V ein.

Dieses Procedere läßt sich leicht mit der Aktionenpalette automatisieren. Es entsteht in keinem Fall auf Anhieb eine glatte »Hintergrundebene«, so daß Sie das Ergebnis eventuell noch **Auf Hintergrundebene reduzieren** müssen.

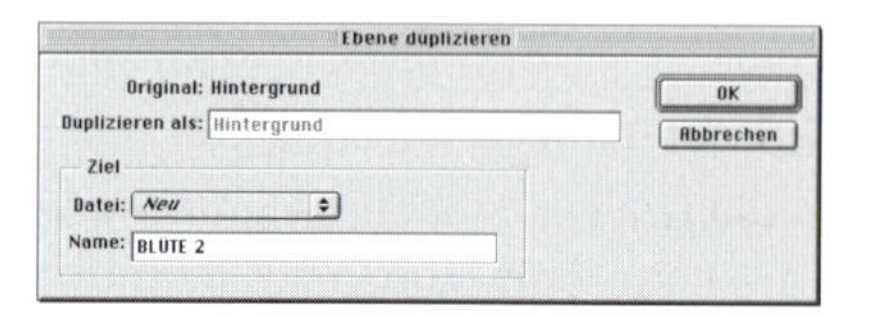

Duplikado: Mit dem Befehl »Ebene duplizieren« können Sie eine Einzelebene in eine neue Datei verlegen. Dabei werden jedoch die Pixelmaße der ursprünglichen Datei verwendet, so daß eventuell viel Leerraum entsteht, der erst mit dem Freistellwerkzeug entfernt werden muß. Datei: Blueten

So erzeugen Sie eine neue Ebene, die keinen überflüssigen Leerraum enthält: Aktivieren Sie das gewünschte Objekt im Ursprungsbild, und markieren Sie es durch ⌘+Klick auf den Thumbnail. Dann kopieren Sie es und erstellen eine neue Datei, für die Photoshop die passenden Maße vorschlagen wird. Fügen Sie das Objekt dann ein.

Ebenen verschmelzen und löschen

Sie können die Dateigröße kleinhalten durch haushälterischen Umgang mit den Ebenen. Verschmelzen Sie mehrere unabhängige Ebenen zu einer. Die untenliegenden Pixel sind danach fort, und Sie können die verschmolzenen Bildteile nicht mehr ohne Schaden auseinanderziehen. Ebenso zementieren Sie bei diesem Vorgang Überblendmodus und Deckkraft: Haben Sie eine Ebene mit dem Modus »Sprenkeln« in einem Streuselkuchen aufgebrochen, so können Sie diese mit der darunterliegenden Ebene verschmelzen – dort kommt aber nur der Streuselkuchen an, und die ursprüngliche, ganzheitliche Ebeneninformation ist fort.

Grundsätzlich bieten sich zwei Strategien:

- Sie verschmelzen zwei oder mehr Ebenen zu einer, oder
- Sie verschmelzen alle Ebenen und erzeugen ein konventionelles, »flaches« Bild mit der Funktion **Auf Hintergrund reduzieren.**

»Sichtbare auf eine Ebene reduzieren«

Den Befehl **Sichtbare auf eine Ebene reduzieren** finden Sie im Paletten-Menü und im **Ebene**-Menü (⌘+Umschalt+E); er faßt zwei oder mehr Ebenen auf einer einzigen Bildschicht zusammen. So gehen Sie vor:

1. Blenden Sie mit dem Augensymbol in der Ebenenpalette alle Ebenen aus, die Sie nicht vereinigen wollen. Im Dateirahmen sehen Sie also nur noch diejenigen Ebenen, die Sie zusammenfassen wollen.
2. Der **Sichtbare auf eine Ebene reduzieren** läßt zusammenwachsen, was zusammengehört auf einer Ebene.

»Mit darunterliegender auf eine Ebene reduzieren«

Oft wünscht man neu eingefügte Pixel nach dem ersten Zurechtrücken gar nicht mehr auf einer eigenen Ebene. Eine frisch eingebaute Ebene läßt sich darum besonders schnell per ⌘+E (für Merge down) mit der darunterliegenden Ebene verschmelzen, **Mit darunterliegender auf eine Ebene reduzieren** heißt dieser Befehl im **Ebene**-Menü.

Der Befehl funktioniert nicht, wenn die darunterliegende Ebene eine Textebene ist. Wenn Sie dagegen eine Textebene mit einer darunterliegenden Ebene verschmelzen, wird diese Ebene sofort in normale Pixel verwandelt, die sich nicht mehr mit dem Textdialog verändern läßt.

»Auf Hintergrundebene reduzieren«

Nur noch die Hintergrundebene hinterläßt der Befehl **Auf Hintergrundebene reduzieren**. Damit sind alle Einzelebenen perdu, sie haben ein »flaches« Pixelbild vor sich, wie es als Tiff-, Gif- oder JPG-Datei leicht gespeichert und weitergegeben werden kann. Die Dateigröße sinkt auf das Übliche zurück. Wenn Sie **Auf Hintergrundebene reduzieren**, können Sie einzelne Ebenen noch herauswerfen:

1. Ebenen, die Sie nicht behalten wollen, blenden Sie mit dem Augensymbol aus. Sie werden nicht mitverwendet.
2. Im **Ebene**-Menü wählen Sie **Auf Hintergrundebene reduzieren**.
3. Haben Sie Ebenen ausgeblendet, kommt die Photoshop-Frage »Ausgeblendete Ebenen löschen?«. Hier bleibt Ihnen nur »Abbrechen« oder die Bestätigung mit »OK«.
4. Dann faßt Photoshop die Objekte auf der Hintergrundebene zusammen.

Vormals transparenter Bereich wird weiß aufgefüllt.

»Bild duplizieren« und »Aus allen Ebenen kopieren«

Es gibt noch eine schnelle Möglichkeit, ein flaches Bild zu erzeugen. Verwenden Sie den **Bild**-Befehl **Bild duplizieren**, und aktivieren Sie die Option »auf eine Ebene reduzieren«. Wenn Sie eine Gesamtansicht aller Ebenen in die Zwischenablage kopieren wollen, nutzen Sie den Befehl **Bearbeiten: Aus allen Ebenen kopieren** (⌘+Umschalt+C).

»Ebene löschen«

Auch den Befehl **Ebene löschen** finden Sie im **Ebene**-Menü und im Paletten-Menü. Die Menübefehle löschen die Ebene ohne Rückfrage. Leichter noch hat man es mit dem Mülleimer der Ebenen-Palette. So geht's:

1. Ziehen Sie die entsorgungsreife Ebene auf den Mülleimer, und tschüß. Oder
2. klicken Sie den Mülleimer an, um eine aktive Ebene erst nach artiger Rückfrage zu löschen.

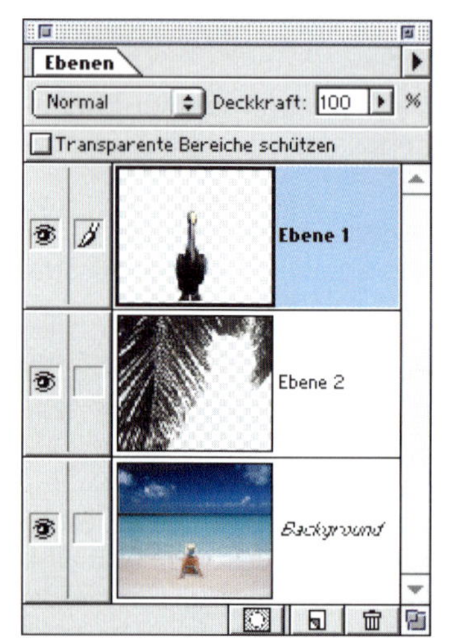

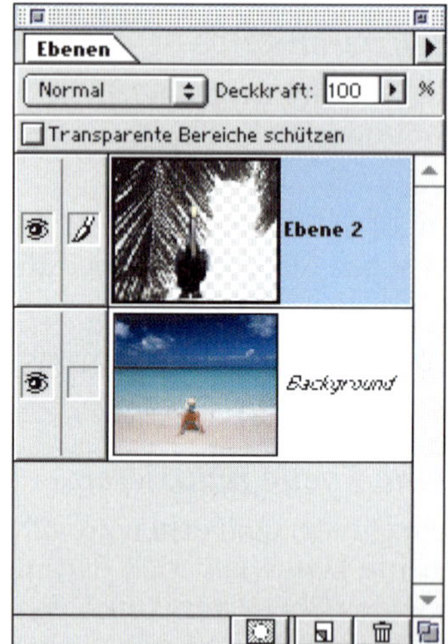

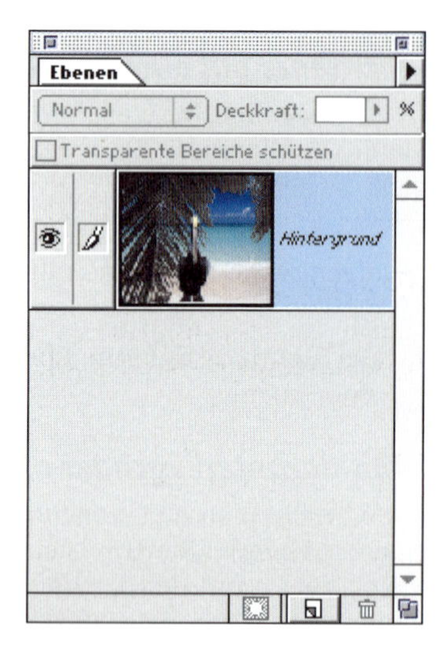

Links: Drei Ebenen kosten viel Speicherplatz. Mitte: Der Befehl »Mit darunterliegender auf eine Ebene reduzieren« hat die aktivierte »Ebene 1« mit der darunterliegenden »Ebene 2« verschmolzen. Rechts: Der Befehl »Auf Hintergrundebene reduzieren« hinterläßt nur noch eine übliche »Hintergrundebene«. Das Bild sieht unabhängig von der Zahl der Ebenen immer gleich aus. Datei: Meer_2

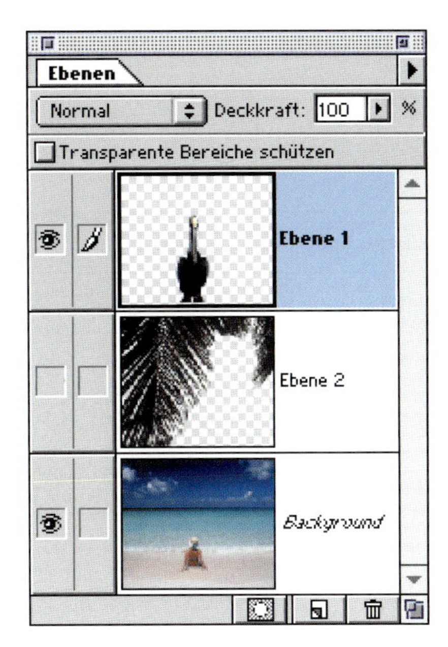

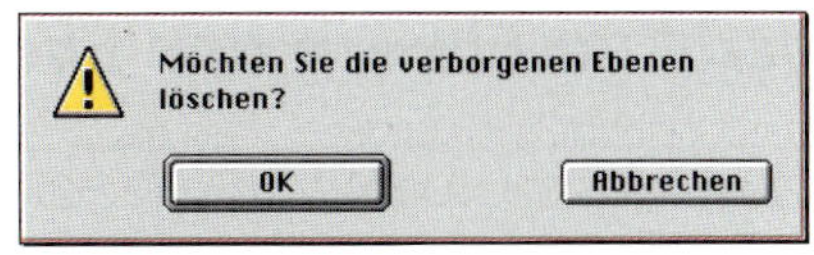

Wenn Sie alle Ebenen auf eine Hintergrundebene reduzieren, werden ausgeblendete Ebenen nicht mitberücksichtigt.

Ebenen sichern

Sie müssen im Photoshop-Dateiformat speichern, um die Ebenen zu erhalten. Etwas anderes bietet Photoshop auch gar nicht an, wenn Sie die Befehle **Sichern** oder **Sichern als** bei einer Montage verwenden. Nur Photoshops hauseigenes Dateiformat unterstützt die verschachtelte Ebenentechnik. Sie können freilich jederzeit mit dem **Datei**-Befehl **Kopie speichern unter** eine Bildversion ohne Ebenen speichern, die genau das momentan zur Ansicht eingeblendete Ebenen-Bild zeigt und akut ausgeblendete Ebenen nicht mitaufnimmt – und alles auf einer einzigen »Hintergrundebene«. Bei diesem Befehl wird die Originaldatei nicht im aktuellen Zustand festgeschrieben und umbenannt, wie es beim **Datei**-Befehl **Speichern unter** passiert. Außerdem verhindern Sie mit diesem Dialogfeld bei Bedarf, daß Alphakanäle, Pfade, Vorschau-Thumbnails in der Kopie angelegt werden.

Zusätzlich zu den verschiedenen Ebenen speichert Photoshop im gleichen Dokument auch noch eine »flache« Version des Bilds, sofern Sie in den **Voreinstellungen** (⌘+K, dann ⌘+2) die Option »Mit Composite und Dateiebenen« anklicken. Damit können Photoshop 2.5 und andere Softwares, die sich nur aufs ältere, flache 2.5er-Format verstehen, immerhin eine zweidimensionale Fassung Ihres Bilds öffnen. Die zusätzliche Ebene benötigt Platz und Zeit beim Speichern.

Befehle im Überblick: Ebenen und Ebenenpalette

Taste/Feld	Zusatztasten	Aktion	Ergebnis
		Klick!	Paletten-Menü
		Klick!	Aktivierte Ebene nach Rückfrage löschen
	⌥	Klick!	Aktivierte Ebene ohne Rückfrage löschen
		Klick!	Neue, leere Ebene erstellen
	⌥	Klick!	Neue, leere Ebene erstellen mit Dialogfeld
	⌘	Klick!	Einstellungsebene erstellen
		Klick!	Ebenenmaske erstellen, nichts maskiert oder ausgewählter Bereich sichtbar
	⌥	Klick!	Ebenenmaske erstellen, alles maskiert oder ausgewählter Bereich nicht sichtbar
[Ebenen-Thumbnail]	⌘	Klick!	Ebenenkontur als Auswahl (Transparenzmaske)
[Ebenen-Thumbnail]	⌘+⇧	Klick!	Auswahl der Ebenenkontur zu vorhandener Auswahl hinzufügen
[Ebenen-Thumbnail]	⌘+⌥	Klick!	Auswahl der Ebenenkontur von vorhandener Auswahl abziehen
[Ebenen-Thumbnail]		Klick! *auf* *ziehen*	Ebenendeckkraft als Ebenenmaske für aktive Ebene
[Ebenenmasken-Thumbnail]	⌘	Klick!	Ebenenmaskeninformation als Auswahl
[Ebenenmasken-Thumbnail]	⌘+⇧	Klick!	Ebenenmaskeninformation zu vorhandener Auswahl hinzufügen
[Ebenenmasken-Thumbnail]	⌘+⌥	Klick!	Ebenenmaskeninformation von vorhandener Auswahl abziehen

12.5 Skalieren, Drehen, Verzerren

Ebenen und Auswahlbereiche können Sie auf vielfältige Art ans Bild anpassen, zum Beispiel durch Vergrößern und Verkleinern (Skalieren), Verzerren oder Drehen; diese Verfahren faßt Photoshop unter dem Begriff »Transformieren« zusammen. Sie können diese Befehle anwenden auf schwebende oder nichtschwebende Auswahlbereiche, am übersichtlichsten aber auf Ebenen. Haben Sie mehrere Ebenen verbunden, um sie gemeinsam bewegen zu können, so werden diese Ebenen auch gemeinsam verzerrt.

Grundsätzlich lassen sich zwei Vorgehensweisen unterscheiden:

- Veränderung durch Eingabe von Zahlen oder Befehlen, geboten bei Ebenen, Auswahlbereichen, Pfaden und, eingeschränkt, bei Gesamtbildern;
- Veränderung durch Ziehen an Griffpunkten bei Ebenen und Auswahlinhalten sowie vergleichbar auch bei Pfaden und Auswahlkonturen.

Bedenken Sie, daß das **Transformieren** von Ebenen, Auswahlinhalten und Pfaden stets vom **Bearbeiten**-Menü ausgeht, während Sie die gleichen Veränderungen für das Gesamtbild über das **Bild**-Untermenü **Arbeitsfläche drehen** in Angriff nehmen. Möchten Sie nur Auswahlkonturen verändern, ohne die Bildpunkte selbst zu manipulieren, verwenden Sie den Befehl **Auswahl: Verändern**.

Sobald das Pfadwerkzeug aktiv ist, beziehen sich die **Transformieren**-Funktionen aus dem **Bearbeiten**-Menü auf den Pfad und nicht mehr auf die aktuelle Ebene. Wechseln Sie zu einem beliebigen anderen Werkzeug, wenn Sie die Ebene und nicht den Pfad verändern möchten.

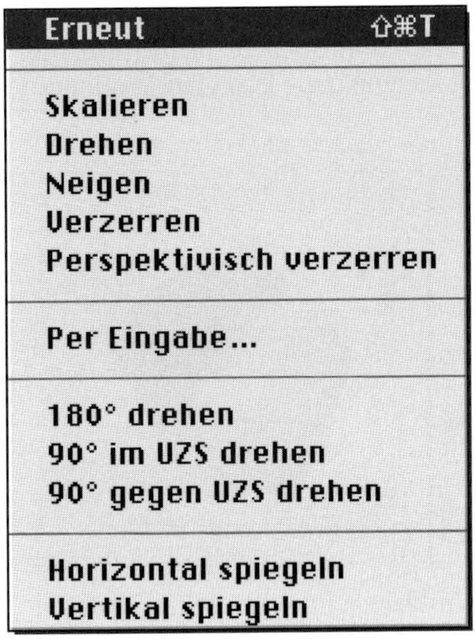

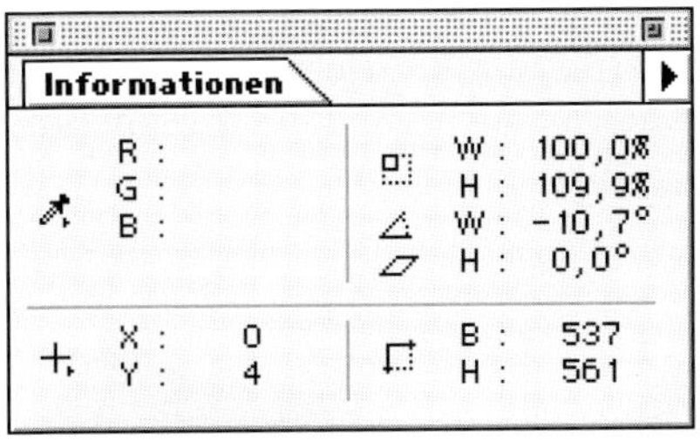

Über das »Bearbeiten«-Untermenü »Transformieren« verzerren, vergrößern und drehen Sie Einzelebenen und schwebende Auswahlen. Die Informationen-Palette meldet die Veränderungen

»Frei transformieren«

Um eine Ebene oder einen Auswahlbereich frei zu verzerren, verwenden Sie den Befehl **Ebene: Frei Transformieren**, der auch auf ⌘+T hört. Aktivieren Sie die gewünschte Ebene, und heben Sie eine vorhandene Auswahl auf. Photoshop ignoriert die Ebenen-Option »Transparente Bereiche schützen«: Auch transparente Bereiche, die geschützt sind, lassen sich durch das »Transformieren« mit neuen Pixeln füllen.

Um die Ebene oder Auswahl herum erscheint eine Box mit Griffpunkten. Ihre Möglichkeiten:

- Sie bewegen die Ebene, indem Sie innerhalb der Box mit dem Mauszeiger ziehen.
- Sie vergrößern oder verkleinern die Ebene, indem Sie an einem Griffpunkt ziehen. Achtung: Um das Seitenverhältnis zu wahren und die Proportionen beizubehalten, drücken Sie erst die Umschalt-Taste, dann ziehen Sie. Lassen Sie nachher erst die Maustaste los, dann die Umschalt-Taste.
- Um Auswahl oder Ebene zu drehen, setzen Sie den Zeiger außerhalb des Begrenzungsrechtecks an und ziehen. Mit der Umschalt-Taste legen Sie die Umdrehung auf 15-Grad-Schritte fest. Verschieben Sie das Zentrierstück, das zunächst in der Mitte liegt, wenn Sie die Ebene um einen bestimmten Fleck in der Datei drehen möchten.
- Um nur an einer einzelnen Ecke zu verzerren, drücken Sie beim Ziehen eines Eckgriffs – also kein Griff in der Mitte einer Seite – die ⌘-Taste.
- Sie verzerren Auswahl oder Ebene symmetrisch von der Mitte ausgehend, wenn Sie die Alt-Taste drücken.
- Um eine Auswahl oder Ebene zu neigen, ziehen Sie an einem Seitengriff – nicht an einem Eckgriff – und drücken ⌘+Umschalt-Taste. Dabei werden gegenüberliegende Seiten parallel verzerrt.
- Um eine Auswahl oder Ebene perspektivisch zu verzerren, drücken Sie ⌘+Alt+Umschalt-Taste und ziehen an einem Eckgriff.

Photoshop zeigt zunächst eine schnell errechnete Vorschau, die Informationenpalette nennt Winkel und Distanzen. Um die Veränderung anzuwenden, klicken Sie doppelt in die Box, oder drücken Sie die Eingabe-Taste. Um den Begrenzungsrahmen folgenlos zu entfernen, drücken Sie Esc. Mit ⌘+Z annullieren Sie nur Ihren letzten Zug an den Griffpunkten. Solange die Begrenzungsbox angezeigt ist, können Sie nichts anderes unternehmen, etwa eine neue Datei laden oder eine Kontrastkorrektur beginnen.

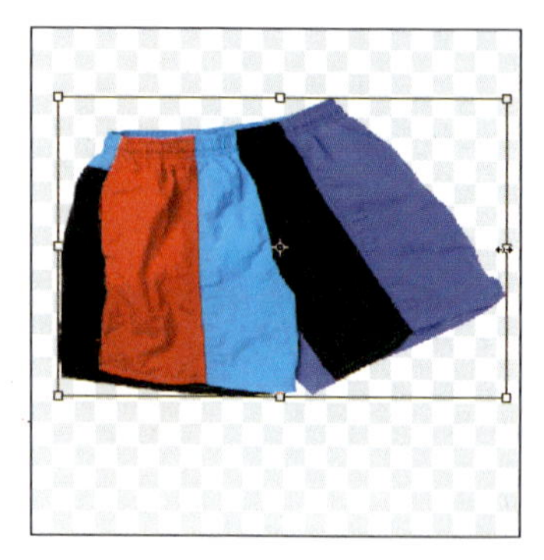
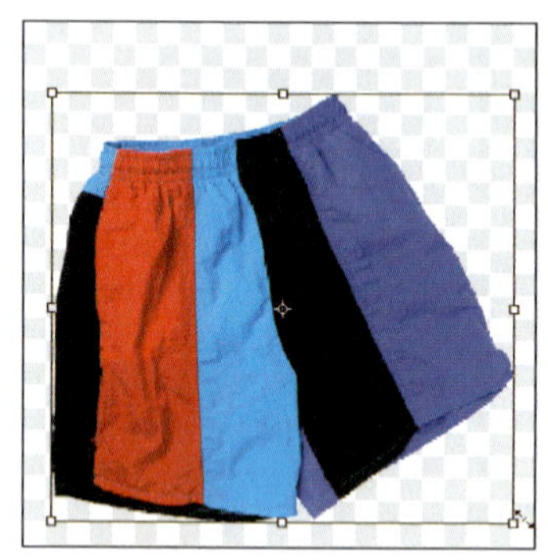
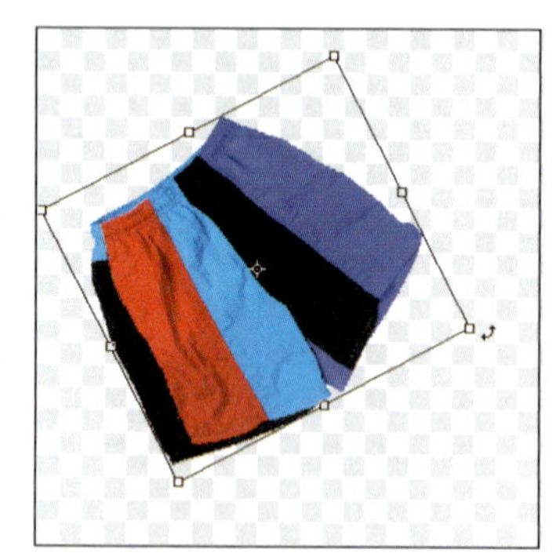

Links: Um eine Seite der Ebene zu vergrößern, ziehen Sie an einem der Griffpunkte. Mitte: Drücken Sie die Umschalt-Taste, damit die Seitenverhältnisse gewahrt bleiben. Rechts: Ziehen Sie außerhalb der Begrenzungsbox, wenn Sie die Ebene drehen möchten. Datei: Shorts

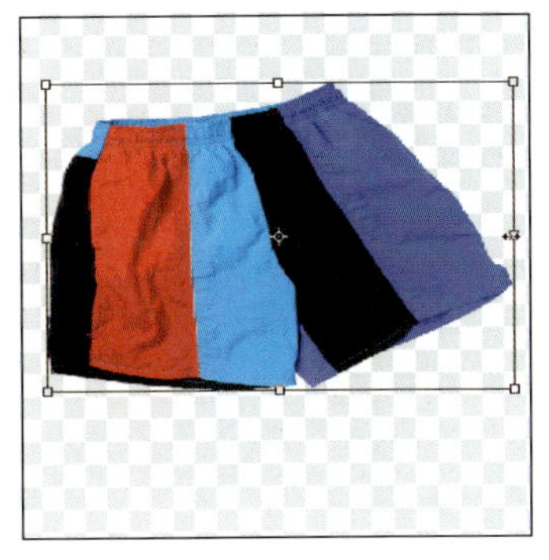

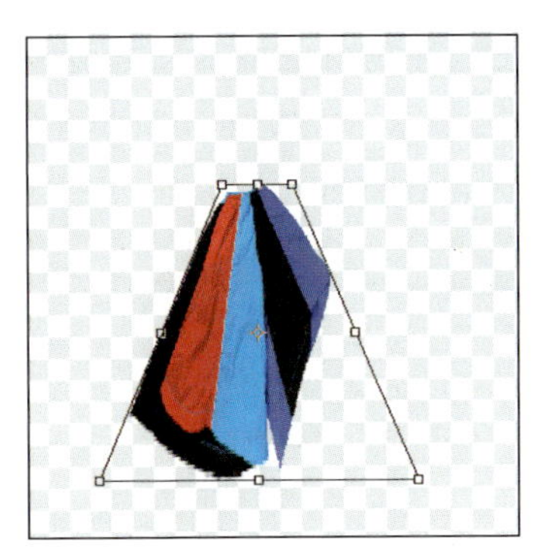

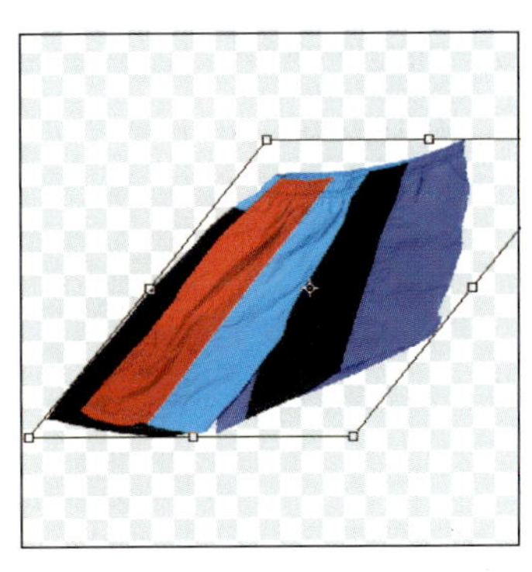

Links: Um die Ebene frei zu verzerren, drücken Sie beim Ziehen eines Eckgriffs die ⌘-Taste. Mitte: Ziehen an einem Eckgriff mit ⌘+Alt+Umschalt-Taste verzerrt die Ebene perspektivisch. Rechts: Ziehen am Seitengriff mit ⌘+Umschalt-Taste neigt die Ebene.

»Drehen«, »Neigen«, »Skalieren«, »Verzerren«

Sie müssen die Tastaturkombinationen für den Befehl **Frei transformieren** nicht im Kopf haben. Verwenden Sie das Untermenü **Ebene: Transformieren** und dort einen der Einzelbefehle wie **Drehen**, **Neigen**, **Skalieren** oder **Verzerren**. Photoshop zeigt die Begrenzungsbox, erlaubt Ihrer Maus aber zunächst nur die jeweils gewählte Veränderung sowie das Verschieben. Sie haben jedoch, noch bevor Sie mit der Eingabe-Taste bestätigen, die Möglichkeit, den Befehl **Frei transformieren** zu wählen oder ⌘+T zu drücken; dann sind alle anderen Veränderungen auch möglich. Ebenso können Sie zu einem anderen Einzelbefehl wechseln.

Gut zu wissen: Der Rahmen der Begrenzungsbox läßt sich auch über die Bildgrenzen hinausziehen. Am übersichtlichsten ist das, wenn man in einen Vollschirmmodus wechselt (Kurztaste F, für Full screen). Auch Bildpunkte, die außerhalb des sichtbaren Bereichs liegen, werden gespeichert und lassen sich später wieder ins Bild bewegen.

»Transformieren: Per Eingabe«

Statt zu ziehen und sich bei Maßarbeiten an den Anzeigen der Informationenpalette zu orientieren, können Sie Veränderungsdaten auch unmittelbar eintippen im Dialogfeld »Per Eingabe transformieren«. Dies gilt für Drehen, Neigen, Skalieren und Bewegen, nicht aber für Verzerren. Diesem Dialogfeld fehlt allerdings der letzte Charme: eine Vorschaufunktion. Allerdings bietet die Funktion die Möglichkeit, »Transformieren«-Vorgänge auch auf der Aktionenpalette zu speichern. Interessant ist ansonsten vor allem das »Bewegen« einer Ebene; dieser Teil des Dialogfelds wurde bereits weiter oben in diesem Kapitel im Abschnitt »Ebenen präzise bewegen« erläutert.

Beim »Drehen« können Sie auf die Werte zurückgreifen, die Sie mit dem Meßwerkzeug ermitteln. Verwenden Sie dieses Werkzeug unmittelbar vor Aufruf des Befehls, damit die Meßergebnisse gleich ins Dialogfeld übernommen werden.

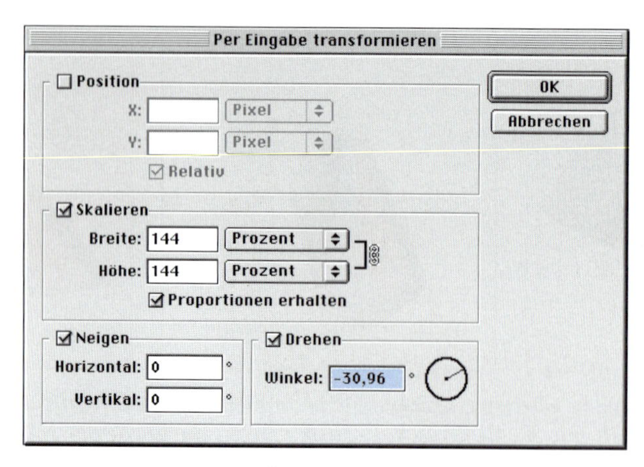

Im Dialogfeld »Transformieren« geben Sie Werte für die Veränderung vor.

Verzerrungen wiederholen

Eine gelungene Verzerrung läßt sich leicht auf andere Ebenen übertragen – und genausogut auch von einer Ebene auf einen Pfad oder vice versa. Aktivieren Sie die gewünschte Ebene, und wählen Sie den Befehl **Bearbeiten: Transformieren: Erneut** (Umschalt+⌘+T). Sie können gleichermaßen Verzerrungen »per Eingabe« wiederholen wie auch solche Eingriffe, die Sie mit den Griffpunkten der Rechteckbox vorgenommen haben. Es ist in Ordnung, wenn Sie zwischenzeitlich andere Werkzeuge benutzt oder das erste Verzerren widerrufen haben. Sie können auch in andere Dateien wechseln und dort Ebenen oder Pfade »erneut« verzerren.

Wollen Sie eine erfolgreiche Verzerrung auf Dauer behalten, speichern Sie den Vorgang mit der Aktionenpalette.

Qualitätsprobleme beim Drehen, Skalieren und Verzerren

Beim Drehen, Skalieren oder Verzerren muß Photoshop Bildpunkte hinzurechnen, neu rechnen oder herauswerfen. Das geschieht nicht ohne Qualitätsverluste. Daraus folgt, Sie sollten eine Ebene möglichst nur einmal »transformieren«. Erledigen Sie alle Veränderungen in einem Rutsch im Vorschaumodus – Drehen, Verzerren, Skalieren –, und bestätigen Sie das erst zum Schluß. Beginnen Sie das **Transformieren** erneut, gerät das Bild noch unsauberer als nach der ersten Transformation. Darum macht es eher Sinn, eine bereits bestätigte Transformation schnell aufzuheben und die Ebene komplett neu zurechtzurücken. Alternativ spielen Sie die Verzerrung testhalber an einer duplizierten Ebene durch. (Reines Verschieben ist harmlos.)

Entscheidend ist die »Interpolationsmethode«, die Sie in den **Voreinstellungen** (⌘+K) gewählt haben. In der Regel sollte es »Bikubisch« sein, anschließend sollten Sie scharfzeichnen. Nur bei Screenshots oder Grafiken kommt die »Pixelwiederholung« in Frage. Wie grob die »Pixelwiederholung« mit den Pixeln umspringt, sehen Sie im Vorschaumodus, wenn Sie die Begrenzungsbox drehen oder verzerren – für diese Schnellvorschau wendet Photoshop die »Pixelwiederholung« an, und erst wenn Sie die Vorschau bestätigen, glättet sich das Bild, weil nun die »bikubische« Interpolation angewendet wird. Nähere Erläuterungen zu Interpolationsmethoden finden Sie vorne im Kapitel »Grundfunktionen und Oberfläche«.

Links: In der Vorschau errechnet Photoshop eine schnelle Ansicht mit der Methode »Pixelwiederholung«; in der Vergrößerung treten die Schwächen dieses Verfahrens besonders heraus. Mitte: Wesentlich glatter werden die Kanten, nachdem die Drehung per Doppelklick bestätigt wurde; dann berechnet Photoshop die Ebene endgültig mit der Interpolationsmethode, die in den »Voreinstellungen« gewählt wurde, hier »Bikubisch«. Rechts: Meist kann ein Scharfzeichner das Ergebnis verbessern. Datei: Wecker

Auswahlen oder Ebenen spiegeln und drehen

Spiegeln oder drehen können Sie jeweils einen Auswahlbereich oder ein ganzes Bild, das dazu nicht ausgewählt sein muß. Sie können zum Beispiel **Horizontal spiegeln** oder **Vertikal spiegeln**, wenn Sie in einem Hintergrund Rechts und Links oder Oben und Unten vertauschen vertauschen möchten; nützlich ist das Spiegeln auch, wenn Sie ein Bild oder einen Alphakanal aus wiederkehrenden, symmetrischen Figuren zusammensetzen. Auch bei Scans, die auf dem Kopf stehen oder seitenverkehrt auf die Platte gelangten, nutzt man diese Befehle. Für Ebenen verwenden Sie das Untermenü **Bearbeiten: Transformieren**, für das Gesamtbild das Untermenü **Bild: Arbeitsfläche drehen**. Wenn die aktuelle Datei nicht genug Fläche zum Drehen bietet, können Sie das Hintergrundbild mit dem Befehl **Bild: Arbeitsfläche** um Neuland erweitern. Details zum Drehen eines Gesamtbilds **Per Eingabe** und per Freistellwerkzeug sowie zum **Arbeitsfläche**-Befehl finden Sie vorne im Kapitel »Bildgröße, Arbeitsfläche, Ausschnitt«.

»3D-Transformieren«

Der Befehl **Filter: Renderingfilter: 3D-Transformieren** verzerrt mehrere Seiten eines Objekts gleichzeitig mit dreidimensionaler Wirkung.

Die zeitaufwendigen Einstellungen lassen sich nicht speichern: Weder können Sie ein Gittermodell aufbewahren noch dessen Drehung. Photoshop erinnert sich an nichts beim nächsten Aufruf des Befehls. Auch wenn Sie **3D-Transformieren** mit der Aktionenpalette aufzeichnen, startet das Programm beim Abspielen lediglich das Dialogfeld – doch ein Gittermodell müssen Sie neu aufziehen.

Freilich sind die Möglichkeiten begrenzt. Beim Drehen muß das Programm permanent neue Pixel erfinden, und oft kann es nicht auf benachbarte Punkte zurückgreifen. Dann setzt Photoshop verschiedene Grauschattierungen ein – hübsch zwar, aber ohne Zusammenhang zum Objekt. Sie könnten allenfalls neu errechnete graue Seiten mit Zauberstab, Polygon-Lasso oder Pfadwerkzeug markieren und mit einer Struktur füllen. So dient das **3D-Transformieren** eher zur Schöpfung völlig neuer Objekte denn zur unauffälligen Korrektur vorhandenen Fotomaterials.

Zum Drehen und Bewegen brauchen Sie viel Platz in der Datei, sonst wird das Objekt abgeschnitten. Erweitern Sie Ihren Spielraum großzügig mit dem Befehl **Bild: Arbeitsfläche**. Denken Sie daran, daß Photoshop das Neuland in der Datei in der Hintergrundfarbe anlegt; Kurztaste D richtet Weiß ein.

Da der Filter viel Rechenzeit benötigt, sollten Sie für erste Versuche das Original **duplizieren** und per **Bildgröße** auf rund 250 Pixel verkleinern.

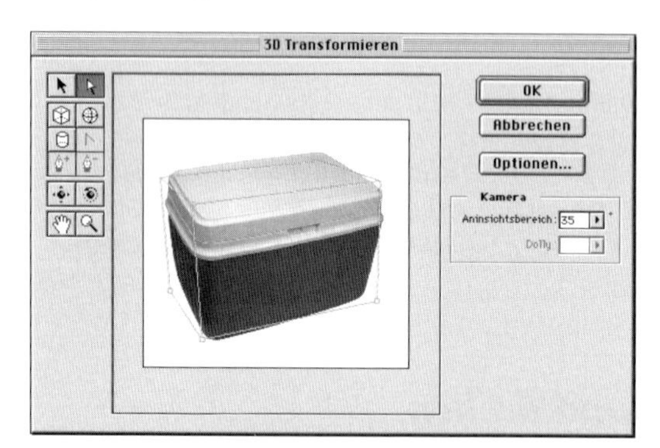

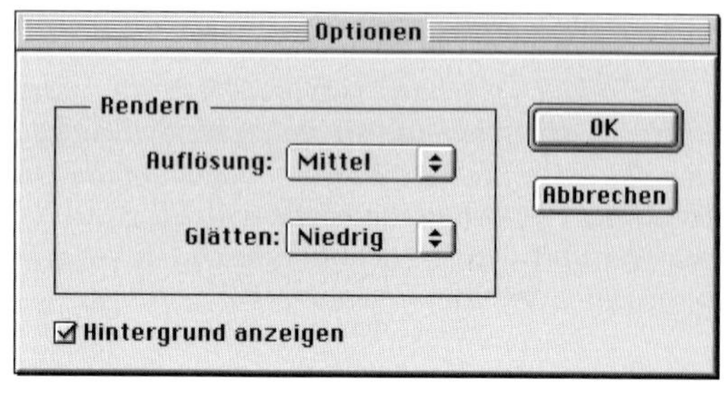

Über ein Drahtgittermodell verzerrt der Filter »3D-Transformieren« mehrere Seiten eines Objekts. In den Optionen stellen Sie die Qualität der Berechnung ein. Datei: Box

Erstellen des Gittermodells

Wählen Sie zunächst ein Gittermodell, also Quader, Kugel oder Zylinder (Kurztasten M, N beziehungsweise C). Klicken Sie in eine Ecke des Objekts, und ziehen Sie einen Rahmen auf. Er erscheint in Grün. Sofern Sie einen roten Rahmen sehen, haben Sie die Grenzen des Machbaren überschritten.

Gittermodell auswählen und löschen

Sie können mehrere Modelle gleichzeitig aufziehen. Aktivieren Sie das gewünschte Gittermodell mit dem Auswahlwerkzeug (Kurztaste V). Um ein Geflecht zu löschen, klicken Sie es mit diesem Werkzeug an und drücken die Rückschritt-Taste.

Gittermodell korrigieren

Mit dem Direktauswahlwerkzeug, dargestellt durch einen weiß gefüllten Pfeil (Kurztaste A, wie bei einer Pfadbearbeitung), ziehen Sie die Punkte des Gittermodells in Position.

Klicken Sie jeweils Eckpunkte links oder unten an, um einzelne Seiten zu ändern. Klicken Sie Punkte rechts und oben an oder die Längsseiten, um das gesamte Modell zu bewegen. Ändern Sie außerdem die Werte für den »Ansichtsbereich«, um das Gittermodell zu drehen.

 Besonderheiten bei Zylindern

Bei Zylindern können Sie zusätzliche Ankerpunkte einsetzen, um zum Beispiel nicht nur Dosen, sondern auch Flaschen oder Weingläsern eine 3D-Transformation angedeihen zu lassen. Aktivieren Sie das sogenannte Ankerpunkt-einfügen-Werkzeug, und setzen Sie auf dem rechten Rand des Drahtgitters einen Ankerpunkt. Wenn Sie nun zum Direktauswahlwerkzeug wechseln, können Sie den Zylinder an dieser Stelle bauchig quetschen oder aufblähen – allerdings nur symmetrisch auf beiden Seiten.

Drücken Sie die ⌘-Taste, um vorübergehend zum Auswahlwerkzeug zu gelangen; damit verschieben Sie das Modell. Bei gedrückter Alt-Taste erhalten Sie das sogenannte Ankerpunkt-löschen-Werkzeug, das Ankerpunkte – na? – entfernt. Sie können es auch per Schaltfläche dauerhaft aktivieren.

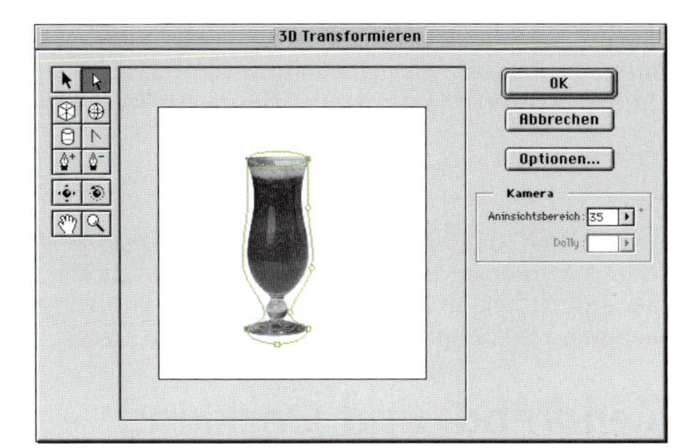

Im Zylinder-Modus können Sie auch symmetrische Rundungen markieren. Datei: Drink

Objekt bewegen

Sie bewegen das Objekt durch Ziehen mit dem Kamera-schwenken-Werkzeug (Kurztaste E). Möchten Sie das Objekt drehen, verwenden Sie das Trackball-Werkzeug (Kurztaste R). Mit Werten zwischen 0 und 100 bei »Dolly« vergrößern oder verkleinern Sie das transformierte Objekt.

Wenn Photoshop kein Oberflächenmaterial für eine Drehung findet, muß er es selber erzeugen.

Optionen

Per Schaltfläche bietet das 3D-Transformieren einige Optionen:

- Unter »Auflösung« nennen Sie die Qualität des errechneten Bilds. Dies wirkt sich insbesondere bei Kugeln und Zylindern, weniger bei Quadern aus.
- Unter »Glätten« nennen Sie den gewünschten Faktor.
- Sofern Sie den »Hintergrund anzeigen«, werden Teile des Originals, die außerhalb des Drahtmodells liegen, in die Vorschau und in das errechnete Bild eingeschlossen. Schalten Sie die Option aus, trennt Photoshop das verzerrte Objekt von seinem Hintergrund.

Lupe

Sie können die Vorschau im Dialogfeld mit Hand und Lupe ändern wie ein übliches Bild im Dateifenster. Klicken Sie die Lupe an, oder drücken Sie ⌘+Leer-Taste, um Teile der Vorschau zur vergrößerten Darstellung anzuklicken oder einzurahmen. Alt+Leer-Taste nehmen Sie zur Verkleinerung der Ansicht; bei aktivierter Lupe nehmen Sie die Alt-Taste, um eine Verkleinerungslupe zu erhalten.

Handwerkzeug

Ist die Ansicht soweit vergrößert, daß nicht das ganze Bild ins Dialogfeld paßt, rücken Sie mit dem Handwerkzeug den gewünschten Bildteil ins Fenster. Dazu klicken Sie das Werkzeug im Dialogfeld an, oder Sie drücken wie üblich die Leer-Taste, um vorübergehend das Handwerkzeug zu erhalten – auch wenn Sie beispielsweise gerade mit dem Trackball arbeiten.

12.6 Überblendmodi und Deckkraft

Nicht immer soll eine Ebene oder auch eine schwebende Auswahl wie ein Abziehbild auf dem Hintergrund kleben, so daß der völlig verschwindet. Oben in der Ebenenpalette finden Sie zwei Regelmöglichkeiten, die die Mischung der aktiven Ebene mit den darunterliegenden Ebenen steuern: den Deckkraftregler und das Einblendmenü für den Mischmodus.

»Deckkraft«

Der Deckkraftregler kann eine Ebene mehr oder weniger blaß machen, wenn der Untergrund noch durchscheinen soll; niedrige Werte blenden eine Ebene oder schwebende Auswahl nur blaß in den Untergrund ein, 100 Prozent bedeutet volle Deckung.

Die Deckkraftwerte können Sie auch über die Zifferntasten ändern, sofern Bewegen- oder Auswahlwerkzeug aktiv sind: Tippen Sie »1« für zehn Prozent Deckkraft, »2« für 20 Prozent, »0« sorgt für 100 Prozent Deckkraft; auch Zwischenwerte von 01 bis 100 lassen sich eintippen. Arbeiten Sie allerdings mit einem Mal- oder Retuschewerkzeug, etwa Pinsel oder Stempel, dann ändern die Zifferntasten die Deckkraft dieser Geräte und wirken sich nicht auf die Ebenen aus.

Wohlgemerkt: Die Pixel auf der Ebene ändern sich durch eine Deckkraftänderung überhaupt nicht; sie werden nur anders dargestellt. Sie können völlig verlustfrei eine Ebene auf 30 Prozent Deckkraft stellen, speichern, und dann wieder zu 100 Prozent zurückkehren. Wenn Sie allerdings eine blasse Ebene mit einer anderen verschmelzen, übertragen Sie nur blasse Pixel; die bekommen Sie nicht 100prozentig wieder.

Überblendmodi

Mit den Überblendmodi lassen sich Ebenen raffiniert übereinanderblenden, so daß sich bestimmte Aspekte der Bildinformation übertragen, zum Beispiel nur Strukturen oder nur Farbwerte. Der Eindruck von Überbelichtung ist ebenso möglich wie jegliche phantasievolle Mischung. Gleich oben in der Ebenenpalette haben Sie Zugriff auf das Modus-Einblendmenü mit seinen Überblendvarianten.

Wenn Sie frei mit den Modi experimentieren, sollten Sie auch verschiedene Deckkraftwerte ausprobieren, den Kontrast erhöhen oder eine Ebene kurzerhand in ihr Negativ verwandeln (⌘+I). Erwägen Sie auch, einzelne Tonwertbereiche einer Ebene auszuschließen; dies ist mit den Ebenenoptionen möglich, die im Anschluß beschrieben werden.

Die meisten Modi sind auch beim Malen und Retuschieren von Bedeutung – auch dort treffen Pixel auf Pixel – und wurden im einschlägigen Kapitel bereits besprochen. Sie finden nachfolgend einen erneuten Kommentar der Modi mit speziellem Blick auf die Fotomontage.

Normal

Was soll man sagen? Die unten liegenden Pixel nehmen komplett die neue Farbe an, von den Tonwerten darunter bleibt nichts zurück. Regulierungsmöglichkeiten bieten Deckkraftregler oder Ebenenoptionen (Kurztaste Umschalt+Alt+N).

Sprenkeln

Das »Sprenkeln« verteilt Bildteile pünktchenförmig über den Untergrund, abhängig von der Farbdichte (Kurztaste Umschalt+Alt+I). Die Intensität steuert man mit dem Deckkraftregler; lästig allerdings, daß der auch bei der Rückkehr zu anderen Modi nicht wieder auf den Wert 100 springt. Die Wirkung des »Sprenkelns« hängt stark von der Druckauflösung ab. Damit läßt sich etwa ein Hintergrund aufrauhen oder die Wirkung eines alten Stempels oder einer billigen Fotokopie simulieren. Die einzelnen Streusel fallen allerdings durch harten Rand unangenehm auf; da definiert man im Zweifelsfall lieber eine ausfransende Werkzeugspitze oder blendet mit einer aufgerauhten Ebenenmaske über. Alternativ bügelt man den gesprenkelten Bildteil noch mit einem Weichzeichner oder per Interpolieren.

Abdunkeln

Der Modus »Abdunkeln« ist vielseitig nutzbar (Kurztaste Umschalt+Alt+K). Nur das Dunklere setzt sich durch. Im Farbmodus Lab funktioniert das jedoch nicht. Damit montieren Sie mehrere Strichzeichnungen, die auf Weiß stehen, nebeneinander – das weiße Umfeld wird die benachbarte Skizze nicht überdecken. Dunkle Schriftzüge auf Weiß lassen sich »abgedunkelt« überall einbauen, ohne daß man sie erst freistellt. Mit diesem Modus pinseln Sie auch eine dunkle Schrift auf eine helle Mauer. Quasi eine Verstärkung des »Abdunkelns« ist der Modus »Multiplizieren«. Eine Alternative zu diesem Modus haben Sie mit den Ebenenoptionen (siehe unten), wenn Sie einen regelbaren Teil der hellen Bildpunkte ausblenden.

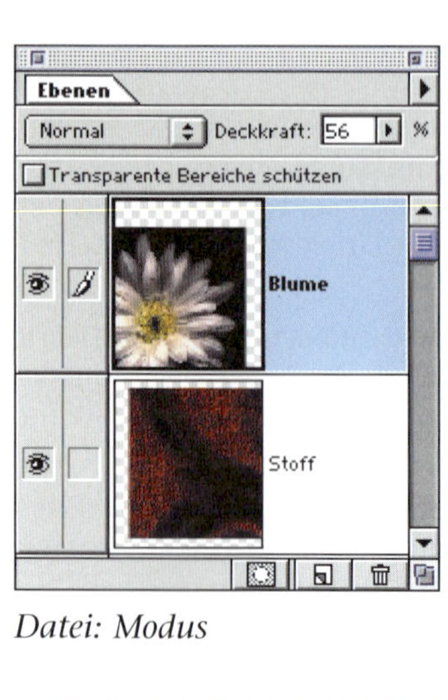

Datei: Modus

Normal, 50 Prozent

Sprenkeln, 50 Prozent

Multiplizieren

Negativ multiplizieren

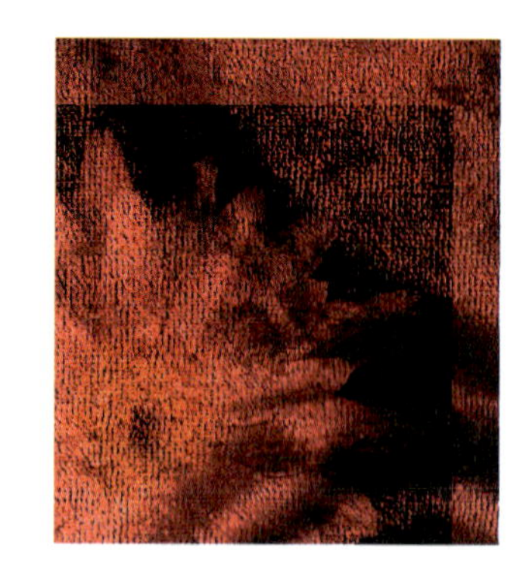

Ineinanderkopieren

Weiches Licht

Hartes Licht

Abdunkeln

Aufhellen *Differenz* *Ausschluß*

Farbig abwedeln *Farbig nachbelichten* *Luminanz*

Sättigung *Farbton* *Farbton&Sättigung*

Aufhellen

Umgekehrt funtioniert das »Aufhellen«: Hier verändern sich nur Bildpunkte, die dunkler sind als Ihre Vordergrundfarbe, alle anderen bleiben unberührt (Kurztaste Umschalt+Alt+G). Auch hier ist der Farbmodus Lab tabu. Damit kann man etwa mehrere Alphakanäle übereinanderlegen, um Auswahlen zusammenzuführen – die weiß ausgesparten Auswahlbereiche bleiben allesamt erhalten. Oder man verschiebt grob markierte Auswahlumrisse innerhalb des Alphakanals, ohne daß der schwarze Rand eine andere Auswahlzone zudecken könnte. Der Modus »Negativ multiplizieren« bewerkstelligt das »Aufhellen« auf noch drastischere Art. Andere Möglichkeit: Verbergen Sie mit den Ebenenoptionen (siehe unten) einen Teil der dunklen Bildpunkte.

Der Modus »Aufhellen« erlaubt hier paßgenaues Verschieben; das schwarze Umfeld kann benachbarte weiße Zonen nicht überdecken. Wenn Sie in einem Alphakanal arbeiten, richtet man diesen Modus über den Befehl »Filter: Verblassen« ein; er findet sich auch im Kontextmenü eines Auswahlwerkzeugs über schwebenden Auswahlen.

Multiplizieren

Beim »Multiplizieren« werden die Farbwerte übereinanderliegender Bildpunkte multipliziert, das Bild wird deutlich dunkler – als ob Sie mit Filzstiften mehrfach übereinandermalen oder zwei Dias übereinandermontieren (Kurztaste Umschalt+Alt+M). Der Modus mischt Bildpunkte nach dem subtraktiven CMYK-Schema: Montieren Sie Cyan auf Gelb, erhalten Sie Grün; Magenta und Gelb vereinen sich zu Rot. Legen Sie Hell auf Dunkel, ändert sich gar nichts. Mit dieser Einstellung wird Schatten angelegt – selbst dunkler Untergrund sinkt bei nur mittlerem Schatten-Grau weiter ab. Weiterer Nutzen: Stark überbelichtete Fotos kopiert man per »Multiplizieren« mehrfach übereinander, um kräftigere Farben zu erhalten.

Schnelle Rettung für flaue Scans: Duplizieren Sie eine Hintergrundebene, indem Sie diese auf das Symbol »Neue Ebene« in der Ebenenpalette ziehen. Die obenliegende Ebene statten Sie mit dem Modus »Multiplizieren« aus. Datei: Koerbe

Negativ multiplizieren

Der Modus »Negativ multiplizieren« hellt umgekehrt die Farben auf – wie zwei Spotlights oder Dias, die übereinanderstrahlen (Kurztaste Umschalt+Alt+S). Geeignet zum Beispiel, um Spitzlichter zu setzen.

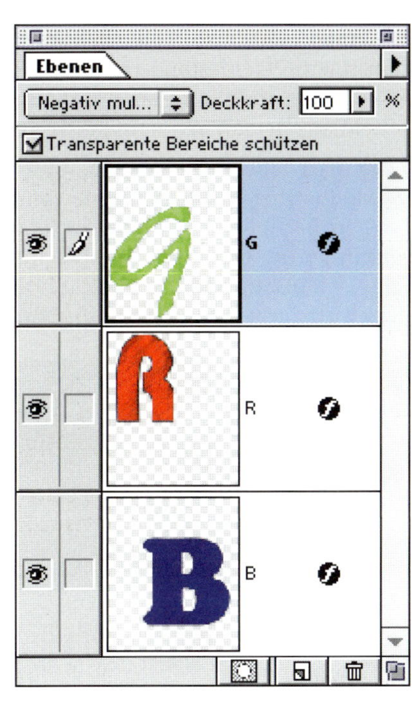

Der Modus »Negativ multiplizieren« mischt Farben nach dem aufhellenden, additiven RGB-Schema. Datei: RGB_1

Ineinanderkopieren

Der Modus »Ineinanderkopieren« multipliziert, abhängig von der Originalfarbe, die normalen oder die umgekehrten Farbwerte (Kurztaste Umschalt+Alt+O). Mittlere Farbtöne werden geändert, Lichter und Schatten des Originals bleiben jedoch erhalten. Photoshop ersetzt die Originalfarbe nicht, sondern mischt sie mit dem Farbauftrag, um helle und dunkle Zonen zu erhalten.

Weiches Licht

»Weiches Licht« simuliert das Beleuchten eines Bilds mit diffusem Licht: Ist der obere Bildpunkt heller als 50 Prozent Grau, wird das Bild aufgehellt; ist die obere Farbe dunkler als 50 Prozent Grau, dunkelt Photoshop das Bild ab (Kurztaste Umschalt+Alt+F). Am stärksten wirkt der Modus bei Schwarz und Weiß. Mehrfaches Auftragen verstärkt den Effekt. Insgesamt werden Kontraste verstärkt.

Hartes Licht

So wie das »Multiplizieren« eine Steigerung des »Abdunkelns« ist, wirkt »Hartes Licht« wie eine Steigerung von »Weiches Licht«: Ist der obere Tonwert heller als 50prozentiges Grau, hellt Photoshop das Bild auf, indem er es mit den umgekehrten Farbwerten multipliziert (Kurztaste Umschalt+Alt+H). Dunklerer Farbauftrag jedoch sorgt für ein deutliches Abdunkeln nach dem Schema des Modus' »Multiplizieren«. Mit diesem sehr lebhaften Modus pinseln Sie Glanzlichter oder Schatten. Füllen Sie eine eigene Ebene mit Grau, der »neutralen Farbe« für diesen Modus, und legen Sie dort verschiebbare »Beleuchtungseffekte« oder »Blendenflecke« an. Ein Beispiel zeigt die »Übung: Neutrale Farbe« weiter oben in diesem Kapitel. Kopieren Sie ein Objekt mit »hartem Licht« über sich selbst, um es leuchtend zu machen.

Differenz

Dieser Modus arbeitet Unterschiede zwischen zwei Ebenen heraus – nur komplett schwarze Resultate deuten auf identischen Pixelbestand (Kurztaste Umschalt+Alt+E). Hell erscheinen dagegen die Unterschiede – so kann man etwa eine großzügige und eine enggefaßte Maske vergleichen und den Unterschied aus beiden als neue Maske verwenden.

Auch das Muster des Digimarc-Filters filtern Sie heraus, indem Sie eine Bildversion mit Wasserzeichen im »Differenz«-Modus über eine ungefilterte Variante legen. Weil die Kontrastunterschiede aber sehr gering sind, sehen Sie vielleicht trotzdem zunächst nur eine schwarze Fläche. Wenn Sie die beiden Ebenen verschmelzen, erkennen Sie aber mit dem Histogramm, daß es tatsächlich Graustufen im Bild gibt – Indiz für Unterschiede zwischen Digimarc-Version und ursprünglichem Bild. Diese Unterschiede arbeiten Sie mit einer drastischen Kontraststeigerung heraus.

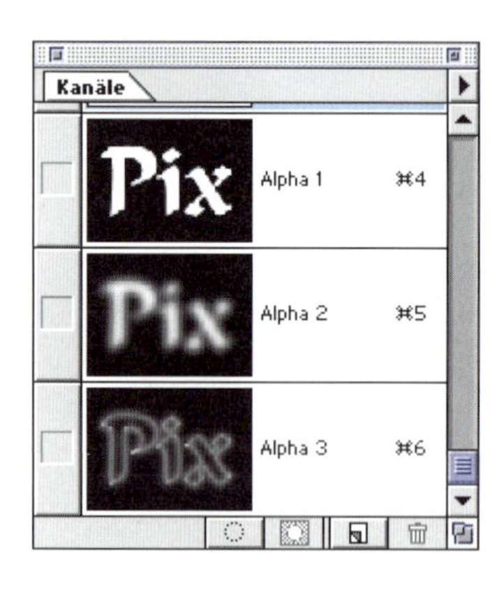

Der »Differenz«-Modus zeigt, wie sich zwei Bildebenen unterscheiden – hier eine Schriftauswahl und eine ausgeweitete Variante, die in einem weiteren Alphakanal übereinanderkopiert wurden. Nur unterschiedliche Zonen erscheinen hell und lassen sich als eigener Kanal nutzen. Rechts: Weicher arbeitet der Modus »Ausschluß« (rechts). Datei: Pix

Ausschluß

Weicher als die »Differenz« arbeitet der »Ausschluß« (Kurztaste Umschalt+Alt+X). Obenliegende weiße Pixel kehren die Werte der darunterliegenden Farbe um, Schwarz oben verändert nichts.

Farbig abwedeln

Dieser Modus hellt die Untergrundfarbe auf, so daß die Malfarbe hell aufscheint (Kurztaste Umschalt+Alt+D). Er eignet sich für Leuchteffekte und funktioniert nicht im Labmodus.

Farbig nachbelichten

Dieser Modus dunkelt die Untergrundfarbe ab, um den Farbauftrag wiederzugeben (Kurztaste Umschalt+Alt+B). Mit Weiß erreichen Sie dabei gar nichts. Auch dieser Modus eignet sich für lebendig leuchtende Überblendungen, auch für stilisierte Schatten, und läuft nicht im Labmodus.

Farbton

Mit dem »Farbton«-Modus ändern Sie nur den Farbwert (Kurztaste Umschalt+Alt+U). Er eignet sich zum Umfärben bei Erhalt der Strukturen oder zum Handkolorieren von Graustufenbildern.

So legt man zum Beispiel eine Ebene, die mit Verlaufwerkzeug oder **Wolken**-Filter gefüllt wurde, im Modus »Farbton« über eine Textilstruktur, um die Struktur einzufärben, aber das Relief zu erhalten. Stärker wirkt »Farbton & Sättigung«.

Sättigung

Der Modus »Sättigung« korrigiert nur das Verhältnis zwischen Grau- und Farbanteil in jedem Bildpunkt, Farbwert und Helligkeit bleiben unberührt (Kurztaste Umschalt+Alt+T). Farbauftrag über völlig neutralen Bildbereichen verändert gar nichts. Ein graues Objekt entfärbt einen bunten Hintergrund.

Farbton & Sättigung

Hier manipulieren Sie Farbton und Sättigung der Bildpunkte im Untergrund, doch die Helligkeit bleibt unverändert (Kurztaste Umschalt+Alt+C). Auch dieser Modus erhält Strukturen und Konturen des Untergrunds und wird nicht in Graustufenwerten angeboten. Dieser Modus heißt in Texten teilweise auch »Farbe«.

Luminanz

Der Modus bearbeitet nur die Helligkeit der Bildpunkte und bildet damit den Gegenpol zum »Farbton«-Modus: Hiermit übertragen Sie eine Struktur, also die Helligkeitswerte, an einen anderen Platz, ohne die Farbe dort zu ändern (Kurztaste Umschalt+Alt+Y). Das macht Sinn, wenn Sie vom obenliegenden Motiv nur die Struktur auftragen wollen.

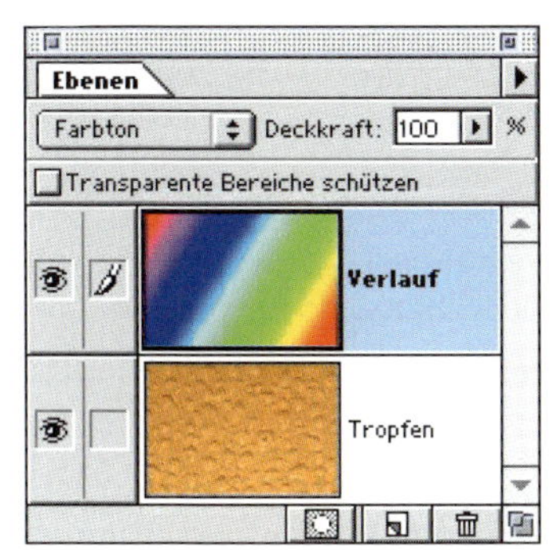

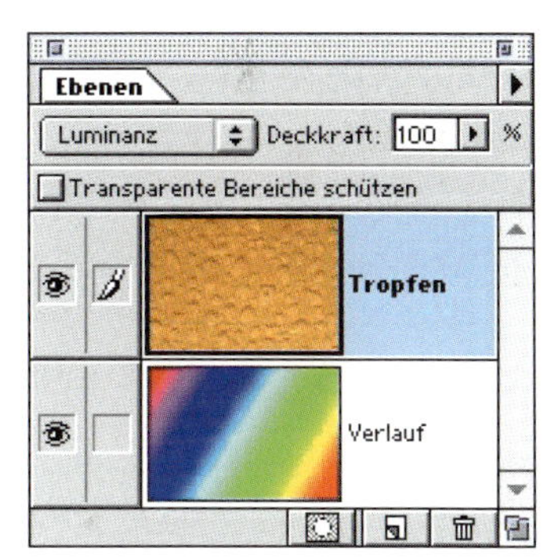

Strukturen und Farben mischen: Hier wurde ein Verlauf über eine Struktur gelegt; im Modus »Farbton & Sättigung« wirkt der Verlauf als reine Färbung, die Struktur bleibt erhalten. Rechts: Das gleiche Bild erhalten Sie, wenn sich die Struktur oben befindet und im Modus »Luminanz« überblendet wird; so überträgt Photoshop nur die Helligkeitsunterschiede, behält aber die Farbinformation des unteren Bilds. Datei: Farbton

»Bildberechnungen«

Statt in der Ebenenpalette zu kombinieren und dann Überblendmodi und Deckkraft zu variieren, können Sie Ihre Bilder auch via Dialogfeld mischen und dabei Modi erproben: Der **Bild**-Befehl **Bildberechnungen** vergleicht Pixel aus zwei Bildern oder Ebenen und wendet das Ergebnis auf die gewünschte Ebene im gewünschten Dokument an. Die Modi sind zum größten Teil bekannt von den Malwerkzeugen und aus der Ebenenpalette.

In vielen Fällen erscheint es freilich übersichtlicher, zwei Bilder in der Ebenen-Palette übereinanderzulegen und dann mit Modus-Menü und Deckkraftregler den gewünschten Effekt herbeizuführen. Die Helligkeitsverschiebungen der speziellen Modi »Addieren« und »Subtrahieren« lassen sich durch Dichtekorrekturen der einzelnen Ebenen erreichen. Praktisch ist es immerhin, durch Wechseln der »Quelle« ein Zielbild bei geöffnetem Dialogfeld »Bildberechnungen« hintereinander gleich mit mehreren verschiedenen (gleichgroßen) Dateien testhalber zu kombinieren, zum Beispiel mit verschiedenen Texturen. Mit dem »Vorschau«-Knopf wechseln Sie zwischen Vorher- und Nachher-Darstellungen. Wollen Sie nur einzelne Kanäle kombinieren, verwenden Sie den ähnlichen **Bild**-Befehl **Kanalberechnungen**; er wird im Kapitel »Alphakanäle« besprochen.

Das Dialogfeld »Bildberechnungen« blendet zwei exakt gleichgroße Bilddateien ineineinander.

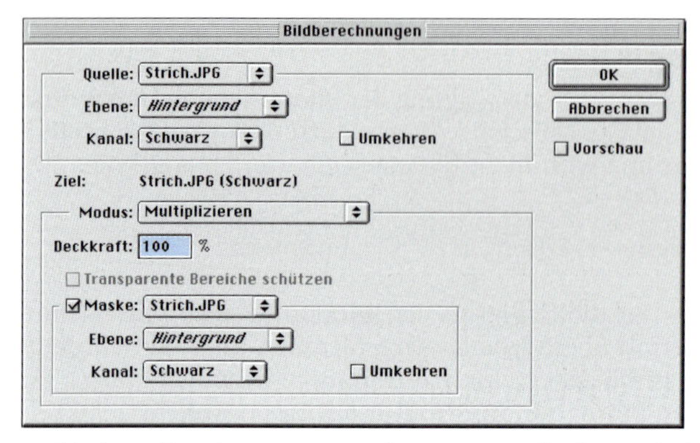

Kombinieren Sie verschiedene Dateien, müssen diese in Pixelhöhe mal -breite exakt übereinstimmen.

Das Procedere step-by-step:

1. Öffnen Sie zwei exakt gleichgroße Dateien, die gemischt werden sollen.
2. Aktivieren Sie die Datei, die verändert werden soll, durch einen Klick auf die Titelleiste. Aktivieren Sie auch die passende Ebene.
3. Jetzt wählen Sie **Bild**: **Bildberechnungen**.

Optionen

Dies sind Ihre Möglichkeiten im Dialogfeld »Bildberechnungen«:

- Neben »Quelle« wählen Sie die gewünschte Datei zur Mischung.
- Unter »Ebene« klicken Sie auf die gewünschte Ebene dieser Datei oder wählen »Auf eine Ebene reduziert«, wenn Photoshop alle obenliegenden Pixel verwenden soll.
- Neben »Kanal« geben Sie den gewünschten Kanal an – eine Grundfarbe, einen Auswahlkanal oder den Gesamtkanal wie »RGB« oder »CMYK«; verwenden Sie eine einzelne Ebene, dann läßt sich als »Transparenz« hier auch die Kontur des Objekts auf dieser Ebene als Maske verwenden.
- Per »Umkehren« verwandeln Sie den gewählten Kanal ins Negativ.
- Darunter sprechen Sie sich für einen »Modus« aus – Sie kennen die Modi schon vom Malen und von den Kanalberechnungen her, nachfolgend werden einige erneut erklärt.
- Die Stärke dieses Effekts regeln Sie per »Deckkraft«.

- »Transparente Bereiche schützen« Sie, wenn die freien, transparenten Stellen einer Ebene nicht überschrieben werden sollen, so daß sich ein Effekt nur auf das Objekt, nicht aber drumherum auswirkt.
- Klicken Sie die »Maske« an, können Sie zusätzlich einen Kanal als Maske verwenden. Hier wählen Sie wie gehabt eine »Ebene« und einen »Kanal«.

Besondere Überblendarten

Die meisten Modi aus den Bildberechnungen kennen Sie schon. Es gibt jedoch zwei besondere Verrechnungsarten:

- **Hinzufügen** faßt die Helligkeitswerte der Pixel aus beiden Kanälen zusammen. Das Ergebnis wird durch den Skalierungsfaktor geteilt, der Verschiebungswert zum Ergebnis addiert. Der Skalierungsfaktor kann jede Zahl zwischen 1,000 und 2,000 sein – je höher, desto dunkler der Output. Zusätzlich können Sie die Pixel im Zielkanal um einen Verschiebungswert +255 und -255 aufhellen oder abdunkeln. Negative Verschiebung macht das Bild dunkler, positive heller.
- Ähnlich arbeitet der Befehl **Subtrahieren**. Hier werden die Helligkeitswerte übereinanderliegender Pixel voneinander abgezogen.

12.7 Ebenenoptionen

Die Ebenenoptionen erhalten Sie durch einen Doppelklick auf das Feld der gewünschten Ebene in der Palette. Sie stehen nicht bei »Hintergrundebenen« zur Verfügung. Sie taufen hier die Ebene um und haben noch einmal jene Einstellungen für Deckkraft und Modus, die schon oben in der Ebenenpalette zu sehen sind. Schalten Sie die »Vorschau« aus und wieder ein, um zwischen der vorherigen Einstellung und Ihrer aktuellsten Änderung zu vergleichen. Drücken Sie ⌘+Z, um die allerletzte Regleränderung zu widerrufen. Die Alt-Taste verwandelt wie üblich die Schaltfläche »Abbrechen« in ein »Zurück«; damit stellen Sie den Status quo ante wieder her.

Dichtebereiche ausblenden

Am wichtigsten: Mit den Ebenenoptionen blenden Sie einzelne Helligkeitsbereiche aus. Zum Beispiel: Sie wollen schwarze Schrift vor einen anderen Hintergrund setzen, ohne das weiße Papier zu sehen. Die Ebenenoptionen schließen die helleren Bildteile von der Übertragung aus, können sie aber jederzeit ohne Verlust wieder sichtbar machen.

Wenn sich eine Ebene wunderlich verhält, dann liegt es vielleicht an den Dichtebereich-Korrekturen in den Optionen; in der Ebenenpalette lassen sich diese Einstellungen nicht erkennen. Photoshop sollte in der EbenenPalette ein Zeichen anbringen, daß Dichtebereiche eingeschränkt wurden – Text- und Ebeneneffekte erhalten ja auch ein Symbol.

Zur Verfügung stehen die zwei Regler für »Aktuelle Ebene« und »Darunterliegendes«. Sagen Sie zunächst im Einblendmenü »Farbbereich«, welche aktiven Farbkanäle Sie mit den beiden Reglern darunter bearbeiten wollen; das Listenfeld »Grau« erfaßt alle Farbkanäle, also das Gesamtbild. Notabene: Selbst wenn Sie ein Element weitgehend ausblenden und noch mit dem »Differenz«-Modus verfremden – immer bleibt das volle, naturbelassene Original erhalten. Wechseln Sie einfach zurück zum Modus »Normal«, Deckkraft 100 Prozent, und ziehen Sie alle Regler für die Dichtebereiche nach außen.

Vorsicht, wenn Sie das Objekt per **Effekte** mit Schatten, Lichthof oder schrägen Kanten zieren: Die Effekte werden immer die gesamte Ebene berücksichtigen und so tun, als ob die ausgeblendeten Bildteile weiter im Bild seien. (Verbergen Sie dagegen Motivpartien mit einer Ebenenmaske, so wendet Photoshop die Effekte nur mehr auf den sichtbaren Teil an.)

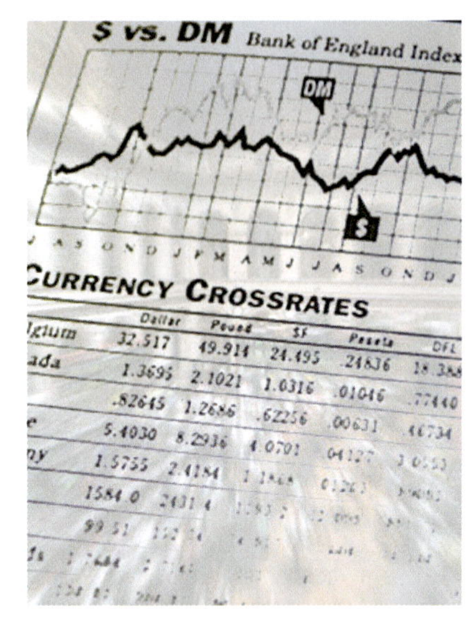

Ebenen-Optionen
Name: Zeitung
Optionen
Deckkraft: 100 % Modus: Normal
Farbbereich: Graustufen
Aktuelle Ebene: 0 156 / 210
Darunterliegendes: 0 255
OK
Abbrechen
Vorschau

Der Scan einer Tageszeitung wurde über einen abgesofteten Hintergrund geblendet. Um den Hintergrund durchscheinen zu lassen, wurden auf der Ebene der Zeitung die hellen Tonwerte des Papiers verborgen: Der Bereich von 255 (Weiß) bis 190 wurde ganz ausgeschlossen, die Tonwerte von 189 bis 170 wurden nur halbtransparent übertragen. Datei: Boerse

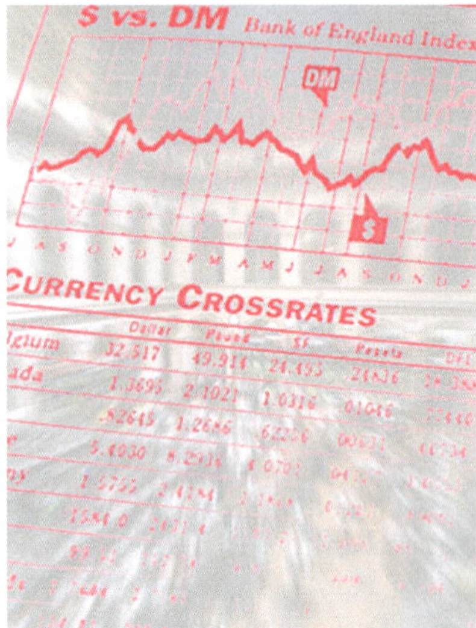

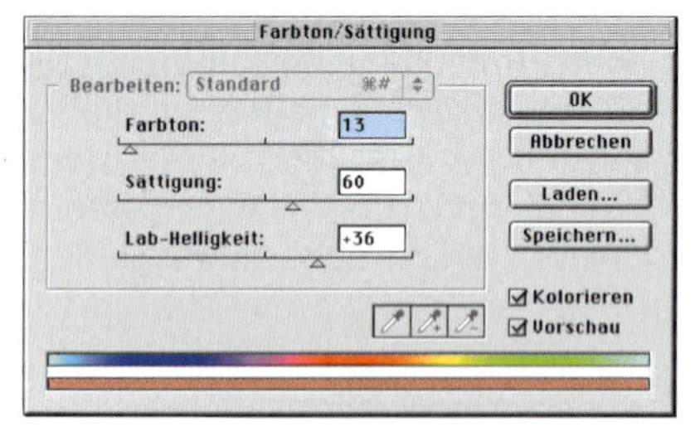

Zur Einfärbung der Schrift dient hier im Befehl »Farbton/Sättigung« die Option »Kolorieren«. Heben Sie zunächst die »Lab-Helligkeit« deutlich an, damit die schwarzen Lettern grau werden. Erst dann lassen sie sich farbig zeigen und mit dem »Farbton«-Regler umfärben. Danach müssen Sie eventuell die Dichtebereiche in den Ebenenoptionen neu einstellen.

»Aktuelle Ebene«

Der Regler »Aktuelle Ebene« legt fest, welche Tonwerte sichtbar sind; nur Tonwerte innerhalb der beiden Regler erscheinen überhaupt in der Komposition. So blenden Sie zum Beispiel die hellen Bereiche aus: Ziehen Sie den rechten Regler für die hellen Tonwerte auf 200; damit werden nur die Tonwerte zwischen 0 und 200 übertragen, die Lichter zwischen 200 und 255 erscheinen nicht mehr in der Montage. So läßt sich schnell ein weißer Hintergrund ausblenden.

»Darunterliegendes«

Der Regler »Darunterliegendes« gibt an, welche Tonwerte in den darunterliegenden Ebenen überhaupt überdeckt werden sollen. Überdeckt werden nur Tonwerte innerhalb der Reglerstellung. So schützen Sie zum Beispiel schwarze Schrift oder Konturen vor Überdecken: Beschränken Sie den Bereich auf die Werte von 50 bis 255; damit kann die Ebene darüber nur die mittleren und hellen Tonwerte von 50 bis 255 überdecken. Die dunklen Tonwerte zwischen 0 und 49 sind vor Überlagerung geschützt und setzen sich gegen die darüberliegende Ebene durch. Schwarze Schrift oder Konturen bleiben erhalten, obwohl das Motiv in der Ebenenpalette ganz unten rangiert.

Halbtransparente Bereiche

Die Überblendung läßt sich noch verfeinern. Denn Übergänge zwischen der aktuellen Ebene und dem Darunterliegenden geraten oft zu hart, wenn Sie bei einem bestimmten Tonwert, etwa 50, die Übertragung abrupt beenden (Sie erkennen das auch in der nachfolgenden Übung). Sie können darum einen benachbarten Bereich von Tonwerten halbtransparent einrichten. Bewegen Sie dazu die äußeren Hälften der Reglerdreiecke mit gedrückter Alt-Taste; wenn Sie jetzt ziehen, bewegt sich nur das halbe Dreieck mit. Der Bereich zwischen den beiden Dreiecken wird halbtransparent übertragen.

Beschränken Sie zum Beispiel die Lichter der aktuellen Ebene, um den hellen Hintergrund der Zeitungsseite auszublenden, dann lesen Sie jetzt etwa eine Anzeige wie »150/210«. Das bedeutet: Die ganz hellen Tonwerte zwischen 211 und 255 werden überhaupt nicht übertragen; Tonwerte zwischen 150 und 210 werden halbtransparent, also mit 50 Prozent Deckkraft, übertragen. Erst Tonwerte unter 150, bis herunter zu Schwarz, werden voll übertragen. So vermeiden Sie hart abgerissene Kanten und erzeugen luftige Überblendungen in Montagen. Noch präziser steuern Sie die Überblendung auf Wunsch mit einer Ebenenmaske – siehe unten.

Übung: Dichtebereiche einschränken und überblenden

Diese Übung zeigt, wie Sie Dichtebereiche der aktuellen Ebene oder der darunterliegenden Ebene oder Ebenen nach Maß verbergen oder in den Vordergrund holen.

Überblenden mit Ebenenoptionen: Diese Fahne wurde zunächst freigestellt und mit dem Bewegenwerkzeug über das Stadtfoto gezogen. Als »Ebene 1« erscheint die Fahne in der Ebenenpalette. Dort wird sie mit den »Transformieren«-Funktionen (⌘+T) noch gedreht und verzerrt, bis sie das Bild wie gewünscht ausfüllt. Datei: Skyline

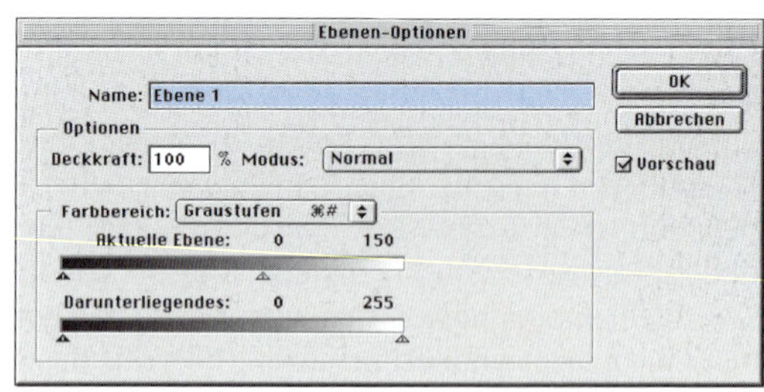

In den hellen Bereichen der Fahne soll die »Hintergrund«-Ebene durchscheinen. Ziehen Sie den Weißregler für die »Aktuelle Ebene« auf den Wert »150«. Damit werden die hellen Tonwerte zwischen 151 und 255 (reinem Weiß) von der Übertragung ausgeschlossen. Allerdings wirken die Übergänge zwischen angezeigten und verborgenen Tonwertbereichen sehr hart.

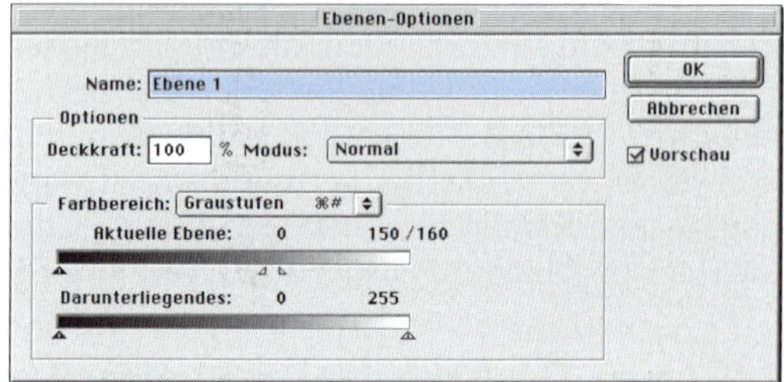

Um die Übergänge zu glätten, definieren Sie einen Tonwertbereich, der halbtransparent übertragen wird. Dazu klicken Sie mit gedrückter Alt-Taste auf das äußere Dreieck des rechten Weißreglers, so daß sie es unabhängig von der anderen Hälfte dieses Reglers nach außen ziehen können. Wenn Photoshop »150/160« anzeigt, heißt das: Die hellen Tonwerte von 160 bis 255 sind ganz verborgen, die Tonwerte zwischen 150 und 160 werden halbtransparent mit 50 Prozent Deckkraft übertragen, und nur die dunkleren Tonwerte von 149 bis 0 (Schwarz) werden voll übertragen. Testen Sie jetzt neue Werte für den inneren Weißregler.

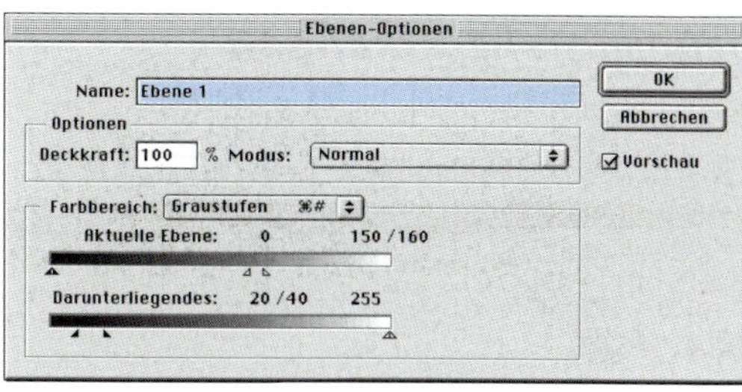

Zusätzlich sollen sich die dunkelsten Tonwerte der Hintergrundebene durchsetzen, um so das Gerüst der Skyline durchschimmern zu lassen. Dazu ziehen Sie den Schwarzregler für »Darunterliegendes« nach innen auf »20«; das innere Dreieck ziehen Sie mit gedrückter Alt-Taste weiter nach innen bis zur Anzeige »20/40«. Damit setzen sich die dunklen Töne der »Hintergrund«-Ebene von 0 bis 20 voll gegen die darüberliegende Ebene durch, und die Tonwerte von 20 bis 40 setzen sich halbdeckend durch.

Experimentieren Sie mit verschiedenen Reglerstellungen, mit Deckkraft und Überblendmodus. Für lebendige Effekte sorgen zum Beispiel die Modi »Hartes Licht« (links) und »Farbig abwedeln« (rechts).

12.8 Ebenen retuschieren

Wenn Sie auf Ebenen malen, montieren und retuschieren, müssen Sie das Konzept der »Transparenz« kennen. Sie sollten wissen, welche Teile einer Ebene durchsichtig sind und welche dekkend. Und bevor Sie zu Pinsel oder Filter greifen, legen Sie fest, ob Sie nur das momentane Objekt in der Ebene bearbeiten oder ob der Eingriff sich auch auf die transparenten Bereiche erstrecken darf.

Transparenz erkennen

So erkennen Sie schnell, wieviel Transparenz in einer Ebene ist:

- Klicken Sie mit der Alt-Taste neben der gewünschten Ebene in die Augenleiste, um nur diese Ebene allein anzuzeigen und alle anderen auszublenden. Am Karomuster im Hintergrund erkennen Sie, welche Bereiche transparent sind. Klicken Sie neben dieser Ebene erneut mit der Alt-Taste in die Augenleiste, damit Photoshop wieder die Gesamtkomposition zeigt.
- Die Informationenpalette nennt die »Deckkraft« des Pixels unterm Zeiger, wenn Sie diesen Parameter im Einblendmenü der Palette anwählen. Die Palette addiert freilich alle Ebenen und kommt so schnell auf 100 Prozent, wenn Sie mehrere Ebenen übereinander zeigen. Sind Ebenenbereiche per Dichtebereichregler oder Ebenenmaske verborgen, erkennt die Informationenpalette auf verminderte Deckkraft, obwohl sich solche Ebenen jederzeit wieder auf 100 Prozent bringen lassen.

Eine Ebene kann im Gesamtbild transparent wirken, weil Sie das mit Deckkraft, Modus, Dichtebereichregler oder Ebenenmaske so eingerichtet haben. Dennoch muß die Ebene nicht transparent sein; im Dateifenster erkennen Sie das höchstens, wenn Sie Deckkraft, Dichtebereich, Modus et cetera auf Normalwerte stellen. Wie das Karomuster aussieht, das sich in transparenten Bereichen zeigt, regeln Sie mit dem Befehl **Datei: Voreinstellungen: Transparenz**.

Dort gibt es auch die Möglichkeit, das Muster ganz abzuschalten. Eine weiß gefüllte Fläche läßt sich dann aber von einer transparenten nicht mehr unterscheiden. In solchen Situationen hilft es mitunter, eine Ebene schnell mit ⌘+I (für Invert) in ein Negativ zu verwandeln. Selbst nach dem Bewegen einer solchen Ebene hebt neuerliches ⌘+I das Negativ-Image verlustfrei wieder auf.

»Transparente Bereiche schützen«

Per Ebenenpalette können Sie »Transparente Bereiche schützen«. Diese Option gilt für jede Ebene einzeln. Sie entscheidet darüber,

- ob Sie beim Malen oder Filtern nur auf den bereits deckenden Teilen einer Ebene agieren können oder
- ob bei der Bearbeitung auch zuvor transparente Bereiche Farbauftrag erhalten können.

Pro »Transparente Bereiche schützen«

In folgenden Situationen sollten Sie transparente Bereiche schützen:

- Wenn Sie mit dem Pinsel ein Objekt retuschieren und nicht über den Rand des Objekts hinaus stricheln möchten;
- wenn Sie ein Objekt oder auch Text mit Farbe, Muster oder mit einem Bild füllen und die Konturen des Objekts auf dieser Ebene erhalten wollen. Sie haben allerdings in den »Füllen«-Dialogen ebenfalls die Option »Transparente Bereiche schützen«, müssen es also nicht unbedingt vorab in der Palette anklicken.

Kontra »Transparente Bereiche schützen«

Bei anderen Aufgaben wählen Sie die Option »Transparente Bereiche schützen« ab:

- Wenn Sie einen Filter anwählen, der die Kontur des Objekts verändert – dies sind zum Beispiel Weichzeichner- oder Verzerrungsfilter. Der Filtereffekt würde sonst an den Rändern der bisherigen Kontur abgeschnitten;

❒ wenn Sie auf der Ebene frei malen oder einfügen wollen.

Wenn Sie ein Objekt per »Transformieren« verzerren, funktioniert Photoshop unabhängig von Ihrer Vorgabe so, als ob »Transparente Bereiche schützen« abgewählt wäre. Das ist auch vernünftig.

»Transparente Bereiche schützen«: Wenn Sie diese Option verwenden, kann sich eine Bearbeitung nur auf das Objekt auf der Ebene auswirken, nicht aber auf die transparente Fläche drumherum. Links: Bei der Pinselretusche gelangt Farbe nur auf das Objekt, nicht in die transparente Umgebung. Rechts: Die Wirkung von Unschärfe- oder Verzerrungsfiltern wird am Objektrand abgeschnitten. Datei: Ball

Transparente Bereiche nicht schützen: Wenn Sie die Option abwählen, können alle Effekte und Korrekturen auf die Gesamtebene wirken, auch in den transparenten Bereichen. Links: Der Pinsel trägt jetzt unerwünscht auch in den transparenten Zonen auf. Rechts: Die »Bewegungsunschärfe« kann das Objekt über die bisherigen Grenzen des Objekts hinaus verzerren.

Werkzeugmodi und -optionen für die Ebenenretusche

Eine Reihe von Werkzeugoptionen und -modi bezieht sich speziell auf die Arbeit mit Ebenen und hat in Bildern ohne Ebene keine Bedeutung. Dies sind vor allem

❒ die Malmodi »Dahinter auftragen« und »Löschen« sowie

❒ die Werkzeugoption »Alle Ebenen einbeziehen«.

Werkzeugoptionen

Unabhängig von der Option »Transparente Bereiche schützen« in der Ebenenpalette bieten auch einige Malfunktionen entsprechende Befehle:

- So kennen die **Bearbeiten**-Befehle **Fläche füllen** und **Kontur füllen** oder auch **Pfadfläche füllen** die Option »Transparente Bereiche schützen«. Wählen Sie diese Option ab, wird der Befehl die gesamte Fläche zum Beispiel mit Vordergrundfarbe oder Muster zuschütten, nicht nur das Objekt selbst. Haben Sie den transparenten Bereich aber bereits per Ebenenpalette vor Attacken gesichert, bieten die Fülldialoge die Option gar nicht an.

Außerdem können Sie mit einigen Werkzeugen auch teiltransparent auftragen, so daß nicht die ganze Ebene zugedeckt wird:

- Pinsel und Airbrush gehen mit der Option »Verblassen« in einer definierbaren Zahl von Stufen zu Transparent über.
- Das Verlaufwerkzeug kennt die Funktion »Transparent zu Vordergrundfarbe« – damit verblaßt eine Farbe immer mehr und zeigt schließlich die darunterliegende Ebene.

»Dahinter auftragen«

Umgekehrt gibt es die Möglichkeit, mit Malwerkzeugen gezielt nur hinter dem Objekt auf der Ebene zu malen, also nur den transparenten Bereich zu nutzen. Dazu bieten Airbrush, Pinsel und Co den Modus »Dahinter auftragen«. Mit ihm können Sie zum Beispiel einen Schatten hinter ein Objekt tupfen, ohne daß schwarze Farbe auf das Objekt selbst gelangt. Das Verfahren hat allerdings zwei erhebliche Nachteile:

- Die Transparenz im übermalten Bereich ist fort, der Schatten klebt jetzt am Objekt, auch wenn Sie es verschieben – und vielleicht den Schatten von der anderen Seite brauchen.
- Und: Es gibt keinen Überblendmodus wie »Multiplizieren«, mit dem Sie nur den Schatten unabhängig vom Objekt auf dieser Ebene an den Untergrund anpassen können.

In der Regel arbeitet man zunächst auf einer eigenen Ebene und verbindet oder verschmilzt beide Ebenen bei Bedarf. Photoshop bietet den Modus »Dahinter auftragen« nur an, wenn Sie die Option »Transparente Bereiche schützen« in der Ebenenpalette abwählen. Sie erhalten den Modus auch im Kontextmenü zu den Malwerkzeugen.

Links: Mit der Rückschritt-Taste löschen Sie markierte Teile einer Ebene leer. Rechts: Um nur die transparenten Bereiche einer Ebene mit Mal- und Retuschewerkzeugen zu bearbeiten, verwenden Sie den Malmodus »Dahinter auftragen«.

»Löschen«

Auch den Malmodus »Löschen« bietet Photoshop nur in Verbindung mit Ebenen: »Löschen« entfernt deckende Pixel und macht die bearbeitete Stelle transparent. Verfügbar ist er jedoch nur mit Linienzeichner, Füllwerkzeug und den Füllen-Befehlen. Um nach Art von Pinsel oder Airbrush Transparenz in eine Ebene zu fräsen und überflüssige Pixel durch Transparenz zu ersetzen, verwenden Sie den Radiergummi (Kurztaste E, für Eraser). Markierte Bereiche in Ebenen löschen Sie mit der Rückschritt-Taste leer; handelt es sich um eine »Hintergrundebene« setzt Photoshop die Hintergrundfarbe ein.

Bedenken Sie, daß Sie Bildpunkte nicht sofort löschen müssen. Sie können Bildteile auch per Ebenenmaske verbergen (und später wieder hervorholen).

»Alle Ebenen einbeziehen«

Wischfinger, Weich- und Scharfzeichner wie auch die Kopieoptionen des Stempels schaffen Pixel von einer Stelle des Bilds an eine andere – mehr oder weniger verzerrt. Dabei werden Pixel aus der aktiven Ebene verwendet. Die Werkzeugoptionen bieten aber jeweils die Option »Alle Ebenen einbeziehen«. Damit kopieren Sie Pixel von einer Ebene in die andere. Sie arbeiten dann so, als ob das Bild nur aus einer Hintergrundebene besteht. In diesen Fällen verzichten Sie natürlich auf die Option »Transparente Bereiche schützen«. Sie können überdies **Aus allen Ebenen kopieren** (⌘+Umschalt+C, für complicated).

12.9 Ebenenmaske

Sie können eine Ebene mit einer Art Schablone abdecken, die Photoshop »Ebenenmaske« nennt. Sie blendet Bildteile pixelgenau aus und läßt sich jederzeit ohne Schaden für den Bildbestand wieder entfernen. Statt Pixel mit Radiergummi oder Rückschritt-Taste auf Nimmerwiedersehen zu tilgen, nutzen Sie diese Alternative: Sie verbergen Pixel, ohne sie zu löschen – bei Bedarf schaffen Sie die Punkte neu ans Tageslicht.

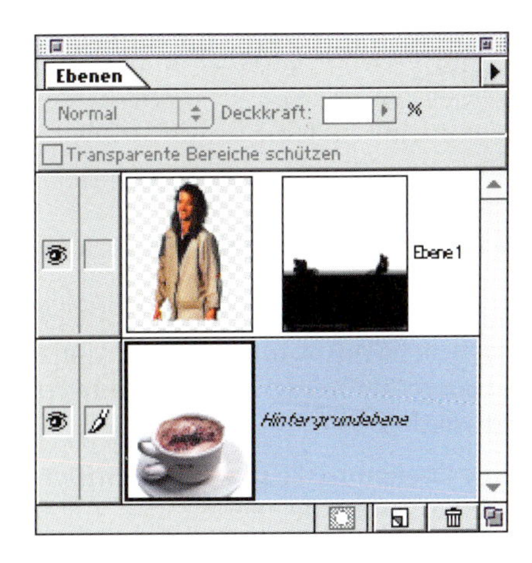

Teilweise abgedeckt durch eine Ebenenmaske mit weichem Rand, wird die Person im unteren Bereich ausgeblendet. Sie kann innerhalb der Maske nach oben oder unten bewegt werden, da sich die Maske nicht mitbewegt. Datei: Titanic

Übersicht

Die Ebenenmaske hat mächtige Eigenschaften:

- Die Maske kann pixelgenau Teile einer Ebene verstecken, ohne sie zu löschen; bei Bedarf werden die Bereiche wieder hervorgeholt.
- Bearbeitung und Optionen der Ebenenmaske gleichen weitestgehend der Bearbeitung von Alphakanälen; Nähere Informationen über Alphakanalretusche und damit auch über Ebenenmaskenretusche finden Sie im Kapitel »Alphakanäle«.
- Die Maske wird mit üblichen Retuschewerkzeugen, Kontrastbefehlen und Filtern bearbeitet. Weil die Maske 256 Graustufen aufnimmt, blendet sie Bildteile mit 256 Dichtestufen ein und aus.
- Sie können die Ebenenmaske zur Übersicht wie einen Alphakanal über das Bild blenden oder einzeln als Graustufenbild zeigen. Die Ebenenmaske erscheint in der Kanälepalette, wenn die entsprechende Ebene aktiviert ist.
- Photoshops **Effekte** berücksichtigen die Ebenenmaske: Für verborgene Bildteile errechnet Photoshop keinen unpassenden Schatten.
- Die Maske bewegt sich bei Bedarf mit der Ebene, wenn Sie ein Objekt auf dieser Ebene maskieren wollen; aber
- sie kann auch starr verankert werden, wenn sich die Position der Ebenenmaske an anderen, darunterliegenden Ebenen orientiert.
- Sie können die Ebenenmaske ausschalten, ohne sie zu löschen – so ist die Ebene völlig unmaskiert zu betrachten.
- Sie können die Information einer Ebenenmaske als Auswahlmarkierung laden und so unkompliziert auf andere Ebenen anwenden.
- Sie können die Ebenenmaske auf eine Ebene anwenden, so daß die Pixel dauerhaft die per Ebenenmaske regulierte Transparenz annehmen; dann löschen Sie die Ebenenmaske, um Speicherplatz zu sparen.

Nachteile

Bedenken Sie dabei:

- Die Ebenenmaske kostet zusätzlichen Speicherplatz im Arbeitsspeicher und auf der Festplatte.
- Die Ebenenmaske macht eine Komposition komplexer.
- Bildteile, die durch weiche Auswahlkante oder Alphakanal-Maskierung schon teiltransparent in das Ebenenbild eingefügt werden, können durch eine Ebenenmaske nicht mehr zu voller Deckkraft erweckt werden.
- Sie können nur eine Ebenenmaske pro Ebene einrichten; Sie können damit nicht verschiedene Auswahlen für eine Ebene speichern.

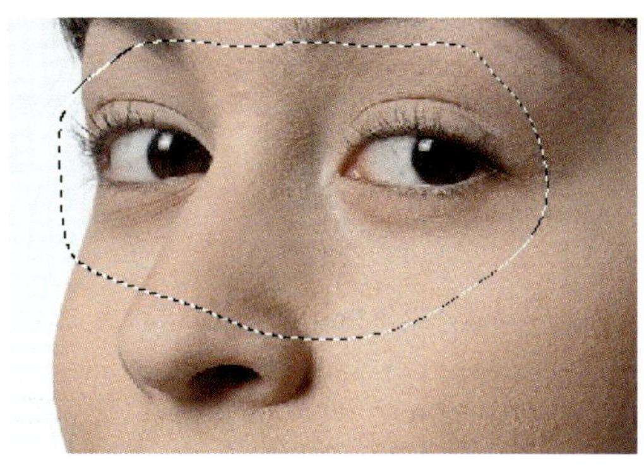

Schnelle Ebenenmaske: Über das Hintergrundmotiv (links) wird mit dem Bewegenwerkzeug ein Portraitfoto gezogen, das zunächst die »Hintergrund«-Ebene vollständig verdeckt (rechts); es erscheint in der Ebenenpalette als neue »Ebene 1«. Ein Bereich der »Ebene 1« wird mit dem Lasso ausgewählt, der Auswahlübergang wird mit dem Befehl »Auswahl: Weiche Auswahlkante« geglättet. Dateien: Lisa, Lichter

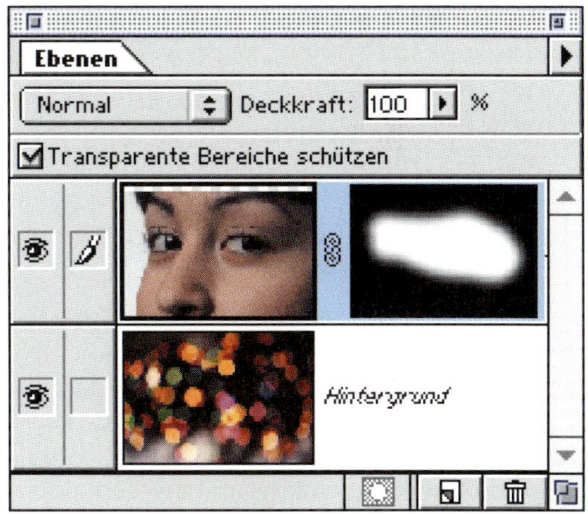

Erzeugen Sie eine Ebenenmaske mit dem Befehl »Ebene: Ebenenmaske hinzufügen: Außerhalb der Auswahl maskieren« oder per Klick auf das Symbol »Ebenenmaske hinzufügen« in der Ebenenpalette. In diesem Fall verbirgt die Ebenenmaske alle Bildteile auf »Ebene 1«, die zuvor nicht ausgewählt waren. Dabei werden die Originalpixel jedoch nicht gelöscht, sondern nur verborgen. Sie können durch Bearbeiten, Ausschalten oder Entfernen der Ebenenmaske wieder hervorgeholt werden. Ergebnisdatei: Lichter_2

Ebenenmaske erstellen

Sie erstellen eine Ebenenmaske zum Beispiel mit dem Untermenü **Ebenenmaske hinzufügen** oder mit dem Symbol in der Ebenenpalette. Hat die aktive Ebene schon eine Maske, heißt es an gleicher Stelle **Ebenenmaske entfernen**. Das Ebenenmasken-Thumbnail erscheint in der Ebenenpalette neben dem zugehörigen Ebenen-Thumbnail. Schwarz in der Ebenenmaske verdeckt die dazugehörigen Bildpunkte, Weiß gibt die entsprechenden Pixel zur Ansicht frei, Grautöne blenden halbtransparent aus.

Mit dem Untermenü »Ebene: Ebenenmaske hinzufügen« erzeugen Sie eine Ebenenmaske für die aktive Ebene.

»Ebenenmaske hinzufügen«

Auch mit dem einschlägigen **Ebene**-Untermenü können Sie eine **Ebenenmaske hinzufügen**, und dabei haben Sie mehr Auswahl:

- Ist **Nichts maskiert**, also nichts verdeckt, entsteht eine gänzlich weiße Ebenenmaske; sie gibt die komplette Ebene zur Ansicht frei. Dasselbe bewirkt ein Klick auf das Symbol »Ebenenmaske hinzufügen« in der Ebenenpalette, sofern keine Auswahl im Bild besteht.
- Ist **Alles maskiert**, entsteht eine schwarze Ebenenmaske, die gar nichts durchblicken läßt. Ebendies bewirkt auch ein Alt-Klick auf das Symbol »Ebenenmaske hinzufügen« in der Ebenenpalette, sofern keine Auswahl im Bild besteht.
- Besteht jedoch eine Auswahl, können Sie **Außerhalb der Auswahl maskieren**; das heißt, von der Ebene bleiben nur jene Bildpunkte sichtbar, die innerhalb der Auswahl liegen. Die Ebenenmaske ist im Bereich der Auswahl weiß, drumherum schwarz. Dieselbe Wirkung hat – bei Auswahlmarkierung im Bild – ein Klick auf das Symbol »Ebenenmaske hinzufügen«.
- Umgekehrt läßt sich auch eine **Auswahl maskieren**; Bildpunkte innerhalb einer bestehenden Auswahl werden damit auf der aktiven Ebene verborgen, außenliegende Pixel bleiben sichtbar. Innerhalb der Auswahl trägt die Ebenenmaske Schwarz, außerhalb der Fließmarkierung zeigt sie Weiß. Alternative: Alt-Klick auf das Symbol »Ebenenmaske hinzufügen« in der Ebenenpalette.

»In die Auswahl einsetzen«

Automatisch entsteht eine Ebenenmaske, wenn Sie einen Bildbereich in die Zwischenablage kopieren, eine Auswahl erzeugen und die Funktion **Bearbeiten: In die Auswahl einsetzen** (⌘+Umschalt+V) verwenden. Generell verbindet Photoshop neue Ebenenmasken mit der Ebene, so daß sie sich gemeinsam bewegen; doch beim Befehl **In die Auswahl einsetzen** verzichtet er darauf – in der Regel macht das auch Sinn so.

Ebenenmasken anzeigen und aktivieren

Es empfiehlt sich, zumindest bei der Arbeit mit Ebenenmasken in den **Paletten-Optionen** die Anzeige von Thumbnails vorzugeben.

Wenn Sie die Ebenenmaske – und nicht die Bildpunkte selbst – bearbeiten wollen, dann aktivieren Sie die Ebenenmaske per Klick auf das Ebenenmasken-Thumbnail. Photoshop stellt die Ebenenmaske zunächst nicht explizit über der Datei dar. Sie erkennen nur an dem Symbol »Ebenenmaske« neben dem Ebenen-Thumbnail, daß Sie nicht die Ebene retuschieren, sondern die Ebenenmaske. Tragen Sie Schwarz auf, verschwindet die Ebene; tragen Sie Weiß auf, erscheint die Ebene wieder. Sie retuschieren an einer Maske, die Sie gar nicht sehen. Mitunter retuschieren Sie aus Versehen auch auf der Ebene selbst – halten Sie die Thumbnails im Auge.

Tastaturkombinationen

Sie können die Maske auf verschiedene Arten sichtbar machen, um sie besser zu bearbeiten:

- Alt+Klick auf den Thumbnail der Ebenenmaske stellt allein die Maske in Graustufen dar. Wiederholen Sie den Griff, um zur normalen Darstellung nur der Ebene zu gelangen.
- Alt+Umschalt+Klick blendet die Maske in der gewählten Farbe über die Ebene. In beiden Fällen können Sie die Maske weiter retuschieren.
- Umschalt+Klick auf den Thumbnail der Ebenenmaske schaltet die Maske aus, ohne sie zu löschen; sie erscheint durchgestrichen in der Palette. Alternativ erledigt das der Befehl **Ebene: Ebenenmaske deaktivieren**.

Einige dieser Befehle enthält auch das Kontextmenü, das Sie mit einem Rechts-Klick über dem Ebenenmasken-Thumbnail zum Vorschein bringen. Falls Sie die Tastaturkombinationen vergessen – in der Kanälepalette erscheint die Ebenenmaske der aktiven Ebene als eigener Kanal, sie kann dort durch Anklicken aktiviert und per Augensymbol ein- und ausgeblendet werden (siehe unten, »Ebenenmasken-Kontrolle per Kanälepalette«). Verschärft sollten Sie bei der Ebenenmasken-Retusche darauf achten, daß tatsächlich die Maske aktiviert ist – und nicht die Ebene.

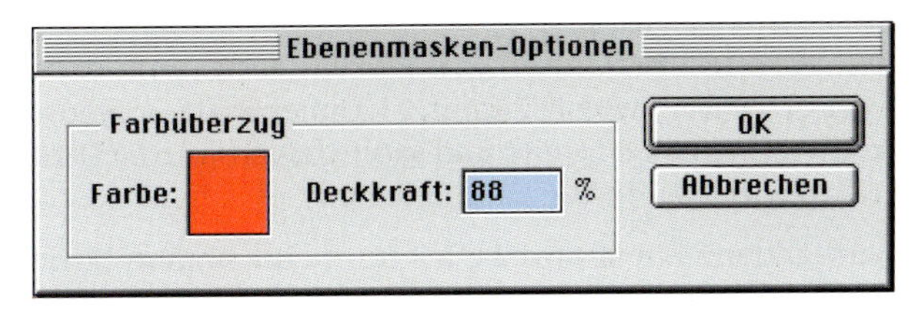

Wie die Ebenenmaske dargestellt wird, legen Sie in den Ebenenmasken-Optionen fest. Sie sind erreichbar durch das Kontextmenü über dem Ebenenmasken-Thumbnail.

Ebenenmasken-Optionen

Wie auch bei Alphakanälen und im Maskierungsmodus, können Sie Farbe und Deckkraft einer eingeblendeten Ebenenmaske frei wählen. Die **Ebenenmasken-Optionen** finden Sie im Kontextmenü über dem Ebenenmasken-Thumbnail oder durch Doppelklick auf das Thumbnail der Ebenenmaske in der Kanälepalette (aber nicht in der Ebenenpalette):

- Klicken Sie auf das Farbfeld, um im Farbwähler eine neue Farbe zu bestimmen, die sich besser von den im Bild vorhandenen Tonwerten abhebt.
- Ändern Sie die Deckkraft, um die Ebenenmaske besser erkennen zu können.

Ausgewähltes beziehungsweise Sichtbares erscheint in der Ebenenmaske immer weiß, Verborgenes ist schwarz. Anders als bei den Alphakanälen können Sie diese Darstellung nicht umkehren.

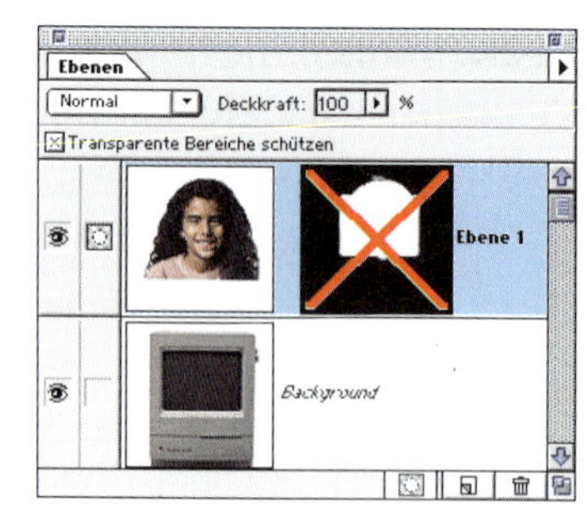

Links: Zur leichteren Retusche blenden Sie durch Alt+Umschalt+Klick die Ebenenmaske im Schutzlackmodus über die Ebene. Mitte: Alt+Klick zeigt allein die Graustufen der Maske. Rechts: Umschalt+Klick auf den Thumbnail der Ebenenmaske schaltet die Maske aus, ohne sie zu löschen.

Ebenenmasken duplizieren

Duplizieren, kopieren und verrechnen lassen sich Ebenenmasken mit den **Kanalberechnungen** aus dem **Bild**-Menü; dieser Dialog wird im Kapitel »Alphakanäle« besprochen. Allerdings muß hier die Zieldatei exakt die gleiche Pixelbreite und -höhe haben wie die Datei, aus der die Ebenenmaske stammt. Schlichter wirkt da Ziehen und Ablegen:

- Sie können eine vorhandene Ebenenmaske leicht in eine andere Ebene derselben Datei kopieren. Dazu aktivieren Sie zunächst die Zielebene; dann ziehen Sie die gewünschte Ebenenmaske auf das Symbol »Neue Ebenenmaske« in der Palette – sie erscheint in der aktivierten Ebene.
- Beim Duplizieren der Ebene innerhalb der Datei oder beim Ziehen der Ebene in eine andere Datei folgt die Ebenenmaske, verbunden oder nicht, auf dem Fuß.

Sie können die Ebenenmaske nicht durch Ziehen und Ablegen des Ebenenmasken-Thumbnails über eine neue Datei duplizieren; Alternative: Ziehen Sie den Ebenenmasken-Thumbnail aus der Kanälepalette – also nicht aus der Ebenen-Palette – über eine neue Datei; so etablieren Sie die Ebenenmaske zunächst als üblichen Alphakanal. Laden Sie die Auswahl, aktivieren Sie die Zielebene, klicken Sie auf das Symbol »Ebenenmaske erstellen«, und löschen Sie den Alphakanal – auch so lassen sich Ebenenmasken übertragen.

Ebenenmasken löschen und anwenden

Sie können die Ebenenmaske jederzeit löschen, um Speicher zu sparen. Dazu wird sie auf den Mülleimer in der Ebenenpalette gezogen, und natürlich findet sich der Befehl **Ebenenmaske entfernen** auch im Menü **Ebene** und im Kontextmenü über dem Ebenenmasken-Thumbnail. Entfernen Sie die Ebenenmaske jedoch, schaltet sich Photoshop mit einer Frage dazwischen: »Möchten Sie die Ebenenmaske vor dem Löschen auf die Ebene anwenden?« Es geht um folgendes:

Ebenenmaske »löschen«

»Löschen« der Ebenenmaske bedeutet: Die Maskierungswirkung entfällt; die ehedem maskierte Ebene zeigt sich so, wie sie ohne Ebenenmaske auch schon aussah.

Ebenenmaske beim Löschen »anwenden«

- »Anwenden« der Ebenenmaske bedeutet: Die Transparenz, die Sie zuvor mit Ebenenmasken-Hilfe dargestellt haben, wird endgültig auf die Ebene angewendet. Photoshop löscht Bildteile, die Sie per Ebenenmaske versteckt hatten, endgültig weg. Halbtransparent gezeigte Bildpunkte haben nur noch halbe Deckkraft. Es gibt kein Zurück mehr – haben Sie eine Maske angewendet, ist die ursprüngliche, deckende Ebene perdu.

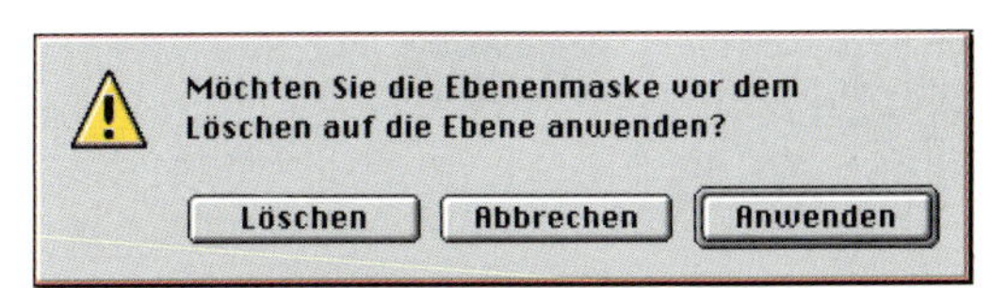

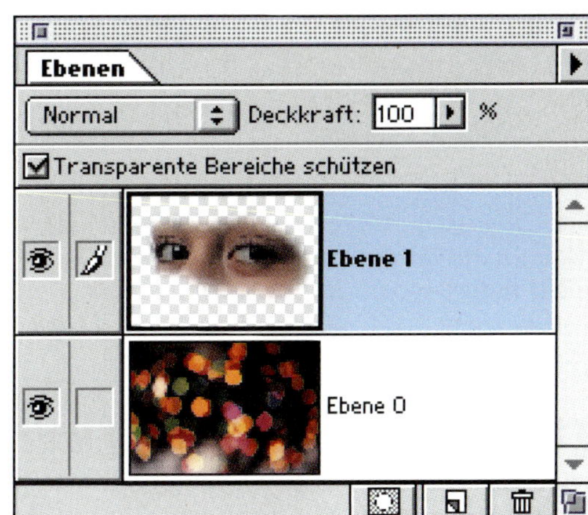

Ebenenmaske anwenden: Wenn Sie eine Ebenenmaske durch Ziehen auf den Mülleimer löschen, entscheiden Sie, ob die Maske auf die Ebene angewendet werden soll. Wenn Sie die Ebenen anwenden, werden alle zuvor nur verborgenen Pixel endgültig gelöscht und können nicht mehr angezeigt werden. Wenden Sie die Ebenenmaske nicht an, bleibt die Ebene in ihrem ursprünglichen Zustand, den sie schon vor Erstellen der Ebenenmaske hatte.

Ebene und Ebenenmaske verbinden

Zwischen den Thumbnails für Ebene und Ebenenmaske ist Platz für das Verbindungssymbol, das Sie durch Klick ein- und ausschalten. Damit entscheiden Sie,

- ob sich die Ebenenmaske mit der Ebene bewegt, wenn Sie die Ebene verschieben oder
- ob die Ebenenmaske stur am angestammten Platz verharren soll.

Ebenenmaske mit Ebene verbinden

Sie verbinden eine Ebenenmaske mit ihrer Ebene vor allem dann, wenn sich die Maske tatsächlich nur an der Ebene selbst orientiert. Haben Sie störende Randbereiche des Objekts per Ebenenmaske versteckt, dann muß die Ebenenmaske verbunden sein – wenn nicht, sieht man die Schandflecken nach dem Bewegen der Ebene. Wie auch immer Sie die Ebene verschieben – immer der gleiche Teil der Ebene wird versteckt bleiben, denn Sie haben die Ebenenmaske angekettet.

Umgekehrt bewegt sich auch die Ebene mit, wenn Sie die Ebenenmaske bewegen. Verschieben Sie die Ebenenmaske, füllt Photoshop an den Rändern freiwerdende Bereiche weiß auf. Wenn Sie in diesen Bereich der mitverschobenen Ebene also etwas einsetzen, ist es sofort sichtbar.

Ebenenmaske nicht mit Ebene verbinden

Unter anderen Bedingungen verzichten Sie auf die Verbindung von Ebenenmaske und Ebene: Oft beruht die Ebenenmaske auf Bildinhalten aus darunterliegenden Ebenen, die sich beim Bewegen der aktuellen Ebene nicht verändern. Innerhalb eines Fensters oder eines anderen Rahmens verschieben Sie zum Beispiel Objekte, die nur innerhalb dieses Ausschnitts sichtbar sein sollen. Hier ist die Ebenenmaske nicht verbunden, weil sich das Fenster auf seiner darunterliegenden Ebene auch nicht bewegt.

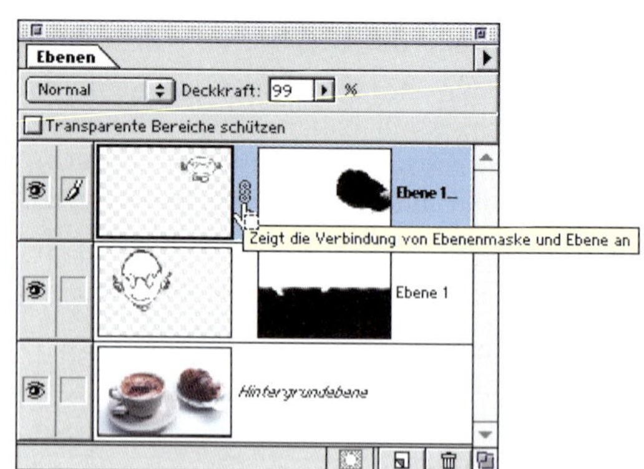

Ebenenmasken nicht verbinden: Wenn die Ebenenmaske Bildteile verbirgt und sich dabei an Motiven aus darunterliegenden Ebenen orientiert, darf sie sich beim Bewegen der maskierten Ebenen nicht mitbewegen. Schalten Sie deshalb die Verbindung durch einen Klick auf das Verbindungssymbol, zu sehen in der obersten Ebene, aus. Datei: Morgen

Ebenenmaske als Auswahl laden

Die Maskierungsinformation der Ebenenmaske läßt sich als Auswahl laden, am schnellsten per Tastatur+Klick:

- ⌘+Klick auf den Ebenenmasken-Thumbnail lädt die Ebenenmasken-Information als Auswahl.
- Nehmen Sie die Umschalt-Taste hinzu, um eine bereits vorhandene Auswahl zu erweitern.
- Mit der Alt-Taste zur ⌘-Taste verkleinern Sie eine vorhandene Auswahl.
- ⌘+Umschalt+Alt bildet die Schnittmenge aus vorhandener und neu geladener Auswahl.

Auf dem entsprechenden Weg – Klick aufs Thumbnail plus Taste – lassen sich auch die Deckkraftwerte der Ebene selbst als Auswahl laden beziehungsweise die Graustufen der »Hintergrund«-Ebene. Wenn Sie die Kurzbefehle vergessen haben, erhalten Sie dasselbe Angebot auch über den Befehl **Auswahl: Auswahl laden**. Im Einblendmenü »Kanal« finden Sie dort neben den üblichen Auswahlkanälen auch Angebote wie »Ebene 1 Maske« und »Ebene 1 Transparenz«. Außerdem unterstützt Sie das Kontextmenü über dem Ebenenmasken-Thumbnail. Ebenso können Sie das Feld der Ebenenmaske im Alphakanal auf das Symbol »Kanal als Auswahl laden« in der Kanälepalette ziehen.

Diese Auswahlen können Sie – wie alle Auswahlen in Ebenenbildern – in jeder Ebene verwenden, um dort Bildbereiche zu schützen und zu selektieren: Laden Sie die Transparenzmaske einer Ebene, aktivieren Sie eine andere Ebene, und schon steht die Auswahlkontur der Vorebene in der neuen Ebene zur Verfügung.

Ebenenmasken-Kontrolle per Kanälepalette

Die Ebenenmaske der aktiven Ebene erscheint auch in der Kanälepalette mit einem kursiven Titel wie »Ebene 1 Maske«. Hier können Sie die Darstellung nach Art der Kanälepalette regeln, es gibt jedoch ein paar Unterschiede:

- Klicken Sie in der Kanälepalette auf den Namen der Ebenenmaske, um die Maske zu aktivieren. Anders als ein üblicher Alphakanal wird die Ebenenmaske aber damit noch nicht im Bild gezeigt.
- Klicken Sie neben dem Masken-Thumbnail in die Kanälepalette, um die Ebenenmaske in der gewählten Farbe über das Bild zu blenden.
- Klicken Sie in der Kanälepalette in die Augenleiste neben dem Gesamtkanal, zum Beispiel RGB, um die Ebene auszublenden und die Ebenenmaske in Graustufen anzuzeigen.
- Ziehen Sie die Ebenenmaske in der Kanälepalette auf das Auswahlsymbol, um die Ebenenmaske als Auswahl zu laden.

Übung: Ebenenmaske bearbeiten

In dieser Übung lernen Sie, eine Ebenenmaske zu erstellen und so zu retuschieren, daß die Ebenen sich gegenseitig durchdringen.

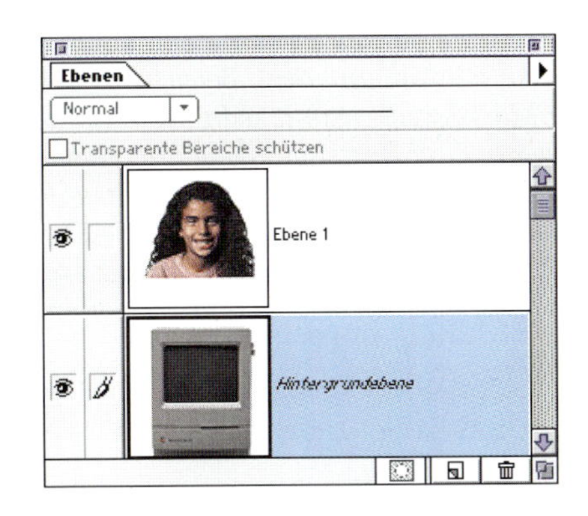

Zunächst wird ein Monitorfoto geladen. Auf der Bildfläche des Monitors soll sich eine Person zeigen; Sie möchten die Person innerhalb des Schirms noch zurechtrücken; außerhalb des Schirms soll sie nicht erscheinen. Laden Sie das Portraitfoto, und ziehen Sie es mit dem Bewegenwerkzeug (Kurztaste V) über das Dateifenster mit dem Monitor. Das Portrait erscheint als »Ebene 1« in der Ebenenpalette. Um die Ebenenmaske zu erzeugen, brauchen Sie eine Auswahlmarkierung des Bildschirms. Aktivieren Sie also wieder die »Hintergrund«-Ebene mit dem Sichtgerät. Dann klicken Sie mit dem Zauberstab (Kurztaste W) bei mittlerer Toleranz von etwa 40 und aktiviertem »Glätten« in die Monitorfläche. Vergrößern Sie die Auswahl eventuell mit Zauberstab bei gedrückter Umschalt-Taste oder mit dem Befehl »Auswahl: Auswahl erweitern«. Dateien: Monitor, Lissy

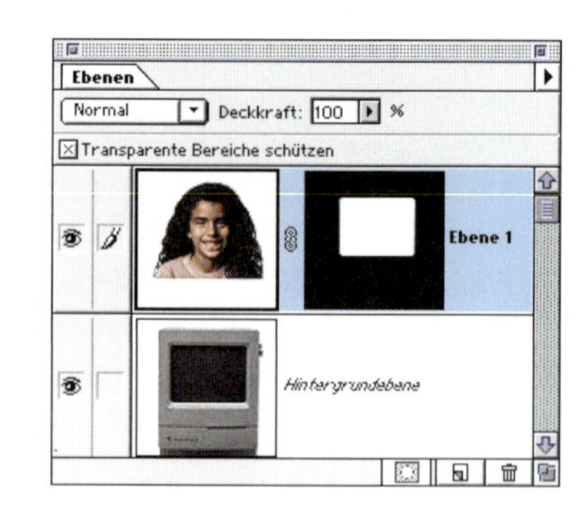

Dann aktivieren Sie durch einen Klick auf den Thumbnail wieder die Portrait-»Ebene 1«. Klicken Sie auf das Symbol »Ebenenmaske hinzufügen« in der Palette, oder suchen Sie nach dem Befehl »Ebene: Ebenenmaske hinzufügen: Außerhalb der Auswahl maskieren«. Photoshop erzeugt eine Ebenenmaske; sie verbirgt die Bereiche außerhalb der Auswahl, löscht sie aber nicht. Die verborgenen Bildteile sind in der Ebenenmaske schwarz unterlegt. Bereiche innerhalb der Auswahl bleiben frei sichtbar und erscheinen in der Maske weiß. Damit sieht man nur noch die Person innerhalb der zuvor markierten Monitorfläche. Zunächst sind Ebene und Ebenenmaske verbunden, wie Photoshop durch das Verbindungssymbol – die stilisierte Kette – zwischen den beiden Thumbnails darstellt. Das bedeutet: Wenn Sie die Ebene bewegen, bewegt sich die Ebenenmaske mit. In diesem Fall ist das unerwünscht, da die Ebenenmaske stets genau über der Monitorfläche liegen soll, die sich auf der Monitorfläche darunter befindet. Heben Sie also die Verbindung durch einen Klick auf das Verbindungssymbol auf.

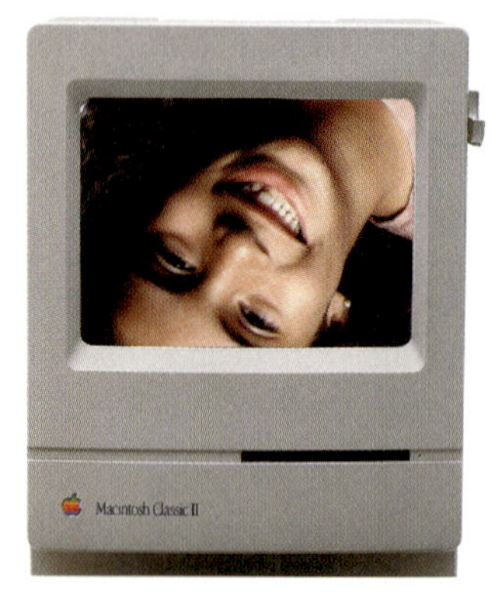

Ist die Verbindung zwischen Ebene und Ebenenmaske aufgehoben, können Sie die Person beliebig durchs Bild schieben; außerhalb des Sichtbereichs wird sie stets von der Ebenenmaske verdeckt. Sie können die Person mit der »Transformieren«-Funktion (⌘+T) auch rotieren oder skalieren. Vorsicht Falle: Bevor Sie schieben und stauchen, achten Sie darauf, daß nicht mehr die Ebenenmaske aktiviert ist, sondern die Ebene. Es soll also neben den Thumbnails dieser Ebene nicht das Maskensymbol, sondern der Pinsel zu sehen sein.

Haben Sie das Fotomodell im Kasten, holen Sie Kinn und Stirn ebenfalls nach vorn. Dazu retuschieren Sie maßgenau bestimmte Teile der Ebenenmaske mit Weiß. Eine Auswahl des Kopfes erleichtert die Arbeit, und diese Auswahl erhält man, indem man zunächst den weißen Hintergrund des Kopfes markiert. Dazu muß die »Ebene 1« aktiviert sein, nicht etwa die Maske. Ist der Hintergrund des Modells ausgewählt, kehren Sie diese Auswahl mit ⌘+Umschalt+I um, so daß die Fließmarkierung die Person einfaßt. (Statt mit dem Zauberstab zu arbeiten, können Sie auch den Kopf direkt in die Ebenenmaske kopieren und dort auswahltauglich mit Retuschewerkzeugen und Kontrastbefehlen aufbereiten. Diese Technik beschreibt die »Übung: Durchscheinendes Haar« im Abschnitt »Motivteile im Alphakanal« des Kapitels »Alphakanäle«.)

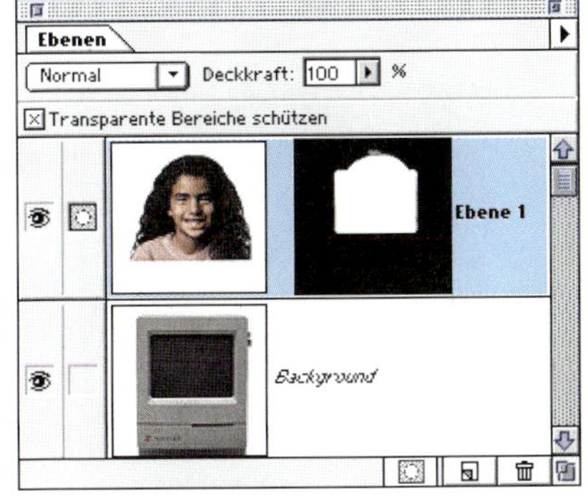

Nun aktivieren Sie die Ebenenmaske durch einen Klick auf das Ebenenmasken-Thumbnail. Photoshop richtet jetzt bereits Weiß als Vordergrundfarbe ein. Tragen Sie Weiß im Bereich des Scheitels auf. Wohlgemerkt: Sie retuschieren auf der Ebenenmaske, ohne diese überhaupt anzuzeigen. Wo Sie weiß auftragen, verbirgt die Maske nichts mehr, die Haare kommen nach vorne. Sie können die Ebenenmaske auch als roten Farbüberzug einblenden (Alt+Umschalt+Klick auf den Thumbnail) oder als reines Graustufenbild (Alt+Klick), um eine Kontrolle über die Ebenenmaske zu haben. Auf jeden Fall zeigt sich die Weißretusche auch im Ebenenmasken-Thumbnail. Die Auswahlmarkierung beschränkt die Ebenenretusche exakt auf die Umrisse der Person.

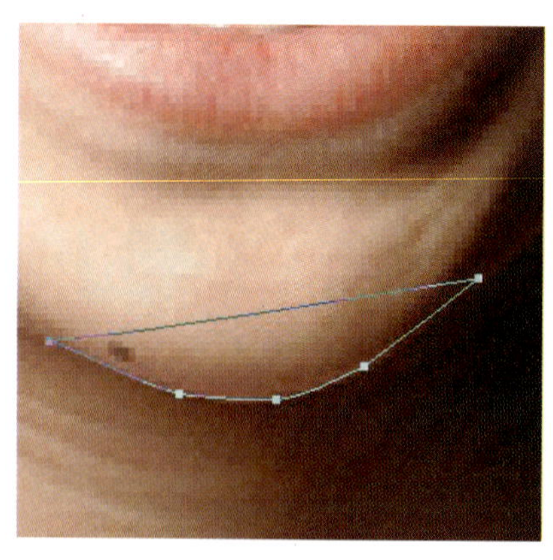

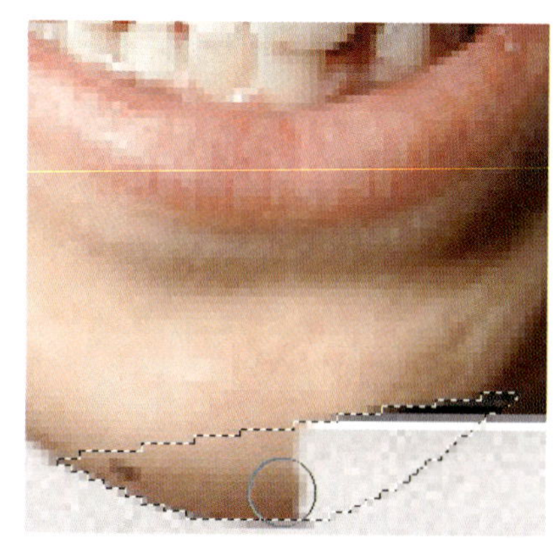

Damit auch das Kinn über die Kante gucken kann, müssen Sie es zunächst voll anzeigen. Dazu schalten Sie die Ebenenmaske mit Umschalt+Klick auf ihr Thumbnail vorübergehend aus, ohne sie dabei zu löschen; damit liegt die »Ebene 1« der Person wieder voll über der »Hintergrundebene«. Photoshop zeigt einen durchgestrichenen Thumbnail für die ausgeschaltete Ebenenmaske. Mit dem Pfadwerkzeug (Kurztaste P) ziehen Sie jetzt einen Pfad um das Kinn, das per Zauberstab oder Magnetlasso nur schwer auszuwählen ist; die Techniken beschreibt das »Pfade«-Kapitel. Wenn der Pfad sauber sitzt, schalten Sie die Ebenenmaske durch einfachen Klick wieder ein. In der Pfadepalette verwenden Sie den Menübefehl »Auswahl erstellen« mit der Option »Glätten«, um den Pfad in eine Auswahl zu verwandeln. Mit dem Pinsel malen Sie diese Auswahl mit Weiß aus, während die Ebenenmaske aktiv ist; damit holen Sie das Kinn nach vorn, das Monitorgehäuse weicht zurück. Alternativ könnten Sie den »Pfad füllen«, und zwar mit weißer Vordergrundfarbe.

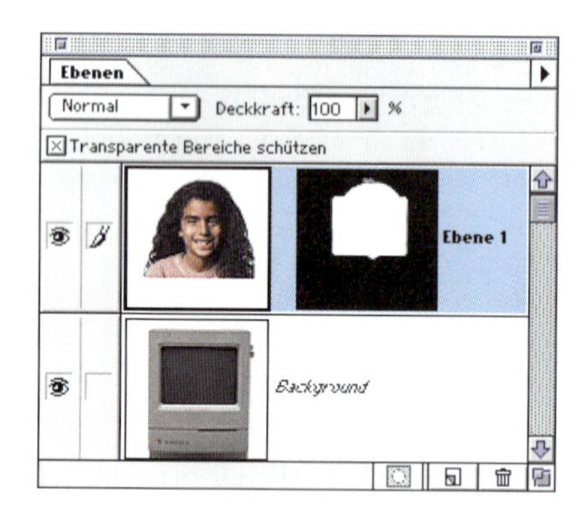

Bei solchen komplexen Ebenenmasken-Retuschen sollten Sie erwägen, das Motiv auf »Ebene 1« gleich freigestellt mit transparenten Bereichen zu montieren. Mitunter muß man in verschachtelten Anordnungen auch mehrmals Teile ein und desselben Motivs übereinanderlegen. Ergebnisdatei: Monitor2

Mehrere Ebenenmasken für eine Ebene

Photoshop erlaubt nur eine Ebenenmaske pro Ebene; Sie können damit nicht verschiedene Maskierungen für eine Ebene speichern. Wollen Sie jedoch zwischen verschiedenen Maskierungen hin- und herwechseln, haben Sie verschiedene Möglichkeiten:

- Legen Sie diese in normalen Alphakanälen ab, die Sie bei Bedarf in Auswahlen und von dort in Ebenenmasken umwandeln.
- Eine Alternative sind neue, speicherschonend leere Ebenen, die Sie mit der gewünschten Ebenenmaske ausstatten. Diese Maske läßt sich jederzeit in eine andere aktive Ebene ziehen. Um den Speicher zu schonen, können Sie Auswahlen ohne weiche Kante und halbtransparente Bereiche auch als Pfad speichern.

Diese Ebenenüberlagerungen wären durch Ebenenmasken kaum zu realisieren gewesen. Um die Personengruppe »zwischen« die Blumen zu setzen und einige, eigentlich »hinten« montierte Körperteile doch vor die Schrift zu holen, wurde hier eine andere Methode angewandt: Einzelne Ebenenteile – ein Stück Wiese, Pfoten – werden auf obenliegende Ebenen dupliziert; sie schließen nahtlos an die hintenliegende, vollständige Ursprungsebene an. Diese Partikel werden mit der Ursprungsebene verbunden, damit man sie gemeinsam verschieben kann – die Gruppe erscheint immer teils vor, teils hinter der Schrift. Datei: Gruppe

12.10 Maskierungsgruppe

Die »Maskierungsgruppe« ist quasi die Steigerung der Ebenenmaske: Die Ebenenmaske kontrolliert die Sichtbarkeit einer einzelnen Ebene. Die Basisebene einer Maskierungsgruppe kontrolliert die Sichtbarkeit gleich mehrerer Ebenen. Die »gruppierten«, also die einer Maskierungsgruppe zugeordneten Ebenen zeigen sich nur noch innerhalb der Umrisse der Basisebene. Die Deckkraft und der Überblendmodus dieser Basisebene bestimmen, in welchen Bereichen des Gesamtbilds die zugeordneten Ebenen sichtbar sind:

- Wo die Basisebene volle Deckkraft hat, zeigen sich die zugeordneten Ebenen darüber ebenfalls in voller Pracht;

- wo die Basisebene halbtransparent ist, zeigen sich die zugeordneten Ebenen auch nur schwach;
- wo die Basisebene keine Pixel aufweist, werden die zugeordneten Ebenen ausgeblendet.

Wenn Sie mit Alphakanälen und Ebenenmasken vertraut sind, finden Sie vielleicht eine andere Beschreibung nachvollziehbar: Die Basisebene ist die Ebenenmaske für eine Gruppe weiterer Ebenen. Die Auswahlwirkung entsteht hier allerdings nicht über Graustufen, sondern über Deckkraft. Es ist darum auch völlig egal, welche Farbwerte eine Basisebene hat – wie deckend die Bildpunkte sind, ist für die Wirkung entscheidend.

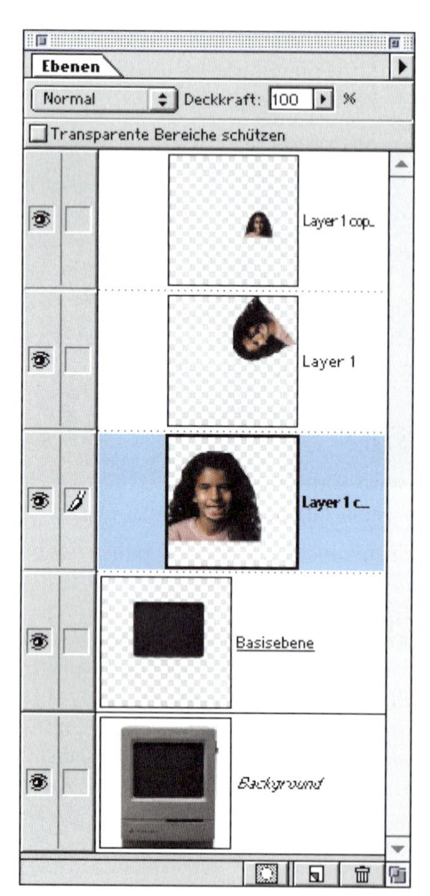

Eine Maskierungsgruppe zeigt die zugeordneten Ebenen nur noch innerhalb der Umrisse einer »Basisebene«. Hier wurde die Bildschirmfläche auf eine eigene Ebene kopiert und als Basisebene definiert. Die Ebenen darüber erscheinen nur noch innerhalb der Grenzen dieser Basisebene. Die darunterliegende Ebene wird voll angezeigt. Datei: Monitor3

Maskierungsgruppe erstellen

So erstellen Sie eine Maskierungsgruppe:

1. Richten Sie zunächst eine Ebene ein, die als »Basisebene« dienen soll. Es hat keinen Sinn, eine Ebene zu verwenden, die über die gesamte Bildfläche voll deckend ist. Eine Hintergrundebene, die diese Eigenschaft per definitionem hat, ist also bestimmt nicht sachdienlich. Sie könnten zum Beispiel ein paar Buchstaben nehmen, die Sie mit dem Textwerkzeug erzeugen. (Die Maskierungsgruppe funktioniert auch mit den speziellen Textebenen.)

2. Legen Sie eine oder mehrere Ebenen oberhalb dieser »Basisebene« an.
3. Um die oberen Ebenen mit der »Basisebene« zu gruppieren, klicken Sie bei gedrückter Alt-Taste auf die Trennlinie zwischen den beiden Ebenen in der Ebenenpalette. Dabei erscheint der Zeiger als Doppelkreis. So wird die obere Ebene mit der darunterliegenden gruppiert, sie erscheint nur noch in den deckenden Bereichen der »Basisebene«. Das Feld der oberen Ebene in der Palette erscheint eingerückt, die Trennlinie ist punktiert, der Name der »Basisebene« unterstrichen. Alternativ verwenden Sie den Befehl »Ebene: Mit darunterliegender Ebene gruppieren« (⌘+G, für Group). In den Ebenenoptionen läßt sich eine Maskierungsgruppe seit Photoshop 5 nicht mehr einrichten.
4. Gruppieren Sie weitere Ebenen. Alle Ebenen zusammen erhalten den Modus und die Deckkraft der Basisebene.
5. Entfernen Sie auf umgekehrtem Weg Ebenen aus der Maskierungsgruppe, indem Sie erneut bei gedrückter Alt-Taste auf die gepunktete Trennlinie klicken.
6. Um Ebenen außerhalb der Maskierungsgruppe anzulegen, die voll sichtbar sind, ziehen Sie diese Ebenen unter die Basisebene oder über die Maskierungsgruppe. Innerhalb einer Maskierungsgruppe läßt sich keine einzelne nichtmaskierte Ebene anlegen.

Oft macht es Sinn, das formgebende Objekt auf der Basisebene mit Weiß zu färben; so fällt es im Druck nicht auf, wenn Teile der Basisebene nicht von Objekten überdeckt sind. Dies gilt freilich nur, wenn die Basisebene über einem weißen Hintergrund liegt.

Tips

Beim Hantieren mit mehreren Ebenen kommt leicht die Übersicht abhanden, darum hier noch einmal ein paar praktische Handgriffe in der Wiederholung:

- ❐ Rechts-Klick ins Bild bei aktiviertem Bewegenwerkzeug zeigt ein Auswahlmenü mit den Ebenen unterm Zeiger.
- ❐ Alt+Rechts-Klick ins Bild bei aktiviertem Bewegenwerkzeug aktiviert die oberste Ebene unter dem Zeiger.
- ❐ Alt-Klick auf das Augensymbol in der Palette zeigt die Ebene daneben allein; neuerlicher Alt-Klick zeigt die Gesamtmontage. (Eine gruppierte Ebene ist aber ohne Basisebene nicht sichtbar. Blenden Sie die Basisebene mit ein, um eine einzelne gruppierte Ebene innerhalb der Umrisse der Basisebene besichtigen zu können.)
- ❐ Ziehen Sie über den Augensymbolen, um eine Reihe von Ebenen anzuzeigen oder auszublenden.
- ❐ Um zwei Ebenen gemeinsam zu verschieben, markieren Sie die erste Ebene und klicken neben der zweiten Ebene in die Verbindungsleiste, die zweite Spalte von links.
- ❐ Um die Ebenenmaske zu verkleinern, also Deckkraft zu entfernen, verwenden Sie zum Beispiel den Radiergummi, oder Sie löschen einen markierten Bereich mit der Rückschritt-Taste. Um die Ebenenmaske zu vergrößern, verwenden Sie zum Beispiel den Pinsel oder die »Transformieren«-Funktion; in diesen Fällen wählen Sie die Option »Transparente Bereiche schützen« ab.

Übung: Maskierungsgruppe

In dieser Übung erzeugen Sie eine Maskierungsgruppe. Das Gesamtbild und die Kontur der Maskierungsgruppe werden mit verschiedenen Techniken verfeinert.

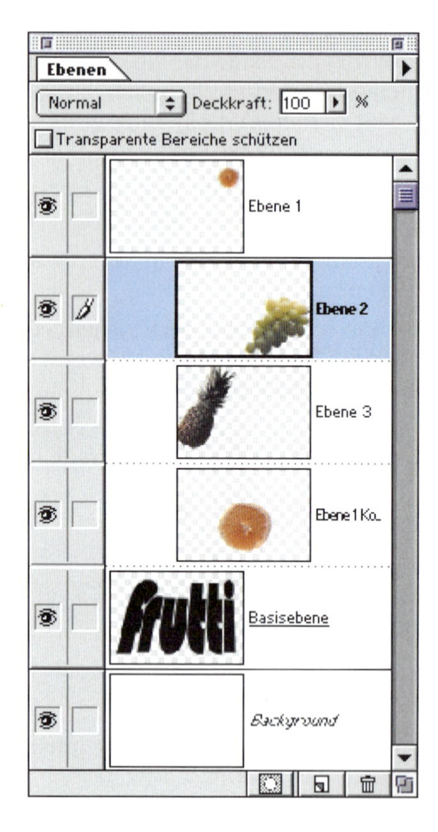

Kunst oder Kompost? Ein Schriftzug steht auf einer eigenen Ebene (nach dem Befehl »Ebene rendern«) über weißem Hintergrund (oben). In separaten Dateien werden die Früchte markiert und einzeln mit dem Bewegenwerkzeug über die Textebene gezogen (Mitte). Um die Textebene als Basisebene einzurichten, klicken Sie mit gedrückter Alt-Taste auf die Grenzlinien zwischen den Ebenen oberhalb des Texts. Jetzt zeigen sich die Ebenen, die in der Maskierungsgruppe gruppiert sind, nur noch innerhalb des Bereichs, der in der Basisebene nicht transparent ist – also innerhalb des Schriftzugs. Diese Ebenen erscheinen in der Palette eingerückt und werden durch gepunktete Linien getrennt. Die Zitrone über dem i-Punkt schieben Sie ganz nach oben und nehmen Sie durch neuerlichen Alt-Klick auf die Trennlinie aus der Maskierungsgruppe heraus; sie kommt so voll zum Vorschein. Dateien: F_Text, F_Ananas, F_Zitro, F_Traube

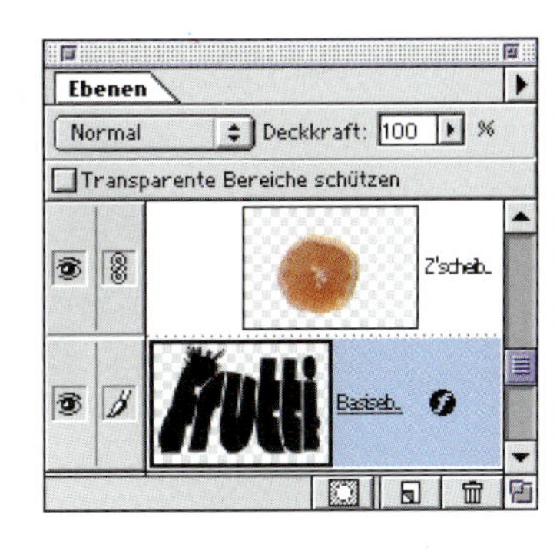

Wenn Sie mit der Plazierung endgültig zufrieden sind, können Sie die Basisebene – den Schriftzug – teilweise den Umrissen der montierten Objekte anpassen. Um die Basisebene zu vergrößern, so daß Sie mehr Vitamine erhalten, tragen Sie auf der Basisebene mit dem Pinsel (⌘+B) Farbe auf. Bei dieser Retusche der Basisebene ist der Farbton egal, wichtig sind nur 100 Prozent Deckkraft und eine Werkzeugspitze mit 100 Prozent Kantenschärfe; schalten Sie zudem die Option »Transparente Bereiche schützen« aus. Wollen Sie die Basisebene verkleinern, um weniger von den gruppierten Früchten zu zeigen, verwenden Sie den Radiergummi (⌘+E). Laden Sie zunächst die Kontur der Ananas als Fließmarkierung, indem Sie bei gedrückter ⌘-Taste auf den Ananas-Thumbnail klicken. Dann aktivieren Sie die Basisebene und wählen die Option »Transparente Bereiche schützen« ab. Tragen Sie mit dem Pinsel in den Bereichen innerhalb der Auswahl Farbe auf, in denen die Ananas zu sehen sein soll. Entsprechend verfahren Sie mit den anderen Früchtchen.

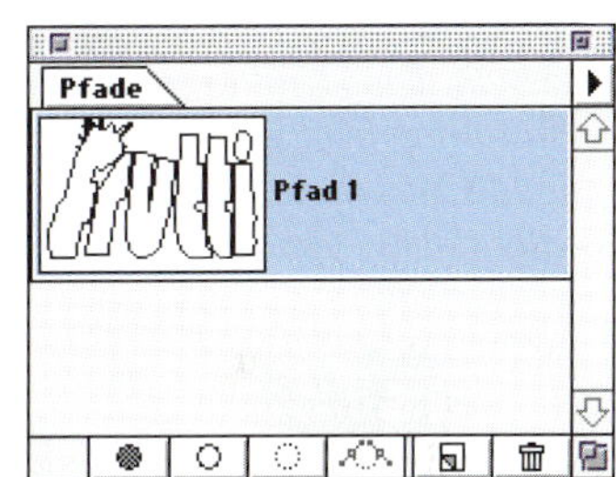

Hier wird die Schriftkontur unabhängig von den darüberliegenden Objekten geändert, um mehr Fläche zu schaffen. Grundsätzlich wählen Sie auch hier die Option »Transparente Bereiche schützen« ab. Sie können zum Beispiel den Befehl »Sonstige Filter: Dunkle Bereiche vergrößern« nutzen, um dunkle Schrift allgemein zu vergrößern. Eleganter arbeitet das Pfadwerkzeug: Laden Sie die Basisebene durch ⌘+Klick auf den Thumbnail als Auswahl, und verwandeln Sie die Auswahl in einen Pfad; dabei verwenden Sie eine mittlere Toleranz von mindestens »2,0« – zu viele Eckpunkte stören bei solchen Korrekturen nur. Korrigieren Sie den Schriftumriß durch Veränderung von Kurven und Ankerpunkten. Wenn die neue Kontur paßt, verwenden Sie den Befehl »Pfad füllen« aus der Pfadepalette. In den Optionen achten Sie auf »Glätten«. Die »Basisebene« muß aktiviert, die Option »Transparente Bereiche schützen« ausgeschaltet sein. Das Obst erscheint jetzt auch in den neugemalten Flächen. Sie sollten nun weder Basisebene noch einzelne Objekte bewegen – sie können allerdings alle Objekte verbinden und gemeinsam bewegen.

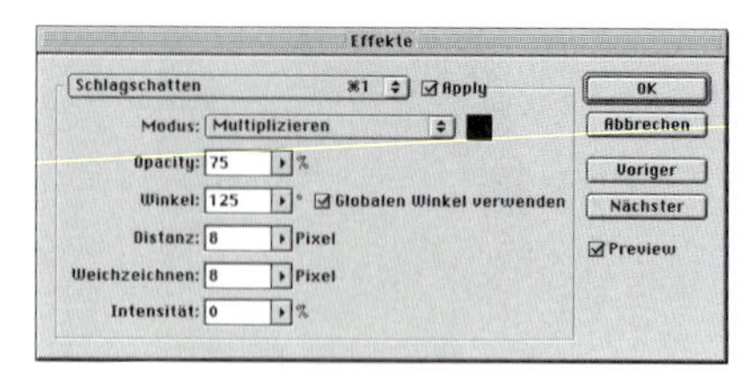

Links: Um einen Schatten unter die Basisebene zu legen, verwenden Sie den Befehl »Ebene: Effekte: Schlagschatten« (siehe unten, »Effekte«) bei aktivierter Basisebene.

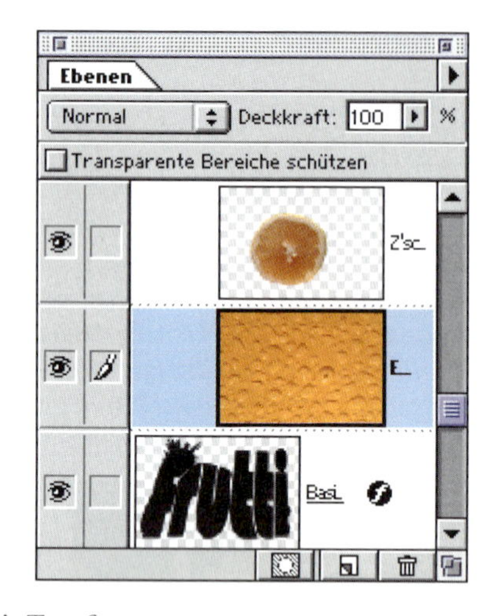

Rechts: Wo keine Objekte über dem Schriftzug liegen, erscheint blankes Schwarz. Sie versehen die Lettern mit einer neuen Oberfläche, indem Sie eine flächige Datei öffnen und bei aktivierter Basisebene in die Montage ziehen. Die Struktur wird über der Basisebene eingesetzt. Photoshop hebt jedoch dabei die Maskierungsgruppe auf, so daß Sie erneut per Alt-Klick auf die Ebenentrennlinien in der Palette eine Maskierungsgruppe herstellen müssen. Datei: Tropfen

Aktivieren Sie die Tropfenebene. Testen Sie mit dem Regler »Farbton/Sättigung« andere Farbtöne oder bringen Sie einen Verlauf im Modus »Farbton« oder »Farbton & Sättigung« auf; diese Modi erhalten die Helligkeitsstruktur.

Das Ergebnis läßt sich vielfältig weiterbearbeiten. Verwenden Sie zum Beispiel den Befehl »Verzerrungsfilter: Schwingungen«. Damit von dieser Verzerrung jedoch der Schriftzug und die obenliegenden Objekte gleichzeitig erfaßt werden, müssen Sie diese Ebenen verschmelzen. Fertigen Sie mit »Bild: Duplizieren« ein Duplikat der Datei, dann blenden Sie die Ebenen für Schatten und »Hintergrund« mit dem Augensymbol aus; die verbleibenden Ebenen verschmelzen Sie mit dem Befehl »Ebene: Sichtbare auf eine Ebene reduzieren«. Dann erst wenden Sie den Verzerrungsfilter an.

Hier kommt eine Konturlinie hinzu; sie entsteht mit der Pfadpalette und dem Befehl »Pfadkontur füllen«, dabei war Schwarz die Vordergrundfarbe. Alternative: der Befehl »Bearbeiten: Kontur füllen«, wenn Sie eine Auswahl im Bild haben. Die Linie wird auf einer eigenen, leeren Ebene angelegt – oberhalb aller Objekte, außerhalb der Maskierungsgruppe. Wählen Sie die Option »Transparente Bereiche schützen« ab, bevor Sie die »Kontur füllen«. Sie können diese Linie jederzeit dämpfen, verbergen, umfärben oder anders überblenden.

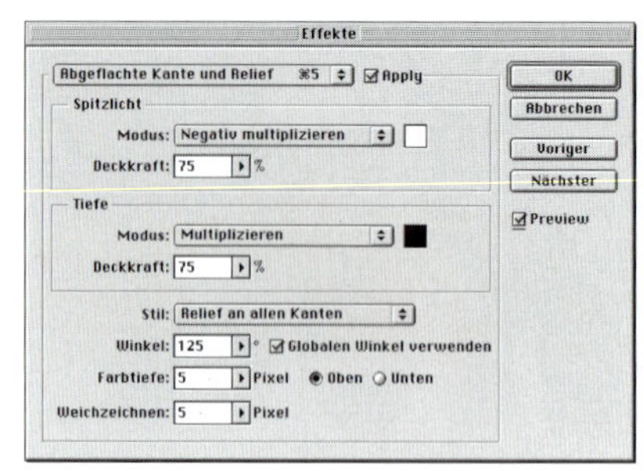

Auch die Kanteneffekte aus den Effekten lassen sich auf die Basisebene der Maskierungsgruppe anwenden. Die gruppierten Ebenen werden entsprechend mitverändert, wenn sie im Randbereich der Basisebene liegen. Ergebnisdatei: Frutti

12.11 Einstellungsebene

Die Einstellungsebene ist eine Besonderheit der Ebenenpalette: Auf dieser Ebene speichern Sie keine Pixel, sondern eine Kontrast- oder Farbkorrektur. Sie zeigen die Ebenen darunter verändert, ohne sie wirklich zu verändern. So präsentieren Sie einen Hintergrund mal weniger, mal mehr gedämpft oder ein Objekt in verschiedenen Farben. An den Pixeln ändert sich gar nichts, Sie verändern nur Werte in der Einstellungsebene.

Anders ausgedrückt: Sie betrachten das Bild durch eine gefärbte Brille. Sie können jederzeit die Brille abnehmen oder anders getönte Gläser verwenden. Kleist wäre interessiert.

Einführung

Als Einstellungsebene lassen sich die Befehle aus dem Untermenü **Bild: Einstellen** nutzen, also zum Beispiel **Farbton/Sättigung**, **Helligkeit/Kontrast**, **Gradationskurven**, **Kanalmixer** und **Tonwertkorrektur**, aber auch **Umkehren**, **Tontrennung** und **Schwellenwert**. Scharfzeichnungs- oder Störungsfilter können Sie indes nicht als Einstellungsebene einsetzen; das enttäuscht im Vergleich zur Konkurrenz.

Alle Ebenen unter der Einstellungsebene werden mit der Korrektur gezeigt. Diese Ebenen verändern sich aber nur in der Anzeige, die eigentlichen Daten bleiben unberührt. Im übrigen ist die Einstellungsebene eine Ebene wie andere auch, die sich unter anderem gruppieren, verbinden und maskieren läßt. Sie können:

- die Korrektur jederzeit verändern,
- die Korrektur vorübergehend ausschalten,
- die Korrektur per Deckkraftregler dämpfen oder per Modus-Menü anders anwenden,
- die Wirkung per Ebenenmaske auf bestimmte Bildbereiche begrenzen,
- die Einstellungsebene dauerhaft anwenden,
- die Einstellungsebene mit der darunterliegenden Ebene gruppieren,
- die Einstellungsebene mit der darunterliegenden Ebene verbinden.

Einstellungsebenen: Diese zwei Rotweingläser befinden sich auf einer separaten Ebene über dem Hintergrund. In diesem Beispiel werden die Gläser als Weißwein dargestellt, aber es soll letztlich Rotwein in der Datei bleiben. Dazu wird eine Einstellungsebene erstellt, die Darunterliegendes umgefärbt abbilden kann. Verwenden Sie den Befehl »Ebene: Neu: Einstellungsebene«. Datei: Rot

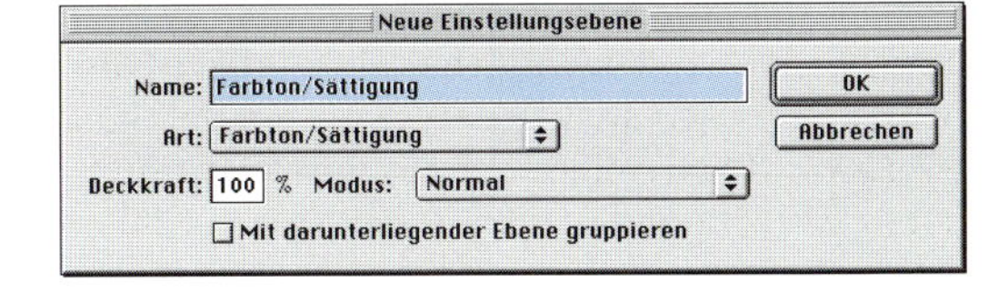

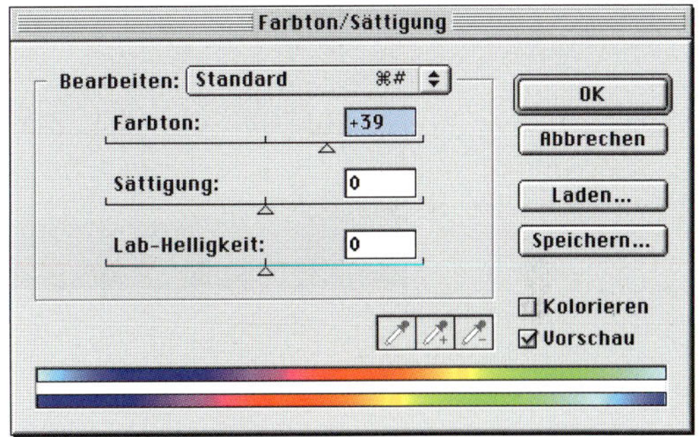

Links: Im Dialogfeld »Neue Einstellungsebene« wählen Sie die Funktion »Farbton/Sättigung«. Rechts: Photoshop zeigt jetzt dieses Dialogfeld an; verschieben Sie den »Farbtonregler«, bis die richtige Färbung gefunden ist.

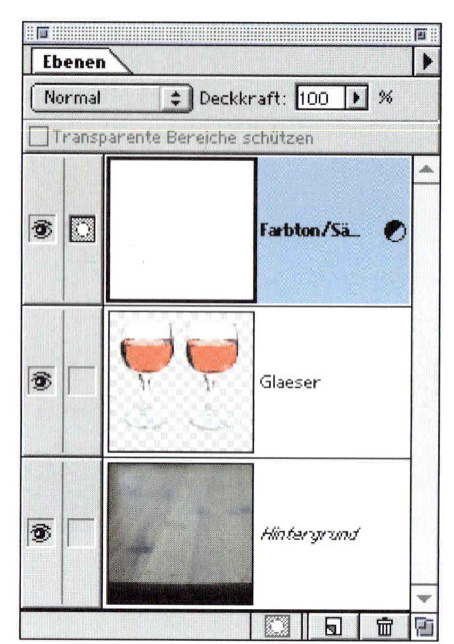

Links: Nun haben Sie Weißwein in den Gläsern. Das Ebenen-Thumbnail zeigt, daß es auf der Ebene tatsächlich bei Rotwein bleibt, der jedoch weiß angezeigt wird. Um das Bild ohne die Korrektur zu betrachten, klicken Sie in das Augensymbol der Einstellungsebene. Um das Bild ohne Einstellungskorrektur zu betrachten, klicken Sie auf das Augensymbol neben der Einstellungsebene. Allerdings hat sich auch der Tisch im Hintergrund verfärbt, da die Einstellungsebene alle darunterliegenden Ebenen verändert.

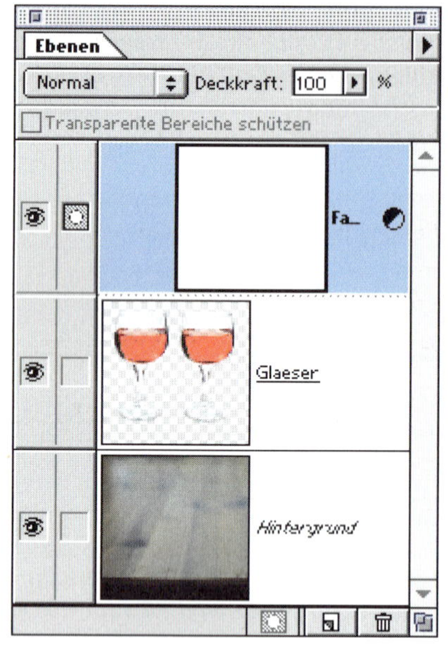

Sie haben die Möglichkeit, die Einstellungsebene nur auf die unmittelbar darunterliegende Ebene wirken zu lassen – also auf die Gläser –, nicht aber auf noch tieferliegende Ebenen, also auf den Tisch. Dazu legen Sie eine Maskierungsgruppe an (siehe vorheriger Abschnitt). Klicken Sie bei gedrückter Alt-Taste auf die Trennlinie zwischen Einstellungsebene und der darunterliegenden Ebene; so verändert die Einstellungsebene nur die Pixel der darunterliegenden »Basisebene«. In der Ebenenpalette erscheint der Name dieser Ebene unterstrichen, die Trennlinie zwischen »Basisebene« und der gruppierten Einstellungsebene ist gepunktet.

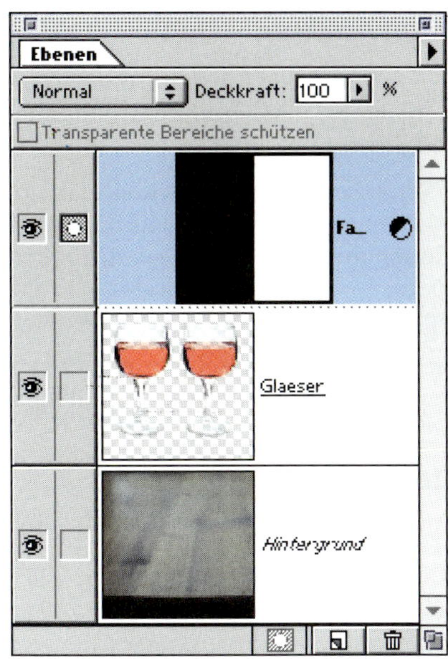

Um ein Glas Rotwein und ein Glas Weißwein nebeneinander anbieten zu können, verwenden Sie eine Maske. Sie begrenzt die Wirkung der Einstellungsebene auf einen Teilbereich der darunterliegenden Fläche. Voll verändert werden die Ebenen dann in den Bildbereichen, die in der Maske der Einstellungsebene weiß unterlegt sind; wo die Ebenenmaske der Einstellungsebene Schwarz zeigt, bewirkt sie gar nichts. In diesem Fall wird die Einstellungsebene aktiviert, die linke Bildhälfte wird markiert und mit Schwarz gefüllt – dies sehen Sie nur im Thumbnail der Maske. Folglich wirkt sich die Einstellungsebene auf die linke Bildhälfte nicht mehr aus, das linke Glas zeigt sich wieder mit rotem Inhalt. Per Verbinden-Symbol direkt neben dem Ebenen-Thumbnail werden die beiden Ebenen verkettet, so daß sie sich beim Verschieben und Verkleinern parallel verändern.

Einstellungsebenen erstellen

Eine Einstellungsebene entsteht auf diesem Weg:

1. Klicken Sie bei gedrückter ⌘-Taste auf das Symbol »Neue Ebene« in der Ebenen-Palette; oder klicken Sie auf den Befehl **Ebene: Neu: Einstellungsebene**.
2. Im Dialogfeld »Neue Einstellungsebene« wählen Sie einen der angebotenen Befehle aus; Sie tippen bei Bedarf einen neuen Namen ein und können bereits die Einstellungsebene »Mit darunterliegender Ebene gruppieren«. Klicken Sie auf »OK«.
3. Sofern zu dem gewählten Befehl ein Dialogfeld gehört – also in den meisten Fällen –, erscheint das Dialogfeld. Stellen Sie die gewünschten Werte ein; schalten Sie die »Vorschau« aus und wieder an, um den Unterschied zwischen Vorher und Nachher im Bild zu sehen. Klicken Sie auf »OK«.
4. Die Einstellungsebene erscheint über der zuletzt aktiven Ebene und verändert alle darunterliegenden Ebenen. Sie können die Einstellungsebene jetzt gruppieren oder maskieren.

Einstellungen verändern

Um die Werte des Befehls auf der Einstellungsebene zu ändern, klicken Sie doppelt auf den Namen dieser Ebene (nicht auf den Thumbnail): Photoshop zeigt das entsprechende Dialogfeld, zum Beispiel »Farbton/Sättigung«.

Die Ebenenoptionen erreichen Sie über das Kontextmenü, wenn Sie bei gedrückter ctrl-Taste auf den Ebenennamen klicken (nicht auf den Thumbnail). Sie haben hier die gleichen Möglichkeiten wie bei den Optionen anderer Ebenen auch, Sie können also den Dichtebereich einschränken, den Namen ändern, Deckkraft und Modus korrigieren. Wenn zu dem Befehl kein Dialogfeld gehört – wie bei »Umkehren« –, erscheinen sofort die Ebenenoptionen.

Natürlich können Sie die Einstellungsebene mit dem Augensymbol ausschalten, um das Bild unverändert zu betrachten, oder Sie können die Ebene nach oben und unten verschieben.

Einstellungsebenen gruppieren

Auf zwei Arten läßt sich die Wirkung der Einstellungsebene begrenzen:

- Die Gruppierung der Einstellungsebene mit der darunterliegenden Ebene reduziert die Wirkung auf die Pixel dieser einen Ebene;
- Mit einer Ebenenmaske wird die Wirkung auf bestimmte Zonen des Gesamtbilds unterhalb der Einstellungsebene beschränkt.

Oft macht es Sinn, nur ausgewählte Ebenen zu verändern. Dazu richten Sie eine Maskierungsgruppe ein, wie sie im vorangegangenen Kapitel beschrieben wird: Aktivieren Sie die Ebene unter der Einstellungsebene, und klicken Sie bei gedrückter Alt-Taste auf die Trennlinie zwischen beiden Ebenen; Alternative: Klicken Sie in den Optionen der Einstellungsebene auf den Punkt »Mit darunterliegender Ebene gruppieren«. Damit rückt Photoshop das Feld der Einstellungsebene in der Palette ein, die Trennlinie erscheint gepunktet. Nur die gruppierten Ebenen werden verändert.

Einstellungsebenen maskieren

Einstellungsebenen haben automatisch eine Ebenenmaske, die auch als separater Kanal in der Kanälepalette auftaucht, sofern die Einstellungsebene aktiviert ist. Zunächst ist diese Maske komplett weiß – das heißt, die Einstellungsebene wirkt auf die gesamte Bildfläche. Sie können Bereiche der Ebenenmaske mit Schwarz füllen; alle darunterliegenden Ebenen werden in diesen Zonen nicht mehr verändert; bringen Sie Grau an, hat die Einstellungsebene nur reduzierten Einfluß. Ist eine Auswahl aktiv, während Sie die Einstellungsebene erzeugen, entsteht automatisch eine Ebenenmaske, die die Wirkung der Einstellungsebene auf den ausgewählten Bereich beschränkt. Ebenenmasken werden ausführlich weiter oben in diesem Kapitel beschrieben.

Hatten Sie keine Auswahl im Bild, ist die Maske der Einstellungsebene zunächst komplett mit Weiß gefüllt: Alles ausgewählt. Sie erkennen dies, wenn Sie per Alt-Taste auf den Thumbnail der Einstellungsebenen-Ebenenmaske klicken, um die Maske als Graustufenbild anzuzeigen. Alternativ blenden Sie in der Kanälepalette (nicht in der Ebenenpalette) die Maske der Einstellungsebene per Augensymbol ein und verbergen alle anderen Kanäle.

Um also Bereiche von der Wirkung der Einstellungsebene auszunehmen, muß man bestimmte Teile der Maske schwarz färben. Bringen Sie zum Beispiel einen Schwarzweiß-Verlauf an, um die Wirkung der Maske stufenlos zunehmen zu lassen. Sie können mit dem Pinsel, mit Tonwertkorrekturen und Filtern in der Ebenenmaske arbeiten oder ganze Objekte hineinkopieren.

Einstellungsebene auf Basis einer Auswahl maskieren

Sie können die Einstellungsebene auch auf Basis einer vorhandenen Auswahl maskieren, um beispielsweise die Wirkung präzise auf ein Objekt zu beschränken:

1. Erzeugen Sie eine Auswahl, die den Bildbereich umfaßt, der verändert werden soll. (Soll dies ein einzelnes Objekt einer darunterliegenden Ebene sein, klicken Sie bei gedrückter ⌘-Taste auf das Thumbnail dieses Objekts, um seine Kontur als Auswahl zu laden.)
2. Wählen Sie den Befehl **Ebene: Neu: Einstellungsebene**. Die frische Einstellungsebene ist automatisch so maskiert, daß sie nur innerhalb der Auswahl wirkt. (Klicken Sie das Thumbnail mit gedrückter Umschalt-Taste an, um die Maske auszuschalten, so daß die Einstellungsebene auf die gesamte Bildfläche wirkt.)

So ähnlich funktioniert es auch, wenn Sie bereits eine gänzlich unmaskierte Einstellungsebene im Bild haben (mit weißem Thumbnail):

1. Erzeugen die Auswahl des Bereichs, der letztlich verändert werden soll.
2. Kehren Sie diese Auswahl um.
3. Aktivieren Sie die Maske der Einstellungsebene durch einen Klick, so daß das Maskensymbol in der Ebenenpalette erscheint.
4. Füllen Sie den ausgewählten Bereich mit Schwarz (Kurztaste D, dann Rückschritt-Taste).

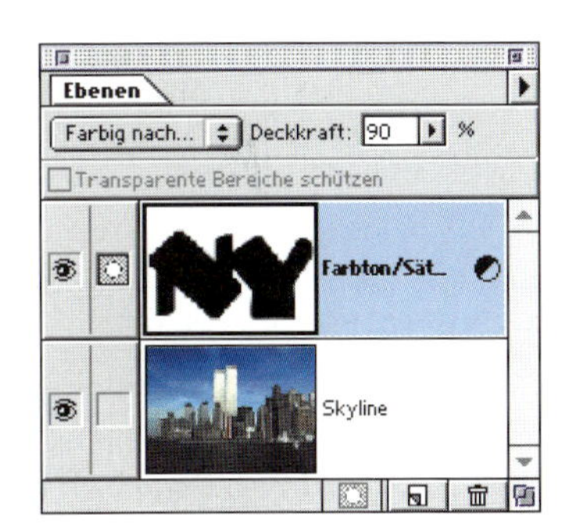

Die Maske der Einstellungsebene wurde hier mit einem schwarzen Schriftzug gefüllt, so daß die Einstellungsebene das darunterliegende Bild nur noch außerhalb der Lettern verändern kann – zum Beispiel aufhellen (links) oder abdunkeln. Datei: Skyline2

Maskierung der Einstellungsebene anzeigen

Wie bei anderen Ebenenmasken auch, können Sie die Maskierung der Einstellungsebene auf unterschiedliche Art anzeigen, um sie leichter zu retuschieren:

- Alt+Klick auf den Thumbnail der Ebenenmaske stellt allein die Maske in Graustufen dar. Wiederholen Sie den Griff, um zur normalen Darstellung nur der Ebene zu gelangen.
- Alt+Umschalt+Klick blendet die Maske in der gewählten Schutzfarbe über die Ebene. In beiden Fällen können Sie die Maske weiter retuschieren.
- Umschalt+Klick auf den Thumbnail der Ebenenmaske schaltet die Maske aus, ohne sie zu löschen; sie erscheint durchgestrichen in der Palette.
- ⌘+Klick auf den Thumbnail lädt die Maskeninformation als Auswahl.

Auch über die Kanälepalette können Sie die Ebenenmaske aktivieren, anzeigen und als Auswahl laden.

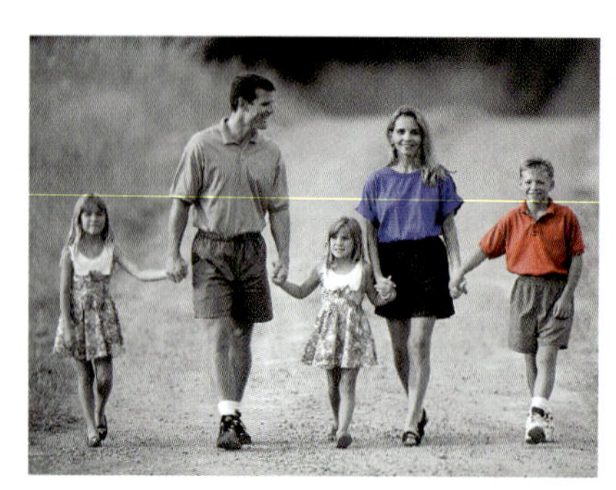

Dieses Graustufenbild wurde zunächst in den RGB-Modus gebracht, dann wurde die Oberbekleidung rechts mit dem Pinsel im Mischmodus »Farbton« koloriert. Die verschiedenen Bildschichten entstanden ohne Pixelveränderung oder neue Ebenen, sondern allein durch Einstellungsebenen. Diese Einstellungsebenen sind zum großen Teil abmaskiert, wie an den schwarzen Bereichen in den Thumbnails zu erkennen ist, so daß sie letztlich nur schmale Streifen des darunterliegenden Bilds verändern.

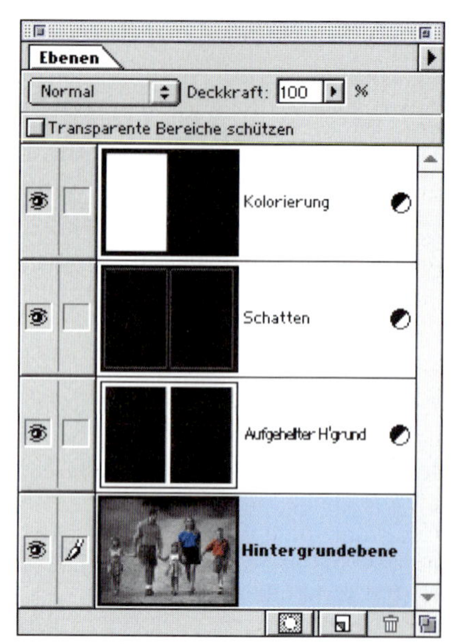

Eine Einstellungsebene hellt den Rand des Hintergrunds auf, eine weitere sorgt durch eine schmale Zone der Abdunkelung für Schattenwirkung, und die dritte Einstellungsebene tont den linken Bildteil. Nur der rechte innere Bildteil bleibt unverändert. Durch Ausschalten der drei Einstellungsebenen mit dem Augensymbol kann man jederzeit zur ursprünglichen Darstellung zurückkehren. Datei: Familie

12.12 »Effekte«

Mit den Effekten, Neuzugang in Photoshop 5, wenden Sie schräge Kanten, Schatten oder Lichthöfe auf eine Ebene an. Die Trendforscher haben es schon lange verlangt. Dröge geometrische Flächen und abgehangene Schriftarten schießen dank der **Effekte** so plastisch ins Kraut, daß sie fast aus dem Bild zu kullern scheinen: zeitgeistkonforme Lüftlmalerei der digitalen Art.

Anders als bei manchen Konkurrenzprogrammen kleben die Veränderungen nicht dauerhaft an dem Objekt, so daß Sie zum Beispiel einen dreidimensional gelifteten Objektrand nicht mehr in den Naturzustand bringen könnten. Stattdessen appliziert Photoshop die Ebeneneffekte nur als Rechentrick: Das Programm stellt die Ebenen verändert dar; aber Sie können den Effekt beliebig ausschalten oder verändern, das ursprüngliche Objekt bleibt unverändert.

Die Effekte wurden offensichtlich für Internet-Designer mit ihren notorisch kleinen Dateien entworfen. Maximale Kantenstärken von 20 Pixeln reichen für größere Taten nicht. Der Schlagschatten spielt allerdings auch bei ausladenden Dateien mit. Zu jedem Effekt wählen Sie eine Lichtrichtung, und Sie norden fallweise alle »Effekte«-Ebenen innerhalb einer Datei auf die gleiche Richtung ein (»Globalen Winkel verwenden«, siehe unten). Allerdings stellten die Programmierer keinen Zusammenhang zu Filtern her wie **Beleuchtungseffekte** oder **Mit Struktur versehen**, die ebenfalls Licht und Schatten verteilen.

Die **Effekte** erzeugen gefällig rundliche, sinnliche Objekte mit angenehm plastischer Tiefenwirkung – in der Anmutung vergleichbar dem künstlichen Hall von Pop- oder Jazzaufnahmen. Auch dort ist das Ergebnis keineswegs immer der Realität abgeguckt – doch befriedigend wirken die Räumlichkeitstricks allemal. Und so kommt wohl bald der Tag, da kein Designer ein Ladenöffnungsschild ohne knackig runde Lettern mit Schatten und Glanzlichtern abliefert.

Übersicht

Photoshops Trompe-l'œil-Techniken erschließen sich über das Untermenü **Ebene: Effekte** und bieten folgende Möglichkeiten:

- ❐ Sie können fünf verschiedene Effekte mit diversen Unteroptionen und zahllosen Reglermöglichkeiten einzeln oder gemeinsam anwenden.
- ❐ Sie können die Effekte ausschalten, vorübergehend verbergen oder verändern, ohne daß sich das ursprüngliche Objekt verändert.
- ❐ Ein gelungener Effekt ist auf andere Ebenen übertragbar.
- ❐ Sie können gelungene Einstellungen in der Aktionenpalette speichern.
- ❐ Sie können allen Effekten einen gemeinsamen Lichteinfallswinkel zuteilen.

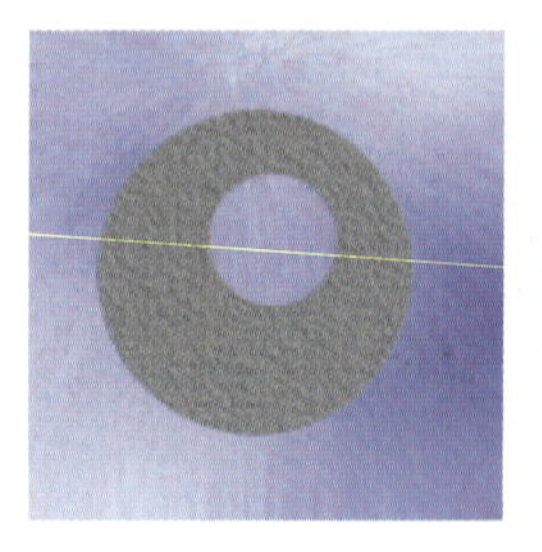

Datei: Effekte

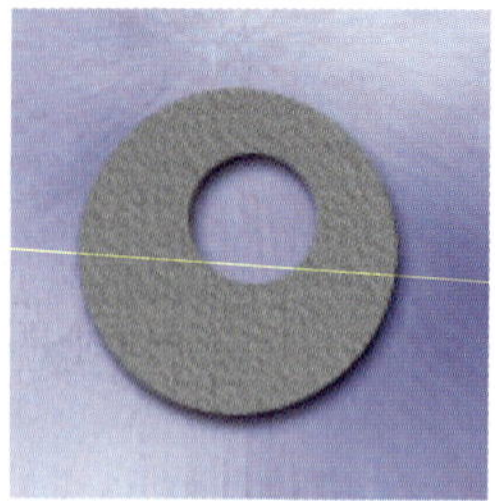

Schlagschatten

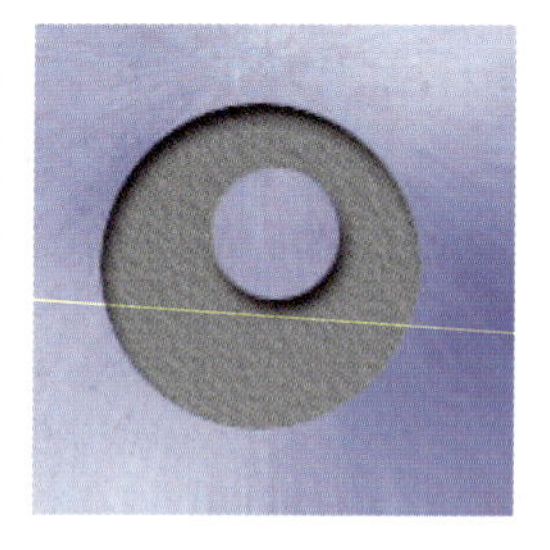

Schatten nach innen

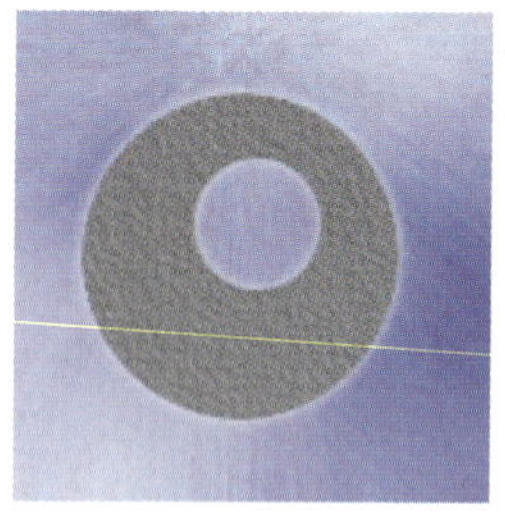

Schein nach außen

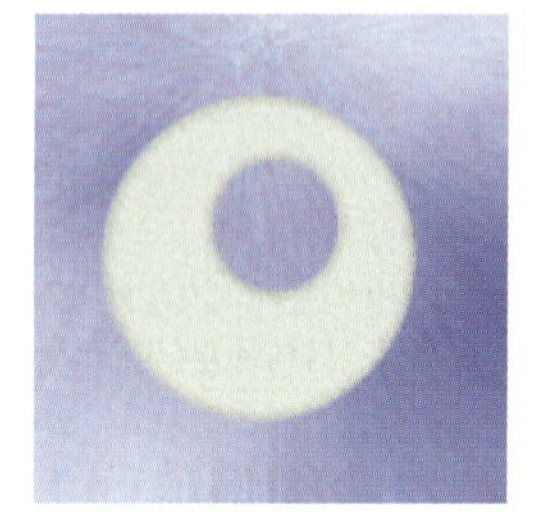

Schein nach innen, Mitte

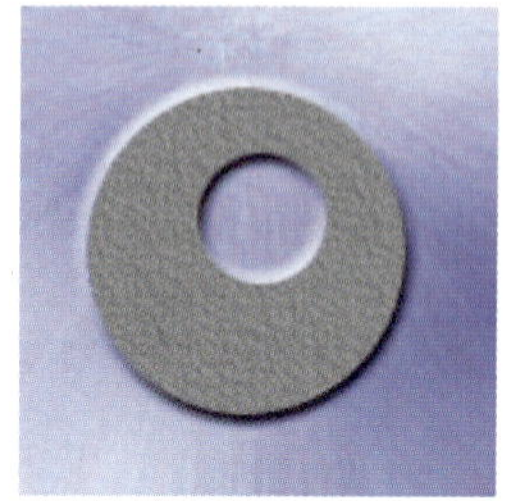

Abgeflachte Kante und Relief, Abgeflachte Kante außen

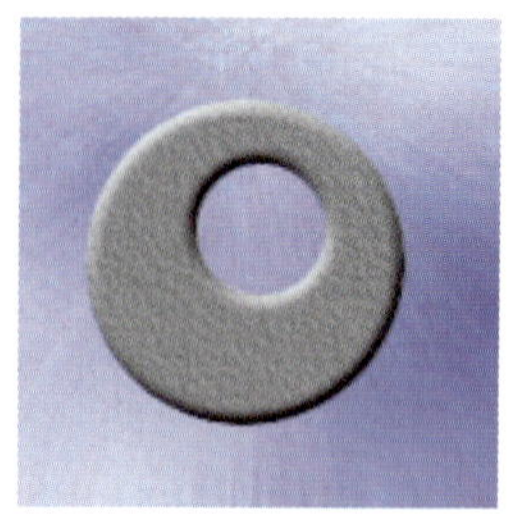

Abgeflachte Kante und Relief, Abgeflachte Kante innen

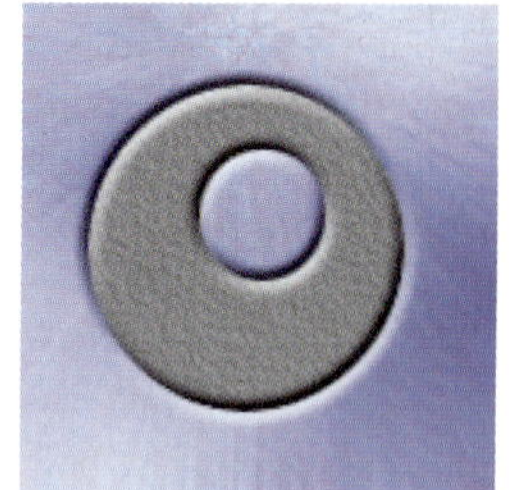

Abgeflachte Kante und Relief, Relief an allen Kanten

Das graue Objekt in der Beispieldatei hat einen Durchmesser von 100 Pixeln, der innere Kreis mißt 40 Pixel. Alle Ebeneneffekte wurden mit der Grundeinstellung angewandt, also mit einem Wert von 5 für Weichzeichnen, die Deckkraft lag bei 75 Prozent.

Ebeneneffekte anlegen

Zunächst: Die Effekte funktionieren nur bei Ebenen und Textebenen – nicht aber bei Auswahlbereichen oder »Hintergrundebenen«.

Vorbereitung von Hintergrundebenen

Eine normale Tiff-Datei, die Sie mit einem 3D-Rand ausstatten wollen, besteht nur aus einer »Hintergrundebene«. Um eine **Effekte**-taugliche Normalebene daraus zu machen, klicken Sie in der Ebenenpalette doppelt auf das Feld »Hintergrundebene« und bestätigen das Dialogfeld »Als Ebene einsetzen« mit »OK«.

Vorbereitung von Auswahlbereichen

Auswahlbereiche nehmen keine Effekte an. Sie sollten die markierten Bildteile auf eine eigene Ebene befördern, ohne ein Loch in den Untergrund zu schneiden. Dies erledigen Sie mit ⌘+J.

Das Untermenü »Effekte«

Auf zwei Arten bringen Sie nun einen Effekt ins Bild:

❒ Wählen Sie das Untermenü **Ebene: Effekte** und dort einen der Befehle wie **Schatten** oder **Schein nach innen**; oder

- klicken Sie bei gedrückter ctrl-Taste auf den Namen der Ebene in der Ebenenpalette (nicht auf die Miniatur); im Kontextmenü erscheinen jetzt auch die Effekte. Da es kein Untermenü mehr gibt, startet Photoshop hier automatisch mit dem Dialogfeld »Schatten«.

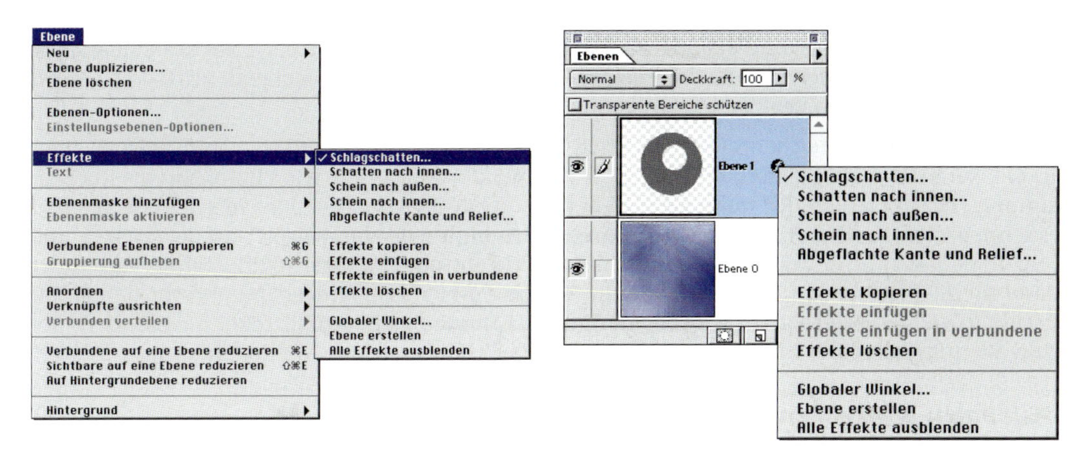

Mit dem Untermenü »Effekte« rufen Sie die Ebeneneffekte auf. Rechts: Sie erreichen das Effekte-Untermenü auch als Kontextmenü über dem »Effekte«-Symbol oder über dem Ebenennamen in der Palette.

Effekte anlegen und bestätigen

Photoshop zeigt das Objekt sofort verändert, sofern die »Vorschau« aktiviert ist. Korrigieren Sie die Werte nach Wunsch. Bestätigen Sie mit einem Klick auf »OK«. In der Palette sehen Sie, daß sich die Ebene eigentlich nicht verändert, das Thumbnail sieht aus wie vorher. Aber neben dem Namen der veränderten Ebene erscheint das »Effekte«-Symbol.

Beachten Sie, daß beim ersten Effekt Ihrer Wahl die Option »Apply« bereits aktiviert ist. (Das heißt »Anwenden«.)

Wenn Sie einen weiteren Effekt auf dasselbe Objekt anwenden möchten – zum Beispiel nach dem Schatten noch ein **Schein nach innen** –, wählen Sie diesen Effekt aus dem Klappmenü des ersten Effekts (oder verwenden Sie die Schaltflächen »Voriger« und »Nächster«). Möchten Sie die Auswirkung der nächsten Funktion sehen, schalten Sie die Option »Apply« (Anwenden) testhalber ein. Nun wirken zwei Effekte auf die Ebene ein. Sie können weitere Effekte dazunehmen oder andere wieder abschalten, ohne die Werte zu verändern.

Allgemeine Optionen

In den Dialogfeldern gibt Ihnen Photoshop genaue Kontrolle über Breite, Intensität und Farbe der Effekte. Um die Farbe zum Beispiel des »Schein nach innen« zu ändern, klicken Sie auf das Farbfeld. Sie erhalten dann den üblichen Photoshop-Farbwähler, sofern Sie diesen in den **Voreinstellungen** angeklickt haben. Er wird vorn im Kapitel »Füllen, Malen, Retuschieren« erklärt.

Wollen Sie die Eingabefelder nicht mit der Maus anklicken, können Sie auch mit der Tab-Taste weiterspringen. Die Werte lassen sich auch mit den Pfeiltasten verändern; nehmen Sie die Umschalt-Taste dazu, werden es Zehner-Schritte. Drücken Sie die Alt-Taste, um wie üblich die »Abbrechen«-Schaltfläche in ein »Zurück« zu verwandeln; damit setzen Sie das Feld auf die ursprünglichen Einstellungen zurück, ohne es erst schließen zu müssen.

Generell gilt: Um einen Effekt zu verstärken, erhöhen Sie »Deckkraft« und »Intensität«. Zum Experimentieren eignet sich vor allem das Klappmenü mit den Überblendtechniken. Diese werden weiter vorn im »Ebenen«-Kapitel, im Abschnitt »Überblendmodi und Deckkraft«, detailliert erklärt.

Sie müssen nicht immer im Dialogfeld arbeiten: Winkel und Distanz der Effekte »Schlagschatten« und »Schatten nach innen« können Sie – bei geöffnetem entsprechendem Dialog – auch mit der Maus direkt in der Datei korrigieren.

Die »Effekte« kosten Rechenpower. Bewegen Sie große »Effekte«-Ebenen – zum Beispiel über 1000 Pixel breit – auf kleineren Rechnern, dann merken Sie schnell, wie Photoshop ins Ruckeln kommt. Dies gilt jedenfalls, wenn Sie die Ebene in der 100-Prozent-Ansicht verschieben. So geht es schneller: Setzen Sie in den **Voreinstellungen** den Bildcache zum Beispiel auf den Wert 4, und zeigen Sie das Bild in einer Zoomstufe von 50 Prozent oder weniger – Photoshop verwendet dann für die Monitordarstellung nur die zur Ansicht verkleinerte Bildversion und tut sich damit sichtlich leichter. Alternative: Verwenden Sie den **Effekte**-Befehl **Alle Effekte ausblenden**. Sobald Sie mit Malen und Montieren fertig sind, läßt sich das schadlos wieder ändern.

»Globalen Winkel verwenden«

Wenn Sie den »Globalen Winkel verwenden«, harmonieren bei allen Effekten die Licht- und Schattenrichtungen. Dabei koordiniert Photoshop nicht nur mehrere Effekte in einer Ebene, sondern auch alle Ebenen in einer Datei. Bewegen Sie also bei einer Ebene den Schatten, wird er sich bei allen anderen mitdrehen. Und auch die hellen und dunklen Seiten eines »Relief an allen Kanten« passen sich an.

Der Winkel ändert sich jedesmal, wenn Sie bei irgendeinem Effekt entsprechend eingreifen. Sie können aber auch das separate Eingabefeld verwenden, das Ihnen im Effekte-Untermenü der Befehl »Globalen Winkel verwenden« anbietet. Ziehen Sie eine effektbeladene Ebene in eine andere Datei, die schon »Effekte«-Ebenen enthält, wird Photoshop den Neuankömmling dem bereits herrschenden »Globalen Winkel verwenden« anpassen.

Effekte ändern und abschalten

Nichts muß so bleiben, wie es ist. Sie können jeden Effekt ändern, abschalten oder zwischenzeitlich ausblenden.

Effekte ändern

Zwei Wege haben Sie, um im Dialogfeld zu einem aktiven Effekt Änderungen vorzunehmen:

Im Untermenü **Ebene: Effekte** sehen Sie bereits ein Häkchen neben den Effekten, die derzeit aktiviert sind. Wählen Sie erneut einen dieser Effekte an, zum Beispiel **Schlagschatten**, um ihn im Dialogfeld zu ändern.

- ❐ Klicken Sie mit der rechten Maustaste direkt auf das »Effekte«-Symbol neben dem Ebenennamen. Sie erhalten jetzt wieder das Untermenü mit den verschiedenen Effekten.
- ❐ Klicken Sie doppelt auf das Effekte-Symbol neben dem Ebenennamen. Photoshop blendet das Dialogfeld zu einem aktiven Effekt ein.

Effekte abschalten

Um einen einzelnen Effekt abzuschalten, schalten Sie die Option »Apply« im zugehörigen Dialogfeld ab. Können Sie auf alle Effekte verzichten, nutzen Sie im **Effekte**-Untermenü den Befehl

Effekte löschen. Sie können die Effekte später mit der Protokollpalette wieder herstellen. Sie finden die ursprünglichen Einstellungen auch in den Dialogfeldern vor – selbst dann, wenn Sie zwischenzeitlich andere Ebeneneffekte bearbeitet haben.

Effekte verbergen

Sie können die Effekte auch verstecken, ohne sie dauerhaft zu verwerfen. Sie lassen sich dann jederzeit wieder anzeigen, auch nach dem nächsten Photoshop-Start. Dies besorgt der Befehl **Ebene: Effekte: Alle Effekte ausblenden**. Er versteckt wohlgemerkt alle Effekte auf allen Ebenen einer Komposition. Wurden die Effekte bereits verborgen, finden Sie an gleicher Stelle den Befehl **Alle Effekte einblenden**. Wenn Photoshop beim Bewegen großer Ebenen zu langsam wird, sollten Sie versuchsweise **Alle Effekte ausblenden**.

»Ebenen erstellen«

Wie gesagt: Die Schatten und Kanten sind zunächst nichts als ein Rechentrick; beziehungsweise es handelt sich um raffiniert überblendete Trickebenen, die nicht in der Palette erscheinen und die Sie nicht mit Pinsel oder **Transformieren**-Befehl bearbeiten können.

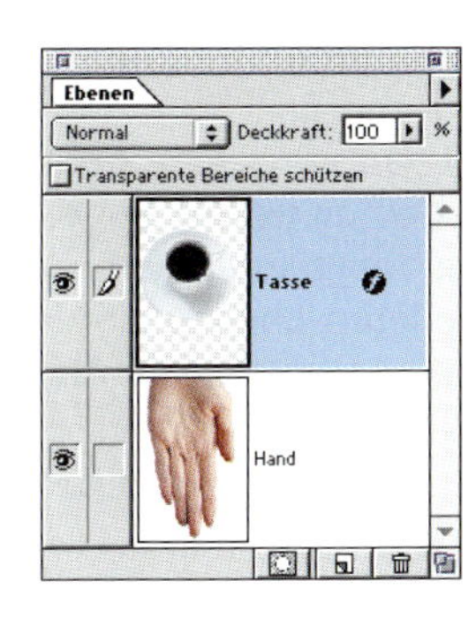

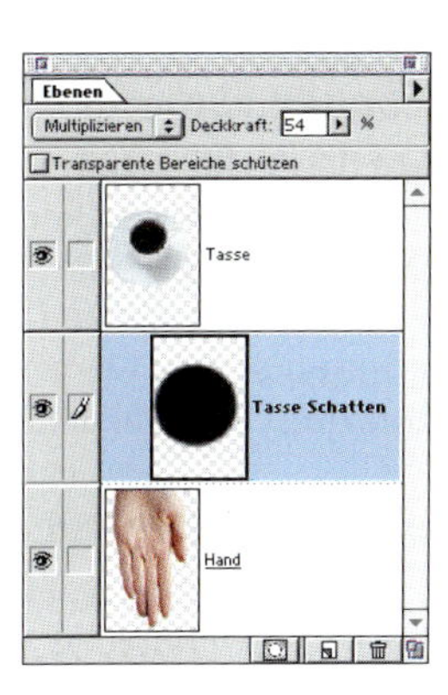

Linkes Paar: Die Tasse erhält hier durch den Ebeneneffekt einen Schatten. Er deckt aber nicht nur die Hand ab, sondern erreicht unerwünscht auch den Hintergrund. Rechtes Paar: Hier wurde der Schatten mit dem Befehl »Ebenen erstellen« in eine Einzelebene verwandelt; außerdem wurde das weiße Umfeld der Hand entfernt, so daß sie von Transparenz umgeben ist. Eine Maskierungsgruppe sorgt nun dafür, daß sich der Schatten nur mehr innerhalb der darunterliegenden Basisebene zeigt. Dateien: Tasse_1, Tasse_2

Gründe für Einzelebenen

Es gibt aber Situationen, in denen man die Verfremdungen der **Effekte**-Befehle auf konventionellen, separaten Ebenen haben möchte. Zum Beispiel:

- Sie wollen die Montage mit getrennten Ebenen an ein Programm weitergeben, das zwar nicht die Ebeneneffekte der neuesten Version 5.0 umsetzen, aber ansonsten Photoshop-Dateien mit Ebenen öffnen kann (Näheres zum Dateiaustausch im Kapitel »Öffnen, Speichern, Dateiformate«).
- Sie wollen Ursprungsebene und Effekt proportional drehen oder skalieren; Schatten oder Kanten sollen nicht länger unabhängig von jeder Veränderung ihre festgelegten Pixel-Daten

behalten, sondern sich gleichmäßig mitverändern, so daß die Größenverhältnisse gewahrt bleiben.

- Sie wollen die **Effekte** in einer Weise ändern, die mit dem Dialogfeld nicht möglich sind. Vielleicht möchten Sie den Schatten perspektivisch verzerren oder die Flutlichtstrahler der **Beleuchtungseffekte** über ein 3D-Objekt legen.
- Der Schatten soll nur Teile der darunterliegenden Bereiche abdecken, aber nicht überall sichtbar sein.

In diesen Fällen nutzen Sie den Befehl **Ebenen erstellen** aus dem Untermenü **Effekte**. Diese Funktion legt die Tonwertveränderungen der **Effekte** auf neue, eigene Ebenen. Die tragen Namen wie »Schatten für abgeflachte Kanten von innen von Ebene 2«; sie sind oft klein, halbtransparent und mit Überblendverfahren wie dem »Multiplizieren« ausgestattet.

Die Einzelebenen ragen unter Umständen aus dem sichtbaren Bildbereich heraus – zum Beispiel ein Schatten, den Sie sehr weit vom Objekt entfernt haben. Doch selbst wenn die separate Schattenebene, die mit dem Befehl **Ebenen erstellen** entsteht, nur zur Hälfte im Bild ist: Photoshop speichert auch die unsichtbaren Teile mit, sie können jederzeit wieder ins Bild geholt werden. Alternative: Vergrößern Sie die **Arbeitsfläche**.

Ebenen verbinden

Vorsicht: Die neuen Ebenen, die per **Ebenen erstellen** entstehen, sind mit der Ursprungsebene nicht verbunden. Beim Bewegen oder Skalieren einer dieser Ebenen verharren alle anderen zugehörigen Ebenen an ihrem Platz, die Bildwirkung bricht auseinander. Aktivieren Sie eine dieser Ebenen, und klicken Sie bei den zugehörigen anderen Ebenen in die Verbindenleiste – jetzt können Sie die Elemente gemeinsam bewegen und verändern. Filterbefehle wirken aber weiterhin nur auf Einzelebenen.

»Effekt«-Ebene in eine Einzelebene verwandeln

Der Befehl **Ebenen erstellen** erzeugt mehrere Ebenen, deren Einstellungen für Deckkraft und Überblendmodus nicht immer leicht nachzuvollziehen sind. Manchmal reicht es, wenn man den »Effekt« dauerhaft auf eine Ebene umrechnet, so daß er auch an andere Programme weitergegeben werden kann. Gehen Sie so vor:

1. Erzeugen Sie mit dem Symbol »Neue Ebene erstellen« der Ebenenpalette eine neue, leere Ebene.
2. Ziehen Sie diese Ebene unter die »Effekte«-Ebene.
3. Aktivieren Sie die »Effekte«-Ebene.
4. Klicken Sie auf den Befehl **Ebene: Mit darunterliegender auf eine Ebene reduzieren** (⌘+E).

Dabei bleibt die Bildwirkung des Ebeneneffekts erhalten, doch er wird in dauerhafte Pixel umgerechnet und ist technisch eine Ebene ohne »Effekte«-Manipulation. Schatten, Lichthof oder 3D-Kante sehen Sie erstmals auch im Ebenen-Thumbnail.

Haben Sie die »Effekte-»Ebene bereits per **Ebenen erstellen** in Einzelebenen zerlegt, können Sie diese immer noch zu einer gemeinsamen Ebene verschmelzen. Dazu nutzen Sie die Befehle **Verbundene auf eine Ebene reduzieren** oder **Sichtbare auf eine Ebene reduzieren**, indem Sie vorher die fraglichen Ebenen verbinden oder die nicht in Frage kommenden Ebenen mit dem Augensymbol ausblenden.

»Effekt«-Ebene als separate Datei exportieren

Es ist auch nicht umständlich, die »Effekte«-Ebene allein oder verschmolzen mit anderen als normale Tiff- oder JPG-Datei zu exportieren, so daß man sie mit allen möglichen Programmen betrachten kann. Der Hergang:

1. Blenden Sie mit dem Augensymbol alle Ebenen aus, die in dem geplanten Ableger nicht erscheinen sollen.
2. Wählen Sie den Befehl **Datei: Kopie speichern unter**.
3. Wählen Sie im Klappmenü »Format« das Format Ihrer Wahl. Sofern es nicht gerade das Photoshop-Format ist, werden die Ebenen verschmolzen, die 3D-Effekte verwandeln sich in ganz normale Pixel.

Alternativ blenden Sie abermals die unerwünschten Ebenen aus und nutzen die Funktion **Bild: Bild duplizieren** mit der Option »Auf eine Ebene reduzieren«.

Effekte übertragen

Gelungene Effekte lassen sich per Kopieren und Einfügen auf andere Ebenen übertragen. Sie haben dabei zwei Möglichkeiten:

- Übertragung auf eine Einzel-Ebene
- Übertragung auf mehrere, verbundene Ebenen

Diese Ebenen können sich auch in anderen Dateien befinden. Der Standardweg zur Übertragung eines gelungenen Effekts:

1. Aktivieren Sie die Ebene, in der Sie einen brauchbaren Effekt finden.
2. Wählen Sie den Befehl **Effekte kopieren** im Untermenü Effekte.
3. Aktivieren Sie nun die Ebene, die Sie auf gleiche Art verändern wollen.
4. Im Untermenü Effekte klicken Sie auf **Effekte einfügen**.

Kopieren Sie einen Effekt, so hat das keinen Einfluß auf die Zwischenablage, in der Photoshop Bildteile bewahrt. Bildteile, die sich bereits in der Zwischenablage befinden, werden durch den Befehl **Effekte kopieren** nicht entfernt und können weiter mit ⌘+V eingefügt werden. Der Befehl **Bearbeiten: Entleeren: All** berührt den »Effekte«-Speicher nicht. Auch nach umfassendem Entleeren bleiben zuvor kopierte Effekte greifbar, um sie in anderen Ebenen einzusetzen.

»Effekte einfügen in verbundene«

Sie können die einmal kopierten Effekte auch auf mehrere Ebenen zugleich übertragen. Dazu müssen die Ebenen, die den kopierten Effekt annehmen sollen, verbunden sein. Dies erledigen Sie in der Ebenenpalette. Aktivieren Sie eine Ebene, und klicken Sie bei den Ebenen, die Sie verbinden wollen, in die Verbindenleiste, die sich zwischen Augenleiste und Ebenen-Thumbnails befindet. Die Verbindung wird durch eine stilisierte Kette angezeigt. Der Befehl, der alle verbundenen Ebenen auf einen Klick verändert, heißt **Effekte einfügen in verbundene**.

Wenn Sie ein Objekt mit Schatten und Lichthof in die Zwischenablage kopieren und in einem neuen Bild einfügen, erscheint es dort ohne jeden »Effekt«. Verwenden Sie den Befehl **Bearbeiten: Aus allen Ebenen kopieren**, läßt sich die Ebene mit »Effekt« übertragen. Allerdings rechnet Photoshop den Effekt dauerhaft auf die Ebene um, so daß Sie Schatten oder Kanten nicht mehr im »Effekte«-Dialog verändern können. Ziehen Sie das Objekt mit dem Bewegenwerkzeug, aber ohne jede Auswahl, in das neue Bild, um korrigierbare »Effekte« mitzunehmen. Alternative, manchmal schneller: Ziehen Sie das Ebenenfeld aus der Palette über das Zielbild.

Pixel auf der »Effekte«-Ebene verändern

Was immer Sie der Ebene antun: Photoshop wird den Effekt – Schatten, Kante, Lichthof – passend neu berechnen. Jedenfalls fast immer. Malen Sie zum Beispiel einen Strich mit dem Pinsel durch den transparenten Bereich einer Ebene, die Sie bereits mit abgeschrägter Kante ausgestattet haben: Auch Ihr Pinselstrich erscheint dreidimensional gerundet.

Das gilt auch für alle anderen Situationen: Wenn Sie Bildpunkte einfügen oder ausschneiden, das Motiv verzerren oder vergrößern: Photoshop berechnet alle »Effekte« immer wieder neu, so daß sie zum aktuellen Erscheinungsbild passen und nicht etwa abgeschnitten werden.

Sie können getrost Bildteile durch eine Ebenenmaske verbergen – die Effekte werden den sichtbaren Bildteil perfekt verzieren. Statten Sie die Basisebene einer Maskierungsgruppe mit einem »Effekt« aus, wirken sich die Veränderungen auch auf die darüberliegenden, gruppierten Ebenen aus, sofern diese sich innerhalb des Pixelradius' der Effekte befinden.

Größenveränderungen bei »Effekte«-Ebenen

Auch wenn Sie das Objekt per **Transformieren** vergrößern oder verkleinern: Schatten oder Kanten behalten stur ihre definierte Pixelgröße. Das heißt: Eine Kante, die fünf Pixel breit definiert wurde, mißt auch nach einer 200-Prozent-Verkleinerung der Ebene fünf Pixel Breite. Das heißt, die Wirkung des Effekts im Vergleich zum Objekt ändert sich: Eine vormals schmale Kante, ein bis dato unauffälliger Schatten stechen nach einer Verkleinerung der Ebene deutlicher hervor.

Verwenden Sie allerdings den Befehl **Bild: Bildgröße**, korrigiert Photoshop die Pixeldistanzen proportional mit: Nach Anwendung der **Bildgröße** finden Sie im **Effekte**-Dialog neue Werte vor. Da freilich bei 20 Pixel Kantenabschrägung schon wieder Schluß ist, gelingt der Akt nicht immer vollständig: »Effekte« bei starken Vergrößerungen oder auf Ebenen, die ohnehin das Maximum schon ausnutzen, können Sie per **Bildgröße** nicht proportional zum Objekt erhalten (Abhilfe siehe unten).

Drehen oder Spiegeln bei »Effekte«-Ebenen

Beim Drehen oder Spiegeln der Ebene gilt, daß Licht- und Schattenfall sich nicht verändern: Ein Schatten rechts unten bleibt rechts unten – auch wenn Sie die Ebene um 180 Grad drehen oder horizontal spiegeln.

Effekt proportional mitverändern

Manchmal sollen sich Schatten oder Kantenbreite bei einer Skalierung oder Drehung proportional mit den Bildpunkten verändern und nicht auf ihrer eingespeicherten Pixelgröße verharren. Dies ist in zwei Situationen bedeutsam:

- Sie wollen eine Einzelebene **transformieren** (verzerren, dehnen etc.), und die Kanten und Schatten sollen sich proportional mitverändern.
- Sie wollen das gesamte Bild per **Bildgröße** so stark vergrößern, daß die Rechentricks der »Effekte« nicht mehr mitkommen, da bei 20 Pixeln Kantenstärke Schluß ist.

Hier bleibt nur eines: Lösen Sie den Ebeneneffekt in eine normale Zusatzebene auf. So geht's, wenn zum Beispiel ein Schatten unter der Ebene liegt:

1. Im Untermenü **Effekte** verwenden Sie zunächst den Befehl **Ebenen erstellen**. Damit legt Photoshop eine eigene Ebene nur für den Schatten an.
2. Verbinden Sie den Schatten mit der ursprünglichen Ebene, zu der er gehört, durch einen Klick in die Verbindenleiste.

3. Skalieren oder drehen Sie jetzt den Schatten oder die Ursprungsebene; beide werden sich proportional zueinander verändern.

Bei den Verzerrungen eines Schlagschattens oder sonst eines Effekts, der auf eine eigene Ebene umgerechnet wurde, kann es zu Qualitätsverlusten kommen – vor allem, wenn Sie die Prozedur mehrfach exerzieren. Verwenden Sie generell den Interpolationsmodus »Bikubisch«.

»Schlagschatten«

Wie bei allen »Effekte«-Dialogfeldern ist Photoshops Grundeinstellung (Distanz 5 Pixel) auf kleine Dateien ausgerichtet. Doch »Winkel« und »Distanz« des Schattens sollten Sie nicht durch Eingaben in die Datenfelder regeln. Ziehen Sie einfach – bei geöffnetem Schatten-Dialog – den Schatten in Position.

Um den Schatten zu dämpfen, nehmen Sie den Wert »Opacity« (Deckkraft) zurück oder erhöhen den »Weichzeichnen«-Wert. Für lebhaftere Wirkung über farbigen Hintergründen probieren Sie die Modi »Ineinanderkopieren« und »Farbig nachbelichten«, jeweils bei deutlich reduzierter »Opacity«-Vorgabe. (In der deutschen Vollversion des Verfassers wurde die »Deckkraft« im »Schlagschatten«-Dialog »Opacity« genannt.)

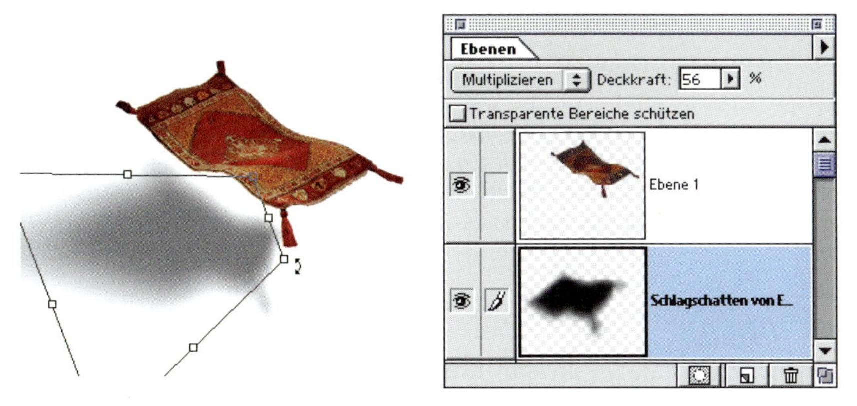

Wenn Sie einen Schatten unabhängig vom Objekt drehen oder verzerren möchten, verwandeln Sie ihn mit dem Befehl »Ebenen erstellen« in eine übliche Ebene. Auch Teile der Schattenebene, die aus dem sichtbaren Bereich herausragen, werden mitgespeichert und können ins Bildinnere geholt werden. Datei: Teppich

Sie können den Schatten nicht unabhängig vom Objekt drehen oder perspektivisch verzerren – Techniken, die Ihre Komposition oft dramatischer wirken lassen. Haben Sie dergleichen vor, verwandeln Sie den Schatten via **Ebenen erstellen** in eine separate Ebene. Diese Ebene können Sie beliebig verzerren; soll sie gemeinsam mit dem Objekt bewegt werden, ist ein Klick in die Verbindenleiste angesagt. Auch Teile der neuen Schattenebene, die außerhalb des sichtbaren Bereichs liegen, werden mitgespeichert und lassen sich jederzeit ins Bild ziehen.

Hier wird zunächst eine weiße Textebene mit einem »Schlagschatten« aus dem Untermenü »Ebene – Effekte« erzeugt.

Im nächsten Schritt legt der Befehl »Ebenen erstellen« den Schatteneffekt auf eine eigene Ebene (Mitte). Rechts: Dann wird die obere, weiße Ebene mit der darunterliegenden Schattenebene verschmolzen (⌘+E); weil sie dabei auch den Überblendmodus »Multiplizieren« annimmt, werden die Buchstaben ausgeblendet, im Bild zeigt sich nur der Schatten selbst. Datei: Wueste_2

»Schatten nach innen«

Der **Schatten nach innen** erzeugt eine Art dreidimensionale Wirkung, indem er eine Seite der Ebene in Dunkelheit taucht. Allerdings hellt er die gegenüberliegende Seite nicht auf (dafür ist die Abteilung **Abgeflachte Kante und Relief** mit der Option »Abgeflachte Kante innen« zuständig). Bewegen Sie den Schatten mit der Maus direkt über der Datei. Steigern Sie bei hohen Distanzen den voreingestellten Wert für »Weichzeichnen« deutlich.

Bei schwarzen Ojekten sehen Sie von diesem Effekt nichts. Wenn Sie jedoch einen hellen »Schatten nach innen« auf ein dunkles Objekt anwenden möchten, ändern Sie die Schattenfarbe nach einem Klick auf das Farbfeld auf Weiß, und richten Sie den Modus »Negativ Multiplizieren« ein.

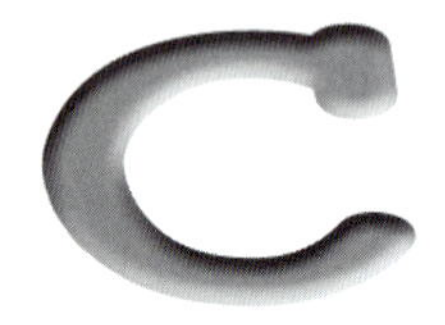

Selbst völlig flache Objekte (links) bekommen durch den Effekt »Schatten nach innen« eine dreidimensionale Wirkung. Rechts: Die Option »Abgeflachte Kante innen« des Effekts »Abgeflachte Kante und Relief« leistet das gleiche; sie hellt aber die gegenüberliegende Seite noch auf.

»Schein nach außen«

Der Effekt »Schein nach außen« umgibt Objekte oder Schriften mit einem Lichthof, der naturgemäß über dunklen Hintergründen am besten wirkt. Er kann auch Bestandteil einer Neonschrift sein. Photoshops Voreinstellung läßt den Effekt kaum herauskommen – erhöhen Sie »Intensität« und »Weichzeichnen«. Je nach Hintergrund experimentiert man auch mit einer anderen Lichtfarbe – nach einem Klick auf das Farbfeld.

Der Effekt hebt beliebige Objekte dezent vom Hintergrund ab und wirkt bei weniger subtiler Anwendung schnell etwas dramatisch bis mystisch. Kombinieren Sie ihn bei Bedarf mit **Blendenflecken** oder **Beleuchtungseffekten**.

Über einem dunkleren Hintergrund scheint es eindrucksvoller »nach außen«. Sie müssen dazu die untere Ebene nicht dauerhaft abdunkeln, sondern können diese auch mit einer Einstellungsebene nur vorübergehend abdunkeln und verschiedene Varianten in Kombination mit dem Lichthof ausprobieren. Gut geeignet ist der graue Gammaregler aus der **Tonwertkorrektur**: er senkt die Mitten ab, läßt aber Zeichnung in den Tiefen.

»Schein nach innen«

Die **Schein nach innen** leuchtet in zwei Varianten:

- »Mitte« läßt das Objekt von innen her warm erstrahlen;
- »Kante« versetzt zuerst die Ränder des Objekts in Leuchten und greift auf das Innere erst über, wenn Sie höhere Werte einstellen.

Mitunter peppt »Schein nach innen« den Effekt »Abgeflachte Kante innen« zusätzlich auf.

»Abgeflachte Kante und Relief«

Der Befehl **Abgeflachte Kante und Relief** bearbeitet das Objekt mit Licht und Schatten gleichermaßen, so daß es besonders dreidimensional wirkt. Innerhalb des Befehls bietet Photoshop per Klappmenü vier Optionen, für die jedoch einige Gemeinsamkeiten gelten.

Allgemeines

Für die aufgehellten und für die abgedunkelten, gegenüberliegenden Kanten stellen Sie separat eine Farbe ein. Wenn der Effekt nicht stark genug herauskommt – zum Beispiel bei größeren Objekten oder ungünstigem Untergrund – erhöhen Sie die Deckkraft der beiden Farben.

Jedesmal können Sie außerdem zwischen »Oben« und »Unten« wählen. Damit kehren Sie die Lichtrichtung um. Dies ist eine Möglichkeit, zum Beispiel zwei verschiedene Zustände der Schaltfläche einer Multimediaoberfläche darzustellen.

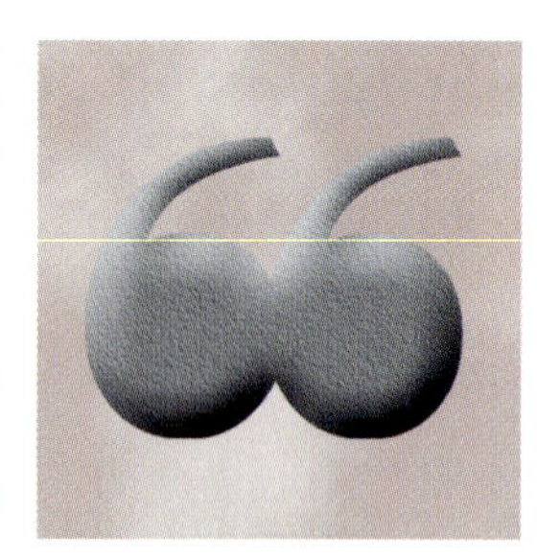

Links: Die Option »Abgeflachte Kante außen« bezieht die darunterliegende Ebene als Kanten des »Effekte«-Objekts ein. Mitte: Die Option »Abgeflachte Kante innen« formt dagegen scheinbar die Ränder des Objekts selber um, hier bei unveränderten Werten. Rechts: Um sanfte Wölbungen zu erhalten, vergrößern Sie die Werte für »Farbtiefe« und »Weichzeichnen«. Datei: Zeichen

»Abgeflachte Kante außen«

Die Option »Abgeflachte Kante außen« erzeugt einen 3D-Effekt, indem sie Teile der darunterliegenden Ebene so aufhellt und abdunkelt, als ob sie Kanten der darüberliegenden, aktiven Ebene bilden. Der Wert »Weichzeichnen« sollte klein gehalten werden.

Damit kommt quasi ein fremdes Material ins Spiel, denn man erwartet eher Kanten, die dem Inneren des Objekts ähneln (dies erledigt die Option »Abgeflachte Kante innen«). Mitunter wirkt das Ergebnis darum wie eine metallische Spiegelung des Untergrunds. Aber Sie können die Funktion auch nutzen, um ein Material mit behandelter Oberfläche darzustellen: Oben gebürsteter Edelstahl, die freigelegten Kanten (von der Ebene darunter) glattpoliert; »Relief« steigert das noch.

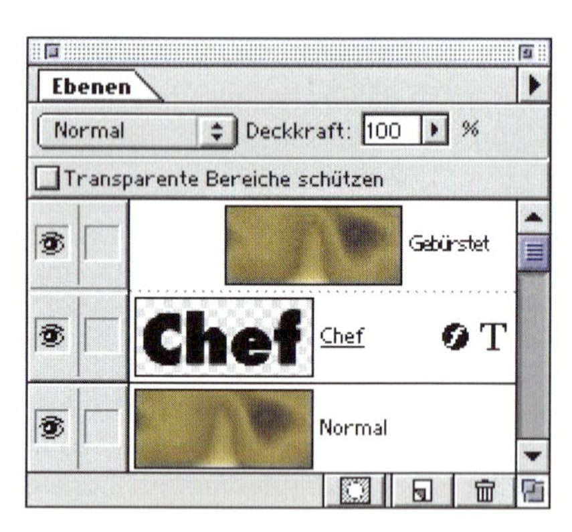

Die Fläche für den Hintergrund entstand mit dem Strukturforscher aus Kai's Power Tools 2. Sie wurde für die Buchstabenfüllung auf eine höhere Ebene dupliziert und nacheinander mit den Filtern »Störungen hinzufügen« und »Bewegungsunschärfe« bearbeitet. Auf der Textebene wirkt der Effekt »Abgeflachte Kante außen«. Datei: Chef

Links: Der Effekt »Relief« beginnt auf der Hintergrundebene und setzt den Effekt auf der aktiven Ebene fort. Rechts: Der Effekt »Relief an allen Kanten« meißelt eine Fuge in das Material.

Links: »Abgeflachte Kante innen« erzeugt die Kanten nur auf der aktiven Ebene. Rechts: Darum eignet sich »Abgeflachte Kante innen« auch besonders, wenn keine passende Umgebungsebene zur Verfügung steht.

»Abgeflachte Kante innen«

Die Option »Abgeflachte Kante innen« formt typische 3D-Objekte, deren Kanten aus dem Objekt selbst, nicht aus der darunterliegenden Ebene geformt werden. Niedrige »Weichzeichnen«-Werte erzeugen flache Objekte mit harten Kanten, hohe Zahlen in diesem Eingabefeld führen zu sanften Hügeln.

»Abgeflachte Kante innen« läßt sich gut mit dem »Schlagschatten«-Effekt kombinieren. Allerdings wirkt der Übergang zwischen abgeschatteter Seite und Schatten bisweilen finster. Abhilfen: Wählen Sie den »Globalen Winkel verwenden« ab, und ziehen Sie den Schatten probehalber bei geöffnetem »Schatten«-Dialog an andere Positionen. Oder reduzieren Sie die Deckkraft für den Schatten.

Hier wurde neutralgraue Textfarbe gewählt (R, G, B je 128) und im Modus »Hartes Licht« überblendet. Sichtbar sind nun nur noch die aufgehellten beziehungsweise abgedunkelten Kanten, die der Ebeneneffekt »Abgeflachte Kante innen« erzeugt. Um die Kanten zu verstärken, kann man die »Deckkraft« im »Effekte«-Dialog erhöhen oder die Ebene über ein Duplikat derselben blenden. Schriftart wie auch Kanteneffekt bleiben beliebig korrigierbar. Datei: Wueste_1

»Relief«

Das »Relief« kombiniert »Abgeflachte Kante innen« und »Abgeflachte Kante außen«: Das Relief entsteht in der Umgebung des Objekts der darunterliegenden Ebene und setzt sich im Objekt selber fort. Der Übergang wirkt manchmal überzeugend.

»Relief an allen Kanten«

Die Option »Pillow Emboss« kerbt quasi einen Graben zwischen Objekt und darunterliegende Ebene ein: Der Hintergrund scheint sich zu vertiefen, dann wächst das Objekt heran, bis es dieselbe Höhe wie die darunterliegende Ebene erreicht. Wie schon beim »Abgeflachte Kante außen« sollte der Wert für »Blur« niedrig liegen. »Relief an allen Kanten« eignet sich auch gut, um Figuren in Sand, Holz, Metall oder andere Untergründe zu stanzen.

Ein Kreis und ein paar Satzzeichen formen diesen Knopf. Der Kreis wird mit den Effekten »Abgeflachte Kante innen« und »Schlagschatten« modelliert, die Satzzeichen erhalten ein »Relief an allen Kanten«. Datei: Knopf

13 Text

Text in Photoshop: Dieser Schriftzug läßt sich jederzeit beliebig umformatieren, für jeden Buchstaben einzeln. Auch die Kantenrundung ist änderbar, da ein »Effekt« wirksam ist. Die Mischung mit dem Hintergrund entsteht durch die Textfarbe Neutralgrau mit dem Überblendmodus »Hartes Licht«. Die Ebenenmaske auf der Schriftebene (nicht verbunden) sorgt dafür, daß bestimmte Bereiche der darunterliegenden Ebene nicht überdeckt werden. Die gerundete Schriftkante paßt sich der Ebenenmaske an. Datei: Katzen

Eine besondere Form der Auswahlbearbeitung und Montage ist die Textfunktion.

13.1 Einführung

Sie können alle installierten Type-1- oder TrueType-Schriftarten verwenden. Außerdem können Sie Schriften innerhalb des Photoshop-Ordners im Ordner »Fonts« ablegen; diese Schriften werden nur von Photoshop benutzt.

Doch zunächst einmal: Photoshop ist kein Textverarbeitungsprogramm; Sie werden hier keine Briefe schreiben und keine Broschüren aufsetzen. Text ist für Photoshop nichts anderes als ein buchstabenförmiger Pixelbereich. Doch erstmals mit der Version 5 können Sie spezielle »Text«-Ebenen speichern, die sich jederzeit wieder als »Text« bearbeiten lassen – Sie können die Lettern also umformulieren oder umformatieren, beispielsweise die Schriftart ändern. Allerdings sind in diesem »Text«-Modus andere Dinge unmöglich, zum Beispiel Filter oder Farbverläufe (siehe unten). Das erlaubt Photoshop erst, wenn Sie die Textebene mit dem Befehl **Ebene rendern** in eine normale Ebene verwandelt haben. Damit gerinnen die Buchstaben zu Pixeln unter Pixeln und lassen sich nicht mehr als Text verändern.

Pro und kontra Pixeltext

Mit dem Pixelprinzip hängt auch zusammen, daß die Qualität von Photoshop-Text nicht in jeder Situation befriedigt. Grundsätzlich importiert man das Bild besser in Zeichen- oder Layoutprogramme und legt dort den Text über das Foto; dort werden Buchstaben aus Kurven abgeleitet, die Sie ohne Qualitätsverlust vergrößern und drucken. Zu Papier gelangen sie mit der Höchstauflösung des Druckers oder Belichters. Schwarze Headlines in einer Illustrierten erscheinen also zum Beispiel mit 2540 dpi und wirken deshalb so gestochen scharf. Strichstärken lassen sich viel genauer definieren.

Um saubere Konturen in Pixelschrift zu bringen, benötigen Sie eine Auflösung von mindestens 300 dpi (links); bei 100 dpi wirkt Schrift deutlich grober. Ideal wird scharf konturierte, nicht bearbeitete Schrift gedruckt, wenn man sie in einem Layoutprogramm eingibt (rechts).

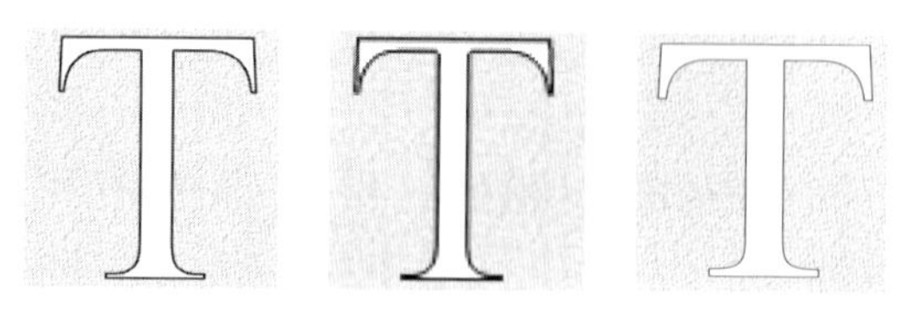

Das Punkt-für-Punkt-Prinzip der Bildprogramme ist für filigrane Buchstaben zu grob. Folge: Die Lettern wirken treppig oder unterbrochen. Arbeiten Sie als Photoshop-Anwender mit der höchstmöglichen Auflösung, und plazieren Sie die Lettern »geglättet«. 300 dpi sollten es mindestens sein, 400 sind besser. Freilich sind Höchstauflösungen nicht mehr so wichtig, wenn Sie keine ganz haarfeinen und gestochenen Konturen verwenden. Ein Schriftzug, der weich im Bild aufgeht, ist unkritisch.

Das Faszinierende bei der Textbearbeitung in Photoshop ist, daß sich die Grenzen von Zeichen und von Gegenständen verwischen, Worte wirken wie Dinge, die Sie mit Schatten und dreidimensionaler Wirkung in den Raum stellen. Photoshop erlaubt Spielereien mit textförmigen Pixelbereichen, die Sie mit keinem Illustrations- oder Layoutprogramm hinbringen:

- Sie blenden Text stufenlos ein und aus;
- die Lettern können mit Strukturen wie Stein oder Marmor und mit abgeschrägten Kanten versehen werden;
- Text prägt sich in vorhandene Strukturen wie Holz oder Stoff;
- Sie können den Text verzerren, skalieren und auf andere Motive aufprägen, als ob er schon immer dort gestanden hätte.

Anwendungsfälle

Entscheiden Sie sich für oder gegen Photoshops Textwerkzeug je nach Aufgabe:

- Einfarbige, unverzerrte und vor allem auch kleine, filigrane Lettern in Massentext kann ein Layout- oder Illustrationsprogramm eindeutig besser;
- wann immer sich Text und Bild raffiniert mischen sollen, schlägt Photoshops Stunde als Texter. Je weicher die Übergänge zwischen Text und Bild, desto weniger fällt die nicht so hohe Auflösung ins Gewicht.

Der »Text«-Modus

Sofern Sie – wie es üblich ist – mit dem Textwerkzeug und nicht mit dem Textmaskierungswerkzeug arbeiten (siehe unten), legt Photoshop den Schriftzug automatisch auf eine neue Ebene. Dies ist zunächst eine spezielle »Text«-Ebene, kenntlich an dem »T«-Zeichen im Feld dieser Ebene in der Palette.

Möglich im Textmodus

Im »Text«-Modus haben Sie – auch nach Speichern und erneutem Öffnen – folgende Möglichkeiten:

- Mit dem Bewegenwerkzeug läßt sich der Text verschieben.
- Sie können jederzeit alle Änderungen vornehmen, die das Textdialogfeld erlaubt, also etwa Text, Schriftart, Buchstabenabstand und Grundfarbe anders einrichten.
- Sie haben die Möglichkeiten des Untermenüs **Ebene: Text**, also die Wahl zwischen horizontalem oder vertikalem Textverlauf.
- Die Ebeneneffekte statten Ihren Text mit Schatten, Lichthof oder 3D-Kanten aus.
- Die **Transformieren**-Funktionen **Drehen** und **Neigen** passen die Lettern an das Gelände an.
- Die »Text«-Ebene läßt sich als Basisebene einer Maskierungsgruppe einsetzen.
- Per Ebenenoptionen verbergen Sie bestimmte Helligkeitsbereiche einer Ebene.
- Der Kurzbefehl Alt+Rückschritt setzt wie üblich die Vordergrundfarbe ein, ⌘+Rückschritt appliziert die Hintergrundnote.

Wie gesagt: Alle diese Änderungen sind im Textmodus möglich. Also auch Text, der bereits gedreht ist und Ebeneneffekte zeigt, läßt sich noch auf eine Schriftartänderung ein – eine wichtige Änderung gegenüber der Vorversion.

Nicht möglich im Textmodus

Doch solange Sie eine spezielle »Text«-Ebene bearbeiten, müssen Sie auf andere Photoshop-Funktionen verzichten:

- Die **Transformieren**-Funktionen **Verzerren** und **Perspektivisch verzerren** bietet Photoshop nicht an.
- Kein einziges Mal- oder Retuschewerkzeug funktioniert auf der Textebene, etwa für Pinsel, Verlauf, Musterstempel oder Füllwerkzeug. (Sie können dies aber durch Anwendung von teilmaskierten Einstellungsebenen, durch Ebenenmasken oder durch Maskierungsgruppen wettmachen, siehe unten.)

- Die Tonwertveränderungen des Untermenüs **Bild: Einstellen** stehen nicht zur Verfügung.
- Sämtliche **Filter** laufen auf Textebenen nicht.
- Auswahlen auf einer Textebene haben keine Wirkung.

»Ebene rendern«

Wenn Sie Funktionen wie **Filter** oder **Einstellungen** benötigen, verwandeln Sie den Text erst in eine ganz normale Ebene. Dazu dient der Befehl **Ebene: Text: Ebene rendern**. Die Schriftinformationen werden nun in ganz normale Bildpunkte verwandelt; Sie haben keine speziellen »Text«-Möglichkeiten mehr. Sie können den Schriftzug bearbeiten wie jeden anderen Pixelbereich auch – aber Sie können nicht mehr umformatieren oder umformulieren.

Das **Text**-Untermenü mit dem **Render**-Befehl erhalten Sie auch per Rechtsklick auf das Textsymbol in der Ebenenpalette oder per Rechtsklick bei aktiviertem Textwerkzeug auf eine Textebene.

Gründe für den Textmodus

Wann sollten Sie den »Textmodus« verwenden, und wann verwandelt man die »Textebene« per **Ebene rendern** zu einer üblichen Pixelfläche?

Selbstverständlich bleiben Sie im Textmodus, solange Text oder Schriftart noch nicht ganz klar sind. Aber auch beim **Transformieren** empfiehlt sich dringend der Textmodus: Wenn Sie »Text« verzerren, wird Photoshop auch nach dem 17. Mal immer saubere, glatte Kanten aus den Schriftkoordinaten errechnen. Nach dem Rendern, im normalen Pixelmodus, leiden die Kanten beim Verzerren, Drehen oder Skalieren zunehmend, sie zeigen Treppen oder weichen auf.

Gründe gegen den Textmodus

Wenn Sie mehr machen wollen mit dem Schriftzug, müssen Sie ihn fast immer in eine normale Ebene umrendern und auf weitere »Text«-Bearbeitung verzichten – zum Beispiel, wenn Sie einen **Weichzeichnungsfilter** oder einen **Verzerrungsfilter** einsetzen möchten. Der Einbau von Verläufen, Strukturen oder Bildern ist auch im Textmodus möglich, wenn Sie eine Maskierungsgruppe verwenden (siehe unten).

Das Vorgehen

Generell legen Sie Text wie folgt an:

1. Aktivieren Sie eines der Textwerkzeuge (siehe unten) durch Klick in die Werkzeugleiste oder mit der Kurztaste T.
2. Klicken Sie mit dem Mauszeiger, der jetzt als Textcursor erscheint, auf eine Bildstelle, an der Sie den Text anordnen möchten. Jetzt erscheint das Dialogfeld »Textwerkzeug«.
3. Im Textdialog geben Sie den Text ein und legen Texteigenschaften wie Schriftart, Schriftgröße, Farbe und dergleichen fest (siehe unten).
4. Klicken Sie auf »OK«. Der Text erscheint über dem Bild – je nach gewähltem Textwerkzeug als neue Ebene oder als Auswahl.

13.2 Die Textwerkzeuge

Zwei unterschiedliche Arten von Textwerkzeug gibt es in Photoshop:

- Das »Textwerkzeug« erzeugt Text auf einer neuen Ebene in der Farbe, die Sie im Dialogfeld angeben.
- Das »Textmaskierungswerkzeug« erzeugt eine textförmige Fließmarkierung.

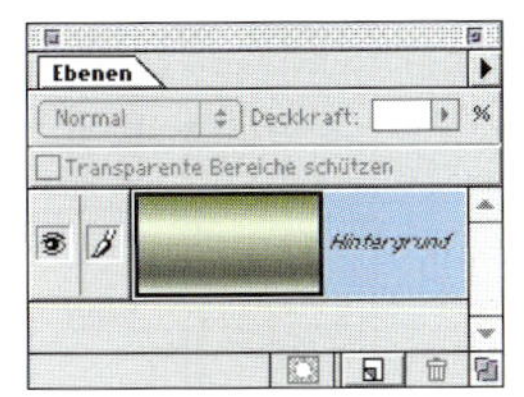

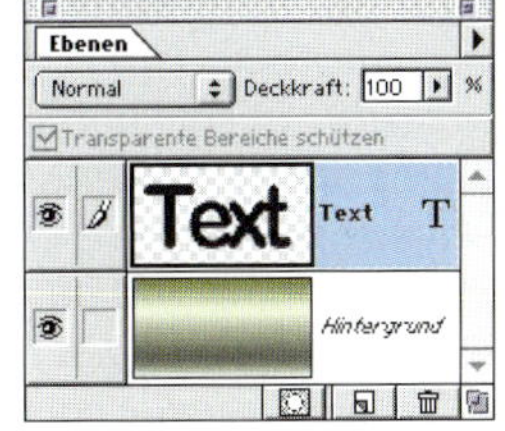

Links: Das Textmaskierungswerkzeug produziert eine Auswahl auf der aktuellen Ebene, es entsteht keine neue Ebene. Rechts: Mit dem Textwerkzeug entsteht dagegen eine neue »Text«-Ebene in der gewählten Textfarbe.

Horizontal und vertikal

Beide Schreibgeräte können Sie separat für horizontalen und vertikalen Textfluß wählen. Sie legen sich aber damit, sofern Sie das üblichere Textwerkzeug verwenden, nicht endgültig fest: Mit dem Untermenü **Ebene: Text** schalten Sie jederzeit zwischen **Horizontal** und **Vertikal** um. Sie erhalten diese Befehle auch, wenn Sie bei gedrückter ctrl-Taste auf das »Text«-Symbol in der Ebenenpalette klicken oder wenn Sie bei aktivem Textwerkzeug eine Textebene bei gedrückter ctrl-Taste anklicken.

Weil die Textdarstellung im Dialogfeld bei vertikaler Ausrichtung recht unübersichtlich ist, beginnt man die Arbeit mit dem Textwerkzeug gern in der Horizontalen und wechselt erst später die Tendenz.

»Drehen«

Arbeiten Sie mit vertikaler Ausrichtung, können Sie den Text im Dialogfeld um 90 Grad »Drehen«. Nur markierte Buchstaben werden gedreht.

Sie können Text »horizontal« und »vertikal« speichern. Vertikaler Text läßt sich überdies »drehen«.

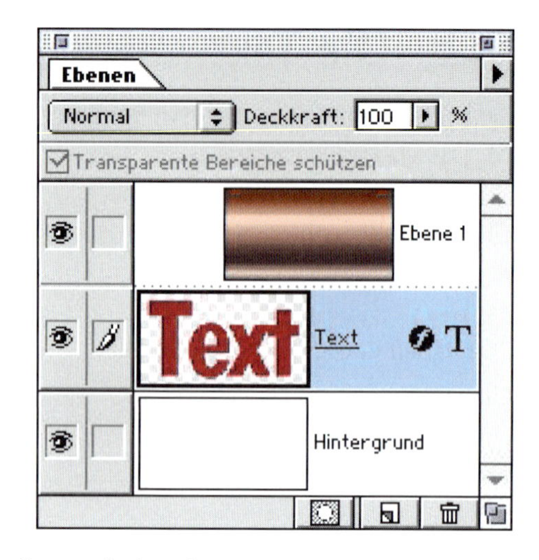

Links: Dieser Schriftzug mit Ebeneneffekt »Schlagschatten« befindet sich im »Text«-Modus. Deswegen kann er nicht mit einem Verlauf gefüllt werden: Statt des Verlaufwerkzeugs zeigt Photoshop über der Ebene ein Parkverbotsschild. Erst wenn man die Schrift in eine normale Pixelebene verwandelt, die keine speziellen »Textkorrekturen« mehr zuläßt, könnte man einen Verlauf anbringen. Mitte, rechts: Doch es gibt auch einen Weg, der den Verlauf anbringt und den flexiblen »Text«-Modus wahrt. Erzeugen Sie eine Ebene über dem Text, die Sie komplett mit dem Verlauf füllen. Gruppieren Sie diese Ebene, so daß sie nur innerhalb der Textumrisse erscheinen kann. Der Text zeigt nun den Verlauf – und er läßt sich weiter formatieren. Sie können schnell verschiedene Schriftarten in Verbindung mit Verläufen, Mustern oder Fotodatei-Füllungen begutachten. Datei: Text

T ꟷT Textwerkzeug

Das Textwerkzeug legt den Text in der gewählten Farbe auf eine neue Ebene im Bild. Diese Ebene trägt zunächst den Namen Ihres Schriftzugs, kann aber später nach einem Doppelklick auf diesen Namen in der Palette umbenannt werden.

Dies ist das bei weitem wichtigere der beiden Textwerkzeuge. Es erzeugt die Ebenen im »Text«-Modus, die bereits beschrieben wurden. Diese Ebenen werden durch das »Text«-Symbol neben ihrem Namen in der Palette gekennzeichnet. Solange Sie nicht den Befehl **Ebene rendern** anwenden, können Sie weiterhin Texteigenschaften wie Schriftart oder Buchstaben verändern – aber viele andere Photoshop-Funktionen nicht nutzen (siehe oben, »Text-Modus«).

Bei geöffnetem Dialogfeld

Der Text zeigt sich bereits in der Datei, während das Dialogfeld offen ist – schalten Sie dazu die »Vorschau« im Textdialog ein. (Bei Bildern in den Modi »Mehrkanal«, »Bitmap« oder »indizierte Farben« haben Sie keine Vorschau.) Sie können also zum Beispiel die Größe genau anpassen – aber das geht später auch noch – und die Lettern noch bei geöffnetem Dialogfeld per Maus im Bild zurechtrücken. Die Umschalt-Taste sorgt wie immer für Geradlinigkeit beim Fortkommen, die Pfeiltasten helfen diesmal nicht weiter.

Wie üblich können Sie mit Leertaste und Zusatztasten die Bilddarstellung auch verkleinern, vergrößern und verschieben. Aber Vorsicht: Drücken Sie erst eine Zusatztaste wie ⌘ oder Alt, dann nehmen Sie die Leertaste dazu. Sonst setzen Sie ein Leerzeichen in den Text und überschreiben markierte Textteile. Dies gilt, wenn Sie zuletzt im Texteingabefeld zu tun hatten und nicht etwa in einem Datenfeld wie »Größe«.

Auswahlen und Textfunktion

Eine Auswahl im Bild beeindruckt Ihre Imaging-Software wenig: Die Markierung wird entfernt, Photoshop macht business as usual.

Farbmodi

Die Farbmodi »Mehrkanal«, »Bitmap« oder »indizierte Farben« erlauben keine Ebenentechnik. Text erscheint dort sofort in der Hintergrundebene und kann nicht bearbeitet werden.

Textmaskierungswerkzeug

Das Textmaskierungswerkzeug produziert eine textförmige Auswahlmarkierung, ohne eine neue Ebene zu erstellen. Dies macht gelegentlich Sinn:

- Wenn Sie in den Umrissen des Textes die zugrundeliegende Ebene verändern, zum Beispiel aufhellen oder umfärben wollen;
- wenn Sie eine textförmige Kopie des Untergrunds benötigen;
- wenn Sie Textumrisse in Ebenenmasken oder Alphakanälen anlegen möchten.

Da Sie nur eine leere Auswahl erzeugen, gibt es im Dialogfeld zum Textmaskierungswerkzeug keinen Farbwähler.

Textauswahl bewegen

Sie können die erzeugte Auswahl noch mit dem Textwerkzeug nach Art eines Auswahlwerkzeugs bewegen. Die Umschalt-Taste beschränkt die Fortbewegung auf 45-Grad-Winkel. Pfeiltasten bewegen im Pixelschritt, Umschalt+Pfeiltaste bringt Zehn-Pixelschritte.

Textauswahl verändern

Klicken Sie bei gedrückter Umschalt-Taste mit dem Textmaskierungswerkzeug ins Bild, um die vorhandene Textauswahl durch eine neue Textauswahl zu erweitern. Per Alt-Taste plus Textmaskierungswerkzeug verkleinern Sie die vorhandene Auswahl. Um einzelne Buchstaben zu entfernen, wechseln Sie zu Lasso oder Rechteckauswahl, die Sie ebenfalls mit gedrückter Alt-Taste einsetzen.

Die Textauswahl ist schnell versehentlich gelöscht; sie sollte zügig als Alphakanal oder als Pfad gesichert werden. Sie bleibt allerdings via Protokollpalette oder **Auswahl: Erneut wählen** (Umschalt+⌘+D) einstweilen greifbar.

Textauswahl darstellen

Kleinere Typen sind vor lauter Fließmarkierung gar nicht zu erkennen. Wechseln Sie vorübergehend in den Maskierungsmodus (Kurztaste Q oder mit dem rechten Auswahlkreis unten in der Werkzeugleiste); dann sehen Sie die Textauswahl nicht als schillernde Fließmarkierung, sondern als Schutzlack. Klicken Sie mit gedrückter Alt-Taste auf das Symbol für den Maskierungsmodus, um auf die Option »Farbe kennzeichnet: Ausgewählte Bereiche« umzuschalten: Damit wird nur die Schrift eingefärbt, und nicht das ganze Bild außer der Schrift. Schalten Sie bei Bedarf zurück in den Standardmodus mit seiner Fließkontur; Sie können aber auch im Maskierungsmodus bleiben und sofort Buchstaben markieren und verschieben.

Mit ⌘+H (für Hide) blenden Sie die Fließmarkierung aus, ohne sie aufzuheben.

Der Umgang mit der Textauswahl ist vertrackt: Ein falscher Klick, und Sie haben die Auswahl gelöscht. Korrekturen sind kaum möglich. Einfacher geht es so: Erzeugen Sie mit dem Textwerkzeug (siehe oben) erst eine eigene Ebene im »Text«-Modus, die Sie in Ruhe korrigieren. Dann laden Sie die Kontur dieser Schrift als Auswahl; dazu klicken Sie die Miniaturdarstellung der Textebene in der Palette bei gedrückter ⌘-Taste an. Aktivieren Sie schließlich die Zielebene, und arbeiten Sie dort mit der Auswahl weiter. Die Textebene selbst können Sie bereits löschen oder mit dem Augensymbol verbergen.

13.3 Das Text-Dialogfeld

Wenn Sie neuen Text erzeugen, erscheint der Textdialog nach dem ersten Klick mit dem Textwerkzeug. Arbeiten Sie mit dem Textwerkzeug, zeigt Photsohop die Schrift noch bei geöffnetem Dialogfeld auch in der Datei.

Aufruf des Dialogfelds

Arbeiten Sie an einer speziellen »Text«-Ebene, können Sie den Textdialog auch nach dem ersten Erstellen jederzeit aufrufen, um Texteigenschaften wie Schriftart oder Farbe zu ändern. So rufen Sie den Textdialog auf, wenn bereits eine Textebene im Bild ist:

- Klicken Sie doppelt auf den Namen der Textebene in der Palette (nicht auf die Miniatur).
- Klicken Sie bei aktiviertem Textwerkzeug (nicht Textmaskierungswerkzeug) und gedrückter ctrl-Taste auf Text in der Datei, und wählen Sie im Kontextmenü **Text bearbeiten**.
- Klicken Sie bei aktiviertem Textwerkzeug doppelt auf den Schriftzug. Dies funktioniert nur bei Ebenen mit mehr als 49 Prozent Deckkraft. Dabei erscheint das Werkzeug-Symbol, der Text-Cursor, nicht mehr in einem Kasten.

Im Textdialog formatieren Sie Ihren Schriftzug. Das Dialogfeld läßt sich auch per Kontextmenü über einer Textebene aufrufen.

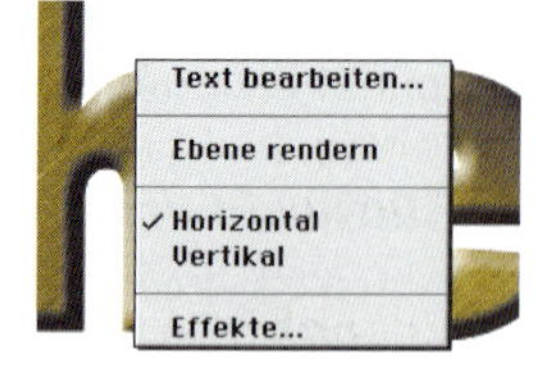

Die Optionen

Wenn Sie mit dem Textwerkzeug arbeiten, also eine neue, gefüllte Textebene erzeugen, können Sie die im Folgenden beschriebenen Optionen immer wieder ändern – solange, bis Sie die »Text«-Ebene durch den Befehl **Ebene rendern** in eine normale Ebene verwandeln.

Wenn Sie Text nachbearbeiten, also zum Beispiel noch die Schriftart ändern, müssen Sie den Text im Dialogfeld stets zunächst durch eine Bewegung mit der Maus markieren. Wollen Sie ein komplettes Wort markieren, reicht ein Doppelklick ins Wort.

Farbfeld

Das Farbfeld erscheint nur beim Textwerkzeug, nicht beim Textmaskierungsgerät. Mit dem Farbfeld legen Sie die Schriftfarbe fest (die im Textmodus nicht per Füllwerkzeug oder Farbtonregler zu ändern ist). Zunächst zeigt Photoshop im Farbfeld die aktuelle Vordergrundfarbe. Klicken Sie das Farbfeld an, um den üblichen Farbwähler zu starten und eine neue Textfarbe auszusuchen. Während der Farbwähler geöffnet ist, können Sie auch in die Bilddatei klicken; dort erscheint der Mauszeiger als Pipette und nimmt die Farbe des gewählten Bildpunkts auf. Die Schriftvorschau in der Datei verfärbt sich entsprechend.

»Schrift«

Als »Schrift« wählen Sie jede installierte Schrift, egal ob Druckerschrift, TrueType oder Adobe Type 1. In der Regel eignen sich zum Füllen und Montieren breitlaufende Headline-Schriften am besten.

»Größe«

Als Maßeinheit für die »Größe« wählen Sie Pixel oder Punkt – Sie sollten also die Maße des Bildes entweder in Pixeln oder in Zentimetern kennen, um nicht völlig danbebenzutippen. Die Größe läßt sich an der Direktvorschau über der Datei erkennen, sofern Sie mit dem Textwerkzeug arbeiten und die »Vorschau« nicht ausschalten. Und bedenken Sie: Sie können die Schriftgröße immer noch mit den **Transformieren**-Funktionen verändern (siehe unten) ohne daß die Kantenschärfe leidet. So spricht einiges dafür, die Lettern zunächst nur mit einer grob passenden Größe einzusetzen und diese später erst per **Transformieren** genau einzupassen.

Wie immer können Sie die Werte auch per Pfeiltasten in einstelligen Schritten ändern. Die Umschalt-Taste sorgt für Zehnersprünge. Photoshop paßt die Schriftgröße in der Datei sofort an. Per ⌘+Umschalt+Semikolon-Taste vergrößern Sie in Zweierschritten; dabei darf sich der Mauszeiger jedoch nicht in einem anderen Eingabefeld befinden, am besten markieren Sie den Text frisch durch einen Doppelklick ins Textfeld. ⌘+Umschalt+Doppelpunkt-Taste verkleinert in Zweierschritten. Zehnerschritte lösen Sie mit ⌘+Umschalt+Alt und den Satzzeichen aus.

»Punkt«-Werte orientieren sich an den gespeicherten Druckmaßen des Bildes. Ein 80-Punkt-Schriftzug bedeckt also in einem 300-dpi-Bild mehr Pixelfläche als in einem 200-dpi-Bild, da die 80-Punkt-Größe in 300 dpi mehr Pixel erfordert.

»Zeilenabstand«

Den »Zeilenabstand« regeln Sie mit der gleichen Maßeinheit wie die Schriftgröße. Zunächst verwendet Photoshop den zur Schriftart gehörigen Zeilenabstand. Arbeiten Sie also mit umbrochener 80-Punkt-Schrift, dann

- ❒ geben Sie einen »Zeilenabstand« von »60« vor, wenn die Zeilen besonders eng zusammenrükken sollen;
- ❒ geben Sie »120« vor, wenn die Zeilen besonders weit auseinander liegen sollen;
- ❒ lassen Sie das Feld leer, wenn Sie den Standardabstand nutzen möchten.

Sie verändern den Zeilenabstand, wenn Sie die Alt-Taste zusammen mit den Pfeiltasten nach oben und unten benutzen.

»Laufweite«

Die »Laufweite« – der allgemeine Buchstabenabstand – erzeugt einen gleichmäßigen Abstand zwischen mehr als zwei Zeichen eines markierten Textteils. Maßeinheit ist wieder Pixel oder Punkt.

Negative Werte rücken die Buchstaben enger zusammen, positive machen den Schriftzug luftiger. In Zehntel-Punkt oder Zehntel-Pixel geben Sie Werte ein von –99,9 bis 999,9. Zum Beispiel:

- ❒ Tippen Sie »-5« ein, wenn die Buchstaben enger zusammenrücken sollen;
- ❒ tippen Sie »-10«, wenn die Buchstaben noch enger zusammenrücken sollen;
- ❒ tippen Sie »10« ein, wenn der Buchstabenabstand höher als in der Standardlaufweite ausfallen soll.

»Auto-Kerning« und »Kerning«

Den individuellen Abstand zwischen zwei Buchstaben übernimmt Photoshop aus der im Schriftsatz gespeicherten Information. Dies gilt jedenfalls, solange Sie »Auto-Kerning« aktiviert haben. Je nach Buchstabenpaar fällt die Distanz vorprogrammiert größer oder kleiner aus.

Per »Kerning« steuern Sie den Abstand zwischen zwei Zeichen nach eigenem Gutdünken, sofern Sie mit den vorprogrammierten Werten nicht einverstanden sind. Es gilt wie schon bei der »Laufweite«: Negative Werte verringern die Distanz, positive Werte schaffen Freiraum. (Einfacher wären freilich Anfasser für einzelne Buchstaben direkt in der Datei.)

Sie verändern Laufweite und Kerning auch um 20/1000 Geviert mit den Links- und Rechts-Pfeiltasten bei gedrückter Alt-Taste. Nehmen Sie ⌘ dazu, wenn Sie den Zwischenraum in Schritten von 100/1000 Geviert verändern wollen.

Wollen Sie den Abstand zwischen zwei Lettern per »Kerning« korrigieren, muß sich der Mauszeiger zwischen den beiden Buchstaben befinden, es darf kein Text markiert sein. Einfacher als Zahleneingabe ist es, mit Alt-Taste und den horizontalen Pfeiltasten zu arbeiten. Sobald Sie Text markieren, bietet Photoshop das »Kerning« nicht mehr an. (»Auto-Kerning« schalten Sie natürlich aus.)

Laufweite und »Kerning« werden in Einheiten gemessen, die ein Tausendstel eines Geviert-Leerschritts betragen. Dabei hängt die Breite eines Geviert-Leerschritts von der aktuellen Textgröße ab. In einer 12-Punkt-Schrift entspricht 1 Geviert zwölf Punkten. Da die Einheiten von Kerning und Laufweite ein Tausendstel eines Gevierts sind, entsprechen 100 Einheiten in einer 10-Punkt-Schrift einem Punkt.

Laufweite und Zeilenabstand: Links wurden diese Felder gar nicht ausgefüllt; in der Mitte wurde als »Zeilenabstand« ein kleinerer Wert als die »Größe« eingegeben, um die Zeilen zusammenzurücken; rechts wurde zusätzlich ein negativer Wert als »Laufweite« eingegeben, um den Buchstabenabstand zu verkleinern.

»Grundlinie«

Sie können einzelne Buchstaben über oder unter die Grundlinie stellen. Tippen Sie einen Wert neben »Grundlinie« ein oder drücken Sie Umschalt+Alt-Taste zusammen mit aufwärts oder abwärts weisenden Pfeiltasten; der Wert wird in der Maßeinheit gemessen, die Sie im Dialogfeld angeben. Markieren Sie natürlich die erforderlichen Zeichen.

Ein positiver Wert bugsiert horizontalen Text nach oben, vertikalen Text nach rechts. Negativ-Eingaben schieben die Lettern nach unten beziehungsweise nach links. Geändert wurde die Grundlinie zum Beispiel für das »K« im Aufmacherbild dieses Kapitels.

»Anti-Aliasing« (Glätten)

»Anti-Aliasing« – es sollte eigentlich »Glätten« heißen – ist in der Regel empfehlenswert: Die Option macht die Randpixel der Buchstaben halbtransparent und sorgt so für einen geschmeidigen – aber nicht aufgeweichten – Übergang zwischen Schrift und umgebendem Bild, Pixeltreppen werden vermieden. Nur bei sehr kleinen Schriftgrößen können feine Konturen gänzlich untergehen, dann verzichten Sie aufs Glätten. Wollen Sie den Text noch weichzeichnen, verzichten Sie auf die Option, die etwas Zeit kostet.

Den Unterschied zwischen geglätteter und harter Schrift sehen Sie sofort, wenn Sie die Ansicht des Schriftzugs im Dialogfeld zum Beispiel auf 500 Prozent stellen und das »Glätten« ein- und ausschalten.

Ausrichtung

Als Ausrichtung zeigen die Symbole rechts im Dialogfeld »linksbündig«, »zentriert« oder »rechtsbündig« an – immer bezogen auf den Punkt, an dem Sie in die Bilddatei geklickt haben. Die Vorschau über der Datei paßt sich sofort an. So geht's:

- Sie klicken mit dem Textwerkzeug ins Bild und wählen »linksbündig«, wenn der Text genau dort beginnen soll (Kurztaste ⌘+Umschalt+L);
- Sie wählen »rechtsbündig«, wenn der Text dort enden soll (Kurztaste ⌘+Umschalt+R);
- Sie wählen »zentriert«, wenn der Text sich mittig um die angeklickte Bildstelle anordnen soll (Kurztaste ⌘+Umschalt+C).

Textfeld

Photoshop umbricht Ihren Wortlaut im Textfeld nicht – er kann also leicht jenseits der Grenzen des Dialogfelds weiterlaufen. Wollen Sie mehrzeiligen Text, traktieren Sie die Eingabetaste. Im übrigen können Sie mit dem Textfeld umgehen wie mit einer Textverarbeitung, also auf entsprechende Weise markieren, löschen oder auch Text aus der Zwischenablage einfügen (⌘+V).

Photoshop zeigt Ihren Schriftzug in der Originalschriftart. Mit den Schaltflächen unter der Vorschau geben Sie eine Relation zur Originalgröße vor, zum Beispiel 50, 100 oder 200 Prozent. Unter Umständen müssen Sie das Dialogfeld größer aufziehen. Praktische Alternative: Die Option »Schrift« zeigt den Schriftzug so groß, daß er das Vorschaufeld ausfüllt. Wenn Sie das Dialogfeld verkleinern oder vergrößern, klicken Sie erneut auf »Schrift«, damit das Fenster ausgefüllt wird.

Unmittelbar während Sie am Dialogfeld arbeiten, erscheint die Schrift bei eingeschalteter »Vorschau« bereits über der Datei, so daß Sie die Wirkung im Bild sofort beurteilen können. Sie können die Schrift dort auch bewegen.

Arbeiten Sie mit vertikaler Ausrichtung, können Sie den Text im Dialogfeld um 90 Grad »Drehen«. Nur markierte Buchstaben werden gedreht.

13.4 Schriftzüge anpassen

Die Schriftzüge lassen sich auf vielfältige Art für die jeweiligen Zwecke anpassen. Sie können die Laufweite ändern, die Schriften fetter machen, einzelne Buchstaben verformen oder den ganzen Schriftzug.

Korrekturen im »Text«-Modus

Die meisten Eingriffe sind erst möglich, nachdem Sie den Text gerendert haben (siehe oben, »Möglichkeiten im Textmodus«).

Proportionen anpassen

Interessant im Textmodus ist auf jeden Fall die Möglichkeit, Schriften per **Transformieren** genau an andere Teile einer Montage anzupassen. Drücken Sie bei aktiver Textebene ⌘+T, dann ziehen Sie den Text beliebig in die Breite und in die Höhe – auch unproportional, gegen die Typographie. Soll der Text indes nicht aus den Fugen geraten, drücken Sie beim Skalieren die Umstands-, nein Umschalt-Taste, die die Seitenverhältnisse wahrt. Neigen, Bewegen und Drehen sind ebenfalls möglich. Lästig allerdings, daß man zur reinen Änderung des Buchstabenabstands doch wieder ins Dialogfeld wechseln muß.

Wenn Sie Schriften lediglich passend zum Hintergrund drehen und skalieren wollen, können Sie im »Text«-Modus arbeiten. Auch die Ebeneneffekte lassen sich im Textmodus anwenden. Ebenenmasken und Einstellungsebenen machen hier auch Farbveränderungen bei Textebenen möglich. Datei: Tauch

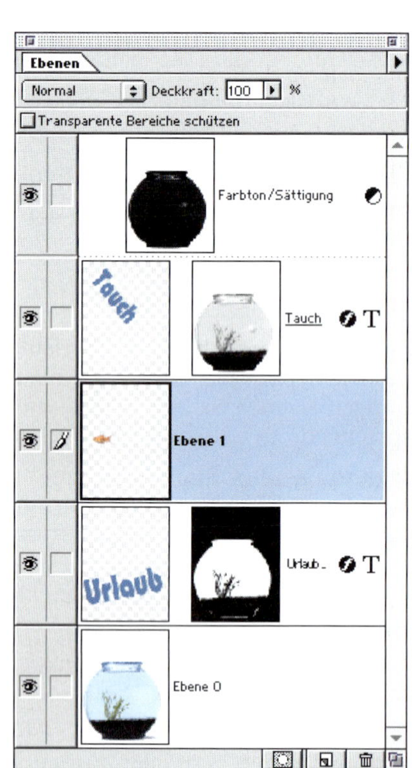

Schriftzüge füllen

Generell können Sie in Textebenen kein Bildmaterial oder Muster einsetzen. Auf einem Umweg erreichen Sie das aber leicht doch: Verwenden Sie die Textebene als Basisebene einer Maskierungsgruppe; die darüberliegenden Ebenen zeigen den Schriftzug verändert.

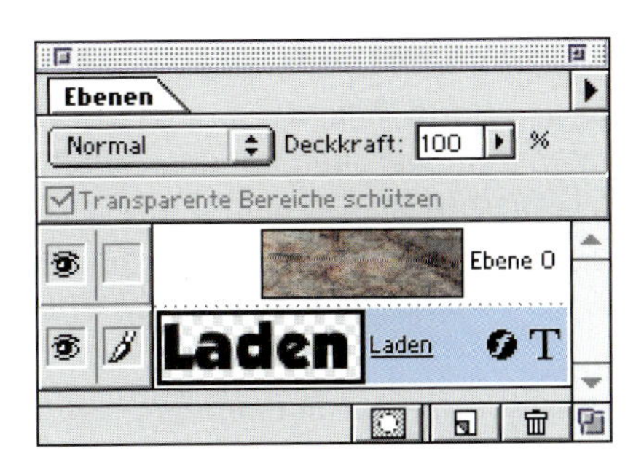

So füllen Sie die Textebene mit einer Struktur: Bringen Sie die Struktur auf eine Ebene über dem Text. Klicken Sie mit gedrückter Alt-Taste auf den Begrenzungsstrich zwischen den Ebenen; damit wird der Schriftzug zur »Basisebene«, die Struktur erscheint nur innerhalb der Lettern. Hier wurden zusätzlich noch Ebeneneffekte angewandt. Der Text bleibt korrigierbar. Datei: Laden

Auch hier wurde mit einer Basisebene gearbeitet, die durch einen Ebeneneffekt verändert wird. Der Filter »Beleuchtungseffekte« hat die darüberliegende Struktur moduliert. Eine unveränderte Variante der Struktur liegt unter der Basisebene und kann sich so in vollem Umfang zeigen. Datei: Laden_2

Text kopieren

Sie können auch markierte Teile einer »Text«-Ebene in die Zwischenablage **kopieren**. Im Zielbild erhalten Sie dann nur das Bruchstück – natürlich nicht mehr im »Text«-Modus. Auch wenn Sie den gesamten »Text« markieren und kopieren, erreicht er das Zielbild nur als übliche Pixelfläche, die Sie nicht mehr umformatieren können.

Korrekturen nach dem Rendern

Oft müssen Sie den Text erst mit dem Befehl **Ebene rendern** in eine übliche Ebene verwandeln, ehe Photoshop Änderungen erlaubt. Alle folgenden Korrekturen erfordern diesen Schritt.

Bevor Sie den Befehl **Ebene rendern** anwählen, erzeugen Sie ein Duplikat der »Text«-Ebene. Ziehen Sie die Ebene dazu in der Palette auf das Symbol »Neue Ebene«, so daß ein Duplikat entsteht; das machen Sie mit dem Augensymbol unsichtbar. Sie haben nun auch bei gescheiterten Versuchen mit der gerenderten Ausgangsebene immer noch Zugriff auf die ursprünglichen Lettern, die Sie gegebenenfalls auch noch im Textmodus verändern können.

Korrektur des Buchstabenabstands

Rendern ist zum Beispiel erforderlich, wenn Sie individuelle Buchstabenpositionen beeinflussen möchten. Sie können dies zwar auch mit dem Text-Dialogfeld im »Text«-Modus, doch direkt durch Ziehen an den Lettern ist es übersichtlicher.

Wollen Sie einzelne Lettern bewegen, werden die zunächst mit Zauberstab oder Lasso markiert und dann mit dem Bewegenwerkzeug verschoben. Denken Sie dabei an ein paar Regeln aus der Ebenentechnik:

- Die Umschalt-Taste läßt nur mehr Bewegungen auf Geraden oder 45-Grad-Winkeln zu.
- Die Pfeiltasten bewegen den Buchstaben in Pixelschritten, sofern das Bewegenwerkzeug aktiviert ist; nehmen Sie die Umschalt-Taste dazu, um Zehn-Pixel-Sprünge auszulösen.

Auch den gerenderten Text sollten Sie auf einer eigenen Ebene lassen und nicht mit darunterliegenden Ebenen verschmelzen. Sind die Lettern von Transparenz umgeben, lassen sie sich wesentlich sauberer auswählen und bewegen als buchstabenförmige Bereiche, die zum Beispiel von weißen Pixeln eingefaßt werden.

Erweiterte Textumrisse mit »Dunkle Bereiche vergrößern«

Möchten Sie Bildteile innerhalb eines Schriftzugs zeigen, kommt es auf möglichst breit laufende Schriften an. Doch sogar Posterschriften kann man (nach dem Rendern) mit verschiedenen Funktionen noch geräumiger gestalten, quasi aufpumpen, so daß mehr Bildmaterial hineinpaßt.

Verwenden Sie zum Beispiel den **Filter**-Befehl **Sonstige: Dunkle Bereiche vergrößern**. Er wirkt auch bei hellen Schriftfarben, sofern die Letter von Transparenz umgeben ist. Sie können die Schrift bis zu zehn Pixel verbreitern und erzeugen so sehr wuchtige Lettern. Harte Ecken in den Umrissen bleiben in etwa erhalten, aber auch die Randglättung überlebt.

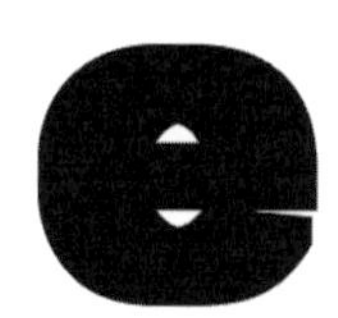

Links: Diese Schrift soll breiteren Raum einnehmen, damit sie deutlicher mit Bildmaterial gefüllt werden kann. Mitte, rechts: Diese Aufgabe übernimmt der Befehl »Filter: Sonstige: Dunkle Bereiche vergrößern« mit unterschiedlichen Intensitäten. Die Option »Transparente Bereiche schützen« muß abgewählt sein. Datei: E

Links: Hier wurde die Schrift zunächst deutlich weichgezeichnet und dann mit dem »Schwellenwert«-Befehl bearbeitet. Dabei kommt es aber zu harten Rändern. Mitte: Glattere Ränder entstehen, wenn man statt dem »Schwellenwert« den Befehl »Helligkeit/Kontrast« verwendet, den Kontrast auf etwa 98 Prozent stellt und mit der Helligkeit die Schriftstärke reguliert. Rechts: Auch schlankere Lettern sind möglich, dieses Beispiel entstand mit der »Tonwertkorrektur« auf Basis des weichgezeichneten Schriftzugs.

Erweiterte Textumrisse durch Weichzeichnen und Kontraststeigerung

Ein weiterer Weg zu fetteren (aber auch schlankeren) Typen: Soften Sie zunächst die Lettern mit dem Befehl **Weichzeichnungsfilter: Gaußscher Weichzeichner** deutlich ab – die Umrisse müssen aber erhalten bleiben. Anschließend machen Sie die Kontur wieder hart. Achtung: Bei diesem Verfahren darf sich die Schrift nicht in einer transparenten Ebene befinden; am besten verschmilzt man sie mit einer neuen, weiß gefüllten Ebene.

Dann verwenden Sie verschiedene Befehle aus dem Untermenü **Bild: Einstellen**. Besonders schnell arbeitet der **Schwellenwert**; hohe Vorgaben wie 160 oder 180 blähen die Schrift auf. Allerdings erzeugt diese Funktion unschöne, krachharte Ränder. Glattere Ränder erhalten Sie mit dem Befehl **Helligkeit/Kontrast**; stellen Sie den Kontrast etwa auf 98 Prozent, und nehmen Sie die Helligkeit soweit zurück, daß sich die Schriftumrisse ausweiten.

Auf diesem Weg können Sie auch schlankere Schriftschnitte hervorbringen; probieren Sie auch andere Tonwertbefehle wie die **Tonwertkorrektur**. In jedem Fall erhalten Sie durch das vorherige Weichzeichnen gerundete Umrisse ohne Ecken und Kanten.

Buchstaben mit dem Pfadwerkzeug umformen

Mitunter möchte man einzelne Buchstaben umformen – damit sie besser aussehen, oder damit sie sich exakt Motivteilen anpassen. Sie können natürlich schlicht mit dem Pinsel arbeiten, doch besser geeignet ist das Pfadwerkzeug (Details über Pfade finden Sie weiter vorn im gleichnamigen Kapitel). Bedenken Sie, daß es speziell bei kleineren Schriften zu Ungenauigkeiten kommen kann.

So könnte es gehen:

1. Laden Sie den Schriftzug als Auswahl, indem Sie bei gedrückter ⌘-Taste auf die Miniatur der Schriftebene in der Palette klicken.
2. Verwenden Sie in der Pfadepalette den Befehl **Arbeitspfad erstellen** bei einer mittleren Toleranz von etwa 2 oder 4. Photoshop erstellt einen Pfad.
3. Der neue Pfad ist eventuell durch seinen Verlauf entlang der Schriftkontur nicht gut zu erkennen. Reduzieren Sie dann die Deckkraft der Schriftebene, damit sich der Pfad besser abhebt – dieser Schritt läßt sich jederzeit rückgängig machen.
4. Mit Direktauswahlwerkzeug (Kurztaste A) und anderen Pfadwerkzeugen verändern Sie den Pfad, bis Sie eine gelungene Schriftform gefunden haben.
5. Erstellen Sie eine neue Ebene.
6. Füllen Sie den Pfad auf der neuen Ebene mit dem Palettenbefehl **Pfad füllen**.

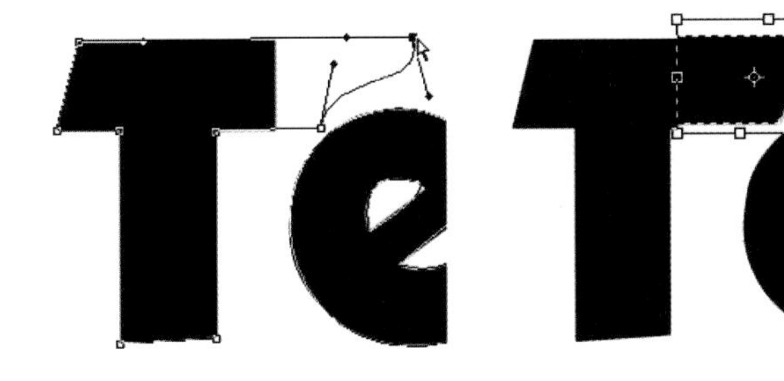

Links: Hier wird mit dem Pfadwerkzeug die Textkontur erweitert und anschließend mit dem Befehl »Pfad füllen« eingefärbt. Rechts: Ein Teil des Buchstabens wurde markiert und mit der »Transformieren«-Funktion gedehnt und geneigt.

Buchstabenteile »transformieren«

Mitunter reicht es, nur einzelne Buchstabenteile in die Länge zu ziehen, zu stauchen oder zu verzerren. Markieren Sie den gewünschten Bereich der (bereits gerenderten) Lettern, und wählen Sie **Bearbeiten: Transformieren** (⌘+T). In der Regel sollte in den **Voreinstellungen** die Interpolationsmethode »Bikubisch« eingerichtet sein. Prüfen Sie jedoch, ob es zu Randunschärfen kommt.

Text gestalten

Die Möglichkeiten der Textgestaltung sind grenzenlos, Anregungen bieten Werbung, Plattencover, Zeitgeistblätter und das Internet. Beispiele finden Sie an verschiedenen Stellen in diesem Buch.

Diese Möglichkeiten haben Sie erst nach Anwendung des Befehls »Ebene rendern«. Links: »Perspektivisch verzerren«; Mitte: »Wölben«; rechts: »Polarkoordinaten«.

Ebeneneffekte

Sämtliche Ebeneneffekte lassen sich auf die Schriften anwenden, also Schatten, Lichthöfe und diverse Kanteneffekte, und wirken oft sehr gefällig. Sie finden Beispiele dafür im ganzen Buch. Dient der Text als Basisebene einer Maskierungsgruppe, beeinflußt der Ebeneneffekt auch die gruppierten Ebenen.

Buchstaben mit Lufteinschlüssen ergeben interessante Ebeneneffekte. Oben links: Schlagschatten. Oben rechts: Abgeflachte Kante außen. Unten links: Relief an allen Kanten. Unten rechts: Abgeflachte Kante innen. Datei: Tom

Beachten Sie allerdings, daß sich die Effekte nicht an alle Veränderungen anpassen: Wenn Sie die Textebene skalieren, bleiben die eingespeicherten Pixelgrößen für Schattenabstand oder Kanteneffekt erhalten. Das bedeutet: Verkleinern Sie die Textebene, entfernt sich der Schatten scheinbar von der Ebene, und der Kanteneffekt kommt kräftiger daher. Beim Befehl **Bildgröße** paßt Photoshop die Effektgrößen allerdings an, bis die Maximalwerte erreicht sind. Reduzieren Sie die Pixelzahl, sinken auch die Pixelwerte in den »Effekte«-Einstellungen, die Wirkung der Effekte bleibt erhalten.

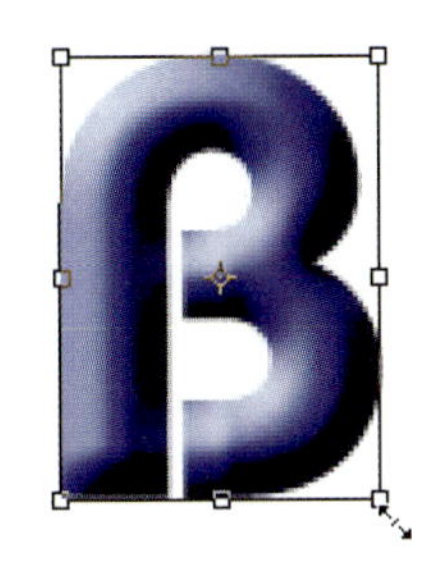

Beim Skalieren einer Textebene ändern sich die Pixelmaße der Kantenabschrägung nicht. Folge: Nach dem Verkleinern der Ebene tritt der Kanteneffekt stärker hervor.

Text füllen und verzerren

Wenn Sie Text auf einer Ebene mit Muster oder Motiv füllen, aktivieren Sie die Option »Transparente Bereiche schützen«, damit nicht die gesamte Bildfläche zugeschüttet wird. Wollen Sie dagegen den Text verzerren oder weichzeichnen, schalten Sie die Option aus – sonst wird die Wirkung der Filter an den vorhandenen Textgrenzen abgeschnitten.

Links: Der Schriftzug wurde mit dem »Stilisierungsfilter: Wind« bearbeitet und mit der »Transformieren»Funktion verzerrt und in fünf Duplikaten mit abnehmender Deckkraft übereinander montiert. Rechts: Ein Schriftzug wurde als Basisebene unter einem Bild eingesetzt und mit dem Filter »Wellen« verzerrt; die Kontur des Schriftzugs wurde als Auswahl geladen und auf der Ebene des Fotos gefüllt.

Skalieren und »Transformieren«

Sie können auch gerenderte, ehemalige »Text«-Ebenen skalieren und mit den **Transformieren**-Funktionen verbiegen, zumal die Varianten **Verzerren** und **Perspektivisch verzerren** für »Text« gar nicht im Angebot sind. Aber belassen Sie es bei ein, zwei Durchgängen, weil die Randschärfe sonst deutlich leidet. In der Regel sollten Sie als »Interpolationsmethode« in den »Voreinstellungen« bikubisch vorgeben, sofern Sie nicht mit kleinsten, einfarbigen Lettern hantieren; dann hilft, wenn überhaupt, eher die »Pixelwiederholung«. Laden Sie den Text bevorzugt mit neuer Größe beziehungsweise behalten Sie eine Variante der Schrift im Textmodus zurück.

Randfehler beheben

Auf mehreren Wegen lassen sich unschöne Textränder glätten, zumindest bei fettem Textkörper:

- Verzerren Sie den Text auf transparentem Grund, laden Sie dann die Auswahlinformation per ⌘-Klick auf das Thumbnail, kehren Sie die Auswahl um, dann weiten Sie diese Auswahl um wenige Pixel mit dem Befehl **Auswahl: Auswahl verändern: Ausweiten** oder mit der **Auswahl**-Funktion **Auswahl verändern** (die in einer korrekt übersetzten Version »Auswahl transformieren« heißen müßte). Nun löschen Sie das Schriftumfeld mit der Esc-Taste, um die ausgefranzten Randpixel zu eliminieren.
- Verwandeln Sie den Text bei mittlerer oder niedriger Toleranz von zum Beispiel »2« in einen Pfad, den Sie mit aktivierter Option »Glätten« auf einer neuen Ebene füllen.
- Zeichnen Sie den Text geringfügig weich, dann sorgen Sie mit dem »Schwellenwert« oder mit **Bild: Einstellen: Helligkeit/Kontrast** wieder für harte Konturen.

Links: Diese Lettern wurden mit dem »Gaußschen Weichzeichner« abgesoftet. Mitte: Eine verschlungene »Gradationskurve« verteilte die Tonwerte um. Rechts: Der Regler »Helligkeit/Kontrast« sorgte für flächigere Töne.

14 Filter

Filter bringen frischen Wind in altbekannte Motive.

Auf Knopfdruck machen Sie eine Bildpartie schärfer, lassen sie wie ein Gemälde oder wie eine eherne Statue aussehen, Sie knüllen eine Partie zusammen oder spannen sie über eine Kugel. Die entsprechenden Funktionen finden Sie im **Filter**-Menü. Die Filter tragen Namen wie **Facetteneffekt**, **Stark scharfzeichnen**, **Störungen hinzufügen**, **Windeffekt**, **Schwingungen** oder **Kreide & Kohle**. Zu unterscheiden sind dabei Effektfilter, die ein Foto zur effektvollen Illustration aufwerten sollen, und nützliche digitale Helfer, die Schwächen des Fotos wie Unschärfe oder auch zuviel Schärfe ausbügeln. Über 90 Befehle drängeln sich in den **Filter**-Untermenüs, und das fast unverändert schon seit Version 4.0.

Der wichtigste Filter überhaupt ist **Unscharf maskieren** – nicht jeder weiß das freilich, es ist ein Scharfzeichner.

Mit Filtern verändern Sie eine Auswahl oder das ganze Bild.

14.1 Grundlagen

Filter verändern einen Auswahlbereich oder das ganze Bild. Haben Sie keinen Bildteil markiert, wirkt sich der Filter aufs ganze Bild aus. Vorsicht: Manche Filter, wie etwa **Kristallisieren** oder **Beleuchtungseffekte**, brauchen viel Zeit. Hier probt man zunächst mit einer kleinen Auswahl oder mit einem heruntergerechneten Duplikat.

Die Bildpunkte, die sich Photoshop dabei zum Teil neu ausdenkt, werden nach einer der drei Interpolationsmethoden ermittelt, die Sie in den **Voreinstellungen** zur Auswahl haben; in der Regel sollten Sie auf »Bikubisch« entscheiden – langsam, aber gut. Dies gilt insbesondere für die Verzerrungsfilter. Details zu den Interpolationsmethoden finden Sie im Kapitel »Oberfläche und Grundlagen«.

Wenn Sie mit zahlreichen unterschiedlichen Filtern experimentieren, sollten Sie eine Datei vielfach über sich selbst kopieren und die einzelnen Ebenen zunächst als Thumbnails vergleichen. Sie können dann auch mit verschiedensten Mischungen arbeiten. Schnellster Weg:

1. Laden Sie die Datei;
2. ⌘+A (alles auswählen);
3. ⌘+C (in die Zwischenablage kopieren);
4. ⌘+V, ⌘+V, ⌘+V, ⌘+V... (wiederholt als neue Ebene einsetzen)

Klicken Sie mit der Alt-Taste in die Augenleiste der Ebenenpalette, um eine Einzelebene zu betrachten; neuerlicher Alt-Klick blendet alle Ebenen übereinander. Sie können sich direkt im Bild auch alle Ebenen im Kontextmenü auflisten lassen, wenn das Bewegenwerkzeug aktiv ist. Ziehen in der Augenleiste blendet ganze Ebenenfolgen aus und ein.

Filtervergleich

Zu den wichtigen digitalen Helfern zählen **Unscharfmaskierung**, **Gaußscher Weichzeichner** und **Störungen hinzufügen**. Eigenen Stellenwert haben auch einige **Verzerrungsfilter**, die solitären **Beleuchtungseffekte** und die **Blendenflecke**.

Doch bei der kreativen Verfremdung geht es drunter und drüber; die vormals separat zu erwerbende Filtersammlung »Gallery Effects« wurde bei Version 4 nachträglich ans Programm geklebt und überschneidet sich vielfach mit vorhandenen Funktionen. Freilich ist jeder Filter etwas anders, der eine verwendet »Struktur«, der andere nimmt nur die Vordergrundfarbe, der eine erlaubt Skalierung, der andere nur Veränderung der Intensität. Gleichwohl: Hier hätte man Filterabbau betreiben und Synergien nutzen können. Lästig wirkt bei diesem Filterwust, daß Photoshop keinen Filterwechsel bei geöffnetem Dialogfeld oder eine Vielfachvorschau für verschiedenste Filter in einem Tableau erlaubt – die Konkurrenz ist weiter.

Filter, die ähnliche Wirkungen erzeugen:

- **Relief**, **Basrelief** und **Stuck** konkurrieren offenbar.
- Groß ist das Angebot an leuchtenden Kanten, erhältlich in Variationen etwa bei **Kanten betonen**, **Konturen finden**, **Konturwerte**, **Leuchtende Konturen** und **Konturen nachzeichnen**.
- **Rasterungseffekt** und **Farbraster** wirken unterschiedlich; aber die Namen verwirren, und ein einzelnes Dialogfeld wäre besser.
- **Dunkle Malstriche**, **Fresko** und **Sumi-e** überziehen das Bild mit schwarzem Etwas.
- **Spritzer**, **Verwackelte Striche**, **Kreuzschraffur** und **Feuchtes Papier** wollen mit verzerrten Mikrostrukturen bezaubern, **Malgrund** packt noch »Struktur« dazu.
- Der **Stilisierungsfilter: Facetteneffekt** ist eine Teilmenge des **Selektiven Weichzeichners** bei Anwendung der Option »Fläche«.
- **Risse** und **Kacheln** tendieren in die gleiche Richtung und sind beide nur Ausschnitte dessen, was der universale Filter **Mit Struktur versehen** zu bieten hat.
- **Extrudieren** und **Patchwork** dröseln das Bild in Bausteine auf.
- Die **Verzerrungsfilter Ozeanwellen**, **Kräuseln** und **Glas** ähneln sich, aber auch **Wellen** und **Strudel** sind so unterschiedlich nicht.

Rücknahme und Wiederholung

Wollen Sie eine oder mehrere Reglerveränderungen im Dialogfeld annullieren, dann drücken Sie die die Alt-Taste. Die Schaltfläche »Abbrechen« trägt dann den Titel »Zurück«, und Sie können per Klick zu den ursprünglichen Einstellungen des Filters zurückkehren, ohne ihn schließen und neu starten zu müssen.

Ein wachsender Balken signalisiert Fortschritte der Filteraktion. Mit ⌘+Z beziehungsweise **Bearbeiten: Widerrufen** heben Sie den letzten Schritt wieder auf; haben Sie zum Widerrufen einmal zuviel gefiltert, greifen Sie zur Protokollpalette. Vor langwierigen Experimenten sollte man ein **Bild duplizieren** mit dem entsprechenden **Bild**-Befehl oder auch eine neue Ebene des Werks anlegen.

Der **Filter**-Befehl **Verblassen** (⌘+Umschalt+F) nimmt einen Filter – aber auch eine Kontrastkorrektur – stufenlos zurück, indem er die Vorher-Version des Werks mit wählbarer Deckkraft darüberblendet. Sie haben hier Photoshops bekannte Mischmodi zur Auswahl. Wohlgemerkt fahren Sie damit nicht etwa Filterwerte zurück – den Scharfzeichner von »120« auf »80« –, sondern mixen zwei Versionen des Werks. Details finden Sie im Kapitel »Oberfläche und Grundlagen«.

Der Griff ⌘+F wiederholt einen Filter mit den vorherigen Einstellungen, ohne das zugehörige Dialogfeld noch einmal zu zeigen; einen entsprechenden Menübefehl finden Sie auch im Filtermenü und im Kontextmenü der Auswahlwerkzeuge, sofern eine Auswahl im Bild aktiv ist. Mit ⌘+Alt+F kommen Sie zum Dialogfeld, falls vorhanden.

Auswahlkante

Damit der Übergang zwischen der womöglich grell gefilterten Auswahl und dem unberührten Drumherum nicht allzu abrupt gerät, sollten Sie beim Erzeugen der Auswahl auf »Glätten« achten oder eine **Weiche Auswahlkante** anlegen. Geben Sie dort etwa zwei Pixel vor, wird der Filtereffekt schon zwei Bildpunkte vor dem Auswahlrand schwächer, reicht aber andererseits noch zwei Pixel über die Markierung hinaus.

Sie können die Filterwirkung auch paßgenau mit einem Alphakanal im Zaum halten und so etwa den Filtereffekt stufenlos zunehmen lassen. Alternative mit Bild-zurück-Garantie: Legen Sie ein Duplikat auf die Ebene über dem Original, filtern Sie es, und kontrollieren Sie die Sichtbarkeit der gefilterten Version durch eine Ebenenmaske. Sie können den Übergang zwischen dem unveränderten Original und dem komplett veränderten Duplikat durch Bearbeiten der Ebenenmaske immer neu gestalten, und Sie können mit Deckkraft, Tonwertbegrenzung und Überblendmodi experimentieren – das entspricht dem Befehl **Verblassen**, ist jedoch weit komfortabler.

Für behutsame nachträgliche Anpassung zwischem gefiltertem und naturbelassenem Bereich sorgen Sie mit dem Protokollpinsel; suchen Sie sich dazu aus der Werkzeugspitzenpalette ein Malutensil mit weicher Kante. Auch Weichzeichner oder Wischfinger vertuschen die Grenzen zwischen gefiltertem und naturbelassenem Pixelanbau. Um von vornherein den Übergang ohne störende Fließmarkierung zu beurteilen, lassen Sie per **Ansicht**-Menü die **Begrenzung ausblenden** (⌘+H).

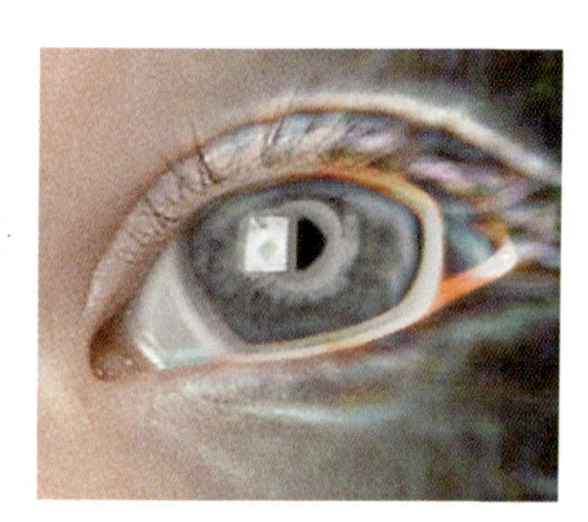

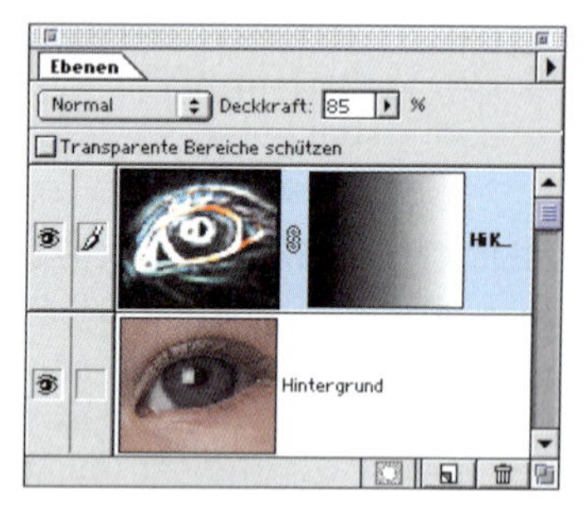

Um Filterwirkungen stufenlos zunehmen zu lassen, legen Sie einen Schwarzweißverlauf im Alphakanal an, den Sie als Auswahl laden (Mitte). Alternative mit Bild-zurück-Garantie: Legen Sie ein Duplikat auf die Ebene darüber, und kontrollieren Sie die Sichtbarkeit des gefilterten Duplikats mit einer Ebenenmaske (rechts). Datei: Filter

Vorschau

Viele Photoshop-Filter kommen mit einem Vorschaufeld, in dem Sie die Optionen einstellen und gleichzeitig eine Vorschau erhalten.

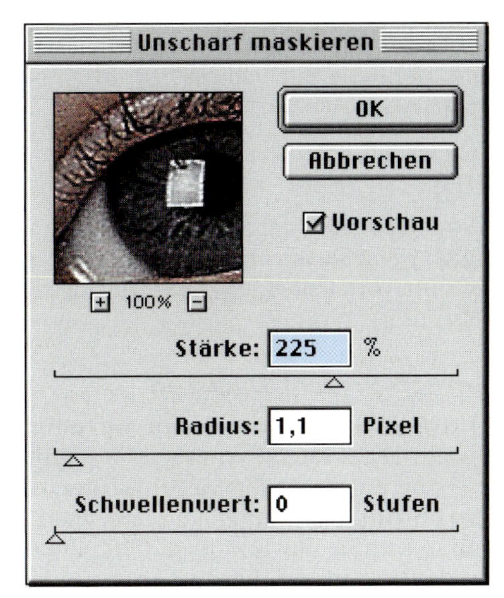

In den meisten Dialogfeldern bietet Photoshop eine Vorschau auf die Filterwirkung. Der Abbildungsmaßstab ist regelbar.

Die Vorschauabbildung zeigt Ihnen zunächst einen Ausschnitt des Werks in 100-Prozent-Auflösung: ein Pixel des Originals wird mit einem Monitorpixel abgebildet – bei einem Vorschau-Fenster, das 100x100 Pixel mißt, sieht man da nicht viel. Doch das läßt sich ändern.

So verändern Sie die Ansicht und den Abbildungsmaßstab im Filterdialog und in der Originaldatei:

- Bewegen Sie den Mauszeiger in die Vorschau, wird er zum Handwerkzeug, mit dem Sie das Bild im Vorschaufenster verschieben; klicken Sie in das Dateifenster, um einen beliebigen Bereich im Vorschaufenster abzubilden (sofern das Dialogfeld eine »Vorschau«-Option hat).
- Bewegen Sie den Mauszeiger mit gedrückter Umschalt-Taste in das Dateifenster, erhalten Sie das Handwerkzeug, um die Datei innerhalb des Fensters zu verschieben (sofern das Dialogfeld eine »Vorschau«-Option hat und die Datei nicht voll sichtbar ist).
- Um eine höhere Zoomstufe in der Vorschau herzustellen, klicken Sie auf das Plus-Zeichen oder bewegen Sie die Maus mit gedrückter ⌘-Taste auf die Vorschau – Sie erhalten dann eine Lupe, mit der Sie den gewünschten Bildteil einrahmen und sofort vergrößert darstellen lassen. Mit der ⌘-Taste erhalten Sie auch eine Lupe über der Datei, so daß Sie auch das Original vergrößern können.
- Eine kleinere Zoomstufe zeigt Photoshop im Vorschaudialogfeld, wenn Sie auf das Minus-Zeichen im Dialogfeld klicken oder mit gedrückter Alt-Taste in das Vorschaufenster klicken – dann erscheint die Verkleinerungslupe. Diese Verkleinerungslupe erhalten Sie bei gedrückter Alt-Taste auch über der Datei, um sie bei geöffnetem Dialogfeld zu verkleinern.

Mit der Alt-Taste verändert sich das Schaltfeld »Abbrechen« wie immer zum »Zurück« – damit bringen Sie alle Regler zurück auf die zuletzt angewendete Einstellung. Ein blinkender Strich unter der Prozentanzeige signalisiert, daß Photoshop noch an der Vorschau rechnet.

Dialogfelder mit »Vorschau«-Knopf bieten zunächst eine Vorschau im eigenen kleinen Fenster. Aber im gleichen Prozessortakt wenden sie die Einstellungen sofort auch auf die Originaldatei an, so daß sie die Filterwirkung auch schon dort beurteilen können. Nach jeder Änderung einer Einstellung berechnet Photoshop auch die Darstellung in der Originaldatei neu, ohne daß Sie ihn dazu auffordern müssen. Sie können die »Vorschau« zwischendurch ausschalten, um Vorher und Nachher zu vergleichen. Ein schnelles Vorher-Nachher haben Sie auch nach Anwendung des Filters, wenn Sie mit mehrfachem ⌘+Z die Ausführung widerrufen und wiederherstellen.

Filterbeurteilung

Manche Filter laufen so langsam ab, daß es Sinn macht, zunächst nur eine verkleinerte Vorlage zu bearbeiten. Doch auch wenn Sie das Original bearbeiten, gelten die folgenden Regeln. Je nach Filter verwenden Sie für die Vorschau einen Ausschnitt des Bildes oder eine heruntergerechnete Version:

Filterbeurteilung im 100-Prozent-Maßstab

Lassen Sie das Bild in Originalgröße, und filtern Sie testhalber nur einen schnell markierten Ausschnitt in einem wichtigen Bildteil, wenn der Filter auf kleinstem Raum wirkt und Mikrostrukturen verändert – so etwa die **Strukturierungsfilter**, die **Scharfzeichnungsfilter** oder die **Störungsfilter**: Um die **Körnung** zu beurteilen, reichen ein paar Quadratpixel, aber zuverlässig ist die Beurteilung nur, wenn Sie das Bild in der 100-Prozent-Darstellung begutachten – das gilt gleichermaßen für das Original wie für die Vorschau im Dialogfenster. Mehr Informationen zur Bedeutung des Abbildungsmaßstabes finden Sie im Kapitel »Oberfläche und Grundlagen«.

Filterbeurteilung am Gesamtbild

Arbeitet der Filter aber unterschiedlich über das Bild hinweg, hat er ein Zentrum und Außenbereiche – so etwa **Blendenflecke** oder **Beleuchtungseffekt** –, dann sollten Sie für langwierige Testarbeiten eine verkleinerte Version eines Duplikats bearbeiten und im Dialogfeld deutlich verkleinern; das gilt auch für die **Verzerrungsfilter**. Sie müssen nicht unbedingt das **Bild duplizieren**. Alternativ kopieren Sie das Werk nur auf eine höhere Ebene und schieben es dort mit der »Transformieren«-Funktion (⌘+T) zusammen; drücken Sie die Umschalt-Taste, um die Proportionen zu wahren. Sie können auch **Transformieren per Eingabe** (⌘+Umschalt+T).

Troubleshooting

Wenn der Filter bei Ihnen nichts ausrichtet, Murks macht oder gar nicht erst angeboten wird, kann das viele Gründe haben. Unter anderen diese:

- ❐ Bilder im Modus Indizierte Farben und Ein-Bit-Strichgrafiken (Bitmaps) werden nicht angenommen, ebensowenig 16-Bit-Graustufen oder 48-Bit-RGB; mitunter sind auch Lab, CMYK und 64-Bit-CMYK tabu – die Filter werden gar nicht angeboten;
- ❐ der Hauptteil des sichtbaren Bilds liegt nicht auf der aktiven Ebene;
- ❐ die aktive Ebene ist durch das Augensymbol ausgeblendet, oder sie ist überdeckt;
- ❐ Sie haben eine kleine oder verborgene Auswahl im Bild;
- ❐ Sie arbeiten im Maskierungsmodus oder an einem Alphakanal;

- Sie filtern ein freigestelltes Objekt auf einer sonst transparenten Ebene und haben die Option »Transparente Bereiche schützen« angeklickt – bei Verzerrungsfiltern, Weichzeichnungsfiltern und anderen beschneidet das den Effekt drastisch.

Wenn schlicht der Arbeitsspeicher nicht reicht, entfernen Sie zunächst überflüssige Kanäle und Ebenen; dann versuchen Sie, Einzelkanäle zu bearbeiten. Mitunter ist das überhaupt der schönste Effekt.

Filter verändern und nachbearbeiten

Die Wirkung vieler Effektfilter läßt sich nachträglich weiter verstärken. Typische Maßnahmen:

- drastisches Scharfzeichnen;
- deutliche Kontrasterhöhung mit **Helligkeit/Kontrast** oder **Tonwertkorrektur** (⌘+L);
- **Tontrennung**;
- **Umkehren** (⌘+I) sowie
- nachträgliche Anwendung von **Strukturierungsfilter: Mit Struktur versehen** oder **Renderingfilter: Blendenflecke** oder **Beleuchtungseffekte**;
- Veränderung von »Farbton« und »Sättigung« (⌘+U).

Erwägen Sie auch, Filter nur auf Einzelkanäle anzuwenden, experimentieren Sie mit Überblendmodi und Tonwerteingrenzung.

Plug-Ins

Sie können Photoshop durch Zusatzmodule – Plug-Ins – von Fremdherstellern erweitern. Diese neuen Funktionen erscheinen meist im **Filter**-Menü, sofern es sich nicht um Dateiformat- oder Import-Export-Funktionen handelt. Den entsprechenden Ordner legen Sie mit den Voreinstellungen (⌘+K, dann ⌘+7) fest. In der deutschen Version des Verfassers nannte sich der Ordner »Plug-Ins«. Zu den bekanntesten Plug-Ins gehören »Kai's Power Tools« von Metatools (früher HSC) und die Produkte von Alien Skin, Extensis und Andromeda. Sollten Sie Probleme mit Photoshop haben, starten Sie das Programm versuchsweise, ohne Fremdhersteller-Plug-Ins zu starten; entfernen Sie dazu dubiose Module aus dem Ordner »Zusatzmodule« beziehungsweise »Plug-ins«, wenn Sie diesen in den Voreinstellungen als Plug-In-Platz definiert haben.

Sie finden zahlreiche Plug-Ins von Fremdherstellern auf der Photoshop-CD und auf der CD zu diesem Buch. Einen deutschen Vertreiber von kommerziellen Plug-Ins finden Sie unter dieser Internet-Adresse:

`www.plugincenter.com/plugins/PSplugs/`

Zahlreiche Querverweise zu englischsprachigen Plug-Ins, darunter auch viele kostenlose, enthalten die Photoshop-Ressourcen:

`http://www.netins.net/showcase/wolf359/adobepc.htm`

Unterverzeichnisse

Wie Sie schon an der werkseitigen Photoshop-Installation erkennen, lassen sich innerhalb des »Plug-Ins«-Verzeichnisses weitere Ordner anlegen, in denen Sie die vorhandenen Plug-Ins sortieren. Es empfiehlt sich dringend, neue Plug-Ins in eigene Ordner zu packen, so daß man sie bei Bedarf schnell aus dem Verkehr ziehen kann. Außerdem fällt es bei getrennten Ordnern leichter, andere Programme gezielt auf diese Drittanbieter-Plug-Ins zugreifen zu lassen, ohne gleichzeitig auch die Photoshop-eigenen Plug-Ins zu laden – die nämlich laufen bei der Konkurrenz nicht.

Noch immer kann man keine zwei oder mehr Plug-In-Verzeichnisse angeben. Dies führt in vielen Fällen dazu, daß man Zusatzmodule mehrfach installieren muß, wenn mit mehreren Foto- oder Grafikprogrammen gearbeitet wird.

Befehle im Überblick: Filter

Taste/Feld	Zusatztasten	Aktion	Ergebnis
Esc (während Filter läuft)			Filter abbrechen
⌘+Z	–		Filter widerrufen
⌘+F	–		Letzten Filter wiederholen
⌘+F	⌥		Zum letzten Filter-Dialog
⌘+F	⇧		»Verblassen«-Dialog

14.2. Struktur

Einige Filter arbeiten mit »Struktur«, das heißt, sie legen ein Relief aus »Sandstein« oder »Leinen« zugrunde – so etwa **Conté-Stifte**, **Grobes Pastell**, **Glas** und **Malgrund**. Der **Strukturierungsfilter: Mit Struktur versehen** appliziert das Relief unabhängig von weiterer Verfremdung. Sie haben damit eine schöne Möglichkeit, glatte Flächen – etwa Verläufe oder Produkte des **Wolken**-Filters – aufzurauhen.

Ihre Optionen:

- Vier »Strukturen« sind in Photoshop eingebaut: »Ziegel«, »Sackleinen«, »Leinwand« und »Sandstein«.
- Per »Skalierung« verändern Sie die Ausdehnung des Reliefs.
- Per »Relief« regeln Sie die Tiefe beziehungsweise Höhe.
- Sie legen eine »Lichtposition« fest – etwa »oben links« oder »unten rechts«.
- Sie können das Relief überdies »umkehren«.

Die Wirkung der Struktur hängt von der Druckauflösung ab. Ganz links: »Sackleinen« mit 300 dpi, daneben mit 200 dpi. Sie können auch eine eigene Datei im Photoshop-Format als »Struktur laden« (rechts). Hier wurde ein Stück Holz verwendet, das sich nahtlos wiederholen läßt. Datei: Holz-ms2

»Struktur laden«

Das einschlägige Einblend-Menü bietet auch den Punkt **Struktur laden**. Hier können Sie eine beliebige Datei im Photoshop-Format – auch in Farbe – anwählen; die Helligkeitsinformationen werden als Struktur auf das Bild oder auf die Auswahl gelegt; »Skalierung« und »Relief« sind ebenso regelbar wie die »Lichtposition«. Hat die Datei Ebenen, sichern Sie das Dokument per **Voreinstellungen** »Mit Composite und Dateiebenen«, sonst geht nichts. Sie können hier Ihr Firmenlogo ebenso einweben wie eine gescannte Textur. Kleine Motive werden vielfach wiederholt, zu große Motive lassen sich aber nicht zurechtschieben.

Mitunter setzen Sie nicht nur ein einzelnes Objekt in die Struktur-Datei ein, beispielsweise ein Logo, statt dessen verwenden Sie eine Textur; diese Datei sollte sich vielfach nahtlos aneinandersetzen lassen, damit Sie keine Kachelwirkung erhalten. Wie Sie eine solche Datei bauen, erklärt die »Übung: Nahtloses Muster« im Kapitel »Füllen, malen, retuschieren«. Zahlreiche oft schöne Strukturen finden Sie auf der Photoshop-CD im Verzeichnis »Other Goodies/Beleuchtungseffekte Strukturen«.

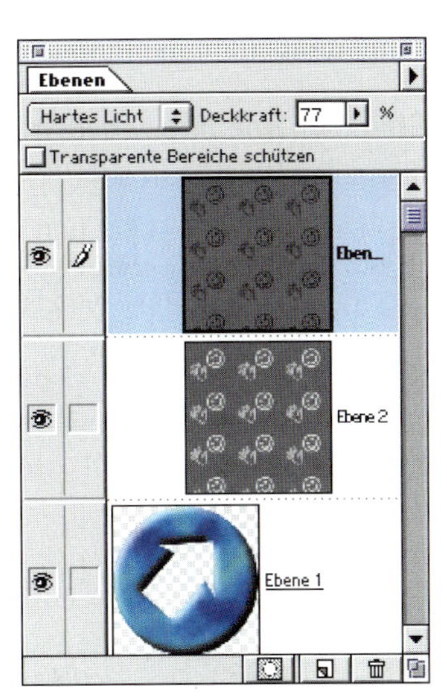

Wo die Photoshop-Filter auf eine »Struktur« zugreifen, können Sie auch eine eigene Datei im Photoshop-Format laden – so beim Filter »Mit Struktur versehen« (links). Von Hand lassen sich Strukturen anlegen, wenn man eine Auswahl aufhellt und leicht versetzt noch einmal abdunkelt; besonders flexibel: die Anlage der Struktur auf eigenen Ebenen im Modus »Hartes Licht« (Mitte, rechts). Datei: 3D_3

Struktur von Hand

Sie können eine Struktur auf verschiedene Art auch von Hand einweben.

Struktur mit Auswahlen

Die folgende Variante ist besonders einfach:

1. Legen Sie die Strukturdatei in einem Alphakanal ab.
2. Laden Sie den Alphakanal als Auswahl.
3. Hellen Sie die Auswahl deutlich auf.
4. Verschieben Sie die Auswahl geringfügig mit einem Auswahlwerkzeug oder mit den Pfeiltasten, während ein Auswahlwerkzeug aktiv ist.
5. Dunkeln Sie die Auswahl deutlich ab.

Experimentieren Sie mit weichen Auswahlkanten oder Weichzeichnung im Alphakanal und mit dem Versatz der zwei Auswahlen.

Struktur mit Ebenentechnik

Besonders flexibel sind Sie, wenn Sie die Struktur auf eigenen Ebenen anlegen:

1. Erzeugen Sie zwei Ebenen über dem geplanten Bild. Dazu klicken Sie bei gedrückter Alt-Taste auf das Symbol »Neue Ebene« der Ebenenpalette, damit Sie das Dialogfeld »Neue Ebene« sehen. Als »Modus« verwenden Sie »Hartes Licht«; dann klicken Sie auf die Option »Mit der neutralen Farbe für den Modus 'Hartes Licht' füllen (50 Prozent Grau)«. Eine farbige Alternative bieten die Modi »Farbig abwedeln« und »Farbig nachbelichten«, wenn Sie jeweils die passende »neutrale Farbe« verwenden.
2. Laden Sie die Auswahl, und dunkeln Sie die obere graue Ebene ab.
3. Aktivieren Sie die darunterliegende Ebene, verschieben Sie die Auswahl, und hellen Sie die Auswahl auf. (Alternative: Sie definieren ein Muster mit Strukturen auf Grau, das Sie einmal unverändert und einmal invertiert einsetzen.)
4. Bewegen Sie die Struktur frei über dem Bild. Experimentieren Sie mit Weichzeichnern und mit Verschieben von Einzelebenen. Bei Bedarf gruppieren Sie die Ebenen, um sie gemeinsam zu verschieben.

»Rendering-Filter: Struktur laden«

Der Befehl **Struktur laden** befindet sich im **Filter**-Untermenü **Rendering-Filter**. Als eigenständigen Filter kann man die Funktion **Struktur laden** aber wohl kaum betrachten. Der Befehl setzt bloß ein Bild kachelartig so oft aneinander, bis der (Alpha-)Kanal voll ist. Gedacht ist das vor allem als Zubringer für den »Reliefkanal« der **Beleuchtungseffekte**, aber Sie können auch einen Farbkanal damit füllen. Voraussetzung: Die Ausgangsdatei mit der Struktur muß ein Graustufenbild im Format Photoshop 2.5 oder 3.0 sein. Dann geht es los:

1. Aktivieren Sie den Farb- oder Alphakanal.
2. Wählen Sie den **Filter**-Befehl **Rendering-Filter: Struktur laden**.
3. Klicken Sie im Dialogfeld ein Graustufenbild des Formats Photoshop 2.5 oder 3.0 doppelt an. Photoshop lädt das Bild vielfach gekachelt.

Flexibler finden Sie vielleicht die Funktion **Bearbeiten: Fläche füllen**, »Füllen mit: Muster«. Vorab müssen Sie ein **Muster festlegen** mit dem einschlägigen **Bearbeiten**-Befehl. Als Muster kann jede Rechteckauswahl dienen.

14.3 Scharfzeichnungsfilter

Was Photo-CD, Digitalkamera oder Heimscanner von sich geben, das sollten Sie zumeist noch scharfzeichnen. Auch wenn Sie Bilder oder Bildteile mit der Interpolationsmethode »Bikubisch« vergrößert oder »transformiert« haben – ein gezielter Scharfzeichner-Einsatz wirkt den Aufweichungstendenzen dieser Prozeduren entgegen. Das Scharfzeichnen sollte stets am Ende einer Bildverbesserung stehen, nach Dichte- und Farbkorrektur.

Der Scharfzeichnungseffekt entsteht durch Kontrastanhebung in Bildbereichen, die ohnehin stark kontrastieren. Dadurch wirken scharfgezeichnete Bilder oft etwas frischer oder greller. Geraten die Farben zu satt, wandeln Sie das Bild in den **Modus: Lab** um und wenden die Scharfzeichnung nur auf den L-Kanal an; er enthält ausschließlich die Helligkeitsinformationen. Sie können die anderen Kanäle währenddessen mit dem Augensymbol einblenden und so die Gesamtwirkung kontrollieren.

Achten Sie auch auf Lichtsäume, die um eine scharfgezeichnete Kontur herum entstehen können. Sie lassen das Bild ausgefressen wirken, noch stärkere Anwendung führt zu einem körnigen Effekt. Diesen Effekt begrenzen Sie, indem Sie die einzelnen Grundfarbenkanäle mit unterschiedlichen Werten scharfzeichnen; klicken Sie die Kanäle in der Kanälepalette an. Allerdings wirkt die Scharfzeichnung am Monitor mit seiner niedrigen Auflösung drastischer als im Druck, so daß eine überstarke Scharfzeichnung für Ihr Projekt genau das Richtige sein kann. Scharfzeichner lassen sich nur in der Zoomstufe 100 Prozent sinnvoll beurteilen; es gibt sie auch als Werkzeug auf der Werkzeugpalette: der Scharfzeichner (Kurztaste R) teilt sich dort eine Schaltfläche mit dem Weichzeichner, so daß Sie eine Scharfzeichnung unmittelbar aufpinseln können.

»Unscharf maskieren«

Unscharf maskieren ist das Standard-Scharfzeichnungsgerät der Desktop-Profis und hat einen Platz auf der Aktionenpalette verdient, samt Kurztaste.

Ebenso wie das Interpolieren kann auch die Unschärfemaskierung Tonwertrisse im Bild glätten, die durch **Gradationskurven** oder **Tonwertkorrektur** entstanden. Sie können die Unschärfemaskierung mit niedrigen Werten durchaus mehrfach hintereinander anwenden (⌘+F). Während die anderen Schärfefilter hier schnell zu Überkörnigkeit tendieren, läßt sich dieser unschöne Effekt beim unscharfen Maskieren durch angehobenen Schwellenwert vermeiden.

Zur Bezeichnung

Bei der »Unschärfemaskierung«, oft USM genannt, folgt Adobe seinem Trend, Photoshop-Techniken nach Uralt-Verfahren aus der klassischen Dunkelkammer zu benennen, so daß kein Nichtlaborant ahnt, was damit gemeint ist – »Abwedler« und »Nachbelichter« sind weitere Beispiele. Tatsächlich ahmt die Unschärfemaskierung ein aufwendiges Verfahren aus der Dunkelkammer nach: Man legt ein unscharfes Positiv auf ein scharfes Negativ und vergrößert dieses Sandwich auf Fotopapier; auf jeder Seite einer Kontur entsteht eine hellere und eine dunklere Linie, die für Kontrastbetonung sorgt – und bei überzogener Anwendung unschön auffällt.

Ihre Optionen:

»Stärke«

Als »Stärke« nennen Sie einen Wert zwischen 1 und 500 Prozent; je höher der Wert, desto deutlicher der Effekt – gemeint ist der erzeugte Kontrastunterschied. In der Regel reichen 80 bis 200 Prozent, für plakative Grafiken erhöhen Sie auf 500.

»Radius«

Mit dem »Radius« legen Sie fest, in welchem Umkreis einer Kontur Pixel scharfgestellt werden sollen; je höher der Wert, um so mehr Bildpunkte links und rechts der Kontur werden mit erfaßt, und um so eher erhalten Sie die Lichtsäume um eine Kontur herum. Je kleiner die Bildauflösung, desto niedriger sollte der Radius sein. Aber auch bei 300 dpi probieren Sie es mit einigen wenigen Pixeln; aber nicht nur einem, sonst bekommen Sie eventuell eine zu harte Konturlinie. Einen deutlich weichgezeichneten Bildbereich beispielsweise im Alphakanal können Sie mit hohem Radius teilweise scharfstellen. Hohe Werte führen schnell zu plakativer Wirkung; die übersatten Farben bei hohem Radius dämpfen Sie, indem Sie nur den L-Kanal eines Lab-Bilds scharfstellen.

»Schwellenwert«

Mit dem »Schwellenwert« geben Sie an, wieviel Kontrastunterschied zwischen benachbarten Pixeln tatsächlich eine Scharfstellung auslösen soll; je niedriger der Wert, desto eher wird scharfgestellt, desto stärker auch die Wirkung. Durch Heraufsetzen des Schwellenwerts verhindern Sie, daß zuviele vorhandene Störungen mitscharfgestellt werden. Hautunreinheiten, Filmkorn oder Scannerfehler geraten bei einer Scharfzeichnung leicht zu unruhig. Die körnige Wirkung läßt sich durch höheren Schwellenwert aber wieder glätten; hohe Schwellenwerte reduzieren die Scharfstellung auf harte Kontraste wie Glanzlichter.

Wie schon gesagt: Am Schirm wirkt die Scharfstellung drastischer als im Druck. In hochauflösenden Bildern verwenden Sie höhere Werte als in niedrig aufgelösten Dateien.

Vorlage *Scharfzeichnen* *Stark scharfzeichnen* *Konturen scharfzeichnen*

Die Scharfzeichnungsfilter erhöhen den Kontrast an ohnehin kontrastierenden Bildstellen. Das Bild wird mit 300 dpi gedruckt. Datei: Close-up

80 Prozent

200 Prozent

200 Prozent, nur L-Kanal

500 Prozent

Bei der Unschärfemaskierung reichen meist Stärke-Werte zwischen 80 und 200 Prozent. Als Radius wurde durchgängig 1,0 verwendet, als Schwellenwert 0.

Radius 3

Radius 80

Schwellenwert 5

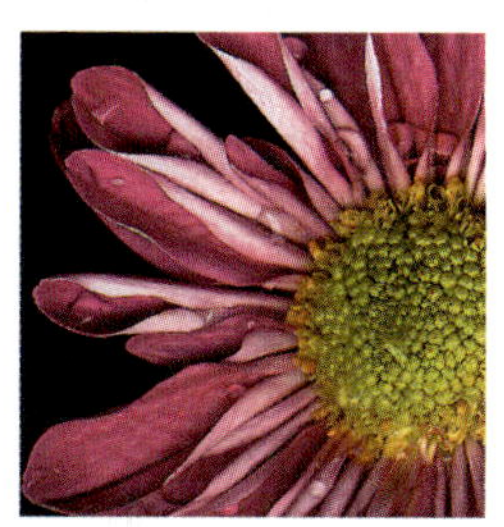
Schwellenwert 30

Der Radiusregler legt fest, in welchem Bereich um eine Kontur herum Photoshop scharfstellen soll. Ein sinnvoller Wert hängt stark von der Druckauflösung ab, hohe Werte führen schnell zu plakativer Wirkung. Der Schwellenwert definiert den Kontrast, der zu einer Scharfstellung führen soll – hohe Schwellenwerte reduzieren die Scharfstellung auf harte Kontraste wie Glanzlichter und Konturen; sie verhindern, das sich vorhandene Störungen stark herauskristallisieren. Alle Beispiele bei Stärke 200.

Weitere Scharfzeichnungsfilter

Einige Scharfzeichnungsfilter kommen ganz ohne Dialogfeld aus und eignen sich für die schnelle Korrektur zwischendurch:

- **Scharfzeichnen** und **Stark scharfzeichnen** erhöht den Kontrast zwischen ohnehin kontrastierenden Pixeln und sorgt so für gesteigerten Schärfeeindruck.
- Genauso, nur weniger differenziert, funktioniert das **Konturen-Scharfzeichnen**. Dieser Filter läßt das Bild weich und bearbeitet nur, was er an Konturen auffindet. So soll die unerwünschte Körnung etwa in Hauttönen oder anderen unregelmäßigen Bereichen vermieden werden. Differenzierter geht das mit erhöhten Schwellenwerten des Filters **Unscharf maskieren** (beschrieben im vorhergehenden Abschnitt).

14.4 Weichzeichnungsfilter

Die **Weichzeichnungsfilter** bügeln Bildteile glatt, indem sie Kontraste herausnehmen. Sie eignen sich, um Vorder- und Hintergrund stärker zu trennen – wichtig bei Montagen – oder um von vornherein Fototapeten zu schaffen, auf die Text oder Schatten gestellt werden soll. Auch soften Sie mit Weichzeichnern Konturen in Alphakanälen, um danach Auswahlen mit weichem Rand zu laden. Oder Sie zeichnen Ränder an montierten oder retuschierten Bildteilen weich. Verwenden Sie einen schwachen Filter mehrfach hintereinander, ganz einfach durch ⌘+F. Weichzeichner gibt es auch als Werkzeug auf der Werkzeugpalette: der Weichzeichner (Kurztaste R) teilt sich dort eine Schaltfläche mit dem Scharfzeichner.

Ein Weichzeichnungsfilter, den Photoshop nicht im Programm hat, macht bei der Konkurrenz gute Figur: die Kameraunschärfe. Um ein wählbares Zentrum herum läßt sie die Schärfe ansteigen und, auf Wunsch, die Helligkeit abnehmen.

Tut sich bei Ihren Weichzeichnern nichts, liegt ein Verdacht nah: Sie haben die Option »Transparente Bereiche schützen« in der Ebenenpalette nicht abgewählt.

Schnelle Weichzeichner

Zwei der Weichzeichnungsfilter arbeiten auf die Schnelle ganz ohne Dialogfeld:

- **Weichzeichnen** dämpft harte Farbübergänge; der Filter hellt Pixel auf, die neben den harten Kanten von vorhandenen Linien oder Schattenzonen liegen;
- **Stark Weichzeichnen** wirkt drei- bis viermal so stark.

»Gaußscher Weichzeichner«

Der **Gaußsche Weichzeichner** zeichnet eine Auswahl mit einem regelbaren Betrag weich; niedrige Werte ab 0,1 zeigen wenig Effekt, hohe Eingaben (bis 250) putzen alles weg. Damit eignet sich der Gaußsche Weichzeichner auch, beliebige hart konturierte Motive zur sanften Tapete umzufunktionieren – jedes Bild mit passenden Farben läßt sich in eine flockige Fläche verwandeln, schöne Farbkombinationen mutieren zum luftigen Pixelgespinst. Bearbeiten Sie Fototapeten noch mit **Tonwertkorrektur** und **Farbton/Sättigung**, mit Störfilter und den Filtern **Beleuchtungseffekte** oder **Blendenflecke**. Wichtig ist die Funktion auch, um Auswahlen im Alphakanal aufzuweichen und um handgefertigten Schatten den luftigen Look zu geben.

Einen duftigen fotografischen Weichzeichnereffekt erzielen Sie, wenn Sie ein weichgezeichnetes Bild mit verminderter Deckkraft über sein naturbelassenes Duplikat legen; experimentieren Sie mit den Überblendmodi »Normal«, »Abdunkeln« und »Aufhellen«. Schnelle Alternative, wenn Sie aufhellen möchten: der **Verzerrungsfilter: Weiches Licht**.

Vorlage

Weichzeichnen

Stark weichzeichnen

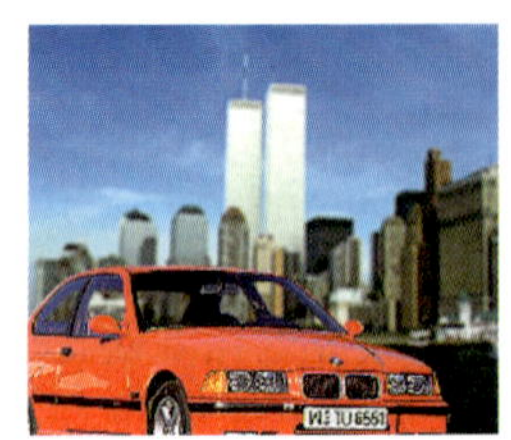

Stark weichzeichnen, 200 dpi

Weichzeichnungsfilter glätten Konturen durch Kontrastausgleich. Die Vorlage hat 300 dpi, bei geringerer Druckauflösung (ganz links) wirkt die Weichzeichnung stärker. Datei: Skyline3

Radius 1,5

Radius 4

Radius 15

Radius 50

Der »Gaußsche Weichzeichner« löst scharf konturierte Motive mit regelbarer Stärke zu flächigen Fototapeten auf.

»Selektiver Weichzeichner«

Der **Selektive Weichzeichner** erinnert bei Anwendung der Option »Fläche« an den **Stilisierungsfilter: Facetteneffekt**, bietet jedoch feinere Kontrolle per Schieberegler. Kleinere oder größere Pixelbereiche werden zu einheitlichen Farbflächen zusammengeschlossen, so daß eine plakative Grafik entsteht, die aber nicht so grob wirkt wie der Befehl **Einstellen: Tontrennung** und die Farbstimmung besser erhält.

Der »Radius«-Regler kontrolliert die Wirkung, niedrige Werte bringen glatte Ergebnisse. Wenn Sie die Option »Kanten« nutzen, entsteht eine Schwarzweißgrafik; anders als beim **Schwellenwert**-Befehl kommen jedoch keine groben Flächen, sondern fein gezeichnete Konturen zustande. Es kann Sinn machen, dieses Ergebnis umzukehren (⌘+I) und eventuell im Modus »Abdunkeln« über eine andere Version des Bildes zu blenden, so daß nur die schwarzen Konturen herauskommen – zu sehen im Bildbeispiel ganz rechts.

Fläche

Kante

Beides

Kombination

Der »Selektive Weichzeichner« glättet Kontraste und kann Konturen herausheben.

»Radialer Weichzeichner«, »Bewegungsunschärfe«

Zwei weitere Filter imitieren fotografische Effekte:

»Radialer Weichzeichner«

Ein **Radialer Weichzeichner** ahmt eine zoomende oder rotierende Kamera nach; Sie geben als Weichzeichnungsmethode »kreisförmig« oder »strahlenförmig« an und dazu einen Wert von -999 bis +999. Beim »kreisförmigen« Modus gibt dieser Wert den Drehungsgrad an; beim »strahlenförmigen« Weichzeichnen nennt er die Stärke des Effekts. Natürlich verwendet man den Filter, um Rotation etwa von Reifen zu zeigen. Aber der dynamische Effekt brezelt alle möglichen Motive auf, so auch Hintergründe oder Schriftzüge.

Sie erhalten grobkörnige Qualität, wenn Sie den schnellen »Entwurf« wählen; weichere Ergebnisse erzielen »gut« und »sehr gut«, die nur in großen Auswahlen überhaupt unterschiedliche Ergebnisse bringen. Auf langsamen Rechnern ein Geduldsspiel.

Kreisförmig, Stärke 5

Strahlen, Stärke 13

Qualität gut

Qualität Entwurf

Der »Radiale Weichzeichner« erzeugt Rotations- und Zoomeffekte. Die längste Rechenzeit braucht die Qualitätsstufe »Sehr gut« (erstes und zweites Bild), doch die Stufe »Gut« unterscheidet sich kaum.

Bewegungsunschärfe

Nur Rand

Mit Duplikat

Text

Der Filter »Bewegungsunschärfe« ahmt einen fotografischen Wischeffekt nach. Es kann sinnvoll sein, ihn nur auf den Rand eines Objekts wirken zu lassen oder ein Duplikat zu bearbeiten und pixelgenau mit Ebenenmaske zu überblenden. Dateien: Skyline, Ball

»Bewegungsunschärfe«

Die **Bewegungsunschärfe** ahmt ein Phänomen der Fotografie nach: Schnelle Bewegungen, die mit langer Belichtungszeit aufgenommen werden, verwischen, ebenso wie starre Motive, wenn die Kamera verrissen wird. Tippen Sie dazu einen »Winkel« ein, oder ziehen Sie die Kreislinie im Uhrzeigersinn für einen positiven, gegen den Uhrzeigersinn für einen negativen Winkel; unter »Distanz« notieren Sie mit Werten von 1 bis 999, wie stark die Wirkung ausfallen soll, wie lang der Wischeffekt gerät. Dieser Filter bietet überdies eine interessante Alternative zum Gaußschen Weichzeichner, wenn Schatten anzulegen oder Hintergründe glattzustreichen sind; die Ergebnisse wirken lebendiger. An Schriftzügen oder Objekten vor einfarbigem Hintergrund läßt sich sogar eine Art 3D-Effekt herausarbeiten.

Die **Bewegungsunschärfe** soll oft nur am Rand eines Objekts wirken. Laden Sie dazu zunächst die Auswahl für das Objekt (⌘-Klick auf das Ebenen-Thumbnail), dann verwenden Sie den Befehl **Auswahl: Auswahl verändern: Rahmen erstellen**, und geben Sie eine Pixelbreite ein. Damit ist nur die Objektkontur von einem Rahmen umflossen. Diesen Rahmen verschieben Sie mit einem Bewegenwerkzeug in die Richtung, in die die Bewegungsunschärfe laufen soll, dann geben Sie ihm eine **Weiche Auswahlkante** und lassen den Filter los. Alternative: Die Objektauswahl umkehren und leicht verschieben. Mitunter überblendet man auch zwei Objekte mit und ohne Bewegungsunschärfe.

Dieser Filter kann auch Oberflächenrelief erzeugen, zum Beispiel auf Verläufen und sonstigen glatten Flächen. Bringen Sie zunächst einen leichten **Störungsfilter** an, dann sorgt die **Bewegungsunschärfe** für feine Riffelung. Dieses Ergebnis läßt sich wiederum mit Kontrastanhebung auffrischen. Prinzipiell leistet Ähnliches auch der **Strukturierungsfilter: Körnung** mit den Optionen »Horizontal« oder »Vertikal«.

14.5 Kreative Verfremdung

Letzte Rettung für fade Scans, Computerspiel für Grafikfexe oder ernsthaftes Imaging? Die zahllosen Effekte der Menüs **Kunstfilter**, **Malfilter**, **Stilisierungsfilter** und **Zeichenfilter** verfremden eine Datei mit künstlerischem oder grafischem Touch. Sie alle haben das Zeug, glatte Computergrafik »menschlicher« zu machen. Aber dabei kann man auch scheitern, und dann sieht es erst recht nach Computer-Schrott aus. »Mal«-, »Zeichen«- und »Kunstfilter« kursierten einst als separat zu erwerbende »Gallery Effects« und zieren den Photoshop erst ab Version 4.0. Zu empfehlen sind Filterkombinationen, nachträgliche Kontrastanhebung, Experimente mit Überblendmodi und Deckkraft – auch zu haben per **Verblassen** – sowie Bearbeitung von Einzelkanälen in Graustufendateien, die in den RGB-Modus konvertiert wurden.

Eine Leinwandstruktur aus dem **Strukturierungsfilter: Mit Struktur versehen** betont noch den handwerklichen Charakter, einzelne Filter verwenden ohnehin Strukturen. Sie bieten im Einblend-Menü den Punkt **Struktur laden**. Diese Funktion wird vorn im »Grundlagen«-Teil dieses Kapitels erklärt.

Der Output ist in aller Regel mehr künstlich als kunstähnlich: Mit den namensgebenden künstlerischen Techniken haben die **Kunstfilter**-Resultate so viel zu tun wie der »Klarinetten«-Klang einer Heimorgel mit dem Klang einer Klarinette. Weder erinnert das **Fresko** an Malerei auf frischem Kalkbewurf noch denkt man beim **Mezzotint**-Output an einen Kupferstich in dieser Technik. Das **Basrelief** hat nur vage mit einem typischen Flachrelief zu tun.

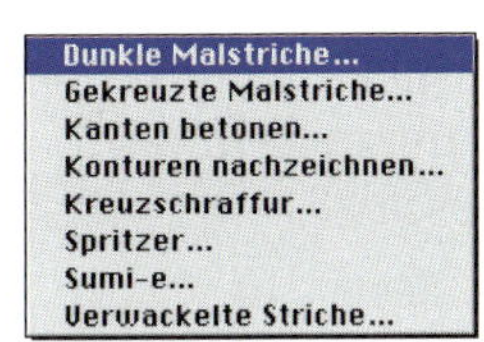

Extrudieren...
Kacheleffekt...
Konturen finden
Konturwerte finden...
Korneffekt...
Leuchtende Konturen...
Relief...
Solarisation
Windeffekt...

Basrelief...
Chrom...
Conté-Stifte...
Feuchtes Papier...
Fotokopie...
Gerissene Kanten...
Kohleumsetzung...
Kreide & Kohle...
Prägepapier...
Punktierstich...
Rasterungseffekt...
Stempel...
Strichumsetzung...
Stuck...

Kunst am Bild: Die Untermenüs »Kunstfilter«, »Malfilter«, »Stilisierungsfilter« und »Zeichenfilter« (v.l.n.r.) verfremden Vorlagen grafisch.

»Stilisierungsfilter«

Die **Stilisierungsfilter** verwandeln Ihre Bilddateien in poppige Grafiken. Sie arbeiten mit Pixelverschiebung und Kontrastmanipulation. Nicht immer wird alles »Kunst statt Kitsch«. Mit Verzerrungen arbeiten die **Stilisierungsfilter: Kacheleffekt**, **Extrudieren** und **Windeffekt**. Im einzelnen:

»Extrudieren«

Beim Extrudieren wird die Vorlage in ein Feld von dreidimensionalen »Quadern« oder »Pyramiden« verwandelt – ein dramatisches Ereignis, das allerdings zu oft in Zeitschriften zu sehen ist. Wählen Sie beim Quader »geschlossene Oberflächen«, werden die oberen Seiten jedes Quaders mit dem mittleren Farbwert gefüllt, was die Sache grafischer, flächiger macht. Alternativ verwenden Sie die Original-Bildpunkte aus der Datei. Sie bestimmen außerdem die »Größe«, also die Grundfläche, der Objekte, und die »Tiefe« – wie weit sie hervorstehen. Sie können die Tiefe auch »zufällig« regeln lassen; »helligkeitsabhängig« bedeutet dagegen, daß helle Bildteile mehr hervorstehen. Sie können Quader oder Pyramiden, die sich nur teilweise innerhalb der Auswahl befinden, ausblenden; »unvollständige Blöcke maskieren« heißt diese Option.

»Kacheleffekt«

Der **Kacheleffekt** zerbricht das Bild in zahlreiche Platten. Geben Sie an, wieviel Kacheln Sie mindestens in jeder Reihe sehen wollen und wie der Zwischenraum zwischen den Platten gefüllt werden soll – am sinnvollsten wohl mit einer ausgewählten »Hintergrundfarbe«. Sie haben insgesamt die Wahl zwischen Vordergrund- und Hintergrundfarbe, der farbverkehrten oder der unveränderten Version des Ursprungsbilds.

»Windeffekt«

Der Windeffekt ahmt mit kleinen horizontalen Linien eine Luftbewegung nach. Dabei ist »Sturm« stärker als »Wind«, und der »Orkan« verschiebt gar die Windlinien. In den vom Autor getesten Versionen schaffte es der »Orkan« gar, Computer aller Systeme zum Absturz zu bringen. Der Effekt wirkt ausgesprochen grob; die Filter **Bewegungsunschärfe** oder **Verwackelungseffekt** agieren differenzierter. Ein Tip: Die Streifen dieses Filters geraten immer weiß; um schwarze Streifen zu erhalten, kehren Sie die Vorlage zunächst um (⌘+I, für Invert), dann filtern Sie, dann kehren Sie erneut um.

»Konturen finden«

Lassen Sie den einschlägigen Filter **Konturen finden**, wenn Sie Objekte in einem Bild mit einem dunklen Rand umgeben wollen und gleichzeitig den Hintergrund dämpfen wollen. Der Filter eignet sich auch zur Überblendung mit dem naturbelassenen Original zum Beispiel in den Modi »Abdunkeln« oder »Hartes Licht«.

»Konturwerte finden«

Beim Filter **Konturwerte** nennen Sie zusätzlich im Feld »Stufe« einen Schwellenwert zum Ermitteln der Farbwerte. Der Wert bezieht sich auf den Tonwertbereich von 0 bis 255; fahren Sie mit dem Mauszeiger ins Bild, und lassen Sie sich von der Infobox nach dem RGB- oder CMYK-Schema zeigen, welche Werte Sie betonen wollen. Die tippen Sie dann ein. Die Option »Unterhalb« wendet den Filter auf Farbwerte unterhalb des festgelegten Werts an; die Option »oberhalb« traktiert die helleren Farbwerte darüber. Wollen Sie die Konturen in ein Halbtonbild einblenden, legen Sie es auf eine Ebene darüber und blenden in den Ebenenoptionen die hellsten

Lichter der »aktuellen Ebene« aus. Es kann sinnvoll sein, vorab weichzuzeichnen und/oder die Kontraste anzuheben.

»Leuchtende Konturen«

Der Filter **Leuchtende Konturen** ist quasi die Neon-Ausgabe der anderen »Kontur«-Funktionen. Stellen Sie mit dem »Glätten«-Regler einen mittleren Wert ein, um auch rauhe Flächen glatt wiederzugeben. Das Farbenspiel läßt sich mit dem Befehl **Farbton/Sättigung** (⌘+U) leicht ändern. Ist der Hintergrund rein schwarz, eignet sich das Ergebnis zum Beispiel gut zum Überblenden mit aufhellenden Modi wie »Negativ Multiplizieren« oder »Aufhellen«. Natürlich können Sie das Ergebnis auch umkehren oder die schwarzen Bereiche per Ebenenoptionen von der Bildfläche verbannen.

Alternativen zu den »Konturen«-Kommandos finden Sie im Untermenü **Malfilter**: Der Befehl **Kanten betonen** ist eine diskrete Fassung von **Konturen finden** oder **Leuchtende Konturen**, die die eigentliche Bildinformation nicht verdrängt, und **Konturen nachzeichnen** wirft noch Farbspritzer ein.

»Relief«

Der **Relief**-Filter läßt eine Auswahl erhöht oder geprägt erscheinen. Dazu werden Konturen nachgezeichnet. Dabei greift das Programm seit Version 5 Farben aus der Datei auf; benötigen Sie ein eher graues Bild nach Art der Vorversionen, nehmen Sie die Sättigung mit dem Regler **Farbton/Sättigung** zurück.

Benötigt werden klare Kontraste. Geben Sie einen »Winkel« zwischen +360 und -360 Grad an oder bewegen Sie die Linie innerhalb des Relief-Dialogfelds. Um die Oberfläche zu erhöhen, tippen Sie einen positiven Wert ein, und einen negativen Wert, um das Bild eingedrückt erscheinen zu lassen. Legen Sie dann die »Höhe« des Reliefs fest und die Stärke von 1 bis 500 Prozent; 1 nimmt besonders viel Farben aus der Auswahl, 500 erhält die Farbwerte entlang den Kanten, wirkt aber grell. Wollen Sie kräftigere Reliefs herausholen, machen Sie das Bild zuvor kontrastreicher, zum Beispiel mit **Tonwertkorrektur** oder **Helligkeit/Kontrast** aus dem **Bild**-Untermenü **Einstellen**. Haben Sie eine Auswahl, können Sie auch per **Bearbeiten**-Befehl die **Kontur füllen** mit einer kontrastierenden Farbe; diese Umrißlinie hinterläßt besonders deutliche Spuren im Relief. Man kann den Filter auch ein zweites Mal mit sehr niedrigen Werten wiederholen – ⌘+Alt+F bringt den letzten Filterdialog wieder her. Der Relieffilter ist in Computerprospekten und Multimedia-Oberflächen zu häufig anzutreffen. Er gibt auch flachen Buchstaben oder Grafiken die dritte Dimension.

Alternativen zum **Relief** auf Basis von Vorder- und Hintergrundfarbe bieten die **Zeichenfilter: Stuck** und **Basrelief**.

Reliefeffekt handgemacht

Einen handgemachten Reliefeffekt erzeugen Sie so:

1. Legen Sie zwei Versionen des Bilds in der Ebenenpalette übereinander, indem Sie zum Beispiel die »Hintergrund«-Ebene auf das Symbol »Neue Ebene« ziehen;
2. kehren Sie die obere Ebene um (⌘+I), und vermindern Sie die Deckkraft;
3. verschieben Sie die obere Ebene um wenige Pixel – zum Beispiel mit den Pfeiltasten, wenn Sie das Bewegenwerkzeug aktivieren (⌘+V);
4. experimentieren Sie mit Überblendmodi wie »Hartes Licht«, »Ausschluß« oder »Ineinanderkopieren« und mit dem »Deckkraft«-Regler.

»Korneffekt«

Der **Korneffekt**-Filter simuliert das Filmkorn eines hochempfindlichen Films, allerdings ist die Stärke nicht regelbar. Er mischt Pixel, um sie weniger scharf erscheinen zu lassen. Sie können die Bildpunkte »normal«, also zufallsgesteuert verteilen lassen. Wenn Sie »abdunkeln« ersetzt Photoshop hellere Pixel durch dunklere. Umgekehrt werden beim »Aufhellen« dunklere Pixel durch hellere ersetzt. Der **Korneffekt** kann den **Störungsfilter** ersetzen und auch einen Alphakanal oder eine Ebenenmaske aufrauhen.

»Solarisation«

Die **Solarisation** erzeugt poppige Kontraste und Farbverfälschungen. Der gleiche Effekt wurde früher in der Dunkelkammer erzielt, indem man einem erst halb entwickelten Fotopapier einen Schuß Licht verpaßte und dann weiterentwickelte. Präziser basteln Sie eine Solarisation, indem Sie die Gradationskurve gegen den Strich verzerren – mit dem Bleistiftwerkzeug und der »Glätten«-Option. Beispiele liefert der Abschnitt »Spezialeffekte« im Kapitel »Kontrast und Farbton«.

Vorlage *Extrudieren* *Extrudieren* *Kacheleffekt*

Konturen finden *Konturwerte finden* *Leuchtende Konturen* *Korneffekt*

Relief *Relief* *Solarisation* *Windeffekt*

»Stilisierungsfilter«: Diese Funktionen erzeugen grafische Verfremdungen und Pixelverschiebungen. Die Beispieldatei wird mit 300 dpi gedruckt. Datei: Flora

»Kunstfilter«

Mal flächig, mal körnig geraten die Ergebnisse mit den Filtern im Untermenü **Kunstfilter**. Sie finden hier schöne Funktionen für flächige Hintergründe, so etwa **Grobes Pastell**, **Farbpapier-Collage**, **Malmesser** bei hoher »Strichstärke« oder **Ölfarbe getupft**. Zu den vielen Photoshop-Variationen des Themas Korn und Kanten gehören die weniger reizvollen Filter **Grobe Malerei**, **Fresko** sowie **Tontrennung & Kantenbetonung**.

»Kunstfilter«: Flächige und körnige Ergebnisse produzieren die Funktionen aus dem Untermenü »Kunstfilter«. Einige verwenden Strukturen. Datei: Flora

»Malfilter«

Die **Malfilter** setzen den Trend der **Kunstfilter** fort: Verzerren und Farbe untermischen. Etwas schwarzen Farbauftrag bringen etwa **Dunkle Malstriche** und **Sumi-e** ins Spiel. **Kanten betonen** ist eine diskrete Fassung von **Konturen finden** oder **Leuchtende Konturen**, während **Konturen nachzeichnen** quasi ein **Kanten betonen** mit Farbspritzern ist. **Spritzer** und **Verwackelte Striche** wetteifern um die gleiche, kleinflächige Verzerrung, während die **Kreuzschraffur** immerhin kreuzförmig verzerrt. Insgesamt wirkt das Angebot in diesem Untermenü weniger inspirierend.

Dunkle Malstriche *Gekreuzte Malstriche* *Kanten betonen* *Konturen nachzeichnen*

Kreuzschraffur *Spritzer* *Sumi-e* *Verwackelte Striche*

»Malfilter«: Die Filter dieser Gruppe arbeiten mit feinen Verzerrungen und Farbspritzern.

»Zeichenfilter«

Zahlreiche **Zeichenfilter** greifen auf Vorder- und Hintergrundfarbe zu. Denken Sie daran, daß Sie diese Tonwerte besonders einfach über die **Farbfelder** oder mit dem **Farbregler** einstellen können, erhältlich im **Fenster**-Menü. Details erklärt das Kapitel »Kontrast und Farbton«. In der Regel macht es Sinn, als Hintergrundfarbe Weiß zu verwenden; die Standardfarben Schwarz und Weiß richten Sie mit der Kurztaste D (für Default Colors) ein.

Die Resultate lassen sich problemlos umfärben mit dem »Farbton«-Regler im Dialogfeld »Farbton/Sättigung« (⌘+U); auch eine Tonwerterweiterung ist oft angezeigt. Sie sehen zwar nicht so aus, aber die entstehenden Bilder haben meist mehr als 256 Tonwerte und lassen sich damit nicht verlustfrei als 8-Bit-Datei speichern, um sie etwa im GIF-Format auf einer Internet-Seite zu verwenden. Sichtbare Verluste entstehen jedoch kaum, wenn Sie in den **Modus: Indizierte Farben** wechseln und dabei die »Flexible Palette« anwählen, die die 256 häufigsten Farben eines Bildes verwendet. Details klärt das Kapitel »Öffnen, Speichern, Dateiformate«.

Als **Alternativen** zum **Relief**-Filter können **Basrelief** und **Stuck** fungieren, wenn man mit der Vordergrundfarbe arbeiten möchte. Eine Verstärkung der **Plastikverpackung** bietet der Materialwechsel zu **Chrom**. Der **Stempel**-Befehl mit seinen Strichgrafiken ist einmal mehr eine Alternative zu **Schwellenwert** plus **Hochpaß**. Auch der **Rasterungseffekt** basiert auf Vorder- und

Hintergrundfarbe und unterscheidet sich damit deutlich vom **Vergröberungsfilter: Farbraster**; der **Rasterungseffekt** erzeugt eher eine »digitale« Anmutung, läßt an Monitorzeilen oder Radiowellen denken. Die **Fotokopie** ermöglicht das, wonach alle Computerdesigner lechzen: eine perfekte, gelackte Vorlage wieder billig und lebendig wirken lassen. Das **Feuchte Papier** wurde offenbar falsch einsortiert: Mit seinen Lichtsäumen und feinen Verzerrungen auf Mikroebene erinnert es eher an **Kreuzschraffur** und andere.

Basrelief *Chrom* *Conté-Stifte* *Feuchtes Papier*

Fotokopie *Fotokopie* *Gerissene Kanten* *Kohleumsetzung*

Kreide & Kohle *Prägepapier* *Prägepapier* *Punktierstich*

Rasterungseffekt *Stempel* *Strichumsetzung* *Stuck*

»Zeichenfilter«: Die Ergebnisse basieren auf Vorder- und Hintergrundfarbe.

14.6 Beleuchtungseffekte

Er ist der Solitär unter den Filtern: Der **Rendering-Filter: Beleuchtungseffekte** taucht flaue Motive ins rechte Licht, blendet visuellen Schrott mildtätig aus, haucht flachen Hintergründen Leben ein, schafft digitales Drama und verleiht Pixelflächen Wärme und Ambiente. Die **Beleuchtungseffekte** harmonieren mit vielen anderen Filtern; oft reicht behutsame Anwendung.

Die »Beleuchtungseffekte« tauchen Bilddateien in Flutlicht.

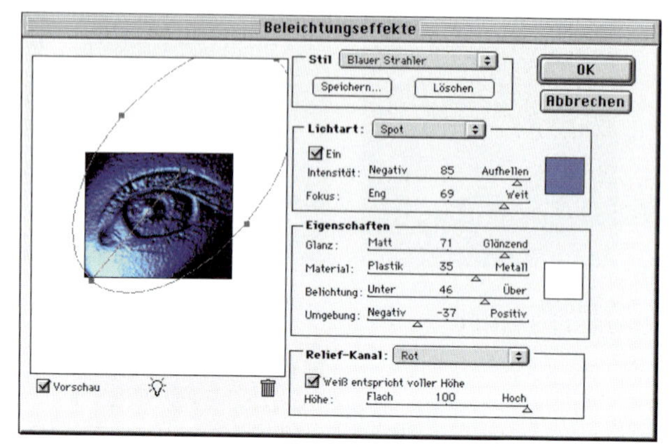

Das Prinzip: Sie haben eine Lichtquelle – oder mehrere – und darum herum ein Umgebungslicht. Sie definieren die Farbe und die Intensität sowohl für Lichtqellen als auch für das Umgebungslicht. So kann es innen heller und außen herum dunkler werden.

Insgesamt stehen Ihnen maximal 16 Lichtquellen, drei Lichtarten und fünf regelbare Eigenschaften, darunter »Glanz«, »Material« und »Grundhelligkeit«, zur Verfügung. Zusätzlich können Sie Struktur per Alphakanal einflechten und mit Reliefwirkung ausleuchten lassen.

Die **Beleuchtungseffekte** funktionieren nur bei RGB-Bildern – so wie sich auch Licht nach dem RGB-Schema mischt. Will also der Filter partout nicht starten, haben Sie vielleicht nicht das RGB-Gesamtdokument aktiviert, sondern einen Alphakanal.

Um einen Beleuchtungseffekt flexibel über einer Datei verschieben zu können, wenden Sie ihn auf eine separate Ebene an; klicken Sie mit gedrückter Alt-Taste auf das Symbol »Neue Ebene«, entscheiden Sie in den Ebenenoptionen auf den Modus »Hartes Licht« und auf Füllung mit der »neutralen Farbe«, hier Grau. Damit der Beleuchtungseffekt nicht gleich am aktuellen Bildrand abgeschnitten wird, können Sie diese Ebene mit der »Transformieren«-Funktion über den aktuellen Dateirand hinaus vergrößern. Detailliert erklärt wird das Verfahren am Beispiel des Filters **Blendenflecke** in der »Übung: Neutrale Farbe« im »Ebenen«-Kapitel.

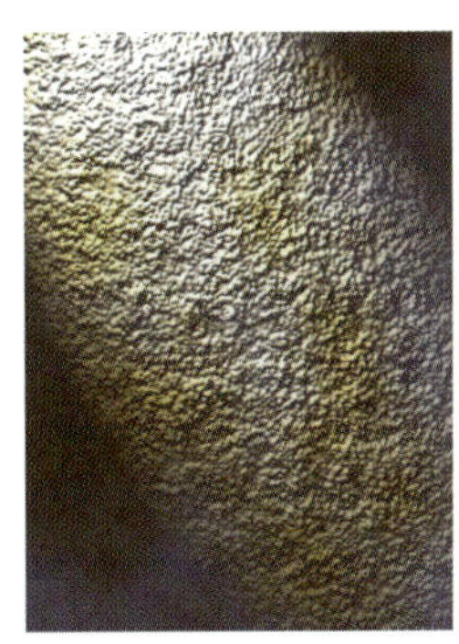

Der Filter »Beleuchtungseffekte« blendet unerwünschte Bildteile aus, er strukturiert Hintergründe und webt per »Relief-Kanal« Texturen ein. Datei: Kette

Stil und Lichtquellenarten

Im Einblend-Menü »Stil« wählen Sie eine Beleuchtungsart. Der »Stil« speichert alle Einstellungen für alle Lichtquellen, die zur gleichen Zeit brennen. Adobe liefert schon eine Reihe Stile mit; Ihre eigenen Lichtkreationen lassen sich mit den entsprechenden Schaltflächen »Sichern« und auch wieder »Löschen«; jede Komposition erscheint im Einblend-Menü »Stil«.

Im Einblend-Menü »Lichtart« wählen Sie »Spot«, »Strahler« oder »Diffuses Licht«. Was damit gemeint ist:

»Diffuses Licht«

»Diffuses Licht« ist am wenigsten regulierbar und scheint über die ganze Fläche gleichmäßig hell. Mit der Linie in der Vorschau bestimmen Sie Winkel, Richtung und Standort. Je mehr Sie die Linie verkürzen, um so heller scheint das diffuse Licht. Ziehen mit gedrückter Umschalt-Taste hält den Winkel konstant und verändert nur die Länge der Linie. Umgekehrt korrigieren Sie den Winkel bei geschützter Länge mit gedrückter ⌘-Taste.

»Strahler«

Ein »Strahler« dagegen leuchtet direkt von oben auf das Bild. Im Vorschaufeld erscheint deshalb stets ein konzentrischer Kreis; Sie können ihn durch Ziehen am mittleren Griff bewegen oder mit einem der vier äußeren Griffe vergrößern oder verkleinern.

»Spots«

»Spots« erzeugen ellipsenförmiges Licht, das von einem definierbaren Strahlerstandpunkt ausgeht. Die Linie im Vorschaufeld legt Richtung und Winkel fest, die vier Griffpunkte zeigen die Begrenzung. Sie bewegen die Lichtquelle durch Ziehen des mittleren Griffpunkts in der Strahlerfarbe; an den äußeren Griffpunkten regulieren Sie Winkel und Länge des Lichtstrahls. Mit gedrückter Umschalt-Taste halten Sie die Winkel konstant und verändern nur die Größe. Umgekehrt hält die gedrückte ⌘-Taste die Größe konstant, so daß Sie nur die Richtung des Spots und den Winkel ändern können.

Flaue Vorlagen (ganz links) tauchen die »Beleuchtungseffekte« in eine Mischung aus Umgebungslicht und Strahler: Das »diffuse Licht« scheint über die ganze Fläche gleichmäßig (2. Bild); der »Strahler« leuchtet direkt von oben (3. Bild); ein »Spot« (ganz rechts) kommt aus einer festgelegten Richtung. Datei: Devisen

»Lichtart«

Im Feld »Lichtart« stellen Sie die Eigenschaften der markierten Lichtquelle ein.

- Im Einblend-Menü wählen Sie einen Lichtquellentyp, also »Spot«, »Strahler« oder »Diffuses Licht«.
- Der Regler »Intensität« kontrolliert die Stärke des Effekts. Ziehen Sie den Regler nach rechts in Richtung auf »Aufhellen«, nimmt der Effekt zu. Ziehen Sie den Regler nach links in Richtung von »Abschatten«, nehmen Sie Helligkeit weg.
- Der »Fokus«-Regler bestimmt bei der Lichtquelle »Strahler«, wie weit sich das Licht innerhalb der Strahlerbegrenzung ausbreiten kann. Nur wenn der Regler auf »Weit« steht, wird das Licht die ganze Begrenzung ausfüllen, ansonsten verteilt es sich weit schwächer nur im Umfeld des Zentrums. So läßt sich ein helles, aber schwach ausstrahlendes Licht ebenso einstellen wie ein schwaches, aber über die gesamte Begrenzung verteiltes Licht. Ist bei »Weit« der Anschlag erreicht, brennt das Licht mit einer unangenehm harten Kante.
- Klicken Sie in das Farbfeld, um im Farbwähler eine Lichtfarbe zu definieren. Informationen zum Farbwähler finden Sie im Kapitel »Füllen, Malen, Retuschieren«.
- Mit dem »Ein«-Schalter knipsen Sie das Licht vorübergehend aus, ohne es zu löschen.

»Eigenschaften«

Mit vier Reglern definieren Sie die Lichteigenschaften näher:

- Der »Glanz«-Regler stellt stufenlos Oberflächen von »Matt« bis »Glänzend« her.
- Neben »Material« legen Sie fest, ob Lichtquelle oder Objekt stärker reflektiert: Bei »Plastik« wird stärker die Farbe der Lichtquelle gespiegelt, während »Metall« die Objektfarbe betont.
- Die »Belichtung« hellt das Bild auf, wenn ein positiver Wert eingestellt ist; bei negativen Werten wird das Motiv abgedunkelt.
- Mit der »Grundhelligkeit« legen Sie den Einfluß des Umgebungslichts fest. Ein positiver Wert macht die Lichtquelle allein wirksam, ein negativer Wert nimmt ihren Einfluß zurück.

❒ Nach einem Klick auf das Farbfeld im Abschnitt »Eigenschaften« stellen Sie die Farbe des Umgebungslichts ein.

Stellen Sie »Grundhelligkeit« auf Plus-Werte und »Intensität« auf einen Minus-Betrag, um einen Schatten zu erzeugen oder um einfach abgedunkelte Bereiche zu definieren, beispielsweise als Gegensatz zu ausgeleuchteten Flächen.

Vorschaufeld

Über dem Vorschaubild stellt Photoshop die Strahler dar. Die einzelnen Lichtquellen bewegt man durch Ziehen an den Mittelpunkten, die gleichzeitig die Lichtfarbe darstellen. Begrenzung und Winkel stellt man mit den Griffpunkten an den Begrenzungskreisen ein. Dabei kann jeweils nur ein Strahler gleichzeitig bearbeitet werden, nur bei ihm sind Griffpunkte und Begrenzung sichtbar; den nächsten Strahler aktivieren Sie durch Klick auf einen Strahler-Mittelpunkt. Auch mit der Tabulator-Taste springen Sie von einem Strahler zum nächsten. Daß man nicht einige oder alle Strahler zugleich verschieben kann, macht die Arbeit an komplexen Kreationen nicht leichter.

Ziehen Sie das Lichtquellen-Symbol auf die Vorschaufläche, um eine neue Lichtquelle einzubringen – maximal 16 dürfen strahlen. Mit gedrückter Alt-Taste duplizieren Sie eine vorhandene Lichtquelle. Überflüssige Lichtquellen entsorgen Sie in den Mülleimer oder per Rückschritt-Taste. Der »Ein«-Schalter im Abschnitt »Lichtart« knipst eine Lampe vorübergehend aus, ohne sie zu entfernen.

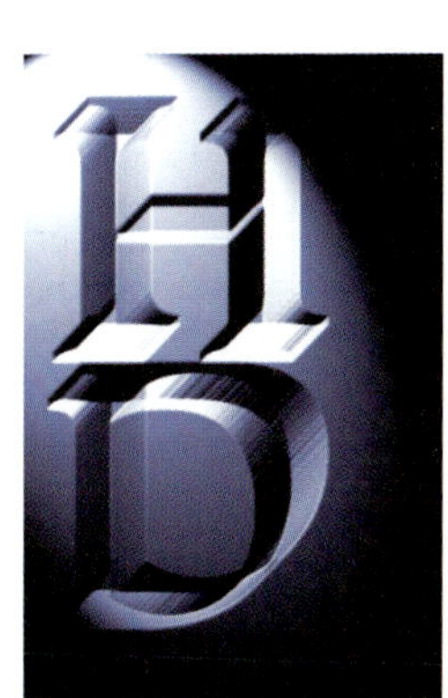

Links: Ein Alphakanal mit »Struktur« wurde mit einer Schriftauswahl bearbeitet und dann als Reliefkanal verwendet. Rechts: Die Auswahl des Objekts wurde im Alphakanal weichgezeichnet und als Reliefkanal eingesetzt. Weißer Text auf Schwarz wurde im Alphakanal mit dem Filter »Bewegungsunschärfe« verzerrt, auf neutralgrauem Grund als Reliefkanal ausgeleuchtet und mit der »Kolorieren«-Option des Dialogs »Farbton/Sättigung« bearbeitet. Dateien: Western, HD

»Reliefkanal«

Alphakanäle oder Grundfarbenkanäle können Sie nutzen, um Relief ins Werk zu weben:

- Als »Reliefkanal« wählen Sie einen Alphakanal oder einen Grundfarbenkanal, der eine Struktur enthält, die Photoshop als Relief ausleuchten soll.
- Mit der Option »Weiß entspricht voller Höhe« kehren Sie die Auswahlwirkung des Kanals um – statt der schwarzen Bereiche markieren jetzt die Weißzonen im Alphakanal die Bildteile, die Photoshop erhaben darstellen soll.
- Mit dem Regler variieren Sie die Höhe des Reliefs zwischen »Hoch« und »Flach«.

Schade nur, daß hier ein Regler für »Skalierung« fehlt, wie ihn viele andere Filter zu bieten haben. Als Füllung für die Reliefkanäle kommen zum Beispiel Strukturen von Stoff, Papier, Holz, Stein oder Stoff in Frage. Photoshop liefert einige Strukturen mit, zu finden im Programmordner »Goodies/Beleuchtungseffekte Strukturen«, weiteres Material liegt auf der Photoshop-CD. Einfachste Lösung: Laden Sie eine Struktur in einen Alphakanal – zum Beispiel per **Rendering-Filter: Struktur laden** oder per **Fläche füllen** –, dann verwenden Sie den Alphakanal in den »Beleuchtungseffekten«. Es macht Sinn, gleich diverse Kanäle mit unterschiedlichen Strukturen vollzupacken, so daß man im Vorschaumodus schnell alle ausprobieren kann.

Reliefkanal variieren

Aber verwenden Sie auch einmal eine Objektkontur, eine ganz normale Freistellmaske. Damit umfließt das Licht Ihr Objekt sehr reizvoll nur an den Rändern – sollten Sie jedoch Schwarz sehen, schalten Sie die Option »Weiß entspricht voller Höhe« um. Verkleinern Sie diese Alphakanal-Auswahl auch einmal mit dem Befehl **Dunkle Bereiche vergrößern** aus dem Filter-Untermenü **Sonstige Filter**; zuvor duplizieren Sie aber den guten Auswahlkanal, indem Sie ihn auf das Symbol »Neuer Kanal« ziehen. Zu harte Ränder zeichnen Sie weich.

Haben Sie keinen Maskenkanal für Ihr Objekt angelegt, tut es mitunter auch der Grundfarbenkanal – jedenfalls wenn sich das Objekt kontrastreich vom Hintergrund abhebt. Klicken Sie vor Aufruf des Filters die Einzelkanäle in der Kanälepalette an, um herauszufinden, welcher Kanal das Motiv am besten herausstellt.

Photoshops Prinzip: Graustufen werden in Höhenwerte umgesetzt. Also kann man sich jede beliebige Graustufendatei in ein Gebirge umrechnen lassen, zum Beispiel Buchstaben. Laden Sie den Text in den Alphakanal, und zeichnen Sie ihn weich. Damit der volle Tonwertbereich ausgenutzt wird und große Höhenunterschiede zustande kommen, erweitern Sie mit dem Befehl **Tonwertkorrektur** aus dem **Bild**-Untermenü **Einstellen** das Tonwertspektrum – ein Klick auf die »Auto«-Schaltfläche spreizt den Tonwertumfang weitgehend von Schwarz bis Weiß; Sie können dort noch mit dem grau dargestellten Gammaregler die mittleren Tonwerte mehr aufhellen oder abdunkeln – je nachdem, ob das virtuelle Gebirge schnell oder langsam in die Höhe schießen soll. Sie können auch die Textauswahl in einen Kanal mit einer Struktur laden. Dunkeln Sie das Textinnere ab, hellen Sie die umgekehrte Auswahl auf. Eventuell sollten Sie weichzeichnen und Kontrast herausnehmen, wenn einerseits die Schrift hoch aufragen, aber die Struktur nicht zu stark hervortreten soll.

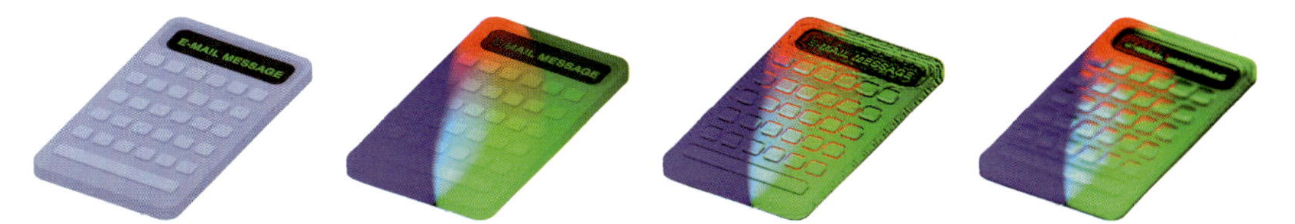

Rechenspiele: Eine schlichte Grafik aus einer Clipart-Sammlung (links) wird mit der RGB-Voreinstellung aus den Beleuchtungseffekten bearbeitet (2. Bild). 3. Bild: Hier wurde der Rotkanal als Reliefkanal verwendet. 4. Bild: Hier diente ein weichgezeichnetes Duplikat des Rotkanals als Reliefkanal.

14.7 Vergröberungs- und Strukturierungsfilter

Die zwei Untermenüs **Vergröberungsfilter** und **Strukturierungsfilter** bieten vor allem Funktionen, die Pixelflächen zusammenfassen oder aufrauhen.

»Strukturierungsfilter«

Die **Strukturierungsfilter** rauhen Bildoberflächen auf. Die Ergebnisse lassen sich teilweise auch mit anderen Filtern erzielen. Dieses Untermenü zielt aber mehr auf malerische Ergebnisse und weniger auf Zweckverfremdung, die noch weiter bearbeitet wird. Der Filter **Mit Struktur versehen** und die allgemeinen »Struktur«-Funktionen wurden bereits zu Anfang des Kapitels im Abschnitt »Struktur« besprochen.

»Buntglas-Mosaik«

Ein sehr abstraktes »Mosaikfenster« produziert der Filter **Buntglas-Mosaik**. Die Größe der Fugen ist regelbar, die Farbe der Fugen wird aus der aktuellen Vordergrundfarbe hergeleitet. Hohe »Lichtintensität« führt zu einer malerischen Überstrahlung.

»Kacheln«

Grobe Mosaiksteinchen mit festgelegter Oberflächenstruktur erzeugt der Filter **Kacheln**. Die Tiefe der Fugen ist regelbar. Im Grunde ist dieser Filter nur eine Teilfunktion von **Mit Struktur versehen**.

»Körnung«

Statt **Störungen hinzufügen** können Sie auch eine **Körnung** anbringen. Dieser Filter bietet schöne Varianten des Themas »Zufällige Pixelverteilung«, so etwa mit den Optionen »Horizontal« und »Vertikal«, die eine Art Maserung aufbringen. Die »Intensität« ist regelbar, nicht so die Skalierung. Nach einer **Körnung** kann man die Überblendung per **Verblassen** testen, zum Beispiel im Modus »Hartes Licht«.

»Patchwork«

Patchwork? Der Filter erinnert eher an Legobausteine; verwandte Verfremdungen stellen Sie her mit **Kacheleffekt** oder **Extrudieren**.

»Risse«

Ähnlich den **Kacheln** fressen auch die **Risse** tiefe Gräben in ein Bild, freilich unregelmäßiger und ohne eine allgemeine Oberflächenstruktur. Hier ist die Breite der Gräben regelbar.

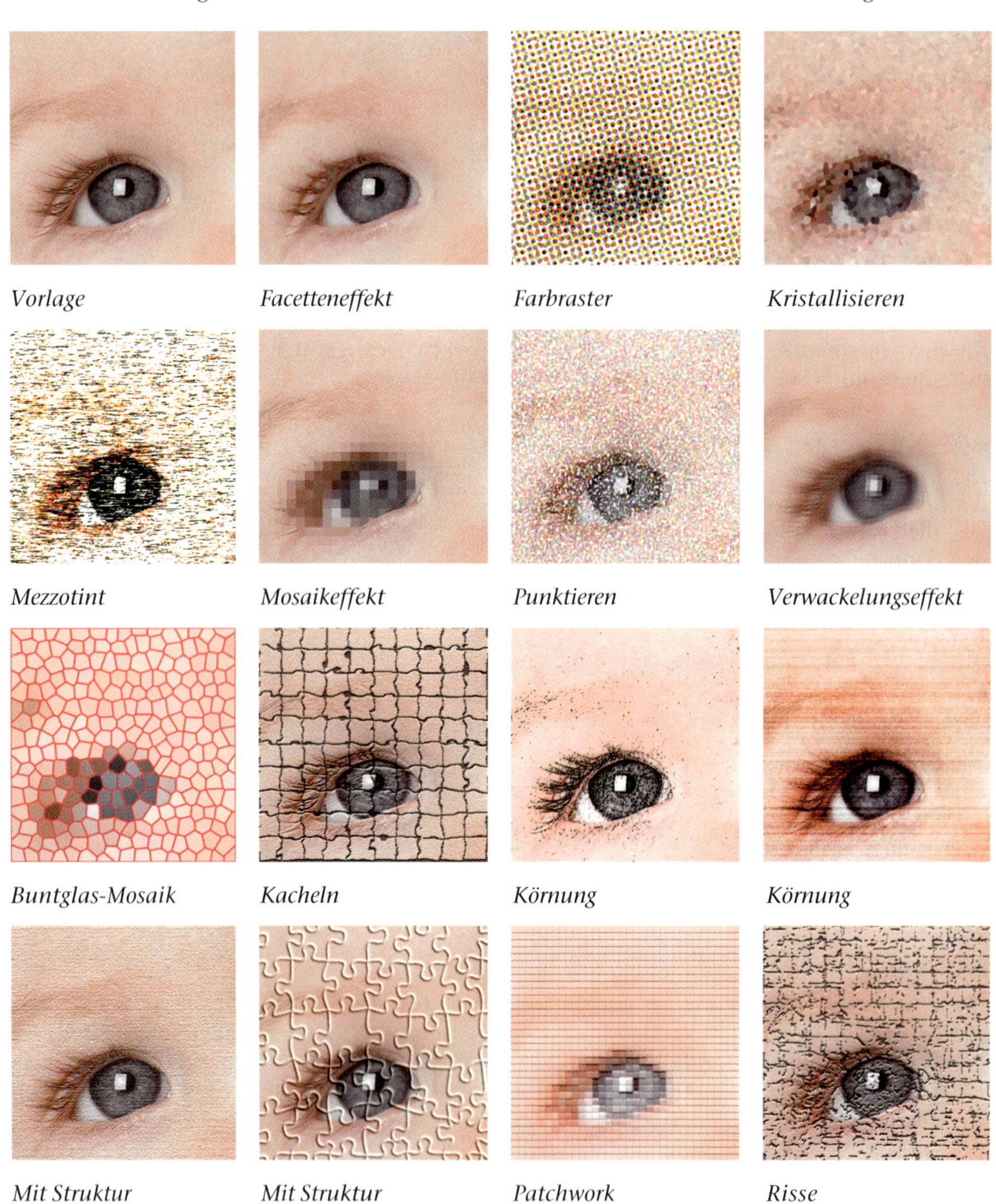

Die Wirkung der »Vergröberungsfilter« hängt stark von der Druckauflösung ab. Auch die »Strukturierungsfilter« verändern scheinbar die Bildoberfläche. Datei: Auge

»Vergröberungsfilter«

Die **Vergröberungsfilter** fassen, jeder auf seine Art, Bereiche unterschiedlicher Pixel zu geschlossenen Blöcken zusammen, und wollen dadurch einen malerischen Effekt erzielen oder Strukturen schaffen. Die Wirkung hängt stark von der Druckauflösung ab. Im einzelnen:

»Mosaikeffekt«

Der **Mosaikeffekt** faßt Bildpunkte zu quadratischen Blöcken zusammen. Das Bildergebnis mutet pixelig und »digital« an. Manche Zeitschriften anonymisieren Personen nicht mehr mit schwarzem Augenbalken, sondern per **Mosaikeffekt** im Gesichtsbereich. Geben Sie eine Zellengröße zwischen 2 und 64 Bildpunkten vor. Spätere Kontrastanhebung verstärkt den Effekt.

»Verwackelungseffekt«

Der **Verwackelungseffekt** erzeugt vier Kopien der Pixel, berechnet ihren Durchschnitt und plaziert sie versetzt zueinander. Das eignet sich manchmal auch für einen verwischten Hintergrund. Alternative: Manuell mehrere Ebenen hintereinandersetzen, mit abnehmender Deckkraft (per Zifferntaste) und verschiedenen Überblendmodi experimentieren.

»Facetteneffekt«

Der **Facetteneffekt** gibt Bildern ein handgemaltes Aussehen und kann das seine beitragen bei der Erstellung einer malerischen Hintergrundtapete. Der Effekt wirft Farbnuancen heraus und läßt die Datei so sehr flächig wirken. Probieren Sie den Facetteneffekt mehrfach hintereinander, dann sieht man seine Wirkung erst richtig. Eine Alternative mit Regelmöglichkeit bietet der **Weichzeichnungsfilter: Selektiv weichzeichnen** mit der Option »Fläche«.

»Punktieren«

Beim **Punktieren** bricht die Farbe in zufällig plazierte Punkte auf wie in einem pointilistischen Gemälde. Quasi als Leinwandfläche zwischen den Punkten dient die Hintergrundfarbe, die auf einem hellen, wenig gesättigten Wert stehen sollte; Weiß richten Sie mit Kurztaste D ein. Wählen Sie eine »Zellengröße« zwischen 3 und 300 Bildpunkten. Dieser Filter eignet sich auch, um Farbflächen diskret aufzurauhen.

»Kristallisieren«

Beim **Kristallisieren** werden Bildpunkte zu flächig eingefärbten »Kristallen« zusammengefaßt. Die Zellengröße bei diesem rechenintensiven Filter rangiert zwischen 3 und 300 Pixeln.

»Mezzotint«

Schraffurverfremdungen produziert der Befehl **Mezzotint**. Er hat verschiedene Parallelen in den **Zeichenfiltern**. Es kann sinnvoll sein, die Sättigung zurückzunehmen, zu kolorieren oder gleich ein Graustufenbild zu bearbeiten.

»Farbraster«

Das **Farbraster** erzeugt in jedem Farbkanal ein sehr grobes Druckraster. Der Filter löst das Bild in Rechtecke auf, jedes Rechteck wird durch einen Kreis ersetzt, die Größe der Kreise verhält sich proportional zur Helligkeit des Rechtecks. Sie bestimmen den »Radius« eines Rasterpunktes und den Winkel, in dem die Rasterlinien angeordnet sein sollen. Geben Sie für jede Grundfarbe einen eigenen Winkel ein, und probieren Sie auch die Modusänderung zu CMYK. Im Druck kann es leicht zu Moiré kommen. Das »Farbraster« eignet sich auch, einen Bildrand aufzurastern; das Procedere liefert die folgende Übung.

Übung: Gerasterter Rand

In dieser Übung sehen Sie, wie sich die **Vergröberungsfilter** nutzen lassen, um Bildränder attraktiv aufzurastern.

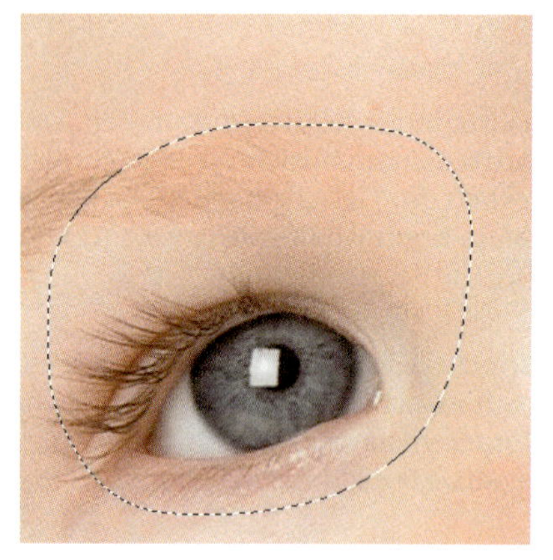
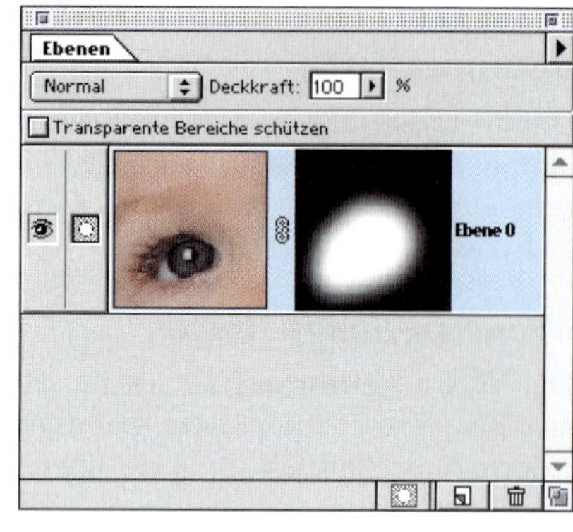

Augengrauen: Markieren Sie zunächst den gewünschten Bildbereich mit dem Lasso. Soften Sie den Auswahlübergang mit dem »Auswahl«-Befehl »Weiche Auswahlkante« deutlich ab, zum Beispiel um 15 Pixel. Dann klicken Sie in der Ebenenpalette auf das Symbol »Ebenenmaske hinzufügen«; die Auswahl wird in eine Ebenenmaske umgesetzt, der Bereich außerhalb der Ebenenmaske ist verborgen. (Das funktioniert nicht auf einer »Hintergrund«-Ebene; falls Sie auf einer »Hintergrund«-Ebene arbeiten, klicken Sie doppelt auf das Ebenen-Thumbnail, um sie in eine reguläre Ebene zu verwandeln.) Datei: Auge

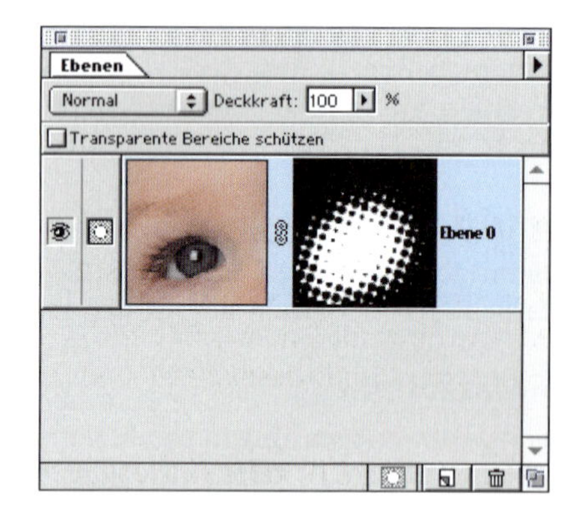

Achten Sie darauf, daß weiterhin die Ebenenmaske aktiviert ist und nicht etwa die Ebene selbst – zu erkennen an dem Maskensymbol neben dem Ebenen-Thumbnail sowie in der Titelleiste des Bildes. Starten Sie den »Vergröberungsfilter: Farbraster« mit einem Wert von etwa »12«. Bei größeren Dateien müssen Sie die Angabe entsprechend erhöhen. Der weiche Übergang in der Ebenenmaske wird aufgerastert, entsprechend erscheint auch der Bildrand aufgerastert. Wenn Sie die Verbindung – erkenntlich an dem Kettensymbol – zwischen Maske und Ebene aufheben, können Sie das Motiv innerhalb des unbeweglichen Rahmens verschieben.

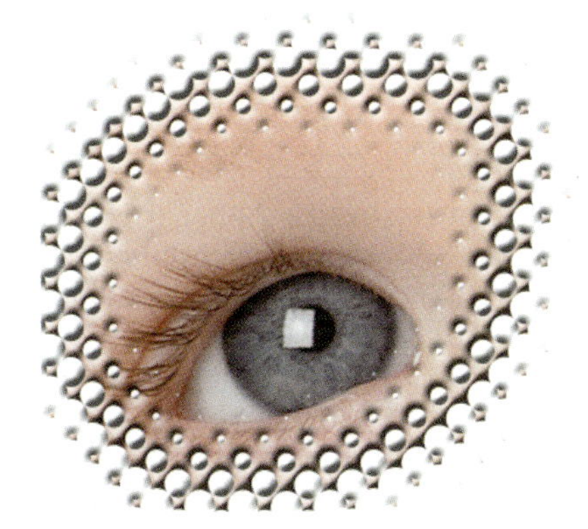

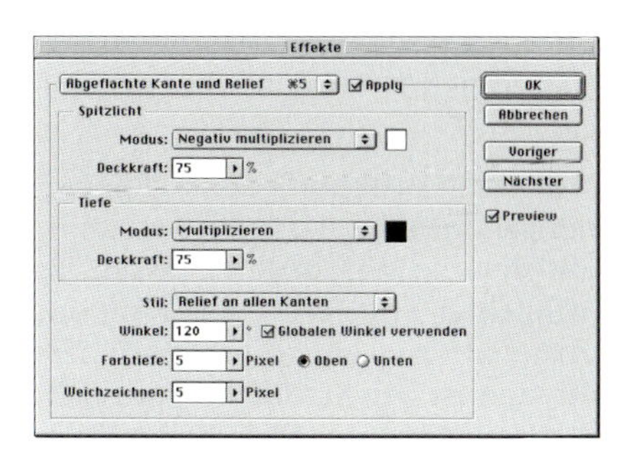

Um den Effekt zu verstärken, kommen hier die Ebeneneffekte hinzu. Zunächst wird die Umgebung des Bildmittelpunkts dauerhaft gelöscht, indem man die Ebenenmaske in den Mülleimer zieht und dabei anwendet. Dann kann man die Ebeneneffekte aufrufen. Datei: Auge_2

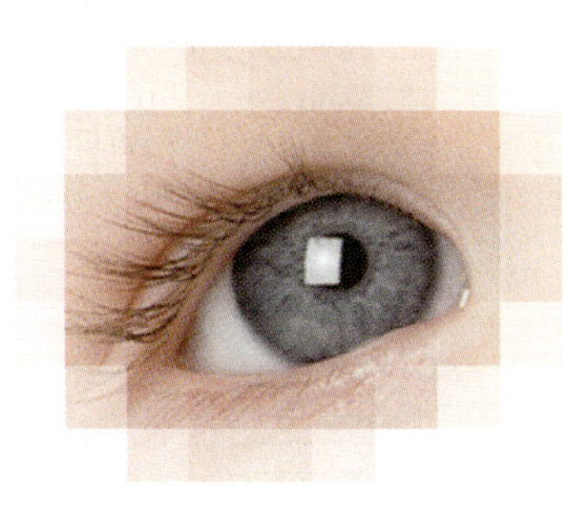

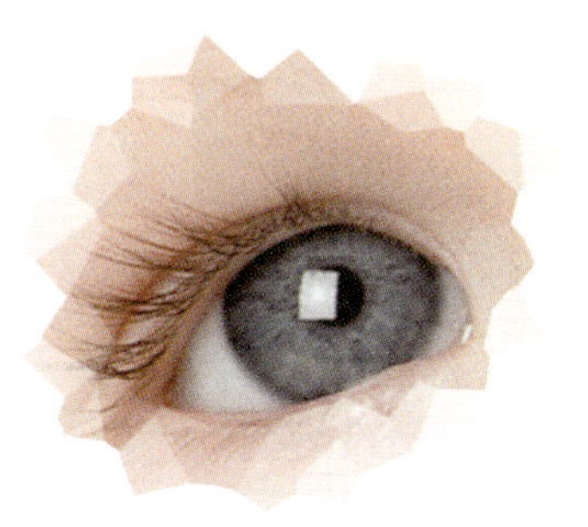

Auch »Mosaikeffekt« (links) und »Kristallisieren« eignen sich, um einen weichen Rand zu vergröbern.

14.8 Störungsfilter

Die **Störungsfilter** verändern die Struktur eines Bildes. **Störungen hinzufügen** vergröbert das Motiv, die anderen sorgen für eine Weichstellung. In allen Fällen sollten Sie die Wirkung der Filter im Abbildungsmaßstab 100 Prozent prüfen.

»Störungen hinzufügen«

Der Filter **Störungen hinzufügen** fügt nach einem Zufallsschema kontrastierend gefärbte Pixel ein und läßt so eine glatte Fläche körniger und rauher wirken. Damit wirken Bereiche, die Sie mit dem Pinsel, mit Farbeimer oder Verlauf gemalt haben, weniger glatt und gelackt, ebenso Erzeugnisse aus Grafik- oder Renderingprogrammen. Auch wenn Sie einen der vielen »künstlerischen« Filter auf eine glatte Grafik anwenden wollen, empfiehlt sich ein Störungsfilter. Wer im Photoshop viel malt und illustriert, wird diese Filter brauchen. Ihre Optionen:

- Unter »Menge« geben Sie an, wie stark die Störpixel von den bereits vorhandenen Farbwerten abweichen dürfen; von 1 bis 999 ist alles möglich.

- Dann wählen Sie, ob die Farbwerte »gleichmäßig« abweichen sollen oder nach der »Gaußschen Normalverteilung« – diese Option bevorzugt kleine Abweichungen, läßt aber auch starke zu und wirkt auffälliger.
- Die Option »Monochrom« wendet den Filter nur auf den Grauanteil des Bildes an und wahrt so die Farbbalance.

Die Wirkung des Störungsfilters ist stark abhängig von der Druckauflösung. Je höher aufgelöst Sie drucken, desto weniger auffällig wirkt ein bestimmter Filterwert. Mit Scharfzeichnung oder Kontrastanhebung läßt sich die Wirkung verstärken. In Verbindung mit **Bewegungsunschärfe** oder einem **Verzerrungsfilter** eignet sich die Funktion auch, um Oberflächenstrukturen aus dem Nichts heraus zu schaffen – eine Rauhfasertapete ist das Mindeste. Eine Alternative mit künstlerischen Ambitionen ist der **Strukturierungsfilter: Körnung**, dessen Sparversion **Korneffekt** heißt. Weitere Alternative: der Mal- und Montagemodus »Sprenkeln«, zu finden in der Ebenenpalette beziehungsweise bei den Werkzeugoptionen; testen Sie hier verschiedene Werte für Deckkraft.

Links: Dieses Objekt aus einem Renderingprogramm wirkt in der Montage zu glatt. »Störungen hinzufügen« dämpft den künstlichen Eindruck. Rechts: Die Wirkung des Filters hängt stark von der Druckauflösung ab. Hier wurden die Einstellungen »30«, »60« und »60« monochrom verwendet – einmal mit 200, einmal mit 150 dpi. Datei: Baum

»Störungen entfernen«

Störungen entfernen möchten Sie etwa nach dem Scannen eines bereits gerasterten Bildes, bei dem ein deutliches Moiré stört. Dieser Filter zeichnet die gesamte Auswahl weich, indem er Farbkontraste mildert, tastet aber Konturen nicht an. Auch für Scannerstreifen kann er gut sein – doch die Gefahr einer Weichstellung besteht. Er eignet sich auch zum Glätten von unruhigen Strichscans.

»Helligkeit interpolieren«

Zu starke Helligkeitsunterschiede merzt der Filter **Helligkeit interpolieren** aus. In einem »Radius«, den Sie von 1 bis 16 definieren, werden Helligkeiten gemessen und stark abweichende Pixel, die als Störenfriede gelten, mit Mittelwerten übertüncht.

Statt dieser beiden Filter können Sie auch die Pixelzahl des Bildes mit dem **Bild**-Befehl **Bildgröße** neu berechnen. Aktivieren Sie das »Neuberechnen«, und geben Sie eine geringfügig geänderte Auflösung an. Stellen Sie in den Voreinstellungen (⌘+K) als »Interpolationsmethode« »Bikubisch« ein – dieses Verfahren errechnet neue Pixel aufgrund von Mittelwerten zwischen vorhandenen Bildpunkten und kann so die harte Wirkung von Störstreifen deutlich mildern. Danach ist eine behutsame Scharfzeichnung fällig.

Dieser mißratene Scan hat grobe Fehler. Der Filter »Störungen entfernen« kann sie teilweise beheben (2. Bild), sorgt aber auch für eine leichte Weichzeichnung. Auch der Filter »Helligkeit interpolieren« mit den Werten »1« und »2« sorgt nicht für eine Verbesserung. Datei: Dach

»Staub & Kratzer entfernen«

Als digitales Pixel-Staubtuch fungiert der Filter **Staub & Kratzer entfernen**. Innerhalb einer markierten Fläche merzt er aus, was allzusehr heraussticht. Verstaubte Scans plagen vor allem die AnwenderInnen von Flachbettscannern, aber auch auf den Bildern von der Photo-CD tummelt sich schon mal eine Fluse. Freilich: Besser als jede Retusche wirkt die Vermeidung von Staub und Schlieren schon beim Scannen und Fotografieren.

So geht's:

1. Ziehen Sie im Dialogfeld den Schwellenwertregler auf 0. Sie können dort die Werte von 0 bis 255 per Regler einstellen. Der Schwellenwertregler definiert, wie groß der Unterschied zwischen Flusen und Umfeld sein muß, damit die Flusen getilgt werden. Bei O haben Sie noch den Überblick über das ganze Bild.
2. Dann stellen Sie den Radiusregler ein. Er legt fest, in welchem Radius nach abweichenden Pixeln gefahndet wird. Ziehen Sie ihn nur bis zum kleinsten Radius, der den Fehler noch ausmerzt.
3. Jetzt erhöhen Sie den Schwellenwert so weit, wie es geht, ohne daß Fehler ins Bild kommen. In der Regel sollten Werte zwischen »60« und »140« ausreichen.

Ganz ohne Unschärfe geht das jedoch nicht vonstatten, auch nicht, wenn Sie mit verschiedenen Kombinationen experimentieren; und einfacher scheinen oft zwei andere Techniken, die im Kapitel »Füllen, Malen, Retuschieren« ausführlich beschrieben werden:

- ❒ Kopieren Sie mit dem (Duplizier-)Stempel benachbarte gute Pixel über den Schandfleck oder
- ❒ markieren Sie brauchbare Pixel mit weicher Auswahlkante, und ziehen Sie ein Duplikat dieses Bereichs (⌘+Alt) über den Fehler.

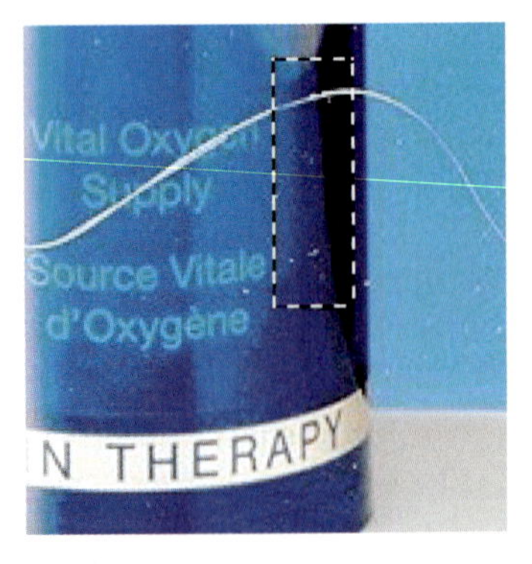

»Staub & Kratzer entfernen«: Dieser Filter entfernt herausstechende Tonwerte in einem markierten Bereich. Datei: Flasche2

Mehrere Kratzer bearbeiten

Hat ein Bild gleich mehrere Kratzer, gibt es ein verkürztes Verfahren. Sie brauchen nicht jeden Fleck einzeln mit dem Lasso zu umzingeln und zu filtern. So geht es schneller:

1. Heben Sie jede Auswahl im Bild mit ⌘+D auf.
2. Wenden Sie den Filter »Staub & Kratzer entfernen« auf das Gesamtbild an.
3. Erzeugen Sie mit der Protokollpalette einen Schnappschuß dieses Zustands. Der Schnappschuß erscheint oben in der Protokollpalette.
4. Heben Sie den gefilterten Zustand des Bildes mit der Protokollpalette wieder auf, indem Sie auf den Befehl klicken, den Photoshop dort noch vor Anwendung des Filters »Staub & Kratzer entfernen« auflistet.
5. Klicken Sie in die Pinselleiste ganz links in der Protokollpalette, so daß Sie im Folgenden von diesem Schnappschuß weiterarbeiten.
6. Widerrufen Sie den Filter »Staub & Kratzer entfernen«, indem Sie in der Protokollpalette auf den Befehl klicken, der unmittelbar davor kam.
7. Aktivieren Sie den Protokollpinsel, und malen Sie die gefilterte Version dort ins Bild, wo es erforderlich ist.

14.9 Digimarc-Filter

Ein eigenes Untermenü beanspruchen die **Digimarc**-Filter zur Einblendung eines »digitalen Wasserzeichens«. Mit diesen Filtern können Sie Ihren Bildern Urheberrechtsinformationen hinzufügen. Das Wasserzeichen ist nicht sichtbar und soll über viele Bearbeitungen hin erhalten bleiben. Auch nach dem Scannen eines gedruckten Bildes soll es aufzuspüren sein. Findet Photoshop ein Wasserzeichen, zeigt er das Copyrightsymbol © in der Titelleiste des Bildes und unten im Abschnitt für die Systembeanspruchung.

Übrigens gibt es, wenig bekannt, noch weitere Programme für Wasserzeichen, zum Beispiel Eikonamark, PixelTag, SureSign oder Tigermark. Sie kodieren teils auch andere Dateitypen, etwa Tondateien.

Die Digimarc Corporation unterhält eine Datenbank mit Fotodesignern. Dort lassen Sie sich registrieren, um eine eigene Urhebernummer (ID) zu erhalten. Diese ID können Sie dann in Ihre Bilder einbetten; dazu gehören auch Informationen, wie das Bild verwendet werden darf – zum Beispiel ohne Lizenzgebühren oder nur mit Einschränkungen. Wer Ihr Bild kaufen will, kann Sie anhand der Urhebernummer über Digimarcs Internet- und Faxdienste kontaktieren.

Digimarc-Filter werden nicht exklusiv mit Photoshop geliefert, sondern gehören auch zum Standardumfang von anderen Grafikprogrammen. Vom Digimarc-Server laden Sie auch ein Programm herunter, das Wasserzeichen unabhängig von Photoshop erkennt.

Hat der Pixelklau mit Digimarc ein Ende? Nicht ganz. Noch stecken Schwächen im System: Manche Bildbearbeitung kann das Wasserzeichen zerstören, so etwa leichtes Drehen oder Weichzeichnen, auch die Verwendung des nicht verlustfreien JPEG-Formats ist kritisch bei sehr starker Datenverdichtung. Eine deutliche Beschneidung schadet nicht unbedingt. In einem gedruckten Bild, das Sie erneut einscannen, läßt sich das PictureMarc-Logo entgegen den Versprechungen nicht unbedingt wiederfinden. Nur wenn Sie das Bild bei niedrigster Auflösung und höchster »Haltbarkeit« drucken und scannen, überlebt das Wasserzeichen – nicht aber die Bildqualität.

Übersicht

Photoshop liefert drei Digimarc-Filter mit.

- Der Filter **Mit Wasserzeichen versehen** webt die verborgene Kennung ins Bild.
- Der Filter **Wasserzeichen anzeigen** sucht nach einem Wasserzeichen und meldet das Ergebnis.
- Der Filter **Wasserzeichen suchen** sucht eine Datei automatisch beim Öffnen nach einem Wasserzeichen ab.

»Wasserzeichen suchen«

Der Filter **Wasserzeichen suchen** erscheint gar nicht erst im Menü. Photoshop meldet aber beim Öffnen einer Datei in der Info-Leiste, daß das Bild auf Digimarc-Informationen abgesucht wird. Wenn Sie sich die Zeit sparen wollen, entfernen Sie den Filter »digiopen.8bf« aus dem Photoshop-Unterverzeichnis »Zusatzmodule/Digimarc«. Lagern Sie »digiopen.8bf« irgendwo außerhalb des »Zusatzmodule«-Ordners zwischen, zum Beispiel in einem »Reserve«-Ordner direkt unterhalb der »Photoshop«-Ebene.

Sie spüren Wasserzeichen immer noch auf ausdrücklichen Befehl mit dem Befehl **Digimarc: Wasserzeichen anzeigen** auf.

Voraussetzungen

Der Hersteller empfiehlt Mindestmaße:

- 100 × 100 Pixel, wenn das Bild vor der Verwendung nicht verändert oder komprimiert wird.
- 256 × 256 Pixel, wenn das Bild nach der Ausstattung mit dem Wasserzeichen beschnitten, gedreht, komprimiert oder sonstwie verändert werden könnte, nachdem Sie es mit einem Wasserzeichen versehen haben.
- 750 × 750 Pixel oder 2,5 × 2,5 Zoll (6,35 × 6,35 Zentimeter), wenn das Bild mit 300 dpi oder höher gedruckt werden soll.

Sie erhalten Bildschirmwarnungen, wenn diese Werte unterschritten werden. Das Motiv sollte überdies gewisse Farbvariationen enthalten, damit das Wasserzeichen unsichtbar eingebettet werden kann – Halbtonfotos eignen sich also eher als Grafiken. Bilder im Modus »Indizierte Farben« verwandeln Sie für die Digimarkierung in den RGB-Modus und dann wieder zurück – testen Sie aber die Lesbarkeit des Wasserzeichens (siehe unten). Bauen Sie das Wasserzeichen erst nach jeder anderen Bildbearbeitung, aber vor einer Farbseparation nach CMYK ein. Mit dem Signalstärkenleser prüfen Sie schließlich, ob das Wasserzeichen stark genug geriet.

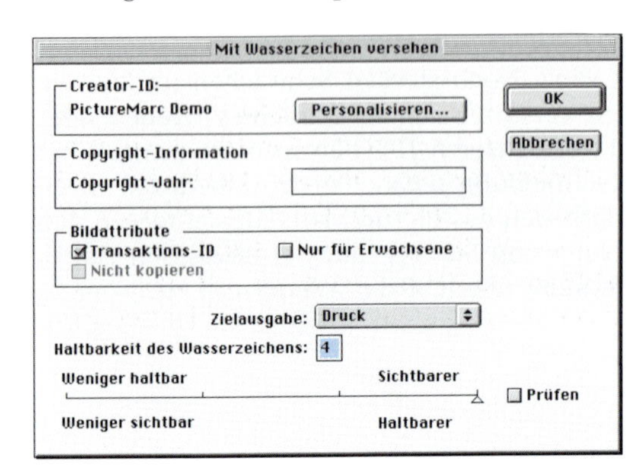

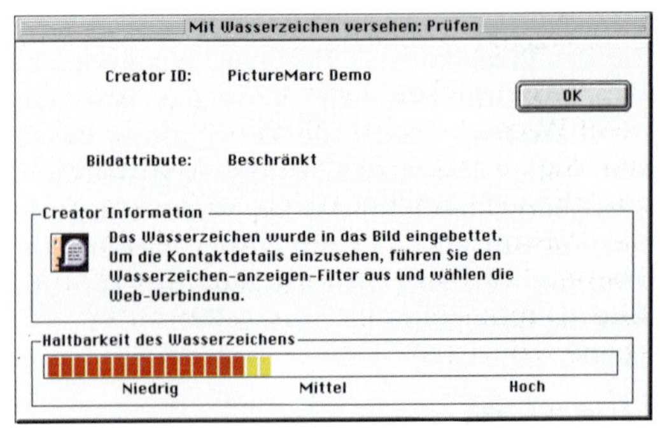

Sie können Ihr Bild mit Urheberinformationen versehen, sofern noch kein Wasserzeichen vorhanden ist und die Signalstärke gleich anschließend prüfen.

»Mit Wasserzeichen versehen«

Pro Bild können Sie nur ein Wasserzeichen einbauen. Ist also schon eines drin, geht es nicht mehr. So betten Sie ein Wasserzeichen ein:

1. Öffnen Sie ein Bild, das noch kein Wasserzeichen enthält.
2. Klicken Sie auf **Filter: Digimarc: Mit Wasserzeichen versehen**.
3. Benutzen Sie den Filter erstmalig, klicken Sie auf »Personalisieren«. Sie können eine Urheber-ID erhalten, indem Sie auf »Registrieren« klicken. Damit starten Sie Ihr Internet-Programm und erhalten Zugang zu Digimarcs Internet-Seite http://www.digimarc.com; dort können Sie über das Internet eine Urheber-ID erhalten. Sie können Digimarc auch anrufen oder anfaxen. Geben Sie die Urheber-ID in das entsprechende Feld im Dialog ein, und klicken Sie auf »OK«. Haben Sie eine Urheber-ID eingegeben, ändert sich die Option »Personalisieren« in »Ändern«; damit können Sie eine andere ID eingeben.
4. Wählen Sie als Nutzung »Eingeschränkt« oder »Gebührenfrei«, und geben Sie »Copyright«-Jahre an.
5. Wählen Sie bei Bedarf »Nur für Erwachsene«. Diese Option beschränkt innerhalb von Photoshop den Zugang zum Bild nicht, aber andere Programme könnten die Information nutzen.
6. Wählen Sie unter »Zielausgabe« zwischen »Monitor«, »World Wide Web« und »Drucken«.
7. Wählen Sie mit dem Regler einen Wert für die Haltbarkeit des Wasserzeichens (siehe unten).
8. Die »Prüfen«-Option untersucht die Haltbarkeit des Wasserzeichens nach dem Einbetten automatisch (siehe unten).

»Haltbarkeit«

Je nach Einsatz Ihres Bildes wählen Sie eine »Haltbarkeit« für das Wasserzeichen:

- Der Wert 1 erzeugt ein fast unsichtbares Wasserzeichen;
- der Wert 2 wurde für übliche, gerasterte Druckausgabe mit Rasterweiten zwischen 135 und 155 dpi (52 bis 62 Linien pro Zentimeter) optimiert;
- noch haltbarer ist der Wert 3, der mehr Bearbeitungen übersteht;
- 4 erzeugt besonders schnell sichtbare Muster.

Das Wasserzeichen kann zerstört werden durch verschiedene Kontrastkorrekturen, aber auch beim Wechsel des Farbmodus'. Um »Indizierte Farben« mit Wasserzeichen auszustatten, wechseln Sie zunächst in den RGB-Modus, betten das Wasserzeichen ein und wechseln wieder zurück. Auch Beschneiden des Bildes kann die Information zerstören. Bei Ebenendateien wird das Wasserzeichen in die aktive Ebene geschrieben – Sie sollten das Bild mit dem Befehl **Ebene: Auf Hintergrundebene reduzieren** flachlegen; oder erzeugen Sie mit dem Befehl **Bild: Duplizieren** ein Duplikat erzeugen, und nutzen Sie dabei die Option »Auf Hintergrundebene reduzieren«.

Links: Die Vorlage erfüllt die Digimarc-Voraussetzungen für den Druck: 6,35x6,35 Zentimeter, 300 dpi, 750x750 Pixel. Rechts: Das Wasserzeichen wurde mit der Vorgabe »Drucken« eingebettet. Hier der Wert 2. Vorlage-Datei: Raum

Je höher die »Haltbarkeit«, desto deutlicher ist das Wasserzeichen auch im Druck zu erkennen. Links: Haltbarkeit 3. Rechts: 4.

»Wasserzeichen anzeigen«

So spüren Sie ein Wasserzeichen auf:

1. Klicken Sie auf **Filter: Digimarc: Wasserzeichen anzeigen**. Findet der Filter ein Wasserzeichen, zeigt er in einem Dialog die Urheber-ID und die Nutzungsart an.
2. Klicken Sie auf »OK«, oder verlangen Sie weitere Informationen:

Haben Sie einen Web-Browser installiert, klicken Sie auf »Im WWW suchen«, um mehr Informationen über den Künstler zu erhalten. Der Browser wählt dann die Digimarc-Webseite an und zeigt die Kontaktinformationen des Künstlers an, zu dem die Urheber-ID gehört. Oder rufen Sie die Telefonnummer im Wasserzeichen-Dialog an, um sich die Informationen zufaxen zu lassen.

Signalstärke prüfen

Der Signalstärkeleser prüft, ob ein Wasserzeichen für den beabsichtigten Einsatz kräftig genug geriet. Er funktioniert nur mit Wasserzeichen, die Sie selbst eingebettet haben. Zum Beispiel nach mehrfachem Komprimieren und Bearbeiten Ihrer Dateien empfiehlt sich dieses Gerät. Der Signalstärkeleser erscheint automatisch, wenn Sie beim Einbau des Wasserzeichens »Prüfen« wählen.

Wasserzeichen herausarbeiten

Das Wasserzeichen ist im Bild zunächst nur als diffuse Streuung zu erkennen, wenn überhaupt. So arbeiten Sie es heraus, machen den Digimarc-Fingerabdruck sichtbar:

1. Legen Sie eine Wasserzeichenversion auf eine Ebene über das naturbelassene Original.
2. Richten Sie für die Wasserzeichenversion den Überblendmodus »Differenz« ein. Dieser Modus zeigt nur Pixel an, die sich voneinander unterscheiden; liegen Pixel mit identischen

Werten übereinander, sehen Sie Schwarz. Alle Bildpunkte, die nicht schwarz sind, signalisieren Unterschiede.

3. Möglicherweise erkennen Sie die nichtschwarzen Pixel nicht auf Anhieb. Sie lassen sich aber herausarbeiten: Dazu verschmelzen Sie die obere Wasserzeichenversion mit dem darunter liegenden Vorbild, zum Beispiel mit der Funktion **Ebene: Mit darunterliegender auf eine Ebene reduzieren** (⌘+E).
4. Das verschmolzene Ergebnis wirkt zunächst genauso schwarz wie die übereinandergeblendeten Einzelebenen. Sie können aber jetzt mit starker Kontraststeigerung oder mit dem Histogramm (⌘+L) erkennen, daß tatsächlich nicht nur reines Schwarz im Bild ist.

14.10 Verzerrungsfilter

Die **Verzerrungsfilter** erzeugen eine geometrische Verzerrung. Das Bild wirkt, als sei es über eine Kugel gespannt, zusammengeknäult oder als spiegele es sich auf einer unruhigen Wasserfläche. Damit passen Sie Bildteile an, die Sie auf eine unregelmäßige Oberfläche montieren wollen oder bringen erfrischende Unruhe in allzu gleichförmige Flächen. Außerdem lassen sich verschiedene geometrische Figuren erzeugen.

Jedoch fehlt immer noch ein Warping-Filter, der sich als Gitternetz übers Bild legt und präzise örtliche Verzerrungen erlaubt – da bleibt nur die Installation eines Plug-Ins oder der Kauf eines Konkurrenzprodukts. Der **Versetzen**-Filter leistet diese Dienste zwar – jedoch nur in Grenzen und äußerst umständlich. Nützliche Dienste im gleichen Zusammenhang könnte auch ein Verzerrerpinsel leisten, wie er mit dem Programm »Goo« populär wurde und nun auch in vielen anderen Bildprogrammen zu finden ist. Nur so sind feine plastische Arbeiten etwa an Mundwinkeln und anderen Körperteilen möglich.

Grundlagen

Verzerren Sie nur einen Teil eines Bildes, sollten Sie eine **Weiche Auswahlkante** einsetzen, um den Übergang zwischen verzerrtem Bereich und Restbild fließend zu gestalten. Arbeiten Sie mit einer Auswahl, markieren Sie das Objekt großräumig, damit der Filter Platz zur Ausdehnung hat. Die Ebenenoption »Transparente Bereiche schützen« muß abgewählt sein. Stößt die Verzerrung an einen Bildrand, wird sie nicht über diese Grenze hinaus fortgesetzt; erweitern Sie also beizeiten die Datei mit dem Befehl **Bild: Arbeitsfläche**.

Denken Sie daran, daß Photoshop hier massiv Pixel neu erfinden (interpolieren) muß, und das kostet Qualität. Dabei wird die Interpolationsmethode angewandt, die Sie in den Voreinstellungen gewählt haben. Empfehlenswert ist in der Regel die Methode »Bikubisch«, manchmal gefolgt von einem Scharfzeichner. Teils macht es Sinn, wenn Sie einen Verzerrungsfilter eher schwach, aber mehrfach anwenden – einmal zu starke Verzerrung ruiniert die Kanten stärker.

»Undefinierte Bereiche«

Mit Bildteilen, die nicht verzerrt werden, passiert bei den Verzerrungsfiltern folgendes:

- Die Option »Durch verschobenen Teil ersetzen« füllt die undefinierten Bereiche durch den verschobenen Teil von der gegenüberliegenden Seite des Bildes;
- die Option »Kanten-Pixel wiederholen« verlängert die Farben der Pixel entlang der Kanten des Bildes. Unterschiedlich gefärbte Randpixel erzeugen einen Streifeneffekt.

»Polarkoordinaten«

Der **Polarkoordinaten**-Filter verwandelt die Koordinaten einer rechteckigen Auswahl in Polarkoordinaten und umgekehrt.

In der Einstellung »Rechteckig->Polar« werden rechteckige Bildbereiche quasi in einem Metallzylinder gespiegelt. In der Praxis können Sie Linien, Text oder Flächen mit den Enden aufeinander zudrehen. Die Strategien:

- Fassen Sie die Auswahl eng und quadratisch, wenn Sie einen geschlossenen Kreis erhalten möchten.
- Fassen Sie die Auswahl weit, wenn nur ein Halbkreis entstehen soll.
- Erzeugen Sie eine Auswahl mit ungleichen Seitenverhältnissen, wenn ein Oval entstehen soll.

Bei geschlossenen Figuren sollten die Enden möglichst nahtlos aneinander anschließen. Dazu kopieren Sie eine gespiegelte Version des linken Rands auf die rechte Seite; das genaue Procedere erläutert die »Übung: Nahtloses Muster« im Kapitel »Füllen, Malen, Retuschieren«. Der Modus »Polar->Rechteckig« kann diese Verzerrung genau rückgängig machen.

»Rechteckig->Polar«: Fassen Sie das Motiv in eine quadratische Auswahl, die links und rechts eng ansitzt, wenn Sie einen Kreis erzeugen möchten. Lassen Sie links und rechts Platz, wenn nur ein Halbkreis entstehen soll. Fassen Sie das Objekt in eine enge Auswahl mit ungleichmäßigen Seitenverhältnissen, wenn Sie ein Oval erzeugen möchten. Datei: 500

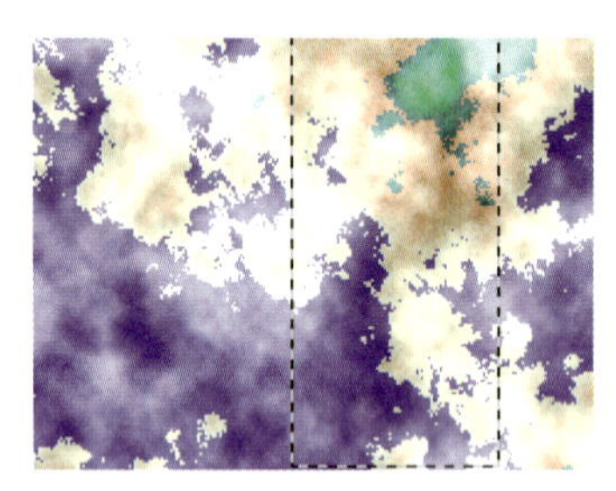

Als Grundlage für diesen Erdball dient eine Bitmap-Füllung aus CorelDraw. Gearbeitet wurde mit einem bearbeiteten quadratischen Ausschnitt, dessen linke Seite nahtlos an die rechte anschließt; dazu wurde mit dem Rechteckwerkzeug ein Ausschnitt im Verhältnis 1:2 erzeugt und gespiegelt dupliziert. Dann wurde eine Kreisauswahl erzeugt, die bis an die Bildränder reicht; der Filter »Polarkoordinaten« mit der Option »Rechteckig->Polar« erzeugt die kreisförmige Spiegelung nach innen. Dateien: Polar, Polar_2

»Versetzen«

Der **Versetzen**-Filter verwendet ein zweites Bild, um den Auswahlbereich zu verzerren. Sie können damit das Bild auf eine beliebige Fläche projizieren, es zum Beispiel durchhängen lassen oder ausbeulen. Man definiert die Verschiebung nicht unmittelbar in Zahlen; statt dessen orientiert sich der Filter an Tonwerten aus einem zweiten Bild. Sie erzeugen so dreidimensionale Verzerrungen; wenden Sie zum Beispiel den **Wellen**-Filter auf eine Graufläche an, heben Sie den Kontrast an und laden Sie das Bild als Matrix; damit wellt sich das Objekt.

Trifft der Filter im kontrollierenden Bild – der »Verschiebungsmatrix« – auf ein weißes Pixel mit Tonwert 255, erhalten Sie die maximale positive Verschiebung; Schwarz mit Tonwert 0 führt zur maximalen negativen Verschiebung; mittleres Grau mit Tonwert 128 läßt das Bild unverändert.

Die Bildpunkte im Originalbild können vertikal, horizontal oder diagonal verschoben werden. Besteht die Verschiebungsmatrix nur aus einem Kanal, wird das Bild entlang einer Diagonalen verschoben, die durch Ihre Vorgaben für »horizontale« und »vertikale Skalierung« definiert ist. Ein Wert von 100 Prozent bewirkt eine Verschiebung um 128 Pixel, also die höchste Abweichung. Besteht die Matrix jedoch aus zwei Kanälen, kontrolliert der erste Kanal die horizontale, der zweite die vertikale Verschiebung.

Sie werden aufgefordert, das Bild für die Verschiebungsmatrix von der Festplatte zu laden; Sie können also nicht mit einer **Neu**-erstellten Datei, etwa einer Kopie, loslegen, die noch nie gespeichert wurde.

Matrix anpassen

Am durchschaubarsten gerät das Manöver und das Anlegen einer Verschiebungsmatrix, wenn diese exakt die gleiche Größe hat wie die Auswahl, die Sie verzerren wollen. Hat die Verschiebungsmatrix jedoch andere Maße als die Auswahl, die Sie manipulieren wollen, gibt es zwei Möglichkeiten:

- Nutzen Sie die Option »Auf Auswahlgröße skalieren«, die die Matrix automatisch in der Größe anpaßt;
- dagegen füllt die Option »Wiederholen« den Auswahlbereich, indem die jeweilige Matrix wie Musterteile aneinandergesetzt wird.

»Undefinierte Bereiche«

Schließlich legen Sie fest, wie die nichtverzerrten Bildbereiche davonkommen sollen:

- Die Option »Durch verschobenen Teil ersetzen« füllt die undefinierten Bereiche durch den verschobenen Teil von der gegenüberliegenden Seite des Bildes;
- die Option »Kanten-Pixel wiederholen« verlängert dagegen die Farben der äußersten Randpixel. Bei einem unruhigen Rand erhalten Sie einen Streifeneffekt.

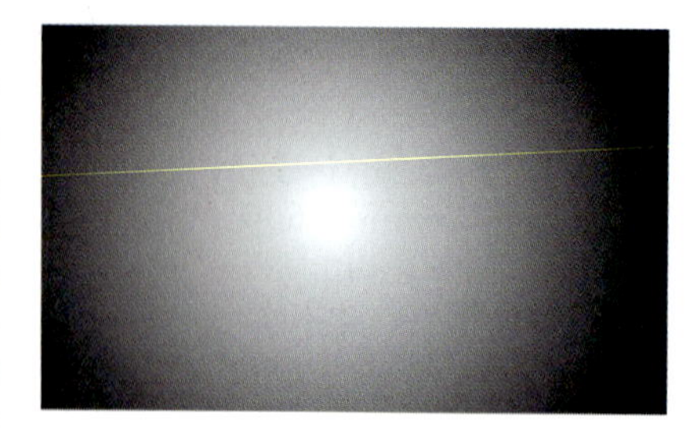

»Versetzen«: Dieser Filter verzerrt ein Motiv auf Basis von Tonwerten in einer zweiten Datei. Neutralgrau bewirkt keine Veränderung. Datei: Devise

»Schwingungen«

Der **Schwingungen**-Filter arbeitet ähnlich wie **Kräuseln**, **Glas** oder **Ozeanwellen**, bietet aber weit mehr Wirkung und Kontrollmöglichkeiten:

- Sie präzisieren die Zahl der Wellengeneratoren zwischen 1 und 999,
- legen auch die minimale und maximale Länge der Wellen (die Entfernung von einem Wellenkamm zum nächsten) zwischen 1 und 999 fest
- und regeln die Wellenhöhe (»Amplitude«);
- den Wellentyp definieren Sie als »Sinus« (rollend), »Dreieck« oder »Quadrat«.
- Die Stärke der Verzerrung kontrollieren Sie mit der »Skalierung« zwischen -9999 und +9999.

Zusätzlich spielen Sie mit dem Schalter »Zufallsparameter« verschiedene Varianten durch.

Der Verzerrungsfilter eignet sich, um einen Schriftzug oder ein Objekt in Schwingungen zu versetzen oder erzittern zu lassen. Er bringt Bewegung in glatte Flächen. Um nur ein sanftes Wogen zu erzeugen, hält man die »Anzahl Generatoren« klein, die »Wellenlänge« hoch, die »Amplitude« klein und die »Skalierung« ebenfalls klein. Per »Skalierung« können Sie auch vertikale und horizontale Veränderungen separat einstellen.

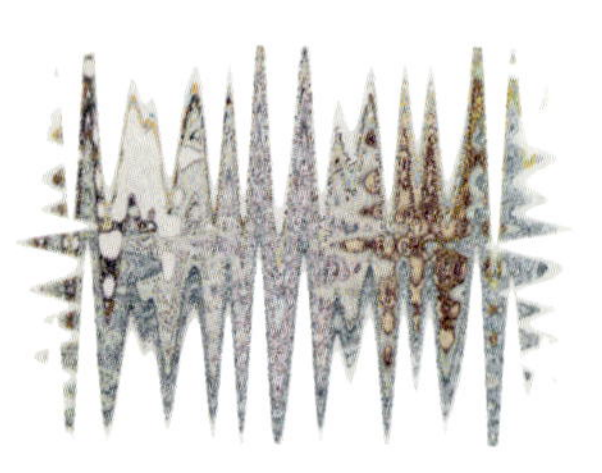

»Schwingungen«: Dieser Filter eignet sich für sanfte Veränderung ebenso wie für komplette Verfremdung.

Weitere »Verzerrungsfilter«

Zahlreiche **Verzerrungsfilter** werfen das Bild in Wellen. Dabei wirken die einen gleichmäßig über die Fläche hin – so etwa **Ozeanwellen**, **Kräuseln** und **Glas**; die Wirkung dieser Filter läßt sich in etwa auch mit dem **Schwingungen**-Dialog erzeugen. Andere Filter ziehen von der Mitte aus ihre Kreise – darunter **Wellen** und **Strudel**. Man meint, hier ließe sich einiges zusammenfassen.

»Ozeanwellen«

Die **Ozeanwellen** zeigen das Bild in kleineren oder größeren Wellen – nicht spektakulär, aber mitunter praktisch. Anders als die **Wellen** arbeiten die **Ozeanwellen** gleichmäßig übers Bild hin und gehen nicht von einem Zentrum aus. Das **Kräuseln** ist ein verwandter Effekt.

»Kräuseln«

Der **Kräuseln**-Filter verzerrt den ausgewählten Bereich wellenförmig. Verwenden Sie den Filter, um ein Objekt als Spiegelung auf eine Wasseroberfläche zu montieren. Die Wellen-»Größe« regeln Sie zwischen -999 und +999. Die Zahl der Wellen geben Sie im Feld für »Frequenz« vor.

»Glas«

Der **Glas**-Filter zeigt die Datei durch verzerrtes Glas. Er bietet einen »Struktur«-Bereich; hier stehen Glassorten wie »Blockglas« oder »Riffelung« parat, aber Sie können auch eine eigene »Struktur laden«. In homogenen Flächen ist von einer Filterwirkung nichts zu erkennen.

Die Filter »Ozeanwellen«, »Kräuseln« und »Glas« (v.l.n.r.) verzerren die Bildfläche gleichmäßig.

Der Filter »Wellen« verzerrt von einem Zentrum aus nach außen; von links: »Diagonal wellenförmig«, »konzentrisch aus der Mitte« oder »kreisförmig um die Mitte«.

Der Filter »Strudel« verzerrt kreisförmig, während »Distorsion« das Objekt wölbt; »Weiches Licht« erzeugt eine fotografische Weichzeichnerstimmung.

»Wellen«

Kreisförmige Verzerrungen produziert der **Wellen**-Filter. Man denkt an einen Stein, der ins Wasser geworfen wurde. Sie können die »Stärke« und die Zahl der »Wellen« einstellen. Als »Modus« stehen zu Gebot:

- »Diagonal wellenförmig« verschiebt die Bildpunkte schräg;
- »Konzentrisch aus der Mitte« verschiebt die Pixel gleichmäßig vom Zentrum her;
- »Kreisförmig um die Mitte« erzeugt Wellenlinien, die sich vom Zentrum wegbewegen und um das Zentrum drehen.

»Strudel«

Der **Strudel**-Filter zieht eine Auswahl sogartig in die Mitte: Er dreht sie in der Mitte stärker als außen. Sie geben einen Winkel zwischen +999 und -999 vor. Der Filter läßt sich mit interessantem Effekt auf Verläufe anwenden.

»Distorsion«

Der Filter **Distorsion** verzerrt kreisförmig. Sie können die Auswahl auf die Mitte hin zusammenschieben; dazu geben Sie einen positiven Wert im entsprechenden Dialogfeld ein. Oder Sie zerren die Auswahl von der Mitte her auseinander; dies mit einem negativen Wert. Bei einer Rechteckauswahl werden manipulierter Bildteil und Drumherum fließend ineinander übergehen. Bei einer freien Form sollten Sie eine **Weiche Auswahlkante** verwenden, um den Filter zum Auswahlrand hin abzuschwächen und so einen glatteren Übergang zu schaffen.

»Weiches Licht«

Weiches Licht wirkt fehlplaziert im Untermenü **Verzerrungsfilter**. Geboten ist eine luftig-leichte Überbelichtung, wie sie auch bei gekonntem Weichzeichnereinsatz auf einem Kameraobjektiv entstehen kann. Der Filter kann leicht strukturierte Oberflächen sanft beleben oder zu harte Motive stimmungsvoll dämpfen.

»Wölben«

Der **Wölben**-Filter spannt das Bild auf eine Kugel und läßt flächige Objekte dreidimensional aussehen. Benutzen Sie die Funktion, wenn Sie auf eine Litfaßsäule, eine Flasche oder einen Ball montieren, etwas unter die Lupe nehmen oder nur Dramatik erzeugen wollen – auch bei Text. Die Optionen »vertikal« und »horizontal« simulieren die Projektion auf eine halbe Säule, quer oder hoch. Innerhalb einer Rechteckauswahl greift sich der Filter nur einen runden Bereich. Soll also wirklich die komplette Auswahl bis in die letzte Ecke verzerrt werden, müssen Sie die Auswahl entsprechend vergrößern. Wiederholen des Filters steigert die Wirkung.

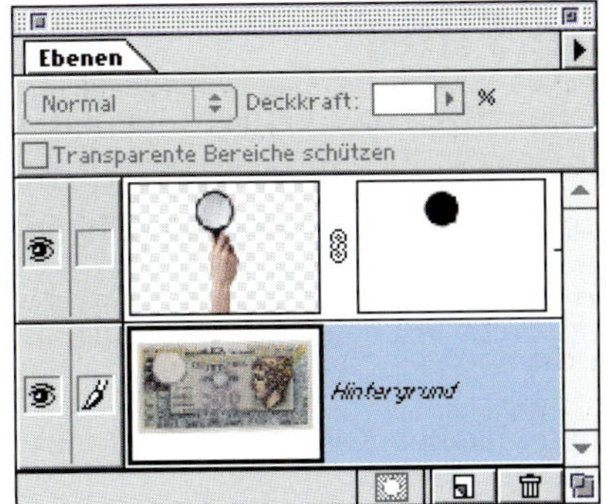

»Wölben«: Dieser Filter spannt die Auswahl auf eine Kugel. Datei: Lupe

»Verbiegen«

Der Filter **Verbiegen** verzerrt das Bild entlang einer Kurve, die Sie festlegen können. Im Dialogfeld ziehen Sie an der dargestellten Linie eine Kurve, nach der das Bild verzerrt werden soll. Per Mausklick setzen Sie Punkte, an denen sich die Kurvenrichtung ändert. Nicht benötigte Punkte ziehen Sie aus dem Diagramm heraus.

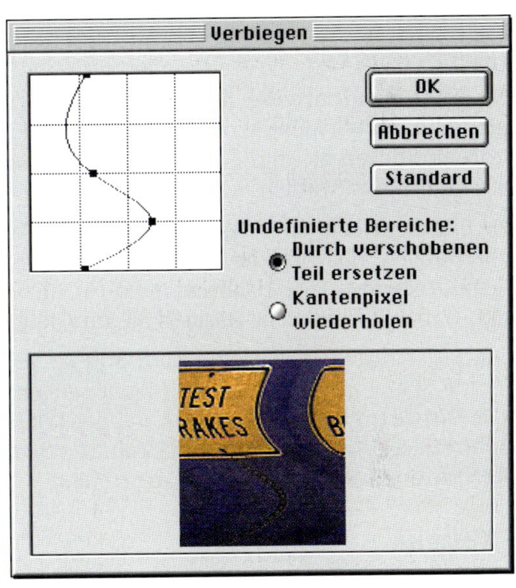

»Verbiegen«: Mit einer Linie legen Sie die Verzerrung des Objekts fest. Datei: Test

14.11 Weitere Filter

Alle Filter der Rubrik **Sonstige Filter** leisten reine Zuträgerdienste für andere Photoshop-Funktionen und wurden bereits in diesem Buch besprochen:

- **Helle Bereiche vergrößern** und **Dunkle Bereiche vergrößern** finden Sie im Kapitel »Alphakanäle«.
- Der **Verschiebungseffekt** erscheint im Abschnitt »Bildteile präzise bewegen«, Kapitel »Ebenen«.
- Der **Hochpaß** steht im Kapitel »Kontrast und Farbton« im Zusammenhang mit dem **Schwellenwert**-Befehl.

»Rendering-Filter«

Schnelle Effekte haben Sie mit den **Rendering**-Filtern **Blendenflecke**, **Wolken** und **Differenz-Wolken** zur Hand. Die **Beleuchtungseffekte** wurden bereits in einem eigenen Abschnitt besprochen, **Struktur laden** ist Teil des »Struktur«-Abschnitts zu Anfang dieses Kapitels. **3D-Transformieren**, diesen Befehl aus dem **Rendering**-Untermenü finden Sie weiter vorn im »Ebenen«-Kapitel, Abschnitt »Drehen, Skalieren, Verzerren«.

»Blendenflecke«

Der Filter **Blendenflecke** ahmt die Gegenlichtreflexe nach, die beim Fotografieren in eine Lichtquelle hinein entstehen können. Geben Sie die »Helligkeit« vor in Werten zwischen 10 und 300 Prozent; klicken Sie in die Vorschau des Bildes, um den Mittelpunkt für die Blendenflecken zu plazieren. Dann wählen Sie ein Objektiv aus.

Die **Blendenflecke** sind das kleine, schnelle Pendant zu den **Beleuchtungseffekten**: Allzu glatte Oberflächen, ob von Foto oder Photoshop, bekommen mit diesem Filter ein packendes Live-Element, ebenso fade Himmel. Auch für Blitzlichtgewitter und Nachtbilder eignet sich der Effekt. Ganze Bildbereiche können Sie im Gleißen auflösen.

Um die Lichtreflexe frei über dem Bild zu verschieben, werden sie auf einer eigenen, neutralgrauen Ebene im Modus »Hartes Licht« angebracht; das Procedere beschreibt die »Übung: Neutrale Farbe« im Kapitel »Ebenen«. Bei der Konkurrenz sieht man inzwischen viel differenziertere Lichtreflexe; dort können Sie die Zahl der Strahlen, den Lichthof, die Lichtfarbe und ein knappes Dutzend weiterer Parameter einstellen.

»Wolken«

Der **Wolken**-Filter erzeugt ein luftiges Farbgemisch aus Vorder- und Hintergrundfarbe. Adobe stattete die **Wolken**-Filter seltsam lieblos aus – kein Schieberegler, kein Überblendmodus, nur eine magere Umschalttaste. Drücken Sie diese beim Wählen des Befehls, macht Photoshop das Muster kontrastreicher. Mit der gleichen Wirkung können Sie freilich nachträglich Sättigung oder Tiefen anheben oder eine solche Korrektur flexibel als Einstellungsebene über eine »Wolken«-Ebene legen. Nachbearbeiten läßt sich das Ergebnis mit allen Arten von Tonwert- und Farbreglern, etwa **Farbton/Sättigung** oder **Tonwertkorrektur**; lösen Sie das Muster mit dem **Gaußschen Weichzeichner** noch auf, oder konturieren Sie es mit einer starken Unscharfmaskierung. Sie können das Gebilde mit den **Beleuchtungseffekten** beleben, **Mit Struktur versehen** oder mit einem der **Zeichenfilter** ein Gemälde daraus machen. Per **Transformieren** oder **Verzerrungsfilter** verändern Sie die Wolkenformationen. Beide Wolkenfilter erzeugen bei jedem Anlauf ein neues Muster. Aber nicht auf Lab-Bildern.

»Differenz-Wolken«

Differenz-Wolken erzeugt ein vergleichbares Muster, blendet dies aber nach dem »Differenz«-Modus in den Hintergrund: Das erinnert an ein Negativ. Hell-Dunkel-Gegensätze, also Strukturen, bleiben dabei ansatzweise erhalten. So können Sie den Filter auch nutzen, um ein Licht-Schatten-Spiel auf einförmige Flächen zu bringen. Blenden Sie den Filter mit ⌘+F immer wieder neu ins Bild – das Ergebnis erinnert zunehmend an eine Marmorierung.

Alternative mit Bild-zurück-Garantie: Legen Sie den normalen **Wolken**-Filter auf eine Ebene über der Vorlage, und richten Sie den Modus **Differenz** ein. Um nur ein Licht-Schatten-Spiel ohne Farbveränderung zu erzeugen,

1. richten Sie Schwarz und Weiß als Vorder- und Hintergrundfarbe ein (Kurztaste D),
2. wenden Sie **Wolken** auf eine Ebene über dem Zielbild an,
3. richten Sie dort den Modus »Hartes Licht« ein, und
4. regulieren Sie die Intensität mit dem Deckkraftregler.

Links: Der Filter »Wolken« erzeugt ein luftiges Muster aus Vorder- und Hintergrundfarbe; etwas kräftiger gerät das Bild, wenn Sie den Filter mit gedrückter Umschalt-Taste anwählen. Rechts: Der Filter »Blendenflecke« rechnet Gegenlicht-Reflexe ins Bild. Datei: Skyline3

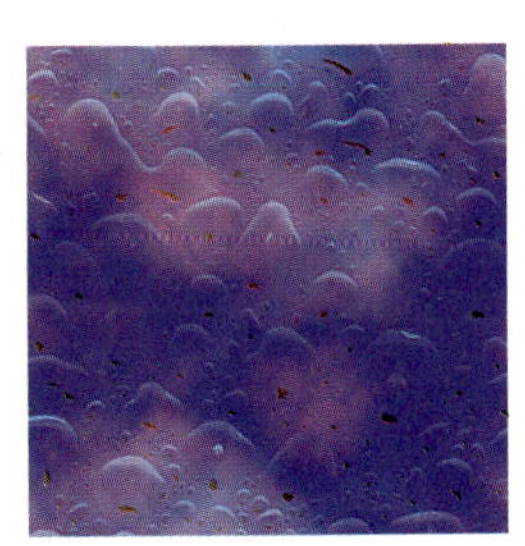
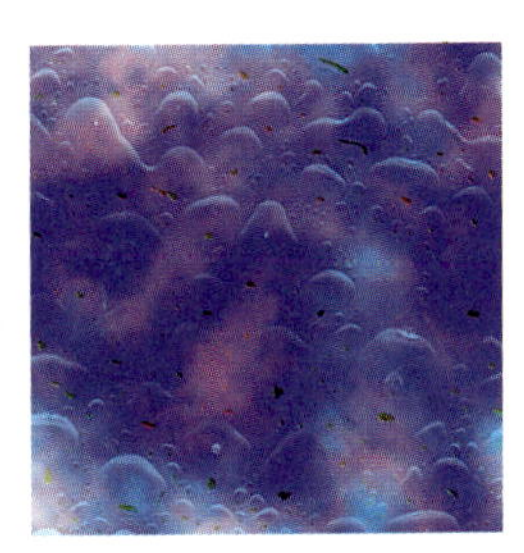

Der Filter »Differenz-Wolken« mischt die Wolkenstruktur im Differenzmodus über den Untergrund; Strukturen bleiben dabei erhalten. Bei jeder Wiederholung des Filters wechselt die Farbe, das Muster erinnert zunehmend an eine Marmorierung. Hier wurde der Filter einmal, zweimal, siebenmal und elfmal angewandt. Datei: Tropfen

»Videofilter«

Mit den **Videofiltern** werden digitalisierte Video-Standbilder aus TV-Quellen bearbeitet.

»NTSC-Farben«

NTSC-Farben schränkt die Farben so ein, daß das Fernsehbild nicht durch Übersättigung überstrahlt wird. Die NTSC-Norm gilt in den USA, die Bundesrepublik hat Farben nach Pal-Norm.

»De-Interlace«

Der Filter **De-Interlace** entstört Fernsehbilder, die digitalisiert wurden, indem er die ungeraden oder die geraden Zeilen entfernt und durch »Pixelwiederholung« oder »Interpolation« ersetzt.

Der Hintergrund: Fernsehbilder werden mit Zeilensprung (interlaced) aufgebaut – es stehen immer abwechselnd alle geraden und alle ungeraden Zeilen auf dem Schirm; wird mit einem Video-Digitizer ein bewegtes Bild eingefangen, kann es sein, daß die Bildzeilengruppen nicht zueinander passen.

15 Service

15.1 Alle Befehletabellen auf einen Blick

Befehle im Überblick: Photoshop-Oberfläche

Taste/Feld	Zusatztasten	Aktion	Ergebnis
Dat: 10K/20K			Darstellung Druckgröße auf Seite
Dat: 10K/20K	⌥	Klick!	Anzeige der Bildgrößedaten
Tabulator-Taste			Alle Paletten ein-/ausblenden
Tabulator-Taste	⇧		Paletten außer Werkzeugleiste ein-/ausblenden
		Klick!	Standard-Fenstermodus
		Klick!	Vollschirmmodus mit Menüleiste
		Klick!	Vollschirmmodus ohne Menüleiste
F (für Full Screen)			Wechsel zwischen Fenster- und Vollschirmmodi
	⇧	Klick! *in Arbeitsfläche*	Photoshop-Arbeitsfläche um Bild herum mit Vordergrundfarbe färben
		Klick!	Palettenmenü einblenden
		Klick!	Palette auseinander-/zusammenfalten
		Klick!	Palette ausblenden

Befehle im Überblick: Aktionenpalette

Taste/Feld	Zusatztasten	Aktion	Ergebnis
		Klick!	Paletten-Menü
		Klick!	Markierte Aktion löschen
	⌥	Klick!	Aktion löschen ohne Rückfrage
		Klick!	Aktion neu erstellen
	⌥	Klick!	Aktion neu erstellen ohne Dialogfeld
		Klick!	Weitere Befehle aufzeichnen
		Klick!	Aufzeichnung anhalten
		Klick!	Markierte Aktion ausführen oder ab markiertem Befehl ausführen
		Klick!	Neuen Aktionen-Set anlegen mit Einblendung der Optionen
	⌥	Klick!	Neuen Aktionen-Set anlegen ohne Einblendung der Optionen
[Name der Aktion]	⌘	Doppelklick!	Aktion ausführen
[Name des Befehls]	⌘	Doppelklick!	Aktion ab markiertem Befehl ausführen
...		Klick!	Unterbrechung durch Dialogfeld zulassen/Dialogfeldeinstellungen automatisch verwenden
...	⌥	Klick!	Angeklickten Dialog zulassen, alle anderen aus
✓		Klick!	Bei Aktion: alle Befehle einschalten/ausschalten; bei Befehl: einschalten/ausschalten
✓	⌥	Klick!	Angeklickten Befehl einschalten, alle anderen aus
		Klick!	bei Aktion: Einzelbefehle anzeigen; bei Einzelbefehl: Einstellungen anzeigen
		Klick!	bei Aktion: Einzelbefehle ausblenden; bei Einzelbefehl: Einstellungen ausblenden; bei Sets: Aktionen-Set schließen

Befehle im Überblick: Darstellung von Bilddateien

Taste/Feld	Zusatztasten	Aktion	Ergebnis
		Klick!	Abbildungsmaßstab vergrößern
	⌥	Klick!	Abbildungsmaßstab verkleinern
		Doppelklick!	Bildanzeige 100%
⌘+Plus			Abbildungsmaßstab vergrößern bei gleichbleibender Fenstergröße
⌘+Plus	⌥		Abbildungsmaßstab vergrößern bei angepaßter Fenstergröße
⌘+Minus			Abbildungsmaßstab verkleinern bei gleichbleibender Fenstergröße
⌘+Minus	⌥		Abbildungsmaßstab verkleinern bei angepaßter Fenstergröße
⌘+Leertaste			
⌥+Leertaste			
⌘+0			Bildanzeige auf Fenstergröße vergrößern
⌘+0	⌥		Bildanzeige 100%
		Klick!	Bild im Fenster verschieben
		Doppelklick!	Bild auf Fenstergröße vergrößern
Leertaste			
⌘+R			Lineale ein-/ausblenden

Befehle im Überblick: Bild beschneiden

Taste/Feld	Zusatztaste	Aktion	Ergebnis
		ziehen	Freistellrahmen aufziehen
Esc			Freistellrahmen entfernen
	⇧	*ziehen*	Quadratischen Freistellrahmen aufziehen
	⌥	*ziehen*	Freistellrahmen von Mitte aufziehen
		innen	Bild beschneiden
		Griffpunkt ziehen	Beschneidefläche vergrößern/verkleinern
		innen ziehen	Beschneidefläche verschieben
	⇧	*innen ziehen*	Beschneidefläche auf Gerade verschieben
		außen ziehen	Beschneidefläche drehen
		ziehen	Bearbeiten: Freistellen Bild beschneiden
	⇧	*ziehen*	Bearbeiten: Freistellen Bild quadratisch beschneiden

Befehle im Überblick: Dateiverwaltung

Taste/Feld	Zusatztasten	Aktion	Ergebnis
⌘+N (für New)			Neue Datei anlegen, ggf. Werte aus Zwischenablage übernehmen
⌘+N (für New)	⌥		Neue Datei anlegen, Werte aus Zwischenablage ignorieren
⌘+O (für Open)			Datei öffnen
[leere Programmfläche]		Doppelklick!	Datei öffnen
⌘+W			Datei schließen
⌘+S (für Save)			Datei sichern
⌘+S	⇧		Sichern unter
⌘+S	⌥		Kopie sichern unter

Befehle im Überblick: Gradationskurven, Tonwertkorrektur

Taste/Feld	Zusatztaste	Aktion	Ergebnis
		Klick!	weiche Gradationskurve ziehen
		Klick!	harte Gradationskurve ziehen
		Klick!	Hell-Dunkel-Darstellung im Diagramm umkehren
		Klick! *ins Bild*	Schwarzpunkt festlegen
		Klick! *ins Bild*	Weißpunkt festlegen
		Klick! *ins Bild*	neutralen Ton festlegen
		Doppelklick!	»Schwarz« definieren
		Doppelklick!	»Weiß« definieren
		Doppelklick!	»Neutralton« definieren
Auto		Klick!	Tonwertumfang automatisch erweitern
⌥			»Auto«-Schaltfläche wird zu »Optionen«, »Abbrechen wird zu »Zurück«

Befehle im Überblick: Malen und Farben

Taste/Feld	Zusatztasten	Aktion	Ergebnis
		Klick!	Farbwähler öffnen, Vordergrundfarbe wählen
		Klick!	Vorder-/Hintergrundfarbe vertauschen
		Klick!	Vorder-/Hintergrundfarbe auf Schwarz und Weiß setzen
B (für Brush)			
G (für Gradient Tool)			
S (für Stempel)			
D (für Default)			Vorder-/Hintergrundfarbe auf Schwarz und Weiß setzen
X (für Exchange)			Vorder-/Hintergrundfarbe vertauschen
		Klick!	Vordergrundfarbe wählen
	⌥	Klick!	Hintergrundfarbe wählen
Rückschritt-Taste	⇧		Dialogfeld »Fläche füllen«
Rückschritt-Taste	⌥		Auswahl mit Vordergrundfarbe füllen
Rückschritt-Taste			Auswahl löschen (mit Hintergrundfarbe füllen bzw. transparent machen)
Jedes Mal-/Retusche-Werkzeug	⌘		
Jedes Mal-/Retusche-Werkzeug	⇧	Klick! *Ziehen*	Farbauftrag in gerader Linie
Mal-Werkzeuge	⌥		
Jedes Mal-/Retusche-Werkzeug	⇧	Klick! *an verschiedenen Stellen klicken*	automatischer Farbauftrag in gerade Linien
Jedes Mal-/Retusche-Werkzeug	⇪	Klick!	Werkzeug-Symbol als Fadenkreuzzeiger oder Fadenkreuzzeiger als Werkzeugkontur
		Klick!	nächstmögliche druckbare Farbe einsetzen

Befehle im Überblick: Auswahl

Taste/Feld	Zusatztasten	Aktion	Ergebnis
		Klick!	Arbeit im Maskierungsmodus
	⌥	Klick!	Geschützten/gewählten Bereich farblich abdecken
		Klick!	Rechteck-Auswahl oder Oval-Auswahl
	⌥	Klick!	Auswahl von der Mitte aufziehen
	⇧	Klick!	Nur Quadrat-/Kreis-Auswahl möglich
	Leertaste (beim Erstellen)	Klick! *Ziehen*	Neuen Auswahlrahmen bewegen
		Klick! *Bewegung im Bild*	Freiform-Auswahl
		Klick!	Auswahl farbähnlicher Bildteile
	⇧		Zu bestehender Auswahl hinzufügen
	⌥		Von Auswahl abziehen
	⌘+⇧	Klick! *Ziehen im Bild*	Schnittmenge von Auswahlbereichen wählen
	⇧	Klick! *Klicken, dann ziehen*	Auswahlkontur in festen Winkeln bewegen
Pfeil-Taste			Auswahlkontur in 1-Pixel-Schritten bewegen (bei aktiviertem Auswahl-Werkzeug)
Pfeil-Taste	⇧		Auswahlkontur in 10-Pixel-Schritten bewegen (bei aktiviertem Auswahl-Werkzeug)
	⌥	Klick! *Bewegen einer Auswahl*	Duplikat einer Auswahl oder Ebene als neue Ebene erstellen und bewegen
⌘+A (für All)			Alles auswählen
⌘+D (für Deselect)			Auswahl aufheben
⌘+D	⇧		Weiche Auswahlkante
⌘+H		Klick!	Auswahlbegrenzung ein-/ausblenden
⌘+I	⇧		Auswahl umkehren
⌘+J			Auswahl als neue Ebene anlegen

Fortsetzung: Auswahl

Taste/Feld	Zusatztasten	Aktion	Ergebnis
[Ebenen-Thumbnail]	⌘	Klick!	Deckkraftinformation aus Ebene als Auswahl laden
[Ebenen-Thumbnail]	⌘+⌥	Klick!	Vorhandene Auswahl um Deckkraftinformation aus Ebene verkleinern
[Ebenen-Thumbnail]	⌘+⇧	Klick!	Vorhandene Auswahl um Deckkraftinformation aus Ebene erweitern

Befehle im Überblick: Kanäle-Palette

Taste/Feld	Zusatztasten	Aktion	Ergebnis
▶		Klick!	Paletten-Menü
🗑		Klick!	Aktiven Kanal mit Rückfrage löschen
🗑		*Kanal auf Symbol ziehen*	Kanal ohne Rückfrage löschen
◘		Klick!	Neuen, leeren Kanal ohne Rückfrage erstellen
◘	⌥	Klick!	Neuen, leeren Kanal erstellen, vorher Optionen sehen
◘		Klick!	Neuen Spotfarben-Kanal erstellen
◌		Klick!	Aktiven Kanal als Auswahl laden
[Kanal-Thumbnail]	⌘	Klick!	Kanal als Auswahl laden
[Kanal-Thumbnail]	⌘+⇧	Klick!	Vorhandene Auswahl um Kanalinformation erweitern
[Kanal-Thumbnail]	⌘+⌥	Klick!	Vorhandene Auswahl um Kanalinformation verkleinern
[Kanal-Thumbnail]	⌘+⇧+⌥	Klick!	Auswahlschnittmenge aus vorhandener Auswahl und Kanalinformation bilden

Befehle im Überblick: Pfade

Taste/Feld	Zusatztasten	Aktion	Ergebnis
P (für Pen Tool)			letztes Pfadwerkzeug
A			
		Klick!	geraden Pfad zeichnen
	⇧	Klick!	geraden Pfad mit 45-Grad-Winkeln zeichnen
		Klick! *ziehen*	Kurvenpfad zeichnen
	⌘		
		Klick! *auf Ankerpunkt, Griffpunkt*	Griffpunkt, Ankerpunkt bewegen
		Klick! *ziehen*	Pfadsegment/Ankerpunkt markieren
	⇧	Klick!	Zusätzliche Pfadsegmente/Ankerpunkte markieren
	⌥	Klick!	Gesamten Pfad auswählen
	⌥	Klick! *ziehen*	Duplikat des Pfads bewegen
	⌘	Klick! *über Ankerpunkt*	
	⌘	Klick! *auf Ankerpunkt*	Ankerpunkt in Eckpunkt umwandeln
		Klick!	Ankerpunkt hinzufügen
		Klick!	Ankerpunkt entfernen
		Klick! *Pfad auf Symbol ziehen*	Pfad löschen
		Klick!	Pfad neu erstellen
		Klick! *Pfad auf Symbol ziehen*	Pfad duplizieren
		Klick!	Auswahl mit aktuellen Einstellungen in Arbeitspfad verwandeln

Fortsetzung: Pfade

Taste/Feld	Zusatztasten	Aktion	Ergebnis
⬚		Klick!	Pfad mit aktuellen Einstellungen in Auswahl verwandeln
Richtungstasten			Markierte Punkte in 1-Pixel-Schritten verschieben
Richtungstasten	⇧		Markierte Punkte in 10-Pixel-Schritten verschieben
▶		Klick!	Pfadmenü
○			Pfadkontur mit aktueller Einstellung füllen
○	⌥		Dialogfeld »Pfadkontur füllen«
●			Pfadfläche mit aktuellen Einstellungen füllen
●	⌥		Dialogfeld »Pfadfläche füllen«

Befehle im Überblick: Filter

Taste/Feld	Zusatztasten	Aktion	Ergebnis
Esc (während Filter läuft)			Filter abbrechen
⌘+Z			Filter widerrufen
⌘+F			Letzten Filter wiederholen
⌘+F	⌥		Zum letzten Filter-Dialog
⌘+F	⇧		»Verblassen«-Dialog

Befehle im Überblick: Bildteile bewegen und einsetzen

Taste/Feld	Zusatztasten	Aktion	Ergebnis
⌘+X			Bildteil in die Zwischenablage ausschneiden
⌘+C			Markierten Bereich in die Zwischenablage kopieren
⌘+C	⇧		Markierten Bereich aus allen Ebenen in die Zwischenablage kopieren
⌘+V			Aus der Zwischenablage einsetzen
⌘+V	⇧		Aus der Zwischenablage in markierten Bereich einsetzen
⌘+V	⇧+⌥		Aus der Zwischenablage außerhalb des markierten Bereichs einsetzen
⌘+J			Duplikat des markierten Bereichs als neue Ebene
V (für Move Tool)			▶✥
Jedes Werkzeug	⌘		Vorübergehend ▶✥
▶✥		Klick! *ziehen*	Auswahlbereich/Ebene bewegen
▶✥	⌥	Klick! *ziehen*	Duplikat des markierten Bildteils bewegen
▶✥	⇧	Klick! *ziehen*	Auswahlbereich/Ebene in 45-Grad-Winkeln bewegen
▶✥	⌥+⇧	Klick! *ziehen*	Duplikat des markierten Bildteils oder der Ebene in 45-Grad-Winkeln bewegen
▶✥ *aktiviert*		Pfeiltaste *drücken*	Ebene in 1-Pixel-Schritten bewegen
▶✥ *aktiviert*	⇧	Pfeiltaste *drücken*	Ebene in 10-Pixel-Schritten bewegen

Befehle im Überblick: Ebenen und Ebenenpalette

Taste/Feld	Zusatztasten	Aktion	Ergebnis
▶		Klick!	Palettenmenü
		Klick!	Aktivierte Ebene nach Rückfrage löschen
	⌥	Klick!	Aktivierte Ebene ohne Rückfrage löschen
		Klick!	neue, leere Ebene erstellen
	⌥	Klick!	neue, leere Ebene erstellen mit Dialogfeld
	⌘	Klick!	Einstellungsebene erstellen
		Klick!	Ebenenmaske erstellen, nichts maskiert oder ausgewählter Bereich sichtbar
	⌥	Klick!	Ebenenmaske erstellen, alles maskiert oder ausgewählter Bereich nicht sichtbar
[Ebenen-Thumbnail]	⌘	Klick!	Ebenenkontur als Auswahl (Transparenzmaske)
[Ebenen-Thumbnail]	⌘+⇧	Klick!	Auswahl der Ebenenkontur zu vorhandener Auswahl hinzufügen
[Ebenen-Thumbnail]	⌘+⌥	Klick!	Auswahl der Ebenenkontur von vorhandener Auswahl abziehen
[Ebenen-Thumbnail]		Klick! *auf* *ziehen*	Ebenendeckkraft als Ebenenmaske für aktive Ebene
[Ebenenmasken-Thumbnail]	⌘	Klick!	Ebenenmaskeninformation als Auswahl
[Ebenenmasken-] Thumbnail	⌘+⇧	Klick!	Ebenenmaskeninformation zu vorhandener Auswahl hinzufügen
[Ebenenmasken-Thumbnail]	⌘+⌥	Klick!	Ebenenmaskeninformation von vorhandener Auswahl abziehen

15.2 Alle Online-Adressen auf einen Blick

Hier finden Sie noch einmal alle Online-Adressen, die im Buch genannt werden, auf einen Blick. Bitte bedenken Sie, daß sich diese Adressen schnell ändern können.

Sammlungen mit Tips, Links, Aktionen, Plug-ins etc. zu Photoshop

`http:\\www.netins.net/showcase/wolf359/adobepc.htm`

`http:\\desktopPublishing.com/photoshop.html`

`http:\\www.adscape.com/eyedesign/photoshop/four/links/index.html`

Arbeitskreis Digitale Fotografie

`http:\\www.adf.de`

Adobe (Photoshop-Hersteller)

`http:\\www.adobe.com`

Adobe bei CompuServe

`go adobe`

Adobe bei AOL

Kennwort Adobe

Photoshop-Newsgroup

`news:comp.graphics.apps.photoshop`

Zur Photo CD

`http:\\www.adf.de/infobase/firmen/Kodak/Kodak.htm`

`http:\\www.s.shuttle.de/medlab/PhotoCD-Forum.htm`

`http:\\www.PhotoCD.de`

Zum PNG-Dateiformat

`http://quest.jpl.nasa.gov/png/`

`http://www.w3.org/pub/WWW/Graphics/PNG/Overview.html`

Zum JPEG-Dateiformat

`http://www.cis.ohio-state.edu/hypertext/faq/usenet/jpeg-faq/`

`ftp://ftp.uu.net/graphics/jpeg`

`http://webreference.com/jpeg/`

Zum Dateiformat Gif animiert

`http://www.zampano.com/gifanim/index0.html`

Deutscher Plug-in-Vertrieb

`www.plugincenter.com/plugins/PSplugs/`

Digimarc

`http://www.digimarc.com`

Bilder

`http://www.yahoo.com/Computers_and_Internet/Multimedia/Pictures/`

`http://www.kodak.com/digitalImaging/samples/samples.shtml`

`http://www.hq.nasa.gov/office/pao/Library/photo.html`

`http://www.nycvisit.com/stock/stock.html`

`AOL: Kennwort »Pictures«`

`Compuserve: »Go« »Comart«, »Dtpforum«, »Picture« oder »Photography«`

Links zu Bildagenturen

`http://www.agentur.de/_partner/bildm.htm`

15.3 Zur beiliegenden CD

Die beiliegende CD enthält die Übungsfotos aus dem Buch. Dazu kommen Übersichten und Beispielbilder von Anbietern digitalisierter Bilder. Außerdem: Shareware und Demo-Versionen etablierter Programme, die besonders für Bildbearbeiter interessant sind. Fahnden Sie in den einzelnen Verzeichnissen nach Textdateien, die Ihnen nähere Erklärungen zu Bildern und Softwares bieten und die Lizenzbedingungen erläutern. Bedenken Sie, daß diese Angebote im Frühjahr 1998 zusammengestellt wurden.

Das Verzeichnis »Computerfoto«

Die Zeitschrift Computerfoto möchte sich den Lesern in diesem Verzeichnis vorstellen. Aus ihrem riesigen Fundus liefert sie gleich auch Software mit.

Das Verzeichnis »PhotoDisc«

Hier erhalten Sie 15 Bilder aus dem digitalen Bildarchiv »PhotoDisc« in verschiedenen Auflösungen. Die Bilder sind zum privaten Gebrauch gedacht. Wenn Sie damit kommerziell arbeiten wollen, rufen Sie die Lizenzabteilung von PhotoDisc an. (Die meisten Beispielbilder in diesem Buch wurden von PhotoDisc zur Verfügung gestellt. Die vollständige Adresse finden Sie im Adressenteil.)

Das Verzeichnis »Extensis«

Hier erhalten Sie Zusatzmodule vom Hersteller Extensis in einer Probierfassung. Darunter befinden sich die bekannten Intellihance-Funktionen, die Kontrast und Schärfe besonders übersichtlich regulieren. Außerdem erhalten Sie MaskPro zur Erstellung von Masken, PhotoAnimator produziert animierte GIFs, PhotoFrame erzeugt Bildrahmen, die PhotoTools verändern die Oberfläche und helfen bei Standardaufgaben. Beigesteuert wurden sie von »Impressed«, siehe Adressenteil.

Das Verzeichnis »Nils«

Hier finden Sie »Aktionen« von Nils Kokemohr, die unter Bezeichnungen wie »Nils Actions« und »Nils Type Efex« auch kommerziell vertrieben werden. Sie können diese Aktionen in die Aktionenpalette Ihres Photoshop »laden« und dann an beliebigen Bildern oder an den beiliegenden Beispielbildern ausprobieren.

Das Verzeichnis »Praxis«

Alle Beispielbilder in diesem Buch, insgesamt über 170, finden Sie wieder auf der beiliegenden CD im Verzeichnis »Praxis«; Sie können also die Übungen sofort nachvollziehen. In ein oder zwei Fällen war es rechtlich nicht möglich, die Datei zur Verfügung zu stellen. Die Bilder haben meist Auflösungen von rund 500x500 Pixeln; sie lassen sich so auch auf kleinen Rechnern und Monitoren öffnen. Als Dateiformate finden Sie

- JPG, das besonders wenig Platz auf der Festplatte kostet und Pfade mitspeichert,
- Tiff, das Alphakanäle mitspeichert, und
- Photoshop für Bilder mit Ebenen.

Wenn Photoshop ein Bild nicht durch Doppelklick im Finder öffnet, ziehen Sie es auf das Photoshop-Programmsymbol, oder öffnen Sie es direkt im Programm mit dem **Öffnen**-Befehl. Prüfen Sie, ob ein Bild Pfade oder Alphakanäle enthält, aus denen Sie Auswahlen laden können, oder ob ein Photoshop-Bild Ebenen – auch verborgene – oder Ebenenmasken enthält, die Bildbereiche verbergen können.

Sie können einige oder alle Werke auf den eigenen Rechner überspielen, um Zeit beim Öffnen zu sparen und das CD-ROM-Laufwerk für andere Aufgaben freizuhalten. Das gesamte »Praxis«-Verzeichnis beansprucht rund 75 Mbyte. Lassen Sie einige der dicksten Brocken weg, benötigen Sie nur noch zehn oder 20 Mbyte.

Die Bilder im »Praxis«-Teil sind für den privaten Gebrauch und nicht zur Weitergabe oder zur professionellen Nutzung gedacht. Wenn Sie das möchten, reden Sie bitte mit PhotoDisc oder dem Autor. Zur Verwendung der Bilder in den anderen CD-Verzeichnissen lesen Sie bitte die zugehörigen Informationen.

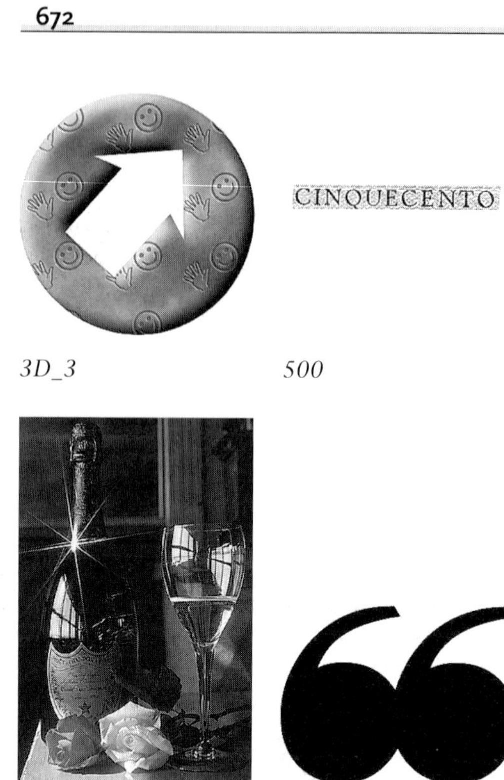

3D_3 *500* *ALLEE* *ALPHA*

AMBIENTE

ANFUERG

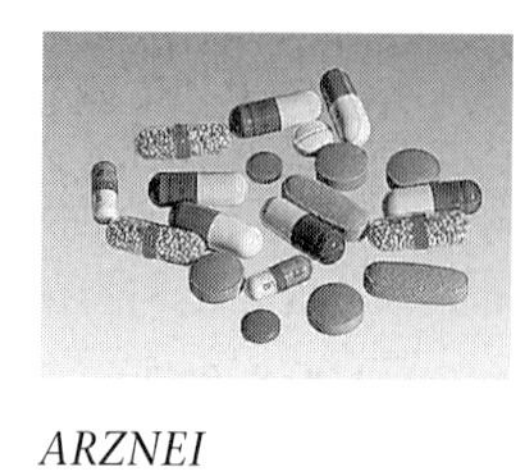
ARZNEI

ATELIER

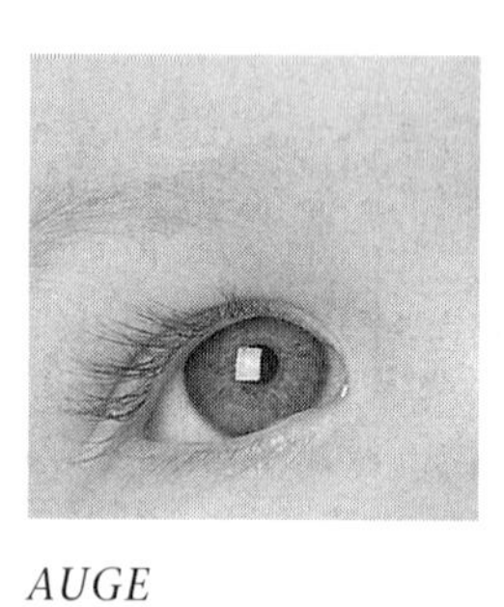
AUGE

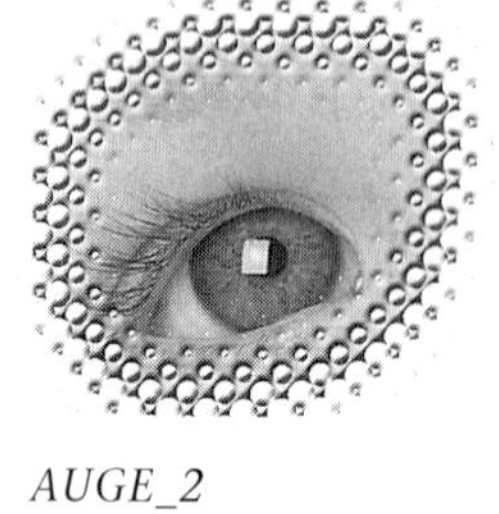
AUGE_2

BALL

BALL_2

BALL_3

BALLONS

ELCH

ERDBEERE

F_ANANAS

F_KIWIS

F_TEXT

F_TRAUBE

F_ZITRO

FAMILIE

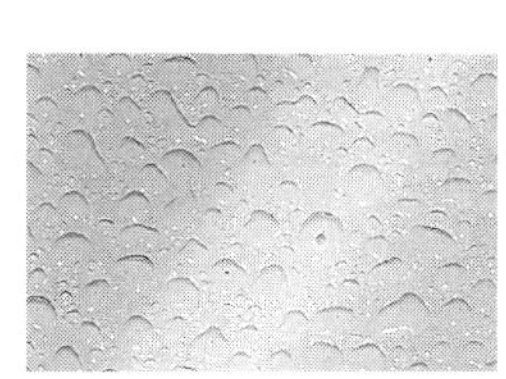

FARBTON

FENSTER

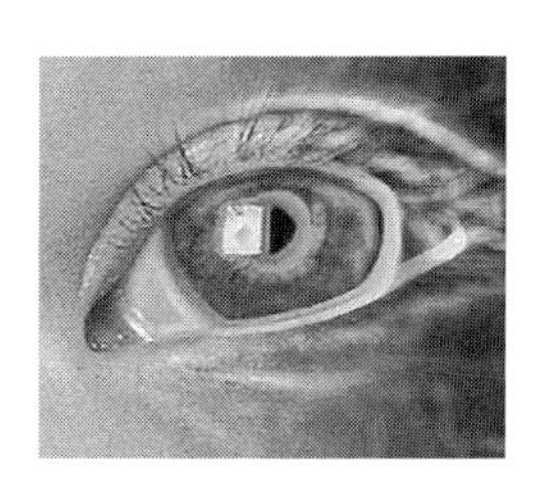

FILTER

FLASCHE

FLASCHE2

FLORA

FOTO

FREIHEIT

FRUTTI

GELATINE

GESICHT

GITARRE

GLAESER_1

GLAESER_2

GLAESER_3

GLAESER_4

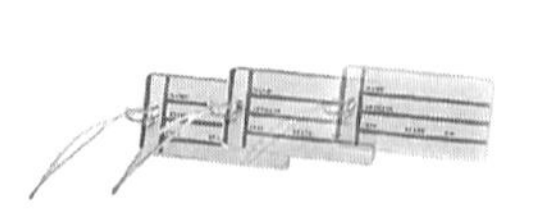

GLAETTEN

GLAS

GLAS_2

GRUPPE

HAENDE

HD

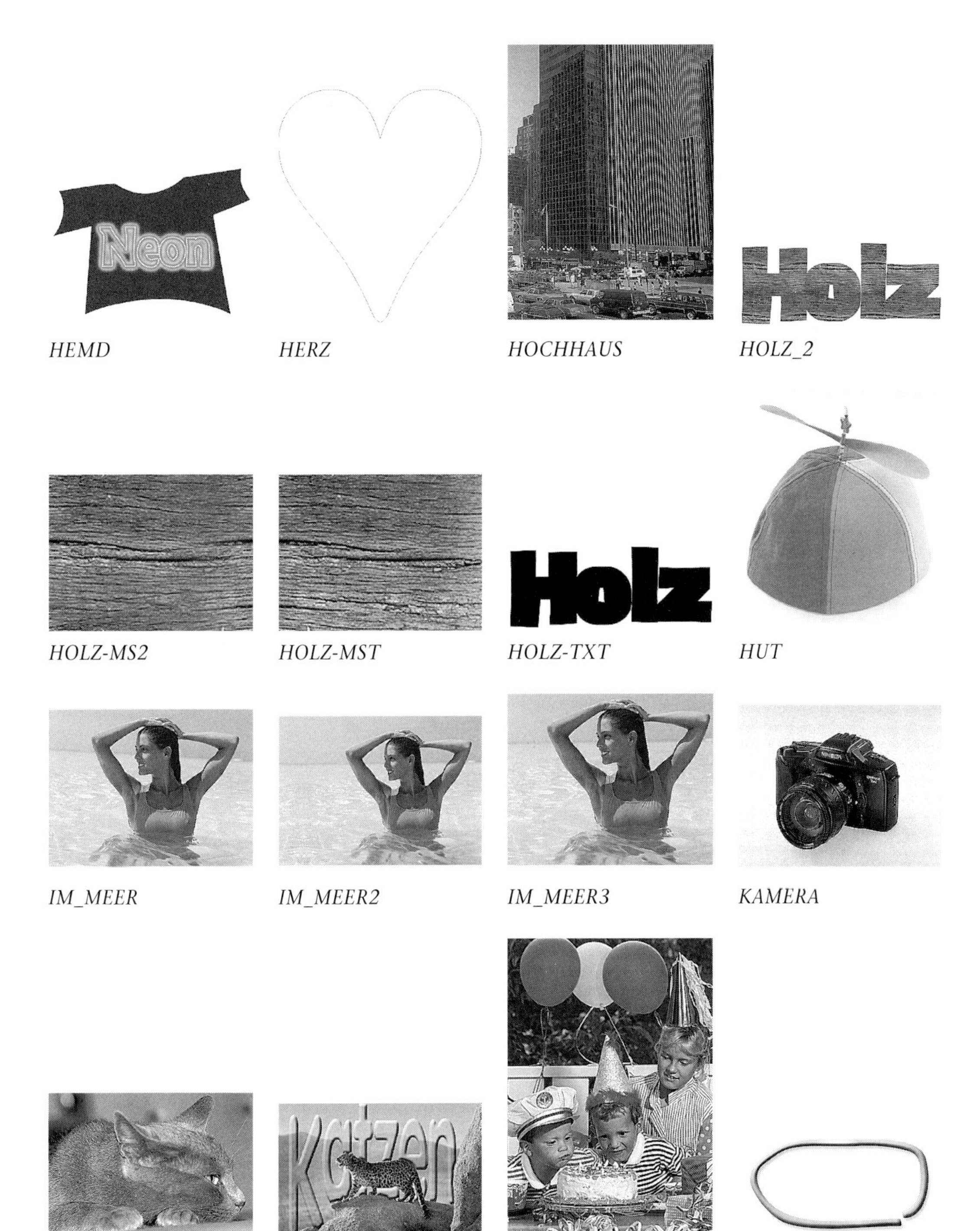

HEMD *HERZ* *HOCHHAUS* *HOLZ_2*

HOLZ-MS2 *HOLZ-MST* *HOLZ-TXT* *HUT*

IM_MEER *IM_MEER2* *IM_MEER3* *KAMERA*

KATZE *KATZEN* *KINDER* *KLAMMER*

KNOPF

KOERBE

KOFFER

KUGEL

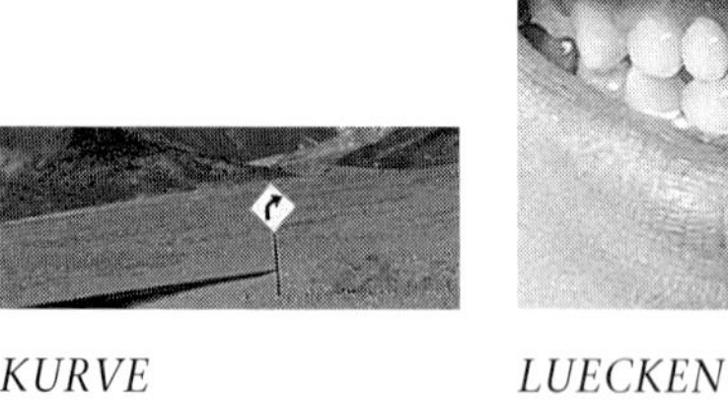

KURVE

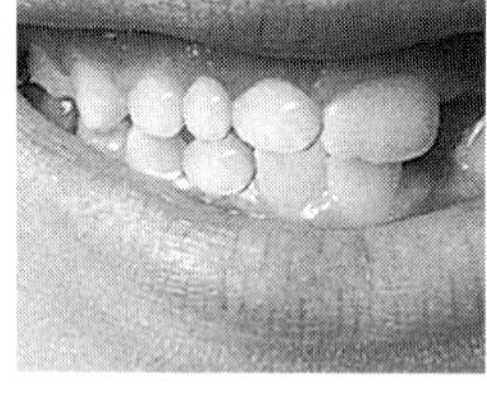

LUECKEN

LADEN

LADEN_2

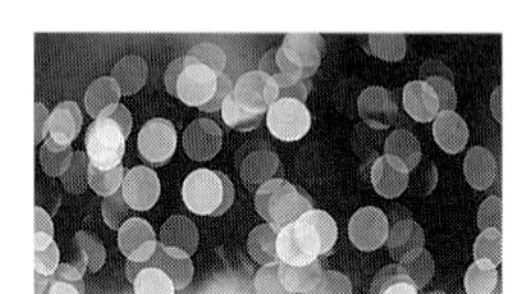

LAND

LICHTER

LICHTER_2

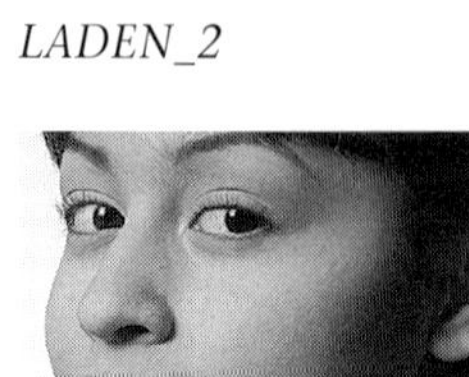

LISA

LISSY

LUPE

LUPE_2

MALMODUS

MARGA

MEER

MEER_2

MEER_3

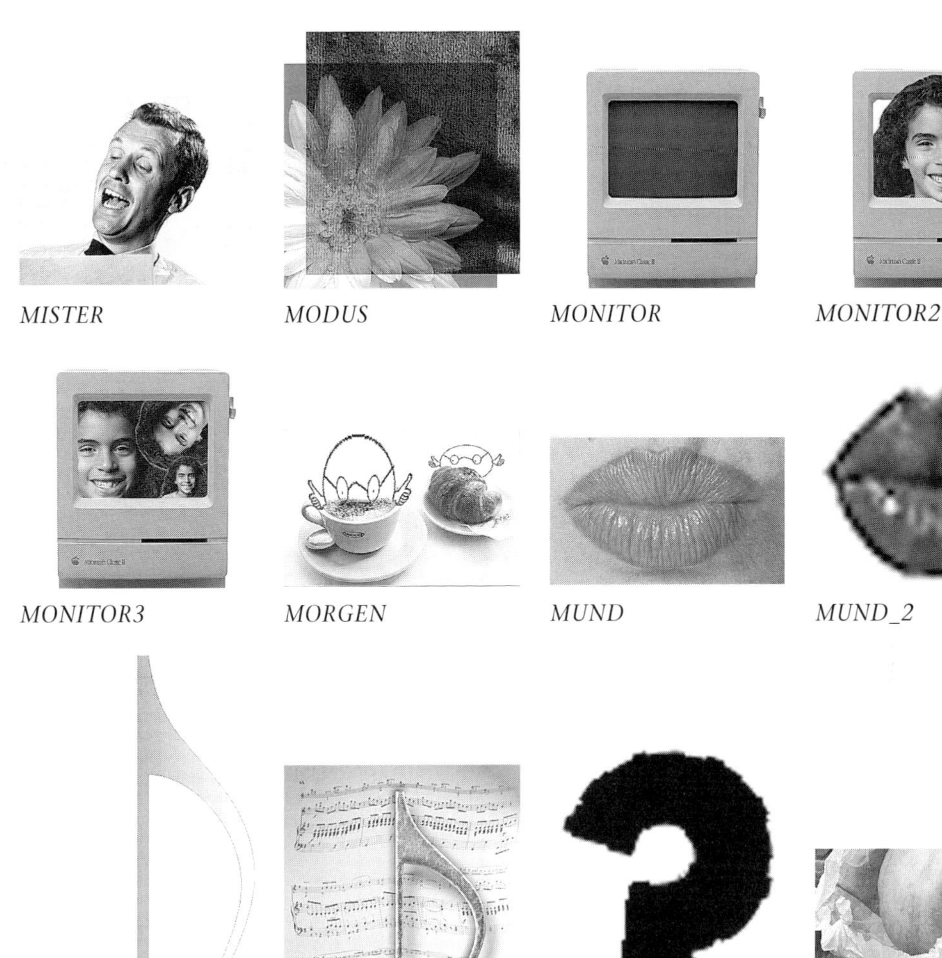

MISTER *MODUS* *MONITOR* *MONITOR2*

MONITOR3 *MORGEN* *MUND* *MUND_2*

NOTE *NOTEN_2*

OBJEKT

OBST

PALME

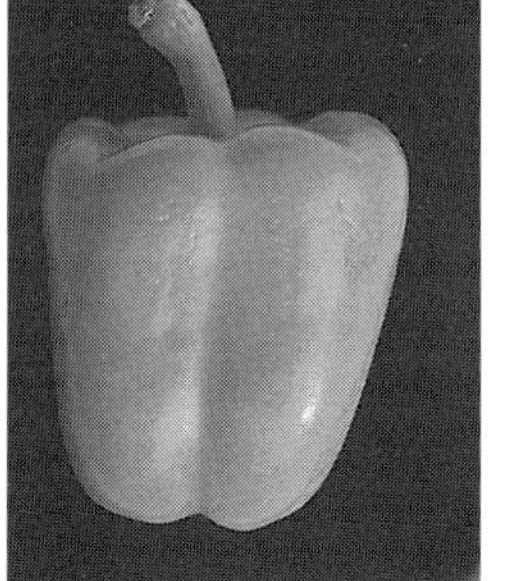

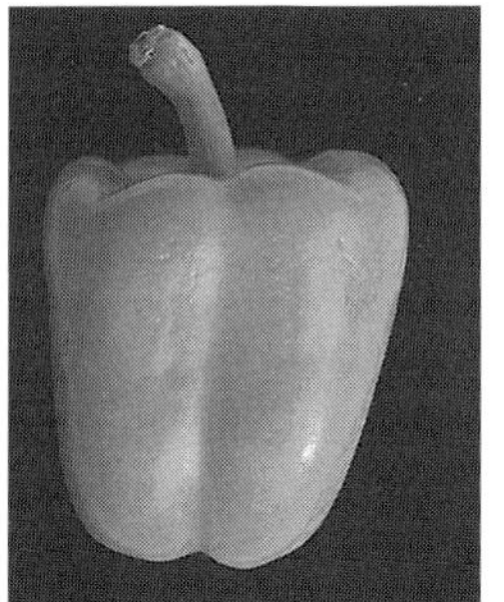

PAPRIKA

PELIKAN

PIX

PLASTIK

POLAR

POLAR_2

POST

PUPPEN

RAUM

RGB_1

RGB_2

ROSE

ROT

ROT_2

SCHALTER

SCHILD

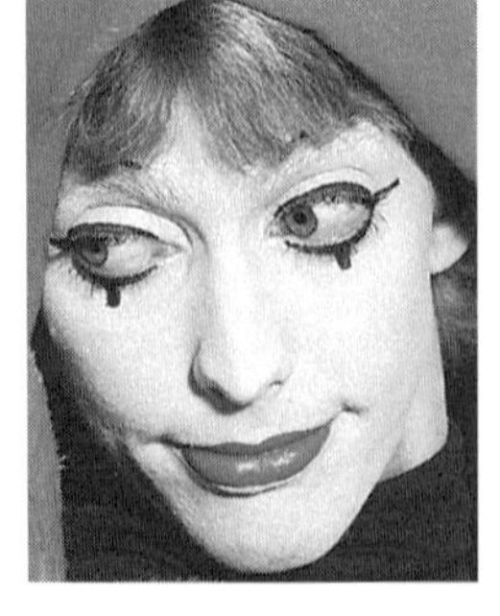

SCHMINKE

SEGELN

SHORTS

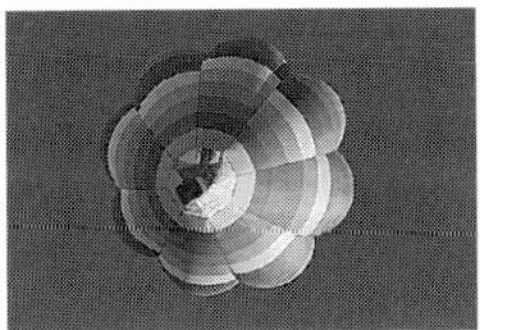

SKY

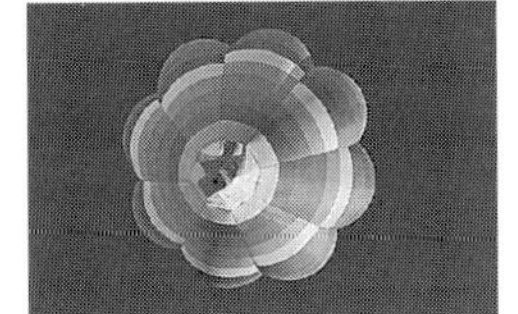

SKY_2

SKYLINE

SKYLINE_2

SKYLINE_3

SPATEN

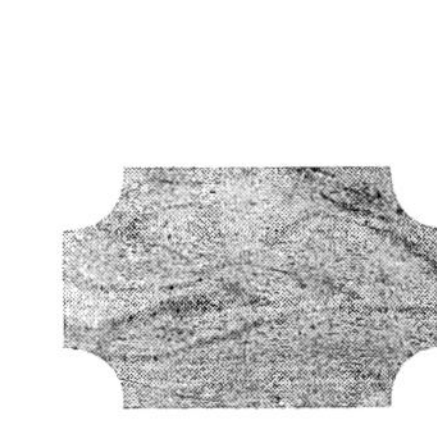

STEIN

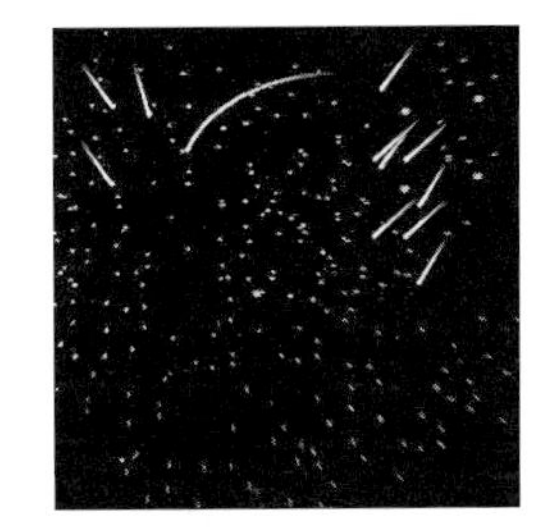

STERNE

STIFTE

STOPUHR

STRAND

STRICH

SURFER

TASSE_1

TASSE_2

TAUCH

TEPPICH

TEST

TEXT

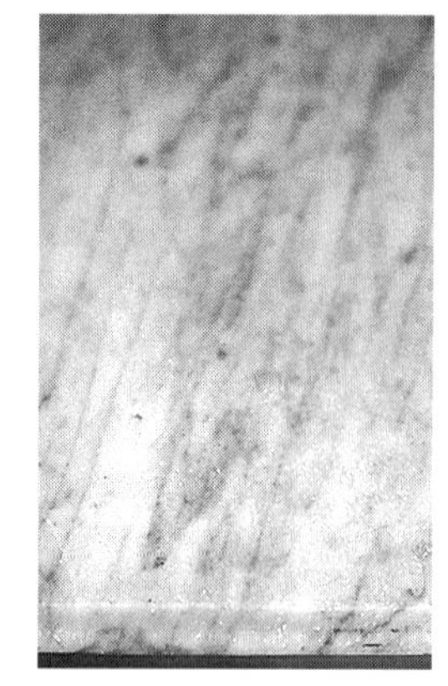

TISCH

TITANIC

TOM

TONI

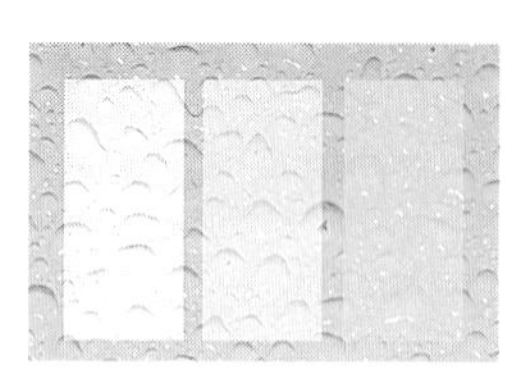

TROPF_2

TROPFEN

TUER

TV

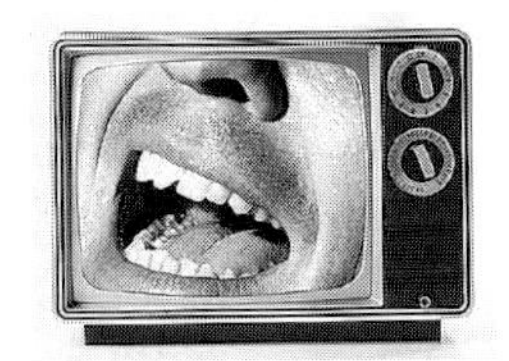

TV_2

VERA

VOEGEL

VOGEL

WAGEN

WAGEN_2

WAGEN3

WALD

WECKER

WEINGLAS

WELLE

WOLKEN

WUESTE_1

WUESTE_2

ZEICHEN

15.4 Lexikon

ADB-Bus

Am Apple-Desktop-Bus (ADB) eines Mac-Rechners werden Tastatur, Maus oder Grafiktablett angeschlossen. Bis zu sieben Geräte sind als Kette schaltbar. Wird vom Standard USB abgelöst.

Additive Grundfarben

Siehe auch »RGB«

Aktives Fenster

Wenn mehrere Programme oder Bilddateien geöffnet sind, können nur ein Programm und eine Datei bearbeitet werden; sie sind am hervorgehobenen Fensterrahmen zu erkennen. Ein anderes Fenster wird durch Mausklick aktiviert.

Alphakanal

Alphakanäle werden in Photoshop zusätzlich zu den Kanälen für die Grundfarben Schwarz, RGB oder CMYK eingerichtet; Bildprogramme legen Alphakanäle an, wenn eine Auswahl gespeichert wird. Weiße Flächen im Alphakanal repräsentieren zum Beispiel ausgewählte Bildbereiche, schwarze Flächen nicht ausgewählte. Die Informationstiefe je Bildpunkt ist acht Bit, so daß 256 unterschiedliche Auswahlintensitäten je Bildpunkt gespeichert werden können. Die Kanäle werden über die Kanälepalette kontrolliert; auf diesem Schaltfeld werden Kanäle unabhängig voneinander zur Ansicht und/oder zur Bearbeitung freigegeben. Ein Alphakanal erhöht die Dateigröße um den Betrag einer Graustufenversion des Bilds.

Animation

Eine Folge von Bildern, die aneinandergereiht wie ein Film wirken, nennt man Animation. Bei jedem Bild wird nur ein Detail geändert.

Anti-Aliasing

Siehe »Glätten«

Arbeitsspeicher

Der Arbeitsspeicher enthält die Daten, die vom geöffneten Programm unmittelbar bearbeitet werden. Wenn Sie mehr Arbeitsspeicher installieren, können Sie größere Bilder bearbeiten, und der Rechner wird entlastet. Weitere Ausdrücke für Arbeitsspeicher sind Hauptspeicher oder RAM (Random Access Memory). Die Daten im Arbeitsspeicher (RAM) sind flüchtig, das heißt, sie gehen bei Ausschalten des Geräts verloren. Sie müssen also zum Beispiel auf der Festplatte gespeichert werden. Da der Zugriff auf einen Arbeitsspeicher auf Halbleiterbasis viel schneller ist als auf einem elektromagnetischen Speicher, wird heute mit Arbeitsspeicherchips auf Halbleiterbasis gearbeitet.

Auflösung

Die Zahl der Bildpunkte pro Längeneinheit bestimmt die Auflösung und damit die Detailgenauigkeit der Bildwiedergabe. Typische Flachbettscanner lösen 400 Pixel pro Zoll (dpi) auf, Computermonitore meist 72 bis 120 dpi. Bei Scannern wird meist eine physikalische Auflösung angegeben, die das Gerät tatsächlich aufgrund seiner Bestückung mit CCD-Elementen erreicht, sowie ein höherer Wert, der jedoch nur durch Hochrechnung (Interpolation) von Bildinhalt ohne Informationsgewinn zustandekommt. Bei Scannern oder Faxgeräten kann die Auflösung in vertikaler und horizontaler Richtung unterschiedlich groß sein.

Auswählen

Beim »Auswählen« wird ein Pixelbereich festgelegt, der nach dem Auswahl- Vorgang unabhängig von der Umgebung bearbeitet, bewegt, kopiert oder montiert werden kann. Typische Auswahl-Werkzeuge sind Lasso oder Zauberstab. Ausgewählte Bereiche werden in der Bildschirmdarstellung von einer Fließmarkierung eingefaßt – eine gestrichelte, schillernde Linie. Sie kann verborgen werden, um den Übergang zwischen dem markierten, bearbeiteten und dem außerhalb liegenden Bildteil besser zu beurteilen. Auswahlen können als Alphakanal gespeichert werden. Siehe auch »Alphakanal«.

BMP

Das BMP-Format (Bitmap) ist nur bei den Betriebssystemen MS-DOS/Windows und OS/2 auf IBM-kompatiblen Computern gebräuchlich. Dabei können Sie die Farbinformation auf acht oder vier Bit pro Pixel reduzieren. Zum Beispiel müssen die Hintergrundbilder für den Windows-Desktop im BMP-Format gesichert sein, dem »Hausformat« von Windows. Stellen Sie das gewünschte Hintergrundbild ins Windows-Verzeichnis, und rufen Sie es mit dem Desktop-Kontrollfeld aus der Systemsteuerung auf. Sonderformen des BMP-Formats sind RLE und DIB: RLE ist eine einfache Kompression mit Lauflängenkodierung (Run Length Encoding), die aber nur bis acht Bit Farbtiefe angeboten wird; das Windows-Logo beim Windows- Programmstart liegt im RLE-Format auf der Platte. DIB für Device Independent Bitmap, geräteunabhängiges Pixelbild, ist identisch aufgebaut wie BMP. Sie benötigen es zur Integration von Pixelbildern in Programmfenster oder Multimedia-Anwendungen.

Beschneidung

Im Photoshop-Sprachgebrauch meint »Beschneidung« eine Einschränkung des Tonwertbereichs, wobei Differenzierung verlorengeht, weil unterschiedliche vorhandene Tonwerte auf einen einzigen Tonwert, zum Beispiel Schwarz oder Weiß, gesetzt werden. Zu Beschneidung kann es etwa bei den Photoshop-Befehlen »Variationen« oder »Tonwertkorrektur« kommen, aber auch bei der Farbseparation. Das Photoshop-Feld »Variationen« bietet die Option »Beschneidung anzeigen«.

Betriebssystem

Das Betriebssystem ist diejenige Software, die unmittelbar zwischen den Anwendungsprogrammen etwa zur Bildbearbeitung und den Rechner-Chips vermittelt. Bekannte Betriebssysteme sind etwa Windows 95, Windows NT oder MacOS 8 (wenn es auch Diskussionen darüber gibt, was nun exakt als »Betriebssystem« bezeichnet werden darf. Das Betriebssystem erfordert bestimmte, kompatible Geräte; so läuft Apples MacOS nicht auf Rechnern mit Intel-Prozessor. Andere Bezeichnung: OS (Operating System).

Bildspeicher

Siehe auch »Videospeicher«

Bildwiederholfrequenz

Siehe auch »Monitor«

Bit

Acht Bits bilden ein Byte, die kleinste adressierbare Speichereinheit. Je mehr Bit ein Pixel darstellen, um so mehr verschiedene Graustufen können abgebildet werden (Datentiefe). Wenn nur ein Bit – also »0« oder »1« – für ein Pixel steht, können nur zwei Tonwerte, nämlich Schwarz oder Weiß, gezeigt werden. Schon zwei Bit je Pixel ermöglichen 2^2, also vier Tonwerte.

Bitmap

Ein aus einzelnen Pixeln – und nicht aus Kurven, Objekten und Flächen – bestehendes Bild wird allgemein Bitmap genannt. Jedes einzelne Pixel drückt bestimmte Farb- oder Dichtewerte aus. Bildverarbeitungsprogramme arbeiten mit Bitmaps wie dem Tiff-Format (siehe dort). Im Apple-Bereich und im Programm Photoshop wird unter Bitmap auch eine Strichgrafik (Line-Art, 1-Bit-Grafik) verstanden, die nur aus schwarzen und weißen Bildpunkten besteht.

Byte

Siehe auch »Bit«

Bézierkurve

Eine durch Ankerpunkte kontrollierte Kurve in einem Pfad (siehe auch »Pfad«). Die Formen einer Bézierkurve werden verändert durch Verschieben von vier Kontrollpunkten, die sich jeweils an den Enden von zwei geraden, variabel langen Linien befinden. Jede Linie geht von einem Ankerpunkt aus. Ein Verschieben dieser Linien drückt die Kurve in eine andere Richtung. Der Ingenieur Pierre Bézier entwickelte diese Art der Kurvenbeschreibung bei Renault, um die Rundungen an einem Autochassis korrekt zu beschreiben. Bézierkurven werden vor allem von objektorientierten Grafikprogrammen wie Adobe Illustrator oder CorelDraw verwendet, aber auch Photoshops Pfadwerkzeug arbeitet mit Bézierkurven.

CCD

Charge Coupled Device, ladungsgekoppelte Speicher. CCD-Elemente werden in billigeren Scannern eingesetzt: Auf einer Zeile sitzen spezielle optoelektronische Sensoren, die auf die auftreffenden Helligkeiten mit unterschiedlichen Spannungszuständen reagieren; diese werden dann in ein digitales Format übersetzt.

CIE-Lab

Farbmodell mit Helligkeit (L für Luminanz) und zwei Farbkomponenten (a, b). Siehe auch »Lab«. Entspricht der amerikanischen Definition des HSB-Farbraums.

CMYK

CMYK ist das Farbmodell der Druckvorstufe. Offset-Druckmaschinen arbeiten mit den deckenden, subtraktiven Grundfarben, die, übereinandergedruckt, Schwarz ergeben. Es sind Grünblau, Gelb und Purpur sowie Schwarz (Cyan, Yellow, Magenta, Black). Gelb, Grünblau und Magenta entstehen durch Mischung von jeweils zwei der additiven Primärfarben Rot, Grün und Blau zu gleichen Teilen. Grünblau, Gelb und Purpur übereinander ergeben theoretisch bereits Schwarz, aus drucktechnischen Gründen jedoch ein dunkles Grau oder Braun. Die eigene Druckfarbe Schwarz verstärkt deshalb den Tiefe-Eindruck; außerdem spart es Druckfarbe und macht den Druckprozeß stabiler, wenn statt der drei Druckfarben Cyan, Yellow und Magenta übereinander lediglich ein gleichwertiger Schwarzanteil gedruckt wird. Andere Farbmodelle, die von Photoshop ebenfalls unterstützt werden, sind RGB und Lab (siehe auch »RGB« und »Lab«).

CPU

Zentraler Rechenprozessor, Central Processing Unit

Cache

Cache ist allgemein ein Zwischenspeicher, der häufig benutzte Daten besonders schnell zugänglich macht. Internet-Programme legen Cache-Speicher auf der Festplatte an, Prozessoren haben Cache-Speicher. Photoshop verwendet einen »Bild-Cache«, der mit verkleinerten Versionen des Bilds arbeitet, um die Vorschau zu beschleunigen.

Cartridge

Große Datenmengen werden oft auf Cartridges transportiert. Gemeint ist meist eine tragbare Wechselfestplatte (Kapazität 44 oder 88 MB), zum Beispiel von Syquest. Aber auch Datenband-Kassetten, die in Streamern laufen, werden als Cartridges bezeichnet.

Composite

Composite meint in Photoshop die Gesamtansicht eines Bilds, das aus mehreren Bestandteilen zusammengesetzt ist. So besteht ein CMYK-Farbbild aus vier Grundfarb-Kanälen, die Gesamtansicht aller Kanäle – also das Farbbild – wird auch Composite genannt. Eine Montage aus mehreren Ebenen kann man zusätzlich durch ein Composite ergänzen, eine Darstellung aller sichtbaren Bildpunkte auf einer einzigen Ebene.

Chrominanz

Farbanteil des Videosignals, zum Beispiel bei dem Farbmodell Lab (siehe auch »Lab«).

Clip-Art

Digitalisierte Grafiken und Logos zu verschiedenen Themengebieten, die Grafikprogrammen beiliegen oder auf CD-ROM zu kaufen sind.

Cromalin

Im Cromalin-Verfahren werden Einzelblätter von Vierfarb-Druckfilmen zur Farbprüfung gedruckt (Proof).

Cursor

Eingabepunkt, an dem eine Datei verändert wird. In der Bildverarbeitung wird der Cursor meist durch einen Pfeil, durch ein Werkzeugsymbol oder durch ein Kreuz dargestellt. In Photoshop wird die Cursorposition durch ein Werkzeug angezeigt, das nur an seinem »Hot Spot« aktiv ist, oder durch einen Umriß in der Größe des aktiven Mal- oder Retusche-Werkzeugs.

DCS

Eine in vier CMYK-Farbauszüge separierte Grafik im Dateiformat EPS

dpi

Aufösungen werden meist mit dots per inch (dpi), Bildpunkten pro Inch, angegeben. Tageszeitungen drucken meist mit 32 Pixeln pro Inch, Hochglanzmagazine mit 200. Hochwertige Farbdrucker, die zum Beispiel auf Fotopapier belichten, drucken mit 300 dpi. Eine Verdoppelung der Auflösung vervierfacht die Zahl der Bildpunkte.

lpi

Die Rasterweite beim Druck wird oft in lines per inch (lpi), Linien pro Zoll, angegeben. Je größer die Rasterweite, desto kleiner die Punkte, desto höher Auflösung und Qualität.

ppi

Die Maßeinheit ppi (pixel per inch) gibt an, wie viele Bildelemente ein Scanner je Zoll des Originals erfaßt.

Dateiformat

Ein Bild kann in verschiedenen Datenstrukturen – Dateiformaten – abgespeichert werden, so etwa in TIFF, EPS oder JPEG. Ein Programm muß eine Importfunktion für das jeweilige Format besitzen, um es öffnen zu können.

Dateinamenserweiterung

Die drei Buchstaben nach dem Punkt hinter einem maximal achtstelligen Dateinamen sind die Dateinamenserweiterung (auch Extension), die zugleich auf die Dateiart verweisen. Zu den wichtigsten Erweiterungen für Bilddateien gehören .TIF und .BMP, Textdateien enden häufig auf .TXT oder .DOC, ausführbare Programmdateien auf .EXE.

Default

Vorgegebene Grund- oder Standardeinstellungen

Densitometer

Gerät zum Messen des Schwärzungsgrads etwa auf Fotopapieren, Andrucken oder Monitoren. Das Densitometer erfaßt den Dichteumfang einer Vorlage und hilft bei Qualitätskontrolle und Belichterkalibrierung.

Dithering

Kann eine bestimmte Farbe oder ein Tonwert nicht dargestellt werden, werden nebeneinanderliegenden Pixeln in einem Streumuster verfügbare andere Farben zugewiesen, um die fehlende Farbe zu simulieren. Unterstützt zum Beispiel ein Monitor nicht mehr als 256 Farben, simuliert er weitere Farben durch Aneinandersetzen ähnlicher, verfügbarer Farbpunkte (Dithering, Streuraster). In Photoshop sind zwei Arten von Streuraster etwa für die Monitordarstellung, aber auch beim Rastern der Bilddateien selbst wählbar: Pattern Dithering und Diffusion Dithering. Im Gegensatz zum Rastern sind beim Dithern alle Punkte gleich groß, Tonwertunterschiede werden durch die Zahl der Druckpunkte pro Flächeneinheit, nicht durch die Größe der Druckpunkte simuliert.

Dot Pitch

Siehe auch »Monitor«

EBV

Elektronische Bildverarbeitung

EPS

Beim Sichern mit der Endung EPS für Encapsulated PostScript verwandeln Sie das Bild in eine Datei, die nur noch zum Einbau in Layout-Programme oder zum Ausbelichten gedacht ist, aber nicht mehr zum Bearbeiten. Nur die Größe des gedruckten Bilds läßt sich noch ändern. Beim Speichern einer separierten EPS-Bilddatei kann man ein kleines Tiff-Bild mitsichern, damit das Werk im Layout nicht nur als leerer Rahmen angezeigt wird. Viele Bildprogramme können EPS zwar schreiben, aber Sie öffnen es höchstens, wenn sie es selbst erstellt haben. EPS-Dateien können zusätzlich zum Pixelbild auch Kurvengrafiken oder Schriften enthalten, die unabhängig von der Bildauflösung in höchster Druckerauflösung ausgegeben werden. Zusätzlich nimmt EPS auch Freistell-Pfade auf – Auswahl-Konturen um ein Motiv herum. Die EPS-Kodierungsoption »binär« kostet weniger Speicherplatz und Belichter-Zeit, wird aber nicht von allen Programmen geöffnet. Im Zweifelsfall verwendet man die ASCII-Variante, die extrem viel Speicherplatz benötigt. EPS-Dateien sind in verschiedenen Rechnerwelten zuhause. Das EPS-Format ist vor allem in der professionellen Druckvorstufe wichtig.

Farbauszug

Ein Farbauszug enthält Informationen über eine Grundfarbe oder einen Farbkanal eines Farbbilds als Graustufendarstellung. Farbauszüge werden bei der Farbseparation erzeugt (siehe auch »Farbseparation«).

Farbmodell

Farbspektren können in verschiedenen Farbmodellen abgebildet werden. Die gängigsten sind RGB (siehe auch »RGB«) und CMYK (siehe auch »CMYK«), dazu kommen HSV (auch HSL oder HSB; siehe auch »HSV«), im professionellen Bereich Lab (siehe auch »Lab«) und YCC. Bilddateien und Monitore arbeiten mit RGB, aber viele EBV-Programme bieten auch die Farbmischung nach HSV und YMCK an. Massendruckwerke entstehen im CMYK-Modus.

Farbpalette

In der EBV ist die Farbpalette eine individuelle oder vorgefertigte Palette von Farben, die mit der Farbsonde aufgegriffen und in eine Bilddatei übertragen werden können. Bei Bilddateien mit indizierten Farben werden aus einem Angebot von zum Beispiel 16,7 Millionen Farben 256 zu einer Palette zusammengestellt, mit der das Bild gezeigt werden kann.

Farbseparation

Für den Mehrfarben-Offset-Druck werden Farbbilder in vier Graustufenbilder für die Druckfarben Schwarz, Gelb, Magenta und Blaugrün (CMYK) separiert.

Farbtemperatur

Die Farbtemperatur gibt die farbliche Zusammensetzung des Lichts an und wird in der Maßeinheit Kelvin gemessen. Je niedriger der K-Wert, desto mehr tendiert das Licht gegen Rot. Höhere K-Werte machen das Licht blauer. Abendrot hat um 3000 Kelvin, das Normlicht der Druckindustrie mit 5500 Kelvin soll normales Mittagslicht simulieren, klarer blauer Himmel hat über 10000 Kelvin.

Farbtiefe

Die Farbtiefe bezeichnet die Anzahl von Bits, mit der die Farbinformationen eines einzelnen Bildpunkts kodiert werden. Je mehr Bits pro Bildpunkt, um so differenzierter und feiner gerät das Bildergebnis. Im Desktop-Bereich verbreitet ist eine Farbtiefe von 24 Bit (28 = 16,7 Mio. Farben, sogenanntes Truecolor), doch Hi-End-Scanner digitalisieren auch mit weit höheren Farbtiefen, um vor allem eine noch präzisere Schattendurchzeichnung zu erreichen.

Farbwert

Jeder Farbe ist ein numerischer Wert zugeordnet, der vom verwendeten Farbmodell abhängt. So hat Rot im RGB-Modell die Werte 100/0/0 Prozent, im CMYK-Schema wird es mit 0/100/100/0 Prozent angegeben.

Festplatte

Auf der elektromagnetisch speichernden Festplatte werden Daten abgelegt, die Sie nicht aktuell bearbeiten. Neben der Speicherkapazität (zum Beispiel 4, 8 oder 16 Gigabyte) sind Zugriffsgeschwindigkeit, Lautstärke und Anschluß-Art (SCSI-Arten oder EIDE) Kriterien bei der Kaufentscheidung. Weitere Bezeichnungen: Massenspeicher, Festspeicher oder HDD (Hard Disk Drive).

Filter

In der elektronischen Bildverarbeitung sind Filter Befehle, die jedes einzelne Pixel nach einem festgelegten Schema verändern. Zu den gebräuchlichsten Filtern gehören Schärfe- und Weichzeichnerfilter, verbreitet sind aber auch Effektfilter wie »Relief«, »Mosaik«, »Wellen« oder »Wölben«.

Flachbettscanner

Preisgünstiges Tischgerät zur Digitalisierung von Papierbildern. Siehe auch »Scanner«.

Font

Schriftart (wie etwa Times oder Helvetica), die in einem bestimmten digitalen Format wie Adobe Type 1 oder oder TrueType vorliegt. In Photoshop können Schriften sowohl im Type-1-Format als auch TrueType eingesetzt werden.

GCR

Das »Grey Component Replacement« GCR, wie es auch Photoshop anbietet, steht für das völlige oder teilweise Ersetzen der aus Cyan, Magenta und Gelb gebildeten Grautöne eines Bildes durch Schwarz. Gezielter GCR-Einsatz kann auch verhindern, daß dunkles Grau oder Schwarz, das nur durch CMY gebildet wird, im Druck braun oder sonstwie farbstichig wirkt. Im Gegensatz zu UCR (Under Color Removal) wirkt GCR auf den ganzen Tonwertbereich eines Bilds und nicht nur auf die Schatten.

Gamma-Korrektur

Siehe auch »Gradationskurve«

Glätten

Die Photoshop-Option »Glätten« erstellt einen weicheren Übergang unmittelbar am Rand einer Auswahl. »Glätten« verhindert Treppeneffekte oder harte Kanten beim Einsetzen von Pixelbereichen. Dabei werden zum Beispiel harte Übergänge zwischen einem montierten Bildteil und dem Hintergrund halbtransparent gefüllt; nur die äußersten Randpixel erhalten zu 50 Prozent den Wert der unmittelbar benachbarten nicht ausgewählten Bildpunkte. Das ist meist die ideale Einstellung, um Schnittkanten bei Montagen zu vermeiden.

Gradationskurve

Die Gradationskurve zeigt das Verhältnis zwischen vorhandener Lichtmenge und durch Bearbeitung erzeugter Schwärzung. Eine Gerade in einem Winkel von 45° zeigt, daß Ein- und Ausgabewerte unverändert bleiben. Durch Manipulation der Kurve werden die Dichten des Bilds in erster Linie nicht erweitert, sondern umverteilt. Die Gradationskurve stellt über ihren Graphen dar, welche früheren Tonwerte (»Eingabe«) auf welche neuen Werte (»Ausgabewerte«) korrigiert werden. Ein spezieller Fall ist die Gamma-Kurve, die nur die mittleren Tonwerte anhebt oder senkt, ohne die wichtigen Lichter oder Schatten zu verschieben.

Grafikkarte

Die Grafikkarte, die auf der CPU-Platine eingesteckt wird, setzt die Computersignale in ein für den Monitor verständliches Datenformat um. Ein Arbeitsspeicher (RAM) auf der Grafikkarte speichert die Bildschirmsignale zwischen. Je größer der Videospeicher, um so höher die Zahl der darstellbaren Farben bei höchster Auflösung. Eine Grafikkarte mit 1 MB Video-RAM kann 256 Farben in 1024×768 Punkten oder 32000 Farben in 640×480 Punkten zeigen.

Grafiktablett

Mit einem Grafiktablett (auch: Digitalisiertablett) kann wesentlich präziser gearbeitet werden als mit einer Maus. Beim Grafiktablett wird ein Stift über eine Fläche bewegt, um so zum Beispiel bestimmte Bildbereiche zu bemalen oder zu maskieren. Kriterien für Grafiktabletts sind Größe und Druckempfindlichkeit. Tabletts mit druckempfindlichen Stiften variieren je nach Vorgabe im Bildprogramm Breite, Transparenz oder Farbe eines Pinselstrichs – so entstehen sehr lebendige Retuschen, und die dauernde Änderung des aktuellen Tonwerts entfällt.

Graukeil

Der Graukeil zeigt genormte Grauwerte in einem festgelegten, abgestuften Verhältnis. Er kann zur Überprüfung von Farb- und Kontrasttreue gescannt, auf dem Monitor abgebildet und gedruckt werden.

Graustufen

Unter »Graustufen« versteht man in der digitalen Bildbearbeitung einen Farbmodus, in dem die Pixel eines Bilds zum Beispiel 256 Zwischentöne zwischen Schwarz und Weiß darstellen können. Davon zu unterscheiden ist zum Beispiel der »Bitmap«-Modus, der nur zwei Tonwerte trennt: Schwarz und Weiß.

HDTV

Das High Definition Television ist eine neue, hochauflösende Übertragungsnorm für TV-Signale. Das Bild hat ein Seitenverhältnis von 16:9.

HSV-Modell

Das HSV-Farbmodell definiert Farben durch Farbton (Hue), Sättigung (Saturation) und Helligkeit (Value). Der Farbton nennt die genaue Lage des Farbtons im Farbspektrum, gedacht als 360-Grad-Kreis: Rot liegt bei 0 Grad, Blau bei 120, Cyan bei 180, Grün bei 240. Die Sättigung wird auf einer Skala von Grau bis zur Reinfarbe gemessen. Ein auf Null reduzierter Sättigungsgrad führt zu Grau; ein hoher Sättigungsgrad läßt Farben leuchtend wirken. Helligkeit gibt die sichtbare Helligkeit verglichen mit einer Grauskala an, anders ausgedrückt, den Anteil an Licht, den wir bei einer Farbe wahrnehmen. 100 Prozent steht für Weiß, 0 Prozent für Schwarz; der reine Farbton hat 50 Prozent. Das HSV-Modell gilt als eingängigste Farbbeschreibung.

Halbtonbild

Bei einem Halbtonbild gehen die Dichtestufen kontinuierlich ineinander über. Da jedoch Laserdrucker oder Offset-Druckmaschinen nur Schwarz drucken können, müssen die Bilder erst gerastert werden. Die Aufrasterung in unterschiedlich große schwarze Punkte – meist 20 bis 70 pro Zentimeter – täuscht Halbtöne vor. Diabelichter oder Fotopapierbelichter geben verschiedene Halbtöne direkt ohne Rastern aus. Pro Schwarzweißbild oder pro Grundfarbe werden meist 256 Halbtöne unterschieden.

Handscanner

Billigscanner, der von Hand über eine Vorlage bewegt wird. Siehe auch »Scanner«.

Helligkeit

Komponente des HSV-Farbmodells (siehe auch »HSV«).

Hicolor

Eine Farbtiefe (siehe auch »Farbtiefe«) von 16 Bit (64000 Farben) wird Hicolor genannt. Siehe auch »Truecolor«.

High Sierra

Die High-Sierra-Norm beschreibt den als ISO-9660 festgelegten Standard für das Dateisystem von CD-ROMs. Siehe auch »CD-ROM«.

Histogramm

Das Histogramm stellt in einer Balkengrafik die Verteilung der Dichtewerte oder der Farbintensität eines Bilds dar. Jeder Balken steht für eine der 256 Dichtestufen eines Bilds; je höher der Balken, um so mehr Pixel dieser Dichte sind vorhanden. Das Histogramm gibt Aufschlüsse darüber, ob neue Schwarz- und Weißpunkte gesetzt werden sollten.

Horizontalfrequenz

Die Horizontalfrequenz eines Monitors oder einer Grafikkarte gibt Aufschluß über die Vertikalfrequenz bei einer bestimmten Auflösung und damit über die Qualität der Bilddarstellung; als untere Grenze für die Vertikalfrequenz gelten 70 Hertz, wesentlich besser sind jedoch Werte über 85 Hertz. Die Formel: Horizontalfrequenz / (Vertikalauflösung + fünf Prozent). Dabei sind die fünf Prozent der nicht sichtbare Bildteil, der bei der Berechnung mit zu berücksichtigen ist. Eine mögliche Horizontalfrequenz von 69 Kilohertz führt also auf einem Monitor mit 768 Linien (= Vertikalauflösung) zu einer hochwertigen Bildwiederholrate von gut 85 Hertz. Die Formel: 69000 / (768+38).

Hypertext

Durch Querverweise innerhalb einer Textdatei bietet das Hypertext-Verfahren die Möglichkeit, innerhalb eines Dokuments an unterschiedlichste Stellen im Text zu gelangen und von dort wieder zurück zum Ursprung zu wechseln. Hypertext wird oft für Online-Hilfen verwendet.

Icon

Siehe auch »Sinnbild«

Image Map

Eine Image Map (auch Clickable Map) ist ein Bild auf einer Seite im World Wide Web des Internet, bei dem verschiedene Bildteile zu unterschiedlichen anderen Internet-Adressen weiterverknüpfen.

ImagePack

Ein Satz aus fünf oder sechs unterschiedlich aufgelösten Versionen eines Bilds auf der Photo CD. Siehe auch »Photo CD«.

Inch

Ein Inch (Zoll) entspricht 2,54 Zentimeter.

Indizierte Farben

Bilder mit »indizierten Farben« sind ein Sonderfall in der Bildbearbeitung. Manche Programme, etwa Präsentationsprogramme für Diashows am PC, unterstützen keine 24-Bit-Vollfarbdateien. Sie akzeptieren zum Beispiel nur Acht-Bit-Farbbilder, die für Rot-, Grün- und Blau-Tonwerte je Pixel insgesamt nur acht Bit übrig haben; das ergibt total 256 verschiedene Farben. Auch das Gif-Format, das für World-Wide-Web-Seiten im Internet wichtig ist, akzeptiert aus Speicherplatzgründen nur 256 Farbtöne. Beim Umrechnen einer Echtfarben-Datei in eine 256-Farben-Datei können die Systemfarben oder eine dem Bildinhalt möglichst angepaßte Palette gewählt werden. Das Verfahren spart Speicherplatz.

Interlaced

Beschleunigte Darstellung eines Bilds durch Anzeigen nicht aller Bildzeilen gleichzeitig (Zeilensprung).

Interpolation

Beim Neuberechnen der Größe gerasterter Bilder wird die Zahl der vorhandenen Pixel je nach Vergrößerungsfaktor umgerechnet zu einer kleineren oder größeren Anzahl. Dabei werden aus den Farbübergängen zwischen den ursprünglichen Bildpunkten geeignete Mittelwerte gebildet; Unschärfe kann die Folge sein.

Invertieren

Beim Invertieren werden alle Dichte- und Farbwerte eines Bilds ins Negativ umgekehrt.

JPEG

Das JPEG-Dateiformat (Joint Photographers' Expert Group) spart drastisch Speicherplatz, indem es feine Farbinformationen abschnittweise tilgt und erst beim Öffnen des Bilds durch Mittelwertberechnung wieder erzeugt.

Kalibrieren

Beim Kalibrieren wird gemessen, wie stark Scanner, Monitor und Drucker von den gewünschten Tonwerten abweichen. Anschließend werden die Komponenten korrigiert.

Kompression

Durch Komprimieren können Bilddateien auf weniger Speicherplatz zusammengedrängt werden. Das Verfahren Tiff komprimiert verlustfrei, während die hocheffektive JPEG-Kompression Information tilgt. Einfluß hat das nur auf den Speicherplatzbedarf auf Festplatte, nicht im Arbeitsspeicher.

Konvergenz

Im Videobereich meint Konvergenz das deckungsgleiche Aufeinandertreffen von Rot-, Grün- und Blausignal innerhalb einer Farbbildröhre. Fortschrittliche Farbmonitore haben einen Konvergenzregler. Bei fehlerhafter Konvergenz erscheinen weiße Linien und Flächen mit Farbsäumen.

Konvertieren

Ein EBV-Programm sollte Bilddateien in andere Datenformate konvertieren, also umwandeln können, um nach allen Seiten offen zu sein.

Lab

Das Farbmodell Lab wurde 1931 vom Centre Internationale d'Eclairage (CIE) entwickelt; es dient der geräteunabhängigen Farbbeschreibung und umfaßt die Farbräume des RGB- und CMYK-Modells. Lab-Bilder setzen sich zusammen aus der Helligkeit (L) und zwei Farbkomponenten, a von Grün bis Magenta, b von Blau bis Gelb. Photoshop arbeitet intern mit dem Lab-Modus, ebenso wie der Druckstandard PostScript Level II.

Laserdrucker

Ein Laserdrucker schreibt die Pixeldaten durch punktförmige Entladung auf eine elektrostatisch aufgeladene Fotoleitertrommel. Dieses Bild wird mit Toner geschwärzt und auf das Papier übertragen. Die typische Auflösung von 300 oder 600 dpi eines SW-Laserdruckers aus dem Bürobereich reicht nicht für gute Halbtonwiedergabe, da erst Blöcke von 4×4 oder 8×8 Punkten einen einzigen Bildrasterpunkt bilden, so daß pro Inch nur 75 oder 37 Bildpunkte übrigbleiben.

Modem

Ein Modem (Modulator/Demodulator) wandelt die digitalen Daten eines PC in analoge Signale um, die über die Telefonleitung übertragen werden können und beim empfangenden PC durch ein weiteres Modem wieder digitalisiert werden. Modems sind erforderlich für die Datenübertragung in analogen Telefonnetzen. Wichtigstes Kriterium ist die Geschwindigkeit, zum Beispiel 14,4, 28,8, 33,6 oder 56 Kilobit pro Sekunde. ISDN-Geräte für die Datenübertragung werden nicht als Modems bezeichnet.

Moiré

Durch die Überlagerung mehrerer Rastermuster entsteht ein schillernder, unerwünschter optischer Effekt. Moirés entstehen zum Beispiel beim Scannen von gedruckten, also bereits gerasterten Vorlagen.

Monitor

Je öfter ein Monitor das Bild in der Sekunde neu aufbaut, desto ruhiger wirkt es. Sinnvoll sind Bildwiederholfrequenzen oberhalb von 74 Hertz (Wiederholungen pro Sekunde). Je näher die Mittelpunkte benachbarter Pixel (dot pitches) auf der Lochmaske eines Monitors nebeneinander liegen, desto feiner die mögliche Bildschirmauflösung. Aktuelle Monitore bieten ein dot pitch von 0,26 Millimeter und weniger. Die Horizontalfrequenz gibt an, wie oft eine Bildzeile auf der Innenseite der Bildschirmoberfläche aufgebaut wird. Multiscan-Monitore können mit verschiedenen Bildwiederholfrequenzen und so mit verschiedenen Grafikkarten zusammenarbeiten.

Multimedia

Im PC-Bereich meint der Begriff Multimedia die Integration von Text, Bild-, Ton- und Filmdarstellungen auf einer PC- Plattform.

Multiscan

Multiscan-Monitore können mit verschiedenen Bildwiederholfrequenzen und so mit verschiedenen Grafikkarten zusammenarbeiten. Siehe auch »Monitor«.

Multisession-fähig

Die Fähigkeit zum Beispiel eines CD-ROM-Laufwerks, Dateien zu lesen, die in mehreren getrennten Arbeitsgängen auf die CD-ROM (siehe auch »CD-ROM«) geschrieben wurden.

Neutralgrau

Ein Bildbereich ist neutralgrau, wenn er keinerlei (sichtbare) Farbanteile enthält. Farbverfälschungen von Filmen, Scannern oder Druckern können durch Reproduktion einer garantiert neutralgrauen Fläche kontrolliert werden.

Non-interlaced

Im Non-interlaced-Verfahren zeigen Monitore das Bild ohne Zeilensprung, bilden also die geraden und ungeraden Zeilen gleichzeitig ab. Im interlaced-Modus dagegen zeichnet der Kathodenstrahl erst alle geraden, dann alle ungeraden Zeilen. Deshalb wirkt der interlaced-Modus bei gleicher Bildwiederholfrequenz wesentlich unruhiger; er eignet sich nur im Videobereich, wo er herkommt.

OPI (Open Press Interface)

Dieses Verfahren tauscht für Layout-Zwecke hochaufgelöste Bilddateien gegen eine niedrigaufgelöste Version des gleichen Bilds. Das beschleunigt die Bearbeitung und den Druck eines Ganzseiten-Layouts einschließlich Bild-Vorschau und spart Speicherplatz. Das hochaufgelöste Bild wird in der Regel beim Dienstleistungsbetrieb gespeichert und bei der Belichtung automatisch für den Platzhalter eingesetzt.

On the fly

Bearbeitungen, die stattfinden, noch während eine vorhergehende Bearbeitung läuft, finden »on the fly« statt – zum Beispiel das Umrechnen von RGB-Scanner-Daten in CMYK noch während des Scan-Vorgangs.

PCL

PCL (Printing Command Language) von Hewlett-Packard ist neben PostScript die gebräuchlichste Druckersprache. Laserdrucker zahlreicher Hersteller werden mit dieser Sprache angesteuert, die in Version 5 außer skalierbaren Schriften auch grafische Möglichkeiten und die Plottersprache HPGL 2 bietet.

PICT

Im PICT-Format werden Grafiken zwischen Programmen auf dem Apple-MacIntosh-Computer übertragen. PICT2 kann 8- oder 24-Bit-Bilder verarbeiten. Auf IBM-kompatiblen Computern ist PICT wenig gebräuchlich.

Parallele Schnittstelle

Siehe auch »Schnittstellen«

Passerkreuze

Passerkreuze sind Fadenkreuzmarkierungen, die auf den Druckplatten für die einzelnen CMYK-Druckfarben jeweils an der gleichen Stelle angebracht werden; beim Übereinanderlegen läßt sich feststellen, ob die einzelnen Farbplatten beim Drucken paßgenau sitzen. Beim Drucken mit EBV-Programmen können Passerkreuze wahlweise mitgedruckt werden.

Pfad

In Illustrationsprogrammen setzt sich die Linie eines Pfads nicht zusammen aus einzelnen Pixeln (siehe auch »Pixel«), sondern aus Ankerpunkten und den Kurvenzügen dazwischen. Diese Bézierkurven (siehe auch »Bèzierkurve«) werden durch Geraden kontrolliert, die die Ankerpunkte wie Tangenten schneiden. Eine Bewegung dieser Geraden verändert die Kurvenform. Pfade in Photoshop können als Maske, Clippingpfad oder gemalte Linie genutzt werden.

Photo CD

Auf der verbreiteten Photo CD Master werden digitalisierte Bilder gespeichert, zur Zeit bis zu 100 Bilder in jeweils fünf Auflösungen zwischen 128×192 und 2048×3072 Bildpunkten; sie speichert Scans von Kleinbild-Dias und -Negativen. Das dazugehörige Dateiformat heißt ebenfalls Photo CD, die Dateiendung PCD. Die seltenere Pro Photo CD Master nimmt wahlweise auch das Format 4000×6000 Pixel auf und akzeptiert Durchlicht-Vorlagen bis 10×13 Zentimeter.

Pixel

Ein Pixel (picture element, Bildpunkt) ist die kleinste Einheit in einem als Bitmap (siehe auch »Bitmap«) gespeicherten Bild. Durch stark vergrößerte Darstellung auf dem Monitor können die quadratischen Pixel einzeln beurteilt und korrigiert werden. Je höher die Auflösung eines Scanners, desto höher die Zahl der Pixel pro Inch (ppi) und desto detailreicher die Darstellung.

Pixel

Picture Element, Bildpunkt, ein einzelner Punkt in einer Bilddatei oder einem Ausgabegerät wie Monitor, Drucker oder Belichter.

Polygon

Das geschlossene Vieleck (Polygon) gehört zu den Grundfiguren der Computergrafik. Polygone können mit EBV-Programmen sehr einfach erzeugt werden.

PostScript

Die von Adobe entwickelte Seitenbeschreibungssprache. PostScript stellt Schriftzeichen und grafische Elemente so dar, daß sie größenunabhängig in der höchstmöglichen Auflösung des Drukker oder Belichters ausgegeben werden können. PostScript-Elemente können auch mit grundsätzlich größenabhängigen Pixelbildern kombiniert werden. Das PostScript- Dateiformat heißt EPS (Encapsulated PostScript). Zum EPS-Bild gehört teilweise noch ein niedrig aufgelöstes pixelorientiertes Bitmap für die Anzeige des Bilds. Bereits in vier Farbauszüge vorsepariert ist das EPS/DCS-Format, auch hier gehört ein Platzhalter-Pixelbild dazu.

Posterizing

Siehe »Tontrennung«

Prescan

Beim Prescan, dem Vorab-Scan, wird die gesamte zu scannende Vorlage mit niedriger Auflösung gescannt, um sie in ein Vorschau-Fenster zu laden; danach wird der eigentlich benötigte Bildausschnitt gewählt. Siehe auch »Scanner«.

Proof

Bevor ein Bild in Massenauflage erscheint, soll ein Proof gedruckt werden – ein Einzeldruck, der verbindlichen Aufschluß über die zu erwartende Bildqualität gibt, am besten auf Auflagenpapier. Zu den bekanntesten Proof-Verfahren zählt Cromalin.

Prozessor

Der Prozessor ist der zentrale Rechen-Chip eines Computers. Neben der Rechengeschwindigkeit (zum Beispiel 433 Megahertz) zählen auch Datenbreite (beispielsweise 64 Bit), Fließkommaeinheit, Hitzeentwicklung und integrierter Zwischenspeicher (Cache) zu den Kriterien. Weitere Bezeichnung: CPU (Central Processing Unit).

Punkt

Schriftgrößen werden in der Typografie in der Einheit »Punkt« gemessen. Der in Europa gebräuchliche Didotpunkt mißt 0,375 mm, der Pica-Punkt 0,351 mm. Auch bei der Texteingabe in EBV-Programmen wie Photoshop kann die Schriftgröße in Punkt vorgegeben werden; die daraus entstehende Pixelfläche hängt von der vorgegebenen Druck-Auflösung der Datei ab.

Punktschluß

Je größer ein einzelner Bildpunkt, desto eher stößt er an den Nachbar-Punkt. Sobald dieser sogenannte Punktschluß eintritt, erhöht sich der Grauwert deutlich. Sichtbar wird das allerdings höchstens bei feinen Grauverläufen. Die Raster-Form entscheidet, wie schnell ein Bild dunkel zuläuft. Bei einem quadratischen Punkt tritt der Punktschluß bei rund 40 Prozent Grauwert ein, bei einem runden Punkt erst bei 65 Prozent, bei elliptischen Punkten bei 50 und 75 Prozent. Gröbere Raster, etwa vom Laserdrucker, zeigen den Punktschluß weniger deutlich.

RAM

Random Access Memory. Siehe auch »Arbeitsspeicher«.

RGB

Wenn die additiven Leuchtfarben Rot, Grün und Blau übereinander projiziert werden, addieren sie sich zu Weiß. Nach diesem Prinzip arbeiten Farbmonitore. Strahlen Rot, Grün und Blau mit voller Leuchtkraft (also Tonwert 255) übereinander, zeigt der Monitor Weiß. Eine Null-Dichte von Rot, Grün und Blau führt zu Schwarz; jeder Gleichstand der drei Grundfarben zeigt einen reinen Grauwert dazwischen an. Auch Farbdateien in PC-Bildverarbeitungsprogrammen sind meist nach dem RGB-Schema aufgebaut, in Photoshop sind aber auch CMYK (siehe auch »CMYK«) oder LAB (siehe auch »LAB«) möglich. Dia- und Fotopapierbelichter arbeiten nach dem RGB-Schema, indem sie nacheinander den Diafilm mit den Grundfarben Rot, Grün und Blau bestrahlen.

Raster

Viele Drucker (etwa Laserdrucker oder Filmbelichter für den Offset-Druck) können nur Schwarz drucken, keine Halbtöne. Deswegen muß das Bild gerastert werden: Hellere Bildwerte werden durch kleinere, größere Bildwerte durch größere Bildpunkte dargestellt, alle jeweils schwarz, dazwischen liegt jeweils weiße Fläche. Der Punktabstand bleibt dabei konstant. Der unterschiedliche Schwarzweißanteil auf jedem Quadratzentimeter simuliert Graustufen. Jeder Bildrasterpunkt setzt sich aus wesentlich kleineren, jeweils gleich großen Belichterpunkten zusammen.

Rastertiefe

Die Zahl der verschiedenen Grauwerte in einem Bild hängt davon ab, wieviel Pixel einen Rasterpunkt im Druck bilden. Je mehr Pixel einen Rasterpunkt bilden, zum Beispiel 8×8, desto besser ist die Rastertiefe, also die Zahl der Halbtöne; damit sinkt jedoch automatisch die Auflösung.

Rasterweite

Die Zahl der Bildpunkte pro Zentimeter oder Inch (Zoll) beim Druck von Fotos. Unterschiedlich große Rasterpunkte je Flächeneinheit stellen helle oder dunkle Bildteile dar; die unterschiedlich großen Rasterpunkte werden aus vielen Druckerpunkten zusammengesetzt. Hochwertiger Druck verlangt 60 bis 80 Linien pro Zentimeter auf gestrichenem Papier. Tageszeitungen kommen mit 32 Linien aus

Rasterwinkel

Im Offset-Druck steigt der Schärfeeindruck, wenn die Rasterpunkte nicht in Zeilen nebeneinander liegen, sondern schräg versetzt angeordnet sind. Im SW-Druck ist ein 45°-Rasterwinkel üblich; die vier Farbauszüge einer Vierfarb-Datei werden zur Vermeidung von Moiré (siehe auch »Moirè) mit unterschiedlichen Rasterwinkeln gedruckt.

SCSI

Das Small Computer System Interface (SCSI) ist eine genormte Schnittstelle, mit der sich interne und externe Geräte wie Scanner oder Wechselspeicher untereinander und mit dem Rechner verbinden lassen. Apple-Rechner haben eine SCSI-Buchse ab Werk, Windows-Kompatible müssen mit einem SCSI-Controller ausgerüstet werden. Kostengünstiger, aber technisch teils schlechter, ist die EIDE-Schnittstelle mit ATAPI-Software-Treiber.

Scanner

Scanner leuchten Vorlagen ab und setzen die gemessenen Helligkeitswerte in ein digitales Format um. Dabei werden je nach Scanner-Auflösung die Informationen der Vorlage in eine bestimmte Zahl von Pixeln je Zoll umgesetzt; jedes Pixel enthält Informationen über seine Helligkeit und Farbe. Das Ergebnis des Scans liegt als RGB-Datei vor und kann in einem Bildverarbeitungsprogramm verändert werden. Am billigsten sind Hand- und Flachbettscanner; sie arbeiten mit CCD-Elementen, deren innerer elektrischer Widerstand sich in Abhängigkeit vom einfallenden Licht verändert. Professionelle Trommelscanner, die von Verlagen eingesetzt werden, kosten mindestens fünfstellige Beträge; hier wird die Vorlage auf eine rotierende Trommel gespannt, in Photo-Multiplier-Technik abgetastet und von einem Wandler direkt in CMYK umgerechnet.

Schnappschuß

Der Schnappschuß ist eine Momentaufnahme des Zustands einer Datei während einer Bearbeitung. In Photoshop erstellt man einen Schnappschuß seit der Version 5 mit der Protokollpalette. Man kann später zu dem Bildzustand, wie er im Schnappschuß festgehalten ist, zurückkehren; dabei ändert man entweder das komplette Bild oder nur Teile.

Schwellenwert

Die Graustufe, oberhalb der ein Scanner oder ein EBV-Programm schwarze Pixel anordnet. Das Setzen eines Schwellenwerts verwandelt ein Halbtonbild in eine reine Schwarzweißvorlage (Strichbild). Je nach Schwellenwert enthält das neue Bild mehr Schwarz oder mehr Weiß. Auf Farbe bezogen bedeutet das: Werte, deren Reinheitsgrad über dem gesetzten Reinheitsgrad liegen, werden beibehalten, die anderen gelöscht.

Seitenverhältnis
Das Verhältnis zwischen der Länge einer Quer- und einer Längskante eines Bilds. Das Seitenverhältnis ist zum Beispiel wichtig bei der Vorbereitung einer Datei für die Ausbelichtung auf Diamaterial.

Skalenfarben
Siehe auch »Spotfarben«

Skalierung
Veränderung der Außenmaße eines Bildinhalts oder Bildteils.

Spotfarben
Während die Skalenfarben (siehe auch »Skalenfarben«) aus der Mischung von Cyan, Yellow, Magenta und Black (CMYK; siehe auch CMYK«; subtraktive Farbmischung) entstehen, werden die Spotfarben (auch Vollfarben) einzeln aus Tabellen von Anbietern wie Pantone oder HKS ausgewählt und als Schmuckfarben zusätzlich oder ausschließlich gedruckt.

Strichzeichnung
Eine Strichzeichnung (Line-Art) enthält nur die Tonwerte Schwarz und Weiß. Jeder Bildpunkt braucht damit nur ein Bit.

Subtraktive Grundfarben
Siehe »CMYK«.

Sättigung
Farbintensität im Gegensatz zu Farbwert und Helligkeit. Genannt wird das Verhältnis zwischen reiner Farbe und gleichhellem Grau (siehe »HSV«).

Thermosublimationsdrucker
Der Farb-Thermosublimationsdrucker (wie Kodak XL 7720) bringt Bildpunkte durch punktuelle Erhitzung eines wärmeempfindlichen Farbbands zu Papier. Als Farbträger dient eine mit den CMYK-Grundfarben beschichtete Polyesterfolie. Die Druckauflösung wird durch die Anzahl der Halbleiterelemente auf der Thermoschiene bestimmt, der Grad der Erhitzung legt den Halbton fest. Thermotransferdrucker arbeiten mit einer ähnlichen Technik, können aber keine Halbtöne unterscheiden; sie müssen rastern, was die Auflösung herabsetzt.

Thermotransferdrucker
Siehe »Thermosublimationsdrucker«.

Thumbnails
Starke Verkleinerungen von Bildern oder Seitenlayouts zur Übersicht und Dateiauswahl zum Beispiel in Bilddatenbanken oder Photoshops Paletten für Ebenen, Kanäle und Pfade.

Tiff

Das Tagged Image File Format TIFF ist ein weit verbreitetes Dateiformat für Pixelbilder. Tiff nimmt auch Alphakanäle auf und verarbeitet zahlreiche Farbmodi. Die LZW-Kompression innerhalb des Tiff-Formats spart verlustfrei Festplattenplatz.

Tontrennung

Die Tontrennung, auch »Posterizing« oder »Postereffekt« genannt, reduziert ein Bild auf wenige Graustufen oder Farbtöne und erzeugt so eine plakative Wirkung.

Tonwertzuwachs

Der Tonwertzuwachs wird definiert als Helligkeitsunterschied zwischen der Filmvorlage und dem fertigen Druckergebnis. Durch das Saugverhalten des Papiers nimmt die Größe von Rasterpunkten (siehe auch »Rasterpunkte«) im Ausdruck zu. Dieser Tonwertzuwachs (oder Punktüberhang oder Punktzuwachs) macht die Reproduktion vor allem in den mittleren Tönen dunkler als geplant. Der Tonwertzuwachs kann in den Photoshop-Grundeinstellungen für Druckfarben ausgeglichen werden.

Trommelscanner

Siehe »Scanner«.

Truecolor

Der Begriff Truecolor meint die Fähigkeit einer Grafikkarte, Farben mit einer Datentiefe von 24 Bit darzustellen. Das ermöglicht pro RGB-Grundfarbe acht Bit beziehungsweise 256 verschiedene Dichtestufen. So können 256×256×256 = 16,7 Millionen Farben angezeigt werden. 16-Bit-Karten zeigen rund 64000 Farben; das ist die Kategorie Hicolor.

Twain

Der Twain-Standard soll Scanner und Bildverarbeitungsprogramme (aber auch DTP-, Grafik- und Textsoftware) universell miteinander verbinden. Anbieter von EBV- oder sonstiger Grafiksoftware schreiben keine spezialisierten Treiber für jeden einzelnen Scanner; sie bauen nur eine Twain-Schnittstelle ein, über die man eine Scansoftware lädt, die der Scannerhersteller mitliefert – universell passend für alle Twain-kompatiblen Programme. Über den Befehl »Anbinden« beziehungsweise »Acquire« wird die Treibersoftware für den Scanner als eigenes Fenster im EBV-Programm aufgerufen. Problemlos werden mehrere Twain-Scanner aus einem Programm heraus angesprochen; ebenso kann ein Scanner in mehreren Programmen verwendet werden. Sobald der Vorgang abgeschlossen ist, erscheint das neue Bild automatisch im EBV-Programm – unabhängig von möglichen Dateiformaten. Gerüchteweise steht »Twain« für »Tool without an important name«. Doch die Twain-Erfinder von Aldus, Caere, Kodak, Logi und Hewlett-Packard wählten die Vokabel »Twain«, eine veraltete englische Form für »zwei«, nach einem Rudyard-Kipling-Zitat: »... and never shall the twain meet«. Mit Twain sollen Scanner und Software endlich doch zusammenarbeiten.

UCA (Unterfarbenzugabe)

Im Druck können dunkle Bereiche flach wirken, wenn die Schatten überwiegend mit der Druckfarbe Schwarz erzeugt werden. Hier verwendet man bei der Farbseparation von RGB- in CMYK-Daten die Unterfarbenzugabe (UCA), die in den Schatten auch Cyan-, Magenta- und Gelb-Anteile hinzufügt und entsprechenden Schwarz-Anteil entfernt. Die Unterfarbenzugabe verhindert einen Tontrennungseffekt in detailreichen dunklen Bildteilen. Sie ist nur bei Farbseparation nach dem GCR-Schema möglich. Siehe auch »GCR«.

UCR

Wenn bei der Farbseparation Cyan-, Yellow- und Magentawerte übereinanderliegen, um Schwarz oder Grau zu bilden, druckt man in dunklen Bildteilen nur zwei Farben und einen entsprechenden Schwarzanteil, um Druckfarbe zu sparen. Dafür wird die Unterfarbenkorrektur (UCR, Under Color Removal) eingesetzt, wie sie auch Photoshop anbietet. In den Teilfarbauszügen werden die Anteile von Cyan, Magenta und Gelb reduziert und durch Schwarz ersetzt. Während UCR nur auf die Schattenbereiche eines Bilds wirkt, bearbeitet das Gray Component Replacement, GCR, den gesamten Tonwertumfang.

Überfüllung

Beim Drucken entstehen unerwünschte weiße Blitzer zwischen Farbflächen, wenn das Papier sich beim Lauf durch die Druckmaschine verzieht. Darum werden mit einer Überfüllung die vorgegebenen Maße der jeweiligen Farbflächen um minimale Beträge, meist nicht mehr als 0,25 Millimeter, erhöht. Die Überlappungszonen werden vom Betrachter nicht wahrgenommen, gleichen aber den Papierverzug aus.

Unbuntaufbau

Gleiche Anteile der Druckfarben Cyan, Gelb und Magenta sollten theoretisch Grau ergeben, so daß bei jeweils 100 Prozent Farbdeckung Schwarz zustandekommt. Beim dreifarbigen Aufbau eines Bilds ergibt der Anteil, der in allen drei Farben vorkommt, Grau. Dazu kommt noch die Tatsache, daß in der Druckpraxis die drei Grundfarben sich durchaus nicht zu neutralem Grau mischen, sondern eher zu Braun oder Grün. Darum kann man die Farbe auch gleich durch zwei Buntauszüge und einen Grauwert darstellen, also als vierte Druckfarbe Schwarz verwenden. Dieser Unbunt-Anteil wird jedoch in der Praxis nicht vollständig durch Schwarz übernommen, weil dies zu Detail-Verlusten im Schattenbereich unbunter und stark gebrochener Farben führt. Wird der Unbuntaufbau auf die Tiefen eines Bilds beschränkt, redet man von Under Color Removal, UCR. Erstreckt sich der Ausgleich auf alle Dichtebereiche, nennt man das Verfahren Gray Component Replacement, GCR. Im Druckprozeß reduziert der Unbuntaufbau die Farbmenge, wodurch sich der Vorgang beschleunigt.

Vektorisieren

Die Umwandlung eines pixelorientierten Bilds (siehe auch »Bitmap«) in eine Menge von Geraden mit definierten Anfangs- und Endpunkten (Vektoren) sowie Kurven und Flächen. In einem vektorisierten Bild werden Formen durch Setzen von Ankerpunkten verändert. Das Umwandeln von Bitmap zu Grafik (auch Tracing genannnt) kann durch manuelles Nachzeichnen oder automatisch geschehen. Zum Vektorisieren dienen spezialisierte Programme. Vektorgrafiken benötigen meist weniger Speicherplatz als entsprechende pixelorientierte Bitmaps und können ohne Qualitätsverlust beliebig groß mit der Höchstauflösung des Druckers ausgegeben werden.

Verlauf

Eine allmähliche, stufenlose Änderung der Farbintensität oder ein gleitender Übergang von einer Farbe zur anderen. Photoshop bietet dafür das Verlauf-Werkzeug.

Video-Bandbreite

Die Video-Bandbreite einer Grafikkarte errechnet sich aus der Formel Horizontalfrequenz × (Horizontalauflösung + 10 Prozent). Siehe auch »Horizontalfrequenz«. Leistungsfähige Platinen erreichen hier zum Beispiel 77 Megahertz. Am Beispiel eines Bilds mit 1024×768 Pixeln errechnet sich dies so: 69000 × (1024 + 102) = 77 Mio. Diese Video-Bandbreite von 77 Megahertz erweist sich als zu karg, wenn 1280×1024 Pixel dargestellt werden: Die Formel 77 Mio. / (1280 + 128) führt zu einer Horizontalfrequenz von nur noch 54 Kilohertz; und dieser Wert ergibt bei 1280×1024 Bildpunkten eine unruhige Vertikalfrequenz von nur 50 Hertz.

Videodigitzer

Videodigitizer, auch Framegrabber, sind Platinen, die in freie Slots eines PC eingesetzt werden. Sie setzen die analogen Signale eines Fernsehers, einer Videokamera oder einer Still-Video-Kamera in PC-taugliche digitale Signale um. Die Auflösung liegt meist bei 640×576 Punkten bis 1024×768 Punkten und ist damit sehr niedrig. Die zugehörige Software ermöglicht es, aus einer Filmsequenz einzelne Bilder in gängigen Formaten wie TIFF abzuspeichern.

Videospeicher

Siehe auch »Grafikkarte«

Virtueller Speicher

Der virtuelle Speicher (swapfile, Auslagerungsspeicher) simuliert einen größeren Arbeitsspeicher (RAM), als physikalisch tatsächlich vorhanden ist. Der Arbeitsspeicher wird dabei durch Teile zum Beispiel der Festplatte erweitert. Photoshop verwendet unabhängig vom Betriebssystem einen eigenen virtuellen Speicher (Arbeitsvolume), der in den Grundeinstellungen festgelegt wird. Der Zugriff auf den virtuellen Speicher verlangsamt Photoshop deutlich.

Wechselfestplatte

Siehe auch »Cartridge«

Weiche Auswahlkante

In Photoshop läßt sich eine »weiche Kante« definieren; damit franst der Auswahlrand weich aus und geht, bei einer Montage, fließend in den neuen Hintergrund über. Auch wenn der Bildausschnitt gefiltert oder mit Farbe gefüllt wird, endet die Wirkung weich im Bereich der Auswahlgrenze. Fünf Pixel Radius bedeuten fünf Pixel weichen Rand auf jeder Seite der Auswahllinie. Siehe »Glätten«, »Auswählen«.

Zwischenablage

Über die Zwischenablage des Betriebssystems werden markierte Dateiausschnitte von einem Programm ins andere oder von einer Datei in die andere übertragen. Der Befehl »Kopieren« überträgt den markierten Bereich, ohne daß die Datei im aktiven Fenster verändert wird. Der Befehl »Ausschneiden« entfernt dagegen den markierten Teil aus der Ursprungsdatei. Mit dem Befehl »Einfügen« wird der Inhalt der Zwischenablage in eine neue Datei eingesetzt. Photoshop verwendet eine programmeigene Zwischenablage unabhängig vom Betriebssystem; beim Wechsel zu einem anderen Programm kann Photoshop die Daten aus der Photoshop-Zwischenablage an die Zwischenablage des Betriebssystems übergeben.

15.5 Anbieter-Adressen

Sie finden hier einige weniger bekannte Anbieter und solche, die im Buch genannt werden – aber kein vollständiges Verzeichnis.

Adobe

Ohmstr. 1

85716 Unterschleißheim

Infos: (01 80) 2 30 43 16

Fax: Info-Service: (089)3 50 70 58

Upgrades: (0130) 81 74 73

http://www.adobe.com

Photoshop, Acrobat, PageMaker, Premiere, PostScript

Apple

Gutenbergstr. 1

85787 Ismaning

Tel. (0 89) 9 96 40-0

Fax: (0 89) 9 96 40-223

CIS: aplsup, apltil

http://www.apple.com

Mac-Betriebssystem, Hardware

Canon Deutschland

Europapark Fichtenhain A10

47807 Krefeld

Zentr. (0 21 51) 3 45-0

Fax-Hotline: (0 21 51) 349-5 99

Endkunden-Info: (0 21 51) 349-5 66

http://www.canon.de

CLC-Farbkopierer, Digitalkameras, Drucker, Notebooks

CTT Thamm

Löjaer Berg 54

23715 Bosau

Tel. (0 45 27) 99 99 93

Fax: (0 45 27) 99 99 94

f.thamm@t-online.de

Ansichtskarten, Computerkartographie, Publishing

Dusch Drucksysteme GmbH

Honsellstr. 8

77649 Kehl

Tel. (0 78 51) 7 80 76

Fax: (0 78 51) 7 51 41

Pressen und Material für Transferdruck

Impressed GmbH

Bahrenfelder Chaussee 49

22761 Hamburg

Tel. (0 40) 89 71 89-0

Hotline (01 90) 87 24 75

Fax: (0 40) 89 71 89-71

Vertrieb Software, u.a. für Publishing-Bereich

Jarre Foto

Markt 24

24211 Preetz

Tel.+Fax (0 43 42) 44 43

Pro Photo CD bis 72 MB, Digitalphotos bis 20×30 cm

Kodak

Hedelfingerstr. 50–54

70327 Stuttgart

Kunden-Hotline (01 30) 82 54 02

http://www.kodak.com

Photo CD, DCS-Digitalkameras, Software

Micrografx

Edisonstr. 6

85716 Unterschleißheim

Kunden-Info (089) 3 21 73-290

Fax: (089) 3 21 73-100

http://www.micrografx.com

Grafiksoftware

PhotoDisc

Bahrenfelder Chaussee 49

22761 Hamburg

Tel. (0 08 00) 20 00 30 30

Fax: (0 08 00) 20 00 30 31

http:\\www.photodisc.com

Digitales Bildarchiv

Seitz & Zöbeley

Untere Weidenstr. 26

81543 München

Tel. (0 89) 65 00 68

Fax: (0 89) 66 27 36

Fachlabor, Druckvorstufe, (Pro) Photo CD

Spiegelei Siebdruck-Grafik

Dieburger Straße 64

64287 Darmstadt

Tel. (0 61 51) 7 53 08

Fax: (0 61 51) 71 68 28

Mail: spiegelei@spiegelei.de

Übertragung von Dateien auf T-Shirts, Tassen, Aufkleber

Topware

Markircher Str. 25

68229 Mannheim

Info (06 21) 48 28 67 00

Fax: (06 21) 48 05-200

www.topware.com

support@topware.com

Software-Distributor

Stichwortverzeichnis

Symbole

A

B

C

D

E

F

J

K

L

M

N

O

P

Q

R

S

T

U

V

W

Z